LEXIKOTHEK
SPEKTRUM DER LITERATUR

Lexikothek

SPEKTRUM DER LITERATUR

HERAUSGEGEBEN VON
BETTINA UND LARS CLAUSEN

BERTELSMANN
LEXIKON-VERLAG

Mit Beiträgen von

Prof. Dr. Benno Biermann – Dr. Peter Borowsky – Prof. Dr. Klaus Briegleb – Jürgen Bromberg – Bettina Clausen – Prof. Dr. Lars Clausen – Karl Dedecius – Prof. Dr. Wolfgang Dittmann – Prof. Dr. Jörg Drews – Hans-Jürgen Engfer – Günther Flemming – Swetlana Geier – Kathrein Goldbach – Prof. Dr. Helga Grubitzsch – Dr. Hans Günther – Lore Häger – Dr. Kay Hansen – Klaus Hartung – Horst Dieter Hayer – Dr. Bodo Heimann – Manfred Peter Hein – Hanns-Werner Heister – Hans-Horst Henschen – Dr. Klaus Jäcklein – Prof. Dr. Dr. Jürgen Jacobs – Prof. Dr. Hans-Wolf Jäger – Susanne Jensen, M. A. – Prof. Dr. Alfred Kantorowicz – Dr. Hellmuth Karasek – Yaak Karsunke – Prof. Dr. Leo Kofler – Prof. Dr. Erich Köhler – Dr. Udo Köster – Dr. Ingrid Kroner – Thomas Leber – Prof. Dr. Bodo Lecke – Dr. Dieter Lohmeier – Dr. Helmut Lüttmann – Jürgen Martini, M. A. – Dietmar Matthes – Dr. Achatz Frhr. von Müller – Dr. Gerhard Muschwitz – Dr. Manfred Nagl – Dr. Ada Neschke – Dr. Ulla Otto-Fölsing – Prof. Dr. Arno Paul – Dr. Hans-Werner Prahl – Dr. Jürgen Rathje – Hannelore Reinsch-Werner – Prof. Dr. Dieter Richter – Dr. Gert Richter – Werner Riegel – Prof. Dr. Rudolf Schenda – Susanne Schenda – Dr. Martin Schmidt – Hans-Michael Schmitz – Prof. Dr. Willy Schottroff – Prof. Dr. Hans Joachim Schrimpf – Wolfram Schütte – Heinrich Stiehler – Prof. Dr. Peter Wapnewski – Manfred G. Wiktor – Jochem Wolff – Hans Wollschläger

Chefredakteur: Dr. Gert Richter
Text- und Bildredaktion: Heribert Däschlein

Einband: C. Solltal

Layout: Hans Roßdeutscher

Zeittafel »Weltliteratur im Überblick«
von Dr. Gerhard Muschwitz

GESAMTHERSTELLUNG MOHNDRUCK REINHARD MOHN OHG, GÜTERSLOH
PRINTED IN GERMANY
 – ISBN 3-570-08935-5

Hinweise für den Leser

Dieses Buch ist keine Literaturgeschichte der herkömmlichen Art, ein Grund dafür liegt in seiner ganz ungewöhnlichen Voraussetzung: Dieses Handbuch der Literatur ist für ein sehr großes Publikum eingerichtet. Für ein viel größeres, als es der Kreis von Bücherliebhabern oder Fachleuten sein könnte, auf die Werke ähnlicher Art meist abzielen; ein Publikum, zu dem auch diejenigen gehören, die wenig lesen und Bücher nur in Ausnahmefällen zu Rate ziehen. Dieses Unternehmen wird mancher für gewagt halten. Aber zwei einfache Fragen waren es, die uns ermutigten.

Einmal die Frage: Was ist es denn, was in den allermeisten Fällen zur Beschäftigung mit Büchern, mit Literatur führt? Und dann die andere, ebenso wichtige: Welche Gründe sind es, die vom Lesen, von der Beschäftigung mit Literatur abhalten? Beide Fragen hingen für uns eng miteinander zusammen, und die Beschäftigung mit ihnen – deren Resultat dann dies ganze Buch ist – bestärkte uns, das Thema »Literatur« auch einem ›unliterarischen‹ Publikum vorzulegen:

Es soll helfen, Wege in die Literatur freizumachen. Es soll Zugänge öffnen und Sperren beseitigen. Den Leseratten ebenso wie den Nichtlesern. Dabei sind Barrieren für den sogenannten ›Nichtleser‹ leichter zu erkennen; denn ihm wurde ja bis zum Überdruß verdeutlicht, daß »Literatur« seine Sache nicht sei, – für ihn tauge nur das am Kiosk erhältliche Lesefutter. Sackgassen für die Leseratten hingegen befinden sich da, wo die Bücherwelt zum Irrgarten wird und die Realität aufhört, der Maßstab zu sein.

Ein tragfähiger Zugang zur Literatur ist erst dann gesichert, wenn jeweils ihre Grenzen ausgemacht werden können. Erst wer die Hintergründe ihres Entstehens und ihre Absichten bestimmen kann, kann sich gegen falsche Selbstverständlichkeit schützen und Hindernisse beseitigen. Das Buch will aufklären, was Literatur ist und was sie bewirken kann, damit sie einem großen Publikum auch nützt. Dabei steht die Frage, was hier Kunst sei und was nicht, im Hintergrund – wichtig zunächst sind die Ursachen, die Ziele und Zwecke dessen, was alles Literatur heißen kann: der Fortsetzungsroman und das Schauspiel, Abzählvers und Tageszeitung, Comics, Pornoheft und Epos. Das »Spektrum der Literatur« will versuchen, es deutlicher zu machen.

Der Leseplan

Dabei ist sein Aufbau einfach: Ein rascher Überblick verrät, daß es mit der Steinzeit anfängt und bei den Comics endet. Doch ist die Chronologie nicht das wichtigste Prinzip der Anordnung. Der Hauptgesichtspunkt, nach dem hier gegliedert wurde, war die Brauchbarkeit für die Fragen, die die Literatur für unsere Lebenspraxis aufwirft. Dafür wurden zunächst drei große Gruppen von Kapiteln eingerichtet:

86mal findet der Leser dieses Zeichen einem Artikel vorangestellt. »A« steht hier für »Ausschnitt«, für ein Einzelwerk, für ein bestimmtes literarisches Beispiel. Ein solches Kapitel geht auf die Fragen ein, wie das jeweilige Buch zu verstehen sei, in welcher Zeit und Umwelt sein Verfasser es schrieb, unter welchen Bedingungen er lebte, warum es einen ganz bestimmten Erfolg hatte. Der »Faust« zum Beispiel, oder »Vom Winde verweht«. Die besprochenen Werke wurden aber nicht in erster Linie nach ihrer Bekanntheit ausgesucht. Vielmehr sollte jedes **Ausschnitt-Kapitel** etwas möglichst Typisches erschließen. Deswegen reichen sie über den Bereich der ›Dichtung‹ überall hinaus, sie gehen auf Bestseller ein, auf Programmschriften, auf wissenschaftliche Werke.

Den notwendigen Hintergrund geben die fünf **Überblick-Kapitel**. Sie mußten die umfangreichsten Darstellungen des Buches werden, weil sie auf ganze Epochen in ihrer zeitlichen Abfolge eingehen. Sie fassen deren Hauptkämpfe und Hauptfragen zusammen und stellen mitten da hinein die Autoren und ihre Arbeit, die Leser, die »Literatur«. Es handelt sich also um eine konzentrierte Geschichte der Gesellschaften, verbunden mit der Geschichte ihrer Literaturen. Für eine Literaturdarstellung dieser Art ist es ein neuer Ansatz, und diese »Ü-Kapitel« waren gewiß die schwerst zu schreibenden – gerade, weil es immer wieder auf Verständlichkeit ankommt.

22mal steht ein »Q« vor dem Beitrag. Hier finden sich die querliegenden Themen, die mit »Literatur« desgleichen eng zusammenhängen und sie beeinflußt haben – obwohl in Romanen oder Versen nichts davon zu stehen braucht. Hier kann man fragen: »Seit wann gibt es überhaupt Bücher? Haben sie etwas geändert?« Oder –: »Was soll ich von Comics halten? Warum sind die Kinder so verrückt danach?« Das sind oft Fragen, die **Querschnitt-Kapitel** durch die zeitliche Entwicklung und durch ganze Literaturen verlangen, weil man sie in einem systematischen Zusammenhang besprechen muß. Ganze Arten der Literatur werden in diesen optisch hervorgehobenen Kapiteln dargestellt (z.B. die Kinderliteratur), historische und zugleich literarische Bewegungen (z.B. die Gruppe 47), Theorien zur Literatur (z.B. der sozialistische Realismus) und dauerhafte Probleme (z.B. das der Zensur).

Außerdem findet der Leser drei Hilfsmittel, die für den ganzen Band zuständig sind. Da ist einmal das **Kleine Lexikon** zum »Spektrum der Literatur«, mit dem wir diejenigen Fachbegriffe und Fremdworte klären und erläutern möchten, die in diesem Buch verwendet werden (→S. 11ff.). Da ist zum zweiten das von Gert Richter erarbeitete **Register,** das zunächst **Namen,** dann **Werke** verzeichnet (→S. 396ff.); zum dritten schließt der Band mit einer **Zeittafel der Weltliteratur,** die Gerhard Muschwitz zusammenstellte (→S. 400ff.). Auf ihr kann man mit einem Blick zum Beispiel die Zeitgenossen des Sophokles bis China hin feststellen. Wo hier in Sonderfällen eine Datierung von einer anderen im Buch gegebenen abweicht, ist dies Resultat der Heranziehung unterschiedlicher Quellen, deren Auswahl in der Verantwortung jedes Autors selbst lag.

Die farbig unterlegten **Kästchen** geben zusätzliche Fakten, Zusammenfassungen und Hinweise zum Selbststudium, zum Beispiel:

> Dem an Literatur interessierten und um einen Überblick bemühten Leser ist zur weiteren Lektüre – als große Zusammenfassung, als sehr lesbar geschrieben und als lehrreich in der sozial-wissenschaftlichen Analyse – die »Sozialgeschichte der Kunst und Literatur« von Arnold Hauser zu empfehlen (München 1973).

Verweise. Pfeile weisen auf andere Seiten des »Spektrums der Literatur« hin, wo ein angeschnittenes Thema weiter ausgeführt wird. Und vor einem schwierigen oder abstrakten Begriff (z. B. →Absolutismus) verweisen sie auf die Möglichkeit, im »Kleinen Lexikon« nachzuschlagen.

Zur Verständlichkeit des Buches

Damit das »Spektrum der Literatur« seine Absicht erfüllen kann, mußte es verständlich geschrieben sein. Wir haben zuerst sehr gefürchtet, daß das nicht gelingen könnte. Aber die Tatsache, daß so viele verschiedenartige Mitarbeiter zusammenzuwirken hatten und sich dabei auch untereinander verständigen mußten, hat geholfen. Zwar hatten alle – vom Literaturwissenschaftler bis zum Soziologen – ihr eigenes abkürzendes Fachwelsch zur Hand, aber glücklicherweise jeweils ein anderes, und so mußte jeder für den Nichtfachmann immer wieder erklären, was gemeint war. Außerdem erwies sich bald, daß der einzelne Beitrag ruhig die notwendigen Schwierigkeiten enthalten kann, wenn Verweise auf andere Artikel helfen.

Ein Problem bleiben diejenigen komplizierten Gedankengänge, die sogar ohne jedes Fremdwort auskommen können. Davon gibt es in diesem Buch etliche. Sie wegzulassen hätte geheißen, den Leser hinters Licht zu führen. Wichtig schien uns aber, daß immer eine Einführung in diese Gedanken vorliegt, die zweierlei geben soll:

Erstens Zutrauen, daß dieses oder jenes Problem - so oder so – angefaßt werden kann. Und zweitens ausreichend Material, damit der Leser beurteilen kann, ob er sich diesem Problem zuwenden möchte. Auch solche Hilfestellung ist Aufgabe dieses Buches.

Das Spektrum der Positionen

An solch ein Werk geht ja doch der Leser mit der unausgesprochenen Erwartung heran, daß hier der Nürnberger Trichter sei, der einem alles über »Literatur« einfüllen könne. Und auch Autoren schreiben Bücher oft mit der – nicht immer eingestandenen – Wunschvorstellung, dem Leser einzutrichtern, was sie – die Autoren – wollen. Von dieser Hoffnung lebt viel Lesen, viel Textemachen – und viel Bücherverkauf; Elemente davon zeigt auch dieser Band.

Doch steckt in dieser Hoffnung ein Irrtum, den wir nicht aufkommen lassen möchten. Denn der Autor spricht seine Leser an, und diese hören zu oder nicht, oder sie hören weg. Auf jeden Fall aber erwidern sie in ihrem Kopf. Damit bietet das Buch ein Stück Gespräch - keinen Trichter, der den Leser nudelt: und Rezepte, die Weisheit mit Löffeln zu essen, sind nicht möglich.

Sonst müßte man ja dem Leser vormachen, daß es solch eine Weisheit gäbe, daß alles, aber auch alles in der Literatur – von einem einzigen Fixpunkt aus – einleuchtend zu Ende erklärt werden könne. Aber das geht nicht. Denn Autoren und Leser haben immer in Konflikten gestanden, die weit über beide hinausgehen. Sie haben Partei genommen oder Partei vermieden, gemeinsame Ziele sind selten zu finden. Der unabhängige Weise, der hier gültig urteilen könnte, ist somit eine Illusion wie der Nürnberger Trichter. Es bedurfte der Arbeitsteilung.

Dabei war die große Zahl der Literaturen, ihrer Sprachen und Gattungen ohnehin einzuschränken, notwendig zugunsten eines Lesers aus Mitteleuropa. Das Problem wurde dadurch kaum einfacher. Nur ein großes Spektrum von Sachkennern konnte hier helfen: Literaturwissenschaftler und Historiker wurden gefragt, aber auch Kritiker und Übersetzer, Pädagogen, Volkskundler, Soziologen und selbstverständlich Schriftsteller. Sie hatten die Arbeit zu bewältigen, und jeder tat es von seinem Problemfeld aus; unter Arbeitsbedingungen, die nicht selten auf lang hergekommenen Traditionen beruhen. Aus diesem Bereich rühren die meisten Unterschiede der Standpunkte, die der Leser bemerkt. Er ersehe aber daraus nicht Willkür, sondern das Optimum dessen, was hier jetzt möglich war. Mehr noch: Der Widerstreit der Urteile macht den Leser dann selbständig, wenn er die Gründe dafür vorfindet.

Selbständigkeit gegenüber der Literatur, und mit ihrer Hilfe, zu fördern, ist das langfristige Anliegen aller, die Arbeit in diesen Band investiert haben. Aber auch nur für den Moment – bei einer gerade aktuellen Teilfrage – will das »Spektrum der Literatur« zu Rate stehen: als Hausbuch, das weiterhilft und dem Lesenden Vergnügen macht. *Bettina und Lars Clausen*

Inhalt

🄱 kennzeichnet Bildseiten

Sigel-Verzeichnis:
B. C. Bettina Clausen
G. R. Gert Richter
H. D. Heribert Däschlein
L. C. Lars Clausen

Kleines Lexikon zum Spektrum der Literatur

Dieses »Kleine Lexikon« ist speziell auf den vorliegenden Band hin ausgerichtet. Diejenigen Fachbegriffe und Fremdworte, die in den einzelnen Beiträgen nicht näher erläutert werden konnten, findet der Leser hier sorgfältig ausgeführt: Jeweils genau im Sinne ihrer Verwendung.
Darüber hinaus verhilft das »Lexikon« dazu, umfangreich-differenzierte Erklärungen häufig benutzter Zentralbegriffe im Text selbst ausfindig zu machen:
Ein individuelles Selbststudium des Lesers wird auf diese Weise erleichtert.

A

Absolutismus, den →Feudalismus fortentwickelnde Staatsform, bei der der Fürst die militärischen und (land)wirtschaftlichen Machtquellen des übrigen Adels übernommen hat und allein (»absolut«) regiert (→S. 124 und 129)

absurd, sinnlos

Absurdität →S. 380; **ad absurdum** führen: bis zur Sinnlosigkeit treiben

adaptieren, anpassen

Adelsideologie →Ideologie

administrativ, verwaltungsmäßig

Aetas aurea, das →goldene Zeitalter

Affekt, starke Erregung des Gefühls

Affinität, hier: Verwandtschaft

agitatorisch, allgemein: politisch werbend; im leninistischen Sinn: wenige Ideen einer Volksmasse erklärend; gegenüber: **propagandistisch** (viele Ideen Einzelnen erklärend)

Agnostizismus, die Lehre, etwas, z. B. Gott, sei im Grunde unerkennbar, und die Frage danach sei sinnlos

agonal, wetteifernd; im antiken Griechenland: auf den sehr ernst genommenen, musischen oder sportlichen Wettkampf (»agon«) bezogen

Ahistorismus, Verzicht auf geschichtlich abgeleitete Erklärungen

Akmeïsmus, russische literarische Richtung 1912–15, mit neuen →klassizistischen Formen gegen den →Symbolismus gerichtet

Akropolis, Festung mit Tempelbezirk auf dem Burgberg über antiken griechischen Städten

Aktionismus, Lehre, daß nur Taten helfen

akzessorisch, hinzutretend, ergänzend

Allegorie, direkte Übersetzung und Darstellung der Bestandteile eines Begriffs durch ein Bild, z. B. die »Gerechtigkeit«, dargestellt als Frau mit verbundenen Augen (»ohne Ansehn der Person«), 2 Waagschalen im Gleichgewicht (»genau abwägend«) und Schwert (»strafend«); anders das →Symbol

Almanach, ursprünglich Kalender (später mit Texten und Illustrationen); hier: im 18. und 19. Jh. jährlich erscheinende Büchlein mit kürzeren Erzählungen, Gedichten und Illustrationen; im 20. Jh. Werbeträger für Verlage

Altphilologe, Wissenschaftler und Lehrer der »Alten Sprachen« (Griechisch/Latein) →Humanismus

Altsteinzeit, Zeit der Jäger und Sammler vor dem Übergang zu Ackerbau oder nomadischer Viehhaltung

ambivalent, uneindeutig, weil doppelwertig (z. B. schön *und* häßlich)

anachronistisch, Zuordnung einer Tatsache in die falsche Zeit; Stilmittel mancher →Utopie

Analogie, Entsprechung oder Ähnlichkeit

anarchisch, jeder Herrschaft widerstrebend

Anarchismus, mehrere staats- oder allgemein herrschaftsfeindliche Theorien; der **Anarchist** strebt die Neuordnung der Gesellschaft (mitunter →gewaltlos) durch die Einzelnen **(individualistischer Anarchismus)** oder durch freigebildete Organisationen an

Anathem (üblich: das **Anathema**), der Kirchenbann, die religiöse Verfluchung

Ancien Régime, die →absolutistische Regierung in Frankreich vor der →bürgerlichen Revolution

Anthologie (wörtlich: Blütenlese), Sammlung von Gedichten u. a.

Anthropologie, anthropologisch (griechisch »anthropos« = Mensch) → S. 50

anthropomorph, in Menschengestalt

Anti-Bildungsroman →Bildungsroman

Antichrist, nach christlicher Lehre in der Endzeit erscheinender Lügenheiland, den Christus vernichtet

Anti-Entwicklungsroman→Entwicklungsroman

antiinstitutionell, gegen→Institutionen gerichtet

antizipieren, vorwegnehmen

Aphorismus, kurzer, kritischer, zugespitzter Ausspruch →S. 384 f.

apodiktisch, von vornherein Widerlegungen ausschließend

Apologie, Verteidigung

Apotheose, Erhebung zum Stand eines Gottes

Äquivalente, gleichwertige Entsprechung

Arbeiterklasse →Klasse

Arbeitsteilung, der geschichtliche Prozeß der Unterteilung der Arbeitsprozesse auf einzelne soziale Gruppierungen (→Klasse, →soziale Rolle)

archaisch heißen erste Phasen einer Gesellschaft oder einer Literatur, besonders die griechische vor rd. 800 v. Chr.; wer später solche Formen wiederaufnimmt, **archaisiert**

archäologisch, altertumskundlich

Aristotelismus, von Aristoteles ausgehende philosophische Schulen, in der Antike, der →Scholastik, dem jüdischen und arabischen Mittelalter usw.

Arkadien, in der Dichtung glückseliges Land

(meist der →Schäfer und Flußgöttinnen) in einem verklärten Griechenland

Arkanmodell, Geheimhaltungsmodell

Assoziation, hier: unwillkürliche Verknüpfung zweier Vorstellungen (z. B. Bohnerwachs← →Behörde)

Ästhetik wird als Wissenschaft von der Erkenntnis des »Schönen« meist in der Philosophie der Kunst behandelt (während die Erkenntnis des »Guten« oft der Ethik, die Erkenntnis des »Wahren« oft der Logik zugeordnet wurde). Kants radikale Begriffsbestimmung, das »Schöne« bewirke Wohlgefallen ohne Rücksicht auf irgendwelche Interessen (jedoch →S. 206 f.), zielte 1790 indirekt gegen die Beeindruckbarkeit durch Kirchen- und Fürstenpomp (→Aufklärung). 1900 wurde die gleiche Ansicht als **Ästhetizismus,** als Rückzug in den →Elfenbeinturm kritisierbar

Atram-hasis (Atrachasis), babylonisches Epos aus dem 16. Jh. v. Chr.: die Schöpfung der Menschen durch die Götter, damit sie arbeiten, und ihre Vernichtung bis auf einen **(A.)** durch eine Flut, weil sie zu laut sind

Aufklärung →S. 137 und 252

Aussagemodus, Art und Weise der Aussage

Austrofaschismus, die →autoritäre, antisozialistische Diktatur in Österreich 1934–38

Authentizität, glaubwürdige Echtheit

Autobiographie, eine Lebensbeschreibung (Biographie) des Betroffenen selbst

autobiographisch, aus dem eigenen Leben niedergeschrieben

autonom ist, wer sich seine Gesetze selbst geben kann; er besitzt **Autonomie**

autoritär, seine Herrschaft offen zeigend; in der Politikwissenschaft wird mitunter der **autoritäre Staat,** der absolut herrscht, aber nicht in alles hineinregiert, vom →totalitären unterschieden

Avantgarde, Vorhut, Vortrupp

B

babylonisches Exil, babylonische Gefangenschaft, in der Bibel die Zwangsumsiedlung der judäischen Oberschicht nach Mesopotamien (= in den heutigen Irak) 587 v. Chr.

Ballade, handlungsreiches Gedicht mit wechselvoller Tradition in Frankreich, England, Deutschland

Banausentum, engstirnige Kunstfremdheit

Basis →Überbau

Belletristik, die »schöne«, »schöngeistige« →Literatur (ohne berufliche, wissenschaftliche, »heilige« Schriften)

Biedermeier, in der Literaturgeschichte der Versuch, die beschaulich-genügsame deutsche Literatur 1815–48 u. a. vom →Jungen Deutschland abzugrenzen

Bildungsroman, eine Form des →Romans, die umfangreich und (von Goethe beeinflußt) ›ausgewogen‹ die Bildung eines Menschen durch Erziehung und eigene Anstrengung zur ›gereiften‹ Persönlichkeit schildert. Sogenannte **Anti-Bildungsromane** (→S. 178 f.) beschrieben gleichzeitig bitter und höhnisch (›unausgewogen‹) gescheiterte Bildungsanstrengungen

Biographie, Lebensbeschreibung

Bohème, die →Subkultur der ungesicherten Schriftsteller und Künstler, die sich im 19. Jh. vor allem in Paris herausbildete und als ›leichtlebig‹ und ›unordentlich‹ vom →Bürgertum abstach

borniert, uneinsichtig-überheblich

Bourgeoisie →Bürgertum

Briefroman, Roman in Briefen zur Verknüpfung mehrerer Handlungsstränge und Schauplätze

Bürgerliche Öffentlichkeit →S. 168 ff.

Bürgerliche Revolution, die typische Revolution des →Bürgertums gegen die herrschenden (ausbeutenden, verbrauchenden, für Arbeit und Militär unnütz gewordenen) →feudalen →Klassen; die bedeutendste **B. R.**: die Französische von 1789

Bürgertum, zunächst die Bürger, die über den bürgerrechtlosen Stadteinwohnern, über den Bauern und »Unehrlichen« standen; als »Dritter →Stand« aber unter dem »Ersten« und »Zweiten« (Geistlichkeit, Adel). Es sammelte Fertigkeiten zu handwerklicher und geistiger Arbeit an, aber (als **»Bourgeoisie«**) auch Kapitalkraft (zumal durch Handel und Geldverleih), um Arbeit anderer zu kaufen (→Kapitalismus). Jeweils entsprechend akzentuiert, wuchs sein Selbstbewußtsein.

Byzantinismus, kriecherische Unterwürfigkeit

C

Carbonari, italienischer politischer Geheimbund, 1807 gegen Napoleon I. gegründet, für ein befreites, geeintes, freiheitliches Italien; von Kirche und Territorialfürsten verfolgt, stieß 1832 zur Bewegung →Junges Italien

Charakterkomödie, diejenige Form der Komödie, die ihre Komik aus zugespitzten Charaktereigenschaften ihrer Figuren nimmt

Chartistenbewegung, erste sozialistische Arbeiterbewegung in England, ab etwa 1830

chauvinistisch, aggressiv →nationalistisch

chiliastisch →S. 151 →eschatologisch

Chinoiserie, im 18. Jh.: zierlich verschnörkelt, nach dem Muster aus China eingeführter Luxuswaren

cisrhenanisch, diesseits des Rheins

Collage, Klebebild aus unterschiedlichen Einzelteilen (Papier oder sonstigen Materialien)

Commedia dell'arte, italienische Komödie mit typischen Figuren (Masken), festgelegtem Handlungsablauf, aber Dialog aus dem Stegreif, ab 1550

Comment, der Benimm

Computer, elektronische Rechenanlage

Courtoisie, ritterliche Höflichkeit

D

Dadaïsmus, 1916 gegen →Naturalismus, Idealismus, →Expressionismus in Zürich gegründete Literaturrichtung; betonte Spontaneïtät, →Irrationalismus

Darwinismus →S. 273 f.

degoutant, anekelnd

Deïsmus, eine religiöse Auffassung der frühen →Aufklärung, die nur vernünftige Begründungen für Religion zuließ (und keine »Offenbarung«)

Dekadenz, hier: Niedergang, Verfall

Demoskopie, statistisch auswertende Umfrageforschung (griechisch »demos« = Volk, »skopein« = ausspähen)

depossediert, um sein Eigen gebracht

Determination, hier: Vorwegbestimmtsein

Deutschkatholizismus, zwischen 1844 und 1848 eine vom Katholizismus abgespaltene Reformgruppe im liberalen deutschen Bürgertum

Dialektik, aus dem →Dialog entwickelte Denkweise, aus Widersprüchen, die sich gegenseitig beeinflussen, zur Wahrheit vorzudringen. Die **dialektische Methode** des Denkens nutzt die Annahme, daß auch die Wirklichkeit allseits in →Widersprüchen fortschreite (→Materialismus, dialektischer)

Dialog, Zwiegespräch; **platonischer Dialog** →S. 50f.

Diaspora, eine (meist konfessionelle) Minderheit

didaktisch geht vor, wer die Kunst des Lehrens (die **Didaktik**) übt

Dignität, Würde

Directoire, nach den →»Terreurs« die erst liberale, dann diktatorische Herrschaft des Besitzbürgertums 1794–99, bis zu Napoleons I. Putsch

Diskrepanz, Unstimmigkeit, Nichtübereinstimmung

disparat, voneinander verschieden

Distichon, zweizeiliger Vers (erst ein →Hexameter, dann ein Pentameter); Beispiel: »Téuer íst mir der Fréund, doch áuch den Féind kann ich nǔtzen; / Zéigt mir der Fréund, was ich kánn, léhrt mich der Féind, was ich sóll.« (Schiller)

divergieren, abweichen, auseinanderstreben

Dritter Stand →Bürgertum

dynastisch, auf die Herrscher(häuser) bezogen

E

egozentriert ist, der nur auf das eigene Ich bedacht ist

Eklektiker ist, wer aus unterschiedlichen Gedankensystemen für sich Teile auswählt und benutzt

Elegie, Gedichtform →S. 35 und 182f.

Elfenbeinturm, ursprünglich ein Lob aus einem Liebeslied (»dein Hals ist wie ein elfenbeinerner Turm«); da es aber in der Bibel (Hoheslied 7, 5) stand, wurde es im 12. Jh. sinnenfeindlich und →allegorisch aus »weiß und strack« zu »makellosem Ort der Zuflucht« umgedeutet; **Flucht in den Elfenbeinturm** wird heute Dichtern/Wissenschaftlern vorgeworfen, die sich politisch nicht engagieren

Elite, eine soziale Gruppierung, die kraft ihrer Macht oder ihrer beruflichen Unentbehrlichkeit in der Gesellschaft ›oben‹ ist (→S. 251)

elysisch, paradiesisch

Emanation, Ausfluß

Emanzipation, der Akt, mit dem man die Freiheit gibt

emphatisch, mit Nachdruck

empirisch, ausschließlich mittels Beobachtung oder Experiment oder vergleichbaren Methoden gewonnen

enklavenhaft, als Einsprengsel

Ensemble, hier: die Gesamtheit (sonst: Zusammenstellung; oder: alle Darsteller eines Theaters)

Entfremdung heißen verschiedene Weisen des Verlusts von Vertrautem/Eigenem an fremde Gewalt. In der Marktwirtschaft (deren Aufkommen in Großbritannien zugleich den Begriff der **E.** schuf, der später von Hegel, von Feuerbach und von Marx entfaltet wurde) heißt das zumal, daß einem die durch Brauch und Sitte vertrauten Menschen rechnerisch-kalt entgegentreten, daß man in fremde Taschen eigene Arbeit leistet, daß man sich selbst untreu wird und mehr

Entwicklungsroman (ähnlich →Bildungsroman), schildert umfangreich und optimistisch die »Entwicklung« einzelner oder mehrerer Personen zusammenhängend und folgerichtig; Zweifel an »Entwicklung« führten zu ironischen, ›sprunghaften‹ Romanformen (**»Anti-Entwicklungsroman«**)

Epigone, der schwächere Nachfolger eines Großen

epigrammatisch, kurz und sinnreich, wie in einem ›Sinnspruch‹ (einem **Epigramm**)

epikuräisch ist eine Lehre in der Schule des antiken →Materialisten Epikur (341–270); Elemente: persönliches Glück durch Gleichmut, furchtlose Einsicht, Vernunft, Leidvermeidung, Zurückgezogenheit; **e.** wird irrtümlich auch für »genußfreudig« benutzt

episches Theater →S. 354f.

Epos, Großform der Erzählung mit Anspruch auf allgemeingültige Weltdeutung, oft in ›gehobener‹ Sprache (Versen) →S. 24ff., 34 und 72

Erbe, klassisches →klassisches Erbe

Erlösungsreligion, eine Religion, die Erlösung (Abwerfen irdischer Fesseln) verspricht, z. B. Buddhismus, Christentum, Hinduismus, Islam

eschatologisch, auf das Ende aller Tage (den »Jüngsten Tag«) bezogen oder gerichtet

Eskapismus, die Neigung, vor den Anforderungen des Lebens zu fliehen

esoterisch, nur für einen kleinen Kreis außergewöhnlicher Personen bestimmt

ethisch-ästhetisch →Ästhetik

ethnisch, auf ein Volk (einen Stamm) bezogen

ethnologisch, völkerkundlich

etymologisch, Ursprung und Geschichte der Wörter untersuchend (griechisch »etymos« = wirklich)

Evolution, (friedliche) Fortentwicklung

exaltiert, überschwenglich

Exegese, Auslegung von (biblischen) Texten

Exhibition, hier: ›unzüchtige‹ öffentliche Entblößung

Existentialismus →Existenzphilosophie

existentieller Imperativ, ein das ganze Dasein des Menschen bestimmendes Gebot

Existenzphilosophie weist die meisten philosophischen Fragen zugunsten der Frage nach dem Sinn des Seins zurück, wurde im 20. Jh. unter dem Eindruck historischer Schocks in Deutschland ausgebaut, in Frankreich auf den Sinn des Daseins des Menschen konzentriert **(Existentialismus),** geht von Lebensgefühlen (Angst, Widerwillen/Überdruß, Hoffnungslosigkeit, →Absurdität) aus

expandieren, ausgreifen, (sich) ausweiten

Expressionismus (literarisch) →S. 294f.

extrapolieren, eine Folge von Ereignissen als gesetzmäßig annehmen (z. B. das Tempo technischer Erfindungen im letzten Jahrhundert) und ins Unbekannte (z. B. die Zukunft) einfach entsprechend verlängern

Exzentrik, Außenseiterhaltung; Verschrobenheit

F

Fabel, (1) literarische Form →S. 40f. und 168; (2) kurze Wiedergabe der »Handlung« eines Werkes

Fatalismus zeigt, wer sich ins unabwendbare (›blinde‹) Schicksal (in dessen **Fatalität)** ergibt

Feerie, eine Feengeschichte, die mit Illusionsmitteln auf die Bühne gebracht wird

Feudalgesellschaft, der soziale Prozeß, der ausgangs der Völkerwanderung mit einer vielstufigen Boden- und Rechtsvergabe gegen Heeresdienstverpflichtungen (»Lehen«) und mit gegenseitiger Treuepflicht zwischen Lehensherrn und Lehensmann (= →Vasall) begann (→S. 80f. und 122f.); wirtschaftlich führte der **Feudalismus** zu wachsender Ausbeutung bäuerlicher Arbeit durch den in sich gestuften Adel (später: »Junker«), der im →Absolutismus Hofadel wurde und früh im städtischen →Bürgertum Gegner fand.

Fiktion ist in der →Literatur, was als wirklich dargestellt wird, ohne daß seine →empirische Wirklichkeit behauptet wird (**fiktive** Darstellung)

Finanzpatriziat, diejenige Gruppierung des in den mittelalterlichen Städten herrschenden, kaufmännisch tätigen Teils des →Bürgertums, der sich auf Geld- und Wechselgeschäfte konzentrierte

Fluktuation, der Ab- und Zustrom

Formalismus, die (Über)betonung der Formprobleme gegenüber denen des Inhalts; speziell: russische literarische Richtung 1915 bis 1930

Fragment, Bruchstück

Freigeist, im 19. Jh. ein Denker, der »Gott« (Religionen) ablehnt und auf Vernunft baut

Fruchtbarkeitskult →S. 23

Frühhumanismus →Humanismus

Frühkapitalismus, der →Kapitalismus vor der Industrialisierung in Europa (Ausweitung von Handel, Banken, →Manufaktur) →Finanzpatriziat →Merkantilismus

funktionalisieren, für eine Aufgabe (Funktion) benutzen, nutzbar machen

Futurismus, literarische Bewegung (Italien, Rußland) →S. 318

G

Gattung bezeichnet einzelne literarische Formen (z. B. →Aphorismus, →Bildungsroman) oder Oberbegriffe (Lyrik, Epik, Dramatik). Welche Form zu welchem Inhalt paßt (die Frage der **Gattungspoetik** [→Poetik]) oder welcher (sonst anstößige) Inhalt durch Verwendung welcher **Gattung** →legitimiert werden kann, ist strittig

gegenaufklärerisch, gegen die →Aufklärung wirkend bzw. gerichtet

genealogisch, die Erforschung der familiären Abstammung betreffend

generalisieren, verallgemeinern

Genre (vom Lateinischen: **»genus«,** Mehrzahl: **»genera«),** die literarische →Gattung

gesellschaftliche Normen →Normen

Gewaltlosigkeit, gewaltfreie Aktionen: eine Strategie des sozialen/politischen Kampfes ohne körperlich verletzende Waffen

Gilgamesch-Epos →S. 25

Girondisten, in der Französischen Revolution 1789 der das südwestfranzösische wohlhabende →Bürgertum vertretende gemäßigte Flügel der Revolutionäre; während der →»Terreurs« verfolgt und hingerichtet

Gleichschaltung, die Machtübernahme in allen Organisationen, Verbänden usw. durch die Nationalsozialisten

gnomische Dichtung ist sprichwortartig, in Denksprüchen (griechisch: »gnome«)

goldenes Zeitalter, von Hesiod formulierter →Mythos eines paradiesischen Urzustandes der Menschheit

Gottesgnadentum, die →absolutistisch zugespitzte →Ideologie, der Herrscher sei nur von Gott (also von keinem Menschen) abhängig

Göttinger Hain: Am Standort einer fortschrittlichen Universität gründeten Joh. Heinr. Voß u. a. 1772 den **»Hainbund«,** der gegen die Autorität französischer Stile prunklose Literaturformen des ›Volkes‹ zu verwenden suchte

Grundherrschaft, die die Arbeit der Bauern zunehmend ausbeutende lokale Herrschaftsform des (Land-)Adels in der →Feudalgesellschaft

Grundmaxime, Grundsatz der Grundsätze

Gruppendynamik, die sozialen Prozesse innerhalb einer Gruppe von Menschen (z. B. deren Meinungsbildung, Rangkämpfe, Entwicklung von Gruppenstilen u. a. m.)

Guckkastenbühne, durch Bühnenportal und -vorhang streng vom Zuschauerraum getrennte Bühne

H

habeas corpus, beispielhaft und sprichwörtlich gewordenes englisches Gesetz, das 1679 willkürliche Verhaftungen bekämpfte

hagiographisch, das Leben der Heiligen schildernd

Hainbund →Göttinger Hain

Haupt- und Staatsaktionen, Wanderbühnenstücke im höfischen Milieu, bevor das bürgerliche →Trauerspiel durchgesetzt wurde

Heilige Allianz, das internationale Bündnis der Fürsten gegen die →bürgerlichen Revolutionen nach 1815 (→Gottesgnadentum)

Heiligenvita, Bericht vom Leben eines Heiligen

heilsgeschichtlich denkt, wer die Geschichte als ständiges Einwirken Gottes auf den Menschen sieht; die →Aufklärung brach mit dieser Haltung

Held, positiver, die vorbildliche Hauptperson in →Epos **(Heldenepos),** Bühnenstück, →Roman

Hellenismus →S. 32f.

Hermesianismus, eine rationale, von der Kirche später verurteilte Begründung katholischer Lehren in Deutschland (Georg Hermes 1775–1831)

Hermetismus, geheimnisvoll-vieldeutige Sprache; italienische lyrische Schule 1920–50

Hetäre, musisch gebildete Buhlerin/ständige Begleiterin Hochgestellter im alten Griechenland, unterschieden einerseits von der Prostituierten, andererseits von der häuslich-eingeschlossenen Ehefrau

heuristisch (etwa: ›findig‹) geht ein Forscher vor, wenn er unbestätigte Annahmen voraussetzt, um zu neuartigen Fragen/Antworten zu kommen

Hexameter, variationsreiches Versmaß mit 6 metrischen Einheiten, im Griechischen für →Epos, →Elegie, →Epigramm, seit Gottsched auch im Deutschen verwandt (»Nénne mir, Múse, die Fáhrten des víelverschlágenen Mánnes«)

historischer Materialismus →Materialismus

historischer Roman →Roman

Hochkultur, früher vage wertend gebraucht, steht heute meist kurz für eine vergangene Zivilisation, die nicht schriftlos war

Hofkamarilla (spanisch »camarilla« = Kämmerchen): (Günstlings-)Clique bei Hofe

Hofmeister, typischer Durchgangsberuf junger bürgerlicher Intellektueller im 17./18. Jh.: Diener bei einem Adligen o. ä. als Privatlehrer von dessen Kindern

Humanismus, mehrere europäische geistesgeschichtliche Bewegungen seit dem 12. Jh. (→S. 66ff.). Neu verstandene und erschlossene griechische und römische Traditionen (so die **rationale,** den »Glauben« als Erklärung ausklammernde platonische Tradition, und die Vernunft und Gleichmut betonende **stoische)** erlaubten es dem **Humanisten,** die menschliche Vollkommenheit am Vorbild der Antike zu messen und als Gelehrter/Literat gegenüber den kirchlichen →Ideologien selbständiger zu werden

Hybris, die zügellose Selbstüberhebung, die Unheil auf sich herabzieht

hypertrophiert, überzüchtet (»übermästet«)

Hypochondrist ist, wer zwanghaft Angst davor hat, krank zu werden

hypostasieren, (etwas) unterstellen oder voraussetzen

I

Idealtypus heißt (seit Max Weber) ein Begriff, wenn er die ›wichtigsten‹ (historischen) Erscheinungen eines sozialen Sachverhaltes stimmig zusammenfügt

identifizieren (sich): sich mit jemandem (bis zur **Identifikation)** gleichsetzen

Ideologie, Vorstellungen oder Ideengebäude, die die Wirklichkeit unzureichend erklären und durch widersprechende Erkenntnis so lange nicht erschüttert werden, wie ihre Träger solche Tatsachen nur entsprechend verzerrt **(ideologisch)** sehen können und alle Aussagen färben **(ideologisieren).** Je schlüssiger/bequemer eine Ideologie die – nur unter materiellen Einbußen änderbaren – Handlungen ganzer sozialer Gruppen rechtfertigt, desto dauerhafter ist sie, auch wenn die **Ideologiekritik** diese Zusammenhänge anklagt

Idiom, Umgangssprache einer sozialen Gruppe

Idylle(ndichtung) beschreibt eine Natur (Wirklichkeit), in der man »geborgen« ist (→auch S. 183)

Illuminaten, deutscher antimonarchistischer Geheimbund der →Aufklärung 1776–85

imaginär, nur in der Einbildung vorhanden

Imaginisten →S. 318

immanent, innerhalb eines Bezugsrahmens bleibend, über etwas nicht hinausgehend; also gerade nicht **transzendent** (den Rahmen überschreitend)

Imperialismus, über die Grenzen einer Nation reichende Machtausdehnungspolitik, zuerst gegen Napoleon III. gebraucht, später auf Großbritannien, das alte Rom usw. angewandt; von Luxemburg und Lenin als letzte Krisenabwehr des →Kapitalismus erklärt (→Kolonialismus)

Impressionist, in der Literatur seit rd. 1890 ein bemüht präziser Darsteller persönlicher Eindrücke (Impressionen) bis hin zu flüchtigsten Stimmungen (mit entsprechenden Form-Neuerungen)

Indifferenz, Gleichgültigkeit

indiziert, hier: auf den **Index** (→S. 246) gesetzt

Induktion, hier: die Einführung, -fügung

Inferiorität, Minderwertigkeit

Informationstheorie, eine 1948 begründete mathematische Theorie der Nachrichten-(Informations-)Übertragung

Initiation, bedeutsam-feierliche Aufnahme (z. B. unter die »Männer«, in die »Gemeinde«, als »Gentleman«) mit symbolischen Riten (z. B. Waffenverleihung, Konfirmation, Bildungsreise)

Inkompetenz, Unzuständigkeit oder Unfähigkeit

Innerer Monolog, Erzähltechnik, um Menschen mittels ihrer stummen Selbstgespräche zu schildern; seit 1877 (W. M. Garschin)

Innovation, Neuerung

Institution, ein einmal entstandenes **(institutionalisiertes)** soziales Handlungs- und Beziehungsmuster (z. B. die Ehe)

integriert, hier: einbezogen

Integrität, Ehrenhaftigkeit, Lauterkeit

intellektuelle Elite →Elite

Intention, das Vorhaben, die Absicht

Internationale, fünf internationale sozialistische Zusammenschlüsse der Arbeiterschaft; einflußreich die 1. Internationale (1864 bis 1873), die 2. (1889 bis 1940), die 3. (Komintern, 1919 bis 1943)

Intrige, hier: →Fabel (2)

invariant, unveränderlich

Inzest, verbotene Sexualbeziehung zwischen Verwandten; den **Inzestdrang** (z. B. des Sohnes zur Mutter) brachte die →Psychoanalyse zur Sprache

Irrationalismus = Anti-Rationalismus; die (alleinige) Geltung von Vernunft- und Verstandesgründen ablehnend oder meidend

J

Jambus (Mehrzahl: **Jamben),** seit der Antike das →Metrum ∪ –́ (z. B. »es wár«, »wach áuf«)

Jeunesse dorée, hier: die reiche, vergnügungssüchtige Jugend einer großen Stadt

Junges Deutschland nannte Wienbarg 1834 eine bis ca. 1850 einflußreiche dogmen- und fürstenfeindliche, politisch engagierte Literatengeneration (Herwegh, Freiligrath, Gutzkow, Hoffmann von Fallersleben, Laube, Mundt, Prutz; nahestehend: Börne, Heine); radikaler schon 1831: das **Junge Italien** (Mazzini)

K

Kanonistik, die Lehre von den (kirchlichen) Vorschriften

KAPD, Kommunistische Arbeiterpartei

Deutschlands; 1920 linke Abspaltung der →KPD

Kapitalismus, ein Gesellschaftssystem, in dem die Arbeit den kapitallosen Beschäftigten durch einzelne, später organisierte Kapital-(Produktionsmittel-)Besitzer mit Gewinn und – sich verstärkender – Kapitalansammlung abgekauft wird; historisch erst vom →Bürgertum durchgesetzt, das rational-rechenhaft vorging, die Industrie entwickelte und sich durch die →bürgerliche Revolution Handlungsfreiheit schuf (→Imperialismus)

Kaste, ein →Stand von Personen, die durch Geburt hineinkommen und sie nicht verlassen können, mit (religiös abgestützten) vorgeschriebenen beruflichen Aufgaben

Kasuistik betreibt, wer die Anwendung von →Normen auf Einzelfälle erörtert

Kategorie, hier: Begriff

Klassen, unterschiedliche Kollektive (Gruppierungen) von Menschen, die jeweils im System der Produktion (so Marx) oder der Herrschaft (so Dahrendorf) einen vergleichbaren Platz und so ein vergleichbares Verhältnis zu den Produktionsmitteln bzw. den Machtmitteln haben. Seit der →Arbeitsteilung bzw. dem Entstehen von Herrschaft gibt es also **Klassengesellschaften**. Je deutlicher der Vorteil einer Klasse der Nachteil einer anderen ist (z. B. zwischen Verkäufern und Käufern von Arbeit), desto intensiver ist der **Klassenkampf** zwischen beiden

Klassik, Kulturepochen, die als harmonisch-vollkommen überzeitliche Maßstäbe zu setzen schienen (z. B. das perikleïsche Athen). Mustergültige Meister heißen daher **Klassiker** (auch die antiharmonischen **marxistischen Klassiker** Marx, Engels und Lenin)
Als **»klassisches Erbe«** werden in der DDR bestimmte Kulturleistungen früherer Epochen (meist der bürgerlichen) gepflegt (→S. 394). Mehrere literarische Bewegungen in Europa verstanden die antike Klassik als Regelwerk (**»Klassizismus«**), und ihre Kritiker warfen ihnen Schematismus und Lebensfremdheit vor

Kleinbürgertum, zunächst die nicht unternehmerischen Angehörigen des →Bürgertums, Rentiers, auch Handwerker, mit beschränktem Wirkungskreis und Urteil; im Sinne marxistischer →Agitation: zusehends aus dem Bürgertum herauskonkurrierte Gruppierungen, die das nicht wahrhaben wollen

Kollektiv, mehrere Menschen, die sozial etwas (z. B. Sitten, Aufgaben) gemein haben

Kolonialismus, Eroberungspolitik gegenüber wirtschaftlich/militärisch auszubeutenden Ländern

kommerzielle Öffentlichkeit →Öffentlichkeit

Kommunikation, der soziale **Prozeß** der Übermittlung von Informationen zwischen deren (Ab)sendern und Empfängern

Komödien-Intrige →Intrige

Kompensation, Entschädigung, Ausgleich

kompilieren, aus anderen Werken zusammentragen

Komponente, Bestandteil

konformistisch, fügsam, charakterlos

Konformitätsdruck, der Zwang, als Konformist zu handeln

konsolidiert, hier: abgesichert

Kontext, Zusammenhang

Kontinuität, Stetigkeit

kontradiktorisch, unüberbrückbar widersprechend

Kontrafaktur, hier: ein dagegen gerichtetes Werk

Konversation (wiedergegeben im **Konversations-Theater**): ein Gesprächsstil zwischen Gleichgestellten oder aufeinander Angewiesenen, der keinen ›gefährden‹ darf, also alles ›persönlich Wichtige‹ meidet

Konversion, Bekehrung zu einem anderen Glauben

Konzeption, hier: Planung

kosmopolitisch (»weltbürgerlich«) war das bürgerliche Denken der →Aufklärung; die Menschheit war ihm wichtiger und näher als der Mituntertan

KPD, Kommunistische Partei Deutschlands, hier: diejenige 1918–1968

krud (lateinisch »crudus« = noch blutig): roh (noch nicht zubereitet)

Kuomintang, nationalistische antikaiserliche Bewegung in China, 1928–49 dort Regierungspartei, herrscht noch auf Taiwan

Kybernetik, die 1947 begründete Lehre von den Regelungsvorgängen in (biologischen, sozialen, technischen) Systemen

L

latent, verborgen wirksam

Latifundien, große Landgüter

Layout, graphische Gestaltung

legal, gesetzmäßig; **legalisieren**: in eine gesetzmäßige Ordnung bringen; **Legalität**: die (bloße) Gesetzlichkeit – aber: **legitim** = rechtmäßig! Die Formel »Recht *und* Gesetz« lehrt, daß hier ein Unterschied zu sehen ist

Lehen →Feudalgesellschaft

Leibniz'sche Philosophie: Der umfassend wirksame Leibniz (1646–1716) sah philosophisch in den Übeln etwas für die endlichen Wesen Notwendiges, was erst die Harmonie des Universums erlaube

Leitfossil, eine Versteinerung (Fossil) aus einer so genau bestimmten Vorzeit, daß man ganze Funde danach datieren kann

Libertinismus, Zügellosigkeit

libidinös, vom Geschlechtstrieb geprägt

Linkshegelianismus (Gegensatz: Rechtshegelianismus), ein Denken in der Nachfolge Hegels, das dessen weltverändernde Aspekte (→dialektische Methode) betonte

Liquidation, hier: Schluß machen

Literatur →S. 246

Literatursoziologie: die Wissenschaft vom aufeinander bezogenen Handeln der Menschen in Kollektiven (Gruppierungen) und ganzen Gesellschaften (= **Soziologie**), spezialisiert auf Produktion, Aufnahme und Wirkung von Literatur

Luzidität, Klarheit und Helle

M

manufakturell, in **Manufaktur** (S. 123 und 169f.) verfertigt; d. h. mit kopfreichen Belegschaften, aber noch ohne große →Arbeitsteilung (insofern wie im Handwerk)

Mantel- und Degenstück (nach dem Kostüm des Adels), eine sprachlich elegante, geschickt komponierte, ohne Ausstattungsaufwand wirksame Form der Komödie im Spanien des 17. Jhs.

Massenmedium. Zu den Massenmedien rechnen Audiovision, Buch- und Heftreihen,

Fernsehen, Film, Flugblätter, Hörfunk, Plakate, Schallplatte, Tonband, Zeitung, Zeitschrift u. ä.

materialistische Erklärungen benutzt, wer (als **Materialist**) letztlich alle Erscheinungen der Wirklichkeit (auch Künste, Ideen, Religionen) auf die Materie als Seinsgrund zurückführt; theoretische Systeme des **Materialismus** gibt es seit der Antike (»Atomisten«: Demokrit, Epikur); die marxistisch-leninistische Philosophie begreift sich als **dialektischer** und **historischer Materialismus**, wobei der **d. M.** den →dialektischen Zusammenhang (die Bewegung und Entwicklung) der materiell begriffenen Welt mitsamt der Rolle des Bewußtseins behandelt und der **h. M.** dies auf die menschliche Geschichte und Gesellschaft anwendet

Maxime, Grundsatz

Mäzen, ein zumal auch materieller Förderer von Künstlern und Gelehrten (nach Maecenas →S. 63); **mäzenieren,** entsprechend jemanden fördern

Mediävistik, die Geschichtsschreibung über das »Mittelalter« (→S. 66)

melismatisch, melodisch verzierend

memphitisch, aus der ältesten unterägyptischen Hauptstadt, aus Memphis

Mentor, (älterer) Erzieher und Lehrer

Merkantilismus, die machterweiternde Wirtschaftspolitik →absolutistischer Regierungen: Gewerbeansiedlung, →Manufaktur- und Exportförderung, Importbehinderung, →Kolonialismus

Metapher, bildlicher Ausdruck (z. B. »sein Herzblut geben«); **Metaphorik** ist eine bildliche Sprache

Metaphysik, die Lehre von den grundlegenden Ursachen des Seins; Aussagen darüber sind **metaphysisch**

methodologisch spricht, wer die richtigen Wege (Methoden) zum Lösen von Problemen erörtert

Metrum (Versfuß). **Metren** sind Meßeinheiten für Verse; Beispiel: der **Trochäus** ‒́ ◡ (**Trochäen** sind etwa »mórgen«, »schláfe«)

Milieutheorie, eine Theorie, die ein Verbrechen nicht aus der Anlage, sondern aus der Umwelt (aus dem Milieu) des Täters erklärt

Mimesis, Nachahmung; **mimetisch,** nachahmend

Ministerialen, zunächst die unfreien Dienstleute mit Verwaltungsaufgaben an frühmittelalterlichen weltlichen und geistlichen Fürstenhöfen, später in den niederen Adel mit einbezogen

Minne →S. 84 ff.

Minorität, Minderheit

Misanthrop, Menschenhasser, -feind

Mittelklasse, eine →Klasse ›zwischen‹ zwei anderen, einander entgegengesetzten, die etwa wirtschaftlich der einen, →ideologisch der anderen zuzurechnen ist (z. B. die »Angestellten« zwischen »Arbeitern« und »Unternehmern«). Häufig gleichbedeutend mit ihr und ihr gegenüber schwierig abzugrenzen ist die **Mittelschicht** →Schicht

Mobilität, Beweglichkeit (sozial: auf und ab; sozial und örtlich: hin und her)

Motivation, Motivierung, die Bestimmung durch Beweggründe

Motivik, hier: die Benutzung von Anregungen (Motiven)

mutiert, hier: verwandelt, verhext

Mysterienspiel, ab dem 11. Jh. in Kirchen, später auf Plätzen stattfindende Schauspiele mit biblischen Stoffen; heute noch: Oberammergauer Passionsspiele

mystifizieren, hinters Licht führen

Mystik sucht die direkte Vereinigung mit dem Göttlichen; solches Denken drohte im 14. Jh. die Kirche als Vermittlerin überflüssig zu machen (1329: Eckhart verurteilt)

Mythentravestie →Mythos →Parodie

Mythos (griechisch: Wort): Erzählung, die →symbolisch die Welt deutet; daher: **mythisieren** = in den Rang eines Mythos versetzen; speziell wurden die Götter- und Weltschöpfungsmythen und -lehren eines Volkes seine **Mythologie** genannt

N

Nationalismus als →Ideologie des →Bürgertums hob zuerst die Nation (z. B. »soweit die deutsche Zunge klingt«) gegen die →Territorialfürsten hervor, später aber die konkurrierenden Nationen gegeneinander (**»Chauvinismus«**)

Nationaltheater →S. 209

Naturalismus →S. 204

Naturrecht leitet →Normen aus einer »natürlichen« oder »göttlichen« Seinsordnung ab

Neoteriker →S. 34 f.

Nihilismus – wonach der **Nihilist** handelt – (lateinisch »nihil« = nichts): die Annahme/Haltung, es gebe keine Werte (oder: keine Wirklichkeit außerhalb der Gedanken)

Nobilität, Adel

Norm, gesellschaftliche, (1) die →empirisch erfaßbare Gleichförmigkeit oder (2) die Bewertung oder (3) die Vorschrift eines sozialen Verhaltens

normativ = bewertend (Gegensatz: deskriptiv = beschreibend, →wertfrei)

normieren = Normen setzen

Nostalgie (griechisch »nostos« = Heimkehr, und »algos« = Qual, Weh) →S. 333

O

Oberschicht →Schicht

Objektivation, hier: Schaffung von Realität

objektivieren, vom Persönlichen absehen (vom Subjektiven) und etwas unabhängig richtig (»objektiv«) darstellen; **Objektivitätskriterium** ist der Maßstab, nach dem etwas allgemein (»objektiv«) gültig ist

Ode, seit der Antike mehrere kunstvolle Versformen für gewichtige →Reflexionen

Œuvre, (Gesamt)werk

öffentliche Meinung, im 18./19. Jh. der »Gerichtshof« der →Öffentlichkeit, vor den das →Bürgertum immer mehr Entscheidungen zog (→Räsonnement)

Öffentlichkeit, bürgerliche und **literarische Öffentlichkeit** →S. 168 ff.

Öffentlichkeit, kommerzielle →S. 332 ff.

okkult, hier: Geheimlehren betreffend; **okkult-theosophisch** →theosophisch

Omen, Vorzeichen

omnipotent, allmächtig

ontologisch, im allgemeinsten Sinn das Sein betreffend

Opportunismus übt, wer sich den Umständen anbequemt; **opportunistisch** ist, wer nur das passend sich Anbietende, die günstige Gelegenheit (=**Opportunität**) sucht

orale Literatur wird nur von Mund zu Mund weitergegeben

Orthodoxie, hier: sture ›Rechtgläubigkeit‹

P

Paganität, Heidentum

panegyrisch, pompös lobend

Panorama: Im 19. Jh. waren »Panoramen« Rundumgemälde, z. B. von Städten oder Schlachten, in ihrerseits runden Räumen – eine Schau-Sensation

Paradigma, Beispiel; **paradigmatisch,** als Beispiel dienend

Paradoxon, ein kühner, sonderbarer, scheinbar widersinniger Satz (z. B. »das Kind ist der Vater des Mannes«)

Paraphrase, verdeutlichende Umschreibung

Parapsychologie, Lehre von den →empirisch ungeklärten seelischen (?) Erscheinungen, z. B. dem Hellsehen

Parodie macht lächerlich, indem sie in eine erhabene Form neue Inhalte bringt (z. B.: »Schlaf, Kindchen, schlaf, / Deine Mutter ist ein Schaf«); anders die **Travestie,** die ehrwürdige Stoffe neu formt (z. B. Schillers »Glocke«: »Loch in Erde, Bronze rinn: / Glocke fertig. Bimbimbim.«)

Parteilichkeit →S. 357 f.

Partitur, übersichtliche Aufzeichnung aller Stimmen eines Musikstücks

Pastourelle, altfranzösisches/provençalisches Dialogliedchen (Schäferin und Ritter) →S. 89

Patriarchen, hier: die biblischen Sippenhäupter Abraham, Isaak und Jakob

paulinisch, vom Apostel Paulus stammend; hier z. B.: »Es ist dem Menschen gut, daß er kein Weib berühre« (1. Kor. 6, 20)

Pentateuch, die fünf Bücher Mose

Perfektibilität, die Möglichkeit, vollkommen werden zu können (›Vervollkommenbarkeit‹)

peripher, am Rande

pervers, pervertiert, hier: um und umgekehrt, verkehrt

philanthropisch, im 18./19. Jh. gemeinnützig-volkserzieherisch (→Aufklärung)

philiströs, spießbürgerlich

Philologie, Sprach- und Literaturwissenschaft

philosophischer Roman, ein →Roman als Vermittler einer theoretisch begründeten Anschauung von der Welt samt den Menschen

Physiognomie, das Gesicht als ein Spiegel des inneren Menschen (der »Seele«)

piëtistisch →Quiëtismus

plebejische →Schichten (1789): in der Stadt lebend, unterhalb des →Bürgertums, besitzlos

Pleonasmus, ›doppelt gemoppelt‹

Pluralismus, die Duldung unterschiedlicher Gruppenmeinungen (→Totalitarismus)

Poëtik, Lehre von den Formen der Dichtung (innerhalb der →Ästhetik), die dann **poëtologische** Aussagen macht

Politökonomie, politische Ökonomie: die Wissenschaft von den Zusammenhängen oder dem →System der materiellen Produktion

Polyphonie, musikalische Vielstimmigkeit

Pornographie →S. 308 ff.

positiver Held →Held

Positivismus (von Comte [1798–1857] in Frankreich begründet) geht philosophisch davon aus, Erkenntnis könne nur auf wahrnehmbaren Tatsachen beruhen; Vorwürfe lauten, er zähle ohne Erklärungen bloß Fakten auf

post(h)um, erst nach dem Tode des Vaters geboren; meist: erst nach dem Tode des Autors veröffentlicht

pragmatisch, hier: sich mit einer Sache beschäftigend

Pragmatismus, die in den USA unter →puritanischem und →positivistischem Einfluß entwickelte Philosophie, daß die »Wahrheit« einer Vorstellung sich an ihrer Nützlichkeit fürs Leben erweise

präskriptiv = →normativ

Preziosität, (Über)zierlichkeit

Prinzipal, altertümlich-ehrfürchtig für: Chef (meist im Theaterbetrieb angewendet)

Produktionskommunismus, gemeinsame Produktion und Lebenshaltung von sozialen Gruppen (z. B. Großfamilien, Mönchen)

Produktionsweise, nach Marx die Einheit der gesellschaftlichen **Produktivkräfte** (d.h. des Systems der Wechselwirkung sachlich-gegenständlicher und menschlich-subjektiver Elemente der Produktion) und der gesellschaftlichen **Produktionsverhältnisse** (d.h. des Systems gesellschaftlicher Verhältnisse, die die Menschen im Produktionsprozeß objektiv miteinander eingehen)

Profit, Gewinn

Profitrate, Rentabilität: das in % ausgedrückte Verhältnis von Gewinn zu eingesetztem Kapital (= 100%)

Proletariat, hier: →Klasse der (Industrie-) arbeiter

prometheïsch, den Menschen gegen den Willen der Götter das Licht und die Technik bringend (wie Prometheus)

Promiskuität, (ziemlich) wahllos wechselnder Geschlechtsverkehr

prosperieren, wirtschaftlich aufblühen

Prostration, unterwürfiger Fußfall

Protagonist, hier: Hauptperson

Prototyp, Urbild, Musterbild

pseudo-gewerkschaftlich, hier: auch die Unternehmer mitorganisierend

pseudo-logisch, hier: scheinbar logisch

Psychoanalyse →S. 306 f.

Puritanismus, angelsächsische Ausformung des Calvinismus (→S. 166 f. und 122 f.)

Q

Quäker, seit dem 17. Jh. protestantische Sekte (England, später zumal USA); Merkmale: Laienpredigt, demokratische Gemeindeverfassung, wirkungsvolle Nächstenhilfe für Notleidende und Mißachtete, weder Kriegsdienst noch Eidesleistung

Quiëtismus (lateinisch »quies« = Ruhe),

mehrere Lehren der Abtötung eigenen Willens; wirksam auch in dem Innerlichkeit und individuelle Frömmigkeit lehrenden **Piëtismus,** einer protestantischen Bewegung seit Ende des 17. Jhs.

R

Räsonnement →S. 168

Rationalisierung, hier: wissenschaftliche Verbesserung der Produktionstechnik

reaktionär, den Fortschritt abwehrend

Realismus →S. 202 ff.

Realismus, sozialistischer →S. 356 ff.

Reflexion, das kritische Denken (zumal über das eigene Denken)

Regression, Zurückgehen auf frühere, kindliche Verhaltensweisen

Reich. Im ›Kaiserreich‹ steckte im Mittelalter der (vom Römischen Imperium abgeleitete) Anspruch, die »ganze (zivilisierte) Welt« zu umfassen. Mit dem →Nationalismus wandelte sich die Sehnsucht nach (antifürstlichem) »Kaiser und Reich« in Deutschland zum →Imperialismus

relativieren, in seiner ›Gültigkeit‹ einschränken

religionsterminologisch →Terminologie

Renaissance →S. 78 f.

renditeorientiert, gewinnorientiert

Rentabilität →Profitrate

Replik, Erwiderung

Repression, Unterdrückung; **repressiv,** unterdrückend

Restauration, Wiederherstellung; speziell: die Zeit der →Heiligen Allianz

Résumé, Resümee, Zusammenfassung

revisionistisch handelt nach kommunistischer Auffassung, wer einen Marxismus ohne Revolution vertritt

Revue, hier: Zeitschrift

Rezeption, Auf-, Übernahme (durch einen **Rezipienten** = Adressaten), der – hier meist: Literatur – aufnimmt, liest **(rezipiert)**

Rhapsode, Wandersänger, Lieder-Deklamator im homerischen Griechenland

Rhetorik, Redekunst →S. 58 f.

Ritterschaft, aus den bewaffneten Gefolgschaften der Völkerwanderungsführer entstandener, durch die Vergabe von Lehen unterhaltener niederer →feudaler Adel mit eigenem Standesethos

Roman, längere →fiktive Prosaerzählung, bereits in der griechischen und römischen Antike (→S. 35), wieder gepflegt an den →feudalen Höfen (→S. 74 f.). Zur Erklärung: **Staatsroman** →S. 151; **gotischer Roman** →S. 226; **historischer Roman**: als Mittel bürgerlicher Zeitkritik vor allem im 19. Jh. einflußreich; in sozialistischen Staaten mit Zügen des →Epos **(»Roman-Epopöe«)** weitergeführt

Romantik →S. 190 und 198 f.

Rondeau, französische, aus dem Tanzlied im 13. Jh. entwickelte einstrophige Gedichtform

Rosenkreuzer, 1756 in Süddeutschland neu gegründeter →theosophischer Geheimbund

royalistisch, dem Königshaus anhängend

S

Saint-Simonismus, einflußreiche Lehren des französischen Sozialreformers Claude de Saint-Simon (1760–1825): Agrarreform, Regierung durch die geistig und körperlich Arbeitenden u. a.; von den **Saint-Simonisten** weiterentwickelt

sakral, religionsbezogen

säkular, hier = **säkularisiert**: verweltlicht, nicht mehr geistlich

Sansculotten, in der →bürgerlichen Revolution 1789 die Revolutionsmänner aus den →plebejischen Schichten

Satire →S. 34

Schäferspiel, 1472 in Italien aufkommende Form, →idyllische Stoffe als Drama unter ›Hirten‹ und ›Hirtinnen‹ zu fassen

Schicht, soziale, mehrere Konzepte, die die Gesellschaft zumeist als Rangleiter (geschichtet) sehen, z. B. nach Einkommen, nach Ausbildung, nach Ansehen – nicht aber immer z. B. nach Herrschaft (→Klasse)

Scholastik, etwa 800–1600 herrschende Philosophie, die zur Einpassung zumal antiker Ideen in die christlichen Lehren gezielt formal vorging **(scholastische Methode** →S. 72); daher oft: **»scholastisch«** = ›spitzfindig‹

Schwäbischer Kreis, um Schubarts kritische Zeitschrift »Deutsche Chronik« (1774 bis 1778, 1787–1793) gesammelt, von Einfluß etwa auf Schillers »Räuber« (→S. 180 f.)

Sentenz, Denkspruch

separatistisch, auf Abspaltung bedacht

Sephardim, spanisch-portugiesische Juden

Singularität, Einzigartigkeit

Sinität, chinesische Prägung

skandieren, Verse taktmäßig lesen

slapstick-Komik, die groteske Komik des Stummfilms (englisch »slapstick« = Narrenpritsche, -patsche)

Sonett, 14zeilige Gedichtform (2 vierzeilige »Quartette«, 2 dreizeilige »Terzette«; Reimform: a, b, b, a – a, b, b, a; c, d, c – d, c, d; mit Varianten), dessen Formzwang scharfe Gedankengliederung voraussetzt (→S. 76)

sozialer Konflikt, Streit (auch →latenter) aufgrund sozialer Interessengegensätze zwischen einzelnen oder Gruppen

soziale Rolle, Begriff der Soziologie; entweder: Gesamtheit der Erwartungen an eine Person in einer bestimmten sozialen Position oder: typische Verhaltensabläufe als Ergebnis (auch widersprüchlicher) Erwartungen und Erfüllungen

soziales System →System

Sozialisation, der Prozeß der Einpassung in die Gesellschaft, durch (bewußte oder unbewußte) Erzieher **(Sozialisationsinstanzen)**

Sozialismus, zahlreiche Bewegungen zugunsten der von der →Bourgeoisie unterdrückten Klassen bzw. Gruppen

sozialistischer Realismus →S. 356 ff.

Sozialprodukt, die Gesamtheit aller (geldmäßig erfaßbaren) produzierten Güter und Dienste in einer Volkswirtschaft

Sozialutopie →S. 150 f.

soziokulturell, unter Hervorhebung des Zusammenhangs Gesellschaft← →Kultur

Spartakusbund, eine Gründergruppe der →KPD (um Rosa Luxemburg)

späthumanistisch →Humanismus

Spektrum, das durch ein (Glas)prisma in alle Spektralfarben gebrochene Licht; hier: Zerlegung eines Ganzen in wichtige Einzelteile und deren Darstellung

Spinozismus, die die →Aufklärung stark beeinflussende →materialistische und pantheïstische (Natur und Gott als miteinander identisch sehende) Lehre Spinozas (1632–1677)

spiritualistisch, geistig

Stand, Untergliederung der Gesellschaft in nach Herkunft, Berufsleben, →Kommunikation eng in sich verknüpfte, voneinander aber stark geschiedene Gruppierungen

Stigma, Merkmal, das seinen Träger abwertet, bei uns z. B. »rothaarig«, »Türke« (griechisch »stigma« = das Brandmal)

Stimulans, Anregung

stoïsch →Humanismus

Stoïzismus, hier: Gleichmut

Sturm und Drang, deutsche literarische Protestbewegung (rd. 1770–85) gegen →absolutistische und kirchliche Zwänge, mit neuen Stoffen/Formen: häufig gefühlvoll-pathetische Sprache, leidenschaftliche Individualität, krasse Kontraste (»Geniezeit« →S. 180)

subaltern, anderen untergeordnet, dienend

subjektiv, hier: persönlich

Subjektivismus, hier: Selbstsuche und Selbstsucht

Subkultur, eine in etlichen, aber nicht allen →Normen vom Hauptteil der Gesellschaft abweichende Gruppierung (z. B. die Journalisten)

Sublimat, konzentriert-verfeinerte Umformung

sublimieren, umformend veredeln

Substrat, Grundlage

Sujet, Thema

Surrealismus →S. 314 f.

Symbol, in der →Ästhetik ein Erkennungszeichen, einfach in der Form, reich und tief im Sinn, z. B. der Lindenbaum im Lied »Am Brunnen vor dem Tore«; anders dagegen die →Allegorie

Symbolismus, im 12. Jh. das Denken in tiefsinnigen Sinnbildern; der **russische Symbolismus** (Brjussow 1873–1924) war französisch beeinflußt (vgl. →S. 205)

Syndrom, gemeinsam auftretende Einzelerscheinungen eines Tatbestandes

synonym, gleichbedeutend

Synopse, übersichtliche Zusammenstellung

System, ein nach ›außen‹ abgrenzbares Netz voneinander abhängiger Elemente und Beziehungen; ob **soziale Systeme** ein aus sich wirkendes Prinzip der Systemerhaltung oder des Systemgleichgewichts haben, ist strittig, aber für die soziologische Theoriebildung ausschlaggebend

systematisch-deduktiv, systematisch von allgemeinen Gesetzen her Aussagen über Einzelheiten entwickelnd

T

Talmud, zwischen 189 und rd. 500 n. Chr. gesammeltes enzyklopädisches Werk mit den Überlieferungen des jüdischen Volkes

technokratisch →S. 152

Technologie, Lehre von der Technik

Terminologie, Begriffskunde

Terreurs (französisch: Schrecken): in der Revolution 1789–1794 die Zeit der Hinrichtungen bis zu Robespierres Enthauptung →Girondisten →Directoire

Territorialisierung, die Aufsplitterung in →dynastisch regierte Einzelgebiete **(Territorialfürstentümer)**

Textexplikation, Texterklärung

text-immanent, text-transzendent →immanent

Theatromanie →S. 209

Theorem, eine durch Beweise oder auch logische Ableitung gewonnene theoretische Aussage

Theosophie →mystische Erkenntnis Gottes

Tiefenpsychologie, alle aufs Unbewußte ausgehenden psychologischen Lehren und Heilmethoden, z. B. die →Psychoanalyse

Topographie, Landschaftskunde

Totalitarismus, ein Konzept der Politikwissenschaft, um die jeden →Pluralismus verhindernden Staaten mit Zentralverwaltungswirtschaft, justizfreier Gewalt der Geheimpolizei, Waffen-, Informations-, →Ideologiemonopol einer Einheitspartei zu kennzeichnen, ungeachtet dessen, welche →sozialen Konflikte dazu geführt haben

tradieren, überliefern

Tragödie, antike →S. 28 ff. und 33

Traktat, Abhandlung

transsubjektiv, über die Person hinausreichend

transzendent →immanent; **transzendieren,** hier: die Grenze des Diesseits (ins Jenseits hinein) überschreiten

Trauerspiel, bürgerliches: Es brachte im 18. Jh. erstmals Bürger als tragende Dramenfiguren – was bis dahin (für tragische Konflikte) die vom →Bürgertum benutzten →klassizistisch verstandenen antiken Theatervorbilder verzögert hatten, deren Helden Heroen, Fürsten, mindestens Adlige gewesen waren

Trauma (griechisch: Wunde); hier: schwere, psychische Verletzung; eine **traumatische** Erfahrung ist eine verwundende Erfahrung

Travestie →Parodie

Trilogie, ein Werk aus drei Werken

Trinität, die christliche Dreieinigkeit (Gott-Vater, Sohn und Heiliger Geist)

trivial, platt und abgedroschen

Trochäen →Metrum

Trope, eine (bildliche) Redewendung

Typologie, eine Typenkunde, -aufstellung

U

Überbau, im historischen →Materialismus die aus der wirtschaftlichen **Basis** jeder Gesellschaft erwachsenden und ihr entsprechenden gesamten Ideen und →Institutionen (etwa Beichte, Erbrecht, F.D.P., Filmbewertungsstelle), die aktiv auf sie zurückwirken

Ubiquität, hier: die Weltreisetouristen

ultramontan war (im 19. Jh.), wer dem römischen Machtzentrum der katholischen Kirche zuarbeitete

UNESCO, eine von der UNO gegründete internationale Organisation zum Austausch in Erziehungs-, Wissenschafts- und Kulturfragen mit Sitz in Paris

universalhistorisch, die Weltgeschichte als Einheit sehend (diese Sichtweise war z. B. im →eschatologischen frühen Christentum angelegt, wurde aber im →Feudalismus →dynastisch zerstückelt, jedoch in der →Aufklärung und im Marxismus neu gefaßt)

universitär, auf die Universität bezogen

Unperson (aus dem Roman »1984« von G. Orwell [1903–50]): eine mit →totalitären Mitteln vergessen gemachte Person

Urbanität, die in den vielfachen Sozialkontakten der Stadt entwickelte Weltläufigkeit, das weitgefächerte Interesse

urdemokratisch, nach Engels die unabhängig von Alter und Geschlecht gleichberechtigten Verhältnisse der →Altsteinzeit vor der →Arbeitsteilung

USPD, Unabhängige Sozialdemokratische Partei Deutschlands, 1917 Abspaltung der Kriegsgegner von der SPD, einflußreich bis 1922

Utopie →S. 150ff.

V

Vagantendichtung →S. 73

Vasallität, Lehensverhältnis im →Feudalismus

verbal, (nur) in Worten; wer einen Tatbestand ausspricht, **verbalisiert** ihn

Verdinglichung, eine Weise der →Entfremdung, →S. 192

verfremden, →didaktische Methode der Schauspielkunst →S. 354 f.

Verhaltensforschung, →empirische Erforschung menschlichen und tierischen Verhaltens

versöhnlerisch, in marxistischer Sicht die Auffassung, nichtvereinbare →Klassengegensätze könnten überbrückt werden

viktorianisch, die nüchterne, naturwissenschaftlich beeinflußte, Empfindungen verdrängende und formalisierende Geisteshaltung des britischen →Bürgertums unter der Regierung der Königin Victoria (1837–1901)

villegiatura, Sommerfrische auf einem Landsitz

Vita, Leben(sbeschreibung)

vita activa, lateinisch für »tätiges Leben«

Volksfrontkonzept, entgegen früherer scharfer Abgrenzung vertraten nach 1933 die marxistisch-leninistischen Parteien das antifaschistische Bündnis mit anderen Kommunisten, mit Sozialdemokraten und Liberalen, die **Volksfrontpolitik**

volonté générale und **volonté des tous** →S. 173

Vulgärmaterialismus, →Materialismus ohne viele oder ohne zureichende Argumente

W

Ware, Produkt der Arbeit, das der Produzent nicht selber braucht, sondern vertauscht. Ihr Preis – obwohl scheinbar eine Eigenschaft (»Wert«) der Ware – beruht auf dem Verhältnis der produzierenden und ausbeutenden Menschen unter- und zueinander

Wechselanalogie, wechselseitige Entsprechung oder Ähnlichkeit

Weltliteratur, eine einflußreiche, über die »Nationalliteraturen« hinausweisende Wortprägung Goethes; die Geschichte der Weltliteratur war ihm »eine große Fuge, in der die Stimmen der Völker nach und nach zum Vorschein kommen«; **W.** wurde später →ästhetizistisch als ›ewig‹ und ›überörtlich‹ gültige große →Belletristik verstanden

Wertfreiheit, wissenschaftliches Prinzip, das nur Aussagen, was ist (Seinsaussagen), keine Aussagen, was sein soll (Sollensaussagen) erlaubt; als kämpferisches Konzept in der Befreiung der Naturwissenschaftler von kirchlichen Glaubensvorschriften bewährt, jedoch als Prinzip (von →Eliten) ebenso mißbrauchbar, um notwendige Veränderungen abzuwehren

Widerspiegelung, in marxistischer Erkenntnistheorie die Eigenschaft der Materie, spezifisch auf Außeneinwirkungen zu reagieren. Demnach spiegelt auch der →Überbau (z. B. ein →Roman) die materielle »Basis« kompliziert wider

Widerspruch, bereits seit der Antike (Heraklit: »Kampf ist der Vater aller Dinge«) entwickelter Begriff der Wechselwirkung von Gegensätzen, die einander ausschließen, aber ohne einander nicht existieren; es gibt mehrere Formen des Widerspruchs

Wille, allgemeiner →volonté générale

wirkungsgeschichtlich wird der Einfluß von literarischen (Teil)themen oder formalen Mitteln auf künftige Literatur, Politik u. a. untersucht

Z

Zäsur, (tiefer) Einschnitt

Zensur →S. 246ff.

Zivilliste, Anteil der jährlichen Staatseinkünfte für den Monarchen (und seine Familie)

zwangsemeritiert, zwangsweise im Ruhestand

Zweckrationalismus, nach Max Weber (1864–1920): Handeln auf erstrebte und (unter Einbezug äußerer Bedingungen/Mittel) abgewogene Zwecke hin *B.C./L.C.*

Martin Schmidt

Überblick

Literatur in Frühzeit und Altertum

Im 20. Jahrhundert ist es für jedermann selbstverständlich, daß Literatur eine schriftliche Form hat. Man liest Gedichte und Geschichten, und die Autoren schreiben, lassen drucken. Diese Verbindung von Schrift und Literatur ist aber nicht ursprünglich. Es hat bei allen Völkern der Erde lange vor der Erfindung oder Übernahme der Schrift Dichtung gegeben, und der primäre Zweck der Verwendung der Schrift war nirgendwo die schriftliche Abfassung von Literatur. Ja, es hat Völker gegeben, wo trotz sonstiger Verwendung der Schrift Dichtung jahrhundertelang nur mündlich überliefert wurde.

Tanz und Lied

Die ersten Formen der Schrift entstanden etwa 3000 v. Chr. fast gleichzeitig bei den Sumerern im heutigen Südirak und den Ägyptern, und literarische Werke sind erst von etwa 2500 v. Chr. an überliefert. Dennoch können wir für eine sehr viel frühere Zeit schon Formen von Dichtung vermuten. Archäologische Funde machen es höchst wahrscheinlich, daß es schon bei den Jägern und Sammlern der späten →Altsteinzeit Dichtung gegeben hat. Wir kennen aus dem sogenannten Magdalénien, einer westeuropäischen Kultur der letzten Phase der letzten Eiszeit (von ca. 18000 bis ca. 10000 v. Chr.), Abbildungen tanzender Menschen und erste primitive Musikinstrumente (Flöten und Pfeifen). Zu Tanz und Musik aber gehört das Lied. Diese Einheit von Tanz, Musik und Lied ist ein Hauptkennzeichen der Stämme, die bis in die Gegenwart vom Jagen wilder Tiere und Sammeln wilder Früchte sich ernährt haben, wie z.B. der Buschmänner im südlichen Afrika, der Pygmäen im Kongo-Becken oder einiger Stämme Australiens. Und sie darf auch für die europäische späte Altsteinzeit angenommen werden. Die menschliche Sprache war, wie das Niveau der Handwerkszeuge und der Malerei beweist, weit genug fortgeschritten, um solchen Zwekken dienstbar sein zu können. Damit aber sind wir beim frühesten erkennbaren Anfang von Dichtung angekommen, dem Lied als Teil des Tanzes. Wie die archäologischen Funde und der Vergleich mit den Jägern und Sammlern der Gegenwart lehren, handelt es sich dabei im wesentlichen um Tänze magischen Charakters, um Jagdzauber.

Der magische Tanz der Jäger ist eine nachahmende Darstellung des Tieres, das erlegt werden soll, und der Jagd selber. Die Natur, das Tier, soll durch die Darstellung dem menschlichen Willen untergeordnet werden, damit es auch wirklich erlegt werden kann. Diese magischen Tänze tragen ja tatsächlich zur erfolgreichen Durchführung der Jagd bei. Sie dienen zum einen der gefühlsmäßigen Anspannung und Konzentration der Jäger auf ihr Ziel und zum andern benötigen sie die objektive Erkenntnis der Natur als Voraussetzung. Denn nur bei allergenauester Beobachtung der Tiere kann ein realistischer Tanz aufgeführt werden, und eben diese genaue Kenntnis des Verhaltens der Tiere ist wiederum unabdingbar für den Erfolg der Jagd. Der magische Tanz ist also die gesellschaftliche Form der Naturerkenntnis der Jäger. Die szenische Darstellung der Tiere, die durch Tiermasken und Tierfelle verdeutlicht wird, entspricht den Malereien der Magdalénien-Kultur ebenso wie der der südafrikanischen Buschmänner: Die zu jagenden Tiere werden aufs genaueste, in möglichst anschaulicher, lebendiger Form abgebildet – und gelegentlich wird dann sogar das Bild des Tieres mit Speeren und Pfeilen beschossen.

Der **Tanz** bestimmt zunächst einmal die Form jeder dazugehörigen →verbalen Äußerung. Es entsteht ein durch den Rhythmus des Tanzes und der dazugehörigen Musik bestimmtes Lied. Dieser (mit den Füßen gestoßene) Rhythmus ist die Basis und der Ursprung aller späteren dichterischen Versmaße. Die notwendige Anpassung der Sprache an den Rhythmus und an die Musik ist die erste Ursache für die Entwicklung einer ›gehobenen‹ Dichtersprache. Wortwahl und Wortfolge werden dadurch bestimmt, und die gebundene Form ist eine der Ursachen für die wortgetreue Überlieferung von Liedern, die auch veraltete Sprachformen weiterleben läßt (später kommt allerdings noch die Klassenspaltung als weiteres Moment für die Entstehung und →Tradierung der ›gehobenen‹ Dichtersprache dazu). Der rituelle Tanz ist aber nicht nur die Quelle des Liedes, sondern auch der dramatischen Dichtung. Die Nachahmung der Tiere und der Jagd geschieht zunächst nur in Gesten und Bewegung, sobald aber das Wort dazukommt, entwickelt sich auch ein Gegenüber von Vorsänger und »Chor«, die Anfänge dramatischer Szenen. Wie sich daraus nach Tausenden von Jahren in Griechenland die für die europäische Kultur maßgebliche Form dramatischer Kunst entwickelt, davon wird noch zu reden sein.

Zwar dürfen wir nicht einfach die Kultur der Jäger und Sammler der Gegenwart mit der der europäischen späten Altsteinzeit identifizieren. Oft sind sie aus Not, verdrängt von anderen Völkern, zu Wildbeutern ›rückentwickelt‹, also keinesfalls dann ›Überbleibsel aus der Steinzeit‹. Es gibt zudem auch unter beschränkten Bedingungen die Möglichkeit kultureller Entwicklung, und außerdem sind die modernen Jäger- und Sammlerkulturen praktisch doch immer beeinflußt von der europäischen Kultur, die ihnen als →Kolonialismus und →Imperialismus entgegengetreten ist. Dennoch ergibt sich aus den grundlegenden Gemeinsamkeiten in der Lebensweise (eben dem Fehlen von Haustieren und Getreideanbau) und der Sozialstruktur (keine dauernde Möglichkeit der Ausbeutung fremder Arbeit, folglich auch keine →Institutionalisierung der Herrschaft von Menschen über Menschen) auch die Möglichkeit weiterer →Analogien. Zwei wesentliche inhaltliche Aspekte der Dichtung der modernen Jäger und Sammler gelten sicher auch für die späte Altsteinzeit:

1. Es gibt keine objektivierende, neutrale Beobachtung der Natur. Vielmehr stehen im Vordergrund die Gefühle und Reaktionen der Menschen und die auf Tiere und die Natur überhaupt übertragenen menschlichen Gefühle. Das heißt auch Konzentration auf eine Sache, eine Situation, keine Verallgemeinerungen. Diese emotionelle Konzentration ist formal deutlich in Wiederholungen, Variationen, Parallelismen. Die Lieder erhalten dadurch oft einen geradezu einhämmernden Charakter. Das verhindert aber nicht die genaue Beschreibung der Natur, der Lebensweise der Tiere. Beschrieben werden die Tiere nach dem Bild der menschlichen Beziehungen, noch nicht aber unter dem Aspekt der Herrschaft von Macht und Ohnmacht, wie sie für die spätere Tierfabel charakteristisch ist.

2. Die Jagd ist für diese Menschen kein Vergnügen, sondern eine lebensnotwendige Sache. Es gibt deswegen keine Helden, keinen Ruhm, keinen Preis des Jagens, wie später in Zeiten, wo der Lebensunterhalt auf andere Weise (und den Herren durch Untergebene) gesichert wurde. Es gibt auch keinerlei Verachtung oder Geringschätzung der Tiere, vielmehr eine ganz intensive Gefühlsbindung gerade an das Tier, das erlegt werden soll. Es wird etwa um Verzeihung gebeten, daß es getötet wird, oder es wird ihm ein viel besseres Leben nach dem Tod verkündet. Diese Haltung hängt eng zusammen mit dem Entstehen des Tieropfers, das dann allerdings später im

Zusammenhang mit dem →Fruchtbarkeitskult noch andere Bedeutung gewinnt.

Bei den Jägern und Sammlern der Gegenwart gibt es außer bei der Jagd noch viele andere Anlässe zu Tanz, Musik und Lied. Und da es sicher ist, daß schon die Jäger der Altsteinzeit Geburt und Tod zum Anlaß religiöser Handlungen genommen haben, ist es auch höchst wahrscheinlich, daß die dazugehörigen Riten Formen von ›Gebeten‹ und gebundenen Texten – Lieder oder Sprüche – enthielten.

Ähnliches gilt für die →Mythologie. Zwar erweisen sich die mythischen Erzählungen, mit denen die Jäger und Sammler der Gegenwart die Natur und die menschliche Gesellschaft erklären, in ihrer Systematik als hochentwickelte Spätformen, aber die Anfänge solcher Mythen sind für die Steinzeit durchaus vorstellbar, ja eigentlich selbstverständlich. Denn welche andere Form sollte das Selbstverständnis der Menschen der Natur und den eigenen gesellschaftlichen Formen gegenüber gehabt haben? Was es sicher sowenig wie bei den modernen Jägern gegeben hat, sind Götter- und Heldenmythen, die erst der Herausbildung menschlicher Herrschafts- und Heldenformen ihre Entstehung verdanken.

Die Magdalénien-Kultur ging unter, weil die Erderwärmung am Ende der letzten Eiszeit ihre Basis vernichtete. An die Stelle der tierreichen Steppe und Tundra trat in West- und Mitteleuropa der Urwald. Das wichtigste Jagdtier, das Ren, wanderte nach Norden.

Fast zur gleichen Zeit begann im Vorderen Orient, begünstigt durch dieselben klimatischen Veränderungen, der Übergang der dort lebenden Jäger und Sammler zu Ackerbau und Viehzucht. Soweit die Ausgrabungsergebnisse bis heute zeigen, wurde schon ab dem 10. Jahrtausend in den Bergländern des Nahen Ostens (Türkei, Syrien, Palästina, Kurdistan, Armenien, Iran) bislang wildwachsendes Getreide angebaut (Gerste, Weizen) und die ersten Tiere zu Haustieren gezähmt (Schafe, Ziegen, Gazellen, Hunde). Jahrtausendelang bestimmte von da an der Vordere Orient die Fortschritte der Menschheitsgeschichte, erst in der griechisch-römischen Antike übernahm Europa wieder eine führende Rolle in der kulturellen Entwicklung, die aber ohne das Erbe des Orients ganz undenkbar wäre.

In den folgenden Jahrtausenden entstanden im Orient neue Kult- und Dichtungsformen.

Das Wachsen der Feldfrüchte und die Vermehrung der Herdentiere erklärten sich die Bauern und Hirten nach ihren menschlichen Erfahrungen. Die Fähigkeit der Frau, Kinder zu gebären, war der Schlüssel zur Erklärung der Welt. Man errichtete der ›Fruchtbarkeit‹ als weiblichem Wesen Tempel und versuchte, diese Göttin zu beeinflussen. Ihr wurden die ersten Früchte der Ernte oder die Jungtiere der Herde als Opfer dargebracht, damit die Fruchtbarkeit erhalten bliebe. Als magische Nachahmung der Natur entstand das Ritual der »heiligen Hochzeit«. Durch die feierliche sexuelle Vereinigung der Menschen sollte die Fruchtbarkeit der gesamten Natur alljährlich wieder herbeigezwungen werden.

Bei diesen Riten wurden Tänze aufgeführt und Lieder gesungen. Auch die Weltentstehungsmythen, die in dieser Zeit entstanden, orientierten sich am Modell der menschlichen Fortpflanzung. Himmel und Erde, das Meer oder die Gestirne wurden in verschiedener Weise als sexuelle Potenzen gesehen, aus ihrer jeweiligen Vereinigung entstand die Vielfalt der Natur.

Die gemeinsame Arbeit, die zur immer weitergehenden Beherrschung der Naturkräfte nötig war, brachte eine weitere Dichtungsform hervor, das **Arbeitslied**. Sein objektiver Sinn ist es, die Arbeit rhythmisch zu gestalten und damit den Bewegungsvorgang des menschlichen Körpers oder seiner Teile zu erleichtern. Besonders beim Gebrauch von Werkzeugen ist dies äußerst wirksam. Solche Arbeitslieder sind von allen Völkern der Erde, die nicht mehr bloß vom Sammeln und Jagen leben, bekannt. Ihr Ende kam in Europa erst durch den endgültigen Sieg der Maschine, die den Gesang der Menschen sowohl übertönte als auch überflüssig machte. Noch vor hundert Jahren gab es in Deutschland berufsmäßige Vorsänger, z. B. für Dammarbeiten an der Nordseeküste, die besser bezahlt wurden als einfache Arbeiter. Die Dampframme machte auch sie arbeitslos.

Gegen Ende des 6. Jahrtausends begann im Orient die Besiedlung der südirakischen Tiefebene, des großen Flußtales von Euphrat und Tigris, und wenige hundert Jahre später die Besiedlung des Niltals in Ägypten. Um diese Zeit waren längst Rind und Schwein domestiziert, konnte man Wolle spinnen und Stoffe weben, war überall im Orient die Töpferei verbreitet und wurden schon die ersten Handwerkszeuge aus Metall (Kupfer) hergestellt. In den folgenden zwei Jahrtausenden wurde die Metallgewinnung aus Erzen entwickelt (»Bronzezeit«), ein einfacher Holzpflug ersetzte in vielen Gegenden die Hacke und die Notwendigkeit des Gütertransportes führte zur Konstruktion von Rad und Wagen (gezogen von Ochs und Esel) und zum Bau von Segelschiffen.

In den Flußtälern mußte das Land anders als bisher bestellt werden. Die alljährliche Regenmenge reichte für das Wachstum der Pflanzen nicht aus, dafür aber gab es die Möglichkeit, die regelmäßigen Überschwemmungen der großen Flüsse für künstliche Bewässerung zu nutzen. Das konnte nur als Gemeinschaftsaufgabe von vielen geleistet werden und es bedurfte dazu der genauen Beobachtung der Naturkräfte und der Planung der menschlichen Arbeit. Gelang dies, so übertraf das Ernteergebnis das der Bergländer um ein Vielfaches, konnte das Hochwasser aber nicht reguliert werden, so war die Arbeit eines Jahres dahin. So boten diese Flußtäler besonders günstige Voraussetzungen für das Entstehen der ersten organisierten →Klassengesellschaften der Menschheitsgeschichte, der Stadtstaaten der Sumerer im Südirak und des Pharaonenreichs in Ägypten. Einerseits produzierten die Bauern bald erheblich mehr als sie unbedingt zum Leben nötig hatten – sie konnten also ausgebeutet werden, ohne zugrunde zu gehen – und andererseits waren sie, um produzieren zu können, abhängig von Anleitung und Planung.

Diese leitenden Funktionen hatten bei den Sumerern zunächst die Priester inne, bald aber standen neben und über ihnen ›weltliche‹ Herrscher. Die alte Stammesdemokratie wurde beseitigt, die Herrscher sicherten sich mit ihren Beamten die Überschüsse der landwirtschaftlichen Arbeit und die Verwertung der Produkte der Handwerker. Ihre Macht stützten die neuen Herren auf die Gewalt der Waffen und die Kraft der religiösen Vorstellungen, die die neue Ordnung als gottgewollt erklärten.

Aber diese Ausbeuter waren keine untätigen Parasiten. Freigestellt von der harten körperlichen Arbeit, entwickelten sie, freilich zum Zweck der besseren Organisierung der Ausbeutung, die Schrift und die ersten Wissenschaften – Arithmetik, Geometrie und Astronomie, samt der genauen Berechnung des Kalenders.

Entstehung der schriftlichen Literatur

Die Schrift war nötig zur Verwaltung der immer größer werdenden Tempel- und Palastgüter, z. B. für Ablieferungslisten, Bestandsaufnahmen der Lagerhäuser, Lohnabrechnungen usw. Diesem Zweck entsprechend wurden die Schreiber ausgebildet, die bald die wichtigsten Beamten der Priester und Könige waren. Zwar verbreitete sich die Kenntnis der Schrift mit der immer in Grenzen gehaltenen und vom Staat kontrollierten Herausbildung des Handels und des Großgrundbesitzes über den engen Rahmen der Beamten der Könige und Priester hinaus, aber die Volksmassen konnten im Alten Orient weder lesen noch schreiben.

Gefördert wurde diese Unkenntnis durch die Kompliziertheit und Menge der Schriftzeichen. Erst als am Ende des 2. Jahrtausends in den syrisch-phönikischen Handelsstädten für den Bedarf der Kaufleute und Handwerker aus der alten Bilder- und Silbenschrift eine Buchstabenschrift entwickelt wurde, die dann von den Griechen vervollkommnet wurde, war der Weg offen für eine allgemeine Verbreitung von Lesen und Schreiben.

Für den Alten Orient aber heißt das, daß es sich bei der Literatur, die wir kennen, fast immer um Texte handelt, die entweder direkt im Auftrag der Priester und Könige oder doch von Schreibern, die in deren Diensten standen, aufgeschrieben wurden. Wir kennen also die Gedanken des Volkes und die im Volk lebendigen Dichtungen nur in dem Maße und in der Form, in der dies in die Kultur der herrschenden Klasse Eingang fand oder soweit das Volk die Kultur der herrschenden Klasse selbst übernahm.

So kennen wir z. B. kaum Arbeitslieder aus dem Alten Orient, obwohl bildliche Darstellungen beweisen, daß und wie die Musik von den neuen Herren als Antrieb für die Arbeit der Massen verwendet worden ist. Aber das Volk, das die Lieder sang, lernte und überlieferte sie mündlich, und die Herren brauchten keine Aufzeichnungen von Liedern, die sie sowieso weder sangen noch sich anhörten. Träger und Schöpfer der schriftlich überlieferten Literatur des Alten Orients sind also die Institutionen der Herrschaft (Palast und Tempel) und die Schulen, in denen die Schreiber ausgebildet und mit der überlieferten Literatur vertraut gemacht wurden, die sogenannten Tafelhäuser, genannt nach den Schrifttafeln. Von den dort tätigen ›Schriftgelehrten‹ wurde auch vorher nur mündlich überlieferte Dichtung aufgezeichnet und archiviert, es entstanden umfangreiche Bibliotheken, von denen einige in den letzten hundert Jahren ausgegraben wurden. Ihnen verdanken wir die Kenntnis dieser Literatur.

Die bedeutsamste Ausnahme von dieser Bindung der schriftlichen Literatur an die herrschende Klasse sind Teile des **Alten Testaments,** nämlich die Schriften einiger jüdischer Propheten aus der ersten Hälfte des 1. Jahrtausends v. Chr., wie des Hirten Amos, der den Großgrundbesitzern und ihrer Religionsausübung im Namen des Gottes des Volkes den Untergang verkündet. In der noch weitgehend von den Strukturen der alten Stammesdemokratie geprägten Gesellschaft Israels war zu dieser Zeit die aus Phönizien übernommene Buchstabenschrift offenbar unter der freien Bevölkerung so weit verbreitet, daß einfache Leute sowohl schreiben als auch sich schriftlich an ihre Volksgenossen wenden konnten. In der gesamten Überlieferung der Literatur der →Hochkulturen des Alten Orients findet sich nichts dergleichen.

Das äußere Bild der altorientalischen Geschichte von den Anfängen der Stadtstaaten der Sumerer an ist eine stetige und unaufhörliche Kette von Kriegen und Machtkämpfen. Doch damit ist verbunden, daß eine immer größere Zahl von Völkern und Stämmen einbezogen wird in die fortschreitende kulturelle und wirtschaftliche Entwicklung, die bis zur Zeit Alexanders des Großen geprägt wird von dem, was die Sumerer im 3. Jahrtausend geschaffen haben. Das gilt ganz besonders für die schriftlich überlieferte Literatur. Die Akkader, die – mit der neuen Hauptstadt Babylon – am Anfang des 2. Jahrtausends die Sumerer als das herrschende Volk in ›Babylonien‹ ablösten, übernahmen Schrift, Formen und Inhalte der Literatur von den Sumerern – oft wurden alte Dichtungen wortwörtlich übersetzt –, und erst recht gilt diese kulturelle Abhängigkeit (nun von den Akkadern) für die Assyrer, die dann als gewaltige Militärmacht im Orient erscheinen, und für das Neubabylonische Reich im 1. Jahrtausend.

Das Kultlied

Zahlreiche Dichtungsformen für religiöse Zwecke sind aus dem Alten Orient überliefert: Hymnen, die das Wirken der Götter besingen, die die Pracht der Tempel – und damit die menschlichen Bauherren – rühmen, Lehrgedichte, spezielle Beschwörungs- und Wahrsagetexte usw. Die anläßlich kultischer Feste vorgetragenen ›Lehrgedichte‹ sind offenbar im Orient die älteste Form, in der Mythen über Götter und die Anfänge von Welt und Kultur vorgetragen wurden. In ihnen wird die hymnische Anrufung der Götter, das Gebet, verbunden mit dem erzählenden Bericht über die Werke der Götter, die Schöpfung der Welt und ihrer Ordnung. Solche Lehrgedichte sind für viele Völker der Erde bezeugt. Ihre Verbindung mit und Herkunft aus Ritus und Kult ist eindeutig und auch für die sumerisch-akkadische Dichtung evident.

Der Inhalt dieser orientalischen Kultlieder ist schon zutiefst geprägt von den menschlichen Herrschaftsformen. An die Stelle der alten Naturmächte und weiblichen Fruchtbarkeitsgötter sind →anthropomorphe Götter getreten. Aber nicht allgemein nach dem Bilde des Menschen sind diese Götter geformt, es sind Abbilder der Herrscher. Die neue, fast unbegrenzte Macht der Priester und Könige spiegelt sich wider in der Allmacht der Götter.

Und diese Götter sind Männer. Zwar kennen die Sumerer und Akkader auch weibliche Götter. Einige von ihnen werden auch als sehr alt bezeichnet und sie tragen deutlich die Spuren des alten Fruchtbarkeitskultes an sich, aber die Macht bei den Göttern haben jetzt, wie in der menschlichen Gesellschaft, die Männer. Dabei zeigen die Mythen über die Anfänge der Welt und der Natur noch ein doppeltes Bild. Auf der einen Seite gilt noch das alte Modell der sexuellen Fortpflanzung, von den Priestern mittlerweile in ein theologisches System gebracht. Daneben aber steht der neue Schöpfergott. Er schafft alles durch sein Wort. Wie dem Befehl des Despoten, so folgt dem göttlichen Wort die sofortige Ausführung.

Die orientalischen Mythen berichten auch über die Entstehung der menschlichen Kultur, über wichtige Erfindungen wie die Hacke, oder die Einrichtung der Bewässerungsanlagen. Aber in diesen Gedichten schafft nicht – wie in den Mythen vieler anderer Völker – die Menschheit selbst, in Gestalt großer Männer oder Frauen, ihre Kultur, sondern die allmächtigen Götter schenken sie den Menschen. Nicht der Ruhm der Fortschritte und Errungenschaften des menschlichen Geschlechts ist das Thema dieser Lieder, sondern die Allgewalt der Götter. Und diese Götter schenken den Menschen nicht nur die Kultur, sondern, damit aufs engste verbunden, die gesellschaftliche Ordnung.

Eindrucksvoll wird dies ausgedrückt in dem berühmtesten Kultgedicht des Alten Orients, dem nach seinen Anfangsworten benannten »Enuma elisch« (»Als oben im Himmel . . .«). Das Gedicht beschreibt, wie die Welt entstand und wie Marduk, der babylonische Stadtgott, die Mächte des Chaos besiegt und zum obersten Weltherrscher wird. Es wurde von babylonischen Priestern, wahrscheinlich um etwa 1800 v. Chr. geschaffen, z. T. als eine Umdichtung alter sumerischer Hymnen, und wurde jahrhundertelang alljährlich im Rahmen der Liturgie des babylonischen Neujahrsfestes feierlich vorgetragen. So wurde dem Volk von Babylon eines immer wieder neu eingehämmert: Die Gesellschaftsstruktur mit dem allmächtigen Despoten an der Spitze und den Priestern als Mittlern zwischen Menschen und Göttern ist von ewig her von den Göttern geschaffen und muß so bleiben, wenn die für die Menschen unbedingt notwendigen Dinge, wie Sonne und Regen, Bewässerung und Wachstum, garantiert bleiben sollen. Man sieht die Kehrseite der Vermenschlichung der Götter. Menschen waren es nur der Form nach, tatsächlich waren sie so weit entfernt von den Menschen wie die Despoten auch. So ist es ganz natürlich, daß im Volk lange Zeit die alten Fruchtbarkeitsgötter viel populärer blieben. Dafür gibt es zwar keine schriftlichen Zeugnisse, wohl aber andere archäologisch faßbare Indizien. Die alten magischen Formen und Formeln freilich verkamen, soweit sie nicht im offiziellen Kult →integriert waren, ihrer gesellschaftlichen Funktion beraubt, zu Zauberei, schwarzer Magie und blankem Aberglauben.

Frühe Epen

Neben den für Kultzwecke geschaffenen Gedichten gab es im Alten Orient auch rein erzählende Dichtungen, die den Bezug zum Kult abgestreift haben. Dabei handelt es sich aber nicht bloß um eine formale Verselbständigung der erzählenden Teile des alten Kultgedichtes. Diese epische Dichtung hat eine andere gesellschaftliche Funktion. Wie bei vielen anderen Völkern auch hat die Existenz einer in Kriegen und Eroberungen sich bewährenden herrschenden Klasse auch das Entstehen eines Heldenepos zur Folge. Daß dabei dichterische Formen der Kultlieder verwendet werden, ist überall noch zu sehen, aber der Zweck der Gedichte ist ein anderer. Es geht nicht mehr um die Einführung in Riten, deren mythische Begründung, schon gar nicht mehr um magische Formeln zur Bewältigung der Natur, sondern um die Unterhaltung der Könige und Herrscher. Besungen werden die großen Taten der früheren Könige in Krieg und Frieden, ihre engen Beziehungen und ihr vertrauter Umgang mit den Göttern. Auf dieser Ebene erscheinen dann auch die Götter weniger erhaben, ihr Lebensstil ist ebenso unbeschwert und luxuriös wie der der Herren.

Obwohl diese **epische Dichtung** ihre Bindung an die herrschende Klasse nicht verliert, ist sie doch im Volk populär geworden. Denn in den Mythen und Sagen von den alten Königen erkennt das Volk auch seine Geschichte wieder – die Kämpfe der Städte untereinander um die Vorherrschaft, die Auseinandersetzungen der Bewohner der Tiefebenen mit den Bergstämmen im Norden und Osten und den Wüstennomaden im Westen und auch die frühen →Klassenkämpfe.

Die Helden des Epos sind aber auch als Personen hervorragende Vertreter der Menschheit. Sie entwickeln beispielhaft die von den einfachen Verhältnissen geforderten natürlichen Tugenden – Tapferkeit, Mut, Schlauheit, Ausdauer –, bei ihnen gibt es noch keinen Widerspruch zwischen ihrer gesellschaftlichen Funktion als Herren und ihren persönlichen Fähigkeiten und keine sichtbare Trennung von Kopf- und Handarbeit. Und selbst die Ruhmsucht der Heroen verkörpert mehr als nur das Interesse der Herrenklasse. Es ist die – auf ein Individuum konzentrierte – Frage nach dem, was vom Leben der Menschen Bestand hat, was bei all dem Auf und Ab der Geschichte als Ergebnis bleibt. Am bekanntesten sind die Lieder von Gilgamesch, dem sagenhaften und auch historischen König von Uruk aus der ersten Hälfte des 3. Jahrtausends v. Chr. Schon sumerische Epen berichten von seinen Taten, wie etwa von der großen Mauer, die er um Uruk bauen ließ und deren Reste in der Gegenwart ausgegraben wurden. Im 2. Jahrtausend sind dann mehrere der früheren Einzelepen zu einem Großepos zusammengefügt worden, das wir in einer assyrischen Fassung fast vollständig kennen. Der Dichter, der dies Epos geschaffen hat, hat offenbar bewußt aus dem in vielen Abenteuern und Kriegen bewährten Herrn von Uruk einen Menschen gemacht, der nach dem Sinn des Lebens fragt. Diese Geschichte von Gilgamesch ist die Geschichte seiner Freundschaft mit Enkidu, dem Mann, der aus der Wildnis kam, der großen Taten der beiden, von Enkidus vielbeklagtem Tod und den vergeblichen Versuchen Gilgameschs, Unsterblichkeit zu erlangen. Alle Mittel, die er erkundet, helfen ihm nicht. Am Ende schließlich verweist er auf die Mauer von Uruk, als auf das, was von ihm übrig bleibt: Allein das von Menschen geschaffene Werk verleiht ihm Unsterblichkeit, gibt dem Leben Sinn.

Wie populär dieser Gilgamesch war, zeigt sich darin, daß Spuren von Gilgameschepen in Syrien und Kleinasien gefunden wurden und daß babylonische Fassungen der Epen nicht in der sonst üblichen poetischen Kunstsprache überliefert sind, sondern in einer tatsächlich damals gesprochenen Sprache.

Sowohl bei Kultgedichten als auch bei Epen können wir auf den frühen Stufen der Überlieferung noch eindeutige Spuren noch früherer mündlicher Überlieferung feststellen, wie etwa die häufigen Wiederholungen ganzer Versreihen oder die Formelhaftigkeit vieler Wendungen. Die Einteilung der Verse nach Rhythmus und →Metrum ist erst für die akkadische Dichtung genauer feststellbar; fast nichts läßt sich natürlich feststellen über die Beziehungen des (gesungenen) Textes zur Musik, die den Vortrag begleitete.

Die anderen Formen von Literatur, die neben dem Kultlied und dem Epos aus dem Alten Orient überliefert sind, können wir grob in zwei Gruppen einteilen:

1. Zum einen handelt es sich um Texte, die direkt mit den Aktivitäten der Könige und Priester zusammenhängen oder über sie berichten, wie Inschriften, Chroniken, Rechenschaftsberichte oder Gesetzessammlungen.

2. Anderes entstammt dem Umkreis der sogenannten Tafelhäuser. Da gab es wissenschaftliche Literatur, z. T. in Form von Streitgedichten, oder auch satirische Gedichte über das Leben in der Schule, und hier wurde auch volkstümliches Gut aufgezeichnet, wie Fabeln oder Sprichwörter, in denen wir gelegentlich auch einmal die gesellschaftliche Struktur von unten sehen lernen.

Eigentlich müßte in diesem historischen Abriß nun auch über die Literatur des alten Ägypten gesprochen werden. Denn sie ist, auch wenn es viele Parallelen und gegenseitige Beziehungen zum Orient gab, eine ganz eigenständige Erscheinung, die nicht mit dem Hinweis auf Ähnliches abgetan werden kann. Daß (bei dem Zwang zur Kürze) nur vom Orient und nicht auch von Ägypten die Rede ist, läßt sich dennoch rechtfertigen. Denn in den Beziehungen zwischen Ägypten und dem Vorderen Orient war der Orient meist kulturell führend. So waren z. B. nicht die ägyptischen Hieroglyphen die ›international‹ gültige Schrift, sondern die babylonische Keilschrift. Und auch für die direkten und indirekten Wirkungen auf Europa ist der Alte Orient wichtiger geworden als Ägypten.

Das gilt z. B. für das Volk Israel, dessen Religion für Europa maßgeblich werden sollte. Dies Volk wurde geprägt von den Auseinandersetzungen zwischen seiner eigenen Tradition und den Erfahrungen der Wüstenstämme, die nach Palästina einwanderten, mit der weit überlegenen Kultur Mesopotamiens. Den Stoff der biblischen Schöpfungsgeschichte lieferten die babylonischen Kultgedichte ebenso wie die Geschichten vom Paradies oder von der Sintflut (→ S. 36f.).

Die griechische Literatur

Am Ende des 3. oder am Anfang des 2. Jahrtausends kamen, vermutlich aus Osteuropa, die Stämme nach Griechenland, die die griechische Sprache mitbrachten. Die Einwanderer fanden nicht nur eine ihnen überlegene, mit den Errungenschaften des Orients vertraute Kultur vor, sondern sie gerieten im Verlauf der folgenden Zeit unter den beherrschenden Einfluß der eigenartigen Kultur Kretas, die selbst stark vom Orient beeinflußt war. Ihre gesellschaftliche Ordnung folgte orientalischem Muster. Königspaläste, deren bekanntester Mykene ist, waren der Mittelpunkt militärischer Macht, die Masse der Bevölkerung offenbar abgabenpflichtig. Die Verwaltung entwickelte sogar, nach kretischem Vorbild, ein eigenes Schriftsystem, dessen Überreste seit 1953 entziffert werden können. Literatur enthalten sie allerdings nicht.

Im 2. Jahrtausend erhielten griechische Religion und Mythologie ihre entscheidende Prägung. Die alten, einheimischen Göttinnen und Götter wurden zu Söhnen und Töchtern, Frauen und anderen Anverwandten des indogermanischen Haupt- und Wettergottes Zeus, aus dem Orient kamen die dortigen Weltentstehungs- und Göttermythen, und aus dem Kriegsgeschehen der mykenischen Spätzeit entstanden die Heroensagen.

Sowohl die eigentlich religiösen Mythen als auch die Heldensagen sind in einer solchen Gesellschaft ohne das Medium der Dichtung kaum vorstellbar. Je feierlicher die Gelegenheit des Vortrags, desto wichtiger wird die wörtliche Festlegung dieser Texte mittels gebundener Sprache und Melodie (Gesang).

Im letzten Viertel des 2. Jahrtausends brach diese mykenische Kultur zusammen. Die Ursache der gewaltigen Zerstörungen ist unbekannt, das Ergebnis war ein totaler sozialer Umbruch. Die Herrschaftsstrukturen zerbrachen wie die Burgen der Herrscher. Auch die Schrift überlebte die Palastbürokratie nicht. Ein Wiedererstarken der alten, →urdemokratischen Stammes- und Sippenorganisation auf der Basis relativer sozialer Gleichheit war die Folge. Der Reichtum der mykenischen Ausbeuter wurde abgelöst von einer gleichmäßigen Armut aller. Die Beziehungen zum Orient wurden für Jahrhunderte unterbrochen, und in Griechenland selbst ergab sich ein Bild weitgehender politischer und kultureller Zersplitterung. Im Rahmen und aus dieser Stammesgesellschaft heraus entwickelte sich in den folgenden Jahrhunderten eine neue Klassentrennung: Spätestens im 8. Jahrhundert gab es fast überall in Griechenland adlige Großgrundbesitzer, deren Reichtum an Boden und Vieh sie von ihren kleinbäuerlichen Stammesgenossen abhob, und die ihren Reichtum auch durch Krieg, d. h. Raub und Piraterie vermehrten.

Dieser Adel sicherte seinen Besitz durch die Übernahme der politischen Gewalt – das alte, demokratisch legitimierte, Stammeskönigtum wurde ausgeschaltet.

Das Epos

Dies war die Basis für das Wiederaufblühen der epischen Dichtung. Die Adelsgeschlechter leiteten ihre Überlegenheit aus ihrer edlen

Abstammung ab – von den Göttern oder zumindest von den Herrschern der mykenischen Zeit. Und deren Taten wurden im Epos besungen.

Der Ort, wo diese Entwicklung vonstatten ging, war allerdings nicht das griechische Mutterland, sondern die erst nach der mykenischen Zeit von Griechen besiedelte Westküste Kleinasiens und die östliche Ägäis, die Gegenden, in denen sich der ionische Dialekt herausbildete. Daß gerade dort das Heldenepos zur Blüte kam, läßt sich vielleicht damit erklären, daß die dort eingewanderten Griechen stärker die Erinnerung an die Vergangenheit des Mutterlandes pflegten. Es ist sicher aber auch Ausdruck des größeren Wohlstandes und der größeren Weltoffenheit, die die Konfrontation mit der orientalischen Kultur mit sich brachte.

Diese **epische Dichtung** war mündliche Dichtung. Die Dichter waren berufsmäßige Sänger. Einem Dichter oder Sänger mußten die unveränderlichen Fakten, der überlieferte Stoff der Dichtung, bekannt sein und es mußte ihm für seine Formulierung ein großer Formelschatz zur Verfügung stehen. Dieser ist in langer Tradition entwickelt worden – eine poetische Kunstsprache, über die ein guter Dichter verfügte wie ein anderer über seine Muttersprache. Sprache und Versmaß des Epos, wie sie sich in Ionien herausgebildet haben, blieben für epische Dichtung in Griechenland überhaupt verbindlich.

Die epische Dichtung baut nichts weniger auf als ›Spannung‹ auf den Ausgang der Handlung. Der ist ja bekannt. Was die Aufmerksamkeit des Hörers fesselt, das ist die Darstellung selbst, die realistische Schilderung der ganzen Lebensumstände, der Details der Handlung, die Einblendung der Vorgeschichte. Die Wirklichkeit wird dabei objektiv geschildert, es gibt auch keinen tieferen, etwa symbolischen Sinn hinter der Erzählung.

Die einzigen uns erhaltenen Epen sind »Ilias« und »Odyssee«, die im 8. oder 7. Jahrhundert entstanden sind. In der Antike schrieb man sie einem Dichter, Homer, zu (→S. 38f.). Heute halten wir zwei verschiedene Autoren für wahrscheinlicher. Die »Odyssee« spiegelt deutlich eine jüngere Gesellschaftsordnung wider, und ihr Dichter hat auch andere Anschauungen über das Wirken der Götter gegenüber den Menschen als der »Ilias«-Dichter.

Auch nach »Ilias« und »Odyssee« sind, bis zum 6. Jahrhundert, noch epische Dichtungen entstanden, auch auf dem griechischen Festland, wohin das ionische Epos wieder zurückwirkte. Aber die homerischen Epen überragten an Umfang und poetischer Qualität die vorhergehenden und nachfolgenden Dichtungen so sehr, daß sie alles andere in den Schatten gestellt und verdrängt haben. Wahrscheinlich schon ihre Entstehung, sicher ihre Überlieferung, hängt auch mit der Verbreitung der Schrift zusammen. Im 9. oder 8. Jahrhundert wurde erstmals die phönizische Buchstabenschrift leicht abgewandelt für das Griechische verwendet, und diese neue griechische Schrift verbreitete sich bald, diesmal nicht als bürokratische Geheimwissenschaft, sondern zunächst als Gebrauchsgegenstand des aufkommenden Seehandels.

Das Ende der Produktion von Epen war nicht das Ende ihrer Wirkung. Im Gegenteil, noch lange wurden bei festlichen Gelegenheiten die homerischen Epen, auch im Sängerwettbewerb, vorgetragen. Und im demokratischen Athen des 5. Jahrhunderts waren diese Epen praktisch das Schulbuch für das Lesen- und Schreibenlernen. Es ist dies ein Aspekt der Tatsache, daß die Kultur der frühen Adelswelt in Griechenland weit über die Zeit hinaus wirkte, da der Adel wirklich die führende Gesellschaftsschicht war.

Die bedeutsamste allgemeine Wirkung des griechischen Epos war sein Beitrag zur Schaffung eines allgemein-griechischen Nationalbewußtseins. Das war nur möglich durch den inhaltlichen Bezug auf die weithin vergessene Kultur des mykenischen Zeitalters mit ihrer kulturellen (vielleicht zeitweilig auch politischen) Einheit großer Teile Griechenlands. Dieser Rückgriff war ja zunächst reine →Adelsideologie. Aber sein Ergebnis ging weit über adlige Vorstellungen und Interessen hinaus. Die Griechen gelangten zu einem Bewußtsein ihrer Identität als Volk – und dies, im Gegensatz zu vielen anderen Völkern, nicht durch eine gewaltsame kriegerische Vereinigung.

Das Lehrgedicht

Formal, von der Anwendung der Dichtersprache her gesehen, gehören auch die vermutlich im Anfang des 7. Jahrhunderts in Böotien in Mittelgriechenland entstandenen Gedichte des Hesiod zur epischen Dichtung. Aber sie repräsentieren andere Dichtungsgattungen und sie stammen aus einer anderen sozialen Welt als die Heldenepen.

In den ersten Versen der »Theogonie« (»Entstehung der Götter«) benennt Hesiod selbst den Unterschied seiner Dichtung zum Heldenepos: Die Musen, die ihn zum Dichter berufen wie Engel einen alttestamentlichen Propheten, verkünden ihm, sie könnten Wahres und Falsches singen. Das Falsche, das meint die bloß unterhaltenden Epen; das Wahre, das ist Hesiods religiöses Lehrgedicht über die Entstehung von Welt und Göttern und die von den Göttern geschaffene und garantierte Ordnung der Welt.

Inhaltlich steht Hesiod in der »Theogonie« vielfältig in der Tradition des Orients, aber sein eigenes Spekulieren und Spintisieren bringt immer wieder neue Aspekte in das Überkommene. Das spezifische Kennzeichen seiner Theologie ist die durchgehend moralische Tendenz, mit der auch die Abfolge der Götter gedeutet wird. Zeus, der am Ende siegt, benötigt zwar gegen seine Widersacher durchaus Donner und Blitz, aber er festigt seine Macht nicht durch Gewalt, sondern indem er eine auf Gerechtigkeit beruhende Weltordnung schafft. Sogar die besiegten Götter bekommen darin eine Funktion.

In dem zweiten überlieferten Gedicht Hesiods wird die menschliche Gesellschaft mit dem Prinzip der Gerechtigkeit konfrontiert. Die »Werke und Tage« sind eine große Mahnrede an den Bruder des Dichters, die verschiedene mythologische Erzählungen und Fabeln enthält und eine Art Bauernkalender. Mit seinem Bruder habe er – sagt Hesiod – einen Erbstreit gehabt, den dieser durch die Bestechung der Richter (das sind die adligen Herren des Landes) gewonnen habe. Die Kritik an diesen »geschenkefressenden Königen« weitet Hesiod aus zu einer Kritik der Willkürherrschaft des Adels überhaupt. Er tut dies, indem er die Könige an die Weltordnung erinnert, der auch sie unterstehen, dem Regiment der Gerechtigkeit des Zeus. Daß Zeus der Gerechtigkeit wirklich immer zum Sieg verhelfen wird, das wagt Hesiod allerdings kaum zu hoffen. Aber er beruft sich im Namen des kleinen Bauern, wie er selbst einer ist, auf Zeus, von dem doch eigentlich gerade die Herrscher ihre →Legitimation ableiten. Der Mahnung zur Gerechtigkeit nach oben entspricht die Mahnung zur Arbeit an die Adresse der Bauern. Die Arbeit, d.h. die Landarbeit, preist Hesiod als den richtigen Weg zu ausreichendem Wohlstand. Auch hier geschieht die Argumentation ganz in religiöser Form. Die Arbeit der Bauern ist nicht deswegen sinnvoll, weil sie Lebensmittel für die Gesellschaft produziert, sondern weil der Bauer bei seiner Arbeit die göttlichen Gesetze (der Natur) genau beachten muß. Tut er dies, so wird der Segen der Götter nicht fehlen. Indem Hesiod so dem adligen Ruhmesdenken die Wertschätzung der Arbeit gegenüberstellt, trägt er bei zur Selbstachtung derjenigen, die ihr Leben in Mühsal und Arbeit verbringen.

Solidarität der Armen wird man allerdings bei Hesiod vergeblich suchen. So steht z.B. unter den Bauernregeln zur Frage der Heirat, daß man sich davor hüten müsse, daß die Nachbarn sich über die Heirat freuen – Freude ist nur vorstellbar als Schadenfreude, daß einer eine allzu gefräßige oder faule Frau erwischt hat.

Hesiods Sprache ist gegenüber den großen Epen oft ungelenk und mühsam. Aber die einfache, fast primitive Gliederung erlaubt gelegentlich einen Blick auf zugrundeliegende (musikalische) Strophen, wie sie sonst im Epos nicht mehr zu erschließen sind.

Seine Nachwirkung war auch literarisch groß. Er galt in der Antike bald als Erfinder des »Lehrgedichts« und wurde darin oft nachgeahmt, am bedeutsamsten von Vergil in den »Georgika« (→S. 60f.).

Hesiods Gedichte gehören zu den frühesten Dokumenten der sozialen Krise des archaischen Griechenland vom 8. bis 6. Jahrhundert v. Chr. In dieser Zeit erstarken Handel und Handwerk und die Stadt (griechisch: Polis) wird zum Mittelpunkt des gesellschaftlich-politischen Lebens.

Dabei verläuft diese Entwicklung in den verschiedenen Gegenden Griechenlands sehr unterschiedlich. Es gab Landschaften, besonders im Norden und Westen, die fast ganz in den alten Zuständen verharrten, und es gab den Sonderfall Sparta, auf den hier nicht eingegangen werden kann.

Die Anfänge der Polis gehören noch in die Zeit der Ausbreitung der Macht des Adels. Der Wohnsitz der führenden Familien, mit dem sich oft mykenische Traditionen verbanden, wurde durch diese zum politischen und kulturellen Mittelpunkt eines Gebietes. Es war dies daher auch der Ort, wo Handwerk und Handel sich ausbreiteten und wo dann die anderen Volksschichten um Mitwirkung an der vom Adel usurpierten Macht kämpften.

Die Kleinbauern gerieten zunehmend unter den ökonomischen Druck der großen Herren, ihre Beziehungen zu diesen wurden vielfach geprägt durch die Praxis der »Schuldknechtschaft«. Wer sich von reichen Nachbarn etwas leihen mußte, der mußte dafür sich selbst und seine Familie verpfänden, arbeitete nun weitgehend – auf seinem eigenen Land – für den Gläubiger und konnte im Extremfall von diesem auch als Sklave verkauft werden.

Für die Zukunft der antiken Gesellschaft war es von ausschlaggebender Bedeutung, daß es den Bauern gelang, die Beseitigung dieser Art von Leibeigenschaft durchzusetzen. Dadurch wurden zwar die Unterschiede zwischen arm und reich nicht beseitigt – zumal da nur in den seltensten Fällen die Forderung nach Neuaufteilung des Landes erfolgreich war – aber es blieb hinfort auch der ärmste Bauer ein freier Mann und politisch ein Bürger der Stadt.

Die Tendenzen zur Entstehung eines →Feudalismus wie im europäischen Mittelalter waren damit abgeschnitten. Eine griechische Stadt unterscheidet sich deswegen auch grundsätzlich von der des Mittelalters. Wie sehr Handel und Handwerk sich auch in bestimmten Zeiten ausbreiteten, die Masse der Bürger waren Bauern. Sie lebten nicht deswegen in der Stadt, um der Herrschaft des Feudalherren zu entgehen. Dorf und Stadt waren in den besten Zeiten eine politische Gemeinschaft. Infolgedessen behielt auch der Adel in der antiken Stadt immer eine starke politische und kulturelle Stellung. Die Demokratie hat im Grunde nur aristokratische Traditionen verallgemeinert. Weder Handarbeit (außer Landarbeit) noch die Tätigkeit eines Händlers oder Geldleihers erreichten jemals soziales Ansehen.

Die Kehrseite und notwendige Folge der Freiheit der Bauernbürger war der Aufschwung der Sklaverei. Wenn die eigenen Stammesgenossen als fremde Arbeitskraft nicht zur Verfügung standen, mußte man diese anderswoher beschaffen. Und so wurden – meist von außerhalb Griechenlands, durch Krieg und Raub – massenhaft Sklaven importiert, die in allen Bereichen der Wirtschaft tätig waren. Man suchte natürlich, den Sklaven die schwerste und schmutzigste Arbeit zuzuschieben – im Bergbau Attikas waren im 5. Jahrhundert nur noch Sklaven tätig.

Ebenso wie auf Sklaven war die Polis auf die sogenannten Metöken (= Mitbewohner) angewiesen, freie Fremde meist griechischer Herkunft, die keine oder nur sehr begrenzte Bürgerrechte besaßen. Sie waren für Handwerk und Handel unersetzlich.

Mit Hilfe von Sklaven und Metöken fand so in vielen griechischen Städten ein wirtschaftlicher Aufschwung statt, der den freien Bürgern die Möglichkeit gab, sich mit voller Leidenschaft der Politik zu widmen. In Athen wurde zu Beginn des 6. Jahrhunderts durch die Gesetzgebung des Solon die Schuldknechtschaft beseitigt und die freien Bürger wurden nach ihrem Einkommen (gemessen nach Ernteerträgen) in vier »Stände« eingeteilt. Die obersten Staatsämter waren den Reichen vorbehalten. Es war ein Versuch, die Staatsverfassung zu ordnen und das Ende der selbstverständlichen Macht des Erbadels.

Eine wichtige Etappe auf dem Weg zur Demokratie war, wie ähnlich auch in anderen griechischen Städten, die Tyrannis des Peisistratos und seiner Söhne (ca. 560 bis 510 v. Chr.).

Die meist selbst adligen Tyrannen machten sich die Parteienkämpfe innerhalb des Adels zunutze, die eine direkte Folge der sozialen Konflikte waren. Oft errangen sie mit Hilfe von Söldnern die Herrschaft in einer Stadt, und da die bisherigen Machthaber, die alten Adelsfamilien, ihre natürlichen Gegner waren, stützten sie sich politisch eher auf die niederen Schichten. Oft war die Tyrannenherrschaft eine Zeit längeren Friedens, was der wirtschaftlichen Entwicklung der Städte zugute kam. Schließlich leisteten sie durch Förderung städtischer Einrichtungen wirtschaftlicher oder kulturell-religiöser Art einen wesentlichen Beitrag zur Schaffung eines allgemeinen Polis-Bewußtseins der Bürger-Bauern.

Peisistratos ließ z. B. die ersten athenischen Münzen mit dem heiligen Tier der Athene, der Eule, prägen. Zu seinen Bauten gehört die erste öffentliche Wasserleitung Athens ebenso wie ein prunkvoller Tempel der Stadtgöttin Athene auf der Akropolis. Er stiftete – als Konkurrenz zu den traditionellen Festspielen in Olympia, Korinth oder Delphi – die panathenäischen Festspiele, auf denen neben sportlichen Wettkämpfen u. a. die homerischen Epen vorgetragen wurden. Und er förderte den Kult der von den Bauern verehrten Götter, besonders des Dionysos, dessen Kultfeste zu offiziellen Festen der Stadt wurden.

Kurz nach dem Ende der Tyrannis, das von adligen Familien mit militärischer Hilfe Spartas herbeigeführt wurde, kam es in Athen zum Sieg der Demokratie.

Die beiden wichtigsten Maßnahmen, die damals getroffen wurden, waren die Neueinteilung aller attischen Bürger nach lokalen Gesichtspunkten und die Anerkennung der Volksversammlung, zu der jeder erwachsene freie Mann Zutritt hatte, als das oberste Organ der politischen Willensbildung.

Es gab dabei allerdings noch eine Reihe Einschränkungen, und die höchsten Staatsämter waren weiterhin den wohlhabenden Schichten vorbehalten. So ging der innenpolitische Kampf der nächsten Jahrzehnte um die Abschaffung der letzten aristokratischen Vorrechte weiter. Eine wesentliche Bedeutung kommt dabei den Perserkriegen zu. In dem erfolgreichen Abwehrkampf gegen die persische Invasion nach Griechenland, mit dem Höhepunkt in den Schlachten von Marathon 490 v. Chr. und von Salamis 480 v. Chr., wurden sich die Griechen der entscheidenden Unterschiede bewußt, die ihre Stadtverfassungen und ihren Lebensstil deutlich von den orientalischen Staaten und Gesellschaften trennten.

Innerhalb Griechenlands aber wurde Athen und seine demokratische Verfassung zum Vorbild und zur politischen Vormacht, weil es am entschlossensten und erfolgreichsten gegen die Perser gekämpft hatte.

Und wiederum in Athen selbst wuchs durch die Perserkriege die politische Bedeutung der niedersten Schicht der freien Bürger, der sogenannten Theten (Tagelöhner). Denn sie hatten als Ruderer und Soldaten der Flotte die entscheidenden Siege über die Perser erfochten und damit die Freiheit der Stadt gerettet.

Die fünfzig Jahre zwischen der Schlacht von Salamis und dem Ausbruch des Krieges zwischen Athen und Sparta im Jahr 431 v. Chr. sind die Blütezeit Athens in der Antike. Athen war politisch, wirtschaftlich und kulturell die führende Stadt Griechenlands. Die Bauten der →Akropolis, die damals entstanden, sind ein noch heute sichtbares Denkmal der attischen Demokratie.

Aber diese Demokratie beruhte nicht nur auf der Ausbeutung der Sklavenarbeit im Inneren, sondern sie verdankte ihre Blüte der Stellung Athens als Handelsplatz und den Beiträgen des von Athen in den Perserkriegen gegründeten Seebundes, die bald wie ein Tribut eingezogen wurden. Athen verlegte sich zur Erhaltung und Ausdehnung seiner Einflußzonen immer mehr auf blanke Machtpolitik. Das war die eine Ursache des Krieges mit Sparta. Die andere lag in den inneren Verhältnissen Spartas selbst, dessen herrschende Klasse es nicht dulden konnte und wollte, daß demokratische Verfassungen und Tendenzen, wie sie überall von Athen gefördert wurden, die Legitimation ihrer Herrschaft über die Heloten und Messenier in Frage stellte (→S. 48 f.).

Das Ende des fast dreißigjährigen, sogenannten Peloponnesischen Krieges, der ganz Griechenland ergriff, war die totale militärische Niederlage Athens – und ein antidemokratischer Putsch in Athen. Zwar wurde die alte Verfassung bald wieder in Kraft gesetzt, aber Demokratie und Polis-Verfassung hatten von da an nicht mehr die Bedeutung wie vorher. Die Polis konnte ihrem idealen Anspruch nicht mehr gerecht werden und durch die vernünftige Regelung der öffentlichen Angelegenheiten auch das Wohlergehen der Bürger garantieren. Und so war bald auch Politik nicht mehr die wichtigste Beschäftigung der Bürger.

Die Lyrik

Das 7. und 6. Jahrhundert, die Zeit des sozialen Umbruchs, ist die Blütezeit der griechischen Lyrik. Mit Lyrik bezeichnen wir die nichtepische und nichtdramatische Dichtung, die zur Musikbegleitung gesungen oder vorgetragen wurde. Im 7. Jahrhundert hatten sich, meist aus volkstümlicher Lieddichtung, die bei Arbeit, Kult, Geselligkeit lebendig war, die Dichtungsformen entwickelt, die für die Gelegenheiten und Zwecke der adligstädtischen Gesellschaft verwendet wurden. Wie die Volkslieder vorher auch, ist diese lyrische Dichtung gebunden an eine Gelegenheit, sie braucht einen Anlaß, einen Ort, zumindest einen Adressaten. Und die Dichtungsarten unterscheiden sich je nach diesen äußeren Anlässen. So kommt es, daß sprachlicher Stil und Dialekt, Versmaß und musikalische Begleitung, ja sogar bestimmte Themen für jede Gattung von dem Zeitpunkt an festgelegt sind, wo sie erstmals eine künstlerische Form erreicht haben. Die Dichter des 7. und 6. Jahrhunderts gelten deswegen oft als ›Erfinder‹ einer bestimmten Form der Lyrik.

Wesentlich für die Entwicklung der neuen künstlerischen Formen war der Einfluß der klangreichen kleinasiatischen Musik und die Übernahme kleinasiatischer Musikinstrumente nach Griechenland – zuerst natürlich im ionischen Sprachgebiet.

In Versmaß und Sprache dem Epos am nächsten steht die **Elegie,** die zur Oboe (einem Blasinstrument) vorgetragen wurde. Die Elegie ist das Medium der öffentlich-politischen Rede und – damit aufs engste verbunden – die Dichtung der männlichen Geselligkeit. Die ältesten erhaltenen Elegien sind die Kriegslieder des Kallinos aus Ephesos und des Spartaners Tyrtaios aus dem 7. Jahrhundert. Von beiden werden die Bürgersoldaten ihrer Heimatstädte zum Durchhalten im Kampf für das Vaterland aufgefordert. Aus dem Anfang des 6. Jahrhunderts stammen die Elegien des Solon aus Athen, in der er seine politischen Vorstellungen über einen gerechten Ausgleich zwischen reich und arm formuliert. Aus der Sphäre des Männergelages kommen die Elegien des Theognis von Megara, der gegen die neue Demokratie die alten Adelswerte hochhält, und des Mimnermos, der in der Antike als Erfinder der Liebeselegie galt.

Der bedeutsamste Dichter der Frühzeit war Archilochos (Mitte des 7. Jahrhunderts), der Sohn eines Adligen und einer Sklavin von der Insel Paros, der sein Leben als Söldner verbrachte. Neben Dichtungen elegischer Form finden wir bei ihm hauptsächlich Jambendichtung, die sich aus volkstümlichen Spottversen entwickelt hatte, der jambische Vers wurde später, weil er der normalen Rede am nächsten stand, zum Sprechvers des attischen Theaters. Archilochos hat, soviel wir wissen, als erster sein Leben, sein Schicksal, seine Beziehungen zu Freunden und Feinden zum fast ausschließlichen Thema seiner Gedichte gemacht. Er war berühmt für das Ausmaß von Spott und Haß, das er über seine Gegner ausschüttete.

Die eigentliche Lyrik, das zur Lyra gesungene Sololied, kommt in schon vollendeter Form mit den Gedichten der Sappho (→S. 42f.) und des Alkaios um etwa 600 v. Chr. zum Vorschein. Die Themen des Alkaios sind im Gegensatz zu Sappho weithin politisch – er ist verstrickt in Parteienkämpfe des lesbischen Adels, und zwar auf seiten des reaktionären, antidemokratischen Teils. Er ist auch – wie nach ihm besonders Anakreon – ein Meister des geselligen und erotischen Trinklieds.

Im dorischen Sprachgebiet des Peloponnes, kam das Chorlied zu künstlerischer Reife. Hierbei handelt es sich um nicht mehr und nicht weniger als um die uralten Tänze und Gesänge kultischer Art, die jetzt für die anspruchsvolle Adelskultur literarisch, musikalisch und choreographisch ausgestaltet wurden. Chorlieder gab es als Götterhymnen (der Refrain bezeichnete die spezielle Gattung) und für viele Anlässe des gesellschaftlichen Lebens. Überliefert sind uns die Siegeslieder von Pindar (ca. 520–446) und Bakchylides (ca. 505 bis ca. 450) für Sieger in sportlichen Wettkämpfen in Olympia und anderen Orten.

Daß in der griechischen Lyrik ganz unterschiedliche Tendenzen und Anschauungen zu finden sind, wird nicht überraschen. Da stehen zunächst die adlige Welt und ihre Ideale selbst zur Diskussion. Archilochos rühmt sich, in der Schlacht lieber den Schild als das Leben gelassen zu haben. Für Pindar dagegen ist ein sportlicher Sieg geradezu ein Beweis edlen Blutes.

Von Archilochos an fast stereotyp hören wir Klagen und Reflexionen über die Unbeständigkeit menschlichen Glücks. Das ist nicht verwunderlich in einer Zeit innerer Wirren, des Aufkommens von Handel und Geldwirtschaft und angesichts der Ereignisse in Kleinasien und im Orient, wo man in dieser Zeit große Reiche zusammenbrechen sah, deren Herrscher sich vorher als dauernde Garanten göttlicher Ordnung ausgegeben hatten (Lydien, Phrygien, Assyrien, Babylonien, Ägypten). Aber dagegen gibt es auch schon die Erfahrung, daß man das Schicksal beeinflussen kann. So sagt Phokylides am Anfang des 6. Jahrhunderts: »Eine kleine Stadt auf einem Felsen, wenn sie in gerechter Ordnung lebt, ist mächtiger als das unvernünftige Ninive« (das 612 als eine der Hauptstädte Assyriens zerstört wurde).

In der gesamten Lyrik drückt sich trotz des Charakters einer Gelegenheitsdichtung ein Moment der Subjektivität aus. Das eigene Handeln und Denken ist – im Gegensatz zum Epos – jetzt ein Thema der →Reflexion. Aber der vorherrschende Ton ist auch hier der der Abhängigkeit der eigenen Empfindungen von den äußeren Ereignissen des Lebens, über die man nicht bestimmt.

Von der sprachlichen Gestaltung und der Verstechnik her bietet die griechische Lyrik eine Linie vom Einfachen zum Komplizierteren. Das äußerste Extrem ist die späte Chorlyrik. Erhabene Sprache, eine Fülle von Anspielungen und →Metaphern, dazu sicher auch kunstvolle Choreographie und musikalisch anspruchsvolle Formen – aufgeführt von berufsmäßigen Sängern.

Auch nach dem Ende der →archaischen Zeit in Griechenland hörte die Produktion lyrischer Gedichte nicht auf, ja es gab in der Zeit des Hellenismus sogar eine neue Blütezeit. Aber sie war nie mehr das, was sie im 7. und 6. Jahrhundert war, eine öffentlich wirksame und prägende Sache. Das Publikum der hellenistischen Dichter waren nur noch die Kunstkenner. Erst in Rom hat die Lyrik, wenn auch unter völlig veränderten Umständen, wenigstens dem Inhalt nach, wenn auch kaum der Wirkung, eine ähnliche gesellschaftlich-politische Relevanz gewonnen wie im archaischen Griechenland.

Die Tragödie

Die Zeit der attischen Demokratie, das 5. Jahrhundert, ist die Blütezeit des griechischen Dramas. Dessen Entwicklung beginnt im Grunde mit der archaischen Chorlyrik. Auch wenn die dabei üblichen Tanzformen nach unserem Geschmack sicher eher dem Volkstanz als dem Ballett zuzurechnen wären, so fehlte der vornehmen und dezenten Chorlyrik doch das darstellende, →mimetische Element der alten Tänze. Gerade aber das war das eigentlich Volkstümliche, und im Verlauf der Entwicklung Athens zur Demokratie drangen diese Elemente in verschiedener Weise in die offizielle Kunst ein. So entstanden nacheinander die Schauspielformen der Tragödie, des Satyrspiels und der Komödie.

Die Tragödie zuerst. Sie ist eine zunächst ganz simple Kombination von Chorliedern, die in Sprache, Musik und Tanz ganz in der Tradition des adligen Chorliedes stehen, mit szenischen Dialogen. Ihr Inhalt war wohl von Anfang an der Heroenmythos. Den Namen Tragödie (= Bocksgesang) hat dieses Musikdrama entweder von einem Bocksopfer für Dionysos erhalten, zu dessen Kult die zugrundeliegende Chorlyrik gehörte und damit auch die Tragödie selbst, oder von Bocksmasken als einer Art der weitverbreiteten Tiermasken in alten Kulttänzen. Als Erfinder der Tragödie galt in der Antike Thespis, der in der 2. Hälfte des 6. Jahrhunderts als erster einem Festchor – vielleicht zuerst bloß zur Erklärung des mythischen Liedinhalts – einen Sprecher gegenübergestellt und damit auch die Möglichkeit eines Dialogs geschaffen haben soll. Entscheidend aber für die weitere Entwicklung der Tragödie und damit auch der anderen dramatischen Formen – war die Förderung des Dionysoskultes durch Peisistratos. An den »Großen Dionysien« im Jahr 532 v. Chr., einem Frühlingsfest Ende März, fand die erste offizielle Tragödienaufführung statt. Aber auch diese dramatische Kunst war vornehm und dezent und hatte sowenig wie das Chorlied einen Platz für das grotesk-komische oder gar obszöne Spiel, das in den volkstümlichen Tänzen als Teil der magisch-rituellen Beziehung zu den Kräften der Natur (wozu auch die menschliche Sexualität zählte) lebendig war. Als »Satyrspiel« eroberten sich diese Tänze in den ersten Jahren der attischen Demokratie um etwa 500 einen Platz im offiziellen Theater – jeweils nach den Tragödienaufführungen eines Tages kam ein Satyrspiel an die Reihe. Satyrn sind die Naturdämonen im Gefolge des Gottes Dionysos, die mit einem Pferdeschwanz und überdimensionalem männlichem Geschlechtsteil versehen den »Chor« dieser Stücke bildeten. Der Inhalt dieser Stücke orientierte sich bald an den Tragödien – die Götter und Heroen, die Helden der Tragödie, wurden im Satyrspiel zum Gegenstand der Komik, des Gelächters.

Im Gegensatz zum Satyrspiel, das immer ein Anhängsel der Tragödie blieb, wurde die aus ganz ähnlichen Quellen entstandene Komödie selbständig. In ihr vereinigten sich die volkstümlichen Elemente wie Maskentanz, Spottgesänge und Stegreifspiele mit den Formen der schon etablierten Tragödie zu einer ganz spezifischen Schauspielform. Der Name kommt von Komos (also: Gesang beim Komos), einem festlich lustigen, kultischen Umzug. Ihr Inhalt ist aber jetzt nicht mehr die komische Darstellung der Heroen, sondern das politische und soziale Leben der Stadt selbst. Im Jahr 486 v. Chr. wurden das erste Mal offiziell an den »Großen Dionysien« Komödien aufgeführt. Die radikale Demokratie nahm damit ihre eigene parodistische und kritische Darstellung in ihr offizielles Festprogramm auf.

Die staatlichen Theateraufführungen waren von Anfang an Wettbewerbe, bei denen – wie bei sportlichen Wettkämpfen – Siegespreise (bei den Tragödien ein Siegeskranz) vergeben wurden. Dies →»agonale« Element ist eines der markantesten Erbstücke der Adelskultur der archaischen Zeit, wo fast jede Vergnügung zum Wettbewerb erhoben oder im Geiste des Wettbewerbes ausgetragen wurde. Aber die Art und Weise der Durchführung des Wettbewerbs enthält alle typischen Elemente der athenischen Demokratie. Im 5. Jahrhundert mußte man zum Wettbewerb durch den obersten Beamten der Stadt zugelassen werden. Mit der Zulassung war verbunden ein staatliches Honorar für den Dichter, der in der Regel gleichzeitig Regisseur seiner Stücke war und von diesem Geld auch die Schauspieler bezahlen mußte (die Zahl der gleichzeitig auf der Bühne agierenden Schauspieler und also für ein Stück benötigten betrug nie mehr als drei). Der städtische Beamte teilte auch einen Choregen zu (eigentlich = Chorführer), das heißt einen vermögenden Bürger, der die Kosten der Ausbildung und Ausstattung des (12- bis 15köpfigen) Chores zu übernehmen hatte. Die zehn Preisrichter wurden durch Auswahl und Los aus jedem der zehn Verwaltungsbezirke Attikas ermittelt. Für das Ergebnis zählten nur fünf, durch Los ermittelte Voten. An den »Großen Dionysien« wurden im 5. Jahrhundert jeweils an drei Tagen, vom frühen Morgen an, je drei oft inhaltlich zusammenhängende Tragödien und ein Satyrspiel eines Dichters aufgeführt, und an einem weiteren Tag fünf Komödien von verschiedenen Dichtern. Daneben gab es auch noch die Aufführungen der Dithyramben, der Festlieder für Dionysos, die als Wettbewerb von zehn jeweils fünfzig Mann starken Chören aus den zehn Verwaltungsbezirken organisiert waren. Rechnet man noch die Musiker und stummen Schauspieler dazu, so waren bei den Theater- und Choraufführungen der »Großen Dionysien« rund 1000 Personen beschäftigt, die große Mehrzahl Laien, nämlich die Chorsänger, und zwar nur Männer, Bürger (Athen hatte höchstens 30000–40000 Bürger).

Das Theater faßte mehr als 15000 Zuschauer, ob Frauen dazu Zutritt haben, ist nicht sicher erwiesen. Man zahlte Eintritt und in späterer Zeit gab es dafür staatliche Zuschüsse für ärmere Bürger. Seit 442 bzw. 432 gab es an den »Lenäen«, einem weiteren Dionysosfest im Januar, ebenfalls offizielle Komödien- und Tragödienwettbewerbe mit der gleichen Zahl von Stücken. Da wir nur aus der Zeit des peloponnesischen Krieges von Kürzungen des Programms wissen, kann man ausrechnen, daß im 5. Jahrhundert über 1000 Tragödien, etwa halb soviel Komödien und einige hundert Satyrspiele aufgeführt worden sind – Wiederholungen gab es prinzipiell nicht. Überliefert sind uns davon (neben vielen z. T. längeren Bruchstücken): von Aischylos und Sophokles je 7 Tragödien, von Euripides 17 Tragödien und ein Satyrspiel, und 11 Komödien des Aristophanes.

Die **Tragödie** behandelt die politischen, sozialen und religiösen Probleme der Gegenwart im Gewand des Mythos, der sagenhaften Vergangenheit. Aber es handelt sich dabei nicht um eine leicht durchschaubare Verkleidung, und die Suche nach direkten Anspielungen auf die eigene Zeit der Dichter führt oft in die Irre. Es geht vielmehr um eine Auseinandersetzung mit dem religiösen Weltbild des Mythos und mit den im Mythos überlieferten und als verbindlich und vorbildlich akzeptierten Wertvorstellungen – und auf diese Weise also um ein Bewußtwerden der eigenen Situation. Das Verhältnis der Tragödie zum Mythos ist dabei ein grundlegend anderes als beim Epos, dessen Heroen und sogar Götter gewissermaßen Blutsverwandte und Standesgenossen des Adels waren. Die Helden der Tragödie bleiben dem Publikum, den Bürgern der Stadt, gegenüber erhaben, vorbildhaft – es sind die Könige der Vergangenheit. Aber andererseits werden sie jetzt dargestellt als die Führer einer Stadt, sie leben und sterben nicht mehr für ihren eigenen Ruhm, sondern in der Verantwortung für das Schicksal des Volkes und die Ordnung der Stadt.

Diese zwei Seiten des ineinander verschränkten Bezugs auf Vergangenheit und Gegenwart werden schon in der Form deutlich. Die Tragödie blieb im 5. Jahrhundert immer eine Abfolge von Dialogszenen und Chorliedern. Die Schauspieler der Szenen waren die Heroen, der Chor repräsentiert in seiner Reflexion über das dramatische Geschehen die Bürgerschaft der Polis. Aber es sind die Heroen-Schauspieler, die in der nur leicht angehobenen attischen Umgangssprache sprechen, während der Bürgerchor die hochstilisierte Kunstsprache des aristokratischen Chorlyrik verwendet. Und wiederum tragen die Schauspieler Masken, die sie als Individuen hervorheben, während der Chor das Kollektiv ohne Masken darstellt.

Ganz allgemein sind es die Beziehungen des Menschen zu seinem Tun, den Folgen und Ursachen seiner Handlung, die von der Tragödie in den Vordergrund gestellt und problematisiert werden. Das Schicksal des Helden wird zu ihm selbst als Subjekt und zu den Göttern, die die Macht über die Menschen haben, in Beziehung gesetzt. Diese Problematik kommt nicht von ungefähr auf die Tagesordnung der staatlichen Feste: Die Bürger der Polis sind dabei, die scheinbar natürliche bisherige Ordnung der Gesellschaft durch eine neue, selbstgesetzte zu ersetzen und dabei die Bedeutung und die Grenzen ihrer eigenen Entscheidungen zu erkennen. Das gilt nicht etwa bloß für die Fragen der großen Politik, sondern insgesamt für die Normen des Zusammenlebens, z. B. auf dem Gebiet des Rechts. Die attische Demokratie schuf Volksgerichte, deren Richter aus allen freien Bürgern alljährlich gewählt wurden. Bei der Beurteilung von Rechtsfragen stellte sich jetzt für jedermann die Frage nach den subjektiven Absichten eines Täters, ob die Folgen einer Entscheidung auch gewollt waren, und nach welchem Maßstab ein Mensch die Ursache seiner Taten ist. Die naive Identifizierung eines Täters mit seiner Tat war nicht mehr möglich.

Der erste Dichter, von dem wir Tragödien kennen, ist Aischylos (525–456). Seine Stücke sind zutiefst geprägt von dem Aufstieg der athenischen Demokratie und dem Erlebnis der Perserkriege.

Er versucht sichtbar zu machen, was diese neue Poliswelt vom Alten unterscheidet. In einigen Stücken steht am Ende die kultische Stiftung städtischer Einrichtungen, in denen eine neue, gerechtere und menschlichere Lebensordnung eingeführt wird. So wird die schuldhafte Verstrickung des Königshauses der Atriden durch eine demokratische Gerichtsverhandlung in Athen beendet, die von der Göttin Athene eingesetzt wird. Und so wird in Athen die Versöhnung zwischen dem einstigen Tyrannen Zeus und dem Menschenfreund Prometheus gefeiert. Aischylos ist in fast naivem Optimismus davon überzeugt, daß die göttliche Gerechtigkeit, an der er nie zweifelt, auf diese neue menschliche Ordnung zielt und entwickelt so – in der Form des Mythos – eine Idee des Fortschritts der Geschichte. Dieser Optimismus bestimmt

Die griechische Polis beruhte auf Arbeitsteilung: Ackerbau, Handel, Handwerk usw. Das sozial nicht hochstehende Handwerk war oft Sache der Sklaven. Im Bild oben und links: Handwerker bearbeiten eine Kriegerstatue. (ca. 480 v. Chr.)

auch die Darstellung individueller Schicksale. Nicht mehr die Gebrechlichkeit der Menschen gegenüber den Göttern – er leugnet sie nicht – ist sein Hauptthema, vielmehr die – auch von den Göttern gesetzte – menschliche Möglichkeit, »aus Leiden zu lernen«.

Sophokles (ca. 496–406) ist nur eine Generation jünger. Aber er zeigt eine andere Welt. Zwar bleibt die Polis eine unbestrittene Errungenschaft der menschlichen Kultur, und der Lobpreis Athens ist noch inniger als bei Aischylos. Aber die Zuversicht, daß mit der Polis-Ordnung auch das menschliche Schicksal überhaupt auf die Dauer sinnvoll gelenkt werden könne, ist dahin. Seine Tragödien enden nicht mit positiven Ausblicken auf die Zukunft, eher mit der Aussicht auf neue Katastrophen. Aber neben diesem Pessimismus hinsichtlich der menschlichen Möglichkeiten, aus eigenem Willen das Schicksal zu gestalten, steht ein absolut ungebrochener Glaube daran, daß die Götter, die ja auch die schlimmsten Katastrophen letztlich bestimmen, recht haben, daß an ihrer Weisheit nicht zu rütteln ist.

Sophokles blickt damit gleichzeitig zurück und vorwärts. Archaisch ist sein Glaube an die alten Götter und die Gerechtigkeit ihrer Weltordnung, auch wenn sie ihm selbst schon oft unverständlich ist. Er ist damit auch der letzte große Zeuge der Gültigkeit des mythisch-religiösen Weltbildes bei den Griechen. Aber vor sich sieht er offenbar schon das Scheitern der Polis-Demokratie, nicht als einer zufälligen Form staatlicher Organisation, sondern als einer Gesellschaftsform, die das Schicksal der Menschen human zu gestalten suchte. Wir müssen wohl annehmen, daß Sophokles lange vor den meisten seiner Zeitgenossen die Brüchigkeit der athenischen Machtpolitik und damit auch der gesellschaftlichen Ordnung in Athen selbst sah.

Aber es ist diese Verbindung von archaischem Glauben mit dem Pessimismus für die menschlichen Möglichkeiten, die Sophokles befähigt hat, in seinen Dramen Gestalten darzustellen, die allein auf sich gestellt und doch im Vertrauen auf die göttliche Gerechtigkeit, uns bis heute als Vorbilder der Menschlichkeit gelten: Antigone, die lieber selbst zugrunde geht als die heilige und ihr selbstverständliche Pflicht der Beerdigung ihres Bruders zu unterlassen, auch wenn dieser ein todeswürdiges Verbrechen begangen hat und gegen die eigene Heimatstadt zu Felde zog (→S. 44f.). Oder König Ödipus, der in Verantwortung für seine Stadt nach den Gründen der Pest solange forscht, bis er entdeckt, daß er selbst es ist, der – ohne es zu wissen – seinen Vater erschlagen und seine Mutter geheiratet hat und sich damit außerhalb aller menschlichen Ordnung gestellt hat. Und der doch dies unergründliche Schicksal als Willen der Götter auf sich nimmt.

Für Euripides (ca. 485–406), den dritten großen Tragödiendichter des 5. Jahrhunderts, gilt das, was oben allgemein zur Thematik der Tragödie gesagt wurde, nur noch beschränkt.

Wie bei keinem zweiten antiken Dichter spiegeln sich in seinen Werken die politischen, sozialen und geistigen Probleme seiner Zeit wider. Anders als sein älterer Zeitgenosse Sophokles verschließt er sich nicht der aufklärerischen Philosophie der sogenannten Sophisten, die damit ernst gemacht haben, die Vernunft des Menschen zum Kriterium der Prüfung aller Traditionen zu machen. In Euripides' Haus soll der Philosoph Protagoras (ca. 480–410) sein Buch »Über die Götter« vorgelesen haben, in dem er die Unbeweisbarkeit der Existenz von Göttern nachwies.

Aber diese Aufklärung war nicht bloß ein Schritt im Prozeß des Mündigwerdens der Menschen, sondern auch ein Zeichen der Krise: Für die menschliche Gesellschaft, die in dem geschichtlichen Ablauf keinen Sinn mehr erkennt, können auch die Götter und mythischen Helden nicht mehr als sinngebend gelten. Daher sind Euripides' Götter nicht mehr gerecht – in manchen Stücken geht es geradezu darum, sie als unmenschlich zu denunzieren –, seine Helden nicht mehr vorbildlich, sie werden fast zu Menschen wie Du und ich, und die Polis ist nicht mehr ihr selbstverständlicher Lebensraum.

So hat Euripides angesichts der zunehmenden Grausamkeit der Kriegführung beider Seiten im Peloponnesischen Krieg mehrfach den Untergang Trojas dramatisiert, aber nicht, um der Gegenwart eine bessere Vergangenheit gegenüberzustellen, sondern um ihr die barbarische Kriegführung der Heroen und das grausame Schicksal ihrer Kriegsgefangenen als negativen Spiegel vorzuhalten.

Daneben steht dann eine neue, ganz unheroische Humanität, die in Nebenfiguren wie einem einfachen Bauern oder – doch noch – in mythischen Vertretern der Stadt Athen dargestellt wird. Und es gibt eine neue Sensibilität für das Schicksal der in der Polis unterdrückten Gruppen, besonders der Frauen, aber auch der Sklaven.

Der Abwesenheit oder der →Inkompetenz der Götter entspricht eine neue psychologische Darstellung der Gestalten des Dramas. →Affekte und intellektuelle Fähigkeiten werden nicht mehr mythologisch erklärt, d.h. als Einwirkung göttlicher Mächte, sondern psychologisch. Damit wird das Zusammenspiel rationaler und irrationaler Elemente der menschlichen Seele zum Thema und die Schicksale der Helden werden vollkommen aus ihrem Charakter abgeleitet.

Zu seinen Lebzeiten war Euripides nicht sehr erfolgreich – nur viermal gewann er einen Tragödienwettbewerb. Aber er war in der Zeit des Hellenismus, wo es bald in jeder Stadt ein Theater gab, der meistgespielte Tragödienautor der Welt. Und mit seinem psychologischen Drama wie den formalen Neuerungen, die er einführte, wurde er zum Vorbild dramatischer Kunst für die kommende Zeit. Erst die von Euripides vollzogene →Emanzipation der Tragödie von ihren kultischen und politischen Ursprüngen hat ihr die Ausstrahlung verschafft, die sie nicht nur in der Antike, sondern auch in der europäischen Geschichte der Neuzeit alle wesentlichen Theaterformen beeinflussen ließ.

Die Komödie

Euripides' Tragödien wurden im 4. Jahrhundert auch zum Vorbild für Komödiendichtung. Denn die Komödie des 5. Jahrhunderts war nach Form und Inhalt so eng an die radikale Demokratie Athens und ihren Lebensstil gebunden, daß sie deren Ende nicht überlebte. Ihr Kernstück war die sogenannte Parabase, ein Auftritt des Chores, in dem der Chorführer – auch ohne jeden Bezug zu dem schon oft disparaten Inhalt des Stücks – politische oder sonst den Dichter berührende Erörterungen vortragen konnte. Auch die anderen Teile der Komödie waren gespickt mit Anspielungen und Hinweisen auf aktuelle Vorgänge in der Stadt. Das Ausmaß an Spott und Kritik auch der ernstesten Dinge und an den hochstehendsten Personen, das ja in staatlichen Veranstaltungen vorgebracht wurde, dürfte in keinem Gesellschaftssystem seitdem erreicht worden sein.

Vollständig erhalten sind uns nur Komödien des Aristophanes (→S. 46f.), die fast alle aus der Zeit des peloponnesischen Krieges stammen. In ihnen erweist sich Aristophanes als heftiger Kritiker der Kriegspolitik der radikalen Demokraten und gibt der Friedenssehnsucht des Volkes beredten Ausdruck. Für die neu entstehenden sozialen Spannungen in Athen ist es bezeichnend, daß Aristophanes immer wieder Kleinbauern vom Lande auf die Bühne bringt, deren Interessen im Gegensatz stehen zur Politik, wie sie in der Stadt gemacht wird. Die Polis vermochte offenbar die ideale Einheit von Stadt und Land nicht mehr zu verwirklichen.

Es gibt keine Hinweise darauf, daß im 4. Jahrhundert die totale Rede- und Kritikfreiheit der Komödie durch staatliche Maßnahmen beschnitten worden sei. Dennoch hört diese Art der politischen Auseinandersetzung fast plötzlich auf – die Parabase verschwindet als Teil der Komödie, die Rolle des Chores wird zurückgedrängt. Schon die letzten uns überlieferten Komödien des Aristophanes aus den Jahren 392 und 388 verlassen den Alltag der Stadt zugunsten der Darstellung und Verspottung utopischer und märchenhafter Ideen. Ebenso verschwindet die ursprüngliche Derbheit der Komödie, die obszöne Redeweise oder das überdimensionale Geschlechtsteil, das die Schauspieler im 5.

Unterrichtsszene aus dem antiken Athen. Vielseitige Erziehung war den sozial Hochgestellten vorbehalten. Im Gegensatz zu den Handwerkern (»Banausen«) kamen aus ihren Reihen die Kenner und Liebhaber von Kunst und Literatur

Jahrhundert trugen. Auch dies ist ein Zeichen für die neue Trennung von Stadt und Land – das bäuerische Element wird zurückgedrängt, der Geschmack der Stadt wird feiner.

In der Folgezeit werden von der Komödie →Mythen-Travestien geboten und es werden bald auch typische Szenen aus dem bürgerlichen Alltag dargestellt. Am Ende des Jahrhunderts schließlich ist das Milieu der einigermaßen wohlhabenden Bürger auch das der Komödie. Meist geht es um Verwicklungen, die sich aus Liebesaffären, Vergewaltigungen von Mädchen oder Aussetzungen von Kindern ergeben. Es treten →Hetären und Liebhaber auf, Sklaven und Soldaten und dergleichen Typen.

Der bedeutendste Dichter der Zeit ist Menander (ca. 342–290), von dem erst im 20. Jahrhundert einige ganz oder fast vollständig erhaltene Dramen durch Papyrusfunde in Ägypten wieder bekannt geworden sind. Bei ihm wurden aus festgelegten Typen Menschen mit individuellem Wesen, die durch ihre gegenseitige Freundlichkeit, Güte und Überzeugbarkeit die Zufälle des Lebens und die Verwicklungen der dichterischen Erfindung zum Guten wenden. Das Leben dieser Menschen ist gegenüber der Komödie des 5. Jahrhunderts ganz unpolitisch, die große Politik spielt nur als Schicksal oder Zufall in ihr Leben hinein. Typisch ist die Friedenssehnsucht, die immer wieder durchscheint, aber eben auch ganz passiv ist. Andererseits gilt aber die neue untragische Menschlichkeit auch für die Außenseiter der Gesellschaft, die Hetären und Sklaven. Ihre reale Situation wird nicht verändert – höchstens stellt sich am Ende eines Stückes heraus, daß ein Sklave eben doch freigeboren ist –, sie gewinnen jedoch die Menschenwürde, die ihnen in der antiken Gesellschaft meist versagt blieb.

Euripideisch ist diese neue Komödie nicht nur äußerlich der Form nach (es gibt praktisch keinen Chor mehr, nur noch musikalische Pausenfüllung), sondern auch in den Regeln, die für Aufbau und Abfolge der Handlung befolgt werden. Es entwickelt sich jetzt auch die berühmte »Fünf-Zahl« von Akten des Dramas, die dann in der europäischen Theatergeschichte lange weitergewirkt hat.

Die schon durch die Überlieferungslage gebotene Beschränkung der Beschreibung der dramatischen Kunst auf Athen rechtfertigt sich auch wegen der Bedeutung Athens für die Antike und der Nachwirkung dieser Werke für die europäische Literatur – von Rom angefangen. Aber für das Bild der Antike ist sie einseitig und unvollkommen. So gab es im griechischen Sizilien die Komödien des Epicharmos (ca. 550–460), aus volkstümlichen Elementen entwickelt, aber schon der neueren attischen Komödie nahestehend (Fehlen des direkten politischen Bezugs, Mythentravestie). Es gab die »Mimen« des Sophron (Mitte des 5. Jahrhunderts), kleine Prosaszenen, in denen das Alltagsleben der kleinen Leute auf die Bühne kam, und im griechischen Unteritalien gab es eine eigenständige Typenkomödie, die Phlyakenposse.

Und schließlich gab es spätestens auch seit dem 5. Jahrhundert und erst recht im Hellenismus in einem Umfang, der die Aufführungen der literarischen Dramen weit überstieg, das einfache, realistische Volkstheater, den Mimos. Aufgeführt oft sogar von Laien, ohne Masken und ohne literarische Ambitionen. Diese Stücke, vielfach improvisiert, aus dem alltäglichen Leben genommen, waren weitaus realistischer auch als die neue Komödie. Aber sie sind dafür auch noch mehr Illusionstheater. Während die neue Komödie, trotz aller Unterschiede zur früheren Zeit, den Zuschauer immer wieder zum Verlassen der reinen Illusion zwang, erfüllte der Mimos endgültig die Bedürfnisse des Ablenkungstheaters für das Volk, das seine politischen Geschicke nicht mehr selbst gestaltete.

Prosaliteratur

Bevor nun über die hellenistische Dichtung gesprochen wird, sollen die Formen der Prosaliteratur wenigstens aufgeführt werden, die sich in Griechenland vom 6. Jahrhundert an entwickelten (→S. 53).

Die ältesten Werke entstammen dem ionischen Sprachraum: die Sammlung der äsopischen Fabeln (→S. 40f.), die Schriften der ersten Philosophen (Anaximander, Anaximenes, Heraklit), und die ersten Anfänge von lokaler Geschichtsschreibung und Ethnographie.

Im Athen des 5. Jahrhunderts entstand das erste große Werk der Geschichtsschreibung, die »Historien« (Nachforschungen) des Herodot aus Halikarnass in Kleinasien (ca. 484–425). Sein Werk ist geprägt von der ethnographischen Tradition der Ionier – Herodot machte auch selbst Reisen nach Ägypten und Babylonien – und von dem Erlebnis der historischen Auseinandersetzung zwischen der orientalischen Despotie und dem griechischen Polis-Staat. Herodot teilte deren athenische Interpretation als Verteidigung der Freiheit der Griechen. Der große innergriechische Krieg am Ende des Jahrhunderts war dann Anlaß und Inhalt des Werks des Thukydides (→S. 48f.).

Die für die griechische Polis ganz selbstverständliche Redekunst wurde in der 2. Hälfte des 5. Jahrhunderts auch zum Gegenstand theoretischer Betrachtung – seitdem gibt es die antike Rhetorik, die auch die theoretische Erfassung sprachlichen Stils einschloß. Die politischen Reden selbst wurden unter dem Einfluß der Rhetorik literarisch, von den Rednern veröffentlicht – überliefert sind uns Reden des Lysis, Isokrates und Demosthenes aus dem 4. Jahrhundert.

Athen war seit dem 5. Jahrhundert auch das Zentrum der griechischen Philosophie (und blieb das bis zur Schließung der Philosophenschulen durch die christlichen Kaiser im 6. Jahrhundert n. Chr.). Hier lebten im 4. Jahrhundert Platon, dessen dialogische Schriften zu den bedeutsamsten Kunstwerken der griechischen Prosa gehören (→S. 50f.), und Aristoteles (384–322).

Die Entwicklung von Wissenschaften und Technik führte schließlich schon seit dem Ende des 5. Jahrhunderts zu einer immer umfangreicheren Sachliteratur in allen Disziplinen – zu den ältesten Schriften dieser Art gehören die des Arztes Hippokrates und seiner Schule.

Hellenismus

Mit der Schlacht von Chaironeia im Jahr 338 v. Chr. wurde Philipp von Makedonien (382–336) praktisch der Herr Griechenlands, sein Sohn Alexander der Große (356–323) war wenige Jahre später, nach Zerschlagung des Perserreiches, Herr der Welt.

Damit beginnt die Zeit des Hellenismus, der Ausbreitung griechischer Kultur, Wissenschaft und Technik in alle Teile der Welt. Die politische Bedeutung Griechenlands wurde dabei immer geringer. In den nach Alexanders Tod entstandenen großen Monarchien im Osten herrschte eine zahlenmäßig geringe makedonisch-griechische Oberschicht über das Volk fast genauso wie vorher die einheimischen Despoten.

Das ist die Ausgangssituation für die hellenistische Literatur des 3. und 2. Jahrhunderts. Sie ist geprägt von Bewunderung für die großen Werke der griechischen Vergangenheit und von der Verfeinerung des Kunstgeschmacks eines literarisch gebildeten, elitären Publikums. Adressat ist nicht mehr das Volk, das ja schon in der griechischen Polis auf die freien Bürger beschränkt war.

Man griff also auf frühere Dichtungsformen zurück, verfeinerte oder veränderte sie. Ein typisches Produkt des Hellenismus ist das sogenannte Lehrgedicht, in dem nach dem so verstandenen Vorbild des Hesiod beliebige Wissensgebiete dichterisch abgehandelt wurden. Ein guter Dichter erweist sich eben darin, daß er auch das trockenste Thema abwechslungsreich und interessant darstellen kann. Den Gipfel künstlicher Dichtung bilden die sogenannten Technopaignia, Gedichte, deren Verse so gebastelt sind, daß ihr Schriftbild eine bildliche Darstellung, z.B. eine Flöte oder einen Flügel, ergibt. Aber das war auch im Hellenismus eine Sackgasse.

Schwerpunkt der neuen Literatur wurde die ägyptische Hauptstadt Alexandrien, wo die griechischen Könige des Landes eine umfangreiche Bibliothek errichtet hatten – den dortigen →Philologen verdanken wir weitgehend die Überlieferung der klassischen griechischen Literatur.

Theokrit von Syrakus (1. Hälfte des 3. Jahrhunderts), begründete die Hirtendichtung, in der realistische Züge mit dem idyllischen Bild mischen, das sich Stadtbewohner vom Landleben machen. Apollonios von Rhodos (ca. 290–215) dichtete ein großes Epos, die »Argonautika«.

Der bedeutsamste Dichter aber war Kallimachos von Kyrene (ca. 300–240). Er formulierte auch die künstlerischen Prinzipien des Hellenismus: Das Ideal des feinen, erlesenen Kunstwerkes, geschaffen nach dem subjektiven Maßstab und Willen des Dichters, der losgelöst ist von allen überindividuellen Bindungen. So entsteht auch schon die theoretische Vorstellung einer Kunst, an sich, die einen eigenen Wert hat auch getrennt von sozialen Beziehungen und Ansprüchen. Er dichtete u. a. Elegien und Kleinepen, deren oft ironisierter mythologischer Inhalt von auserlesener Gelehrsamkeit war. Kallimachos war schließlich Bibliothekar, und das gebildete Publikum erfreute sich an der Entzifferung auch der ausgefallensten Anspielungen.

Die tatsächliche künstlerische Leistung dieser Gedichte erlaubte Kallimachos auch ein neues Selbstbewußtsein als Dichter gegenüber den Großen der Vergangenheit. Dies beides, die Gedichte der Alexandriner selbst und ihr künstlerisches Selbstbewußtsein waren es, die dann in Rom die Literatur entscheidend prägten.

Der bedeutsamste Komödiendichter Roms, von dem 21 Stücke überliefert sind, war **Plautus** (ca. 254–184 v. Chr.). Er war derjenige, der die populären Elemente der italienischen Tradition in die Bearbeitung und Aufführung der griechischen Stücke mit einbrachte. Er gewann durch seinen sprühenden Humor, die Situationskomik und die vollendete Durchführung von Typenrollen eine gewaltige Popularität und zwar bei allen Schichten der Gesellschaft. Bei aller Anspielung auf die römische Gegenwart wurde der Stoff der griechischen Vorlagen doch beibehalten und Plautus ließ er sich auch nicht entgehen, die Differenz zwischen der Welt der attischen Komödie und dem Rom seiner Tage auszuspielen. Die Römer durften über die ihnen militärisch längst unterlegenen »Griechlein« lachen und das Gefühl kultureller Rückständigkeit dadurch kompensieren, daß man moralisch besser war. Aber gelegentlich läßt auch Plautus spüren, daß die griechische Stadt auch ein schönes Ideal war – da konnte ein Sklave klüger als sein Herr auftreten, und die Beziehungen der Menschen zueinander waren nicht so roh und brutal wie in der aufsteigenden Weltmacht Rom.

Die römische Literatur

Die Einflüsse griechischer Kultur auf das im 7. oder 6. Jahrhundert als etruskische Stadt gegründete Rom waren von Anfang an groß. Die Etrusker selbst waren für griechische Einflüsse sehr empfänglich und auch nach Abschüttlung der etruskischen Herrschaft hatte Rom bald wieder kulturelle und Handelsbeziehungen zu den Griechenstädten, die ja schon seit dem 8. Jahrhundert in Süditalien und Sizilien existierten.

Die gesellschaftliche Struktur und Entwicklung Roms war der in griechischen Städten der archaischen Zeit durchaus ähnlich, aber im Gegensatz zu vielen Städten Griechenlands kam es in Rom nie zu einer Demokratie. Der alte Geschlechteradel wurde nur durch einen neuen Amtsadel ersetzt, der trotz der prinzipiellen Anerkennung der souveränen Rechte der Volksversammlung immer die tatsächliche Macht behielt.

Seit dem 5. Jahrhundert hatte Rom seine Herrschaft in Mittelitalien immer mehr ausgedehnt. Im 3. Jahrhundert schließlich herrschte es nach den Kriegen gegen den griechischen König von Epirus, Pyrrhos, in Unteritalien und gegen die Karthager in Sizilien über den gesamten griechischen Kulturbereich Süditaliens.

Die griechische Kultur, die man vorfand und bewunderte, wurde jetzt in Besitz genommen. Für Statuen, Bilder und andere transportable Gegenstände gilt das wörtlich – die Literatur mußte man sich anders aneignen.

Das Drama

Im Jahr 240 v. Chr. beauftragten die zuständigen Beamten den (freigelassenen Sklaven) Livius Andronicus mit der Übersetzung und Aufführung je einer griechischen Tragödie und Komödie für die alljährlichen »Ludi Romani« (römische Spiele). Livius hatte sich für diesen Auftrag schon durch eine Übersetzung der »Odyssee« ins Lateinische qualifiziert, von deren holprigen Versen uns einige überliefert sind. Ein bedeutender Dichter und guter Übersetzer war er nicht, aber das Jahr 240 war der Anfang zu einer mehr als hundertjährigen Periode römischer Theaterdichtung.

Die griechischen Vorbilder, die man übersetzte oder bearbeitete (auch als Kombination mehrerer Vorlagen), waren die Tragödien des Euripides und solche euripideischen Stils des 4. Jahrhunderts, gelegentlich auch die des Aischylos, und die Komödien der gleichen Zeit.

Schon Naevius, der nächste italienische Dichter, den wir kennen, der ca. 201 v. Chr. starb, schuf nach dem Vorbild der griechischen Tragödie auch ein römisches Drama, das Ereignisse aus der römischen Sage und Geschichte darstellte.

Wenn auch nicht sehr zahlreich, so wurden doch in der folgenden Zeit immer wieder solche Dramen gespielt, die meist der Verbreitung des Ruhms römischer Feldherren oder ihrer Ahnen dienten.

Viel populärer waren jedoch die Tragödien griechischer Art, die bis zum Ende des 2. Jahrhunderts sehr zahlreich produziert und auch danach noch lange in Rom aufgeführt wurden.

Was das römische Publikum anzog, war offenbar das in prachtvoller Ausstattung und mit noch mehr Gesangsnummern als in den griechischen Vorbildern dargebotene pathetische Schicksalsdrama.

In augusteischer Zeit gab es eine Wiederbelebung solcher Tragödien u. a. durch Ovid (43 v. Chr.–18 n. Chr.); die einzig vollständig erhaltenen Stücke dieser Gattung stammen von dem Philosophen Seneca (ca. 4 v. Chr.–65 n. Chr.). Es sind allerdings nur Lesedramen, nicht für die Aufführung geschrieben.

Bei der Komödie war das Verhältnis von griechischem Vorbild und römischer Praxis anders.

Hier gab es eine eigenständige volkstümliche Tradition szenischer Darstellungen, die – durchaus verwandt den Vorformen der griechischen Komödie – in der bäuerlich-städtischen Kultur Italiens wurzelte: Derbe Possen, Spottlieder und Typenkomödien mit witzig-groteskem Inhalt und ungebrochenem Bezug auf die Gegenwart.

Dem trat nun die vom Staat offiziell geförderte, literarische griechische Komödie gegenüber, die eine fremde, kulturell überlegene Welt widerspiegelte. Die gegenseitige Einwirkung dieser beiden Elemente bestimmt die Geschichte der römischen Komödie.

Naevius versuchte, in die Komödie auch politischen Spott mit einzubringen, aber Rom war nicht das Athen des 5. Jahrhunderts. Die Betroffenen schlugen zurück. Naevius wurde erst ins Gefängnis gesteckt und dann verbannt.

Die Abschreckung wirkte, es gab hinfort keine politische Komödie mehr in Rom.

Diese geglückte Vereinigung griechischer Literatur mit römisch-italienischem Spiel war einmalig. Nach Plautus trennten sich die Wege wieder.

Die einheimischen Komödienformen, die mit Hilfe der Hebammendienste der griechischen Literatur zur Anerkennung gelangt waren, entwickelten sich selbständig. Es gab zunächst noch eine römische Komödie, die offenbar versuchte, sich formal an die griechischen Vorbilder anzulehnen, aber siegreich blieben die Typenposse und der Mimos, in denen das alltägliche Leben der niederen Schichten mehr oder weniger witzig dargestellt wurde. Der Mimos war bald völlig unpolitisch und illusionär – aber bis in die Kaiserzeit das populärste Schauspiel: Das Volk hatte seine Spiele.

Auf der anderen Seite gab es eine kurze Weiterentwicklung der Komödie im griechischen Stil durch Caecilius (ca. 220–168 v. Chr.) und durch Terenz (ca. 190–159 v. Chr.), von dem uns sechs Stücke erhalten sind. Terenz versuchte, den geistigen Gehalt der attischen Komödie, besonders des Menander, und ihr Milieu ins Römische zu übertragen. Seine Stücke sind nicht mehr witzig, sondern heiter. Seine Menschen sind im besten Sinne urban, höflich, freundlich, sie verzeihen einander, sie verspotten nicht den Mißerfolg – und die Verwicklungen der Komödie sind dazu da, diese ihre besten Eigenschaften zum Vorschein, zum Leuchten zu bringen. Entsprechend ist ihre Sprache dezent und meidet das Grobe, Alltägliche.

Der Abstand zum Leben des Volkes in Rom seiner Zeit war zu groß, als daß Terenz hätte großen Anklang finden können. Einige seiner Aufführungen sind ›geplatzt‹, weil das Volk aus dem Theater zu den gleichzeitig stattfindenden Box- oder Gladiatorenkämpfen eilte. Aber er traf mit seiner humanisierenden Tendenz auf die Interessen und Ideen einer Schicht von römischen Adligen, für die die Begegnung mit der griechischen Kultur zu mehr als der Sammlung von Kriegsbeute geworden war.

In dem nun beginnenden langsamen Prozeß des Eindringens humanistisch-hellenistischen Denkens in die herrschende Klasse Roms steht Terenz mit am Anfang. Und Plautus und Terenz waren beide, besonders weil die griechische Komödie des Menander nicht mehr bekannt war, Vorbild für das europäische Theater im Mittelalter und in der Neuzeit.

Das Epos

Die →Rezeption griechischer Literaturformen beschränkte sich nicht auf das Drama. Auch das griechische Epos fand in Rom seine Nachahmung.

Am Anfang steht die »Odyssee«-Übersetzung des Livius Andronicus. Bald folgte ein eigenes römisches Epos: der »Punische Krieg« des Naevius, von dem ein paar Dutzend Verse überliefert sind. Es handelt vom 1. Punischen Krieg (264–241), an dem Naevius selbst als Soldat teilgenommen hatte, und von der Urgeschichte Roms. Dorthin verlegte er nämlich die Ursache des Konflikts zwischen Rom und Karthago, der sich tatsächlich ja an einer nicht allzu wichtigen Frage entzündet hatte, nachdem die beiden Städte jahrhundertelang in Frieden miteinander gelebt und ihre Einflußsphären vertraglich abgegrenzt hatten. Aeneas, der sagenhafte Ahnherr der Römer, traf im Epos des Naevius schon mit Dido, der Gründerin Karthagos, zusammen, und von daher datiert also die Feindschaft, die in Neavius' Gegenwart zu so großen Kriegen führte.

Naevius formulierte damit auch erstmals in dichterischer Form die schon aus etruskischer Tradition stammende Gründungslegende Roms, wonach die Römer von Flüchtlingen aus dem troischen Krieg abstammen, die unter Führung des Aeneas nach Italien gekommen waren. Mit Hilfe des Stammvaters Aeneas wird Rom der griechischen Welt als gleich alt und gleichrangig gegenübergestellt, das Heroenzeitalter der Griechen war also auch das Heroenzeitalter Roms. Und mit Hilfe der Projektion des Konflikts zwischen Rom und Karthago in die mythische Vorzeit wird die Gegenwart als endlich erreichtes, vorbestimmtes Ziel der Geschichte gedeutet. Es sind die Anfänge des Selbstverständnisses der aufkommenden Weltmacht Rom, woraus sich dann im 1. vorchristlichen Jahrhundert, besonders in augusteischer Zeit, die Idee entwickelt, daß Rom zur Weltherrschaft vorbestimmt sei.

Das nationale Epos der Römer der republikanischen Zeit wurde aber nicht Naevius' Punischer Krieg, sondern die »Annalen« des Ennius (239–169 v.Chr.), der auch Tragödien und Komödien verfaßte. Das hat einen inhaltlichen Grund, denn Ennius behandelte in seinem Epos nicht nur einen wichtigen Ausschnitt, sondern wirklich von ihrem Ursprung (mit Aeneas) an die ganze römische Geschichte.

Aber wichtiger waren die formalen, die eigentlich literarischen Unterschiede. Naevius hatte wie Livius Andronicus in seiner »Odyssee«-Übersetzung das schwerfällige einheimische (oder jedenfalls als einheimisch geltende) Versmaß des Saturniers verwendet und auch sonst sich – wie Livius – sprachlich in archaisierender Weise offenbar an Traditionen uns heute völlig unbekannter eigenständiger Ansätze epischer Dichtung in Rom selbst orientiert. Ennius aber schuf jetzt ein Epos in betont griechischer Manier. Er erklärte sich selbst in den ersten Versen des Epos zur Reinkarnation des Homer, der ihm im Traum verkündet habe, daß seine Seele nach Umwegen jetzt in ihm, Ennius, wohne. Und er übernahm vom griechischen Epos auch das Versmaß, den Hexameter. So schwer auch dessen Einbürgerung in die lateinische Sprache war, die anderen Betonungsgesetzen folgt als das Griechische, so groß war doch der Unterschied zum Saturnier. Mit dem Hexameter erhielt das lateinische Epos ein Medium, in dem es sich weiterentwickeln konnte und Ennius' Anleihen aus homerischer epischer Technik machten seine Dichtung reicher, lebendiger als die chronikhaften Darlegungen des Naevius. Die römische Geschichte, die Ennius beschrieb, war die Geschichte der großen Männer (das »Homerisieren« traf mit den Interessen der römischen Herren zusammen – bei Naevius hatten auch noch einfache Soldaten eine historische Rolle gespielt). Und mit Ennius beginnt bereits die lange Reihe derjenigen römischen Schriftsteller und Dichter, die die alten Sitten der Väter als vorbildlich loben.

Schon Ennius verwendete auch eine literarische Form, die die Römer später für die einzige eigene – nicht von den Griechen entlehnte – Schöpfung hielten, die Satire. Bei Ennius war das offenbar einfach eine Sammlung vermischten Inhalts (und in ganz unterschiedlichen Versmaßen), zusammengehalten durch die subjektive Meinungsäußerung des Dichters. Erst von Lucilius (180–102 v. Chr.) wurde das geschaffen, was wir heute unter Satire verstehen, eine witzige Dichtung mit polemisch-kritischer Tendenz, die sowohl Privates als auch Öffentliches aufgreift.

Lucilius' Satiren behandeln auch literarische und philosophische Fragen, und oft sehr Alltägliches, und sie meiden dabei keineswegs derbe, obszöne Ausdrucksweisen. Das Bemerkenswerte an ihnen ist aber eigentlich gar nicht so sehr der Inhalt, sondern der Autor, ein Römer der vornehmen Gesellschaft und Freund des berühmten Scipio, der Karthago 146 v.Chr. zerstören ließ. Und das Publikum der Satire sind die Standesgenossen des Lucilius. Die römischen Dichter der früheren Zeit waren alle niederer Herkunft und bestenfalls von vornehmen Herren zu deren Ruhm gefördert, jetzt gilt es offenbar nicht mehr als standeswidrig, selbst zu dichten und sich in Gedichten subjektiv zu äußern.

Horaz, der die Satirenform wieder aufgenommen hat, rühmte den Witz des Lucilius und tadelte seine rohe Form. Seine eigenen Satiren sind natürlich viel dezenter, feiner, dichterisch eleganter, aber ihr soziales Spektrum ist dafür kleiner, der politische Bezug praktisch verschwunden (→S. 62f.).

Das zweite Jahrhundert v.Chr. war für Rom die Zeit der großen sozialen Veränderungen:

Die Eroberungskriege im reichen hellenistischen Osten führten zur Anhäufung gewaltigen Reichtums in den Händen der herrschenden Klasse Roms und zur Überschwemmung Italiens mit billigen Sklaven aus aller Welt. Beides bedeutete den Ruin der freien italienischen Bauern. Der kleine Grundbesitz wurde verdrängt von den →Latifundien, auf denen die Sklavenmassen arbeiteten. Die landlosen Bauern strömten nach Rom, aber – ganz im Gegensatz zu den Zuständen des westeuropäischen Frühkapitalismus – nicht, weil sie dort ihre Arbeitskraft verkaufen konnten, sondern weil sie nur dort wenigstens ein wenig von dem aus den Provinzen geraubten und in den Latifundien erwirtschafteten Reichtum profitieren konnten, sei es als Empfänger staatlicher Getreidezuweisungen oder etwa, indem sie ihre Stimme bei den Wahlen an die bestzahlenden Kandidaten verkauften. Von dem Auftreten des Tiberius und Gaius Gracchus an, in den Jahren 133 und 123 v.Chr., wurden immer wieder Versuche unternommen, durch Neuaufteilung von Ackerland wieder einen freien Bauernstand in Italien zu schaffen. Aber sie scheiterten ebenso wie die zahlreichen Sklavenaufstände, die unter den auf dem Lande arbeitenden Sklaven im 2. und 1. Jahrhundert ausbrachen. Die wegen der sozialen Veränderung notwendige Schaffung eines Söldnerheeres anstelle der alten Bauernmiliz führte dann dazu, daß die innenpolitischen Machtkämpfe in Form von äußerst grausamen Bürgerkriegen ausgetragen wurden, an deren Ende folgerichtig eine Militärmonarchie stand, erst die Caesars, dann die des Augustus.

Der Zerfall der republikanischen Ordnung und der gewaltige Luxus der oberen Schichten in Rom und Italien sind die Voraussetzung für eine neue Epoche der lateinischen Literatur. Für die Söhne der Herren der Welt waren Politik und die republikanische Ämterlaufbahn nicht mehr das einzige Lebensideal, und altrömische Sitten und Bräuche erschienen der griechischen Lebenskunst gegenüber noch immer als barbarisch.

Die Neoteriker

So entstand in den 60er Jahren des 1. Jahrhunderts v.Chr. in Rom ein Kreis jüngerer Dichter, die sich ganz und gar dem Kunstideal der Alexandriner verschrieben, die sogenannten Neoteriker (= die Jüngeren). Man distanzierte sich ausdrücklich von den archaischen Dichtern Roms und versuchte, dem neuen Ideal des Erlesenen und Feinen gemäß zu dichten. Dem Vorbild entsprechend waren die Inhalte dieser Dichtungen meist ausgesucht abseitig, die Formen von großer Eleganz. Der einzige Dichter, von dem uns eine Sammlung von Gedichten überliefert ist, Catull (ca. 87–54 v.Chr.), ist aber doch über diese Stilübungen hinausgekommen. Ihm verschaffte die Schulung an den hellenistischen Vorbildern die Möglichkeit zur eigenen subjektiven Aussage über sich und seine Empfindungen. Berühmt sind seine Lesbia-Gedichte, die Geschichte seiner Liebe zu der Frau eines römischen Senators: Glück und Eifersucht, Streit und Versöhnung und nach dem definitiven Bruch die bittere Erinnerung. In der uns überlieferten lateinischen Literatur der Antike gibt es ebensowenig Vergleichbares an Intensität der Gefühle und (scheinbar) spontaner Darlegung wie bei den hellenistischen Vorbildern der Neoteriker. Die Bedeutung der Neoteriker insgesamt aber liegt darin, daß sie erstmals in Rom »Kunst« als zweckfreie Lebensäußerung verstanden und ein ausgeprägtes Formbewußtsein in die römische Literatur gebracht haben, das dann in der augusteischen Dichtung mit neuen Inhalten zu voller Wirkung kam.

In den gleichen Jahren wie die Gedichte Catulls entstand das völlig anders geartete Werk des Lukrez (ca. 97–um 55 v.Chr.) »Von der Natur der Dinge«. Nach Sprache und Stil ist es eher archaisch – seine Verse (Hexameter) orientieren sich an Ennius. In einem Punkt ist es aber mit Catull vergleichbar. Lukrez schrieb ein »Lehrgedicht«, aber nicht wie im Hellenismus üblich, um an einem beliebigen Inhalt seine formale Fertigkeit zu zeigen, sondern weil es ihm gerade auf den Inhalt ankam. Das Gedicht lebt von der Begeisterung des Dichters für die Philosophie des Griechen Epikur (341–270 v.Chr.), die in 6 Büchern dargestellt wird. Sie will er in Rom verbreiten, um die Menschen aufzuklären, sie von der irrationalen Furcht vor Tod und Göttern zu befreien. In der römischen Literatur gewann er großen Einfluß auf Vergil (besonders für die »Georgika« →S. 60f.). Für uns ist sein Gedicht das einzige vollständig überlieferte Werk eines antiken →Materialisten.

Die **Blütezeit der römischen Literatur** ist die Zeit des Augustus, ihre bedeutendsten Vertreter Vergil (→S. 60f.) und Horaz (→S. 62f.), die einander etwa 38 v.Chr. kennenlernten und bis zu Vergils Tod (19 v.Chr.) miteinander befreundet waren.

Beide sind zunächst Erben der Neoteriker und haben auch (Vergil allerdings nur ganz am Anfang) Gedichte verfaßt, die genauso gut von den Neoterikern stammen könnten. Und sie haben das Kunstideal der Alexandriner nie verlassen. Aber beider Dichtung ist fast von Anfang an zutiefst geprägt von den politischen Vorgängen ihrer Zeit. Keiner der beiden stammt aus vornehmer Familie; sie sind Vertreter einer Generation, die in den Bürgerkriegen groß geworden ist, langsam wieder Hoffnung schöpfte für eine bessere Zukunft, und deren Friedenssehnsucht sich bald auf Octavian/Augustus konzentrierte.

Mit der politisch motivierten Abkehr von der Unverbindlichkeit der Neoteriker hängt eng zusammen, daß sie sich als ihre wichtigsten literarischen Vorbilder nun nicht mehr hellenistische Autoren wählten, sondern die Vertreter der archaischen griechischen Dichtung. Und deren Nachahmung wiederum erwies sich nicht nur für den Geist, sondern auch für die Form der Dichtung als Gewinn. Sie wurden schon fast zu Lebzeiten zu Klassikern, weil sie den großen Vorbildern der Griechen Gleichrangiges in der lateinischen Literatur gegenüberstellten, und weil sie in ihren reifen Werken eine gültige Selbstinterpretation der römischen Weltherrschaft und ihrer neuen Herrschaftsform formulierten.

Die Liebeselegie

In derselben Zeit entstand eine Dichtungsart, die – soweit wir wissen – sich erst in Rom aus Ansätzen hellenistischer Dichtung entwickelte, die römische Liebeselegie. Diese Elegie ist subjektiv, sie spricht in der Selbstaussage des Liebenden, dessen Erfahrungen natürlich nicht immer die des Dichters sein müssen. Als Schöpfer der Gattung gilt Gaius Cornelius Gallus (69–26 v.Chr.), von dem nichts überliefert ist; bekannt sind aus der augusteischen Zeit die Gedichte des Properz, Tibull und Ovid. Auch wenn Properz und Ovid sich dazu bereitfanden, den politischen Erfordernissen zuliebe, über altrömische Sagen und Kulte zu dichten, so drückt die Elegie doch grundsätzlich und vielfältig die Absage an das politische Leben zugunsten des kleinen, privaten Glücks aus. Sie ist damit Ausdruck des Entpolitisierungsprozesses, der als Ergebnis der Bürgerkriege und der Alleinherrschaft des Augustus die römische Gesellschaft mehr kennzeichnete als die kurzfristige →Restauration altrömischer Werte und Symbole durch ihn.

Die römische Prosaliteratur

Die römische Prosaliteratur soll nur noch ihren wesentlichen Formen nach aufgezählt werden, die denen der griechischen Literatur entsprechen:

Seit dem Ende des 3. Jahrhunderts v. Chr. gibt es eine römische Geschichtsschreibung. Die ersten Autoren schrieben sogar griechisch, der erste Autor, der lateinisch schrieb, war offenbar Cato (234–149). Überliefert sind uns erst Werke aus dem 1. Jahrhundert (Sallust, Livius) und aus der Kaiserzeit (→S. 64f.). Cato war wohl auch der erste vornehme Römer, der seine Reden veröffentlichte. Sie sind uns allerdings ebensowenig vollständig bekannt wie Hunderte von Reden, die im 2. und 1. Jahrhundert veröffentlicht wurden, mit Ausnahme der 57 überlieferten Reden Ciceros (→S. 58f.). Nur von Cicero, der es für seine Lebensaufgabe hielt, die griechische Philosophie in Rom heimisch zu machen, sind schließlich auch philosophische Schriften und mit einer Ausnahme eines weiteren Werkes rhetorische Schriften aus der Zeit der Republik überliefert.

In der Kaiserzeit entstanden Werke der Dichtung in fast allen für die Zeit der Republik beschriebenen Formen und zahlreiche Werke der Prosaliteratur, von denen auch vieles überliefert ist (Geschichtsschreibung, →Rhetorik, Sachliteratur verschiedenster Art). Dies kann hier ebensowenig behandelt werden wie die seit dem 1. Jahrhundert nach Chr. aufkommende christliche Literatur und die der Spätantike, die zum Teil alte Formen abwandelte, z.T. auch ganz neues schuf. Auf eine Literaturform soll aber noch eingegangen werden, die gewissermaßen das Erbe aller früheren Formen in sich vereinigt: den antiken Roman.

Sowohl in griechischer als auch in lateinischer Sprache sind seit dem 1. Jahrhundert n.Chr. eine Reihe von Romanen oder romanähnlichen Erzählungen entstanden. Der literarischen Form nach sind es entweder Liebesromane (oft mit vielen Abenteuern verbunden – Apulejus [125– ca. 180], Heliodor [im 2. Jahrh.]) oder parodistisch-satirische Erzählungen (Petronius [† 66], Lukian [um 120–nach 180]). In ihnen werden die formalen Errungenschaften fast aller bisheriger Literaturgattungen verwendet – manchmal stehen auch Dichtung und Prosa in einem Werk nebeneinander. Die oft phantastische Einkleidung oder die satirische Form sind aber das Gehäuse für eine realistische Prosaliteratur, die ein Bild der Zeit liefert, und zwar besonders des Lebens der unteren Gesellschaftsschichten.

Daß eine solche Literatur jetzt in nicht geringem Umfang erscheint, ist ein deutliches Indiz für die beginnende Umwälzung der antiken Gesellschaftsordnung. Denn im römischen Reich der Kaiserzeit wurden die alten Klassenunterschiede wie zwischen Freien und Sklaven, zwar nicht beseitigt, aber sie verloren an Bedeutung. Dem sich immer stärker entwickelnden Zwangsstaat und der in ihm herrschenden dünnen Schicht standen bald die Volksmassen insgesamt als »Untertanen«, wenn auch durchaus noch mit unterschiedlichen Rechten, gegenüber.

Die Romane, in denen oft orientalische Mysterien- und →Erlösungsreligionen eine große Rolle spielen, geben schließlich auch ein Bild von der zunehmenden Tendenz religiöser Heilserwartung, die von der offiziellen Staatsreligion noch nie und jetzt erst recht nicht erfüllt werden konnte.

Sie sind so ein Aspekt des ›Niedergangs‹ der klassischen antiken Kultur, der aber gleichzeitig auch eine Bereicherung der Darstellung des Menschlichen war.

Willy Schottroff

Genesis – das erste Buch Mose

»Genesis« (entstanden in Palästina im 10. Jahrhundert v. Chr.)

Die Schöpfung, der Sündenfall, die Vertreibung aus dem Paradies und die Sintflut bis hin zur Sprachverwirrung und zur Zerstreuung der Menschheit über die Erde im Anschluß an den Turmbau zu Babel: Die Urgeschichte der Welt und der Menschheit werden in der »Genesis« geschildert. Nach einem thematischen Neueinsatz mit der Berufung Abrahams folgt in den Kapiteln 12 – 50 die Geschichte der hebräischen Patriarchen, die vom Aufbruch Abrahams (aus Haran im nördlichen Zweistromland nach Kanaan) bis zur Niederlassung Jakobs und seiner Söhne in Ägypten und zum Tode Jakobs und seines in Ägypten zum Wesir aufgestiegenen Sohnes Joseph berichtet wird. Der im Anschluß an die Genesis erfolgende Übergang von der Familiengeschichte der Patriarchen zur Geschichte des Volkes Israel markiert den thematischen Einschnitt, der im Fortgang der →Pentateucherzählung mit Beginn des Buches »Exodus« (2. Buch Mose) erreicht ist.

Die literarkritische Forschung, wie sie in Gestalt der »neueren Urkundenhypothese« im Werk von Julius Wellhausen (1844 – 1918) klassisch verkörpert ist, führt die Entstehung des heutigen Pentateuch, abgesehen von einigen späteren Zusätzen, auf die durch mehrere, zeitlich aufeinander folgende Redaktionen bewirkte Vereinigung von vier ursprünglich selbständigen Quellenschriften zurück. Von diesen sind drei an der Genesis beteiligt: Die älteste, das Geschichtswerk des »Jahwisten«, ist vermutlich in der davidisch-salomonischen Ära (10. Jahrhundert v. Chr.) in Juda entstanden, während das erst im Bereich der Patriarchengeschichte (in Kapitel 15) greifbar werdende, nur noch fragmentarisch erhaltene Werk des »Elohisten« wohl in der mittleren Königszeit (8. Jahrhundert v. Chr.) im Nordreich Israel verfaßt wurde. Die jüngste Pentateuchquelle, die »Priesterschrift«, stammt erst aus exilisch-nachexilischer Zeit (6. – 5. Jahrhundert v. Chr.). Sie bildet insofern die Grundlage des heutigen Pentateuch, als bei dessen Endredaktion die bereits zuvor unter Betonung der ›jahwistischen‹ Elemente vereinigten beiden älteren Quellen in den Rahmen der von ihr dargebotenen Erzählung eingearbeitet worden sind. Jedoch sind nicht nur die von den Verfassern der Quellenschriften verarbeiteten Einzelstoffe, sondern, wie Gerhard von Rad (1901 – 1971) und Martin Noth (1902 – 1968) gezeigt haben, auch der Bestand und die Reihenfolge der Themen der Pentateuchüberlieferung bereits der ältesten Quellenschrift, der des Jahwisten, vorgegeben gewesen, sei es in Gestalt aus dem Kult erwachsener Glaubensbekenntnisse, sei es in Gestalt einer die einzelnen →heilsgeschichtlichen Themen erzählerisch schon entfaltenden, mündlich oder schriftlich ausgeformten, dem Jahwisten und dem Elohisten gemeinsamen »Grundlage«.

Die Voranstellung einer menschliche Ursituationen behandelnden Urgeschichte vor die zum Bestand der spezifisch israelitischen Geschichtstraditionen gehörende Patriarchenüberlieferung ist – in erster Linie – der eigene Anteil des Jahwisten an der Ausgestaltung der Genesiserzählung. Dabei zeigen die Übereinstimmungen im Aufriß der Urgeschichtsdarstellung mit der sumerischen Königsliste und dem babylonischen →Atramhasis-Epos, die engen Parallelen, die die Sintfluterzählung (Kapitel 6 – 8) in den babylonischen Flutberichten des Atram-hasis- und des Gilgameschepos (→S. 25) hat, oder der in der Schöpfungs- und Paradieserzählung (Kapitel 2: Vers 4 bis Kapitel 3: Vers 24) und in der Erzählung von den Engelehen (Kapitel 6: Vers 1–4) aufgenommenen →mythischen Traditonen, daß er bei Anlage und Durchführung seiner Urgeschichte weithin auf Materialien aus der engeren und weiteren Umwelt Israels zurückgegriffen hat, die ihm wohl vor allem durch Vermittlung der kanaanäischen Vorbevölkerung Palästinas zugekommen sind. Diese Traditionen hat er jedoch nicht nur, soweit es sich bei ihnen um ursprünglich mythische Stoffe handelt, einer eingehenden entmythisierenden Interpretation unterzogen, sondern er hat auch insgesamt die Urgeschichte ihres im Zweistromland urbildlich idealen und unüberbietbaren Charakters entkleidet und sie – bei aller vorwaltenden göttlichen Bewahrung der Menschheit – unter das negative Vorzeichen des um sich greifenden, lebensmindernden göttlichen Fluches gestellt.

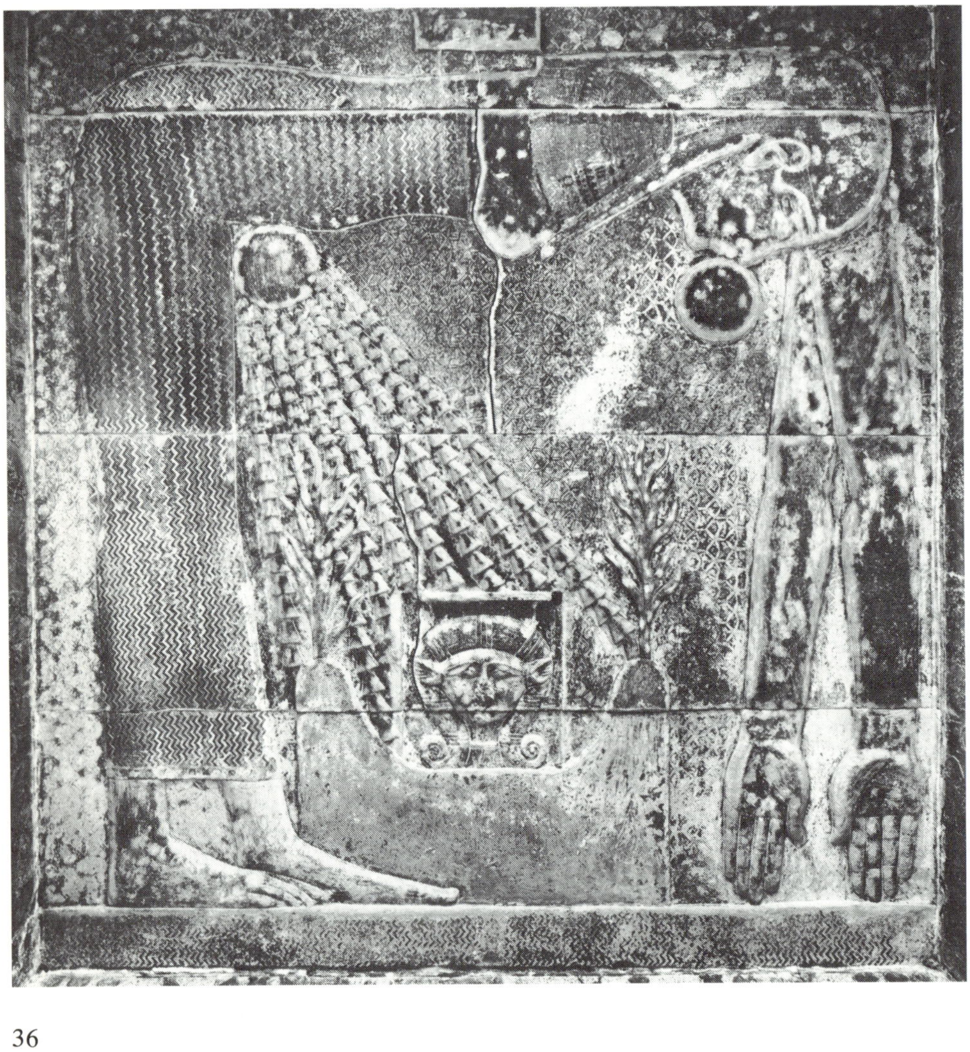

Der ägyptische Weltschöpfungsmythos: Die Himmelsgöttin Nut gebiert aus ihrem Schoß die Sonne (Hathor-Tempel, Dendera)

Dieser wird erst abgelöst mit der Berufung Abrahams zu Beginn der Patriarchengeschichte (Kapitel 12: Vers 1 – 3) für Israel und durch dessen Vermittlung auch für die Menschheit von der Möglichkeit, Segen zu gewinnen.

Die Urgeschichte in der »Priesterschrift«, die in ihrer Anlage dem vom Jahwisten gebotenen Aufriß folgt, steht demgegenüber unter der am Ende der Schöpfung von Gott ausgesprochenen Billigung des Geschaffenen: »Und siehe, es war sehr gut« (Kapitel 1, Vers 31) und dem den Lebewesen, insbesondere dem Menschen, bei ihrer Erschaffung gegebenen Segen (Kapitel 1: Vers 22 + 28), wenn sich auch mit der Entfernung von der Schöpfung eine fortschreitende Verkürzung der menschlichen Lebenszeiten (Kapitel 5) bemerkbar macht und die einreißende Verderbtheit der Erde und allen Fleisches (Kapitel 6: Vers 11 f) das Strafgericht der Sintflut (Kapitel 6 – 9) bedingt. Dennoch wird der Schöpfungssegen von Gott am Ende der Flut (Kapitel 9: 1 – 17) durch Noah der Menschheit ausdrücklich bestätigt. Der Schöpfungsbericht der Priesterschrift behandelt – anders als die vom älteren Jahwisten in Kapitel 2 geschilderte Erschaffung des bäuerlichen Menschen und die Ausgestaltung seiner vom Akker geprägten Lebenswelt – das umfassendere Thema der Weltschöpfung. Obwohl die mythische Schöpfungstradition des alten Orients als Hintergrund des Schöpfungsberichts überall deutlich ist, Übereinstimmungen in Aufriß und Einzelheiten insbesondere zum babylonischen Weltschöpfungsepos »Enuma elisch« (»Als droben . . . →S. 24), bei der Chaosschilderung (Kapitel 1: Vers 2) vor allem zum System der die Urmaterien verkörpernden vier Urgötterpaare der ägyptischen Kosmogonie (Weltschöpfung) von Hermopolis bestehen und darüber hinaus auch Berührungen mit hymnischen Aufzählungen und weisheitlichen enzyklopädischen Listen von Schöpfungswerken aus dem alten Orient aufgewiesen werden können, kann kein bestimmter altorientalischer Schöpfungstext als die unmittelbare Vorlage ihres Beitrags (Kapitel 1: Vers 1 – Kapitel 2: 4a) angesprochen werden. Vielmehr deuten tiefgehende Spannungen im heutigen Text des Schöpfungsberichts zwischen den acht Schöpfungswerken und – einschließlich der urbildlichen göttlichen Sabbatruhe am Ende der Schöpfung – den sieben Tagen der Schöpfungswoche, auf die die Werke verteilt sind, ferner zwischen einer Schöpfung durch die göttliche Tat und einer, ähnlich wie im ägyptischen »Denkmal→memphitischer Theologie«, diese Tat dann korrigierenden Schöpfung durch das göttliche Wort auf eine lange und sehr reflektierte kritische Auseinandersetzung priesterlicher Kreise in Israel mit der altorientalischen Schöpfungstradition bei der Formung des uns vorliegenden Schöpfungsberichts. Dieser ist kein ursprünglicher Kultmythos mehr, dessen periodische Vergegenwärtigung im Kult die im Anfang geschaffene Ordnung der Welt gegen ihre ständige Bedrohung durch die Chaosmächte sichern soll, sondern nurmehr ein Bericht über den von Gott gesetzten Anfang der Geschichte. In ihr kann sich das Volk, dem diese Geschichte gelten soll, bereits selbst wiederfinden und festhalten.

An der im 12. Kapitel einsetzenden Patriarchengeschichte ist neben diesen beiden Quellen auch der Elohist beteiligt. Traditionsgeschichtlich gesehen, ist die im Unterschied zur Schöpfungs- und Urgeschichtsüberlieferung zum Bestand der jetzt spezifisch israelitischen Traditionen gehörige Patriarchengeschichte den übrigen Themen der Pentateuchüberlieferung (Auszug aus Ägypten, Inbesitznahme des Landes Kanaan, sowie dem untergeordneten Thema von der Wüstenwanderung und der erst relativ spät in den Zusammenhang dieser Themen eingearbeiteten Sinai-Tradition) erst nachträglich vorangestellt worden.

Ihr grundlegender Inhalt ist, wie Albrecht Alt (1883 – 1956) gezeigt hat, die Verheißung von Landbesitz und Nachkommen an die Patriarchen, die aus den primär dem (halb)-nomadischen Lebensbereich der Vorfahren Israels zugehörigen und erst im Endstadium an Kulturlandheiligtümern lokal gebundenen Sippenkulten der »Götter der Väter« stammt. Durch die Identifizierung der »Vätergötter« mit Jahwe und die Vorordnung der Patriarchenüberlieferung vor die grundlegenden Geschichtsüberlieferungen Gesamtisraels ist das Verheißungselement des Vätergottglaubens auf die Erfüllung der Verheißung in der Landnahme unter Josua bezogen worden. Darin liegt eine Rechtfertigung der Existenz des Volkes in Palästina. Die einzelnen Patriarchentraditionen sind, wie die in ihnen genannten Orte noch erkennen lassen, an verschiedenen kultischen Haftpunkten erwachsen, so die Abraham- und Isaaküberlieferungen an verschiedenen südpalästinischen Heiligtümern, die Jakobüberlieferungen in Mittelpalästina im Gebiet von Sichem und Bethel und im Ostjordanland.

Ihrer Gattung nach sind die Patriarchenerzählungen, wie insbesondere Hermann Gunkel (1862 – 1932) hervorgehoben hat, als Sagen anzusprechen und zwar im Unterschied zu den Ursagen der Urgeschichte als Familiensagen, die die Welt und die sich in ihr vorfindenden Gegebenheiten einschließlich ethnologischer Verhältnisse im Horizont der Sippe und Familie zu erfassen versuchen. Mittels solcher als Überlieferung formulierten Erfahrungen also werden die gegenwärtigen

Widderköpfiger Sonnengott bei der Fahrt durch die Unterwelt (Theben-West, Tal der Könige)

Verhältnisse aus einem sagenhaften Geschehen der Vergangenheit erklärt. Solche →ethnologischen, →ethymologischen, kultischen und →genealogischen Begründungen antworten auf die Frage nach dem Zustandekommen vor Augen liegender erklärungsbedürftiger Sachverhalte in Natur und Menschenwelt. Längst vor der Verarbeitung durch die Verfasser der Pentateuchquellen waren auch die ursprünglich einzeln entstandenen Sagen zu Sagenkränzen zusammengefaßt worden, die sich an die einzelnen Patriarchengestalten der Sippengeschichten knüpften, wobei zwischen diesen nachträgliche genealogische Beziehungen hergestellt worden sind, die die Sippen miteinander (zum ›Volk‹) verbanden.

Als literarische Brücke zwischen der Patriarchenüberlieferung und der im Buch Exodus hervortretenden Überlieferung vom Aufenthalt Israels in Ägypten hat der Jahwist eine kunstvollere Literaturform, quasi eine durchgestaltete, weisheitlich geprägte Novelle, die Josephsgeschichte (Kapitel 37 + 39 – 50) verarbeitet.

Insgesamt konnte die »Genesis« somit ein größeres Werk der Literatur, das Alte Testament, einleiten, das – in seiner anhaltenden Wirkung unerreicht – bis heute den Juden, dem »Volk des Buches«, zur Selbstdefinition half.

Martin Schmidt

Homer · Ilias

»Ilias« (entstanden im Bereich des Ägäischen Meers)
Epos von Homer (2. Hälfte des 8. Jhs. v. Chr.)

Nach der griechischen Überlieferung ist die kleinasiatische, am Südausgang der Dardanellen gelegene Stadt Troia, mit anderem Namen Ilios oder Ilion, gegen Ende der mykenischen Zeit, d.h. im 13. oder 12. Jahrhundert v.Chr., in einem großen Feldzug von den Griechen unter Führung des mykenischen Großkönigs Agamemnon erobert und zerstört worden. Auch wenn sich diese Tradition bislang nicht bruchlos in die von den Archäologen erforschten Kulturstufen Troias und ihr jeweiliges Ende hat einordnen lassen, so liegt der Geschichte vom »troischen Krieg« sicher ein historischer Kern zugrunde, der im Lauf der Jahrhunderte mit vielerlei Zusätzen versehen und in die sonstige mythische Überlieferung eingepaßt worden ist, die sich mit dem Ende der mykenischen Zeit, des heroischen Zeitalters der Griechen, verband. Für den Dichter der »Ilias«, der im 8. oder 7. Jahrhundert im Raum der Ägäis gelebt hat, und den wir mit der antiken Überlieferung, die sonst nicht viel genaues von ihm weiß, Homer nennen, war dies jedenfalls gegebene Überlieferung.

Die »Ilias« ist ein episches Gedicht in→Hexametern, mit über 15000 Versen, das man später in 24 Bücher eingeteilt hat. Ihr Thema ist der »Zorn des Achill«:

Achill ist der tapferste der griechischen Stammesfürsten, die mit ihrem Heerbann Agamemnon gefolgt sind, um Helena, die vom troischen Königssohn Paris geraubte Frau seines Bruders Menelaos, zurückzuholen und ihren Raub an den Troern zu rächen. Zwischen Achill und Agamemnon kommt es im zehnten und letzten Jahr des Krieges im Lager der Griechen zum Streit. Agamemnon muß nach dem Spruch eines Sehers dem Apollon-Priester Chryses (aus dem benachbarten Chryse) dessen bei einem Raubzug von den Griechen geraubte Tochter zurückgeben. Apollon hatte im Lager der Griechen eine Pest erregt, um sie dafür zu strafen, daß Agamemnon die erste Bitte des Chryses um Rückgabe seiner Tochter barsch zurückgewiesen hatte. Jetzt fügt sich Agamemnon, aber er hält sich dafür an Achill schadlos, dem er Briseïs wegnimmt, ein anderes Beutemädchen, das Achill nach einem der letzten Raubzüge zugeteilt worden war. Als Oberbefehlshaber im Krieg kann er sich das offenbar sogar gegenüber Achill leisten. Der in seiner Ehre zutiefst gekränkte Achill beschließt, sich künftig samt seinen Mannen nicht mehr am Kampf zu beteiligen. Er wünscht, daß die Griechen besiegt werden, damit Agamemnon erfahre, was es für ihn heißt, den besten der Griechen für nichts zu achten. Wie nicht anders zu erwarten, kommt es in der folgenden Schlacht trotz anfänglicher Erfolge zu einer Niederlage der Griechen. Aber als Agamemnon auf Druck der Fürsten hin dem Achill nicht nur die Rückgabe der Briseïs, sondern dazu eine Menge Geschenke, ja seine eigene Tochter zur Frau anbieten läßt, wenn er nur wieder kämpfen werde, da lehnt Achill das alles hart ab. So groß ist sein Zorn gegen Agamemnon, der ihn »wie einen ehrlosen Fremdling« behandelt hat. Am nächsten Tag dringen die Troer dann über Wall und Graben in das griechische Schiffslager ein. Schon brennt ein Schiff, da erlaubt Achill wenigstens seinem treuen Gefolgsmann Patroklos, in den Kampf einzugreifen. Dem gelingt es in einem gewaltigen Sturmlauf, die Troer zurückzudrängen, aber unter den Mauern von Troia wird er vom troischen Königssohn und Vorkämpfer Hektor erschlagen, der sogar die von Patroklos getragene Rüstung des Achill raubt. Erst Trauer und Wut über den Tod seines Freundes sind für Achill Anlaß, sich selbst wieder am Kampf zu beteiligen. Seine göttliche Mutter Thetis beschafft ihm eine neue Rüstung, die der Schmiede-Gott Hephaistos eigens verfertigt. Fast beiläufig versöhnt er sich jetzt mit Agamemnon, zieht in den Kampf und erschlägt Hektor. Danach erst läßt er Patroklos beerdigen und veranstaltet dazu prächtige Leichenspiele. Die Leiche Hektors aber will Achill den Troern nicht zurückgeben, Hunde und Vögel sollen sie auffressen. So sieht seine Rache noch an dem Toten aus. Aber damit endet das Gedicht nicht. Im letzten Gesang kommt heimlich und bei Nacht der greise troische König Priamos, der Vater Hektors, in Achills Zelt und bittet um die Leiche des Sohnes. Achill akzeptiert das Lösegeld und gibt den Leichnam frei. Das Epos klingt aus mit dem Bericht von der Klage der Troer um Hektor und von dessen feierlicher Beerdigung.

Trotz der Beschränkung auf wenige Tage des zehnjährigen Krieges heißt das →Epos vom Zorn des Achill zu Recht »Ilias«, d.h. das iliadische, troische Gedichte. Denn nicht nur wird deutlich, daß mit dem Fall Hektors die Entscheidung im Krieg gefallen ist – nur Hektor konnte Troia schützen –, sondern der Dichter hat durch episodenartige Einschübe, durch Vorverweise und Rückblenden und dadurch, daß er den Beginn des Kampfes nach dem Fernbleiben Achills wie den Anfang der Kämpfe überhaupt schildert, die ganze Geschichte des troischen Krieges einbezogen. Durch diese Kunstmittel hat er sie so viel eindrücklicher und einprägsamer dargestellt, als es durch einfache zeitliche Reihung möglich gewesen wäre.

Aber die »Ilias« ist über alle Kriegs- und

Homer, »Ilias«, in Prosa übertragen von Gerhard Scheibner, mit Illustrationen von Werner Klemke. 2 Bände, Berlin und Weimar 1972.

Porträt Homers auf einer Münze des 4. Jhs. v. Chr. Die antiken Darstellungen zeigen den Dichter als Blinden

Schlachtenschilderung hinaus eine umfassende Darstellung der heroischen Welt in der Sicht der späteren (für uns →archaischen) Adelsgesellschaft und anderseits, eine Darstellung dieser archaischen Adelsgesellschaft und ihres Weltbildes, die sich orientiert an der heroischen Vorzeit. Der Ruhm der Helden wird zum Preis der adligen Welt überhaupt. Ihre Taten und ihre Ideale erfüllen die Welt – Macht und Gewalt, Ehre, Treue und Rache, Raub und Krieg, Reichtum und Ruhm –, und die Dichtung verleiht alldem den Glanz des Nachruhms. Aber doch ist auch dieser Preis der Adelswelt nicht das Endgültige und nicht das Eigentliche der »Ilias«. Das wird schon deutlich da, wo Homer die Welt und ihre gesellschaftliche Ordnung selbst zum Thema macht, in der Beschreibung des Schildes, den Hephaistos für Achill verfertigt. Auf ihm ist in Bildern die Fülle des menschlichen Lebens, die vielfältige Praxis der menschlichen Gesellschaft dargestellt – eingewoben in die ewige Ordnung des Kosmos. Auch wenn die Schönheit, der Glanz und die Harmonie dieser Szenen durchaus noch von der ungebrochenen Herrschaft und →Ideologie des Adels herkommen, so tauchen doch schon ›einfache‹ Menschen als Gestalten der Dichtung auf: Städter, Bauern, Landarbeiter, Hirten. Und es ist von der sozialen Organisation die Rede, die die Adelsgesellschaft in Griechenland abzulösen bestimmt war: der Polis.

Mehr noch, die Dichtung als Ganzes ist angelegt auf ein Ende, in dem die adligen Werte nicht mehr ungebrochen gelten, ja zweitrangig werden. Am Anfang steht die Bitte des Chryses, die abgeschlagen wird, in der Mitte stehen die vergeblichen Bitten der Griechen an Achill, sich doch wieder am Kampf zu beteiligen, aber am Ende steht das Mitleid: Achill, der den Kampf um Ehre und Rache bis zum äußersten geführt hat, dieser Achill erbarmt sich des greisen Priamos.

Attische Vase. Darstellung einer Leichenaufbewahrung und von Kriegern mit Streitwagen aus der Entstehungszeit der homerischen Epen, um 750 v. Chr. (links). Mit Hilfe des »trojanischen Pferds« gelingt es den Griechen, in Troia einzudringen. Minatur aus einer Handschrift des 15. Jhs. n. Chr. (unten)

Seine Grundlage hat dieses Mitleid in dem Bewußtsein von der Vergänglichkeit menschlichen Glücks, ausgedrückt als Vorstellung von der Übermacht der Götter. Sie haben das Schicksal der Menschen fast beliebig in der Hand. Wir sehen hier vor uns die Lebenserfahrung einer Zeit, in der der herrschende Adel seinen Reichtum weniger durch direkte Sklavenausbeutung und Abgaben, wie zu Homers Zeit, erwarb, als durch Krieg und Raub. Was schnell und leicht gewonnen wurde, ging oft ebenso schnell und leicht verloren: Glück ist nicht von Dauer. Das ist das Lebensgefühl der mykenischen Fürsten und der Zeit der großen Völkerwanderungen. Die adligen Herren der Zeit Homers lebten dagegen ruhiger, ihr Reichtum beruhte mehr auf direkter Ausbeutung der Arbeit anderer und war daher mehr von Dauer – solange noch keine →sozialen Konflikte ausbrachen. So könnte es scheinen, als biete das Epos ihnen nur Tradition, Erinnerung. Aber verbunden ist dies Wissen vom schnellen Wechsel menschlichen Glücks mit dem Wissen nicht nur des Dichters, nein auch der Heroen selbst, daß ihre Zeit sich überhaupt zu Ende neigt. Und darin erkennt sich offenbar der Adel der späteren Zeit doch wieder. Denn die Gesellschaftsschicht, die die kommenden Veränderungen mehr ahnt als weiß, die findet sich, ihre Situation, wieder im Epos von Glanz und Untergang der alten Heroenzeit.

Was aber übergibt Homer als das Erbe dieser Adelswelt der nach ihm kommenden Gesellschaft – und überhaupt der Nachwelt? Er gibt ihr zwar auch den adligen Ehrenkodex, der noch lange weiterwirkt, aber noch viel mehr: In der Spätzeit dieser Adelsgesellschaft entsteht bereits das Bild und Vorbild einer frühen Humanität: Achill hat Mitleid mit dem unglücklichen Priamos. Diese Solidarität gilt zwar zunächst nur unter den Herrschenden – vom Volk ist nicht die Rede –, aber das macht ihr Erscheinen nicht belanglos, denn damit ist auch Menschlichkeit als Teil der herrschenden Ethik dargestellt worden.

Hannelore Reinsch-Werner

Aisopos · Fabeln

»Mython synagoge« (gesammelt im Mittelmeergebiet im 2./3. Jh. n. Chr.)
Fabeln von Aisopos (um 550 v. Chr.)

Um die Mitte des sechsten vorchristlichen Jahrhunderts, das gekennzeichnet ist durch das Aufblühen der griechischen Polis, vor allem im ionischen Kleinasien, und durch das ökonomisch-politische Aufsteigen der unteren Volksschichten, der Gewerbetreibenden, Handwerker und Bauern, soll der Fabeldichter Aisopos (Äsop) gelebt haben. Alles, was wir über ihn wissen, geht auf eine volkstümliche, im selben Jahrhundert in Ionien entstandene Erzählung seines Lebens zurück, die Grundlage des später aufgezeichneten Ai-

Der Sklave Aisopos war nach der Überlieferung ein häßlicher, buckliger Zwerg. Seine Waffen waren Klugheit und Witz. Abbildung des 15. Jhs.

sop-Romans, der nach vielfachen Überarbeitungen und Erweiterungen in zwei spätantiken Fassungen auf uns gekommen ist: Der phrygische Sklave Aisopos, der aus seiner Heimat – dem damaligen Hauptexportland für Sklaven – nach der ionischen Insel Samos verkauft wird, durch Klugheit und Mutterwitz die Freilassung von seinem Herrn erlangt und nach mancherlei Abenteuern und Eulenspiegeleien von den Priestern in Delphi ermordet wird, weiß aus allen schwierigen Situationen einen Ausweg zu finden, indem er seinen weisen Rat und seine Kritik in Form einer Fabel vorbringt.

Der zwergenhaft kleine, bucklige, abgrundhäßliche Sklave, der mit seiner Gewitztheit und Findigkeit das krasse Gegenstück zu der erhabenen Größe und »Arete« (Mannestugend) der homerischen Helden darstellt, wehrt sich mit der Waffe der wendigen praktischen Lebensklugheit, eingekleidet in die Fabel, gegen die Ungerechtigkeiten und die Macht der Herrschenden und zeigt, wie der Schwache und Unterdrückte sich dem Starken gegenüber behaupten kann. In seinen Fabeln drückt sich die Vorstellungswelt und das Lebensgefühl des kleinen Mannes, der Bauern, Hirten und Tagelöhner, aus, deren soziale Stellung sich von der des importierten Sklaven nicht stark unterschied.

Nicht zufällig taucht die Fabel in der griechischen Literatur zum ersten Mal bei dem Bauerndichter Hesiod (um 700 v. Chr.) auf, der mit der Fabel vom Habicht und der Nachtigall den »geschenkefressenden Königen« eine Lehre erteilen will. Freilich bedeutet die Tatsache, daß die Fabel bei Homer fehlt, nicht, daß sie zu seiner Zeit nicht existiert hätte; denn ebenso wie das Märchen oder die Novelle lebt auch die Fabel in mündlicher Tradition unterhalb der großen individuellen Dichtung und taucht nur bisweilen an die Oberfläche.

Der Aisop-Roman bildete also mit der Lebensgeschichte des Aisopos die erste Fabelsammlung. Im Laufe der Jahrhunderte wurden immer neue Fabeln, Witzworte, Anekdoten und Sprüche dem Aisopos in den Mund gelegt, die den Rahmen der Biographie sprengten, so daß schließlich selbständige Sammlungen entstanden, die sich rasch verbreiteten. Man erkannte den erzieherischen Wert der Fabel mit ihrer einprägsamen, anschaulichen Form und ihrer auf die Vernunft gegründeten Ethik und nahm sie neben Homer und Hesiod in den Schulkanon auf. Wie populär sie war, zeigt auch die Anekdote, Sokrates, der Erzieher der Jugend, habe sich im Gefängnis die Zeit damit vertrieben, aisopische Fabeln in Verse zu bringen.

In der alten aisopischen Fabel treten vor allem Tiere auf, Haustiere und deren Feinde, die dem Volk besonders vertraut sind und deren typische, allgemein bekannte Charaktereigenschaften eine kurze, prägnante Darstellung ermöglichen. Das bunte Gemisch von märchenhaften und →satirischen Fabeln, Anekdoten und erweiterten Sprichwörtern in zahlreichen Parallelfassungen und versehen mit einer jeweils angehängten ›Moral von der Geschicht‹, das uns unter dem Namen des Aisopos überliefert ist, geht auf Sammlungen der spätantiken Rhetorenschulen zurück, die die Fabeln als Übungsstücke für die Ausbildung des Redners benutzten und sie deshalb kürzten, erweiterten, nachahmten und neue Versionen schufen und die in ihnen enthaltene Lehre jeweils hinzufügten.

Die Tierfabel ist als ursprünglich aisopische unter den uns erhaltenen Fabeln am stärksten vertreten. Seltener ist die Pflanzenfabel, vereinzelt reden und handeln auch leblose Dinge. Die zweitgrößte Gruppe bilden die Fabeln, in denen der Mensch auftritt, entweder als Gattung dem Tier gegenübergestellt oder unterschieden nach Berufen. Am häufigsten findet sich der des Bauern, Hirten und Fischers, während als Vertreter der höheren Berufsstände bezeichnenderweise nur der Arzt

Fabeldichter

Aisopos	(um 550 v. Chr.)
Phaedrus	(† 50 n. Chr.)
Stricker	(† um 1250)
H. Steinhöwel	(1472–1482)
B. Waldis	(1490–1556?)
J. de La Fontaine	(1621–1695)
J. Gay	(1685–1732)
J. J. Bodmer	(1698–1783)
J. Ch. Gottsched	(1700–1766)
J. J. Breitinger	(1701–1776)
F. von Hagedorn	(1708–1754)
Ch. F. Gellert	(1715–1769)
J. W. L. Gleim	(1719–1803)
G. E. Lessing	(1729–1781)
J. H. Pestalozzi	(1746–1827)
W. Hey	(1789–1854)
I. A. Krylow	(1796–1844)

mehrmals anzutreffen ist, und zwar immer als negative Figur, als Scharlatan oder als Ausbeuter der Kranken. Am deutlichsten zeigt dies die satirische Fabel von der augenkranken Frau: Als der Arzt von der geheilten Patientin, der er während der Behandlung Stück für Stück ihres Eigentums entwendet hatte, nachdem er ihre Augen mit Salbe verschmiert hatte, seinen Lohn forderte, erwiderte diese: »Jetzt bin ich vollends blind; denn während ich augenkrank war, sah ich vieles, was mir gehörte, jetzt aber, da du behauptest, ich hätte mein volles Augenlicht wieder, sehe ich nichts mehr von meinem Eigentum.«

In den meisten Fabeln werden Erfahrungssätze der praktischen Lebensklugheit ausgedrückt, die auf einer nüchternen und illusionslosen Betrachtung der Wirklichkeit beruhen und die beratend oder warnend zeigen, wie der Kleine und Schwache am besten überleben kann. Aristokratische Werte wie Würde, Tapferkeit, das Streben, der Beste zu sein, gelten darin nichts. Der Starke wird überlistet, der Vertrauensselige betrogen, der Eitle lächerlich gemacht, äußere Schönheit als bloßer Schein durchschaut. Die Fabeln sprechen also Wahrheiten aus. Daraus erklärt sich auch ihre ursprüngliche Funktion; denn nackte Wahrheit und direkte Kritik greifen an und verletzen und bringen für den, der sie äußert, leicht Gefahren mit sich, vor allem für den sozial Schwachen, wenn er sich an einen Höhergestellten wendet. Vermittelt jedoch durch eine erfundene Geschichte, in der Tiere Träger der Handlung sind, kann sich die Wahrheit gefahrlos äußern, ohne zu verletzen und direkt anzugreifen, und gewinnt in dieser Verkleidung an Objektivität.

Die Fabel ist daher die geeignete Form, in der der Untertan den König belehren, der Sklave seinen Herrn kritisieren, der Politiker seinen Mitbürgern einen Rat geben kann. In den ältesten erhaltenen Beispielen erscheint deshalb die aisopische Fabel immer bezogen auf eine konkrete Situation, wie ja auch der Aisop-Roman selbst aus einer Aneinanderreihung von Fabelsituationen besteht. So habe z. B. Aisopos, wie der Philosoph Aristoteles berichtet, dem Volk von Samos, das im Zorn einen Demagogen zum Tode verurteilen wollte, mit folgender Fabel davon abgeraten: Ein Fuchs geriet in einen Felsspalt und konnte sich nicht daraus befreien. Da fiel über den Wehrlosen eine Schar von Hundeläusen her und saugte ihm das Blut aus. Ein Igel, der vorbeikam, fragte ihn mitleidig, ob er ihm die Läuse ablesen solle. Der Fuchs aber lehnte dies ab. »Warum?« fragte der Igel. Der Fuchs gab zur Antwort: »Weil diese hier schon voll sind und nur noch wenig Blut saugen. Wenn du diese wegnimmst, so kommen andere, die noch durstig sind, und saugen mir auch noch das letzte Blut aus.«

Die Tierfabel bietet die Möglichkeit der Kritik an den Mächtigen durch Verkleidung: Tiere sind Träger der Handlung, der Fuchs vor allem verkörpert die List.
Holzschnitt um 1484, Ulm

Viel Scharfsinn ist auf die Frage verwendet worden, welches das eigentliche Ursprungsland der Fabel sei, ob sie griechischer, indischer oder ägyptischer Herkunft sei. Zwar weisen einige der aisopischen Fabeln deutlich orientalischen Einfluß auf, z. B. diejenigen, in denen das Krokodil, das Kamel oder der in Ägypten verehrte Mistkäfer eine Rolle spielen – das ionische Kleinasien war dafür der geeignete Vermittler –, doch sind umgekehrt auch oft die Griechen die Gebenden gewesen. Ein sicherer Beweis läßt sich in dieser Frage nicht erbringen. Wahrscheinlich ist jedoch, daß die Fabel spontan und unabhängig überall dort entstanden ist, wo es die soziale Gliederung in Herrschende und Beherrschte gab, als Ausdrucksmittel der Unterlegenen.

Übersetzung: »Fabeln des Äsop und Äsopische Fabeln des Phaedrus«, bearbeitet von M. Vossler, München 1959.

Martin Schmidt

Sappho · Gedichte

Gedichte (entstanden auf Lesbos)
von Sappho (um 600 v. Chr.)

Der griechischen Dichterin Sappho verdankt es die im ägäischen Meer gelegene Insel Lesbos, daß die gleichgeschlechtliche Liebe unter Frauen heutzutage »lesbisch« genannt wird. Denn in ihren Gedichten äußert Sappho, die in der Zeit um und nach 600 v. Chr. auf Lesbos gelebt hat, ganz eindeutig Gefühle der Liebe gegenüber jungen Mädchen, und wir täten ihr Unrecht, wenn wir, wie es lange Zeit üblich war, für solche Liebe jegliche sexuelle Grundlage bestreiten wollten.

In Mytilene auf Lesbos lebte Sappho zusammen mit jungen Mädchen, die aus den Adelsfamilien der engeren und weiteren Umgebung kamen, eine durch religiöse Zeremonien geordnete Gemeinschaft bildeten und von erwachsenen Frauen wie Sappho in die ihrer sozialen Stellung angemessene Lebensweise eingeführt wurden, bis sie eine standesgemäße Ehe eingingen. Ein solcher Mädchenbund entstammt alten Stammestraditionen, die ja auch sonst im →archaischen Griechenland noch überall sichtbar sind. Aber sie gelten in diesem Fall nur noch exklusiv für den Adel, und damit ist auch zwangsläufig ein überlokaler, gewissermaßen internationaler Charakter gegeben. Denn der →Klassenzusammenhang galt ja längst mehr als der eigentliche Stammeszusammenhang, auch und gerade, wenn der Adel sich gegenüber dem Volk als wahrer Hüter der Stammestradition verstand und gebärdete.

Der Inhalt der Erziehung dieser adligen

›Kore‹ (Mädchen, junge Frau: Bezeichnung für bekleidete, weibliche Statuen der archaischen griechischen Kunst) aus Ionien, die um etwa 500 v. Chr. auf der →Akropolis von Athen als Weihgeschenk aufgestellt wurde. Mit ihrer eleganten Kleidung und dezenten Haltung gibt die Statue eine Vorstellung von dem Lebensgefühl der vornehmen Ionier des 6. Jhs. v. Chr. Links: Landschaft von Lesbos

Mädchen und damit auch des Lebens der Sappho ist beschreibbar als das Resultat einer doppelten gesellschaftlichen →Arbeitsteilung. Erstens hat es der Adel längst verstanden, die mühselige körperliche Arbeit von sich abzuwälzen, und zweitens sind die Frauen fast vollkommen vom gesellschaftlich-politischen Leben ausgeschlossen. Somit bleiben als Lebensinhalt der adligen Frauen neben Kultobliegenheiten nur der eigentlich nicht notwendige, überflüssige Teil des Haushalts und die schönen Künste.

Diese Ausschaltung der Frau vom tätigen Leben und die für den Adel insgesamt gegebene materielle Unabhängigkeit sind die Basis der Entwicklung ›privater‹ Empfindungen bei den Frauen. Den auf ihr ›Privatleben‹ zurückgeworfenen Frauen werden Gefühle zugestanden – und auch der Ausdruck der Gefühle.

Sappho ist selbstbewußt genug, diese Werte gegen die Welt der Männer zu setzen. Ein nicht vollständig überliefertes Gedicht, das an die Form volkstümlicher Preisfragen (Was ist das Schönste?) anschließt, beginnt so: »Ein Reiterheer sagen die einen, die andern das Fußvolk, wieder andere ein Heer von Schiffen, sei das schönste Ding auf der schwarzen Erde – ich aber sage: was einer liebhat«. Nach einem →mythologischen Beispiel für die Richtigkeit dieser Behauptung (Helena, die alles aus Liebe zu Paris verlassen hat) wird der Name des Mädchens genannt, dem das Gedicht gilt: Anaktoria. »Ihren leichten Schritt sehe ich lieber und das helle Strahlen ihres Gesichtes als der Lyder Streitwagen und ihr Fußvolk in Waffen.« Die Lyder, das sind für die Griechen dieser Epoche immerhin das politisch, wirtschaftlich, militärisch und kulturell führende Volk.

Da die ehelichen Beziehungen zwischen Mann und Frau unter den beschriebenen gesellschaftlichen Voraussetzungen auf ihre biologischen und im allerengsten Sinn sozialen Funktionen reduziert sind, konnte es Erfahrung von Liebe und Entwicklung von erotischen Gefühlen zwischen den Geschlechtern höchstens in Ausnahmefällen geben. Es ist also kein Zufall, daß die ersten »Liebesgedichte« der griechischen Lyrik Gedichte der Liebe von Frauen zu Mädchen sind.

Wie alle griechische Lyrik sind auch Sapphos Lieder weder Monologe noch Selbstgespräche, sondern immer auf einen Anlaß, eine Situation, ein Gegenüber bezogen. Wir kennen von ihr Hochzeitslieder, die von den unverheirateten Mädchen gesungen wurden, die ja eine der ihren verlieren, und die das Brautpaar rühmen, Festhymnen an die Götter eines Kultes, besonders an Aphrodite, die Göttin der Liebe, und viele Gedichte, die einfach an eine andere Person, oft an eines ihrer Mädchen, gerichtet sind.

In all diesen verschiedenen Formen zeigt sich trotz Beachtung und Verwendung poetischer Konventionen und traditioneller dichterischer Sprache ein eigener, unverwechselbarer Stil der Sappho, der hauptsächlich von zwei Aspekten geprägt ist:

Zunächst beschreibt Sappho, auch wenn sie seelische, innere Vorgänge meint, meist nur das äußere Bild, die Wirkung der Gefühle oder die Situation, in der die Beziehungen zwischen den Menschen Platz finden. Dazu gehört vornehmlich die Natur, die immer wieder als Bühne erscheint oder als Vergleich für menschliche Dinge herangezogen wird: »Fein und schön lebt sie jetzt unter Lydiens Frauen, wie nach Sonnenuntergang rosenfingrig der Mond mit seinem Schein aller Sterne Glanz hell überstrahlt, sein Licht breitet er übers salzige Meer gleicherweise wie über Blumenauen, und da liegt der frische Tau und die Rosen blühn und der Kerbel, der zarte, und Honiglotos mit seinen Blütendolden.« Es ist eine kultivierte Natur, die von dem, der sie nicht bearbeiten muß, aber doch in ihr lebt, in ihrer Schönheit und Ruhe genossen wird.

Sodann entwickelt sie die Aussage eigener Empfindungen in der Form des Gesprächs. Immer wieder wird eine Situation hergestellt, in der der Adressat eines Gedichtes nicht nur angeredet, sondern ins Gespräch gezogen wird. Es läßt sich geradezu als Ziel mancher Gedichte ansehen: Eine gegenwärtige oder in Erinnerung gerufene Situation des vertraulichen Gegenüber wird dargestellt und damit festgehalten. Hier liegt nicht mehr poetische Konvention vor, sondern diese Darstellungsform ist aus der Lebenssituation Sapphos selbst erwachsen. Das Lied und das gemeinsame Leben gehören zusammen.

Mit einer Ausnahme kennen wir von den Gedichten Sapphos nur Bruchstücke und Zitate – manches ist nur in Wortfetzen überliefert, anderes als fast vollständiges Gedicht. Das einzig ganz überlieferte Gedicht ist der Form nach ein traditionellen Mustern nachgebildetes hymnisches Gebet an Aphrodite. Die Göttin wird mit ihren üblichen Eigenschaften und Namen gepriesen, an frühere Hilfe erinnert und um neue Hilfe gebeten. Das Schema ist uralt und letztlich magischen Ursprungs. Die Beschwörung mit Worten soll das Eintreten des Gewünschten herbeizwingen. Sappho aber hat es leicht verändert: Nicht eine bestimmte Tat erbittet sie von der Göttin, sondern ihr Kommen. Und die Erinnerung an ihr früheres Kommen wird zur Erinnerung der Sappho an die Zwiesprache mit der Göttin und damit fast schon zur Erfüllung der Bitte. Denn die Göttin hilft nicht durch Taten, sondern indem sie mit Sappho spricht. Und was sie als Trost anbietet, ist nichts anderes als die menschliche Erfahrung von der Unberechenbarkeit der Liebe, nicht ein Wunder.

So bekommt auch die magische Form ihren Sinn. Denn Magie war ja zunächst nicht bloßer Wunderglaube, sondern – naives – Anknüpfen an nicht entschlüsselte Erfahrungen. Sappho aber hat die konventionelle Gebetsform benutzt zu einer ganz persönlichen Aussage über sich und ihre unerwiderte Liebe.

In einer Prosa-Übersetzung, die vom Versbau nur die Stropheneinteilung deutlich macht, lautet das Gedicht:

Aphrodite, Göttin auf buntem Thron, listensinnende Tochter des Zeus, zu Dir rufe ich. Bedrücke nicht, Herrin, mein Herz mit Schmerzen und Qualen,

sondern komm hierher, wenn Du sonst schon jemals auf mein Rufen in der Ferne gehört hast und herabgekommen bist, das goldene Haus Deines Vaters verlassend,

hoch zu Wagen, und die glänzenden, flinken Spatzen zogen Dich über die schwarze Erde, rasch die Flügel schlagend, von den Höhen des Himmels durch die Lüfte,

schnell kamen sie an. Du, Glückselige, fragtest mit göttlichem Antlitz lächelnd, was denn wieder ich leide, warum ich denn wieder Dich zu mir riefe,

Und was ich in meiner Leidenschaft am meisten mir wünsche, daß es geschehe: »Wen soll ich denn in deine Liebe zurückschikken? Wer, Sappho, tut dir weh?

Zieht sie sich auch jetzt zurück, wird sie dich bald suchen, nimmt sie jetzt Geschenke nicht an, wird sie dich bald beschenken, liebt sie jetzt nicht, wird sie bald dich lieben, auch ohne es zu wollen.«

Komm auch jetzt zu mir, erlös mich aus schweren Sorgen, und was mein Herz sich ersehnt, erfüll es. Sei Du selbst mein Bundesgenosse.

Gert Richter

Sophokles · Antigone

»Antigone« (Uraufführung: Athen 442 v. Chr.)
Tragödie von Sophokles (um 497 v. Chr. – um 406 v. Chr.)

442 vor unserer Zeitrechnung (vermutlich) wurde das Stück uraufgeführt. Es enthielt in jenem Jahr den ersten Preis im Wettstreit der Tragiker und wurde ein großer Publikumserfolg. Außer dem Lorbeer des Dichters sollen dem Autor auch hohe politische Ehrungen zuteil geworden sein: Soviel Eindruck, heißt es, machte die Tragödie »Antigone« auf die Bürger, daß sie den Sophokles in das hohe Regierungsamt eines Strategen, eines militärischen Befehlshabers also, wählten! Das Drama wurde in der Folgezeit nicht nur gerühmt, sondern auch nachgeahmt: Kaum ein anderes Stück erlebte soviel Neufassungen und Nachdichtungen wie dieses – bis hinein in unser Jahrhundert. Doch das Originalwerk des Sophokles ist ganz und gar nicht von unseren Bühnen verschwunden – runde 2400 Jahre alt, ist es dennoch so lebendig geblieben, daß es bis auf den heutigen Tag auf den Spielplänen der Theater erscheint. Woraus zu schließen ist, daß die »Antigone« ein durchaus aktuelles Stück sein muß, ein Zeitstück also, das uns noch immer und immer wieder ›etwas angeht‹.

Zweifellos werden die alten Griechen eine ganz andere »Antigone« auf der Bühne erlebt haben als wir, werden ihnen beim Erlebnis dieses Stückes bestimmte Aspekte wichtig, besonders beziehungsreich und eindrucksvoll erschienen sein, zu denen uns die Beziehungen fehlen, nachdem sich für uns die gesellschaftlichen, politischen, religiösen, weltanschaulichen Voraussetzungen geändert haben (→S. 30).

Der Dichter Sophokles war Zeitgenosse der ersten Demokratie der Welt. Er war Bürger des Stadtstaates Athen, und er war ein sehr aktiver Bürger. Er stammte aus gutem Hause und genoß eine seiner Herkunft gemäße umfassende, vorzügliche Ausbildung, die ihm zu einer bedeutenden Stellung in den herrschenden Kreisen Athens verhalf. Er war Dichter, er war Priester, er bekleidete sogar eine Zeitlang auch das finanzpolitische Amt eines Schatzmeisters des attisch-delischen Seebundes; auch als Schauspieler wurde er gerühmt – und zwar als Mädchendarsteller! (Im antiken Theater gab es keine Schauspielerinnen, alle Frauen- und Mädchenrollen wurden von Männern gespielt.) Das Theater spielte im Leben der athenischen Bürger eine wichtige Rolle, es war alles andere als bloßer Zeitvertreib mit vorwiegender Unterhaltungsfunktion, es war politisches Theater von hohem künstlerischem Rang – zumindest insofern, als es sich stets um ›Zeitstücke‹ handelt, die dem antiken Publikum ganz sicher auch dann einen unmittelbaren Bezug auf die gesellschaftliche und politische Gegenwart erlaubten, wenn sie in mythischer Vorzeit spielten. Uns Heutigen ist dieser direkte Bezug ferngerückt, und damit die Frage, ob etwa Sophokles den damaligen führenden Staatsmann Athens, Perikles, in der Gestalt des Kreon vor den Gefahren autoritären Herrschens warnen wollte (wie manche Literaturhistoriker behaupten), wie auch die Frage, ob Antigones Beweggründe für ihr Handeln vorwiegend religiöser Art waren und auf ›göttlich gebotenen‹, noch stammesgebundenen Familienvorstellungen beruhten, die uns notwendigerweise heute fremd sein müssen. Zumindest darf das für die moderne Aufführungspraxis, für die Probleme des Regisseurs unserer Tage gesagt werden, der die Aufgabe hat, in einer Inszenierung nicht nur literaturhistorische und gesellschaftsgeschichtliche Rekonstruktionen zu vollziehen, sondern ein Stück dem Erfassungsvermögen unserer Tage zu →adaptieren.

Die Handlung der »Antigone« ist schnell erzählt: Nach dem Tode des Oidipus (Ödipus), des Königs von Theben, haben sich dessen Söhne Polyneikes und Eteokles geeinigt, gemeinsam, jedes Jahr einander abwechselnd, Thebens Thron zu besetzen. Da Eteokles die Abmachung bricht und dem Bruder die Übernahme der Macht verweigert, kommt es zum Krieg – im Zweikampf vor den Toren der Stadt treffen sich die Brüder tödlich. Kreon, der Bruder des Oidipus, wird der neue König von Theben. Sein erstes Edikt ist das Verbot, den ›Landesverräter‹ Polyneikes zu bestatten, sein nackter Leichnam soll den Hunden und Vögeln zum Fraß ausgesetzt sein. Diese unmenschliche, einzig der Demonstration der Staatsmacht dienende Maßnahme ist der Angelpunkt der Tragödie. Denn Antigone, die Schwester der toten Brüder, Nichte des Kreon, setzt sich über das mit Todesstrafe drohende Verbot des Onkels hinweg. Sie bestattet den Leichnam, indem sie ihn symbolisch mit Erde bedeckt, wird von den Wächtern ergriffen und vor Kreon geschleppt. Dieser zögert nicht, die Übertretung seines strengen Gebotes zu bestrafen: Er schont die eigene Verwandte nicht und verurteilt Antigone zum Tode, ja sogar deren unschuldige Schwester Ismene, die – weil sie nicht die Kraft und den Mut fand, der Schwester beizustehen – sich ihr widersetzt hatte. Die Mahnungen des Chores, daß Kreon womöglich gegen den Willen der Götter handle, mißachtet dieser; auch die Mahnungen seines Sohnes Haimon, des Verlobten der Antigone, Vernunft und Milde walten zu lassen, können ihn nicht von seinem Urteil abbringen – nur Ismene will er schonen, Antigone hingegen soll lebendig in einem Felsengrab eingemauert werden. Selbst den Warnungen des blinden Sehers Teiresias begegnet Kreon anfangs mit arroganter Ablehnung – erst dessen Prophezeiungen von einem furchtbaren Unheil, das über Kreon als Strafe für das Antigone angetane Unrecht kommen werde, wenden den Sinn des Königs: Eilig befiehlt er, den Leichnam des Polyneikes zu bestatten und das Grab Antigones zu öffnen. Doch es ist zu spät: Antigone hat sich in der Felsenkammer erhängt, Haimon stößt sich vor den Augen seines Vaters das Schwert in die Brust – und Eurydike, Kreons Gattin, nimmt sich das Leben, als sie einen Boten diese Vorgänge berichten hört. Kreon bleibt nur übrig, seine späte Einsicht und ihre gräßlichen Folgen zu bejammern.

Vom einleitenden Dialog der Schwestern Antigone und Ismene an, der als Prolog die Vorgeschichte und damit die Handlungsvoraussetzung (Exposition) des Stückes berichtet, entwickelt sich in klaren, strengen Linien in Monologen und schnellen Wechselgesprächen (Stichomythien) von Auftritt zu Auftritt, unterbrochen und gegliedert durch die mahnenden, kommentierenden Zwischengesänge des Chores, die Handlung hin zum Höhe- und Wendepunkt (Peripetie), dem der katastrophenerfüllte Schlußteil folgt. Bedenken muß man, daß dieses dramatische Geschehen auf der Bühne des antiken Theaters sich einigermaßen undramatisch vollzog, daß ›Aktion‹ kaum stattfand. Alle äußerlich dramatischen Vorgänge (die Bestattung des Polyneikes durch Antigone, ihre Ergreifung, später der Selbstmord Haimons vor den Augen des Vaters und der Selbstmord der Eurydike) sind ›hinter die Bühne verlegt‹, werden nur in Berichten der Boten (denen in der antiken Dramaturgie eine bedeutsame Rolle zukam) zu Ohren, nicht vor Augen gebracht. Die antike Tragödie war also ›statisch‹ – daß sie dennoch sehr dramatisch, sehr fesselnd auf das damalige Publikum wirkte (und auf das heutige noch immer), kann nur bedeuten, daß die Spannung nicht aus äußeren, sichtbaren Vorgängen herrührt, sondern daß es sich um eine ›innere Dramatik‹ handelt, die sich aus dem Kontrast der Personen, Meinungen und Handlungen ergibt.

Die Handlung ist in der Tat ganz auf dem Gegensatz der beiden Hauptfiguren Kreon und Antigone aufgebaut – zwischen ihnen steht – vermittelnd, warnend, anklagend – der Chor als Vertreter des athenischen Volkes, stehen Ismene, Haimon, Teiresias. Dies ist aber nur *eine* Voraussetzung für die dem

Stücke innewohnende Dramatik – ein weiterer, wichtigerer Aspekt, unter dem das Stück für den antiken Zuschauer an Spannung gewann, ist der *tragische.* Die Zwangsläufigkeit, mit der das Handeln Antigones einerseits und das Kreons andererseits zur Katastrophe führt, ergab sich für den Zuschauer der Antike aus dessen Notwendigkeit: Antigone wie auch Kreon handeln, jeder von seinem Standpunkt aus, richtig und folgerichtig – die eine sich auf die Gebote der Götter (d.h. das alte Sippenrecht), der andere sich auf die Gesetze des Staates (d.h. der Polis) berufend – gleichwohl folgt aus Richtigem Falsches. Und ein drittes, vielleicht das Wichtigste, kommt noch hinzu: Nicht mehr, wie noch bei Sophokles' großem Tragödienvorgänger Aischylos, sind die Menschen den übermächtigen Göttern konfrontiert – Menschen stehen anderen Menschen gegenüber, treffen freie Entscheidungen aus eigenem Willen, aus eigenem Charakter und eigenem Entschluß führen sie selbst ihr Schicksal herbei.

Unter diesem Aspekt ist das Stück auch für uns noch eine Tragödie: eine Tragödie des Starrsinns nämlich, der Überheblichkeit, der Uneinsichtigkeit! Dieser macht sich in erster Linie Kreon schuldig. Er vermag die Dinge nur aus dem Blickwinkel des Politikers zu sehen, für ihn ist ›der Staat‹ alles – und der Staat, das ist er selber. Er vertritt – wie er meint – die ›Ordnung‹, das ›Gesetz‹ und meint in erster Linie ›Unterordnung‹: Denn »wen das Volk bestellt hat, dem soll man gehorchen / im Kleinen wie Gerechten wie im Gegenteil«, und er ist entschlossen, jede Unbotmäßigkeit zu ahnden; nichts fürchtet er mehr als ›Unordnung‹! Er sagt es mehrfach und nachdrücklich: »Kein größeres Übel als Zuchtlosigkeit!« (Alle Zitate in der Übersetzung von Wolfgang Schadewaldt.) Ihr meint er mit der ganzen Strenge des Gesetzes, das er selbst erlassen hat, entgegentreten zu müssen, erst recht dann, wenn Angehörige der eigenen Familie es übertreten: »Denn nähr' ich in dem eigenen Geschlecht / Unordnung auf, wie dann erst außerhalb des Stammes!« Überall wittert er Widerstand, Auflehnung gegen seine Herrschaft: ». . . Weil dies schon lange Männern / der Stadt ein Ärgernis ist, murren sie gegen mich, / die Häupter schüttelnd insgeheim, und wolln den Nacken / nicht halten unterm Joch, wie sich's gebührt: / sich mir zu fügen!« In Antigone, die ihre Tat ohne Zögern gesteht, sieht er darum die Verbrecherin gegen sein Gesetz, die Rebellin – sie personifiziert für ihn den Widerstand, den es im Keime zu ersticken gilt: »Doch die da hat genau gewußt: Auflehnung war es / zuerst, als sie die offen ausgestellten / Gesetze übertrat, und Auflehnung, nachdem sie es getan, ist dies die zweite, / daß sie sich rühmt, daß sie's getan, und lacht!« Und noch verwerflicher scheint ihm diese Auflehnung, da sie von einem Weibe kommt: »Wahrhaftig! Da bin ich kein Mann, nein, *sie* der Mann, / wenn man ihr straflos hier die Oberhand beließe . . . mir, in meinem Leben, herrscht kein Weib!« Ebenso unduldsam und arrogant zeigt sich Kreon im Dialog mit seinem Sohn Haimon, der ihn mit Geduld zur Vernunft zu bekehren versucht, der ihn mahnt, von seinem Starrsinn abzulassen: »Denn wer nur einzig für sich selber meint, Vernunft zu haben / und Zung' und Seele wie kein anderer – solche Leute, / schließt man sie auf, so zeigt sich, sie sind leer . . .!« Solche Reden, meint Kreon, stehen einem jungen und unerfahrenen Mann nicht zu: »In unserem Alter sollen wir Vernunft von einem / uns lehren lassen, der so jung an Jahren?« Soll er, Kreon, etwa »den ehren, der die Ordnung bricht?« In dieser Unterredung entlarvt sich Kreon als autoritärer Herrscher, dem es in erster Linie um die Erhaltung der Staatsmacht geht, weil diese identisch ist mit seiner eigenen.

Kreon bekennt sich unverhohlen zum Despotismus und zum ›Recht‹ der Willkürherrschaft, in grenzenloser Verblendung meint er, allein zu wissen, was Recht ist und wie es durchzusetzen sei – ja, er glaubt sogar, daß die Götter auf der Seite seines Rechtes sein müßten: »Oder siehst Du / daß je die Schlechten von den Göttern sind geehrt?«

Für Antigone aber sind Kreons Erlasse weltliche und willkürliche Gesetze, die denen der Götter nicht im mindesten standzuhalten vermögen: »Auch meint ich nicht, ob Deine Ausgebote / so mächtig seien, daß die ungeschriebenen / und wankenlosen Satzungen der Götter / einer, der sterblich wäre, überholen könnte«. Für sie ist es darum klar, daß sie den Göttern und ihren Geboten mehr gehorchen muß als Kreon, daß sie den Bruder begraben muß, auch wenn sie damit ihr Leben verwirkt. Sie möchte, bekennt sie, »nicht von den Göttern Strafe erleiden, aus Furcht vor irgendeines Mannes Dünkel«. Ihm offen ins Gesicht prangert sie seinen Despotismus an, der Ordnung allein durch Furcht herzustellen versucht und damit das Volk mundtot macht: »Bei allen diesen / würde es heißen, daß es ihnen so gefiele / wenn ihnen Furcht die Zunge nicht versperrte! / Allein, Gewaltherrschaft hat vielen Segen / und – sie darf tun und sagen, was sie will!« Sie hätte sich ducken können, wie alle anderen, ›vernünftig sein‹ und sich der Staatsmacht unterwerfen, wie ihre Schwester Ismene, die ihr vorwirft, Unmögliches zu wollen und die lieber denen folgen will, »die im Amte stehen«. Aber es ist ihr eigener, freier Entschluß, ihre Entscheidung, sich gegen das Gesetz des Staates, gegen die Willkür zu stellen und die Folgen bewußt auf sich zu nehmen – obwohl sie ahnt, daß man es ihr kaum danken, ja daß man sie verlachen wird. Antigone ist durchaus keine ›reinblütige‹ Heldin, die unbeirrt und ohne Zweifel an sich selber und ihrer Sache den bitteren Weg des Todes geht – »sie ist weder christliche Märtyrerin noch Partei-Heroine« (Siegfried Melchinger). Sie geht diesen Weg vielmehr in tiefer Niedergeschlagenheit, mit Wehklagen und in Angst. Keiner, meint sie, traure um sie, vielmehr müsse sie Hohn und Spott für ihre Tat ertragen. Und hierin liegt wohl die eigentliche, die Jahrtausende überdauernde Größe dieser Tragödie und ihres Dichters: Darin, daß es dem Sophokles gelang, *Menschen, Charaktere* lebendig werden zu lassen. Denn nicht nur Antigone, sondern auch Kreon erweist sich als solcher, seine starre Unerbittlichkeit und Unduldsamkeit wandelt sich letzten Endes in Angst und Reue. Beide handelten sie aus Überzeugung, beide handelten – subjektiv gesehen – richtig. Indem Sophokles zeigt, wie aus diesem richtigen Handeln unendliches Unglück entsteht, stellt er den Begriff des ›Richtigen‹ (jedenfalls für uns Heutige) in Zweifel, er relativiert ihn. Was ist richtig? Freilich gibt es im Stück auf diese Frage eine Antwort: Der Chor wägt – nach Art derer, die nur mittelbar beteiligt außenstehen – das »einerseits – andererseits« ab und hält Antigone vor:

Chor: Die Toten ehren ist Frömmigkeit auf eine Art.
Doch Macht – wem immer die Macht gehört –,
die ist auf keine Weise zu übertreten.
Dich aber hat vernichtet
Dein eigenwilliges Streben.

Auch König Kreon wird der Unnachgiebigkeit, des Starrsinns, der besessenen Überheblichkeit geziehen – auch seines Unglücks Ursache ist »eigenwilliges Streben«. In der Widersprüchlichkeit des menschlichen Charakters liegt auch das ›Schicksal‹ begründet, die tragische Verstrickung in Unrecht, das aus Recht erwachsen ist.

Allzu simpel also wäre es, in den Hauptgestalten dieser Tragödie eine einfache Gegenüberstellung von Gut und Böse, Recht und Unrecht zu erblicken, Antigone als unschuldiges Opfer, Kreon als einzig Schuldigen zu sehen – zu simpel wäre es, wollte der moderne Regisseur die antike Tragödie durch eine solche Schwarzweißmalerei verflachen. Auch wenn es sicherlich richtig ist, daß wir heute in der Gestalt der Antigone in erster Linie die Vertreterin der Humanität sehen, die gegen die autoritäre Staatsmacht Widerstand leistet, auch wenn es richtig ist, daß wir ihr berühmtes Wort »Nicht mithassen, *mitlieben* muß ich!« als Mittelpunkt und Angelpunkt des Stückes ansehen – wir dürfen nicht übersehen, daß beide schuldig sind, so daß die Mahnung des Chores im Schlußgesang sich an beide richtet:

Chor: Das weitaus erste an höchstem Glück
ist Besonnensein.
Und Not auch ist,
vor den Göttern nie zu verletzen die Scheu.
Doch große Worte Großprahlender,
wenn unter großen Schlägen sie gebüßt,
haben im Alter gelehrt die Besinnung.

Ist also dies die Antwort auf die dem Stück immanente Frage, was richtig, was recht sei: Besonnenheit, Besinnung? Andere Übersetzer wählen andere Worte und lassen den Chor den »verständigen Geist« und die »Weisheit« (Karl Reinhardt) lobpreisen . . . Das Schwerste jedenfalls ist gemeint, das dem Menschen fast unerreichbar bleiben muß, der darum – wie auch Sophokles wußte – jenem kaum zu bewältigenden Schicksal ausgeliefert war, das aus der Widersprüchlichkeit seines Menschseins erwuchs.

Gert Richter

Aristophanes · Lysistrata

»Lysistrate« (Uraufführung: Athen 411 v. Chr.)
Komödie von Aristophanes (um 445 v. Chr. – um 385 v. Chr.)

Die Probleme der Gegenwart, ihre Nöte, Sehnsüchte, Proteste, Utopien, finden – unter anderem – im Theater noch immer ein wichtiges Forum ihrer Darstellung und ihrer Diskussion. Es müssen keineswegs Stücke sein, die in der Gegenwart (der jeweiligen Gegenwart) entstanden sind und in ihr spielen. Auch wenn wir klassische Theaterstücke spielen, Theaterstücke der griechischen Antike gar, spielen wir Gegenwartstheater, sehr aktuelles, sehr gegenwartsbezogenes Theater.

Von den 11 erhaltenen Theaterstücken des attischen Komödienschreibers Aristophanes gilt dies besonders für seine »Lysistrata«, die dann auf den Spielplänen unserer Theater auch am häufigsten auftaucht. Dies gilt, obwohl moderne Stückeschreiber (Peter Hacks, Heiner Müller u.a.) versucht haben, durch Bearbeitungen auch andere, der antiken Situation stärker verbundene Stücke des Aristophanes für die Gegenwart zu →adaptieren.

Aristophanes war ein politischer Dichter. Er lebte in Athen (man weiß nicht genau, ob

»Lysistrata« wird in verschiedenen Übersetzungen angeboten. Hingewiesen sei auf den Sammelband »Antike Komödien«, Hrsg. H. J. Newiger, Neubearbt. d. Übers. v. L. Seeger, München 1968; und auf »Lysistrata«, Übers. v. Wolfgang Schadewaldt in »Griechisches Theater«, Ffm. 1964. Von den vielen Interpretationen seien empfohlen: Victor Ehrenberg, »Aristophanes und das Volk von Athen«, Zürich und Stuttgart 1968.

er das athenische Bürgerrecht besaß); Athen und die Krisen und Probleme der attischen Demokratie waren sein Thema. Er bediente sich der →Komödie als Waffe, in einer ganz direkten, aggressiven und zugleich lockeren Form, von der wir allenfalls einen entfernten formalen und inhaltlichen Begriff bekommen, wenn wir an modernes, literarisches-politisches Kabarett denken. Vielleicht darf man sich sogar unterfangen, zu sagen, daß Aristophanes – wie die Komödiendichter im Athen seiner Zeit überhaupt (→S. 31) – eine Art antiker politischer Kabarettist war, um allerdings sogleich hinzuzufügen, daß er über den Erfindungsreichtum, die szenische Kraft, den Esprit und die poetische Sprache eines ›großen Dichters‹ verfügte. Aristophanes schuf politisches Gegenwartstheater – unmittelbar auf die Gegenwart seiner Zeit bezogen – auf unmittelbare Wirkung beim Publikum bedacht. Man darf nicht vergessen, daß alle diese Theaterstücke (wie die Tragödien der Aischylos, Sophokles und Euripides auch) wohl nur wenige Male zu Lebzeiten der Dichter aufgeführt wurden: hauptsächlich bei dem alljährlichen Theaterwettstreit, der beim Dionysosfestes im März stattfand. Verständlich also, daß Aristophanes wie seine Kollegen sich stets aktuelle politische und soziale Fragen als Gegenstand seiner Stücke wählte, daß er scharfe Attacken gegen die Prominenz des politischen und geistigen Lebens des Stadtstaates Athen ritt. Es spricht für das Funktionieren der athenischen Demokratie, für die Freiheit, die sie (allerdings nur für die Freien) bot, daß Aristophanes trotz bittersten Hohnes und Spottes gegen die Mächtigen seiner Zeit – gegen Kleon etwa, den politischen Führer und Nachfolger des großen Perikles – von Verfolgung verschont blieb.

Die Theaterwissenschaftler sind sich darin einig, daß der Ursprung der antiken Komödie in den ausgelassenen, freude- und weintrunkenen Umzügen zu finden ist, die alljährlich zu Ehren des Dionysos abgehalten wurden, des Gottes der Fruchtbarkeit und des Weines – Umzüge, bei denen sich die Teilnehmer kostümierten und ihre Gesichter vorzugsweise mit Tiermasken verhüllten und bei denen wohl ausgelassene, freche Lieder und Verse rezitiert wurden. Von dieser ursprünglichen, noch recht untheatralischen Urform finden wir später bei Aristophanes noch manches wieder: z.B. die Vorliebe für Tiergestalten, in denen er den rezitierenden, kommentierenden, argumentierenden Chor seiner Stücke auftreten läßt (sie gaben manchen seiner Stücke den Namen: Die Vögel, Die Wespen, Die Frösche); die lockere Form auch, die sich heiterer Zwischengesänge, spitzfindiger Streitgespräche, derbdrastischer Gestik und Szenik ganz nach den augenblicklichen szenischen Erfordernissen und ziemlich unbekümmert um theatralische Gesetze bediente.

Auch andere Eigenarten der Komödien des Aristophanes erklären sich aus Zeitgeschmack und historischer Situation: die überaus deftige, oft obszöne Sprache vor allem – die freilich von den meisten Übersetzern weitgehend gemildert wurde. Das athenische Publikum des 5. Jahrhunderts stieß sich daran nicht, im Gegenteil, Prüderie war ihm fremd und Sexualität alles andere als ein Tabu, so daß die überdimensionalen »Phalloi«, mächtige, aus rotem Leder gefertigte männliche Genitalien, die von den Schauspielern offen zur Schau getragen wurden, als ganz selbstverständliches Requisit galten. Außerdem: Theater war vor allem Männersache, es ist sogar umstritten, ob die Frauen vor dem 4. Jahrhundert als Zuschauer zum Theater zugelassen waren; alle Frauenrollen wurden jedenfalls von Männern gespielt.

Von den 11 uns erhaltenen Komödien des Aristophanes fallen 9 in die Zeit des Peloponnesischen Krieges (431–404 v. Chr.): Sparta und Athen, zugleich das aristokratische und das demokratische Prinzip vertretend, fochten um die Vorherrschaft in Griechenland. Dem Sieger Sparta hat der Sieg wenig genützt – die Perser, später die Makedonier (338 v. Chr.) und endlich Rom machten sich Griechenland untertan.

In allen seinen Stücken erweist sich Aristophanes als entschiedener Kriegsgegner – auch in jenen, die nicht unmittelbar Krieg und Frieden zum Thema haben, unterläßt er es nicht, immer wieder den Wahnsinn des Krieges anzuklagen. Ausgesprochene Antikriegsstücke aber sind die »Acharner« (425), »Der Frieden« (421) und »Lysistrata« (411).

»Lysistrata«: ein Antikriegsstück, ge-

schrieben in einer Zeit bitterster Kriegsnot (die Niederlage Athens begann sich damals schon abzuzeichnen), ein Stück also mit dem ernstesten Thema der Welt – als derbe, tolldreiste, mit Obszönitäten gespickte Komödie? Die Tatsache, daß ein Dichter es unternahm, mit Gelächter gegen den Krieg zu Felde zu ziehen (einem verzweifelten Gelächter freilich) mag *eine* Ursache für den jahrtausendealten Welterfolg des Stückes sein – die andere ist wohl die überaus komische, wenn auch utopische Grundidee: die Erzwingung des Friedens durch Ehestreik!

Die Athenerin Lysistrata (das bedeutet »die Heerauflöserin«!) ist entschlossen, dem jahrzehntelangen Krieg ein Ende zu machen. Da weder die schrecklichen Verluste noch der wirtschaftliche Niedergang des Staates die Männer zur Vernunft bringen kann, muß drastischer Zwang als Mittel der Kriegsbeendigung eingesetzt werden. Es ist Zeit, daß Frieden wird – Frieden in ganz Griechenland, das sich in Bruderkämpfen zerfleischt! Lysistrata hat darum nicht nur die Frauen Athens zu einer großen Antikriegs-Versammlung zusammengerufen, sondern auch die Frauen der Staaten Sparta und Böotien, mit denen Athen im Kriege liegt. Allerdings ist Lysistrata weder eine emanzipierte Intellektuelle noch eine Theoretikerin oder eine ethisch motivierte Pazifistin; ihre Gründe für den Frieden und gegen den Krieg sind handgreiflicher und unmittelbar verständlich: „Verlangt euch nach den Vätern eurer Kinder, / die noch im Feld sind, nie? – Ich weiß nicht eine / von euch hat ihren Mann bei sich daheim!« (Übersetzung von L. Seeger).

Wahrlich, ist es nicht Grund genug, den Krieg zu beenden, daß die Frauen seit vielen Jahren einsam sind, daß sie die legitimen Bettgenossen vermissen? Diese deutliche Sprache versteht jede, auch die einfältigste Frau, der die Männer bisher eingeredet haben, daß der Krieg um höherer Ziele willen geführt werden müsse! Lysistrata macht ihnen klar, daß die Weiber eine ganz reale Macht ausüben können, derer sie sich nur bedienen müssen: »Wenn aber hier die Frauen zusammenkämen, / die von Böotien, von der Peloponnes / und wir, vereinigt retten wir dann Hellas!«

Die Frauen sind skeptisch, gewohnt, von den Männern bestenfalls in der Küche und im Kinderzimmer und als Bettgespielin akzeptiert zu werden: »Ach geh, was werden Frauen Vernünftiges tun, / was Glänzendes? – frisiert, gefärbt, so sitzen wir da, geschminkt, im safrangelben Schal, / mit Bänderschuhen und transparenten Kleidern . . .« Aber eben daraus, meint Lysistrata, resultiert der Frauen Macht, dem Krieg ein Ende zu machen: »Wir Frauen müssen – wollen wir die Männer / im Ernst zum Frieden zwingen – künftig uns / enthalten . . . / wir müssen streng enthalten uns – der Männer!«

Eine harte Forderung, in deren Erfüllung die versammelten Frauen zunächst auch gar keinen rechten Sinn sehen: Sollen sie sich zusätzlich zu harter Kriegsunbill auch noch des einzigen Vergnügens enthalten, das ihnen im Krieg wenigstens gelegentlich geblieben ist? Lysistrata gibt zu bedenken, daß ihr Vorschlag praktikabel und vor allem geeignet ist, die ersehnten Ehefreuden in aller wünschenswerten Regelmäßigkeit und Häufigkeit wieder zu erlangen, während die gelegentlichen Heimkünfte der Männer in Kriegszeiten nur spärlich-sporadische Lustbefriedigung bieten. Und sie weiß auch ganz konkret vorzuschlagen, wie man die Männer ›repressiv‹ beeinflussen könnte: »Wir sitzen hübsch geputzt daheim, wir gehen / im transparenten Kleid von Kos, wie nackt, / mit glattgerupftem Schoß vorbei an ihnen, / die Männer werden brünstig, möchten gern, / wir aber kommen nicht – rundweg abgeschlagen! / Sie machen Frieden, sag ich euch, und bald!«

Und so beschließen sie's – beschließen einen Pakt mit den Frauen Spartas und Böotiens und besetzen die athenische Stadtburg, die Akropolis, männlichen Ansturms entschlossen harrend! Die entschlossene Geschlossenheit der Frauen freilich hält zu Lysistratas Leidwesen nicht lange an: Die Front bröckelt, zu schwer scheint auch den Weibern der Verzicht auf Bettfreuden zu fallen, immer wieder sind Überläuferinnen zu vermelden, die sich mit List und Tücke und mit Hilfe von Stricken hinab ins Lager der Männer lassen, von denen inzwischen nicht wenige heimgekehrt sind, die Unverfrorenheit ihrer Weiber beklagend. Und immer wieder gibt es Gründe, warum die und jene und andere unbedingt und dringend nach Hause muß . . . Die energische Lysistrata hat alle Mühe, ihre Bundesgenossinnen bei der Stange zu halten. Eine ihrer zuverlässigsten Stützen ist die junge Myrrhine; diese treibt ihren bemitleidenswerten Mann Kinesias durch scheinbare erotische Bereitwilligkeit bis zur Weißglut, da sie durch Ausflüchte, Hinhaltungen, Verzögerungen den entscheidenden Akt immer wieder hinauszuschieben weiß – eine der köstlichsten, komödiantischsten Szenen des ganzen Stückes! Kinesias ist es denn auch, der als Wortführer bei den Männern die Entscheidung herbeiführt: Da die Nöte der Männer bei Freund wie bei Feind gleich groß (und in der antiken Aufführungspraxis überdeutlich sichtbar) sind, kommt es zu einem recht hastigen, aber nachhaltigen Einbruch der Vernunft: Die Solidarität der Ausgesperrten, das geteilte Leid mit den Spartanern führen zum Frieden, der mit jener exzessiven Ausgelassenheit gefeiert wird, die in der antiken Komödie und bei den Dionysien ohnehin nun einmal angemessen war. Bei diesem Schluß scheinen sich Narrheit und Vernunft, Groteske und Verzweiflung die Hand zu reichen, den Zeitgenossen wie den späteren Zuschauern dieses Stückes ist aber diese Mischung von Utopie und handfesten Realitäten sicherlich besonders reizvoll erschienen.

Inszenierung des Deutschen Schauspielhaus Hamburg 1971

Kay Hansen

Thukydides · Der Peloponnesische Krieg

»Syngraphes historion« (entstanden in Griechenland 431–400 v. Chr.)
Geschichtswerk von Thukydides (um 460 v. Chr. – nach 400 v. Chr.)

Europa und die europäisch geformte Welt verdanken den Griechen bekanntlich auf kulturellem, künstlerischem und politischem Gebiet unendlich viel. Aber während man Drama und Komödie, Philosophie und Kunst, um nur diese Beispiele herauszugreifen, unverändert oder organisch weiterführend übernehmen konnte, ist das bei der Geschichtsschreibung nicht der Fall. Das, was wir seit dem 19. Jahrhundert als historische Wissenschaft kennen – die auf strenger Quellenanalyse beruhende Erforschung einer Epoche oder einer Persönlichkeit –, kannten weder die Griechen noch später die Römer. Natürlich wollten auch die antiken Historiker, genau wie Ranke, »zeigen, wie es eigentlich gewesen«, aber der subjektive Ermessensspielraum, die auf der eigenen, ebenfalls subjektiven Psychologie beruhenden Urteile, kurz, der mehr oder weniger zufällige Informationsstand des einzelnen waren ausschlaggebend. Und noch ein wesentlicher Unterschied ist zu beachten. Der antike Historiker empfand sich nicht als Wissenschaftler, sondern eher als Lehrer und Moralist, besonders aber als Künstler. Er glaubte, es sich und seinen Lesern schuldig zu sein, ein Sprachkunstwerk zu schaffen, das durch Einmaligkeit und Unverwechselbarkeit des Stils seinen Stoff über bloße Tagesproduktion hinaushob. Thukydides sagt es mit den berühmten Worten, er habe ein Werk schaffen wollen, das »ein Besitz für alle Zeiten, nicht eine kurzlebige Tagessensation« sei.

Der Beginn der europäischen Geschichtsschreibung liegt bei den ionischen Griechen in Kleinasien. Diese ersten Historiker – Logographen (Geschichtenerzähler) nennt Thukydides sie geringschätzig – waren bemüht, eine chronikartige Aufzeichnung der Ereignisse ihrer Zeit zu verfassen. Der berühmteste, Hekataios von Milet (um 500 v. Chr.), schrieb aber schon »Genealogien«, d.h. Stammbäume von Herrscherhäusern, und die »Umreise um die Erde«, die für lange Zeit geographische Orientierungshilfe bei den Griechen leistete – erhalten sind davon nur Bruchstücke. Auch von den sicher zahlreichen Stadtchroniken kennen wir nur Fragmente. Der eigentliche Beginn der antiken Geschichtsschreibung liegt bei Herodot von Halikarnassos in Kleinasien (ca. 484–425 v. Chr.) und Thukydides aus Athen (ca. 460–396 v. Chr.). Beide gehen einen Schritt weiter als die Chronikenschreiber bisher: sie stellen ihr Werk unter ein bestimmtes Thema. Dabei behalten sie das Jahrbuchprinzip noch bei und sehen sich bei Ereignissen, die sich in mehreren Jahren abspielen, entweder zu ständigem Abschneiden des Handlungsfadens oder zu Exkursen gezwungen, in denen sie also vorgreifen. Bei Herodot heißt das Thema: Der (jahrhundertealte) Konflikt zwischen Griechen und Persern, der in die Perserkriege des 5. Jahrhunderts mündet. Er will die Ursachen dieser Feindschaft ergründen und klären, wobei er allerdings der Mythologie und den Erzählungen, die er auf seinen langen Reisen nach Ägypten und Italien vernimmt, oft sehr unkritisch gegenüber steht. Die einen nennen ihn heute den »Vater der Geschichtsschreibung«, andere wollen ihn als Erzähler von »Geschichten« gewertet sehen. Der zweiten Kategorie neigte schon in der Antike Thukydides entschieden zu, obwohl der eine Generation Jüngere ohne den älteren Herodot und dessen ›historische‹ Neuerung kaum denkbar ist.

Wir kennen bei allen antiken Historikern weder das genaue Geburts- noch Todesjahr, aber wir kennen bei Thukydides die Lebensumstände. Er stammte aus einer sehr vornehmen und reichen Adelsfamilie, war während des peloponnesischen Krieges athenischer Admiral und wurde wegen eines, offenbar unverschuldeten, Mißerfolges seines Amtes enthoben. Er ging in die Verbannung, zeitweise auch nach Sparta, kehrte nach Kriegsende nach Athen zurück und starb, bevor er sein Werk ganz vollenden konnte, das im Jahre 411 abbricht. Zu Ende geführt hat es ein anderer athenischer Historiker, Xenophon (ca. 430–354 v. Chr.), mit seinem Buch »Hellenika«, und auch in der Übersetzung erkennt man, wie weit er sprachlich hinter seinem Vorgänger zurückbleibt, vom Gedanklichen ganz zu schweigen.

Der peloponnesische Krieg (431–404 v. Chr.) ist der Entscheidungskampf zwischen Athen und Sparta um die Vorherrschaft in Griechenland. Beide Staaten kämpften mit Erbitterung und unter oft blutig erzwungener Beteiligung fast aller anderen (Stadt)-Staaten: Die Athener unter der Parole »Sieg der Demokratie«, die Spartaner unter der Devise »Herrschaft der Besten (Aristokratie)«. Beide Mächte aber waren letztlich das, was wir heute rein →imperialistisch nennen würden, denen die schönen Worte nur als Vorwand für Herrschaft und Ausbeutung dienten. Zwar siegte Sparta schließlich mit Hilfe des Erbfeindes Persien, aber es hatte sich zu Tode gesiegt. Nach ein paar Jahrzehnten wurden die Griechen in das Alexander-Reich eingegliedert, anschließend wurden sie römische und, bis ins 19. Jahrhundert hinein, türkische Kolonie. Machtpolitisch hat Griechenland, diese Wiege der europäischen Kultur, im peloponnesischen Krieg Selbstmord begangen. Worin liegt nun die Bedeutung des thukydideïschen Werkes, das ja schließlich nur die Kriegswirren eines kleinen Landes in längst vergangener Zeit schildert? Was hat diesem Torso gebliebenen Werk die Unsterblichkeit gesichert? Die Antwort ist nicht einfach. Den sprachlichen Glanz, die scharfen →Metaphern, die geschliffnen Pointen, die in dieser Form in griechischer Prosa unerreichte Subtilität des gedanklichen Ausdrucks haben doch nur die wenigen Leser des griechischen Originals ganz würdigen können; das entzieht sich bis zu einem gewissen Grade der Übersetzung. Auch behandeln weite Partien relativ langweilige Kleinstaat-Intrigen oder Schlachten, deren Ausgang uns heute gleichgültig läßt. Manche sachlichen Angaben, auf die sich die Historiker des 19. Jahrhunderts unbedingt verlassen zu können glaubten, haben kritischer Nachprüfung nicht standgehalten, wenn Thukydides auch, als persönlich an führender Stelle Beteiligter, der die Szene in Athen und Sparta kannte, viele verläßliche Informationen zu bieten hat.

Entscheidend für den Aufstieg in die Weltliteratur ist wohl etwas anderes. Wie er selbst schreibt, hat er, der reiche, unabhängige Mann, sich von Kriegsbeginn an entschlossen, diesen bis dahin voraussichtlich größten aller Kriege in seiner Darstellung festzuhalten, und das nicht nur im Ablauf der Ereignisse, sondern in der Suche nach den Motiven, die den einzelnen und die Staaten im Kriege leiten, nach den Motiven nicht nur dieses Krieges, sondern nach ewigen Beweggründen – heute würde man es Friedensforschung nennen.

Ein wichtiges Mittel seiner Darstellung bilden die Reden der beteiligten Politiker und Feldherren, etwa vierzig an der Zahl, davon dreißig überaus umfangreiche Ausführungen. Mit Hilfe dieser Reden vermag Thukydides die handelnden Personen zu charakterisieren, der Leser kann sich nach eigenem Urteil ein Bild der Betreffenden machen, ohne daß der Autor durch erhobenen Kommentar-Zeigefinger Einfluß zu nehmen trachtet. (Selbstverständlich ist keine Rede im Wortlaut zitiert, sie ist thukydideïsch im Stil, da sie sonst aus dem Gesamtkunstwerk herausfallen würde; aber der Autor versichert glaubhaft, die Ausführungen nach Sinn und Inhalt genau wiedergegeben zu haben.) Gleich am Anfang des 2. Buches steht die vielleicht berühmteste Rede der Weltliteratur – die Rede des Perikles über die Gefallenen des ersten Kriegsjahres: ein Bild von den Verhältnissen in Athen, ein Bild der fast vollkommenen Demokratie. Hier stehen Perikles/Thukydides als politische Denker und Staatstheoretiker vor uns, die das Wesen des demokratischen Staates zu definieren trachten: Gleichheit vor dem Gesetz, Chancengleichheit im privaten und politischen Leben, absolute Toleranz in geistigen Dingen sind die hervortretendsten Merkmale. Dieses Hohelied am Anfang des Kriegsberichtes bildet den Hintergrund für all die Fehler der nachfolgenden Staats- und Heerführer, die Athen in die Katastrophe führten, weil sie die perikleïschen Grundsätze nicht nur nicht berücksichtigten, sondern in ihr Gegenteil verkehrten. Noch heute bestürzend, wird dann geschildert, wie alle menschlichen und moralischen Werte im Bürgerkrieg pervertiert werden: Nackter Verrat am gegebenen Wort und Bruch von Verträgen heiße umsichtige Realpolitik, Denunziation sei Pflicht des Patrioten, vernünftiges Überlegen gelte als reine Feigheit, tollkühner Unsinn werde als Zeichen todesmutiger Tapferkeit gefeiert. Diese Kapitel gehörten in jedes Lehrbuch der Politologie.

Das Problem Macht und Recht ist das Grundthema des Gesamtwerkes. Das wird deutlich im »Melier-Dialog« des 5. Buches, eine Stelle, die wohl genau die Mitte des ursprünglich geplanten Werkverlaufs bildete. Sie hatte ein hervorragendes Gegenstück zu den Kapitulationsverhandlungen zwischen Athen und Sparta am Ende des Bandes gebildet. Nur hier hat Thukydides nicht Rede und Gegenrede als Darstellungsform gewählt, sondern einen viele Seiten umfassenden Dialog, den er nicht kommentiert. Athen will die kleine Insel Melos zum Anschluß und Kriegsbündnis gewinnen, die Melier bieten ihrerseits Freundschaft und völlige Neutralität. Dabei berufen sie sich auf ihr gutes Recht, auf Religion und Moral. Die Athener erwidern zunächst mit Sophismen und nicht nachprüfbaren Versprechungen und beenden schließlich das Gespräch mit der zynischen Feststellung, Recht ohne Macht sei bedeutungslos, für die Moral gebe es keine Verbindlichkeit unter den Menschen und die Rücksicht auf die Götter sei ihre kleinste Sorge. Hier zeigt Thukydides die →Hybris der nachperikleïschen Macht- und Realpolitiker auf ihrem Höhepunkt. Die Insel wird gewaltsam erobert, die Männer getötet, Frauen und Kinder versklavt.

Wir haben es bei dem »Peloponnesischen Krieg« nicht mit einer Geschichtsdarstellung im heutigen Sinne zu tun, wohl aber mit einer zeitlos gültigen Darstellung des Menschen und seiner Reaktionen im Glück und im Unglück, im Privatleben und in der Politik, in Krieg und Frieden, Reaktionen, die auch in den vergangenen über 2000 Jahren verblüffend und erschreckend gleich geblieben sind. Kein geringerer als Hegel hat gesagt, das Werk des Thukydides sei der Gewinn, den die Menschheit aus diesem Krieg gehabt habe.

Kastell Euryalos bei Syrakus auf Sizilien. Syrakus war einer der Schauplätze des Kampfes um die Vorherrschaft in Griechenland, den Thukydides beschrieb

Ada Neschke

Platon · Der Staat

»Politeia« (entstanden in Athen ca. 370 v. Chr.)
Philosophischer Dialog von Platon (427 – 348/7 v. Chr.)

Platon aus Athen (auch: Plato) entwirft in seinem Werk »Der Staat« eine Verfassung menschlichen Zusammenlebens. Dieser Versuch, modellhaft eine neue, sich von der Gegenwart abhebende Ordnung zu schaffen, hat bis auf die heutige Zeit Nachahmer und Kritik gefunden.

Wer nun das Werk Platons selbst zu lesen unternimmt, begegnet statt einer abstrakten Staatslehre zunächst der Figur eines Erzählers mit Namen Sokrates. Darin setzt der aus vornehmer Familie stammende Platon seinem athenischen Lehrer, dem Handwerker-(Bildhauer-)Sohn Sokrates (ca. 470–399 v. Chr.), ein literarisches Denkmal. Dieser Sokrates berichtet von seinem Gespräch mit jungen Athenern, die ihm eine für sie brennende Frage stellen: Was sollen sie in einer Zeit tun, die ihnen keine sicheren Grundsätze der Lebensführung bietet? Da sind die ›Intellektuellen‹, die offen die Forderungen des Staates, der Religion und Moral als dem Menschen wesensfremde Zwänge verurteilen und behaupten, daß der Mensch nur dann seiner Natur entspreche, wenn er seine Triebe – und sei es mit Gewalt – befriedige. Da ist die Generation der Eltern, die nur aus Angst vor Strafe und Hoffnung auf Prestige dafür eintritt, die geltenden Normen anzuerkennen und zu befolgen. Sokrates dagegen solle ihnen zeigen, daß auch ohne äußeren Erfolg der einzelne sich derartigen Normen zu beugen habe. Platon sagt, »daß Gerechtigkeit für den einzelnen gut sei« – da dieses Verhalten seiner Natur entspreche.

Eine derartige Frage gehört heute nicht der Politik, sondern der →Anthropologie an. Sie zielt auf die »wahre Natur« des Menschen und lautet heute: Ist der Mensch ein instinktgesteuertes Naturwesen oder bedarf es der Kultur, d.h. der Stütze durch selbstgeschaffene Ordnungssysteme (»Institutionen»)? Sie wird dann bedeutsam, wenn überkommene Ordnungen nicht mehr selbstverständlich sind, sondern ihre Kritiker sie als »widernatürlich« einer neuen »natürlichen Ordnung« gegenüberstellen.

Platon läßt seinen Sokrates diese Frage weder →empirisch, wie die vergleichende Anthropologie, noch begrifflich abstrakt beantworten, wie es anschließend die philosophische Ethik seit Aristoteles (384–322 v. Chr.) versucht. Vielmehr entwickelt er das Bild eines Stadtstaates (→S. 26f.), da nur in diesem sich die Natur des Menschen äußern könne. Es geht somit bei der Staatsgründung nicht um den Staat als Gebilde eigener Art, sondern um politisches Verhalten als Spiegelung wesensgemäßer innerer Verfassung des einzelnen Menschen.

Platon gründet seinen Modellstaat auf das Prinzip der →Arbeitsteilung. Dieses gewährleistet gerade durch das Zulassen individueller Verschiedenheiten das Zusammenspiel der einzelnen Glieder. Politisch richtig verhält sich nach Platon derjenige, der »das Seine tut«. Die öffentlichen Tätigkeitsbereiche entsprechen der Natur des Menschen als Einheit von Körper, Seele und Geist: Die leiblichen Bedürfnisse versinnbildlicht der Stand der Bauern und Handwerker, die seelischen Spontanäußerungen der Stand der Krieger, während die Regierenden als dritte Kraft für die Vernunft des Menschen stehen. Der Modellstaat verweist damit auf ein Menschenbild, in dem die leiblich-seelische Verfassung von der Vernunft ordnend übergriffen wird.

Der Staat dient jedoch Platon nicht nur als Sinnbild, darüber hinaus erkennt er, daß es die Ordnung des menschlichen Zusammenlebens ist, die den einzelnen sein Wesen verwirklichen oder verfehlen läßt. Daher weist Platon der politischen Gemeinschaft die Aufgabe zu, den Menschen zum vernunftgemäßen Handeln zu erziehen. Verfehlt der Staat dieses Ziel, zerbricht, wie Platon im letzten Teil seines Werkes zeigt, die Idealverfassung, da die nachfolgende Generation die Vernünftigkeit der Normen nicht mehr einsieht.

Porträtbüste des Sokrates

Porträtbüste des Platon

Mit dem Zweifel der jungen Partner des Sokrates am Wert der Gerechtigkeit, der den Entwurf des »Staates« ausgelöst hatte, will Platon zeigen, wie in seiner Zeit die Verbindlichkeit der überkommenen Ordnung gefährdet ist. Eine undurchdachte Übernahme scheint allerdings auch Platon nicht mehr möglich; daher will er sie durch rationale Begründung zu neuem Leben erwecken. In diesem Sinn ist seine Forderung zu verstehen, »daß die Herrscher echt philosophieren oder die echten Philosophen herrschen sollten«.

Unter Herrschaft begreift Platon Weitergabe von Erkenntnis durch den Wissenden. Der Politiker bei Platon ist Erzieher. Es ist deshalb nur zu verständlich, wenn Platon den Hauptteil seines Staatsentwurfes dem Problem der Erziehung widmet. Seinem Bild vom Menschen als geistig-leib-seelischer Einheit folgend versucht er, schon das Seelisch-Vorrationale auf die Werte einzustimmen, die erst späterer Vernunft einseitig werden. So läßt er die Erziehung zu den tragenden Normen seines Staates schon früh beginnen, und bricht mit der griechischen Erziehungstradition, die keine staatlich geleitete Erziehung in der Institution Schule kannte. Die Kinder lernten an Texten der Dichter – vor allem an den Epen Homers (→S. 38f.) – die Tradition ihres Volkes kennen, ohne daß auf den Inhalt der Dichtung Rücksicht genommen wurde. Platon weist auf den gefährlichen Einfluß unmoralischer Inhalte hin. Die griechischen Dichtformen verbanden vielfach – so in der Lyrik und dem Drama – Wort und Musik zum

Gesang, der sogar, wie in der Chorlyrik, durch Tanz begleitet werden konnte. Da Platon in den musikalischen Elementen der Dichtung ein Mittel sieht, den kindlichen Charakter zu bilden, akzeptiert er nur die Dichtungen, deren Text und Musik dem Maßstab eines disziplinierten Verhaltens gehorchen, und verwirft vieles, das, wie später die Epen Homers, die Tradition der europäischen Literatur begründen sollte.

staatlich erzwungene Vereinheitlichung einer in der Wirklichkeit bestehenden Vielfalt von Weltanschauungen und Interessen »gesellschaftlicher« Gruppen. Um ihn zu bilden, müssen aber »Staat« und »Gesellschaft« in Idee und Wirklichkeit bereits getrennt sein oder als trennbar begriffen werden können.

Noch aber kennt Griechenland zu Platons Lebzeiten die Polis vor allem als politisch-weltanschauliche Einheit (mit einer Staatsreligion); nur zögernd beginnt sich in dieser Zeit das Leben des Vollbürgers, von dem aus Platon verzugsweise denkt, in private und politische Existenz zu scheiden. Bevor die Doppelheit von Staat und Gesellschaft sich voll entwickelt hatte, konnte sie einem zeitgenössischen Beobachter wie Platon leicht nur als Zerfall des Staates erscheinen. Platon richtet die Modellordnung seines Staates kritisch gegen diese Entwicklung, ohne sich der Illusion hinzugeben, sie rückgängig machen zu können. Sein Staat hat konservativ-utopische Züge (die in sich geschlossenen 3 Stände sind dafür typisch), beruht aber nicht mehr auf einer als selbstverständlich tradierten Grundlage von moralischen und rechtlichen Normen, sondern auf vernünftiger Einsicht und bewußter Zustimmung der Bürger zu ihrem Staat. Damit versucht Platon die Forderung des Sokrates nach einem vernunftgeleiteten Leben auf der Ebene der politischen Gemeinschaft zu Ende zu denken.

Hatte sein Lehrer Sokrates im Gespräch mit einzelnen versucht, die Vernunft seiner Zeitgenossen zu wecken, verfolgt Platon dieses Ziel mit dem »Staat« und anderen Schriften.

Gerade darin beweist er ein ganz »untotalitäres« Verhalten. Ausdrücklich verwirft er Gewalt zur Durchsetzung politischer Reformen. Um seiner Kritik und seinen positiven Vorstellungen Gehör zu verschaffen, wird er der Meister einer damals jungen Form von Literatur, des Dialogs.

Die Polis Athen – für Platon Modell des Staates (Rekonstruktion aus dem 18. Jahrhundert)

Solche Gedanken Platons lassen an Maßnahmen →»totalitärer« Staaten denken, die den »freien Wettbewerb der Ideen«, ein wesentliches Merkmal des freiheitlichen Rechtsstaates, unterbinden. Ebenso scheint sein Erziehungsplan dem Versuch totalitärer Systeme zu gleichen, bereits die Kinder auf bestimmte politische Haltung hin zu formen. So bestünde die sehr moderne Kritik an Platon als »totalitärem Denker« zu recht?

Wie wir sahen, fragt Platon nicht politisch, sondern anthropologisch. Seine Erkenntnis, daß der Mensch durch allgemeine Normen zu disziplinieren ist, liegt nun längst aller Erziehung zugrunde. Jedes Gemeinwesen gliedert mit Hilfe öffentlicher Institutionen – Schule, Vorschule, »kindgemäßes Buch« – den jungen Menschen in die Gesellschaft ein. Auch wenn nun diese Gesellschaft bei Platon nicht nur eine sprachliche und kulturelle Einheit ist, sondern eine »geschlossene« politische, ist dennoch der Begriff des Totalitarismus nicht anwendbar. Dieser bezeichnet nämlich die

Platon gestaltet, wie es der »Staat« zeigt, den Wettbewerb der Ideen, indem Vertreter verschiedener Meinungen ausführlich zu Worte kommen.

Der Leser gewinnt dadurch geistigen Abstand und kann die Positionen gegeneinander abwägen.

Platons literarisches Wirken ist somit eher ein Markstein in der Geschichte des freien Ideenwettbewerbs, denn als Ausdruck totalitären Denkens zu werten. Die Geschichte der Nachwirkung seiner Gedanken bestätigt dieses Urteil: Heute wie früher regt Platon dazu an, in einen neuen Wettbewerb mit ihm zu treten.

Querschnitt

Hans Wollschläger

Strukturen und Formen der Prosa

Dichtung und Prosa

»Prosa« hat häufig die Beifarbe des Minderen gehabt, der gewöhnlichen Mittel, der banalpraktischen Gebrauchswertigkeit. »Prosaisch« stand und steht fast synonym fürs Nüchterne, für den Mangel an Weihe und hochfliegendem Schwung: verächtlich einem Kunstbegriff, der dem Bürger das Erhebende, zum Außer-sich-Sein Verhelfende als Kriterium empfiehlt. Das erklärt, warum Prosa von vielen, die sie schreiben, mit so geringem Anspruch geschrieben wird; das erklärt zugleich, daß der Lesende mit soviel Bedenkenlosigkeit die eigenen Verständnisgrenzen zu ihren Grenzen erklärt. Immer hat Literatur es schwer gehabt, sich gegen den Anschein durchzusetzen, daß sie ja doch mit denselben Mitteln arbeite, die dem Jedermann bereits durchs Lesen- und Schreibenlernen zugänglich würden; immer hat er, der lesens- und schreibenskundige Jedermann, sich die Zuständigkeit für die Prosaliteratur zugesprochen, die er im parallelen Fall beim Anstreicher fürs Bilderkunstwerk durchaus absurd fände. Die Unterschätzung spiegelt sich nicht nur in krausen Definitionen durch Lexika; sie ist auch im Literaturbetrieb längst zu üblen Gewohnheiten erstarrt: der Verlagslektor etwa, dem es nie einfallen würde, in Farben und Formen eines Bildwerks, dessen Reproduktion ihm anvertraut wäre, nach persönlichem Gusto einzugreifen, vollzieht solche Eingriffe, wenn er nicht daran gehindert wird, bei Farben und Formen von Prosa schlechthin habituell; bedenkenlos wurden und werden Prosawerke »bearbeitet« und verändert (und allein in Schweden, auch hierin vorbildlich, ist dergleichen heute durch Gesetz verboten); nur die »Dichtung« hat ihre Unantastbarkeit aus sich selbst heraus bewahren können. Die Kluft, die da sichtbar wird, die so schroffe Unterschiede markiert, daß es fast scheinen könnte, als trenne sie Prosa vom Kunstwerk überhaupt ab, ist deutlich formal definiert: prosaisch, nüchtern, beliebig variabel sei das Wörterwerk, das den vom Bürger angenommenen, weil seiner Alltagssprache nicht geläufigen Kriterien der Bindung (Reim, Versmaß, Strophe) nicht genüge. Daß die Strukturen und Formen der Prosa von der Alltagssprache womöglich noch weiter entfernt sind, daß ihr Reichtum sich erst jenseits des artistischen Schemas entfaltet, vielleicht ist das Verständnis dafür oft darum so behindert gewesen, weil das, was auch Alltag heißen kann, Realität und Gegenwart, zugleich in einem komplizierteren Sinne gerade zu den Substanzkriterien der Prosa gehört.

Dichtung und Prosa: es ließe sich sagen, daß beide immer in Konflikt zueinander gestanden haben; er ist so alt wie ihre Geschichte selbst; noch heute scheiden sich an ihm die Kategorien des Schreibens, ja die von »Geist« schlechthin. Wo Dichtung in ihren Formen Distanz zum kommunen Sprachverkehr, zum Konkreten der Lebenssachverhalte, extrem zur Realität selbst suchte, ist Prosa in gerader Gegenbewegung dem Wirklichen nachgegangen, hat dem Weltlauf aufs Getriebe geschaut und »dem Volk aufs Maul«, wie Luthers Sprache: sie hat, aufs einfachste reduziert, ihre Gestaltungen dem Diesseits abgelernt. Die Definition, die landläufig mit dem Prosabegriff den Transport von Tatbeständen verbindet und der Dichtung in aller Gemächlichkeit das Irreale, der faktischen Verbindlichkeit Enthobene zugesteht (und dem »Dichter« am Ende gar noch, daß er selbst nicht unbedingt ›ganz richtig‹ zu sein habe), diese Definition, im Kunstverständnis aller Zeiten nachweisbar, eröffnet eine Perspektive, die vielleicht die Ursachen in frühester Entstehungsgeschichte erkennen läßt. Die älteste Dichtung, soweit wir sie kennen, steht in enger Nachbarschaft der kultischen Zeremonielle, der Götter- und Heroenverehrung; sie ist geradezu Bestandteil ihres Instrumentariums. Das hat von allem Anfang ihre Formen bestimmt: mit ihren Gegenständen zusammen stieg Sprache ins Metaphysische auf, konstituierte einen Bezirk, der die Alltagsrede weihte und überwand. Unter den Notwendigkeiten, die →Ästhetik schufen, ist diese die wohl erste: den Begriffen ein Sinngefüge zu geben, das ebenso außerhalb des Vergänglich-Realen lag wie das der mit ihnen bezeichneten Erscheinungen, das der religiöse Glaube vermutete. Psychologie erklärt solche Notwendigkeit als elementare Wunscherfüllung: Schutz gegen Angst sehr klein beengten Existierens, Verlangen nach Dauer. Der Griff nach dem Bleibenden bezeichnet die Kunstauffassung, seit es Kunst gibt; daß sie mit dem »Ewigen« zu tun habe, ist ihr frühester Anspruch; das Bild des Monuments, dauerhafter als Erz, holt noch bei Horaz im Selbstverständnis seiner Dichtung diesen Ursprung ins Bewußtsein zurück. Die Formen der Dichtung sind Zeremoniell so selbst und über das Stoffliche hinaus an den Kultus gebunden gewesen. Unsere Kenntnis beginnt mit dem Erscheinen der Schriften und ist lückenhaft genug (→S. 108ff.); doch im Umriß zeichnet sich der Tatbestand in allen Kulturkreisen der Frühzeit deutlich genug ab. Religiös gebunden waren die ersten Hieroglyphentexte des beginnenden 3. Jahrtausends v. Chr. wie die Zeichen selbst, die sie festhielten und im Begriff noch ihren Charakter festhalten; rituelle Struktur haben die über tausend Hymnen des Rigweda wie die Hochsprache des Sanskrit, die aus ihnen wuchs und den Anspruch der höheren Legitimation fortdauernd gewahrt hat; Priesterwerk und -privileg war auch im China der Frühzeit Literatur schlechthin, erst im 2. Jahrhundert v. Chr. gelangten ihre Formen mit der Aufhebung des Bücherverbots in die weltliche Freiheit. Unter den Ursachen, die der Begriff der dichterischen Form in sich aufnahm und bis in die neueste Zeit nie abwarf, ist so begründet auch der Charakter des Privilegierten, kommun nicht Zugänglichen, den die hochdisziplinierten Formen aufrichteten: im faulen Widerstandswort des ›Elitären‹ hallt noch heute etwas davon nach.

Hat Dichtung ihrer Verwurzelung im Kultischen den Reichtum ihrer Formen verdankt (und diese Formen sind in ihren wesentlichen Parametern allesamt Schöpfungen der Frühzeit), so zugleich auch deren Strenge. Das Dilemma der Religionen, Phantasiertes dem Freiraum der Phantasie zugleich wieder entziehen und zu strenger Verbindlichkeit abhärten zu müssen, wurde hier entscheidend fruchtbar: Dogmatisierung prägte die Dichtungsformen wie ihre Inhalte. Das hat Disziplinen bewirkt, die bis in die späteste Dekadenz mächtig blieben und überdauerten; bis ins gegenwärtige Jahrhundert hinein überlebten die Gehäuse der Formen den unaufhaltsamen Verfall ihres Sinns. Solche Kraft macht zugleich aber auch deutlich, gegen welche Befestigungen, von zudem höchster Autorisierung, sich Prosa als Dichtung der Realität, der Menschenwirklichkeit, in den Anfängen durchzusetzen hatte. Dieser Durchsetzungsprozeß vollzog sich entsprechend langsam in Übergängen: aus der Heroenverehrung löste sich, zunehmend sachlicher, dem verklärenden Überschwang absagend, die Geschichtsschreibung, aus dem dunklen Formelgut der Kulte die humane Spruchweisheit, der Ursprung der Philosophie. Deren Kriterien wurden so zugleich Kunstmaße der sich bildenden prosaischen Disziplin: Logik, analytische Präzision, dialektischer Aufbau. Es entstanden weitreichende Verfeinerungen von Syntax und Wortschatz; im Indien des 7. Jahrhunderts v. Chr. wurden die ersten Lehrbücher (»Wedanga«) auch für Phonetik, Grammatik und Etymologie zusammengestellt. Die ins Weltliche freigesetzte Phantasie erbrachte nicht nur das quantitative Auswuchern der Form, sondern zugleich auch seine qualitative Beherrschung. Wenn die frühen

Beispiele, etwa der Fabelprosa der ägyptischen Antike, noch einen regellos improvisierenden Zug aufweisen, Abbild des eben erfahrenen Glücks des Entfesseltseins, so schuf gerade die Absage ans kultische Dichtungszeremoniell, an die Schutzformen der übernatürlichen Beglaubigung, ein neues strenges Strukturbewußtsein. Realität, so als errungene Freiheit begriffen, bewirkte zugleich auch Grenzenerkenntnis, diese im künstlerischen Widerbild Beschränkung und Form. Prosa entstand und behauptete sich von allem Anfang an als Abschrift der Lebenswirklichkeit: so wuchsen ihre Organisationen mit denen der bewohnten Welt, d.h. mit den Konsequenzen des sich fortschreitend erweiternden menschlichen Selbstverständnisses, das seines Einbezogenseins in Zusammenhänge von Geschichte, von konkretem Raum und konkreter Zeit immer klarer inne wurde. Gesellschaftlich bestimmt waren die Gegenstände und Themen, gesellschaftlich bestimmt deren Formen; Rede und Dialog tauchen schon früh im Kanon der Mittel auf. Der interaktionelle Prozeß, der in Definitionen der Literaturdynamik vorab einzutragen wäre, hat von diesen Anfängen her immer mit der Formenstruktur auch die der Kommunikation verfügt: beider Entwicklung verlief in einem; beide entfalteten gemeinsam ihre kulturbildende Kraft. Daß die Entstehung großer Prosa mit der Heraufkunft der Humanitas zusammengeht, ist äußeres Abzeichen der Qualität, die ihr in der Sozialentwicklung zukommt; immer war Prosa deren Spiegel wie auch Entwerfungsfeld. Immer war Aufklärung mit ihr verbunden, lehrender Eingriff ins Dunkle, Aufnahme und Verarbeitung der unerhellten Erscheinungswelt. So wurde sie Instrument der historischen Aufzeichnung ebenso wie der Wissenschaft und der Philosophie. Aber auch der damit fortbestehende Gegensatz zur zeremoniell definierten Dichtung wurde am Ende so noch entscheidend furchtbar: indem Prosa, aus solchem Selbstverständnis der Aufklärung, schließlich auch die artistischen Errungenschaften der Dichtung ins Eigene herüberholte, indem sie deren höchste Ästhetik dem eigenen Anspruch einordnete, vollendete sie erst die Säkularisierung, die Befreiung aus dem kultischen Verbund; durch sie erst wurde sie umfassend Trägerin des freien menschlichen Geistes.

Die Höhepunkte solcher von Prosa beförderten, in Prosa sich spiegelnden Kulturentwicklung liegen schon früh, und von ihnen ist Wirkung bis in die heutige Gegenwart ausgegangen. Das Studium der griechischen Antike, seit der Wiedererweckung im sich aufklärenden Abendland Bildungspflicht, der sich nur die auf die materielle Physik gekommene Geistesmüdigkeit zu entledigen wünscht, wurde namentlich für die deutsche Klassik fortsetzend fruchtbar. Alle Errungenschaften der Sprachnuancierung, die in den Prosaleistungen des 18. und 19. Jahrhunderts noch einmal höchsten Kunstrang erreichten wie später nie wieder, gehen zuletzt auf Erwerbungen der klassischen Antike zurück. Was der griechischen Sprache in der Zeit zwischen den Perserkriegen und Alexander zuwuchs, was sie zur reichsten, kaum wieder eingeholten Kultursprache des Abendlands machte, ist durchweg von den Prosaformen ihrer großen Schriftsteller geschaffen worden: die höchste Differenzierung der grammatischen und syntaktischen Mittel, die luzide Organisation weit ausgreifenden Periodenbaus, die (in solchem Ausmaß nur noch im Deutschen äquivalent mögliche) Flexibilität durch Partikel, die Prägnanz der aus dem bloßen Blumengarten der Poesie zur Ordnung gerufenen Metaphorik. Der Wortschatz, durch die epische und dramatische Dichtung um ornamentale Werte bereichert, erfuhr durch Prosa seine Erweiterung ins Präzisierte, denkend Benennende; das ermöglichte die große abstrakte Erörterung, wie sie etwa die aristotelischen Schriften verwirklichten: Theorie von Staat und Welt nicht nur, sondern auch von Kunst und ihren Disziplinen. Selbstreflexion wurde, wie in der biologischen Ordnung der Wesenarten, zur Marke des Ranges auch der künstlerischen Wesentlichkeit. Rhetorik setzte obersten artistischen Standard, wie etwa in den drei perikleischen Reden, die Thukydides (→S. 48f.) nachschrieb; in ihr befestigte Prosa zugleich ihren Kommunikationscharakter als Ansprache und Zuspruch. Die Geschichtsschreibung des Thukydides, deren Redekunst nirgends in Überrednerkünste umschlägt wie oft bei den Nachahmern seiner Mittel, die sich aber auch nichts weniger denn als trockene Buchhaltung des Weltlaufs versteht, sondern in dessen Getriebe die Ursachenstruktur freilegt, hat solche Sinnstruktur auch im Formalen nachzubilden vermocht; erst bei Sallust kehrt noch einmal eine ähnlich souveräne Einheit wieder, und man muß bis zu Schillers »Geschichte des Abfalls der vereinigten Niederlande« weitergehen, um ein neueres Beispiel zu finden. Hat die griechische Prosa der Sprache bereits fast alle Mikrostrukturen errungen, mit denen Literatur zwei Jahrtausende lang arbeitete, so auch bedeutende Modelle der großen Form, des sinnvollen Zusammenbaus der Elemente. Texte wie die platonischen Dialoge (→S. 50f.) sind Wunderwerke der literarischen Architektur in der Strenge ihrer Ordnung, ihrer symmetrischen Motivkomposition, hat Prosa die Höhe der epischen und dramatischen Dichtung übertroffen.

Prosa und Herrschaftsstruktur

Übersieht man die Entwicklungen der Prosastrukturen historisch über große Zeitstrecken, so fällt auf, daß ihr Reichtum zunimmt, je mehr die Herrschaftsstrukturen sich lösen. Das trägt ein weiteres Indiz zu ihrer gesellschaftlichen Definition bei: immer ist Prosa Tatfeld der Freiheit gewesen und Gegenwirkung gegen die rituell erstarrte, sich selbst feiernde politische Form, wie sie es im Anfang gegen die religiöse gewesen war. Auf kollektive Verpflichtungsmodelle, seien sie nun national oder ideologisch begründet, antwortete sie stets mit Verödung; die Niedergänge der politischen Reiche wurden entsprechend stets Aufstiegs- und Blütezeiten der künstlerischen. Das wird am griechischen Beispiel augenfällig wie am römischen: die Herausbildung des hellenistischen Prosaromans, der freilich nur die neue Gattung frei ausphantasierten Erzählens in die Literatur brachte, nicht aber auch zugleich hochglänzende erste Muster, geht mit der politischen Dekadenz des Griechentums ebenso parallel wie mit dem Verfall des lateinischen Weltreichs das Aufblühen seiner Literatur im nur »ehern« genannten Zeitalter. Die traditionelle Literaturwissenschaft, die den politischen Charakter der Literatur bislang allenfalls im Sinne nationaler Größenbegriffe verstand und ihr Interesse mit der imperialen Relevanz ihrer Forschungsfelder steigen und fallen ließ, hat namentlich der spätrömischen Prosa die angemessene Beachtung verweigert. Obwohl sie die Höhe der vorchristlichen, in Geschichtsschreibung und Rhetorik, gewiß nicht wieder erreichte, stehen an ihrem Eingang aber doch Gestalten wie Plinius d.J., durch den die antike Briefliteratur ihren obersten Glanz erreichte, und die Richtung der »zweiten Sophistik« mit ihrer kunstreichen barocken Sprache ist nicht nur durch Apulejus bedeutend und fruchtbar geworden. Daß die Prosakunst der Antike im 4. Jahrhundert fast restlos unterging, erklärt sich zwingend aus dem totalitären Herrschaftsantritt des Christentums: die Verengung, die von ihm ausging, traf nicht nur die Stoffe, sondern auch die Formen. Prosa wurde auf ihre Anfänge zurückgeworfen; selbst die Dichtung, die einmal aus dem religiösen Zeremoniell entstand und dieser ihrer Basisdefinition nie ganz entwuchs, vermochte die Anpassung nur um den Preis des Verlusts ihr artistischen Weite und Helligkeit zu vollbringen: gemessen am Standard der →Aetas aurea lebte sie nur im Schattendasein fort. Ganz selten noch gelang es der Poesie, das asketisch reduzierte Weltverständnis in alter hoher Struktur einzufassen und so ein Sinngenüge zu finden, das die Prosaform generell verweigert, wo sie nicht von innerer Gehaltssubstanz bewegt und getragen wird; die kultisch-liturgisch gebundene Dichtung der vormittelalterlichen Zeit nimmt sich allgemein durchweg arm, ja fast stammelnd aus und verdankt ihre Wirkungskraft für den heutigen Blick nur ihrer archaischen, eher auf Regression weisenden Qualität, vom »Tedeum« des Bischofs Ambrosius bis zum »Veni Creator« des Hrabanus Maurus. Wo die Texte der Kirchenväter als Literatur zu gelten haben, bleiben sie, obwohl an der großen römischen Rhetorik geschult, weit unterhalb von deren Rang, formal wie denkerisch, und die Abneigung gegen das Dargestellte, den trüben Enthusiasmus der neuen Weltansicht, der Lebensverneinung und -verleumdung, wäre um ästhetische Gründe nicht verlegen. Prosa, zu deren Charakter schon nach antiker Definition »Wahrheit« gehörte die Lebensluft: nichts spräche deutlicher gegen die Wahrheit des christlichen Seinsverständnisses im ersten Jahrtausend als das Erlöschen ihrer großen Formen. Die Literatur des Abendlandes ist durch die Heraufkunft des Christentums als Herrschaftsgefüge gehemmt worden wie durch keinen geschichtlichen Schock jemals sonst; das bleibt katastrophal bestehen, gerade wo man vor Augen hat, welche Wunderleistungen auf anderen Kunstgebieten später aus christlichem Geist erwuchsen. Man könnte versucht sein, die psychologische Matrix der einzelnen Menschenentwicklung auf den ganzen historischen Prozeß zu übertragen und bei dieser Phase der Literaturstille von Latenzzeit zu reden; sie hat über Jahrhunderte hin gedauert.

Die Ächtung der sinnlichen Kräfte, die das Christentum bis ins Hochmittelalter vorab bezeichnet, ist als negative Kraft selbst nicht nur im Literaturleben der Zeit wirksam geworden, sondern in deren gesamter sozialer Bildungskonstitution: wo Geistlichkeit so absolut herrschte, führte ihre geistige Enge zwangsläufig zur Enge überhaupt. Die Ritterschaft, als einzige Gegenmacht, blieb kulturell ohnmächtig und unfruchtbar und vermochte den Rang der antiken Aristokratien kaum annähernd zu erreichen; Mönche waren so gut wie ausschließlich Träger der Kulturwerte und -entwicklungen. Sie waren es immerhin konservativ, und von der schönen und erstaunlichen Erhaltung des antiken Geistesguts durch sie muß immer auch da die Rede sein, wo von ihrer produktiven Armut die Rede ist. Wie viele einmalige Handschriften trotzdem durch sie zu Palimpsesten wurden, wieviel Geist unwiederbringlich unter trübem Psalmodieren verschwand, läßt sich ahnen: von der Gesamtquantität der alten Literatur ist nur ein Bruchteil sicher auf die Neuzeit gekommen. Die Leere der frühmittelalterlichen Jahrhunderte liegt nicht in geschädigter Tradition begründet; schöpferisch leer sind die Zeiten der brütenden Enderwartung, die das Konventikelleben beherrschte und alle Sinnfragen der Existenz ans Metaphysische verwies wie in den finstersten Anfängen. Erst als die politischen Erschütterungen der Zeit religiös fundiert wurden, die paneuropäischen Kriege vor allem, von denen nur ein Teil auch äußerlich »Kreuzzüge« hieß, wuchs der religiösen Bildungsschicht Inspiration zu: es entstanden die großen Chroniken des Mittelalters, und ein volles Jahrhundert lang schien es, als könnte die antike Geschichtsschreibung noch einmal erwachen und fortentwickelt werden. Aber obwohl an ihrem Modell geschult, sind die Chroniken nur Ansätze geblieben; nur als starre Gehäuse schlafender Tradition stehen sie da, und ihre Bedeutung reicht selten über den bewahrten Stoff auch ins Artistische hinaus wie bei dem – fast unbekannt gewordenen – Sprachmeister Niketas von Chonai, dessen »Historia« die große Form der griechischen Geschichtsprosa ebenso bewahrt wie ihre Humanität.

Medium der Aufklärung

Daß die Prosa dem neuen Aufbruch, den die Dichtung mit den Epen und so grundkräftiger Lyrik wie der Walthers von der Vogelweide (→S. 82f.) im Hochmittelalter vollbrachte, ganz langsam, sehr schwer nur, mit viel Verspätung sich anschloß, mag mit zu erkennen geben, wieviel tiefer die Entwicklungsstörung, die lange Hemmung und Unterbrechung sie getroffen hatte. Qualitativ einzig stehen im 14. Jahrhundert Prosaleistungen wie die Boccaccios da, in denen Italien die breit wirkende französische Roman- und Novellenliteratur einholte. Sie durchstießen die den Stoffen christlich auferlegte Enge ebenso wie die daraus gefolgte Enge der Form: erhellender Witz stellte die dunkle Schwerfälligkeit der Erzählgesten auf leichtere Füße; pointierte Eleganz trug Freiheit in Duktus und Dialog. Mit ihnen beginnt die Neuzeit in der Literatur. Das Zerbröckeln der christlichen Herrschaft, ihre Selbstzersetzung und -auflösung, erfüllte ein weiteres Mal das historische Gesetz und ließ die prosaischen Kunstformen sich weiten und konsolidieren; ein weiteres Mal bekräftigte Prosa ihren Charakter als Avantgarde menschheitlichen Fortschreitens. Sie setzte neu an, wo das klassische Spätaltertum geendet hatte. Die Wiederkehr der Antike, die Jacob Burckhardt in die Definition der Renaissance eintrug, machte eine Fruchtbarkeit frei, die den Untergang der Renaissance selbst überlebte: bis in die Hochblüte der europäischen Romantik hinein blieb sie gegenwärtig und wirkend. In Deutschland kulminiert die Entwicklung im Namen Luther. Seine Bibelübersetzung, der erste Versuch, alle Sprachmittel der Tradition zu instrumentieren, und zugleich ein erstes überragendes Gelingen, holt – man kann das gar nicht extrem genug ausdrücken – die gesamte Prosageschichte in einem einzigen Buch zusammen, ihre höchsten artistischen Errungenschaften wie ihre untersten Artikulationen, die bis dahin nicht literaturfähige Alltagssprache des Volks. So erst, durch diese Vereinigung, wurde der antike Geist voll in die Neuzeit eingebracht, und insofern ist Luther der Erbe der Renaissance ebenso, wie seine Reformation ihre Gegenkraft und Zerstörung wurde. Wo man heute den Reformator als Unheil, den Denker als Katastrophe sieht, bleibt immer doch der große Sprachkomponist, der nicht nur die verirrten Idiome der deutschen Territorien im Prosakunstwerk wieder vereinigte. Auch die Bibelsprache als magisches Wort ist sein Werk: keine der philologischen Übersetzungen hat ähnliches erreichen können. Luther ist eigentlich der Schöpfer der deutschen Sprache, so bestimmend und folgenreich, wie es vor ihm Chaucer für die englische gewesen war. Die Auswirkungen reichen über die Jahrhunderte; kaum ein Werk der klassischen Tradition, das sich des Nachklangs nicht bewußt wäre, bis hin ins 20. Jahrhundert; seit Luther gibt es deutsch den großen Stil.

Das Eindringen des Volkssprachlichen, des kommun gesprochenen Worts in die Literatur spiegelt das Eindringen der sozialen Basisprobleme in das Bewußtsein: Prosa nahm sich des Unteren an und verlieh ihm Platz und Stimme; ihre reformierten Strukturen wurden Vormodelle der vergeblich versuchten sozialen Reform. Die Flugschriften der Bauernkriegszeit sind so Siegzeichen des Fortschritts auch da, wo ihre Zwecke scheiterten. Das Verkommen des Feudalismus, dem spät noch Cervantes (S. 98f.) den Nachruf schrieb, einzigartig, viel wahrer als die Romantiker, zeitigte als womöglich schärfstes Indiz den Zerfall der Privilegienbildung, im produktiven Prozeß wie im rezeptiven: nicht nur die Erfindung des Buchdrucks brachte Literatur aus dem Atrium der Bevorzugten und Besitzenden in die Weite. Indem sie die Nöte der Unterprivilegierten in ihre Stoffe genauso aufnahm wie ihre Sprache in Struktur und Form, erreichte sie einen neuen Standort im Wechselwirkungsfeld von Lesen und Schreiben. Im Begriff der »Volksbücher«, der über den engeren Sinn weit hinausgeht, wurde das neue Verhältnis bewahrt: mit ihm beginnt eine Entwicklung der inneren und äußeren Expansion, die in gerader Linie dahin mündet, wo Goethe das Wort »Weltliteratur« setzte. Große Prosa wie Schnabels »Insel Felsenburg« (→S. 146f.) gewann einen Platz neben der Bibel: das eine Faktum steht wie eine Chiffre für die lautlose Revolution, die

Tractatus logico-philosophicus

1	Die Welt ist alles, was der Fall ist.
1.1	Die Welt ist die Gesamtheit der Tatsachen, nicht der Dinge.
1.11	Die Welt ist durch die Tatsachen bestimmt und dadurch, daß es *alle* Tatsachen sind.
1.12	Denn, die Gesamtheit der Tatsachen bestimmt, was der Fall ist und auch, was alles nicht der Fall ist.
1.13	Die Tatsachen im logischen Raum sind die Welt.
1.2	Die Welt zerfällt in Tatsachen.
1.21	Eines kann der Fall sein oder nicht der Fall sein und alles übrige gleich bleiben.
2	Was der Fall ist, die Tatsache, ist das Bestehen von Sachverhalten.
2.01	Der Sachverhalt ist eine Verbindung von Gegenständen. (Sachen, Dingen.)
2.011	Es ist dem Ding wesentlich, der Bestandteil eines Sachverhaltes sein zu können.
2.012	In der Logik ist nichts zufällig: Wenn das Ding im Sachverhalt vorkommen *kann*, so muß die Möglichkeit des Sachverhaltes im Ding bereits präjudiziert sein.
2.0121	Es erschiene gleichsam als Zufall, wenn dem Ding, das allein für sich bestehen könnte, nachträglich eine Sachlage passen würde. Wenn die Dinge in Sachverhalten vorkommen können, so muß dies schon in ihnen liegen.

Ludwig Wittgenstein

der Literatur gelang, als die deutsche Gesellschaft sich vor Hunderten von Souveränitäten duckte. Während die Dichtung die mittelalterlichen Hohlmaße der Verszeremonielle bewahrte und, unfähiger als je, ihrer Grundbestimmung zu entkommen, mit immer gleicher, nur kaleidoskopisch veränderter Gottseligkeit füllte, bis hinauf in den Barock und seine virtuellen Ornamente, bis zur absurden Dogmatik Bodmers und Breitingers und des messianischen Klopstock, verwuchs Prosa mit dem Boden der zerrütteten Wirklichkeit und erfüllte ein weiteres Mal ihre ursprüngliche Gegenbestimmung. Aus ihr bezogen so einzigartige Textwelten ihre Kraft wie die Rabelais' (→S. 96f.), der durch den sprachmächtigen Fischart ins Deutsche kam, oder die Grimmelshausens (→S. 120f.), der sein Ich die Wüsten des Dreißigjährigen Krieges bestehen ließ. Realitätsbewältigung wurde stärker als je zum thematischen Muster, Nachricht von Leben und Welt zum kompositorischen Material. Das riesige Wissen, das etwa ein Monsterroman wie Lohensteins »Arminius« ausbreitete und das Eichendorff für die romantische Reaktion den Barockroman »tollgewordene Enzyklopädien« nennen ließ, hatte in Wahrheit eine bewußtseinserweiternde, erzieherische Funktion, die im historischen Überblick zur richtigeren Einschätzung verhilft; noch in der Universalität Wielands ist die Wirkung zu spüren. Hier treffen sich die inneren Strukturen der Prosa mit denen der Aufklärung, die in Deutschland so frühe, ehrwürdige Vorlaufsbeispiele hatte wie Sebastian Francks »Kriegsbüchlein des Friedens«: erst die bürgerliche Literaturwissenschaft hat solche Zusammenhänge später wieder vertuscht.

O meine Stadt, meine Stadt, du Augapfel aller Städte! Die du in aller Welt gepriesen warst und über alle Welten schön zu schauen! Nährmutter der Kirchen du und Ahnherrin des Glaubens! Du Pflegestätte des Geistes und Heimat alles Schönen! . . . Ach, einstens kinderreich, in Linnengespinst gekleidet und königlichen Purpur, wie bist du auf einmal so schmutzig und rauh, mit vielen Übeln behaftet, und mußt dich sehnen nach deinen rechtmäßigen Kindern! Ach, du noch jüngst so hochthronende, groß und erhaben, von Äußerm edel und schön, wie's deiner Würde entsprach – gestürzt bist du nun, zerrissen liegt dein herrliches Gewand, und dein strahlendes Auge, es ist gebrochen! Zerfurcht ist von schlaffen Falten dein früher so glänzendes, freudenvolles Gesicht . . .

Der Historiker Niketas von Chonai
nach der Verwüstung Konstantinopels 1204

Prosaliteratur und Bürgertum

Überblickt man das riesige Kraftfeld, das der Begriff der deutschen Klassik umschließt, ein Kraftfeld, wie es keine Literatur der Welt in ähnlicher Stärke und Dichte hat aufbauen können, so steht sie fraglos anachronistisch zur gesellschaftlichen Wirklichkeit, aus der sie kam, und beider Beziehungsgefüge mag zur Charakteristik der Zeit zuletzt nur einen weiteren Beleg dafür beitragen, daß diese Zeit ihr revolutionäres Potential in Phantasiewelten, in der gleichsam übertragenen Realität austrug. Der Ohnmacht des gelähmten, schließlich lähmenden Bürgertums im 18. und 19. Jahrhundert ist die Prosaliteratur vergebens beigesprungen; ihr anschließender Verfall, ihr Rückzug in den Ruhestand des feierlichen Bewahrens, den sie mit der Dichtung zugleich antrat, könnte hieraus verständlich werden. So ist die »Werther«-Sprache (→S. 176f.) Goethes, einst an der Spitze einer ganzen Bewegung gegen die Genügsamkeit der gesellschaftlichen Rolle aufgebrochen, in die sich Literatur gefunden hatte, schließlich zur Altersprosa der »Wanderjahre« gelangt, zur Abstraktion des »Bedeutend-Allgemeinen«, zur Überzeitlichkeit – wie die frühe Dichtung, die mit prosaischer Gewalt in den poetischen Kultus einbrach, zur statischen Zeitferne von »Pandora« und II. »Faust« (→S. 206f.), und nur zum Teil wäre die Gesetzlichkeit solcher Entfernung vom Gegenstand Zeit psychologisch zu begreifen, aus jenem Mechanismus des Altersstils, dessen Grundzüge durch alle Epochen gleich zu beobachten sind, bis zu Joyce (→S. 328f.), Döblin (→S. 330f.) und Schmidt (→S. 368f.). Die Vergeblichkeit des Einbruchs in die nur passiv bewegte Zeit, zu dem Prosa so mächtig auf allen Gebieten ansetzte, hat diese selber schließlich in die Passivität verwiesen: so verstanden war die Romantik mit all ihrem altsilbernen Glanz Reaktion, besiegelte Abkehr und Rückwendung, sichtbar vor allem da, wo sie sich selber zu brechen vermochte wie bei Hoffmann (→S. 214f.), wie bei Heine (→S. 244). Die Prosa Schopenhauers schließlich und Nietzsches (der Heine »den höchsten Begriff vom Lyriker« verdankte), Gipfel des 19. Jahrhunderts und Verkündigung zugleich seiner Dekadenz, ist zeitfern bis zur Feindseligkeit, gerade in ihren von allem Usus isolierten Formen, die der Gesellschaft selbst noch die Gemeinsamkeit des Idioms aufkündigen. Dabei sind alle Großleistungen der klassischen Prosastruktur aus dem Bürgertum selber gewachsen: bürgerliche Ideale, Lebenskonstitutionen wie die von Heim und Herd, brachten den Erzählgestus der Romane zur Höhe, als ruhig geordnete Mitteilung auch des turbulentesten Stoffs; Form wurde zum Schutzgehäuse für und gegen den Bericht vom riskanten außerheimischen Leben. Bürgerliche Kommunikationsweisen auch lieferten Prosa die fruchtbarsten Formmuster: Dialog, Brief, Tagebuch, Erzählung in Familie und Freundeskreis; bei Wieland (→S. 174f.), der zugleich vom Geist der Antike das Echtere rettete und bewahrte als die winckelmannsche Restauration, finden sich ihre reichsten Beispiele. Daß Prosa auch das Theater ergriff, mit Tragödien, die nun Trauerspiele hießen und bürgerlich, macht weiteres sichtbar von dem Potential, das die Literatur dem Bürgertum an die Hand gab; seine Ablösung durch das artistisch höhere der klassischen Weimarer Dramatik hat den Verlust fast unerkennbar gemacht, wie er denn auch an Goethes Weimarer Regie viel deutlicher wird als an deren Vorlagen; erst das ausgehende Jahrhundert setzte die kurze Errungenschaft glänzend fort. Die deutsche Klassik hat ihre Größe gegen die deutsche Zeit verwirklicht: der Abstand erklärt etwas vom Schiefen und Verfälschten der Art, wie die spätbürgerliche Gesellschaft sich ihrer schließlich bemächtigte. Er erklärt zugleich etwas von ihrer so mitbewirkten Dekadenz. Die affirmative Funktion, die ihr von der Reichsgesellschaft zudiktiert wurde, wuchs spät in ihre Strukturen selber ein und lähmte deren Zukunftskraft: so wurde sie bürgerlich; so wurde ihr Fortleben dürftig und falsch wie das der bürgerlichen Strukturen selbst. Was die Prosaformen in kaum hundert Jahren an Gewalt und Reichtum errangen, hat über das ganze Verfallsjahrhundert fortgewirkt, ja eigentlich bis in die Gegenwart, kraft ihrer Gewalt und ihres Reichtums. Aber eben das Konservative, Ohnmächtige dieses Fortwirkens bewahrt zuletzt auch die Nachspur ihres gesellschaftlichen Scheiterns.

An Einströmungen aus Gegenwart und materiellem Fortschreiten hat es der Literatur des 19. Jahrhunderts nicht gefehlt. Trotzdem haben sie ihr selten mehr als stoffliche, thematische Erweiterung gebracht, formale nicht. Das enthüllt die Aporie der Nachzeiten überhaupt. Den »Frühgeburten einer noch unbewiesenen Zukunft«, wie Nietzsche sich und seinesähnlichen nannte, folgen zumeist die Spätgeburten der längst bewiesenen; das große Erbe hat nicht zwingend auch die großen Beerber. Selbst wo der Begriff des Konservativen, Zurückgewandten, Rückwärtsbezogenen nicht alle seine fatalen Nebenbedeutungen entfaltete wie etwa in den historischen Romanen, den Spätfolgen der Romantik, blieb zuletzt kaum mehr als die quantitative Ausweitung und Vervielfältigung überkommener Erzählgesten; selbst wo den Stoffen fruchtbarste Neulande zugegliedert wurden wie bei Verne (→S. 270f.) die gewachsene naturwissenschaftliche Kenntnis, bei Dostojewskij (→S. 268f.), Ibsen (→S. 278f.), Strindberg die erwachende Psychologie, bei Zola oder Gorkij die veränderte Sozialwelt, bildeten sich neue Formen auf ihnen nicht, ja die alten verkümmerten gerade in den bedeutendsten, ehrwürdigsten Beispielen zu auffälliger Armut. Das könnte am Ende einen innersten Sachverhalt freilegen: stärker als alle sich aus dem Fortschritt antragenden Strukturen wirkte die Grundstruktur der dem Fortschritt nicht gewachsenen Sozietät. Die bürgerlichen Formen lebten anachronistisch fort, wie das Bürgertum anachronistisch fortlebte; ein weiteres Mal hat Prosa so gesellschaftliche Wahrheit vor ihrer allgemeinen Erkenntnis abgebildet. Die Abhängigkeit reicht weit über die Jahrhundertwende hinaus, ja ungebrochen mächtig noch bis in große Felder der Gegenwart des Schreibens: selbst ein Autor vom Rang Thomas Manns (→S. 352f.), dessen Frühwerk noch legitim vom Bürgertum selbst die Geste lieh, die es beschrieb, vermochte sie im Alter nicht mehr abzulösen, als er seine Stoffe von ihm ablöste. Repetition klassischer Errungenschaft ist fast die gesamte Roman- und Novellenprosa der Nachzeit; Repetition noch war die einzige Bewegung, die sich aufrührerisch zum Bestehenden, allzu Beständigen stellte: der Expressionismus (→S. 294), der die drängende Geste seiner Formen von innen holte und mit ihr ins bürgerliche Behagen stürmte, folgte einem Impuls, der ebenso schon weit über hundert Jahre alt war wie seine historische Notwendigkeit; auch in der Ohnmacht seines Ausgangs kehrte das ältere Schicksal wieder. Wo, jenseits aller Wertung, die Formengeschichte der nachklassischen Zeit als Dekadenz begriffen wird, wäre nach ihren Indikatoren innerhalb der Literatur selbst zu fragen. Einen von ihnen stellt das Anwachsen der Trivialliteratur (→S. 216ff.) – oder, nach dem älteren Ausdruck, der Kolportage – dar: sie ist im eigentlichen Sinne ein Produkt des 19. Jahrhunderts, und ihre Abspaltung von der klassischen Prosa, von der sie sich, bei Vulpius, Clauren, Meißner etwa, herleitete, fällt bezeichnend mit deren Höhepunkt zusammen. Unter den zahlreichen Definitionen ihrer Minderwertigkeit hat jene das größte Recht, die sie formal begründet: als Kumulation verbrauchter, gleichsam devitalisierter Mittel, als quantitative Häufung qualitativ entwerteten Materials. Der Vernutzungsprozeß, den die Höhepunkte der Literatur einleiten, wird von Kolportage als Inflation der Formwerte angezeigt: ein einziger Roman »kostet« da bald das Instrumentarium einer ganzen Epoche. Was so mit den Großformen geschieht, reicht bis in die kleinsten Strukturen der Sprache hinein: Sinnverlust, Erstarrung, Reduktion auf Phrase und Klischee. Die heutige Mediensprache etwa, die nur noch aus aleatorisch angeordneten verblaßten Metaphern besteht, spiegelt die inneren Zustände der niedergegangenen Prosa präziser, als deren lavierte Spätversuche es tun; sie ist die unterste, allerletzte Platzhalterin der trivialliterarischen Funktion. Ist diese durchweg passiv definiert, so hat sie, auf höchster Qualitätsebene, ihr aktives Gegenstück in der Funktion der Satire, die aus dem kritisierten Material das kritische selber bildet und ihm die eigene Struktur abgewinnt. Von der menippeischen Satura, die bezeichnend noch Nietzsche wiederzuerwecken gedachte, über Swift (→S. 144f.) bis zu Karl Kraus, einer der größten Sprachpotenzen der Weltliteratur überhaupt, ist große Satire stets Produkt der Dekadenzzeiten gewesen, und stets hat sie – bei Kraus exemplarisch und mit höchstem Ergebnis – die Machtergreifung der Phrase als Indiz aller substanziellen Übel gesehen und ihnen in ihr gekontert. Satire zwingt die verkommenen, nur noch sich selber in Ehren haltenden Formen der Sprache selbst zum Einbekenntnis ihrer Leere und in ihnen die Zeit, die hinter sich zurückblieb; Satire ist so, wie sie Sprachkritik war, immer zugleich auch Gesellschaftskritik gewesen. In ihr kommen, gebrochen, die Grundfunktionen der Prosa am Ende langer Entwicklungen nach Hause; wo sie auftaucht im historischen Prozeß, ist Endzeit, letztes Stadium der Epochen, und folgen kann ihnen nur der neue Beginn.

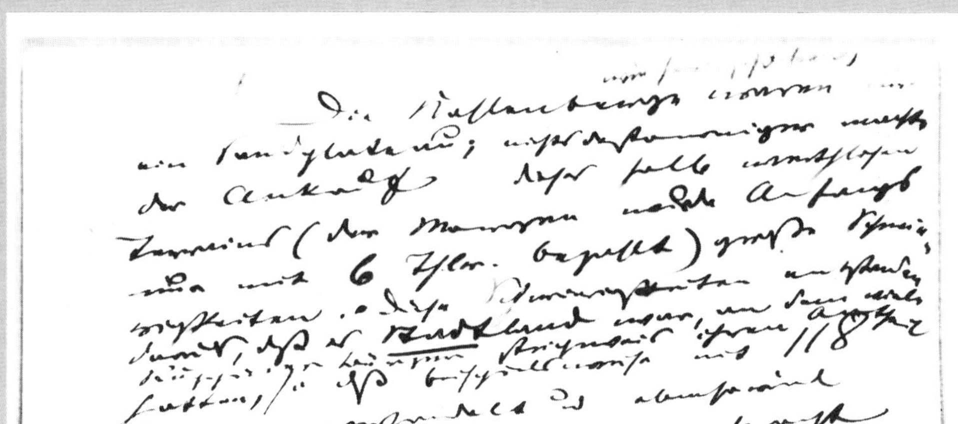

Theodor Fontane (1819–1898) gehört zu jenen Autoren, welchen es noch einmal gelang, selbst so verschlissenen Prosaformen wie dem Reisefeuilleton (die Abb. zeigt eine Manuskriptseite der »Wanderungen«) Präzision zu verleihen

Alternativentwürfe zur Wirklichkeit

Ein Interpretationsansatz, der Literatur im gesellschaftlichen Biotop betrachtet, der sie in diesen Kontext hinein von sich selber löst und Bezugs- und Abhängigkeitsverbindungen zu erkennen sucht, muß, wo er zu Regel und System gelangt, zwangsläufig an den Ausnahmen scheitern. Am Wichtigsten also, das zuletzt, auf der Ebene von Rang und Werten, viel wichtiger wäre als jede Regel? Denn immer sind die Kunstwerke in letzter Instanz Individualleistungen, Durchbrüche des Einzelnen gegen das Einvernehmen, Manifestationen des Ich nicht im, sondern gegen das Wir, und die tiefsten Einflüsse der Gesellschaft auf ihr Zustandekommen wären nur negativ zu definieren, als feindliche Kräfte schlechter Realität, die aus der Notwendigkeit der besseren die große Gegenkraft entbinden. Was für den Rückblick als Avantgarde der Zeiten erscheint, ist im Grunde die Phalanx ihrer am tiefsten getroffenen Opfer. Die Psychoanalyse hat Erkenntnisse über die Grundlagen und Bedingungen der Kreativität ermöglicht; sie lehrt die Kunstwerke als Gegenwelten begreifen, als gleichsam Alternativentwürfe zur Wirklichkeit, als Bereitstellungen von Identifizierungsfeldern, in die das durch Enge und Zwänge geschwächte Ich zu entkommen, auf denen es frei zu schalten und sich eine Art sekundärer Autonomie zu erwerben vermag (→S. 307). Solche Funktionen der Sicherung

In dieser großen Zeit

die ich noch gekannt habe, wie sie so klein war; die wieder klein werden wird, wenn ihr dazu noch Zeit bleibt; und die wir, weil im Bereich organischen Wachstums derlei Verwandlung nicht möglich ist, lieber als eine dicke Zeit und wahrlich auch schwere Zeit ansprechen wollen; in dieser Zeit, in der eben das geschieht, was man sich nicht vorstellen konnte, und in der *geschehen* muß, was man sich nicht mehr *vorstellen* kann, und könnte man es, es geschähe nicht –; in dieser ernsten Zeit, die sich zu Tode gelacht hat vor der Möglichkeit, daß sie ernst werden könnte; von ihrer Tragik überrascht, nach Zerstreuung langt, und sich selbst auf frischer Tat ertappend, nach Worten sucht; in dieser lauten Zeit, die da dröhnt von der schauerlichen Symphonie der Taten, die Berichte hervorbringen, und der Berichte, welche Taten verschulden: in dieser da mögen Sie von mir kein eigenes Wort erwarten. Keines außer diesem, das eben noch Schweigen vor Mißdeutung bewahrt. Zu tief sitzt mir die Ehrfurcht vor der Unabänderlichkeit, Subordination der Sprache vor dem Unglück. In den Reichen der Phantasiearmut, wo der Mensch an seelischer Hungersnot stirbt, ohne den seelischen Hunger zu spüren, wo Federn in Blut tauchen und Schwerter in Tinte, muß das, was nicht gedacht wird, getan werden, aber ist das, was nur gedacht wird, unaussprechlich. Erwarten Sie von mir kein eigenes Wort. Weder vermöchte ich ein neues zu sagen; denn im Zimmer, wo einer schreibt, ist der Lärm so groß, und ob er von Tieren kommt, von Kindern oder nur von Mörsern, man soll es jetzt nicht entscheiden. Wer Taten zuspricht, schändet Wort und Tat und ist zweimal verächtlich. Der Beruf dazu ist nicht ausgestorben. Die jetzt nichts zu sagen haben, weil die Tat das Wort hat, sprechen weiter. Wer etwas zu sagen hat, trete vor und schweige! Nicht erstarrte vor Schreck der Dreck des Lebens, nicht erbleichte Druckerschwärze vor so viel Blut. Sondern das Maul schluckte die vielen Schwerter und wir sahen nur auf das Maul und maßen das Große nur an dem Maul. Und Gold für Eisen fiel vom Altar in die Operette, der Bombenwurf war ein Couplet, und fünfzehntausend Gefangene gerieten in eine Extraausgabe, die eine Soubrette vorlas, damit ein Librettist gerufen werde.

(Karl Kraus in »Die Fackel«)

und Tröstung, affektive Seitenwerte der rationalen und unauslöslich in der Literaturästhetik aller Zeiten enthalten, sind wirksam im Prozeß der Produktion wie dem der Rezeption, und vielleicht verbinden sie beide an der überhaupt tiefsten Stelle. Sie sind vor allem auch wirksam im Entstehen der Formen, ja begründen erst eigentlich deren Notwendigkeit. In ihnen wird das Unsichere des Lebens schöpferisch, das Schäbige zum Anlaß großen Glanzes; sie erst schaffen dem Sinngefüge der Gegenwelt die benötigte Konsolidität, und was an ihnen mathematisch ist, macht sie am Ende noch zur exaktesten Beweisführung tauglich.

An den Formen vor allem wird die Wahrheit von Prosa ermeßlich: nie hat ein Literaturwerk aus anderen Kräften Dauer erlangt als aus den ihren. Sieht man Kreativität, sieht man die künstlerische Kreation so gerade in ihren stärksten Möglichkeiten als Reagieren aufs Schwache, Schlechte, Mißlungene, so könnte auch der pessimistische Blick in die Zukunft am Ende der langen Dekadenz ins Offene gehen: in die Möglichkeit, daß gerade eine Gesellschaft, die ihren realen Fortschritten in nichts mehr gewachsen ist und deren Majorität in die Sprechstunden der Nervenärzte gehört, die schöpferische Gegenkraft erbringt, die sie selbst überwände.

Wie Literaturformen der Zukunft aussehen könnten, ist zurzeit nur zu ahnen, anhand verschwindend weniger Beispiele. Daß nicht der bloße ›moderne Stoff‹, das gegenwartsnahe Sujet den ›modernen Text‹ macht, daß vielmehr vor allem anderen die Formen der Abbildung mit der Zeit zu gehen haben, sollen sie nicht rettungslos der Überalterung und Vernutzung verfallen, ist rein historisch beweisbar und bewiesen. Mit der Zeit – das bedeutet aber vorab: mit ihren erkenntnistheoretischen Errungenschaften, und damit sind in diesem Jahrhundert, jenseits aller noch so waghalsigen Physik, die der Humanwissenschaften gemeint: der Psychologie – oder genauer noch, der Psychoanalyse (→S. 306f.). Das Menschenabbild der Neuzeit kann nicht mehr mit den relativ naiven Mitteln der Bewußtseinsliteratur geleistet werden, seien sie – was sie schon selten genug sind – auch noch so präzis organisiert. Wer den ungeheuren Weg vor Augen hat, den die menschliche Selbstkenntnis seit der Jahrhundertwende zurücklegte, wird die Forderung nicht abwegig finden, daß auch der literarische Text, der diese Selbstkenntnis reflektiert, eine ihr entsprechende Organisation annehme: daß er – um nur einen allgeläufigen Begriff zum Beispiel zu nehmen – etwa auch ein »Unterbewußtsein« habe, einen vielschichtig gegliederten unteren Hallraum, der aus der Oberfläche der Wahrnehmungen dauernd Signale aufnimmt und als Steuerimpulse wiedergibt, der auf diese Weise den Text dauernd dirigiert, umleitet, ableitet, der die Assoziationen bestimmt, den Bilderfundus bewegt und so fort.

Welche Möglichkeiten derart gearbeiteten Texten offenstehen, hat als erster (1939) James Joyce in seinem Alterswerk »Finnegans Wake« demonstriert, das reproduktiv verwirklicht, was Freud als Bauprinzip der Seele erkannte und in seiner Instanzenlehre beschrieb; es ist nichts geringeres als deren konstruktive Anwendung. Der Weg, der damit, von aller Tradition fort, beschritten wurde, wäre vergleichbar dem, auf den die neue Musik durch Schönberg kam; das auslösende Dilemma der Vernutzung, durch die selbst hohe Errungenschaften der Tonalität schließlich zum Warenstoff der Jodelindustrien wurden, hat auch die Prosakunst längst vor die gleiche Entscheidung gestellt. Wohin sie führt, ist freilich unabsehbar, hier wie dort. Vielleicht nur in die Einsamkeit noch einiger großer Personalstile; vielleicht aber auch in eine unbegrenzte Zukunft der Formen.

Gibt es ein Ende? Selbst wenn ganz spät eine Welt denkbar wäre, in der alles, was Prosa, was ihre Strukturen und Formen nötig machte und möglich, zu Ende ginge, bliebe ihr und ihnen doch noch so etwas wie das letzte Wort: die Aufgabe, das Ende zu beschreiben.

»Zur Naturgeschichte der Moral«

In aller bisherigen »Wissenschaft der Moral« *fehlte*, so wunderlich es klingen mag, noch das Problem der Moral selbst: es fehlte der Argwohn dafür, daß es hier etwas Problematisches gebe! Was die Philosophen »Begründung der Moral« nannten und von sich forderten, war, im rechten Lichte gesehn, nur eine gelehrte Form des guten *Glaubens* an die herrschende Moral, ein neues Mittel ihres *Ausdrucks*, also ein Thatbestand selbst innerhalb einer bestimmten Moralität, ja sogar, im letzten Grunde, eine Art Leugnung, daß diese Moral als Problem gefaßt werden *dürfe*: – und jedenfalls das Gegenstück einer Prüfung, Zerlegung, Anzweiflung, Vivisektion eben dieses Glaubens. Man höre zum Beispiel, mit welcher beinahe verehrenswürdigen Unschuld noch Schopenhauer seine eigene Aufgabe hinstellt, und man mache seine Schlüsse über die Wissenschaftlichkeit einer »Wissenschaft«, deren letzte Meister noch wie die Kinder und die alten Weibchen reden: – »das Princip, sagt er (p. 136 der Grundprobleme der Moral), der Grundsatz, über dessen Inhalt alle Ethiker *eigentlich* einig sind: *neminem laede, immo omnes, quantum potes, juva* – das ist *eigentlich* der Satz, welchen zu begründen alle Sittenlehrer sich abmühen.... das *eigentliche* Fundament der Ethik, welches man wie den Stein der Weisen seit Jahrtausenden sucht.« – Die Schwierigkeit, den angeführten Satz zu begründen, mag freilich gross sein – bekanntlich ist es auch Schopenhauern damit nicht geglückt –; und wer einmal gründlich nachgefühlt hat, wie abgeschmackt-falsch und sentimental dieser Satz ist, in einer Welt, deren Essenz Wille zur Macht ist –, der mag sich daran erinnern lassen, daß Schopenhauer, obschon Pessimist, *eigentlich* – die Flöte blies.... Täglich, nach Tisch: man lese hierüber seinen Biographen. Und beiläufig gefragt: ein Pessimist, ein Gott- und Welt-Verneiner, der vor der Moral *Halt macht*, – der zur Moral Ja sagt und Flöte bläst, zur *laede-neminem*-Moral: wie? ist das eigentlich – ein Pessimist?

Friedrich Nietzsche
(in »Jenseits von Gut und Böse«, 1886)

Martin Schmidt

Cicero · Philippische Reden

»Philippicae« (gehalten in Rom 44/43 v. Chr.)
14 Reden von Marcus Tullius Cicero (3. 1. 106 v. Chr. – 7. 12. 43 v. Chr.)

Über Cicero wissen wir mehr als über irgendeinen Mann aus der Antike. Er hat nicht nur zahlreiche philosophische und →rhetorische Bücher geschrieben, sondern auch seine politischen Reden und Gerichtsreden veröffentlicht und nach seinem Tod wurde sein Briefwechsel mit Dutzenden von wichtigen und unwichtigen Personen publiziert. So kennen wir auch keine Zeit der Antike besser als die letzten Jahrzehnte der römischen Republik.

Cicero wurde geboren 106 v. Chr. im Landstädtchen Arpinum, ca. 100 km südöstlich von Rom. Als Sohn wohlhabender Eltern erwarb er in Rom juristische und rhetorische Kenntnisse und übte dann die Tätigkeit eines Prozeßredners aus. In die politischen Ämter der Republik wurde er jeweils im verfassungsmäßig frühesten Jahr gewählt, was für einen Mann, der nicht aus einer alteingesessenen Familie kam, keineswegs selbstverständlich war. In den politischen Auseinandersetzungen des Jahrhunderts stand er grundsätzlich auf seiten der Optimaten, der Senatspartei – in seinem Konsulatsjahr 63 v. Chr. liquidierte er die Verschwörung des Catilina – aber immer wieder propagierte er auch die »Einheit aller Anständigen«, um den drohenden Bürgerkrieg (→S. 35) zu vermeiden. Er überschätzte dabei seinen eigenen Einfluß gewaltig – die wichtigen politischen Entscheidungen fielen ohne ihn – und war voller Illusionen über die Möglichkeit, die durch die Bürgerkriege ausgehöhlte republikanische Verfassung wieder zur Geltung zu bringen. Aber wenn er auch den sozialen Ursachen der Wirren gegenüber blind war, so zeichnete ihn vor anderen die Einsicht aus, daß die konservative Führungsschicht des Senats, zu der er doch als Neuling immer gerechnet werden wollte, allein den Staat nicht wieder ins Gleichgewicht bringen konnte.

Schon zu Lebzeiten galt Cicero als unübertroffener Meister der Redekunst. Als Redner steht er im Schnittpunkt zweier Entwicklungslinien. Die eine ist für eine antike Stadt wie Rom fast selbstverständliche Beredsamkeit, besonders auf politischem und juristischem Gebiet; im 2. und 1. Jahrhundert waren die politisch maßgeblichen Männer immer auch bedeutsame Redner. Diese innerrömische Entwicklung wurde aber längst beeinflußt durch die Kenntnis griechischer Redetheorie, die sich in Rom immer mehr verbreitete (oft durch gebildete griechische Sklaven oder Freigelassene). Die praktische Betätigung der führenden Schichten wurde so zur schulmäßig erlernbaren Bildung, und Reden wurden zu literarischen Kunstwerken. Cicero nun ist derjenige, der beides ideal vereinigte. Nach dem Maß der Brauchbarkeit für die römische Praxis verwendet und vermittelt er griechische Theorie und schult sich an griechischen Vorbildern. Seine eigentlich historische Bedeutung liegt dabei auf dem Gebiet der Sprache. Seine Reden – und auch seine anderen Schriften – wurden durch ihre weder vor noch nach ihm wieder erreichte Verbindung von Klarheit und schmuckvoller Ausgestaltung zum Vorbild der lateinischen Sprache in allen Perioden der Beschäftigung mit der Antike – bis heute. Ohne die Schulung der lateinischen Sprache an den griechischen Vorbildern und Ciceros dauerndem Bemühen, griechische Philosophie und Rhetorik – soweit er sie für nützlich hielt – in Rom heimisch zu machen, wäre dies nicht möglich gewesen.

Am 15. 3. – den Iden des März – 44 v. Chr. wurde Caesar ermordet, von einer Gruppe

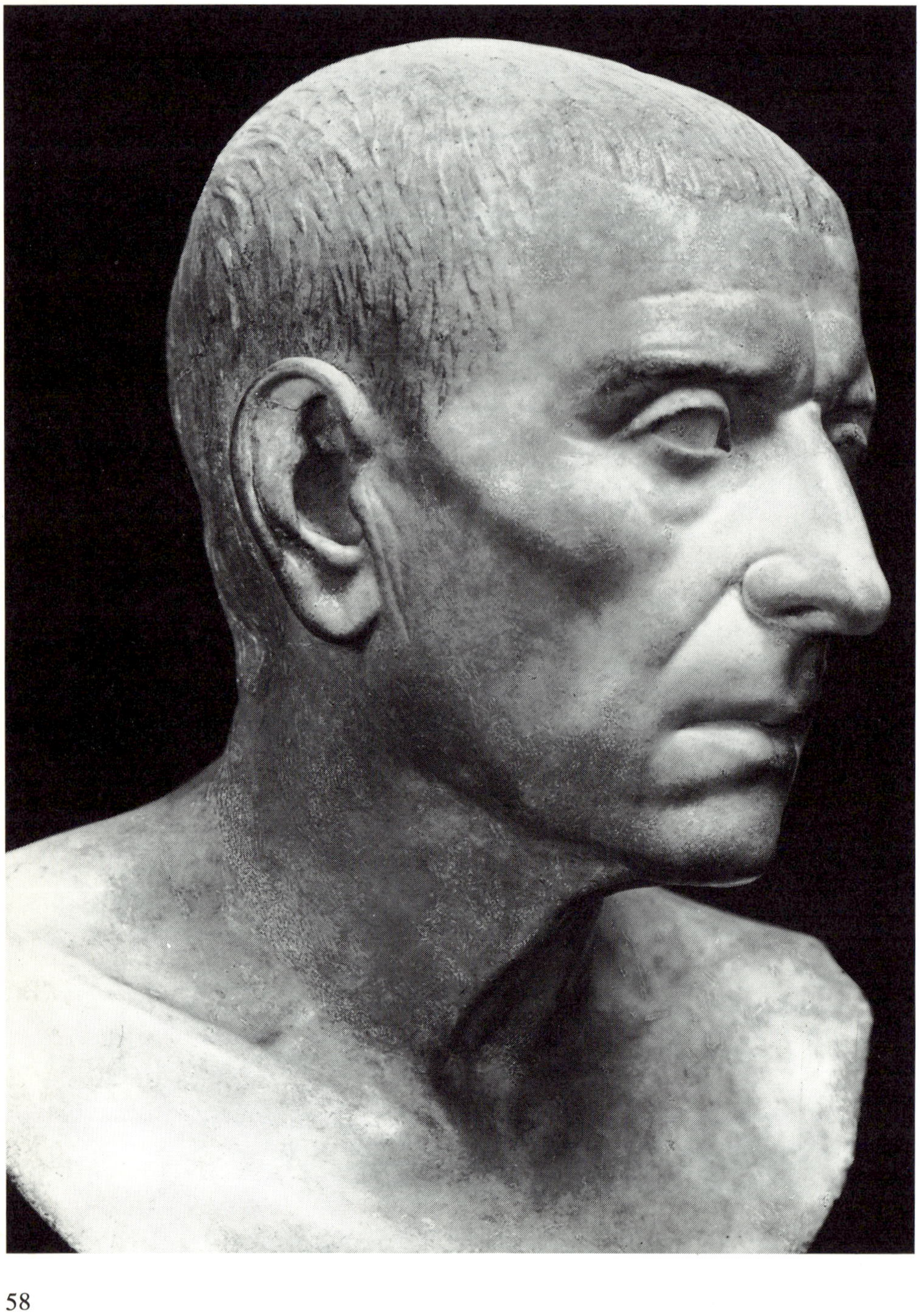

Porträt Ciceros

Senatoren unter Cassius und Brutus, die in ihm den Zerstörer der alten republikanischen Verfassung sahen. Cicero hatte nicht zu den Verschwörern gehört, aber er war selbstverständlich auf ihrer Seite. Schon zwei Jahre vorher hatte er demonstrativ den Brutus an seine als Tyrannenmörder berühmten Ahnen erinnert. Die Zeit der Alleinherrschaft Caesars war für Cicero die Zeit seiner tiefsten Erniedrigung. Caesar hatte ihn, der sich einer eindeutigen Entscheidung im Bürgerkrieg zu entziehen versuchte, zu Anpassung und Wohlverhalten gezwungen – was Cicero ihm nie verzieh.

Nach Caesars Tod lag die Macht in Rom in den Händen des legitimen Konsuls und Caesar-Anhängers Antonius. Obwohl es zunächst einen politischen Kompromiß gab, sahen Cicero und die Verschwörer sehr genau, daß ein neuer Bürgerkrieg unausweichlich war. Cicero wollte sich zunächst wieder lieber der persönlichen Entscheidung entziehen, begann sogar eine Reise nach Griechenland – dann kehrte er doch nach Rom zurück. Die Kritik seiner Freunde und die Erkenntnis, daß jetzt endgültig das Schicksal der Republik auf dem Spiel stünde, waren wohl ausschlaggebend. In Rom machte mittlerweile Octavian, der 18jährige Großneffe und persönliche Alleinerbe Caesars, dem Antonius die Führung der Caesar-Anhänger streitig. Cicero glaubte nun, daß erst einmal Antonius mit Hilfe des Octavian besiegt werden müsse, und daß dann eine Versöhnung zwischen Caesars Erben und Mördern stattfinden und damit die Republik endgültig wiederhergestellt werden könne. So richtete sich sein ganzes Bestreben dahin, den politischen und militärischen Kampf gegen Antonius voranzubringen.

Die vierzehn »philippischen« Reden sind die uns überlieferten Reden, die Cicero zwischen 2. September 44 und 21. März 43 im Senat oder in der Volksversammlung gehalten hat. Ihren Namen gab ihnen Cicero selbst, in einer scherzhaften Anspielung auf die Reden, die Demosthenes (384–322 v. Chr.) in den letzten Jahren der Unabhängigkeit Athens gegen den Mazedonen-König Philipp gehalten hatte.

Silbermünze (»Denar«), geprägt zwischen 44 und 42 v. Chr. L. PLAET(ius) CEST(ianus) ist der zuständige Münzmeister. Vorderseite: Bild des Caesarmörders BRUT(us), als IMP(erator) (siegreicher Feldherr) bezeichnet. Rückseite: Dolche der Mörder und römische Filzmütze als Symbol der republikanischen Freiheit, sowie Datumsangabe EID(ibus) MART(iis) (an den Iden des März)

Sein Bemühen darin ist es, Senat und Volk zu einer klaren Entscheidung gegen Antonius zu bringen. Deswegen wird dieser mit allen rhetorischen Mitteln zum Staatsfeind erklärt, und der Kampf gegen ihn zum Entscheidungskampf um die Republik. Vieles ist Propaganda. So etwa (besonders in der 2. Rede, die gar nicht gehalten wurde, sondern nur schriftlich verbreitet) die maßlose Hetze gegen Antonius mit den lächerlichsten und absurdesten Vorwürfen und Verleumdungen. Ciceros Behauptung der eigenen →Legalität steht selbst auf tönernen Füßen. Schließlich bediente der Senat sich der gesetzwidrig von Octavian aufgestellten Privatarmee, man verlieh dem Jüngling gar noch ein republikanisches Amt dazu. Und wenn Cicero die bedingungslose Vaterlandsliebe der Soldaten rühmt, dann verschweigt er natürlich, daß sie nur deswegen von Antonius zu Octavian übergelaufen sind, weil der ihnen einen vielfachen Sold versprach.

Aber dennoch ist seine Sache für Cicero ernst. Er spielt nicht die Rolle eines großen Staatsmanns; er weiß, daß diesmal wirklich von seiner Überredungskunst viel abhängt und daß es auch für ihn persönlich um alles geht. So ist die in antiken Reden oft so typische und unerträgliche Diskrepanz zwischen dem Pathos der Rede und dem, was dahinter steckt, fast verschwunden. Er formuliert zum letzten Mal die in Wirklichkeit längst vergangenen Ideale der römischen Republik, der Freiheit der Bürger Roms.

Ciceros Plan ging nicht auf – er bezahlte dafür mit dem Leben. Octavian (der spätere Kaiser Augustus) nahm zwar gegen Antonius bereitwillig die Hilfe der Republikaner und den Schein der Legalität in Anspruch. Er ließ Cicero sogar lange Zeit glauben, er brauche ihn als politischen Lehrmeister und Berater. Aber nachdem Antonius besiegt war, erzwang Octavian für sich mit Gewalt das Konsulamt, ließ die (freilich abwesenden) Caesarmörder verurteilen und versöhnte sich mit Antonius. Mit ihm und Lepidus, einem weiteren General Caesars, schloß er das sogenannte Triumvirat (Dreimännerabkommen), in dem sie sich über die Macht im Staat einigten. Ihre erste gemeinsame Maßnahme war die massenhafte Ermordung ihrer politischen Gegner. Cicero versuchte – zögernd und halbherzig – aus Italien zu fliehen, wurde aber am 7. Dezember 43 auf einem seiner Landgüter in der Nähe der Küste zwischen Rom und Neapel von Soldaten des Antonius aufgespürt und erschlagen. Kopf und Hände des Toten wurden auf der Rednerbühne des römischen Forum ausgestellt.

Die knapp zwei Jahre zwischen Caesars und Ciceros Tod sind nur ein kurzer Ausschnitt aus dem Gesamtverlauf der römischen Bürgerkriege, die erst nach der endgültigen Auseinandersetzung zwischen Octavian und Antonius beendet wurden. Cicero aber hat ihnen durch die Philippischen Reden den Glanz der letzten Tage der Republik verliehen.

Es sind nicht nur Ciceros letzte Reden, es sind auch die letzten Dokumente der politischen Redekunst der Antike überhaupt. Denn das Ende der römischen Republik bedeutete auch das Ende der freien und öffentlichen politischen Auseinandersetzung. Über Cicero hat selbst Augustus, der dem Pakt mit Antonius zuliebe seine Ermordung gestattete, später ein respektvolles Urteil gefällt: »Ein wortmächtiger Mann und voller Liebe zu seinem Vaterland.«

Auf die von ihm gepriesenen republikanischen Ideale aber konnten sich die Städte der italienischen Renaissance in ihrem Unabhängigkeitskampf gegen kaiserliche und kirchliche Gewalt ebenso berufen wie die Wortführer der bürgerlichen Revolution in Frankreich.

Es gibt z. Z. zwei deutsche Übersetzungen ciceronischer Reden: Ciceros Staatsreden, lat. und deutsch v. Helmut Kasten, Berlin (DDR) 1969ff., darin Bd. 3 Philippische Reden. M. T. Cicero, Sämtliche Reden. Eingeleitet, übers. u. erläutert v. M. Fuhrmann, Zürich 1970ff., darin Bd. 7 (noch nicht erschienen) Philippische Reden.

Martin Schmidt

Vergil · Georgika

»Georgica« (abgeschlossen in Neapel 30 v. Chr.)
Lehrgedicht von Publius Vergilius Maro (15. 10. 70 v. Chr. – 21. 9. 19 v. Chr.)

Relief aus der Umfassungsmauer des »Friedensaltars« (Ara Pacis Augustae), den der römische Senat 13 bis 9 v. Chr. errichten ließ und der seit den Ausgrabungen von 1937/38 in Rom wieder aufgestellt ist. In der Mitte sitzt auf einem Felsenthron Italia als Erdmutter, umgeben von zwei Mädchen als Verkörperungen der milden Winde (ihre Schleier sind aufgebläht), und zwar rechts, auf einem Schwanz sitzend, der von den Flüssen aufsteigende Landwind (darunter Schilf und ein umgestürzter Krug als Quelle) und links, auf einem Meerungeheuer, der vom Meer her wehende Seewind. Die Fruchtbarkeit Italiens wird verdeutlicht durch die beiden Kinder auf ihren Armen, die Gartenfrüchte auf ihrem Schoß, die Feldfrüchte hinter ihr und die Tiere zu ihren Füßen. Diese sinnbildliche Darstellung der von Augustus eingeleiteten Friedensepoche erinnert an das Lob Italiens im 2. Buch der »Georgika« Vergils, und ganz vergilisch umfaßt der Friede des Augustus auch die Tiere und ihre Bedürfnisse

Sieben Jahre lang hat Vergil an den Georgika gearbeitet, ehe er sie zusammen mit seinem Gönner Maezenas im Jahr 29 v. Chr. dem vom Feldzug gegen Antonius aus Ägypten zurückkehrenden Octavian/Augustus an vier Tagen hintereinander vorlas. Bei einem Gedicht von etwa 2200 Versen ergibt das eine durchschnittliche Tagesproduktion von knapp einem Vers. Das ist eine durchaus glaubwürdige Nachricht – es gibt ähnliche Angaben über andere Autoren dieser Zeit. Die allgemeine Ursache solcher Sorgfalt sind die hohen Anforderungen des →hellenistischen Kunstideals, dem sich die lateinischen Dichter konfrontiert sahen, dem sie gerecht werden mußten. Vergils Georgika sind als Produkt solcher Mühe ein Höhepunkt der lateinischen Literatur geworden. Das gilt gleichermaßen für Sprache und Stil, Verstechnik und Komposition des Werkes. Der →Hexameter ist bei Vergil endgültig zu einem lateinischen Versmaß geworden. Alles Schwerfällige ist verschwunden und besonders mit Hilfe der in der lateinischen Sprache großen Variationsmöglichkeit der Wortstellung sind Rhythmus und Versklang in enge Beziehungen zum Versinhalt getreten. Das geht weit über einfache Lautmalerei hinaus. Vergil entwickelt eine vollendete Fähigkeit, durch sprachliche Mittel eine durchgehende Stimmungslage zu schaffen, die nicht bloß vom jeweiligen Inhalt bestimmt wird, sondern diesen auch selbst prägt. Dies und die elegante Variation dieser Stimmungslagen hat man mit Recht als eine fast musikalische Komposition bezeichnet.

Das Gedicht gibt sich schon in den ersten Versen den Anschein, die Landwirtschaft zu beschreiben: »Was Saaten fruchtbar macht, unter welchem Sternbild es richtig ist, die Erde zu wenden, Maezenas, und die Weinreben an die Ulmen anzubinden, welche Sorgfalt den Kühen, welche Pflege dem Kleinvieh zu widmen ist und wieviele Mühe den sparsamen Bienen, davon will ich jetzt singen« – das ist die Inhaltsangabe der vier Bücher, also: Ackerbau, Viehzucht, Baumpflege und, als Muster für die kleinen Haus- und Hoftiere, die Bienenpflege.

Aber was ist das für eine Landwirtschaft? Italien war zur Zeit Vergils längst weitgehend in den Händen von Großgrundbesitzern, die in Rom lebten und ihre Güter entweder durch Sklaven oder durch Pächter bewirtschaften ließen. Auch wenn wir Vergil zugute halten wollten, daß in seiner Heimat, der nördlichen Po-Ebene, noch mehr freie Bauern als im sonstigen Italien lebten, so ist die Diskrepanz zur Wirklichkeit doch gewaltig. In den Georgika gibt es keinen Sklaven und keinen Pächter, es wird immer das Bild eines Bauern gezeichnet, der seinen eigenen Grund und Boden bearbeitet oder wenigstens selbst, an nicht genau definierte Personen, Anweisungen gibt. Man könnte zur Erklärung anführen, Vergil beschreibe eben eine typisch pseudo-ländliche Idylle, wie sie in griechischer, hellenistischer Dichtung durchaus geläufig war. Aber die Georgika sind kein Schäferidyll, die Natur ist keineswegs nur freundlich zu den Menschen, und die Härte der bäuerlichen Arbeit wird nicht verschwiegen.

Weiter führt schon der Blick auf das griechische poetische Vorbild, das Vergil selbst angibt, und das er für die römische Literatur erobern will, die »Werke und Tage« des Hesiod aus dem 7. Jahrhundert v. Chr. (→ S. 26). Die Hesiodnachahmung bringt zunächst viele →archaisierende Züge in Vergils Bild von der Landwirtschaft, so etwa der Hinweis auf die Sternbilder als Orientierungshilfen – in einer Zeit des voll entwickelten Kalenders, – oder die Anweisung für den Bau eines Pfluges – den in Italien längst jeder beim Handwerker oder Händler kaufte.

Aber die Verbindung Vergils mit Hesiod ist tiefer. Hesiod hatte in antiaristokratischer Tendenz den Wert der Arbeit der kleinen Bauern hervorgehoben. Vergil nimmt das auf und verbindet es mit gängiger Kulturentstehungstheorie des Hellenismus, und so wird für ihn die Arbeit zum bewegenden Element der menschlichen Kultur überhaupt.

Diese bedeutsame Erkenntnis, die für die Antike alles andere als selbstverständlich ist, gilt aber auch für Vergil nur mit zwei wesentlichen Einschränkungen, die für die Bewertung der Arbeit in der ganzen Antike gültig sind: Wenn Arbeit überhaupt als eines anständigen Menschen für würdig angesehen wird, dann nur Landarbeit. Und: Die einzig würdigen Vertreter der Landarbeit sind die freien Bauern. Die Wurzel dieser Anschauungen ist evident: Bei aller Ausbreitung von Handel, Handwerk und Geldwirtschaft blieb doch die Landwirtschaft immer die ökonomische Basis der antiken Gesellschaft, und die soziale Basis der antiken Stadt in ihrer besten Zeit waren die freien Bauern als Bürger.

Vergils Georgika sind also nicht etwa, wie die ersten Verse und viele Teile des Gedichts uns glauben machen, ein in Verse gefaßtes landwirtschaftliches Lehrbuch, sondern ein Idealbild der antiken bäuerlichen Gesellschaft. Mythos und Geschichte werden herangezogen, das Lob des bäuerlichen Lebens

vollkommen zu machen. Das Landleben ist ein Relikt des sonst verlorenen →goldenen Zeitalters der Menschen, und Bauern waren es, die Rom und Italien groß gemacht haben. Die Sicht des Bauernlebens ist allerdings geprägt von der politischen Krise des 1. Jahrhunderts v. Chr. Die Generation, die einen fast ununterbrochenen Bürgerkrieg erlebt hat und dabei auch das Versagen der alten republikanischen Führungsschicht Roms und ihrer politischen Ordnung, wünschte Frieden und Ordnung um fast jeden Preis. Die Republik war außerhalb der alten Senatsaristokratie kein Ideal mehr. Vergils Bauern sind im Grunde deswegen glücklich, weil sie fernab vom politischen Streit leben.

Und bei den Bienen, diesem Muster sozialer Organisation in der Natur, wird eine Monarchie beschrieben, wo dem König – man hielt in der Antike die Bienenkönigin für männlich – noch mehr Gehorsam geleistet wird als bei den Ägyptern, Lydern oder Persern. Dies für einen Römer wahrhaft neue Ideal ist nur erklärbar als Ausdruck des verzweifelten Wunsches auf ein Ende jeder politischen Auseinandersetzung als einer möglichen Quelle neuer Kriege.

Die Bienen sind noch in einem anderen Punkt vorbildlich, den sie mit den Menschen des verlorenen goldenen Zeitalters gemein haben: Sie kennen kein Privateigentum, sie tragen den Ertrag ihrer Arbeit zusammen. Dies Ideal steht natürlich im Widerspruch nicht nur zu dem sonst von Vergil geschilderten Milieu der Bauern, sondern zu den Grundlagen der antiken Gesellschaft überhaupt. Aber es richtet sich ja nicht gegen das Privateigentum der kleinen Bauern, sondern gegen die private Ansammlung riesigen Landbesitzes und gewaltigen Reichtums durch Raub und Gewalt, wodurch seit langem die römische Republik ihrer alten Fundamente beraubt war.

Sowenig wie ein landwirtschaftliches Lehrbuch in Versen bieten die Georgika allerdings ein politisches Programm. Sie sind nicht mehr und nicht weniger als der Ausdruck der Sehnsucht Vergils und seiner Zeitgenossen nach Frieden und nach einer neuen Gerechtigkeit.

Octavian/Augustus wird in den Georgika als der einzig mögliche Retter Roms gepriesen, und er hat ja tatsächlich Frieden geschaffen und zwar nicht nur durch Terror und Krieg, sondern auch durch Maßnahmen der inneren Aussöhnung. Die Wiederherstellung des freien Bauernstandes in Italien konnte allerdings nie ein Ziel der neuen Ordnung des Augustus sein. Jeder Versuch in dieser Richtung hätte ja nur erneut ernste Konflikte mit denen hervorgerufen, die das Land besaßen, den vornehmen Schichten in Rom.

Für Vergil ist aber das Landleben auch deswegen die ideale Form des menschlichen Lebens, weil es der Ordnung der Natur am meisten entspricht. Die Darstellung der Vorgänge der Natur, des Lebens von Tieren und Pflanzen nehmen einen breiten Raum in der Dichtung ein und zwar nicht bloß als Gegenstand der menschlichen Arbeit, sondern mit eigenem Wert.

Das eigentlich Vergilische hierbei läßt sich am besten an dem Gegensatz zu dem Gedicht des Lukrez »Über die Natur der Dinge« zeigen. Lukrez (ca. 97 – 55 v. Chr.) hatte, nach den Prinzipien der epikuräischen Philosophie, eine durchgehende physikalisch-rationalistische Erklärung des Werdens und Vergehens in Welt und Natur gegeben. Vergil bezeugt ihm ausdrücklich seine Achtung und Verehrung, und folgt ihm auch in vielen Einzelheiten. Aber im Wesentlichen ist er antilukrezisch. Lukrez hatte zum Beispiel gezeigt, daß ein Gewitter physikalische Ursachen hat, daß man also in Blitz und Donner keine Vorzeichen oder göttlichen Handlungen zu sehen brauche. Vergil beschreibt auch ein Gewitter und verwendet dabei sogar lukrezischen Formulierungen. Aber jetzt macht wieder Jupiter selbst, der Vater der Götter, Blitz und Donner. Und so wie hier kommt überall bei Vergil eine neue →Mythisierung zum Vorschein – und die göttliche Vorsehung, die Lukrez eben eliminiert hatte. Aber das ist nicht einfach ein Rückschritt, so als sei die Aufklärung wieder vom Aberglauben abgelöst. Lukrez war mitten im Chaos des Endes der römischen Republik trotz seiner aufklärerischen Emphase zutiefst pessimistisch für die Zukunft der Menschheit. Vergil aber, der mit den Georgika am Beginn des augusteischen Zeitalters steht, hat doch wieder Hoffnung. Er glaubt an einen Sinn in Natur und Geschichte. Und er drückt dies in religiöser Form aus, die alten mythischen und religiösen Vorstellungen sind ihm Symbole dieser Weltsicht – und auch poetische Bilder. Und die so gesehene Natur ist nicht mehr, wie bei Lukrez, bloß Objekt, abstrakter Gegenstand der Betrachtung, sondern beseelt, dem Menschen verwandt. So wird bei Vergil die uralt-naive Beschreibung der Natur nach dem Bild des Menschen und der menschlichen Gesellschaft ausgeweitet zu einem Bild des gemeinsamen Schicksals von Mensch und Natur, einer Darstellung voller Sympathie für Tiere und Pflanzen.

Es gibt zwar eine Reihe von Versübertragungen ins Deutsche, aber noch keine Prosaübersetzung der »Georgika«. Die beste Einführung, leider für Laien kaum verständlich, bietet: Friedrich Klingner, Virgils »Georgica«. Zürich und Stuttgart 1963.

Martin Schmidt

Horaz · Gedichte

»Carmina« (entstanden in Mittelitalien zwischen 30 und 23 v. Chr., 4. Buch 13 v. Chr.)
Oden von Quintus Horatius Flaccus (8. 12. 65 v. Chr. – 21. 11. 8 v. Chr.)

Die lyrischen Gedichte des Horaz sind für einen heutigen Leser schwer zugänglich, erst recht für einen des Lateinischen Unkundigen. Zwar gehören sie zu den literarischen Werken aus der Antike, die am häufigsten in neuere Sprachen, auch ins Deutsche, übersetzt worden sind, aber eigentlich sind sie unübersetzbar. Denn die sprachlichen Formulierungen sind so eng mit dem Versmaß verbunden, die mosaikartige Komposition der Gedichte so genau mit dem Wortklang der lateinischen Sprache abgestimmt, daß ein Übersetzer nur die Wahl hat zwischen möglichst genauer Wortwiedergabe und einem allgemeinen Nachdichten der Stimmungslage. Die besten Übersetzungen sind deshalb ›eigene‹, im Anklang an Horaz formulierte Gedichte.

Aber auch bei Kenntnis des Lateinischen oder Lektüre einer annähernd getreuen Übersetzung bleiben die Gedichte oft spröde und fremd. Zwar ist die Sprache in ihrer Wortwahl nicht weit weg von der Umgangssprache, und der Satzbau ist trotz der vielfachen Verschränkungen eigentlich einfach. Aber das Verständnis wird erschwert durch die zahlreichen Anspielungen, Bilder und symbolhaften Ausdrücke. Daß menschliche Gefühle und Erfahrungen durch Bilder aus der Natur ausgedrückt werden, ist uns heute zwar längst geläufig. Aber die mythologischen und literarischen Anspielungen und Symbole können auch von einem professionellen Literaturkenner ohne Hilfe eines wissenschaftlichen Kommentars kaum alle verstanden werden. Horaz dichtet mit Kenntnis und unter Verwendung der Tradition der gesamten griechischen Lyrik vor ihm, und so genügen ihm oft kurze Anspielungen auf Formulierungen früherer Dichter, um etwas auszudrücken, was wir nicht verstehen, wenn wir nicht eben dies Vorbild kennen – was beileibe nicht immer der Fall ist. Wenn Horaz etwa sagt, er habe in der Schlacht von Philippi (42 v. Chr.) schmählich seinen Schild zurückgelassen, so ist das auf keinen Fall wörtlich gemeint, sondern es ist eine leicht ironisch getönte Ausmalung der tatsächlichen Flucht nach verlorener Schlacht mit Hilfe einer Anspielung auf Gedichte des Archilochos (Mitte des 7. Jahrhunderts v. Chr.) und des Alkaios (um 600 v. Chr.), die beide dasselbe von sich berichtet haben (wobei wohl schon Alkaios auf Archilochos anspielt).

Oberteil einer zwei Meter großen Marmorstatue des Augustus als Priester, vom Anfang des 1. Jahrh. n. Chr. Ähnlich wie in den literarischen Werken des Vergil und Horaz führt die Abkehr von hellenistischem Prunk und Pathos und die Hinwendung zu den Vorbildern der klassischen griechischen Porträtkunst des 5. Jahrhunderts zu Einfachheit, Ernst, Realismus. Dieser Augustus ist nicht der jugendliche Kriegsheld des Bürgerkriegs, sondern der erfahrene, weise Friedensfürst, wie ihn Horaz besonders in seinen letzten Gedichten preist und verehrt

Aber gerade wenn wir das alles berücksichtigen, dann zeigt sich ein neues Problem. Eben mit Hilfe der tradierten literarischen Motive und Symbole entzieht sich Horaz immer wieder einer ernsthaften Aussage. Ironisch, scheinbar unverbindlich, vermeidet er jede eindeutige Festlegung, und seinen Gedichten fehlt fast jede unvermittelte Spontaneität. Gerade bei den zahlreichen Trinkliedern oder erotischen Gedichten handelt er die meist schon traditionell zu der Dichtungsgattung gehörigen Themen und Motive in fast satirischer Form ab. So als wolle er sagen: Ich kann solche Gedichte machen, aber man darf ihren Inhalt nicht allzu ernst nehmen.

Aber daneben gibt es doch auch ernst gemeintes, das nicht wieder zurückgenommen wird. So die Bezeugungen tiefer Freundschaft zu Vergil oder Maezenas. So die Darlegung seines künstlerischen Selbstbewußtseins. Und die Gedichte über die beiden Themen, die die eigentliche Spannung seines Werkes ausmachen: den Preis des bescheidenen Lebens fern von Politik einerseits und die →Reflexion des politischen Schicksals Roms anderseits. Daß Politik ein Thema ist, das unterscheidet Horaz grundsätzlich von seinen dichterischen Vorgängern in Rom, den Neoterikern. Und konsequenterweise sucht er sich als poetische Vorbilder in der griechischen Dichtung (ohne die ein römischer Dichter dieser Zeit nicht denkbar ist) nicht mehr die formal vollendeten, aber inhaltlich unpolitischen Gedichte des Hellenismus, sondern die archaische Lyrik, die ja in den politischen Auseinandersetzungen ihrer Zeit entstanden war, und zwar die Werke des Archilochos und des Alkaios. Es ist zwar durchaus zweifelhaft, ob Horaz die soziale Bedingtheit der altgriechischen Lyrik voll erkannte, aber wenn seine Rezeption ein Mißverständnis war, dann war es ein fruchtbares. Denn an ihrem Vorbild entwickelte Horaz sein Selbstbewußtsein, das es ihm erlaubte, sich in Gedichten politisch zu äußern.

Das war ja für Rom keineswegs selbstverständlich: Dichtung, Kultur überhaupt, war Teil des Luxus, der Welt jenseits des Alltags und der Politik. Zwar konnte sich Horaz auf Lucilius berufen, den vornehmen Römer des 2. Jahrhunderts v. Chr., der in seinen Satiren durchaus politische Fragen behandelt hatte; aber Lucilius war eh ein Angehöriger der

→Klasse gewesen, die in Rom Politik machte. Horaz dagegen, der Sohn eines Freigelassenen, hatte da eigentlich nicht mitzureden.

Diese für römische Verhältnisse neue und für Horazens soziale Situation ungewöhnliche Rolle des Dichters benötigte auch eine →Legitimation. Altgriechische und altrömische religiöse Vorstellungen wurden dazu als Symbole benutzt. Horaz erklärte sich zu einem Priesterseher, als von den Musen berufen.

In seinen ersten politischen Gedichten, die von ca. 40 v. Chr. an entstanden sind, drückt Horaz seine Verzweiflung über die politischen Zustände aus, über die nicht endenden Bürgerkriege. Es ist die Haltung eines Mannes, der in den Bürgerkriegen nach Caesars Tod auf Seiten der Republikaner mitgekämpft und mitverloren hatte. Seine Einstellung änderte sich langsam, nachdem er seit etwa 37 v. Chr. neben Vergil und anderen Dichtern zum Kreis des Maezenas († 8 v. Chr.) gehörte, einem der engsten Vertrauten des Octavian/Augustus, der ihn aller materiellen Sorgen enthob. Aber das Jahrzehnt von 40 bis 30 v. Chr. war noch voll von Krisen und Kriegen, und erst nach der endgültigen Entscheidung im Bürgerkrieg, der Schlacht von Actium 31 v. Chr., ist Horaz ein unbedingter Anhänger der neuen Ordnung, der Alleinherrschaft des Augustus.

Horaz sah selbst darin keinen Bruch. Und wenn wir seine →subjektive →Motivation betrachten, dann hat er auch recht. Was er in der neuen Ordnung verwirklicht sah oder mit einigem Recht erhoffen konnte, war das von ihm ersehnte Ende des »Bruderzwistes«, der ihm wie ein Fluch über der römischen Geschichte zu liegen schien. Und es war der Versuch, das, was man in seiner Zeit für das gültige Erbe der altrömischen Gesellschaft hielt, wieder lebendig zu machen – freilich seines demokratischen Aspekts entkleidet. Die Propaganda der augusteischen Herrschaft bediente sich dabei ohne große Schwierigkeiten der →Ideologie der letzten Zeit der Republik. Schließlich wurde Horaz so etwas wie ein Hofdichter des Augustus. Im Jahr 17 v. Chr. wurde er mit der Komposition des Festliedes für die Saekularfeier beauftragt, mit der der Abschluß eines Jahrhunderts (lat. Saeculum) und der Beginn eines neuen glücklichen und friedevollen Zeitalters für Rom gefeiert werden sollte. Wie Vergil in der »Aeneis« pries er das Zeitalter des Augustus als die Erfüllung der römischen Geschichte und die römische Weltherrschaft als den Frieden auf Erden.

Daneben aber steht wieder ein ganz anderer Horaz. Da fordert er seinen Freund Maezenas auf, die überflüssige Sorge um das öffentliche Wohl fahren zu lassen, da man die Zukunft doch nicht planen könne. Da wird die Welt der Politik, des Reichtums, der Stadt überhaupt zu einer negativen Gegenwelt, ausgesetzt den Zufällen und unberechenbaren Schicksalsschlägen. Und dagegen steht sein Ideal des unpolitischen, bescheidenen Lebens auf seinem Landgut. Der ewig unruhigen Sorge um Erfolg und Gewinn bei den Mächtigen und Reichen stellt er gegenüber die ruhige Freude am täglichen Glück, die Gelassenheit gegenüber den Bewegungen des Schicksals.

Wandmalerei einer Villa in Pompeji: der Geschmack von Horaz' Publikum

Diese Ideale, die vielfach schon in der Philosophie Epikurs (ca. 342 – 271 v. Chr.) anklingen, sind im Rom in dieser Zeit auch sonst verbreitet gewesen. Es war dies eine Reaktion auf die Erfahrungen der Bürgerkriege und auf die Auflösung der republikanischen Ordnung – wie ja auch die →epikuräische Philosophie nach dem Scheitern der Polis-Demokratie in Griechenland entstanden ist. Sie sind aber auch Ausdruck einer neuen, freilich aufs Private reduzierten Menschlichkeit, für die vorher kaum Platz war. Horaz betont dabei besonders den Aspekt des Musischen, der Welt des Geistes. Sein Landgut ist gewissermaßen die Heimstätte der Musen, der Göttinnen der Dichtkunst, sein Leben wird von ihnen gegen Schicksalsschläge geschützt. Aber das Eigentliche bei Horaz ist, daß bei ihm, ganz im Gegensatz etwa zu den elegischen Dichtern seiner Zeit, die tatsächliche Abhängigkeit eines solch privaten Lebens von den äußeren Bedingungen bewußt bleibt. Freilich kaum die soziale Abhängigkeit – daß auf seinem Landgut neun Sklaven und fünf Pächterfamilien für ihn arbeiten, erfahren wir nur beiläufig. Wohl aber die politische Abhängigkeit – die von der staatlichen Ordnung, von dem von Augustus wieder geschaffenen Frieden.

Horaz hat kaum den Versuch gemacht, diese Problematik thematisch zu behandeln und genauer zu durchdringen. Er stellt die beiden Welten nebeneinander, und was für ihn das bessere ist, darüber läßt er keinen Zweifel. Aber die poltische Welt ist eben nicht nur die Gegenwelt, von der er sich abgrenzt, sondern auch die friedensstiftende Macht, die ihm seine Lebensform ermöglicht.

Diese doppelte Sicht der politischen Welt bildet bei Horaz eine widersprüchliche Einheit. Das war nur für den Vertreter einer Generation möglich, für den die neue monarchische Ordnung tatsächlich einen historischen Fortschrittt gegenüber der zerfallenden Republik bedeutete. Horaz steht damit an einem Wendepunkt. Für die Literatur des folgenden Jahrhunderts, die schon die Schattenseiten der Monarchie sah, gab es nur noch ein Entweder-Oder: fast bedingungslose Huldigung der Herrschaft oder Verweigerung und Kritik, diese allerdings nur noch vorsichtig und ganz allgemein.

Die besten Übersetzungen von Horaz' Gedichten haben F. Klingner (»Römische Geisteswelt«, München 1965) und V. Pöschl (»Horazische Lyrik«, Heidelberg 1970).

Kay Hansen

Tacitus · Die Annalen

»Annales« (entstanden in Rom zwischen 112 und 125 n. Chr.)
Geschichtswerk von Publius Cornelius Tacitus (um 55–125 n. Chr.)

Dieses Geschichtswerk umfaßt die Epoche vom Regierungsantritt des Kaisers Tiberius im Jahre 14 n. Chr. – mit einem Rückblick auf seinen Vorgänger Augustus – bis zum Tode Neros im Jahre 68n. Chr. Das Werk ist allerdings nur teilweise erhalten: die ersten vier Bücher (bis zum Jahre 28), vom 5. Buch gibt es nur ein Bruchstück (Ereignisse der Jahre 29/30 n. Chr.), das 6. Buch ist ganz (die Jahre 31–37) erhalten; die Bücher 7–10 fehlen ganz (die Jahre 37–47), desgleichen der Anfang des 11. Buches und der Schlußteil des 16. Buches, das im Jahre 66 abbricht.

Über Tacitus selbst wissen wir wenig; sein Geburtsort ist so unbekannt wie das Geburtsjahr, das etwa zwischen 54–56 n. Chr. gelegen haben muß. Aus einer Grenzangabe im 2. Buch will man schließen, daß er kurz vor 117 n. Chr. gestorben sein muß. Im Jahre 88 war er Praetor (das zweithöchste Staatsamt, das sich vor allem mit Fragen der Rechtsprechung zu befassen hatte). Außer den neun Praetoren gab es zwei für je ein Jahr gewählte Konsuln, die nach heutiger Auffassung etwa zwei Kanzlern entsprächen und die nach ihrer Amtszeit als Prokonsuln Provinzgouverneure waren. Tacitus selbst rückte im Jahre 97 als Nachfolger eines während der Amtszeit verstorbenen Konsuls in dieses Amt auf. In den Jahren 112/13 war er wahrscheinlich Prokonsul in Asien, über seine Amtsführung wissen wir nichts. Verheiratet war er mit einer Tochter des Feldherrn Agricola, der Britannien endgültig für Rom eroberte. Dessen →Biographie dürfte die erste Schrift des Tacitus gewesen sein, die er im Jahre 97 in Rom veröffentlichte, als nach der Schreckensherrschaft des Kaisers Domitian (81–96) wieder Redefreiheit herrschte. Dazu ist noch zu sagen, daß die Bezeichnung »Kaiser« insofern irreführend ist, als dies nur der verdeutschte Name »Caesar« ist, der als Diktator die Reihe der Alleinherrscher in Rom einleitete, und dessen Namen seine Nachfolger dem eigenen hinzufügten. Der offizielle Titel war »Princeps«, d. h. der erste Mann im Senat. Diese Amtsbezeichnung hatte Kaiser Augustus eingeführt, als er am Ende eines hundertjährigen Bürgerkriegs seine Macht endgültig festigte (27 v. Chr.). Zur Versöhnung der Gegensätze hielt er die Fiktion aufrecht, daß der Senat und die Konsuln in einer wiederhergestellten Republik amtierten, in der der Princeps nur ein Kollege der Senatoren sei. Da er aber über ein absolutes Veto gegen jeden Senatsbeschluß verfügte, vollständige Immunität genoß und den alleinigen Oberbefehl über alle Heere hatte, die in dem Riesenreich stationiert waren, war der Principat reinem Absolutismus gleichzusetzen. Aber der schöne Schein der Republik erhielt dem Reich für Jahrhunderte (fast) den inneren Frieden. Und damit sind wir bei einem Zentralproblem der Annalen angelangt.

Immer wieder begegnet man dem Begriff »libertas«, d. h. Freiheit, die der Autor offenbar über alles schätzt und deren Fehlen (etwa unter Tiberius und seinen Nachfolgern) er wortmächtig beklagt. Man hat lange Zeit gemeint, sein Ideal sei eine echte Republik gewesen, doch ist eine grundsätzliche Ablehnung des Principats bei ihm in keinem seiner Werke zu belegen, ja, er findet bei guten Herrschern Worte der Anerkennung für dies Regierungssystem. Der bedeutende englische Althistoriker Ronald Syme hat wahrscheinlich recht, wenn er meint, es handle sich vielmehrmehr um den Begriff der Redefreiheit, etwa im Senat oder bei Publikationen, den der Intellektuelle, Angehöriger der Oberschicht, für sich und seinesgleichen wünschte; und an dieser Freiheit fehlte es unter vielen Herrschern in der Tat. Tacitus hat sich wenigstens an keiner Stelle bemüht, diesen Zentralbegriff zu definieren, wie denn überhaupt seine Stärke nicht in der begrifflichen Definition und philosophischen →Reflexion besteht, sondern in einer ungeheuer wirkungsvollen, dramatischen Schilderung der Ereignisse, die das Geschehen wie ein Schauspiel abrollen läßt und den Leser in die Rolle des direkt beteiligten Zuschauers versetzt. Es ist nicht möglich, eine vollständige Inhaltsangabe zu vermitteln und alle großen ›Szenen‹ aufzuführen, Beispiele müssen genügen.

Schon gleich am Anfang erleben wir den Tod des Kaisers Augustus. Seine (so Tacitus) »ränkevolle« Witwe und ihr Sohn Tiberius überlegen, wie die (längst geordnete) Thronbesteigung zu vollziehen wäre. Das Haus wird abgeriegelt, falsche Bulletins über den Verlauf der Krankheit veröffentlicht, Kuriere an die Kommandeure der auswärtigen Heere entsandt, und als die fieberhafte, atemlos geschilderte Tätigkeit erfolgreich erscheint, tritt Tiberius als Nachfolger vor den (angeblich) verblüfften Senat. Dort beginnt nun ein Katz- und Maus-Spiel, bei dem Tiberius scheinbar zögert, die Nachfolge anzutreten, und so den Senat zwingt, sich zu unwürdigen Demütigungen herzugeben, um ihm das ohnehin schon ausgeübte Amt geradezu aufzunötigen. Hier zeigt sich übrigens, wenn man will, eine Schwäche des Autors, die er aber mit allen antiken Geschichtsschreibern teilt (→S. 48 f.). Er hat Tiberius, der lange vor seiner Geburt starb, nicht mehr gekannt, sondern stützt sich auf eine übelwollende Überlieferung, die er

kritiklos übernimmt. Der offenbar fähige und gewissenhafte Herrscher wird zu einem Teufel in Menschengestalt stilisiert, eine Auffassung übrigens, die die europäische Geschichtsschreibung des 19. Jahrhunderts ebenfalls kritiklos übernahm, geblendet vom Glanz der Darstellung des Tacitus. Zwar berichtet Tacitus von dessen (vernünftigen) Maßnahmen und Reden, entwertet sie aber dann dadurch, daß er den Anschein erweckt, dies alles sei nur Heuchelei, unter deren Deckmantel der Kaiser finstere geheime Pläne geschmiedet und verwirklicht habe.

Im Gegensatz zu dem finsteren Wüterich Tiberius steht die Lichtgestalt seines Neffen und Thronfolgers, Germanicus. Dieser so sympathisch geschilderte junge Ehemann und Vater von sechs Kindern führt glücklos und töricht den Kampf gegen die Germanen, insbesondere gegen Arminius, den Cheruskerfürsten. Seine zum größten Teil selbstverschuldeten Niederlagen werden mit Verrat und Naturkatastrophen entschuldigt, seine Abberufung von dem hoffnungslosen Unternehmen, Rom die Elbgrenze zu gewinnen, als Eifersucht des Kaisers auf den militärischen Ruhm des Thronfolgers gedeutet. Auch hier hat Tacitus kritiklos (im heutigen, nicht im antiken Sinne) seine Vorlagen übernommen, und wie er bei Tiberius die vernünftigen Handlungen durch den Vorwurf der Heuchelei entwertet, beschönigt er mit wirkungsvollen Schilderungen die Torheiten des Germanicus als Schicksalsschläge.

Tacitus berichtet von Morden, Intrigen, Heucheleien unter den Herrschenden, indem er sich für diese Schilderung mehr privater Ereignisse mit der Chronistenpflicht entschuldigt und zugleich die Hoffnung äußert, künftige Generationen müßten daraus Lehren für ein besseres Verhalten ziehen können. Vor allem weist er darauf hin, daß große Kriege und wichtige außenpolitische Ereignisse nicht stattgefunden hätten, sehr zu seinem Bedauern. Und dies Bedauern ist echt. Immer wieder tadelt er die Kaiser, daß sie das Reich und den Herrschaftsraum nicht erweiterten – er war ein überzeugter →Imperialist, dem Roms Größe über alles ging, und der, ohne die Erfahrungen der Neuzeit, diese Einstellung nicht nur nicht bemäntelte, sondern sogar hervorhob.

So sind also die Annalen in vieler Hinsicht ein Bericht über den »ersten Kreis der Hölle«, und es ist erstaunlich, wie Solschenizyn sich fast der gleichen psychologischen Deutungen der Tyrannei bedient wie Tacitus. Das Wesen der Unfreiheit, die Schwäche des Menschen in bedrohlicher Zeit, all das hat sich in den Jahrhunderten nicht geändert, und die Annalen sind als Lehrbuch über das Wesen der Gewaltherrschaft nicht überboten worden.

Bleibt zum Schluß die Feststellung, daß die Bücher des Tacitus in einer unvergleichlichen Sprache geschrieben sind, deren Stil blendet und deren Wendungen und Pointen selbst gute lateinische Autoren hausbacken erscheinen lassen. In den Annalen – mehr noch als in seinen früheren Werken – gewinnt Tacitus der lateinischen Sprache Wirkungen und Nuancen ab, die man vorher nicht für ›machbar‹ gehalten hätte und die später niemals wieder erreicht wurden.

Tacitus, »Annalen«. Übersetzung von August Horneffer. Mit einer Einleitung von Joseph Vogt. Stuttgart 1964.

Rom, Forum: Zentrum einer antiken Weltmacht, deren Geschichte von Tiberius bis Nero Tacitus dramatisch beschrieben hat (Rekonstruktion aus dem 19. Jh., Zeichnung von C. Vottler)

Überblick

Achatz Freiherr von Müller

Literatur und Bildung im alten Europa

Die Tradition des »Mittelalters«

Als Mittelalter bezeichnet der allgemeine Sprachgebrauch den ältesten Abschnitt der abendländischen Geschichte. Für das moderne Verhältnis zu dieser fernen Epoche vermag eine historische Ansicht dieses Begriffes nützlich zu sein. Zugleich überrascht sie das moderne Selbstbewußtsein. Denn dessen Distanz zu jenem geschichtlichen Abschnitt erweist sich als Fortsetzung einer alten und festgefügten Tradition, deren Ursprung im Mittelalter selbst ruht. Die Bildungsgeschichte dieses Zeitraumes wird von einer entschiedenen Verehrung der Antike bestimmt, die sich zwar objektiv zu neuen und eigentümlichen Kunst- und Bildungsformen entwickelt, doch subjektiv nie in eine als geschichtlich autonom empfundene, also aus eigenen unabgeleiteten Quellen fließende Lebensäußerung umschlägt. Selbst die dem modernen Menschen fremde Entwicklung und Ausdehnung der Religion, die doch als wichtige Eigentümlichkeiten dieser Epoche erscheinen wollen, galten dem ersten nachantiken Jahrtausend zumeist nur als Versuch, der vorbildlichen Festigkeit im christlichen Bekenntnis, die die Kirchenväter und ihre Zeit auszeichnete, nachzueifern. Denn man wußte sehr genau, was wir noch häufig vergessen: daß das Christentum die »letzte Blüte am Baume der Antike« sei, der man mehr schlecht als recht auch auf diesem Felde nachzukommen vermochte. Aus solcher Haltung suchte man von Beginn an, auch Antik-Heidnisches mit dem biblischen und christlichen Vorbild in Konkordanz zu bringen. Traten in späterer Zeit gesellschaftliche, geschichtliche und kulturelle Äußerungen wachsenden epochalen Selbstbewußtseins immer entschiedener auf, so verloren sich zugleich entsprechende, spezifisch mittelalterliche Formen der persönlichen und geschichtlichen Bescheidung. Doch nirgends tritt eine neue Epoche von einem Tag zum anderen in das Bewußtsein der Menschen. Ältere Denkweisen werden lange bewahrt, häufig verschieben sich nur die Akzente in der Behandlung längst bekannter Fragen und Probleme von Gesellschaft und Kultur. So schlingen sich auch »Mittelalter« und die ihm folgende »Renaissance« eng ineinander. Beide behandeln die Antike in ihrer Weise als Vorbild: jenes in demütigem Eifer, ihre ihm verbindlichen Werte zu bewahren und – mit seinen Mitteln – nachzubilden, aber auch fortzuführen; diese in selbstbewußtem Verlangen, sich über den inzwischen erkannten geschichtlichen Abgrund hinweg, mit ihr in ihren eigensten und schönsten Leistungen – also auf ihrem eigenen Boden – zu messen. Galten somit dem langen Zeitraum vom 6. bis in das 12. Jahrhundert die eigene Gegenwart und deren eigentümlichen gesellschaftlichen, geistigen und kulturellen Leistungen häufig nur als bescheidene Anknüpfungen an eine vorbildliche Vergangenheit, oder rufen Bewegungen und Erzeugnisse dieser Zeit, die das Staunen der Mitwelt erregen, sofort zu Vergleichen und Deutungen aus der Antike auf, so bahnt sich bereits im 13. Jahrhundert eine Verschiebung dieses Standpunktes an, ohne daß allerdings bezeichnende Grundhaltungen sofort verlorengehen. Am Ende dieser Entwicklung blikken die auf der Höhe ihrer kritischen Fähigkeiten stehende gelehrte und literarische Bildung der Renaissance des 16. Jahrhunderts und die als autonom erklärte Disziplin der Kunstwissenschaft mit Distanz auf jene Epoche, die ihnen allein noch als barbarische Kluft zwischen zwei geschichtlich bedeutenden Zeitaltern der Humanität, zwischen Antike und Neuzeit, erscheinen will. Dies ist der historische Augenblick für die Erfindung des Begriffes »Mittelalter« (media aetas) und zugleich der Beginn einer periodischen Unterteilung der abendländischen Geistes- und Bildungsgeschichte. Nicht zufällig waren es vor allem die →humanistischen Philologen, also die Sprach- und Literaturhistoriker, die diese Bezeichnung am entschiedensten wertend verstanden. Das moderne Urteil über die Literatur des Mittelalters leidet noch immer unter solcher überlieferten Distanz. Auch die Entdeckung der eigenen Qualitäten dieser Epoche insbesondere durch die deutsche Romantik konnte wegen der heftig idealisierenden Verzerrungen des romantischen Mittelalterbildes kein freies Verhältnis zu dieser Zeit vermitteln. Jedoch wurde hier der Boden für ihr wissenschaftliches und kulturelles Verständnis so bereitet, daß eine fruchtbare Entwicklung des Verstehens erst seitdem möglich scheint. Allerdings stellt sich ihre Literatur nach wie vor labyrinthisch dar. Nicht nur, daß sie ein Vielfaches der überlieferten antiken Literaturproduktion umfaßt; in ihrer Geschichte entfalteten sich zugleich aus dem bewahrten und eifrig genutzten Lateinischen, das die moderne philologische Forschung als »Mittellatein« bezeichnet, die verschiedenen abendländischen nationalen und regionalen Sonderliteraturen, die begleitet sind von dem wichtigen Prozeß der Entstehung und Entwicklung der europäischen Nationalsprachen.

Die hier und im folgenden angezeigten Literaturhinweise umfassen bis auf wenige notwendige Ausnahmen ausgewählte deutschsprachige, schnell erreichbare und selbständig erschienene Werke. A. Buck, »Das Geschichtsdenken der Renaissance«, Krefeld 1957; G. Falco, La polemica sul medioevo, Neapel 1974; J. Huizinga, Zur Geschichte des Begriffs Mittelalter: In: Geschichte und Kultur, Stuttgart 1954 u. ö. M. Seidlmayer, Das Mittelalter, Göttingen 1970.

Die Grundlagen

Wie wir wissen, endete die antike Kultur nicht mit dem politischen Zusammenbruch des Römischen Reiches im Westen des ehemaligen Reichsgebietes – der Osten überlebte bis zur Eroberung Konstantinopels durch die Türken im Jahr 1453. Jedoch ihre wichtigste Grundlage, die allgemeine Konzentration des bürgerlichen Lebens auf die Stadt, die antike →Urbanität, war ihr mit dem Verlust der zentralen rechtlichen und fiskalischen Verwaltung entzogen worden. Vor allem der Literatur begann das noch im späten dritten nachchristlichen Jahrhundert weit gefächerte bürgerliche römische Publikum zu fehlen. Mit der Veränderung der gesellschaftlichen Eliten des Imperiums und seiner Nachfolger, die sich nunmehr stärker in ländliche Lebensverhältnisse zurückzogen, gingen die engen Kontakte sowie der Zusammenhalt zwischen den möglich literarischen →Rezipienten verloren. In dem Zeitraum zwischen dem Jahre 500 und der Mitte des 8. Jahrhunderts waren Literatur und Bildung somit einer zunehmenden Dezentralisation ausgesetzt. Zwar zeigten sich auch jetzt noch bedeutende und kräftige literarische Leistungen, doch der Kreis der Menschen, die an ihnen teilnahmen, hatte sich entscheidend verengt. Gesprochene Sprache und Literatursprache begannen sich nun unabhängig voneinander zu entwickeln. Denn die unbedingte Vorherrschaft des Lateinischen als Sprache gelehrter und literarischer Bildung blieb im Bereich des ehemaligen Imperiums unbestritten, obwohl hier seit Beginn des 6. Jahrhunderts germanische Territorialherrschaften entstanden waren. Auch setzten sich innerhalb der Entwicklung der gesprochenen Sprache die Sprachgewohnheiten der unterjochten romanischen Bevölkerung durch. So konnte in den romanischen Kerngebieten vielleicht noch im 11. Jahrhundert geglaubt werden, man spräche ein – wenn auch gewiß nicht gutes – »Latein«. Davon unabhängig bestand, wie den antiken Zeugnissen, vor allem dem Tacitus, zu entnehmen ist, eine entwickelte, auf mündliche Vermittlung angewiesene Literatur der germanischen Stämme, die ihre Blüte und kunstvollste Ausprägung nicht zufällig in jener Zeit erfuhr, in der die antike Kultur ihren gesellschaftlichen Zusammenhalt verlor. In einer berühmten Sammlung hatte Karl der Große diesen Schatz zu bewahren versucht. Nach ihrem Verlust im Laufe des 9. Jahrhunderts vermittelt allein noch das wahrscheinlich im frühen 7. Jahrhundert entstandene Hildebrandslied einen charakteristischen Eindruck der frühen germanischen Literatur – wenn auch in der verfälschenden niederdeutschen Lautung des frühen 9. Jahrhunderts, in der es erhalten ist. Über Stoffe und Motive altgermanischer Dichtung, die in der Regel bis in die Zeit der Völkerwanderung gegen Ende des 4. Jahrhunderts zurückreichen, zeichnen zudem Teile der »Lieder-Edda« ein deutliches Bild, deren erste schriftliche Fassung jedoch nicht vor dem Ende des 12. Jahrhunderts – vermutlich auf Island – erfolgt sein kann. Warum ließen sich diese doch offensichtlich reichen Literaturen, die den seit dem Fall des Imperiums herrschenden germanischen Schichten soviel näher waren, durch römische, also diesen Völkern zutiefst fremde Bildungsnormen und Literaturnormen verdrängen? Zwei Faktoren kommt dafür eine entscheidende Bedeutung zu: die nicht mächtig genug zu denkende Überlegenheit der antiken Kultur, deren Ruinen sogar noch die moderne →Ubiquität beeindrucken, und die seit der ersten Hälfte des 4. Jahrhunderts mit römischem Recht, lateinischem Kultus, lateinischer Predigt und Schrift einheitlich und unbeirrbar fest auftretende Kirche, die nach dem Zusammenbruch des Römischen Reiches zum einzigen Träger und Bewahrer dessen Bildungsvermächtnisses und seiner rechtlich-organisatorischen Fertigkeiten wurde. Die schnelle Bereitschaft der germanischen Herrscher, das Christentum anzunehmen, ließ auch für ihre im Bereich des alten Imperiums siedelnden Stämme die Kirche zum wichtigsten und verläßlichsten Vermittler christlicher und somit auch antiker literarischer Bildung werden. So war die Aufgabe, Bildung, Literatur und Kultur zu erhalten und zu vermitteln, in jenen Gebieten schwerer zu lösen, in denen nur eine dünne antike Kulturdecke oder sogar keine Bindungen an das römische Kulturerbe bestanden, als in solchen Ländern, die auch heute noch als »Romania«, als Erben der antiken Mittelmeerkultur, erscheinen.

Das durch die Kirche an diese Völker übermittelte Bildungsgut war jedoch in keiner Weise auf der vollkommenen Höhe der lebendigen antiken Kultur. Es war ausschnitthaft, und vor allem schien es von seinen eigentümlichen fruchtbaren gesellschaftlichen Grundlagen abgelöst. Zudem fehlte es auch der Kirche zunächst an Mitteln, unabhängig von den adligen Herren der Städte und Landschaften weithin wirkende Bildungszentren zu gründen. Gewiß, die mächtigen regionalen Träger der Kirche, die Bischöfe, entstammten selbst den großen, herrschenden Familien, doch vermochten auch sie zunächst nur für ihren in unmittelbarer Nähe der alten, inzwischen geschrumpften Stadtgemeinden wirkenden Kathedralklerus zu sorgen. Der Grund hierfür ist vor allem in dem starken Rückgang von Geldwirtschaft und -verkehr, von Mobilität überhaupt zu suchen. Der ländliche Klerus war somit vollständig auf die wirtschaftliche Hilfe des Adels seiner Landschaft angewiesen. Das aus solchen Verhältnissen erwachsene System der »Eigenkirche« gab zwar dem adligen Herrn alle Rechte innerhalb seiner Kirche, doch es verlangte von ihm auch geistige Teilnahme und kulturelle Initiative. Daß die mächtigsten Familien der immer noch reichen Provinzen und Herrschaften schon bald Aufgaben dieser Art erkannten, zeigt das Beispiel der fränkischen Königin Radegunde, die gegen Mitte des 6. Jahrhunderts ihrem Kloster und dessen Schule in Poitiers reiche Unterstützung gewährte, um ihm bedeutende Erziehungsaufgaben gegenüber dem Adel des Landes übertragen zu können. Für die ihr wichtige Ausbildung und Erhaltung literarischer Kultur zog sie den oberitalienischen Dichter Venantius Fortunatus (um 535–um 600) nach Poitiers, dessen reiches literarisches Werk als bedeutendes Beispiel für die nie abgerissene Bildungskontinuität zwischen Antike und Mittelalter erscheint. Daß auch jetzt, im scheinbar toten Winkel einer Übergangsepoche, über eine reiche und kräftige Sprache geboten wird, zudem ein heiterer und offener Wirklichkeitssinn herrscht, mag ein Ausschnitt aus dem großen Reise- und Naturgedicht über eine Fahrt auf der Mosel zeigen:

»Gerne nahte ich dann den Zinnen der Andernachfestung, / Als ich als Bürde des Schiffs weiter von dort aus gereist. / Anderes Ufer jedoch ist fruchtbar an ebenem Feld. / Der prachtvolle Ort besitzt auch dadurch reichere Fülle, / Daß aus dem Wasser fürs Volk kommt noch weitrer Ertrag. / Solange der König hier an den Sitzen des Hofs residierte / Und nach der Sitte des Tisches festliche Mahlzeiten hielt, / Schaute er in das Netz, wo den Lachs aus den Schnüren man holte, / Die Fische zählte er dann, wenn in der Burg er saß, / Freute sich auch an dem Tisch, wenn der Fisch aus dem Wasser emporsprang, / Und ergötzte sein Herz, was ihm als Beute erschien. / Hier besah er das Glück, dort machte er froh den Hofstaat, / Weidet die Augen zuerst, labte sich dann an der Kost«. (Aus dem Lateinischen von K. Langosch.)

Trotz vieler antiker Züge kann Venantius als der erste literarische Repräsentant der mittelalterlichen Welt gelten. Feder und Talent stellt er ganz in den Dienst frommer Erbauung, aber auch anmutiger Beschreibung der zeitgenössischen Umwelt, sei es Natur oder Gesellschaft. Darin gleichwertig steht ihm der Freund aus dem benachbarten Tours, Gregor (ca. 578–594) zur Seite, der zwar wie Venantius einige geistliche, zumal →hagiographische Prosastücke schrieb, dessen größtes Verdienst aber in seinem eigenständig und mit Souveränität verfaßten Werk über die Geschichte der eigenen Zeit liegt. Diese »Zehn Bücher Geschichten« suchen keine antiken Anknüpfungen, sondern bemühen sich allein um die Darstellung der unmittelbaren fränkischen Vergangenheit und Gegenwart. Anders als die spätantike Geschichtsschreibung wählte Gregor einen unpreziösen, klaren Stil, der es ihm gestattete, öffentlich-staatliche und persönlich-private Geschehnisse in ihrer Verknüpfung darzustellen. Wenn auch der Text seines Werkes lateinisch geschrieben und somit an viele traditionelle Wendungen gebunden ist, erscheint das Ganze durchaus als eine originale und fruchtbare Leistung. Mit der regen literarischen Teilnahme an den Problemen ihrer eigenen Zeit unterschieden sich Venantius und Gregor deutlich von anderen Autoren der Epoche, deren größte Sorge zumeist der Bewahrung des antiken Literatur- und Bildungsgutes galt. Diesen Typus verkörperten auch für die späteren Jahrhunderte in vorbildlicher Weise die Römer Boethius (um 480–524) und Cassiodor (um 490–580) sowie der Spanier Isidor, Bischof von Sevilla (um 560–636). Boethius vermittelte den spekulativen Neigungen des Mittelalters die logisch-philosophischen Grundlagen und vor allem mit seiner zentralen Schrift »Über den Trost der Philosophie« die entscheidende Einsicht in den sittlichen Wert der antiken vorchristlichen Philosophie. Das Buch entstand im Kerker angesichts des sicheren Todes. Es behandelt die den Späteren so wichtige Frage, welcher Wert den irdischen Glücksgütern, die sich in der Spannung zwischen Reichtum und Ruhm ansiedeln, in Wahrheit zukomme. Mit Platon erklärt Boethius sie insgesamt für Täuschungen, trügerische Abbilder des wahren Glückes, das allein in der Erkenntnis Gottes besteht. Die Philosophie lehre den Menschen Trug und Wirklichkeit zu unterscheiden. Doch ist denn der Mensch frei in der Erkenntnis des Guten und fähig zum freien Handeln im Sinne des Guten, wenn Gott alles vorhersieht und alles vorherbestimmt? Boethius antwortet: »Es bleibt den Sterblichen die Freiheit des Willens unangetastet. Es bleibt auch der Zuschauer droben, der alles voraus weiß, Gott, und die immer gegenwärtige Ewigkeit seiner Schau trifft zusammen mit der künftigen Beschaffenheit unserer Handlungen.«

Der stilistische Reichtum dieser Schrift, der in einem steten Wechsel zwischen Dialogprosa und eingestreuten Gedichten ein Verständnis von logischem Argument und sinnlicher Emotion ermöglicht, ihr deutliches Bekenntnis zu einem sittlichen Trost auch im Angesicht des Todes, machten sie zu einem Hauptbuch der Epoche. Die große Zahl der überlieferten Handschriften, Kommentare und Zitierungen sowie bereits seit dem 10. Jahrhundert vorgenommene Übersetzungen in die Volkssprachen lassen die Schrift wie kaum eine andere – die Bibel ausgenommen – im Mittelalter und früher Neuzeit bekannt und beliebt erscheinen. Der eine Generation jüngere Cassiodor machte sich der späteren

Zeit durch die Gründung eines Klosters bekannt, das vor allem dem Erhalt und der Verbreitung des antiken Bildungsgutes im Filter christlicher Lebenspraxis dienen sollte. Selbst trug er dazu durch eine Reihe theologischer und das antike Bildungssystem erläuternder Schriften bei. Der dritte große Vermittler von antiker Literatur und Bildung an die nachfolgenden Jahrhunderte, Isidor von Sevilla, dessen Wirken bereits in das 7. Jahrhundert hineinreicht, verfaßte mit den zwanzig Büchern seiner →»Etymologien« die erste ›moderne‹ Enzyklopädie. Das große Werk fehlte nahezu in keiner Bibliothek der späteren Zeit und stellte die umfänglichste materielle Übermittlung antiken Wissens und antiker Literatur an sie dar. Isidors Interesse galt wie auch bereits das des Cassiodor vor allem dem Erhalt der überlieferten systematischen Ordnung des Bildungsgutes. Dem christlichen Erkenntnissinn sollte die überkommene Anordnung des gelehrten Wissens im System der »sieben freien Künste« (artes liberales) angemessen werden. Zu Beginn seiner Enzyklopädie beschreibt Isidor den Aufbau dieses Systems:

»Es gibt sieben Disziplinen der freien Künste. Die erste ist Grammatik oder Kenntnis der Sprache; die zweite ist die Rhetorik, die man vor allem für die Fragen des öffentlichen Lebens wegen des Glanzes und des Reichtums der Beredsamkeit für notwendig hält. Die dritte ist die Dialektik, auch Logik genannt, die durch subtile Dispute das Wahre vom Falschen trennt. Die vierte ist die Arithmetik, die sich mit den Verhältnissen der Zahlen und ihrer Teilung befaßt, die fünfte ist die Musik, die aus Liedkunst und Dichtkunst besteht, die sechste ist die Geometrie, die die Maße und Dimensionen der Erde umfaßt und die siebte, die Astronomie, deren Inhalt die Gesetze der Sterne sind.«

Die vier mathematischen Künste, zu denen auch die Musik zählte, wurden bereits von Boethius als »Quadrivium« (Vierweg), die drei ersten mit Inhalt und Gesetz der Sprache beschäftigten als »Trivium« (Dreiweg) zusammengefaßt. In dieser Form wurde das System der sieben freien Künste Grundlage mittelalterlicher Schulbildung bis zur Mitte des 13. Jahrhunderts. Mit der modernen ästhetischen Anschauung des Begriffes »Kunst« haben diese »Künste« nichts gemein. Vielmehr bezeichnen sie Lehrinhalte, die durch strenge Regeln bestimmt werden. Literatur oder gar Poesie fehlen als eigene Disziplinen. Ihre Behandlung überläßt Isidor den Fächern Grammatik und Rhetorik. In letzerer fanden auch Recht und Politik ihren Platz im System mittelalterlicher Bildung. Daß die ästhetischen Produktionen einen eigenen unableitbaren Wert darstellen und somit Literatur und Dichtkunst eine eigene wissenschaftliche Disziplin ihrer Darstellung benötigen, sind Forderungen und Erkenntnisse erst der Renaissance des 15. Jahrhunderts, die jedoch ihre Verbindung zur mittelalterlichen Behandlung von Grammatik und Rhetorik nicht leugnen können. Denn aus den immer freier und reifer gehandhabten Regeln des »Lehrsystems« (ars), aus ihrer »kunstgerechten« Anwendung entstand endlich »Kunst« (ars) als in das gesellschaftliche Bewußtsein gehobener Begriff eines seinen eigenen Gesetzen unterworfenen ästhetischen Phänomens. Dessen sittliche und gesellschaftliche Bindungen, die ihm aus der ethischen Zielsetzung des Systems der »sieben freien Künste« als seinem geistesgeschichtlichen Hintergrund auch weiter zuflossen, versiegten jedoch noch nicht. Denn Wissenschaft und Bildung sind nach Anlage dieses Systems nicht Selbstzweck. Vielmehr dienen sie der Erkenntnis des Zusammenhangs zwischen dem Guten und dem Wahren, den Gott der Welt offenbart und doch zugleich wieder verborgen hat. Offenbart in der Heiligen Schrift, der Bibel, verborgen in ihrer Sprache, ihren →Metaphern, →Allegorien, Gleichnissen. Übereinstimmend leiteten Cassiodor und Isidor »artes liberales« von »liber« (Buch) ab. Buch – darunter versteht die Zeit stets die Bibel, deren Verständnis durch die Beherrschung der »sieben freien Künste« erleichtert und schrittweise klarer werden sollte. Letztlich erfuhr somit das System gelehrter Bildung seinen eigentlichen Wert erst in der theologischen Erkenntnis. Innerhalb dieses Rahmens hatte sich in dieser frühen Zeit jede literarische Produktivität zu bewegen. Dem Dichter stand kein Platz im Kreis der »sieben freien Künste« zu, dennoch bezog die Dichtkunst aus ihnen die Einsicht in Regeln und Reichtum sprachlicher Formen und unterstellte sich ihrer Wertung. Der Dichter saß somit demütig an der Schwelle zur gelehrten Bildung.

E. Auerbach, Sicharius und Chramnesindus, in: Mimesis. Dargestellte Wirklichkeit in der abendländischen Literatur, Bern und München 1964. Boethius, Trost der Philosophie, Bremen 1955 u.ö. E. Garin, Geschichte und Dokumente der abendländischen Pädagogik I, Reinbek 1964. R. Koebner, Venatius Fortunatus. Seine Persönlichkeit und seine Stellung in der geistlichen Kultur des Merowingerreiches, Hildesheim 1973. Gregor von Tours, Zehn Bücher Geschichten, 2 Bde, Darmstadt 1970–72 (Lateinisch/Deutsch). P. E. Hübinger, Kulturbruch oder Kulturkontinuität im Übergang von der Antike zum Mittelalter, Darmstadt 1968 (Aufsätze verschiedener Gelehrter). J. Koch (Hrsg.), Artes Liberales. Von der antiken Bildung zur Wissenschaft des Mittelalters, Leiden–Köln 1959. J. Leclercq, Wissenschaft und Gottverlangen, Düsseldorf 1963.

Bildungsreform und zentraler Staat

Mit dem politischen Zerfall des Frankenreiches unter dem Königsgeschlecht der Merowinger verloren auch die kulturellen und literarischen Bemühungen in den süd- und mitteleuropäischen Territorien ihre Grundlage. Allein im Westen, auf den britischen Inseln, hatte sich die lateinische Bildungstradition einen festen, in Klosterschulen vermittelten Zusammenhang bewahrt. Von irischen und schottischen Klöstern ausgehend verlagerte sich im Laufe des 7. Jahrhunderts der Schwerpunkt literarischer Bildung auf den angelsächsischen Teil Britanniens. Repräsentative Gestalt für die angelsächsische Bildungshaltung ist Beda Venerabilis, der »Verehrungswürdige« (ca. 672–735), der die literarische und rhetorische Kunstlehre der Antike nicht nur als geeignetes Erkenntnismittel des Bibeltextes empfahl, sondern ihren Inhalt auch in der Bibel als einem »göttlichen« Kunstwerk vorbildlich für alle Literaturgattungen verwirklicht fand. Mit dieser Auffassung deutete sich gegenüber der Antike ein folgenreicher Wandel an. Die Bibel hatte als Literaturwerk nach den Regeln der antiken Stillehre gering gegolten. Tatsächlich war auch dieser ihr geringer literarischer Wert von den antiken Gegnern des Christentums oft spöttisch gegen dieses gewendet worden. Denn die Bibel handelt in ihrem wichtigsten Teil – dem Neuen Testament – in einfacher Sprache von einfachen Menschen, von Fischern, Bettlern, Lahmen, Blinden, Armen, gar Verbrechern, die doch zugleich als »Erhöhte« und »Auserwählte« dargestellt werden. Diese Erzählweise sollte nun unvermittelt als Vorbild aller literarischen Kunst zu betrachten sein. Denn hinter den anspruchslosen Erzählungen der biblischen Gleichnisse verbargen sich höchste, »göttliche« Wahrheiten, die nach einer die Geschichte des Christentums durchziehenden Überzeugung selbst den antiken Philosophen verborgen bleiben mußte. So konnte also in der Auffassung Bedas – entgegen der antiken Kunstlehre – von hohen und schönen Dingen auch mit einfachen Mitteln gesprochen und geschrieben werden. Die Bedeutung dieser Erkenntnis auch für moderne Dichtung und Literatur, für den eigentümlichen Charakter der nachantiken europäischen Literatur- und Bildungsauffassung überhaupt, deren gewiß langsame und stockende geschichtliche Entwicklung im Innersten auf Entfaltung, Verbreitung und unmittelbare Verständlichkeit zielte und sich damit von der artistischen Kunstlehre gebildeter Eliten der Antike unterschied, kann nicht hoch genug veranschlagt werden. Gewiß, Beda selbst besaß noch keine Klarheit über die Konsequenz der von ihm vorgestellten Verschmelzung →normativer biblischer Ethik mit vorbildlicher antiker Literatur- und Bildungsgesinnung, er suchte allein zwei unmittelbar als verbindlich empfundene Werte miteinander in Beziehung zu bringen. Die angelsächsische Kultur des 8. und 9. Jahrhunderts nahm jedoch rasch die in Bedas Kunstlehre enthaltene Entscheidung zur Entfaltung und Verbreitung von Literatur und Bildung auf. Bereits in die Mitte des 8. Jahrhunderts datieren zwei in nordhumbrischer Volkssprache – also nicht lateinisch – abgefaßte Handschriften eines altenglischen

»Hymnus auf die Schöpfung« des Dichters Caedmon. Weitere volkssprachliche Literaturdenkmale, darunter auch Übersetzungen aus dem Lateinischen, finden sich reicher noch unter dem westsächsischen König Alfred dem Großen in der zweiten Hälfte des 9. Jahrhunderts. Alfred war bestrebt, mit Hilfe eines weitreichenden Bildungsprogrammes die Grundnormen der antiken und christlichen Bildung vor allem dem staatstragenden Adel des Landes zugänglich zu machen, der zumeist keinen Anteil an der lateinischen Bildung des Klerus hatte. Er selbst gab für Geist und Fertigkeit der dazu notwendigen Übersetzungen seinem Kreis gelehrter Geistlicher das beste Beispiel. Unter seinen übersetzerischen Arbeiten ragt der »Trost der Philosophie« des Boethius hervor. Daß im übrigen auch Beda selbst das Verdienst zukommt, lateinische Literatur und Bildung mit Hilfe von Übersetzungen verbreiten zu wollen, ist durch die Überlieferung gesichert. Seine bezeugte Übertragung des Johannesevangeliums ist jedoch nicht erhalten. Zu seiner Lebenszeit entstand wahrscheinlich das erste große deutlich christlich gefärbte →Heldenepos in einer der europäischen Volkssprachen, der in Nordhumbrien verfaßte »Beowulf«. Die angelsächsischen Bildungsbemühungen wurden im Frankenreich von den Karolingern, die die fränkische Königswürde mit Hilfe des Bischofs von Rom in der Mitte des 8. Jahrhunderts usurpiert hatten, aufgenommen und mit eigenen Mitteln fortgesetzt. Der römische Bischof hatte in dem Bündnis mit der neuen Königsfamilie den notwendigen politischen Rückhalt gefunden, um seinen Anspruch auf Vorrang und Herrschaft als Papst über die westliche, also europäische christliche Kirche durchzusetzen. Nachdem die beiden Verbündeten sich somit gegenseitig zur Sicherung ihrer politischen Interessen verholfen hatten, sollten sie bald die Rivalität eines gemeinsamen Herrschaftsanspruches verspüren. Bereits gegen Ende des Jahrhunderts versuchte Karl der Große seinem Königtum eine eigene, von der Rechtskirche unabhängige geistige und sittliche Grundlage zu verleihen. Dieser Versuch zeigt sich in der Gründung einer königlichen Palastschule in Aachen und weiteren nach ihrem Modell geformten, im Königsdienst stehenden Klosterschulen des Landes. Nach Aachen berief Karl aus allen Teilen des christlichen Europa hervorragende Gelehrte, um durch konzentrierte Pflege der lateinischen Bildungsüberlieferung, durch Sammlung und schriftliche Bewahrung antik-lateinischer und germanisch-volkssprachlicher Literaturdenkmäler für die Ausbildung des Adels und des politisch bedeutsamen Klerus des Reiches eine eigene »fränkische« Bildungsnorm zu schaffen. Dem dort vermittelten zentralen Bildungsgedanken lag die Konzeption eines – wenn auch mit den Mitteln der Zeit – zentral gelenkten Staates zugrunde, in dem Adel und Staatsamt verschmelzen sollten. Karls sich zwischen Elbe im Norden und Tibermündung im Süden erstreckendes Reich verlangte unbedingt frische Kräfte und Wege. Der Schritt zur Begründung eines neuen Kaisertums, das aus der römisch-antiken Kaiseridee die Vorstellung geschichtlich universaler Würde, aus dem Heilsversprechen der Bibel die Überzeugung seiner Unmittelbarkeit zu Gott bezog, wird nicht zuletzt im Dialog zwischen Karl und den Gelehrten und Dichtern des Reiches vorbereitet. Die Träger der Reformideen des Königs, der Angelsachse Alkuin († 804), der Langobarde Paulus Diaconus (um 720–816), der Westgote Theodulf (um 760–821) vertraten jeder für sich meisterhaft die der Zeit wichtigen Bildungselemente. Wie kein anderer beherrschte Alkuin Gesamtsystem und Einzeldisziplinen der »sieben freien Künste«. Seine berichtenden, unterweisenden, zum Teil gar mahnenden Briefe an Karl machen ihn auch literarisch interessant. Ihr bei aller Achtung, die sie dem Herrscher zukommen lassen, freier und menschlicher Ton, der dem König und späteren Kaiser nicht nur persönliche Zuneigung gestehen, sondern auch Tadel aussprechen will, etwa über die gewaltsame und blutige Sachsenmission oder über den Alkuin bedrückenden Plan eines Angriffs gegen den Herzog von Benevent, mag als Zeugnis für eine den orientalischen Despoten und römischen Kaisern der Antike fremde Herrschergesinnung erscheinen, die dem »Untertan« als Geschöpf gleicher Natur begegnen kann. Paulus Diaconus galt der Zeit als kenntnisreichster Grammatiker und vorzüglichster Lateinstilist. Von Karl aufgefordert, in »Kerker und Ketten seines Dienstes« zu treten, nachdem der König seinen Bruder aus einer schweren Haft befreit hatte, antwortet Paulus – wie die Literatur der »Schule« überhaupt – in lateinischer Sprache, dazu mit klassisch gebildetem Versmaß: »Nicht des Kerkers bedarf's noch, mich in Ketten zu werfen: / Kettet mit Liebe mich doch lange mein König und Herr.« (Übertragen von W. von den Steinen.)

Ähnlich wie bei Alkuin zeichnet sich auch dieses Verhältnis zwischen König und gelehrtem Dichter bereits von Anfang an durch Offenheit und persönlich freien Ton aus. Dem literarischen Hauptwerk des Paulus Diaconus, seiner »Geschichte der Langobarden«, verdankt auch die moderne Geschichtswissenschaft die wichtigsten Nachrichten über diesen zwischen den Epochen stehenden germanischen Volksstamm. Der spanische Gote Theodulf besorgte die Haltung der Schule zu dem Verhältnis zwischen Literatur und Theologie. Ihm verdanken wir eine Schilderung der Absichten und Bildungsziele Karls: »Er will die Bischöfe zur Erforschung der heiligen Schriften und zur gesunden, nüchternen Lehre bringen, den ganzen Klerus zur inneren Ordnung, die Philosophen zur Erkenntnis des Göttlichen und Menschlichen, die Mönche zum frommen Zusammenleben . . ., den Adel zum besonnenen Rat, die Richter zur Gerechtigkeit, die Krieger zur Waffenübung, die Befehlenden zur Demut, die Untergebenen zum Gehorsam, alle insgesamt zu Klugheit, Gerechtigkeit, Tapferkeit, Mäßigung und Eintracht.«

Dieser kleine Abschnitt zeigt in dankenswerter Klarheit den Zusammenhang von karolingischer Bildungsidee und Gesellschaftsreform. Unter den an die Hofschule gezogenen und dort ausgebildeten Franken taten sich vor allem der Dichter Angilbert (um 745–814) und der Alkuin in der Leitung der Hofschule ablösende Einhard (um 770–840) hervor. Den Dichter nannte Karl zuweilen »seinen Homer«. Seine gewinnende Persönlichkeit schien von allen geliebt und geschätzt, nicht zuletzt besonders von den Frauen des Hofes. Die libertine Verbindung, die er mit Karls Tochter Bertha einging, ist berühmt. Die größte literarische Leistung des bedeutenden Beraters Karls, des um vieles jüngeren Einhard, bleibt die an den antiken Lebensbeschreibungen der römischen Caesaren des Sueton geschulte, doch persönlich teilnehmender gestaltete →Vita Karls des Großen. Diese erscheint nicht als gelenkte Hofpropaganda, sondern als in der Alterszurückgezogenheit selbst gewählten Klosterlebens lange nach dem Tode seines Helden entworfenes Dokument frei erwiesener Dankbarkeit. Karls in den letzten Jahren des 8. Jahrhunderts auf Sicherung und geschichtliche Erhöhung des fränkischen Reiches durch Gründung und Erwerb einer neuen römisch-fränkischen Kaiserwürde bedachte Politik wurde durch die von ihm eingeleitete Blüte gelehrter Bildung und Literatur programmatisch gestützt. Der vielleicht behendere Zugriff des Papsttums, das es in der berühmten – nach Einhards Bericht überraschenden – Kaiserkrönung Karls durch den Papst am 24. Dezember des Jahres 800 verstand, die →Legitimität des Kaisertums auf eine päpstliche Handlung zu beziehen, raubte dem Kulturwerk Karls zwar nicht den eigenen Wert, aber gewiß einen Teil seines politischen Sinnes. Wie entschieden sich die Literatur dieser Zeit auf die Person des Kaisers als eines mit allen Attributen der Hoheit und Segensfülle ausgezeichneten Herrschers konzentrierte, zeigt beispielhaft das »Paderborner Kaiserepos« des Jahres 799. Daß auch Karl nicht unmittelbar nahestehende Gelehrte und Literaten ihn mit den vornehmsten Wendungen des antiken Herrscherlobs bedachten, macht ein Ausschnitt aus einem Gedicht des der Schule fernstehenden Philosophen und Astronomen Dungal deutlich:

»Alte Jahrhunderte pflegt man mit leuch-

B. Bischoff (Hrsg.), Karl der Große, Lebenswerk und Nachleben II, Düsseldorf 1965. (Standardwerk mit Beiträgen versch. Gelehrter.) H. Beumann (Hrsg.), Carolus Magnus et Leo Papa, Ein Paderborner Epos vom Jahre 799, Paderborn 1966. (Text und Beiträge versch. Gelehrter.) J. Fleckenstein, Die Bildungsreform Karls des Großen, 1953. Quellen zur karolingischen Reichsgeschichte, 3 Teile, Darmstadt 1968–72 (zweisprachige Texte, darunter Einhards »Leben Karls«).

tendem Lobe zu feiern; / Was erst Vergangenheit ist, scheint überglänzt und beglückt. / Aber die Gegenwart reizt die Zunge zu scheltender Rede, / Und für gewöhnlich liegt schwer auf dem Herzen das Heut. / Uns hingegen, verwandelt sind uns Gesetz und Gewohnheit: / Lieber als frühere Zeit ist uns der lebende Tag. / Denn bei uns verwaltet als Herr in Fülle der Tugend / Friede bereitend und stark Karl das romulische Reich / Und überragt die Großen, den Ruhm der prangenden Vorzeit, / Wie von der Sonne Strahl Sterne erblassend vergehn. / Andern strömen nur einzeln die Kräfte und Gaben entgegen, / Wer Dich wahrnimmt, sieht alle in Einem vereint.« (Aus dem Lateinischen von W. v. d. Steinen.)

Krise und Niedergang der karolingischen Bildung

Nach Karls Tod im Jahre 814 versuchte sein Sohn und Nachfolger Ludwig der Fromme den auflösenden Tendenzen und Kräften des Reiches mit neuen und eigenen Mitteln entgegenzuwirken. Seinen persönlichen Neigungen entsprach dabei eine Stärkung von Klerus und Kirche im Reich. Diesen Bestrebungen mußte die zentrale, die Möglichkeit erweiterter Laienbildung ins Auge fassende Bildungsidee Karls des Großen weichen. Nicht zufällig gingen in dieser Zeit die durch Karl angeregten Sammlungen volkssprachlich-germanischer Heldendichtungen verloren. Ihr vorchristliches Ethos konnte und wollte Ludwig offenbar nicht erhalten sehen. Auch antike →Paganität pflegte er mit Mißtrauen zu betrachten. Die wichtigste Bildungsleistung dieses Zeitraumes bestand somit in der Bewahrung und Vertiefung der christlichen Werte. So galt es, den erst spät dem Christentum gewonnenen östlichen Teil des Reiches der fertig geformten Bildungswelt der »karolingischen Renaissance« anzuschließen. Einer der Schüler Alkuins, Hrabanus Maurus (um 780–856) wirkte für dieses Ziel mit Erfolg im Kloster Fulda. Die reiche Zahl seiner Schüler sorgte für weite Verbreitung der von ihm vertretenden Bildungshaltung, die er selbst in vor allem an Isiodor und Cassiodor angelehnten Lehrbüchern und Schulkompendien auch schriftlich faßte. Nicht nur als Lehrer, auch als Dichter wurde er von vielen geschätzt. Sein »Buch zum Lobe des Heiligen Kreuzes«, 810 verfaßt, erbaten sich Kaiser und Papst als Geschenk. Die darin vervollkommnete Form des seit Venantius Fortunatus beliebten Figurengedichtes sucht die symbolische Bedeutung des Kreuzes Christi nicht nur poetisch verklärt zu beschreiben, sondern auch durch die äußere Anordnung der benutzten Bibelzitate, die als Sinntypen verstanden werden, konkret bildlich darzustellen. Die 28 Figurengedichte zählen zu den wenigen Werken dieser frühen Zeit, die sich einer dauernden Beliebtheit selbst noch bei den Humanisten des 16. Jahrhunderts erfreuen konnten. Der Hrabanus nahestehendste Schüler, Walahfrid Strabo († 849), machte sich durch theologische Prosaschriften, →Heiligenviten und als Erzieher des späteren Kaisers Karls des Kahlen bekannt. Seine Versdichtungen umfassen typische Themen des theologisch-geistlichen Bereiches, dazu Brief- und Hofgedichte →panegyrischen Inhalts. Artistische Beherrschung antiker Versformen und kräftige sprachliche Durchbildung, die seine Dichtungen auszeichnen, zeigen den glänzenden Erfolg der karolingischen Bildungsreform auch noch in dieser dritten Generation. Die Autoren verfügen frei über alle Mittel einer Sprache, die doch selbst in den romanischen Teilen des Reiches inzwischen als fremde Kunstsprache gelernt werden mußte. Als Abt des Klosters Reichenau machte Walahfrid die karolingischen Bildungsideen im Bodenseegebiet heimisch. Lange Zeit sollten die Klosterschulen dieser Landschaft, Reichenau und St. Gallen, als vorbildlich gelten. Leben und Werk eines anderen, nicht weniger bedeutenden Schülers des Hrabanus, Gottschalks des Sachsen (um 803–um 870), zeigen jedoch auch Schattenseiten der klösterlichen Bildung. Die tragische Gestalt Gottschalks beweist die in jedem den menschlichen Verstand schärfenden und höhere Kräfte der Gesellschaft weckenden Bildungsprozeß vorhandene Fähigkeit, kritische, zweifelnde und zuweilen auch mutige Gesinnungen hervorzubringen, die den Rechten und Ansprüchen des einzelnen gegenüber dem ausgebildeten ›System‹ Geltung zu verschaffen suchen. Gottschalk gehörte als Sohn eines sächsischen Grafen jenem Stamm an, den Karl der Große durch seinen blutigen Missionierungsfeldzug dem Reich als letzten hinzugewonnen hatte. Der Prozeß kultureller Eingliederung stützte sich der feudalen Gesellschaftsverfassung des karolingischen Staates entsprechend auf die Söhne der wichtigen adligen Familien des Stammes. Offenbar nur widerwillig ließ Gottschalk sich zur Erziehung in das Kloster Fulda schicken. Mit Sicherheit gegen seinen Willen wurde er zum Mönch geweiht. Er verfeindete sich mit Hrabanus, kritisierte dessen theologische Schriften als unselbständig – sie erschienen ihm als Summe bloßen, gelehrten Zitierens der Autoritäten – und suchte durch das Studium Augustins (354–430), des bedeutendsten frühchristlichen Theologen, zu eigenen Schlüssen zu gelangen. Leidenschaftlich und eindringlich argumentierend überragt er die bloß →kompilierenden Gelehrten seiner Zeit an Kraft und Tiefe des Gedankens. Der Klosterschule erschien er verdächtig. Schließlich entfloh er ihrem Zwang und zog zehn Jahre frei lehrend, doch von heftigster Gewissensqual gepeinigt, durch das Land. Freiwillig unterwarf er sich dem Beschluß einer Kirchensynode über seine Lehre. Diese ließ ihn in ein Kloster bei Reims einsperren. Unverzagt kämpfte er weiter für die Anerkennung seines theologischen Standpunktes. Die dabei ausgefochtenen inneren Kämpfe schildern viele seiner Lieder, deren formale Strenge die in dieser Zeit einzigartige heftig hervorbrechende persönliche Unmittelbarkeit des Dichters zu bändigen sucht:

»Zeig, mein Gott, mir Armen, / Deinem Knecht, Erbarmen! / Du befahlst, daß dieser Erde / Ich geboren werde: / Ich hab mich dem eitlen Leben / Seitdem meist ergeben. / Ach, was ist mir geschehen! / Zeig, mein Gott, mir Armen / Deinem Knecht, Erbarmen! / Du, Herr, schufst mich, Dir zu dienen, / Ich bin nicht erschienen. / Ich hab kläglich mich entzogen, / Bin Dir weit entflogen. / Ach, was ist mir geschehen! / Zeig, mein Gott, mir Armen, / Deinem Knecht, Erbarmen! / Du vollbrachtst, auch mich zu retten / Aus der Knechtschaft Ketten: / Ich hab Dich nicht wahrgenommen, / Wollt nicht zu Dir kommen. / Ach, was ist mir geschehen!« / (Aus dem Lateinischen von K. Langosch.)

Bald nach dem Tode Ludwigs des Frommen zerfiel das Imperium Karls in den Auseinandersetzungen seiner Enkel. Mit dem Verlust des zentralen Zusammenhaltes schwanden auch die letzten Impulse der karolingischen Bildungsidee. Allein im westlichen Frankenreich gelang es dank der Mühungen Karls des Kahlen, des Schülers Walahfrids, mit dem Theologen und Historiker Hincmar, Erzbischof von Reims (830–879), und vor allem dem Philosophen Johannes Scotus (um 810–877) neue Kräfte zur Fortsetzung gelehrter Bildung zu gewinnen. Die Wirkung des Johannes Scotus auf die folgende Zeit bleibt undeutlich. Wie kein Gelehrter dieser Epoche mit umfassenden Griechischkenntnissen ausgerüstet, entwickelte er in seinem Hauptwerk »Über die Teilung der Natur« (867) eine auf antikem philosophischem Boden stehende pantheistische Weltlehre, deren Verständnis den Zeitgenossen und auch den Späteren viel Mühe bereitete. Durch ein päpstliches Dekret wurde sie im 13. Jahrhundert als ketzerisch verdammt. In Ostfranken bildete sich allein die von Walahfrid begründete literarische Kultur der Bodenseelandschaft weiter. Als bedeutsame Gestalt, die neue Impulse zu geben vermochte, erscheint Notker, Mönch im Kloster St. Gallen, genannt »der Stammler« (um 830–912). Seine insbesonders zur Messe an den hohen kirchlichen Festtagen von geübten Chören gesungenen Lieder zählen zu den →wirkungsgeschichtlich bedeutendsten Dichtungen des Mittelalters. In Deutschland, auch in Teilen Frankreichs konnten Menschen aller Schichten und Stände diese Lieder immer wieder neu hören. Christliche Hymnen gab es seit Ambrosius von Mailand († 397) in großer Zahl. Notkers Lieder, wegen ihrer formalen Eigentümlichkeit »Sequenzen« genannt, nehmen in dieser Liedtradition wegen ihrer Qualität und ihrer Beliebtheit eine Sonderstellung ein. Die Form der Sequenz hatte Notker nicht erfunden; er selbst berichtet über ihre Herkunft aus Nordfrankreich. Zugleich schildert er seine Gründe für die Aufnahme dieser fremden Form:

»Als ich noch ein junger Mensch war, und die überlangen Melodien (der älteren Hymnen), so oft im Gedächtnis eingeprägt, aus dem unbeständigen Herzelein wieder entrannen, fing ich im stillen zu überlegen an, welcher Art ich sie wohl festbinden könnte. In dieser Zeit geschah es, daß ein Priester aus dem kürzlich von den Normannen zerstörten Jumièges zu uns kam und sein Antiphonar (Gesangbuch für den Wechselgesang der Chöre) mitbrachte, worin eine Art Verse den Alleluia-Vokalisen angepaßt waren; es waren schon damals reichlich verderbte Verse. Wie deren Anblick mir erfreulich, so war ihr Schmack mir bitter. Immerhin begann ich in Nachahmung derselben zu schreiben.«

St. Gallens Dichterschule blieb bis zur Mitte des 10. Jahrhunderts die führende Europas. In der Generation nach Notker ragt vor allem dessen Schüler Ekkehart (um 910–973) hervor, besonders durch seine im Stile Notkers fortgeführte Hymnendichtung. Lange Zeit wurde ihm eine der bedeutendsten literarischen Leistungen der karolingischen Bildung zugeschrieben: das in lateinischen Hexametern abgefaßte Heldenepos »Waltharius«. Die neuere literaturgeschichtliche Forschung neigt inzwischen dazu, einen anderen Verfasser (Gregor?) und eine Entstehungszeit gegen Ende des 9. Jahrhunderts anzunehmen. Der Stoff der Dichtung muß dem Autor durch ein verlorenes germanisches Heldenlied vermittelt worden sein, das dem weiteren Umkreis der Nibelungensage entstammte. Daß mit der allgemeinen Sicherheit im literarischen Gebrauch des Lateinischen an den fränkischen Klosterschulen des 9. Jahrhunderts auch Möglichkeiten für einen schriftlichen Ausdruck der Volkssprache eröffnet wurden, zeigen die beiden aus jener Zeit erhaltenen poetischen Erzählungen vom Leben Jesu in althochdeutschen Versen, der »Heliand« (um 830) und Otfrieds von Weissenburg »Evangelienharmonie« (um 870). Beide versuchen im Gegensatz etwa zu den Tendenzen des »Waltharius« christliches Ethos und literarische Bildungswerte der Antike dem eigenen Volkscharakter vorsichtig anzupassen. Wenn auch die deutlichen Missionsabsichten des »Heliand« dem Ziel Otfrieds, über das geübtere geistliche Publikum hinweg auch den Adel in die Tradition tieferer Bibelkenntnis und Bibelauslegung einzubeziehen, kulturell unterlegen waren. An Otfried schlossen in den achtziger und neunziger Jahren des Jahrhunderts mit gleicher Tendenz »Ludwigslied«, »Peterlied« und »Georgslied« an. Mit dem Verfall der lateinischen Studien blieben jedoch auch diese Bemühungen um einen literarischen Ausdruck in der Volkssprache ohne weitere Wirkung.

H. Eggers, Deutsche Sprachgeschichte I. Das Althochdeutsche, Reinbek 1966. K. Langosch, Waltharius: Die Dichtung und die Forschung, Darmstadt 1973. Vgl. auch K. Langosch in Literaturangabe zu Kap. VI. H.-G. Müller, Hrabanus Maurus, De laudibus sanctae crucis, Studien zur Überlieferung und Geistesgeschichte, Ratingen 1973. W. von den Steinen, Notker der Dichter und seine geistige Welt, 2 Bde., Bern 1948. (Große Darstellung zur Zeit sowie zweisprachige Texte Notkers)

Literatur und Kultur um das Jahr 1000

Sehnsucht nach Sicherheit und Frieden und die Notwendigkeit, frischere Kräfte zu gewinnen, erhoben das sächsische Herzogshaus zum neuen Königsgeschlecht in Deutschland. Seit der Kaiserkrönung Ottos I. (962) gelangten auch Dichtung und Literatur wieder zu höherer Bedeutung. Für das herrscherliche Selbstbewußtsein der Ottonen legten die »Taten Ottos I.« der Hrotsvitha (Roswitha) von Gandersheim (um 935–975) Zeugnis ab. Die bedeutendste literarische Tat der Äbtissin des Klosters Gandersheim, die von ihr verfaßten sechs geistlichen Dramen, stellen sich würdig an die Seite der kaiserlichen Politik der Zeit. Diese literarische Gattung, in der die Antike höchste Vollendung erreicht hatte, war mit Hrotsvithas Werk für das Mittelalter wiedergewonnen worden. Überhaupt zeichnet die Literatur der Zeit ein wachsender Sinn für Beweglichkeit und Wirkung des Individuellen aus. Schöne Beispiele dafür bieten die Geschichtswerke des Widukind von Corvey (um 925–nach 973) und des Thietmar von Merseburg (975–1018). Beide besitzen die gleiche »nationale« Begeisterung für die Geschichte des noch von Karl niedergeworfenen und gedemütigten sächsischen Stammes, der nun mit Otto I. an die Spitze des Imperiums treten sollte. Ottos Bruder, dem Erzbischof Bruno von Köln, nicht nur die zuverlässigste politische Stütze des Kaisers, sondern auch Gründer und Förderer eines bedeutenden kulturellen Zentrums der Landschaft, gilt das mit viel Sinn für persönliche Züge ausgestattete »Leben Bruns« des Kölner Klosterlehrers Ruotger. Die freieste Entfaltung des Sinnes und der Fähigkeit, Individuelles zu erfassen und darzustellen, findet sich jedoch bei Rather, Bischof von Verona (um 890–um 975), und Liudprand, Bischof von Cremona (um 922–972). Liudprand, Höfling und Diplomat mit weitem Horizont, viel gereist – in Europa von Süditalien bis in das sächsische Deutschland und vor allem im östlichen Mittelmeer in zwei Reisen bis nach Byzanz – verfügt über alle stilistischen Mittel, die der anekdotisch-eleganten Erzählung notwendig sind. Zugleich ist er ein Meister der rachsüchtigsten, gehässigsten Polemik. Seine boshafte und witzige Darstellung des byzantinischen Kaiserhofes in dem Bericht über seine »Gesandtschaft«, die er für Otto unternahm, mag als Beginn des politischen Journalismus im nachantiken Europa gelten. Daß derartige stilistische Fähigkeiten auch autobiographisch genutzt werden konnten, zeigt – wenn auch in dieser Epoche gewiß einzigartig – Rather, der in seiner Schrift »Mutmaßungen über eine gewisse Eigenschaft« einen Gegner über ihn sprechen läßt:

»Immer hat er die Nase in einem Buch, und nie hört er auf zu schwatzen. Auf alle schimpft er, und kein Mensch ist in seiner Umgebung, dessen Charakter ihm gefällt . . . Was er sagt, das schreibt er auch, und will es den Nachfahren hinterlassen, damit sie eine schlechte Meinung von den Heutigen bekommen. Diese Art Schriften, die das Leben seiner Zeitgenossen beschreiben, nennt er ›Chronographie‹ und bildet sich etwas auf das griechische Wort ein, wo er doch kaum Latein kann . . . Er wäscht sich nur die Hände und die Lippen vor und nach dem Essen, das Gesicht selten. Vielleicht war er in seiner Heimat Büttel, obwohl man uns über seine Herkunft oft etwas ganz anderes berichtet hat – etwa der Sohn eines Zimmermanns; darum versteht er auch so viel vom Bauen und Umbauen von Kirchen und interessiert sich so viel dafür.«

E. Auerbach, Lateinische Prosa des frühen Mittelalters, In Literatursprache und Publikum in der lateinischen Spätantike und im Mittelalter, Bern 1958. F. Eichengrün, Gerbert (Silvester II.) als Persönlichkeit, Hildesheim 1972. R. Holtzmann, Geschichte der sächsischen Kaiserzeit, München 1972. Hrotsvitha von Gandersheim, Werke, München 1973. G. Misch, Geschichte der Autobiographie II, 2, Frankfurt 1955. Quellen zur Geschichte der sächsischen Kaiserzeit, Darmstadt 1971. (Enthält u.a. das Werk Widukinds und Liudbrands, zweisprachig.) Routger, Lebensbeschreibungen des heiligen Erzbischofs Bruno von Köln, Münster und Köln 1954. Thietmar von Merseburg, Chronik, Darmstadt 1970. (Zweispr.)

Selbst diese beiden mobilen Literaten sind nur Beispiele für die außerordentliche Fülle der Talente und Fähigkeiten jener Epoche. Bildung wurde für sie bereits zu einem wichtigen Moment sozialer und politischer Bewährung. Der berühmteste Gelehrte der Zeit, Gerbert von Aurillac (um 950–1003), zugleich der bedeutendste lateinische Stilist der mittelalterlichen Frühzeit überhaupt, entstammte nicht einer adligen Familie. Das unterschied ihn von dem größeren Teil der Klosterlehrer und geistlichen Würdenträger. Bezeichnend für die Epoche, durchlief jedoch gerade er die denkbar bewegteste und einflußreichste politische Laufbahn. Er besaß ausschlaggebenden Anteil an der Erhebung Hugo Capets zum französischen König und war somit Mitbegründer des nationalen französischen Königtums. Er lenkte dann in Deutschland die Schritte des jungen Otto III. auf die Begründung eines neuen römisch-universalen Kaisertums und wurde endlich als Silvester II. Papst und Herr in Rom. Die mittelalterliche Legende machte ihn zum Zauberer. Seine Seele habe er dem Teufel verkauft, erzählt sie. Tatsächlich hatte er allein die Macht der Bildung bewiesen.

Der Umbruch des 11. Jahrhunderts

Die Einheit von Papsttum und Kaisertum, von Kirche und Staat, die das Lebensgefühl der Zeit bestimmt hatte, verfiel im Laufe des

11. Jahrhunderts einer tiefgreifenden Krise. Zugleich zeigten sich bisher unbekannte Eigeninteressen gesellschaftlicher Gruppierungen. Hierbei taten sich vor allem kirchenreformerische Geistlichkeit und ein auf die Wahrung seiner Herrschaftsrechte bedachter Adel hervor, dessen künftiger mächtiger Widersacher, das noch junge Bürgertum der politisch bedeutsam werdenden Städte, noch Anlehnung an König oder Kaiser suchte. Am Ende des Jahrhunderts zwangen die neuen Kräfte die beiden alten Mächte in eine Frontstellung gegeneinander, die zwei Jahrhunderte später ihre politische Zerstörung und den Aufstieg der Territorial- und Nationalstaaten sowie des in diesen vertretenen ständisch-gesellschaftlichen Prinzips zur Folge haben sollte. Auch die Literatur nahm Anteil an dieser Entwicklung. Noch zu Beginn des Jahrhunderts hatte der letzte in der Reihe großer Lehrer der Klosterschule St. Gallens, Notker III., genannt »der Deutsche« (um 952–1022), den erfolgreichen Versuch unternommen, die Schulwerke der geistlichen Bildungstradition in das Althochdeutsche zu übersetzen. Doch dieses Mittel, die klerikalen Bildungsnormen durch ihre Übertragung in die Volkssprache zu festigen und weiter zu verbreiten, fand keine Nachfolger. Die Übersetzungen Notkers bleiben jedoch für die Ausbildung des Deutschen zur Schriftsprache wichtig. Die zukunftsweisenden Haltungen der Literatur fanden sich in zwei zunächst einzigartig dastehenden Denkmälern aus der Mitte des 11. Jahrhunderts. Der in Deutschland von einem Unbekannten verfaßte »Ruodlieb« schildert, wenn auch noch mit den Mitteln des lateinischen Hexameters, in den Abenteuern eines jungen Ritters die Anfänge des sich allmählich ausbildenden Ideals ritterlich-adligen Lebens, das sich im Verlaufe eines Jahrhunderts zur ständischen Leitidee der europäischen Aristokratie entwickeln sollte. Im Gegensatz zum volkssprachlichen Ritterepos der späteren Zeit überwiegen im »Ruodlieb« allerdings noch die realistischen Züge des ländlichen und bäuerlichen Lebens, an dem auch der Adel noch ohne Abgrenzung teilhat. Bereits wie in der höfischen Literatur des 12. und 13. Jahrhunderts gestaltet das Epos jedoch die ideale Verwirklichung ritterlicher Tugenden zum alleinigen Bewährungsmaß adligen Handelns. Fast gleichzeitig entstand in Frankreich ein großes volkssprachliches Heiligenepos, das altfranzösische »Alexiuslied«. Wie für den Ruodlieb läßt sich auch hier der Verfasser nicht eindeutig ermitteln. Die zukunftsweisende literarische Besonderheit des »Alexiusliedes« liegt in Ton und Sprache, also in der Form der Dichtung. Es ist das erste französische Literaturwerk, das die aus der rhetorischen Tradition der mittellateinischen Literatur gewonnenen künstlerischen Kenntnisse und Erfahrungen auf die Volkssprache anwendet und so die viele Jahrhunderte alte, oft mühsame und die eigenen »muttersprachlichen« Neigungen verleugnende Beschäftigung mit dem reichen antiklateinischen Spracherbe für die europäischen Nationalsprachen fruchtbar macht. Vom »Alexiuslied« ausgehend fließt ein zunächst dünner, aber immer breiter und mächtiger entwickelter Strom volkssprachlicher Literatur zunächst durch Frankreich, dann, in der Zeit der Ausbildung eines europäischen und internationalen Rittertums auf der Grundlage der gemeinsam von den abendländischen Völkern unternommenen Kreuzzüge, durch ganz Europa. Rittertum und höfischer Adel bildeten das natürliche Publikum volkssprachlicher Literatur. Das dieser Gesellschaftsschicht gemäße Thema hatte der Ruodlieb mit der Darstellung der notwendigen Bewährung ritterlicher Tugend beeits angeschnitten. Daß in dieser Zeit neue geistige Kräfte in Verbindung mit selbstbewußterem politischen Auftreten von Reformklerus und Adel entstanden, bezeugen die folgenden Ereignisse in wünschenswerter Klarheit. Die in der zweiten Jahrhunderthälfte herrschende lateinische Briefliteratur im Dienst der politischen und geistigen Auseinandersetzungen zwischen Papst und Kaiser bereitet zugleich den Boden für eine höhere sprachliche und rhetorische Fertigkeit und eine zumeist noch vorsichtige säkulare Gesinnung.

Die neuen Kräfte: Wissenschaft und Courtoisie

Abseits von den kraftzehrenden Kämpfen der Zeit um die Autonomie der Kirche und die Rechte der weltlichen Macht, und, am Ende des Jahrhunderts, um die Expansion der christlich-europäischen Herrschaft wirkte in Frankreich in den alten Kulturlandschaften an der unteren Loire ein Kreis gelehrter Kleriker für ein neues →»humanistisch« geformtes Verständnis von Literatur und Bildung. Die Namen der wichtigsten: Marbod, Bischof von Rennes († 1123), Balderich von Bourgueil, Erzbischof von Dol († 1130), und Hildebert von Lavardin († 1133). Diese und einige weitere vornehm-gelehrte Geistliche der Region suchten den gesellschaftlichen Wert antiker Bildungskultur neu zu beleben. Die maßvoll-heitere Lebenskunst der Alten, gefaßt in den antiken Lehren der Ethik, in ihrer distanzierten Vernunft und dem Gefallen an eleganter, »mittlerer« Sprache im philosophischen Brief und poetischen Vers, sind die Werte, die jenem Kreis zusagten, und die er für sich unter behutsamer Vermittlung zur christlichen Lebens- und Glaubensnorm neu zu gestalten begann. Nur wenig vorher hatte bereits Anselm von Canterbury (1033–1109), geschult im Kloster Bec, dem neuen Lernzentrum der Normandie, Glaube und Vernunft – die Grundhaltung der Religion und die Grundhaltung der Wissenschaft – in einem neuen Lehrsystem zu vereinen gesucht. »Credo ut intelligam« – ich glaube, damit ich verstehe, begreife, einsehe – in dieser berühmten »anselmischen Formel« ist das Ergebnis seiner Überlegungen festgehalten. Vernünftige Erkenntnis setzt demnach Glauben an die Wirklichkeit Gottes voraus, andererseits folgt aus dem Glauben das Verlangen nach vernünftiger Erkenntnis. An der Wende zum 12. Jahrhundert begannen sich auch an den geistlichen Schulen der französischen Bischofsstädte – den Kathedralschulen – mit der wachsenden Bedeutung der Stadt für Wirtschaft und Gesellschaft neue Lehrinhalte zu entwickeln und auch für breitere Schichten an Anziehungskraft zu gewinnen. Vor allem Paris, Chartres und Orléans entfalteten besondere Wirksamkeit. In Paris lehrte bis 1119 mit großem Erfolg Peter Abaelard (1079–1142), selbst bereits Schüler bedeutender Lehrer der Stadt. Für die »disputatio«, jenen Teil des akademischen Unterrichts, in dem der Schüler seine logischen und rhetorischen Kenntnisse darzustellen hatte, schrieb Abaelard ein neues Lehrbuch. Sein Titel »Sic et Non« – Ja und Nein – enthält das methodische Programm des berühmten Lehrers. Danach sollte der wissenschaftlich Arbeitende widersprechende Zitate, die sich bei den »Autoritäten« für die Behandlung eines Erkenntnisproblems finden lassen, in der Reihung »dafür« und »dagegen« einander gegenüberstellen. Nach verschiedenen, von Abaelard angeführten Grundsätzen seien sie zu interpretieren, um dann zum eigentlichen »Schluß« (solutio) vorzudringen. Mit dieser Schrift begründete Abaelard die →»scholastische Methode«, jene später noch verfeinerte wissenschaftliche Denkweise, die Europas Universitäten bis in das frühe 18. Jahrhundert beherrschen sollte. Abaelards Wirkung als Lehrer muß außergewöhnlich gewesen sein. Der gedankentiefste deutsche Historiker der älteren Zeit, Otto von Freising (um 1114–1158), als Verwandter der mächtigsten Familie des Reiches, des staufischen Kaisergeschlechtes, in seiner Jugend zum Studium nach Paris geschickt, erlebte dort noch unmittelbare Nachwirkungen des in ein bretonisches Kloster verbannten umstrittenen Gelehrten. Otto schildert ihn in seinem zweiten großen historischen Werk, den »Taten Friederichs« (Barbarossa), das im Anschluß an seine universalhistorisch bedeutsame »Geschichte zweier Staaten« erschien:

»Peter ... widmete sich von Jugend auf wissenschaftlichen Studien und anderen geistigen Tätigkeiten, aber er war derartig überheblich und vertraute in so außerordentlichem Maß seinem Genie, daß er sich fast nie herabließ, bescheiden den Lehrern zuzuhören.«

In seiner →Autobiographie »Geschichte meiner Leiden« schildert Abaelard diese Züge selbst:

Das Leben des heiligen Alexius, München 1968. (Frz./dtsch.) E. R. Curtius, Zur Interpretation des Alexiusliedes, in Gesammelte Aufsätze zur romanischen Philologie, Bern und München 1960. K. Langosch, Waltharius, Ruodlieb, Märchenepen, Darmstadt 1967. (Lat./dtsch.) H. Kämpf, (Hrsg.) Canossa als Wende, Darmstadt 1969. (Beiträge versch. Gelehrter) W. von den Steinen, Canossa, Darmstadt 1969.

»Nachdem ich mich so im Turnier unserer Schulen bewährt hatte, vergrößerte sich mein Ruhm als Dialektiker derartig, daß nicht nur der Ruhm aller meiner Mitstudenten, sondern auch der meiner Lehrer völlig verdeckt wurde.«

Dem autobiographischen Bericht Abaelards ist jenes umstrittene Zeugnis erster ›moderner‹ Subjektivität und persönlicher Innerlichkeit zugesellt, der seinen Namen auch der Literaturgeschichte unvergeßlich macht: der Briefwechsel mit Héloïse. Abaelards Eigenmächtigkeiten und seine herausfordernde Arroganz im gelehrten Leben der Stadt, nicht zuletzt auch seine reale intellektuelle Überlegenheit – »seine Gewandtheit im Disputieren wurde von allen gefürchtet« (Otto von Freising) – ließen die Beziehungen zu dem Mädchen als Skandal erscheinen. Der Onkel von Héloïse, Lehrer wie Abaelard, veranlaßte schließlich, aufgestachelt vom öffentlichen Spott und vielleicht auch rachedürstenden »Kollegen«, die gewaltsame Entmannung des Philosophen. Abaelard zog sich in das königliche Kloster St. Denis zurück. Bald gelang es jedoch seinen Studenten, ihn wieder zu Vorlesungen nach Paris zu holen. Hier entwickelte er in einem theologischen →Traktat über das Wesen der →Trinität den in der Schrift »Sic et Non« methodisch aufgefaßten Rationalismus zu einem inhaltlichen Prinzip, das selbst vor der Seinsbestimmung der Trinität, einer der dogmatischen Streitpunkte der kirchlichen Tradition, nicht ausweicht: »Wie die eine Aussage aus Vordersatz, Untersatz und Schlußsatz ein und dieselbe Aussage bilden, so ist Vater, Sohn und Heiliger Geist ein und dasselbe Wesen.«

Die Schrift wurde auf der Provinzialsynode von Soissons (1121) als ketzerisch verurteilt und Abaelard zur Aufgabe des Lehramtes in Paris gezwungen. In ihr hatte Abaelard vor allem auch die Lehre von der mathematisch geordneten Harmonie des Weltaufbaus, wie er sie in Platons (→S. 50f.) »Timaios« fand, mit der christlichen Lehre zu vereinen gesucht. Mit dem erhöhten Interesse an der platonischen →Kosmologie stand er allerdings nicht allein. Seit Beginn des 12. Jahrhunderts galten die Studien der Kathedralschule von Chartres dem »Timaios« und antiken Neuplatonikern (Ciceros [→S. 58f.]) »Somnium Scipionis«, Boethius, Dionysius Areopagita). Den stärksten Eindruck von der Eigenart der hier entwickelten Lehren und den neuen Dimensionen des Menschenbildes, das dem Menschen eine neue Würde als Zentrum des geschaffenen Kosmos verlieh, vermitteln die dichterischen Werke des zur Mitte des Jahrhunderts in Tours wirkenden, der Schule von Chartres jedoch eng verbundenen Bernhard Silvestris. Bernhards dichterisches und philosophisches Hauptwerk »Über die allumfassende Einheit der Welt oder Makrokosmos und Mikrokosmos« schildert den Menschen als ein vollkommenes Wesen, das wegen seiner Ähnlichkeit mit den Naturkräften des Kosmos zur vollkommenen Erkenntnis und Herrschaft der Welt angelegt ist. Dieser Anlage entsprechend erhält er nach dem Tode einen Platz unter den Sternen, deren Bewegung alles Irdische bedeutsam vorwegnimmt. Zu den wichtigen Beschränkungen des geschichtlichen Menschen in christlicher Sicht durch Sündenfall, Tod, Verdammnis oder Erlösung führt in Bernhards Welt- und Menschenbild kein Weg. Es sind diese in Philosophie, Kunst, Literatur und Leben der Zeit überall wiederzufindenen Elemente eines autonomen Menschenbildes, die die Epoche ihren modernen Interpreten als »humanistisch« oder auch als »Renaissance des 12. Jahrhunderts« erscheinen läßt. Bernhard zählte auch zu den ersten bedeutenden Vermittlern arabischer Wissenschaft an die gelehrte Welt des Westens. Die seit Ende des 11. Jahrhunderts durch die Kreuzzüge (1. Kreuzzug, 1096–1099) wachsende Kenntnis arabischer Kulturleistungen verband sich mit dem zunehmenden Einfluß, den das von den arabischen Philosophen gehütete und weiter entwickelte aristotelische Wissenschaftssystem auf das abendländische Denken gewann. Aufbauend auf die nun auch der christlichen Welt bekannt werdenden arabischen Interpreten des Aristoteles, unter denen Avicenna (980–1037) und Algazel (1059–1111) größte Wirkung besaßen, wurde Averroes (1126–1198) im spanischen Córdoba, später in Marokko, zum Vollender des arabischen →Aristotelismus und zu dessen bedeutendstem Vermittler an die europäischen Völker. Dem neuen Geist an den Schulen der französischen Städte erwuchsen natürlich auch Gegner. Der mächtigste und entschiedenste unter ihnen, der mitreißende Prediger Bernhard von Clairvaux (um 1090–1153) stellte dem Vernunftbegriff der Wissenschaft die Idee der tätigen christlichen Liebe entgegen. So verwundert es nicht, ihn im letzten Kirchenprozeß gegen Peter Abaelard (1141) als Ankläger auftreten zu sehen. Der mit den Dingen vertraute Otto von Freising äußert sich in diesem Zusammenhang über Bernhard:

»Er war nämlich einerseits aus glühendem Eifer für den christlichen Glauben ein Fanatiker, andererseits aber aus angeborner Sanftmut gewissermaßen leichtgläubig, so daß er Gelehrte, die sich im Vertrauen auf ihre weltliche Weisheit allzusehr auf menschliche Vernunftgründe verließen, verabscheute, und wenn man ihm über solche irgend etwas vom christlichen Glauben Abweichendes mitteilte, dem bereitwillig sein Ohr lieh.«

Ein anderer Gegner Abaelards stand diesem an charakterlicher Bizarrerie nicht nach. Hugo von Orléans (vor 1095–nach 1160), der »Primas«, zunächst als Student, dann als Lehrer mit der gelehrten Welt in Paris, Orléans, Sens, Chartres und Reims eng vertraut, von vielen wegen seines bösen Spotts gefürchtet, schrieb bereits nach der ersten Verurteilung von Abaelards Trinitätstraktat:

»Ihr, die nach der Lehre schmachtet / Und zu Jesum Christum trachtet, / Die ihr zu dem Quell gekommen / Habt ihr jenen Dieb vernommen? / Hört sich solchen Lebemann / Heiliger Convent noch an? / Wehrt, daß Spott und Hohn dich spritzen, / Wagst du in dem Kreis zu sitzen? / Ihr, die Salomo gelesen / Und bei Gottes Wort gewesen / Wollt das Ohr dem Strauchdieb leihen, / Des Verbrechers Hörer sein? / Schuldig mußt er Fesseln tragen, / Ward gebrannt und wund geschlagen, / Sieht man doch noch an dem Brandmal, / Des gefangenen Diebes Schandmal. / Ach, wie eitel schwatzt sein Mund: / Wirds nicht an der Narbe kund? / Er soll heim zur Kutte gehen, / sich mit schwarzer Tracht versehen! / Noch einmal wird er geschunden, / hält er nicht sein Maul verbunden. / Still jetzt oder fortbewegt / Oder in den Sarg gelegt! / (Oxforder Gedichte des Primas, Meyer XVIII, 5. Aus dem Lateinischen von K. Langosch)

Der Primas zählte zu den Vertretern einer neuen Literaturart, die durch die wachsende Zahl städtischer Schulen und Studenten entstanden war. Viele dieser Studenten fanden keine ihrer Ausbildung entsprechende Anstellung. Während des Studiums zogen sie von Stadt zu Stadt, auch um die berühmtesten Lehrer zu hören. Sie entwickelten so eine bisher in dieser Art unbekannte bindungslose Lebensweise, die bei aller materieller Unsicherheit offenbar auch den Reiz der Freiheit enthielt. Nach älterer Auffassung bedeutet »Freiheit« stets soziale und rechtliche Sicherheit einer Person, die erst in der Bindung an einen »Herrn« verwirklicht werden konnte. Die wandernden →Scholaren des 12. Jahrhunderts entwickelten in ihrer sozialen Ungebundenheit ein neues, modern anmutendes Lebensgefühl, in dem Freiheit und Bindungslosigkeit einander bedingen. Als dessen literarischer Ausdruck erschien die »Vagantendichtung«, zumeist lateinische Lyrik, mit ihrer deutlichen Hinwendung zu den Werten des Diesseits, zu einer individuellen Weltsicht und wachem Selbstbewußtsein, für das die Dichtung als Träger und Garant auftritt. Dennoch sind nur wenige Vagantendichter historisch faßbar. Zu ihnen zählen als bedeutendste, neben dem Primas Walther von Châtillon (um 1135–um 1200) und – in Deutschland – der »Archipoeta« († Ende des 12. Jahrhunderts). Die bekannteste und wichtigste mittelalterliche Sammlung von Vagantenlyrik auch unbekannter Dichter wurde gegen Ende des 13. Jahrhunderts in der Abtei Benediktbeuren zusammengestellt. Sie enthält zudem noch Lieder ohne eigentlichen Vagantencharakter und geistliche Spiele. Der Herausgeber des 19. Jahrhunderts nannte sie »Carmina Burana«. Vagantenlyrik war nicht, wie manche meinen, »Volksdichtung«; ihre Träger kannten den Wert der sie auszeichnenden gelehrten Bildung und schätzten sich als studierte »Leute« der hohen Schulen. Die Ordnung dieser Schulen begann sich im Verlauf des 12. Jahrhunderts bedeutsam zu verändern. Im italienischen Bologna hatte schon am Ende des 11. Jahrhunderts der Magister Irnerius (nach 1050–nach 1125) Vorlesungen über das wiederentdeckte römische Recht gehalten. Das Interesse der aufstrebenden italienischen Stadt, deren komplexere Lebensstruktur normativer Rechtssetzung und vor allem einer sicheren Kanzleischulung bedurfte, führten in Bologna und später auch in anderen italienischen Städten zur Bildung kirchenunabhängiger Schulen, die mit rascher Zunahme der Lernenden eigener Organisationsformen bedurften. Nach regionaler Zugehörigkeit wurden die Studenten einer solchen Schule in verschiedene »Universitates« (Gemeinschaften) mit eigener Verwaltung und eigener Gerichtsbarkeit eingeteilt – in Bologna gegen Ende des 12. Jahrhunderts bezeugt. Damit war die wichtigste →Institution der europäischen Bildungsgeschichte, die Universität, geschaffen. Die Grundbedingung ihrer Existenz, wissenschaftliche Freiheit durch rechtliche →Autonomie zu sichern, hatte sich bereits in ihren frühesten Erscheinungen, in Bologna und Paris, als konstitutives Element durchgesetzt. Das eigentliche wissenschaftliche Studium gründete sich an den Universitäten, deren endgültige Struktur seit Beginn des 13. Jahrhunderts nahezu einheitlich feststand, auf den Abschluß des Studiums der »Sieben freien Künste« (magister artium). Erst dann studierte man das angestrebte Fach, in Paris mit Vorliebe Theologie, in Bologna Recht und in Salerno Medizin. Die Schwerpunkte der gelehrten Bildung in den ersten zwei Jahrhunderten europäischer Universitätsgeschichte kennzeichnen einige Zahlen: 1348 gründete Karl IV. in Prag die erste Universität im deutschen Reichsgebiet. Zu dieser Zeit gab es bereits in Italien 15 Universitäten, in Frankreich 8, in Spanien 6 und 2 in England. Der wissenschaftlichen →Dialektik setzte man im Deutschland des 12. Jahrhunderts noch einen universalen →Symbolismus entgegen, der seine stärkste und bedeutendste Ausprägung im Werk Hildegards von Bingen (1098–1179) fand.

»Platon in großem Zorn / Schlug gegen ihn so hart zurück mit einem Sophismus, / Auf seinen Schild, mitten in einen Reim, / Daß er ihn in den Kot taumeln ließ / Und ganz und gar mit Blut bedeckte. / Aristoteles schlug so auf Priscian ein, / Unsere hohe alte Autorität, / Daß er ihn auf den Boden stürzte./« (Henri d'Andeli, um 1250, »Krieg der Künste«, Vers 191 ff.)

Diese Darstellung des oben geschilderten Wandels der Bildungsinhalte, der ja vor allem auch als Wechsel der Schulautoren aufzufassen ist, mag heute erheitern. Ihrem Verfasser schien der Streit der Autoritäten offensichtlich mehr ein ritterliches Turnier als eine geistige Rivalität verschiedener wissenschaftlicher Systeme vorzustellen. Tatsächlich gehörte er zu den Vertretern der ritterlich-höfischen Dichtung, die mit Trobadors und höfischen Romanciers im 12. und 13. Jahrhundert neben der Ausbildung der wissenschaftlichen Vernunft die zweite wichtige Bewegung zur Erfassung der Wirklichkeit dieser Welt und zu deren gesellschaftlicher und geistiger Idealisierung darstellte. Mehr noch als die Literatur der Schulen besaß sie in ihren Trägern und vor allem ihrem Publikum keine unmittelbaren Bindungen an die kirchlichen Bildungsinstitutionen und -traditionen. Sie war als →säkulare Dichtung bereits Ausdruck einer Laienkultur. Die Ausbreitung der volkssprachlichen Literatur hatte in Frankreich zur Mitte des 11. Jahrhunderts mit dem Alexiuslied eingesetzt (vgl. oben). Mit dem altfranzösischen Rolandslied zu Beginn des 12. Jahrhunderts war sie auf die Höhe der lateinischen Tradition gehoben worden (→S. 80 f.). Zu gleicher Zeit entstand im Süden Frankreichs, in der Provence, die Dichtung der Trobadors (→S. 84 ff.). Auch diese ritterlichen Sänger, deren Lyrik die Themen von Minne, Dienst und Lohn verknüpfte, empfanden die eigene volkssprachliche Dichtung auf der rhetorischen Höhe der lateinischen Literatur. So konnte der Trobador Peire d'Alvernhe († 1180), der als Nichtprovencale das Ausgreifen der Trobadorlyrik auf weitere Teile Frankreichs signalisiert, den Unterschied zwischen persönlichem Selbstbewußtsein und literarischer Banalität bei einigen Sängern ironisch aufs Korn nehmen:

»Vom Trobador sing ich ein Lied, / Wie jedem Farb und Art geriet: / Der Schlechteste preist noch sein Talent – / Säng er nur lieber anderswo! / Hier gröln schon hundert Hirten so, / Daß keiner Hoch und Tief erkennt./« (Aus dem Franz. von F. Wellner.)

Das literarische Ideal dieser Literatur, höchste formale Subtilität, Kühnheit der poetischen Bilder, Vieldeutigkeit, ja Dunkelheit des Sinnes, erfüllte sich in ihrem gelehrtesten Vertreter Arnaut Daniel († um 1210), den ein bürgerlicher Nachfolger der ritterlichen Sänger, Dante Alighieri, den »besten Schmied der Volkssprache« nennen sollte. Lyrik der Trobadors und Heldenepos entstanden vor dem Hintergrund der politischen und sozialen Umwälzungen in der Folge des ersten Kreuzzuges (1096–1099). Das Publikum für beide Literaturen fand sich in dem diese Unternehmungen tragenden ritterlichen Adel Frankreichs, den das wirtschaftliche System der →Grundherrschaft auf der Basis naturaler, bald auch geldlicher Rente für langwierige militärische Aufgaben und – wenn auch zunächst mehr im Sinne erheiternder Unterhaltung – auch für kulturelle →Rezeption freistellte. Überhaupt zeigte sich vor allem in Südfrankreich und dem Herzogtum der Normandie im Westen des Landes ein Überschuß der Kräfte, der bereits im 11. Jahrhundert zur normannischen Eroberung Englands (1066) und in Süditalien zur Bildung eines Normannenstaates geführt hatte, dem unter müheloser Ausschaltung der bis dahin in jenen Gebieten rivalisierenden Byzantiner und Sarazenen mit der Krönung Rogers II. die Gründung eines eigenen sizilisch-normannischen Königtums gelang (1130). In den Kerngebieten der normannischen Herrschaft, in der französischen Normandie und im normannischen England fand sich die erste Blüte höfischer Kultur. Vorerst allerdings traf sich hier ein Publikum von wenigen Lesern und vielen Hörern, das Unterhaltung, zugleich aber auch Idealisierung der sich gesellschaftlich allmählich abschließenden adligen Lebensform suchte. Der englisch-normannische Hof unter Heinrich II. (Anjou-Plantagenet), König von England und Herzog der Normandie, sowie der bedeutenden Aliénor von Poitou (um 1122–1204), der Enkelin des ersten Troubadors, Wilhelm von Poitou, erschien in seinem freigiebigen und fördernden Umgang mit den Dichtern als wahrer Musenhof der Zeit. Hier fand die höfische Literatur ihr gesellschaftliches Zentrum, hier entstand der moderne – nachantike – europäische Roman. Das Rolandslied hatte als das vorbildliche französische →Heldenepos (chanson de geste) unmittelbare französische Vergangenheit zu verbindlichen heroischen Werten gestaltet. Seine literarischen Nachfolger suchten zwar auch geschichtlich vorbildliche Anknüpfungen, doch der literarische Geschmack nicht nur des adligen Publikums war an Darstellung der eigenen ritterlichen Lebensführung, an Unterhaltung und Abenteuer gewöhnt und ließ die meisten von der überzeugenden Geschlossenheit ihres Vorbildes abweichen. Übrig blieb oft nur historische »Romantik«, im besten Fall geschichtlicher Stoff, der durch unterhaltende Phantasie oder gesellschaftliche Interessen zeitgemäß angereichert wurde. Den Ansprüchen der höfischen Gesellschaft genügte die neue literarische Gattung des höfischen Romans in höherem Maß als das heroische Epos, das adlige Vorbildlichkeit an die enge Unmittelbarkeit bedeutender historischer Gestalten und deren religiöse und »nationale« Verklärung band (Karl der

P. Abaelard, Philosophische Schriften, Münster 1973. Ders., Die Leidensgeschichte und der Briefwechsel mit Heloise. Vollst. Ausg., Tübingen 1974. Anselm von Canterbury, Cur deus Homo? Darmstadt 1970. (Lat./Dt.) Bernhard Silvestris, Über die allumfassende Einheit der Welt oder Makrokosmos und Mikrokosmos, Stuttgart o.J. Die Gedichte des Codex Buranus. Vollst. Ausg., hersg. v. A. Hilka, O. Schumann, B. Bischoff, Frankfurt 1973. (Zweispr.) Hildegard von Bingen, Wisse die Wege, Darmstadt 1963. Dies., Briefwechsel, Darmstadt 1965. Hymnen und Vagantenlieder, hrsg. v. K. Langosch, Darmstadt 1972. H. Süssmilch, Die lateinische Vagantenpoesie als Kulturerscheinung, Hildesheim 1972. Otto von Freising, Chronik oder die Geschichte der zwei Staaten, Darmstadt 1972. Ders., Die Taten Friedrichs, Darmstadt 1965. A. S. Atiya, Kreuzfahrer und Kaufleute. Die Begegnung von Christentum und Islam, München 1973. H. Grundmann, Vom Ursprung der Universität im Mittelalter, Darmstadt 1964. H. Rüthing, Die mittelalterliche Universität, Göttingen und Zürich, 1973. P. von Moos, Mittelalterforschung und Ideologiekritik. Der Gelehrtenstreit um Heloise, Mohn 1974. W. v. d. Steinen, Bernhard Silvestris und das Problem des Schicksals, in Menschen im Mittelalter, Bern 1967. Ders., Humanismus um 1100, ebenda. I. Fried, Die Entstehung des Juristenstandes im 12. Jahrhundert. Zur sozialen Stellung und politischen Bedeutung gelehrter Juristen in Bologna und Modena, Köln 1974.

Große, Roland, Wilhelm von Toulouse). Dennoch lebten die chansons de geste in vielfältigsten Formen fort. Nahezu 100 Epen sind allein aus dem 12. Jahrhundert in Frankreich überliefert. Sie wurden – wohl häufig nur in ausgewählten Partien – von »Jongleurs«, Mimen und Spielleuten, vorgesungen. Der höfische Roman, wie er im normannisch-englischen Bereich entstand, bildete sich zum vollkommenen Typus einer Literatur der Elite aus, deren Sprache in England ohnehin als →Idiom der Eroberer erschien. Zu Beginn bevorzugten seine Dichter noch antike Stoffe. Aus der Mitte des 12. Jahrhunderts sind 3 Romane dieser Art erhalten: der »Thebenroman«, der »Eneas-Roman« und der berühmte »Troja-Roman« des Benoît de Sainte-Maure. Bald jedoch lösten Themen der ältesten und legendären Königsgeschichte die antiken Motive ab. Kenntnis davon erhielten die Dichter hauptsächlich aus Galfreds von Monmouth »Geschichte der Könige Britanniens« (um 1135). Am beliebtesten wurde ein Kreis von Geschichten, die von den Taten König Arthurs und seines ritterlichen Gefolges handelten. Die Motive der antiken und der britannischen Geschichtssage, ihre ferne, nicht mehr ermittelbare Realität ermöglichte eine schnelle →Induktion der Lebensideale der ritterlich-höfischen Gesellschaft in das gesellschaftliche Ethos des Romans; in einer fiktiven Vergangenheit verklärte sich die Gegenwart der Adelswelt. Dieses Verhältnis zu dem antiken und bretonischen Sagenstoff wird noch deutlicher, wenn die gelehrten Hofdichter die eigene normannische Geschichte darstellen. Der »Rollo-Roman« (Roman de Rou) des Wace (um 1100–um 1180) erzählt die Geschichte des normannischen Herrscherhauses seit der Eroberung der Normandie durch Rollo im 10. Jahrhundert. Wace und Benoît de Sainte-Maure in seiner »Geschichte der Herzöge der Normandie« suchen zwar politisch idealisierte, doch wirkliche Geschichte zu beschreiben; die »Märchenluft« des höfischen Romans ist hier fortgeblasen. Im Werk der Marie de France († 2. Hälfte 12. Jahrhundert) und vor allem des Chrétien de Troyes (vor 1150–um 1190) erreicht die höfische Literatur ihre volle Höhe. Chrétien ist die wirkungsvolle Ausgestaltung der Motive des höfischen Romans zu einem Grundstoff der europäischen Literatur zu verdanken. König Arthur und der ritterliche Kreis der Tafelrunde leben seit seinen Romanen in unzähligen literarischen Versionen fort. Er erst befreite den Roman von engen →dynastischen Interessen und machte ihn zur eigentlichen Literatur der europäischen Adelsgesellschaft.

Auch in Deutschland stellten die Probleme der höfischen Minne, von Geschichte und Abenteuer die beherrschenden Themen der sich ausbreitenden volkssprachlichen Literatur dar. Auch hier war der hohe Adel zumeist Förderer und Publikum. Bereits zur Jahrhundertmitte entstand am Rhein, in engster Nähe Frankreichs, mit dem »Alexanderlied« des Pfaffen Lamprecht das erste deutschsprachige Epos nach französischem Vorbild. Sein Lebensideal jedoch blieb ritterlich, noch war kein höfischer Ton zu hören. Gleiches gilt für den »König Rother«, dessen Verfasser aus dem Umkreis Welfs VI., Herzogs von Bayern, im Sinne der welfischen Reichs- und Bündnispolitik langobardische Sage mit Nachrichten über Roger II. von Sizilien mischt. Der so mit vorbildlichen Zügen aus Geschichte und Gegenwart ausgestattete Held wird am Ende des Epos als Ahnherr Karls des Großen vorgestellt. Dieser diente somit in gleichem Maß der welfischen Opposition als geschichtlich verbindlicher Bezug wie dem ohnehin »karolingisch« gesinnten staufischem Kaisertum unter Friedrich Barbarossa. Welfische Gesinnung prägte auch die »Kaiserchronik« (um 1160), vielleicht ein Gemeinschaftswerk verschiedener Autoren unter Anleitung des Pfaffen Konrad, des Verfassers des deutschen Rolandsliedes (um 1170). Mit der »Kaiserchronik« stellt sich die Verbindung von Volkssprache, Reim und Vers auch in Deutschland in den Dienst der Geschichtsschreibung. Diese ist hier allerdings stets eher universal als dynastisch, denn das deutsch-römische Kaisertum verstand sich als von Gott eingesetzter Träger der Welt- und →Heilsgeschichte. Das deutsche »Rolandslied« bezieht dagegen seine nach dem französischen Vorbild gehaltene Erzählung ganz auf die sittlichen Forderungen des Kreuzzugsgedankens. Die in den französischen chansons de geste dominierende »nationale« Geschichtlichkeit wurde mithin in Deutschland nicht übernommen. Die geschichtlichen Stoffe unterzogen sich stets einer allgemeinen, auf den historischen Heilsprozeß zielenden Deutung, für die ihre jeweiligen ›Helden‹ sich zu Beispielen der in diesem Prozeß sinnvollen Werte verwandelten. Und auch das ›eigentliche deutsche Heldenepos‹, das »Nibelungenlied« (um 1200) scheint eher der Vorstellung des 19. Jahrhunderts von einer tragisch-heroischen nationalen Vorzeit, die der nationalen tragischen Grundstimmung bei der Betrachtung des Problems der deutschen Einheit vor 1871 entsprang, zu entsprechen, als dem auf dynastische und stammesmäßige Tradition blickenden ganz anderen »Nationalismus« des 12. Jahrhunderts in Frankreich. Als Förderer des Nibelungendichters erscheint mit dem Bischof Wolfger von Passau einer der bedeutendsten Mäzene der Zeit. Auch Walther von der Vogelweide (→S. 82f.) zählte zu den von ihm bedachten Künstlern. Das »Nibelungenlied« scheint mithin im kunstbewanderten Kreise, in genauer Kenntnis der inzwischen auch in Deutschland geschätzten höfischen Literatur, deren glatter Idealität, die eine stets zur ethischen Bewährung fähige ritterliche Welt vorstellen will, mit der Darstellung eines tragischen, unauflösbaren und unabwendbar schrecklichen Geschehens die Drohung der Krise entgegenzuhalten. Ein die eigene »nationale« Vergangenheit politisch verheißungsvoll beschwörendes Heldenepos, wie es im französischen chanson de geste oder in der Reihe spanischer Cid-Epen erscheint, deren berühmtestes der »Cantar de mio Cid« um 1150 entstand, besitzt Deutschland nicht. Im Epilog zum deutschen »Rolandslied« verweist der Pfaffe Konrad auf seinen Auftraggeber, den welfischen Sachsenherzog Heinrich den Löwen. Dieser habe mit dem Auftrag dem Wunsch seiner Gemahlin, der Tochter eines mächtigen Königs, entsprochen. Die Herzogin war niemand anderes als eine Tochter der Aliénor von Poitou und Heinrichs II. von England. In Deutschland jedoch blieb das Wirken dieser kunstsinnigen Familie gering. Als bedeutendere Mäzene erwiesen sich die Landgrafen von Thüringen. An ihrem Hof entstand die mittelhochdeutsche Fassung der »Aeneide« des Heinrich von Veldeke († um 1200) auf der Grundlage einer von ihm vorher verfaßten niederländischen Version. Mit Rücksicht auf diese kann es als erstes höfisches Epos in Deutschland gelten. Etwa zu derselben Zeit, als Heinrich seine zweite Fassung vollendete, beauftragte Landgraf Hermann von Thüringen den Gelehrten Herbort von Fritzlar mit der Abfassung eines deutschen Troja-Romans nach dem Vorbild des Benoît de Sainte-Maure. Das Ergebnis, eine nüchterne und trockene Haudegen-Geschichte, zeigt vor allem bewußte Distanz zum ritterlich-höfischen Ethos der Vorlage. Die vielfach bezeugte »Courtoisie« des thüringischen Hofes konnte, so scheint es, keine Identität der Gesinnung zwischen Literat und Mäzen erzwingen. In dem zur Mitte des 13. Jahrhunderts entstandenen »Sängerkrieg auf der Wartburg« wird die reiche Kultur dieses Hofes zwar im Rückblick verklärt, doch ihrer Bedeutung gerecht dargestellt. Die mittelhochdeutsche Literatur hatte inzwischen den von den französischen Trobadors gefundenen Minneton übernommen und selbständig weiterentwickelt (→S. 84ff.). Die zwischen den modernen Interpreten entbrannte Diskussion über die gesellschaftlichen Bedingungen der Minnelyrik kann hier nicht aufgenommen werden. Nur so viel sei gesagt, daß die →»materialistische« Deutung von Dienst und Lohn im Minnesang als erotische →Sublimierung konkreter sozialer Erwartungen der Dichter und Sänger aus unteren Schichten, niederem Adel und halbfreier →Ministerialität uns als verstehbare, aber einseitige Reaktion auf das ältere Bild einer idealen Einheit von Dichtern, Sängern, Rittertum und Adel erscheint. »Dienst«, »Freigiebigkeit« und »Lohn« sind als konkrete Bestimmungen von irdischer Demut und himmlischem Heil zunächst auch verpflichtende Begriffe der Bibel und der ihr nachfolgenden Haltung in Literatur und Leben, nicht nur materielle Rechtskategorien der feudalen Gesellschaft. Die biblischen Traditionen konnten gerade bei der Formulierung sittlicher Normen einer Gesellschaft nicht abgeschnitten werden, die im Begriff war, aus der älteren geistlichen Kultur eine neue weltliche zu gewinnen. Daß andererseits gesellschaftliche Unterschiede im Verlaufe dieses Prozesses, der ja auch ein politischer, sozialer und rechtlicher war, zunahmen, und die sittliche und gesellschaftliche Bestimmung des Ritterbegriffs helfen mochte, diese Kluft als kulturelle Klammer zu überwinden, ist eine wichtige neue Einsicht. Wie ambivalent die Zeit die Vorstellung vom verdienten »Lohn« zwischen religiöser und gesellschaftlicher Erfüllung sah, läßt die großartige Legendendichtung »Der Arme Heinrich« des Hartmann von Aue († um 1210) erkennen, das Werk eines Dichters, der in seinen Minneliedern das künstliche Ethos der »hohen Minne« am Erlebnis unmittelbarer menschlicher Trauer zerbrechen läßt. Hartmann war zugleich einer der bedeutenden Meister der höfischen Epik in Deutschland. Ebenbürtig standen neben ihm Gottfried von Straßburg († um 1225) und Wolfram von Eschenbach († um 1220). Wolframs Hauptwerk »Parzival« zeigt beispielhaft, wie sich in mittelalterlicher Literatur Tradition und Originalität ergänzen. Der mittelalterliche Autor benötigt eine stoffliche Vorlage, häufig erfindet er sie, um zu beweisen, daß er »Geschichte« schreibt. Wolframs Vorlage für den »Parzival« war Chrétiens Gralsroman. Um seine Änderungen gegenüber diesem zu legitimieren, gibt Wolfram vor, einem anderen Autor gefolgt zu sein. Der Streit über dessen →Fiktivität wird an jenem Punkt müßig, an dem erkennbar ist, daß Wolframs Werk über jede Vorlage hinaus eine eigene Ordnung besitzt, die es grundsätzlich vom französischen Roman unterscheidet. Dieser zielt, wie sich beispielhaft bei Chrétien zeigt, auf Vervollkommnung und Bewährung des einzelnen an den sittlichen Werten der Gesellschaft. Wolfram dagegen erhebt das Schicksal seines Helden zum Individualtypus der menschlichen Heilsgeschichte, für die die Verhältnisse der Gesellschaft nur Episode bleiben, sofern sie nicht als Symbole einer umfassenderen Wirklichkeit dienen. Der eigenwillige Interpret und Übersetzer älterer Literatur Rudolf Borchardt (1877–1945) wies darauf hin, daß bei solcher Gesinnung Wolfram die höfisch-urbane Literaturhaltung, die »lettres« Chrétiens, verdächtig sein mußte. Nur so sei die berühmte Stelle im »Parzival« zu verstehen, in der Wolfram seine Unkenntnis der »buochstap« darlegt (115,27). Ein Kenner der mittelalterlichen Bildung wie der Historiker H. Grundmann wenigstens erklärt, daß diese Stelle auch nicht als Geständnis eines Analphabeten verstanden werden könne. Eine solche Auffassung sei genauso absurd wie die Vorstellung, Wolfram von Eschenbach habe wie ein Moderner »am Schreibtisch gedichtet«. Wolframs mit den kühnsten Sprachmitteln unternommene Durchbrechung eleganter Gefälligkeit, wie sie der »mittlere Stil« des höfischen Romans so reizvoll entwickelt hatte, greift Gottfried von Straßburg in seinem Epos »Tristan und Isolde« entschieden an. Gottfried tritt hier als deutscher Statthalter der französischen Literatur- und Bildungshaltung auf, ohne daß der antifranzösische Germanistenvorwurf drohender »Verflachung«, der sich in Wahrheit gegen die aufklärerischen Traditionen des französischen Geistes im 18. und 19. Jahrhundert richtet, bei ihm träfe. Als Stadtbürger läßt er »Courtoisie« allerdings hinter »Bildung« zurücktreten. Es waren diese beiden Elemente, die die Keime zum Aufbruch Europas und zu einer neuen Kultur außerhalb der Kirche in sich trugen. Bildung und selbstverantwortete Sittlichkeit, vermittelt durch die Universitäten der Städte und das ideale ritterliche Ethos der höfischen Gesellschaft, waren Werte, an die sich in der nachfolgenden Zeit neue und breitere Schichten anschließen sollten. Ein frisches Selbstbewußtsein beginnt sich nun auch an der Antike zu messen:

»Aus den Büchern sind, die uns zur Hand, / Diese Taten der Alten bekannt / Und die Welt, wie sie vormals war. / Die Bücher, sie wiesen's uns klar, daß Hellas an Rittertume / Und Wissen vorstrahlt im Ruhme. / Auf Rom kam dann die Ritterschaft / Und des Wissens gesammelte Kraft, / Die nun sich nach Frankreich gewandt. / Erhalte sie dort Gottes Hand, / Und behage ihr also der Ort, / Daß nimmer sie Frankreich verlasse.« (Chrétien de Troyes, Prolog zu »Cligés«.)

Neue Zentren

Wichtig wurde nun der gesicherte Friede des Reiches und die zunehmende Entfaltung der gesellschaftlichen und kulturellen Kräfte unter Kaiser Friedrich Barbarossa († 1190). Sein Sohn Heinrich VI. († 1197) zog die bedeutendsten Dichter und Literaten an seinen Hof. Er selbst galt als vorzüglicher Minnesänger. Mit dem Enkel Barbarossas, Kaiser Friedrich II. (1194–1250), gelangte das Geschlecht der Hohenstaufen auf seinen glänzendsten Stand. Zugleich zählte er zu den bedeutendsten und merkwürdigsten Gestalten dieser Epoche überhaupt. Nicht zufällig erscheint er vielen Historikern als der erste ›moderne Mensch‹. Als Aufenthalt bevorzugte er das von seiner Mutter ererbte sizilische Reich, die Gründung seiner normannischen Vorfahren. An seinem Hof entstand eine neue Verbindung wissenschaftlicher und literarischer Bildung, an deren Hauptleistungen der Kaiser selbst beteiligt war. Den Gipfel der am sizilisch-staufischen Hof geübten wissenschaftlichen Studien stellte das einzigartige naturkundliche Werk Friedrichs »Über die Kunst mit Vögeln zu jagen« dar, das unter dem Einfluß der am Hof gelesenen naturwissenschaftlichen Schriften des Aristoteles, vor allem aber dank einer neuen Bereitschaft zur freien →empirischen Beobachtung entstand. Das Buch enthält nicht nur dem adligen Publikum nützliche Winke, wie richtig zu jagen sei, sondern entwickelt präzise Einsichten in Natur und Verhalten des Jagdfalken, dessen Zähmung dem tüchtigen und gewissenhaften Falkner die höchste Anspannung seiner geistigen und seelischen Kräfte abverlangt. Der ideale Falkner erscheint daher zugleich auch als idealer Mensch, denn er zähmt eine widerspenstige, doch edle Natur allein mit dem Mittel der dem Menschen eigentümlichen geistigen Überlegenheit. Der wissenschaftliche Charakter der Schrift verlangte ihre Abfassung in lateinischer Sprache. Zugleich übte sich der Hof in einer volkssprachlichen – also italienischen – Lyrik nach der Manier der provençalischen Trobadors. Die wichtigsten Vertreter dieser Literatur deuteten bereits einen Strukturwandel der kulturtragenden Schichten an. Neben Friedrich, seinen Söhnen und einigen hohen Adligen dichteten auch dem Stadtbürgertum entstammende Juristen, die der Verwaltung des Landes vorstanden und in der Funktion von »Hofbeamten« als höfisch und bürgerlich zugleich erscheinen. Dem Friedrich besonders nahestehenden Richter und Kanzler Petrus von Vinea (um 1190–1249) wird die Erfindung des Sonetts zugeschrieben, eine der wirkungsvollsten lyrischen Gattungen der europäischen Literatur. Seine bedeutendsten Leistungen liegen jedoch auf dem Feld der lateinischen Prosa, deren mittelalterliche Form in seinen Staatsbriefen ihren Höhepunkt findet. Seine Anweisungen und Beispiele zur Kunstlehre des politischen Briefstils waren in ganz Europa verbreitet. Die Lyrik der sizilischen Dichterschule wurde als erste volkssprachliche Kunstleistung des Italienischen vorbildlich für das in den aufblühenden Städten der Toskana und Lombardei dichtende und schreibende Bürgertum. Die urbane Kultur Italiens stellte sich in dieser Zeit vorwiegend als eine juristisch-literarische dar. Allein die Rechts- und Staatswissenschaften in der Tradition des römischen Rechtes waren den Verwaltungsproblemen des sich ausbildenden

La Chanson de Roland, München 1963. (Frz./Dt.). Chrétien de Troyes, Yvain, München 1962 (Frz./Dt.). Ders., Parzival, Stuttgart 1963. Ders., Lancelot, München 1974. (Frz./Dt.) Der altfranzösische Äneas-Roman, München 1972. (Frz./Dt.). Marie de France, Aesop, München 1973. (Frz./Dt.). El Cantar de mio Cid, München 1964. (Span./Dt.). Die Trobadors. Leben und Lieder, Leipzig 1966. Gottfried von Straßburg, Tristan, Berlin 1969. Hartmann von Aue, Erec. Iwein, Darmstadt 1967. Ders., Gregorius. Der arme Heinrich, Darmstadt 1967. Das Nibelungenlied, Frankfurt 1971. Das Rolandslied des Pfaffen Konrad, Frankfurt 1970. König Rother, Berlin 1961. Wolfram von Eschenbach, Parzival, Darmstadt 1967. E. Auerbach, Der Auszug des höfischen Ritters, in Mimesis, a.a.O. Ders., Camilla, in Literatursprache und Publikum, a.a.O. R. Bezzola, Liebe und Abenteuer im höfischen Roman, Reinbek 1961. H. de Boor u. R. Newald, Gesch. d. dt. Literatur II, Höfische Dichtung 1170 bis 1250, München 1962. E. R. Curtius, Über die altfranzösische Epik, in Ges. Aufs., a.a.O. E. Köhler, Trobador-Lyrik und höfischer Roman, Berlin 1962. M. Lintzel, Die Mäzene der dt. Literatur im 12. u. 13. Jht., in Ausgew. Schr. II, Berlin 1961. F. Ohly, Sage und Legende in der Kaiserchronik, Darmstadt 1968. J. M. v. Winter, Rittertum, Ideal und Wirklichkeit, München 1969.

territorialen und zentral organisierten Staates gewachsen. Gleiches galt für die an politischer Bedeutung und Wirtschaftskraft zunehmenden italienischen Städte, deren mächtigste sich territoriale Herrschaften zu schaffen begannen – die Grundlage der italienischen Kleinstaaten. In Bologna, nach wie vor Zentrum des juristischen Studiums, bildete sich unter Aufnahme provençalischer und sizilischer Elemente eine neue bürgerliche Lyrik aus, die dem »Adel der Geburt« den »wahren Adel des Herzens« entgegenhält. Der Notar Guido Guinizelli (vor 1240–um 1276) stellte unter den frühen Bologneser Vertretern dieses »süßen neuen Stils« den Höhepunkt dar. In der folgenden Generation wirkten die Florentiner Guido Cavalcanti (um 1255–1300) und Dante Alighieri (→S. 92f.) als seine Vollender. Der sich allmählich abzeichnende geistige Reichtum der Stadt Florenz korrespondierte mit einem nicht minder eindrucksvollen materiellen, der als »Florentiner →Frühkapitalismus« der modernen Wirtschaftsgeschichte denkwürdig bleibt. Dennoch sind auch hier die Bildungshaltungen zunächst noch an der Pariser Scholastik orientiert. Im Werk des Pariser Universitätslehrers Thomas von Aquin (1225–1275) wurde die →scholastische Methode zum bedeutendsten und folgenreichsten Wissenschaftssystem der europäischen Bildungsgeschichte ausgestaltet. So verwundert es nicht, daß der Lehrer Dantes und Begründer der Florentinischen Bildung Brunetto Latini (um 1210–1294), der als Politiker, Jurist und Gelehrter die zeittypische Verbindung bürgerlicher Tätigkeiten verkörperte, sein großes Kompendium des gelehrten Wissens der Zeit, den »Trésor«, auf Französisch schrieb. Er folgte damit der auf allgemeine volkssprachliche Vermittlung drängenden Anlage der städtischen Kultur, blieb jedoch auch als Florentiner dabei noch im gesicherten Französischen. Sein Schüler Dante bereits machte mit seinen theologisch-philosophischen Hauptwerken, dem »Gastmahl« und der »Göttlichen Komödie« (→S. 92f.), auch die italienische Sprache zum Träger nicht nur vornehmster Dichtung, sondern auch gelehrter Bildung und festigte dieses Verhältnis zusätzlich in einem sprachtheoretischen Traktat (»Über das Dichten in der Muttersprache«).

R. Davidsohn, Geschichte von Florenz IV, 1–3. Die Frühzeit der Florentiner Kultur, Hildesheim 1973. Kaiser Friedrich II., De Arte venandi cum avibus. Über die Kunst mit Vögeln zu jagen, Graz 1969. E. Kantorowicz, Kaiser Friedrich II., Düsseldorf und München 1963. H. Niese, Zur Geschichte des geistigen Lebens am Hofe Kaiser Friedrichs II., Darmstadt 1967. Thomas von Aquin, Summa Theologica. Ungek. dt.-lat. Ausg., Leipzig (später Köln) 1933ff. C. A. Willemsen, Kaiser Friedrich II. und sein Dichterkreis, Krefeld 1947.

Urbane Kultur

In den italienischen Städten hatte sich seit dem frühen 13. Jahrhundert eine neue religiöse Haltung herausgebildet, die – volkstümlich, karitativ und naturgebunden – den Bedürfnissen und Anschauungen der urbanen Masse entsprach. Ihr Begründer war Franz von Assisi (ca. 1181–1226), der durch Predigt, Ordensgründung, Schrift und Leben städtische Religiosität und Volksbildung Italiens entscheidend prägte. Ähnlich entwikkelte sich auch in Deutschland mit der →»Mystik« eine zwar älteren Traditionen verpflichtete, doch nunmehr bürgerliche religiöse Gesinnung, deren Geist aber stärker als die franziskanische Bewegung auf theologische Reflexion zielte. Ihr bedeutendster Vertreter, Meister Eckhart (um 1260–um 1328), starb während eines Inquisitionsverfahrens der »Rechtskirche« gegen ihn, allerdings nicht durch gewaltsame Einwirkung. Im Verlaufe des 14. und 15. Jahrhunderts setzte sich die Mystik als bezeichnende Form bürgerlicher Religion in Deutschland durch. In Gestalt eines der verbreitetsten Bücher der Weltliteratur, des Thomas von Kempen (1380–1471) »Buch von der Nachfolge Christi« gelangte sie an die späteren Jahrhunderte. Die bürgerliche Religiosität korrespondierte mit einer im Verlauf des 14. Jahrhunderts eintretenden schwerwiegenden Krise der Adelsherrschaft und des sie stützenden grundherrschaftlichen Wirtschaftssystems. Land und Landbevölkerung in England, Frankreich und Deutschland litten schwer unter dieser Entwicklung. Allein Italien bewahrte sich als weitgehend städtisch und wirtschaftlich flexibel organisierter Raum eine gewisse Sicherheit. Zwar litten auch die großen Florentiner Bankhäuser – »die Säulen der Christenheit«, wie ein Chronist der Stadt (G. Villani) sie stolz nennt –, doch in dieser Stadt hatte man gelernt, sich umzustellen. Sie wechselte jetzt von Wucher- und Bankgeschäft auf Produktion und Handel. Der »Schwarze Tod«, der seit den vierziger Jahren des 14. Jahrhunderts Europa heimsuchte, verschonte jedoch weder die Armen noch die Reichen. Selbst in dieser Lage findet aber ein Florentiner Bürger, dessen Stadt nahezu die Hälfte ihrer Einwohner verloren hat, noch Anlaß zu einem der denkbar heitersten und elegantesten Literaturwerke. Giovanni Boccaccio (1313–1375), Florentiner Gelehrter und Dichter, zuweilen auch politisch für die Stadt tätig, schildert zwar in der Vorrede zu seinem berühmten Novellenbuch »Das Dekameron« das Wüten der Pest mit gebührendem Ernst, läßt es aber wenig später zugunsten einer reizenden →Villeggiatura als trostloses Bild des Todes von der Heiterkeit des Lebens besiegen. Die in den Städten wachsende Erzählfreude hatte bereits um 1300 mit dem Buch von den »Taten der Römer« (Gesta Romanorum) und dem »Novellino« bald in ganz Europa bekannte und beliebte Motive geschaffen. Eine kunstvolle Bewältigung des sich hier zeigenden Wirklichkeitssinnes gelang nun in Boccaccios großem Novellenbuch, das die beliebten älteren Motive mit zeitgenössischen Ereignissen und Stadtklatsch wirkungsvoll mischt. Indem er die Novelle zum Erzählprogramm einer Unterhaltung und praktische Belehrung suchenden Gruppe junger Patrizier macht, gestaltet Boccaccio sie vorbildlich für spätere Epochen als gesellschaftliche und realistische Literaturgattung. Der kräftige Atem des Buches darf nicht vergessen lassen, daß sein Verfasser auch als Gelehrter zu den wichtigen Förderern des florentiner →Frühhumanismus zählte. Der literarische Souverän der humanistischen Epoche aber war Francesco Petrarca (1304–1374). Die Florentiner Geschichte des 15. Jahrhunderts rechnet ihn neben Dante und Boccaccio zu den »drei Kronen von Florenz«. Tatsächlich war er jedoch mehr Italiener als Florentiner, mehr Weltbürger als Stadtbürger. Papsthof in Avignon, Rom und römische Republik des »Volkstribunen« Cola di Rienzo, territoriale Italienpolitik der Visconti in Mailand, Kaiserhof in Prag, Venedig – mit allen Mächten und Ideen der Zeit stand er in Berührung. Er als erster machte Literatur zu einer eigenen souveränen Macht, die nicht mehr den Schutz von Fürstenhof oder Stadtmauer und auch nicht die Legitimation des scholastischen Bildungssystems benötigte, sondern selbst frei Hof hielt. Auf seinen Landgütern – das meistgeliebte in der Vaucluse bei Avignon – lebt er in gelehrter Zurückgezogenheit, doch nicht als Mönch, sondern als →Humanist. Auch so zeigte er die Würde, die er der individuellen literarisch-philosophischen Existenz beimaß. Literatur wurde ihm zum verpflichtenden Wert, den er ohne Scheu der Bildungshaltung der kirchlichen Tradition gegenüberstellte:

»Die Theologie steht der Dichtung keineswegs feindlich gegenüber. Du wunderts Dich? Fast möchte ich sagen, die Theologie ist die Poetik über Gott ... Was sind die Gleichnisse des Erlösers im Evangelium anderes als eine übersinnliche Rede, oder, um es mit einem anderen Wort auszudrücken, Metaphorik (alieniloquium), was wir gewöhnlich allegorisch nennen. Von dieser Redeart ist aber Dichtung gänzlich eingenommen. Ihr Gegenstand allein ist anders. Wer leugnet es? Jene (Theologie) handelt von Gott und Göttlichem, diese (Dichtung) von Göttern und Menschen. Deshalb lesen wir bei Aristoteles, daß die ersten Theologen Dichter waren.« (Petrarca, Epist. fam. X, 4.)

Zu gleicher Zeit begann sich auch ein kräftiger Sinn für Nachrichten und literarische Schilderungen über außerchristliche Kulturen zu regen. Der exotische Reisebericht kam in Mode. Das große Vorbild für die bald anzutreffende Fülle derartiger Literatur stellte die Reise des Marco Polo (1254–1324) nach China dar. Ihre Beliebtheit wurde nur von einem Reisebuch erreicht, dessen Verfasser wahrscheinlich Europa nie verlassen hat: den »Reisen des Ritters John Mandeville durch das Gelobte Land, Indien und China« (um 1355). Noch im 17. Jahrhundert findet dieses Werk, das offenbar verschiedene ältere Reiseberichte geschickt →kompiliert, die weiteste Verbreitung. Mandeville war wahrschein-

G. Boccaccio, Das Dekameron, 2 Bde., Berlin und Weimar 1971. Ders., Die neun Bücher vom Glück und Unglück berühmter Männer und Frauen, München 1966. G. Chaucer, Canterbury Tales, Köln und Olten 1969. Gesta Romanorum. Geschichten der Römer, Frankfurt 1974. Franz von Assisi, Werke, Hamburg 1958. J. Mandeville, Die Reisen eines Ritters durch das Gelobte Land, Stuttgart 1966. Meister Eckhart, Deutsche Predigten und Traktate, München 1955. F. Petrarca, Dichtung und Prosa, Berlin 1968. Eine kritische italienische Ausg. d. Werke P.s, die »Nationale Ausgabe«, erscheint seit 1926 in Florenz. (Hauptwerke: Canzoniere, Trionfi, Africa, Ecloghe, alles Versdichtungen; De viris illustribus, De remidiis utriusque fortunae, De contemptu mundi, De vita solaria, De suis ipsius et multorum ignorantia, Invectivae contra medicum, alles Prosa; dazu verschied. Briefslgn.) Organ der Patrarca-Forschung: Studi Petrarceschi, hrsg. v. U. Bosco, Bologna. E. Kantorowicz, Die Wiederkehr gelehrter Anachorese im Mittelalter, in »Selected Studies«, New York 1965. E. Auerbach, Frate Alberto, in Minesis, a.a.O. P. Brockmeier (Hrsg.), Boccaccios Decameron, Darmstadt 1974 (Beitr. versch. Gelehrter). Das Trecento. Italien im 14. Jht., Zürich und Stgt. 1960. (Beiträge versch. Gelehrter). Thomas von Kempen, Nachfolge Christi und vier andere Schriften, München 1966 (Lat./ Dt.).

lich Engländer. Getreu den Sprachtraditionen der normannischen Herrenschicht des Landes schrieb er Französisch. Nur wenig später entstand hier mit Geoffrey Chaucers (um 1340–1400) »Canterbury Tales« ein volkssprachliches Werk, das das Englische an die Weltliteratur anschloß. Vorbild für die novellenartigen Erzählungen Chaucers war Boccaccio, wenn er auch den Vers der Prosa vorzieht. Mehr noch als Boccaccio gestaltet Chaucer seine Dichtung gesellschaftlich, der gesamte »Novellenkranz« wird bei ihm zum Gesellschaftsbild der Zeit erhoben.

Italienische Renaissance

Die in Frankreich und Italien eingeleitete neue Ansicht der Literatur und Bildung, die, ausgehend von einem neuen Welt- und Wirklichkeitsverständnis, auch bisher unbeachtete Seiten der Antike zu entdecken begann, entwickelte sich zunächst allein in Italien zu voller Blüte. Frankreich – stärker an andere Bildungstraditionen gekettet und vor allem einer tiefgreifenden wirtschaftlichen und politischen Unsicherheit verfallen, verlor in dieser Zeit seinen kulturellen Einfluß. Das 15. Jahrhundert, das »Quattrocento«, zeigt so eine unbedingte italienische Vorherrschaft in Literatur, Bildung und Kunst. Auch in dieser Zeit bleibt Florenz hierbei führend. Die Bemühungen der Humanisten dieser Stadt richteten sich vor allem auf die Wiedergewinnung des dem Mittelalter weithin unbekannten Griechischen. Im Zentrum dieser Studien, die von der den Gang der Stadtgeschäfte bestimmenden Familie Medici finanziert wurden, stand das Werk Platons (→S. 50f.). Marsilio Ficino (1433–1499) lehrte in Florenz eine humanistische Theologie, die scholastische Tradition und platonische Philosophie verband. Außerdem übersetzte er die Werke Platons kommentiert in die italienische Sprache. Sein Schüler Giovanni Pico della Mirandola (1463–1494) suchte eine neue Einheit der Weltreligionen in christlich-platonischer Sicht. Im Entwurf der großen Rede »Über die Würde des Menschen«, die einen dieser Idee dienenden Gelehrtenkongreß eröffnen sollte, stellt er die Freiheit des Menschen als die ihn von anderen Wesen der Natur unterscheidende und über sie erhebende Qualität dar. Dieses sei auch die eigentliche und geheime Lehre aller Religionen und Philosophien. Der nachfolgenden Generation europäischer Humanisten, die von den Italienern zunächst lernten, erschien Pico als Verkörperung ihrer Lebensideale. Der Verfasser der Staatsschrift »Utopia« (→S. 150ff.), Thomas Morus, schildert ihn in einer kleinen Biographie wie ein verklärtes Bild.

Nicht immer hatten die studia humanitatis eine so entschiedene Zurückgezogenheit vom Politischen bewirkt wie bei den florentinischen Platonikern. Zwar klang das Motiv der Entscheidung für das »beschauliche Leben« bereits bei Petrarca als Grundzug humanistisch-gelehrter Existenz an, doch die Florentiner Bürgerhumanisten, deren Wirken vornehmlich in die erste Hälfte des 15. Jahrhunderts fiel, hatten politisches Handeln für das Gemeinwohl als höchste Aufgabe humanistischer Bildung betrachtet. Juristische Nüchternheit, verbunden mit literarisch-rhetorischer Brillanz, machte sie für die wichtigsten Staatsämter geeignet. Coluccio Salutati († 1406), Leonardo Bruni (um 1369–1444), Poggio Bracciolini (1380–1459) waren Kanzler der Republik Florenz. Sie entschieden sich für das »tätige Leben«, gegen die nur gelehrte Privatheit. Cristofero Landino (1424–1504), selbst bereits an der Scheide zwischen beiden Haltungen, läßt in einem Gespräch (Disputationes Camaldulenses) über dieses Thema den Philosophen und Architekten Leon Battista Alberti (1404–1472) zu Wort kommen:

»Ich werde den erst für den wahren Mann erklären, der beiden Lebensarten (›tätig‹ und ›beschaulich‹) in angemessener Weise gerecht wird und beide für sich vereinigt. Er wird also forschen, um des höchsten Gutes teilhaftig zu werden, und er wird handeln, damit für ihn und die Seinen kein Schaden entsteht.«

Alberti galt der Zeit als der vorbildliche »allseitige Mensch«. In seinem Traktat »Vom Hauswesen« schildert er das menschliche Glück als Ergebnis verwirklichter Tugend in privatem und öffentlichem Leben. Das Bild des literarisch versierten und politisch vielseitigen Renaissance-Humanisten bietet in vollkommener Weise Enea Silvio Piccolomini aus Siena (1405–1464). Mit ihm eroberte der Humanismus endgültig auch die Kirche. Als Pius II. bestieg er 1458 den päpstlichen Thron. Das Ausklammern von Problemen der rechtlichen und politischen Sphäre bei den Florentiner Humanisten der zweiten Hälfte des Quattrocento korrespondiert mit der Alleinherrschaft des Lorenzo Medici (1449–1492) unter der Hülle der alten republikanischen Verfassung der Stadt. Um so mehr förderte Lorenzo die ästhetisch-literarischen Kräfte des Humanismus. Selbst galt er als bedeutender Lyriker des Italienischen, übertroffen nur von Angelo Poliziano (1454–1494). Dennoch hinterließen nach dem Sturz der republikanischen Stadtverfassung (1512) gerade zwei Florentiner neue fruchtbare Ansichten vom Wesen des Politischen, die im Gegensatz zur Tradition der älteren Staatstheorie von keiner →Metaphysik – sei es der Religion oder des Rechtes – getrübt, den Gesetzmäßigkeiten politischen Handelns und seinen objektiven Grenzen auf die Spur zu kommen suchen. Niccolò Machiavelli (1469–1527) und Francesco Guicciardini (1483–1540), beide in politischen Ämtern der Stadt tätig, lösen in ihren Schriften das Erbe ein, das ihnen aus der vollkommenen Rationalität und nüchternen Berechnung als den Merkmalen der italienischen Politik dieser Epoche und dem Interesse des frühen

L. B. Alberti, Vom Hauswesen, Zürich 1962. F. Guicciardini, Das politische Erbe der Renaissance (Ricordi), Bern 1946. N. Machiavelli, Der Fürst (Principe), Stuttgart 1961. Ders., Politische Betrachtungen über die alte und italienische Geschichte (Discorsi), Köln/Opladen 1965. Th. Morus, Utopia, Essen 1966. E. S. Piccolomini, Briefe und Dichtungen, München 1966. G. Pico della Mirandola, De dignitate hominis, Frankfurt 1968 (Lat./ Dt.). A. Poliziano, Die Tragödie des Orpheus, Wiesbaden 1956. Ders., Der Triumph Cupidos, München 1974. E. Garin, Geschichte und Dokumente abendländischer Pädagogik II. Humanismus, Reinbek 1966 (mit Texten). K. Vorländer, Philosophie der Renaissance, Reinbek 1965 (mit Texten). A. Buck, Der Einfluß des Platonismus auf die volkssprachliche Literatur im Florentiner Quattrocento, Krefeld 1965. J. Burckhardt, Die Kultur der Renaissance in Italien, Stuttgart 1952 u.ö. F. Gilbert, Machiavelli and Guicciardini, Princeton 1973. P. O. Kristeller, Der ital. Humanismus u. seine Bedeutung, Basel und Stuttgart 1969. Ders., Die italienischen Universitäten der Renaissance, Krefeld o.J. Ders., Die Philosophie Marsilio Ficinos, München 1973. A. v. Martin, Soziologie der Renaissance, München 1974.

Florentiner Humanismus an der Verbindung von Staatstheorie und kritischer humanistischer Erkenntnis zukam.

Europäischer Humanismus – Reformation – Gegenreformation – früher Absolutismus

Seitdem in der zweiten Hälfte des 15. Jahrhunderts die Erfindung des Buchdrucks (→S. 108ff.) eine schnellere Information weiter Kreise in Literatur und Wissenschaft begünstigt hatte, zudem das durch die philologische Kritik der Humanisten zu neuem Leben gebrachte Latein zur normativen Sprache wissenschaftlicher Vermittlung erklärt worden war, die an keiner nationalen Grenze endete, entwickelte sich der Humanismus rasch zu einem europäischen Phänomen. Italiens geistige Vorherrschaft schien ohnehin bereits gegen Ende des Quattrocento gefährdet, als Karl VIII. von Frankreich in einem bis nach Neapel führenden Feldzug (1494/95) den Augen der übrigen Welt die politische Ohnmacht dieses zersplitterten Landes vorstellte und ihm als erster in einer Reihe, die auch heute nicht endet, wertvolle Kulturschätze entführte. Als vollendeter Typus des europäischen Humanisten, kann Erasmus von Rotterdam (um 1467–1536) gelten.

In Deutschland hatte bereits im 14. Jahrhundert Karl IV. erste Versuche unternommen, sein böhmisches Stammland als ein Zentrum gelehrter Bildung auszugestalten. Der überzeugendste literarische Ausdruck des auch hier entstehenden neuen Lebensgefühls findet sich im »Ackermann aus Böhmen« des Johann von Saaz (um 1350–um 1414). In einem Streitgespräch mit dem Tod führt der Mensch – der »Ackermann« – die Schönheit des Lebens und die daraus resultierende kreatürliche Lebenspflicht gegen dessen Welt und Leben verächtlich machende Argumentation ins Feld. Die Schrift bleibt jedoch in vielen Partien auch älteren geistigen Bindungen verhaftet und vor allem in ihrer Wirkung begrenzt. Mit Johannes Reuchlin (1455–1522) sowie den Reformatoren Martin Luther (1483–1546) und dem jüngeren Philipp Melanchthon (1497–1560) trat nunmehr Deutschland in der Generation des Erasmus auch europäisch in Erscheinung. Die durch Luthers Thesenanschlag (1517) bewirkte Auflösung der kirchlichen Einheit sollte die nach Zurückdrängung des Kaisertums letzte, unangefochten universale Traditionen Europas tragende Macht des Papsttums auf die Dimension eines begrenzten Territorialstaates zurückwerfen. Für die deutsche Literatur wurde die große Bibelübersetzung und die mit ihr erfolgte Normierung des Neuhochdeutschen Luthers nahezu noch folgenreichere Tat (→S. 54). Mit Hans Sachs (1494–1576) fand die deutsche Reformation ihren bedeutendsten literarischen Parteigänger, die deutsche Literatur zugleich ihren wichtigsten Vermittler mittelalterlicher Tradition an die Goethezeit, in der sie wieder europäische Beachtung erhielt.

In Italien schuf Lodovico Ariosto (Ariost 1474–1533) mit seinem »Rasenden Roland« ein Werk, das den Motivreichtum der Tradition in vollkommener Weise mit der sprachlichen und gedanklichen Freiheit der neuen Kultur verband und so die Epoche glanzvoll beschloß. Das heroische Ideal der älteren Rolandsdichtungen wird bei Ariost durch die Hervorhebung erotischer Momente in ein romantisches Ritterbild überführt, an dem manch ironische Wendung die Belustigung des ›modernen‹ Italieners über die ritterliche Lebensstilisierung der älteren Zeit bedeuten will. In der vollkommenden Freiheit der formalen Behandlung dem Ariost gleichwertig, und doch bereits eingebunden in eine neue geistige Begrenzung, der sich die schöpferische Phantasie allerdings noch nicht überall beugen mag, erscheint Torquato Tassos heroisches Epos »Das befreite Jerusalem«. Tasso (1544–1595) steht bereits völlig im Bann der Gegenreformation. Diese in Reaktion auf den Erfolg der lutherischen Reformation nach ersten gutwilligen Versuchen kirchlicher Reform in der katholischen Welt einsetzende geistige und geistliche Tyrannei brachte die freie Entfaltung aller Kräfte zum Erliegen und verbannte die kritischen wie den Dichter und Philosophen Giordano Bruno. Kehrten sie dennoch zurück, packte sie mit Sicherheit der tödliche Griff des päpstlichen Gesinnungsgerichtes, die Inquisition. Bruno starb nach siebenjähriger Kerkerhaft den Feuertod des Ketzers (1600–→S. 240). So kommt die Epoche nicht zufällig in einem zurückblickenden Werk zu sich selbst: in Giorgio Vasaris (1511–1574) »Lebensbeschreibungen der bedeutendsten Maler, Bildhauer und Baumeister Italiens« wird die Zeit der »Wiedergeburt«, der Kunst, der Renaissance also, an der Wende zum 14. Jahrhundert begonnen und mit dem Tode Michelangelos, des Malers, Bildhauers, Architekten und Dichters (1475–1564) zu ihrem unausgesprochenen Ende geführt. Die Zukunft gehörte nach der Niederwerfung der bürgerlichen Kultur und Gesellschaft dem →absolutistischen Hof und dessen Neigung zu →säkularen kulturellen Selbstdarstellungen, wie sie, in Italien und Spanien von der Gegenreformation bedroht, sich in Frankreich →idealtypisch auszubilden begannen. Daß auch hier die humanistische Bildungshaltung die wichtige aufklärerische Voraussetzung zur Behauptung und Weiterentwicklung literarischer Kultur darstellte, zeigt der erste bedeutende Abschnitt französischer Hofgeschichte unter Franz I. und seiner Schwester Margarethe von Navarra (1492–1549), selbst Verfasserin eines wichtigen und historisch interessanten Novellenbuches (»Heptameron«) nach dem Vorbild Boccaccios. Ihr gelang es, in Bonaventure des Périers († 1544) und vor allem dem großen François Rabelais (→S. 96f.) die kritische Haltung des Humanismus vor den Angriffen der Kirche und der dogmatischen Sorbonne zu schützen. Das Verdienst, ein Grundbuch der kommenden Epoche verfaßt zu haben, fällt jedoch noch einmal einem Italiener zu. Des Grafen Baldessare de Castigliones »Buch vom Hofmann« (1528 erschienen) faßt humanistische Bildung, ritterliche Tugend und elegante Lebensführung als Ideal höfischer Existenz und schafft somit die theoretische Grundlage für die gebildete und zugleich praktische Lebenshaltung der späteren Eliten, die zur wichtigen Voraussetzung für die gesellschaftliche Ausbreitung von Literatur und Bildung auch im Zeitalter des Absolutismus werden sollte.

B. Castiglione, Das Buch von Hofmann, Bremen 1960. Erasmus von Rotterdam, Werke. Studienausg., 8 Bde., Darmstadt 1967ff. (Lat./Dt.). G. Bruno, Das Aschermittwochsmahl, Frankfurt 1969. M. Luther, Werke in Auswahl, 10 Bde., Göttingen o.J. Margarethe von Navarra, Heptameron, München 1965. B. des Périers, Novellen, München 1965. J. von Saaz, Der Ackermann aus Böhmen, Heidelberg 1969. T. Tasso, Die Einkehr, Frankfurt 1972. (Die großen Ritterepen Ariosts und Tassos sind zur Zeit in keiner dt. Ausg. greifbar. Beste Übers. v. Tassos »Jerusalem« von J. Gries, zuletzt 1920. Ariosts »Roland«, ebenfalls von Gries zuletzt 1922.) A. Buck, Die humanistische Tradition der Romania, Berlin/Zürich 1968. D. Kremers, Der Rasende Roland des Ludovico Ariosto. Aufbau u. Weltbild, Stuttgart 1973. F. W. und E. Wentzlaff-Eggebert, Deutsche Literatur im späten MA, 1250–1450 III, Reinbek 1971 (mit Texten).

Allgemeine und übergreifende Literatur: R. Assunto, Die Theorie des Schönen im MA, Köln 1963. E. Auerbach, Literatursprache und Publikum in der lat. Spätantike und im MA, Bern 1958. A. Buck, Die humanistische Tradition in der Romania, Bad Homburg, Berlin, Zürich 1968. K. Bertau, Deutsche Literatur im Europäischen MA, 2 Bde., München 1972/73. O. Brunner, Adeliges Landleben und europäischer Geist, Salzburg 1949. E. R. Curtius, Europäische Literatur und Lateinisches MA, Bern und München 1967. W. Harms, Homo viator in bivio, München 1970.

Geschichte der Textüberlieferung II. Überlieferungsgesch. der mittelalt. Literatur, Zürich 1964. E. Grassi, Humanismus und Marxismus, Reinbek 1973. K. Langosch, Lyrische Anthologie des Lat. MA's, Darmstadt 1968. G. Voigt, Die Wiederbelebung des Classischen Alterthums oder Das erste Jht. des Humanismus, 2 Bde., Berlin 1960. W. v. d. Steinen, Der Kosmos des MA, Von Karl dem Großen zu Bernhard von Clairvaux, Bern und München 1967.

Ausschnitt

Erich Köhler

Das Rolandslied

»Chanson de Roland« (vermutliche Entstehung Nordfrankreich um 1100)
Epos eines unbekannten Autors

»Gott, wie mühsam ist mein Leben!« Der so stöhnt, ist kein Geringerer als Karl der Große am Ende des »Rolandslieds«; und er tut, was er im Verlauf der viertausend vorausgehenden Verse des Werks schon öfters zu tun Veranlassung hatte: »Aus seinen Augen fließen Tränen, und er rauft seinen weißen Bart.« Es ist nicht leicht, im Alter von 200 Jahren noch immer die Geschäfte der →Heilsgeschichte führen zu müssen.

Der heilsgeschichtliche Aspekt der Dichtung ist unverkennbar. Karl trägt Züge des Endkaisers, der Emir aus Babylon gemahnt an die Vorstellung vom →Antichrist. Kreuzzugsgeist und die von der Kirche propagierte Synthese von »militia Christi« und »militia saecularis« durchdringen das ganze Epos.

Kriegsmüde wie der Kaiser am Schluß ist das Gros seines Heeres bereits zu Beginn der geschilderten Ereignisse. Den Warnungen Rolands zum Trotz wird daher das Friedensangebot des Heidenkönigs Marsilie angenommen. Als jedoch Ganelon, Sprecher der Friedenspartei und Schwager Karls, von Roland als Gesandter nach Saragossa vorgeschlagen wird, wittert er darin einen Anschlag seines Stiefsohns Roland auf Leben und Lehen. Um sich zu rächen, verabredet er mit dem Heidenkönig den hinterlistigen Überfall auf die Nachhut des heimwärtsziehenden fränkischen Heeres. Der Kaiser kann, obwohl durch einen prophetischen Traum gewarnt, die auf Vorschlag Ganelons erfolgte Ernennung Rolands zum Führer der Nachhut nicht verhindern. Das Verhängnis nimmt seinen Lauf: Zwanzigtausend Franken, die Elite des Reichs, unter ihnen die zwölf Pairs, werden trotz der Wunder an Tapferkeit, die sie verrichten, von der Übermacht der hunderttausend Sarazenen vernichtet. Aus Stolz und Ehrgefühl verweigert sich Roland der Forderung seines Freundes Olivier, durch Hornrufe den Kaiser zurückzurufen. Erst als nur noch sechzig Getreue übrig sind, bläst er in sein Horn Olifant, daß ihm die Schläfenadern platzen. Es ist zu spät. Olivier führt den letzten Hieb gegen Roland, den sein sterbendes Auge nicht mehr erkennt. Der streitbare Erzbischof Turpin bricht entseelt zusammen, als er für den todwunden Roland Wasser holen will. Roland zerschmettert mit dem Horn einem Heiden den Schädel, versucht mehrmals vergeblich, sein Schwert Durendal an einem Felsblock zu zerschlagen, legt es schließlich unter sich, das Horn auf der Brust, das Angesicht gegen das Feindesland gewendet, nimmt Abschied von seinem Schwert, von seinem Kaiser, vom »süßen Frankreich«. Engel steigen herab und ergreifen den Handschuh, den ihnen der Sterbende reicht. Ein Cherub nimmt seine Seele in Empfang. Für den zu spät auf der Walstatt eintreffenden Karl läßt Gott die Sonne stillstehen. Das Josuawunder ermöglicht es, das flüchtende Heer Marsilies einzuholen und zu vernichten. Kaum sind die Toten von Roncevaux bestattet, muß der Kaiser zur Schlacht gegen die riesige Streitmacht des Emirs von Babylon antreten. Die Entscheidung fällt gemäß der lapidaren Glaubensformel, deren Wahrheit auch dem Emir Baligant dämmert, bevor Karl ihm den Kopf spaltet: »Die Christen sind im Recht, die Heiden im Unrecht.«

Die Macht der realhistorischen Verhältnisse, nämlich derjenigen von 1100, bekommt der epische Kaiser-König indessen zu spüren, als er den Verräter Ganelon einem Vasallengericht überantwortet. Ganelon gibt zu, den Tod Rolands gewollt zu haben, bestreitet aber den Verrat am Kaiser. Feudales Fehderecht geht allem anderen vor, die Ganelonsippe ist stark und einflußreich, die Richter wollen nicht richten. Des Kaisers Wille bliebe ohnmächtig und der Verrat ungesühnt, würde nicht ein gottesgerichtlicher Zweikampf den Schuldspruch herbeiführen: Ganelon wird gevierteilt, dreißig Geiseln sterben mit ihm von Henkershand.

Das historische Ereignis, das den Ausgangspunkt bildet, fand am 15. August 778 statt. Bei Karls des Großen Rückzug aus der spanischen Mark wurde seine Nachhut in den Pyrenäen von Basken überfallen und aufgerieben. Zu den Gefallenen gehörten mehrere Würdenträger des Reichs, darunter Roland, Markgraf der Bretagne, wie als erster Eginhard, Biograph und Chronist Karls, in seiner »Vita Caroli Magni« (um 830) berichtet. Obwohl die karolingische Geschichtsschreibung diese militärische Niederlage bagatellisierte, blieb die Erinnerung an sie lebendig, kristallisierte sich zur Legende, ja zum →Mythos, dessen mündliche →Tradierung sich schon bald in Dichtungen niedergeschlagen haben und in jeder Phase der Überlieferung um neue Motive (das Freundespaar Roland–Olivier, die Rache für deren Tod, Ganelon und das Thema des Verrats u.a.) bereichert haben dürfte. Was immer an Elementen dieser langen und umstrittenen Traditionsbildung in die uns überlieferte älteste und zugleich literarisch vollendetste Fassung des Rolandslieds eingegangen, also vorgegeben gewesen sein mag, es ist durchdrungen von dem Geist und geprägt von den Verhältnissen der Entstehungszeit der Dichtung, den Jahren um 1100.

Der epische Kaiser setzt sich sozusagen aus zwei Personen zusammen: Er ist einerseits der historische Karl der Große, der mächtige Herrscher, so wie er war, und mehr noch, wie der Dichter ihn seinen Zeitgenossen als verpflichtendes Leitbild vorstellte, und andererseits zugleich der machtlose kapetingische König fast 300 Jahre später, der gleichwohl den Anspruch auf die Wiederherstellung der monarchischen Machtposition aufrechterhält.

Zwei Arten von Treuebegriff, zwei Auslegungen von Lehnsrecht stehen sich gegenüber: diejenige der verdinglichten Vasallitätsbeziehungen zwischen den durch die Erblichkeit der Lehen politisch selbständig gewordenen Großvasallen (wie Ganelon) zu einem machtlosen Königtum, und jene persönliche Treue, die Roland in pathetischer Situation preist und die er verkörpert in Leben und Sterben. Letztere vermag auf eine vom Berufskriegertum zur →Ritterschaft sich wandelnde breite Schicht eine ideologische Faszination auszuüben und als höchster sittlicher Wert an die Stelle des einstigen Gehorsams der karolingischen Amtsträger zu treten. Hier wird die Zielgruppe der Dichtung, ihr Adressat, erkennbar. Der Dichter hat es verschmäht, Ganelon zu einem gemeinen Verräter zu stempeln. Das Fehderecht gegen Roland, auf welches der Schwager des Kaisers pocht, gehört zu den substantiellen Rechtsnormen der →Feudalgesellschaft, deren Gültigkeit auch im Falle des Loyalitätskonflikts mit dem Lehensherrn (Karl) in Kraft bleibt. Nur eine Zielvorstellung, die ein höheres, übergreifendes Recht über die konkreten politischen Rechtsverhältnisse stellt, kann die Auffassung eines Ganelon, Vasallenrecht gehe vor Vasallenpflicht, in ihr Gegenteil verkehren. In der universalhistorischen, heilsgeschichtlich belohnten und des Eingreifens Gottes bedürfenden Idee erst löst sich das Problem des Verrats und offenbart sich, daß es im Widerstreit real gleichwertiger Gesinnungen die absolute promonarchische Treue Rolands ist, die obsiegen soll. Rolands Verklärung als Held und Märtyrer besiegelt den Gedanken, vor dem auch Tat und Bestrafung Ganelons exemplarischen Charakter gewinnen: Verwirklichung einer Mission, die dem Königtum aufgetragen ist und eine politische Gemeinschaft voraussetzt, deren Gruppen ihre Sonderinteressen zu opfern bereit oder gezwungen sind.

In der Vision des Dichters gipfelt ein Ideal, das als Widerspruch zur →anarchischen Wirklichkeit des Feudalstaats aus dieser Wirklichkeit selbst geboren wurde. Das Rolandslied ist ein politisches Gedicht und eine große

Dichtung zugleich. Die Konflikte der zeitgenössischen Feudalgesellschaft sind in die Struktur des Werkes selbst übersetzt; mit schicksalhafter Notwendigkeit treiben sie den Gang der tragischen Handlung, ebenso zwanghaft aber auch die Idee ihrer Lösung aus sich hervor. Die unentrinnbare →Fatalität, die von der anfänglichen Kollision der Gruppenexponenten Roland und Ganelon an über dem Geschehen waltet, erfährt ihre enthalten war. Die »Chanson de Roland« →antizipierte den Aufstieg der kapetingischen Monarchie und trug nicht unerheblich zu ihm bei. Roland, das heroische epische Individuum, kann gerade in seiner →Hybris frei aus sich selbst handeln in der unangefochtenen Gewißheit, sich in Übereinstimmung mit dem objektiven Ziel des vom göttlichen Willen geleiteten Geschichtsprozesses zu befinden.

mierens, der Verknüpfung und Gruppierung der Laissen (Laissen = strophische Einheiten ungleicher Länge aus Zehnsilberversen, die durch Assonanzreim verbunden sind). Sein Sprachstil, dem Kompositionsstil adäquat, ist arm an Vergleichen, reich an pathetischen Apostrophen, und vermag mit bescheidenen rhetorischen Mitteln ein Maximum von Atmosphäre zu erzeugen. Die literarische Kunst dieses genialen Dichters, sei er nun der Turol-

Rolands Ritt durch die Pyrenäen. Miniatur aus dem 2. Viertel des 14. Jahrhunderts

Aufhebung allein im ideologischen →Sublimat einer →universalhistorischen Konzeption, die nicht zufällig auch das französische Nationalgefühl entbindet. Göttliche Intervention (im Zweikampf) mußte legitimieren, was in der geschichtlichen Konstellation nur erst als Chance, keineswegs als Gewißheit

Der Dichter des Rolandslieds meistert das aus der mündlichen und öffentlichen Vortragsweise erwachsene Stilgesetz der »Chanson de geste« wie keiner nach ihm. Souverän beherrscht und nutzt er das epische Verfahren der variierenden Wiederholung, die Technik des voraus- oder zurückweisenden →Resü-

dus, der sich im letzten Vers nennt, oder irgendwer sonst, kann hier – freilich in Übereinstimmung mit allen Kundigen – abschließend nur noch behauptet, nicht aber demonstriert werden. Die Wirkungsgeschichte der Dichtung weiß davon ihr eigenes Lied zu singen.

Wolfgang Dittmann

Walther von der Vogelweide · Gedichte

Gedichte (entstanden um 1190 – 1230, kritische Erstausgabe Berlin 1827) von Walther von der Vogelweide (um 1170 – um 1230)

Walther von der Vogelweide ist nach langer Vergessenheit erst zu Beginn des vorigen Jahrhunderts wiederentdeckt und als Dichter von eigenem Wert gewürdigt worden. Das 19. Jahrhundert sah in ihm einen nationalgesinnten Lyriker, einen frommen Patrioten, der mit seinem Eintreten für die Einheit des deutschen →Reiches bereits 650 Jahre früher ein poetisches Zeichen für die Überwindung der deutschen Kleinstaaterei errichtet habe. Nach 1871, dem Jahr der Reichsgründung, wurde sein Werk zunehmend für die Rechtfertigung nationalistischen Denkens in Anspruch genommen. Beides erklärt sich aus der besonderen historischen Situation des deutschen Bürgertums, hat jedoch ein völlig verzerrtes Bild des Dichters entstehen und – zumal über die Schullesebücher – bis in unsere Zeit wirken lassen.

Walther lebte ungefähr von 1170 bis 1230 und schrieb seine Lieder und Sprüche in mittelhochdeutscher Sprache. Noch immer ist unklar, wo sein Geburtsort zu suchen ist, ob in Franken oder in Österreich; jedenfalls ist er am Wiener Hof erzogen und höfisch ausgebildet worden. Kurz vor 1200 verließ er Österreich und begann ein Leben der Wanderschaft, das ihn, im wechselnden Dienst mehrerer Könige und Fürsten, weit durch Deutschland führte. Sein Vater, ein Freiadliger, vielleicht auch ein →Ministerialer, vermochte ihm keinen Landbesitz zu vermachen, und so war es das Hauptziel seines Lebens und politischen Wirkens, ein Lehen zu erhalten. Deutlich fordernde Bittstrophen bezeugen dies. Daß er einen Rechtsanspruch auf ein Reichslehen besaß, ist zwar bisher nur Vermutung; aber ganz offenbar erstrebte er kein festes Hof- oder Verwaltungsamt mit bleibendem Wohnsitz, jedoch ohne eigenen Grundbesitz, das ihn in die engere Abhängigkeit eines besoldeten Verwaltungsträgers gebracht hätte wie jene breite Schicht der Ministerialität, die an den größeren Höfen und Grundherrschaften auf diesem Weg aus der Unfreiheit allmählich in den Adelsstand aufstieg. Sein Ideal blieb das eigene Lehen eines kleinen Adligen. Mit diesem Ziel vor Augen, verdingte er sich stets nur vorübergehend als Sänger und politischer Lob- und Mahnsprecher. Die einzige urkundliche Erwähnung führt ihn als cantor auf = Sänger, Dichter, Unterhalter. Erst spät, im Jahr 1220, erhielt er bei Würzburg das ersehnte Lehen aus der Hand Kaiser Friedrichs II.

Seine politische Spruchdichtung, neben der Minnelyrik der Hauptteil seines dichterischen Werkes, wird wesentlich bestimmt von der Propagierung des Reichsgedankens. Walther unterstützt zunächst den Stauferkönig Philipp von Schwaben, dann geht er, noch vor dessen Tod, zu dem welfischen Gegenkönig Otto IV. über und wendet sich schließlich, mit nochmaligem Frontwechsel, dem jungen Staufer Friedrich II. zu. Von Treue zum Herrn kann daher keine Rede sein. Allerdings hält er am Gedanken einer starken Reichsspitze fest. In wirksamen Versen beschwört er die Symbole und überlieferten →Legitimationen des kaiserlichen Herrschaftsanspruchs. Den Feinden der deutschen Zentralgewalt – den Fürsten und zumal dem Papst – gelten zahlreiche, bitter anklagende Sprüche.

Um den Dichter vom Ruch des →Opportunismus zu befreien, hat man die These aufgestellt, Walther habe sich nicht einer Person, sondern als politischer Idealist der Idee des Reiches verschrieben, ungeachtet aller persönlicher Interessen. Dies Bild ist unrealistisch; die Abwendung von Philipp und ebenso die Abkehr von Otto erfolgen in einem Moment, als der jeweilige König noch der legitime und aussichtsreiche Sachwalter der kaiserlichen Gewalt ist. Walther selbst begründet seinen Parteienwechsel anders: Er verweist jedesmal auf den Mangel an Freigebigkeit des Herrn und erinnert damit unmißverständlich an sein eigentliches Lebensziel, den Erhalt eines Lehens.

Das beständige Nebeneinander von Lehensanspruch und Reichsgedanken im Spruch Walthers widerlegt sowohl die These vom reinen Idealisten als auch die vom reinen Opportunisten. Es läßt sich durch einen Blick auf die ökonomisch-politische Entwicklung der Zeit erklären. Der niedere Adel war von zwei Seiten in eine bedrängte Lage geraten. Das Aufkommen der Geldzirkulation hatte nicht nur die Kosten einer ritterlichen Existenz (für Burgenbau, Rüstungen, Turniere usw.) erheblich gesteigert, sondern auch vorübergehend die Abgabenlasten der abhängigen Bauern verringert und diesen die Möglichkeit zur Flucht in die Städte geschaffen. Der kleinere Grundherr konnte sich ökonomisch nicht mehr halten und war nur zu oft gezwungen, sich unter Aufgabe seines Lehens in die Abhängigkeit eines Mächtigeren zu begeben. Die großen Fürsten andererseits betrieben konsequent und unter Anwendung von Gewalt die Zusammenfassung ihres verstreuten Grundbesitzes, indem sie sich immer mehr Rechte und Privilegien (besonders die niedere Gerichtsbarkeit, das Münz- und Zollrecht) aneigneten, und begannen den Ausbau eines organisierten Verwaltungsapparates. Dieser Vorgang der →Territorialisierung geschah auf Kosten des niederen Adels; politisch war er gegen die Vorherrschaft der Zentralgewalt gerichtet. Er stand in deutlichem Widerspruch zu Walthers Wunschvorstellung von einem kleinen, jedoch wirtschaftlich autarken Grundbesitz.

Die einstmals starke, inzwischen geschwächte Zentralgewalt wurde so für Walther zum Symbol eines Lehenssystems, dessen Ordnung sich auf die naturalwirtschaftlich abgesicherte Selbständigkeit jedes, auch des kleinsten Lehens gründete. Die Perspektive des kleinen grundbesitzenden Adels prägt sich in seinen Sprüchen aus. An die Reichsidee knüpft er nicht den vorausweisenden Gedanken eines die territorialen Grenzen überwindenden Handels, sondern die rückständige Vorstellung einer von der Geldwirtschaft unberührten →grundherrschaftlichen Ritterexistenz. Er verteidigt jenes in der höfischen

Walther von der Vogelweide, Gedichte. Mittelhochdeutscher Text und Übertragung. Ausgewählt von Peter Wapnewski (Taschenbuch).
Hans-Uwe Rump, Walther von der Vogelweide in Selbstzeugnissen und Bilddokumenten (Taschenbuch).

Ich saz ûf eime steine,
und dahte bein mit beine:
dar ûf satzt ich den ellenbogen:
ich hete in mîne hant gesmogen
daz kinne und ein mîn wange.
dô dâhte ich mir vil ange,
wie man zer welte solte leben:
deheinen rât kond ich gegeben,
wie man driu dinc erwurbe,
der keines niht verdurbe.
diu zwei sint êre und varnde guot,
daz dicke ein ander schaden tuot:
daz dritte ist gotes hulde,
der zweier übergulde.
die wolte ich gerne in einen schrîn.
jâ leider desn mac niht gesîn,
daz guot und weltlich êre
und gotes hulde mêre
zesamene in ein herze komen.
stîg unde wege sint in benomen:
untriuwe ist in der sâze,
gewalt vert ûf der strâze:
fride unde reht sint sêre wunt.
diu driu enhabent geleites niht, diu zwei enwerden ê gesunt.

Dichtung sich ausprägende adlige Ethos, das andere →Stände in ihre Schranken verweist und die mit dem Aufkommen der städtischen Wirtschaftsweise verbundene soziale Grenzverwischung nicht wahrhaben will.

In dem Reichsspruch, dessen einleitende Verse die Pose des Nachdenkens beschreiben, in der ihn die Miniaturen zweier Liederhandschriften darstellen: »Ich saß auf einem Stein und hatte ein Bein über das andere geschlagen« – beklagt er die Unmöglichkeit, ritterliches Ansehen und Besitz in einer Person zu vereinigen, und führt als Ursache an: »Verrat lauert im Hinterhalt, Gewalttat zieht auf der Straße, Friede und Recht sind todwund.« Das ist realistisch gezeichnete Wirklichkeit, obwohl es nicht die eigentliche Ursache darstellt für das Auseinandertreten von adligem Ansehen und Besitz: Das Eindringen der Geldwirtschaft in die Poren der feudalen Gesellschaft überholt das Leitbild von den vielen in sich abgeschlossenen, sich selbst reproduzierenden Grundherrschaften. Auch die Zentralgewalt kann und will diese Entwicklung nicht zurückdrehen.

Walther von der Vogelweide. Die Miniatur der Weingartener Liederhandschrift zeigt ihn in der Pose des Nachdenkens (um 1300 n. Chr.)

Daher sind Walthers Altersgedichte, obwohl er endlich in den Besitz eines Lehens gekommen ist, von Resignation getragen. Sie loben die vergangene Zeit und beklagen den zunehmenden Zerfall der ritterlichen Welt. Seine elegische Stimmung drückt sich in sprachmächtiger Klage aus: »Weh, wohin sind alle meine Jahre entschwunden! War mein Leben ein Traum, oder ist es Wirklichkeit?«

Walthers Beitrag zum Minnesang, dem anderen Schwerpunkt seiner literarischen Produktion, ist dort am bedeutendsten, wo er aus seiner Konvention auszubrechen versuchte. Er begann im Gefolge seines Lehrers Reinmar von Hagenau (ca. 1160/70–1205/10) mit Minneliedern der üblichen Thematik, der sogenannten Hohen Minne (→S. 84ff.): In ihr erscheint der Mann als dienender Ritter einer höhergestellten adligen Frau, der trotz beständigen Dienstes und Werbens eine Erfüllung seiner Liebeswünsche nicht erwarten darf, vielmehr den Sinn der mühevollen Unternehmung in der geistig-sittlichen Selbsterziehung sehen soll, die daraus erwächst. Das Eigentümliche dieser besonders an den großen Feudalhöfen gepflegten Dichtung erschließt sich aus dem Zusammenwirken mehrerer Funktionen. Der Minnesang bindet den gesamten, in sich bereits stark differenzierten Adel in der Verpflichtung auf ein gemeinsames ethisches Programm zusammen; in seinen ritterlichen Tugenden verständigt sich der Adel gegenüber den durch Geldwirtschaft und Handel verursachten Auflösungserscheinungen ideell noch einmal als einheitliche →Klasse. Zugleich wird mit exklusivem Anspruch eine scharfe Abgrenzung gegen untere Stände vollzogen. Der poetische Ritterbegriff, der alle Adelsschichten umspannt, vollzieht auf moralischer Ebene die Integration der Ministerialität in den Adelsstand, deren soziale und rechtliche Zugehörigkeit zum Adel zu diesem Zeitpunkt noch nicht restlos durchgesetzt war. Ihrer Lage und den Bestrebungen der Territorialisierung entspricht auch die massive Verherrlichung des ungelohnten Dienstes; denn unter ›Lohn‹ für erwiesene Dienste verstand der Adel ursprünglich nur das Lehen.

An diesem letzten Punkt, und nur an ihm, setzt Walthers Kritik an. Er, der an das alte Bild freier grundherrschaftlicher Existenz glaubt, lehnt sich gegen die Doktrin vom Ausbleiben des Lohnes auf. In seinen Gedichten kritisiert er die Unerfüllbarkeit der Minne und verwirft die Ungleichheit der Rollen, durch die eine gegenseitige Liebe unmöglich ist. In polemischer Auseinandersetzung mit Reinmar gelangt er zu einer ganz neuartigen Verbindung von Minnesang und volkstümlicher Lyrik, deren Ausdruck seine Mädchenlieder sind. Indem sie die Wechselseitigkeit der Liebe zum Programm erheben, bilden sie einen Markstein in der deutschen Lyrik des Mittelalters.

Peter Wapnewski

Liebe als Literatur im Mittelalter

I

Der galanten Christenheit
Süße Pomeranzenlande!
Wie sie duften, glänzen, klingen
In dem Zwielicht der Erinn'rung!

Schöne Nachtigallenwelt!
Wo man statt des wahren Gottes,
Nur den falschen Gott der Liebe
Und der Musen angebetet.

Klerici, mit Rosenkränzen
Auf der Glatze, sangen Psalmen
In der heitern Sprache d'oc;
Und die Laien, edle Ritter,

Stolz auf hohen Rossen trabend,
Spintisierten Vers und Reime
Zur Verherrlichung der Dame,
Der ihr Herze fröhlich diente.
(Heinrich Heine, »Romanzero«)

Sie war weder schön, noch eine Nachtigallenwelt, noch galant; sie duftete nicht nach Pomeranzen noch war sie bevölkert von spintisierenden Rittern, die fröhlich ihrer Dame dienten; sie vergaß auch um des falschen Gottes willen nie den wahren: Die Welt des Mittelalters. Vielmehr war sie der Schauplatz mühseliger Lebensbewältigung, Arena einer stets gefährdeten Existenz, Zeit permanenter Krise und permanenten Krisenbewußtseins. Eine Epoche der agrarischen Kultur, die große Mehrzahl der Menschen arbeitete auf dem Feld, um die Ernährung der ganzen Zahl zu sichern (und noch im 18. Jahrhundert bestand zwei Drittel der Bevölkerung Deutschlands aus Bauern), was ein immer wieder gefährdetes Unternehmen war: Unwetterkatastrophen bedrohten die Ernte wie Raubüberfall und Plünderung; Seuchen dezimierten die Bevölkerung und damit ihre Arbeitskraft; das Leben, bedroht durch Krankheit, Mangel und Gewalt, währte kurz und war nicht köstlich. Der Mensch, ob Herr oder Knecht, war eingespannt in ein Netzwerk von sozialen, geistigen, religiösen Autoritäten; er war gefesselt an seinen Stand, den zu verlassen grundsätzlich als unerlaubte Überschreitung galt: denn Standesgrenzen waren gottgesetzte Grenzen. Bedrängt von Visionen, →eschatologischen Ängsten der Weltuntergangsfurcht, gequält von bösen Geistern, klammerte sich der Unfreie wie der Freie, der adlige wie der geistliche Herr an die überschaubare Größe des zu bewältigenden Heute, an das täglich Brot, an Familie, Sippe, an Land und →Lehen und Dienst.

Und die Feste und Turniere? Die Dome und Burgen, die Hoftage und die Klöster mit ihren reichen Bibliotheken, die Universitäten, scholastische Gelehrsamkeit und Völlerei und Tanz und Dichtung und Musik? Das alles hat es auch gegeben, doch ist es notwendig, dem späten Betrachter des Mittelalters in aller Schärfe klar zu machen, daß eben jene Erscheinungen, die ihm diese Geschichtsphase sinnfällig vermitteln und ihre Wirklichkeit beglaubigen, einen bestürzend geringen Teil der damaligen Lebenswirklichkeit ausmachten, daß sie Ehrgeiz, Besitz und eifersüchtig gewahrtes Privileg der »happy few« waren – und auch dieser schmalen Größe ist man versucht, noch das Beiwort »happy« abzusprechen.

So gaukeln Heines Verse also ein Trugbild vor? Sie tun es insofern, als man in ihnen für Wirklichkeit zu nehmen verführt ist, was nur Partikel der Wirklichkeit war. Sie spiegeln freilich nicht ohne Geschick wider, was die führende Gesellschaftsschicht einer bestimmten Phase der großen 1000jährigen Epoche »Mittelalter« innerhalb der von ihr angestrebten höfischen Kultur als neue und sehr eigentümliche Spielart der Liebe entwickelt und gepflegt hat.

II

In den Thalen der Provence
Ist der Minnesang entsprossen,
Kind des Frühlings und der Minne,
Holder, inniger Genossen.
(Ludwig Uhland)

Vom beginnenden 12. bis ins 14. Jahrhundert hinein gedeiht in Westeuropa eine höchst merkwürdige →soziokulturelle Erscheinung, die in der Kulturgeschichte der Menschheit nichts Vergleichbares hat: die Lyrik der (provenzalischen) Trobaires, der (nordfranzösischen) Trouvères, der (deutschen) Minnesänger. Das Phänomen erregt Bewunderung, Staunen und Befremdung bis auf den heutigen Tag: Die »höfische Liebe« in der sozialen Form des Minnedienstes, in der dichterisch-musikalischen Form des Minnesangs.

Während zuvor und hernach Lyrik wesentlich eine Sache war der Lyriker; d. h. einer bestimmten Kaste, die sich zur Hervorbringung von Gedichten ausgestattet und befugt glaubt und sich zur Gesellschaft gelegentlich angepaßt, oft oppositionell verhält, hat die Kunstübung des Minnesangs eine geradezu abwegige und paradoxe Identität angestrebt und erreicht: Produzent und Konsument sind nicht nur einig, sondern eins, sie decken sich, und die konstitutive Antithese von Künstler und Publikum kann als aufgehoben gelten. Die Rollen sind austauschbar geworden. Mehr noch: Die führende Gesellschaftsschicht bedarf jeweils zur Bestimmung ihrer selbst gewisser Zeichen, Formen, die den Besitz von Privilegien signalisieren. Die höfische Gesellschaft nun des hohen Mittelalters bedient sich als einer Standesbeglaubigung dieser neuen Sangeskunst. Nicht lediglich, indem sie gemäß alter und auch im Mittelalter beharrlich geübter Tradition den Dichter →mäzeniert. Sondern indem sie sich mit ihm →identifiziert, ihn und seine lyrische Kunstwelt »lebt«.

Dieser herrschende Stand ist, in seinen mannigfachen Abstufungen vom Kaiser-König über Fürsten und Grafen bis zum freien Herrn, der Adel. Er deckt sich sozial nicht durchaus mit dem Stand des »Ritters«, der als solcher eher eine romantische Größe mit unscharfen Konturen ist, doch darf man sagen, daß im hohen Mittelalter der Begriff »Rittertum« den moralisch-geistigen Habitus dieser Klasse und ihre idealischen Ambitionen mitumfaßt. Nun ist bemerkenswert, daß die ritterliche Lyrik offenbar nicht eigentlich die Sache jener Schicht ist, die seit dem 11. Jahrhundert mächtig zu Einfluß und Geltung kommt: einer ursprünglichen Funktionärskaste, deren →administrative Geschicklichkeit sie allmählich unentbehrlich und also mächtig macht und die als →*Ministerialen* ein Neuadelscorps mit Ehrgeiz, Einfluß und Erfolg darstellen. Wenn wir recht sehen, gehören nicht wenige der »ritterlichen« Epiker dieser emporstrebenden Schicht der einst unfreien »homines novi« (Emporkömmlinge) an. Hingegen verweisen die Standesverhältnisse der Minnesänger auf einen eher altadligen Ursprung dieser personalen Kunstübung und -ausübung. Die ersten Lieder in der Provence wie in Deutschland danken sich alt- und hochadligen Herren, und sie künden von einem nicht gewollten und forcierten, sondern von einem gewachsenen und gelassenen Selbstbewußtsein.

Form und Wesen dieser ritterlichen Adelskultur wurden dem übrigen Europa vorbildhaft und modellprägend geliefert aus ihrem Ursprungsland, aus dem Westen, aus der Gallo-Romania. In deren Süden, im Gebiet der ehemaligen römischen Provincia, scheinen im 11. Jahrhundert die Umstände für die Entstehung einer lyrischen Gesellschaftskultur besonders günstig gewesen zu sein. An mächtigen, an mittleren und auch kleinen Höfen gediehen (bis Rom in den Albigenserkriegen 1209–1229 all dieses erbarmungslos und folgenreich niedermähte) Macht und

Wohlstand und in deren Gefolge auch Bildung; bewahrten sich volkstümliche und klassische Traditionen, die sich auch der Lust nach Schönheit und ihrer künstlerischen Darstellung nicht verschlossen. Die Provence also gilt uns als das Ursprungsland des Minnesangs (wobei der Begriff nicht allzu strikt im territorialen Sinne ausgelegt werden darf. Präziser spricht man von altokzitanischer Literatur im Lande der langue d'oc [wie schon Heine tat], die ihren Namen herleitet aus der Gewohnheit dieser Landschaft, die Bejahung auszudrücken mit Hilfe der dem Lateinischen entstammenden Partikel [h]oc). Dort erhebt gegen Ende des 11. Jahrhunderts Wilhelm IX., Graf von Poitiers und Herzog von Aquitanien, eine Renaissancefigur mit den Zügen gewalttätiger Menschlichkeit und zu recht mit dem Attribut »Der erste Troubadour« geschmückt, seine mächtige Stimme zu jenem Gesang, in den ein halbes Jahrhundert später im Norden die französischen Trouvères, im Nordosten die deutschen Minnesänger einfallen. Ein Gesang, der über zwei Jahrhunderte hin charakteristisch sein wird für die Standesgenossen dieses IX. Guilleaume und für ihre Art der Selbstrepräsentation im ganzen westlichen Europa.

III

Ez tiuret junges mannes lîp,
der suoze sprichet wider diu wîp
(Ulrich von Lichtenstein)

Den Ort der Entstehung kennen, die Voraussetzungen der Entstehung vermuten, meint indes nicht, die Entstehung selbst begreifen, noch das seltsame Wesen des Entstandenen.

Die Haltung, deren künstlerische →Emanation der Minnesang ist, heißt Minnedienst: Eine in Tönung, Gestik und Gebärde höchst merkwürdige Prozedur. Denn in ihr als einer Stilkonvention praktizieren Männer als kunstvolle Benehmensnorm, was sie in der sozialen Wirklichkeit verwerfen: Sie geben vor, sich auf Gedeih und Verderb der Frau zu ergeben. Die Welt des Mittelalters ist Männerwelt, alle Fragen der politischen, sozialen, gelehrten und religiösen Wirklichkeit werden ausschließlich von Männern entschieden, der Frau ist der Bereich häuslichen Dienens zugeordnet, sie hat Kinder zu gebären und aufzuziehen und die Familie zu versorgen, hat zu pflegen und zu ordnen; sie hat in der Welt dem Manne, im Kloster Gott zu dienen. Das Christentum ist eine prinzipiell frauenfeindliche Religion, und diese seine →paulinische Mitgift, bis zum heutigen Tage nachwirkend, hat das Mittelalter entscheidend bestimmt. Die Ehe ist primär eine Zweck- und Versorgungsgemeinschaft, mit Liebe hat sie nichts zu tun. Hier setzt die bedeutende Leistung des Minnedienstes ein. Die Frau erlebt in seinem (freilich eng begrenzten) System die radikale Wandlung vom Instrumentum Diaboli (»Werkzeug des Teufels«) zum Instrumentum Dei (»Werkzeug Gottes«). Die adligen Herren, deren Geschäft der Krieg ist, die Jagd, Rechtsprechung und Verwaltung, Spiel und oft sehr grobe Genüsse – diese Männer werden nun und einigermaßen unverhofft von lieblichen Gefühlen regiert statt von Herrscherwillkür, von zarten Empfindungen statt von sinnlichen Gelüsten, sie demütigen ihr Kraftpotential, beugen Knie und Herz und ergeben in Melancholie und Flehen, in Hoffen und Harren ihr ganzes Geschick und Glück bedingungslos der Frau, der Herrin (frouwe, domna). Auf Gedeih und Verderb sind sie ihr untertan, ihrer *hulde*, ihrer *genâde*, ihrer Laune; und die Frage, ob sie morgen lächeln wird oder nicht, wird den Schlaf rauben und die Gesundheit ruinieren. Eindrucksvolles Schauspiel einer artistischen und artifiziellen Gesellschaftskonvention, aber eben: ein Schauspiel. Seine faktischen, also politisch-sozialen Folgen sind – wie im Falle aller Kunst – schwer zu registrieren, indessen müssen sie doch – wie im Falle aller Kunst – gedeutet werden als Ausdruck bestimmter politisch-sozialer Wirklichkeiten.

IV

saget mir jeman, waz ist minne?
(Walther von der Vogelweide)

Den *amor cortes*, das System also der *höfischen Liebe* in der spezifischen Form des Minnesangs als Resultat eines Kompensierungsbedürfnisses zu deuten, mag sich einfach ausnehmen, wird aber nicht falsch sein. Wo die soziale Wirklichkeit die Rolle des anderen Geschlechtes derart rigoros und beharrlich einschränkt auf Dienst und Fürsorge, der Frau die Chance der Mitbestimmung in jedem gewichtigen Bereich vorenthaltend und sie lediglich als Objekt männlichen Willens traktierend, die Ehe lediglich als Objekt männlichen Kalküls praktizierend (ob nun Acker und Küche oder aber →dynastische Machtbereiche mit solchen Mitteln stabilisiert und erweitert werden sollten): da agiert die Geschichte wohl einmal ausgleichend und pervertiert auf der Ebene des künstlerischen Spiels und des gesellschaftlichen →Comments die faktischen Verhältnisse in ihr Gegenteil. (Das sind Vorgänge, die sich aus →latentem elementaren Bedürfnis speisen und heute noch sich niederschlagen, etwa in dem entschärften und zum Ulk abgefälschten Brauch der »Übergabe des Rathausschlüssels« an den Faschingsprinzen, in der »Weiberfastnacht« u.ä.: Die Narretei als Auffangraum und Abfangpolster für revolutionäre Stauungsenergien.) Die bedeutende und eindrucksvolle Leistung des Minnedienstes und Minnesangs setzt freilich erst da ein, wo solche Ausgleichsbewegung diszipliniert und stilisiert wird zu einem →ethisch-ästhetischen System. Wo also Verzicht sich versteht als Erziehung, Erziehung sich →sublimiert zu Kunst; wo aus dem Widerspiel von erotischem Begehren, Versagen und Entsagen über das Medium der Poesie ein Akt der Kultur wird.

Wer das Prinzip *amor cortes*, minne untersuchen will, muß vor allem drei Komplexe angehen. Da ist die Frage nach der *Herkunft* dieses merkwürdigen und widersinnigen Systems. Da ist die Frage nach der *Form* dieses Rituals. Da ist schließlich die Frage nach Geist, nach *Idee* der »minne«.

Die ersten beiden Komplexe können hier nur kurz gestreift werden. Die Herkunftsfrage zählt zu den wohl definitiv nicht lösbaren Problemen der →Mediävistik. Man wird jedoch im Katalog der möglichen Motive das Institut der →*Vasallität*, also des Lehnswesens, das konstitutiv war für den Staat des Mittelalters, nicht außer acht lassen dürfen – dies zumal im Zusammenhang mit dem Umstand, daß gelegentlich und regional die Möglichkeit der weiblichen Erbfolge im dynastischen Bereich zugelassen war. Im Zusammenhang mit einer partiellen Aufwertung der Frau ist auch die Sitte der Marienverehrung zu sehen, die seit vornehmlich dem 12. Jahr-

Gerüst der Geschichtszahlen

1096–1099	Erster Kreuzzug
1137–1180	Ludwig VII. von Frankreich (verh. mit Eleonore von Poitiers, Scheidung 1152)
1154–1189	Heinrich II. von England (seit 1152 verh. mit Eleonore von Poitiers, gest. 1204)
1142	Abaelard gest.
1147–1149	Zweiter Kreuzzug
1153	Bernhard von Clairvaux gest.
1138–1152	Konrad III. (erster Stauferkönig)
1152–1190	Friedrich I. Barbarossa
1187	Eroberung Jerusalems durch Saladin
1189–1192	Dritter Kreuzzug
1180–1223	Philipp II. August von Frankreich
1190–1197	Heinrich VI.
1198–1216	Papst Innozenz III.
1198–1208	Philipp von Schwaben, Doppelkönigschaft gegen
1198–1215	Otto IV. von Braunschweig
1209–1229	Albigenser-Kriege
1212–1250	Friedrich II.
1274	Thomas von Aquin gest.

hundert die Stimmung der Religiosität des Abendlandes entschieden mitinstrumentiert und ihr leisere und zartere Töne verliehen hat. Dennoch gebührt der seit dem Beginn unseres Jahrhunderts wissenschaftlich verfochtenen These von der Herkunft der mittelalterlichen Frauenverehrung aus dem Geist und der Dichtung der arabisch-moslimischen Hofkultur wohl der Primat – ohne daß damit alles und das letzte Wort gesagt wäre.

Die künstlerische Verwirklichung des Minnedienstes ist der Minnesang. Ein insofern irreführender Terminus, als er nahelegt, dem sanglich-musikalischen Moment den Vorrang zu geben. Indessen besteht Grund zu der Annahme, daß diese »Lieder« schon zu ihrer Zeit eher das waren, was sie uns heute sind, nämlich Gedichte. Der Musik, die wir nur schwer und unzulänglich rekonstruieren können, hat offenbar eine →melismatisch schmückende und den Vortrag auszeichnende Rolle gebührt, nicht leitend, sondern zupfend-fiedelnd begleitend. Diese Vermutung wird u.a. erhärtet durch den Umstand, daß die großen Sammelhandschriften des Minnesangs nur die Texte, nicht also die Noten (Neumen) aufgezeichnet haben.

Die Form dieser Gedichte zeichnet sich schon in der zweiten Generation der Minnesänger (in Deutschland heißt das seit 1180 etwa) durch eine staunenswerte Artistik aus, die in souveräner Leichtigkeit (wiederum auf deutsche Verhältnisse bezogen: in einer doch erst seit etwa 100 Jahren der Poesie zugewandten Sprache) mit Klängen und Reimen, mit Rhythmen und →Metren spielt und scheinbar schwerelos ein Filigran von Lautreizen aus Worten bildet, wie es dem an stummes Aufnehmen über die Augen gewöhnten Leser kaum sinnfällig wird. Jedoch das mittelalterliche Publikum *hörte* diese Dichtung, und hörte sie mit geübtem und für die subtilsten und raffiniertesten Klangreize geschärftem Ohr. Das sehr deutsche Mißtrauen gegenüber dem schönen Schein ist schnell bereit, als Flitterwerk und Hüllenglanz abzutun, was doch seine Lebensform als Kunst erst durch die Kunstform erhält. Um es mit Ludwig Tieck, einem der frühen Freunde der Minnesinger, zu sagen: ». . . als wenn die Kunst je könnte unkünstlich sein wollen.«

Vor allem jedoch verdient die geistige Substanz, die Idee der *minne*, eine Erörterung.

Die mittelhochdeutsche Dichtung der sogenannten ›Blütezeit‹ um 1200 ist gekennzeichnet und gezeichnet durch eine ebenso kühne wie fragile Konzeption, die sich um so schutzloser dem Gesetz des Vergehens auslieferte, je gespannter sie ihren Ewigkeitsanspruch behauptete. Diese ›Klassik‹ begehrt Unmögliches, ihr →existenzieller Imperativ befiehlt dem Helden der Dichtung, er solle »got unde der werlde gevallen«, er habe zu bestehen vor Gott wie auch vor der Welt. Das wollte und konnte das frühe Mittelalter noch nicht, ihm ging es um das Bestehen einzig vor Gott, und die Welt bewältigen hieß, sie abtun, sie hinter sich lassen und ihren falschen Glanz und ihre tückischen Freuden fliehen. Im Minnesang, der frühesten weltlichen Lyrik deutscher Sprache, entdeckt sich die Fülle der lieblichen Gefühle und schönen Gedanken auch als irdischer Besitz – ohne sich freilich zur Stimme sinnlichen Genießens zu machen. Doch wird hier nach den Jahrhunderten der Jenseitsverehrung und Diesseitsverachtung der Sinn für das Schöne der diesseitigen Dinge entdeckt, genutzt und in Form verwandelt – freilich nicht um seiner selbst willen, sondern um mit seiner Hilfe das Edelste unter Gottes Schöpfungswerken zu preisen: die Frau. Und mit ihr wiederum den Schöpfer. *Minne* also will auf ihre Weise Gott und Welt, für einen Augenblick wenigstens, zusammenbringen, will Gottes- und Weltdienst in eins setzen, das Diesseits →transzendieren machen, das Jenseits »deszendieren«.

Und so leuchtet denn ein: *minne* ist nicht Liebe. Es ist nützlich, auf die →etymologische Verwandtschaft des Wortes mit etwa dem lateinischen *mens* und *memoria*, dem englischen *mind* hinzuweisen, Wörter, die den geistig-intellektuellen Bestandteil des Begriffs signalisieren. *Minne ist zu definieren als ein erotisch motivierter Akt geistigen Erfassens.* Diese spezifische Form der erotischen Beziehung unterscheidet sich von dem allgemeingültigen Liebesbegriff dadurch, daß sie nicht den personal faßbaren, individuierten Partner will, sondern ihn lediglich als →Katalysator empfindet für das Streben nach allem Schönen, allem Verehrungswürdigen, allem Edlen, wie es in der Frau als einem göttlichen Schöpfungsprodukt angelegt ist. In der Frau: denn auch insofern unterscheidet sich »minne« von Liebe, als sie einseitig orientiert ist, als sie grundsätzlich vom Manne zur Frau hin ausstrahlt – und wesensmäßig nicht erwidert wird. Nicht erwidert werden darf – denn so innig das Hoffen, so flehend das Bitten, so begehrend das Werben des Mannes sich auch formuliert: die Energie minne steht und fällt mit dieser seelischen Spannung, sie ist Bestandteil der erwünschten Verheißung – Erfüllung indessen wäre ihr Ende.

Minne also ist ein erotisch registriertes pädagogisches System. Als solches kann es nicht gedeihen in der personalen Beziehung von einem privaten Ich zu einem privaten Du. *Minne* ist nicht unpersönlich, wohl aber überpersönlich, ist →»transsubjektiv« orientiert (Günther Müller).

Natürlich behauptet die →Philologie nicht, diese merkwürdige Spezies des Eros sei die spezifische Art der Liebe im Mittelalter gewesen. Daß es auch ›Liebe‹ gegeben hat in jener leibseelischen Form individueller und leidenschaftlicher Zuneigung, wie sie mit relativ geringfügigen Varianten alle Zeiten und Kulturen belebt, bleibt unbestritten und wird für das Mittelalter nicht lediglich durch die Tragödie Abaelards und Heloïses (→S. 72f.) bezeugt. Jedoch war die Tatsache der »ordinären« Liebe für die Literatur des Mittelalters lediglich da reizvoll, wo sie als Motiv und Movens epischer Erzählungen gerühmt, wo sie in →Pastourellen und heiter-deftigen lateinischen carmina sinnenvergnügt besungen, wo sie im ›Tagelied‹ brennend beschworen und beweint werden konnte. Und das heißt, daß diese zeitlose Form der Liebe im Mittelalter keine ihr im besonderen Sinne eigene charakteristische Darstellung gefunden hat. Die spezifische Leistung der mittelalterlichen Literatur in bezug auf die Aneignung und Anverwandlung des Phänomens ›Liebe‹ liegt mithin in seiner Transformation zur *minne*. Zur *minne* als Dienst und als Lyrik.

So wenig das Objekt von Anbetung und Begehren ›originell‹, d.h. individuell faßbar sein darf (Anonymität der verherrlichten Dame ist konsequenterweise eine der strikt gewahrten Regeln dieses erotischen Pädagogiums), so wenig begehrt der Dichter, sich als ›Originalgenie‹ auszuzeichnen. Er empfindet sich als Sprachrohr einer allgemeinen Bewußtseinslage, als Exekutor eines gesellschaftlichen Auftrags, berufen, gewisse Impulse und Ideale dieser Gruppe zu formulieren und sie als einer von vielen für viele vorzutragen. Originalität der poetischen Selbstäußerung ist also grundsätzlich nicht angestrebt und in der Tat nicht eben oft verwirklicht. Wer freilich vom modernen Kunstverstande her die Monotonie, die Einhelligkeit, die Auswechselbarkeit dieser Minnetöne und Minnegebärden, dieser »lyrischen Topologie« (Gustav Gröber) kritisiert, tadelt eben das, was der Sache im Urteil ihrer Erfinder (der Stamm »trob-« in allen Varianten des Wortes »Troubadour« entspricht dem neufranzösischen »trouver«), Darsteller und Genießer höchsten Ruhm einbrachte. Denn hier ging es um die Demonstration einer überindividuellen Gesetzlichkeit mit Hilfe überindividueller, nicht dem Einzelnen und seinem Kunstvermögen noch seinen Gefühlen gewidmeten Mitteln. Freilich, der Geist auch der Kunst wehet, wo er will, und so konnte es nicht ausbleiben, daß dieser der überpersönlichen Norm geweihte Gesang sogleich die persönliche Handschrift des individuellen Talents, vielleicht des Genies aufwies, sobald Talent und Genie sich seiner annahmen. Auch (vielmehr gerade) auf dem schmalen Podest dieser enggeführten Kunstübung vermochte sich große Kunst als solche zu beweisen: in der Fähigkeit, das begrenzte Material der Formeln und Begriffe, den limitierten Bestand der Gesten und Gefühle, das beschränkte Register der Stimmung auf unverwechselbare und eigenwillige Weise in Kunst zu übersetzen. Ein »Tanz in Ketten«, um Nietzsches Metapher für diesen Gegenstand zu entleihen; und er gelingt in einigen glanzvollen Stücken. So wären denn *minne, Minne*dienst und *Minne*sang ein Spiel? Gewiß nicht, wenn man mit diesem Begriff Zufallsvergnügen, Bastelehrgeiz oder rokokozartes Tändeln in flüchtiger Pose und durchsichtiger Maske verbindet. Wohl aber »Spiel«, wenn man es (mit Johan Huizinga) begreift als ordnung- und kulturstiftende Macht, dispensiert von unmittelbarem Profitzwang und sichtbarem Nutzen. Denn *Minne*sang, das ergibt sich aus seinem gesellschaftsgebundenen Charakter und der Traditionsgebundenheit des »schönen Sprechens«, ist nicht willkürlicher Aufbruch des kreativen Individuums, sondern ist »exercitium« (geistliche Übung) und »servitium«

(Dienst), ist *ordo*-gebundenes Gliedern. Und insofern poetisches Spiel par excellence, als hier mit eng begrenzter Figurenzahl eine höchstmögliche Menge von Variationen vorzuführen ist. Mit ihrer Hilfe ging es um die menschenunmögliche und höchst menschliche Aufgabe, einen »Traum zu leben« (um noch einmal Huizinga zu zitieren). (In Parenthese nur sei erwähnt, daß der höfische Roman die minnesängerische Variante gelebten Traums seltsamerweise nie darstellt: Weil sie zu »realistisch« wäre? Er scheut indessen bei aller anmutigen Phantastik durchaus nicht die Schilderung alltäglicher – oder sonntäglicher – Wirklichkeit. Es wird lediglich einmal von einem hohen Herrn gesagt, daß er über alle Gaben der Vollkommenheit verfügte – *und sanc vil wol von minnen* [so Hartmann von Aue über seinen Helden Heinrich]. Allein das »Nibelungenlied« malt eine höfische Minnesang-Szene aus und läßt Volker vor Rüdigers Gattin spielen.)

So hätte es denn im Mittelalter das persönliche Erlebnis ›Liebe‹ nicht gegeben? Die Frage stellen, heißt sie beantworten: nicht das persönliche Erlebnis (jeglicher Art) ist dem Mittelalter abgegangen, sondern das Bedürfnis (und also die Fähigkeit), ihm Ausdruck zu geben. Der Augenblick, in dem das →autonome Individuum sich selbst als solches entdeckt, sprengt das Mittelalter als Epoche, die sich eben dadurch definiert, daß der einzelne sich begreift als Glied des »ordo«, dem er durch Geburt, Stand, Tätigkeit, Geist und Glauben eingefügt ist.

Dem Mittelalter ging es (auch) im Minnewesen um die Proklamation eines allgemeinen Sittengesetzes, und der persönliche Anteil des schöpferischen Individuums ist allenfalls als gelegentlich unvermeidliche Beigabe spürbar, wird indessen durch die öffentliche Proklamation wiederum →objektiviert und →generalisiert. Die hier verkündete frohe Botschaft lautete, um es mit den Worten nichtdeutscher europäischer Sprache zu sagen: *Minne* sei »fons et origo omnium bonorum« (Quelle und Ursprung alles Guten) und »amore e cor gentil sono una cosa« (*Minne* und edeles Herz sind ein und dasselbe).

So erklärt sich noch einmal, warum das Mittelalter keinen Anlaß hatte, in seinen Erörterungen das Kunststück *minne* und das soziale Faktum Ehe zu verkuppeln. Im Gegenteil, sie sind unvereinbar – so räsoniert Anfang des 13. Jahrhunderts der Kaplan Andreas in seinen Spekulationen »De amore« und ihren »questiones«: Spitzfindigen Erörterungen, die ihre Denkfiguren der →scholastischen Methode verdanken und die sich auslassen über Liebe und Ehe und Eifersucht und in etwa resümieren, was man an den Höfen Westeuropas zusammengetragen haben mag an theoretisch-spielerischem Material zu dem Thema (bis hin zu der Fiktion von »Minnegerichtshöfen« und ihrer spitzigen →Kasuistik). Übrigens diente dieser Andreas Capellanus der Gräfin Marie de Champagne, die Mäzenatin war des Chrestien de Troyes (den man zu recht als den Begründer des höfischen Romans ehrt) und eine Tochter der Eleonore von Poitiers, Enkelin jenes Neunten Wilhelm und »Ersten Troubadours«. Eleonore aber war in dem mannesbestimmten Mittelalter die große Ausnahme, eine faszinierende Gestalt von großer Wirkung auf Politiker wie Dichter, in erster Ehe verheiratet mit König Ludwig VII. von Frankreich, und nach ihrer skandalumraunten Scheidung Gattin König Heinrich (Plantagenet) II. von England. Als solche auch Schwiegermutter Heinrichs des Löwen von Braunschweig und Mutter des Königs Richard Löwenherz.

(Dies alles soll im Sinne einer kurzgeschlossenen Skizze die Tradition und Verflechtung von Troubadoursang, »amor cortes«, dynastischem Ehebund, mäzenatischem Verdienst und gelegentlich wohl auch weiblicher Faszinationskraft andeuten, die das Europa des hohen Mittelalters wesentlich mitgezeichnet haben.)

Freilich: Wenn Alfred Döblin in seinem letzten Roman »Hamlet oder die lange Nacht nimmt ein Ende« (1956) das Troubadourwesen in reizvoll-heiterer Umspielung zu einer »Frauenrechtsbewegung« erklärt und solcher Soziologie das System eines Paragraphengerüsts verleiht, dann ist das vergnüglich zu lesen, aber historisch irreführend. Eben diese Aufwertung der Frau war doch wiederum Männerwerk, sie diente den von Männern konzipierten Sitten- und Ehrbegriffen, sie war deutlich genug der Disziplinierung und seelischen Sublimierung des stetig Anbetenden und Werbenden zugedacht: also dem Manne. Man kann weiter gehen und behaupten, daß die prunkvolle Gabe der zarten →Courtoisie, scheinbar Rang und Würde der Frau maßlos erhöhend, nur ein gewisseres Mittel war, sie zu kalmieren, d.h. zufriedenzustellen im Luxus des Formenspiels und sie um so dauerhafter im Getto ihrer Wirkungs- und Einflußlosigkeit zu halten. Das Maß männlicher Galanterie zeigt das Maß der weiblichen Schwäche an.

V

daz ir deste werder sît
und dâbî hôchgemuot
(Albrecht von Johansdorf)

Spätestens hier stellt sich die Frage, ob dieses zarte Gespinst »minne« in seiner Gebrechlichkeit und →Preziosität nicht lediglich Philologenbesitz ist, Destillat aus Thesen und Vermutungen, das der Konfrontation mit historischer Wirklichkeit schwerlich gewachsen sein mag. Es soll zum Beleg also endlich die Dichtung sich selbst beglaubigen. Dafür läge es nahe, ein Gedicht des »Scholastikers der unglücklichen Liebe« zu zitieren: so benennt Ludwig Uhland den Wiener Hof-Minner der Babenberger Herzöge, Reinmar (mit den Beinamen »der Alte« oder »von Hagenau«), in dessen Liedern die Attitüde der *minne* (die Uhland hier vereinfacht zur »unglücklichen Liebe«) ihren klassischen Ausdruck gefunden hat. Poetisch reizvoller indessen und zur Demonstration der Minne-Ideologie tauglicher ist ein locker dem Muster der Pastourelle (→S. 24), enger dem des lyrischen Streitgesprächs (débat, provenzalisch Tenzone) verpflichtetes galantes Gedicht des Albrecht von Johansdorf. In der pointierten Form eines Dialogs zwischen dem adorierenden Ritter und der kokett-schnippischen Dame entwikkeln diese Strophen das ethische Ideal des Minnewesens und bringen das kleine Mirakel fertig, hier einmal deutsch zu reden in romanischer Manier, d.h. das Ernste lächelnd vorzubringen:

Anstelle einer doch nur hinkenden, d.h. die Nuancen, in denen schließlich alle Weisheit steckt, nicht erfassenden Übersetzung stehe hier eine →paraphrasierende Interpretation:

I: Disposition: Der Sänger-Ritter begegnet unverhofft der Angebeteten, die, welch Zufall, ohne lästig-wachsame Begleitung (»huote«) ist.

II: Sogleich setzt das Spiel der Minnegestik ein, die der werbenden Klage die spröde Ablehnung kontrapungiert. Stichwörter: »senderkumber« (Liebesschmerz) – »klage« – »gewern« (Gewährung).

III: Weiter geht es im hochdramatischen Minnestil. Sie ist seine »frouwe«, d.h. Herrin, er ist ihr »man«, d.h. Dienstmann, der seinen »dienest« nicht sinnlos investiert zu haben hofft. – Topos: Tod aus unerfüllter Liebe.

IV: Typische Minnedialektik: Ihr selber seid schuld an dem, was Ihr anklagt. »Das hat Eure Schönheit gemacht . . .« Besorgte Einrede der Dame: Erotische Eroberung kompromittiert die Frau in eben jenem Maße, wie sie dem Manne schmeichelt.

VI: Die Dame fordert nun ernstlich: Er möge ablassen zu erbitten, was niemals erfüllt werden kann. Sein Aufschrei: »Solchermaßen ärmlich (»alsô« nicht konsekutiv, sondern modal) soll mir Gewährung geschenkt werden?!«

VII: Die letzte Strophe formuliert als Pointe dieses höfisch-galanten »Minnekatechismus« die Botschaft schlechthin der Minnedoktrin auf ebenso anmutige wie zitatwürdige Weise: Den *lôn* für seinen *dienest* (Termini der Vasallität) wird der Sänger auf andere Weise einnehmen als von ihm kurzsichtig erhofft. Er wird darin liegen, daß solches mühenreiche Werben den Charakter edler, das Gemüt freier macht.

Ich vant âne huote
die vil minneclîchen eine stân.
sâ dô sprach diu guote
›waz welt ir sô eine her gegân?‹
›frouwe, ez ist alsô geschehen.‹
›saget, war umbe sît ir her? des sult ir mir verjehen.‹

›Mînen senden kumber
klage ich iu, vil liebe frouwe mîn.‹
›wê, waz saget ir tumber?
ir mugt iuwer klage wol lâzen sîn.‹

›frouwe, ichn mac ir niht enbern.‹
›sô wil ich in tûsent jâren niemer iuch gewern.‹

›Neinâ, küniginne!
daz mîn dienest sô iht sî verlorn!‹
›ir sît âne sinne,
daz ir bringet mich in solhen zorn.
›frouwe, iur haz tuot mir den tôt.‹
›wer hât iuch, vil lieber man, betwungen ûf die nôt?‹

›Daz hât iuwer schœne
die ir hât, vil minneclîchez wîp.‹
›iuwer süezen dœne
wolten krenken mînen stæten lîp.‹
›frouwe, niene welle got.‹
›werte ich iuch, des hetet ir êre; sô wær mîn der spot.‹

›Lât mich noch geniezen
daz ich iu von herzen ie was holt.‹
›iuch mac wol verdriezen
daz ir iuwer wortel gegen mir bolt.‹
›dunket iuch mîn rede niht guot?‹
›jâ hât si beswæret dicke mînen stæten muot.‹

›Ich bin ouch vil stæte,
ob ir ruochet mir der wârheit jehen.‹
›volget mîner ræte,
lât die bete diu niemer mac geschehen.‹
›sol ich alsô sîn gewert?‹
'got der wer iuch anderswâ des ir an mich dâ gert.

›Sol mich dan mîn singen
und mîn dienest gegen iu niht vervân?‹
›iu sol wol gelingen:
âne lôn sô sult ir niht bestân.‹
›wie meinet ir daz, frouwe guot?‹
›daz ir deste werder sît und dâ bî hôchgemuot.‹

Mit dieser Kombination ist das Idealbild des mittelalterlichen »Cortegiano« vorbildhaft hingestellt in *wirde* und *hôhem muote.* Das Mühen also ist der Erfolg. Der Weg ist das Ziel. Der Flug ist das Wesen des Pfeiles, nicht das Treffen der Scheibe.

Solche idealische Konzeption vom Wesen des Wesentlichen ist in angemessener Entsprechung den Kulturen vieler Zeiten und Völker vertraut. Man hat aus →heuristischen Motiven nicht ohne Grund auch verwiesen auf Verse der deutschen Klassik des 18. Jahrhunderts, auf Goethe. Es schwingt etwas mit von der mittelalterlichen Minnekonzeption, wenn Leonore Sanvitale der Prinzessin die besondere Weise von Tassos Gefühl deutet:

Uns liebt er nicht – verzeih, daß ich es sage! –
Aus allen Sphären trägt er, was er liebt,
Auf einen Namen nieder, den wir führen,
Und sein Gefühl teilt er uns mit . . .

Auch die Prinzessin kennt die Formel (bei Freud wird das heißen: Kultur als Resultat von Triebverzicht): Es gibt Dinge, die

. . . nur durch Mäßigung
Und durch Entbehren unser eigen werden.
So sagt man, sei die Tugend, sei die Liebe,
Die ihr verwandt ist.

Goethe hat hier das höfische Ethos der Renaissance ausgestattet mit Elementen des »amor cortes«, der *minne,* wie sie über die Tradition des »dolce stile nuovo« sehr wohl aus dem Mittelalter übernommen sein mochten.

VI

Minne entouc niht eine,
si sol sîn gemeine,
sô gemeine daz sie gê
dur zwei herze und dur deheinez mê
(Walther von der Vogelweide)

Es leuchtet ein, daß ein Gebilde von derart unnatürlicher, ja widernatürlicher Angestrengtheit gefährdet war; daß die ebenso artistische wie artifizielle wie idealische Konstruktion fragil war und der statischen Belastung der Lebenswirklichkeit nur kurze Zeit standhalten konnte. Die Formen zwar des Frauendienstes haben sich zäh gehalten und vererbt (und merkwürdigerweise den Charakter des Lächerlichen nicht angenommen, wie er sich doch gesetzmäßig der Fassade anhaftet, die Leerraum verkleidet). Der Substanz indessen des hochgespannten Minnewesens war dialektisch ihre Aufhebung schon im Augenblick des großen Aufschwungs mitgegeben. Hartmann von Aue, der Gründer des höfischen Artus-Romans in deutscher Sprache, schleudert schon vor dem Höhepunkt der minnesängerischen Klassik seinen lyrischen Berufs- und Standesgenossen das Verdikt entgegen:

Ir minnesinger, iu muoz ofte misselingen:
daz iu den schaden tuot, daz ist der wân!

Die Errichtung also einer Welt aus Wille und Vorstellung, aus Illusion und Imagination *(wân),* das Kunstfigürliche am Minnewesen ist es, das es bald ›umkippen‹ lassen muß. Und Hartmann singt der wahren *minne* das Wort, der Gottes*minne* und ihrer praktischen Verwirklichung im Kreuzzug. Knapper als er kann man ein antiminnesingerisches Programm nicht formulieren:

Ze frowen habe ich einen sin:
als sî mir sint, als bin ich in!

»Wie sie mir, so ich ihnen« – das hebt das Wesen der »Hohen Minne«, wie sie sich in Reinmars reiner Lehre repräsentiert, schlankweg auf. Hartmanns schwäbischer Pragmatismus läßt das romanisch-rheinisch-österreichische, das schillernd-schöne Retortenprodukt wie Asche zusammenfallen. Schade um die noble ethische Substanz – und so hat es wohl auch das Mittelalter, hat es zumindest sein größter Lyriker (nicht: Minnesänger) empfunden:

Denn Walther von der Vogelweide hat die *minne* für die Liebe zu retten versucht. Das heißt, er hat die dem Wesen der Liebe widerstreitende und also pervertierte Einseitigkeit und Ungleichheit der Minnepartner als die zerstörende Kraft innerhalb des Minnesystems entdeckt und aufgedeckt, und hat solcher Unbalanciertheit das Prinzip Gleichberechtigung als Prinzip des Erotischen gegenübergestellt. Gleichwohl hat ihn, wenn wir sein Werk recht verfolgen und ordnen, die Idee der »Hohen Minne« nie verlassen, und das heißt, er hat das Moment der Steigerung und Erhebung, das der Versittlichung des Menschen durch die Energien des Eros aus dem Minnesang in das Liebeslied zu übertragen versucht.

Die Bedeutung Walthers von der Vogelweide in der Geschichte der deutschen Lyrik bestimmt sich aus zwei Gründerleistungen: Zum einen gilt er als der Schöpfer einer politischen Lyrik, die sich der Tradition altüberlieferter →gnomischer Dichtung annahm und sie schärfte, zuspitzte und konzentrierte zum publizistisch-politischen Instrument. Diese seine Waffe im Dienst der deutschen Kaiser-Könige hat nachweisbar gewirkt, und Walther kann, bei allen sachlichen und poetischen Traditionsbrüchen, rechtens als der erste in der Reihe unserer großen politischen Publizisten gelten (→S. 82f.). Zum andern hat er ein lyrisches →Genre konstituiert, das seinerseits nicht im gleichen Maße traditionsbegründend war, das jedoch nicht minder von seinem wachen Bewußtsein für die Natur von Dichtung, ihre Anwendbarkeit und ihre Wirkungsmöglichkeit zeugt. Es handelt sich um jene Gruppe von Liedern, die man früher mißverständlich die der »Niederen Minne« nannte, und die man heute treffend als »Mädchenlieder« bezeichnet.

Mädchenlieder, der Titel, so einfach er klingt, ist ein sozio-poetisches Programm. Denn die »Hohe Minne« war gesetzmäßig auf die hohe, d. h. adlige Dame gerichtet, war die erotische Spielart der sozialen Lebensbindung und erwies ihren illusionären Charakter schon insofern, als diese Herrin grundsätzlich verheiratet war. Das Mädchen ist weder von Stand noch verheiratet, und die Beziehung zu ihm ist nicht durch *minne* bestimmt, sondern durch *liebe,* durch *herzeliebe.*

Das ist ein revolutionäres Programm: Walther, in der Schule des »Hohen Minnesangs« aufgewachsen, sich dem Hofe und seinen Herren verbunden fühlend und beharrlich auf die Würde seines Dichtertums pochend, Walther wendet (nach vielleicht 10 Jahren der Bewährung im strengen Minnesang) sein Kunstvermögen der Rühmung des einfachen, des ihm in Liebe zugetanen Mädchens zu.

Diese Lieder sind keine Bekenntnislyrik, wie sie seit Johann Christian Günther, seit Klopstock und dem jungen Goethe exemplarisch ist für dieses Genre personaler Ich-Äußerung und -Entäußerung. Vielmehr sind sie nach wie vor »ars« im mittelalterlichen Sinne, d. h. gesellschaftlich gebundene Kunstübung ohne den privaten Konfessionscharakter der schönen oder leidenden oder aufbegehrenden Seele.

Aber diese Strophen sind im sozialen Sinne ebenso unerhört wie in ihrer Tonart liebevoll-vertrauter Zärtlichkeit, mag dieser Ton auch eher der Gesellschaft zugespielt worden sein als einem individuellen Partner. Wie alle Kunst im Mittelalter, die sich niemals durch sich selbst rechtfertigt, nie selig in ihr selbst scheint, die auch in artistischer Perfektion kein »l'art pour l'art« kennt, haben auch Walthers »Mädchenlieder« ein Programm. Sie fordern die erotische Gleichberechtigung der Geschlechter und holen also die herrische Minnedame herab vom Thron ihrer marmorkalten Erhabenheit. An die Stelle der sozialen Privilegierung durch Minnedienst und -huldigung setzen sie die nicht standesgebundene Ich-Du-Beziehung. An die Stelle der Auszeichnung durch den sozialen Adel setzen sie den Seelenadel. *Minne* ist limitiert auf den höfischen Ausschnitt; *herzeliebe* ist prinzipiell außerständisch, wenngleich in einer durch Zeremoniell und Comment eingezwängten Gesellschaft am ehesten zu finden in der Begegnung mit dem »einfachen« Mädchen.

Indessen zeigen Walthers Kunstlieder, daß er unter großer Anstrengung die Übertragung der *herzeliebe* in den höfischen Raum angestrebt hat – zumindest (denn private Voraussetzungen kennen wir nicht, da sie vom mittelalterlichen Dichter grundsätzlich nicht als Motivation angegeben werden) als Bestandteil lyrischer Aussage, als poetische Doktrin. Es scheint, daß dieser großartige Versuch, die sittliche Substanz des Minnewerbens mit der sittlichen Substanz der Ich-Du-Liebe zu vereinen, ohne Nachfolge geblieben ist. Weder in Walthers Werk noch in der Geschichte der mittelalterlichen Lyrik sehen wir diesen Impuls nachwirken. Das aber nimmt ihm nichts von seiner →Dignität. Es gibt handliche Formeln Walthers, mit deren Hilfe sich die Idee seiner Mädchenlieder zusammenfassen läßt. Etwa: »*Wîp muoz iemer sîn der wîbe hôhste name, / und tiuret baz danne frouwe, als ichz erkenne*« (»Der Begriff ›Frau‹ ehrt eine Frau höher als die Bezeichnung ›Dame‹«). Oder: »*Friundîn unde frouwen in einer waete / wolte ich an dir einer gerne sehen*« (»Geliebte und Herrin zugleich in einer Erscheinung / wünschte ich in dir zu erleben«).

Den höchsten Grad an Popularität hat die Neuzeit einem Rollenlied Walthers, dem vom Mädchen gesungenen »*Under der linden . . .*« geschenkt. Aber die Natürlichkeit dieser Strophen ist allzu kunstvoll arrangiert, was vielleicht nicht nur ihren poetischen Charme, sondern auch ihren sachlichen Zeugniswert reduziert. Blumen und Gras duften natürlich parfümiert, es klingt aus ihnen wie aus Philipp Eulenburgs »Rosenliedern«, inszenierte Reinheit, jedoch: »Unschuld, sobald du dich kennst, bist du die Unschuld nicht mehr«.

So sei hier denn anstelle jener beliebten Salonromanze als Beispiel für das Programm der Mädchenlieder Walthers zur Lektüre empfohlen: »*Herzeliebez frouwelîn*«, dessen Anredeformel bereits das Konzentrat der neuen Lehre enthält:

Das Diminutiv von *frouwe* nimmt dem Begriff die adelsstolze Erhabenheit ohne ihn zu entwerten; und das *herzeliebe* fügt der zärtlichen Würde die Spontaneität der Innigkeit hinzu.

VII

Willst du schon gehn? Der Tag ist ja noch fern.
Es war die Nachtigall, und nicht die Lerche,
Die eben jetzt dein banges Ohr durchdrang;
Sie singt des Nachts auf dem Granatbaum dort.
Glaub', Lieber, mir: es war die Nachtigall
(Shakespeare, Romeo und Julia, III,5)

Stationen der Liebe im Mittelalter, auseinandergefaltet im →Spektrum der Literatur. Liebe, systematisiert und →ideologisiert zum ethisch-pädagogischen Adelsspiel des Minnedienstes. Liebe, aus solchen verstiegenen und luftdünnen Höhen in den Mädchenliedern wieder auf den Boden gleichgerichteter Partnerschaft geholt: Es stellt sich die Frage nach Sinnlichkeit und Trieb, stellt sich die Frage, ob das Mittelalter für die Darstellung der Liebe als (auch) einer sexuellen Gewalt Darstellungskategorien gefunden hat?

Die Sinnen- und also Frauenfeindlichkeit des Christentums hat den körperlichen Bestandteil des Erotischen allenfalls ver- oder abdrängen, hat ihn nicht aus der Literatur eliminieren können. Wo der elementare Trieb nicht gesellschaftsfähig ist, wandert er aus in den Untergrund der Zote, der Obszönität, des Laszіven, im Mittelalter wie anderwärts. Naturgemäß ist von dieser Art Literatur wenig aufs Pergament gekommen, noch weniger erhalten; aber das Erhaltene genügt, um festzustellen, daß im subliterarischen Bereich etwa des sogenannten Schwanks, später des Fastnachtspiels, Freiräume geschaffen wurden für den Kasinowitz wie für die wiehernd belachte Zote: magere und schale Kost für den Hunger einer unterdrückten Sexualität.

Auch der höfische Roman, der grundsätzlich Liebesroman ist, kennt den Sexus. Kennt ihn aber als konstatierte Tatsache, nicht als zu beschreibenden Vorgang. Bedient sich in frühhöfischer Zeit, um Rätsel und Magie der totalen Liebe anzudeuten, des Begriffsbildes von der Venus-Minne. Selbst jener Roman, der die zerstörende, alle peinlich ausbalancierte Form mittelalterlicher Gesellschaftskonvention niederreißende Gewalt, ja Dämonie des erotisch bedingten Sexualtriebs als Movens der Tragödie Tristans und Isoldes einsetzt (und der in solchem Sinne kein mittelalterlicher Roman mehr ist, sondern der Neuzeit zugehört), selbst der Tristan-Roman meidet die unmittelbare Darstellung der körperlichen Liebe, sooft er sie auch, und das als Ehebruch, registriert. Das literarische →Genus hat unter anderm die Funktion, Stoffe zu kanalisieren und sie kraft →tradierter Formen zu disziplinieren; ihren Inhalt, wofern er exzentrisch aus Konventionen auszubrechen droht, →gattungslegitimiert vorzustellen und auf solche Weise zu entschärfen.

So kennt die mittelalterliche Lyrik etwa das Genre der »Pastourelle«. Kulisse und Personal sind vorgegeben, mit Hilfe der →normierenden Funktion solcher Staffage büßt die Begegnung zwischen dem adligen Herrn und der Schäferin unter freiem Himmel ein gut Teil ihrer sinnlichen Substanz ein, was bleibt, ist Pikanterie (oder, falls der Ritter abgeblitzt wird, Schadenfreude).

Wiedergabe sinnlicher Lust mit geradezu sinnlichen Mitteln erlaubt sich das Mittelalter jedoch in einem anderen lyrischen Genre: dem »Tagelied« (provenzalisch »alba«, vom Silberstreif am Horizont, der den Morgen ankündigt). Das Schema des Tagelieds ist wieder an feste Lokalität, an feste Rollenverteilung gebunden, und fest wie sie ist der Ablauf des ebenso einfachen wie dramatischen wie lust-schmerzvollen Geschehens. Es geht um die heimliche, also illegale Liebesnacht. Geht vor allem um ihr Ende. Der Wächter warnt, die Geliebte klagt, der Geliebte erwacht, der Augenblick der gefahr- und schmerzvollen Trennung läßt die beiden noch einmal Intensität und Leidenschaft ihrer Liebe empfinden, sie verklammern Körper und Seelen in Lust und Not des Abschieds (mittelhochdeutsch *urloup*), die Frau jedoch bleibt zurück, der Mann reitet fort, in die Pflicht, in den Tag, in die Welt . . .

Die für mittelalterliche Stilbegriffe höchst gewagte Deutlichkeit der provenzalischen, französischen, mittelhochdeutschen Tagelieder mag wiederum als kompensierender Entlastungsvorgang verstanden werden. Wichtiger ist vielleicht die Feststellung, daß die Gattung uralt, international verbreitet, und bis heute lebendig, also kein Produkt spezifisch mittelalterlichen Kunstsinns ist; und daß sie damit vielleicht einen gewissen Grad von sie bewahrender Autorität für sich buchen durfte.

Wolfram von Eschenbach hat dem Tagelied in deutscher Sprache ein Maß an künstlerischer Vollendung und sinnlicher Intensität gegeben, das ohne Beispiel ist.

Von seinen 4 Tageliedern (im strengeren Sinn des Gattungsbegriffs) sei hier das dritte vorgestellt: 5 Strophen, deren vier erste ein erregtes Wechselgespräch zwischen der Frau in ihrer liebenden Unvernunft und dem Wächter in seiner berufsbedingten Vernunft sind.

Literatur zur Deutschen Lyrik des Mittelalters, insbes. zum Minnesang:
Helmut de Boor, »Die Höfische Literatur (1170–1250)«. 4. Aufl. München 1960.
Helmut de Boor, »Die Deutsche Literatur im Späten Mittelalter, Erster Teil 1250–1350«. München 1962.

Texte:
Max Wehrli, »Deutsche Lyrik des Mittelalters«. Auswahl und Übersetzung. Zürich 1955.
»Des Minnesangs Frühling«. Nach Karl Lachmann u.a. neu bearbeitet von Carl v. Kraus. 33. Aufl. Stuttgart 1950.
»Deutsche Liederdichter des 13. Jahrhunderts«, hg. von Carl v. Kraus. Bd. I Text, Bd. II Kommentar. Tübingen 1952 und 1958.

In einem verzweifelten Aufbäumen der »spes contra spem« (Hoffnung wider alle Hoffnung) will die Geliebte den Mann für sich behalten – der Tag indes, der als mythisches Ungeheuer seine Krallen durch das Fenster schlägt, verjagt ihn. Zuvor aber, in der letzten Strophe, vergewissern die Liebenden sich ihrer Untrennbarkeit noch einmal durch die Lust der Vereinigung ihrer sich aneinander drängenden Körper, deren Sinnlichkeit Wolfram in diesen Tageliedern mit einer Heftigkeit feiert, die durch hohes Kunstvermögen Eindeutigkeit nicht an Zweideutigkeit preisgibt.

Auch das also ist in jener Zeit möglich als Darstellung von Frau und Mann und ihre Liebe. In solchen Augenblicken scheint das Mittelalter nicht mittelalterlich.

VIII

Das Rittertum ist für die Modernen, was die Heroenzeit für die Alten: Alle edlen Erinnerungen der europäischen Nationen knüpfen sich daran
(Madame de Staël, 1810)

Liebe in der Literatur des Mittelalters:

Der kurze, eindrucksvolle Moment der Hohen Minne. Der Versuch Walthers von der Vogelweide, adlige Gesinnung und *herzeliebe* zu vereinen.

Die sinnenfroh sich gebenden, kunstvoll gemachten mittellateinischen Lieder der »Vaganten« (wie sie durch die Sammlung der »Carmina Burana« bekannt, durch die Veroperung Karl Orffs berühmt geworden sind). Die durch Tradition und Schema lizenzierte Verführungsszene der »Pastourelle« (abstrahierte Sinnlichkeit).

Das »Tagelied« und seine durch das Movens Gefahr intensivierte Leidenschaft; deren Körperlichkeit in Wolframs wortmächtiger Lyrik:

Traditionen, die sich nur gebrochen fortsetzen bis in die Neuzeit. Denn die Neuzeit definiert sich durch eine autonome Setzung des Individuums, das sich das Recht nimmt, von sich, seinen persönlichen Leiden und Beglückungen auf eigene und eigentümliche Weise bekenntnishaft zu reden.

Die Chance aber der *minne* war kurz. Der ihr gewidmete Sang klang mechanisch noch weiter bis ins 14. Jahrhundert, hallte matt wider von den Randzonen der damaligen europäischen Kultur, den Fürstenhöfen etwa des deutschen Südostens und Ostens. Oder wurde verhöhnt in derber →Parodie. Das sie kunstvoll tragende Formgerüst aber verholzte in der mechanischen Tabulatur des bürgerlichen Meistersangs. Als die Sache, die Idee *minne* starb, sank auch das Wort, wurde leer, wurde böse. Im Jahre 1512 bemerkte der Buchdrukker Othmar zu Augsburg: »weil das Wort minn in etlichen sprachen nit mehr rechte, göttliche, eerbere und zimliche, sondern tierliche, vichische, uneerbere und unzimliche anzaigt, so hab ich buchdrucker für das Wort minn gesetzt das Wort lieb«.

»›Sîne klâwen
durch die wolken sint geslagen:
er stîget ûf mit grôzer kraft!

ich sich in grâwen
tegelîch als er wil tagen:
den tac, der im geselleschaft

erwenden wil, dem werden man,
den ich bî naht în verliez.
ich bringe in hinnen ob ich kan:
sîn vil manigiu tugent mich daz leisten hiez.‹«

»›Seine Klauen
sind durch die Wolken geschlagen.
Er steigt auf mit großer Kraft!

Ich sehe ihn grauen
in Tages Weise, als wolle er tagen,
ihn, den Tag, der das Beisammensein mit der Geliebten

dem edlen Manne nehmen will,
den ich nächtens eingelassen habe.
Ich werde ihn wieder fortbringen, wenn ich vermag,
seine hervorragenden Eigenschaften haben mich gezwungen, es zu tun.‹«

›Wahtær du singest
daz mir manige vröide nimt
unde mêret mîne klage.

mær du bringest
der mich leider niht gezimt
immer morgens gegen dem tage:

diu solt du mir verswîgen gar!
daz gebiut ich den triuwen dîn.
des lôn ich dir als ich getar –
sô belîbet hie der geselle mîn.‹

›Wächter, was du singst
nimmt mir alles Glück
und vermehrt mein Leid.

Nachricht bringst du,
die mich schmerzlich berührt
immer morgens bei Tagesanbruch.

Die sollst du mir durchaus verschweigen!
das befehle ich deiner Pflicht.
Das lohne ich dir, wie ich es vermag, –
dann bleibt mein Geselle hier.‹

»›Er muoz et hinnen
balde und âne sûmen sich.
nu gip im urloup, süezez wîpl

lâz in minnen
her nâch sô verholne dich,
daz er behalte êre und den lîp.

er gap sich mîner triuwen alsô
daz ich in bræhte ouch wider dan.
ez ist nu tac: naht was ez dô
mit drucken an die brüste dîn kus mir in an gewan.‹»

»›Er muß aber fort,
sogleich und ohne zu zögern.
Verabschiede ihn, geliebte Frau!

Laß ihn später
dich so heimlich lieben,
daß er behalte Ansehen und Leben.

Er hat sich meiner Treue anvertraut
in der Absicht, daß ich ihn auch wieder fortführe.
Es ist nun Tag: Nacht war es,
als mit deiner Umarmung dein Kuß ihn mir anvertraute.‹«

›Swaz dir gevalle
wahtær sinc und lâ den hie,
der minne brâht und minne enpfienc.

von dînem schalle
ist er und ich erschrocken ie.
sô ninder morgenstern ûf gienc

ûf in der her nâch minne ist komen,
noch ninder lûhte tages lieht:
du hâst in dicke mir benomen
von blanken armen – und ûz herzen niht.‹

›Was immer du willst,
das singe, Wächter, aber laß den hier,
der Liebe gab und Liebe empfing.

Von deinem Ruf
sind er und ich schon je erschrocken,
wenn noch nicht der Morgenstern aufging

über ihm, der um der Liebe willen hergekommen ist,
und wenn noch nicht das Tageslicht leuchtete,
hast du ihn mir genommen
aus meinen Armen, aber aus meinem Herzen nicht.‹

Von den blicken,
die der tac tet durch diu glas,
und dô wahtære warnen sanc,
si muose erschricken
durch den der dâ bî ir was.
ir brüstlîn an brust si twanc,

der rîter ellens niht vergaz
(des wold in wenden wahtærs dôn).
urloup nâh und nâher baz
mit kusse und anders gap in minne lôn.

Von den Blicken
die der Tag durch die Scheiben warf,
und vom Warngesang des Wächters
mußte sie erschrecken
um dessentwillen, der bei ihr war.
Ihre Brüste drückte sie an seine Brust.

Auch entsann er sich seiner Männlichkeit.
Aber davon wollte ihn der Ruf des Wächters abhalten.
Der Abschied, näher und immer näher
mit Kuß und auch sonst noch gab ihnen die Erfüllung der Liebe.

Liebe im Mittelalter

Die Abbildungen dieser Seite sind der Manessischen Liederhandschrift entnommen. Vermutlich um 1320 in Zürich entstanden – der Züricher Ratsherr Rüdiger Manesse soll alte Handschriften gesammelt haben –, enthält sie Lieder von 140 Dichtern und ist mit 138 ganzseitigen Miniaturen ausgestattet. Wir haben drei typische Darstellungen ausgewählt, welche in ihrer strengen Stilisierung etwas aussagen können über die Idee der mittelalterlichen *minne:* Sie ist nicht die individuell-private Beziehung, sondern unaufhebbare seelische Spannung, vom Mann zur Frau hin ausgestrahlt, die ›Liebeserfüllung‹ nicht zuläßt. *H. D.*

Der von Obernburg

Albrecht von Johansdorf

Der Schenk von Limburg

Achatz Freiherr von Müller

Dante · Die Göttliche Komödie

»La Comedia« (abgeschlossen 1321, Erstdrucke Foligno, Jesi und Mantua 1472)
Epos von Dante Alighieri (Mai oder Juni 1265 – 14. 9. 1321)

Oh, ihr, die ihr in einem kleinen Kahne / Voll Sehnsucht, zuzuhören, auf den Spuren / Mein Boot verfolgt, das hinzieht im Gesange, / Kehrt heim zu eurem eigenen Gestade, / Treibt nicht aufs Meer hinaus, ihr könntet draußen, / Indem ihr mich verliert, verlorengehen. / Das Wasser, das mich trägt, ward nie befahren.« (Paradies, 2. Gesang, Vers 1–7, übertragen von Hermann Gmelin.) Ironisch distanziert formuliert Dante in diesen Zeilen, was gängige Literaturgeschichten jeder Prägung, ängstlich Hinweise auf die – wenn auch anders begründete – eigene Unlesbarkeit vermeidend, zu verschweigen pflegen: Die Göttliche Komödie ist schwer zu lesen. Sie verlangt Geduld und Aufmerksamkeit ihres Lesers. Moderne Bildungswut findet Langeweile. Heute liegt es nahe, derartige Leseschwierigkeiten damit zu begründen, daß es entscheidende, geschichtlich an ihr allein darzustellende Unterschiede zwischen Dante und uns gibt; das heißt: Was Dantes zeitgenössischem Publikum an politischen, religiösen, historischen und philosophischen Anspielungen wohl vertraut war, weil es der ihm eigenen Gesinnung, den eigenen Lebensverhältnissen entsprach, erscheint unserer anders orientierten Bildungs- und Lebenshaltung als fremd und unverständlich. Unter diesem Eindruck haben die modernen Wissenschaften sich bemüht, die Rätsel der »Göttlichen Komödie« zu lösen. Kein Werk der europäischen Literatur steht heute derartig umfangreich und verständig kommentiert im Blickpunkt der internationalen wissenschaftlichen Kritik wie dieses Buch, und dennoch ist es den wenigsten wirklich bekannt.

»Dieses Werk behält seinen Ruhm, weil niemand es liest, und niemand es jemals lesen wird«, so rettet sich schon Voltaire vor dem ihm, dem aufgeklärten Vernunftmenschen, unzugänglichen Dante. Von solcher Haltung setzt sich unsere Zeit, die alles verstehen will, ab. Allein, *lesen* muß man nach wie vor selbst! Dabei erweisen sich die wissenschaftlichen Informationen des modern kommentierten Textes zwar als nützlich für das Verständnis einer Unzahl von Einzelfragen, doch der Zusammenhang des Ganzen, die überlegen geordnete Fügung der Dichtung bleiben ungeklärt und spröde. Niemand sollte also meinen, der fleißige Kommentar erspare den eigenen Standpunkt und den Willen zu lesen, sowie vor allem eine innere Bereitschaft, die Kluft zu überspringen, die Dantes Jenseitswanderung als Ausdruck ungebeugten Rechtssinnes vor uns auftut. Denn diese sich knorrig und schroff gebende Grundhaltung Dantes wird weder willkürlich noch pragmatisch vermittelt. Dieser Rechtssinn vielmehr ist an die nicht erschütterbare Überzeugung von der idealen Existenz der Gerechtigkeit geknüpft, konkreter und mit Dante gesprochen, von ihrer Existenz in Gott. Ein solches Bewußtsein weiß sich, allen Widrigkeiten der eigenen Gegenwart gegenüber, der Geschichte verpflichtet, soweit sie sich auf (Dantes) Gott und das von ihm besorgte Ziel der Menschheit in der Welt zubewegt.

Dieses Ziel heißt unmißverständlich: verwirklichte Gerechtigkeit. Alle Kräfte der Menschen haben sich für sie einzusetzen; der einzelne Mensch vermag es jedoch nur in seiner Zeit, an seinem Ort, in seiner Art. Um die so entstehende Spannung zwischen individuellem Leben und allgemeiner Geschichte, zwischen Mensch und Menschheit zu lösen, erklärt Dante: Gültige Herrschaft der Gerechtigkeit und richtiges Anspannen der persönlichen, individuellen Kräfte bedingen einander. Eine solche Vorstellung will kein Vertrösten auf die irgendwann einzulösende Utopie allgemeiner Gerechtigkeit, doch auch keine sinnlose Lebenspragmatik, nach der sich die Lebensinteressen aller schon irgendwie von selbst einlösen und ergänzen. Die reale Identität des individuellen und des allgemeinen Lebenssinnes erweist sich dem einzelnen spätestens im Moment des Todes. Die Totenwelt erscheint als Ort, an dem sich der wahre Geschichtsverlauf sowie das verborgene, aber gültige Rechtsprinzip der Welt enthüllen und zum Urteilskriterium für Strafe, Buße oder Seligkeit des Menschen formen.

Daß der Florentiner Dante Alighieri in seinem 35. Lebensjahre am Karfreitagabend des Jahres 1300 eine Wanderung durch jenes Totenreich als Lebender beginnen darf, um der Welt von den Kräften zu berichten, die diese im Verborgenen lenken, mag den Zeitgenossen als Wunder erschienen sein. Doch unter dem Eindruck der Schilderungen Dantes war es ein Wunder der Wirklichkeit. »Seht den, der zur Hölle geht und wiederkehrt, wann es ihm beliebt, und Kunde von jenen hinaufbringt, die sich unten befinden!« – »Sieh, wie er den Bart kraus hat und die Farbe braun wegen der Hitze und des Rauches, die da unten sind!« In solchem Ton – berichtet der eine Generation jüngere erste Danteforscher Giovanni Boccaccio – flüstert man in den Gassen der alten Stadt Verona, und Dante hörte es gelassen und stolz. Noch an diesem Gemisch aus Stadtklatsch und Zauberqualm wird deutlich, wie entschieden Dante seine Jenseitsreise als Vision der Wirklichkeit verstand. Nichts erschien ihm daran Fiktion. Denn enthüllte er in seiner Reise nicht die Wahrheit über Dinge, die zwar unkörperlich, aber dennoch zu denken und zu fühlen waren? Und stärkte deren vermeintliche Abwesenheit nicht die Mächtigen und schwächte die Ohnmächtigen?

Diese Jenseitsreise hat literarische Vorbilder. Zugrunde liegt die Kenntnis antiker Heroensagen, deren epische Veredelungen –

»La Commedia secondo l'antica vulgata«. Hrsg. G. Petrocchi. 4 Bände, Mailand 1966–67 (Kritische Nationalausgabe). »Die Göttliche Komödie«, Deutsch von H. Gmelin, 6 Bde., Stuttgart 1949–57. (Davon 3 Bände Kommentar.) Text allein auch als Taschenbuch.

Weiterführende Literatur

E. Auerbach, »Dante als Dichter der irdischen Welt«. Berlin 1969. »Dante Alighieri«, Würzburg 1966 (Sammelband versch. Aufsätze). F. v. Falkenhausen, »Dante«, Berlin 1951. H. Friedrich, »Die Rechtsmetaphysik der Göttlichen Komödie«, Frankfurt 1942. H. Friedrich (Hrsg.), »Dante Alighieri«, Aufsätze zur Divina Commedia. Darmstadt 1968. K. Leonhard, »Dante«, Reinbek 1970. F. Schneider, »Dante«, Weimar 1960.
Zeitschrift: Jahrbuch der deutschen Dante-Gesellschaft.

vor allem durch Homer (Odyssee) und Vergil (Aeneis) – Abstiege in Totenbezirke zur religiösen und politischen Erhöhung ihrer Helden vermelden (→S. 25ff.). Auch christliche Legenden berichteten von derartigen Überfahrten oder Abstiegen in das Reich der Toten. Kenntnis dieser Traditionen ist bei Dante und weiten Kreisen des Stadtpublikums vorauszusetzen. Legenden gar erreichten alle Schichten der Bevölkerung. Doch Dante fin-

Rechts: »Die Göttliche Komödie« als Dichtung der Stadt Florenz. Dante und sein Buch vor den bestimmenden Orten ihrer Existenz: Hölle, Läuterungsberg, Paradies, Florenz. (Gemälde von Domenico di Michelino, Dom zu Florenz, 1465). Links: Dante und Beatrice, Skizze von Botticelli

det neue Möglichkeiten der Darstellung. Zwar den Traditionen verpflichtet, wird er dennoch ›Erfinder‹. Schilderte die vor ihm mit der Totenwelt befaßte Literatur jene als blaß, substanzlos, ohne Farbe, Form und Ordnung – eben als Schatten der heiteren, kräftigen Erde der Lebenden –, so preßt Dante gerade diese in eine einzige →Allegorie: in das unwirtliche Sinnbild eines verdunkelten Tales, Wohnort wilder Tiere, die uns als Gleichnisse für die fremden und feindlichen Wünsche des Menschen erscheinen, die seinen Lebensgang am Erklimmen höherer, freierer Regionen hindern. Dagegen erwächst aller Ausdruck sinnlicher Wirklichkeit der Schilderung der Totenwelt, in welcher die im Diesseits vermißte Gerechtigkeit endlich gefunden wird. Diese Vision einer endgültigen Bestrafung von Geiz, Verschwendung, Gewalt, Tyrannei, Ämterhandel, Staatsbetrug und Verrat sowie der entsprechenden Belohnung aller Eigenschaften und Haltungen des Menschen, die Frieden und Gerechtigkeit versprechen, erfüllt bereits zerstörte Hoffnungen des Dichters und Politikers Dante. Hatte doch Dante Alighieri wie kaum ein anderer Willkür und Unsicherheit der öffentlichen Meinung und – schlimmer noch – öffentlicher Rechtssprechung erfahren. Seit den 80er Jahren des 13. Jahrhunderts begann er die Aufmerksamkeit seiner Geburtsstadt Florenz auf sich zu lenken: zunächst als jugendliches Genie des »dolce stil nuovo«, einer ersten lyrischen Sturm- und Drangbewegung der europäischen Literaturgeschichte, beteiligt an allen Abenteuern der urbanen →›jeunesse d'orée‹, hochverschuldet, seit Mitte der 90er Jahre Mitglied in verschiedenen Ausschüssen und Gremien der Stadtregierung, dann seit Juni des Jahres 1300 einer von 6 Prioren, dem für die gesamte Staatsleitung verantwortlichen Kollegium. In diesem Amt scheint er sich den entschiedenen Haß der später herrschenden Stadtpartei aus engen Traditionalisten, →Finanzpatriziat und Anhängern der Papstherrschaft in Mittel- und Oberitalien zugezogen zu haben. Selbst Anhänger einer Partei von Verfechtern der Rechte der Zunftherrschaft und Stadtsouveränität, die sich jener gegenüber in strikter Gegnerschaft befand, hatte er, die verpflichtende Neutralität des höchsten Staatsamtes verspürt und die führenden Vertreter beider Parteien aus Florenz verbannen lassen. Er hoffte, die Stadt auf diese Weise gegen die drohenden äußeren Kräfte zu einigen. Das völlige Scheitern seiner Politik, von der Rudolf Borchardt, der eigenwilligste deutsche Dantekenner, urteilt, sie wäre »mit mächtigen Durchführungsmitteln triftig gewesen« und verrate die vorweggenommene Haltung späterer »aufgeklärter Renaissancetyrannen«, trieb Dante selbst in die Verbannung. Im Unterschied zu den Geschicken der Verbündeten seiner Politik sollte es für ihn eine endgültige und lebenslängliche sein, denn von dem einmal eingeschlagenen Weg, »Partei für sich selbst zu machen« (Paradies 17, Vers 69f.), wich er nun nicht mehr. Den sich über seinen Kopf hinweg einigenden ehemaligen Gegnern konnte dieser Unbeugsame nicht gefallen, wie er selbst jenen nicht gefallen wollte. Angebote unter der Hand, die Stadt werde ihn mit leichter Buße wieder aufnehmen, der Staatsverrat solle nur zugegeben werden, lehnt er stolz und spöttisch ab. Längst hatte er mit allen abgerechnet in jenem großartigen Entwurf seines rechtlichen und sittlichen Weltverständnisses, in der »Göttlichen Komödie«, die seine ganze Sehnsucht nach Gerechtigkeit, Gnade und Liebe enthält. Daß es nicht diese Welt ist, in der er jene drei Prinzipien verwirklicht fand, liegt nicht an Gott und der Natur. Das wußte Dante besser: Schuld allein trägt der seine Vernunft, seinen Willen und seine Kraft nicht richtig gebrauchende Mensch.

Dante Alighieri starb in der Nacht vom 13. zum 14. September des Jahres 1321 in Ravenna nach nahezu zwanzigjährigem Exil.

Manfred G. Wiktor

Villon · Das Große Testament

»Le grand testament« (Erstdruck Paris 1489)
Balladen von François Villon (1431 oder 1432 – nach 1463)

Der französische Dichter François Villon, seinen Zeitgenossen um die Mitte des 15. Jahrhunderts unter mehreren Decknamen bekannt (u.a. des Loges, de Montcorbier), will in seinem Hauptwerk »Das Große Testament« – von ihm selbst in das Jahr 1461 datiert – den Leser ergreifen: »Ich fühle, wie mein Herz erschlafft – Fremin, setz nah dich an mein Bett – Nimm sofort Feder und Papier. Was ich sage, schreib's schnell. Laß das Ganze dann kopieren.«

Diese Szene ist →Fiktion; gemacht, gespielt und vorgetäuscht. Ein Sterbender, dessen Herz versagt, diktiert nicht Hunderte von Versen. Ein Dritter, nicht sein Famulus Fremin, protokolliert: der Autor selbst. Ein gelungenes Jongleur-Stück! Das Ich des Testaments ist ein gestaltetes Ich, aber zugleich auch Träger bestimmter Eigenschaften, Gedanken und Absichten des Autors. Villon läßt dieses Ich am Ende des Testamentes sterben, aber damit in der Literatur überleben. – Den Leser macht er unversehens zum Zuschauer eines makabren Marionetten-Theaters. Zeitgenossen, berüchtigte und beliebte, skandalumwitterte Gestalten aus Geschichte, Bibel und →Mythologie tanzen darin den Totentanz. Hinter dem – fingierten – Vorhang einer unsichtbaren Bühne ertönt die Stimme eines mittelalterlichen Spielmanns, der mit zahlreichen Zungen, mit verstellter Stimme, laut und leise, Rollen singt und spricht, Rollen aus der ständischen und unterständischen Gesellschaft: Richter, Ritter, Märtyrer; Bauchladenhändler aus Rennes, Zuhälter der dicken Margot und – die Geschlechtsrolle wechselnd – die alternde Bordellbesitzerin. Eine Maske ablegend, setzt Villon sich sofort eine andere auf. Er spricht als Narr, der verzweifelt, der zwar alle Rollen seiner Gesellschaft spielen kann, doch in keiner Anerkennung findet. Aus diesem Grunde täuscht Villon vor, jetzt, kurz vor seinem Tode, wolle er bezeugen, auch im biblischen Sinne, Rechenschaft ablegen von sich und seiner Zeit. Villon will in der Welt der geschriebenen Worte die Zeiten überdauern, aber auch als ›Toter‹ die Wirkung seines Testamentes auf seine Zeitgenossen miterleben.

Villons Publikum, seine Leser, so will es der Autor, soll der Adel sein. Ihn lädt er in der Rolle des Leichenbitters zum Begräbnis ein: »Fürst, edel wie ein kleiner Falke, wisse, was er beim Abschied tat. Einen Schluck Wein aus Morillon trank er, als er von dieser Welt wollt' scheiden.« Villon erwartet von ihm, dem Besteller jener kostbaren Handschriften, die in den Schreibstuben von Paris vervielfältigt und zu hohen Preisen verkauft wurden, Großzügigkeit; Villon wertet sich selbst auf, wenn er beiläufig bemerkt: »Nur kleinen Leuten Kleingeld.«

Als Tausch für die Befriedigung intimer Wünsche seiner Leser bietet Villon obszönes Pläsier an. Waffen wie Lanze, Schwert, Schild und Scheide verwandelt er in Genitalien, handwerkliche Gegenstände in Folterinstrumente, den Geschäftsverkehr in den Geschlechtsverkehr. In der Rolle des Schlüssellochbeobachters lädt er den Leser zu einem Blick in das luxuriöse Leben des begüterten Klerus ein und stellt bedauernd fest: »Nur wer im Wohlstand lebt, lebt angenehm.« Moralisierend zwar, aber diesem Genuß nicht abgeneigt.

Selbstbewußt betont Villon: »Ich habe dieses Testament sehr dauerhaft gemacht«, und verweist auf sein literarisches Vorbild, den »Rosenroman« (von Guilleaume de Lorris und Jean de Meung im 13. Jahrhundert verfaßt). Seine 2000 Verse sollen keine langweilige Lektüre sein, darum rhythmisiert er sie, gliedert sie in achtzeilige Strophen, baut den Vers aus acht Silben auf, schmückt sein Werk mit →Balladen und →Rondeaus, einem Lied und einer Grabinschrift. Viele Stoffe, Themen und Sprichwörter (insbesondere aus: »Klage der Natur« von Alain de Lille [1120–1202]) frischt er auf, bearbeitet sie mit den Mitteln der Redekunst und der Technik des Gauklers, mit dem – neuen – Gespür eines Dichters für Nuancen, für die lautlichen und bildlichen Qualitäten, die im Wortschatz seiner Zeit und seines Landes schlummern. Sprachliches Material seines Testamentes ist u.a. der Pariser Dialekt der Île de France, aus dem sich die französische Nationalsprache der nächsten Jahrhunderte entfaltet, aber auch Vokabeln des Gaunerjargons und provinzieller Dialekte handhabt er mit Meisterschaft.

Daten und Fakten, die seine Herkunft und sein Leben betreffen, sind spärlich, vielleicht vom Autor aber auch bewußt getilgt. Er behauptet in den Eingangsversen seines »Großen Testament«, er sei 30 Jahre alt; und der

»Margot und ihr Märtyrer der Liebe« (rechts). »Menschliche und natürliche Gerechtigkeit« (links). Beide Grafiken von Josef Nückel

Kenner seiner Werke schließt auf Umwegen, er sei 1431 geboren – im gleichen Jahre, in dem die Heilige Johanna von Orléans verbrannt wurde. Halbwaise einer armen, ungebildeten Frau, väterlicherseits von nichtadeliger Abkunft, Pflegesohn des Kaplans Guillaume de Villon, seines »mehr-als-Vaters«, erzogen im Benediktiner-Kloster der Pariser Gemeinde Saint-Benoît-le-Bétourné, wurde das Mündel François nach Abschluß seiner Studien an der Universität Paris Magister der Schönen Künste (1452).

Villon liebte seine einzigartige Heimatstadt Paris. Ihr zum Lobe fügte er die »Ballade der Frauen von Paris« in sein »Großes Testament« ein. Er selbst genoß, obgleich Geistlicher, in vollen Zügen käufliches Vergnügen jeglicher Art. Da ihn die Kirche mit keiner Pfründe belehnte, Villon aber ständig in Geldverlegenheit war, wie seine boshaften Legate für drei stadtbekannte Wucherer erkennen lassen, schloß er sich kleinen Gruppen genialischer Gesetzesbrecher an, fasziniert von der Widersprüchlichkeit ihres Wesens und ihrer Erscheinung.

Sich selbst bemitleidend, aber doch das wilde Leben seiner Jugend in der Erinnerung genießend, entschlüpfen Villon Gefühle der Solidarität mit der Masse der Besitzlosen, den Armen, in den Mauern von Paris. Er rechtfertigt ihre und – nachträglich – seine Verstöße gegen die Gesetze: »Not macht den Menschen zum Gesetzesbrecher, Hunger treibt den Wolf aus dem Wald.« Nicht nur aus Sympathie, sondern auch aus dem Gefühl, einer der Ihren zu sein, läßt er die Typen des Pariser Lumpenproletariats in der vorletzten Ballade des »Großen Testament« wieder aufmarschieren: Bettelmönche, Gaukler, Dirnen, Zuhälter, Taschendiebe, Straßenräuber. Pfeifend, kreischend, johlend, gaffend poltern sie mit den Absätzen ihrer zu engen Modeschuhe, rasseln mit trockenen Erbsen in luftgefüllten Schweinsblasen, klingeln in Schellenkappen und schwenken, wie im Karneval, Puppenköpfe auf Narrenzeptern. Eine momentane Drohgebärde! Dann zieht sie der Spielmann von seiner ›Bühne‹ ab, sich mit einer Demutsgeste gegenüber dem vornehmen Leser geschickt entschuldigend: »um Aufruhr zu vermeiden«. Scheinbar zum Schein mobilisiert er die Gasse gegen die festen Häuser der Besitzbürger von Paris.

Biographie

1431 (?)	in Paris geboren
1452	Magister Artium
1455	Totschlag eines Priesters und Flucht aus Paris
1461	Kerkerhaft zu Meung
1463	Verbannung aus Paris
?	Tod in der Verbannung

Der Sozialaufsteiger François hielt sich in seiner Jugend, wie er im »Großen Testament« wiederholt bekennt, für einen vom Glück favorisierten Dichter, fähig, sich durch Mut und Witz dem Elend der arbeitslosen Masse der Scholaren (Gelehrten-Lumpenproletariat) zu entziehen. Die von Herzog Karl von Orléans (1394–1465) jährlich veranstalteten, am Hof zu Blois stattfindenden Dichter-Wettbewerbe hielt Villon für eine echte Lebenschance, um seinen Traum von Wohlstand und Dichterruhm zu realisieren. Doch sein Aufbruch von Paris in die Provinz glich mehr einer Flucht vor Folter und Strick als dem Beginn einer Karriere. Bereits 1455 hatte ihn sein Totschlag, begangen am Priester Sermoise, in Verruf gebracht, sein Einbruch in die Theologische Fakultät (Weihnachten 1456) bescherte ihm zwar das notwendige Reisegeld, doch später auch den Ruf eines Verbrechers.

Mit der Feder des Dichters versuchte Villon, sowohl in seinem ersten größeren Werk »Vermächtnis« (nach seinen eigenen Angaben 1456 verfaßt!) als auch im »Großen Testament« die Fakten zu vertuschen und seine Verfolger auf falsche Fährten zu locken. Ab 1457 sah sich Villon gezwungen, wiederholt unterzutauchen, vermutlich in der Gesellschaft des ›fahrenden Volkes‹, dem sich die Fürstenschlösser in der Provinz zu öffnen pflegten. Im Gefolge der sozial degradierten Komödianten, vielleicht auch weil man wußte, daß er der Verbrecherzunft der Coquillards angehörte, gelang es Villon nicht, sich die stete Gunst eines adeligen Gönners zu erschmeicheln.

Die Wende seines Lebens sieht Villon auch im »Großen Testament« nicht als das Resultat einer Selbsttäuschung, sondern als eine Laune der Fortuna. Im Sommer des Jahres 1461 wurde Villon vom Bischof von Meung-sur-Loire in einer Gaukler-Truppe aufgegriffen, eingekerkert und gefoltert. Auf Bischof Thibaut d'Aussigny konzentriert sich Villons Haß im »Großen Testament«: »Mein Herr und Bischof ist er nicht, sein Sklave (Hirsch) bin ich nicht, noch seine Hirschkuh (Geliebte)«. Villon sagt ihm die Vasallentreue auf und unterstellt, der Bischof sei pervers, Päderast, würdig ewiger Verdammnis; er, Villon, sein unschuldiges Opfer.

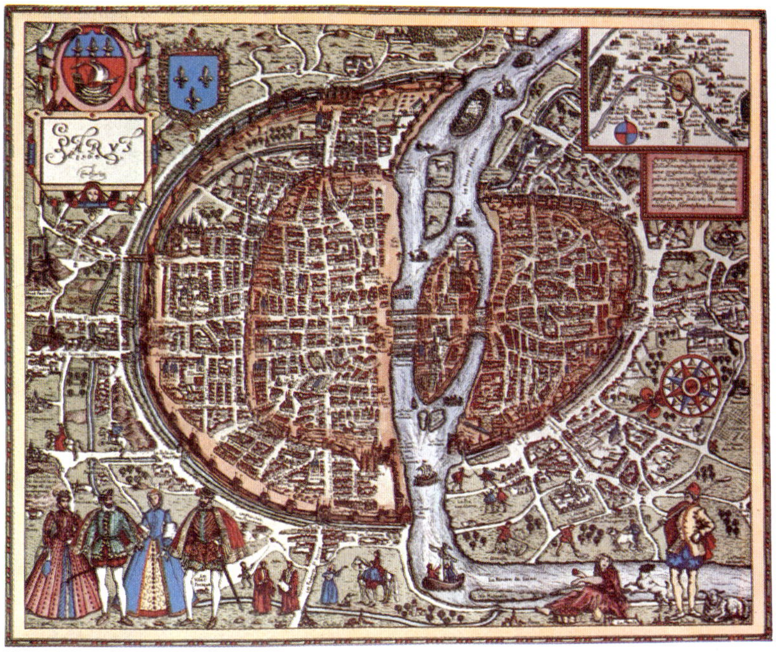

Paris, Heimatstadt Villons. Lageplan um 1500

Fritz Habeck, »Villon oder die Legende eines Rebellen«, Wien-München-Zürich 1969 (mit einer guten kommentierenden Übersetzung des »Großen Testaments«).
Jean Dufournet, »Recherches sur le Testament de François Villon«, Paris 1971 (die neusten Ergebnisse der Villon-Forschung).
Italo Siciliano, »François Villon et les thèmes poétiques du moyen-âge«, Paris, o. J., Librairie A. G. Nizet (Standardwerk).
David Kuhn, »La Poétique de François Villon«, Paris 1967 (umfassende Deutung des »Großen Testaments« im Hinblick auf die mittelalterliche Mystik, die dem Werk Villons zugrunde liegen soll).

Der neue König von Frankreich, Ludwig XI. (1461–1483), amnestierte zwar im Oktober 1461 Villon, wofür ihm Villon im »Großen Testament« übergroßes Lob spendet, doch die Pariser Gesellschaft nahm den einmal entehrten Geistlichen nicht wieder auf. Die Gerichte belasteten ihn mit alten und neuen Delikten; 1463 entrann er nur knapp dem Strick, auf 10 Jahre von Paris verbannt; über sein weiteres Schicksal sagt keine geschichtliche Quelle etwas aus, vielleicht aber liegt ein Wahrheitskern in einer Legende Rabelais' (1494–1553) im 13. Kapitel seines 4. Buches über »Pantagruel« (→S. 96). In der Pose eines sterbenden »Blutzeugen der Liebe« (vgl. die Ballade Villons an seine Freundin) gestaltete Villon sein »Großes Testament« zu einem letzten Rache-›Coup‹ gegen die ›ehrbare‹ Gesellschaft seiner Zeit. Die Legate seines Testamentes enthalten ›vergiftete‹ Geschenke an seine Feinde, echtes Lob für seine Mutter und seine Freunde, Schmeicheleien für den Adel.

Jürgen Rathje

Rabelais · Gargantua und Pantagruel

»Gargantua et Pantagruel« (Erstdruck Buch I: Lyon 1532, II: 1533, III: 1546, IV: 1552, V: 1564)
Roman von François Rabelais (1494 – 9. 4. 1553)

Über die Beziehung zwischen Macht und Dummheit zu sprechen, gilt auch im 20. Jahrhundert als anstößig. Gegen einen Zusammenhang von Macht und geistiger Überlegenheit hat dagegen selten jemand etwas einzuwenden. Wie jeder weiß, hatte schon die Schlange im Paradiese mit Gottgleichheit und dem Wissen um Gut und Böse gelockt und Eva die Erkenntis eingegeben, daß der bewußte Baum »lieblich anzusehen und ein lustiger Baum wäre, weil er klug machte«. Damit nun aber der inzwischen sündig gewordene Mensch nicht auch noch »ausstrecke seine Hand und breche auch von dem Baum des Lebens und esse und lebe ewiglich«, vertreibt Gott kurzerhand den Menschen aus dem Paradies.

Allwissenheit und Unsterblichkeit also waren dem Menschen verboten: Mit ihnen wäre er allmächtig geworden, was Gott allein sein wollte. Immerhin aber hatte der Mensch doch genug vom Baum des Wissens gekostet, um von der Allwissenheit zumindest die Pose gut zu beherrschen. Sie gilt als Zeichen von Macht. Zu Rabelais' Zeiten war das nicht anders.

François Rabelais, um 1494 auf dem Landgut La Devinière bei Chinon in der Touraine in Frankreich geboren und ungefähr seit 1511 von den Franziskanern erzogen, wird zunächst Mönch, löst sich später wieder vom Klosterleben, studiert ab 1530 Medizin in Paris, dann in Montpellier und wird 1532 Arzt am Hôtel-Dieu in Lyon. Man lebt in einer Übergangszeit. Von einer mittelalterlichen Gesellschaft im eigentlichen Sinne kann man längst nicht mehr sprechen, aber das Erbe des Mittelalters ist noch überall spürbar. Theologengezänk vor →scholastischem Hintergrund und Ketzerverbrennungen künden vom Geltungsschwund einer sozialen Ordnung, deren Vertreter noch nicht ganz begriffen haben, daß es mit der alten Einheit von →feudalistischer Gesellschaft und dem kirchlichen Alleinvertretungsanspruch auf Religion und wissenschaftliche Erkenntnis vorbei ist. Ende des ausgehenden und zu Anfang des neuen Jahrhunderts aber sehen sich Karl VIII. und Ludwig XII. von Frankreich aus politisch-militärischen Gründen gezwungen, die Alpen nach Italien zu überschreiten. Mit ihrer Rückkehr kehrt auch die italienische Renaissance in Frankreich ein: Interesse für die heidnische Antike, für Künste, Wissenschaften, für den Menschen als Individuum bricht sich Bahn. Luthers Feldzug gegen die päpstliche Autorität hinterläßt auch in Frankreich seine Spuren. Je weiter diese Entwicklung geht, desto allmächtiger, also auch allwissender gebärden sich die Vertreter der alten Ordnung. Rabelais hatte in seinem Klosterleben und während seiner Studienzeit genug Gelegenheit, diese Erfahrung zu machen. Allen Denkverboten zum Trotz lernt er Griechisch und korrespondiert mit den gebildeten Geistern seiner Zeit, so mit den Humanisten Guillaume Budé und Erasmus von Rotterdam; in Lyon nimmt er eine der ersten Sektionen (wissenschaftliche Leichenöffnungen) vor.

In Lyon lernt Rabelais dann auch die dort 1532 erschienene Chronik des großen Königs Gargantua kennen, ein Volksbuch über die gewaltigen und komischen Taten eines Riesen. Den beachtlichen Erfolg dieses Werkes vor Augen, setzt Rabelais es kurzerhand noch in demselben Jahr fort unter dem Titel »Die schrecklichen Heldentaten von Pantagruel, König der Dipsodier und Sohn des großen Riesen Gargantua, neukomponiert von Meister Alcofrybas Nasier« (Umstellung des Verfassernamens).

Natürlich ist auch Pantagruel Riese, so groß und schwer gar, daß Mutter Badebec bei seiner Geburt an Atemnot stirbt. Er aber kommt fröhlich zur Welt, ganz zottig wie ein Bär, und setzt schon bald alle Welt durch nimmermüden Appetit und Durst in Erstaunen. Während des Studiums besucht er die damals berühmte theologische Bibliothek Saint-Victor zu Paris, die der Autor entsprechend verhöhnt. Dort erreicht den jungen Riesen aber auch der vielgerühmte Brief seines Vaters über die wahre Erziehung: Der Antike solle man folgen, dem Körper komme die gleiche Aufmerksamkeit zu wie der universalen Ausbildung des Geistes – nur, Wissen ohne Gewissen sei der Seele Verderb. Des weiteren schließt Pantagruel Freundschaft mit dem Scholaren Panurge, der durch schlimme, unanständige, zwerchfellerschütternde Abenteuer von sich reden macht. Zur Waffenhilfe gegen Loupgarou und seine Riesen von Vater Gargantua in die Heimat gerufen, besiegt Pantagruel diese unter schaurig-komischen Umständen.

In Paris verurteilen die Theologen der Sorbonne »Pantagruel«. Rabelais aber veröffentlicht 1534 »Gargantua«, »Pantagruels« Vorgeschichte, die freilich nur in Anklängen an die gleichnamige anonyme Chronik von 1532 erinnert:

Der Riese Gargantua, Vater von Pantagruel, kommt als Elfmonatskind während eines Saufgelages mit dem Schrei »Trinken!« durchs Ohr zur Welt. Schon früh erkennt Vater Grandgousier an der Erfindung eines Arschwisches seines Sohnes Genie, das gleichwohl unter D. theol. Holofernes' Lateinunterricht so verkümmert, daß Grandgousier Gargantua zum Studium nach Paris schickt, wo er beim Pädagogen Ponocrates Körper und Geist zu beherrschen lernt. Da aber ruft Grandgousier seinen Sohn in den Krieg gegen die Matzenbäcker von Lerné, deren König Picrochole, auf seine Art durchaus ein kleiner Hitler, nicht zuletzt an der Rauflust des Schelmenmönches Frère Jean des Entommeures scheitert. Zum Dank erhält dieser die Abtei Thélème, ein schloßartiges Anti-Kloster, bewohnt nur von schönen, wohlgebildeten und gutartigen jungen Leuten beiderlei Geschlechts. Reichtum und volle

François Rabelais, »Gargantua und Pantagruel«, übersetzt von Gottlob Regis, 2 Bände, München 1964. Taschenbuch-Ausgabe: »Gargantua«, Frankfurt 1962.
Erich Köhler, »Die Abtei Thélème und die Einheit des Rabelaisschen Werkes«, in Germanisch-romanische Monatsschrift, 40, 1959, S. 105–118.
Die Rabelais-Forschung der Jahre 1950–1960. Tendenzen und Ergebnisse. In: Romanisches Jahrbuch Bd. 11 (1960).

Porträt von Rabelais.
Zeichnung von Massard
(Historische Galerie von Versailles)

Freiheit sind Bedingungen ihres Lebens, und ihre ganze Ordensregel lautet: TU, WAS DU WILLST. Es ist die beste aller Welten, wo, im Unterschied zu allen anderen Utopien, man menschliches Glück nicht erzwingt, sondern wo man von vornherein nur Glückliche aufnimmt. Die Liebe als Triebfeder unordentlicher Leidenschaften sucht man dort vergebens, und also fehlt auch Eifersucht und Neid und was aus ihnen folgt.

Auch Gargantua fällt dem Verdammungsurteil der Sorbonne-Theologen zum Opfer. Im gleichen Jahr aber kommt es in Frankreich zu einer plumpen Aktion der protestantischen Gegenseite gegen die päpstliche Messe. Franz I. (1515–1547), Frankreichs großer Renaissance-König und Mäzen, wahrt durch – freilich →repressive – Gegenmaßnahmen seine politische Unabhängigkeit. Also siedelt der Reformator Calvin zur Gründung einer neuen Kirche nach Genf über. Doch auch »Unschuldige« werden betroffen. So Rabelais. Er versteckt sich, reist, lebt im Kloster, verläßt es wieder, wird Doktor der Medizin, praktiziert erneut und bringt es, sicher ist sicher, gar zu einem königlichen Amt. 1546 endlich erscheint sein »Drittes Buch«, die Fortsetzung des »Pantagruel« von 1532.

Im »Dritten Buch« verliert sich die alte Fabel von der grotesken Riesengeschichte. Pantagruel wird zum Inbegriff heiterer Gelassenheit, des Autors Wunderwaffe, um die Sorbonnisten immer wirkungsvoller zu zausen. Im übrigen befragt Pantagruel-Freund Panurge die Vordenker seiner Zeit, ob er heiraten solle oder nicht, aber kein Philosoph, Theologe, Hofnarr usw. gelangt zu einem brauchbaren Schluß. Also beschließen die Freunde, zum Orakel der »Göttlichen Flasche« zu segeln.

Die Sorbonne verurteilt wieder, zugleich verfinstert sich die politische Szene in Frankreich, die Scheiterhaufen rauchen, und Rabelais flieht nach Metz. Erst als der neue König Heinrich II. gegen Mitte des Jahrhunderts mit dem Papst in Streit gerät, kann Rabelais es wagen, 1552 sein »Viertes Buch« zu veröffentlichen, ein Ärgernis den römischen und protestantischen Eiferern, dem König aber ein Vergnügen: Er läßt es sich vorlesen.

Zu vielen Inseln gelangen Pantagruel und Panurge, und auf jeder hausen andere Möchtegern-Allmächtige mit der Pose der Allwissenheit. Zum Orakel der »Göttlichen Flasche« indessen gelangen die Freunde erst am Ende des 1564, elf Jahre nach dem Tode des Autors, erschienenen »Fünften Buches«, dessen Urheberschaft nicht völlig gesichert ist. Auf Panurges Frage, ob er heiraten solle, orakelt es: »Trink!«, und Priesterin Bacbuc rät: »Deutet euch eure Unternehmung selbst.«

Natürlich hat es viele Versuche gegeben, den geheimen Sinn dieses aus Abschweifungen und →Parodien, Grotesken und Obszönitäten, Satire und Weisheit bestehenden Buches zu enträtseln. Vergebens. Die Zeitgenossen hatten es da leichter. Sie fanden – und darin war Rabelais so einzigartig neu – in »Gargantua« und »Pantagruel« ihre Sprache wieder, ihre Umgangssprache wie ihre Dialekte, ihr Küchenlatein und den Jargon der Ideologen vom Dienst. Die Hauptsache aber war für sie nichtendenwollendes Lachen – Lachen um des Gelächters willen, aber auch Lachen über die Dummheit derer, die auf jede Frage eine Antwort wissen, und die mit diesen Antworten ein verbindliches Machtwort sprechen wollen. Rabelais, Sohn eines angesehenen Advokaten aus Chinon, Nachkomme wohlhabender Bauern aus der Touraine, hatte der mittelalterlichen Scholastik, aber auch der Schulphilosophie seiner Zeit eine unübersehbare Abfuhr erteilt.

Gargantua als Riesenkind. Schon bei der Geburt war er so groß, daß die Mutter an Atemnot starb. Illustration zum Roman von Rabelais

Jürgen Rathje

Cervantes · Don Quijote

»El ingenioso hidalgo Don Quixote de la Mancha« (Erstdruck Teil I: Madrid 1605, II: Madrid 1615)
Roman von Miguel de Cervantes Saavedra (29. 9. [?] 1547–23. 4. 1616)

Menschen träumen gern: von Liebe, Macht, Reichtum. Und wenn die Erfahrung sie klüger gemacht hat, träumen sie um so mehr: von der guten alten Zeit. Für Don Quijote, den »edelsten und tapfersten aller Ritter«, heißt dieser Traum das Goldene Zeitalter, »nicht weil man damals das Gold, welches in unserem eisernen Zeitalter so geschätzt wird, in jenen preiswürdigen Tagen ohne Beschwer gewann, sondern weil unter denen, die damals lebten, die beiden Wörter mein und dein unbekannt waren«. Alle Dinge gehörten allen gemeinsam, keiner mußte für seinen Unterhalt arbeiten, man brauchte nur die Hand auszustrecken: Eichbäume boten ihre Früchte zum Essen an, Ströme ihr Wasser zum Trinken; Honig gab es in Fülle, gegen schlechtes Wetter schützten Dächer aus Korkrinde, mit denen man mühelos errichtete Hütten deckte. Kurz, alles war Friede, Liebe, Eintracht, die Menschen gut, und Versuchungen wie Reichtum und üble Nachrede gab es erst gar nicht. Die jungen Mädchen zumal, versteht sich, behinderte niemand in ihrem tugendhaften Lebenswandel, wußte man doch: Freiwillig, aus eigener Liebe schenkten sie ihre Gunst . . .«

Der so träumt, ist ein Narr. Indessen, völlig närrisch ist Don Quijote nicht, denn auch er weiß, daß in unseren verderblichen Zeiten keine Tugend mehr sicher ist, daß nicht Liebe, Gerechtigkeit, Frieden, sondern Streit, Mißgunst und Haß die Welt regieren. Diese Erkenntnis – gewonnen beim Lesen alter Ritterromane – hatte ihn zur Tat getrieben: Um der anwachsenden Bosheit Halt zu gebieten, war er dem Orden der Irrenden Ritter beigetreten, dem es mit dem Traum vom Goldenen Zeitalter Ernst war. Denn auch von diesem Orden hatten ihn die Ritterromane unterrichtet, und Don Quijote glaubte ihnen. Also hatte er eine Rüstung angelegt, Rosinante, einen Klepper von ähnlich trauriger Gestalt wie sein Herr, bestiegen und war ausgezogen, Jungfrauen zu verteidigen, Witwen zu schützen, Waisen und Hilfsbedürftigen beizustehen – und das alles, nachdem die Neuzeit längst angebrochen war, es also gar keine Ritter mehr gab. Neuzeit? Wenn man F. E. Sutcliffe glauben darf, waren es vor allem drei Errungenschaften, die sie ausmachten: die Erfindung der Buchdruckerkunst, des Kompasses und der Artillerie. Die Buchdruckerkunst macht das Wissen breiteren Schichten zugänglich und damit zu einer Macht. Der Kompaß geleitet zu neuen Erdteilen und damit auch zu neuen Reichtümern. Die Folgen, Handel und Geldwirtschaft größten Umfanges, machen zumal jene reich, die diese Möglichkeiten nutzen. Die Artillerie schließlich erledigt den Einzelkämpfer, den Ritter, der wohl einen ebenfalls berittenen Feind aus dem Sattel heben kann, nicht aber eine Kanone. Mit anderen Worten: Wissen, Geld, moderne Kriegstechnik und nicht mehr Vasallentreue, Landbesitz und persönliche Tapferkeit bestimmen Zeit und Stunde. Die Vorzüge des Ritterstandes sind überflüssig geworden, und so nimmt es nicht wunder, daß in ganz Europa eine Klasse verarmter Landadeliger entsteht, die, gestern noch Oberschicht und allseitig geschätzt, sich nunmehr unter die Entrechteten zählen muß, denen allenfalls noch eine Rolle als Höfling zusteht.

In Spanien hießen diese Leute Hidalgos, und ein solcher Hidalgo ist Don Quijote. Aber nicht alle Schichten der Bevölkerung hatten Grund, wie die Hidalgos der alten Ritterherrlichkeit nachzutrauern. Was diese an Geltung verloren hatten, kam schließlich anderen zugute. Und selbst, wenn das Spanien des Cervantes auch ein armes Land geworden war, so sehnte sich das Volk nicht unbedingt nach dem Mittelalter zurück. Don Quijotes Rittertraum war närrisch in einer Epoche, die mit Stolz auf ihre modernen Errungenschaften blickte. Aber er war ja zugleich der stets verlockende Traum von Liebe, Gerechtigkeit

»Don Quijote«, übersetzt von L. Tieck, I–IV, 1799–1801; I–II, Bad Salzig und Düsseldorf 1951; 1963.
W. Krauss, »Cervantes. Leben und Werk«, Neuwied 1966.
H.-J. Neuschäfer, »Der Sinn der Parodie im Don Quijote«, Heidelberg 1963.
»Don Quijote«, Forschung und Kritik. Hrsg. von H. Hatzfeld, Darmstadt 1968.
NB: Ein Cervantes-Roman von Bruno Frank erschien 1934. Neuere Ausgabe: Bruno Frank, »Cervantes«, Hamburg 1952.

Cervantes überwacht den Druck des »Don Quijote«. Kupferstich des 18. Jh.

EL INGENIOSO
HIDALGO DON QVIXOTE DE LA MANCHA,
Compueſto por Miguel de Ceruantes Saauedra.
DIRIGIDO AL DVQVE DE BEIAR, Marques de Gibraleon, Conde de Benalcaçar, y Bañares, Vizconde de la Puebla de Alcozer, Señor de las villas de Capilla, Curiel, y Burguillos.
Año, 1605.
CON PRIVILEGIO, EN MADRID, Por Iuan de la Cueſta.
Véndeſe en caſa de Franciſco de Robles, librero del Rey nro ſeñor.

Titelblatt der Erstausgabe des »Don Quijote« 1605

Der Kampf gegen die Windmühlen. Illustration von Gustave Doré

Don Quijote und Sancho Panza. Illustration von Gustave Doré

und Frieden. So zieht denn Don Quijote auch nicht aus, um die mittelalteriche Gesellschaftsordnung wiederherzustellen, sondern um seinen und der Menschheit Traum in die Tat umzusetzen: mit den Waffen der Irrenden Ritter und den modernen Geist seiner Zeit kühn mißachtend.

Don Quijote hieß eigentlich Alonso Quijano, war ein älterer Dorfedelmann aus der Mancha und teilte als solcher die Vorliebe für die unzeitgemäßen Ritterromane mit seinen Zeitgenossen. Diskussionen mit Pfarrer und Barbier lassen diese Vorliebe bei ihm hingegen zur fixen Idee geraten. Und so nennt er sich Don Quijote von la Mancha. Sein heimatliches Dorf verläßt er mit viel Rost an seiner Rüstung und in Gedanken ganz bei seiner Dame Dulcinea von Toboso; sie ist ein Bauernmädchen. Doch Don Quijote, dessen Kindergemüt solche Schönheitsfehler übersieht, reitet zur nächsten Dorfschenke, die er als Burg betrachtet, um dort den Ritterschlag zu empfangen. Der Wirt begreift schnell, wie es um den Geisteszustand seines überdies zahlungsunwilligen Gastes bestellt ist, spielt aber die Komödie mit und erteilt den Ritterschlag. Don Quijote bricht von der Schenke auf, doch alles mißlingt: anstatt sich einen unsterblichen Namen als Schirmherr der Entrechteten zu machen, bezieht er Prügel, und am Ende bringt ein Nachbar den übel Zugerichteten wieder nach Hause. Pfarrer und Barbier erkennen die Moral von der Geschichte: die Ritterbücher haben den Freund um seinen Verstand gebracht und müssen folglich verbrannt werden. Während der Erschöpfte schläft, betreten sie seine Bibliothek: das Büchergericht findet statt.

Hier hatte die Geschichte eigentlich enden sollen, aber Don Quijote kommt dem zuvor. Noch bevor sie seine Bücher (es handelt sich nur um die schlechtgeschriebenen) verbrennen, erwacht er für kurze Zeit und bekundet, daß er nicht etwa von seinem Wahn geheilt, sondern ganz der Alte geblieben ist, und zieht schon zwei Wochen später zu neuen Abenteuern aus: in Begleitung sogar, denn Sancho Panza, ein armer Nachbarsbauer von rundlicher Gestalt und praktischem Verstand, dem er großzügig die Statthalterschaft über eine Insel versprochen hat, trabt fortan neben ihm auf seinem Esel: als Knappe. Mit den Abenteuern wird es indes nicht besser. Gegen alle Einwände Sanchos hält Don Quijote eine Gruppe Windmühlen für Riesen und stürmt gegen die erste an, deren Flügel Roß und Reiter zu Boden schleudern. Seine Folgerung: Zauberer haben die Riesen in Windmühlen verwandelt. In diesem Geiste geht es weiter. Abends, im Kreise von Ziegenhirten, die ihre Mahlzeit mit Sancho und seinem Herrn teilen, preist dieser das →goldene Zeitalter und gibt sich als Freund und Helfer derer zu erkennen, welche die unbarmherzige Welt benachteiligt hat.

Hier beginnen die Abenteuer von Don Quijote und Sancho Panza sich mit eingeschobenen Geschichten aus →Schäferdichtung und klassischer Liebeserzählung zu verbinden. Von vielen Menschen ist nunmehr die Rede, Suchenden wie Don Quijote selbst. Am Ende des Ersten Teiles des Romans wird Don Quijote wieder einmal nach Hause gebracht, diesmal von Pfarrer und Barbier. Prügel haben ihn übel zugerichtet. Aber Don Quijote weiß, die Ritterbücher haben doch recht.

Nachdem der erste Teil durch Don Quijotes wiederholten Auszug zu einem beliebig fortsetzbaren Abenteuerroman geworden war, schrieb ein gewisser Alonso Fernández de Avellaneda kurzerhand einen zweiten Teil. Cervantes veröffentlichte daraufhin eine eigene Fortsetzung, die allerdings, wie Forschungen ergeben haben, von vornherein auf den Tod des Helden angelegt eine weitere Fortsetzung ausschließen sollte.

Noch vor der dritten Ausfahrt des Don Quijote haben Pfarrer, Barbier und Baccalaureus Sansón Carrasco beschlossen, dieser letzte solle, auf Don Quijotes Hirngespinste eingehend, ihn unterwegs im ritterlichen Zweikampf überwinden und das fatale Gelübde abnehmen, für eine längere Zeit nach Hause zurückzukehren. Nach gemeinsamem Ritt zu Dulcinea von Toboso, wie Don Quijote glaubt, begegnen Sancho und er dem als Spiegelritter verkleideten Carrasco. Doch ausgerechnet endet dieser Zweikampf mit einem so heftigen Sturz des letzten, daß dieser fünfzig Kapitel braucht, um sich wieder zu erholen: Zeit genug für Don Quijote, die wunderbarsten und närrischsten Abenteuer zu erleben. Unter anderem folgen Ritter und Knappe gar der Einladung zum Schloß eines Herzogs, wo der brave Sancho im Ulk die ihm versprochene Statthalterschaft über eine Insel erhält. Doch schließlich begegnen sie dem inzwischen genesenen, nunmehr als Mondritter verkleideten Carrasco, der Don Quijote besiegt und ihm einjährigen Verzicht auf Ritterschaft und Ruhm sowie die Heimkehr auferlegt. Das ist zuviel für den Besiegten: Als Träumer und Ritter Don Quijote hatte er gegen die Zeit gelebt, für Gerechtigkeit gestritten, nie einen Menschen gehaßt, Prügel und Spott geduldig ertragen. Aus seinem Traum wieder als Alonso Quijano erwacht, stirbt mit dem Traum auch der Träumer selbst.

Mit seiner realistischen →Parodie auf die Ritterromane (die er persönlich schätzte) hat Cervantes diesen den Garaus gemacht und zugleich den ersten modernen Roman geschaffen.

Jürgen Rathje

Der Schelm

Kapital, Sittenstrenge, intellektuelle Überlegenheit und Autorität werden viel kritisiert. Natürlich werden sie auch allgemein erstrebt. Dabei ist es nicht unbedingt nötig, wirklich wohlhabend, tugendhaft, gescheit und mächtig zu sein. Es kommt vielmehr auf den richtigen Eindruck an: Jeder muß erkennen können, daß man dergleichen ernst nimmt.

Dagegen kennzeichnet Unernst den Schelm. Die Reichen sind vor seinen langen Fingern nicht sicher, die Prüden nicht vor seinem Charme, die Überheblichen demütigt sein Witz, und seine Streiche lassen Mächtige komisch wirken. Kurz, er stiehlt, verführt, beleidigt, erniedrigt. Das tun auch Kriminelle, und so hat es nicht an Stimmen gefehlt, die den Schelm als Dieb, Sittenstrolch, Ehrabschneider und – im übertragenen Sinn – als Anarchisten bezeichnen. Aber sind seine Opfer etwa Unschuldige? Der Schelm jedenfalls bestiehlt die Geizigen, verführt die Scheinheiligen, beleidigt die Großspurigen, erniedrigt die Gewaltigen, und wer so handelt, hat noch immer Beifall dafür geerntet.

Diese Beliebtheit hat Gründe. Da ist zum einen soziale Ungerechtigkeit, an welcher Menschen sich seit eh und je mehr oder weniger gestoßen haben, zum anderen ist da der Kampf zwischen dem Guten und dem Bösen, und auch ihm hat schon immer das Interesse der Menschen gegolten. Im allgemeinen nun fügen sich die Menschen in die Ungereimtheiten des Lebens. Einige tun es widerwillig, andere in der Absicht, Nutzen aus ihnen zu ziehen, manche heucheln ihre Zustimmung nur, und wieder andere geben sich ganz arglos. Der Schelm hingegen stimmt überhaupt nicht zu. Für ihn bleibt soziale Ungerechtigkeit das, was sie ist, und er weiß, wer im allgemeinen und was die Welt regiert. Er will sie nicht verbessern. Anti-Held und Vagabund, der er ist, geht er jeglichem ›Engagement‹ aus dem Wege und richtet seinen ganzen Sinn aufs Überleben.

Hintergrund zur Beliebtheit des Schelms ist also die Beschaffenheit des Lebens selbst: seine Widersprüche, seine Ungerechtigkeiten, die allgemeine Forderung, Gutes zu tun und die ebenso allgemeine Erkenntnis, daß Erfolg und nicht Moral die Welt regiert. Die Unzufriedenheit mit dem Lauf der Welt ist natürlich genauso alt wie diese selbst, unerschöpfliches Thema für Religionen, Philosophie und Soziallehren. Die einen trachten, die Welt geistlich zu überwinden, die anderen wollen sie ändern. Der Schelm, durchaus mit von der Partie, prellt die Welt kurzerhand, und das Lachen über seine Streiche läßt ihn, den armen Außenseiter, groß erscheinen, jämmerlich dagegen die von ihm geprellten Repräsentanten der Gesellschaft.

Wie man sieht, ist das Schelmenleben sozusagen eine »dritte Möglichkeit«, mit dem Lauf der Welt fertig zu werden. Unvergleichlich und Menschen gemeinhin unerreichbar, erhebt diese geheimnisvolle Kraft den Schelm in den Rang einer →mythischen Gestalt. Seit Karl Kerényi ist bekannt, daß Schelmenmythologie nie zaubern oder belehren wollte, sondern nur von ihrem Helden berichten, daß die Schelmengestalt letzten Endes auf den Erzschelm zurückgeht, eine zeitlose, in der Überlieferung aller Länder verbreitete mythische Persönlichkeit, die aller Schelmenliteratur in unserer Welt zugrunde liegt.

Begreifen wir den Schelm also als Ausnahmewesen, als ein Kind der Götter, ewig jung wie diese und immer sich selbst gleich, als eine Gestalt, die nie eine seelische Entwicklung erfährt, weder zum Guten noch zum Schlechten, die man deshalb zu Recht mit den olympischen Göttern verglichen hat, welche bekanntlich jeden Morgen so erwachen, als wäre es der erste Tag ihres Lebens. Eine derart unverwundbare Seele kann nicht gebrochen werden, und so bleibt denn der – wie wir sagen würden – gesellschaftlich unangepaßte Schelm mit seinem scheinbar ganz und gar nicht konkurrenzfähigen, dazu moralisch anstößigen Außenseiterdasein der ewige Sieger über allen Ingrimm dieser Welt.

Beginn einer Tradition: Lazarillo von Tormes

Wo nun begegnen wir dem Schelm? Überall, könnte man antworten. Die Gestalten, welche er dabei annimmt, sind verschieden. Mal tritt er als der Erzbetrüger auf, mal als der Narr, aber, geborener Meister aller Verwandlungen, kann er uns ebenso gut als Künstler begegnen, gelegentlich gar als Kulturgründer und auch als Schelmengott. Er ist so alt wie die Kulturgeschichte selbst; daran gemessen, erfolgt sein Eintritt in die Literatur ziemlich spät: im ersten nachchristlichen Jahrhundert mit dem »Satiricon« des Petronius. Zu weltliterarischer Berühmtheit gelangt er freilich erst anderthalb Jahrtausende später.

1554 erscheint in Burgos, in Alcalá de Henares und in Antwerpen ein Büchlein mit dem Titel: »Das Leben des Lazarillo von Tormes, seine Freuden und Leiden«. Seinen Verfasser hat bis heute noch niemand ermittelt. Diese kleine Erzählung war für die damalige Zeit etwas unerhört Neues. Gewohnt waren die Zeitgenossen die Ritter- und Schäferromane. Die ersten waren zwar groß im Schildern des menschlichen Seelenlebens, kannten aber im übrigen nur fabelhafte Abenteuer, die sich in einer phantastischen Umgebung ereigneten. In den Schäferromanen war indessen viel von idealer Liebe, von Liebesfreiheit gar die Rede, und der Ort ihrer Handlung, Arkadien, lag nicht etwa in Griechenland, sondern in der besten aller Welten, der Phantasie; selbst der Zeitpunkt ihrer Handlung blieb märchenhaft, denn die Schäferromane spielten in einer Zeit, in der man sich des →goldenen Zeitalters noch gut erinnerte. Beim »Lazarillo von Tormes« bestand nun für die Zeitgenossen die unerhörte Neuartigkeit des Buches in seinem Realismus: die Handlung spielte in der Gegenwart, ihr Schauplatz, der sich von Salamánca bis Toledo erstreckte, war wohlbekannt und das Milieu ihres Helden vielen nur allzu vertraut.

Lázaro ist ein Müllersohn, geboren in einer Flußmühle des Tormes, seit dem neunten Lebensjahr ohne Vater und wächst unter den erbärmlichsten Lebensumständen auf, bis er schließlich als Blindenführer einen ›Broterwerb‹ findet. Kaum unterwegs, erlebt Lázaro, wie sein blinder Herr sich heuchelnd, quacksalbernd und knausernd ebenso boshaft wie erfolgreich durchs Leben gaunert. In diesem Geiste schlägt er Lázaros Kopf zunächst einmal kräftig gegen eine steinerne Brückenfigur. Im übrigen läßt er ihn hungern und dursten. Lázaro versteht und übt nun seinerseits seine Künste am Blinden. Einen mit Vorhängeschloß und eisernem Ring bewehrten Lebensmittelsack plündert er, die Naht heimlich auftrennend und wieder zunähend; in den Genuß des begehrten Weinkruges gelangt er durch ein selbstgefertigtes Bohrloch in dessen Boden; als der Blinde Lázaro beim Traubenessen um seinen Anteil betrügen will, bemißt dieser seine Portion so reichlich, daß für den Blinden kaum etwas übrigbleibt; und eine am Spieß für seinen Herrn zu bratende Wurst vertauscht Lázaro gegen eine Rübe, verzehrt die Wurst auf dem Weg zum Weinholen und erlebt bei der Rückkehr, wie sein Herr ahnungslos in die Rübe beißt.

Solche Streiche können nicht ohne Folgen bleiben, und als der Blinde seinen Machtkampf mit allerlei Gewalttätigkeiten auf die Spitze getrieben hat, ergreift Lázaro die Flucht, nicht ohne ihn bei dieser Gelegenheit zum Sprung über einen Bach und damit gegen einen Steinpfeiler ermuntert zu haben. Mit Erfolg.

Lázaros zweiter Herr ist Priester, läßt sich von ihm bei der Messe assistieren und legt im Knausern soviel Können an den Tag, daß der Geiz seines Vorgängers nachträglich wie Stümperei erscheint. Nie müde, Mäßigkeit in Speise und Trank zu predigen, ist er ein Freßsack und Saufaus sondergleichen, zumal auf Leichenschmäusen. Lázaro, indessen dem Hungertod nahe und in den Besitz eines Nebenschlüssels zur Brottruhe seines Herrn gelangt, schreitet zu deren Plünderung, bis auch dieser Herr ihm auf die Schliche kommt und ihn unter Bekreuzigungen davonjagt.

Ein neuer Herr ist bald gefunden: ein heruntergekommener Edelmann. Dessen Mäßigkeit beruht nicht auf Geiz, sondern auf Armut. Aber Edelmann, der er ist, versucht er, seine Schande zu verbergen. Zum ersten Mal faßt Lázaro Zuneigung zu einem Menschen, und, obwohl ihm dessen fragwürdiger Dünkel nicht entgeht, beginnt er, heimlich für ihn zu betteln. Schließlich kommt es, wie der Leser schon längst geahnt: der Edelmann schüttet Lázaro sein Herz aus, vertraut ihm an, wie sehr sein Stolz ihn hindere, bei Hof Karriere zu machen und sich der dem Ehrgeiz eigentümlichen Mittel dabei unverdrossen zu bedienen. Was niemand sonst verstanden hätte – Lázaro versteht es. Bald aber endet auch dieses Dienstverhältnis. Nur ist es diesmal nicht Lázaro, der den Herrn verläßt, sondern dieser macht sich aus dem Staube, als eines Tages der Hauswirt erscheint, um die Miete einzutreiben.

Ein verweltlichter Mönch ist Lázaros vierter Herr, ein unruhiger Geist, ständig unterwegs und aufs Besuchemachen versessen. Aus Abneigung gegen die Lauferei vor allem läßt Lázaro ihn bald im Stich.

Der fünfte ist ein Schlitzohr, Ablaßhändler von Beruf. Ihm spielt Lázaro keinen nennenswerten Streich mehr – seit seiner Begegnung mit dem Edelmann erzählt er ohnehin von sich selbst immer weniger; immer unverkennbarer wird das Bestreben, dem Leser die Eigentümlichkeiten der verschiedenen Charaktere und Milieus vorzuführen und dergleichen Schilderungen durch eingeschobene Schwänke zu beleben.

Der Ablaßhändler betrachtet seine geistliche Tätigkeit ausschließlich vom wirtschaftlichen Standpunkt aus, sieht sich rückläufigen Umsatzes wegen gezwungen, den Absatz durch eine zu Werbezwecken vorgenommene Teufelsaustreibung wieder anzukurbeln. Als Geschäftspartner dient ihm dabei ein Büttel, der, den Besessenen spielend, allgemeine Ängste schürt und so dem Kauf von Ablaßbriefen neuen Anreiz verschafft. Dererlei Praktiken gehen Lázaro bald auf die Nerven, und er verläßt auch diesen Herrn.

Nach einer nicht viel besser verbrachten Zeit bei einem Tamburinmaler scheint es nunmehr mit Lázaro aufwärts zu gehen. Er dient einem Kaplan vier Jahre lang als Wasserverkäufer und tritt, nach Zurücklegen einiger Ersparnisse, bei einem Büttel in Dienst. Doch in dessen Umgebung mißfallen ihm die mit dem Milieu solcher Respektspersonen verbundenen Schlägereien, und so findet Lázaro zu seinem neunten und, wie der Autor uns glauben machen will, letzten Dienstverhältnis: Er wird königlicher Ausrufer in Toledo. Aber natürlich hat auch dieses Amt seinen Haken. Dem Erzpriester von San Salvador gefällt es, ihn mit einer seiner Mägde zu verheiraten, den beiden ein Haus neben seinem eigenen zu mieten, Lázaro mit Lebensmitteln sowie seinen abgelegten Hosen zu beschenken, das junge Paar oft bei sich zu Gast zu haben und sich von Lázaros Frau Essen und Bett richten zu lassen . . . Anzüglichem Spott tritt Lázaro, Künder einer heilen Welt nunmehr, unverzagt entgegen. Traulich zu dritt leben sie dahin, und Lázaro, der zu dieser Zeit »auf dem Gipfel allen Glückes« steht, ist es zufrieden.

Hier endet der Roman, aber mit ihm nicht zwangsläufig die Geschichte von den Abenteuern seines Helden, zumal da dessen Glück keineswegs endgültiger, sondern eben zeitweiliger Natur ist. Ein solcher ›Abschluß‹ fordert neues Unglück und damit neue Abenteuer geradezu heraus, und so nimmt es nicht wunder, daß »Lazarillo von Tormes« gleich ein Jahr später von einem unbekannten Autor fortgesetzt wird. Es bleibt nicht die einzige Fortsetzung. Diese Fortsetzbarkeit (so Hellmuth Petriconi) war von vornherein mit vorgesehen und wird nunmehr zu einem entscheidenden Merkmal bei den zahlreichen Romanen, die dem Vorbild des »Lazarillo von Tormes« folgen. In »Lázaro« hat man natürlich bald den Schelm erkannt, und so nennt man denn auch den »Lazarillo von Tormes« und alle seine Nachfolger, kurz, die von ihm begründete Form der Erzählung den »Schelmenroman«.

Worin besteht nun die besondere Art des Realismus, welche nach allgemeinem Urteil schulemachende Neuerung des Schelmenromans ausmacht? Man vergegenwärtige sich, der »Lazarillo« handelt im wesentlichen von der Plünderung eines Lebensmittelsackes, der Anbohrung eines Weinkruges, von Mundraub an Trauben und Wurst, der Öffnung einer Brottruhe, vom Ablaßbetrug: nicht gerade Romanthemen für Zeitgenossen, die üblicherweise in Ritterabenteuern und idealer Liebe schwelgten. Aber diese Bagatellen werden nicht etwa als nüchterne Tatsachen erwähnt, sondern mit ähnlich großer Geste geschildert wie die Abenteuer eines unsterblichen Helden. Mehr noch, der »Held« schildert sie selbst: als seine »Lebensgeschichte«, ganz so, als ob die Kenntnis seiner Mißgeschicke von höchster Wichtigkeit für die Nachwelt wäre. Und so verlockt hier der Atem höchster Erzählkunst den Leser unwillkürlich zum Lächeln, der ja doch merkt, was für Banalitäten durch diesen Kunstgriff in den Rang geschichtlicher Einmaligkeit erhoben werden. Eben hierin liegt der »Witz der Darstellung« (Hellmuth Petriconi) beim »Lazarillo von Tormes«. Auf diese Weise werden nun die geschilderten Typen der Gesellschaft einmal so richtig ernst genommen, so etwa, wie sie es sich in ihrer Humorlosigkeit nicht besser hätten träumen lassen. Nur eben, nicht ihrer eingebildeten Würde kommt der schönfärberische Stil des »Lazarillo« zugute, sondern deren Bloßstellung.

Im »Lazarillo von Tormes«, dem ersten zur Berühmtheit gelangten Werk seiner Gattung, ist der spanische Schelmenroman bereits voll entwickelt. Tatsächlich ist dieses Werk, das doch, verglichen mit seinen Nachfolgern, so überaus kurz ausfällt, in seiner Meisterschaft nie übertroffen worden. Immerhin macht der »Lazarillo von Tormes« mit seinen vielen Neuauflagen einen so großen Eindruck auf die Zeitgenossen, daß er vom Ende des 16. Jahrhunderts an eine Fülle von Nachahmungen bewirkt und so den Schelmenroman für ein weiteres halbes Jahrhundert zur literarischen Mode macht.

Die bekanntesten Vertreter des spanischen Schelmenromans nach dem »Lazarillo von Tormes« sind Mateo Alemáns »Guzmán von Alfarache« (1599–1604), »Das Leben des Buscón« (entstanden 1603, Erstausgabe 1623) von Francisco de Quevedo y Villegas und Vicente Espinels »Leben des Schildknappen Marcos von Obregón« (1618).

Der spanische Schelmenroman macht Schule in Frankreich, den Niederlanden, in England und Deutschland (Grimmelshausen →S. 120), und so entsteht eine literarische Tradition, die bis in die Gegenwart fortwirkt.

Zur Struktur des Schelmenromans

Was ist mit der Bezeichnung »Schelmenroman« im einzelnen gemeint? Der großzügige Gebrauch dieses Wortes in unseren Tagen könnte dazu verführen, darunter jedweden Roman zu verstehen, in dem ein Schelm oder mehrere Personen dieser Art eine Rolle spielen. In Wahrheit trifft der genannte Begriff nur auf den spanischen Schelmenroman und die unmittelbar an ihn anknüpfenden Werke der Franzosen, Niederländer, Engländer und Deutschen des 17. und 18. Jahrhunderts zu. Überdies gibt es eine Reihe von Romanen, die, ohne im eigentlichen Sinne Schelmenromane zu sein, sehr wohl in die Tradition dieser literarischen Gattung eingereiht werden können, wie etwa Paul Scarrons 1651–1657 erschienener, in Frankreich immer noch beliebter »Komischer Roman« oder Thomas Manns »Felix Krull« von 1954. Den klassischen Schelmenroman nun erkennt man an seiner besonderen Erzählform: er ist eine parodieartig und schönfärberisch anmutende Ich-Erzählung in Form einer angeblich wahrheitsgetreuen, in Wirklichkeit aber meist frei erfundenen Lebensgeschichte; er fällt auf durch die Aneinanderreihung von beliebig vermehrbaren kurzen Abenteuern und sonstigen Possen, die durch keinen roten Faden zusammengehalten werden. An dessen Stelle ist jener vagabundierende Unheld, der Schelm, getreten, denn er ist es, der die genannten Abenteuer und Possen erzählt. Der

Schelme und Narren

Der spanische Schelm, Held einer eigens aus dieser Figur sich entwickelnden eigenen Literaturgattung, hat viele Vorfahren und Verwandte. So verschieden an Gestalt und Benehmen sie alle auftreten mögen, so verbindet sie doch das eine: Sie machen sich lustig über menschliche Schwächen und Laster, sie verspotten die jeweiligen angeblichen ›höheren Werte‹, sie narren die Gesellschaft und ihre Ordnung. Sie treiben nicht nur in der erzählenden Literatur ihr Wesen, daneben ist ihr ganz besonderes Feld die Bühne. Das Theater hat eine große Anzahl von Varianten hervorgebracht: Schon in den frühen Mysterienspielen des Mittelalters tauchen sie auf, schon hier spielen sie ihre wichtigste Funktion aus: Sie →travestieren Geschehen, sie bagatellisieren es, wetzen das Maul daran und holen das Erhabene ins Alltägliche herüber – immer so, daß das Volk seine eigene Art zu sprechen, zu denken und reagieren daran erkannte. Das sind sie auch in allen späteren Erscheinungsformen immer geblieben, die lustigen

Personen: Vertreter des Volkes, mit allen Eigenschaften, die dem Volk zugeschrieben wurden und die es sich selber zuerkannte: frech, pfiffig, respektlos – oft auch faul und träge, feige und lüstern. Sie treten in der Theatergeschichte unter den verschiedensten Bezeichnungen, mit lokaler oder nationaler Färbung auf: als Hans Wurst, Jean Potage, als Pickelhäring, als Arlecchino. Diese Schelmen- und Possenreißer bildeten nicht nur die Stütze der derben, burlesken Volksstücke, der deutschen Fastnachtsspiele, der Jahrmarktsschwänke, der aus dem Stegreif aufgeführten →»Commedia dell' Arte«, sondern sie waren als Kontrapunkt auch Bestandteil des anspruchsvolleren, des literarischen Theaterstücks: Zu Gottscheds Zeiten traten sie sogar in der Tragödie auf und zerrten das Heroisch-Erhabene in den »Schmutz der Gossenwitze«, in den heitren→Mantel- und Degenkomödien der Spanier, in den Komödien Molières, Goldonis, Nestroys . . . allesamt späte Nachfahren der schon in den spät-griechischen und römischen Lustspielen auftretenden Dienergestalten. Ihre höchste Ausprägung fanden sie in den Narren der Shakespearschen Dramen: Weltklugheit, Weisheit und Melancholie findet sich ins bunte Gewand des professionellen Spaßmachers gekleidet. *G. R.*

Linke Seite, links oben: Titelseite der Erstausgabe der »Schelmenzunft« von Thomas Murner (1512)
Till Eulenspiegel als Seiltänzer (aus der ersten Ausgabe des Volksbuchs Straßburg 1515) – (Mitte und rechtes Bild)
Unten links: »Wie Eulenspiegel drei Schneidergesellen von einem Laden fallen macht und den Leuten sagt, der Wind habe sie herabgeweht«
Unten rechts: »Wie Eulenspiegel sich in Hamburg bei einem Barbier verdingte, und dem Meister durch die Fenster in die Stube ging.«

»Die Melonenesser« Gemälde von Bartolomé Estéban Murillo (1618–1682)

»Die Abenteuer des braven Soldaten Schwejk«. Die Titelfigur des Romans von Jaroslav Hašek (1883–1923) – hier als Puppe

Schelm stammt meist aus den untersten Schichten der Bevölkerung, gibt, falls überhaupt vorhanden, den Ehrgeiz einer bürgerlichen Existenz recht bald auf, um sich, nicht gerade redlich, in dienender Stellung durchs Leben zu mogeln. Seine unbürgerlichen Lebensgewohnheiten, zumal sein besorgniserregender Wandertrieb, lassen keine Seßhaftigkeit bei ihm aufkommen, und so wechselt er ständig seine Herren und mit ihnen Häuser, Straßen, Städte, Provinzen, Länder. Solche Unrast hat freilich ihre Vorzüge: der Schelm entwickelt sich zum Kenner sämtlicher Bevölkerungsschichten. Was der eine Dienstherr noch nicht gemacht, tut ein anderer, und was der Schelm nicht selbst mit angesehen, berichtet ihm ein Dritter. Mal prellt der Schelm seine ›Opfer‹ – oft seine Brotgeber – selbst, mal sind andere die Urheber erwähnenswerter Streiche. Natürlich kann er es sich nicht verkneifen, über die Personen dieser Geschichten und Schwänke seine Randbemerkungen zu machen. Die mögen erheiternd sein oder tieftraurig: stets lassen sie die Nichtigkeit dessen spüren, was allgemein als gesellschaftlich erstrebenswert gilt. Dabei ist nicht gerade Trübsinn das Wesen des Schelmenromans. Bilder und Personen wechseln schnell, und dem Schelm scheint dieser Wechsel angenehm. Heiter und frech übersteht er Abenteuer auf Abenteuer. Kurz, des Erzählens scheint kein Ende. Und da die beliebige Fortsetzbarkeit eine bewußte Kunstform ist, sind nach dem Vorbild des »Lazarillo von Tormes« auch die anderen Schelmenromane immer wieder fortgesetzt worden: von ihren eigenen Verfassern ebenso wie von Fremden.

Der eigentliche Sinn des Schelmenromans ist nun die durch seine besondere Erzählform (so Hellmuth Petriconi) möglich gemachte Charakterdarstellung und Milieuschilderung. Sofern die Autoren der Schelmenromane sich den hierfür geeigneten Stoff nicht gleich aus der Literatur selbst holten, war jedenfalls die derzeitige Umwelt wie geschaffen dazu, ihre Phantasie zu beflügeln. Tatsächlich waren Schmarotzertum und Müßiggängerei im damaligen Spanien weit verbreitet und hatten ihre handfesten sozialgeschichtlichen Ursachen vor allem in der Ausbeutung des spanischen Kolonialreichs, in der Auswanderung unternehmender Kräfte nach Amerika oder ihrem Verschleiß durch die aufreibenden Kriege, welche Spanien im 16. Jahrhundert zu führen hatte. Steigt während der ersten Hälfte jenes Jahrhunderts Spanien unter Karl V. zur führenden Kolonialmacht neben Portugal auf und gleichzeitig zur Vormacht in Europa, so sieht die zweite Jahrhunderthälfte es unter Philipp II. bereits in der Abwehr: gegen die aufständischen Niederländer, gegen den Protestantismus. Die Eroberung Englands scheitert mit dem Untergang der Armada, die ständige Feindschaft Frankreichs belastet das Land schwer. Wirtschaftlich und finanziell erschöpft durch lange Kriege, erreicht Spanien das 17. Jahrhundert. Beteiligt am Dreißigjährigen Krieg und erneut um seine Machtstellung in den für ihre Freiheit streitenden Niederlanden kämpfend, verliert es diese endgültig und darüber hinaus noch die Vorherrschaft in Europa selbst.

Hatte die Auswanderung nach Übersee und die Eroberung der Kolonien bereits im 16. Jahrhundert dem über seine Verhältnisse beanspruchten Lande vor allem Bauern und Soldaten entzogen, so führte die Gewöhnung an fortwährende Kriege zu weitverbreiteter Geringschätzung körperlicher Arbeit. Eine →›Subkultur‹ von gesellschaftlichen Außenseitern hatte sich indessen breitgemacht und vermehrte das ohnehin schon umfangreiche Heer der mit dem Niedergang der mittelalterlich-feudalen Gesellschaftsordnung Entrechteten und Verarmten.

Dies ist die Lage, welche die Autoren der spanischen Schelmenromane vorfinden, und sie hat zweifellos das eigentümliche Wesen ihres auch »pícaro« (= Schelm) genannten Helden entscheidend mitgeprägt. Und von hier aus wird auch der bereits durch die soziale Umwelt gegebene Reiz einer Vorführung der verschiedenen Stände und ihrer Vertreter im Schelmenroman deutlich. Aber es handelt sich dabei nicht um eine beliebige Art der Vorführung. Entscheidend ist, daß wir diese Galerie von Gestalten aus dem Blickwinkel des Schelms zu Gesicht bekommen. Dabei muß man nur wissen, daß der Held des spanischen Schelmenromans mit seinem kulturgeschichtlich bedingten Auftreten im Gewand des »pícaro« lediglich eine bestimmte, zeitgebundene Erscheinungsform des Schelms ist, daß aber bei aller Zeitgebundenheit auch hier die uns längst aus den Märchen und Mythen aller Zeiten bekannten Merkmale der überzeitlichen Schelmengestalt durchscheinen.

Der Schelm und die Moral

Die eingangs genannten Eigenschaften des Schelms dürften klargemacht haben, daß er sich grundlegend von anderen, alltäglicheren literarischen Gestalten unterscheidet. Diese lassen sich im allgemeinen psychologisch beschreiben. Aber da eine derartige Beschreibung nur auf solche Personen anwendbar ist, deren Eigenschaften ausschließlich realistische Züge tragen, versteht es sich von selbst, daß man das eigentümliche Wesen des Schelms nicht so erklären kann: dieser Außenseiter aus der Welt der Märchen und Mythen, dessen unangepaßte und doch unverwundbare Seele sich ewig gleich ist, also keine Entwicklung zum Guten oder Bösen kennt und daher nie altert, ist trotz äußerlicher Übereinstimmung mit bestimmten Typen der Kulturgeschichte unrealistisch.

Das bringt die Schelmenliteratur nebenher leicht in den Ruf, unmoralisch zu sein, und in der Tat hat es denn auch immer wieder Stimmen gegeben, die den Schelm als unmoralisch bezeichnen.

Richtig ist daran nur, daß Schelmerei an Moral nicht interessiert ist. Sie will ja nicht belehren, und so kommt es, daß der Schelm über unsere landläufigen Vorstellungen von Ruhe und Ordnung, von Moral und Unmoral erhaben ist. Allen seinen Kritikern zum Trotz hat er die Leser noch zu jeder Zeit auf seiner Seite gehabt. Mit dieser ›perversen‹ Zustimmung muß es eine besondere Bewandnis haben.

Zunächst einmal dürfen mancherlei moralisch fragwürdige Lebensäußerungen des Schelms nicht darüber hinwegtäuschen, daß wir es bei ihm mit einer Gestalt zu tun haben, die seit alters unsere heimlichen Wünsche verkörpert und auf diese Weise das Urbild für einen uneingestandenen, aber gerade deshalb besonders mächtigen Teilbereich unseres Erlebens ist. Aber das ist nicht alles – dürfen wir doch nicht vergessen, daß der Schelm einer ihm feindlich gesonnenen Gesellschaft gegenübersteht und dabei stets die bessere Rolle hat. Dafür gibt es gute Gründe, auf die auch schon von anderen hingewiesen worden ist: jeder kann die Aufrichtigkeit des Schelms bezeugen, denn aus seinem Schelmencharakter hat dieser noch nie ein Hehl gemacht. Stellt er auch seine Widersacher in ihrer ganzen Lächerlichkeit an den Pranger, so ist er doch nicht weniger fähig, sich selbst zu verspotten. Da er überdies, wie wir wissen, keinerlei seelische Entwicklung zum Guten oder Bösen durchmacht, bleiben uns auch unangenehme Überraschungen an ihm erspart. Schließlich sind die Schelme sich selbst stets treu, und so erscheint auch ihre Jugend uns unvergänglich. Dieses anziehende Individuum hebt sich nur allzu deutlich von einer Gesellschaft ab, deren Vertreter in ihrer überwiegenden Mehrheit ›Masken‹ tragen. Die Aufrichtigkeit ist indes nicht seine einzige Stärke. Einsam unter Maskenträgern und voller Mitleid für die Opfer einer vom Maskentragen verunstalteten Gesellschaft, spürt er sehr wohl, wie anderen in ihrer Haut zumute ist (man denke nur an Lázaros Mitgefühl für seinen Herrn, den Edelmann). Die Fragwürdigkeiten des Lebens sind dem Schelm nur allzu vertraut, und niemand weiß besser als er, daß es wohl weniger schlechte als vielmehr unglückliche Menschen gibt, daß Menschen ihren Leidenschaften zuverlässig untertan sind, und daß es nicht die Schuld des einzelnen ist, wenn er bis an sein Lebensende außerstande bleibt, sich von ihnen zu lösen. Emanzipiert von jeglichem Streben, jeglichem Ehrgeiz ebenso wie vom Willen zur Macht, empfindet er brüderlich, wo andere eifern. Ein solcher Charakter kann nicht ›schlecht‹ sein. Wir müssen den Schelm sogar als einen seiner ganzen Anlage nach unschuldigen Charakter bezeichnen, auch wenn die vielen, von ihm an seinen Widersachern verübten Streiche das Gegenteil zu bezeugen scheinen. Unschuldig ist die Schelmennatur wegen der ihr eigentümlichen Unbestechlichkeit, die sie jeder Entwicklung zum Guten und Bösen entzieht. Wie sollte der Schelm da ein Krimineller sein?

Doch auch herkömmlichere Gründe moralischer Verurteilung lassen sich auf den

Schelm nicht recht anwenden. Man nehme beispielsweise (wie Robert Alter) den Katalog der sieben Todsünden zum Maßstab: Stolz und Neid sind mit Schelmerei unvereinbar, bedenkt man, daß trotz seiner zahlreichen Talente der Schelm freiwillig ein Diener, also ein Unterprivilegierter bleibt. Zwar ist bekannt, daß er stiehlt, aber jegliches Raffen liegt ihm fern. Der Schelm stiehlt für den eigenen Bedarf, meist aus Hunger, aber die Anhäufung von Gütern ist noch nie Selbstzweck für seinesgleichen gewesen. Wer wollte ihn deshalb der Habgier beschuldigen? Wollust und Völlerei vertrügen sich schlecht mit seiner Lebendigkeit. Überdies wird jemand, der wie der Schelm zur Erreichung seiner Ziele auf diplomatisches Geschick in allen seinen menschlichen Beziehungen angewiesen ist, sich nicht gerade im Zorn gehenlassen, und zollt man dem Unternehmungsgeist des Schelms die gebührende Beachtung, so wird man ihm Trägheit gewiß nicht vorwerfen können.

Leuchtet ein, daß dem im Grunde seines Wesens heiteren und seinerseits Heiterkeit erregenden Schelm (Robert Alter) die Zuneigung des Lesers von vornherein sicher ist, so kommt man dennoch nicht um die Frage herum, ob die Schelmengestalt nicht noch einen besonderen Zweck außerhalb der von ihr verursachten Heiterkeit erfüllt oder vielleicht gerade ihretwegen. Darauf läßt sich zunächst ganz allgemein antworten, daß wir es ohne jeden Zweifel mit einem Geist der Unordnung, einem Feind der Grenzen (so Karl Kerényi) zu tun haben. Und eben diese Unordnung, dieser Wegfall jeder störenden Beschränkung im Dasein eines echten Schelms genießt der Leser. Kurz, die Schelmenabenteuer bringen ihn in den beglückenden Genuß des Unerlaubten. Schon François Rabelais hatte 1534 in seinem »Gargantua« zu Ehren des Schelmenmönches Frère Jean des Entommeures wegen der unverwüstlichen Anziehungskraft des Verbotenen das »Tu, was du willst« zum einzigen Gebot einer utopischen Abtei gemacht (→ S. 96). Und wenn Torquato Tasso in seinem Schäferspiel »Aminta« (1573) mit den Worten »Erlaubt ist, was gefällt« das Wesen des Goldenen Zeitalters zusammenfaßt, ist auf denselben heimlichen Wunsch der Menschen angespielt. Daß seiner Freude am Verbotenen wegen der Schelm nur außerhalb der Gesellschaft sein Leben fristen darf, versteht sich von selbst, hindert jedoch nicht den Leser, inniges Einverständnis mit ihm zu empfinden.

Vom gesellschaftlichen Standpunkt aus betrachtet, kann das niemanden verwundern. Ermutigt der Schelm (so Oskar Seidlin) durch sein Beispiel doch alle Schwachen (und wer gehörte nicht von Zeit zu Zeit zu ihnen?), sich den Mächtigen dieser Welt überlegen zu fühlen. Dabei muß man den Schelm selbstverständlich zu den sozial Schwächsten rechnen, dem als einzige Waffe der Verstand bleibt, mit dem er allerdings über eben diese Mächtigen der Welt einen Triumph nach dem anderen feiert. Das Verhalten der Leser, die ja in diesem Zusammenhang ein glückliches Gelingen der Schelmenstreiche ersehnen, hat man geradezu als unmoralisch bezeichnet. Stets bereit, die Aufgeblasenheit der Macht vom Dienst in einem Gelächter platzen zu lassen, die Humorlosigkeit der Tonangebenden zur Grundlage eines fröhlichen Katz-und-Maus-Spieles zu machen, entspricht der Schelm dem uneingestandenen Verlangen der meisten. Und mit den Augen des Schelms wahrnehmend, wie dumm dessen Gegenspieler, die ›Repräsentanten der respektablen Welt‹ sind, fühlt der Leser sich einig mit ihm in der Erkenntnis, daß diese Mächtigen nur ernten, was sie selber gesät haben (Seidlin).

Aber die Schelmerei hat auch ihre philosophische Seite. Schon lange streiten sich die Menschen darüber, ob sie von Natur aus wirklich freie Wesen sind. Auf jeden Fall wären sie es gern, aber in ihrem Leben machen sie immer wieder die demütigende Erfahrung der Unfreiheit. Außerdem ist manchem das Freiheitsbedürfnis anderer recht ungelegen. Und so gibt es denn seit alters her zwei Parteien: die eine meint mit Schiller, der Mensch sei frei geschaffen, selbst wenn in Ketten geboren; die andere (zu ihr zählen die meisten) bezweifelt das. Eben dieser Kampf zwischen dem eigenen freien Willen und den Widerständen, welche die Umwelt diesem entgegensetzt, beherrscht das Schelmenleben (so Robert Alter) mehr als jede andere Sache. Dabei erweist sich der freie Wille des Schelms oft als Sieger. Da nun dieser Sieg durch Witz, Erfindungsreichtum und Verwandlungsfähigkeit erfochten wird, siegt hier (so Frank Wadleigh Chandler) der »Geist« über die »Materie«. Mit dem Schelm siegt auch der Leser. Dieser erliegt der zauberhaften Selbsttäuschung, die Schelmenfreiheit sei auch seine eigene Freiheit. Allerdings wird ihm die Selbsttäuschung vom Autor erleichtert: der pflegt den Schelm nach außen hin realistisch darzustellen und täuscht so darüber hinweg, daß es sich dabei um eine Phantasiegestalt aus Märchen und Mythen handelt. Sich nie dem Willen eines anderen oder der Tyrannei einer Sache unterwerfend, fühlt er sich keinem Lippendienst verpflichtet: Moralprediger, Lobredner der Macht, Glaubenseiferer und weltanschaulich Erregte können auf den Schelm nicht bauen. An solcher Freiheit teilzuhaben, schmeichelt dem Leser.

Auf seiten des Schelms zu stehen, schmeichelt dem Leser freilich noch aus einem ganz besonderen Grund. Dem Schelm ist es möglich (so nochmal Robert Alter), sich gar über das Schicksal zu erheben, ja sich zu seinem Herrn zu machen: er tötet die traurige Wirklichkeit durch sein Gelächter und setzt sie so kurzerhand außer Kraft oder bedient sich seiner Verwandlungsfähigkeit, um sie zu überspielen.

Zauber der Gelassenheit

Dem Vorangegangenen nach zu schließen, ist ein Schelm mehrerlei zugleich: eine Märchen- und Mythengestalt, ein Freund unserer verbotenen Träume, ein gesellschaftlicher Außenseiter, ein Überwinder menschlicher Unfreiheit und als »Künstlerschelm« gar so etwas wie ein Zauberer (nur die Alltagssprache nennt diesen einen Hochstapler). Solche Vieldeutigkeit muß einen Grund haben.

Ein Grund liegt in uns selbst: in unserer weitgehend von der Wissenschaft bestimmten Denkweise. Ohne Mythologie, Psychologie, Soziologie und Philosophie zu bemühen, scheint eine literarische Untersuchung der Schelmengestalt heute unmöglich. Je mehr Wissenschaften aber zur Erklärung herangezogen werden, desto vielseitiger, aber eben auch vieldeutiger wird das, was wir uns unter einem Schelm vorstellen. Bis zum Ende des achtzehnten Jahrhunderts hatte man es da leichter. Die Geschichten der griechischen Götter und Helden waren den wenigen Lesern geläufig, ebenso wie es die Tatsache war, daß sie Teilbereiche des Lebens, unserer menschlichen Erfahrung verkörperten (→S. 22ff.). Wie wir gezeigt haben, verhält es sich mit dem Schelm geradeso. Nun ist mythisches Denken vor allem ein Denken in Bildern, und auch die durch den Schelm verkörperte menschliche Erfahrung wäre, in einem Bild zusammengefaßt, sehr viel leichter zu begreifen, als die vielseitige, aber auch vieldeutige wissenschaftliche Betrachtungsweise es erlaubt. Wie hätte man sich dieses Bild vorzustellen? Wenn man Karl Stahr glauben darf, so hat das Schelmentum seinen vollendeten Ausdruck in der Malerei schon gefunden: er erkannte ihn in den »Betteljungen« und in den »Trauben- und Melonenessern« von Murillo. Der Schelm wäre somit der vollendete Ausdruck der Gelassenheit.

So beruht eine wesentliche Wirkung des Schelms auf dem Zauber, den solches Bild in unserer Vorstellung heraufruft. Und damit erklärt sich auch die Euphorie, die der Leser empfindet, während er die Welt durch die Augen des Schelms erblickt: wie das Innere eines Guckkastens mit bunten Glassteinchen, die sich beim Drehen zu verschiedenen Mustern und Bildern anordnen, erscheint ihm nunmehr das Leben, und er empfindet einen magischen, märchengleichen Zauber (Oskar Seidlin). Einem solchen Leser erscheint die Welt als ein Schauplatz von ebenso schlimmen wie verrückten und belustigenden Zufällen, der Schelm indessen als ihr geheimer Bezwinger. Ihm allein, dem von vornherein Unterprivilegierten, gelingt es, diese unvernünftige Beschaffenheit des Lebens in immer größere persönliche Freiheit zu verwandeln: zum Gaudium seiner Leser, denen er auf diese Weise ein unvergleichliches Überlegenheitsgefühl verschafft; und dieses Überlegenheitsgefühl ist zugleich die letzte und eigentliche Erklärung für die beispiellose Anziehungskraft der Schelmengestalt, heiße sie nun Lázaro, Eulenspiegel oder Baltus Powenz, Hauptheld der »Powenzbande«, mit der 1930 Ernst Penzoldt (1892–1955) seinen Beitrag zur Schelmenliteratur leistete.

Hellmuth Karasek

Lope de Vega · Das brennende Dorf

»Fuente Ovejuna« (Erstdruck Madrid 1619)
Drama in Versen von Lope de Vega Carpio (25. 11. 1562 – 27. 8. 1635)

Mehr als 1500 Stücke hat Lope de Vega nach seinen eigenen Angaben geschrieben. Rund fünfhundert davon sind uns erhalten geblieben. Der als Sohn eines Kunststickers 1562 in Madrid geborene Stückeschreiber und Komödienverfasser, der als »Wunder der Natur« (Cervantes), als »Alleinherrscher der Bühne« gefeiert wurde, ist die deutlichste Verkörperung der Theaterbesessenheit, die Spanien damals beherrschte: In nur wenigen Jahren standen mehr als zehntausend Stücke im Repertoire der spanischen Theater.

Für diese Theaterleidenschaft des spanischen Barock lassen sich mehrere Gründe anführen. Einmal das Grundgefühl des spanischen Barock, dem das irdische Leben nur als ein Gleichnis, nur als ein Theater des göttlichen Schöpfungsplanes erscheinen wollte. Zum anderen die sich daraus ergebende Grundspannung zwischen leidenschaftlicher Daseinslust und büßerischer, weltabgewandter Bestrafung eben der gleichen Lust: Das Barockdrama ist Ausdruck antithetischer Spannungen, wie sie sich auch in Lopes Leben ausdrücken, der mehrere Male verheiratet ist, zahllose Liebesabenteuer erlebt, bis er 1613 Priester wird, als alter Mann seine Sünden durch Geißelungen zu sühnen sucht: Als er 1635 stirbt, folgt ganz Madrid seinem Leichenzug.

Es gibt auch politisch-gesellschaftliche Gründe für die Faszination, die das Theater auf die Spanier ausübte. Spanien erlebte damals sowohl den Höhepunkt seiner politischen Macht, die Herrschaft über ein Weltreich, wie auch die Ohnmacht des einzelnen Untertanen vor den höfischen Hierarchien, die sich als Spiegelung der göttlichen Ordnung repräsentierten. Und Spanien begann den Verfall der Macht zu spüren: In Lopes Jugend fällt sowohl die Eroberung der Azoren (1583) wie der Untergang der Armada (1588), der England als See- und Wirtschaftsmacht über das bis dahin allmächtige Spanien siegen ließ, was gleichzeitig (auf längere Sicht) den Sieg einer aufgeklärten frühkapitalistischen Bürgergesellschaft über einen starr auf Gott ausgerichteten Adelsstaat bedeutete.

Spaniens Barockdrama gipfelt in drei Gattungen: den großen spektakulären Fronleichnamsspielen, den an den Höfen aufgeführten prunkvollen Komödien, die die spanische Lust an Aufwand, Zauber und Maschinen, an täuschenden Prospekten ausdrückten, sowie den →Mantel- und Degenstücken, die in den »corrales« (von drei bis vier Häusern umschlossen Höfen) für das Volk gespielt wurden. Von den drei großen spanischen Barockdramatikern, von Tírso de Molina (1571–1648), von dem das erste Don-Juan-Drama stammt, und Calderón (1600–1681), dessen »Großes Welttheater« und »Leben ein Traum« heute noch Ausdruck religiösen Parabel- und Gleichnistheaters sind – eine Form, die etwa Brecht für seine Parabelspiele nur vom Jenseits ins Diesseits holen mußte – von diesen drei Autoren ist Lope ohne Zweifel der volkstümlichste gewesen.

Lope schrieb die meisten seiner Stücke im Auftrag der Theater, schon deshalb ist seine Bühne ohne satirische Auseinandersetzungen mit den Einrichtungen seiner Zeit. Sein Theater zeigt sich mit den bestehenden Ordnungen und Institutionen meist einverstanden, gibt sich mit den geltenden Anschauungen, sie immer wieder neu in Stücken spiegelnd, zufrieden. Daher sind die meisten seiner Stücke Komödien, in denen Narren klug, Liebende glücklich, und Ehrenhafte bestätigt werden, Ausdruck einer vorhergegebenen Harmonie, an der die Spanier als das Volk Gottes in erhöhtem Maße Anteil nehmen.

Für »Das brennende Dorf«, das den kollektiven Aufruhr eines Dorfes gegen die Übergriffe und Ungerechtigkeiten eines königlichen Großkomturs zeigt, scheint diese Harmonisierung der spanischen Gegenwart nicht zu gelten. Dieses Volksstück gehört »zu den gewaltigsten Dramen des abgewehrten Unrechts. Hier wächst der kleine Mann aus dem Volk zum großen Menschen, und mit ihm erhebt sich die volkstümliche Dichtung zum welthistorischen Rang.« (Karl Voßler)

Der Großkomtur Guzmán, ein lüsterner Tyrann, hat von König Ferdinand die Herrschaft über das Dorf Fuente Ovejuna übertragen bekommen. Er versucht, die Tochter des Bürgermeisters zu vergewaltigen, aber der Bauernsohn Frondoso schützt sie. Ein anderes Mädchen, das sich ihm auf einem Feldzug verweigert, übergibt er den Soldaten, ihren Beschützer läßt er demütigend auspeitschen. Nachdem die Bürgermeisterstochter ihren Retter Frondoso geheiratet hat, werden die beiden vom Komtur gewaltsam entführt. Dem Mädchen gelingt die Flucht. Sie ruft zum Kampf gegen den tyrannischen Komtur auf. Die Bewohner des Dorfes stürmen sein Schloß und töten ihn.

Darauf schickt der König einen Richter in das rebellische Dorf, dessen Bewohner sich darauf einigen, die Schuld kollektiv auf sich zu nehmen. Wen auch immer der Richter fragt, wer denn den Komtur getötet habe – er erhält immer die gleiche Antwort, nämlich den Namen des Dorfes »Fuente Ovejuna«. Daraufhin unterrichten sich König Ferdinand und Königin Isabella (ihre Heirat gründete ja das von den Arabern befreite Spanien) über den

Ausgabe: »Lope de Vega«, Ausgewählte Werke in 6 Bänden, Emsdetten 1966.
K. Voßler, »Lope de Vega und sein Zeitalter«. München 1948.

Grund dieser Einmütigkeit und begnadigen das Dorf. Der König bedenkt, wie er sagt, daß das Unheil aus Not und Verzweiflung geboren sei, spricht seine Untertanen frei von ihren Verfehlungen, nimmt das Dorf in seine direkte Obhut und verspricht, Fuente Ovejuna nur dem Edlen zum Lehen zu geben, der dieser Gnade würdig sei.

»Das brennende Dorf« ist, vor allem in der Sowjetunion, als Beispiel eines frührevolutionären Dramas aufgeführt worden. In der Tat zeigt es – darin Schillers »Wilhelm Tell« von 1804 vorwegnehmend – wie Bauern gegen eine despotische Willkür zur Selbsthilfe, zur kollektiven Justiz gegen ihre Unterdrükker greifen. Dennoch versteht man das Stück falsch, wenn man es als revolutionär bezeichnet, denn es will nicht Umstände und soziale Bedingungen durch den gewaltsamen Umsturz, durch die gesellschaftliche Veränderung in Frage stellen, sondern nur den Nachweis führen, daß Mißstände die Harmonie einer Ordnung bedrohen können. Lope – so sehr er sich des Rechtes der Untertanen annimmt – steht fest auf dem Boden des →feudalen Lehensrechtes. Er und sein Stück fordern im Grunde nur, daß der Lehnsherr, um seine Herrscherrechte ausüben zu können, auch seine Herrscherpflichten erfüllen muß. Und diese Pflichten ergeben sich aus der göttlichen

In der Inszenierung des Bremer Theaters (Regie: Raben, Bühnenbild: Minks) wurde die Handlung des Stückes als ›zeitloses‹ Modell des Aufstands gegen despotische Willkür vorgeführt (moderne Kostüme, Märchenmotive etc)

Weltordnung, in der die Bedrängung und Verletzung der »Ehre« – ein Schlüsselbegriff des spanischen Barock – einen groben Bruch der Lehensverpflichtung von Oben darstellt. So unterwerfen sich die Bauern rückhaltlos der Gnade des Königs, bitten ihn, in dem, was sie begangen haben, nur einen »Fehltritt« zu sehen, zu dem ihre »Einfalt« nur durch böse Tyrannei getrieben wurde.

Vergangene Stücke zeichnen uns vergangene Klassenkämpfe auf – darin sah Bertolt Brecht die Lebensfähigkeit früherer Dramen. »Das brennende Dorf« Lope de Vegas ist zweifellos eine solche Aufzeichnung, die diese noch ganz in die Weltordnung, in den Schöpfungsplan eingebettete und einzufangende Rebellion gegen ein willkürliches Unrecht mit volksnahem Realismus wie ein Dokument festgehalten hat: noch heute ist der Titel (»Fuente Ovejuna«) in Spanien eine lebendige Redensart, wenn gemeinsames Handeln gegen diktatorische Übergriffe gekennzeichnet werden sollen.

Rudolf Schenda

Das Buch – Geschichte, Produktion, Vertrieb, Konsum

In einer kultural hochentwickelten Gesellschaft genügt es Personen in führenden Stellungen nicht, sich nur mündlich mitzuteilen. Wichtige Tatbestände, Nachrichten, Gedankengänge müssen festgehalten werden, um sie transportierbar zu machen oder um sie den Nachkommen zu erhalten. Gesammelte Informationen müssen jederzeit und für mehrere Eingeweihte abrufbar sein.

Will der Mensch seine Gedanken, Gefühle, Mitteilungen oder Anordnungen weiterreichen, ohne zu sprechen, dann braucht er Zeichensysteme, das heißt, eine bestimmte Menge von haltbaren, sichtbaren und für den Empfänger verstehbaren Signalen, die in verschiedener Anordnung unterschiedliche Bedeutungen erhalten können. Solche Signale sind in der primitivsten Form aus Zweigen oder Steinen zusammengesetzt. Sie sind jeweils für den verstehbar, der in den Aufbau dieses Systems eingeweiht ist: Die Kenner haben also vor den Laien jeweils einen Informationsvorsprung, der ihnen die Möglichkeit zu schnellerem oder wirksamerem Handeln, also Macht verleiht.

Auf einer technisch fortgeschrittenen Stufe lassen sich solche Zeichen in den Erdboden kratzen oder in Stein ritzen. Die Zeichen können Gegenstände in mehr oder weniger abstrakter Form abbilden: »O« mag Sonne, »Y« Mensch, »≈« Wasser bedeuten; sie können aber auch ganz von den zu bedeutenden Gegenständen abstrahieren. Ein Zeichensystem gleich welcher Art, das auf einer Unterlage (Erde, Stein, Holz, Baumblatt, Wachs, Leder, Stoff, Papier) durch Kratzen, Ritzen (englisch: write) oder Auftragen von Farbe sichtbar gemacht werden kann und das Bedeutungen vermittelt, heißt Schrift.

Mit der zunehmenden Differenzierung von Gesellschaften haben sich die verschiedensten Schriftsysteme vom Bildlichen (Felszeichnungen, Hieroglyphen) zum Abstrakten entwickelt, und die einzelnen Zeichen erhielten statt der Satz- oder Wortbedeutungen lautliche Qualitäten: »S« bedeutet also nicht mehr Schlange, sondern einen bestimmten Zischlaut. Einzelzeichen mit Lautbedeutungen nennt man Buchstaben oder Lettern (lateinisch: litterae).

»Literatur« im weitesten Sinne ist demnach durch Zeichen festgehaltene Mitteilung, umfaßt also Bildsysteme ebenso wie Letternsysteme. In einem engeren Sinne ist sie nur die durch Lettern fixierte Kommunikation. Daß »Literatur« heute eine noch eingeschränktere Bedeutung hat, nur die in künstlerischer Absicht durch Schrift verbreitete Mitteilung bedeutet, ist von der geschichtlichen Entwicklung der »Lettern« her nicht einzusehen, wohl aber durch die Tatsache mitbestimmt, daß die Schriftkundigen immer auch darauf bedacht waren, ihre geistige und politische Vorrangstellung nicht an die Vielen, die Masse zu verlieren.

Die Notwendigkeit, sich schriftlich zu verständigen, drängte zur Erfindung immer besserer Schreibunterlagen, Schreibwerkzeuge (Stäbchen, Pflanzenrohre, Federkiele), Schreibweisen (vom Ritzen bis zum Mit-Farbe-Malen) und Aufbewahrungstechniken (von der Papyrusrolle zu aufeinandergelegten Einzelblättern aus Pergament oder Papier). Die Verwendung von feinstgegerbter Tierhaut, nach der Stadt Pergamon Pergament genannt, das seit dem ersten Jahrhundert nach Christus, rechteckig beschnitten, zu einem Codex zusammengelegt und gebunden werden konnte, stellt die Erfindung des Buches in seiner heutigen Form dar. Man kann »Buch« definieren als einen haltbaren und transportablen Speicher, der mit Hilfe von verstehbaren Zeichen auf präparierte Blätter geschriebene (seit dem 15. Jahrhundert: gedruckte) Informationen enthält.

In Spätantike, Früh- und Hochmittelalter, also in den rund tausend Jahren zwischen dem 2. und dem 12. Jahrhundert, waren die mit der Hand geschriebenen Codices nur wenigen zugänglich: den in Staat und Kirche Mächtigen, den Beamten, Gelehrten und Dichtern an den Höfen, den Beratern und Unterhaltern der Herrschenden. Die lohnabhängigen Schreiber betrieben ihr Gewerbe ohne politischen Einfluß. Festgehalten wurden die Gesetzestexte oder die Helden-Historien der Vergangenheit eher als Nachrichten aus der Gegenwart; aufbewahrt wurden zwar die Denk- und Lehrsysteme der Philosophen und die Epen der Dichter, kaum aber Nachrichten von den Lebensweisen der →subalternen →Klassen. Die Verwaltung der Bildungsgüter oblag im Laufe des Mittelalters den Klosterschulen. Hier wurden Schreiber ausgebildet, ältere Handschriften kopiert, neue Texte erstmals veröffentlicht. Nur durch die Schreibschulen blieb die Literatur der geistig und politisch führenden Griechen, Römer und Araber erhalten und die Literatur der Antike in so großem Umfange überliefert.

Durch die Aktivitäten der Klosterschulen und (seit dem 13. Jahrhundert) der Universitäten wuchs aber auch der Kreis der Gebildeten, vornehmlich unter den Geistlichen. Damit stieg der Bedarf an Büchern, genauer: an preiswerten Texten. Selbst die Institution der Stationarii, der Handschriftenverleiher, welche den Studenten preiswerte Lesematerialien lieferten, konnte dem Bedarf nicht mehr genügen. Hinzu kam, daß seit dem Hochmittelalter nicht mehr nur die weltlichen und geistlichen Fürsten und ihr Umkreis fixierte Informationen als Mittel ihrer Herrschaft brauchten, sondern daß auch die Elite des städtischen Bürgertums, die Kaufleute zunächst, dann die Handwerker mit ihren Zunftorganisationen des Kommunikationsmittels Buch bedurften. Schließlich war seit dem 15. Jahrhundert widerstreitenden Interessengruppen daran gelegen, durch die Vervielfältigung bestimmter Informationen, durch Doktrinen, Kritiken, Rechtfertigungen ihre Position zu stärken oder zu behaupten. Die Schreiber konnten dieser verstärkten Nachfrage nicht mehr genügen. Neue Reproduktionstechniken mußten erfunden werden.

Das seit dem frühen 15. Jahrhundert bekannte Holzschnittverfahren, mit welchem vor allem Heiligenbilder für den Tagesbedarf hergestellt wurden, führte zu einer ersten Schriftreproduktion: Buchstabenfolgen konnten spiegelverkehrt in Holztafeln geschnitten und mehrfach abgezogen werden. Die Wiedererfindung des Papiers (griechisch: papyros) – die Araber brachten es nach Italien, aber die Chinesen hatten es schon mehr als tausend Jahre früher gekannt – kam diesem Druckverfahren entgegen.

Der Buchdruck im modernen Sinne beruht auf der Erfindung von einzelnen beweglichen Lettern. Sie wird gewöhnlich dem Goldschmied Johannes Gutenberg aus Mainz zugeschrieben und um das Jahrzehnt 1440/50 datiert, ist aber nicht das Werk eines einzelnen. In langen Versuchsprozessen wurden Hartmetall- oder Holzstempel fabriziert, damit weichere Matrizen aus Metall oder Lehm geschlagen und diese mit Weichmetall, Zinn oder Blei ausgegossen. Diese der Münzherstellung verwandte Metalltechnik wurde an verschiedenen Orten gleichzeitig entwickelt. Das Resultat: Lettern, die beliebig zusammengesetzt und, mit einer neuen, auf Metall haftenden Farbe eingeschwärzt, hundertfach zum Druck verwendet werden konnten, bot ungeheure Vorzüge gegenüber der gleichzeitig entwickelten Holzblocktechnik.

Mainz wurde zum ersten Zentrum einer neuen Industrie: des Buchdrucks nach dem neuen Verfahren, ausgeführt von Johannes Gutenberg, Johann Fust und Peter Schöffer. Ihre ersten, unvollkommenen Produkte waren ein Sibyllenbuch, die lateinische Grammatik des Donatus, eine Mahnung der Christenheit gegen die Türken und verschiedene Ablaßbriefe – jeweils in etwa 100 Exemplaren auf Papier abgezogen; dringend gebrauchte Alltagslesestoffe zunächst, keine Prachtwerke. Die 42zeilige Gutenbergbibel (um 1452–1455) gilt als das erste große Werk der neuen Kunst. Das erste exakt datierte (1457) ist das Psalterium von Mainz. Beide Frühdrucke stehen ganz in der Tradition der bis dahin handgeschriebenen Bücher und bestechen durch die Ruhe und Gleichmäßigkeit ihres Druckbildes. Weltliche und religiöse Texte stehen also von Anfang an nebeneinander, Einzelblätter für den Tageskonsum neben teuren Bänden für langfristige Benutzung. Der Drucker Albrecht Pfister in Bamberg brachte wenig später eine weitere Neuerung in der Geschichte der Inkunabeln (der Wiegendrucke, wie man die Druckwerke des 15. Jahrhunderts später nannte): die Holzschnittillustration, die ja schon aus den mit Holztafeln gedruckten Blockbüchern bekannt war. Drei Viertel aller bekannten Wiegendrucke erschienen übrigens in lateinischer Sprache, ein Zwölftel nur in deutscher: Das Publikum gehörte folglich vornehmlich der gebildeten Schicht an.

Die Buchgeschichte hat also nicht nur mit Büchern und Buchstabentexten zu tun. Das Buch, der aus zusammengelegten Blättern bestehende Informationsspeicher, unterscheidet sich nur durch Äußerlichkeiten von anderen Druckwerken: durch Buchdeckel oder festen Umschlag, also den Einband, durch den Umfang (welcher heute auf mindestens 49 Seiten festgelegt ist) und durch die freie Erscheinungsweise, im Gegensatz zu den periodisch gedruckten Presse-Erzeugnissen. Die Trennung des Buches von der Broschüre, den Heftchen und den Einblattdrucken erscheint allzu willkürlich. Insgesamt handelt es sich um unregelmäßig erscheinende Informationsträger in den verschiedensten Aufmachungen: in jedem Fall um Blätter, einzeln, ungefaltet oder gefaltet; zu mehreren gebunden, geheftet oder geklebt; lose oder zwischen Pappdeckel oder Papierumschläge gelegt, in verschiedenen Größen (vom großen Folio- über das Quart- und Oktav- bis zum kleinen Sedezformat), mit Buchstabentexten und/oder Bildern bedruckt, mit den verschiedensten Inhalten, die man gern in Sachtexte und fiktive Texte einteilt, mit sehr unterschiedlichen Funktionen (Schul-, Fach-, Lehr- und andere wissenschaftliche Bücher stehen Unterhaltungs- und Erbauungsbüchern gegenüber) und mit einem gemischten Publikum. So gibt es Bücher, die speziell für Kinder (altersgerecht), Frauen (geschlechtsspezifisch), Radiotechniker (berufsbezogen) oder auch Blinde (auf physische Bedingungen Rücksicht nehmend) hergestellt sind; nicht zu vergessen ist hier die Literatur, die esoterisch, nur für Eingeweihte, für eine Fachelite produziert wird, und, demgegenüber, eine popularisierende oder populäre, die versucht. für eine Menge verschiedener Leser verständlich zu sein. Um die seit nunmehr fünf Jahrhunderten angewachsene Masse von Druckwerken zu überschauen, gibt es Bücherverzeichnisse, die ihrerseits wieder so zahlreich sind, daß man sie in Bibliographien der Bibliographien zusammenfassen muß. Dieser Trend zu einer nunmehr selbstverständlich überall anzutreffenden Fülle von Druckwerken in zahllosen Bibliotheken (in der Bundesrepublik und in Westberlin allein gibt es rund 10000 öffentliche kommunale Büchereien) setzt jedoch eine langsame und stetige Entwicklung des Buches voraus.

Schon in der Inkunabelzeit gab es neben den heute noch übermäßig hervorgehobenen Prunkstücken berühmter Drucker [etwa der Boccaccio von Günther Zainer in Augsburg (1473), der Aesop von William Caxton in London (1483), der Herodot von Gregorius de Gregoriis in Venedig (1494), Hartmann Schedels Weltchronik von Anton Koberger in Nürnberg (1493) oder die Hypnerotomachia (der Traum-Liebeskampf) des Francesco Colonna von Aldus Manutius in Venedig (1499)] auch erste Bestseller: vor allem die Legenda aurea des Jacobus de Voragine, von der im 15. Jahrhundert mindestens 173 verschiedene Ausgaben, darunter 18 hoch- und 7 niederdeutsche, existierten. Nicht zu vergessen sind aber auch die noch in 5000 Exemplaren erhaltenen populären Einblattdrucke in der Landessprache: Heiligenbilder, Flugblätter mit Tagesinformationen, Kalenderblätter, Schützenbriefe, Ratserlasse, Kirchenordnungen und Ablaßbriefe. Für ein langsam wachsendes Lesepublikum von ein paar hundert Gebildeten zunächst arbeiteten neben Briefmalern und Formschneidern die ersten Drucker in den europäischen Wirtschaftszentren: Augsburg, Bamberg, Basel, Köln, Mainz, Nürnberg, Paris, Rom, Sevilla, Straßburg und Venedig (bis 1470); im nächsten Jahrzehnt finden sich Druckerwerkstätten bereits in mehr als hundert Städten über ganz Europa verstreut:

Es handelt sich dabei zum Teil um Großfirmen, die sich nur auf der wirtschaftlichen Basis von blühenden Handelszentren entwickeln konnten, welche wiederum die Voraussetzung für das Vorhandensein eines im Lesen gebildeten und zahlungskräftigen Buchpublikums bildeten. Die geistige Regsamkeit stützt sich mehr und mehr auf die ökonomische Mobilität im großbürgerlichen Milieu, und sie führt wiederum zu besserer internationaler Kommunikation und Zusammenarbeit. Das Buch garantiert erst die Ausbreitung →humanistischer und reformatorischer Ideen auf lateinisch-europäischer Ebene. Diese Ideen, wenngleich zunächst nur von Intellektuellen aufgenommen, zeitigen dann doch gewaltige Auswirkungen auch für die breite Schicht der Analphabeten, die durch die mündliche Kommunikation der Prediger erreicht werden kann. Auf der anderen Seite unterstützt die »vulgäre«, die volkssprachliche Buchproduktion die Verfestigung von nationalen Sprachen, Eigenheiten und Grenzen.

Die Produktion stieg im 16. Jahrhundert rasch an: Man zählt im Jahre 1517 (Luther veröffentlichte seine Thesen) 40 deutsche Buchtitel, 1519 bereits 111; 1521 sind es 211, 1522 schon 347 und 1525 rund fünfhundert, darunter 183 von Martin Luther und 215 von anderen Reformatoren. Reformation und Buchentwicklung sind nicht voneinander zu trennen: Luthers Flugschriften stellen eine erste Art von volkssprachlicher Massenliteratur dar. Aber auch hier wird man die politischen und theologischen Lektüren trennen müssen von einer Masse populärer Andachtsliteratur und den schon stark verbreiteten Unterhaltungsbüchern. So tadelt die Vorrede zu dem Kölner Fragboich, einem Bildungsbüchlein von 1527, das »Geswetze«, die Fabeln und Mären in den Büchern von Lancelot, Tannhäuser, Dietrich von Bern und Melusina, vom Stinchen von der Krone (eine Wirtin, die von vier Werbern bedrängt wird) und dem Beginchen von Paris (welches im Kloster aus Liebe zu Jesus stirbt).

In der Tat gab es eine durch »Translatzen«, Übersetzungen, international verbreitete Unterhaltungsliteratur, wobei der Liebesroman Euryalus und Lukretia von Enea Silvio Piccolomini ebenso genannt werden muß wie der sozialrebellische Eulenspiegel, die ritterlich-abenteuerlichen Haimonskinder und der witzige Bruder Rausch. Erste Ansätze zu einer Spaltung der Literaturszene sind hier festzuhalten: Es gibt zwar erst ein kleines Lesepublikum, das zunächst »gelehrte« Literatur ebenso konsumiert wie »populäre« Lesestoffe; aber dieses →Genre wird doch schon abgewertet, negativ zensiert, diskriminiert: Die Buchwelt beginnt, sich in jeweils zwei Blöcke zu spalten: Die wissenschaftliche und die unterhaltende, die »hohe« und die »niedere« Literatur werden, von ›oben‹ her, getrennt.

Im 16. Jahrhundert entwickelt sich zusammen mit dem Buch- das Bibliothekswesen. Der Abt Johann Trithemius im Kloster Sponheim oder das Kloster Tegernsee besaßen um 1500 bereits je 2000 Bücher, die großen europäischen Universitätsbibliotheken wiesen mindestens je 1000 Bände auf. Daneben entstanden adlige, geistliche und »gelehrte« Privatbüchereien; selbst Studenten, Lehrer, Dorfgeistliche und städtische Beamte und Handwerker konnten sich seit dem 16. Jahrhundert ausnahmsweise den Kauf einiger wohlfeiler Druckwerke leisten: Hans Sachs besaß mehr als hundert Bücher. Die Tatsache, daß zwischen 1564 und 1600 22000 neue Buchtitel auf die durch Buchführer besuchten Buchmessen von Frankfurt und Leipzig gelangten (die Titel finden sich in den Meßkatalogen), läßt vermuten, daß es mindestens ebenso viele regelmäßige Abnehmer von Büchern gab. Doch selbst wenn man um 1600 mit 100000 Bücherbesitzern rechnen wollte, so wäre das doch nur ein kleiner Prozentsatz der Gesamtbevölkerung gewesen (1600: rund 20 Millionen Personen in Deutschland, ebenso viele in Frankreich).

Der Dreißigjährige Krieg unterbrach das erste ›goldene Zeitalter‹ des Buches, das getragen worden war durch den wirtschaftlichen Aufschwung von Handels- und Handwerksstädten und durch die geistigen Bewegungen und politischen Machtkämpfe des Humanismus, der Reformation und der Gegenreformation. Die Bevölkerung des deutschen Sprachgebietes wurde um 30 bis 40 Prozent dezimiert, das Schulwesen brach zusammen,

Buchvertrieb auf vielen Wegen

Der Reise- und Versandbuchhandel geht zurück auf die schon in der Frühgeschichte des Buches auftretenden Formen des Wanderbuchhändlers (besonders im 18. Jahrhundert) und des sogenannten »Kolportage-Händlers«, der im 19. Jahrhundert billige Unterhaltungsware, aber auch schon Lexika, in Teillieferungen unter die Leute brachte. Das grundsätzliche Vertriebsprinzip hat der moderne Reisebuchhandel von den alten Formen übernommen: Er betreibt den Direktverkauf, er sucht den Kunden auf und führt Verkaufsgespräche mit ihm. Auf diesem direkten Weg werden heute in der Bundesrepublik ca. 80% der Lexika und der anderen Großprojekte verkauft; der Kunde erhält das bestellte Werk nach den vereinbarten Konditionen zugesandt. Der Reise- und Versandbuchhandel ist demnach heute eine der wichtigsten Säulen verlegerischen Wirkens, ohne den die Schaffung und Verbreitung vielbändiger Nachschlage- oder Bildungswerke kaum denkbar wäre.

Erste frühe Formen von Buchgemeinschaften findet man bereits

gegen Ende des 19. Jahrhunderts: Ihre Geschichte beginnt mit der Gründung des »Vereins der Bücherfreunde« im Jahre 1891 – das war der Beginn einer Entwicklung, die Deutschland zum Land der Buchgemeinschaften schlechthin gemacht hat. Heute gibt es in der Bundesrepublik Deutschland mehr als 5 Millionen Mitglieder bei Buchgemeinschaften. Sie sind zu einem sehr wesentlichen Faktor bei der Verbreitung des Buches geworden, ihre wichtige Rolle spiegelt sich in der lebhaften Diskussion um ihr System wieder. Waren es zunächst die manchmal fragwürdigen Werbemethoden mancher Firmen, so sind es heute die nach Ansicht mancher Kritiker zu stark eingeschränkten oder gar manipulierten Angebotslisten, die oft simple und plumpe Sprache der Kataloge, die finanziellen Abnahmeverpflichtungen. Daß die Kritik nicht unberechtigt war, zeigt allein die Tatsache, daß im Laufe der letzten 20 Jahre – freilich auch unter dem Druck der Konkurrenz – von fast allen Buchgemeinschaften in diesen Punkten entscheidende Verbesserungen vorgenommen wurden, so daß heute eminente Verdienste der Buchgemeinschaften bei der »Demokratisierung des Buches« nicht wegzuleugnen sind.

G. R.

Vor dem Buchdruck: Mittelalterliche Schule (links außen)
Druckwerkstatt des 17. Jahrhunderts (oben links)
Druckerei der Biedermeierzeit (links unten)
Setzmaschine des 18. Jahrhunderts (oben)
Setzereisaal der Firma Brockhaus, 1889 (rechts)
Maschinensaal der Firma Mohndruck, 1975 (unten)

die Kunst der Drucker verfiel; nur Nachrichtenheftchen (»Newe Zeytungen«) und vor allem illustrierte Flugblätter mit Kriegsmeldungen, Polemiken und →Satiren konnten sich ausbreiten. Die Niederlande stiegen durch die Großverleger Plantin in Antwerpen und Elzevier in Leiden zu den führenden gelehrten Buchhändlern Europas auf; die Holländer waren nicht zuletzt tonangebend in der Produktion von Landkarten und illustrierten Werken, wie etwa der weitverbreiteten Emblem-Bücher mit Sinnbildern und Sinnsprüchen. Von den deutschen Kupferstechern aus dieser Zeit sind Matthäus Merian (1593–1650) und sein Enkel Johann Matthäus Merian (1659–1716) mit ihren Atlanten und Städtebüchern zu nennen. In Nürnberg hielt Wolfgang Endter (1593–1659) die hohe Kunst des Druckens und Illustrierens (Kurfürstenbibel für Herzog Ernst den Frommen von Gotha) aufrecht.

Nach dem großen Kriege entwickelte sich jedoch Leipzig aufgrund seiner Handelskapazität zum Zentrum deutscher Buchproduktion. Hier wirkten Johann Friedrich Gleditsch (1653–1716) und sein Bruder Johann Ludwig (1663–1741). Philipp Erasmus Reich (1717–1787) erhielt den Titel »Fürst des deutschen Buchhandels«: Er führte den Buchhandels-Nettopreis ein und plädierte für den Zusammenschluß aller Buchhändler. Das späte 17. und das 18. Jahrhundert förderten die Verlagskonzentration auf die Städte Leipzig, Frankfurt und Stuttgart, die Kapitalkonzentration bei wenigen Großverlegern und die Konsolidierung des Buchhandels. Außerhalb Europas finden sich erste Druckereien 1638 in Nordamerika und 1660 in Guatemala, aber auch in geographischer Sicht bringt erst das 18. Jahrhundert die entscheidende Ausbreitung des Buchdrucks nach Südamerika, Kanada, Indien und Afrika; Australien bekommt erst 1802 eine erste Druckerpresse in Sydney.

Das Lesepublikum bleibt in diesem Zeitraum zwischen 1600 und 1800 stark eingeschränkt. Bildung ist nach wie vor Privileg von Adel, Klerus und Großbürgertum. Die Kirche hat sowohl ein Bildungsmonopol wie auch, durch Zensur (→S. 246ff.), das Recht unbegrenzter Beeinflussung des Buchmarktes. Auch die Konsumenten einer frühen Populärliteratur: von Nachrichtenblättern und Unterhaltungsheftchen (Volksbücher, Bibliothèque bleue, Chapbooks) sind im städtisch-bürgerlichen, nicht im ländlich-bäuerlichen Bereich zu suchen, wo die Analphabeten höchstens Andachtsbilder kaufen können.

Ein neuer Aufschwung von Buchproduktion und Buchverbreitung setzte nach Beendigung der preußischen Territorialkriege und der napoleonischen Eroberungsfeldzüge und mit dem Sieg des →Bürgertums über den Feudaladel in den Revolutionen von 1789 und 1830 ein. Der Rationalismus der Aufklärung brachte nicht nur eine geistige Befreiung von den Herrschaftszwängen des Glaubens und Aberglaubens, sondern stieß vor allem die gesamte ökonomische Entwicklung, die sich bis dahin hauptsächlich auf agrarischem Sektor vollzogen hatte, in eine handwerklich-gewerbliche und maschinell-industrielle Richtung. Es galt, die durch den Eroberungsmilitarismus erlittenen wirtschaftlichen Schäden wettzumachen, die einzelnen Bürger bis in die Landgemeinden hinein zum rationalisierten Industriefleiß zu erziehen und technische Ausbildungshilfen aller Art anzubieten, um gegenüber den jeweiligen Nachbarstaaten konkurrenzfähig zu bleiben. Dabei setzte sich bei den Verantwortlichen, den Erziehungsministern und ihren pädagogischen Beratern, nicht zuletzt aus Furcht vor einer neuerlichen Revolution des Kleinbürgertums oder gar des Bauernstandes, das Prinzip einer »beschränkten Aufklärung« durch: Während die Erziehung zum Gewerbefleiß und zum religiös-moralisch tadelfreien Leben gefördert wurde, blieb diejenige zum politisch emanzipierten, selbständigen und demokratisch mitverantwortlichen Bürger untersagt.

Immerhin verlangte auch diese →technokratische Halbbildung sowie die religiöse Indoktrination die Mehrproduktion von Bildungsmedien, von Fibeln, Noth- und Hülfsbüchlein und Intelligenzblättern. Die Anzahl von potentiellen Lesern – im Laufe des 18. Jahrhunderts waren das höchstens 10% der europäischen Bevölkerung gewesen – stieg durch die verbesserten Schulverhältnisse im Laufe des 19. Jahrhunderts, regional verschieden, auf 50 bis 90% der Erwachsenenpopulation an. Diese Leserexplosion, gekoppelt mit einer Bevölkerungsverdopplung von 25 (1800) auf 56 Millionen Menschen (1900) und einer Verschiebung des Land : Stadt-Verhältnisses von 90 : 10 auf 40 : 60, provozierte, durch eine bis dahin unbekannte Nachfrage nach Informationsträgern, eine rapide Entwicklung von Buchproduktion und Lesestoffvertrieb durch Buchhandel (stationär in Geschäften und ambulant durch Kolporteure) und Buchverleih in spezialisierten Leihbibliotheken, in wissenschaftlichen Bibliotheken und, seit der Reichsgründung, in kommunalen Büchereien.

Technische Neuerungen ermöglichten den Fortschritt: Die 1814 eingeführte dampfbetriebene Zylinderschnellpresse von Friedrich König druckte 1100 Seiten in der Stunde, die von Augustus Applegath und Edward Cowper schaffte 1828 mit vier Zylindern bereits 4000, und die bei der »Times« aufgestellte Zehnzylinderpresse von Robert Hoe war 1857 bei einer Kapazität von 20000 Seiten pro Stunde angelangt. 1887 wurde schließlich die heute noch verwendete Rotationsdruckmaschine eingeführt. Um solche Maschinen zu füttern, war es notwendig, den Typensatz zu mechanisieren: Die ersten Setzmaschinen wurden zwischen 1820 und 1840 eingeführt; das 1886 eingesetzte Linotypesystem von Ottmar Mergenthaler mit zirkulierenden Matrizen, ebenfalls heute noch in Gebrauch, setzte wiederum die Erfindung der Stempelschneidemaschine (1885) voraus. Die Monotype-Maschine, 1889 von Tolbert Lanston erfunden, gilt als die perfekteste Setzmaschine. Heute ermöglichen Lichtsatz und EDV-Lochstreifen eine abermalige Erweiterung der Produktionskapazität auf dem Buchsektor.

Die industrielle Revolution des Druckgewerbes ging also in zwei Schüben vor sich, die jeweils in nachkriegerische, politisch restaurative, bürgerliche, wirtschaftlich aufstrebende Epochen fallen: die nach der napoleonischen Herrschaft und die nach der Konsolidierung der Nationalstaaten. Der industriellen Entwicklung entsprechend vervierfacht sich die Zahl der im Deutschen Reich im Druckgewerbe beschäftigten Personen zwischen 1871 und 1914 von rund 50000 (in 6000 Betrieben) auf 200000 (in rund 1200 Betrieben); diese groben Zahlen spiegeln auch den Trend zur kapitalistischen Konzentration in Richtung auf mehr Großunternehmen.

Eine ähnliche Entwicklung zeigt das Verlags- und Buchhandelswesen. Die Gründung vieler bekannter, nicht zuletzt pädagogischer Verlage fällt in die erste Hälfte des 19. Jahrhunderts:

Die Buchhändler organisierten sich 1825 unter Leitung von Friedrich Campe (1777–1846) im Börsenverein der Deutschen Buchhändler zu Leipig und gründeten 1834 das Börsenblatt für den deutschen Buchhandel, heute noch das wichtigste Organ dieses Industriezweiges, und 1842 eine Bestellanstalt, die Buchbestellungen zentral bearbeitete. 1871 wurde das Urheberrecht für das Deutsche Reich etabliert, 1912 die Deutsche Bücherei in Leipzig als die zentrale Sammelstelle für alle erscheinenden Druckwerke gegründet. Die immer straffer geführte Standesorganisation – Außenseiter wie die gefährlichen Nachdrucker oder die Kolportagehändler, die zeitweilig in einem eigenen Verein organisiert waren, wurden in die Ecke gedrängt – ermöglichte einen ungewöhnlich hohen jährlichen Ausstoß von Buchtiteln: Bereits 1830 löste Deutschland das bis dahin führende Frankreich mit mehr als 7000 Titeln ab; 1889 beläuft sich die Produktion von Erstauflagen auf rund 18000, 1913 auf 28000, 1927 auf 31000, 1937 auf 25000, 1951 auf 10000 und 1972 wieder auf 36000 Titel, von denen 8 Prozent in Taschenbuchform erscheinen.

Es klingt allzu optimistisch, wenn man den Aufschwung des gesamten Buchwesens in den letzten 200 Jahren als »Revolution des Buches« bezeichnet. Der Gegensatz zwischen »hoher« und »niedriger« Literatur (→ S. 216ff.: Trivialliteratur; S. 232ff.: Massenpresse) hat sich in den westlichen Industriegesellschaften in einem Verhältnis von etwa 10 zu 90 verschärft, die Literaturgesellschaft ist in zwei widerspruchsvolle Blöcke gespalten, von einer Aufhebung der Bildungsgegensätze kann noch keine Rede sein. Weite Teile der Bevölkerung sind überhaupt vom Buchkommunikationskreis ausgeschlossen. Dabei geht es nicht nur um die Analphabeten, die es auch in Randzonen Europas noch immer gibt. Mehr als ein Drittel der Bevölkerung liest keine Bücher, höchstens Zeitungen oder Heftchen, und ein noch größerer Teil von Bürgern scheut sich, eine Buchhandlung zu betreten. Die Buchproduktion – rund sechzig neue Titel pro Jahr auf 100000 Einwohner, oder (berechnet auf eine maximale Durchschnittsauflage von 5000 Exemplaren pro Titel) nur drei Bücher pro Kopf und Jahr – hat noch lange kein Bildungsoptimum erreicht. Die öffentlichen Büchereien der BRD bieten den 60 Millionen Einwohnern nur 30 Millionen Bände an; 1968 wurden 80 Millionen Bücher ausgeliehen: 1,3 Bücher pro Kopf und Jahr! Da ein größerer Teil des Buchkonsums den zahlenmäßig wenigen Gebildeten zugeschrieben werden muß, kann man auch heute noch bei einer Mehrheit der unteren, nur volksschulgebildeten Schichten mit einem Konsum von weniger als einem Buch pro Kopf und Jahr von einem »Volk ohne Buch« sprechen.

In diesem Zusammenhang ist es sinnvoll, die sozialistische Literaturpolitik, die Buchproduktion und den Lesekonsum in der DDR mit ihren eigenen Bedingungen zu skizzieren:

Das Buch- und Bibliothekswesen der sozialistischen Nachbarländer beruht auf anderen Rechtsgrundsätzen, Bildungsprogrammen und zentral gesteuerten Direktiven; es zeigt daher unterschiedliche Strukturen, Inhalte und Tendenzen. Das Gesetz über das einheitliche sozialistische Bildungssystem vom 25. Februar 1965 fordert für alle DDR-Bürger »eine dem modernen Stand der Wissenschaft und Technik angemessene Bildung und Erziehung, die es ermöglichen, die Menschen, vor allem in der Arbeit, in der Gemeinschaft der Arbeitenden und durch die gegenseitige Hilfe zu Persönlichkeiten zu erziehen, die der Deutschen Demokratischen Republik, ihrem sozialistischen Vaterland, treu ergeben und bereit sind, sie zu stärken«, und es garantiert jedermann das gleiche Recht auf Allgemeinbildung als Basis für Fachwissen und berufliches Können. Liebe zur DDR und zur Arbeit, Achtung vor den arbeitenden Menschen, gründliche Kenntnisse des Marxismus-Leninismus und bewußtes staatsbürgerliches und moralisches Verhalten im Kollektiv sind die Prinzipien, die allen Schülern und Studenten vermittelt werden müssen. »Filme, Werke der Literatur und Kunst, Fernsehen, Rundfunk und Presse, Bibliotheken und Museen sollen den Bildungs- und Erziehungsprozeß unterstützen.« Die Verfassung der DDR vom 6. April 1968 bestätigt (Artikel 17, 25 und 26) das Prinzip der zehnjährigen polytechnischen Oberschule, das Recht auf breite Bildung und die Pflicht des Einzelnen zur patriotischen Mitarbeit am Fortschritt der Gesellschaft. Bei der Herausbildung der »sozialistischen Persönlichkeit« kommen der Produktion und dem Vertrieb entsprechender Druckwerke wesentliche Aufgaben zu.

Neben den Bildungsgesetzen spielen in der DDR-Buchpolitik die sozialistischen Kunst- und Kulturprogramme (→S. 356ff.) eine bedeutende Rolle. Die Bitterfelder Konferenzen (1959, 1964) ebneten den Weg der Arbeiter und Genossenschaftsbauern zu traditionellen Kulturwerten, aber auch zu eigener kulturschöpferischer Aktivität. Der »Sozialistische Realismus« (→S. 356ff.) gilt als verpflichtende Methode. Die DDR-Kulturpolitik ist bestrebt, alle Lebensbereiche mit sozialistischer Kultur zu durchdringen. Diesem Zwecke dient die »Kulturpropaganda« und speziell, auf dem Buchsektor, die »Literaturpropaganda«, das heißt die systematische Verbreitung von literarischen Zeugnissen des →»Erbes« und der sozialistisch-realistischen Kunst, sowie die Förderung der →Rezeptionswilligkeit in Betrieben und Genossenschaften.

Die sozialistische Buchproduktion muß sich dementsprechend auf systemkonforme Unterrichtung der Jugend, auf polytechnische Schulbildung, marxistisch-leninistische Information, Förderung der Erwachsenenqualifikation, sowie auf humanistische und sozialistisch-realistische Literaturwerke konzentrieren. Den Diffusionsorganen, Büchereien und Buchhandlungen, obliegt es, diese Produkte jedermann direkt anzubieten.

Das Buchverlagswesen der DDR (17 Millionen Einwohner) mit (1970) 62 volkseigenen und 21 privaten Betrieben wird vom Ministerium für Kultur kontrolliert. Die Zahl der produzierten Buchtitel schwankt zwischen jährlich rund 5100 und 5500; sie ist damit ungefähr so hoch wie die von Dänemark, Österreich oder Ungarn. Ist die jährliche Titelproduktion relativ niedriger als in der BRD (rund 36000 Titel auf 62 Millionen Einwohner), so liegt die Auflagenhöhe mit insgesamt 105 Millionen Exemplaren (1966) wesentlich höher: Die DDR-Bürger konsumieren, nicht zuletzt der niedrigen Preise wegen, mehr als sechs gekaufte Bücher pro Kopf und Jahr. Nach Sachgebieten aufgeteilt, umfaßte die Produktion 1968 je 30% gesellschaftswissenschaftliche Titel, Schöne Literatur und Schulbücher sowie 10% naturwissenschaftliche Bücher. 1966 wurden 944 belletristische Titel mit einer Durchschnittsauflage von je 19000 Stück herausgebracht. An der Spitze der Bestsellerlisten stehen allerdings nicht die DDR-Realisten, sondern etwa Thomas Manns Doktor Faustus (→ S. 352 f.), Mark Twains (1835–1910) Prinz und Bettelknabe und Karl Heinz Bergers (*1928) Robin Hood. Jedes achte Buch der DDR ist aus einer Fremdsprache übersetzt.

Zu den Büchern gesellt sich eine Heftreihenproduktion von rund 10 Millionen Exemplaren pro Jahr (1966: 85 Titel mit einer Durchschnittsauflage von je 119000 Stück), welche, über die Unterhaltung, »Brückenfunktion« zur hohen Literatur übernehmen und sozialistisches Denken und Fühlen propagieren.

Der relativ hohe Konsum an Lesestoffen wird durch eine intensive Vertriebspolitik gefördert. Neben der zentralen Deutschen Bücherei in Leipzig (Bestand: 5,2 Millionen bibliographische Einheiten) existieren (1968) rund 18000 öffentliche Bibliotheken mit einem Gesamtbuchbestand von 25 Millionen und einer Ausleihfrequenz von 62 Millionen Büchern, also von fast vier Büchern pro Kopf und Jahr. Die »Volksbuchhandlungen«, von Kollektiven geführt, zentral geleitet vom Volksbuchhandel der DDR (Leipzig) und wiederum dem Ministerium für Kultur, Hauptverwaltung Verlage und Buchhandlungen unterstellt, wickeln, oft mit ehrenamtlichen Helfern, nicht nur in den Buchläden der Kreisstädte, sondern auch in Betrieben, Landwirtschaftlichen Produktions-Genossenschaften und Schulen, 75% des DDR-Buchhandels ab. Durch »Freundschaftsverträge« mit Betrieben werden Lesestoffe direkt an den Arbeitsplätzen propagiert und verkauft. Die »Literaturpropaganda« zeitigt nicht zuletzt auf dem Lande relativ hohe Erfolge. Das Beispiel der sozialistischen Buchpolitik gibt Anregungen zur Besinnung auf die Vorzüge und Nachteile der bundesrepublikanischen Situation.

Kein Zweifel: in der BRD haben eine bildungspolitisch orientierte Buchmarktforschung und ein freiheitlich organisiertes Verlagswesen noch wichtige Zukunftsaufgaben zu lösen. Hier geht es durch Einführung eines 10. Schuljahres für jedermann, um eine Verbesserung des Lesebildungsniveaus für breite Bevölkerungsschichten. Es gilt, durch Senken der Buchpreise (sie liegen, Taschenbücher inbegriffen, durchschnittlich nur knapp unter 20,– DM pro Band!), größere Leserkreise für das Buch zu gewinnen; dabei können die anderen Medien: Radio, Fernsehen und Film durchaus förderlich wirken. Im Medienverbund sind darüber hinaus für die Zukunft neue Informationsmittel zu entwickeln, die Buch und Ton sowie Buch und (Fernseh-)Film miteinander kombinieren. Bibliotheken werden in Zukunft nicht nur als elektronisch gesteuerte Datenbanken funktionieren, sondern auch Text-Bild-Ton-Einheiten in Kassetten für den täglichen Arbeits- und Freizeitbedarf zur Ausleihe anzubieten haben. Es könnte sein, daß bei dieser Entwicklung das Buch, bevor seine Kapazität als Bildungsträger überhaupt voll ausgeschöpft war, mehr und mehr durch Sendegeräte verdrängt wird, die Text, Bild und Ton in perfekter und intensiver Form gleichzeitig ausstrahlen, und die für alle Gebiete des Wissens und der Unterhaltung verfügbar sind.

Die Gefahr der propagandistischen oder auch nur schleichenden Indoktrination und Manipulation mit dem Ziel, Menschenwürde, Recht und Freiheit zu schmälern oder zu verletzen, war beim Buch immer gegeben: Bücher haben die Welt nicht nur im Sinne des Fortschritts verändert, sondern nachweislich auch zu Katastrophen geführt. Diese Gefahr wird bei neuen Formen der Informationsvermittlung nicht geringer. Aufgabe der Buchmarktforschung ist daher nicht nur, den Absatz für die Produkte der Medienindustrie zu fördern, sondern auch, Produzenten und Konsumenten über die komplexen Zusammenhänge des Mediengebrauchs zu informieren.

Buch- oder Literaturforschung beinhaltet auch Mediendidaktik: die Lehre, wie ein immer stärker werdendes Machtmittel durch verantwortliches Handeln aller Beteiligten und nicht zuletzt der Konsumenten, zu begreifen, zu kontrollieren, zu verbessern ist.

Buchhandel – Licht und Schatten

Wie kritisch man den zweifellos vorhandenen und nicht ungefährlichen Tendenzen eines Literaturmarktes gegenüberstehen mag, der Bücher in erster Linie als Waren ansieht, so entschieden man auf die Gefahren der Konzentration durch die Bildung großer Medienkonzerne hinweisen mag, so wenig kann man sich doch der Tatsache verschließen, daß auch das System sozialistischer Verlagspolitik erhebliche Nachteile, wenngleich anderer Art, aufweist. Da dort die Gesetze eines profitorientierten Vertriebes nicht gelten, entfallen in der Tat gewisse trübselige Erscheinungen des westlichen Buchmarktes: die Produktion seichtesten, auf bloße Zerstreuung zielenden, tendenziell antihumanen, brutalisierenden Lesestoffes der niederen Art. Die fieberhaften Werbebemühungen um »gewinnbringende Bestseller« wird man wohltuenderweise ebenso vermissen wie bestimmte Formen der Trivialliteratur. Auch die Gefahr von Konkurrenzkämpfen auf dem

Warhaffter und Eigentlicher Schau-Platz Der Welt berühmten Franckfurter Meß/ Allda Dem geehrten Leser durch lustige Beschreibung der Handel und Wandel/ das gehen und stehen/ das kauffen und lauffen/ das sacken und packen/ das fahren der Wahren/ getümmel gewimmel/ der mancherley Gesichter und Gelichter der Menschen/ gleichsam in einem Spiegel ausführlicher als ehemals vorgestellt wird Durch Einen der Curiositäten Liebhaber genau zusammen getragen und in dieses Papir gebracht.

Gedruckt im Jahr 1696.

Rücken des Konsumenten besteht nicht, noch diejenige der Bildung übermächtiger Medienkonzerne. Dafür ist die von Kritikern des kapitalistischen Systems mit einigem Recht beschworene Vision eines allmächtigen »Super-Konzerns« in diesem Teil der Welt längst erreicht: der Staat selbst übt diese Funktion aus. So existiert in den sozialistischen Staaten nach dem erklärten Prinzip der →Parteilichkeit ein System der Buchzensur: staatliche Stellen entscheiden, ob ein Manuskript veröffentlicht oder unterdrückt wird, staatliche Stellen entscheiden, welche Werke des »klassischen Erbes« wertvoll und wichtig sind und welche nicht, staatliche Stellen endlich manipulieren durch die Vergabe von Lizenzen und vor allem durch die gesteuerte Vergabe von Druckpapier die Auflagenhöhen, staatliche Stellen auch steuern den Vertrieb. So ist der Buchkonsument in den sozialistischen Staaten ganz und gar abhängig von den Entscheidungen staatlicher Stellen, die von ideologischen und parteitaktischen Erwägungen gesteuert sind. Damit wird er zwar vor den meisten üblen marktkonformen Produktionen des Westens behütet, jedoch auch vor den Stimmen der Systemkritiker oder vor den noch immer gefährlich erscheinenden Texten etwa eines Franz Kafka. *G. R.*

Die Frankfurter Buchmesse heute (oben)
Buchlager der »Vereinigten Verlagsauslieferung« in Gütersloh (rechts)

Katalog der Frankfurter Buchmesse von 1696 (oben links)
Buchmesse im 17. Jahrhundert (oben rechts)
Bibliothek der Universität Leiden (unten links)
Zeitungsverkäufer von 1631 (unten rechts)

Hans-Michael Schmitz

Montaigne · Essais

»Les essais« (Erstdruck Buch I und II: Bordeaux 1580, III: Paris 1588
Essays von Michel de Montaigne (28. 2. 1533 – 13. 9. 1592)

Da faßt im Jahre 1571 auf seinem Schloß in der Nähe von Bordeaux ein Mann im Alter von 38 Jahren den Entschluß, sich aus der Öffentlichkeit zurückzuziehen und führt fortan ein Leben als Denker im →Elfenbeinturm: Michel de Montaigne. Er, ein französischer Edelmann der →späthumanistischen Zeit, stellt nun in seinen letzten zwanzig Lebensjahren Betrachtungen an über sich und seine Zeit, über die banalsten Gegenstände wie über konfessionelle und philosophische Streitfragen: ein buntes und zufälliges Nebeneinander von Themen, das auf den ersten Blick verwirrt.

Vieles, fast alles, breitet er über sich in seinen »Essais« aus. Sie wollen, wie er selbst sagt, bloße Versuche sein, die Wahrheit zu ergründen. Man lernt ihn kennen mit seinen Eigenarten, mit seinen Fehlern und Vorzügen, aber über seinen plötzlichen Rückzug in die Einsamkeit der Turmstube seines Schlosses schweigt er sich aus. Vielleicht waren es politische Enttäuschungen, vielleicht seine Verpflichtungen als Schloßherr; vielleicht war es auch Überdruß an öffentlichen Ämtern, der ihn, den Richter und Rat im Parlament von Bordeaux, zu diesem Schritt zwang. Genaues erfährt man nicht.

Überall in seinem Werk läßt der Humanist Montaigne die Antike sprechen. Er schöpft aus ihr, aus Platon und aus Herodot, wie aus den Schreibern der ersten nachchristlichen Jahrhunderte, ohne griechisches von römischem Wesen, heidnische von christlicher Denkart zu unterscheiden. Besonders liebte er Vergil (→S. 60f.), sehr gründlich kannte er Seneca, aber keiner Schule verschrieb er sich vollständig.

Ehrfürchtig und kritisch steht er den Alten gegenüber. Er studiert sie, um sich von ihnen anregen zu lassen und aus ihnen zu schöpfen. So sind Bücher für ihn die beständigste Geselligkeit, ein Trost im Alter und in der Einsamkeit, eine Ablenkung von den Sorgen des Alltags. So nimmt er die Gedanken der Alten und erzählt von sich und seiner Welt. Er lehrt nicht, er wird nicht aufdringlich, er erzählt, was ihm gerade erzählenswert erscheint. Da gibt es keine festen Kapitel oder klare Linien. Wo man die »Essais« auch aufschlägt, man ist sofort bei seinem Thema: Was ist der Mensch?

Er selbst ist die Hauptperson dieser »Essais«. Zahllose, teilweise höchst intime, teilweise geringfügige und fast banale Einzelheiten fügt er aneinander, keinem Lebensbereich gibt er den Vorzug. So sind seine »Essais« vielleicht zu dem persönlichsten Buch geworden, das bis dahin geschrieben wurde.

Und hierbei ist die Herabsetzung und Verringerung seiner Person besonders augenfällig. Immer wieder, schon in seinen ersten Texten – im Alter von vierzig Jahren also – betont er, er sei ein alternder Mensch. Es lohne nicht, auf ihn zu hören. Er sieht das Alter nicht als Stufe der Weisheit und Erfahrung, sondern als Ermattung und Verfall. So kann er auch sein Schreiben nur als unbedeutend darstellen. In allen Dingen ist er bescheiden und zurückhaltend. Was er sagt, soll nur Empfehlung sein, befehlen will er nicht. Er fällt kein Allgemeinurteil und sagt nicht: So ist es und so muß es sein. Jedem Individuum gibt er sein ganz besonderes Recht. Erst viel später wird dieser Erziehungsgedanke in Frankreich aufblühen, doch Montaigne hat ihn vorbereitet.

Bescheiden ist er, wenn er aktuelle Tagesfragen aufgreift. Er äußert sich zurückhaltend. Seine Zeitgenossen, Rabelais und Bodin zum Beispiel, sind viel kühner und schärfer in ihren Angriffen auf Staat und Kirche (→S. 96f.). Nur eine Sache überrascht und erstaunt: Montaigne ist stolz auf seine Herkunft, auf seinen Adel. Hier verliert er die Bescheidenheit. Dabei verschweigt er klug und auch vielleicht beschämt, daß es erst sein Großvater war, der einige Jahre vorher den Adelstitel und damit auch das Schloß erstand, in dem Montaigne nun lebt und schreibt.

Was ist der Mensch? – Das ist an allen Stellen sein Hauptthema, und dabei werden alle Eigentümlichkeiten des Menschen ausgebreitet. Sein Menschenbild umschließt alles, gut und böse, reich und arm. Er will keine fest umrissene Darstellung geben, er ist immer auf der Suche. Dieses Suchen und Beobachten ist von einer tiefen Skepsis durchdrungen. Sie bringt ihn dazu, immer neu die eine Frage zu stellen: Was ist der Mensch? Und dabei

Montaigne

In seinem Roman »Die Jugend des Königs Henri Quatre« schildert Heinrich Mann 1935 dessen Gespräch mit Montaigne, an der Küste des Atlantik.

»Er zählte noch mehr Beispiele wirren Handelns auf, und da diese dem Altertum entnommen waren, durfte er die Namen nennen. Henri lag mehr daran, seine Meinung über Mitlebende zu hören. Der Begleiter war nicht zu bewegen, hinauszugehen über allgemeine Betrachtungen. Die werden aber erstaunlich greifbar, wenn der Gegenstand jeden so nahe angeht wie sein Leben. Nichts hielt der Begleiter für fremder der Religion, als die Religionskriege: er sagte es, so ungeheuer es klang. Weder hatten die Religionskriege ihren Ursprung im Glauben, noch machten sie die Menschen frommer. Den einen waren sie der Vorwand ihres Ehrgeizes, den anderen die Gelegenheit, sich zu bereichern. Heilige erscheinen wahrhaftig nicht in Religionskriegen. Aber diese schwächen ein Volk und Königreich. Es wird die Beute fremder Begierden.
Kein Name fiel, nicht Madame Catherine oder ihr Sohn d'Anjou noch die Namen von Protestanten. Die Worte waren dennoch die kühnsten, die jemand wagen konnte. Nicht allein die Brandung und der Sturm tobten gegen sie: fast die Gesamtheit der Menschen hätte sie niedergebrüllt. Henri wunderte sich überaus, daß ein gewöhnlicher Edelmann aussprechen mochte, was kein König laut eingestehen durfte.«

Titelseite der Ausgabe von 1588 mit Korrekturen von Montaigne

kommt er zu der Erkenntnis, daß nichts die Seele der Menschen unterscheide. Kaiser oder Schuhmacher, beide sind nach dem gleichen Muster geformt.

So ent-deckt Montaigne den Menschen im wörtlichen Sinn, indem er eine Decke, einen Schleier aufhebt, der die Menschen unterschiedlich erscheinen ließ. Diese Entdeckung des Menschen ist für ihn einfach, fast naiv. Naturwissenschaftliche und medizinische Voraussetzungen kennt er nicht. Wie fern ihm die zeitgenössischen Wissenschaften sind, merkt man an den Stellen, an denen er sie anspricht. Und wenn er das tut, dann ist er voller Mißtrauen, wie zum Beispiel gegenüber den Erkenntnissen eines Nikolaus Kopernikus. Der Mensch als Herrschender über andere Menschen und über die Natur, der Mensch als Wesen mit einem starken Willen zur Macht, das ist nicht das Bild des Menschen, das Montaigne zeichnet. Sein Mensch ist ein kleiner Punkt im Kosmos, der untertaucht in einer großen Fülle. Eine hervorragende Stelle räumt er dem Menschen also nicht ein: Tier und Mensch sind Brüder; jedes Wesen mit einer besonderen Gabe, sein Leben zu leben und zu sichern.

Der Mensch in seiner Niedrigkeit, das ist ein hervorragendes Thema für den Skeptiker Montaigne. Seine »Essais« sind voll von Aussagen über die Hilflosigkeit und das Elend der Menschen. Hier übernimmt er bereitwillig christliche Gedanken, aber eine Erlösung aus der Niedrigkeit kennt er nicht. Er identifiziert sich vielmehr mit dem erniedrigten Menschen und bejaht ihn. »Sei wie du bist, sei es ganz«, sagt er ohne Verzweiflung. Damit erkennt er jedem einzelnen Menschen seine Besonderheit zu.

Eine Vollendung der Darstellung des Menschen ist das Nachdenken über den Tod. Diese Stellen haben nichts Düsteres oder Grausames und nichts Schmerzvolles. Nüchtern, fast sogar ein wenig heiter sucht er den Tod zu ergründen. Das geschieht nicht in einem besonderen »Essai«, das Thema Tod schimmert an vielen Stellen durch. Eine endgültige Aussage fehlt jedoch; der christlichen Todesdeutung kann er sich nicht anschließen. Doch spielt der Tod eine ordnende und regelnde Rolle für ihn. Auf keinen Fall meidet Montaigne den Tod. Ganz im Gegenteil: Der Mensch, der sich im Leben dem Todesgedanken entzieht, begeht ein Versäumnis, für das er in der Sterbestunde einmal bezahlen wird. Was Todesnähe bedeutet, das hat Montaigne nach einem schweren Reitunfall selbst erlebt und das stellt er ausführlich dar: Der Mensch ist dem Tod willenlos ausgeliefert. Er betont das ohne Zorn und Unmut.

Wer die Selbstdarstellung Montaignes in den »Essais« gründlich verfolgt, wird seine Haltung begreifen. Indem er in sich selbst forscht, findet er eine Antwort auf die Frage, was der Mensch sei. Mosaiksteinartig trägt er alles zusammen, was er in sich findet und was zu dieser Antwort beiträgt. So gibt er unumwunden und ein wenig stolz zu, daß er im Wissen von sich selbst der gelehrteste Mensch sei. Ohne Resignation erkennt er aber auch, daß man sich um so weniger versteht, je mehr man sich mit sich selbst beschäftigt. Ohne Reue und ohne Verzweiflung sieht er seine Schwächen und Fehler. Er läßt sich nicht entmutigen; in der Darstellung des eigenen Ich geht er bis ins Kleinste. So erfahren wir alles über seine Person. Er spricht von seinen sanften Augen und von seiner lauten Stimme. Er gesteht freimütig, daß das Verhältnis zu seiner Frau und zu seinen Kindern nur kühl sei und daß ihn das Geschäft der Hausverwaltung langweile. Er erzählt, welche Speisen und Getränke er bevorzugt und daß er das Reisen liebt. Er will die Welt im eigentlichen Sinn des Wortes er-fahren. Einen Zug an sich hebt er besonders hervor: seine Wahrheitsliebe. »Nur Sklaven lügen«, behauptet er an einer Stelle und ist dabei stolz auf seine Freiheit.

Diese Freiheit und Offenheit zeigt sich immer wieder in seiner Selbstdarstellung, die durchsichtig ist bis auf den Grund. Und dazu gehören auch seine Aussagen zum Verhältnis zu anderen Menschen. Er bekennt: Freundschaft ist die edelste Frucht des Lebens. Ganz anders äußert er sich über die Geschlechtsliebe. Hier redet er voll und ganz im Geist seiner Zeit, voller Witz und Daseinsfreude sind seine Worte. Sexuelle Enthaltsamkeit kennt er nicht, pralle Lebensfülle zeichnet hier seine Gedanken aus. Und wieder anders wird Montaigne, wenn er den Umgang mit Menschen in politischen und sozialen Ordnungen darstellt. Hier ist er nüchtern und sachlich, fast kühl. Er erkennt ihre Notwendigkeit an, aber erwärmen für sie kann er sich nicht. Lieber möchte er in seiner Heimat der Dritte sein als in Paris der Erste, so wandelt er ein Cäsar-Wort ab. Dienst in öffentlichen Ämtern ist mithin für ihn, für den Denker im Elfenbeinturm, ein äußerstes Zugeständnis. Und doch nimmt er willig an, als man ihn zum Bürgermeister seiner Heimatstadt beruft.

Er will sein eigenes Leben leben, er will »ich selbst« sein. Das wird mit zunehmendem Alter immer deutlicher: Er will auch seinen eigenen Tod sterben. Und auch hier äußert er sich sehr genau: Er wünscht ein sanftes Erlöschen ohne Leid und Schmerz. Wenn es anders kommen sollte – auch darüber spricht er –, dann möchte er lieber von einer Mauer erschlagen werden als in einen Abgrund stürzen, lieber durch eine Kugel als durch das Schwert umkommen. Der Tod ist für ihn das völlige Ende; christliche Gedanken fehlen, er kennt keine Unsterblichkeit.

Unsterblich geblieben, wenn auch nur von wenigen erkannt, ist er jedoch durch sein Werk. Hier lebt er weiter in allen Einzelheiten, die er von sich aufgedeckt hat. In Deutschland kennt ihn fast niemand, und auch in Frankreich wurde er von vielen vergessen. In der Kühnheit seiner Sprache und seiner Forderungen weist Montaigne weit in die Zukunft; er beeinflußt die folgende Zeit, aber er bleibt dabei anonym.

Paris 1572: In der Bartholomäusnacht werden 5000–10 000 Hugenotten ermordet. Dem Philosophen Montaigne ermöglicht es jetzt nur die Einsamkeit seiner Turmstube, über das Wesen des Menschen nachzudenken

Jürgen Martini

Shakespeare · Der Sturm

»The Tempest« (Erstdruck London 1611)
Drama von William Shakespeare (26. 4. 1564 – 23. 4. 1616)

»Der Sturm« (The Tempest, 1611) ist das letzte große Stück Shakespeares; es scheint das Werk Shakespeares abzuschließen, und es ist nicht weiter erstaunlich, daß Zuschauer, Wissenschaftler und Theaterkritiker darin so etwas wie ein dichterisches Vermächtnis gesehen haben, eine Zusammenfassung all dessen, wofür die anderen großen Stücke Shakespeares gehalten wurden: die detaillierte Analyse des Verhältnisses von Individuum und Gesellschaft während der Renaissance auf dem Hintergrund einer mustergültigen Interpretation der Geschichtsabläufe. Daß diese Interpretation nicht falsch ist, soll im Verlauf dieses Artikels ausgeführt werden. Als falsch aber sind vorab diejenigen Interpretationen zu bezeichnen, die aus der Analyse des Schlusses von »Der Sturm« entweder Bilder der Verklärung oder der Resignation entdecken, von denen her sich das veränderte Verhältnis Shakespeares und seiner Zeitgenossen zu seiner eigenen Epoche deuten ließen.

Vordergründig scheint das Ende des »Sturms« der heiterste von allen dramatischen Schlüssen im Werk Shakespeares zu sein. »Prospero wird wieder Herzog von Mailand, Alonso, der König von Neapel, gewinnt seinen Sohn zurück und bereut den begangenen Verrat. Der befreite Ariel zerfließt in der reinen Luft. Caliban hat begriffen, daß er einen Trunkenbold für einen Gott gehalten hat. Die jungen Liebenden, Miranda und Ferdinand, spielen Schach um 20 Königreiche. Das Schiff harrte unversehrt in einer sicheren Bucht. Alle Schuld ist vergeben, alles Verbrechen verziehen« (Jan Kott). Die Welt, die in Unordnung geraten war, kehrt zur moralischen Ordnung zurück.

In fast allen Dramen Shakespeares gibt es Augenblicke der Ruhe und Stille. Sie treten aber meistens *vor* dem Sturm ein. In diesem letzten Stück Shakespeares ist der Sturm vorüber. Wer in der Interpretation stehen bleibt und den »Sturm« als Drama des Verzeihens und der Aussöhnung mit der Welt interpretiert, macht sich einer romantischen und idyllischen Interpretation schuldig, die vergißt, daß dem Verzeihen und der Aussöhnung mit der Welt die Rückkehr zum Anfang, die Wiedereinsetzung Prosperos in sein altes Herzogtum folgt. Während in den Königsdramen Shakespeares die Geschichte der englischen Königshäuser als Geschichte der Herrschaftsperioden erscheint, die Hinrichtung des alten Herrschers den Prolog und die Krönung des neuen Herrschers den Epilog ausmachen, also die Personen des Dramas wechseln und die Kontinuität so gewahrt bleibt, scheint sich im »Sturm« nichts geändert zu haben. Die Frage bleibt, ob sich tatsächlich nichts geändert hat, ob sich die Geschichte noch einmal wiederholen wird.

Der dramatische Aufbau dieses letzten Stückes muß zum Ausgangspunkt der Interpretation genommen werden. »Der Sturm« ist das einzige Stück Shakespeares, das die dramatischen Einheiten peinlich genau nimmt, und es tut dies aus einem besonderen Grund. Die vier Stunden, die das Stück auf Prosperos Insel schildert, entsprechen der vierstündigen Aufführungspraxis der elisabethanischen Bühne. Der Zuschauer wird in diesen vier Stunden konfrontiert mit einem Lebensablauf, der in seiner Geschichtlichkeit und Entstehung geschildert wird, dessen Auswirkungen in diesen vier Stunden verfolgt werden, und der der Zeiteinteilung des elisabethanischen Lebens entspricht. Die Einheit des Stücks liegt in Prospero und der Durchführung seines Plans, der →Singularität seiner Handlungen, und die dramatischen Einheiten unterstützen die so auf eine Person ausgerichtete Handlung. Das ganze Stück stellt eine Handlung dar, ausgedehnt in Raum und Zeit, vereinheitlicht und kontrolliert durch Prospero, und trotzdem liegt ihm ebenso ein sich organisch entwickelndes Eigenleben zugrunde. Die Struktur des Stücks ist ein Bild dessen, worum es in dem Stück geht: Die Handlung besteht auf der einen Seite im Versuch Prosperos, zu einer →Identifikation mit sich und der Umwelt zu kommen, ein Versuch, der rational kontrolliert wird und dennoch spontan sich entwickelt; auf der anderen Seite ist das Stück die Darlegung objektiver öffentlicher Ereignisse. Dieses Zusammenbringen von privat und gesellschaftlich, spontan und rational findet sich in der dramati-

Stationen des Lebens eines reichen Mannes der Shakespeare-Zeit. Die Stücke Shakespeares enthalten die Auseinandersetzung mit der wirklichen Welt, in der er lebte

schen Struktur des Stückes wieder. Zum Schluß jedoch bleibt diese dramatische Struktur offen: Der Sturm hat zwei Schlüsse: den stillen Abend auf der Insel, wo Prospero seinen Feinden verzeiht, und wo die ganze Geschichte zu ihrem Anfangspunkt zurückkehrt, aber auch den Monolog, den Prospero an die Zuschauer richtet, der außerhalb dessen, was im Verlauf der vier Stunden dargestellt wird, liegt. Der Zuschauer wird entlassen mit der Frage, die eigentlich der Beginn eines neuen Stückes wäre: ob sich etwas geändert hat, oder ob für die Helden des Dramas wie auch für die Zuschauer dasselbe Leben wie vor dem Sturm beginnen soll?

Für die Zeitgenossen Shakespeares ist diese Frage keine offene Frage; für die Wissenschaftler und Theaterkritiker der folgenden Jahrhunderte, die im »Sturm« nur eine →Féerie oder →Allegorie sahen, geriet die Dramatik des »Sturms« und das spezifische Verhältnis von Individuum und Gesellschaft, das dem Zeitgenossen deutlich war, außer Betrachtung. Von der Restauration bis in die 40er Jahre des 19. Jahrhunderts wurde das Stück in einer Bearbeitung von John Dryden gespielt, das den scheinbar höfischen Charakter des Stücks in den Vordergrund stellte. Die Romantik interpretierte den Sturm symbolisch und verwendete in überreichem Maße die Mittel neuer Theatertechnik und bombastischer Beleuchtungseffekte. »Der Sturm« wurde zu einem romantischen, opernhaften Traumspiel, »in dem die Hauptrolle eine Ballettänzerin trug, die in hellem Trikot und mit silbertüllenen Flügeln schlagend über die Bühne schwebte« (Jan Kott, Shakespeare heute). Wenn Prospero seinen Zauberstab weglegt, wird er in dieser Interpretation zum gewöhnlichen Menschen, der schutzlos wie alle anderen ist.

Die Literaturwissenschaft hat diese romantische Interpretation aufgegriffen, so daß das Weglegen des Zauberstabs als →Metapher für den Verzicht des kreativen Dichters auf seine Tätigkeit und sein selbstgewolltes Schweigen gehalten wurde. Demgegenüber müssen aber auch die Interpretationsversuche des 20. Jahrhunderts als verfehlt charakterisiert werden, die der romantischen Auffassung des »Sturms« eine Analyse entgegenstellen, die auf die Aufklärung und die uneingeschränkte Macht der Vernunft vorausverweisen.

Leo Löwenthal, »Das Bild des Menschen in der Literatur«, Neuwied 1966. Gustav Landauer, »Shakespeare«, 2 Bde., Frankfurt 1922.
Jan Kott, »Shakespeare heute«, München 1970.

Als Traumspiel wurde »Der Sturm« bisher inszeniert – zu Unrecht. (Aufführung des Theaters Bremen, 1971)

»Der Sturm« ist nichts mehr und nichts weniger als eine leidenschaftliche Auseinandersetzung mit der Welt, wie Shakespeare sie vorfand. Das Stück ist keine Utopie, sondern eine Darstellung der wirklichen Welt. Gonzalos Geschichte vom glücklichen Staat, die im 2. Akt des »Sturms« erzählt wird, wird eindeutig durch den Verlauf der im Drama geschilderten Geschichte als naiv und geschichtslos charakterisiert. »Der Sturm« ist ein Drama der verlorenen Illusionen, der bitteren Weisheit und einer Hoffnung, die beharrlich ist und deren Grenzen immerfort gezeigt werden. Die Lösung der anstehenden Themen, des Verhältnisses von Mensch und Natur, der Beherrschung der Natur, der Grundsätze der moralischen Ordnung und ihrer Bedrohung, der Reichweite und Grenzen menschlicher Erkenntnis, bleibt offen, weil sie für Shakespeare und seine Zeitgenossen nicht lösbar war. Sie wird aber auch nicht mehr der Macht der Kirche und der Könige überlassen. Die Konfrontation von Natur und Gesellschaftsordnung, die sich an den Geschicken Ariels und Calibans wiederholt, wird zwar von Prospero ›regiehaft‹ aufgegriffen, aber sein Stab kann der Geschichte nur befehlen, sich noch einmal zu wiederholen und in →Analogien deutlich zu werden, er kann aber die Geschichte nicht ändern. Auf Prosperos Insel kann Shakespeare »mit dem Prinzip der Analogie und der wechselnden Spiegel« (Kott) die Geschichte der wirklichen Welt als Wahnsinn darstellen; der Anschlag auf die Macht wiederholt sich in Antonios und Sebastians Attentat auf den König von Neapel und später in der Farce, die der Trunkenbold Stephano und der Narr Trinkolo zusammen mit Caliban in der Planung ihres Attentats auf Prospero spielen. Der Wahnsinn dieser Analogiehandlungen wird von Prospero im Verlauf des Stückes als Wahnsinn der wirklichen Welt vor Augen geführt, aber die Entlarvung des Wahnsinns auf der Insel mit den Mitteln einer allumfassenden Regie führt zwangsläufig zu der Erkenntnis Prosperos, daß er Moralität aufzeigen kann, aber im Aufzeigen der Moralität die Gründe seiner eigenen Niederlage mit inszeniert. Weitsicht und Größe des menschlichen Verstandes stehen der Grausamkeit der Geschichte und der Zerbrechlichkeit der gesellschaftlichen Ordnung gegenüber; Shakespeare zeigt in seinem Stück diese Diskrepanz als gesellschaftlich bedingte auf.

Sie ist von ihm nur *darstellbar,* aber in der Darstellung der Auseinandersetzung mit der Bewältigung eines vergangenen Konflikts und seiner lediglich farcenhaften Spiegelung im Verlauf der vier Stunden auf der Insel wird deutlich, daß dieser Konflikt noch seiner Lösung bedarf. Prospero ist auf der Insel herausgefallen aus aller Kultur, er sinnt der Ordnung vergangener Gesellschaft nach und probiert sie aus. Aber die Fremdheit der Inselatmosphäre, in die Vergangenes einbricht und einbezogen werden muß, verweist auf die Notwendigkeit, sich auf die Zukunft zu beziehen. Prosperos letzter, bitterer Monolog endet mit dem Satz »Dann zieh ich in mein Mailand, wo mein dritter Gedanke soll das Grab sein«. Shakespeare sieht die Notwendigkeit, sich der Gegenwart und der Zukunft zu stellen; für Prospero stellt sich, nachdem die Vergangenheit der Gegenwart integriert wurde, die Realität als Aufgabe: erst der »*dritte*« Gedanke kann dann »das Grab sein«.

Gerhard Muschwitz

Grimmelshausen · Der abenteuerliche Simplicissimus

»Gantz neu eingerichteter und allenthalben viel verbesserter Abentheuerlicher Simplicius Simplicissimus«
(Erstdruck Nürnberg 1669)
Roman von Hans Jakob Christoffel von Grimmelshausen (um 1622 – 17. 8. 1676)

Im vierten Jahr des blutigen Dreißigjährigen Krieges, 1622, so nimmt man an, wurde er – aus altansässigem Handwerkergeschlecht stammend – in Gelnhausen am Rande der Wetterau geboren: Samuel Greifnson von Hirschfeld, German Schleifheim von Sulsfort, Michael Sternfelß von Fugshaim – und hinter den unterschiedlichen Pseudonymen immer der gleiche Hans Jacob Christoffel von Grimmelshausen, der heute als Verfasser des »Abenteuerlichen Simplicissimus Teutsch« bekannt ist. Nichts wissen wir über seine Kinderjahre, seine Schulbildung und die frühen Eindrücke, die ihn prägten. Als die kaiserlichen Truppen 1634 seine Heimatstadt verwüsteten, geriet er in den Sog des Krieges, flüchtete in das benachbarte Hanau, lebte als Pferdeknecht, als Soldat, als Dragoner bei verschiedenen Truppenteilen. Ab 1639 ist er als Sekretarius des Obristleutnants Hans Reinhard von Schauenburg in Offenburg tätig und ließ sich im Badischen nieder. Anhand von Korrespondenzen und Soldlisten ist nun sein Lebensweg zu verfolgen. Am 30. August 1649 – fast ein Jahr nach dem Frieden von Münster und Osnabrück – heiratet er in Offenburg Katharina Henninger, mit der er 10 Kinder hatte. Von 1650 bis 1660 ist er als Schaffner, d.h. Verwalter der Schauenburgischen Güter auf Schloß Gaisbach bei Oberkirch tätig, doch fand er nebenbei Zeit, Traktate und Bücher zu schreiben, die auch veröffentlicht werden. Zwei Jahre, von 1663 bis 1665, lebt er als Vogt auf der Ullenburg bei Oberkirch, die dem reichen und literarisch gebildeten Straßburger Arzt Dr. Küffer gehörte, der ihn (selbst eine große Bibliothek besitzend) in seinen schriftstellerischen Vorhaben bestärkte. Nach einer kurzen Tätigkeit als Wirt des Gasthofes »Zum silbernen Sternen« bewirbt er sich 1667 um die Stelle des Schultheißen von Renchen (Baden), die er bis zu seinem Tode 1676 zur allgemeinen Zufriedenheit seiner Mitbürger verwaltet. Aus der lateinischen Eintragung ins Kirchenbuch der Stadt Renchen kann geschlossen werden, daß er kurz vor seinem Tode »wegen des Kriegstumults Kriegsdienste angenommen hatte«.

»Der Abentheuerliche Simplicissimus Teutsch und Continuatio des abentheuerlichen Simplicissimi«. Abdruck der beiden Erstausgaben. Hrsg. von Rolf Tarot, Tübingen 1967.

Zum Schreiben veranlaßt haben mag ihn sein unruhiges Leben, das Interesse am Zeitgeschehen, der Umgang mit literarisch Gebildeten, und er hatte großen Erfolg: mit seinem Hauptwerk »Der abenteuerliche Simplicissimus Teutsch« (1668), das er daraufhin mehrfach umarbeitete und erweiterte, und an das er dann ausdrücklich »Simplicianische Schriften« anschloß, »Die Landstörtzerin Courasche oder Trutzsimplex« (1670) – die noch Bertolt Brecht verarbeitet hat – und »Der seltsame Springinsfeld« (1671), alles Lebensbilder aus dem 30jährigen Krieg, seiner Zeit. Das 1674 erschienene »wunderbarliche Vogelnest« und seine höfischen Romane, z.B. »Dietwald und Amelinde« (1669) konnten dann jedoch weder zu seinen Lebzeiten noch heute ein breiteres Lesepublikum finden. Ergänzt wird seine literarische Arbeit auch durch Kalendergeschichten, Anekdoten und moralisierende Berichte (S. 216), die die literarischen Kleinformen für den ›Kleinen Mann‹ waren.

Die Geschichte des Volkes im 30jährigen Krieg ist dann später mit Hilfe dieser »simplicianischen« Erzählungen in einem bedeutenden Teil erschlossen worden; sie wurden von der Forschung als historische Quellen genutzt. »Man könnte die Kulturgeschichte eines Zeitalters fast allein aus dem ›Simplicissimus‹ herstellen«, meinte Friedrich Gundolf, und vieles, was wir über die Sitten und Bräuche jener Zeit wissen, das entstammt dem Roman: die Schilderung der Kleidung, des Essens, Trinkens, Wohnens in armen und begüterten Schichten, ihr Denken und Reden, der Zeitgeschmack an bis zur Unflätigkeit derben Späßen.

Spanische Schelmenromane (→S. 100ff.) haben Grimmelshausen zu seinem Vorhaben angeregt, wahrscheinlich der »Guzmán de Alfarache« des Mateo Alemán (1547–ca. 1614). Wie dort wird im Simplicisssimus der abenteuerliche Lebensweg eines soldatischen Glücksritters geschildert, jetzt aber in den Wirren des Dreißigjährigen Krieges das Auf und Ab in seinem Leben, sein Weg von der Unwissenheit zur Einsicht, von der Dumpfheit zum Wissen. Deshalb ist der Roman nicht nur eine bunte Fülle von mannigfaltigen Abenteuern, sondern er kann durchaus als ein →Entwicklungs-, ein →Bildungsroman bezeichnet werden. »Nosce te ipsum« (Erkenne dich selbst), das sucht schon der Einsiedel, sein erster Erzieher, dem unverbildeten Simplex (der Name Simplicius Simplicissimus bedeutet ja der Einfältigste der Einfältigen) beizubringen. Daneben solle er böse Gesellschaft meiden und beständig bleiben, doch vermag Simplicius auf weiten Strecken seines ›umgetriebenen‹ Lebens diesen Einsichten nicht zu entsprechen. Das Grundprinzip dieses Romanes ist damit das Auf und Nieder, die ständige Veränderung, das »Baldanders«, wie der Verfasser es im angefügten 6. Buch deutet.

Sehr viel primitiver hatte die Literaturwissenschaft zunächst die abenteuerliche Handlung als Widerspiegelung des Lebensganges von Grimmelshausen selbst gedeutet. Dabei versteht sich, daß der Roman autobiographi-

sche Züge enthält, aber nicht in so starkem Maße, wie man zunächst vermutete.

Die Verderbtheit der Menschen zu geißeln, bedient sich der Verfasser verschiedentlich satirischer Gestaltungselemente. Dies findet der Leser im ersten und zweiten Buch (Aufenthalt des jungen Simplex beim Gouverneur zu Hanau), wo das Leben und Treiben der Adligen, die unflätigen Tischsitten, die Titelsucht der Menschen, die Verlogenheit der Zeitgenossen angeprangert werden. Diese Welt war aus den Fugen geraten, und es fiel schwer, sich als junger, noch unwissender Mensch in ihr zurechtzufinden. Die Alternative zu dem verderbten Tun bildet eine utopische Hoffnung, ausgebreitet in der sogenannten »Jupiter-Episode« (III, 3.–6. Kap.). Während Simplicius Schildwache hält, erscheint ihm ein »fein ehrbar« gekleideter Mann, der sich für den Gott Jupiter ausgibt. Er habe das Geschrei gehört und sei auf die Welt gekommen, zu regeln und zu ordnen. »Ich will einen teutschen Helden erwecken,

Titelblatt der Erstausgabe
Leben im 30jährigen Krieg (links)
Tanz der Kriegskrüppel
(oben) – Unterrichtsbeispiele des
Fußkampfes (Mitte).
Zeitgenössische Stiche

der soll alles mit der Schärfe des Schwerts vollenden . . . Er soll die Welt reformieren.« Zunächst soll er erreichen, daß in ganz Teutschland Frieden herrsche, danach wird es ihm möglich sein, ein Parlament einzurichten und die gelehrtesten Männer in ihm zu vereinigen, und dann ist »die Leibeigenschaft samt allen Zöllen, Akzisen, Zinsen und Umgelten durch ganz Teutschland aufzuheben«. Auch gegen die vielen Feudalherren wird sich der »teutsche Held« wenden, und so kann er es erreichen, daß das alte deutsche Kaisertum wiederhergestellt werde. Neben dieser politischen Vision empfiehlt er den Vertretern der Religionen, die einander befehden, endlich zur gegenseitigen Duldung zu gelangen. Die Kühnheit und gedankliche Tiefe dieser →Sozialutopie hat man später bewundert; denn durch den Kunstgriff, dies durch den Heidengott Jupiter aussprechen zu lassen, war es dem Verfasser möglich, ungestraft das auszudrükken, was sein Wunsch, aber auch die Sehnsucht seines Zeitalters war. Wie skeptisch er der Realisierung des Wunschbildes gegenübersteht, zeigt sich aber auch darin, wie er Jupiter darstellt: dieser ist völlig von Ungeziefer zerfressen.

Daß sich Simplicius aus der Welt in die Einsamkeit zurückzog, bildete (am Ende des fünften Buches) ursprünglich den Abschluß des Romans. Damit wurde voller Resignation die Zeitstimmung gespiegelt. Zugleich rundet sich das Geschehen, denn Simplex' Leben beginnt, nach dem Überfall auf den Bauernhof, in der Einsiedelei, und dort sollte es auch enden. Aber durch den starken Erfolg, den das Werk beim Lesepublikum hatte, wurde der Verfasser angeregt, den Schluß abzuändern und die Handlung fortzusetzen. Das sechste Buch, das in der zweiten Ausgabe von 1669 zu finden ist, stellt Simplex' Reisen in ferne Gegenden dar, fast um die ganze Welt, und, durch Schiffbruch verschlagen, beendet er sein Leben auf einer tropischen Insel im Ozean. Grimmelshausen wird damit in der deutschen Literatur zum ersten Gestalter einer Robinsonade, einer literarischen Gattung, die im Laufe des 18. Jahrhunderts als Sozialutopie große Bedeutung gewinnen sollte (→S. 146ff.).

Grimmelshausen besitzt eine gewaltige Sprachkraft, denn er ist mit der Vielfalt der Ständesprachen und Dialekte seiner Zeit vertraut. Als Hermann Hesse den »Simplicissimus« im Alter wieder gelesen hatte, meinte er, der Humor und die Sprache seien das, was die z.T. großartigen Schilderungen noch heute lebendig erhalten: »Die Sprache ist gespickt mit Vokabeln, Redensarten, Sprichwörtern und Gleichnissen, teils bäuerischer, teils soldatischer Herkunft, es quillt da ein lebendiges, duftendes, immer ein wenig zum Lachen neigendes und zum Lachen verführendes Deutsch, und dieses urchige Deutsch wieder ist verbrämt und durchflochten mit grellbunten Zieraten aus der Sprache der Gelehrsamkeit und des Militärwesens.« Wie Luther, so hat auch Grimmelshausen dem Volk aufs Maul geschaut. Da stören selbst heute kaum die vielen →Allegorien – typisch für die Barockzeit –, in denen das Wesentliche direkt zu sagen, nicht gewagt wird.

Je weiter sich aber die Zeit von dem Dreißigjährigen Krieg entfernte, je stärker die Dichtung von dem Ideal des strengen Rationalismus bestimmt wurde, desto mehr gerieten die Werke Grimmelshausens in Vergessenheit. Erst die deutschen Romantiker entdeckten den Roman wieder und gaben ihn neu heraus. Seitdem ist er aus der Geschichte der Kämpfe während der Gegenreformation im Barockzeitalter nicht mehr wegzudenken.

Helga Grubitzsch / Hans-Wolf Jäger / Thomas Leber / Jürgen Martini / Dieter Richter

Überblick

Von der feudalen zur bürgerlichen Gesellschaft

Die Geschichte der Menschen ist nicht ewige Wiederkehr des Gleichen. Es gibt Fortschritt und Rückschritt in der Geschichte, Bewegung und Entwicklung. Das Interesse an der Geschichte rührt daher, daß wir erfahren möchten, wie die gegenwärtigen Formen des Zusammenlebens der Menschen aus den vorhergegangenen entwickelt wurden; welches die Tendenzen und Triebkräfte sind, die aus Altem allmählich Neues entstehen lassen – um auch dieses dann wieder dem Prozeß dauernder Veränderung auszusetzen.

Die gegenwärtigen Formen des Zusammenlebens der Menschen in den westeuropäischen Ländern lassen sich unter dem Begriff der »bürgerlichen Gesellschaft« zusammenfassen. Diese Gesellschaft hat sich aus der vorhergehenden Gesellschaftsform, dem →Feudalismus (S. 66 ff.), entwickelt. Die Entwicklung von der einen zur anderen Gesellschaftsform vollzog sich freilich nicht als einfache Ablösungserscheinung, vielmehr als widerspruchsvoller, jahrhundertelanger und (in den einzelnen westeuropäischen Ländern) ungleichzeitiger und ungleichartiger Prozeß. Das Verhältnis der feudalen zur bürgerlichen Gesellschaft darf man sich daher nicht als eine lineare historische Abfolge (samt jahreszeitlichen Grenzmarken) vorstellen – auch wenn der Historiker ohne Groborientierungen dieser Art nicht auskommt. Statt dessen sollte man im Modell eines →›Widerspruchs‹ zweier historischer Tendenzen denken, eines Widerspruchs, der auf allen Gebieten des sozialen Lebens (Wirtschaft, Gesellschaft, Wissenschaft, Kunst usw.) über einen langen Zeitraum hinweg wirksam war und seine Spuren im übrigen bis heute hinterlassen hat. So lassen sich also in der Fülle der geschichtlichen Erscheinungen bestimmte Grundtendenzen und Grundordnungen erkennen, die zum Verständnis dessen, was die bürgerliche Gesellschaft ist und wie sie aus der feudalen entstand, wichtig sind.

Der Zeitraum, in dem im Schoß der feudalen Gesellschaft die auf die Auflösung dieser Gesellschaft zielenden Kräfte sich verstärkten, begann etwa mit dem 13. Jahrhundert, wobei Italien, Deutschland und Frankreich zunächst die Entwicklung bestimmten. Seit Beginn des 16. Jahrhunderts beschleunigte sich diese Entwicklung – nicht freilich in Deutschland, das spezifische Verzögerungen durchmachte. Warenwirtschaft, →Arbeitsteilung, wissenschaftlich-technologische Umwälzungen, geographische Entdeckungen, Seehandel, →Kolonialismus und Kapitalisierung der gewerblichen Produktion waren die äußeren Momente einer Entwicklung, in der allmählich nicht nur die feudal-agrarische Wirtschaftsform von der industriell-kapitalistischen, die herrschende →Klasse des Feudaladels durch die der →Bourgeoisie verdrängt wurde, sondern nach und nach alle Formen der Welterfahrung und der sozialen Organisation (Weltbild, Wissenschaft, Religion, Ethik, Sozialisation, Literatur, Kunst) umgewälzt wurden. Einen allmählichen Abschluß fand diese Übergangsepoche zeitlich in der Periode der Wende des 18. zum 19. Jahrhundert – der industriellen Umwälzung in England und der Revolution in Frankreich (1789), mit denen Industriekapitalismus und die Herrschaft der Bourgeoisie sich endgültig festigten.

Die deutsche Sonderentwicklung

In vielem eine besondere und verzögerte Entwicklung machte Deutschland durch – was folgenreich für das politische und geistige Leben in diesem Land bis weit ins 20. Jahrhundert hinein sein sollte. Nach einem mächtigen Aufschwung der Stadtwirtschaft und des Handels im 13. Jahrhundert setzte in der Folgezeit ein Prozeß der Verzögerung der allgemeinen Entwicklung ein, der – Folge der fehlenden politischen Zentralgewalt, der gescheiterten Bauernerhebungen, des geringen Seehandelsvolumens und der Kriegswirren – zu einem Zustand der Stagnation, ja Reaktion im 17. (und 18.) Jahrhundert führte und Züge einer »Refeudalisierung« (zweite Leibeigenschaft seit dem 16. Jahrhundert) annahm. Während Frankreich eine zentralisierte staatliche Wirtschaftspolitik betreiben und England mit seiner Flotte bereits Welthandel führen konnte, verharrte das Heilige Römische Reich Deutscher Nation noch bis ins 18. Jahrhundert hinein weithin in den wirtschaftlichen Strukturen eines dezentralen kleinbäuerlichen oder »junkerlichen« Feudalismus. Während in England und Frankreich das Bürgertum längst mächtige Positionen gegen den alten Feudaladel aufgebaut hatte, blieb sein Einfluß, von Ausnahmen abgesehen, in Deutschland noch gering. Während in den anderen westeuropäischen Ländern die Bauernerhebungen längst stattgefunden hatten und für die Bauern zum Teil erfolgreich waren, war der Große Deutsche Bauernkrieg (1525) der letzte in Europa und endete nach grauenvollem Blutvergießen mit verstärkter feudaler Bedrückung. Die Rückständigkeit der wirtschaftlichen, sozialen und politischen Verhältnisse in Deutschland während dieser Epoche sollte schwerwiegende Folgen auch für die weitere Entwicklung haben: Anders als in den anderen Ländern fehlten hier weithin die bürgerlich-demokratischen Traditionen. Fand die →bürgerliche Revolution in England 1649, in Frankreich 1789 statt, so gelang in Deutschland der Anschluß an diese Entwicklung erst 1848, zu einer Zeit also, als die Arbeiterklasse bereits in die Kämpfe eingriff. Und die Revolution von 1848 verlief anders als ihre westeuropäischen Vorgänger; sie endete letztlich in der reaktionären Vormacht des preußischen Junkertums. Ferner: Die Zerstörung feudaler Strukturen erfolgte in Deutschland zumeist von ›außen‹ (und das hieß zugleich: durch den nationalen ›Feind‹) – man denke etwa an die erzwungene Aufhebung des kleinststaatlichen Territorialismus durch Napoleon (1803) oder die im Zuge der Napoleonischen Kriege durchgeführten Stein-Hardenbergschen Agrarreformen (1807 bis 1811). (Noch die Situation 1918/19, als die Etablierung einer parlamentarischen, d. h. bürgerlichen Demokratie von Teilen des deutschen Bürgertums als »Überfremdung« durch den »welschen Feind« verschrien wurde, ist eine späte Spur dieser Entwicklung.) So hielten sich in Deutschland Reste feudaler Strukturen besonders zäh bis ins 19., ja 20. Jahrhundert (ostelbisches Junkertum). Man vergegenwärtige sich z. B. die Tatsache, daß die endgültige Befreiung der Bauern von grundherrlichen Verpflichtungen in den deutschen Ländern erst zwischen 1848 und 1872 erfolgte – nur in Rußland kam sie später. Zu den Resten feudaler Strukturen, die sich hierzulande besonders zäh hielten, gehört auch die feudale →Ideologie: Junkergeist und Untertanengesinnung. Auch die Formen des bürgerlichen →Materialismus (als der Ideologie der aufstrebenden Bourgeoisie) in Wissenschaft, Philosophie und Weltanschauung genossen gegenüber Formen des Mystizismus und →Irrationalismus im deutschen Bürgertum nie sonderliche Popularität. Andererseits läßt sich ein Teil der philosophischen und künstlerischen Geschichte im Deutschland des 18. Jahrhunderts als eine Art Kompensation der deutschen Realgeschichte deuten. Hegel (1770–1831) hat in diesem Sinn davon gesprochen, daß die Deutschen die (bürgerliche) Revolution in den Köpfen gemacht hätten.

Die neue Wirtschaftsform

Der Feudalismus in seiner ›reinen‹ Form war eine agrarische Naturalwirtschaft. Land war das hauptsächliche Produktionsmittel, Landbesitz die Basis politischer Macht und sozialer Bedeutung. Die Bodennutzung war wenig intensiv, die Möglichkeit einer Erweiterung infolge beschränkter technischer Mittel gering, die Bevölkerungsdichte über Jahrhunderte nahezu gleichbleibend. Das Geld war zwar nicht gänzlich unbekannt, spielte aber gesamtwirtschaftlich keine Rolle. Es gab keine ausgeprägten Handelsbeziehungen; die Produktion beschränkte sich im wesentlichen auf Eigenbedarfsdeckung ökonomisch selbständig existierender kleiner Wirtschaftseinheiten (Grundherrschaften). Die Produktion war kaum arbeitsteilig, d.h. auch das Handwerk war, soweit vorhanden, noch unmittelbar mit der landwirtschaftlichen Produktion und den eigenbedarfsdeckenden Produktionseinheiten verbunden.

Vor diesem Hintergrund vollzog sich seit dem 13. Jahrhundert ein einschneidender Wandel der menschlichen Arbeit und ihrer Organisation. Die neue, nicht mehr rein feudale Wirtschaftsform hatte als primäre Voraussetzung die (u.a. durch verbesserte technische Gerätschaften und eine intensivere Bodennutzung bedingte) Überproduktion von Gütern, d.h. Gütern, die nicht mehr ausschließlich zur Eigenbedarfsdeckung einer geschlossenen wirtschaftlichen Kleineinheit, sondern für den Austausch auf dem Markt, als Waren also, produziert wurden. Der Warenaustausch erfolgte zunehmend über das allgemeine →Äquivalent des Geldes. Es entstanden also Ware-Geld-Beziehungen, die eine sinnvolle Nutzung von Überschußproduktion einerseits erst ermöglichten, andererseits beständig förderten. Die wirtschaftliche Selbständigkeit der grundherrlichen Produktionseinheiten begann zu schwinden. Handelsbeziehungen entstanden im regionalen und überregionalen Bereich.

Die Zentren der neuen, nicht mehr rein feudalen Wirtschaftsform waren die Städte, und der Gegensatz zwischen ›Stadt‹ und ›Land‹ bestimmte die ökonomische und soziale Struktur der Übergangsepoche – ein Gegensatz, der dann auch in der Literatur dieser Zeit seinen Niederschlag fand. Die Stadt hatte ihre primäre, ökonomische Bedeutung als Ort des Warentauschs – als Markt. Die Stadtwirtschaft lebte aus den sich entfaltenden Ware-Geld-Beziehungen. Der städtische »Markt« umfaßte zum einen den lokalen Markt, auf dem die umwohnenden Bauern, die ansässigen Handwerker, Krämer und Kaufleute ihre Mehrprodukte tauschten. Er umfaßte zum anderen (und das galt nur für die bedeutenderen Städte) den Umschlagplatz des überlokalen Fernhandels. Mit der sich entfaltenden Geldwirtschaft trat dabei in den Städten ein neuartiges Austauschverhältnis auf. Auf dem Markt traten sich nämlich nicht nur Menschen gegenüber, die Waren besaßen und diese gegen andere, gleichwertige Waren über Geld eintauschten. Vielmehr gab es auch Personen, die zunächst Geld besaßen, dieses in Waren eintauschten und die Waren dann wieder in Geld zurückverwandelten. Ein solcher Tausch hatte natürlich im Gegensatz zum einfachen Warentausch nur dann Sinn, wenn der am Ende erzielte Geldbetrag höher war als der am Anfang vorhandene. Auf diesem Austauschverhältnis (Geld – Ware – Geld) beruhten die stadtwirtschaftlich einflußreichsten Wirtschaftszweige: der Handel (vor allem der Fernhandel) und der Geldverleih auf Zins, daneben bestimmte Formen von Kredit- und Waren-Spekulationsgeschäften. So entstanden Handels- und Wucherkapitalismus als Vor- und Frühformen des Industriekapitalismus.

Die Erschütterung, die die **Geldwirtschaft** in die feudale Gesellschaft brachte, war beträchtlich – und auch in der Literatur der Übergangsepoche wirkt dieser Widerspruch nach. Das Geld als allgemeines Äquivalent war der große Gleichmacher, war doch alles in Geld verwandelbar. Dadurch zerstörte es die alte, auf dem Prinzip der Nicht-Tauschbarkeit (Nicht-Käuflichkeit) beruhende soziale Hierarchie und schuf zugleich neue und bisher unbekannte Differenzierungen. Die feudale Gesellschaft, eine im wesentlichen über Jahrhunderte statische Gesellschaft, kam in Bewegung. Ihr scheinbar wohlgeordnetes, theologisch abgesichertes, hierarchisches Gefüge wankte. Die sozialethische Ordnungstheologie der feudalen Kirche, aufbauend auf dem Grundsatz der streng geordneten hierarchischen Beziehungen, innerhalb welcher jedem Ding in der unbelebten und der belebten Natur und jeder Person in der menschlichen Gesellschaft ein unverrückbarer Platz zukommen sollte, wurde infrage gestellt. Soziale →Mobilität größeren Ausmaßes wurde sichtbar. So wurden die neuen Austauschverhältnisse zu einer wachsenden Bedrohung für die alten, feudalwirtschaftlichen Strukturen und rissen zugleich eine Reihe neuer sozialer Gegensätze auf.

Die Akkumulation von Geld in den Händen einzelner führte auf einer weiteren Stufe zur Kapitalisierung der gewerblichen Produktion. Gegenüber der handwerklichen Produktion, in der der einzelne Produzent über Gesamtherstellung und Verkauf seiner Produkte selbst verfügte, entwickelten sich als neue Produktionsformen der »Verlag« und die »Manufaktur«. Im Verlag wurde dem Handwerker die Beschaffung der Rohstoffe und der Verkauf des Endprodukts durch den Unternehmer abgenommen. In der Manufaktur wurde zusätzlich die Fertigung in einzelne Produktionsvorgänge zerlegt, die dann unter einem Dach von verschiedenen Handwerkern ausgeführt wurden. Diese Form der Produktion, die vor allem für das Textilgewerbe wichtig wurde, führte über Differenzierung und Spezialisierung einerseits zu einem Anwachsen der Arbeitsproduktivität (und damit des gesamtwirtschaftlichen Wachstums). Auf der anderen Seite leitete sie die Abhängigkeit des Produzenten vom Unternehmer und die kapitalistische Scheidung in Lohnarbeit und Kapital ein. Im Gegensatz zum Industriekapitalismus, der nächsten Stufe der Entwicklung, beruhte diese Wirtschaftsform noch auf der gewerblichen Handarbeit; auch die Produktionsmittel selbst waren vielfach noch im Besitz der Produzenten.

Die manufakturelle Produktion beruhte auf dem Prinzip fortschreitender Arbeitsteilung – und auch dieses Prinzip gehörte zu den Bedingungen, durch die die sich entwickelnde bürgerliche Gesellschaft in Widerspruch zum Feudalismus geriet. Im Feudalismus war die handwerkliche Produktion ursprünglich der landwirtschaftlichen integriert – was bedeutete, daß der Bauer auch die ›handwerklichen‹ Voraussetzungen und Verrichtungen seiner Produktion selbst vollzog. In den Tätigkeiten etwa des Schmiedes und des Wagners tritt dann schon sehr früh die erste ›freie‹ handwerkliche Tätigkeit zutage; weitere Spezialisierungen im Bereich der Produktion (Schuster, Schneider usw.) schlossen sich an. Die Warenwirtschaft führte zur fortschreitenden Arbeitsteilung auch im Bereich der Distribution (Verteilung): Krämer, Händler und Kaufleute sorgten für den Vertrieb der Waren. Die Abspaltung spezialisierter Tätigkeiten im Bereich der Administration (Verwaltung) schloß sich an: Es enstand (zunächst an den Höfen, später auch in den Städten) die Berufsgruppe der in der Verwaltung Tätigen (Schreiber, Kanzleibeamte usw.); es entstand die Bürokratie und mit ihren Vertretern die Frühform der sozialen →Mittelschichten (deren Vertreter, Abhängige und scheinbar ›Freie‹ zugleich, zu einer besonderen Form der Ideologiebildung neigten, die auch literarisch manifest wurde). Zu letzteren zählten auch die im Bereich der Lehre und Wissenschaft Tätigen (Erzieher, Schulmeister, Gelehrte), die sich zunehmend nicht mehr aus klerikalen Gruppen, sondern aus den bürgerlichen Schichten rekrutierten.

Das neue Weltbild

Zu den wichtigsten Vorausstzungen und wirkenden Momenten der Entwicklung der frühbürgerlichen Gesellschaft gehörten auch die Erforschung und Ausbeutung der Naturkräfte sowie die Entstehung der exakten Naturwissenschaften. Das späte Mittelalter brachte entscheidende Fortschritte im Bereich der technischen Arbeitsmittel (Erfindungen auf dem Gebiet der Triebkraft, der Kraftübertragung und der Arbeitsgeräte). Hierher gehörte etwa die Verbreitung des Wasserrades, die Erfindung des Bandwebstuhls (16. Jahrhundert), des Tretspinnrads (1530), des Hochofenverfahrens (15. Jahrhundert) und des Wasserradpumpwerks (16. Jahrhundert). Technologische Umwälzungen dieser Art ermöglichten einmal eine rapide Steigerung der Arbeitsproduktivität, zum anderen waren sie Vorbereitung und Begleitung der wissenschaftlichen Revolution im 16. und 17. Jahrhundert, die das Heraufkommen der modernen Naturwissenschaften einleitete. Nach einem Jahrtausend relativer Stagnation in der technologischen und wissenschaftlichen Entwicklung fand jetzt eine ungeheure Umwälzung auf beinahe allen Gebieten statt, die wiederum zu einer Umwälzung des feudalen Weltbildes und der mittelalterlichen Erkenntnishaltung und Philosophie führte. William Harvey erschütterte mit seiner Entdekkung des menschlichen Blutkreislaufs (1628) die alte statische Physiologie des Menschen. Mit Nikolaus Kopernikus (1473–1543) löste das heliozentrische Weltbild die Vorstellung von der Erde als dem Mittelpunkt des Universums ab. Galileo Galileis Entdeckung der Jupitermonde (1609) verlieh diesem die empirische Beweisbarkeit. Die wissenschaftlichen und philosophischen Autoritäten des Feudalismus, allen voran Aristoteles, die große Figur der mittelalterlichen→Scholastik, gerieten ins Wanken. Die →empirischen Methoden der Erkenntnisgewinnung lösten die spekulativen ab. Das neue Weltbild stand im Zeichen der wissenschaftlichen Mechanik. Empirische, pragmatische und mechanistische Erklärungsmuster bestimmten, vor allem in England und Frankreich, auch die Philosophie (Mechanismus, Sensualismus). Die neue Erkenntnishaltung und die neuen Wissenschaften und Techniken waren dabei von durchaus praktischer Bedeutung für die neuen Produktions- und Verkehrsformen und die Interessen der aufstrebenden bürgerlichen Klasse. Die wissenschaftliche Mechanik, die die Bewegungsgesetze der Sterne mit Hilfe des Verhaltens der Materie auf der Erde zu bestimmen versuchte, war z.B. wichtig infolge des Problems der Positionsbestimmung eines Schiffes auf hoher See – was im Zeitalter von Seehandel und Kolonialismus von entscheidender Bedeutung war. Die ersten vom Staat finanzierten wissenschaftlichen Institute (Paris 1672, Greenwich 1675) wurden errichtet, um zur Lösung dieses Problems beizutragen.

Bei der Herausbildung der bürgerlichen Gesellschaft und der kapitalistischen Produktionsweise spielten ferner die geographischen Entdeckungen eine wichtige Rolle (1492 Entdeckung Amerikas durch Kolumbus). Die Eröffnung des Seeweges nach Indien (1498) erschloß nicht nur neue Warenbeschaffungsmöglichkeiten und neue Märkte, sondern machte das europäische Kaufmannskapital vom Monopol orientalischer Zwischenhändler unabhängig. Neue Waren und Luxusgüter sowie Edelmetalle (Silber) in größerem Umfang kamen auf die europäischen Märkte. Im Zuge des Seehandels machte die Schiffahrtstechnik große Fortschritte (Erfindung des Kompasses; kartographische Techniken). Die überseeischen Entdeckungen führten zu einer Ausdehnung des Sklavenhandels. Die Sklaven leisteten als billige Arbeitskräfte Frondienste; auch mit ihrem Blut wurde der Reichtum der europäischen Zentren geschaffen.

In der Übergangsepoche konstituierten sich auch die Frühformen des modernen Staats. In England und Frankreich entstanden zentralisierte staatliche Gebilde samt ihrer Bürokratie. Das Königtum drängte die partikularen Sonderinteressen des Adels allmählich zurück. Die Epoche des **Absolutismus** begann – in Deutschland allerdings in einer Zeit, als in England der Absolutismus bereits gestürzt und in Frankreich seinen fortschrittlichen Charakter weithin eingebüßt hatte (Ende des 17. Jahrhunderts). Schon im ausgehenden Mittelalter unterstützten Königtum und weltliche Fürsten die Handels- und Gewerbeinteressen des Stadtbürgertums. Der absolutistische Staat wurde dann zum Förderer frühkapitalistischer Produktionsformen, so der Manufaktur, indem er entweder private Unternehmerinitiativen auf diesem Gebiet förderte oder selbst zur Errichtung staatlicher Manufakturen (z.B. Porzellanmanufakturen) schritt. Auf diese Weise wurde der Staat erstmals selbst zum Unternehmer. Eine staatliche Wirtschaftspolitik, der Merkantilismus, sicherte die neuen Produktionsformen durch Handelsreglements, Einfuhrverbote, Zollbestimmungen etc. ab.

In der Übergangsepoche vollzog sich im Zusammenhang mit all diesen Momenten die Ausbildung einer neuen Sozialordnung. Der Feudalismus gründete, trotz aller rechtsgeschichtlich aufweisbaren Differenzierungen, auf dem sozialen Gegensatz zwischen Grundherrn und abhängigen Bauern. Die zunehmende Arbeitsteilung, die Entwicklung der Städte und der neuen Produktionsformen ließen zunehmend andere soziale Strukturen und Abhängigkeiten entstehen. Noch war die politische Macht des Feudaladels nicht gebrochen. Aber schon mit dem Handelskapital entstand die Schicht der bürgerlichen Kaufmannschaft und des Stadtpatriziats, die – wie etwa das Beispiel der Fugger und ihres Einflusses auf die Reichspolitik zeigt – auch zu erheblicher politischer Macht im lokalen und überlokalen Bereich gekommen war. Die kleingewerbliche Produktion kristallisierte sich um die Schicht der bürgerlichen Handwerksmeister, die, in den Zünften organisiert, in den Bürgerkämpfen des ausgehenden Mittelalters gegen das Patriziat und den mit ihm verbündeten Adel ihre Beteiligung am Stadtregiment erstritt. Rechtlich und politisch weithin abhängig waren die ebenfalls in der gewerblichen Produktion tätigen Handwerksgesellen. Noch eine Stufe tiefer standen die zur »Stadtarmut« zu rechnenden plebejischen Unterschichten, die Krämer, Söldner, Taglöhner und Bettler. Unter ihnen waren bereits im späten Mittelalter Formen der Lohnarbeit verbreitet, und aus den plebejischen Unterschichten entstand später mit der Kapitalisierung der Produktion das Proletariat. Die Lohnarbeit war die die weitere soziale Entwicklung bestimmende Form der menschlichen Arbeit in der bürgerlichen Gesellschaft. Der Lohnarbeiter ist, im Gegensatz zum Feudalbauern, nicht mehr Objekt persönlicher (eingeschränkter) Verfügungsgewalt des Grundherrn; und er ist, anders als der bürgerliche Handwerker, nicht mehr Besitzer (oder Teilbesitzer) seiner Produktionsmittel. Er ist im ›freien‹ Besitz lediglich seiner Arbeitskraft, um sie dem Besitzer der Produktionsmittel, dem Unternehmer, zu verkaufen. Der Gegensatz von Lohnarbeit und Kapital wird so entwicklungsbestimmend.

Historiker sprechen gelegentlich von der ›fortschrittlichen Rolle‹ des Bürgertums in der Übergangsepoche vom Feudalismus zum Kapitalismus. Damit ist gemeint, daß das Bürgertum und die mit ihm verbundene warenwirtschaftliche Produktion in dieser Epoche zur Förderung und Entwicklung auf den Gebieten der Arbeitsmittel und der Arbeitsproduktivität sowie den damit zusammenhängenden Gebieten der Technik, der Wissenschaft und des Handels beigetragen haben. Man darf darüber jedoch nicht vergessen, daß diese Fortschritte von Anfang an einhergingen mit und erkauft waren um den Preis grauenvoller Unterdrückung großer Teile der Bevölkerung seitens der bürgerlichen Klasse. Die Einschätzung etwa des Seehandels als ›fortschrittliches Moment‹ der Entwicklung darf die Barbarei der Eroberer und das Los der Sklavenheere nicht vergessen machen; die Rede vom ›fortschrittlichen Charakter‹ der Manufaktur darf die Tatsache nicht verdrängen, daß es in den Manufakturbetrieben (so z.B. in der Meißner Porzellanmanufaktur im 18. Jahrhundert) einen 14-stündigen Arbeitstag gab.

Die Übergangsepoche vom Feudalismus zum Kapitalismus ging mit Umwälzungen auch auf dem Gebiet des gesellschaftlichen Bewußtseins einher, wie an verschiedenen Stellen bereits angemerkt wurde. Wenigstens hingewiesen werden soll hier noch auf einige ›Grundmomente‹ des bürgerlichen Bewußtseins. Die feudalen→Produktionsverhältnisse beruhten auf der Grundrente (reiner Ertrag der Bodennutzung), die einer Akkumulation natürliche Grenzen setzte; die bürgerlichen Produktionsverhältnisse hingegen auf einer tendenziell beliebigen Vermehrbarkeit des Ertrags. Somit bekommt die Arbeit in der bürgerlichen Gesellschaft eine neue, gegenüber dem Feudalismus positive Qualität. Verbunden damit war die Entwicklung positiver Arbeitstugenden, wie Fleiß, Strebsamkeit, Redlichkeit, Ausdauer und Sparsamkeit (Tugenden, wie sie dann auch im Protestantismus zur Grundlage einer neuen Ethik wurden [→ S. 166 f.]). Für eine naturalwirtschaftliche Produktion konnte natürlich »Sparsamkeit« kein Wert sein; die ihr angemessene Haltung war der alsbaldige Verbrauch oder der Tausch gegen Luxusgüter. Der bürgerlich–feudale Gegensatz ist daher der Gegensatz von Anlage und Vermehrung des Ertrags hier und ›Verprassen‹ des Ertrags da, von Fleiß und Müßiggang, von Sparsamkeit und Luxus, von Askese und Lebensgenuß. Zum bürgerlichen Selbstverständnis gehört auch die neue (und ebenfalls durch den Protestantismus verbreitete) Idee von Wert und Würde des Berufs (Berufsidee). Mit der Vorstellung von der prinzipiellen Gleichrangigkeit aller Berufe (Protestantismus: Gleichrangigkeit der Berufe vor Gott) wurde die sozialethische Hierarchienlehre des katholischen Mittelalters abgelöst. Der neue Wert des Berufs bemaß sich nach seinem gesellschaftlichen Nutzen für den »Organismus« der bürgerlichen Gesellschaft. Die neuen Produktionsverhältnisse gründeten ferner auf dem Privateigentum – und auch dieser Begriff wird zu einem ›Zentralwert‹ der bürgerlichen Gesellschaft. Privateigentum als ökonomische Größe schließt (Besitz-) Individualismus ein, und in der Tat wird Individualismus zu einer der Grundordnungen der bürgerlichen Gesellschaft; das Individuum wird jetzt aus den Formen feudaler Vergemeinschaftung herausgelöst. War dergestalt eine neue, auf den Begriffen Arbeit/Privateigentum/Individualismus gegründete Sozialethik entstanden, so mußte diese auch dort im Widerspruch zur feudalen geraten, wo es um die Bestimmung von Wert und Würde des Menschen ging. Hatte der Feudalismus den Wert der menschlichen Person an ihre jeweilige Stellung in der →ständischen Hierarchie geknüpft, so macht sie die bürgerliche Gesellschaft abhängig von seiner »nützlichen Leistung«. Der Begriff des »Leistungsadels« (oder →sublimierter: des »Seelenadels«) tritt in Widerspruch zum Begriff des »Geburtsadels«, wobei etwa der Protestantismus auf die neutestamentliche »Gleichheitslehre« zurückgreift. Überhaupt ist mit der Ablösung des Geburtsprinzips durch das Leistungsprinzip auch die Lehre von der Gleichheit aller Menschen eingeleitet. Der Protestantismus verkündete sie als »Gleichheit vor Gott«, die bürgerliche Demokratie als »Gleichheit vor dem Gesetz«. Feudale Hierarchienlehre und Klassen-Recht wurden damit schrittweise überwunden. Die tatsächliche Gleichheit aller Menschen aber blieb in der bürgerlichen Gesellschaft Utopie.

Die Literatur der Epoche des Übergangs von der feudalen zur bürgerlichen Gesellschaft ist sowohl von den beschriebenen allgemeinen Veränderungen und Widersprüchen gekennzeichnet als auch durch besondere nationale Eigenarten der Entwicklung einzelner Länder. Der folgende Überblick beschränkt sich auf die Literaturen Englands, Frankreichs und Deutschlands, um allgemeine Tendenzen und besondere Formen der literarischen Entwicklung im Zusammenhang mit der Entfaltung der bürgerlichen Gesellschaft herauszuarbeiten.

Die englische Literatur

Die Herausbildung der bürgerlichen Gesellschaft in England

In der Zeit zwischen dem 15. Jahrhundert und dem 17. Jahrhundert erlebt England eine Zeit des Umbruchs, wie es ihn in Art und Umfang bis dahin nicht gesehen hatte.

Die Entwicklung begann im wesentlichen damit, daß schon im 14. Jahrhundert die Wollwebereien in Flandern einen solchen Aufschwung nahmen, daß in zunehmendem Maße Wolle dorthin verkauft werden konnte. So wurde in England die Schafzucht nicht mehr nur für den Eigenbedarf betrieben, sondern in immer größerem Umfang auch für den Verkauf. Je mehr aber die Schafzucht in England an Boden gewann, desto mehr mußte das bis dahin bebaute Ackerland aufgegeben werden. Den Widerstand der leibeigenen Bauern brach man mit Enteignungen, Waffengewalt und Vertreibung vom gemeinsam benutzten Gemeindeland (Einhegungen der »commons«).

Mit der Wollausfuhr erlebte der Handel seinen ersten Aufschwung, und mit diesem gewannen die Städte als Umschlagplätze an Bedeutung. Dorthin nur konnten die durch diese Einhegungen Vertriebenen ziehen und Arbeit zu finden versuchen. Dadurch, daß zunächst in dem Flandern gegenüberliegenden Teil Englands, East Anglia, später auch in anderen Regionen, eine große Zahl ausgewanderter Flamen ihre überlegene Webkunst weitergaben, fand sich mit der Entwicklung einer eigenen englischen Textilproduktion bald genügend Arbeit für die vom Land Vertriebenen. Damit vollzog England im 15. Jahrhundert den Schritt von der bloßen Wollproduktion zur Wollverarbeitung in Manufakturen.

Im 16. Jahrhundert waren Stoffe demnach auch der Hauptexportartikel Englands. Die englischen Kaufleute suchten ständig nach neuen Märkten und konkurrierten mit Niederländern, Spaniern und den Hansestädten. Mit einer zunehmenden Nachfrage im Innern entstand zugleich der Anreiz, viele Waren, die vorher importiert wurden, in England selbst zu fertigen. Die dazu nötige Energie führte zu einem Anstieg der Kohleförderung, wozu allerdings für den nicht mehr im Tagebau zu bewältigenden Abbau der Kohle großes, in einer Hand konzentriertes Kapital erforderlich wurde. Dies und der Bau von Lastschiffen für den Transport der Kohle in die Fertigungsgebiete in London und anderen Zentren, ebenso wie die enorme Zunahme im Bau von Schiffen für den Handel insgesamt, charakterisieren diese Zeit als die erste industrielle Revolution (1540–1640), welche eine der Voraussetzungen dafür war, daß England in der zweiten industriellen Revolution (nach 1760) die ökonomisch führende Nation werden konnte.

In dieser ganzen Zeit war für die englischen Kaufleute das spanische koloniale Monopol ein ärgerliches Hindernis. Diese hatten zusammen mit den Portugiesen schon im 15. Jahrhundert große Entdeckungsreisen durchgeführt, um günstigere Handelswege nach Asien zu finden. Solche von ihnen entdeckten Gebiete mit dort gegründeten Kolonien durften von anderen als spanischen Schiffen nicht angelaufen werden.

Die sich lange hinziehende Auseinandersetzung, in der sich England mit den zwar zu Spanien gehörenden, aber aufständischen Niederlanden verbündeten, wurde vor allem von den englischen Kaufleuten vorangetrieben und erreichte ihren Höhepunkt mit der Zerstörung der spanischen Invasionsarmada 1588 unter der Regierung von Elisabeth I. und durch jahrelange Vorarbeit der von der englischen Krone nicht nur geduldeten, sondern unterstützten Freibeuter wie Francis Drake. Dieser Sieg öffnete den englischen Handelsschiffen auch die von den Spaniern beherrschten Häfen außerhalb Europas an der afrikanischen Westküste und auf den westindischen Inseln. Dies war für die Entwicklung des Dreieckshandels (europäische Manufakturwaren nach Afrika, afrikanische Sklaven auf die Plantagen der westindischen Inseln, deren Produkte nach England) von großer Bedeutung.

Der Handel mit den bereits existierenden Kolonien schien zunächst attraktiver als die Errichtung eigener. Aber schon bald erfolgten Gründungen auf dem nordamerikanischen Festland, in Neu-England (eingeleitet durch die Puritaner; »Mayflower« 1620 [→ S. 222]) und in Virginia (1584), wo sie bald auf Sklavenarbeit basierende große Zucker- und Tabakplantagen anlegten. Die Entwicklung Englands zu einem großen Welthandelsstaat war vollzogen.

Diese Entwicklung mußte auch eine Umwälzung der Herrschaftsverhältnisse mit sich bringen. Die »great nobles« hatten sich im wesentlichen bis dahin einerseits durch die Naturalabgaben bereichert, die ihnen ihre Feudalabhängigen liefern mußten, und andererseits durch Plünderungskriege untereinander oder in anderen Ländern (100jähriger Krieg mit Frankreich; 1339–1453). Im Laufe dieser Entwicklung verloren sie den finanziellen Rückhalt, ernsthafte Versuche zu unternehmen, sich den Staatsapparat durch Entmachtung der Krone unterzuordnen und damit vielleicht die Auflösung der feudalen Gesellschaft und ihrer Herrschaft noch aufzuhalten.

In den »Wars of the Roses« (Rosenkriege, 1455–1485) kämpften sie untereinander derart um die Vorherrschaft, daß sie ihren eigenen Untergang herbeiführen halfen. Weil der Besitz der Unterlegenen und Getöteten nämlich an die Krone fiel, konnte diese damit ihre Macht ausweiten und unabhängiger vom Feudaladel werden.

Um die Mitte des 15. Jahrhunderts bestand die Landbevölkerung zum überwiegenden Teil aus feudalabhängigen, wirtschaftlich aber recht selbständigen Bauern. Die Rosenkriege konnten für sie, außer daß ihre Feudalherren wechselten, recht wenig bedeuten. Mehr allerdings mußte sie die beschleunigte Umstellung der landwirtschaftlichen Produktion auf ein kapitalistisches Pächtersystem berühren. Dieser Prozeß wurde noch dadurch vorangetrieben, daß das Land, das formell dem Feudalherren und dem Feudalabhängigen gehörte, vom Feudalherren entweder selbst umorganisiert oder aber an solche verkauft wurde, die dieses vorhatten. Die Produktion von Wolle oder anderen Agrikulturprodukten mit neuen Methoden und Geräten sowohl für den Export als auch für die wachsende Stadtbevölkerung machte eine große Zahl von Arbeitskräften überflüssig und vertrieb sie vom Land. Nicht von ungefähr spricht der englische Humanist und Staatsmann Thomas More (Morus; 1478–1535) in seiner »Utopia« (→ S. 150 ff.) von Schafen, die Menschen fressen. Zusammen mit den aus Feudaldiensten entlassenen Söldnern entstand so eine riesige Zahl von Herumziehenden, die der Grundlagen ihrer materiellen Existenz beraubt waren.

Mit immer drastischeren Maßnahmen versuchte man, mit dieser ständig steigenden Bettlermenge fertig zu werden; so mit Hilfe einer Armengesetzgebung, die man sich grausamer wohl kaum vorstellen kann.

Erweiterung der Staatsgewalt

Diese Entwicklung verlief zusammen mit der Reformation, die eine abgelehnte Scheidungsforderung von Heinrich VIII. durch den Papst zum Anlaß hatte, aber real die Entmachtung der katholischen Kirche durch Enteignung und Auflösung der vielen und reichen Klöster (1536–1539) und die Einsetzung des Königs als Kirchenoberhaupt bedeutete. Dadurch, daß dieses Land aber bald an diejenigen weiterverkauft wurde, die ihr Kapital auf diese Weise gewinnbringend einsetzen wollten (Spekulanten und Kaufleute ebenso wie der niedrige Landadel), vollzog sich eine völlige Veränderung der englischen Agrikultur, aber auch der Manufakturen. So waren diese bis zum Ende des 16. Jahrhunderts derartig gewachsen, daß sie die Erwerbslosen in den Städten und vom Land aufgenommen hatten und immer noch weitergehend auffangen konnten.

Mit der Erweiterung der Staatsgewalt vor allem gegenüber dem noch starken Feudaladel und der Unterstützung des noch aufstrebenden Bürgertums gegenüber der mächtigen Konkurrenz des römisch-katholischen Klerus, der Bereicherung von Landadel, Kaufleuten, Spekulanten und anschließend der kapitalistischen Bewirtschafter auf dem Kirchenland, wurde die allgemeine Durchsetzung eines Protestantismus gefordert, der mit den ersten Bibelübersetzungen ins Englische breiten Raum gewinnen konnte und der dem aufstrebenden Bürgertum mit calvinistischen Idealen wie Fleiß, Ehrbarkeit und der Gottgefälligkeit des Geschäftstüchtigen die nötige religiös-moralische Versicherung gewährte.

Insgesamt erwuchs der Tudor-Dynastie in einem Absolutismus, der das Bürgertum unterstützte, aber auch von diesem gestützt werden mußte, mit diesem Bürgertum zugleich ein Konkurrent um die Macht, der in der ständerechtlichen Vertretung des »parliaments« immer mehr an Einfluß gewann und schließlich später im 17. Jahrhundert die Revolution betrieb, dann allerdings gegen eine Stuart-Dynastie, die das Rad der Geschichte noch einmal zurückzudrehen versuchte. Diese Wende deutete sich bereits in den ersten Jahrzehnten des 17. Jahrhunderts an.

Die neu-englische Literatur dieser Zeit

Diese gesamte Entwicklung verlangte mit der sich verändernden Gesellschaft dem Menschen ein völliges Umdenken ab. Denn nun war dieser in zunehmendem Maße nicht mehr in den alten feudalen Zusammenhalt eingebunden. Die Arbeiter mußten sich auf dem Arbeitsmarkt umtun, die Manufakturbesitzer dem wechselnden Absatzmarkt entsprechend produzieren lassen und der Adel sich gegen seinen unausweichlichen Untergang, soweit als irgend möglich schien, wehren. Sie alle mußten in solchen neuen Zusammenhängen denken, welche nicht mehr ›natürlich‹ vorgegeben waren wie die Feudalverhältnisse. Sie alle waren vielmehr im wesentlichen auf sich selbst gestellt; sie hatten bei Verlust der eigenen Existenzgrundlage als Individuen zu handeln.

Diese neue Zeit schuf so zugleich den Zwang, gelöst von Feudalverhältnissen zu denken, und die Notwendigkeit, nach neuen Orientierungspunkten für das eigene Denken und Handeln zu suchen.

Ebenso wie in der Naturwissenschaft eine systematische Erforschung der Natur durch Bacon (1561–1626) begann, um deren Kräfte für die manufakturelle Produktion auszunutzen, wie in der Philosophie und Staatstheorie →Humanismus und →Aufklärung die gottgegebene Standeszugehörigkeit des Feudalismus bekämpften, wie sich mit der Reformations das alte theologische Weltbild im aufgeklärteren Protestantismus veränderte, trachtete man auch in der Kunst mit ihren eigenen darstellenden Formen danach, Antworten auf die Probleme zu finden, wie sie sich jetzt im Verhältnis von Individuum und Gesellschaft insgesamt neu ergeben.

Die Verbreitung der Fähigkeit zu lesen (vor allem in den neuen Klassen), ebenso wie die Erfindung des Buchdrucks in England durch William Caxton (1476), ließen eine →säkularisierte Literatur mit breiterem Publikum im 16. Jahrhundert möglich werden. Ob in Prosaform als Erziehungsroman (»Euphues« von John Lyly, [1554–1606]), als Geschichte eines jungen, romantischen Aristokraten, der Erfahrungen in der Welt der Gefühle sammelt (»The Adventures of Master F.J.« von George Gascoigne [1525–1577]), als Abenteuerroman (»The Unfortunate Traveller« von Thomas Nashe [1567–1601]), als zugleich höfisch-galanter und belehrender Helden- und Liebesroman (»Arcadia« von Philip Sidney [1554–1586]) oder in der etwas früher anzusetzenden höfischen Dichtung mit den aus der italienischen Renaissance weiterentwickelten →Sonettformen (Thomas Wyatt [1503–1542] und Henry Howard, Earl of Surrey [1517?–1547]):

Sie alle machen die sich verändernde Gesellschaft und die Menschen, die sich in ihr zurechtfinden müssen, zu ihrem Gegenstand. In der Darstellung des Lebens etwa der Handwerker bei Thomas Deloney (1543–1600), aber auch noch in einer Verherrlichung des adeligen Lebens kommt indirekt zum Ausdruck, wie sehr das Verhältnis der Stände zueinander zum Problem jedes einzelnen wurde.

In diesem elisabethanischen Zeitalter (Regierungszeit Elisabeth I., 1558–1603) kam es daneben nicht nur zu einer großen Zahl von Übertragungen aus anderen (alten und neuen) Sprachen; in dieser Zeit war das *Drama* die dominierende Gattung in der Literatur. Gedruckte Literatur war dem Publikum, welches lesen konnte, vorbehalten – vor allem also dem Adel und dem reichen Bürgertum. So konnte nur eine Darstellungsform zur eigentlich volkstümlichen werden, die sprachlich gefaßte Kunst nicht dem Medium Schrift überließ. Gerade Gestik, Mimik und gesprochener Dialog waren dazu geeignet, deutlich eine Problemstellung in den Auseinandersetzungen zwischen Personen herauszuarbeiten und in deren Verlauf diese als ›Personen‹ Kontur gewinnen zu lassen.

Komödien im höfischen und für das höfische Milieu (Lyly) ebenso wie die volkstümlichen Komödien z.B. von Robert Greene (1560–1592) und George Peele (1558? bis 1597?) und Tragödien – hier sind besonders hervorzuheben Thomas Kyd (1558 bis 1594) und Christopher Marlowe (1564–1593) – wurden in den seit 1576 errichteten festen öffentlichen Theatern oder auch auf Wanderbühnen aufgeführt und erfreuten sich außerordentlicher Beliebtheit.

In dieser Zeit arbeitete auch William Shakespeare, der wohl bedeutendste Dramatiker (1564–1616). Bürgerlicher Herkunft, ging Shakespeare 1587 nach London, wo er Schauspieler, Dramenschreiber und Theatermitbesitzer wurde. Neben den 36 ihm zuzuschreibenden Dramen schuf er epische Dichtungen und Liebeslyrik (154 Sonette) [→ S. 118 f.]

In der ersten Hälfte des 17. Jahrhunderts entwickelte sich die Dramatik entsprechend den zunehmend sich herauskristallisierenden Unterschieden zwischen erstarrtem Bürgertum und absoluter Monarchie einerseits in die bürgerlich-aufgeklärte und andererseits in die höfisch-aristokratische Richtung. Diese Entwicklung des Dramas wurde unterbrochen durch die Schließung aller Theater durch die Puritaner (1642). Die bis dahin wichtigsten Dramatiker seien hier kurz genannt:

Ben Jonson (1573–1637), Komödiendichter und Dramatiker am Hofe Jakobs I., Thomas Middleton (1570–1627) und Thomas Dekker (1572–1632). Mit ihren Komödien bezweckten sie eine oft satirische Kritik an gesellschaftlichen Mißständen und Sitten und vertraten damit das selbstbewußter werdende bürgerliche Denken; während Francis Beaumont (1584–1616), John Fletcher (1579–1625), Philip Massinger (1583 bis 1640), John Webster (1580?–1630?) und andere den Niedergang der höfisch-aristokratischen Lebensweise in Tragödien und Komödien bedauerten.

Daneben brachten Dichter ihre Empfindungen zu den Problemen dieser Zeit in einer sogenannten »Metaphysischen Schule« (John Donne, George Herbert, Thomas Carew u.a.) zum Ausdruck. Ihre Lyrik zu den verschiedensten Themen wie Liebe, Natur war Artikulation ihrer eigenen Desorientiertheit: Ein Bild des Menschen wurde mit Allegorien vor allem aus Natur und Technik gezeichnet.

Etablierte bürgerliche Gesellschaft und ihre Literatur in England bis 1789

Mitte des 17. Jahrhunderts war die Entwicklung in England soweit fortgeschritten, daß die Wahrnehmung der Interessen der verschiedenen Machtgruppen in einer einheitlichen Staatspolitik nicht mehr geleistet werden konnte.

Während das Industrie- und Handelskapital und die davon abhängenden Schichten (Handwerker, Kaufleute und Ladenbesitzer) ein Interesse daran besitzen mußten, hohe Einfuhrzölle für Industrieprodukte, ein nationales Handelsmonopol, Steuererleichterungen für sich und Abschaffung der vom Hof vergebenen Privilegien für den Adel zu fordern, kam es für die Grundbesitzer und den Adel darauf an, möglichst niedrige Preise für Industrieprodukte zur Abschaffung der Einfuhrzölle für diese Waren zu erreichen und ihre Steuerprivilegien zu behalten.

Da für diese unterschiedlichen Interessen keine gemeinsame staatliche Politik mehr gemacht werden konnte, mußte es dem Bürgertum, wenn es seine Interessen durchsetzen wollte, darauf ankommen, die politische Macht zu erlangen und den Staatsapparat – im Unterschied zur Feudalverfassung – allen Interessengruppen prinzipiell zugänglich zu machen (Parlamentarismus, bürgerliche Demokratie). Solchen Vorstellungen mußte eine absolutistische Alleinherrschaft des Monarchen, der – selbst vor allem Großgrundbesitzer – mit dem Adel und den Grundeigentümern koalierte, diametral gegenüber stehen.

Der absolute Wille des Monarchen, der im vorhergehenden Jahrhundert dem Lebensprinzip der sich entwickelnden bürgerlichen Klasse durchaus nicht widersprach, erscheint jetzt als Behinderung der Entfaltung dieses bürgerlichen Lebensprinzips. Der Manufakturbourgeoisie erscheint der Hof als Quelle des Übels und die Lebensweise des Adels muß ihr völlig fremd sein. Adlige Verschwendung und Genußsucht stehen im Widerspruch zur Sparsamkeit und dem Antrieb, Kapital anzuhäufen und überall anzulegen.

Dem Bedürfnis nach Rechtfertigung solchen Lebensprinzips kommt die puritanische Lehre darin entgegen, daß in ihr der Beweis für göttliche Auserwähltheit im durch sittliche Zurückhaltung, Sparsamkeit und Fleiß erzielten irdischen Erfolg gesehen wird. Die puritanische Religion sanktionierte im Unterschied zum Katholizismus und Anglikanismus das individuelle »Gewissen«. In der englischen Revolution (1642–1660) treffen die Gegensätze zwischen Manufakturbourgeoisie und dem mit dem Adel verbundenen Hof gewaltsam aufeinander; im Namen des Parlaments (als Reaktion auf die jahrelange Alleinherrschaft Karls I.), der Freiheit und des »Geistes« wird der Bürgerkrieg geführt.

Diese Periode der Revolution war eine Zeit der Spekulationen und →Utopien, in denen menschliche und göttliche Macht als nebeneinander herlaufend, oft fast ineinander übergehend geschildert werden. Die revolutionären Bürger empfanden, daß sie Gottes Werk taten und Gott das ihre.

Einem Teil von ihnen erschien sogar die Vernichtung der königlichen Macht nicht nur als eine politische Veränderung; ihnen schien die Herrschaft der Heiligen und das Tausendjährige Reich nahe. Dies war nicht nur die Ansicht der Fifth Monarchy Men (Männer vom 5. Reich) und der Millienisten (Tausendjähriges Reich); auch John Milton (1608–1674), der große Dichter der englischen Revolution, beschreibt in seiner Darstellung des Paradieses im ersten Kapitel von »Paradise Lost« (Verlorenes Paradies) eine religiöse Utopie, in der in die Darstellung des Sündenfalls auch Ansprüche, Versprechen und enttäuschte Hoffnungen der bürgerlichen Revolution eingearbeitet sind.

Das bürgerliche Thema, warum der Mensch – von Natur aus gut – ständig schlecht handelt, findet hier eine bekannte Darstellung: Das Ergebnis der Versuchung ist Adams Abfall von der natürlichen Güte. Satan aber, der Versucher, und sein Fall werden untersucht, und Satan wird im Verlauf des Epos zum stellvertretenden besiegten Revolutionär und Puritaner (der reaktionäre Gott zu einem Stuart).

In seinen weiteren Epen, »Paradise Regained« (Wiedergewonnenes Paradies) und »Samson Agonistes«, übertrug Milton sein Eden in die entfernte Vergangenheit und die entfernte Zukunft; sein Werk beschreibt so in →allegorischer Form den Ablauf der bürgerlichen Revolution in England, in deren Verlauf sich innerhalb der Gesamtbewegung immer radikalere Parteien herausschälten.

So organisierten sich in der Partei der »Leveller« (Gleichmacher) um John Lilburn diejenigen, die zugleich mit einem bürgerlich-demokratischen Programm mit stark →kleinbürgerlichem Akzent das Eigentum beschränkt sehen wollten auf Kleinbesitz auf der Grundlage von Kleinproduzententum, während in der Partei der »Digger« (Graber) um Gerald Winstanley die armen städtischen und bäuerlichen Massen auf der Abschaffung des Privateigentums überhaupt bestanden.

Lilburns und Winstanleys schriftlich überlieferte Utopien bezeichnen den Abschnitt der bürgerlichen Revolution, in dem der weitere Kampf um die Vernichtung oder Einschränkung der Macht der Besitzenden weitergeführt werden sollte, gegen den Widerstand des Bürgertums. Das Eigentumsrecht, auf dem das besitzende Bürgertum beharrte, wurde so zum Hauptpunkt der Auseinandersetzung. Die Utopien der Zeit wie die zahlreichen Versuche, dem neuen republikanischen Staat eine Verfassung zu geben, spiegeln diese Auseinandersetzung wider; ihren letzten Ausdruck findet sie in James Harringtons »Oceana« (1656), deren Einfluß in der amerikanischen und Französischen Revolution wieder auflebte und deren Hauptideen in einzelne Verfassungen der Staaten der Vereinigten Staaten aufgenommen wurde (Massachusetts, Carolina, Pennsylvania und New Jersey).

Schon vor der folgenden →Restaurationszeit wird dieses sozialistische Element der Revolution unterdrückt; ihre endgültige Niederlage erleidet diese politische Richtung 1685 bei Sedgemoor gegen das Heer Jakobs II., der den Katholizismus in England wieder einführen will. Große Teile der Puritanerbewegung wandern in die Kolonien Nordamerikas aus und versuchen von dort aus, ihre demokratisch-religiösen Ideen auch im Mutterland durchzusetzen.

Die Vielzahl der Utopien, Verfassungsentwürfe und politischen Pamphlete machen die Prosa auch in der Kunst zur gebräuchlichen literarischen Form. Zwar drückt sich bürgerliches Gedankengut in der gelehrten Poesie Miltons sehr viel umfassender, prägnanter und formaler aus – das bürgerliche Zeitalter ist auch ein heroisches: ihm entspricht durchaus der gelehrte Wortschatz und der strenge Rhythmus –, aber zu gleicher Zeit heroisch-edel und zeitgenössisch-aktuell sein kann diese Art von Poesie nicht; das beginnende tägliche kollektive Leben verlangt nach der Entwicklung der Prosageschichte, zumal das Drama, zuvor Träger kollektiven und alle Schichten der Gesellschaft umfassenden Bewußtseins (Shakespeare), in seiner Entwicklung durch die Schließung der Theater im Jahre 1642 gehemmt wird. Diese Schließung sollte nach Auffassung der Puritaner die Menschheit vor dem Verfall der guten Sitten und der Arbeitsmoral bewahren.

In John Bunyans (1628–1688) Prosawerken »The Pilgrim's Progress« von 1678 und »The Life and Death of Mr. Badman« von 1680 fallen das religiös-moralische Engagement der Epoche und einfache Formen der sprachlichen Darstellung zusammen. Bunyans »The Pilgrim's Progress« ist dabei, neben Defoes »Robinson Crusoe« (→ S. 146 ff.) und der Bibel zur Standardlektüre des englischen Bürger- und Kleinbürgerhaushalts geworden. Der Inhalt des Buches bedeutete für Bunyans Zeitgenossen eine treffende Darstellung seiner eigenen moralisch-politischen Probleme, seines Verhältnisses zu Gott und seines bürgerlichen Individualismus. Für den heutigen Leser ist Bunyans Werk in der Verbindung von mittelalterlicher Rittermythe, puritanischer Traumvision und realistischer Reisebeschreibung lesbar geblieben.

Der bürgerlichen Revolution folgt für eine kurze Zeit die Restauration der Monarchie; während dieser Zeit steht das öffentliche Leben am Hof wieder im Mittelpunkt, das Schauspiel rückt erneut in den Vordergrund.

In der Komödie der Zeit (William Wycherley [1640–1716], William Congreve [1670–1729], John Vanbrugh [1664–1724],

George Farquhar [1678–1707] und Aphra Behn [1640–1689]) kommt in ihrer Turbulenz die moralische Zersetzung des englischen Adels städtischer Prägung zum Ausdruck, ohne daß man diese Anprangerung aristokratischer Sitten direkt gesellschaftskritisch nennen kann.

Behandelt wird in ihnen der Gegensatz von Stadt und Land, wobei der Stadt dabei scheinbar die wohlwollendere Behandlung zukommt, und die Charaktere aus der Provinz stellen Tölpel dar, die sich auf dem Parkett der Großstadt nicht zu verhalten wissen. Doch dies ist nur die eine Seite. Gerade in diesen Komödien wird klar, wie sehr Stadt und Land aufeinander angewiesen sind: Das Hauptthema, der Heiratsmarkt in der Stadt, bedeutet hier nichts anderes als die beste Form der Vereinigung verschieden entstandener Vermögen. Der Wortschatz dieser Komödien wird dem Umgangston und dem Gesellschaftlichen angepaßt, das heroische Verspaar des elisabethanischen Zeitalters kehrt wieder in die Dramen zurück.

John Dryden (1631–1700), der in seinen Dramen und Schriften wie in seinen Gedichten das feudal-absolutistische System idealisierte, ist der Dichter des Kompromisses zwischen an sich rivalisierenden Klassen, wie er in der »glorious revolution« (glorreichen Revolution) von 1688 zustande kommt. Die großen Kauf- und Finanzleute gehen mit den kapitalistischen Grundeigentümern und dem Whig-Adel ein Bündnis ein. »Ordnung« und »Maß« als Kennzeichen dieses Kompromisses im Gegensatz zum Idealismus und Individualismus der bürgerlichen Revolution setzen sich um in ein ausgeklügeltes System an Vorschriften und Gesetzen, das vor allem den Handel regelt, bei dem England seit der bürgerlichen Revolution und der Kriege gegen Holland eine Monopolstellung hat.

Traditionen und Konventionen gewinnen an Wert und führen zur Konzeption des →**Klassischen Zeitalters;** mehr noch als Dryden verkörpert Alexander Popes (1688–1744) Poesie mit ihrer geglätteten Sprache, Metrik und ihren Antithesen dieses Stadium der Entwicklung der bürgerlichen Gesellschaft, in der von Agrar- und Industriekapitalismus gemeinsam eine vorsichtige, gezielte Weiterentwicklung betrieben wird.

Die Bedingungen für eine schnelle Ausdehnung des Handels und der Manufakturen werden geschaffen und erweitert, ein modernes Finanzsystem mit der Gründung der Bank von England und der Staatsschuld wird errichtet, die Kolonialkriege führen zur Ausbeutung umfangreicher Territorien.

Der gemäßigte gesellschaftliche Optimismus kommt zwar in allen Gattungen der Literatur der Zeit zum Vorschein, doch mehr als in der Dichtung ist die Entwicklung in Prosa und Drama interessant, denn die Literatur der Aufklärung, des bürgerlichen Optimismus, des Glaubens an die Vernunft, ist in England in erster Linie Prosaliteratur, während im Drama sich die Restaurationskomödie aristokratischer Prägung zur hofabgewandten bürgerlichen Tragödie verwandelt (George Lillo [1693–1739]).

Daniel Defoes (1660–1731) »Robinson Crusoe« ist die erste durchgängige Beschreibung eines bürgerlichen Selbstbewußtseins, das realitätsbezogen und darüber hinausgehend ideologisch-optimistisch das Bewußtsein einer Epoche ausmacht (→S. 146ff.). Scheinbar entgegengesetzt in seiner Interpretation entstand zur selben Zeit Jonathan Swifts (1667–1745) »Gulliver's Travels«, eine beißende →Satire auf den niedergehenden Absolutismus und gleichzeitig gegen das bürgerliche Selbstverständnis. Die Ideale der Aufklärung werden verspottet: Der Glaube und die Fortschrittlichkeit der Bourgeoisie wie die der Wissenschaft, das Vertrauen zur natürlichen Ordnung und die Überzeugung, daß die menschliche Natur vernünftig und frei ist. »Gulliver's Travels« ist nicht Kinderbuch, sondern eher philosophierende Erzählung. Der Ire Swift beleuchtet denselben Kapitalismus, der von Defoe positiv und optimistisch beschrieben wird, aus der Perspektive der Kolonie: Daß die Entwicklung des Kapitalismus logischen Gesetzen folgen soll, wird von Swift ebenso bezweifelt, wie von ihm klargemacht wird, daß jeder Sieg des Kapitalismus und der bürgerlichen Gesellschaft zugleich neue Arten der Ausbeutung mit sich bringen (→ S. 144 f.).

Zwischen diesen beiden Polen der Betrachtung der bürgerlichen Gesellschaft verläuft im großen und ganzen die gesamte Literatur dieser Epoche. Im Verlauf des 18. Jahrhunderts vergrößert sich die Zahl der Leute, die Bücher kaufen und lesen; zu den Autoren entwickelt sich ein sachbezogeneres Verhältnis. Das Kunstmäzenatentum (Patronat) als rein aristokratische Form der Beziehung zwischen Autor und Publikum wird gegen Ende des Jahrhunderts durch das Arbeitsverhältnis zwischen Verlag und Autor ersetzt. Der große Bedarf an Unterhaltung und Belehrung ließ zumindest den Durchschnittsautor mit einem sicheren Einkommen rechnen. Aufgrund der Nachfrage nach historischen, biographischen und statistischen Enzyklopädien werden eigens »Literaturfabriken« (z.B. von Tobias Smollett [1721 bis 1771]) gegründet, in denen viele Schriftsteller ihr Einkommen erarbeiten. Daneben führt die Entwicklung des Verlagswesens zur Literaturkritik als eigene Disziplin, die in Samuel Johnson (1709–1784) ihren ersten hervorragenden Vertreter findet. Die Zeitschriften, aus den moralischen Wochenschriften des frühen 18. Jahrhunderts hervorgegangen (Joseph Addisons und Richard Steeles »Spectator«, »The Tatler« u.a.), die sich Fragen der Moral und der Gesellschaftskritik und der Verbreitung der neuen Ideen des bürgerlichen Weltbildes gewidmet hatten, räumen einen immer größeren Platz der Literatur- und Kunstkritik ein.

Auch der Gegenstand der literarischen Arbeit verändert sich. Die etablierte bürgerliche Gesellschaft bedarf nicht mehr ihrer eigenen Rechtfertigung gegenüber der feudalen Gesellschaft. Jetzt gewinnt die Auseinandersetzung des Bürgertums mit der Aristokratie eine andere Bedeutung. Als Thema tritt neben die günstige Anhäufung von Reichtum etwa durch arrangierte Heirat die Vorstellung von Liebe, Ehre, Glück und Moral. In der Literatur müssen sie durchgesetzt werden gegen die Verderbtheit des Adels, dessen Vertreter dort als Schurken und Verbrecher erscheinen.

Henry Fielding (1707–1754) versucht in seinen Romanen diese Themen realistisch und in ihrer ganzen Komplexität zu behandeln. Demgegenüber verherrlicht Samuel Richardson (1689–1761) in seinen tausendseitigen Briefromanen die bürgerlichen Tugenden, insbesondere die Jungfräulichkeit gegenüber aristokratischer →Libertinage. Die Romane Richardsons gehen von den Prinzipien der bürgerlichen →Integrität und Individualität keinen Schritt weit ab; sowohl der Rückzug ins erträumte Mittelalter des gotischen →Romans in der 2. Hälfte des 18. Jahrhunderts wie der Rückzug in die Natur zur selben Zeit lassen sich als Fortsetzung dieser Tradition interpretieren, als Aufdeckung der in der Entwicklung der bürgerlichen Gesellschaft angelegten Enttäuschung des Bürgers über ihren Fortgang, welcher die einmal postulierte Integrität und Individualität immer wieder in Frage stellt. Laurence Sterne (1713–1768) reduziert das bürgerliche Individuum gänzlich auf seine Innerlichkeit und Macht der Gedanken, (→ S. 156 f.) die übrigen Romane (Oliver Goldsmith, 1728–1774, u.a.) folgen der nostalgischen Tendenz der Verherrlichung des Landes gegenüber der Stadt, der die Autoren zu Beginn des 18. Jahrhunderts gehuldigt hatten.

Bleibt dies vor allem Kennzeichen von Lyrik und Roman, so zeigt sich auch am Drama, wie bürgerlich-realistische Tendenzen und Satire, welche sich bei George Lillo, Henry Fielding und John Gay (1685–1732) andeuten, wieder der Charakterkomödie (Richard B. Sheridan [1751–1816]) weichen und sich zum sentimental-sensiblen Psychodrama hin entwickeln.

Seit der Zeit um 1760 tritt an die Stelle der manufakturellen Fertigung die sich immer stärker mechanisierende industrielle Produktion, in deren Verlauf im 19. Jahrhundert jene politische Auseinandersetzung zwischen Bourgeoisie und Grundbesitz/Adel wieder zum Austrag kommt, welche im 17. Jahrhundert schon einmal zum Bürgerkrieg geführt hatte.

Die Schärfe dieses sich andeutenden gesellschaftlichen Konflikts zeigt sich bereits in der Lyrik der Romantik ebenso wie in der Stellung der bürgerlichen Autoren zur Revolution in Frankreich (1789) und zur Unabhängigkeit der Vereinigten Staaten.

Ein Vergleich der Lyrik William Blakes (1757–1827) und Robert Burns' (1759 bis 1796) mit den Gedichten der Lake School (William Wordsworth [1770–1850]), S. T. Coleridge [1772–1834]), wie ein Vergleich der politischen Auslegung der Französischen

Revolution durch William Godwin (1756 bis 1836) gegenüber Edmund Burke (1729 bis 1797) wäre hier aufschlußreich und würde diese gegensätzliche Auseinandersetzung innerhalb des Bürgertums mit der zweiten industriellen Revolution mit ihren erheblichen Konsequenzen in aller Deutlichkeit erscheinen lassen.

Die französische Literatur

Die politische Entwicklung Frankreichs im 17. und 18. Jahrhundert ist bestimmt durch die absolute Monarchie. Der König gilt als Stellvertreter Gottes, dessen Macht absolut, d.h. von den Untertanen nicht kontrollierbar ist und nur in Gottes Gebot und den Grundgesetzen des Königreiches ihre Grenzen findet. »Die souveräne Macht ruht allein in meiner Person«, erklärt Ludwig XV. »Mir allein gebührt die gesamte gesetzgebende Gewalt ohne Abhängigkeit und ohne Teilung. Die öffentliche Ordnung rührt insgesamt von mir her, und die Rechte und Interessen der Nation sind notwendigerweise an die meinen gebunden und liegen einzig und allein in meinen Händen« (1766).

Der **Absolutismus** kam den wirtschaftlichen Interessen des aufstrebenden →Bürgertums entgegen, ohne jedoch das politische Instrument des feudalen Herrschaftsapparats aus der Hand zu geben. Die Gesellschaft blieb nach wie vor in Stände gegliedert. Die Geistlichkeit (der erste Stand) und der Adel (der zweite Stand) behielten ihre aus dem Mittelalter herrührenden wirtschaftlichen und sozialen Privilegien und das ausschließliche Recht auf alle hohen Ämter in Staat, Kirche und Armee. Die Mehrheit der Bevölkerung bildete den dritten Stand, dem die Nichtadeligen auf dem Lande und in den Städten, d.h. neben der Bourgeoisie auch die Bauern und Lohnarbeiter angehörten. Die wachsende wirtschaftliche Bedeutung des dritten Standes, die vor allem auf dem Reichtum der Bourgeoisie beruhte, geriet immer mehr in Widerspruch zu seiner politischen und sozialen Recht- und Machtlosigkeit. Dieser Widerspruch war kennzeichnend für die gesamte Zeit des Absolutismus bis hin zu seiner Auflösung durch die französische Revolution, die mit der Abschaffung der Klassenherrschaft der Aristokratie zugleich den innerhalb des dritten Standes vorhandenen Widerspruch zur Entfaltung brachte: den Klassengegensatz von Proletariat und Bourgeoisie.

Das 17. Jahrhundert

Die Aufbauphase des Absolutismus (etwa 1610–1653) war gekennzeichnet durch heftige Auseinandersetzungen mit dem Feudaladel, die erst mit der Niederwerfung der als »Fronde« bezeichneten Aufstände ein vorläufiges Ende fanden (1653). Die unter Heinrich IV. (1589–1610) eingeleiteten und durch Richelieu (1624–1642), dem einflußreichen Minister Ludwigs XIII. (1610–1643), fortgeführten Maßnahmen zur Zentralisierung des Staats bedeuteten eine erhebliche Schwächung der Machtstellung des Adels zugunsten der königlichen Gewalt und begünstigten die Umwandlung des Feudaladels in einen Renten- und Hofadel.

Unter der Herrschaft Ludwigs XIV. (1643–1715) gelangte der Absolutismus zu seiner vollen Entfaltung. In den Jahren 1650–1680 gewann Frankreich dank der merkantilistischen Wirtschaftspolitik (Colbert, 1661–1683) auf dem Weltmarkt eine Vormachtstellung gegenüber Spanien und den Niederlanden. Wirtschaftliche und politische Reformen konnten allerdings nur durch erhöhte Steuerlasten erkauft werden. Da Adel und Geistlichkeit weitgehend von Abgaben befreit waren, ruhte die gesamte Steuerlast fast nur auf den Schultern des dritten Standes, insbesondere auf den Bauern, Tagelöhnern, Handwerkern und Heimarbeitern. Ständige Bauernunruhen kennzeichneten diese Spannung zwischen der glanzvollen Lebensführung des Hofes und der Armut der Bevölkerung. Der Schein wirtschaftlicher Prosperität wurde gegen Ende des Jahrhunderts endgültig durch die Zerrüttung der Staatsfinanzen (bedingt durch ständige Kriege, erhöhte Kosten für den zentralen Verwaltungsapparat, Verschwendungssucht des Hofes) zerbrochen. Nach dem Tode Ludwigs XIV. (1715) stand der absolutistische Staat vor dem Bankrott.

Die französische Literatur des 17. Jahrhunderts wurde durch die zentralistische Kulturpolitik des königlichen Hofes wesentlich mitbestimmt. War für die Literaturproduktion der Renaissance die Förderung durch Mäzene (d.h. durch einzelne Fürsten, die Künstler unterstützten, um den Glanz ihres Hofes zu erhöhen) charakteristisch, so übernahm im Zeitalter des Absolutismus zunehmend der königliche Hof die Funktion des Kunstförderers. Die Förderung von Kunst und Literatur war jedoch nur die eine Seite der königlichen Kunstpolitik, die andere hieß: Reglementierung des Kunstbetriebes durch →Zensur, strenge Handhabung der Druckgenehmigung, Nutzung der Akademien zur Durchsetzung einer verbindlichen Ästhetik entsprechend den absolutistischen Kunstnormen. Diese Kunstpolitik konnte nur so lange zum Erfolg führen, als sich tatsächlich eine Übereinstimmung zwischen den Interessen des Königtums und dem Ausdruckbedürfnis der Künstler ergab. Dies war zur Zeit der sogenannten französischen →Klassik annähernd der Fall (etwa 1645–1680). Aufgrund der wirtschaftlichen und politischen Entwicklung Frankreichs in der Mitte des 17. Jahrhunderts schien es so, als könnte die absolutistische Staatsordnung den Widerspruch zwischen dem finanzkräftigen Bürgertum und der politisch mächtigen Aristokratie auf gesamtnationaler Ebene versöhnen. Das Bewußtsein einer einheitlichen Gesellschaftsordnung, die scheinbar den Interessen aller Menschen gerecht werden kann, fand seinen Ausdruck in dem allgemein verbindlichen Ideal des »honnête homme«, des Ehrenmannes, der unabhängig von den Standesschranken nach seinen sittlichen Qualitäten (Rechtschaffenheit, Selbstbeherrschung, Großzügigkeit) und sozialen Verhaltensformen (Angemessenheit des Verhaltens entsprechend der gesellschaftlichen Situation – »bienséance«) beurteilt wurde. Im »honnête homme« konnten sich diejenigen wiedererkennen, die auch das literarische Publikum jener Zeit ausmachten: Adel und hohe Geistlichkeit wie auch das reiche und gebildete Bürgertum.

Die Entwicklung des Ideals vom Menschen, der aufgrund seiner Fähigkeiten, insbesondere der Vernunft, in der Lage ist, sich selbst zu vervollkommnen, geht auf Montaigne (1533–1592) zurück. Skeptisch gegenüber allen Stabilität verheißenden Ordnungssystemen (Kirche, Philosophie, feudale Staatsordnung) läßt er den Menschen ein angemessenes Bild von sich selbst nicht in den von außen gesetzten Normen und Vorstellungen finden, sondern nur in seiner eigenen subjektiven Erfahrung. Die Subjektivität des Erkenntnisprozesses und der damit verbundene Verzicht auf Aussagen von absoluter Gültigkeit finden ihren angemessenen Ausdruck in der von Montaigne begründeten Form des Essays (»Essais«, →S. 116f.).

Der frühe Streit um die Gültigkeit der Dichtungsregeln des Aristoteles ist kennzeichnend für die sich wandelnde Literaturauffassung. Die Autorität des Aristoteles, auf die sich insbesondere die Kirche zur Rechtfertigung einer unumstößlichen göttlichen Ordnung der Welt berief, war durch die Entwicklung der Naturwissenschaften längst in Frage gestellt worden. An Stelle des blinden Glaubens an antike Autoritäten trat die Überzeugung, daß die geschichtliche Entwicklung der Menschheit einen ständigen Fortschritt aufweise und die Moderne demnach der Antike eindeutig überlegen sei. Diese Argumentation vermochte einerseits das Denken aus den Fesseln der feudal-christlichen Weltanschauung zu befreien und damit die herrschende Ordnung in Frage zu stellen – andererseits unterstützte sie blind die bestehenden Verhältnisse, indem sie die Gegenwart als die beste aller Zeiten pries. Dieser Widerspruch erklärt auch die unterschiedliche Entwicklung der Literatur des frühen 17. Jahrhunderts, die sich unter Berufung auf die Moderne von der Nachahmung der Antike – wie sie noch von den Vertretern der Pléiade gefordert wurde – zu lösen versuchte.

Auf der einen Seite läßt sich die *preziöse* und *galante* Dichtung nennen, wie sie in den *Salons* bevorzugt wurde. In den Salons traf sich die Bildungselite der Gesellschaft, hier bildete sich – teilweise schon über die Standesgrenzen hinweg – das neue kunstverständige Publikum. Hier wurden besonders solche Dichter gefördert, die es verstanden, ›modern‹ zu sein, ohne die bestehende Gesellschaftsordnung – zu der die Salons ja gehörten – in Frage zu stellen. Man liebte die preziöse Lyrik Voitures und d'Urfés heroisch-galanten Roman »Astrée«. Auf der anderen Seite begegnen uns Vertreter der Moderne, die nicht nur gegen die literarische Tradition, sondern zugleich gegen die in ihr ausgedrückten und in der feudal-absolutistischen Gesellschaft immer noch gültigen Leitideen (wie z.B. die christliche Morallehre) zu Felde zogen. Gegenüber den literarischen und gesellschaftlichen Normen der Salons und des Hofes vertraten sie das Recht des Dichters auf Freiheit und Unabhängigkeit, auch wenn er sich mit seinen Gedanken in Widerspruch zu den herrschenden Anschauungen befindet *(Libertinismus)*. Dies machte sie notwendigerweise zu Gegnern der konformistischen preziösen und galanten Dichtung (Théophile de Viau, Charles Régnier, Cyrano de Bergerac). Gegen die Scheinwelt der adligen Gesellschaft stellte Charles Sorel die wirklichkeitsnahe »Komische Geschichte Francions« (»Histoire comique de Francion«, 1623) und den »Anti-Roman« zu d'Urfés »Astrée«: »Der extravagante Schäfer« (»Le berger extravagant«, 1627).

Gegenüber solchen verschiedenartigen Versuchen der Literatur zu Beginn des 17. Jahrhunderts, sich von den Rezepten der Renaissancepoetik zu befreien und neue Wege zu beschreiten, gab es starke Kräfte, die an den Regeln des Aristoteles festhielten (u.a. Chapelain, 1595–1674). Ihr Ziel war es, die gesamte literarische Produktion unter einheitlichen Dichtungsgesetzen zu vereinen. Mit dieser Zielsetzung stellten sie sich eindeutig in den Dienst der absolutistischen Kulturpolitik. Während jedoch regeltreue nationale Heldengedichte, wie Chapelain's »La Pucelle« (1656) nicht zu gefallen vermochten, konnten die Anhänger der Regeln auf dem Theater Erfolg verbuchen (Formulierung der drei Einheiten – der Einheit der Handlung, des Ortes und der Zeit – durch Mairet, 1631).

Der vorläufig letzte Streit um die aristotelischen Regeln entzündete sich am »Cid« (1637) Pierre Corneilles (»La querelle du Cid«). Die Kritik am »Cid« – der eine außerordentliche Popularität genoß – bestand im wesentlichen im Nachweis von Verstößen gegen die Regel der drei Einheiten und in dem Vorwurf der Verletzung der »bienséance«, d.h. der Wohlanständigkeit, wie sie auch vom Verhalten des »honnête homme« erwartet wurde. Demgegenüber schrieb ein anonymer Verteidiger des »Cid«, der sich als »Bürger von Paris« ausgab: »Ich habe niemals Aristoteles gelesen und kenne die Theaterregeln nicht, aber ich beurteile den Wert eines Stükkes *nach dem Vergnügen,* das ich an ihm habe.« Solche Stimmen aus dem bürgerlichen Lager, die das Vergnügen des Publikums zum Maßstab für die Güte eines Stückes machen wollten, wurden durch das Eingreifen der »Académie Française« zunächst zum Schweigen gebracht. Die »Académie Française«, 1635 von Richelieu zur Pflege der französischen Sprache und Literatur gegründet, gab durch ihre Verurteilung des »Cid« dem Regelkodex des ›klassischen‹ Theaters allgemeine Verbindlichkeit.

Unter den großen, auf den »Cid« folgenden Tragödien Corneilles sind vor allem die Römertragödien zu nennen: »Die Horatier« (»Horace«, 1640), »Cinna oder die Milde des Augustus« (»Cinna ou la clémence d'Auguste«. 1640/41). In ihnen kommt ein Menschenbild zum Ausdruck, das durch den bereits im »Cid« entfalteten Konflikt zwischen Vernunft und Leidenschaft bestimmt ist. Der Mensch ist durch die Vernunft in der Lage, seine Leidenschaften zu kontrollieren. Der moralische Wert des Individuums bemißt sich an seiner Fähigkeit, rationale Einsicht über emotionale Verstrickungen siegen zu lassen. Die historische Bedingtheit dieser Heldenkonzeption wird in den Römertragödien besonders deutlich: Hier ist es die Staatsräson, die dem Individuum die vernünftige Beherrschung seiner Leidenschaften abverlangt. Dem Bürgertum des 17. Jahrhunderts blieb im eigenen ökonomischen Interesse keine andere Wahl als die Einsicht in die Notwendigkeit der absolutistischen Staatsordnung. Der Weg zu dieser Einsicht wird von Corneille heroisch verklärt als der tragische Sieg des Individuums über sich selbst.

Das Menschenbild Corneilles deckt sich weitgehend mit den Vorstellungen René Descartes' (1596–1650), wie sie z.B. im »Traktat über die Leidenschaften« (»Traité des passions«, 1649) zum Ausdruck kommen. Descartes gilt als Begründer des französischen *Rationalismus* (»Discours de la méthode«. 1637). Seine Philosophie stützt sich auf die Gewißheit rationaler Erkenntnis (Cogito, ergo sum – ich denke, also bin ich) und richtet sich zweifelnd gegen alle nicht überprüfbaren Lehrmeinungen der herkömmlichen Philosophie und Wissenschaft. In der Fähigkeit des Menschen zu vernünftigem Handeln sieht Descartes den Fortschritt der Menschheit begründet.

Gegen die vernunftbetonte Philosophie Descartes wandte sich Blaise Pascal (1623–1663), der sich zum *Jansenismus* bekannte. Die Jansenisten, deren Zentrum das Kloster Port Royal war, strebten eine Erneuerung des Christentums und der Menschheit nach frühchristlichen Vorstellungen an. Pascal sieht neben der Vernunft in der Liebe des Herzens eine gleichberechtigte, bewegende Kraft des Daseins (»Discours sur les passions de l'amour«, 1652/53). Die Liebe aber verfügt da, wo sie zur Leidenschaft wird, über eine alles zerstörende Macht, über die auch der Verstand nicht Herr zu werden vermag. Nur durch die Gnade Gottes kann der Mensch aus den Abgründen der Leidenschaft emporgehoben werden. Die Theorie Pascals entsprach der gewandelten gesellschaftlichen Situation nach der Unterdrückung der »Fronde« (1648–1653). Der Absolutismus hatte seinen Höhepunkt erreicht, der König handelte in absoluter Machtvollkommenheit,

Eine Übersichtstafel aus der »Enzyklopädie« von Diderot und D'Alembert (entstanden zwischen 1751 und 1780, S. 160f.), des größten und einflußreichsten Nachschlagewerks der Aufklärung. Sie zeigt die verschiedensten Gebiete menschlicher Erkenntnistätigkeit in dem systematischen Zusammenhang, der dem Aufbau und der Gliederung der »Enzyklopädie« zugrundeliegt. Diese Tafel läßt wesentliche Momente des aufklärerischen Welt- und Menschenbildes erkennen: Im Zentrum steht der Mensch mit seinen Fähigkeiten, sich zu erinnern (»Mémoire«), zu denken (»Raison«) und Phantasie zu entwickeln (»Imagination«). Indem der Mensch diese Fähigkeiten auf bestimmte Objekte richtet, entwickelt er verschiedene Formen der Erkenntnistätigkeit, nach denen das Wissen differenziert werden kann. Auf diese Weise wird Gott neben dem Menschen und der Natur zu einem Objekt menschlicher Erkenntnis. Die göttliche Offenbarung ist damit als letzte Instanz der Wahrheit ausgeschaltet, sie wird wie alle anderen Phänomene der Überprüfung der menschlichen Vernunft unterworfen. Kennzeichnend für die Aufklärung ist ferner die große Bedeutung, die den Wissenschaften und dem Handwerk zugemessen wird. Im Bereich der Geschichte (»Mémoire«) nimmt die Naturgeschichte mit der Entwicklung von Technik und Handwerk (»Usages de la Nature: Arts, Métiers, Manufactures«) den größten Raum ein. Unter den Wissenschaften haben die Naturwissenschaften im Vergleich zur Theologie (»Science de Dieu«) und Wissenschaft vom Menschen (»Science de l'homme«) einen beträchtlichen Umfang. Diese Gewichtung entspricht der Entfaltung von Wissenschaft und Technik im Zusammenhang mit der Entwicklung der Manufaktur und trägt damit den Interessen des aufstrebenden Bürgertums Rechnung.

*SYSTÈME FIGURÉ DES CONNOISSANCES HUMAINES.

ENTENDEMENT.

MEMOIRE.

- SACRÉE. (HISTOIRE DES PROPHETIES.
- ECCLÉSIASTIQUE.
- CIVILE, ANC. ET MODERNE.
  - HIST. CIVILE, *proprément dite.*
  - HISTOIRE LITTERAIRE.
    - MÉMOIRES.
    - ANTIQUITÉS.
    - HISTOIRE COMPLETE.
- NATURELLE.
  - UNIFORMITÉ DE LA NATURE.
    - HISTOIRE CÉLESTE.
    - HISTOIRE
      - DES MÉTÉORES.
      - DE LA TERRE ET DE LA MER.
      - DES MINÉRAUX.
      - DES VEGETAUX.
      - DES ANIMAUX.
      - DES ELÉMENS.
  - ECARTS DE LA NATURE.
    - PRODIGES CÉLESTES.
    - MÉTÉORES PRODIGIEUX.
    - PRODIGES SUR LA TERRE ET LA MER.
    - MINÉRAUX MONSTRUEUX.
    - VEGETAUX MONSTRUEUX.
    - ANIMAUX MONSTRUEUX.
    - PRODIGES DES ELÉMENS.
  - USAGES DE LA NATURE.
    - ARTS.
    - METIERS.
    - MANUFACTURES.
      - *Travail & Usages de l'Or & de l'Argent.*
        - Monnoyeur.
        - Batteur d'Or.
        - Fileur d'Or.
        - Tireur d'Or.
        - Orfévre.
        - Planeur.
        - Metteur en œuvre, *&c.*
      - *Travail & Usages des Pierres fines & précieuses.*
        - Lapidaire.
        - Diamentaire.
        - Joaillier, *&c.*
      - *Travail & Usages du Fer.*
        - Grosses Forges.
        - Serrurerie.
        - Taillanderie.
        - Armurerie.
        - Arquebuserie, *&c.*
      - *Travail & Usages du Verre.*
        - Verreries.
        - Glaces.
        - Miroitier.
        - Lunetier.
        - Vitrier, *&c.*
      - *Travail & Usages des Peaux.*
        - Taneur.
        - Chamoiseur.
        - Peaussier.
        - Gantier, *&c.*
      - *Travail & Usages de la Pierre, du Platre, de l'Ardoise, &c.*
        - Architecture pratique.
        - Sculpture pratique.
        - Masson.
        - Couvreur, *&c.*
      - *Travail & Usages de la Soie.*
        - Tirage.
        - Moulinage.
        - Ouvrages, *comme* Velours, Droguets brochés, *&c.*
      - *Travail & Usages de la Laine.*
        - Draperie.
        - Bonneterie, *&c.*
      - *Travail & Usages, &c.*

RAISON.

- PHILOSOPHIE.
  - MÉTAPHYSIQUE GÉNÉRALE, *ou* ONTOLOGIE, *ou* SCIENCE DE L'ETRE EN GÉNÉRAL, DE LA POSSIBILITÉ, DE L'EXISTENCE, DE LA DURÉE, *&c.*
  - SCIENCE DE DIEU.
    - THÉOLOGIE NATURELLE.
    - THÉOLOGIE RÉVÉLÉE.
      - RELIGION, *D'où par abus,* SUPERSTITIONS.
    - SCIENCE DES ESPRITS BIEN ET MAL FAISANS.
      - DIVINATION.
      - MAGIE NOIRE.
  - SCIENCE DE L'HOMME.
    - PNEUMATOLOGIE *ou* SCIENCE DE L'AME
      - RAISONNABLE.
      - SENSITIVE.
    - LOGIQUE.
      - ART DE PENSER.
        - *Apprehension.* Science des Idées.
        - *Jugement.* Science des Propositions.
        - *Raisonnement.* Induction.
        - *& Méthode.*
          - Démonstration.
            - Analyse.
            - Synthèse.
      - ART DE RETENIR.
        - *Mémoire.*
          - *Naturelle.*
          - *Artificielle.*
            - Prénotion.
            - Emblesme.
        - *Supplément de la Mémoire.*
          - Ecriture.
          - Imprimerie.
            - Alphabeth.
            - Chiffres
              - Arts d'écrire, d'imprimer, de lire, de déchiffrer.
                - Ortographe.
      - ART DE COMMUNIQUER.
        - *Science de l'instrument du Discours.*
          - Grammaire.
            - Signes
              - Geste.
                - Pantomime.
                - Déclamation.
              - Caracteres.
                - Ideaux.
                - Hiéroglyphiques.
                - Heraldiques *ou* Blazon.
            - Prosodie.
            - Construction.
            - Syntaxe.
            - Philologie.
            - Critique.
            - Pedagogique.
              - Choix des Etudes.
              - Maniere d'enseigner.
        - *Science des qualités du Discours.*
          - Rhétorique.
          - Méchanique de la Poésie *ou* Versification.
    - MORALE.
      - GÉNÉRALE.
        - *Science du bien & du mal en général. Des devoirs en général. De la vertu. D. la nécessité d'être vertueux,* &c.
      - PARTICULIERE.
        - *Science des Loix, ou Jurisprudence.*
          - *Naturelle.*
          - *OEconomique.*
          - *Politique.*
            - Commerce intérieur, extérieur, de Terre, de Mer.
  - SCIENCE DE LA NATURE.
    - MÉTAPHYSIQUE DES CORPS, *ou* PHYSIQUE GÉNÉRALE. DE L'ÉTENDUE, DE L'IMPÉNÉTRABILITÉ, DU MOUVEMENT, DU VUIDE, *&c.*
    - MATHEMATIQUES.
      - PURES.
        - *Arithmétique.*
          - *Numérique.*
          - Algebre.
            - Elémentaire.
            - Infinitésimale.
              - Différentielle.
              - Intégrale.
        - *Géométrie.*
          - *Elémentaire.* (Architecture Militaire. Tactique.
          - *Transcendante.* (Théorie des Courbes.
      - MIXTES.
        - *Méchanique.*
          - Statique.
            - Statique, *proprément dite.*
            - Hydrostatique.
          - Dynamique.
            - Dynamique, *proprément dite.*
            - Ballistique.
            - Hydrodynamique.
              - Hydraulique.
              - Navigation, Archit. Navale.
        - *Astronomie Géométrique.*
          - Cosmographie.
            - Uranographie.
            - Géographie.
            - Hydrographie.
          - Chronologie.
          - Gnomonique.
        - *Optique.*
          - Optique, *proprément dite.*
          - Dioptrique. Perspective.
          - Catoptrique.
        - *Acoustique.*
        - *Pneumatique.*
        - *Art de conjecturer.* Analyse des hazards.
      - PHYSICOMATHEMATIQUES.
    - PHYSIQUE PARTICULIERE.
      - *Zoologie.*
        - Anatomie
          - Simple.
          - Comparée.
        - Physiologie.
        - Médecine
          - Hygiene
            - Hygiene, *proprément dite.*
            - Cosmétique. (Orthopedie.
            - Athlétique. (Gymnastique.
          - Pathologie.
          - Semeiotique.
          - Therapeutique.
            - Diéte.
            - Chirurgie.
            - Pharmacie.
        - Vétérinaire.
        - Manege.
        - Chasse.
        - Pêche.
        - Fauconnerie.
      - *Astronomie Physique.* Astrologie.
        - Astrologie Judiciaire.
        - Astrologie Physique.
      - *Météorologie.*
      - *Cosmologie.*
        - Uranologie.
        - Aerologie.
        - Géologie.
        - Hydrologie.
      - *Botanique.*
        - Agriculture.
        - Jardinage.
      - *Minéralogie.*
      - *Chimie.*
        - Chimie, *proprément dite.* (Pyrotechnie. Teinture, *&c.*
        - Metallurgie.
        - Alchymie.
        - Magie naturelle.

IMAGINATION.

- POESIE.
  - PROFANE.
    - NARRATIVE.
      - POEME EPIQUE.
      - MADRIGAL.
      - EPIGRAMME.
      - ROMAN, *&c.*
    - DRAMATIQUE.
      - TRAGÉDIE.
      - COMÉDIE.
      - OPÉRA.
      - PASTORALES, *&c.*
    - PARABOLIQUE.
      - ALLEGORIES.
  - SACRÉE.
- *Musique.*
  - Théorique.
  - Pratique.
  - Instrumentale.
  - Vocale.
- *Peinture.*
- *Sculpture.*
- *Architecture civile.*
- *Gravure.*

die verantwortliches politisches Handeln der Individuen – gleich welchen Standes – ausschloß. Der einzelne war abhängig von der Gnade des Königs (Gnadenwahl!). Die Beziehungen der Menschen untereinander erstarrten zu den Ritualen höflicher und höfischer Verstellungskunst, die das Buhlen aller um die Gunst des Königs verbergen sollte. Unter solchen Bedingungen mußte der Liebe tatsächlich eine besondere Bedeutung zukommen.

Jean-Baptiste Racine (1639–1699), der in Port Royal erzogen wurde, entfaltete in seinen Tragödien, u. a. in »Andromache« (»Andromaque«, 1667), »Berenike« (»Bérénice«, 1670) und »Phädra« (»Phèdre«, 1674), den unlösbaren Konflikt des in seiner Liebesleidenschaft verstrickten Menschen. Der tragische Kampf gegen die zerstörerische Macht der Liebe spielt sich im Innern des Menschen ab. Deshalb reduziert Racine die äußeren Beziehungen der Personen auf ein Minimum und schafft damit zugleich eine wirklich einheitliche Handlungsführung (→S. 138f.).

Während Racine die Problematik des einzelnen in seinem Verhältnis zur Gesellschaft im Innern des Menschen aufsucht, richtet Molière, eigentlich Jean-Baptiste Poquelin (1622–1673), seinen Blick auf die Beziehungen der Menschen untereinander. In seinen Komödien greift er meistens solche Verhaltensweisen auf, die einerseits charakteristisch für die Gesellschaft seiner Zeit sind, andererseits jedoch ein vernünftiges Zusammenleben, wie es Molière erstrebenswert schien, verhindern, wie: Scheinheiligkeit und Frömmelei (»Le Tartuffe«, 1664), das Festhalten an erstarrten Konventionen trotz veränderter gesellschaftlicher Bedingungen (»L'École des femmes«, 1622, »L'École des maris«, 1661), das Aufstiegs- und Prestigebedürfnis großer Teile des Bürgertums (»Le Bourgeois gentilhomme«, 1670). Molière geißelt solche Verhaltensweisen, indem er seine Personen in so übertriebener Form damit ausstattet, daß sie sich vor ihrer Umwelt lächerlich machen. Durch die wirklichkeitsgetreue Ausgestaltung der Charaktere und die Lebensnähe der komischen Konfliktsituation hat Molière die typisierte Maskenhaftigkeit der italienischen Stegreifkomödie *(→Commedia dell'Arte)* und die deklamatorische Starre der Renaissancekomödien zugunsten eines lebendigen realistischen Theaters überwunden (→S. 140f.).

Daß **Komödie und Tragödie** sich im 17. Jahrhundert zu solcher Vollkommenheit entwickeln konnten, hängt mit ihrer →gattungspoetischen Funktion zusammen: Entfaltung von Konflikten bis zu ihrer tragischen →Sublimierung einerseits – Aufdeckung von Konflikten bis zu ihrer komischen Auflösung andererseits. In beiden Fällen ist das Bewußtsein von Konflikten vorhanden, in beiden Fällen richtet sich die Bewältigung der Konflikte nicht gegen die Bedingungen, die sie hervorbringen (Molières Bürger kämpft nicht gegen die Adligen, die seinen Aufstieg verhindern). Durch diese Doppelfunktion konnten gerade Tragödie und Komödie die gesellschaftliche Situation der »klassischen« Zeit zum Ausdruck bringen: das wachsende Bewußtsein um die historische und politische Bedeutung des Bürgertums und das gleichzeitige Festhalten an einem scheinbar optimalen Kompromiß zwischen den Ständen, der im Interesse aller nicht gefährdet werden durfte.

Auch der Roman findet in der »Prinzessin von Clèves« (»La princesse de Clèves«, 1678) der Mme de La Fayette zu seiner »klassischen« Form. Durch Paul Scarrons (1610 bis 1660) »Komischen Roman« (»Le roman comique«, 1651), und Antoine Furetières (1620–1688) »Bürgerlichen Roman« (»Le roman bourgeois«, 1666) wird zunächst der von Sorel eingeschlagene Weg zum realistischen Roman durch wirklichkeitsgetreue Milieu- und Situationsschilderungen *(Sittenroman)* fortgesetzt. Die »Prinzessin von Clèves« ist jedoch der erste Roman, der die inzwischen auch für den Roman erhobene Forderung nach Einheit der Handlung erfüllt. Der zentrale Konflikt zwischen Pflicht und Liebe, der alle Betroffenen ins Unglück stürzt, ist im Grunde ein tragischer Konflikt, wie er auch bei Corneille auftreten könnte. Auch die Beschränkung der Umweltbeschreibungen, die straffe Handlungsführung und die adlige Herkunft der Hauptfiguren (Prinzen und Herzöge) nähern den Roman der klassischen Tragödie an. Gleichzeitig kommen jedoch die besonderen Vorteile des Romans als beschreibende Gattung in den ausführlichen und genauen Beschreibungen der psychischen Prozesse zum Ausdruck *(psychologischer Roman)*.

Die Fabeln Jean de La Fontaines (»Les fables«, 1668; 1678) fügen sich ebenfalls in das Bild ›klassischer‹ Ausgewogenheit. Die Probleme der Menschen sind hier in die Welt der Tiere verlagert. Die Tiere verkörpern soziale Typen und wiederholen in ihren Beziehungen zueinander die Hierarchie der Gesellschaft des 17. Jahrhunderts. In ihrem Zusammenleben deckt La Fontaine zahlreiche Schwächen der zeitgenössischen Wirklichkeit auf. Menschliche Probleme erscheinen hier jedoch gemildert (es sind eben keine Menschen, die leiden!), und die »Moral von der Geschicht« lehrt nur allzu oft die Unabänderlichkeit der bitteren Wahrheit. Ob die Fabeln deshalb bei den Schulmeistern so beliebt sind?

Als sich bereits die Krise des Absolutismus abzuzeichnen beginnt, erhält die klassische Dichtungslehre ihre zusammenfassende Formulierung durch Nicolas Boileaus Poetik (»L'art poétique«, 1674). Doch der Anspruch der Klassik auf Allgemeingültigkeit mußte immer mehr mit der tatsächlichen sozialen Unsicherheit in den letzten Regierungsjahren Ludwigs XIV. in Widerspruch geraten. Die Unzufriedenheit der Intelligenz artikulierte sich im »Streit der Alten (d.h. der Vertreter der Antike) und der Modernen« *(»Querelle des anciens et des modernes«*, 1687–1715). Im Unterschied zu früheren Auseinandersetzungen um die Gültigkeit der aristotelischen Dichtungsgesetze gab es nun jedoch keine Partei mehr, die die Nachahmung der Antike und das Lob der Gegenwart miteinander verband.

Die Modernen vertraten den Fortschritt der Menschheit im Sinne Descartes' und sprachen der Antike jegliche Vorbildhaftigkeit ab (Perrault, Fontenelle, St. Evremond u.a.). Die Alten hingegen übten Kritik an der Gegenwart, da sie den Menschen in seiner Entfaltung begrenze, und suchten das Ideal eines ungebrochenen Menschentums in der Antike. Zu ihnen gehörten neben Boileau (»Satiren«, 1666) auch Fénelon (»Die Abenteuer des Telemachus«, 1699) und La Bruyère (»Charakterbilder«, 1688). Zu einer Verbindung von Gegenwartskritik und Fortschrittsenthusiasmus und damit zu einer Überwindung der »Querelle« fanden die Frühaufklärer (Fontenelle, Bayle) durch das radikale Infragestellen aller herrschenden Lehrmeinungen. Das Ergebnis des kritischen Zweifels der Frühaufklärung ist in Bayles »Historischem und kritischem Lexikon« (»Dictionnaire historique et critique«, 1697) zusammengefaßt, das in der Aufklärung zu einer wichtigen Waffe gegen Aberglauben und Vorurteile wurde.

Auf dem Gebiet der Ästhetik kann Saint-Evremond (1613–1703) als Wegbereiter für das 18. Jahrhundert gelten. Für ihn ist Literatur geschichtlich bedingt. Im Laufe der Geschichte ändern sich auch die Verhältnisse, unter denen die Menschen leben und mit ihnen die Vorstellungen über die Kunst. Die klassische Norm eines »ewig Schönen« wird relativiert. Die Beurteilung eines Kunstwerks kann demnach nicht mehr von einem starren Kanon von Regeln abhängig gemacht werden, sondern ist dem sich wandelnden Geschmack des Publikums unterworfen. Die damit verbundene Ausweitung des Publikumsbegriffs entsprach der tatsächlichen Erweiterung der Kunstinteressenten durch die verstärkte Anteilnahme des Bürgertums am Kunstbetrieb. Zahlreiche Dichter lebten schon vom Verkauf ihrer Werke und waren dadurch auf das Urteil ihrer Käufer angewiesen. Die Urteilsfähigkeit des Publikums beruht nach der Meinung der Frühaufklärer auf der Fähigkeit aller Menschen, sinnliche Wahrnehmungen gefühlsmäßig verarbeiten zu können. Ziel des Dichtens muß es daher sein, über die Sinne der Menschen ihr Gefühl anzusprechen. Die Aufgabe des Dichters besteht nun nicht mehr in der durch Regeln disziplinierten Nachahmung der Wirklichkeit, sondern in der schöpferischen Erfindung entsprechend seiner Begabung. Der von Saint-Evremond eingeleitete Prozeß der Veränderung ästhetischer Kategorien findet seine Vollendung in der Formulierung einer »sensualistischen Ästhetik« durch Du Bos (1670–1742). Seine »Kritischen Betrachtungen über Poesie und Malerei« (»Réflections critiques sur la poésie et la peinture«, 1719) haben durch die Hervorhebung des Gefühls als Instanz des künstlerischen Urteils die Ästhetik der Aufklärung und die Entwicklung einer ›bürgerlichen‹ Ästhetik erheblich beeinflußt.

Das 18. Jahrhundert

Nach dem Tode Ludwigs XIV. brach die Krise des Absolutismus offen aus. Die absolute Monarchie hatte das angestrebte Ziel der nationalen Einheit nicht erreichen können. In den Jahren 1725–1780 fand ein Bevölkerungswachstum um 30 bis 40 Prozent statt. Die wachsende Nachfrage nach Lebensmitteln, Kleidung und anderen lebensnotwendigen Produkten begünstigte neben anderen Faktoren einen wirtschaftlichen Aufschwung, der mit erheblichen Preissteigerungen verbunden war. Für die Arbeiter in den Städten und die Mehrzahl der Bauern sank dadurch der Lebensstandard. Demgegenüber konnte sich die Bourgeoisie durch die Erweiterung der industriellen Produktion und des Handels bereichern und ihre wirtschaftliche Macht ausbauen. Sie blieb jedoch ausgeschlossen von sozialer und politischer Machtausübung. Die Aristokratie verteidigte erbittert ihre Standesrechte gegenüber allen Versuchen des Königs, die rivalisierenden Stände zu beschwichtigen. Die Staatsschulden des Königs hatten sich allein in den Regierungsjahren Ludwigs XVI. verdreifacht; die einzige Möglichkeit, der Schulden Herr zu werden, war die Besteuerung des Adels, der sich dieser jedoch erfolgreich zu widersetzen wußte. 1788 sah sich das Volk durch eine schlechte Ernte von einer Hungersnot bedroht. Die Lebenskosten stiegen um 50–100 Prozent. Das Elend der Massen entzog der Industrie ihre Käufer und beschwor eine Wirtschaftskrise herauf. Die Folge waren sinkende Löhne und noch größere Armut des Volkes. Auch die Bourgeoisie sah sich in ihrem Profit bedroht.

So kamen mehrere Faktoren zusammen, die den Ausbruch der Französischen Revolution (1789–1794) bedingten: der Widerspruch zwischen der wirtschaftlichen Macht der Bourgeoisie und den Standesvorrechten der Adligen; der Widerspruch zwischen dem Interesse der Bourgeoisie an einer Vereinheitlichung des Marktes und der mangelnden nationalen Einheit; der Drang der Bauern, sich von den Feudalabgaben und der unerträglichen Steuerlast zu befreien; die Unfähigkeit der absoluten Monarchie, Finanz- und Steuerreformen durchzusetzen; der Ausbruch der Wirtschaftskrise 1788/89, deren Auswirkungen die Volksmassen wie auch die Bourgeoisie zum Handeln zwangen.

Der Haß des Volkes auf die Privilegien der Aristokratie vereinte es 1789 mit der Bourgeoisie zu einem einheitlichen Kampf. Und doch war die Französische Revolution eine zutiefst bürgerliche Revolution. Dies sollte sich in dem Moment erweisen, da die Gleichheit der Menschen sich offenbarte als die Gleichheit der Besitzenden, die Freiheit als die Freiheit des Marktes und die Brüderlichkeit als die Solidarität der herrschenden Klasse gegen das Proletariat. Solange die Klassenwidersprüche jedoch nicht offen zutagetraten, mußte es auch den Vertretern der Bourgeoisie so erscheinen, als proklamierten sie Gleichheit und Freiheit für die gesamte Menschheit. Die fortschrittlichsten Ideen der Aufklärung sind aus dieser Perspektive entstanden.

Die Literatur der Aufklärung knüpft an den kritischen Schriften des ausgehenden 17. Jahrhunderts an. Sie setzte sich zum Ziel, mit dem Licht der Vernunft die Finsternis irrationaler Anschauungen und Vorurteile zu durchleuchten (»siècle des lumières«), um der Menschheit den richtigen Weg zum Fortschritt aufzuzeigen. Mit dieser Zielsetzung stellte sie sich offen gegen die Ideale, die von Staat und Kirche zur Sicherung ihrer Herrschaft verbreitet wurden. Um den Kontrollapparat der königlichen Kulturpolitik, um Zensur und harte Strafen zu umgehen, mußten zahlreiche Werke anonym oder im Ausland erscheinen. Zur Verbreitung des gegen die Herrschaft des Adels und der Geistlichkeit gerichteten Gedankenguts wurden neue literarische Formen wie die *Propaganda- und Zeitschriftenliteratur* entwickelt (»Journal encyclopédique«, »Le pour et le contre«, »Mercure de France«). Die Aufklärung wurde nicht nur von bürgerlichen Kreisen getragen. Große Teile der Aristokratie, die sich ebenfalls in Opposition zu der absoluten Monarchie befanden, unterstützten und propagierten fortschrittliche Bestrebungen, die letztlich zu ihrem eigenen Untergang beitragen sollten.

Von entscheidender Bedeutung für die Entwicklung der modernen Staatstheorie ist das Werk des adligen Baron de Montesquieu (1689–1755), »L'esprit des lois« (»Geist der Gesetze«, 1748). Nach seiner Theorie der Gewaltenteilung sollte die Teilung der Macht in eine exekutive (König), legislative (Parlament) und richterliche Gewalt (von König und Adel unabhängige Richter) die Kontrolle der Staatsmacht sichern und ihren Mißbrauch verhindern.

Ein zentrale Rolle bei der Entfaltung und Verbreitung der Aufklärung spielte Voltaire (eigentlich François-Marie Arouet, 1694 bis 1778). Er führte mit seinen Schriften (die alle literarischen Gattungen seiner Zeit umfaßten) und durch sein persönliches Engagement einen konsequenten Kampf gegen Fanatismus und Intoleranz, Dummheit und Anmaßung der Herrschenden. Er prangerte die königliche Willkür bei Verhaftungen an, forderte die Abschaffung der Folter und der Todesstrafe, verurteilte den Sklavenhandel und verlangte das Recht auf freie Meinungsäußerung. Trotz seiner Ablehnung der absolutistischen Willkürherrschaft sah er in einem aufgeklärten, d.h. nach den Gesetzen der Vernunft regierenden Monarchen die beste Gewähr für die Sicherung von Freiheit und Toleranz innerhalb des Staates (»Le siècle de Louis XIV.«, 1751). Das Volk hielt er für unfähig, sich selbst zu regieren, politische Rechte gestand er allein den Besitzenden zu. Die Forderung nach Freiheit der Menschen war bei Voltaire noch nicht notwendig mit der Vorstellung von ihrer natürlichen Gleichheit verbunden und mußte deshalb in den Grenzen der vorhandenen sozialen Ungleichheit befangen bleiben (→ S. 158 f.).

Die Ursachen für die Ungleichheit der Menschen erkannte Jean-Jacques Rousseau (1712–1778) in der Entwicklung des Privateigentums (»Discours sur les origines et les fondements de l'inégalité parmi les hommes«, 1754): Von Natur aus sind die Menschen frei, gleich und gut. Erst die Arbeitsteilung führt zu gegenseitiger Abhängigkeit, die private Aneignung von gemeinsamem Gut zur sozialen Ungleichheit der modernen Gesellschaft. Um den Menschen im gegenwärtigen Zustand dennoch ein Höchstmaß an Gleichheit und Freiheit zu sichern, ist eine Form des Zusammenlebens zu entwickeln, in der die Rechte des einzelnen durch das gemeinsame Interesse aller geschützt werden. Dies ist der »Gesellschaftsvertrag« (»Le Contrat social«, 1762). Danach geht alle Macht vom Volke aus (Theorie der Volkssouveränität). Der Staat entsteht durch eine Vereinbarung unter den Menschen, um das Allgemeinwohl im Interesse aller sicherzustellen. Grundbedingungen für das zufriedene Zusammenleben der Menschen sind nach Rousseau Freiheit, Gleichheit und Unantastbarkeit des Eigentums. Die letzte Forderung steht in Widerspruch zu der Erkenntnis, daß Privateigentum die Ursache sozialer Ungleichheit ist. Dieser Widerspruch lebt fort in der Französischen Revolution, die letztlich die bürgerlich-demokratische Republik samt ihrer auf der Eigentumsverteilung beruhende Ungleichheit schaffen wird, deren konsequenteste Vertreter (François Babeuf, 1760–1797) jedoch für die Abschaffung des Privateigentums eintreten.

Als wirksamstes Sprachrohr für die Ideen der Aufklärung muß die von Diderot und D'Alembert herausgegebene »Enzyklopädie oder Kritisches Lexikon der Wissenschaften, Künste und Handwerke« (»Encyclopédie ou dictionnaire raisonné des sciences, des arts et des métiers«, 1751–1780) gelten. Diderot (1713–1784), der führende Kopf des Unternehmens, wurde mehrfach wegen seiner atheistischen und materialistischen Ansichten verfolgt (→ S. 160 f.). Er widerlegte die Vorstellung von einer göttlichen Weltschöpfung (»Lettres sur les Aveugles«, 1749) und erkannte im Wesen der Materie die Bedingungen für die Entstehung der Welt (»Le rêve d'Alembert«, 1769). Im Gegensatz zu den sogenannten »mechanischen Materialisten« wie Lamettrie, Holbach und auch noch Helvétius, die einen qualitativen Unterschied der verschiedenen materiellen Erscheinungsformen nicht kennen, nahm Diderot die Möglichkeit der Höherentwicklung der Materie an. Die materialistischen Anschauungen Diderots prägten auch seine ästhetischen Theorien. Er erwartete vom Theater die Aufdekkung →sozialer Mißstände und Konflikte. Gleichzeitig sollte es dem Publikum ermöglichen, sich mit den handelnden Personen gefühlsmäßig zu identifizieren, d.h. auch Gefühle in entsprechender Form zur Darstellung bringen. Durch ein natürliches Empfinden für das Gute und Schöne kann der Zuschauer (Leser) in einem dargestellten Konflikt spontan Partei ergreifen. Echte, mitreißende Gefühle finden sich jedoch nicht unter den Vertretern der Aristokratie, die sich eher durch Verstellungskunst und Frivolität auszeichnen. So gewinnt die von Du Bos entwickelte Gefühlsästhetik in Diderots Theorie eine revolutionäre Perspektive: Die bürgerliche Klasse lernt, sich mit sich selbst und über sich selbst mit dem Volk zu identifizieren und zugleich im Standeskonflikt den Feind klar zu benennen und zu bekämpfen (vgl. Beaumarchais [→ S. 162 f.]).

Eine zentrale Rolle bei der Entwicklung und Artikulation des bürgerlichen Selbstverständnisses spielt der *Roman.* Die frühen Romane des 18. Jahrhunderts zeichnen sich durch eine Hinwendung zu wenig heldenhaften, ›menschlichen‹ Gestalten aus, deren Seelenleben genau unter die Lupe genommen wird. Schon bei Lesage (1668–1747) ist der widersprüchliche Charakter des Gil Blas (Hauptfigur des gleichnamigen Romans, 1715–1735), der sich im Laufe seines Aufstiegs vom Diener zum erzbischöflichen Sekretär herausbildet, klar herausgearbeitet. In Marivaux' (1688–1763) Romanen kommt die psychologische Betrachtungsweise voll zum Durchbruch (»La vie de Marianne«, 1731–1741; »Le paysan parvenu«, 1735). Die Charaktere der einzelnen Figuren werden tief ausgeleuchtet und realistisch in ihren unterschiedlichen Schattierungen dargestellt.

Als Meisterwerk des psychologisch-analytischen Romans gilt Prévosts »Manon Lescaut«, die Geschichte von der leidenschaftlichen Liebe des adligen Chevaliers Des Grieux zu Manon, einem Mädchen von ›zweifelhaftem Lebenswandel‹ (»L'Histoire du Chevalier des Grieux et de Manon Lescaut«, 1733). Die Liebe erscheint hier als eine über die Standesgrenzen hinwegtreibende Macht, als verzehrende Leidenschaft, die alle Menschen in gleicher Weise ergreift. Unter den Romanautoren der 2. Hälfte des 18. Jahrhunderts sind besonders Diderot und Rousseau zu nennen. Diderot sieht im Roman, wie in der Komödie, eine Möglichkeit der Auseinandersetzung mit der gesellschaftlichen Wirklichkeit. Dabei geht es ihm nicht um die platte Abbildung der bestehenden Verhältnisse, sondern um die dynamische Beziehung zwischen den handelnden Personen und den Bedingungen, die ihr Handeln veranlassen. In dem Roman »Jakob und sein Herr« (»Jacques le Fataliste et son maître«, 1773) werden fast alle herkömmlichen Vorstellungen von einem Roman über den Haufen geworfen. Es gibt keine klare Handlungsführung, keine genauen Beschreibungen der Personen. Die Gestalt Jakobs wird lebendig in einer Fülle von Episoden, in denen sich die gesamte soziale Wirklichkeit des 18. Jahrhunderts entfaltet; sie wird lebendig in der Beziehung zu seinem Herrn, den es eigentlich nur gibt, weil Jakob Knecht ist. Im Handeln und Denken Jakobs wird – entgegen dem Schein der Unabänderlichkeit der Verhältnisse (Jakob ist Fatalist) – die Überflüssigkeit der Herren und das Selbstbewußtsein der Knechte deutlich.

Ganz anders erscheint das Verhältnis von Individuum und Gesellschaft in den Romanen Rousseaus. Rousseau geht von der Überzeugung aus, daß der Mensch von Natur aus gut und nur durch die fortschreitende Zivilisation verdorben worden sei. In dem Erziehungsroman »Emile oder Über die Erziehung« (»Émile ou de l'éducation«, 1762) schildert er die Erziehung eines jungen Menschen entsprechend seinen natürlichen Fähigkeiten und Begabungen. Äußerliche Maßstäbe des Verhaltens, wie Konventionen und Standesgesetze, sind ersetzt durch ein scheinbar von Natur aus gegebenes inneres Wertsystem. Emile lernt, sich mit der Natur praktisch auseinanderzusetzen und unter Verzicht auf die Errungenschaften der Zivilisation mit den Produkten der Natur zufrieden zu sein. Der revolutionäre Charakter dieses Romans, der gleich nach seinem Erscheinen verboten wurde, besteht in der Alternative, die Rousseau der bestehenden Gesellschaft entgegenhält. Diese Alternative barg jedoch zugleich die Gefahr, als Rechtfertigung für den Verzicht auf eine Auseinandersetzung mit gesellschaftlichen Verhältnissen, die die Entfaltung des Menschen behindern, dienen zu können. Verlagerung der menschlichen Entfaltung in das Reich der Seele, Rückzug aus unerträglichen gesellschaftlichen Situationen in die Einsamkeit der Natur – das sind Motive, die heute noch (z. B. in zahlreichen Filmen) zum Tragen kommen, um den berechtigten Wunsch der Menschen nach besseren Lebensverhältnissen von der Realität der bürgerlichen Klassengesellschaft abzulenken.

Die deutsche Literatur

Innerhalb des deutschen Sprachraumes entwickelt sich die Literatur weit uneinheitlicher als im zentralistischen Frankreich, auch weniger systematisch als in England. Vor allem fällt, analog der politischen und wirtschaftlichen Entwicklung, die erhebliche Verspätung auf, mit der die Themen der Religions- und Adelskritik in die Literatur eintreten. Bis ins 19. Jahrhundert leidet Deutschland unter den Folgen des Dreißigjährigen Krieges. Die Kleinstaaterei mit ihren vielen Binnengrenzen und -zöllen hemmt die wirtschaftliche und politische Entwicklung. Es gibt kein Zentrum, das maßgeblich die sprachliche und literarische Kultur bestimmen könnte. Neben einer →disparaten Rechtsverfassung und Gerichtsbarkeit findet sich ein zersplittertes Schul- und Erziehungssystem. Der Grundsatz des Westfälischen Friedens »Cuius regio eius religio« (= der jeweils regierende Fürst bestimmt die Konfession seiner Untertanen) erschwert eine Überwindung der →Orthodoxie durch religionskritische Aufklärung. So bleibt bis ins zweite Drittel des 18. Jahrhunderts auch die Literatur provinziell. Gegenüber den größeren Höfen des Absolutismus bilden sich seit dem Ende des 17. Jahrhunderts verstärkt Sonderinteressen des Stadtbürgertums, vor allem des protestantischen, und der ländlichen Grundbesitzer heraus. Sie finden ihren ideologischen Ausdruck und ihre theoretische Rechtfertigung in den Bewegungen des →Pietismus und Physiokratismus. Der Pietismus stellt sich in Gegensatz zur Orthodoxie der Landeskirchen und begründet in seinen Gesprächszirkeln Ansätze demokratischer Formen. Sein Hauptvertreter ist August Hermann Francke (1663–1727), sein Zentrum Halle. Durch praktische Frömmigkeit, durch die Beobachtung und Beschreibung der eigenen Willens- und Gemütsregungen fördert der Pietismus die Wertschätzung des Individuums und die Kultur des Gefühls. Dies schlägt sich literarisch nieder in der Form der →Autobiographie, der sich ausweitenden Briefkultur und im späteren empfindsamen Roman. Den Bedürfnissen des aufstrebenden Bürgertums entspricht der Pietismus in der Einrichtung von Kinder- und Realschulen, in denen Naturwissenschaft und Handwerk gelehrt und in denen statt des Latein die deutsche Sprache vermittelt wird.

Der **Physiokratismus,** aus Frankreich stammend, kümmert sich um die Verbesserung der Landwirtschaft durch →Rationalisierung von Anbau und Ernte, durch Anwendung erster naturwissenschaftlicher Erkenntnisse auf den Agrarbereich und durch die Ausbildung der Landwirte. Er fordert eine Verselbständigung des Landadels gegenüber der feudalen partikularen Gewalt und trägt selbst zu dieser Verselbständigung bei. Die Zentralgewalt wird favorisiert, ein Umstand, der sich noch später in Werken spiegelt wie in Goethes »Götz«, Schillers »Wilhelm Tell« oder auch Beethovens »Fidelio«, in welchen die zentrale – kaiserliche oder königliche – Gewalt von der Kritik ausgenommen bleibt. Am wichtigsten für die Aufklärung ist der Physiokratismus durch die Bauernaufklärung: Die kleinen Landadligen mußten darauf sehen, daß zur Ertragssteigerung – besonders gegenüber der ausländischen Konkurrenz und gegenüber der beginnenden manufakturellen Erzeugung – ihre Produkte durch besser ausgebildete Landwirte, Viehzüchter sowie einfache Bearbeiter von Landprodukten (Wolle, Honig, Töpfereiwaren u. ä.) ihren Marktwert behielten. In diesem Zusammenhang entstehen viele, z. T. von den Grundbesitzern selbst, z. B. von Friedrich Eberhard von Rochow (1734–1805), für ihre eigenen Bauern und Kleinhandwerker verfaßte Lese- und Lehrbücher.

Vor allem von Holland, England und Frankreich her wirken der Spinozismus und der →Deïsmus auf Deutschland ein. Mit dem Spinozismus entwickelt sich ein naturrechtliches Denken und beginnen republikanische Ideen Fuß zu fassen (→S. 240). Durch den vor allem aus Frankreich kommenden Deïsmus (Voltaire) wird die Trennung von Staat und Kirche gefordert, werden Denkfreiheit und Förderung der Naturwissenschaft initiiert. Auch von hier gehen Impulse aus für eine natürliche, nicht mehr religiös begründete Sittenlehre und eine rationale, nicht mehr theologisch fundierte Volksbildung. Erste Ansätze zu einer Bibel- und Dogmenkritik, zu historischer und philologischer Forschung sind mit Spinozismus und Deïsmus im Verein mit pietistischen Anregungen gemacht. Die genannten Strömungen verbinden sich in der ersten Hälfte des 18. Jahrhunderts mit der frühen deutschen Aufklärungsphilosophie, wie sie von Samuel Pufendorf (1632–1694), Christian Thomasius (1655–1728) – beides Vertreter einer natürlich begründbaren Ethik – und von Gottfried Wilhelm Leibniz (1646–1716), dem universalen Naturwissenschaftler, Historiker, Mathematiker und Staatsrechtler, entwickelt wird. Ihr Ziel ist die Durchsetzung bürgerlicher Freiheiten, einer rationalen Ausbildung und einer »natürlichen« Wissenschaft. Angestrebt wird ein aufgeklärter Absolutismus, der insbesondere eine Stärkung der Zentralgewalt gegenüber der Willkür partikularer Feudalmacht beinhalten soll. Auch die deutsche Popularphilosophie ordnet sich diesem Ziel unter. Ihre Hauptvertreter sind Christian Wolff (1679–1754), sein Schüler Johann Christoph Gottsched (1700–1766) und Moses Mendelssohn (1729–1786).

Die erste Phase der Aufklärung

In drei Phasen der literarischen Entwicklung spiegelt sich die Emanzipation des Bürgertums im Zeitalter der Aufklärung. Die erste Phase von 1680 bis ungefähr 1725 bringt einen bedeutsamen Wechsel, was die Auftraggeber und das Publikum der Literaten in Deutschland angeht. Die Höfe orientieren sich zunehmend nach Frankreich und Italien, entfallen also als Auftraggeber für deutsche Schriftsteller. Diese Funktion geht ans Bürgertum über. Bürgerlich bedeutet jetzt aber soviel wie un- und antihöfisch, allerdings unter Ausschluß der unteren Klassen: der niederen Handwerker, Bauern, Tagelöhner. Der Adel wird nach abstrakten oder christlichen Moralnormen kritisiert. Eine grundsätzliche Kritik am Adelssystem findet nur sehr eingeschränkt und bei einzelnen Schriftstellern statt. So bleibt auch im Schauspiel dieses Zeitraums die Ständeklausel durchweg erhalten, was bedeutet, daß der Bürger im Trauerspiel als höchster Gattung allein in niederkomischen Rollen, als Hauptfigur nur in der Komödie auftreten darf. Christian Weise (1642–1708) wirkt durch volkstümliche Stoffe in seiner Lyrik und seinen grobschlächtig moralisierenden Schuldramen für die Entwicklung des bürgerlichen Gesellschaftsdramas. In seinen satirischen Lustspielen brandmarkt Christian Reuter (1665 bis ca. 1712) aristokratische Beschränktheit, aber auch die Sucht von Bürgern, sich adligen Lebensformen anzugleichen. Neben seinen satirischen Dramen um die »Frau Schlampampe« (1695/96) und den »Grafen Ehrenfried« (1700) ist Reuters Schelmen- und Reiseroman »Schelmuffsky« (1696/97) ein kräftiges Zeugnis derber bürgerlicher Adels- und Religionskritik. Johann Christian Günther (1695–1723) bezweifelt in seinen Gedichten die von Kirche und absolutistischem Regime verbreitete Orthodoxie und feiert in saftigen erotischen Liedern die irdische Existenz des bürgerlichen Individuums. Dichtung ist zu dieser Zeit meist ein »Werk der Nebenstunden«, von Studenten, Geistlichen und Beamten ohne Hoffnung auf großen finanziellen Entgelt ausgeführt und oft genug mit satirischen Hieben auf die weiter zu Fürstenlob im Fürstensold schreibenden Hofpoeten gewürzt.

In Hamburg entwickeln sich früh eine bürgerliche Oper und ein Nationaltheater, d.h. eine nicht französisch-, sondern deutschsprachige Bühne. Zudem kommt es hier über die wirtschaftlichen Beziehungen zu England auch zur Entstehung von »Moralischen Wochenschriften« nach dem Vorbild der englischen Zeitschriften »Tatler« und »Spectator«. Die Zeitschriften »Der Vernünftler« und »Der Patriot«, beide in Hamburg erscheinend, machen die bürgerlichen Tugenden des Fleißes, der Sparsamkeit und des nüchternen Kalküls publik, erzählen von politischen Vorgängen innerhalb und außerhalb Deutschlands, informieren über neue Entwicklungen in Wissenschaft und Technik. Die Universitätsstadt Leipzig, das zweite Zentrum deutscher Literaturentwicklung in dieser Phase – Reuter und Günther wirken dort – wird bekannt als Druck- und Vertriebsort zahlreicher wissenschaftlicher Zeitschriften. Hier hat auch die Wanderbühne ihre bedeutendste Stätte.

Die zweite Phase

Leipzig und Hamburg bleiben entscheidende literaturgesellschaftliche Zentren auch in der zweiten Phase der deutschen Aufklärung. Diese Phase reicht von 1725 bis zum Beginn der 60er Jahre. Neue Städte treten dazu: Bremen, Halle und die Schweiz mit den Orten Zürich und Bern. Es ist kein Zufall, daß gerade die Schweiz mit ihrer dem übrigen deutschsprachigen Raum gegenüber fortschrittlichen, nämlich republikanischen, Verfassung seit den 30er Jahren die literarische Entwicklung kräftig und progressiv beeinflußt. Von französischer Seite (Mirabeau dem Älteren) angeregt, wird in Bern zur Verbesserung des Landbaues eine Physiokratische Gesellschaft gegründet, an der Dichter wie Vincenz Bernhard Tscharner (1728–1778) und der während der 50er Jahre in der Schweiz weilende Christoph Martin Wieland (1733–1813), später Prinzenerzieher in Weimar, lebhaften Anteil nehmen (→ S. 174 f.). In diesem Kreise gedeiht die pragmatische Dichtung, vor allem die Gattung des Lehrgedichtes. In dieser typisch aufklärerischen Form von Dichtung verständigt sich das Bürgertum über sein neues moralisches Weltverhältnis, über Fragen der Astronomie und Medizin, auch – im Anknüpfen an antike Traditionen (bei Lukrez und Vergil → S. 60 f.) – über Fragen der Landbestellung oder des menschlichen Zusammenlebens unter verschiedenen gesellschaftlichen Bedingungen. Den neuen Inhalten bürgerlichen Denkens und Wissens und den neuen politischen Tendenzen wird in der Lehr-Dichtung die Weihe des Ästhetischen gegeben, was zu einer Erhöhung bürgerlichen Selbstbewußtseins beiträgt. Orte, in denen außerhalb der Schweiz und z.T. durch die Schweizer beeinflußt, die didaktische Gattung angebaut wird, sind Hamburg, wo der umständlich beschreibende und moralisierende Gotthold Hinrich Brockes (1680–1747) und der elegante Lieder- und Fabelmacher Friedrich von Hagedorn (1708–1754) dichten, Göttingen, wo Haller lange Jahre als Medizinprofessor wirkt, und Leipzig, wo Gottsched residiert. Zwischen letzterem und den Schweizern Johann Jakob Bodmer (1698–1783) und Johann Jakob Breitinger (1701–1776) aus Zürich spielt sich in den 40er und 50er Jahren die erste deutsche Literaturfehde ab. Gottsched, ein Schüler und Popularisator Wolffs (»Erste Gründe der gesamten Weltweisheit«), ist die im guten wie bedenklichen Sinne prägende Gestalt der mittleren Aufklärungsperiode. Der Leipziger Universitätslehrer, zeitweilig auch Rektor, macht sich um die deutsche Sprach- und Redekunst verdient, dringt auf allgemeine Standards in Wortwahl, Grammatik und Lautung und will den künstlerischen Geschmack durch die Übersetzung und Nachahmung klassizistischer französischer Dramen verbessern. Der von ihm gegründeten Wochenschrift »Die vernünftigen Tadlerinnen« und dem, schon programmatisch benannten, »Biedermann«, gleichfalls einer Wochenschrift, geht zur Seite die im engeren Sinne künstlerische Tätigkeit des Dramatikers Gottsched. Sein berühmtestes Werk, »Der sterbende Cato« (1730–1732), stellt ein Muster altrömischen Bürgersinns vor. Dichtung hat nach Gottsched belehrende und erziehende Funktion; die Erfindung der das Kunstwerk begründenden →Fabel hat sich an einem moralischen Grundsatz zu orientieren, der bürgerliches Ordnungs- und Erwerbsstreben leitet. Daß Gottsched hier des Guten zuviel tat, indem er die Dichtung auf moralischen pädagogischen Pragmatismus reduzierte, ersieht man aus seiner Interpretation von Homers »Odyssee«: Er las sie als pädagogische Warnung an Hausherren, ihr Anwesen nicht allzu lang nur der Ehefrau zu überlassen. Der »Versuch einer critischen Dichtkunst« (1730), welcher derartige Thesen vorträgt, bedeutet gleichwohl einen tüchtigen Schritt vorwärts in der rationalen und historischen Begründung der Dichtung und ihrer einzelnen Formen und Gattungen. Die moralkritisch-philiströse Grundhaltung indes provoziert neben Gottscheds Orientierung am französischen Muster die Kritik der beiden Züricher Professoren J. J. Bodmer und J. J. Breitinger. Denn diese suchen das Vorbild der deutschen Literatur in der bürgerlichen Literatur Englands, vor allem bei Milton. Die Gattungsregeln und Formabgrenzungen wünschen sie lockerer gehandhabt als Gottsched, insbesondere aber räumen sie der Emotion und der Phantasie ein beträchtliches Recht in der Poesie ein. Damit leisten sie gegenüber einem rigoristischen Nachahmungs- und Nützlichkeitsethos den Gattungen der →odischen Lyrik, der Idylle, der Götter- und Tierfabel gute Entwicklungsdienste. Durch Salomon Geßner (1730–1788), ebenfalls aus Zürich, erhält die Idylle ihre für das mittlere 18. Jahrhundert charakteristische Form: die Verbindung →arkadischer, biblischer und ländlich-lokaler Zustände, Szenen und Personen ergibt das Bild einer schönen Welt, der gegenüber aktuelle Mißstände des Feudal-, aber auch schon des städtischen Bürgerwesens der Kritik preisgegeben sind. Albrecht von Hallers großes Beschreibungsgedicht »Die Alpen« (1729) ist in diesem Sinne ein Vorgänger aufklärerischer Idyllendichtung. Als ein weiterer Vertreter dieser Gattung ist Ewald von Kleist (1715–1759) zu nennen, dessen »Frühling« das einfache Leben des Bauern dem lasterhaften Leben am absolutistischen Hof konfrontiert. Umfassendere Gesellschaftskritik als in der ersten Phase der Aufklärung meldet sich auch in der Utopie an, so vor allem in der »Robinsonade« von Johann Gottfried Schnabel (1692 bis um 1750), den »Fata einiger Seefahrer ...« (→ S. 146ff.). Der für die Entwicklung der moralischen Tierfabel – daneben auch für die Ausformung des empfindsamen Romans, des gefühligen Briefes und des Kirchenliedes – wichtigste Mann ist Christian Fürchtegott Gellert (1716–1769), wie Gottsched Professor in Leipzig. Goethe hat seine Schriften »das Fundament der deutschen sittlichen Kultur« genannt, und man findet in der Tat kaum irgendwo einen vollständigeren Katalog bürgerlicher Moralnormen als in Gellerts Fabeln. Im pietistischen Zentrum etabliert sich um Emanuel Jakob Pyra (1715–1744) und Samuel Gotthold Lange (1711–1781) der Hallenser Dichterkreis. Freundschaft und Tugend bilden nicht nur das Thema seiner Lieder, sie sind Elemente einer bürgerlichen Gefühlskultur, die den kleinen moralischen Zirkel als Gegenwelt zur glatten Etikette der Höfe vorleben will. Die etwas jüngeren Johann Wilhelm Gleim (1719–1803) Johann Peter Uz (1720–1796) und Johann Nicolaus Götz (1721–1781) feiern unter dem Namen des Griechen Anakreon und des Römers Horaz das kleine Glück im Winkel, den Genuß von Freundschaft, Liebe und Wein, wobei mehr Rückzug und Resignation gegenüber der politischen Misère Deutschlands (Schlesische Kriege und Siebenjähriger Krieg) als satirisch-kontrastive Kritik herrschen.

Die →**Ästhetik** erhält über die poetologischen Bemühungen Gottscheds und Breitingers hinaus ihre erste systematisch-deduktive Fassung in der »Aesthetica« (1750) Alexander Gottlieb Baumgartens (1714–1762) und in seines Schülers Georg Friedrich Meier (1718–1777) »Betrachtungen über den ersten Grundsatz aller schönen Künste und Wissenschaften« (1757). Diese Werke bedeuten einen vorläufigen Höhepunkt in den Bemühungen, Literatur nach den Prinzipien von Natur-, Geschichts- und analytischen Wissenschaften zu verstehen, sie aus dem Dienst des Fürstenlobs zu lösen und didaktisch gezielt für die moralische und technische Unterweisung des aufstrebenden Bürgers einzusetzen. Überwunden ist in ihnen auch die barocke Vorstellung der Dichtung als eines gelehrten Spiels. Im ganzen 18. Jahrhundert bleibt diesem Literaturabschnitt der Name eines ›goldenen Zeitalters‹.

Die dritte Phase

Ein Anwachsen des Lesepublikums und damit eine beträchtliche Ausweitung von Buchhandel und Zeitschriftenliteratur leitet in den 60er Jahren die dritte Phase der Aufklärung ein. Es bilden sich Lesegesellschaften und Leihbibliotheken in größerer Anzahl, 1765 wird in Leipzig die erste Buchhändlergesellschaft gegründet. Manche Autoren, so Friedrich Nicolai (1733–1811) und einzelne Philantropen, betätigen sich zugleich als Verleger, Buchhändler und Editoren von Zeitschriften; sie sichern damit ihre Existenz ebenso, wie sie die Durchsetzung bestimmter philosophischer und literarischer Richtungen auf wirtschaftliche Weise betreiben können. Es tritt erstmals jetzt der ›freie Schriftsteller‹ auf. Zugleich bemerkt man ein Aufwuchern des die frühkapitalistische Moral bezeichnenden Raub- und Nachdruckwesens. Die literarische und politische Diskussion wird intensiver und erhält Organe, die ihre Wirkung im ganzen deutschen Sprachraum entfalten. Genannt seien Nicolais »Bibliothek der schönen Wissenschaften und der freien Künste«, seine »Briefe, die neueste Literatur betreffend» (zusammen mit Lessing und Mendelssohn) und die »Allgemeine deutsche Bibliothek«; Heinrich Wilhelm Gerstenbergs (1737–1823) »Briefe über Merkwürdigkeiten der Literatur«; die zeitweilig von Herder, Goethe, Johann Heinrich Merck (1741–1791) geleiteten »Frankfurter Gelehrten Anzeigen« und Wielands »Teutscher Merkur«. Nicht zu vergessen ist die erste Blüte des →Almanachwesens, wobei hier nur der »Göttinger Musenalmanach« der →Hainbündler Johann Heinrich Voß (1751–1826) und Christian Boie (1744–1806) sowie der »Schwäbische Musenalmanach« von Gotthold Städlin (1758–1796) erwähnt seien. In den Beiträgen der genannten →Genres und Organe, wie auch in den jetzt zu literarischem Rang und wissenschaftlicher Ernsthaftigkeit aufsteigenden historischen Darstellungen – etwa Justus Mösers (1720–1794) »Osnabrückischer Geschichte« und Johannes von Müllers (1752–1809) »Geschichte der Schweizerischen Eidgenossenschaft« – und in geographisch-soziologischen Reisebeschreibungen – am weitesten wirkend Friedrich Nicolais »Beschreibung einer Reise durch Deutschland und die Schweiz« – manifestiert sich eine verstärkte historische und moralische Reflexion der herrschenden Ständegesellschaft und wird die bürgerliche Emanzipation aus adliger und klerikaler Vormundschaft vorangetrieben. Der Konflikt zwischen Adel und Bürgertum findet auch auf der Bühne verschärften Ausdruck, wo Gotthold Ephraim Lessing (1729–1781) in »Emilia Galotti« (1772), Jakob Michael Reinhold Lenz (1751–1792) in den »Soldaten« (1776), etwas abgewandelt auch Friedrich Schiller in »Kabale und Liebe« (1782) das Tragödienschema von Tugend und Laster durch den Zusammenstoß von adliger Verderbtheit und bürgerlicher Unschuld konkretisieren: am Beispiel der Verführung und Vernichtung von Jungfrauen aus dem dritten Stand durch aristokratische Buhler. Kühn und neu ist zugleich, daß mit Lessings »Minna von Barnhelm« (1767) der Adel zum Personal eines Lustspiels gemacht wird. Auch im Persönlichen kommt es gelegentlich zu Zusammenstößen zwischen Hof und bürgerlichen Dichtern – genannt sei der Konflikt zwischen Herder und dem Bückeburger Hof –, die ein gesteigertes Selbstbewußtsein der in höfischem Dienste stehenden bürgerlichen Literaten offenbaren. Noch grundsätzlicher zeigt sich die Gegnerschaft von Hof und erstarkender bürgerlich-nationaler Kultur in der Auseinandersetzung zwischen Friedrich II. von Preußen – er achtet weder Lessing noch Winckelmann für würdig, Stellen an seinem Hofe zu bekleiden – und den deutschen Dichtern und ihren Fürsprechern. Hier führt Justus Möser mit seiner Schrift »Über die deutsche Sprache und Literatur« (1781) den Chor derer an, die auf des preußischen Königs arrogante und ignorante Abkanzelung der deutschen Schriftsteller (»De la littérature allemande«) vom Jahre 1780 antworten. Die nationale Frage erhält hier mit der Frage nach einer deutschen Nationalliteratur ihre volle Relevanz. Sie ist nicht →chauvinistisch gewendet wie später in der anti- und nachnapoleonischen Geschichtsphase, sondern gegen die sich französisch gerierende absolutistische Hofkultur und selbstsüchtige Kabinettspolitik der zahlreichen deutschen Fürstentümer gerichtet; ›antifranzösisch‹ ist, im →»Sturm und Drang« wie beim →»Göttinger Hain« oder im →»Schwäbischen Kreis« um Stäudlin und Christian Schubart (1739–1791) durchgehend als ›antiabsolutistisch‹ zu lesen. Schon Lessings Polemik gegen den französierenden Gottsched und sein Verweis auf die den Deutschen nähere englische Kultur (vor allem Shakespeare und Marlowe), auch auf die Volkstraditionen, lassen sich diesem polemischen Schema einordnen (→ S. 168 ff.). Auf Volkstraditionen greift auch Johann Gottfried Herder (1745–1803) zurück: Er sammelt Lieder, Balladen und Fabeln aus Schichten der Bauern, Handwerker und Tagelöhner – nicht nur des deutschen Bereichs –, um durch die Aufwertung dieser Literatur der rechtlosen Bevölkerungsschichten, besonders auch der durch die deutsche Kolonisation im Osten unterdrückten slawischen Leibeigenen, die Selbstbewußtwerdung und Emanzipation des vierten Standes zu fördern. Herder bereitet damit die Wendung zu den plebejischen Schichten vor, die in seiner und der nachfolgenden Generation die radikaldemokratischen Schriftsteller des »Sturm und Drang«, des »Göttinger Hains« sowie die Schwaben in der Nähe Schubarts, Stäudlins und Wilhelm Ludwig Wekherlins (1739–1792) vollziehen. Der Kampf gegen die territorial-absolutistische Staatsverfassung schafft sich besonders durch Herder seine geschichtsphilosophische Legitimation im Gedanken einer gesetzmäßig voranschreitenden Entwicklung zu mehr Vernunft, Toleranz und Humanität. Dabei werden Gedanken fortgeführt, die Lessing in seiner »Erziehung des Menschengeschlechts« (1780), in »Nathan der Weise« (1779) und in seinem bibel- und dogmenkritischen Streit mit dem orthodoxen Hamburger Hauptpastor Goeze (1777 ff.) formuliert hatte und die gleichzeitig Allgemeingut der in Deutschland verbreiteten Freimaurer-Gesellschaften wurden. Die Vorstellung des historischen Fortschritts verbindet sich mit dem Postulat des →»Naturrechts«, das dem verjährten Rechtstitel der historisch →tradierten aristokratischen Sonderstellung entgegengesetzt wird. Die naturrechtliche Argumentation verstärkt ihrerseits die Naturschwärmerei einiger radikal-aufklärerischen Bewegungen – wie des »Sturm und Drang« und des »Göttinger Hain« –, die in der Natur, so z. B. im Wald – ein programmatisches Gegenbild zum absolutistischen Regiment erblicken und die dichterisch ihr Naturgefühl mit der kalten Etikette des Hofes konfrontieren.

Auch der »Genie«-Kult, der die 70er Jahre beherrscht, hat seine politische Komponente und trägt, auf dem Nebenfeld der Kunst, zur bürgerlichen Selbstfindung bei. Dem Rang der Geburt wird der geistige Adel dessen gegenübergestellt, der vermöge seiner Kraft und Natur zu schaffen vermag; Shakespeare vor allem wird zum Symbol für eine unabhängig von angeerbter →Nobilität – und gegen sie – schaffende göttliche Potenz; aus dieser Annahme einer allgemein menschlichen Grundkraft schöpft das Bürgertum den Mut, die Privilegien des Adels zu relativieren. Daß dabei die Kunst ein Ersatzfeld für den direkten politischen Kampf ist, zeigt sich später, als mit Beginn der Französischen Revolution (1789) der »Genie«-Begriff gebräuchlich wird zur Benennung republikanisch-politischer Akteure, z. B. der Pariser Jakobiner und ihrer Vorbilder im antik-republikanischen Griechenland.

Johann Joachim Winckelmann (1717 bis 1768) begründet die klassische Archäologie und antike Kunstgeschichte. Er begreift den griechischen Stil als Ausdruck der freiheitlichen Verfassung des griechischen Staatswesens und spielt ihn aus gegen Rokoko und Barock als künstlerische →Widerspiegelungen absolutistischer Regierungsform. Damit begründet er in Kunst und Literatur eine Antike-Rezeption, die bei den Homer-Übersetzern Johann Voß und Leopold Graf von Stolberg (1715–1819), auch bei Friedrich Gottlob Klopstock (1724–1803) und Friedrich Hölderlin (1770–1843 → S. 182 f.) der Proklamation bürgerlich-humanistischer, auch republikanischer Ideale dient. Die Formen der Hymne und Ode, des →hexametrischen →Epos und des →Distichons wie auch antike Figuren und Mythologeme stehen im letzten Drittel des Jahrhunderts weitgehend für den Gedanken einer neuen politischen Ordnung, die sich an der Antike orientiert.

Die deutsche Aufklärung erlebt ihren philosophischen Höhepunkt im Werk des Königsberger Professors Immanuel Kant. In seiner Beantwortung der Frage »Was ist Aufklärung?« definiert er 1784: »Aufklärung ist der Ausgang des Menschen aus seiner selbstverschuldeten Unmündigkeit« und fordert vom Bürger den Mut, sich seines »Verstandes ohne Leitung eines andern zu bedienen«. Religion bestimmt Kant »innerhalb der Grenzen der bloßen Vernunft« als praktische Moral und bindet in seinem Hauptwerk, der »Kritik der reinen Vernunft« (1781) jede wissenschaftliche Aussage an die Bedingungen empirischer Gegebenheit. Freilich relativiert er die menschliche Erkenntnisfähigkeit durch den Nachweis, daß jedes Erkennen vorweg bestimmt werde durch die im Bewußtsein liegenden »apriorischen« Anschauungs- und Denkformen (Kategorien). Damit ist jeder dogmatischen Spekulation, die glaubt, über außerempirischen Gegenständen wie Gott, Seele, Unsterblichkeit zu intersubjektiv verbindlichen Aussagen zu kommen, der Boden entzogen. Die Französische Revolution bejahte Kant, bedeutete sie für ihn doch die Erfüllung seiner republikanischen Überzeugungen, besonders der in der Ethik (»Kritik der praktischen Vernunft«, 1788, »Grundlegung einer Metaphysik der Sitten«, 1786) niedergelegten →Maxime, daß der Mensch nie als Mittel, sondern stets als »Zweck« anzusehen sei.

In den letzten Jahrzehnten des 18. Jahrhunderts tritt der politische Gedanke der Befreiung des Bürgertums von adliger und klerikaler Vorherrschaft (Vormundschaft) immer beherrschender hervor. Er schlägt sich nieder in den Kategorien der →Poetik und →Rhetorik und prägt deren Definitionen und Zielbestimmungen des literarischen Werks. Daß der Kunst, und besonders der Literatur in Deutschland eine so ausgesprochen politische Aufgabe zufällt, rührt auch von der relativen Schwäche der deutschen Bourgeoisie auf dem ökonomischen Sektor her. Die Hauptgruppen des Bürgertums und die Mehrzahl seiner Stimmführer entstammen bis ins 19. Jahrhundert vorwiegend der unteren Beamtenschaft und dem niederen Klerus, also der »Ehrbarkeit«, deren Bildung und tägliches Tun zur literarischen Äußerung und Auseinandersetzung hinneigte. Literatur übte eine quasi stellvertretende oppositionelle Funktion gegenüber dem aristokratisch-absolutistischen Regiment aus. Als literarisches Thema und Prinzip erreicht die Befreiung des Bürgertums ihren bewußten politisch-literarischen Höhepunkt während der Französischen Revolution, vor allem in den Liedern, Satiren, Dramen, Katechismen und radikalen Flugschriften der deutschen Jakobiner. Auch die naturrechtlich-staatsphilosophische Diskussion erlebt in der scharfen Aktualisierung ihren Gipfel. Während die großen Weimarer Johann Wolfgang von Goethe (1749–1832) und Friedrich von Schiller (1759–1805) die Französische Revolution und ihre deutschen Auswirkungen distanziert und skeptisch betrachten und im Zeichen eines höfisch-bürgerlichen Kompromisses die humanistisch-→kosmopolitische Aufklärungsidee enklavenhaft kultivieren (am Hofe von Weimar), begrüßen viele deutsche Literaten von Rang – darunter Wieland, Klopstock, Herder und Voß – die französische Erhebung. Auch manche Romantiker machen sich in ihren Anfängen zu Anwälten des Sturms auf die Bastille – so z. B. Friedrich Schlegel (1772–1829) und Ludwig Tieck (1773–1853). Freilich führte der weitere Verlauf der Revolution – die →»Terreurs«, die Expansionspolitik des →»Directoire« und Napoleons Aufstieg – dazu, daß man resignativ in beschauliche Persönlichkeitsbildung flüchtete und zunächst einmal ästhetisch einer politischen Erneuerung vorarbeiten wollte wie einige der deutschen Klassiker, oder sich – wie die Romantiker Novalis (= Friedrich von Hardenberg, 1772–1801) und Friedrich Schlegel oder Adam Müller (1779–1829) restaurativ der mittelalterlichen Stände- und Glaubensordnung annahm. Auch Deutschtümelei historisierender und nach außen aggressiver Art wurde von den Romantikern an die Stelle bürgerlich-humanistischer Emanzipation gesetzt.

Es konnte nicht ausbleiben, daß die Literatur von den Herrschenden in Deutschland verdächtigt und beschuldigt wurde, dem revolutionären Wandel den Weg zu bereiten. Die Verfolgung oppositioneller bürgerlicher Schriftsteller ist in den 90er Jahren ebenso an der Tagesordnung wie der Versuch, die Dichtung vor den Karren spätfeudal-absolutistischer Politik zu spannen. In dieser Situation entstehen, zur Entschuldigung der Literatur wie zu ihrer Reinhaltung vor absolutistischer Indienstnahme, die →Theoreme von der Überparteilichkeit, Zweckfreiheit und ästhetischen Absolutheit der Dichtung.

Schriftsteller wie Schillers Freund Christian Gottfried Körner (1756–1831) und Wilhelm von Humboldt (1767–1835) retten in solche Bestimmungen hinein die humanistischen, kosmopolitischen und gegenhöfischen Elemente der Aufklärung – allerdings unter gleichzeitiger Aufgabe ihrer politisch kämpferischen Wucht.

Die neuen Definitionen regieren die Literatur der deutschen Klassik.

Ausschnitt

Jürgen Rathje

Racine · Phädra

»Phèdre« (Erstdruck Paris 1677)
Tragödie von Jean Racine (22. 12. 1639 – 21. 4. 1699)

»Verschiedene französische Tragödien sind sehr feine, sehr unterrichtende Werke, die ich alles Lobes wert halte; nur daß es keine Tragödien sind. Die Verfasser derselben konnten nicht anders als sehr gute Köpfe sein; sie verdienen zum Teil unter den Dichtern keinen geringen Rang; nur daß sie keine tragische Dichter sind; nur daß ihr Corneille und Racine, ihr Crébillon und Voltaire von dem wenig oder gar nichts haben, was den Sophokles zum Sophokles, den Euripides zum Euripides, den Shakespeare zum Shakespeare macht.« So Lessing 1768 in seiner Hamburgischen Dramaturgie.

Keiner europäischen Literatur verdankt das literarische Deutschland soviel wie der französischen, und das erklärt, warum seine Literatur sich so schwer und polemisch damit tat, sich von jener zu emanzipieren. Berechtigt war Lessings Polemik, solange ihre Argumente die Deutschen zu einem eigenständigen Theater ermutigen sollten. Seit aber danach mit den napoleonischen Kriegen ein deutscher →Nationalismus aufkam, der den freiheitlichen Nationalbegriff der französischen Revolution ablehnte und die so wesensverschiedenen deutschen Stämme im Haß gegen Frankreich zu einigen strebte, wurde Lessing unberechtigterweise zum Kronzeugen für die angebliche Unerheblichkeit der

»Phädra. Trauerspiel«, Friedrich von Schiller 1805. Hg. von Hermann Gmelin. Stuttgart 1969.
Lucien Goldmann, »Phaidra« in »Weltflucht und Politik«. Neuwied und Berlin 1967.

klassischen französischen Tragödie. Er hat das alles nicht mehr erlebt. Einem toleranten, weltoffenen Geist, wie er es war, hätte diese Entwicklung nur mißfallen können.

Wenn es in Frankreich eine Rolle gibt, die für eine Schauspielerin das ersehnte Ziel einer ruhmvollen Karriere bedeutet, dann ist es die der Phèdre in Racines gleichnamigem Stück:

Vor dem königlichen Palast in Troizen gesteht im ersten Akt Hippolyte seinem Erzieher Théramène die Absicht fortzuziehen, um seinen Vater Thésée, Athens König, zu suchen. Allerdings hat Hippolyte noch einen anderen Grund für sein Vorhaben: er möchte Aricie, eine junge athenische Prinzessin, fliehen, die am Hofe von Troizen auf Thésées Geheiß gefangengehalten wird und nicht heiraten darf. Der keusche Hippolyte ist verliebt.

Königin von Athen ist Phèdre, Hippolytes Stiefmutter. Sie macht ihrer Amme Œnone gegenüber Andeutungen, in abartige Gefühle verstrickt zu sein, die sie mit so schwerer Schuld belasteten, daß nur im Tod noch Hoffnung für sie sei. Als Œnone ungeduldig in sie dringt, gesteht Phèdre: Sie liebt ihren Stiefsohn Hippolyte.

Die Lage ändert sich mit der Nachricht, Thésée sei tot, Athen schicke sich an, einen neuen König zu wählen, sowohl Phèdres leiblicher Sohn als auch Hippolyte und Aricie hätten Aussichten, Hippolyte rüste schon zur Abreise. Da überzeugt Œnone Phèdre davon, daß die neue Lage sie jeder Schuld enthebe, daß es aus politischen Gründen nunmehr geradezu Phèdres Pflicht sei, am Leben zu bleiben.

Im zweiten Akt kommt es zur berühmtesten Szene des Stückes. Phèdre will eigentlich nur Hippolyte um Schutz für die Ansprüche ihres minderjährigen leiblichen Sohnes auf den athenischen Thron bitten. Aber die Selbstbeherrschung verläßt sie. Um Nachsicht gebeten gegenüber Phèdres vormalig abstoßendem Verhalten, zeigt Hippolyte indes Verständnis und bewirkt damit gerade die Enthüllung jener Empfindungen, die zu verbergen unvermindert heftige Schuldgefühle Phèdre gebieten. Vollends bloßgestellt durch Hippolytes kühle Zurückhaltung, bedrängt sie ihn, sie zu töten und entreißt ihm schließlich das Schwert. Da aber kommt auch schon das Gerücht auf, Thésée sei noch am Leben.

Das Gerücht bewahrheitet sich im dritten Akt. Da rät Œnone, vor Thésée zu behaupten, Hippolyte habe Phèdre nachgestellt. Als der König in Hippolytes Begleitung vor Phèdre erscheint, weicht diese vor ihm zurück, und Hippolyte gibt seinen Wunsch nach endgültiger Trennung von beiden zu verstehen.

Im vierten Akt nun klärt auf ihre Weise Œnone Thésée über die Hintergründe dieses seltsamen Empfanges auf: Hippolyte habe sich Phèdre unzüchtig genähert; mit dem – zurückgelassenen – Schwert habe er seinem Ansinnen Nachdruck verschafft. Thésées Zorn findet Hippolyte gleichwohl nicht unvorbereitet. Den Zusammenhang durchschauend, übt Hippolyte Selbstbeherrschung, und läßt die Beschuldigung auf sich beruhen. Thésée aber verjagt den Sohn und bittet Poseidon um Rache.

Im fünften Akt berichtet Théramène von Hippolytes schrecklichem Ende auf dem Weg nach Mykene. Natürlich hatte Poseidon Wort gehalten und ein so furchtbares Ungeheuer aus dem Meere tauchen lassen, daß Hippolytes Pferde, mit dem zerberstenden Wagen durchgehend, ihren stürzenden, sich in den Zügeln verfangenden Lenker zu Tode geschleift haben. Thésées Reue kommt zu spät. Phèdre aber vergiftet sich – sterbend gesteht sie Thésée die Wahrheit.

Unerbittlich beherrscht ein Gedanke das ganze Stück. Phèdre konnte tun, was sie wollte, um ihrer Pflicht treu zu bleiben und gegen die als unerlaubt empfundene Liebe zu Hippolyte anzugehen: Alle Tapferkeit war umsonst, schuldlos im tieferen Sinne des Wortes mußte sie dennoch schuldig werden. Denn gegen die Liebe als Leidenschaft vermag auch der beste Wille nichts.

Die Voraussetzungen zu diesem Konflikt hat Racine schon in dem uns überlieferten Hippolytos-Drama des Griechen Euripides (ca. 480–406 v. Chr.) angelegt gefunden. Er ist aber weitergegangen und hat die Liebe als solche zum Thema seines Stückes gemacht. Das war sie bei Euripides nicht, jedenfalls nicht so. Bei Euripides war es vielmehr um des Hippolytos' frevelhafte Nichtbeachtung der Liebe gegangen, und Phaidras liebeskranker Zustand, zumal einem Stiefsohn gegenüber, bedeutete etwas einseitig Abstoßendes, war eine von der Liebesgöttin ins Werk gesetzte Rache. Entsprechend gesteht die griechische Phaidra dem Hippolytos auch nicht ihre für das religiös gestimmte Publikum der griechischen Tragödie ohnehin schon schockierenden Gefühle. Ein solches Liebesgeständnis konnte Racine dagegen in einer römischen »Phaedra«, der des Seneca (55 v. Chr.–ca. 40 n. Chr.), finden, aber dort war es maßlos, Ausdruck einer rasenden Leidenschaft, welcher Phaedra haltloserweise über sich zu herrschen gestattete. Bei Racine gesteht Phèdre ihre Liebe auch selbst, aber sie tut es mit soviel innerem Widerstand, ist so sehr bemüht, ihre geheimsten, zudem als unerlaubt empfundenen Gefühle zu verbergen, daß diese Hemmnisse dem Geständnis eine unvergleichliche Schönheit verleihen, gleichzeitig aber deutlich werden lassen, wie radikal Phèdres Gewissen auf seinem Vorrecht besteht und dem Konflikt jeden Ausweg zu einem Kompromiß versperrt, so daß Racines »Phèdre« zu einer Tragödie des menschlichen Gewissens im eigentlichen, also beispielhaft-allgemeinen Sinn wird. Man verstehe recht: Nicht im Gedanken an den →Inzest, so entsetzlich er auch für Phèdre ist, liegt in ihren Augen das eigentlich Unerträgliche. Unerträglich ist ihr vielmehr das Bewußtsein, an sich selbst zu erleben, daß aller Wille umsonst ist, nachdem einmal die Leidenschaft von ihr Besitz ergriffen. Phèdre, eine tragische Persönlichkeit durch ihr Gewissen: das

ist eine bemerkenswerte Umdeutung der ursprünglich griechischen Heldin, und man hat darin schon früh die Originalität dieser Racineschen Tragödie erkannt.

Jean Racine wurde 1639 in La Ferté-Milon in der Champagne als Sohn eines Anwalts geboren. Er erhielt u. a. von 1655 bis 1658 eine vorzügliche Erziehung bei den Jansenisten von Port-Royal-des-Champs. Diese – eine damals bedeutende, innerhalb der katholischen Kirche oppositionelle Bewegung – lehrten, daß alles Leben und Handeln in Gesellschaft und Staat sündhaft und mit dem Leben eines wahren Christen unvereinbar sei, und standen damit im Widerspruch zum Machtbündnis zwischen Kirche und Staat, zumal da dieser kirchliche Pfründen als Belohnung an seine treuesten Diener verteilte und

Berühmter Höhepunkt des Dramas: Phèdre entreißt Hippolyte das Schwert (Stich nach Girodet-Trioson, 1801)

von den kirchlichen Würdenträgern neben ihrer geistlichen eine weltlich-soziale, teilweise auch politische und verwaltungsmäßige Tätigkeit verlangte (Goldmann). In Paris löst Racine sich vom Einfluß Port-Royals und gewinnt durch geschickte Ausnutzung persönlicher Beziehungen und kleinere wohlgezielte dichterische Versuche königliche Gunst und Pension. In Frankreich sind indessen die unabhängigeren Geister der ersten Jahrhunderthälfte nicht länger tonangebend, der Stern des großen Corneille verblaßt, eine jüngere, →konformistischere Generation setzt sich durch und mit ihr der Sinn für Regeln und Geschmack in Kunst und Benehmen. Racine – La Fontaine und Boileau freundschaftlich verbunden – galt seinen Zeitgenossen vor allem als Hof- und Weltmann, nicht in erster Linie als tragischer Dichter. Als sechste von fünf großen Tragödien scheint »Phèdre« (1677) das Ende seiner dramatischen Laufbahn zu bezeichnen. Racine wird königlicher Historiograph, begleitet Ludwig XIV. auf Feldzügen, nähert sich aber gleichzeitig wieder seinen alten Freunden von Port-Royal. Nach zwölf Jahren noch einmal Dichter zweier Tragödien, diesmal christlichen Inhalts, zieht er sich endgültig zurück. Er stirbt 1699 in Paris.

Gert Richter

Molière · Der Menschenfeind

»Le Misanthrope« (Uraufführung Paris 1666)
Komödie in Versen von Jean Baptiste Molière (15. 1. 1622 – 17. 2. 1673)

Der Held des Stückes: ein entschiedener Verfechter der Wahrheitsliebe, ein erbitterter Gegner der Heuchelei, ein Verächter des Kompromisses – demnach ein Narr, ein starrer Prinzipienreiter oder ein Heros der Selbstverleugnung?

Die Erkenntnis des Helden: Die Menschen sind oberflächlich, verlogen und boshaft, sind weder durch Vernunft noch durch gutes Beispiel zu bessern!

Dies ist gewiß eine bittere Aussage für ein Stück, das wir als eine der meisterlichsten »Komödien« der Weltliteratur zu bezeichnen gewohnt sind. Sein Verfasser Molière gilt uns als einer der ganz großen Komödienschreiber; daneben war er – was leicht vergessen wird – sicherlich einer der großartigsten Schauspieler seiner Zeit, ein Komiker von hohem Rang. Aus jeder Szene seiner Stücke sprechen Erfahrung und Begabung des Theatermannes.

Molière – mit wirklichem Namen Jean Baptiste Poquelin – stammte aus gutbürgerlichem Hause. Aber er verzichtete auf die Chancen, die ihm das vom Vater ererbte Amt eines »königlichen Hoftapezierers« bot, auf die Möglichkeiten, die ihm sein Jurastudium eröffnet hätte – er ging zum Theater. 1643 gründete er mit der befreundeten Schauspielerin Madeleine Béjart die Theatergruppe »L'Illustre Théâtre« in Paris; mit Rücksicht auf die Familie nannte er sich fortan Molière. Die Truppe hatte wenig Erfahrung, wenig Geld und infolgedessen wenig Erfolg. Zwölf Wanderjahre in der Provinz schlossen sich an, während derer Molière die zum Teil recht bittere Lektion des Wanderschauspielers und Theaterdirektors lernte, aber auch vielfältige Erfahrungen und Routine erwarb. 1658 erregte die Truppe die Aufmerksamkeit des Herzogs von Orléans, der sie unter seinen Schutz nahm und nach Paris zurückkehren ließ; wenige Jahre später gewann sie gar die Gunst Ludwigs XIV. selbst und durfte im Palais Royal spielen. Von da an begann für Molière eine wechselreiche Karriere als Hofdichter und »Maître de Plaisir« bei den königlichen Festlichkeiten. Er schrieb Farçen und Ballettstücke zur Unterhaltung des Hofes, tolle Lustspiele und nachdenkliche Komödien – als Schauspieler stand er unumstritten in der Gunst des Publikums, als Theaterdichter machten ihm Feindseligkeiten und Intrigen der →Hofkamarilla und der aristokratischen Gesellschaftskreise viel zu schaffen.

Daß Molière auch und vor allem als Theaterdichter ein Genie war – ein solches Urteil hätte bei den meisten seiner zeitgenössischen Zuschauer und Bewunderer einiges Kopfschütteln hervorgerufen. Eine Bemerkung des Theaterkritikers Nicolas Boileau, er halte Molière für den erlesensten Schriftsteller seiner Zeit, erstaunte Ludwig XIV. über alle Maßen. Goethe war einer der ersten, der den hohen Rang der molièreschen Theaterdichtung erkannte: »Molière«, sagte er zu seinem Sekretär Johann Peter Eckermann, »ist so groß, daß man immer wieder von neuem erstaunt, wenn man ihn wieder liest. Er ist ein Mann für sich, seine Stücke grenzen ans Tragische . . . Ich lese von Molière alle Jahre einige Stücke . . . denn wir kleinen Menschen sind nicht fähig, die Größe solcher Dinge in uns zu bewahren.« Goethe sprach als erster ein Urteil aus, das viele nach ihm, Literaturkenner und Theaterleute, bestätigten und bekräftigten. Wenn in Molières Stücken Komik und Tragik sich vermischen, so deswegen, weil sie die Zwiespältigkeit des menschlichen Charakters und die Widersprüchlichkeit der Gesellschaft sichtbar machen. In der Tat darf Molière als der Schöpfer der »Charakterkomödie« in der Weltliteratur gelten. Zwar verzichtet Molière in keinem seiner Stücke auf die Situationskomik des Lustspiels, wie man sie von der italienischen Stegreifkomödie, der →»Commedia dell' arte«, oder von den →Mantel- oder Degenstücken der Spanier her kannte, er nutzt vielmehr selbstverständlich die komödiantischen Möglichkeiten, die sich aus den auf Zufall beruhenden Verwicklungen und Verwechslungen und komischen Bedrängnissen traditioneller Figuren ergibt – aber recht eigentlich entwickelt sich die Komik und die Tragik seiner Stücke erst aus dem Charakter der Personen. Auch gute, selbst die besten Eigenschaften – so zeigt Molière immer wieder – können im Zusammenhang mit den Gesetzen und Konventionen der Gesellschaft lächerlich bis zur Tragik werden: So wird der herzensgute und glaubenseifrige Orgon im »Tartuffe« das leichte Opfer eines üblen Betrügers, der ihn durch seine geheuchelte Frömmelei narrt. Und wie närrisch, wie tragikomisch erst erscheint in Molières Schilderung die menschliche Dummheit selbst, die er in zahlreichen Varianten vorführt: in Gestalt des reichen Bauern George Dandin z. B., der so gerne ›vornehm‹ hatte sein wollen, der über seinen Stand geheiratet hat und der sich nun von seinen dünkelhaften Schwiegereltern und seiner arroganten Frau drangsalieren und kräftig ausnehmen läßt; in Gestalt des »Geizigen« auch, dessen Charakter von der Hab-

sucht so pervertiert ist, daß er Liebe, Freundschaft und Familienleben seinem besessenen Geldwahn opfert, in seiner schlotternden Angst vor Dieben den eigenen Kindern mißtraut und dann ausgerechnet auf zwei plumpe Schwindler hereinfällt – in Gestalt endlich des »Eingebildeten Kranken«, der – auch so ein ungeheuerlicher Egoist – aus maßloser Angst vor der Krankheit zum bequemen Opfer medizinischer Scharlatane wird.

Und eine lächerliche Figur ist eben auch Alceste, der Menschenfeind, so wenig sich angesichts seines Schicksals das Lachen einstellen mag. Denn Alceste ist ja ein Ehrenmann, ein Idealist, der »reine« Mensch (wie Goethe ihn bezeichnete) in einer ziemlich schmutzigen Gesellschaft. Er will das beste und er will es mit aller Kraft, aber das bekommt ihm schlecht. Er verachtet die Heuchelei, die er um sich mit tausend Zungen sprechen, die er in tausend Unaufrichtigkeiten walten sieht. Er fordert, daß jedermann – wie er selber – unter allen Umständen die Wahrheit zu sagen, sich der Phrasendrescherei und Unaufrichtigkeit zu enthalten habe, er meint, daß die Achtung vor dem anderen Menschen darin bestehe, ihm nicht vorzuenthalten, was man ehrlich und aufrichtig von ihm und seinen Leistungen halte. Sein Freund Philint, der kopfschüttelnde Pragmatiker, versucht ihm vergebens klarzumachen, daß die Menschen die Wahrheit weder wollen noch vertragen. Klug will Alceste nicht sein, wenn klug sein falsch sein bedeutet. So macht er sich denn Feinde bei jeder sich bietenden Gelegenheit: Der eitle Schwätzer Oronte erbittet sich von Alceste ein aufrichtiges Urteil über ein soeben gedichtetes plattes Sonett – und als er es erhält, schonungslos und offen, empört er sich über Alcestes Arroganz. Alceste ist nicht bereit, eines Prozesses wegen, den er führt, sich bei den Richtern durch Geld und gute Reden in Gunst zu setzen – zu sehr und zu eindeutig fühlt er sich im Recht, um dann am Ende doch zu erfahren, daß sein Gegner wider alle Vernunft der Gewinner wurde; und ärgerlich und verächtlich sticht er mit seinen Spottreden und Anklagen ins Wespennest der Klatschsucht und boshaften Sticheleien, die das Gespräch der vornehmen Salongesellschaft bilden.

Den Opportunismus Philints verachtet er, er schilt ihn einen Heuchler, weil Philint die Hohlheit, Bosheit und Dummheit dieser Gesellschaft zwar ebenfalls herzlich verachtet, sich aber freundlich lächelnd ihren Konventionen beugt. Er will nicht einsehen, daß man in einer solchen Welt durch Predigten und Appelle nichts erreicht, daß man mit den Wölfen heulen muß. Er exponiert sich in einer Art selbstmörderischem ›Masochismus‹, er widerspricht aus Trotz und versperrt sich »weltmännisch kluger Einsicht«, er versagt sich eigenes Glück, Ruhe und Zufriedenheit um der besessenen Idee willen, die Welt verbessern zu können. ›Weltverbesserer‹ aber, Gerechtigkeitsfanatiker, kompromißlose Prediger der Wahrheit waren – wenn sie in solcher Entschiedenheit auftraten und mit solcher Besessenheit handelten – zu Molières wie zu allen anderen Zeiten nicht nur unbeliebt, sondern auch lächerlich. Vielleicht hat Molière selbst und haben seine Zeitgenossen das Lächerliche an einer solchen Figur stärker gesehen als das Tragische, das uns heute der wesentlichere Aspekt zu sein scheint. Alceste ist als starrer, uneinsichtiger, eifernder Fanatiker der Wahrheitsliebe nicht nur eine komische Figur – er ist eine tragikomische Gestalt, seiner Liebe zu Célimène wegen: Er, der so streng und entschieden Heuchelei und Opportunismus bei allen anderen zu verdammen weiß, wird schwach und inkonsequent, sobald es um die Frau geht, die er liebt. Er weiß es selbst genau und Philint muß es ihm nicht erst sagen: Die schöne Célimène ist eine kokette Person, die nach Herzenslust über andere herzieht, klatscht, boshaft stichelt, mit den Herzen und den Gefühlen spielt und sich in der Gesellschaft schmeichelnder, hohlköpfiger Verehrer sogar noch wohlfühlt. Aber wo er niemandem verzeihen kann, da verzeiht er Célimène. Er muß sich eingestehen, daß er

Oben:
»Der Menschenfeind« in einer Aufführung des Deutschen Schauspielhauses Hamburg (1966).
Links: Den vornehmen Zuschauern räumte man im Barocktheater die bevorzugten Plätze ein: Sie saßen auf der Bühne, zu beiden Seiten der Schauspieler. Der zeitgenössische Stich zeigt eine Szene aus Molières »Der Bürger als Edelmann«

alle Ursache hat, sie streng zu tadeln – und doch gefällt sie ihm! Er, der Strenge, wird schwankend und kann sein Schwanken nur mit einem banalen moralischen Vorsatz entschuldigen:

»Ich muß die Augen schließen, muß vergeben;
denn ihre Anmut bleibt die Siegerin;
jedoch ich zweifle nicht, daß ich berufen bin,
sie aus dem Schlamm der Zeit emporzuheben.« (Übersetzung von L. Fulda)

Am Ende ist Alceste soweit, daß er von Célimène fordert, was er selbst so sehr verabscheut: Die Verstellung, den schönen Schein: »Bestreben Sie sich nur, mir treu zu *scheinen*, so werd' ich mich bestreben zu vertrauen.«

Aber Célimène ist nicht festzulegen, sie will und kann sich nicht entscheiden, kann und will nicht auf das schöne Spiel verzichten, zahlreiche Verehrer zu ihren Füßen zu sehen und mit ihnen zu kokettieren. Und schon gar nicht will und kann sie am Ende – als durch verräterische Briefe von eigener Hand ihr Ränkespiel mit den Verehrern offenbar ist – Alcestes Forderung erfüllen, mit ihm in die Einsamkeit zu gehen und fernab von den Menschen sich und mit ihm selbst zu leben: Mag sie ihm vielleicht auch ein wenig mehr zugetan sein als den andern, so hat sie doch Angst davor, in so jungen Jahren schon verbannt zu sein und Verzicht zu üben. So bleibt dann Alceste am Ende gar nichts – der Sittenstrenge ist sich selbst zum Opfer gefallen, denn nicht einmal die wahre Liebe und Verehrung, die ihm von der schönen, stillen Eliante entgegengebracht wird, hat er zu erkennen und zu schätzen vermocht. So bleibt ihm zwar die (späte) Einsicht, »daß wir samt und sonders Menschen sind«, aber ihm nützt sie nichts: Resigniert und verbittert zieht er sich zurück in den Schmollwinkel seiner Weltverachtung.

Molière konnte diese Komödie schreiben, weil er sich in der zeremoniell eingeschnürten, in diesem Korsett aber im schärfsten Prestigewettkampf stehenden Salongesellschaft seiner Zeit, in der er dieses Stück angesiedelt hat, gut auskannte und weil im Schicksal seines ›Helden‹ auch ein gutes Stück seines eigenen Schicksals wiedergegeben ist. Aber die Wahrheit dieses Stückes erschöpft sich nicht in den pragmatischen Sprüchen des Philosophen Philint (»die Welt verlangt zwar Tugend, doch mit Maß – und auch die Weisheit läßt sich übertreiben!«), sondern gipfelt in der nicht nur für Molières, sondern gewiß auch für spätere, also auch für unsere Zeiten gültigen Frage: Alceste und die Gesellschaft, sie passen nicht zueinander, es ist unmöglich, sich in einer moralisch korrupten Gesellschaft wahrhaftig zu verhalten – wer also muß sich ändern: Alceste oder die Gesellschaft?

Molières Werke wurden vielfach übersetzt. Auf deutschen Bühnen spielt man heute meist die Übersetzungen von Rudolf Alexander Schröder, Arthur Luther, Ludwig Fulda und Hans Weigl.
Aus der umfangreichen Sekundärliteratur sei empfohlen: Gertrud Mander, »Molière«, Velber 1967 (Taschenbuch).

Achatz Freiherr von Müller

Choderlos de Laclos · Gefährliche Beziehungen

»Les liaisons dangereuses« (Erstdruck Paris 1782)
Roman von Pierre Ambroise Françoise Choderlos de Laclos (18. 10. 1741 – 5. 11. 1803)

Hier begegnen wir dem Bösen als Lebenskunst einer Gruppe von Menschen, die alle gesellschaftlichen und humanen Verpflichtungen abgeschüttelt hat. Dies tat sie jedoch nicht willkürlich oder zufällig, sondern schrittweise, zögernd, zuweilen zurückgeworfen, jedoch stetig nicht im Besonderen, Privaten, sondern im Allgemeinen, Öffentlichen wirkend. Am Ende steht sie vor uns als von allen befreite, von allen genährte Klasse, die, völlig den eigenen Spielen hingegeben, in der Vernichtung der produktiven Möglichkeiten der Menschen, in der Zerstörung fester menschlicher Standpunkte ihre Hauptaufgabe zu erblicken scheint. So wenigstens stellt sich die französische Aristokratie vor der Revolution den Augen der revolutionären Geschichtsschreibung dar.

Noch bis in die Mitte des 17. Jahrhunderts hatte sie den größten Teil der öffentlichen Aufgaben und Pflichten der Gesellschaft als Bedingung ihrer politischen und sozialen Rechte – ihrer Privilegien – zu tragen. In jener Zeit »sah man den Adel beinahe in dem gleichen Licht wie jetzt die Regierung«, erklärt treffend der französische Historiker und Soziologe Alexis de Tocqueville in seinem kenntnisreichen Buch »Der alte Staat und die Revolution«, das 1865 erschien. Jedoch »in dem Maße, wie der Adel aufhörte, diese Dinge zu verrichten, erscheint die Last seiner Privilegien drückender und am Ende schließlich unbegreiflich«. Diese Beobachtung Tocquevilles gilt dem hier interessanten Zeitraum von 1650 bis 1789, der den Adel zwar seiner öffentlichen Pflichten ledig, jedoch immer noch mit seiner eigentümlichen Fülle von sozialen und wirtschaftlichen Privilegien ausgestattet zeigt. Nun erst haben diese Privilegien endgültig ihren Zusammenhang zur Öffentlichkeit, dem rechtlichen und politischen Zustand der Gesellschaft verloren, deren – modern gesprochen – Staatsrecht sie einst darstellten. Erst jetzt sind Privilegien private Vorteile. Frei von Arbeit und Staatspflichten, an vollendete Formen der Veräußerlichung des Lebens gewöhnt, gebunden nur an den Hof des Königs, dessen Repräsentations- und Intrigenzeremoniell Spielregeln scheinen, die dem Prickel künstlicher Gefahren dienen, entwikkelt dieser Adel eine noch nie dagewesene Lebenshaltung, welche die gesellschaftliche Beziehungslosigkeit seines Daseins willentlich zur Kunst gestaltet: Kaltes Raffinement gepaart mit vollkommener Frivolität.

Deutsche Übersetzung: »Schlimme Liebschaften«. Übertragen von Heinrich Mann. Frankfurt 1972 (Taschenbuch).
Helmut Kaufmann, »Das Böse in den Liaisons Dangereuses«. München 1965.
Heinrich Mann, »Choderlos de Laclos«. Als Einleitung seiner o. a. Übersetzung abgedruckt.
Mario Praz, »Liebe, Tod und Teufel. Die schwarze Romantik«. München 1970 (Taschenbuch).
Alexis de Tocqueville, »Der alte Staat und die Revolution«, o. O. 1969 (Taschenbuch).

Für deren →Physiognomie besitzen wir das außerordentlichste Zeugnis in dem Roman des Choderlos de Laclos »Les liaisons dangereuses«, der 1782 erschien, sieben Jahre nur vor der Revolution. Darin werden die gesellschaftlichen Wirkungen dieser alles verkehrenden aristokratischen Gesinnungssubstanzen in einem denkbar engsten gesellschaftlichen Raum vorgeführt. Theorie und Praxis des vergnüglich-gefährlichen Adelslebens zeigen sich in den bösartig amourösen Spielen zweier denkwürdiger Bösewichte mit ihren menschlichen Opfern. Die Marquise de Merteuil und der Vicomte de Valmont – Namen, die der französischen Literatur des 19. Jahrhunderts wie Signale des Bösen klangen – knüpfen zwischen sich ein amouröses Netz von Berechnung, Kälte, Frivolität, grausamem Witz, Verstellung und Intelligenz, das als perfekte Menschenfalle ein Opfer nach dem anderen in sich verstrickt und gesellschaftlich oder gar physisch vernichtet. Die Liebe dient als sicher gehandhabtes Instrument des Bösen, übler ist die Welt nicht zu verkehren! Jenes Netz stellt sich als ein Gespinst gefährlicher Beziehungen – liaisons dangereuses – der Gesellschaft heraus. Ahnungslos sucht eine junge, naiv-religiöse Frau, Valmont vor den Warnungen einer Freundin zu verteidigen: »Herr von Valmont ist möglicherweise wieder nur ein Beispiel für die Gefahr der Beziehungen«, schreibt sie (22. Brief). Gewiß, doch nicht Gefahr für ihn, sondern Gefahr für sie!

Nicht zufällig wird die Handlung des Romans in einer Folge verschiedener Briefwechsel entwickelt, zu denen sich der Autor in die demonstrativ bescheidene Rolle des Herausgebers begibt. Die Form des →Briefromans fingiert das Geschehen und seinen heimlichen Produzenten, die elegant-bösartige Gesinnung jener Herrenklasse, als historische Wirklichkeit. Sie erfüllt somit am glücklichsten die von Laclos gestellte Aufgabe, die wirkliche Gesinnung einer wirklich existierenden →Klasse zu schildern. Zudem vermag sie deutlicher als Erzähl- oder Beschreibungspassagen des Autors die hoffnungslos unterlegene Subjektivität der Opfer Valmonts und Merteuils darzustellen. Diese Subjektivität, oder klarer: dieses Unwissen über den Zusammenhang, über die beteiligten »Beziehungen«, vermag diese beiden al-

Die Frau als Schreibpult. Adelsleben des Vicomte de Valmont. Kupfer der Ausgabe von 1796

lerdings nur herzlich zu amüsieren: »Beim Erwachen fand ich 2 Billets, eins von der Mutter und eins von der Tochter; und ich konnte das Lachen nicht lassen, als ich in allen beiden wörtlich denselben Satz fand: ›Von Ihnen allein erwarte ich einigen Trost.‹ Ist es nicht wirklich erfreulich, für und gegen zu trösten und der einzige Vertreter zweier durchaus entgegengesetzter Interessen zu sein? Nun, ich bin also wie die Gottheit: empfange die einander entgegengesetzten Bitten der blinden Sterblichen und ändere nichts an meinen unwandelbaren Verfügungen.« (Frau von Merteuil an Valmont, 63. Brief.) Die Grundsätze der großen europäischen Erziehungs- und Bildungsbewegung »Aufklärung« haben die beiden Hauptfiguren bis zur Vollendung an sich erfüllt: Jede ihrer Handlungen ist »vernünftig«, zeigt sich von Verstand und klarem Willen gelenkt. Gefühle werden um so demonstrativer nach außen eingesetzt, doch nie spontan empfunden. Die Marquise de Merteuil beschreibt ihre Selbsterziehung treffend im Sinne des →autonomen Menschenbildes der Aufklärung: »Ich trachtete mein Mienenspiel zu regeln . . . ich fügte mir freiwillig Schmerzen zu, um während dieser Zeit mich um einen vergnügten Ausdruck zu bemühen. Ebenso habe ich mich bearbeitet, um die Zeichen einer unerwarteten Freude zu unterdrücken. So habe ich über meine Physiognomie Macht erlangt. Mir stand der Kopf nicht nach Genuß, ich wollte wissen . . . ich studierte unsere Sitten in den Romanen, unsere Ansichten bei den Philosophen; ich suchte sogar bei den strengsten Moralisten, was sie von uns verlangten, und verschaffte mir dergestalt Sicherheit über das, was man tun konnte, was man denken mußte, und was es zu scheinen galt.« (81. Brief.) Auch Valmont erfüllt →parodistisch den Pädagogikspleen der Zeit: »Ich bedaure, keine Begabung zum Spitzbuben zu haben«, schreibt er, »aber unsere Eltern denken eben an nichts!« (40. Brief.) Den beiden ist nicht beizukommen, weder mit Grundsätzen bürgerlich-formaler Moral – man denke an Valmonts ›gute Erziehung‹ – noch mit den der europäischen Tradition heiligen Bildungsmitteln →humanistisch-stoischer Selbstentäußerung; gerade diese Mittel dienen der Marquise zur Vervollkommnung des Bösen.

Eine nahezu antiaufklärerische und gewiß antirousseausche Skepsis durchzieht somit den Roman – »so sind die Menschen! Alle gleich schurkisch in ihren Plänen, und ihre Schwäche bei der Ausführung nennen sie Redlichkeit!« (Valmont an Merteuil, 159. Brief.) Sie bestimmt deutlich den Schluß des Buches. Dessen letzter Satz jedenfalls entfaltet blanke Skepsis gegen ein Leitwort der Aufklärung: »Ich erfahre erst jetzt, daß unsere *Vernunft*, die schon zur Verhütung von Unglück so wenig hinreicht, noch weniger genügt, uns darüber zu trösten.«

Für Laclos ist das Böse Wirklichkeit. Auch gesellschaftlich läßt es sich weder aufheben noch verdrängen, vielmehr bleibt es als Problem in jeder Gesellschaft, in jeder Bildungsstufe vorhanden. Andererseits aber lassen sich Freiheit und Glück einer Gesellschaft nicht auf Kosten anderer herstellen, wie es die französische Aristokratie zu Lasten der französischen Bauern versuchte. Eine Gesellschaft, die Glück, Freiheit und Bildung der Unmündigkeit und der Arbeit anderer verdankt, wird sich in der absoluten Destruktion, in der Zerstörung aller verlieren.

Laclos' eigener Weg nach Erscheinen des Romans mitten in die »gefährlichen Beziehungen« der Revolution hinein mußte damit bei allen notwendigen Krümmungen geradlinig sein. Er richtet sich stets gegen die Herrschaft einer Gruppe über andere. So folgt der Forderung nach Abschaffung aristokratischer Privilegien zu Beginn der Revolution auf ihrem Höhepunkt notwendig der Kampf gegen die herrschenden Parteicliquen der Revolutionäre. Vom Sekretär und politischen Berater des demokratisch gesinnten Herzogs von Orléans bis hin zum Redaktor der Reden des berühmten Robespierre, schließlich bis kurz vor die Guillotine, der er durch Zufall entgeht – dies sind konsequente Stationen. 1875 schreibt der französische Historiker Hippolyte Taine, der die Revolution haßt, über Laclos: »Ein →subalterner Machiavelli en miniature, ein abgefeimter, verwilderter, zu allem fähiger Mensch, der schon seit langer Zeit an ungeheuerlichen Kombinationen Geschmack findet, und dem es großes Vergnügen macht, unnennbare Verquickungen der menschlichen Bosheit und Ausschweifung zu ersinnen . . . In der Politik wie in der Romanschriftstellerei liebt er die ›Liaisons dangereuses‹ . . . der geheime, wirkliche und ständige Leiter aller Operationen.«

Pierre-Ambroise-François Choderlos de Laclos starb 1803 in Tarent als General der Artillerie – noch der französischen Repubik.

Alte französische Dorfstraße. Das bäuerliche Leben ist wild, verzweifelt, scheußlich (21. Brief). Photo: A. C. Poitevin

Helmut Lüttmann

Swift · Gullivers Reisen

»Travels Into Several Remote Nations of the World, by Lemuel Gulliver, First a Surgeon, and then a Captain of Several Ships« (Erstdruck Dublin 1726)
Roman von Jonathan Swift (30. 11. 1667 – 19. 10. 1745)

»Gullivers Reisen« gehören zu den am meisten übersetzten und gelesenen Literaturwerken in aller Welt, und sie gelten bereits seit zwei Jahrhunderten vor allem als Kinderbuch. Hätte man ihrem Autor oder einem von dessen literarisch gebildeten Zeitgenossen gesagt, welch ein junges Lesepublikum dieses Buch vornehmlich finden würde, so hätten sie eine solche Prophetie mit völligem Unglauben aufgenommen, denn in ihren Augen war dieses Werk eine scharfe, weite Teile des gesellschaftlich-politischen Lebens umfassende →Satire, dessen Fülle von Anspielungen sich allein einem gebildeten, mit den Zeitumständen wohlvertrauten Europäer, wenn nicht nur Engländer, ganz erschließen konnte.

Jonathan Swift wurde 1667 in Dublin, der Hauptstadt Irlands, geboren, einem Land also, das zu jener Zeit eine Kolonie Englands war. Da der Vater noch vor Jonathans Geburt starb, wurde dieser in die Familie seines Onkels aufgenommen, und er besuchte in Dublin auch Schule und Universität. Er ging dann nach England, wurde Sekretär von Sir William Temple, einem Schriftsteller und konservativen Politiker, stieg durch dessen Protektion langsam in der Hierarchie der anglikanischen Kirche auf, war kurzfristig Pfarrer wieder in Irland und begann nach Temples Tod (1699) für die Whig-Partei (den eher fortschrittlichen Flügel der Parlamentsaristokratie) politisch-publizistisch zu arbeiten. Mit dem →Opportunismus eines Ehrgeizigen schrieb er dabei mehrfach gegen seine konservativen Ansichten an und veröffentlichte dementsprechend während der Regierungszeit der Tories (der stärker konservativen Parlamentsfraktion) in den Jahren 1710–1714 politische Arbeiten für diese Partei. Nach der Bekleidung mehrerer Pfarrstellen in Irland wurde er 1713 zum obersten Geistlichen der bedeutendsten anglikanischen Kirche in Irland ernannt, der St. Patricks-Kathedrale in Dublin. Dieses Amt hatte er fast 30 Jahre inne, und er richtete seine politischen Veröffentlichungen in jener Zeit vor allem vehement gegen die rücksichtslose Ausbeutung Irlands durch England. Er starb, nachdem er 1742 für geisteskrank erklärt worden war, im Jahre 1745 in Dublin, für die Massen der irischen Notleidenden ein »Wohltäter unseres Landes«.

Die Niederschrift von »Gullivers Reisen«, seinem bekanntesten Buch, fällt in die Zeit, in der er Dekan von St. Patrick war, genauer: in die Jahre von 1721 bis 1725, nachdem er zuvor schon eine ganze Reihe anderer dichterischer Werke, zumeist mit satirischer Grundhaltung, veröffentlicht hatte. Zunächst (1726) erschien der »Gulliver« anonym, wie es die Gepflogenheit des politisch versierten Swift war, und erst die Zweitausgabe von 1735 trug den Namen des Autors. In jedem der 4 Bücher des Werkes berichtet der Ich-Erzähler Lemuel Gulliver, zuerst Schiffsarzt, später Kapitän, über eine Seereise in entfernte Teile der Erde: Das Werk scheint damit in der Tradition jener Reiseberichte zu stehen, die zu dieser Zeit, da der englische Frühkolonialismus seine Blütezeit erlebte und England sich zur Beherrschung des Weltmarktes anschickte, sehr begehrt waren und auch in relativ großer Zahl veröffentlicht wurden. Hier jedoch handelt es sich um Reisen in phantastische, nicht-existente Bereiche (zu Zwergen, Riesen, unsterblichen Menschen, sprechenden Pferden, fliegenden Inseln usw.), so daß das traditionelle Muster stark verändert wurde.

Dies gilt auch noch in anderer Hinsicht: Waren die um Realismus bemühten Reiseberichte, zu denen auch der z. T. →authentische »Robinson Crusoe« (1719) (→S.146f.) gehörte, in der Regel von einem gewissermaßen technisch-kolonialistischen Optimismus in bezug auf die Beherrschung der Welt (oder Umwelt) durch den Menschen erfüllt, so wird gerade ein solcher Optimismus in dem vorwiegend pessimistisch gestimmten »Gulliver« zum Hauptangriffspunkt der Satire. Mit dem Phantastischen soll dem Leser weitgehend ein verzerrtes Bild der Wirklichkeit vor Augen gestellt werden, das dieser gleichwohl als das im Grunde wahre Bild schockhaft erkennen soll. (Für Swift lieferte die Wirklichkeit ständig Beweise dafür, daß der zukunftsfrohe Optimismus der herrschenden Klassen seiner Zeit ungerechtfertigt war.)

Der daraus sich ergebende Impuls zur Satire war bei ihm grundsätzlich christlich-konservativer, antikapitalistischer und antikolonialistischer Natur. Demzufolge waren die Hauptangriffsziele seiner Satiren, wie vor allem auch »Gullivers Reisen« zeigen: ein aufklärerisch-abstrakter Rationalismus, der sich religiösen Sachverhalten verschließt; experimentelle, theoretische Wissenschaften, die glauben, alles erklären zu können; die Idee des ständigen, unaufhaltsamen Fortschritts; die Vorstellung von der grundlegend guten Natur des Menschen; der neue →kapitalistische Wohlstand der Bourgeoisie, der die alten gesellschaftlichen und staatlichen Institutionen korrumpierte; schließlich auch die wachsende Macht der zentralistischen englischen Regierung.

Z.T. traten hierbei offenkundig reaktionäre, dem objektiven Fortschritt sich widersetzende Haltungen zutage. Dennoch wäre es falsch, wollte man Swift mit dem negativen Begriff des »Reaktionärs« belegen, denn dieser Schriftsteller entlarvte in sehr vielen Fällen nur sogenannten Fortschritt als eben scheinhaft. Darüber hinaus erkannte er, daß mit der steigenden Machtfülle Englands dessen Kolonie Irland immer stärker ausgebeutet und im Elend versinken würde – eine Sichtweise, die durch den Verlauf der Geschichte durchaus bestätigt wurde. So kämpfte er gegen den weiteren Rückschritt Irlands, indem er gegen den Fortschritt in England kämpfte.

Unter diesen Aspekten müssen auch die Erfahrungen des Lemuel Gulliver gesehen werden. Dieser wird vorgestellt als ein »mittlerer Mensch«, als gebildet, in den Künsten und den Naturwissenschaften bewandert, als guter Beobachter mit einer relativ ausgewogenen Urteilskraft, als einfach, direkt und unkompliziert. Damit soll es dem Leser ermöglicht werden, sich zunächst einmal mit Gullivers Betrachtungsweise zu →identifizieren, um dann plötzlich dessen Fehler und Fehleinschätzungen als die eigenen zu erkennen, d. h. sich selbst auch als Objekt der Satire zu sehen, die sonst wirkungslos bliebe.

Dabei hofft der Autor, daß der Leser im allgemeinen früher als Gulliver selbst dessen anfechtbare Meinung als kritikwürdig begreift (falls dieser überhaupt seinen diesbezüglichen Standpunkt aufgibt). Beispielsweise hält der Patriot Gulliver die Menschen, Sitten und öffentlichen Einrichtungen im Zwergenreich Liliput für weit schlechter als diejenigen in England, während dem Leser zu verstehen gegeben wird, daß die englischen und liliputanischen Verhältnisse sich sehr ähneln und England eher noch einige positive Einrichtungen Liliputs übernehmen könnte. Oder Gulliver preist bei den Riesen von Brobdingnag mit →chauvinistischer Inbrunst die Vorzüge von Englands gesellschaftlichem →Klassensystem, Verfassung, Gesetzen, militärischem Ruhm und Geschichte, worauf der

William Bragg Ewald, Jonathan Swifts »Gulliver's Travels«. In: »Interpretationen. Englische Literatur von Morus bis Sterne« (Taschenbuch). Frankfurt am Main 1970, S. 261–285. (Eine Vielzahl von Hinweisen auf die Zeitbezüge des Werkes.) Monty Jacobs, »Jonathan Swift«. (Ost-)Berlin 1948. (Ausführliche Beachtung politischer und ökonomischer Gesichtspunkte.)

König des Landes (und mit ihm Swift sowie – möglichst – auch der Leser) zu dem Urteil kommt, dort müsse das korrupteste Gesindel leben, das vorstellbar sei.

Dieses zweite Beispiel gibt schon einen Eindruck davon, mit welcher Bitterkeit Swift seine satirischen Angriffe zu führen vermag – zumal auch im 3. Buch, in dem Gulliver u.a. die Versuche der »Akademie von Lagado« der unbarmherzigen Lächerlichkeit preisgibt, wodurch Swift die politischen und wissenschaftlichen Projekte der Londoner »Royal Society« treffen wollte, einer Institution, die vor allem den Zweck hatte, Pläne zur politischen und ökonomischen Absicherung des englischen Weltreiches und zur Anwendung von Erfindungen bei der verstärkten Industrialisierung des Landes auszuarbeiten.

Nicht selten schlägt freilich die Satire, die im allgemeinen zur Veränderung des schlechten Bestehenden aufrufen möchte, in reinen Pessimus um angesichts des Unveränderbaren. Z.B. wirkt von Gullivers (und des Lesers) Riesenperspektive aus alles Gehabe der Liliputaner (= der Menschen) lächerlich und irrelevant; und umgekehrt erscheint in Gullivers (und des Lesers) mikroskopischer Perspektive der Körper der Riesen (= der Menschen) als etwas Klobiges, Häßliches und bisweilen Ekelerregendes.

Der menschenverachtende Pessimismus ergreift schließlich im 4. Buch sogar Gulliver selbst, nachdem dieser die menschenähnlichen Yahoos (Inbegriff des Tierhaften, Triebhaften, Emotionalen, Vernunftlosen, Schmutzigen und Obszönen) und deren Herren, die pferdeähnlichen Houyhnhnms (Inbegriff des Engelhaften, der entsinnlichten, streng funktionalen Vernunft jenseits aller Emotionen) kennengelernt hat und einsehen muß, daß er und seine Mitmenschen den verabscheuten Yahoos in hohem Maße ähnlich sind.

»Gullivers Reisen« ist eines der bittersten und aggressivsten Bücher der Weltliteratur. Zu einem Buch für Kinder konnte es nur durch Weglassen weiter Teile werden. Zumeist wurden für diesen Zweck nur die beiden ersten Bücher gedruckt, die sich durch märchenhafte Elemente (ein Mensch bei Zwergen und Riesen), durch Phantastik und Komik auszeichneten; und selbst in ihnen wurden die drastischeren Passagen vielfach noch unterdrückt. Und da die Angriffspunkte der Satire den Kindern allenfalls in geringem Umfang vertraut sein konnten, wurde die ironisch verzerrte Realität von diesen als etwas Skurriles genossen. Nicht zuletzt aber machte auch Swifts ungewöhnlich dichter, klarer und anschaulicher Stil (das ideale Werkzeug für einen Satiriker, der von weiten Bevölkerungskreisen gelesen werden möchte) das zumindest oberflächliche Verständnis des verkürzten Werkes auch für Kinder möglich.

Gulliver bei den Zwergen (Woite); bei den Riesen; und bei den Houyhnhnms (Grandville)

Hans-Wolf Jäger/Thomas Leber/Jürgen Martini

Robinson und Robinsonaden

Robinson Crusoe

Wohl jeder verbindet mit dem Namen Robinson Crusoe die abenteuerliche Lebensgeschichte eines Mannes, der auf eine unbewohnte Insel verschlagen wird und dem sein Erfindungsgeist und Lebenswille dazu verhelfen, zunächst allein auf sich gestellt, später mit dem ›Wilden‹, den er Freitag nennt, zu überleben. Nur dies bleibt gewöhnlich dem Leser des 1719 erstmals veröffentlichten und seitdem in über 1000 verschiedenen Ausgaben, Übersetzungen und Bearbeitungen erschienenen Romans von Daniel Defoe (1660–1731) im Gedächtnis.

Der Roman Defoes ist indessen mehr als nur ein unterhaltsamer Abenteuerroman. Das Inseldasein Robinsons steht nicht nur für die Auseinandersetzung eines Menschen mit den Kräften der Natur, sondern stellt gerade auch dar, wie sich zur Zeit Defoes durch die Umwälzung von der feudalen zur bürgerlichen Gesellschaft das Verständnis der Menschen von den Grundlagen ihrer Existenz verändert hat. (→S. 122ff.) Robinson bleibt nicht dabei stehen für sein Existenzminimum zu sorgen, sondern schafft durch Planung des Arbeitsprozesses und die immer bessere Ausnutzung der vorhandenen Arbeitsmittel eine Erhöhung der Masse und Vielfalt der für ihn nützlichen Dinge und damit eine Vermehrung seines ›Reichtums‹.

Die neuen ökonomischen Gesetzmäßigkeiten der →kapitalistischen Produktion erforderten eine andere Erklärung und Bewertung des menschlichen Lebens, der Beziehung der Menschen untereinander und zur Religiosität. Gottgefälliges Handeln wurde nicht mehr gesehen als bedingungslose Erfüllung gottgegebener Gesetze, wie sie über die kirchliche Hierarchie durchgesetzt wurden, sondern in möglichst →zweckrationalem ökonomischen und gesellschaftlichen Handeln jedes einzelnen Individuums (→S. 166f.). Robinsons Erfahrung, daß er trotz des Scheiterns aller seiner Unternehmungen nicht nur errettet wird, sondern daß ihm immer noch die Möglichkeiten gegeben sind, sein Leben fortzusetzen (eine Insel mit Vegetation, dazu Werkzeuge und Waffen aus dem Wrack) läßt ihn zu dem zweckrationalen und damit auf neue Weise gottgefälligen Handeln übergehen, wie es Defoes →puritanischer Ideologie entspricht.

Versucht Robinson zu Beginn seines Inseldaseins noch jeden einzelnen seiner Erfolge und Mißerfolge direkt an diesem Maßstab zu messen, so wird daraus später eine allgemeine Lebenseinstellung. Während er in der ersten Zeit Fortschritt und Rückschlag in allen Einzelheiten in seinem Tagebuch festhält und damit auch seine Zweifel an Gott, schwindet mit dem Anwachsen seiner materiellen Sicherheit auch der Zweifel an der Richtigkeit seiner Lebenseinstellung; an die Stelle des Tagebuchschreibens tritt die Betrachtung seines Eigentums.

Mit dem Auftreten des ›Wilden‹ Freitag wird es ihm möglich, nicht nur sein Kommunikationsbedürfnis zu befriedigen, sondern auch auf Grund seiner materiellen Sicherheit die Beziehung zu diesem Menschen als Herrschaftsverhältnis zu verstehen.

Wo in Wirklichkeit die Entwicklung der bürgerlichen Gesellschaft das Resultat von miteinander konkurrierenden Privatinteressen ist, die Träger dieser Interessen das Resultat jedoch nicht im Auge haben, sondern nur ihr jeweiliges Interesse am eigenen Gewinn, fallen in der Darstellung Daniel Defoes diese beiden Aspekte ineins. Die Figur Robinson steht sowohl für eines jener unabhängigen Individuen, als auch für das Resultat des unabhängig von ihrem Willen zustandegekommenen Handelns.

Wo in der kapitalistischen Gesellschaft Fortschritt, Steigerung der Produktivität und Vermehrung der Produkte dem Konkurrenzdruck der einzelnen aufeinander geschuldet ist, wird dieses Resultat im Roman als Ergebnis der planvollen Tätigkeit eines einzelnen dargestellt. (Dahinter steht die selbstverständliche Annahme, daß andere Inseln und Länder widerstandslos ausbeutbare Natur seien.) Die Berechnungen, die Robinson zur sinnvollen Einteilung seiner Arbeitszeit anstellt, können so als literarische Fassung der puritanisch-aufklärerischen Vorstellungen Defoes verstanden werden: Erfolg, Reichtum und Glück verdanken sich allein der Arbeit und Glaubensstärke des Einzelnen.

Defoes Roman ist sowohl inhaltlich als auch von seinem Platz in der Literaturgeschichte her als eine Weiterentwicklung und Verarbeitung der Berichte großer Entdekkungsreisen im 16. und 17. Jahrhundert, der Bekehrungsgeschichten der religiösen Erbauungsbücher und der protestantisch-puritanischen Autobiographie zu sehen. »Robinson Crusoe« als umfassende literarische Darstellung frühbürgerlicher Ideologie wurde in den vielen Nachfolgeschriften (Robinsonaden) aufgegriffen, aber nur in seinen einzelnen, voneinander isolierten Momenten verarbeitet: in Abenteuerromanen, in Konstruktionen gesellschaftsutopischer Vorstellungen eines Inselstaates. Eine andere Möglichkeit deutet als erster Rousseau in seinem »Émile« an: »Robinson Crusoe« könne von seinem Inhalt her in der Erziehung der Kinder zu aufgeklärten und vernünftigen Staatsbürgern verwendet werden. Als eine Bearbeitung mit diesem Anspruch ist Joachim Heinrich Campes »Robinson der Jüngere« (1779/80) zu verstehen (→S. 252ff.).

Die Insel Felsenburg

Die in den letzten einhundert Jahren entstandenen Bearbeitungen beschränken sich – vor allem in Kinderbuchform – fast ausschließlich auf den Aspekt des Abenteuerlichen. So mag auch die zu Beginn genannte, wohl allgemein verbreitete Vorstellung zu erklären sein.

Die bedeutendste und originellste deutsche Robinsonade ist Johann Gottfried Schnabels (1692 – nach 1750) »Wunderliche Fata einiger See-Fahrer, absonderlich Alberti Julii, eines geborenen Sachsen . . .« von Gisandern, 4 Bde. Nordhausen 1731–43 (1827 überarbeitete Neuausgabe durch Ludwig Tieck unter dem Titel »Die Insel Felsenburg«): Im Sommer 1725 wird der Student Eberhard Julius durch den Brief eines Urgroßonkels, Albert Julius, zum Besuch der Insel Felsenburg eingeladen. Er erreicht sie nach langer Seereise, während welcher der Kapitän Leonhard Wolfgang seine abenteuerliche Lebensgeschichte erzählt. Die Neuangekommenen macht Albert Julius mit dem Leben auf der Insel vertraut. Es gibt auf ihr weder Hunger noch Krieg, weder Habsucht noch Machtgier; Freiheit und Gleichheit aller herrschen, Geld ist abgeschafft, die einzelnen Siedlungen tauschen Güter nach den jeweiligen Bedürfnissen; die Arbeiten werden gemeinschaftlich vorgenommen, die seltenen Feste gemeinsam begangen. Es herrschen Friede und wirtschaftliche Sicherheit.

In Fortsetzungen erzählt der Insel-Altvater Albert Julius seine Lebensgeschichte: Als Halbwaise von einem Priester erzogen, tritt er in den Dienst des holländischen Edelmanns van Leuben und hilft diesem bei der Entführung seiner Geliebten Concordia Plürs. Bei der anschließenden Flucht über See überleben die Entführer, die Entführte und der französische Schiffskapitän Lemelie als einzige einen Schiffbruch, aus dem sie sich auf die paradiesische Insel Felsenburg – irgendwo in der Nähe von St. Helena – retten können. Hier stößt, um Concordia in seine Gewalt zu bringen, der hinterhältige Franzose den Holländer van Leuben von einer Klippe in den Abgrund; bei seinen Nachstellungen nach dem Mädchen wird er selbst tödlich getroffen: Er läuft in Alberts Stilett, der sich schützend vor Concordia gestellt hat. Nach gräßlicher Lebensbeichte verscheidet er. Concordia und Albert heiraten – nach längerer Zeit der Keuschheit. Die Insel wird zu ihrer neuen Heimat, die sie kultivieren und mit Nachkommen reichlich bevölkern, die mit neuen Schiffbrüchigen und Ausgesetzten vermählt werden und neue Siedlungen gründen. So vergrößert sich das patriarchalische Gemeinwesen zu einem kleinen Staate.

Erzählungen und Lebensberichte der aus vielen typischen Berufsgruppen angeworbenen Neuankömmlinge weiten sich zu eigenen kleinen Romanen, die Zustände in Europa und auf Felsenburg beschreibend. Eberhard Julius beschließt, nach erneuter Fahrt nach Europa und nach dem Tod des Altvaters, auf der Insel zu bleiben.

Mit dem abenteuerlichen Motiv des Schiffbrüchigen auf exotischer Insel verbindet Schnabel das Thema der Staatsutopie (→S. 150ff.). Während Defoe das Schicksal des Einzelnen interessiert, stellt er sich die Aufgabe, Probleme des menschlichen Zusammenlebens, gemeinsamer Naturbeherrschung, des Verhältnisses von egoistischer Lust und vernünftiger, gesellschaftsbildender Erotik zu zeigen. Bei Eheschließung verpflichten sich die Einwohner, das Inselwesen nicht wieder zu verlassen. Sie begreifen – und dies der zweite erhebliche Unterschied gegenüber Defoes Roman – die Insel als neue Existenzmöglichkeit, bleiben freiwillig und ohne zeitliche Begrenzung dort, schaffen sich ein Asyl gegenüber einem Europa, das durch Standesunterschiede, soziale Unsicherheit, Intrigen und Kriege bestimmt ist und durch die eingelegten Erzählungen jeweiliger Neuankömmlinge in düsteren Farben dargestellt wird.

Frühbürgerliche Vorstellungen von Redlichkeit im mitmenschlichen Verkehr, von Keuschheit im Familienleben, altlutherischer Frömmigkeit und Arbeitsfleiß kennzeichnen Charaktere und Geschehen auf der Insel. Ihnen wird kontrastierend entgegengesetzt die Unredlichkeit und »verbrecherische Geilheit« des Kapitäns Lemelie, der ausdrücklich als Sprößling des französischen Hochadels eingeführt ist. Auf der anderen Seite dient zur Erhellung bürgerlicher Tugendhaftigkeit zum Beispiel die Schilderung des frommen, redlichen und großmütigen bürgerlichen Revolutionärs Oliver Cromwell.

Auch stilistisch lassen sich die entgegengesetzten und gegensätzlich gewerteten Bereiche von Adel und Bürgertum erkennen: Der detaillierten und exakten Darstellungsweise bei bürgerlichen und kleinbürgerlichen Lebensläufen stehen gegenüber erzählerische Weitschweifigkeit und eine Häufung phantastischer und abstoßender Momente bei der Erzählung adliger Schicksale.

Schnabels »Insel Felsenburg« ist ein vorwärtsweisendes Werk in einer Zeit, die – im Unterschied zu England – in Deutschland noch vom Feudaladel beherrscht wird und in der bürgerliche Wert- und Gesellschaftsvorstellungen zunächst nur in der Utopie einer exotischen Weltgegend ausgesprochen werden können.

Robinson als Kinderbuch

Auch als Kinderbuch hat »Robinson Crusoe« eine bemerkenswerte Bedeutung. Um 1760 zählte man in Deutschland ungefähr 50 Nachahmungen von Daniel Defoes Original. Fast jede Stadt oder Landschaft hatte ihren eigenen Robinson, viele Abwandlungen der Hauptfigur nach Alter und Geschlecht fanden statt; so gab es zum Beispiel eine »Ostfriesische Robinsonin«. Der bekannte Romanschriftsteller Johann Carl Wezel (1747–1819) gab 1779 einen eigenen Robinson heraus. Weit erfolgreicher jedoch wurde das Buch »Robinson der Jüngere. Ein Lesebuch für Kinder«, das im selben und im folgenden Jahr (1779/80) in zwei Teilen in Braunschweig erschien. Sein Verfasser war der spätaufklärerische Schriftsteller, Sprachforscher und Pädagoge Joachim Heinrich Campe (1746–1818). Sein »Robinson der Jüngere« wurde in alle europäischen Sprachen übersetzt und war im 19. Jahrhundert das meist gelesene europäische Kinderbuch. Über 100 Jahre lang hatte es jährlich eine neue Auflage, seine Popularität wurde seit der Mitte des 19. Jahrhunderts noch gefördert durch die Illustrationen von Ludwig Richter. Angeregt durch Jean Jacques Rousseau's »Émile« wollte Campe mit seinem Jugendbuch durch Unterhaltung belehren, reale Grundkenntnisse vermitteln und die jugendlichen Leser zu moralischen Überlegungen führen (→S. 252ff.).

Um solchen Zwecken leichter genügen zu können, macht Campe aus Robinson einen aus Ungehorsam und Leichtsinn auf die Insel verschlagenen jungen Hamburger Maklerssohn, dessen Erlebnisse er in der Form von 31 Abenderzählungen eines Hamburger Familienvaters für seine Kinder und deren Freunde vor dem Hause (»im Grünen«) inszeniert. Für die Hamburger Kinder wird Robinson so zu einer Figur, mit der sie sich leicht identifizieren und an dessen Fehlern wie technischen und moralischen Fortschritten sie leicht lernen können. »Robinson der Jüngere« ist damit nicht nur in einfachem Sinne belehrend, sondern bietet ein Exempel von Pädagogik, wie es dem →philanthropischen Programm Campes entspricht. Inhaltlich wird die alte Robinson-Geschichte etwas verändert; im Unterschied zu Defoe läßt Campe im ersten Teil seiner Erzählung Robinson ohne alle Werkzeuge sich auf der Insel zurechtfinden, im zweiten Teil tritt der Mensch hinzu (Freitag) und erst im dritten treffen europäische Werkzeuge ein, deren Wertschätzung jetzt erst, nachdem Robinson zunächst ohne sie auskommen mußte und sich nach und nach Ersatz geschaffen hatte, richtig erfolgen kann. In der Erzählung und in den sie durchflechtenden Gesprächen werden Intoleranz, Ungehorsam, Faulheit und Aberglauben verurteilt. Bürgerlicher Fleiß, Gehorsam, Familiensinn, Rationalität und Sittlichkeit werden ihnen gegenüber gepriesen und für nützlich erklärt: für das Fortkommen des einzelnen wie das Blühen von Gemeinschaften. Auf diese Weise wird in →didaktischer Zubereitung ein ganzer Katechismus bürgerlicher Tugenden vermittelt. Die moralischen →Maximen sind jeweils fettgedruckt –, dem allerdings auch Prüderie und Bigotterie nicht mangeln.

Ein weiterer Gesichtspunkt verdient in diesem Zusammenhang Beachtung: Robinson Crusoe gehört noch heute zur vielgelesenen Jugendliteratur. Ob nun als vollständige Ausgabe oder in den unzähligen Bearbeitungen, die das Buch seit dem ersten Erscheinen erfahren hat, Robinson Crusoe gehört zu den Klassikern der Jugendliteratur. Damit wird aber dieses Stück Literatur, welches für Erwachsene geschrieben wurde, in der Hauptsache nur noch von Kindern gelesen.

Versuchte Defoe die bürgerliche Gesellschaft in ihrem Entstehungsprozeß und in ihrem Funktionieren zu beschreiben, so sprach er damit ein breites Publikum in seiner Zeit an, weil dieses, insbesondere Erwachsene, bemüht sein mußte, sich in dieser Zeit des Umbruchs mit den für sie neuen Verkehrsformen zurechtzufinden. Auch an anderen charakteristischen Romanen der englischen und amerikanischen Literatur dieser Zeit ließe sich dies zeigen (Onkel Tom's Hütte [→S. 338], Moby Dick [→S. 258f.], Lederstrumpfgeschichten [→S. 222f.], Tom Sawyer und Huck Finn).

Dies unterscheidet sich jedoch in der Problematik, der sich die damaligen Leser gegenübersahen, von der, wie sie sich heute für die Mitglieder dieser bürgerlichen Gesellschaft stellt. Für die Kinder in unserer Zeit gilt etwas anderes: Sie müssen für sich selbst neu lernen, wie diese Gesellschaft, in die sie hineingeboren werden, und in der sie zurechtkommen müssen, beschaffen ist. In diesem Lernprozeß spielen die Bücher, die sie lesen, keine unbedeutende Rolle.

Obwohl sie diese zum Spaß lesen, wird ihnen durch diese Bücher gerade sehr vieles vermittelt von dem, was sie zu lernen haben. Jugendliteratur ist dementsprechen keineswegs nur nebensächlich; gerade sie umfaßt Werke, die unsere Gesellschaft zwar nicht so analysieren, wie dies ein wissenschaftlicher Text tun müßte; sie sind aber doch in der Lage, ein Bild von der gesellschaftlichen Wirklichkeit herzustellen.

Daß Jugendliteratur ausgerechnet dies bewirkt, ist den Kindern zu allerletzt klar, um so weniger, als »Robinson Crusoe«, wie so viele andere Romane, in Bildern auszusprechen versucht, was er als Literatur analytisch nicht zu sagen vermochte.

Robinson und kein Ende

Daß »Robinson Crusoe« von Daniel Defoe bei den deutschen Lesern ein besonders großer Erfolg werden mußte, der sich nicht nur in vielen Auflagen des übersetzten Originalwerkes, sondern auch in unzähligen Nachahmungen manifestiert, war kein Wunder: In der beschränkten, provinziellen Enge der ungezählten deutschen Kleinstaaten, den Bedrückungen eines in jedem Lebensbereich spürbaren Obrigkeitsstaats wurde Robinson Crusoe auch für den naivsten Leser zu einer Symbolfigur, zu einem Symbol für: neuen Anfang, Freiheit, Gerechtigkeit. Die Zahl und die Tendenz der deutschen Nachahmungen bestätigen das: »Die Insel Felsenburg« von Schnabel galt einem berühmten bürgerlichen Literaturhistoriker wie Hermann Hettner (1821 bis 1881) als »eines der denkwürdigsten und wichtigsten Bücher des ganzen Zeitalters«, und zwar »denkwürdig und wichtig sowohl durch seinen inneren Gehalt wie durch die überraschende Kraft und Reinheit seiner dichterischen Gestaltung.«
»Die Grundstimmung der Insel Felsenburg ist jenes schwär-

»Robinson Crusoe mit seinem selbstgemachten Schirm aus Stöcken und Fellen«. Kupferstich von Picard, 1720, zur Erstausgabe des »Robinson Crusoe«, Amsterdam 1720/21

Illustration zu Defoes »Robinson« von Grandville, Mitte des 19. Jhs.

merische Verlangen nach Frieden und Seelenruhe, das Schiller im wahren Sinne des Wortes sentimental genannt hat. Aus dumpfer Kerkerluft ist es der ununterdrückbare Ruf nach Freiheit, der laute Schmerzenschrei nach Natur und Ursprünglichkeit. Es ist Rousseau vor Rousseau. Dieses Buch wurde ein Lieblingsbuch des 18. und 19. Jahrhunderts, Goethe las es als junger Mensch und alle seine Altersgenossen, darunter auch Karl Philipp Moritz. Die Romantiker Tieck, Arnim und Brentano verschlangen es voller Begier. Zum Abenteuerlichen, an dem es dieser Roman ebensowenig wie das Originalwerk fehlen läßt, trat deutlicher und für den deutschen Leser unübersehbarer das Utopische, die Schaffung eines friedlichen, gerechten, von Unterdrückungen freien Staatswesens, nach dem die Sehnsucht aller ging. Obwohl der Robinsonstoff in der Folgezeit vornehmlich der Jugendliteratur zugeordnet wurde, hat sich der abenteuerlich-utopische Reiz des Originalwerkes trotz der gesellschaftlichen Veränderungen in mehr als zwei Jahrhunderten auch für den zeitgenössischen Leser erhalten.« So urteilt Hettner in seiner »Literaturgeschichte des 18. Jahrhunderts« (1856–1870).

G. R.

»Robinson auf seiner Insel«, Lithographie nach einer Radierung von Moritz von Schwind

Illustration zu J. Heinrich Campes »Robinson der Jüngere« von Ludwig Richter (unten)

Manfred Nagl

Utopische Literatur

Utopien hatten spätestens seit der Mitte des 19. Jahrhunderts einen schlechten Klang. Das etablierte Bürgertum, aber auch Marxisten, sahen in der Utopie nur »Schwärmerei und Hirngespinst«; Utopisches wurde als »unerfüllbar, unwirklich, wirklichkeitsfremd« (Duden) definiert.

Seit den sechziger Jahren unseres Jahrhunderts wurde die Utopie unter mehreren Aspekten wieder aktuell. Die zunehmende Bedeutung und vor allem die Popularisierung der Zukunftsforschung (Futurologie, Prognostik), Studentenbewegung und »Neue Linke« mit ihrer Forderung nach der Realisierung von »konkreten Utopien« (»Realutopien«) haben dazu ebenso beigetragen wie die massenhafte Verbreitung der »Science-fiction« (wissenschaftlich-phantastische Romane, technische Zukunftsromane). Die Science-fiction wird zudem gerne als legitime Nachfolgerin der Utopie, ja als deren einzig zeitgemäße Form ausgegeben.

Definitionen des Utopischen

Ob Futurologie und Science-fiction als Formen der Utopie anzusehen sind, hängt von der Definition des Utopischen ab. Zwei unterschiedliche Auffassungen sind vorherrschend:

1. Ausgehend von den Sozialutopien der Renaissance, der Aufklärung und des Frühsozialismus lassen sich Utopien definieren als Kritiken der bestehenden Gesellschaftsordnung, die sich in Entwürfen von positiv gemeinten Gegenbildern zur zeitgenössischen Wirklichkeit ausdrücken oder mit ihnen verbunden sind.

Nach Maßgabe dieser Definition fehlt den meisten futurologischen Entwürfen die utopische Absicht, nämlich die fundamentale Kritik und der Entwurf eines positiven Gegenbildes zur jetzigen Gesellschaftsordnung; sie bemühen sich vielmehr darum, die gegenwärtigen Zustände zu erhalten, indem sie diese mit neuen technologischen und organisatorischen Mitteln fortschreiben. Noch entschiedener muß der Masse der technischen Zukunftsromane und der Science-fiction der utopische Gehalt abgesprochen werden, da in ihnen nicht nur die Gegenwartskritik und der Gegenentwurf fehlen, sondern das bewußte gesellschaftspolitische Engagement überhaupt.

2. Zu einer anderen Definition des Utopischen gelangt man, wenn von vornherein eine Wandlung der Utopie im 19. und 20. Jahrhundert unterstellt und neuere Erscheinungen wie die der Futurologie und Science-fiction zum Ausgangspunkt der Begriffsbestimmung gemacht werden. Das Beharren der älteren Utopien auf Gesellschaftskritik und dem Entwerfen besserer Gegenbilder erweist sich dann als ›überwundenes‹ Stadium des Utopischen. Kennzeichen der modernen Utopien ist dann gerade deren »Wertfreiheit« (im Sinne einer gesellschaftspolitischen Neutralität oder eines Desinteresses). Das Utopische liegt allein im Entwerfen von Zukunftsmöglichkeiten an sich; schon das Denken von gegenwärtig nicht Vorhandenem ist demnach utopisch.

Gegen diesen Definitionsvorschlag müssen mehrere Einwände gemacht werden. Der Begriff des Utopischen wird hier derart abstrahiert, daß er kaum noch etwas aussagt. Die Utopie gerät so zum →Synonym für Phantastisches und Imaginäres schlechthin. Die Tatsache, daß Utopisches (im inhaltlich-konkreten Sinn der ersten Definition) heute kaum noch in sinnlich-romanhaften Formen ausgemalt wird, sondern sich eher auf karge theoretische Entwürfe (wie z. B. bei Herbert Marcuse, * 1898) zurückgezogen hat, rechtfertigt nicht die eilfertige Anpassung der Utopiedefinition an diese Situation. Werden Gesellschaftskritik und Entwürfe eines humaneren Lebens in gelungeneren Gesellschaften nicht mehr als Spezifikum der Utopie angesehen, so kann sich jeder bescheidene Gedanke, der auch nur in Details vom ohnehin Vorhandenen abweicht, als utopisch aufspielen.

Der Verdacht drängt sich auf, daß auf diese Weise einer utopiefeindlichen Gesellschaftsauffassung dennoch eine Zukunftsorientierung zugesprochen und den Zeitgenossen eine positive Gesellschaftsveränderung als antiquiert ausgeredet werden soll. Es ist in diesem Zusammenhang bezeichnend, daß die Befürworter des »wertfrei«-abstrakten Utopiebegriffes desssen gesellschaftspolitische Neutralität dort über Bord werfen und inhaltlich bestimmen, wo sie glauben, Utopisches im negativen Sinne dingfest machen zu können: bei der »Gegenutopie« (auch Antiutopie, Dystopie, Menetekelutopie, negative oder devolutionistische Utopie).

Zu den bekanntesten Gegenutopien zählen die Romane »Schöne neue Welt« (Brave New World, 1932) von Aldous Huxley (1894–1963), »1984« (erschienen 1949) von George Orwell (Pseud. für Eric Arthur Blair, 1903–1950) und »Wir« (My, geschrieben 1920) des Exilrussen Eugen Iwanowitsch Samjatin (1884–1937). Da die Utopien bis ins 20. Jahrhundert hinein sich eine bessere Zukunft nur in sozialistischen Gesellschaftsformen vorstellen konnten und deshalb geradezu als eine Spielart des Sozialismus (Sozialutopismus) galten, waren dem herrschenden Bürgertum Romane, die (wie »Wir« und »1984«) in Zukunftsbildern Kritik an totalitären Tendenzen des sowjetischen Staatssozialismus übten, nicht nur hoch willkommen, sondern sie wurden wegen ihrer Sozialismuskritik als gegenutopisch empfunden. Dennoch enthalten viele dieser Gegenutopien im Gewand der Satire und als Korrekturen eines allzu unbeschwerten Optimismus der utopischen Hoffnung mehr an gesellschaftlichem und humanem Engagement als die scheinbar wertfreien »Utopien« der Science-fiction oder Futurologien vom Schlage eines Hermann Kahn (* 1922). Die Bezeichnung »anti-utopisch« sollte der Kennzeichnung solcher Einstellungen vorbehalten bleiben, die sich eine positivere Alternative zur gegenwärtigen Gesellschaftsordnung überhaupt nicht mehr vorstellen können. Gerade dies ist bei dem größten Teil der Science-fiction und futurologischen Entwürfe der Fall. Ihre »Wertfreiheit« entpuppt sich als massive →Apologie des Gegenwärtigen, das sie mit allen (technologischen und organisatorischen) Mitteln zu erhalten und fortzuschreiben versuchen. Insbesondere die →Intention der Science-fiction läuft darauf hinaus zu zeigen, daß trotz aller technischer Möglichkeiten auch in Zukunft gesellschaftlich alles beim alten bleiben muß, da es sonst noch schlimmer kommen würde, als es schon ist. So gesehen, ist die Science-fiction lediglich die futuristische Variante einer gesellschaftskonformen Massenliteratur: Sie nimmt die Angst vor der Zukunft, indem sie diese als verschönerte oder gleich schlechte Gegenwart darstellt.

Formen des Utopischen

Das aktuelle Interesse am Utopischen hat sich auch wieder den Utopien der Vergangenheit zugewandt. Allerdings konzentrierte sich die historische Analyse bisher fast ausschließlich auf die belletristisch-romanhaften Utopien, vor allem auf die »klassischen« utopischen Romane, deren quantitative und qualitative Blütezeit im 17. und 18. Jahrhundert lag.

Charakteristisch für die Literaturgattung der utopischen Staatsromane ist zum einen ihr Thema – der Entwurf einer besseren Gesellschaftsordnung – und zum anderen eine literarische Technik, mit deren Hilfe die Gegenwartskritik getarnt und die Möglichkeit der Existenz und der Realisierbarkeit dieser Idealstaaten glaubhaft gemacht werden soll: fiktive Reiseberichte von noch unbekannten Gebieten der Erde (meist fernen Inseln), von anderen Himmelskörpern oder aus der Zukunft.

Die Betonung der →belletristischen Formen der Utopie ist zwar dadurch gerechtfertigt, als die utopischen Romane schon von ihrer Menge her als →»Leitfossil« des Utopischen angesehen werden können. Dennoch darf der Begriff des Utopischen nicht ausschließlich auf eine bestimmte Literaturgattung reduziert werden. Ernst Bloch (*1885) hat unter dem Titel »Das Prinzip Hoffnung« (1959) eine ganze Enzyklopädie des Utopischen vorgelegt und gezeigt, daß sich Utopien weder auf eine bestimmte Epoche noch auf die Romanform beschränken lassen, sich vielmehr auch in architektonischen Entwürfen, in der Musik und Malerei, in revolutionären Traktaten, in Mythologien und Märchen niedergeschlagen haben.

Die Einkleidung der utopischen Romane in Reiseberichte bezog ihre Glaubwürdigkeit aus der Tatsache, daß längst vorher Berichte von den Wundern ferner Völker und Länder existierten. In der Antike waren abenteuerlich-phantastische »Schiffermärchen« derart populär, daß Lukian von Samosata (2. Jahrhundert n. Chr.) darauf eine Parodie (»Wahre Geschichte«) in Form einer Mondreise schreiben konnte. Platon (428–348 v. Chr.), dessen »Politeia« (Staat) und »Nomoi« (Gesetze) die ersten uns bekannten theoretischen Entwürfe von Idealstaaten enthalten (→S. 50f.), berichtet in seinem »Kritias« vom Aufstieg und Verfall des paradiesischen Musterstaates Atlantis (ein in der Science-fiction heute noch beliebter Schauplatz). Von einem Goldland »Ophir« ist in der Bibel (Buch der Könige) die Rede. Aus dem Mittelalter liegen unter anderem die phantastischen Reiseberichte des heiligen Brandan (6. Jahrhundert n. Chr.) und (1371) Sir John de Mandeville's (um 1300–1372) vor – nebst Abbildungen der geschilderten Fabelwesen. Im beginnenden Zeitalter der Entdeckungen sind Wahrheit und Fabel über neuentdeckte wunderbare Inseln in der Südsee oder goldene Reiche in Mittel- und Südamerika für die Zeitgenossen kaum noch unterscheidbar.

Utopisches in Mythos und Märchen

Positive Gegenbilder zur zeitgenössischen Wirklichkeit finden sich in den →Mythologien nahezu aller Kulturen. Freilich ist das →»Goldene Zeitalter« für die Griechen längst vergangen, sind die →elysischen Gefilde, die himmlischen Paradiese der Bibel und des Korans und die Edelsteinländer des Buddhismus nur durch Seelenwanderung, Wiederauferstehung nach dem Tode oder Wiedergeburt zu erreichen. Neben solchen Jenseitsvorstellungen, die eher über ein schlechtes irdisches Dasein hinwegtrösten als es zu ändern versuchen, finden sich aber auch höchst irdisch gemeinte Paradiese: das Land, wo Milch und Honig fließen (Altes Testament), das Tausendjährige Reich des Friedens und das Neue Jerusalem (Johannes-Apokalypse), die hier auf Erden errichtet werden sollen. In abendländischen wie orientalischen Sagen, Märchen und Legenden sind die Paradiese wenigstens teilweise →säkularisiert irdisch: Nach Gral und Artushof, nach »Aladins Wunderlampe« scheint sich schon zu Lebzeiten die Suche zu lohnen. Im Märchen vom »Schlaraffenland« kommt sogar eine sozialkritische Komponente ins Spiel: Kein Reicher wird es je erreichen, denn der Hirsebrei, durch den man sich erst hindurchessen muß, ist die Speise der Armen. Noch näher an der sozialen Wirklichkeit ihrer Zeit sind die Sagen und Legenden von kommenden Friedenskaisern oder einem friedfertigen und gütigen Engelspapst (→auch S. 243) – für die Menschen des Mittelalters wahrhaft revolutionäre Vorstellungen!

Was solche »utopischen« und →chiliastischen (auf eine glückliche Endzeit gerichteten) Vorstellungen von den späteren Utopien noch trennt, ist ihr Verzicht auf eine bewußt rationale Konstruktion der positiven Gegenbilder und – sieht man von sozialrevolutionären Sekten des späten Mittelalters ab – das Fehlen eines aktiven Willens zu ihrer politischen Verwirklichung.

Utopische Romane

Ausdrücklich auf Platon bezieht sich Thomas Morus (More, 1478–1535), dessen 1516 in lateinischer Sprache erschienenes Büchlein »Utopia« der Gattung ihren Namen gab und vielen Nachfolgern als Vorbild oder Anstoß diente. Die »Utopia« wurde rasch in viele Sprachen übersetzt (allein bis 1750 sind über 25 lateinische Ausgaben bekannt).

Das Titelwort »Utopia« (u-topia = Nicht-Ort, Nirgendland, Nirgendwo) findet sich nicht im klassischen Griechisch; es ist eine Wortschöpfung von Morus. Gleichzeitig liegt ein Wortspiel mit »eu-topia« (glücklicher Ort, Glücksland) nahe. Der Begriff »Utopia« wurde bald zum Synonym für ideale Staatsformen, aber auch gleichbedeutend mit Fabel- oder Lügenländer, etwa in Rabelais' »Pantagruel« (→S. 96f.).

Das »wahrhaft goldene Büchlein von der Insel Utopia« besteht aus zwei Teilen: Der erste enthält die Rahmenhandlung und eine scharfe Kritik an den Zuständen im absolutistisch regierten England. Im zweiten Teil berichtet ein angeblicher Gefährte des Seefahrers Amerigo Vespucci über den heidnischen Idealstaat auf der Insel Utopia. In Utopia ist das Privateigentum als Wurzel allen Übels abgeschafft, die Bewohner müssen in zweijährigem Turnus zwischen Stadt- und Landarbeit wechseln; die tägliche Arbeitszeit beträgt sechs Stunden; Mann und Frau sind schon in der Erziehung gleichrangig. Morus wird daher gelegentlich als Vorläufer des Sozialismus angesehen. Dabei wird übersehen, daß die »Utopia« – wie jede ausgemalte Utopie – vor allem ein getreues Spiegelbild ihrer Zeit ist. Der asketische →Produktionskommunismus ist weniger eine geniale Antizipation des Sozialismus, sondern eher eine säkularisierte Version des mittelalterlichen mönchischen Lebensideals. Ebenso mischen sich in der strengen Architektur und in der mathematisch geregelten Lebensordnung Elemente klösterlicher Raum- und Lebensplanung mit den merkantilen und rationalen Auffassungen des aufstrebenden Bürgertums.

Die Trennungslinie zwischen christlich-reformatorischen und →humanistisch-rationalen Gesellschaftsauffassungen ist auch bei Nachfolgern wie Tommaso Campanella (1568–1639: »Civitas Solis«, 1602), Johann Valentin Andreae (1586–1654: »Christianopolis«, 1619), Francis Bacon (1561–1626: »Nova Atlantis«, 1624) und anderen schwer zu ziehen.

Das oft geradezu →totalitäre Ordnungsdenken in den frühen →Staatsromanen muß auch als Gegenkonzept zur klerikal-feudalen Willkürherrschaft der damaligen Zeit verstanden werden (in »Utopia« werden selbst die Priester in geheimer Wahl bestimmt), die Sittenstrenge im Sexuellen als Kritik der →Libertinage höfischer Lebensweise.

Zwiespältig bleibt auch das Bild späterer Utopien. Während James Harrington (1611–1677) in »The Commonwealth of Oceana« (1656) einen nahezu perfekten demokratischen Staat (mit Ämterrotation!) entwirft, läßt die Mehrzahl der Staatsromane des 17. und 18. Jahrhunderts das →Gottesgnadentum als Herrschaftslegitimation unangetastet und meldet den Führungsanspruch des Bürgertums – auch hierbei der politischen Realität entsprechend – in neuen, ökonomisch ausgerichteten Gesellschaftsreformen an.

Utopie und Naturwissenschaft

Auffällig ist die zunehmende Betonung naturwissenschaftlicher Aspekte in der utopischen Argumentation. Die Naturwissenschaften, die nun nicht mehr »die demütige Magd der Kirche« (Friedrich Engels) waren, bildeten nicht nur das theoretische Fundament der industriell-kapitalistischen Produktionsweise des Bürgertums, sie waren auch ein willkommenes ideologisches Kampfmittel gegen die Kirche, die die Legitimation für das Feudalsystem lieferte. So kam selbst Sonnen-, Mond- und Planetenreisen (durch die Propagierung des neuen astronomischen Weltbildes) eine politische Brisanz zu. Im Fortschritt der Naturwissenschaften drückte sich die neue, rational-optimistische Weltauffassung des Bürgertums aus: die Gesellschaft ist ein Produkt menschlicher Tätigkeit und sie ist mit wachsender Naturbeherrschung und rational-ökonomischer Bedürfnisbefriedigung auch positiv veränderbar. Am deutlichsten wird dieser naturwissenschaftlich motivierte Optimismus in der Säkularisierung der Zukunftserwartung, d.h. in der Verlegung der utopischen Erwartungen in die Zukunft. Louis Sébastien Merciers (1740–1814) »Das Jahr 2440« (1771) war zwar nicht die erste der in die Zukunft verlegten Utopien, zweifellos aber die am meisten plagiierte.

Bei der Masse der utopischen Literatur des 17. und 18. Jahrhunderts ist eine Entwicklung zum nur noch phantastischen und sensationellen Roman festzustellen. Abenteuerliche Rahmenhandlung und exotisch-kuriose Details, die den frühen Sozialutopien als Tarnung oder Beweis der Glaubwürdigkeit dienten, werden in den »voyages imaginaires« (wunderbare, phantastische Reisen) zum alleinigen Inhalt.

Aus der Utopie wurde die »utopische Methode«, eine literarische Kulissentechnik, mit deren Hilfe den Klischees der übrigen Unterhaltungsromane neue Reize abgewonnen werden konnten. Beispiele dieser Entwicklung bieten Nicolas Restif de la Bretonnes (1734–1806) »Der fliegende Mensch« (1781), Ludvig Holbergs (1684–1754) »Nicolai Klims unterirdische Reise« (1741) und schließlich Johann Gottfried Schnabels »Wunderliche Fata einiger See-Fahrer« (»Insel Felsenburg«, 1731–1743, →S. 146f.).

»Die Utopie hat abgedankt, Science-Fiction hat sich den Thron erobert im Reich der Unterhaltungsliteratur. Die ›Insel Felsenburg‹ ist kein Aufenthaltsort für Perry Rhodan und sein Mutantenkorps. Die literarische Utopie entwirft soziale Paradiese, um die es zu kämpfen galt und gilt, Science-Fiction verspricht ihren Lesern Trost und Ablenkung in heiler Zukunftswelt. Ihre Naivität zeugt von Berechnung. Massenhaft produziert und billig auf den Markt geworfen, trägt die illegitime Erbin Science-Fiction ihren Teil zur Diskreditierung der Utopie bei, mit deren Lorbeer sie sich anmaßend schmückt. Verkündete die Utopie geschichtlichen Fortschritt, so preist Science-Fiction den ewigen Status quo. Ihre Phantastik, die auf bloße Verblüffung abzielt, schwankt zwischen Sachbuch und Märchen, ihre Motive entstammen gängiger Unterhaltungsliteratur, ihre Ideologie der Reaktion, und Ideologie zu verbreiten ist ihre Bestimmung . . . noch die ambitioniertesten Science-Fiction-Texte, an denen sich intellektuelle Fans begeistern, verraten falsches Bewußsein. Science-Fiction ist keine eigenständige literarische Gattung, keine zeitgenössische Variante der klassischen Utopie, wie ihre Verfechter meinen, sondern ein variierbares Sujet, ein umfassendes Thema, eine Schreibweise. Ihr Zweck, handlungsverbrämte Propaganda für reine Wissenschaft, unterhaltende Reklame für den absolut gesetzten technischen Fortschritt, bedingt ihre Schizophrenie. Das Mobilar der Science-Fiction-Welt gehört der Zukunft an, ihre Menschen der Gegenwart, ihre Gesetze der Vergangenheit. Weil Science-Fiction nicht auf der Höhe der Zeit steht, kann sie die Zukunft nicht beschreiben, ohne unfreiwillig das Ende aller bürgerlichen Träume zu verkünden.« (Aus: Michael Pehlke u. Norbert Lingfeld, »Roboter und Gartenlaube«, München 1970)

Von der Utopie zur Science-fiction

Parallel zur Etablierung des Bürgertums als wirtschaftlich und politisch führender Macht im Laufe des 19. Jahrhunderts reduziert sich die ehemals oppositionelle Utopie zum gesellschaftskonformen, technischen Zukunftsroman, in dem (unter teilweiser Einbeziehung der Schauerliteratur) Alternativen zum Bestehenden nur noch vom »Fluch oder Segen« einer als eigengesetzlich verstandenen Technik und Wissenschaft abhängen. Die Serienerfolge Jules Vernes (→S. 270f.) und Herbert George Wells' (1866–1946) signalisieren die Umformung der Utopie zu einer eigenständigen – hauptsächlich für männliche Leser bestimmten – Gattung der abenteuerlichen Jugend- bzw. Unterhaltungsliteratur, für die in den USA seit den zwanziger Jahren der Begriff »Science-fiction« geläufig wurde.

Zur Reduktion des Sozialutopischen in der bürgerlichen Literatur und zur verwässernden Uminterpretation des Utopiebegriffs im Laufe des 19. Jahrhunderts trugen ungewollt auch Frühsozialisten wie Charles Fourier, Robert Owen, Wilhelm Weitling und Étienne Cabet bei, die mit Hilfe literarischer Utopien die kapitalistische Wirtschafts- und Gesellschaftsordnung angriffen, für eine klassenlose Gesellschaft eintraten und die Anfänge der sozialistischen Arbeiterbewegung schufen.

Während das Bürgertum die Sozialutopie wegen ihrer politischen Brisanz diffamierte, sahen Marx und Engels in ihr zwar eine naivvorwissenschaftliche Form des Sozialismus, hielten sie aber für ein untaugliches Mittel zur revolutionären Umgestaltung der Gesellschaft (→S. 266f.). In der Tat waren die sektiererhaften Versuche, die frühsozialistischen Ideale durch Gemeindegründungen in Nordamerika – sozusagen »hinter dem Rücken der Gesellschaft« (Marx) – zu verwirklichen, allesamt gescheitert. Eine vorläufig letzte Blüte erlebte die Sozialutopie gegen Ende des 19. Jahrhunderts, als durch die rücksichtslosen Monopolisierungstendenzen des Großkapitals auch kleinbürgerlich-mittelständische Kreise für antikapitalistische Alternativlösungen empfänglich wurden. Edward Bellamys (1850–1898) »Ein Rückblick aus dem Jahre 2000 auf das Jahr 1887« (1888) wurde ein internationaler Millionenerfolg und zog eine Flut von →Repliken nach sich.

Die wissenschaftlich-phantastischen Zukunftsromane →extrapolieren seit der Mitte des 19. Jahrhunderts minutiös die jeweils herrschenden →Ideologien und gerade aktuellen Pseudowissenschaften: national-imperialistische Zukunftskriege, →evolutionistische und okkult-theosophische Spekulationen im 19. Jahrhundert; im Deutschland der zwanziger Jahre waren »Welteislehre«, faschistischer Führerkult und die Überlegenheit teutonischen Erfindergeistes die beliebtesten Themen, während die amerikanische Science-fiction den Expansionszwang und die permanente Naturausbeutung des kapitalistischen Wirtschaftssystems in Weltraum-Gigantomanien zu verherrlichen begann.

Neben Pseudowissenschaften wie »Ufologie«, Weltraumbesuchen in der Vergangenheit und →parapsychologischen Spekulationen imaginiert die westliche Science-fiction heute in einer Art psychischem Wechselbad die technokratische Gesellschaftslenkung (Technokratie: Herrschaft der Techniker, aber auch Legitimierung von Herrschaft durch angeblich technische Sachzwänge) und Sehnsüchte nach →archaisch-vorindustriellen Lebensweisen.

Im Banne der technokratischen Herrschaftsideologie bleibt aber auch die Mehrzahl der anspruchsvolleren Gegenutopien, da sie ihre Kritik nicht auf die wirtschaftliche und politische Verwertung der Naturwissenschaften richten, sondern das Übel in der Technik an sich sehen.

Kennzeichnend für die neuere Science-fiction ist die Mehrfachverwertung der Inhalte in nahezu allen Medien der Unterhaltungsindustrie: Texte, Filme, Schallplatten, Hörfunk- und Fernsehserien, Spielzeuge usw. (→S. 332ff.).

Weiterführende Literatur: Eike Barmeyer (Hrsg.): Science Fiction. Theorie und Geschichte. München 1972 (UTB 132). Wolfgang Biesterfeld: Die literarische Utopie. Stuttgart 1964 (Sammlung Metzler 127). Ernst Bloch: Das Prinzip Hoffnung. Frankfurt a. M. 1959 (und weitere Ausgaben). Manfred Nagl: Science Fiction in Deutschland. Tübingen 1972. (Untersuchungen des Ludwig-Uhland-Instituts der Universität Tübingen, Band 33). Arnhelm Neusüss (Hrsg.): Utopie. Begriff und Phänomen des Utopischen. Darmstadt, Berlin 1968 (Soziologische Texte 44). Helmut Swoboda: Utopia. Geschichte der Sehnsucht nach einer besseren Welt. Wien 1972.

Rechts: »Insel Utopia«, Holzschnitt von Ambrosius Holbein, 1518, zum Buch des Thomas Morus

Amaurotũ vrbs.
Fons Anydri.
Ostium anydri
Hythlodaeus.

Angst vor der Welt von morgen

Die Zukunftsträume sind düsterer geworden. Waren die früheren literarischen oder philosophischen Utopien vielfach Ausdruck von Zukunftshoffnungen, Vorstellungen oder Voraussagen eines besseren Morgen – geboren aus der Kritik an der Misere der Gegenwart, so sind die meisten der literarisch ernstzunehmenden Fiktionen von tiefem Pessimismus gekennzeichnet. Ihre Autoren zeichnen das Bild einer Welt, in der sich die Übel der Gegenwart in der Zukunft vervielfacht haben: die Bevölkerungsexplosion hat stattgefunden und läßt der Menschheit kaum Raum zum Atmen, geschweige denn Essen – die Umweltkatastrophe ist eingetreten und hat den letzten Lebensraum verpestet oder die Erde sogar gänzlich unbewohnbar gemacht, Intoleranz, Terror und Skrupellosigkeit haben die Menschheit rund um den Globus kriminalisiert und fanatisiert . . . Totalitäre Regimes als Verkünder und Vollstrecker unbarmherziger Dogmen scheinen die unausweichliche Folge und die einzige Möglichkeit, die fast unlösbar gewordenen Probleme der Menschheit zu bewältigen. Solche

Zukunftshoffnungen 1848

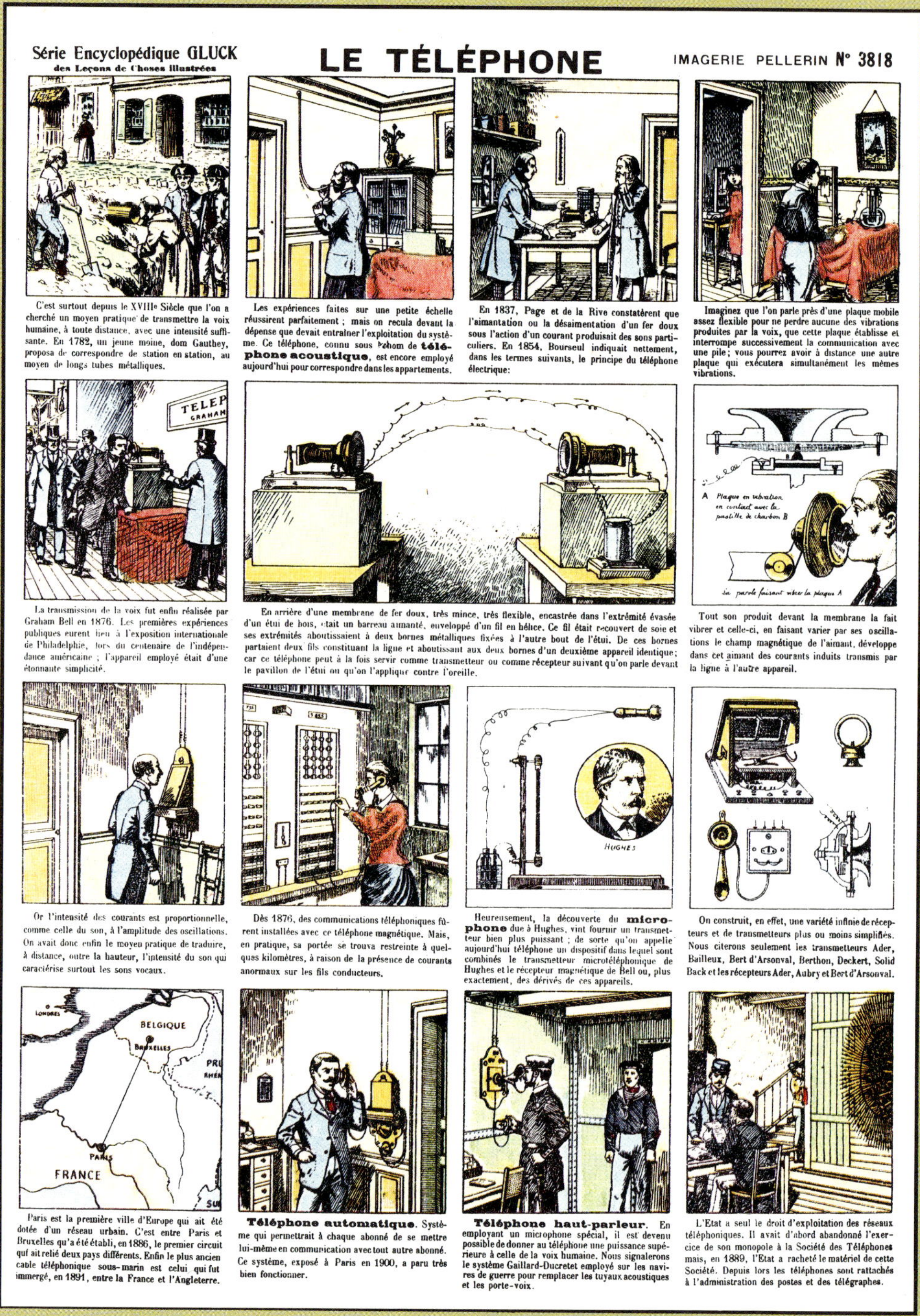

Das Telefon verbindet Länder und Kontinente. Eine französische Bildergeschichte (Vorläufer des modernen Comics) aus dem 1. Jahrzehnt unseres Jhs.

Rechts: Die Zukunft ist voller Schrecken – labile und allzu phantasievolle Menschen können psychische Opfer billiger Phantastereien werden

düsteren Zukunftsprognosen sind natürlich als Warnungen gemeint und schildern in der Tat nur das, was die Wirklichkeit der nächsten 50 oder 100 Jahre bringen muß, wenn wir die Probleme der Gegenwart nicht lösen. Freilich fehlt es auch nicht an Vorschlägen oder Entwürfen für eine bessere Zukunft. Als Hauptland der modernen »Science-fiction« sind die USA zu nennen, in denen eine große Anzahl zum Teil hervorragender, häufig naturwissenschaftlich ausgebildeter Schriftsteller ein facettenreiches, nuanciertes Bild der Zukunft in einer wahren Flut von Kurzerzählungen und Romanen präsentieren. Diese Science-fiction-Literatur wird nicht nur in großer Zahl veröffentlicht, sondern findet auch in Übersetzungen eine große Leserschaft in aller Welt. Daneben oder besser darunter angesiedelt ist eine an Quantität noch ungleich größere, in der Qualität zumeist fragwürdige Trivialform der Science-fiction-Literatur: In jeder Hinsicht billige Produkte, die die uralten Klischees von Helden- und Abenteuertum, rassistische und faschistische Vorstellungen, billige Freund-Feind-Vorstellungen usw. in eine von naturwissenschaftlichen Kenntnissen unbeleckte Fantasiewelt projiziert: Die Zukunftsträume werden schockweise geliefert. *G. R.*

Oben: Mit allen Raffinessen der Filmtrick-Technik beschwören geschäftstüchtige Filmproduzenten in aller Welt kosmischen Horror und betreiben Greuel-Propaganda. Hier die Ankündigung zu einem japanischen Monstre-Film

Rechts: Die Heftchen-Produzenten übertragen ihre im Kern antihumanen Freund-Feind-Vorstellungen oder rassistischen Konflikte in Weltraumkriege

Helmut Lüttmann

Sterne · Tristram Shandy

»The Life and Opinions of Tristram Shandy Gentleman« (Erstdrucke der 9 Bände London 1760–1767)
Roman von Laurence Sterne (24. 11. 1713 – 18. 3. 1768)

Von dem deutschen Dichter Jean Paul ist die Aussage überliefert, er habe diesen Roman vierzigmal gelesen, bevor er selbst ein Wort Prosa geschrieben habe; Goethe hat sich in jeder seiner Schaffensphasen wieder neuartig, aber immer enthusiastisch über den »Tristram Shandy« geäußert; entsprechende Kommentare finden sich bei Theodor Fontane und Thomas Mann. Und so ließen sich noch viele weitere bedeutende Schriftsteller (keineswegs nur deutsche) nennen, die diesem Roman in den zwei Jahrhunderten seit seiner Entstehung ihre Bewunderung gezollt und dabei mit einer Vielzahl anderer Leser eine Art Gemeinde der Eingeweihten, der »Sternianer«, gebildet haben.

Diese Gemeindebildung kam nicht zuletzt deswegen zustande, weil es auch eine ganze Reihe (z.T. prominenter) Sterne-Gegner gab, der vehementeste unter ihnen wahrscheinlich der englische Romancier W. M. Thackeray (»Jahrmarkt der Eitelkeit«). Wo die Enthusiasten den unerschöpflichen Einfallsreichtum des Autors priesen, empfanden die Gegner nur Langeweile angesichts immer neuer literarischer Kapriolen; wo die einen von einem vielgestaltigen Humor sprachen, sahen die anderen nur dümmliche Albernheiten; und wo einerseits eine subtile Erotik gerühmt wurde, war andererseits nur von Schlüpfrigkeit die Rede. Wenn auch die Gegenstimmen im 20. Jahrhundert merklich an Lautstärke und Überzeugungskraft verloren haben, so ist der »Tristram Shandy« doch bis heute noch kein völlig unumstrittenes Buch geworden, und der unvorbereitete Leser wird durch das zweifellos höchst ungewöhnliche Werk zunächst sicher verwirrt werden (und sich dann möglicherweise bald zur Gemeinde der Sternianer zählen).

Das →Exzentrische des Romans fehlte dem Leben des Autors über weite Strecken hin. Laurence Sterne wurde 1713 in Clonmel, Irland, geboren, wo sein Vater, ein mittelloser englischer Leutnant, zeitweise stationiert war. Er besuchte in England die Schule und schloß ein Theologiestudium in Cambridge ab, das ihm wohlhabende Verwandte des Vaters finanzierten. Von 1738 bis 1759 war er anglikanischer Pastor einer relativ ärmlichen Pfarrstelle in Sutton bei York, ein von der Religion nicht sehr stark überzeugter Mann, der nicht befördert wurde, unglücklich verheiratet und von der Provinzialität seiner Umgebung bedrückt. Gelegentliche Streitereien mit seinen Vorgesetzten und einige kurzfristige Affären mit anderen Frauen, die als Ausbruchsversuche aus der langweilenden Misere gesehen werden müssen, ruinierten seinen Ruf weitgehend. Der ersehnte Ausbruch gelang ihm dann mit der Veröffentlichung der beiden ersten Bücher des »Tristram Shandy«, seiner ersten literarischen Arbeit, im Jahre 1760. Sie brachten ihm, der dann bis 1767 – nicht zuletzt aus Geldgründen – pro Jahr noch ein weiteres Buch dieses Romans herausbrachte, plötzlichen Ruhm, Einladungen nach London, Aufnahme in die Häuser des reichen Bürgertums und Adels (des da-

Die Taufe Tristrams (links). Corporal Trim liest die Predigt vor (rechts). Beide Illustrationen von William Hogarth

maligen Lesepublikums), die Versorgung mit einer weiteren Pfarrstelle (d.h. mehr Einkommen) durch die neuen Verbindungen und die Möglichkeit zu Reisen durch Frankreich und Italien der angegriffenen Gesundheit wegen. 1767 begann Sterne dann noch eine zweite Prosaarbeit, die »Empfindsame Reise durch Frankreich und Italien«, deren deutscher Titel der literarischen Bewegung der »Empfindsamkeit« ihren Namen gab. Er starb jedoch 1783 vor deren Vollendung.

Auch »Das Leben und die Meinungen des Tristram Shandy, Gentleman« muß wahrscheinlich als Fragment bezeichnet werden, da es seiner Erzählweise nach potentiell unabschließbar ist. Die Tatsache, daß es sich bei dem Roman um eine Ich-Erzählung handelt, deren Titel einen Lebensbericht erwarten läßt, scheint das Werk zunächst in die Tradition der →fiktiven →Autobiographien einzureihen, die in England zuvor in erster Linie durch Daniel Defoes »Robinson Crusoe« (1719 →S. 146ff.) und »Moll Flanders« (1722) repräsentiert wurde. Aber schon mit seiner potentiellen Unabschließbarkeit widersetzt der »Shandy« sich dieser Tradition. Und dann stellt sich heraus, daß nach mehr als der Hälfte des Werkes (5 Büchern) nicht mehr als der erste Tag im Leben des Titelhelden erfaßt worden ist und danach immer nur punktuell Episoden aus diesem Leben beleuchtet werden, deren zeitliche Reihenfolge obendrein nicht annähernd eingehalten wird. Der Titel ist demnach ironisch gemeint, und der Roman selbst stellt u.a. eine →Parodie auf den literarischen Lebensbericht dar.

Dies um so mehr, als er fast nur über ›Katastrophen‹ in Tristrams Erdendasein berichtet (eine unglücklich-unkonzentrierte Zeugung, Plattdrücken der Nase bei der Geburt, Taufe auf einen nicht beabsichtigten Namen, »Beschneidung« durch ein herabfallendes Schiebefenster, eine Reise durch Frankreich als Flucht vor dem Tod), nichts dagegen über die Erziehung Tristrams aussagt, auch nichts über Gelerntes oder die Bewältigung von Lebenskonflikten, so daß eine Art →»Anti-Entwicklungsroman« entsteht.

Relativ mehr Raum als der Bericht über das Leben Tristrams nimmt die Wiedergabe von dessen Meinungen ein; aber dieser Raum ist wiederum nicht annähernd so groß wie derjenige für die Meinungen von Tristrams Vater (auch hier also wieder eine ironische Differenz zwischen der Versprechung des Titels und der Akzentsetzung innerhalb des Werkes).

Nicht die Lebensgeschichte und nicht die Meinungen des Erzählers Tristram gewähren somit den Zusammenhalt der Teile innerhalb des Romans, sondern der Fluß der Gedankenassoziationen bei diesem Erzähler; und da Tristram über eine sehr flexible und skurrile Intelligenz verfügt, ergeben sich fortwährend die verschiedenartigsten Abweichungen von der augenblicklich eingeschlagenen Erzählrichtung, und die Lektüre des Romans stellt sich gewissermaßen als die Führung des Lesers durch das Labyrinth eines sehr wachen und eigenwilligen Bewußtseins dar. Ein Katalog der Ungewöhnlichkeiten und Überraschungen, mit denen der Leser somit konfrontiert wird (von den Überlagerungen verschiedener Zeitebenen bis zu deutlichen Widersprüchen in der Charakterzeichnung der Figuren und der Selbstinterpretation Tristrams, von der leeren Seite als Aufforderung zur Selbstbetätigung des Lesenden bis zur reichlichen Verwendung von Sternchen und grafischen Linien im Text), würde mehrere Seiten füllen. Das ganze Werk erhält auf diese Weise den Charakter des Verwirrenden und Spielerisch-Humoristischen. Gleichzeitig aber hat der fast permanente Verstoß gegen die Gepflogenheiten eines herkömmlichen Romans eine pädagogisch-aufklärerische Zielrichtung: Der Leser wird indirekt zum Mitdenken, zum bewußten Mitvollzug des Denk- und Schreibprozesses aufgefordert. Dieses intensive Einbezogenwerden des Lesers, der häufig auch vom Erzähler angesprochen und in ein hypothetisches Gespräch verwickelt wird, macht diesen Roman zu einer geselligen und damit gesellschaftlich-zivilisierenden Literaturform.

Porträt Laurence Sternes. Kupferstich von D. Berger

Der humoristische Charakter des Werkes wird auch durch die formelhaft-statische Kennzeichnung der Personen betont, wobei vor allem das jeweilige Steckenpferd beschrieben wird: Wunderlichkeit als Normalfall. Am ausgeprägtesten reiten die beiden Hauptpersonen neben Tristram selbst ihr Steckenpferd: dessen Vater Walter Shandy, ein ehemaliger Levantekaufmann, der sich auf seinen Landsitz zurückgezogen hat, und sein Bruder Toby, ein ehemaliger Offizier, der ebenfalls dort lebt. Während Walter über nahezu jeden Gegenstand abstruse Theorien entwickelt, entlegenste ›Autoritäten‹ zitiert, nie von der →pompösen Theorie zu irgendeiner Praxis gelangt und die Karikatur eines wissenschafts- und fortschrittsgläubigen →Trivialaufklärers darstellt, gefällt sich der unendlich milde Kriegsmann Toby im Nachspielen der selbsterlebten Kriegszüge und Belagerungen. So führen beide ein Leben aus zweiter Hand in der Provinz. Das wird auch dadurch akzentuiert, daß sie, die Bürger, das Leben des Feudaladels auf dessen Landsitzen imitieren. Ihr Eingeschlossensein in die jeweilige Individualität – repräsentiert durch das Steckenpferd –, die eine angemessene Kommunikation zwischen ihnen kaum noch zuläßt, und das Abgeschlossensein in der Provinz ist das präzise getroffene Merkmal einer Gesellschaft, in der das →Bürgertum noch während seines Aufstiegs zur herrschenden →Klasse bereits Anzeichen der Versteinerung, Erstarrung zeigt und das Provinzielle als →bornierte Spießigkeit repräsentativ zu werden beginnt.

So bietet dieses Werk seinem Erzähler Tristram (und seinem Autor Sterne) denn auch ausreichend Gelegenheit zur Ironisierung des Provinziellen im weitesten Sinne: der Engherzigkeit, Enggeistigkeit, des Gelehrten- und Standesdünkels, der Bigotterie und Prüderie. Dadurch ergibt sich im Gegenzug die Möglichkeit zur Propagierung einer aufgeklärten Toleranz, einer geistigen Flexibilität und freizügigen Humanität, die auch das scheinbar Unsittliche noch mit umfaßt. Die mehr oder weniger versteckt erotischen oder obszönen Passagen des Romans dienen dabei gewissermaßen als Testfall für die Weltoffenheit des Lesepublikums (das diesen Test, zumal im 19. Jahrhundert, oft nicht bestand).

Die weitgehende Beschränkung auf einen engen Provinzbereich mit wenigen Personen nutzte Sterne nicht zuletzt zu einer genauen Fixierung menschlicher Beziehungen, und er erreichte dabei – in der Darstellung sowohl von Handlungen als auch von Gedanken und Gefühlen – vielfach eine im Roman bis dahin noch nicht vollzogene Präzision und Nuancierung, wodurch er die Errungenschaften des großen englischen Romans seit Defoe nicht nur ironisierte, sondern in vielen Bereichen auch vervollkommnete. Die virtuos gehandhabten Neuerungen, die er in diese Literaturform einbrachte, wurden in der Folgezeit weniger von englischen Schriftstellern aufgegriffen als von den deutschen Wieland, Jean Paul und einigen Autoren der Romantik. Sie weisen zum Teil aber auch schon deutlich auf experimentelle Romane des 20. Jahrhunderts voraus.

Johannes Kleinstück, »Zur Form und Methode des Tristram Shandy«. In: Archiv für das Studium der neueren Sprachen Nr. 194, 1958, S. 122–137 (präzise formale Untersuchung, inhaltlich z. T. zu stark harmonisierend).
Hans Mayer, »Laurence Sterne«. In: H. M.: Deutsche Literatur und Weltliteratur. (Ost-)Berlin 1957, S. 394–413 (»Tristram Shandy« literatur- und sozialgeschichtlich gesehen, auch auf Sternes zeitbedingte Grenzen hinweisend).

Jürgen Bromberg

Voltaire · Candide

»Candide ou l'Optimisme« (Erstdruck Genf 1759)
Roman von Voltaire (21. 11. 1694 – 30. 5. 1778)

Das Jahrhundert Voltaires: Diese bisweilen anzutreffende Bezeichnung deutet an, welche Autorität der bekannteste französische Aufklärer auf seine Zeit ausgeübt hat. Schon früh wurde die Feststellung über ihn getroffen: »Ein König, der Untertanen gebietet.« Friedrich II. von Preußen warb um die Gunst, ihn in Potsdam aufnehmen zu dürfen. »Fürst der Spötter« und »Patriarch von Ferney« sind weitere Benennungen für einen Schriftsteller, der die Macht besaß, die öffentliche Meinung Europas zu mobilisieren (→S. 168 ff.) und Staatsmänner in seinem Sinne zu beeinflussen.

François-Marie Arouet (→S. 122 ff.), der seit 1718 das Pseudonym »Voltaire« benutzte und sich dabei nicht scheute, das Adelsprädikat »de« hinzuzufügen, war der Sohn eines wohlhabenden Pariser Notars. Bereits in jungen Jahren kommt »Monsieur de Voltaire«, der sich eigentlich dem Rechtsstudium widmen soll, statt dessen aber in freidenkerischen Kreisen verkehrt, wegen seiner spitzen Zunge und Feder mit der Obrigkeit in Konflikt und verbringt elf Monate in der Bastille (1717–1718). Die Verurteilung seiner Schriften sowie scharfe persönliche Anfeindungen zwingen ihn mehrmals, Paris zu verlassen und sich fern von der Hauptstadt einzurichten. Mit einem Fuß steht er immer im Exil: Er arbeitet in England, in Lothringen und unter Friedrich II. in Berlin. 1760 schließlich läßt er sich in Ferney unweit der schweizerischen Grenze nieder, um von diesem strategisch günstig gelegenen Ort gleichsam als Chefkritiker die Geschehnisse seiner Zeit zu kommentieren. Als er in seinem letzten Lebensjahr, nach mehr als einem Vierteljahrhundert, noch einmal in die französische Hauptstadt zurückkehrt, wird er mit Ehrungen überhäuft: Denn dieser eher schwächliche und kränkelnde Mann, der es trotz aller Aktivitäten als Schriftsteller nicht versäumt hatte, mit Hilfe von Finanzspekulationen ein beträchtliches Vermögen zu erwerben und wie ein Fürst zu leben, eitel, reizbar und maßlos ehrgeizig, war fähig, sich in Wort und Tat für Verfolgte und Leidende einzusetzen, den Armen zu helfen und bei der Veröffentlichung seiner Schriften Unannehmlichkeiten nicht zu scheuen. Voltaires schriftstellerisches Werk umfaßt eine Vielzahl von literarischen Gattungen und Problemgebieten. Am meisten geschätzt haben die Zeitgenossen, deren Geschmack sich an den großen Vorbildern des 17. Jahrhunderts orientierte, seine Dramen und Epen, wie übrigens auch Voltaire selbst. Von einer Fülle von Briefen, Dialogen, Predigten, Unterhaltungen, Reportagen und Wörterbuchartikeln werden heute vor allem die rund zwanzig kurzen Romane (zwischen 1747 und 1775) noch gedruckt. Am höchsten respektiert wird der »Candide ou l'Optimisme« aus dem Jahr 1759. Voltaire wendet sich darin gegen die optimistische Weltsicht des deutschen Philosophen →Leibniz (1646–1716).

Candide, der Held der Geschichte, ein aufrichtiger, einfach denkender junger Mann, lebt glücklich und zufrieden auf dem Schloß eines westfälischen Barons. Er steht unter dem Einfluß des Professors Pangloß, der die »Metaphysico-theologico-cosmologie« lehrt und behauptet, daß alles zum besten stehe in der besten aller möglichen Welten. Candide begeht jedoch den Fehler, sich in Kunigunde, die appetitliche Tochter des Schloßherrn, zu verlieben. Der Baron ertappt die beiden gleich beim ersten Stelldichein und jagt Candide, diesen nicht standesgemäßen Bewerber um die Gunst seiner Tochter, aus dem »irdischen Paradies« seines Besitztums, das sich bei näherem Hinsehen als ein ziemlich hinterweltliches entpuppt. – Von nun an besteht das Leben Candides aus einer nicht endenwollenden Serie von Unglücksfällen: Kriegen, Plünderungen, Hinrichtungen, Schiffsunglücken, Erdbeben . . . Candide gelangt von Land zu Land, von Ort zu Ort. Man folgt ihm nach Holland, Portugal, Argentinien, Paraguay, Frankreich, England, Venedig. Nur eine der Episoden hebt sich ab: In Südamerika gelangt Candide durch Zufall in eine andere Welt, das Land Eldorado. – Inzwischen haben Soldaten das Schloß des Barons geplündert, angezündet und die Schloßherrn getötet. Kunigunde ist vergewaltigt, verwundet und nach einer Reihe von Mißhelligkeiten, die derjenigen ihres Liebhabers Candide nicht nachsteht, sehr häßlich geworden. Pangloß ergeht es keineswegs besser; trotzdem bleibt er weiterhin davon überzeugt, daß alles zum besten bestellt sei. Das genaue Gegenteil behauptet als Vertreter des Pessimismus der Philosoph Martin, der Pangloß im Verlaufe der Handlung zur Seite tritt. – Schließlich finden sich die Hauptpersonen des Romans, mehr oder weniger mitgenommen, in Konstantinopel ein und nehmen auf dem Lande ein bescheidenes Leben in einer Meierei auf. Aber infolge der Langeweile, die nun entsteht, sieht dieser Abschnitt ihres Daseins nicht viel besser aus als der vorherige. Als es noch einmal zu einem Disput über die beste aller Welten kommt, zieht Candide die Schlußfolgerung aus den gemachten Erfahrungen: »Sehr richtig«, sagt er, »aber wir müssen unsern Garten bestellen.«

Voltaires Technik der Entlarvung und Kritik konnte sich in dem soeben beschriebenen Rahmen, der dem des Abenteuerromans nachgebildet ist, besonders gut entfalten. Nur selten trägt der Autor des »Candide« seine Kritik an den Mißständen der Zeit als offene

Voltaire und Rousseau – der Schutzgeist beider führt sie zum Tempel des Ruhms und der Unsterblichkeit (zeitgen. Kupferstich)

Anklage vor. Meistens kleidet er sie ein, sei es aus Gründen der Tarnung, sei es wegen der literarischen Wirkung und des Geschmacks der Leserschaft. Eine Möglichkeit der Verpakkung war der »philosophische Roman«. In dieser Gattung wurden aufklärerische (»philosophische«) Gedanken in der Form einer Erzählung dargestellt, in Nachahmung des alten Verfahrens, dem Laien vereinfachte Grundwahrheiten bildhaft einzuprägen. So definiert Voltaire die philosophische Lehre des Optimismus als »die Besessenheit, zu behaupten, alles wäre gut, wenn alles schlecht ist«. Die sehr sorgfältig ausgearbeitete Leibnizsche Philosophie reduziert er auf den Satz von unserer als der besten aller möglichen Welten und widerlegt sie durch das unaufhörliche Niederprasseln der Unglücksfälle auf die »Helden« des Romans. Dabei häuft er Unglücksschläge und plötzliche Rettung in solch unwahrscheinlichem Maße, daß sie in die Zone des Unwirklichen entweichen.

Bei dem gegebenen Handlungsschema bieten sich Gegenüberstellung und Vergleich als Mittel der Kritik an. Das Kennenlernen fremder Länder durch die Figuren des Romans wird denn auch in diesem Sinne eingesetzt. Ein Beispiel hierfür bildet die Eldorado-Utopie. Hier ist der Vergleich auf die gesamte Menschheit bezogen. Es wird nicht allein eine Gemeinschaft geschildert, in der Gold genauso wenig wert ist wie Straßenstaub und somit der menschlichen Gesellschaft mit ihrer Jagd nach dem Mammon ein Spiegel vorgehalten, sondern Eldorado stellt überhaupt eine Umkehrung der bestehenden Verhältnisse dar. – Das Hineinstellen der Helden in eine Vielzahl neuer Situationen gibt überdies die Möglichkeit, den Anspruch an der Wirklichkeit zu messen, wie das durch die leitmotivische Wiederholung der Formel von der besten aller Welten selbst im Angesicht der größten Katastrophen geschieht.

Die Personen des Romans sind keine vielschichtigen Charaktere, sondern Typen, die eine Idee, eine Eigenschaft verkörpern. So zeichnet Voltaire in den Figuren des Pangloß und Martins den Typ des verbohrten Philosophen, in der Gestalt Candides den Doppeltyp des tumben Toren und leidgeprüften Hiob. Diese Figuren wirken jedoch nicht starr. Sie verdanken ihre Lebendigkeit den ständig neuen Vorgängen, durch die Voltaire sie führt.

Die Kennzeichen des Voltaireschen Stils sind Komik, Humor, Witz, Satire und Ironie, wobei letztere wohl am meisten seiner Natur entspricht. Der ironische Ton vieler Formulierungen ist Folge der Überraschung, mit der sie den Leser treffen. Schon die Verwendung eines einzelnen Wortes in sonst ganz ›normaler‹ Umgebung, wie z.B. einer Wortneuschöpfung oder eines ›unpassenden‹ Ausdrucks, kann diese Wirkung nach sich ziehen, ebenso der Gebrauch einfacher Aufzählungen. – Auch das Mißverstehen einer Situation durch Figuren der Geschichte läßt sich leicht ironisch auswerten, besonders bei naiven Figuren. Der Leser ist dann nämlich besser informiert als die betreffende Romangestalt, und deren Verhaltensweise steht in schroffem Gegensatz zu der erwarteten Reaktion.

Der 84jährige Voltaire (zeitgen. Karikatur). Er war zum ›Chefkritiker‹ seiner Zeit geworden und dennoch: Im letzten Lebensjahr wird er mit Ehrungen überhäuft

Die Kritik Voltaires richtet sich gegen die Mißstände in den verschiedensten Bereichen des menschlichen Lebens: Standesvorurteile, Kriegswahnsinn, Folter, Fanatismus, Inquisition, Intoleranz, Habgier, Unwissenheit ... Vor allem die Kirche hat er immer wieder aufs Korn genommen. Voltaire schloß von dem gesetzmäßigen Aufbau der Welt auf einen Schöpfer, lehnte aber alle weitergehenden Aussagen als Aberglauben und das Eintreten für diese Aussagen als Fanatismus ab. Die Beseitigung der bestehenden Mißstände erhoffte sich Voltaire jedoch weniger von der Masse des Volkes, sondern von aufgeklärten Monarchen wie Friedrich II. und Katharina II.

Das Zentralproblem des »Candide« aber ist die Frage nach dem Ursprung des Übels auf der Welt. Voltaires Antwort lautet: Alle Versuche, den Ursprung des Guten und des Bösen zu ergründen, sind vergeblich. Das ist der Sinn der Schlußszene des Romans. Candide und seine Freunde wurden belehrt, daß der Mensch den beiden Grundübeln, Unruhe und Langeweile, nur durch die Arbeit entgeht. Vor allem aber gelte es, sich davor zu hüten, einem System oder einer →Metaphysik zu verfallen. Bei aller Skepsis an einem zügigen Fortschreiten der menschlichen Angelegenheiten ist Voltaire von der Möglichkeit einer allmählichen Verwirklichung der Vernunft überzeugt. Zwar ist der Abstand zwischen dem Menschen, wie er ist, und dem Menschen, wie er sein könnte, noch riesig, aber dennoch lohnt es, sich für die Verringerung dieses Abstands einzusetzen.

Helga Grubitzsch

Diderot/D'Alembert · Die Enzyklopädie

»Encyclopédie, ou dictionaire raisonné des sciences, des arts et des métiers« (entstanden Paris 1751–1780)
Enzyklopädie herausgegeben von Denis Diderot (5. 10. 1713 – 30. 7. 1784)
und Jean D'Alembert (16. 11. 1717 – 29. 10. 1783)

»Wenn man den unermeßlichen Stoff einer Enzyklopädie überblickt, erkennt man deutlich nur eins: nämlich, daß sie keinesfalls das Werk eines einzigen Menschen sein kann.« Mit diesen Worten, die sich für den heutigen Leser eines umfassenden Nachschlagewerks von selbst verstehen, hebt Diderot einen wesentlichen Unterschied zu allen vorangegangenen enzyklopädischen Werken hervor: Die Enzyklopädie (35 Bände) ist das erste Wörterbuch der Wissenschaften und Künste, das durch die gemeinsame Arbeit von mehr als 160 Spezialisten entstanden ist. Unter der Leitung von Diderot und D'Alembert leisteten die hervorragendsten Philosophen, Wissenschaftler und Künstler der Aufklärung (u.a. Voltaire, Montesquieu, Rousseau, Helvétius, Quesnay →S. 133f.), aber auch viele unbekannte und ungenannte Fachleute ihren Beitrag zu einem Werk, das die Gesamtheit menschlicher Erkenntnisse in ihrem Zusammenhang darstellen sollte. Die Aufgabe war nicht leicht. Die »Enzyklopädie« wurde mehrfach auf königlichen Befehl verboten, da sie geeignet erschien, »die königliche Autorität zu zerstören« und »den Geist der Unabhängigkeit und Revolte einzuführen«. Die letzten 21 Bände mußte Diderot mit den ihm verbliebenen Mitarbeitern (D'Alembert hatte sich 1759 aus Furcht um sein Ansehen zurückgezogen) und den Verlegern (Le Breton & Co.) in illegaler Arbeit fertigstellen. Daß die Veröffentlichung der »Enzyklopädie« trotz der politischen Schwierigkeiten relativ kontinuierlich fortgeführt werden konnte, lag nicht nur an dem guten Willen der Autoren, sondern in weit größerem Maß an dem wirtschaftlichen Interesse der Verleger: Die Produktion der »Enzyklopädie« war zu einem der größten privatkapitalistischen Unternehmen Frankreichs geworden, das ca. 200 wissenschaftliche Mitarbeiter und über tausend Arbeiter und Handwerker beschäftigte. Der Profit der Verleger wird auf 2400000 Livres geschätzt – der Lohn eines Druckers betrug demgegenüber nur etwa 500 Livres im Jahr!

Die scharfe Reaktion der kirchlichen und monarchischen Kräfte auf das Erscheinen der »Enzyklopädie« spiegelt das Interesse der herrschenden Klasse wider, ihre Standesvorrechte gegen den politischen Machtanspruch des aufstrebenden Bürgertums zu verteidigen. Auf wirtschaftlichem Gebiet hatte der dritte (bürgerliche) Stand durch die Ausweitung des Handels und der Manufaktur und die technischen Veränderungen in der landwirtschaftlichen und handwerklichen Produktion im 17./18. Jahrhundert eine Vormachtstellung erobert, die ihre Grenzen nur noch in der feudalen Gesellschaftsordnung fand.

Diderot

1713	am 5. 10. in Langres geboren als Sohn eines Messerschmieds. Er sollte Theologie studieren, lebte aber zunächst als freier Schriftsteller
1743	Heirat mit Antoinette Champion
1746	Leitung der Übersetzung einer englischen Enzyklopädie
1749	Haft in Vincennes
1773–74	Aufenthalt in Rußland
1784	Tod am 30. 7. in Paris

D'Alembert

1717	am 16. 11. in Paris geboren als Sohn eines Offiziers. Studium der Mathematik und Philosophie
1754	Mitglied der Académie Française
1751–59	Mitarbeit an der »Enzyklopädie«
1759	Rücktritt von der Mitarbeit, vermutlich auch wegen einer Polemik Rousseaus
1772	Sekretär der Académie Française
1783	Tod am 29. 10. in Paris

Die vielfältigen Interessen des Bürgertums an einer Liberalisierung von Handel und Gewerbe wurden von der »Enzyklopädie« in weitem Umfang aufgenommen und vertreten (vgl. Art. »Agriculture«, »Grains«, »Chef-d'œuvre«, »Commerce«, »Manufacture«). In seinem Artikel »Art« (Kunst, Technik) hebt Diderot ausdrücklich hervor, daß die mechanischen Künste (Handwerk und Technik) gleichwertig neben den freien Künsten (z.B. Musik, Dichtkunst) zu betrachten sind, da sie für die Gesellschaft von mindestens ebenso großem Nutzen sind. Dementsprechend zahlreich sind die Artikel in der »Enzyklopädie«, die sich mit den Rohstoffen, den Verarbeitungstechniken, Werkzeugen und Maschinen der Manufaktur und des Handwerks auseinandersetzen (z.B. Art. »Bas«, »Bois«, »Ruban«). Die »Enzyklopädie« ist damit das erste Nachschlagewerk, in dem in allgemein verständlicher Sprache ein umfassender Überblick über die Entwicklung und den Stand der →Produktivkräfte im Zusammenhang mit den Wissenschaften und Künsten gegeben wird.

Für Diderot und D'Alembert war die Verbreitung von Wissen nicht Selbstzweck, sondern unmittelbar mit den Anspruch der allgemeinen →Aufklärung verbunden. Durch die vernünftige Auseinandersetzung mit den Erkenntnissen über Natur und Gesellschaft sollte der Mensch lernen, sich von unvernünftigen »Irrtümern und Vorurteilen« zu befreien, um sein Wissen in den Dienst der fortschreitenden Entwicklung der Menschheit zu

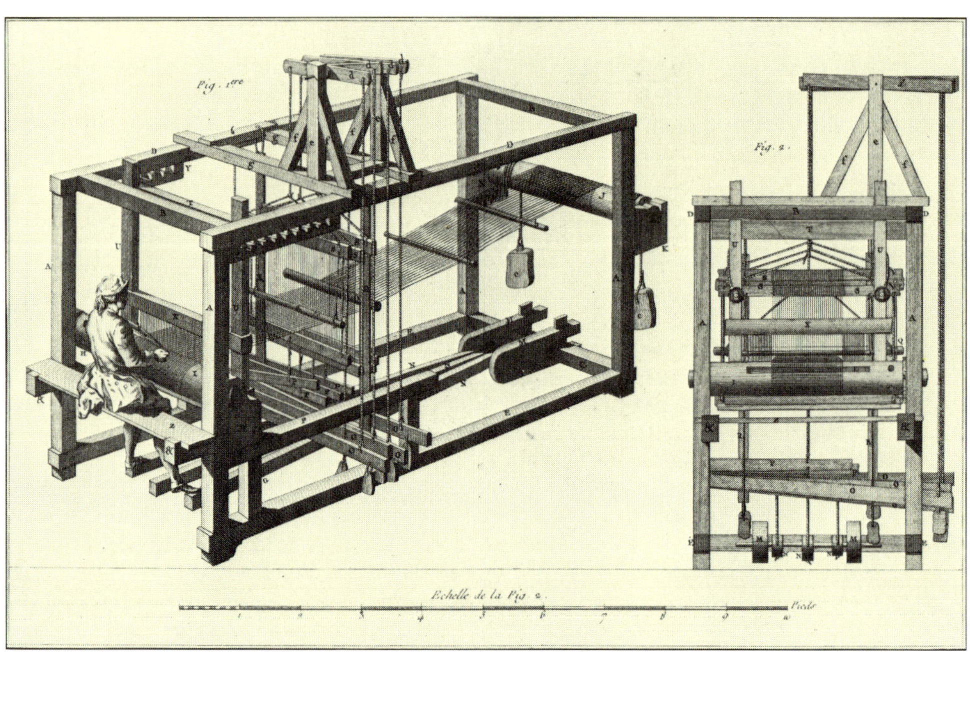

einer freien, auf den Gesetzen der Vernunft und der natürlichen Gleichheit beruhenden Gesellschaftsordnung zu stellen. Ebenso mit dieser Zielsetzung mußte die »Enzyklopädie« mit dem überlieferten Christentum und dem Königtum »von →Gottes Gnaden« in Konflikt kommen. In zahlreichen Artikeln werden z. B. die Irrtümer in der biblischen Geschichte an ihrer eigenen Widersprüchlichkeit und im Vergleich zu den Erkenntnissen der modernen Wissenschaften aufgedeckt (vgl. Art. »Chronologie sacrée«). Die Moral des Christentums wird mit der Praxis der katholischen Kirche (Ketzerverfolgung, Käuflichkeit) verglichen und als heuchlerisch entlarvt (vgl. Art. »Croisades«, »Prêtres«). Das bedeutet jedoch nicht, daß die Enzyklopädisten der Religion grundsätzlich ablehnend gegenüberstanden. Sie wehrten sich lediglich gegen den blinden Glauben an die Autorität der Kirche,

Webstuhl in perspektivischer und geometrischer Darstellung (links). Landwirtschaft, Feldbestellung (oben) und exakte Darstellung des Pflugs (unten). Alle drei Abbildungen sind der »Enzyklopädie« entnommen

die einer vernünftigen und wissenschaftlichen Erklärung und Veränderung der Welt und damit der Möglichkeit, menschliches Glück zu verwirklichen, feindlich gegenüberstand. Auch der →Absolutismus wurde von den meisten Enzyklopädisten nicht radikal abgelehnt. Ausgehend von der natürlichen Gleichheit und Freiheit aller Menschen wird er als eine mögliche Staatsform begriffen, in der das Volk einen Teil seiner Rechte auf den Monarchen übertragen hat, um ein geordnetes Zusammenleben in der Gesellschaft zu gewährleisten (vgl. Art. »Autorité politique«). Der Herrscher hat seine Macht zum Wohl des Volkes einzusetzen; er bezieht die Rechtfertigung seines Handelns nicht mehr aus seiner gottgegebenen Autorität, sondern aus dem mit den in seinem Staat lebenden Menschen geschlossenen »Vertrag« (→S. 133). Grundrechte des Menschen, wie z. B. das Recht auf Eigentum (das von vielen Aufklärern – außer Rousseau – als Naturrecht betrachtet wurde) und das Recht auf freie Meinungsäußerung, dürfen von der Regierung nicht außer Kraft gesetzt werden. Mit diesen Forderungen richtete sich die »Enzyklopädie« eindeutig gegen die bestehenden →Standesschranken und stellte damit – trotz ihres Festhaltens am Absolutismus – die herrschende Gesellschaftsordnung in Frage. Sie formulierte das politische Anliegen des →Bürgertums, Freiheit und Gleichheit der Individuen (als notwendige Voraussetzung für den freien Kauf und Verkauf der Arbeitskraft) zu verwirklichen.

Bei ihrem Kampf gegen Unvernunft und Aberglauben stützte sich die »Enzyklopädie« auf die modernen Wissenschaften. Unter Verzicht auf jegliche vorgegebene »absolute« und »ewige« Wahrheit werden die sinnlich erfahrbaren Gegebenheiten der Natur als Grundlage und Ausgangspunkt aller wissenschaftlichen Tätigkeit angesehen. Aus den Erfahrungen vermag der Verstand durch kritisches Überprüfen und Vergleichen Gesetze abzuleiten, die den Menschen zur Erkenntnis und Beherrschung der Natur befähigen. Jede überlieferte Meinung ist demnach durch einen Vergleich mit den tatsächlichen Wahrnehmungen auf ihre Richtigkeit zu überprüfen. Diesem Grundsatz der Wissenschaftlichkeit hat die »Enzyklopädie« zum Durchbruch verholfen.

Zusammengefaßt: Die »Enzyklopädie« lieferte eine Bestandsaufnahme des menschlichen Wissens zur Überprüfung des Entwicklungsstandes der Gesellschaft. Sie führte den Kampf gegen unvernünftige Autoritäten, indem sie durch die Geschichte von Wissenschaft, Kunst und Technik die Fähigkeit des Menschen veranschaulichte, die Welt entsprechend seinen Bedürfnissen vernünftig zu gestalten. Sie zeigte den Weg zur Überwindung von überlieferten Vorurteilen durch die Anwendung des Prinzips der Wissenschaftlichkeit.

Sie sprach ein breites Publikum an und vermochte es dadurch, die Ideen der Aufklärung in weite Kreise der Gesellschaft hineinzutragen.

Ausschnitt

Heinrich Stiehler

Beaumarchais · Der tolle Tag

»La folle journée, ou le mariage de Figaro« (Uraufführung Paris 1784)
Lustspiel von Pierre Augustin Caron de Beaumarchais (24. 1. 1732 – 18. 5. 1799)

»Figaro hat dem Adel den Garaus gemacht!« So kommentierte Danton kurz und bündig Beaumarchais' Komödie »Der tolle Tag« (1784), über die schon Jahre vor der Französischen Revolution Ludwig XVI. während einer privaten Lesung in Zorn geriet: »Das ist abscheulich, das wird niemals auf die Bühne kommen. Erst müßte man die Bastille zerstören, damit die Aufführung dieses Stücks nicht eine gefährliche Inkonsequenz wäre.« Doch das Leben des Pierre Augustin Caron – so der wirkliche Name des Autors – läßt weniger den Barrikadenkämpfer gegen den →Absolutismus als vielmehr den →opportunistischen Karrieristen erkennen. Im Viertel der Pariser Handwerker wird er am 24. Januar 1732 als Sohn eines Uhrmachers geboren. Der junge Pierre Augustin ergreift den Beruf des Vaters; durch seine Geschicklichkeit ist er bald Uhrmacher Ludwigs XV. Und hier – am glänzenden Hof von Versailles – arbeitet er hartnäckig und systematisch an seinem weiteren sozialen Aufstieg. Er heiratet die Witwe eines kleinen Hofbeamten, erwirbt sich das Adelspatent und nennt sich von nun an »de Beaumarchais«. Nacheinander wird er königlicher Mundschenk, Musiklehrer der Prinzessinnen, Sekretär des Königs und Polizeioffizier seiner Jagdgründe. Schließlich bringt er es bis zum Geheimagenten und reist im Auftrag der Krone nach England, Deutschland und Österreich. Der persönliche Reichtum bleibt nicht aus: Schon nach dem Tod der ersten seiner drei Ehefrauen hat er eine ansehnliche Summe geerbt; jetzt steht er in enger Verbindung mit dem Finanzspekulanten Pâris-Duverney, betreibt in Spanien, wo er die Ehre seiner verführten und dann verlassenen Schwester Lisette verteidigt, nebenher undurchsichtige Geldgeschäfte. Als Ludwig XVI. den Thron besteigt, läßt er sich von ihm eine fiktive Schiffahrtsgesellschaft finanzieren, über die er Waffen für den amerikanischen Bürgerkrieg liefert. Ein ähnliches Unternehmen während der Revolution scheitert allerdings. Überhaupt macht ihm die Zeit nach 1789 zu schaffen. Sein Vermögen zerrinnt, und in Hamburg lernt er sogar als Emigrant das Elend kennen. 1796 kehrt er nach Paris zurück; drei Jahre später – am 17. Mai 1799 – stirbt er arm und vereinsamt.

Dennoch hat Beaumarchais die Revolution mit Leidenschaft begrüßt. Trotz seiner privilegierten Stellung mußte er sich zeit seines Lebens gegenüber den mächtigen politischen Instanzen des absolutistischen Herrschaftsapparates behaupten. Auf dem Boden der »Parlamente« (der korrupten Gerichtshöfe des →Ancien Régime) bewegte er sich mit der gleichen offensiven Sicherheit wie sein Figaro auf der Bühne. Verwandte seiner ersten Frau klagten ihn wegen Testamentsfälschung an; der Erbe des 1770 verstorbenen Pâris-Duverney machte ihm ein kurz vor dessen Tod überschriebenes Guthaben streitig; die Auseinandersetzung mit einem hohen Adligen brachte ihn gar ins Gefängnis, nicht zum letzten Mal, wie sich bald zeigen sollte. Als er seinen »Tollen Tag« 1785 in einer führenden Literaturzeitschrift gegen die verhaßte Zensur verteidigte, ließ ihn Ludwig XVI. kurzerhand in Haft nehmen. Durch eine zweideutige Formulierung fühlte sich das Königshaus angegriffen. Aber Beaumarchais nutzte die Situation geschickt aus: Kaum im Gefängnis, ließ er die Aufführung von »Figaros Hochzeit« – so der Untertitel der ungemein populären Komödie – einfach aussetzen. Die Empörung der Öffentlichkeit über die Willkür des Herrschers kannte keine Grenzen. Nach wenigen Tagen befand sich der Autor wieder auf freiem Fuß. Man zahlte ihm wohl oder übel eine finanzielle Entschädigung und schmeichelte ihm auch als Dramatiker: Ausgerechnet der Hof stellte die Schauspieler für den bereits 1775 uraufgeführten »Barbier von Sevilla«, der Vorgeschichte zum »Tollen Tag«. Hier wirbt der junge Graf Almaviva um die hübsche Rosine, das streng bewachte Mündel des unsympathischen Arztes Bartholo. Gegen ihren Willen möchte der sie selbst heiraten. Doch unterstützt von seinem listigen Diener Figaro, dem ehemaligen Barbier, gelingt es Almaviva, die zukünftige Gräfin als Braut heimzuführen.

Aber die Ehe geht nicht gut. »Figaros Hochzeit« zeigt, was aus Almaviva geworden ist: »Ein hoher spanischer Herr, der ein anderwärts versprochenes junges Mädchen liebt, das er verführen will. Sie, ihr Verlobter und die Frau des Edelmanns finden sich zusammen, um den Plan dieses absoluten Herrschers, dem Rang, Geld und Freigebigkeit alle Macht dazu geben, zum Scheitern zu bringen. Das ist alles, um mehr geht es nicht.« In Wahrheit ist die Handlung jedoch komplexer, als es Beaumarchais in seinem Vorwort zum »Tollen Tag« umreißt. Der Graf macht nicht nur auf Figaros Braut Suzanne ein aus dem Mittelalter stammendes Vorrecht, die Hochzeitsnacht mit ihr zu verbringen, geltend; er bemüht sich auch noch um die naive, frühreife Fanchette, die Tochter des Schloßgärtners. Deren dreizehnjähriger Kavalier Chérubin, Page und Patenkind der Gräfin, empfindet zu seiner Herrin eine mit Ehrfurcht gemischte zärtliche Zuneigung. Dadurch beschwört er immer wieder die wütende Eifersucht des Grafen heraus. Der ahnt nämlich, daß die Gefühle seiner vernachlässigten Frau gegenüber dem Pagen nicht mehr nur mütterlicher Natur sind. Indem er ihn zum Offizier einer seiner Kompanien macht, will Almaviva sich Chérubins entledigen. Doch Figaro weiß das zu verhindern. Er bedient sich des Pagen, um den Grafen von Suzanne abzulenken, hat sich aber selbst der ältlichen Marceline, der Wirtschafterin des Schlosses, zu erwehren. Unterstützt von dem noch immer grollenden Bartholo beruft sie sich auf ein ehemaliges Heiratsversprechen Figaros und bringt ihr Anliegen sogar vor ein dümmliches Gericht. Schon glaubt er seine Suzanne für immer verloren, da stellt sich heraus, daß Figaro der uneheliche Sohn einer früheren Liaison zwischen Bartholo und Marceline ist. Und als nach der nun endlich doch erfolgten Heirat Suzanne und die Gräfin die Kleider tauschen, um Almavivas Ansprüche auf die Brautnacht zu vereiteln, geht dieser in die Falle. Er überhäuft die vermeintliche Suzanne beim heimlichen Rendezvous mit galanten Komplimenten, findet sich aber schließlich in den Armen der eigenen Frau wieder, die ihn dann vor allen Anwesenden zur Abbitte nötigt. Der legitimen Liebe Figaros und Suzannes steht nichts mehr im Wege.

Das Geschehen ist voller Verwicklungen und Intrigen, aber es ist für das damalige Theater nicht grundsätzlich neu. In einer heute vergessenen Komödie hatte Voltaire (→S. 158f.) schon 1762 jenes Herrenrecht aufs Korn genommen, das Figaro soviel zu schaffen machte. Und bereits zu Anfang des Jahrhunderts zeichnete Lesage (1668–1774) Dienerfiguren, die dem Adel intellektuell überlegen waren, deren Prestigebedürfnis sie aber noch die herrschenden aristokratischen Normen imitieren ließ. Seit Marivaux (1688–1763) haben auch die Verkleidungsszenen, der Rollentausch zwischen Herrn und Diener, ebensowenig von ihrer Popularität eingebüßt wie die auf Racine und Rabelais (→ S. 96f.) zurückgehende Justizsatire. Neu aber war die Psychologisierung der Personen, neu war auch die lebhafte umgangssprachliche Prosa und die leicht frivole Erotik des Inhalts. Gerade sie mußte den Adel zu einer Zeit anziehen, als die Maîtressenwirtschaft Ludwigs XV. noch allgemein in Erinnerung war und es zum guten Ton gehörte, neben der Ehefrau eine oder mehrere Geliebte zu unterhalten. Zuerst setzten sich dann auch Teile des Hofes über das nachhaltige Verbot des Königs hinweg und ließen die bereits 1781 vollendete Komödie im privaten Kreis am 18. September 1783 aufführen. Doch ist damit noch nicht die sechsfache scharfe Zensur erklärt, auch nicht der Sturm auf die Comédie Française, als der »Tolle Tag« schließlich am 27. April 1784 offiziell freigegeben wurde. Nach zeitgenössischen Berichten prügelte man sich um die Plätze, wobei mehrere Frauen von der nachdrängenden Masse erstickt wurden.

Hinter der ausgelassenen Fröhlichkeit des Stücks verbarg sich ein politischer Ernst, der entscheidende Interessen der wirtschaftlich erstarkten →Bourgeoisie wahrnahm. Noch nie war bisher mit der Liebesbeziehung zweier Diener das Eigenleben des →Dritten Standes dargestellt worden; und doch informiert uns Beaumarchais von der ersten Szene an über die gegenseitige Zuneigung Figaros und Suzannes, über die praktisch-häusliche Geschicklichkeit des Bräutigams und über Tugend und Klugheit der Braut. Es ist ein Vertreter des Adels, der sich diesem Glück mit Macht entgegenstellt und sich damit die Sympathien des Publikums verscherzen muß. Durch die Wiedereinführung des feudalen »Rechts auf die erste Nacht« sucht der Graf seine Herrschaft bis in den Intimbereich seiner Untergebenen auszudehnen. Suzanne scheint ihm käuflich, mit jedem anderen Mädchen seiner Umgebung austauschbar, während Figaro sie um ihrer Persönlichkeit willen liebt und darauf aus ist, die Beziehung zu stabilisieren und zu legalisieren. Weil in ihrer eigenen Ehe Stabilität und Harmonie fehlen, wird die Gräfin dabei zur Verbündeten der Diener. Sie unterstützt Figaro im Kampf um seine Braut und orientiert sich bewußt an den sittlichen Normen des Bürgertums: Nur so hat sie die Aussicht, auch ihr privates Glück zu sichern. Sie weiß, daß Almavivas Eifersucht auf Chérubin nicht auf Liebe sich gründet, sondern auf der gekränkten Eitelkeit seines Standesdünkels. Deshalb kann und will ihr der Graf nicht das gleiche Recht einräumen, das er selbst beansprucht: Es würde seinem Ansehen vor der Öffentlichkeit des Schlosses schaden, während die Maitressen ihn in seinem adligen Selbstverständnis bestätigen. Anders die Gräfin. Tugendhaft kämpft sie gegen die wachsende Neigung für ihr Patenkind an. Beaumarchais läßt hinter der Komik mehr und mehr die moralische Instruktion erkennen, wie sie seit Diderot für das bürgerliche Drama charakteristisch ist. Dieses belehrende Moment gipfelt im Doppelcharakter Marcelines. Aus der lächerlichen, heiratstollen Alten wird die zärtliche Mutter Figaros, die jetzt ebenfalls ihr früheres Verhältnis zu Bartholo nachträglich legalisieren möchte. In ihrem pathetischen Feminismus macht sie sich zur Sprecherin der verführten und verlassenen Frau im 18. Jahrhundert, deren Diskriminierung Beaumarchais nicht nur in Spanien aus eigener Anschauung kennengelernt hatte.

Die Sozialkritik der Marceline-Episode findet ihre satirische Entsprechung in den zahlreichen Angriffen auf die politischen Verhältnisse des vorrevolutionären Frankreichs. Auch die spanische Kulisse kann darüber nicht hinwegtäuschen – der Schauplatz des Stücks ging auf das Konto der Zensur.

Hinter der bestechlichen Justiz – »nachsichtig gegenüber den Großen, hart gegenüber den Kleinen« (Akt III, Sz. 5) – verbargen sich zu offensichtlich die königlichen Parlamente. Der formalistische, einfältig-stotternde Gerichtsoffizier, der stolz den Adelstitel trägt, ist die deutliche Karikatur der parasitären Finanzbourgeoisie, die durch Ämterkauf und Steuerprivilegien schon lange auf seiten der Aristokratie stand. Nicht nur die Auseinandersetzung des Autors mit der Justiz war allgemein bekannt. Wenn sein Figaro den schmarotzenden Höfling charakterisiert – »nehmen, einsacken und fordern, das ist das Geheimnis in drei Worten« (Akt II, Sz. 2), – wenn der Diener vor dem Herrn die Politik mit der Intrige gleichsetzt, so kommen Beaumarchais seine eigenen Erfahrungen am Hof zustatten: ». . . Spione ausschicken und Verräter bezahlen, heimlich Siegel lösen und Briefe abfangen, dabei das Erbärmliche der Mittel durch die Wichtigkeit des Gegenstandes rechtfertigen wollen: das ist die ganze Politik, oder ich will auf der Stelle tot umfallen!« (Akt III, Sz. 5). Ein Ton der Auflehnung und des aggressiven Zynismus kennzeichnet die gesamte Komödie. Figaro erklärt, daß er im Gegensatz zu all den hohen Herren besser ist als sein Ruf, und im großen Monolog des V. Aktes, wo er in Unkenntnis über den Kleidertausch seine Braut in den Armen Almavivas glaubt, tritt er den Beweis dafür an: Er wird zum revolutionären Typ, zum Vertreter des Dritten Standes, indem er bewußt das bürgerliche Leistungsprinzip dem unproduktiven Adel gegenüberstellt, der sich »nur die Mühe gab, geboren zu werden, sonst nichts«. Als Plebejer droht er den dauernd wechselnden Ministern Ludwigs XVI., die sich auf Kosten der unterdrückten Massen bereichern: »Wenn ich nur einen dieser höchstens vier Tage lang Mächtigen zu fassen bekäme . . .« Und es ist weniger Figaro als Beaumarchais, der die Aufhebung der Zensur fordert und die Willkür täglicher Verhaftungen anprangert. In einer ersten verbotenen Fassung dieses Monologs wurde die Bastille noch direkt erwähnt und auch der Klerus von der scharfen Kritik nicht verschont. Doch das Recht auf Freiheit und Gleichheit, die nachdrückliche Forderung nach politischer Herrschaft wurde vom bürgerlichen Zuschauer ohnehin verstanden.

Aus dem einst hilfreichen Diener des Grafen hat sich sein verbissener Gegenspieler entwickelt, der schließlich den Sieg davonträgt. Traf der Spott Molières noch die Verschrobenheit des Bürgers, so ist es jetzt die Aristokratie, die lächerlich gemacht, ja öffentlich gedemütigt wird. Aber nicht nur die Umkehrung der Ständeklausel, die den Adligen zum negativen Helden des Lustspiels erniedrigte, verstieß radikal gegen die dramenästhetische Norm. Auch der Ansatz zur gemeinsamen Revolte der Schloßbediensteten gegen Almaviva, der in der Endfassung zur verhaltenen Auflehnung eines einzelnen abgeschwächt wurde, brach mit jeder Tradition: »Es gibt – verdammt noch mal – doch noch eine ausgleichende Gerechtigkeit: Sie haben so viel angestellt in diesem Land . . .« (Akt V, Sz. 15). Erst das Jahr 1789 wird die endgültige Abrechnung bringen. Wenn Beaumarchais auch nicht zu den konsequenten Verfechtern der Revolution gehörte, so kollidierte er doch oft genug mit jenen Instanzen des Absolutismus, die dem Dritten Stand als Symbol der Macht erschienen. Und gerade das ließ sein Theater zur geistigen Waffe im Kampf gegen die Aristokratie werden.

Hans-Jörg Neuschäfer, »Die Evolution der Gesellschaftsstruktur im französischen Theater des 18. Jahrhunderts«, in: Romanische Forschungen, Frankfurt am Main, Nr. 4/1970; S. 514–535. (Unter Berücksichtigung von Beaumarchais erschienen, verfolgt Neuschäfer anhand der Erschütterung der Ständeklausel den sozialen Strukturwandel des 18. Jhs.)
Georgi W. Plechanow, »Die französische dramatische Literatur vom Standpunkt der Soziologie«, in: Marxismus und Literatur I, hrsg. von Fritz J. Raddatz, Reinbek bei Hamburg 1969; S. 160–173. (Obwohl bereits 1905 erschienen, noch heute lesenswert. Anhand verschiedener dramatischer Gattungen wird die Entwicklung der bürgerlichen Emanzipation im 18. Jh. nachgezeichnet.)

Zum »Tollen Tag«
Eugène Lintilhac, »La Folle Journée ou le Mariage de Figaro« (»Der tolle Tag oder Die Hochzeit des Figaro«) von Beaumarchais, in: Interpretationen 6 – Französische Literatur von Beaumarchais bis Camus, hrsg. von Dieter Steland, Frankfurt am Main und Hamburg 1969; S. 9–33. (Durch einen Vergleich der Handschriften mit der Endfassung werden die politische Tragweite des Stücks und die Zensurmaßnahmen erhellt.)
Jürgen Petersen (Hrsg.), »Die Hochzeit des Figaro – Dichtung und Wirklichkeit«, Frankfurt am Main und Berlin, 1965. (Neben einer Übersetzung des »Tollen Tages« findet sich hier auch das »Vorwort«, in dem Beaumarchais sein Stück legitimiert, dabei aber zusehends von der Defensive in die scharfe, durch Ironie kaum verhüllte Sozialkritik verfällt. Neben einem biographischen und dramatischen Abriß gibt Petersen einen Einblick in die musikalische Rezeption durch Da Ponte Mozart. Wichtiger scheint mir die kommentierte Bibliographie.)
Hans Ludwig Scheel, »Beaumarchais – La Folle Journée ou le Mariage de Figaro«, in: Das französische Theater II, hrsg. von Jürgen v. Stackelberg, Düsseldorf 1968; S. 79–99.
(Ebenso wie Petersens Interpretation eine literatursoziologisch weniger interessante Darstellung, die neben dem Trilogiecharakter der Komödie besonders die literarischen Vorlagen berücksichtigt.)

Hans-Horst Henschen

de Sade · Justine

»Justine ou les malheurs de la vertu« (entstanden: 1. Fassung 1787, 2. Fassung 1788, 3. Fassung bis 1797, Erstdruck: 1. Fassung 1930, 2. Fassung 1791, 3. Fassung 1797)
Roman von Donatien Alphonse François Marquis de Sade (2. 6. 1740 – 2. 12. 1814)

Das achtzehnte Jahrhundert bis hin zur Französischen Revolution und weit über sie hinaus ist, wie Kulturhistoriker vom Schlage eines Eduard Fuchs und Magnus Hirschfeld gezeigt haben, noch durchaus bestimmt von den Wertsystemen und Normen einer materiell entlasteten Klasse, die nicht, wie das sich entwickelnde Bürgertum, um die Brechung von Geburtsvorrechten und um die Durchsetzung eines Leistungsprinzips zu kämpfen hatte, sondern um deren Abwehr. Dem gesellschaftlichen Pfründen- und Protektionssystem entsprach ein sexuelles ›Klassen‹-System, in dessen Mittelpunkt der »Skandal« stand, d.h. die öffentliche Empörung angesichts sexueller Ausschweifungen, die der Bourgeoisie noch versperrt waren und häufig nur – wie im Falle des Marquis de Sade – durch strategische Opferung eines Sündenbocks kaschiert werden konnten. Der aristokratische →Libertinismus verfügte ungehindert über seine »petites maisons« (nach dem Vorbild der »Hirschparks« Ludwigs XIV. und Ludwigs XV.), seine Sexualklubs, seine Männerharems und über ein gutfunktionierendes, nach Prämiensystemen arbeitendes Organisationsnetz von Kupplerinnen, das auch die extremsten Bedürfnisse zu befriedigen verstand.

Der 1740 in Paris geborene Donatien-Alphonse-François Marquis de Sade, aus altem provençalischem Adel stammend und auf seinem Stammschloß La Coste bei Avignon aufgewachsen, hat diesen aristokratischen Libertinismus des →Ancien Régime geteilt und wohl nur unwesentlich überschritten. Die ›Skandale‹, in die er verstrickt war, sind zweifellos Skandale gewesen, wie sie nur im Rahmen jenes sexuellen Klassensystems vorkommen konnten; aber erst deren Verknüpfung mit zwei anderen Momenten machte ihn zum exemplarischen Sündenbock-Ungeheuer seiner Zeit: einmal seine störrische Verachtung des Versailler Hofes, zum anderen die lebenslange Feindschaft seiner Schwiegermutter, Mme. de Montreul, die ihr großes Vermögen mit der vornehmen Aura des älteren, wenn auch zunehmend verarmenden Hauses de Sade verquickt sehen wollte. Nach mehreren solcher Skandale – darunter vor allem die Keller-Affäre (1768), einer ersten Äußerung der im eigentlichen Sinne »sadistischen« Neigungen des Marquis – wird de Sade 1777 aufgrund einer königlichen »lettre de cachet« (Verhaftungsbefehl) in Vincennes, später in der Bastille in Verwahrung genommen – ein »Gewahrsam« unter relativ erträglichen Bedingungen, der angesichts der Machenschaften jener Schwiegermutter jedoch auf nahezu dreizehn Jahre anwächst. In dieser Zeit beginnt de Sade, der, entsprechend der →Theatromanie seiner Zeit, mit dem gebildeten Interesse seiner Klasse für Literatur und Theater aufwuchs, zunächst ein Tagebuch zu führen, später zu schreiben. Es entstehen so die berüchtigten »120 Tage von Sodom« und – in einer ersten, in kaum vierzehn Tagen geschriebenen Rohform – die Urfassung der »Justine« (beendet am 8. Juli 1787). Im Verlauf des kommenden Jahres 1788 wird daraus die erste Fassung von »Justine ou les malheurs de la vertu«, die er unmittelbar nach seiner Befreiung aus der Haft, für die die Erstürmung der Bastille den Boden bereitet hatte, 1791 als sein erstes Werk veröffentlichen kann. Im Jahre 1797 erscheint dann dieser wiederum umgearbeitete und erweiterte Roman – »La nouvelle Justine« – zusammen mit einem zweiten – »Juliette ou les prospérités du vice« –, seiner Ergänzung und seinem dialektischen ›Gegensatz‹. Die Fragen der abweichenden Druckfassungen werden hier weniger als philologische Exempel für die Genese eines Textes zitiert, sondern als Beispiele für den Verdrängungsdruck und für die geradezu wütende Zensur, der sie bereits in den letzten Jahren des achtzehnten Jahrhunderts anheimfielen. Da beim Sturm auf die Bastille zahlreiche Manuskripte de Sades verlorengingen – er hatte überdies gegen dauernde Überwachung und Kontrolle anzuschreiben –, glaubte er offenbar, wenigstens einen Teil der (später wieder aufgetauchten) »120 Tage von Sodom« in diesen seinen Doppelroman einarbeiten zu müssen, für den er seine Autorschaft zeitlebens bestritten hat.

De Sade ist zweifellos ein obszöner Autor, wenn auch kein erotischer, weil er eine umschreibende →Metaphorik der Anspielung und Annäherung nicht kennt. Die entmythologisierenden Tendenzen der Aufklärung werden von ihm radikal verschärft und ins Extrem getrieben – ein Extrem, das der Tradition der »contes moraux« à la Richardson und Fielding (→S. 128) mit einer schneidenden Umkehrung in den Rücken fällt: Justine, seine Heldin, die jüngere und empfindsamere der beiden Schwestern des zweiteiligen Romans, wird, wo immer sie ihre ›Tugend‹ zu bewahren, ihre Hilfsbereitschaft und Rechtschaffenheit an den Tag zu legen versucht, von der Wirklichkeit erbarmungslos gebeutelt. Die moralischen Tugendlehren der bürgerlichen Aufklärung zerflattern als schöner Schein vor dem Zugriff einer »bestialischen Vorsehung«, die Justine immer da der puren Dummheit überführt und düpiert, wo sie sich in Sicherheit glaubt. Ihre Geschichte, in der ersten Druckfassung von 1791 noch als Ich-Erzählung formuliert, wird in der zweiten von 1797 als distanzierter Bericht dargeboten, dem sich – als triumphierendes Gegenbild – die Lebensgeschichte ihrer ›lasterhaften‹ Schwester anschließt. Nach deren Ende entscheiden sich Juliette und die Gesellschaft von Libertins, die die völlig verstörte Justine aufgefunden hat, sie, als gerade ein Gewitter aufzieht, einem Gottesurteil über Tugend und Laster anheimzugeben: Sie wird augenblicklich vom Blitz getroffen.

Zwischen Justines Trennung von ihrer Schwester und ihrem ›verdienten‹ Ende liegt nun die lange Kette ihrer Mißhandlungen. Im Kloster von Panthémont erzogen, Töchter eines reichen, jedoch plötzlich bankrottierenden Bankiers, stehen beide vor der Entscheidung, mit dem winzigen Rest des verbleibenden Vermögens sich auf diese oder jene Art durchzuschlagen. Justine wählt die Ehrbarkeit, wird jedoch schon vom ersten Mann, den sie um Hilfe bittet, zur Prostitution gezwungen, von ihrer Zimmerwirtin um ihre Habseligkeiten geprellt, kommt bald sogar ins Gefängnis, teilt für kurze Zeit das Leben einer Diebesbande, wird von einem homosexuellen Adeligen, de Bressac, für den sie eine ihr selbst unerklärliche Zuneigung empfindet, zum Mord an dessen Mutter gezwungen und bleibt jeweils längere Zeit in einem Internat mit barbarischen Strafmethoden und in einem abgelegenen Kloster, das von sechs Mönchen mit regelrechten ›Serails‹ als Versteck für die unerhörtesten Ausschweifungen benutzt wird. Sie fällt unter Bettler, Falschmünzer, noch einmal in klerikale Hände (der Erzbischof von Lyon mit seinem »Hinrichtungssaal«) und schließlich in die – natürlich mörderischen – der Justiz, kurz: Sie wird auf alle erdenklichen und kombinierbaren Arten gequält, vergewaltigt und aufs Rad geflochten – Opfer jenes pervertierten Sittengesetzes, das allein dem Laster Erfolg und Belohnung zuschreibt, überhaupt ausschließlich *Opfer* im Sinne der zweiklassigen Sadeschen ›Weltordnung‹.

Justine wird natürlich das Opfer namentlich sexueller Perversionen, für Sade der geometrische Ort, an dem durch die dünne Rinde von gesitteter Zivilisation die »bizarren Launen« der Vorsehung sich unzensiert äußern, der Kampfplatz von Kultur und Natur mit Tugend und Laster als →Synonym. Die lückenlose Präsentation aller ihm bekannten Perversionen erstrebt Vollständigkeit in aufsteigender Linie – vom Einfachen zum Komplexen. Der erreichte Grad und das Ausmaß des »Verbrechens« (als Sammelbegriff für alle Arten soziokultureller Tabuverletzung) hängen von der Lebhaftigkeit der »Einbildungskraft« ab, die die verschiedenen Elemente kombiniert. Sade hat den Umkreis dessen, was unter der Bewußtseinsschwelle seines »vernünftigen« Jahrhunderts dämmerte, voll ausgeschritten und ans Licht gezerrt. Die →»libidinöse Objektivierung der Aggressivität« und die jederzeit aktualisierbare →Affinität von Sexualität und Grausamkeit, wie sie unter seinem Namen in die Sexualpathologie eingegangen ist – das sind die beiden Stützen seiner Romanwelt, und moderne Psychoanalytiker (wie I. A. Caruso) haben die Frage gestellt, ob nicht in Sigmund Freuds paradoxer und heute zunehmend umstrittener Konstruktion eines ›natürlichen‹ Todestriebes (→S. 307) noch indirekte Einflüsse von de Sade weiterwirken.

Schon früh ist gegen seine Romane der ästhetische Vorwurf erdrückender Monotonie erhoben worden. Aber gerade das entwicklungslose Gefälle dieser aus locker gereihten Episoden bestehenden Werke, die nur zwei Aufbauelemente kennen – die obszöne ›Szene‹ und die breit ausgefaltete, diskursiv argumentierende philosophische Erörterung –, zeigt, daß die kombinatorische Einbildungskraft, mittels deren er die verschiedensten Laster sich zusammenfinden läßt zur ›unvorstellbaren‹ Perfidie, sich auch in der Sprache und Rhetorik de Sades fortsetzt. Seine Orgien sind das genaue Gegenteil von ›zügelloser‹ Ausschweifung; wo sich spontane Unordnung einstellt, interveniert bald einer der Protagonisten, um »die Lust in etwas geordnetere Bahnen zu lenken«. Nahezu immer sind de Sades ›Figuren‹ (als größere Einheiten von ›Stellungen‹) in Gestalt von bildlichen Tableaux organisiert, die aufgelöst, umgruppiert oder auf ein neues Ziel hin abgewandelt werden.

Gerade dieses rechenhafte, abstrakt-organisatorische Element aber verbindet, jenseits aller Differenzen, de Sade mit Grundtendenzen der Aufklärung. Als atheistischer →Materialist läßt er, auf Holbach und La Mettrie als deren fortgeschrittensten Exponenten fußend, kein ›Hirngespinst‹, kein ›Vorurteil‹, keine ›Autorität‹ unangetastet, die sich auf nichts als ungeprüftes Fürwahrhalten stützt. Aber auch alle lediglich vernünftigen Begründungszusammenhänge, die dieselbe Aufklärung nach der Liquidierung der klerikalen, harmonistisch-hierarchischen Ordnungsvorstellungen aus der →Autonomie der ›gesetzgebenden‹ Vernunft zu errichten versuchte, werden von ihm einer Kritik unterzogen, die erst Halt macht, wenn sie sie in ihr blankes Gegenteil verkehrt hat: in einen zynischen, individualistischen →Anarchismus (→S. 142f.).

Hier kommt an ihr Ziel, was Max Horkheimer und Theodor W. Adorno die »Dialektik der Aufklärung« genannt haben: »Die Hand der Philosophie hatte es an die Wand geschrieben, von Kants Kritik bis zu Nietzsches Genealogie der Moral; ein einziger hat es bis in die Einzelheiten durchgeführt. Das Werk des Marquis de Sade zeigt den ›Verstand ohne Leitung eines anderen‹, das heißt, das von Bevormundung befreite bürgerliche Subjekt. [. . .] Die privaten Laster sind bei Sade wie schon bei Mandeville die vorwegnehmende Geschichtsschreibung der öffentlichen Tugenden der totalitären Ära. Die Unmöglichkeit, aus der Vernunft ein grundsätzliches Argument gegen den Mord vorzubringen, nicht vertuscht, sondern in alle Welt geschrieen zu haben, hat den Haß entzündet, mit dem gerade die Progressiven Sade und Nietzsche heute noch verfolgen.«

Justine als Opfer zahlloser ›sadistischer‹ Mißhandlungen (Illustration der Originalausgabe)

Benno Biermann

Franklin · Autobiographie

»Autobiography« (entstanden 1771 – 1790, Erstdruck 1791)
Memoiren von Benjamin Franklin (17. 1. 1706 – 17. 4. 1790)

»Hier liegt der Leib Benjamin Franklins, eines Buchdruckers – gleich dem Deckel eines alten Buches, aus welchem der Inhalt herausgenommen und der seiner Inschrift und Vergoldung beraubt ist – eine Speise für die Würmer; doch wird das Werk selbst nicht verloren sein, sondern – wie er glaubt – einst erscheinen in einer neuen, schöneren Ausgabe, durchgesehen und verbessert von dem Verfasser.«

Die Grabinschrift weckt den Verdacht der frommen Verstellung, denn der ›Buchdrukker‹ Benjamin Franklin, 1706 als sechzehntes Kind eines Seifensieders im amerikanischen Boston geboren, war bis zu seinem Tode im Jahre 1790 Parlamentarier, Postminister, Diplomat, Gouverneur, Wissenschaftler und noch einiges mehr. Das von Franklin selbst verfaßte Epigramm läßt sich jedoch auch anders verstehen: Der Hinweis aufs gelernte Handwerk genügt, weil alles andere ohnehin nur schöne Verpackung, Inschrift und Vergoldung ist – eine Speise für die Würmer. Weil letztlich nicht die Aufmachung, sondern der Inhalt, nicht Prestige und Position, sondern Leistung und Erfolg zählen. Es ist, könnte man sagen, eher modernes Leistungspathos als barocke Zerknirschtheit, wenn der Wegbereiter der amerikanischen Unabhängigkeit, der ideenreiche Initiator zahlloser ›Projekte‹ zur sozialen und kulturellen Förderung des kolonialen Gemeinwesens – von der Universität bis zur städtischen Straßenbeleuchtung –, nicht zuletzt auch der Erfinder so nützlicher Dinge wie Blitzableiter oder Glasharmonika, wenn der berühmte Benjamin Franklin sich der Welt als Buchdrucker empfiehlt, dessen »Werk« für sich spricht.

In seiner →Autobiographie stellt Franklin sein Licht ja nicht unter den Scheffel. Sie reicht bis ins Jahr 1757, als der Einundfünfzigjährige – Beauftragter der amerikanischen Siedler im Streit mit den englischen Grundbesitzern – zum zweitenmal nach England reiste, und ist, wenn man so will, eine stolze Erfolgsbilanz. Allerdings: Die Erfolge sollen den Leser in erster Linie vom Wert der Methoden überzeugen, derer sich Franklin bediente. Denn in seinen Methoden, originell ausgeklügelten und oft kuriosen Varianten des Grundmusters rationaler Zweck-Mittel-Kalkulation, sieht Franklin sein Vermächtnis: »Da ich aus der Armut und Dunkelheit, worin ich geboren und aufgewachsen bin, zu einer gewissen Wohlhabenheit und einigem Ruf in der Welt mich aufgeschwungen habe, so werden meine Nachkommen vielleicht begierig sein, die von mir angewandten Mittel kennenzulernen, die mir, mit Gottes Segen, soviel Gedeihen brachten, zumal sie einige davon für ihre eigene Lage passend und darum der Nachahmung würdig erachten dürften.«

Franklins Lebensbericht als Erfolgsfibel? Daß die Nachkommen aus seinen eigenwilligen ›Mitteln‹ Nutzen gezogen hätten, ist schwer zu glauben. Nicht um von ihm zu lernen, sondern um sich in ihm wiederzufinden, haben sich die Menschen immer wieder in Franklins Lebensweg und Person vertieft. Bis heute suchen und entdecken sie hier ein erbauliches, von den zerstörenden Kräften des Kapitalismus noch nicht getrübtes Spiegelbild ihrer selbst. Denn war seine Zeit auch verderbt wie jede andere, so ist doch die Welt des Benjamin Franklin in Ordnung: Da bewirkt Eigennutz noch immer das allgemeine Gute; Fleiß, Selbstzucht und planvolle Lebensgestaltung garantieren Erfolg, nüchterner →Pragmatismus relativiert letzte Werte und geheiligte Doktrinen, moralische →Integrität adelt schlauen Geschäftssinn.

Wer sich im Zeichen der Vernunft entschieden von Tradition und Vorurteil trennt, dem läßt die Unvernunft der Zustände keine Ruhe. Die Organisation der Feuerwehr und der Straßenreinigung – ». . . die Straßenkehrer sind mit Karren zu versehen, die . . . Böden aus Latten haben, die . . . den Schlamm zurückhalten und das Wasser abtropfen lassen, wodurch der Kot um so leichter wird, da ja das Wasser den größten Teil seines Gewichtes ausmacht« –, die Errichtung einer öffentlichen Leihbibliothek (»Sie war die Mutter aller nordamerikanischen Leihbibliotheksgesellschaften, die heute so zahlreich sind«) und viele andere →Innovationen entspringen in Planung und detaillierter Durchführung Franklins praktischer Vernunft. Die Nützlichkeit der altsprachlichen Ausbildung stellt er ebenso in Frage wie die handwerklich-unsystematischen Techniken der Schiffsbauer: »Es sollten daher nach meinem Dafürhalten eine Reihe von Experimenten veranstaltet werden, zunächst um die geeignetste Gestalt des Rumpfes für rasches Segeln zu bestimmen; sodann um die besten Dimensionen und geeignetsten Stellen für die Masten . . . zu bestimmen« – und so fort, denn »wir leben in einem Zeitalter der Experimente, und ich meine, eine genau angestellte und gut kombinierte Reihe solcher Versuche würde von großem Nutzen sein«. Das Experiment ist Franklins Ideal systematischer Problemlösung, und als einer der ersten beruft er sich auf das →Objektivitätskriterium der modernen Erfahrungswissenschaften: ». . . daß meine Schriften eine Schilderung von Experimenten enthielten, die *jedermann* wiederholen und auf ihre Richtigkeit prüfen kann«.

Benjamin Franklin, »Autobiographie«. Übersetzung v. E. Knapp, bearbeitet von F. Habersack, Berlin o. J. (Tb).
Max Weber, »Die protestantische Ethik«, I, II (Tb), Hamburg 1973.

Wie alles, gerät Franklin auch die eigene Person zum manipulierbaren Objekt, wird zu einem »Werk« mit gewissen »Druckfehlern«. Bei deren Korrektur kann sich sein Bedürfnis nach →Rationalisierung der Verfahren ungehindert entfalten. Höhepunkt dieser Bemühungen ist das »Tugendbuch«, eine Erfindung Franklins, um seinen moralischen Haushalt nach der Methode kaufmännischer Buchführung zu ordnen. Dreizehn erstrebenswerte Eigenschaften, von der Mäßigkeit bis zur Demut, kombiniert er mit den Wochentagen zu einer Tabelle von 7 Spalten und 13 Zeilen und überträgt dieses Raster auf die Seiten seines Tugendbuches: »Ich nahm mir nun vor, auf jede dieser Tugenden der Reihe nach eine Woche lang genau achtzugeben. So ging in der ersten Woche mein hauptsächliches Augenmerk dahin, jeden auch noch so geringen Verstoß gegen die Mäßigkeit zu vermeiden, die anderen Tugenden ihrem gewöhnlichen Schicksal zu überlassen und nur jeden Abend die Fehltritte des Tages zu verzeichnen. Wenn ich daher auf diese Weise meine erste, mit ›Mäßigkeit‹ bezeichnete Linie frei von schwarzen Kreuzen zu halten vermochte, so nahm ich an, die gewohnheitsmäßige Ausübung dieser Tugend sei so sehr gestärkt . . ., daß ich wagen konnte, mein Augenmerk auf die Mitbeachtung der nächsten auszudehnen und für die folgende Woche beide Linien frei von Kreuzen zu halten . . . So hoffte ich das ermunternde Vergnügen zu haben, auf meinen Seiten den Fortschritt, den ich in der Tugend machte, dadurch ermitteln zu können, daß ich nach und nach meine Linien von ihren schwarzen Kreuzen befreite.«

Dieses Programm, das schon die Grundsätze der modernen Verhaltenstherapie vorwegnimmt, ist kein frommes Exerzitium zur höheren Ehre Gottes, meint Franklin doch, daß »der passendste Gottesdienst darin bestehe, den Menschen Gutes zu erweisen«. Schon als Fünfzehnjähriger meidet er den kirchlichen Gottesdienst, da er »nicht die Zeit zu einer Ausübung erübrigen konnte«, und den reiligiösen Strömungen seiner Zeit und ihren Vertretern begegnet er sein Leben lang mit aufgeklärter Gleichgültigkeit. Indessen: Wie anders als durch Religion ließe sich der Franklinsche Lebensernst erklären?

Auf der Suche nach den geistigen Ursprüngen des modernen →Kapitalismus hat der Soziologe Max Weber eine aus den theologischen Lehren der Reformation hervorgegangene Ethik innerweltlicher Bewährung ausgemacht, die er in Benjamin Franklin beispielhaft verkörpert sieht. Mit der →Liquidation kirchlicher Institutionen, Riten und Sakramente beraubte die Reformation ja die Menschen jener Gnadenmittel, aus denen vordem Sünder und Versager Heilsgewißheit bezogen. Im Licht der neuen Lehren steht jeder seinem göttlichen Richter ohne den Beistand seiner Kirche gegenüber. Als lutherischer Protestant mag er auf die Gnade hoffen; dem Anhänger Calvins, des Schweizer Reformators, und seiner Lehre von der Gnadenwahl, der Vorherbestimmtheit der Erwählung oder Verwerfung jedes einzelnen von Anbeginn an, ist selbst diese Zuversicht versagt. Da es jedoch nach calvinistischer Auffassung dem Höchsten gefällt, die Seinen bereits im irdischen Diesseits durch Erfolg, Ansehen und Wohlstand sichtbar auszuzeichnen, wird das Bestreben, sich des eigenen Gnadenstandes zu vergewissern, zum beherrschenden Lebensmotiv. Erfolg in irdischen Dingen, im orthodoxen Calvinismus lediglich Zeichen, wird zum Mittel der Erwählung und darf als solches nicht länger dem Zufall überlassen bleiben. Das immer drohende Verhängnis gebietet vielmehr die rationale Planung des Erfolgs. Und hat ernsthaft-rastlose Berufsarbeit den ersehnten Wohlstand gebracht, so darf dieser nicht genossen und verschwendet werden – das wäre sträflich leichtsinniger Umgang mit den neuen Gnadenmitteln. Nur persönliche Entsagung im Überfluß – Weber: »innerweltliche Askese« – kann die Zeichen der Erwählung mehren und den Gnadenstand sichern (→S. 222f.). So wird unermüdliches Leistungsstreben zur Gewissenspflicht bei Strafe ewiger Verdammnis, und nur so, meint Weber, konnten überhaupt die gewaltigen Energien zum Aufbau des westlichen Industriesystems freigesetzt werden.

Dieser Hinweis auf die religiösen Wurzeln des Kapitalismus hat sich eine Menge Kritik gefallen lassen müssen. Der Einwand indessen, die frühindustriellen Leistungsheroen seien regelmäßig keine gläubigen Calvinisten gewesen, verkennt die Eigendynamik erworbener Motive. Einmal verinnerlichtes Leistungsstreben bedarf auf die Dauer nicht der Verstärkung durch übernatürliche Prämien, und dies genau dürfte auch auf Franklin zutreffen.

Heute bedürfen Leistungsstreben und Erfolgsorientierung freilich kaum noch der Förderung durch Gewissenszwang oder religiöse Verklärung. Der entfaltete Kapitalismus hat eigene, handfestere Mittel entwickelt, um die Menschen in das »Gehäuse der Hörigkeit« (Weber) zu zwingen: Offene und versteckte Ausbeutung, Abhängigkeit, Existenzangst und Manipulation bringen sie wie von selbst dazu, in Fleiß, Selbstbescheidung und Erfolgstüchtigkeit ihr Heil zu suchen. Das Leistungsideal hat seinen alten Glanz verloren, daran kann auch Franklins Beispiel nichts ändern.

Nur ein Aspekt seines Erfolgs: Franklin als Erfinder. Hier testet er den Blitzableiter mit einem Drachen

Jochem Wolff

Die Öffentlichkeit des Bürgertums und die Literatur

»Ein Tanzbär war der Kett' entrissen,
Kam wieder in den Wald zurück
Und tanzte seiner Schar ein Meisterstück
Auf den gewohnten Hinterfüßen.
›Seht‹, schrie er, ›das ist Kunst; das lernt man in der Welt.
Thut mir es nach, wenn's euch gefällt
Und wenn ihr könnt!‹ – ›Geh‹, brummt ein alter Bär,
›Dergleichen Kunst, sie sei so schwer,
Sie sei so rar sie sei,
Zeigt deinen niedern Geist und deine Sklaverei.‹
Ein großer Hofmann sein,
Ein Mann, dem Schmeichelei und List
Statt Witz und Tugend ist,
Der durch Kabalen steigt, des Fürsten Gunst erstiehlt,
Mit Wort und Schwur als Komplimenten spielt,
Ein solcher Mann, ein großer Hofmann sein,
Schließt das Lob oder Tadel ein?«

Diese Fabel stammt von Gotthold Ephraim Lessing und erblickte das Licht der Öffentlichkeit im Jahre 1759. Inmitten der Aufklärung also, jener bürgerlich geprägten Epoche im 18. Jahrhundert, als auch die →Fabel wegen ihrer »moralisch-lehrhaften« und zugleich »poetisch-wunderbaren« Wirkung als eines der führenden literarischen →Genres galt. Lessing war ein Meister der Fabel, er verlangte von ihr Handlung und »die Kraft des Wirklichen« und ließ dementsprechend aus dieser Gattung geradezu soziale Epigramme (Zusammenfassung von Lebenserfahrungen) entstehen, die wie in der Fabel vom »Hofmann« mit deutlicher Geste die moralische Kraft der bürgerlichen Emanzipation gegen das damals unmoralische Hofleben halten. Demonstriert wird hier in kleiner Form, was sich im Großen an gesellschaftlichem Wandel während des 18. Jahrhunderts vollzog und sich besonders in der literarischen Öffentlichkeit widerspiegelte.

Allgemeine Bedeutung von literarischer Öffentlichkeit

Obwohl uns heute die allgegenwärtigen Medienaktivitäten einen Schein von Öffentlichkeit vermitteln und obwohl wir durch einen eingefahrenen Sprachgebrauch (wie öffentliche Meinung, Öffentliches Recht, Öffentlichkeitsarbeit, oder Öffentlichkeit herstellen) an die Bedeutung von »Öffentlichkeit« gewöhnt sein sollten, verbirgt sich hinter diesem Begriff eine meist unbewußte Vielfalt aktueller und historischer Sinngehalte, die es allgemein und insbesondere für den Begriff »literarische Öffentlichkeit« zu klären gilt.

Von einer »literarischen Öffentlichkeit« kann allgemein gesprochen werden, wenn Literatur der durch Leseerfahrung gewonnenen Kritik eines möglichst breiten Publikums ausgesetzt ist.

Historisch betrachtet, gilt »literarische Öffentlichkeit« als ein gesellschaftlicher Teilbereich von »Öffentlichkeit« überhaupt, deren geschichtlicher Entwicklungsprozeß wiederum mit ihrem wesentlichen Träger, dem Bürgertum, aufs Engste verbunden ist. Bürgertum (auch bürgerliche Gesellschaft im Gegensatz zum Staat) kann allgemein definiert werden als eine Schicht rechtlich freier, an der politischen Willensbildung aktiv beteiligter und vornehmlich in Städten lebender Privatpersonen, die ihren Anspruch auf erhöhtes gesellschaftliches Prestige, wirtschaftliche Macht und politischen Einfluß (historisch gesehen) zunächst nicht aus ererbten Privilegien ableiten, sondern sich auf einen durch Besitz und Bildung gekennzeichneten Status (sozialer Stand) stützen (Definition sinngemäß nach Stichwort »Bürgertum« im Fischer-Lexikon »Staat und Politik«). So gesehen, nimmt der Begriff »Bürgertum« den Charakter des →Idealtypus an, der seine Wurzeln im 17. und 18. Jahrhundert hat. Zu dieser Zeit, so resümiert der Soziologe Jürgen Habermas in seiner grundlegenden Publikation »Strukturwandel der Öffentlichkeit«, versammeln sich Privatleute zum bürgerlichen Publikum und stellen eine »Öffentlichkeit« her, in der sie durch das Medium der »öffentlichen Meinung« eine allseits gebildete Kritik an der Politik der Obrigkeit üben. Voraussetzung hierzu sind neue ökonomische und politische Verhältnisse, durch die sich die bürgerliche Klasse von der Aristokratie – erst in England (seit Mitte des 17. Jahrhunderts), dann in Frankreich (seit Ende des 17. Jahrhunderts) und schließlich auch in Deutschland (seit Anfang des 18. Jahrhunderts) – weitgehend emanzipieren konnte. Während sich dabei das Bürgertum in England auf Verfassungsrechte stützen konnte (seit 1693 auch auf eine Art Pressefreiheit), mußte es in Frankreich das Herrschaftsmonopol des feudalistisch organisierten Systems durch Gewalt stürzen und seinen Kampf in Deutschland vor allem in moralischen und intellektuellen Auseinandersetzungen über die Vermittlungsinstanzen der »literarischen Öffentlichkeit« führen. In diesem Prozeß gelang es dem vorübergehend revolutionär-progressiven Bürgertum, mehr und mehr Einfluß auf die Gesetzgebung zu nehmen, indem es durch die von ihm selbst neuerschlossenen Produktivkräfte (System vielfältiger Arbeitsmittel) seine Machtposition innerhalb der neugebildeten »politischen Öffentlichkeit« auszubauen vermochte. Hier entfachte die neue Klasse eine Form kritischer Dauerkommunikation über Erlasse, Steuern, Zölle oder über gesetzliche Verfügungen allgemeinen Interesses, nicht ohne sich die entsprechend notwendigen Kommunikationsmittel zu schaffen. Dazu zählte vor allem das Zeitschriftenwesen, das – obwohl schon vorher in geringem Umfang erprobt – erst in dieser Epoche allgemeine Verbreitung fand und das mit seinen Journalen dem Bürgertum durchschlagend dazu verhalf, über →politökonomische Sachverhalte und entsprechend später auch über seine eigene neue Literatur zu räsonnieren. (Räsonnement bedeutet Gedankengang, kluges Urteil, künstlerische Kritik, auch theoretische Überlegung.) In dem Ausmaß, wie die neuen ökonomischen Produktionsweisen ganz allgemein auf die literarische Produktion zurückwirkten, konnte sich das Bürgertum selbst zum Hauptthema der literarischen Auseinandersetzungen machen und darüber in den Zeitschriften räsonnieren; *es entstand die »literarische Öffentlichkeit«.*

Nunmehr Kristallisationspunkt des politischen und zugleich künstlerischen Bereichs, gewann die »literarische Öffentlichkeit« im 18. Jahrhundert derart an Bedeutung, daß sie sich mit Erfolg vom →bornierten und innerlich zerrissenen Wesen der aristokratisch-höfischen Kunstpraxis abzusetzen vermochte.

Sozialer Wandel und die historischen Öffentlichkeiten

Im ursprünglichen Sinn nahm das Gespräch unter Bürgern, in dem Dinge allgemeinen Interesses zur Sprache kommen und Gestalt gewinnen – ähnlich den sehr viel späteren Versammlungen in Straßen, auf Plätzen und Märkten –, bereits in der Antike eine bestimmte Form von ›Öffentlichkeit‹ an. Infolge der historisch unterschiedlichen Wirtschaftsformen, Gesellschaftsorganisationen und Ideenlehren jedoch sind diese traditionellen Öffentlichkeiten mit der »bürgerlichen Öffentlichkeit« des 18. Jahrhunderts ebenso wenig identisch wie etwa jene »repräsentative Öffentlichkeit«, die von den weltlichen und kirchlichen Potentaten seit dem Mittelalter gepflegt wurde. In letzterer Form demonstrierten die Feudalherren, gemäß ihrer Hausmacht und eigenen Rechtsordnung, den versammelten Untertanen durch äußere Statussymbole nichts weiter als Macht. Nicht anders verhielten sich die Repräsentanten der höfisch-ritterlichen Ordnung bei Turnieren oder Hoffesten, und selbst die ›aufgeklärten‹ Monarchen des 18. Jahrhunderts liebten es, ihr Herrschaftsmonopol – wenn auch in feinerer Form – bei Schloßfesten, im Theater, im Park, vor dem Heer, im Kabinett oder ähnlichen Versammlungen repräsentativ hervorzukehren, ohne damit dem Wesen der späteren »bürgerlichen Öffentlichkeit« zu entsprechen. Diese formierte sich erst durchgehend, da »Öffentlichkeit als eigener von einer privaten Sphäre geschiedener Bereich« entstand, und sich das Bürgertum so deutlich gegen das höfische Leben abhob, daß der Ausspruch gilt: »Der Edelmann ist das, was er repräsentiert, der Bürger das, was er produziert«. (Zum sozialen Wandel dieser Epoche sei als gelungenes literarisches Abbild der Roman »Die Füchse im Weinberg« von Lion Feuchtwanger [1884–1958] empfohlen).

Die politökonomischen Voraussetzungen für das Bürgertum im 18. Jahrhundert

Als Grundlage für seine Emanzipation verschaffte sich das Bürgertum gegen die Aristokratie im Laufe mehrerer Jahrzehnte mehr und mehr ökonomische und politische Macht. Schon gegen Ende des 17. Jahrhunderts hatte sich der Tausch von Rohprodukten gegen eigene, nach neuer Methode hergestellte Fertig- und Halbprodukte soweit ausgedehnt, daß sich ein endgültiger Wandel von der feudalistischen zur kapitalistischen →Warenproduktion vollzog. Mit Hilfe gezielter →Arbeitsteilung und Konzentration von Arbeitskräften setzte zunächst die sogenannte späte Manufakturperiode ein, die Karl Marx – an einer Stelle seines mehrbändigen Werks »Das Kapital« – so zusammenfaßt: »Die kapitalistische Produktion beginnt . . . wo dasselbe individuelle Kapital eine größere Anzahl Arbeiter gleichzeitig beschäftigt, der Arbeitsprozeß also seinen Umfang erweitert und Produkt auf größerer quantitativer Stufenleiter liefert. Das Wirken einer größeren Arbeiteranzahl zur selben Zeit, in demselben

Richters Kaffeehaus in Leipzig (Stich 1700).
Links:
Johann Joachim Winckelmann formulierte ein neues Ideal der Schönheit (»edle Einfalt, stille Größe«). Man sieht die Antike neu, weil man die eigene Zukunft neu sieht

Teile des im Absolutismus relativ entmachteten höfischen Adels öffnen sich der bürgerlichen Intelligenz (Lesekreis der Herzogin Amalia)

Raum ... zur Produktion derselben Warensorte, unter dem Kommando desselben Kapitalisten, bildet historisch und begrifflich den Ausgangspunkt der kapitalistischen Produktion«.

Getragen wurde diese neue Produktionsweise von einem Manufakturbürgertum, das sich in Kooperation mit einem immer kapitalkräftigeren Handels- und Finanzbürgertum gegen den Adel, die Zünfte und gegen die Landwirtschaft durchsetzen konnte, während sich gleichzeitig entsprechend die Formen des Staatswesens beträchtlich erweiterten. Als schließlich (zuerst in England gegen 1785) die sogenannte Industrielle Revolution durch den Einsatz der Maschine die Mechanisierung von Textil-, Eisen- und Verkehrswirtschaft auslöste, hatte sich das Bürgertum endgültig als neue Klasse behauptet. Da zur Durchsetzung der von nun an immer schärfer formulierten, politischen Forderungen auch die Erfahrungen und Prinzipien anderer gesellschaftlicher Bereiche notwendig wurden, verband sich das Industriebürgertum mehr und mehr mit dem Funktions- und Bildungsbürgertum (das waren Beamte, Lehrer, Offiziere, Juristen, Ärzte, Pfarrer, Literaten oder Künstler).

Das soziale Handeln des somit erstarkten Bürgertums richtete sich von nun an nach neuen, aus dem »Rationalismus« abgeleiteten Prinzipien ökonomischen und philosophischen Inhalts, die nahezu das gesamte gesellschaftliche Leben bis zu den alltäglichen Umgangsformen hin veränderten und demzufolge die vorher gültigen Konventionen der Aristokratie einschränkten. So begann der erwerbstüchtige Bürger, sich nach einem rationalistischen Lebensplan zu richten (→S. 166f.) und damit dem höfischen »savoir-vivre« (»man muß zu leben wissen«) zu begegnen. Entsprechend richtete der Bürger gegen die aristokratische Lebensweise – als moralische Waffe – die Stärke seines intakten Familienlebens, dessen Privatheit ihn vor der ›öffentlichen Sphäre‹ abschirmen half und doch diese zugleich erst prägte. Wesentlich beeinflußt wurde die betont rationale Lebenshaltung von den zeitgenössischen Staats- und Morallehren (von Rousseau, Voltaire, Montesquieu oder Kant), die »Gesellschaft« und »Individuum« auf die aufklärerischen Grundsätze von Vernunft, Freiheit und Natur festlegten. In diesem Zusammenhang verkündete der bedeutendste Philosoph der deutschen Aufklärung, Immanuel Kant (1724–1804), »daß einzig Vernunft Gewalt hat« und forderte von jedermann: »... handle so, daß die Maxime deines Handelns jederzeit zur Grundlage einer allgemeinen Gesetzgebung dienen könnte« (»Kritik der praktischen Vernunft«). Nach Kant sollten sich Moral und Politik im Prinzip der Publizität einer »Öffentlichkeit« vermitteln, die allein nach den Maßstäben der Vernunft die notwendigen Gesetze zur Herrschaftskontrolle festlegen konnte.

Die politische Öffentlichkeit entfaltet sich in der literarischen

Die Aristokratie hatte aus politischen, ökonomischen und bürokratischen Notwendigkeiten ein Staatswesen entwickelt, dessen Herrschaftsmonopol von nun an durch die ›öffentliche Meinung‹ des Bürgertums in Frage gestellt wurde. Zustande kam diese ›öffentliche Meinung‹ durch einen breitgestreuten Informations- und Meinungsaustausch in den bürgerlichen Versammlungsstätten (den Gesellschaften, Clubs oder Kaffeehäusern) und in den sich rasch ausbreitenden Zeitschriften, die dem äußeren Gesinnungsdruck mit einer politisch fruchtbaren Polemik entgegentreten konnten. Zwischen diesen Medien und ihren Trägern, den Bürgern, verdichteten sich die Kommunikationsprozesse derart, daß sich ein literarischer Markt (den neuen ökonomischen Gesetzen entsprechend) entfalten konnte, der mit der Zeit zum wichtigsten Sprachrohr des politisch-literarischen Räsonnements wurde. Dieser Literaturbetrieb lieferte dem bürgerlichen Publikum Bildung und Unterhaltung zugleich, wobei vielfältige neue Formen der Buchproduktion (→Almanache, Vademekums, Unterhaltungsromane, Konversationslexika, Taschenbücher, Zeitschriften) wie gleichfalls neue Stilrichtungen, Techniken und Inhalte zustande kamen. Erstmals verbreitete sich jetzt in Form von zunächst anspruchsvoll geschriebenen Kritiken (Rezensionen) so etwas wie Literatur über Literatur (= sekundierende oder auch Metaliteratur) unter einer Leserschaft, die so sehr kaufendes Publikum war wie zugleich Zeuge und Träger literarischer Auseinandersetzungen. (Das betraf literarische Fehden zwischen professionellen, aber auch laienhaften Schriftstellern in den polemischen Flug- und Streitschriften allgemeinen Interesses oder in den spezieller gehaltenen Streitreden und in den sogenannten ›literarischen Briefen‹, die mehr und mehr allgemeinere Überlegungen über Kunst, Literatur und Gesellschaft an dann meist erdichtete Adressaten enthielten.)

Der anwachsenden literarischen Produktion entsprach der Markt durch die zunehmende Verbreitung von Verlagen, Bibliotheken und Messen und durch die Herausbildung eines verzweigten Vertriebsnetzes. Bei all dem jedoch nahm (so betont Lutz Winckler) »der Markt (im Gegensatz zur heutigen Literaturproduktion der ›Kulturindustrie‹) eine Doppelfunktion ein, die des Marktes als Ort zum Warentausch und die des kulturellen Kräftefeldes«. In diesem Stadium wurden Kritiken noch von angesehenen Literaten verfaßt und die künstlerischen Geschmackskategorien noch von keiner ›Warenästhetik‹ (→S. 332ff.) im vorhinein festgelegt, so daß anfangs »das literarische Interesse, die politischen Ziele des Schriftstellers und Verlegers sowie die ökonomischen Erfordernisse des Buchmarktes und der Buchproduktion einander noch nicht grundsätzlich ausschlossen« (Winckler). Insgesamt hob damit der literarische Markt »durch die Bereitstellung des kulturellen Erbes vergangener Jahrhunderte, durch die Vermittlung aller Bereiche und Sparten der Kultur und durch die Popularisierung der Wissenschaften das Bildungsniveau der bürgerlichen Nation auf eine neue Stufe« (Winckler).

Nach alten Katalogen der Messestadt Leipzig (so die vorzüglichen Statistiken in Lutz Wincklers Veröffentlichung: »Kulturwarenproduktion«) stieg die jährliche Literaturproduktion zwischen 1740 und 1800 von 755 auf 2569 Titel, und die Zahl der bekannten Autoren vermehrte sich allein zwischen 1773 und 1787 von 3000 auf rund 6000 (vgl. hierzu auch die Abschnitte zur Geschichte der bürgerlichen Literaturproduktion und -rezeption in: »Gesellschaft – Literatur – Lesen«, hrsg. von M. Naumann, Berlin und Weimar, 1973). Einhergehend entwickelte sich quantitativ und qualitativ das neue Lesepublikum (eine zum Leser jetzt notwendig gehörende Leserschaft innerhalb des sich allgemein emanzipierenden Kunstpublikums). Aus seinen Reihen wagte es der gebildete Laie, der Dilettant (= der amateurhafte Kenner), mit seinem kritischen Urteil gegen den Fachmann aufzutreten und mit ihm Räsonnement zu üben, das heißt, kunstkritische Debatten korrespondierend oder konversationsartig mittels der Instanzen der ›öffentlichen Meinung‹ zu führen.

Als Zentrum dieses räsonnierenden Publikums galt wohl der bürgerliche Lebensraum der Stadt mit seinen attraktiven Institutionen der Börse und des Marktes, der handelstreibenden Geschäfte und der viel beachteten Messen. In diesem Rahmen versammelte sich das Bürgertum in den Schenken, Kaffee- und Weinhäusern, oder debattierte innerhalb der Tisch- und Sprachgesellschaften, in den Dilettantenvereinen, in den Zirkeln und Lesekabinetten oder in den sogenannten Subskriptionsbüchereien (wo gegen registrierte Bestellung Preisermäßigungen gegeben wurden). Dazu zählten auch die Lesevereine, die »Harmonien«, die mit einem jeweils festen Mitgliederstamm und nach entsprechendem Reglement das literarische Räsonnement pflegten. Erst in späteren Jahrzehnten verflachte in den meisten der genannten Institutionen das bis dahin ernsthaft geübte Räsonnement in bloße Zerstreuung und Geselligkeit, so daß damit die einst nach außen wirksame politische Stoßkraft verlorenging.

Im Reigen der literarisch-bürgerlichen Institutionen waren auch die von geistreichen Frauen geführten Literatursalons bedeutsam, in denen sich das aufsteigende Bürgertum mit Künstlern, Schriftstellern und Kritikern traf und hier auch u. a. mit kompromißsuchenden aristokratischen Kreisen Verbindung unterhielt. Im späten 18. Jahrhundert machten in Deutschland vor allem die Berliner Salons von sich reden (darunter der bekannteste von Rahel Varnhagen von Ense [1771–1833]), während zur gleichen Zeit schon die Pariser Salons blühten, die unter anderen Vorzeichen im 19. Jahrhundert noch einen besonderen Aufschwung erlebten. Zu privatbürgerlichen Instanzen dieser Art zählten darüberhinaus Vereinigungen, die sich wie die »Logen« der Freimaurer aus Geheimbünden entwickelt hatten und nun mit ihren kritischen Ideen politisch gezielt und äußerst selbstbewußt auftraten. (Die sogenannten Freimaurerlogen waren lange Zeit Kampforganisationen sozial-revolutionärer Kreise, die unabhängig von Stand, Beruf oder Nation für ein Weltbürgertum eintraten.) Zum Überblick über die Versammlungsstätten des räsonnierenden Publikums gehören ebenso noch die Ausstellungen in den neuerrichteten Museen wie ein sich immer breiter etablierendes Konzertwesen (in Deutschland gründete zum Beispiel Johann Adam Hiller bereits 1781 die berühmten Leipziger Gewandhauskonzerte), auch Wandervorstellungen einiger prominenter Komödienensembles (hier sei vor allem die Neubersche Truppe genannt) oder die großen Aufführungen der bürgerlichen Theater in Hamburg, Leipzig und Zürich (→S. 208ff.).

Spiegelbild all dieser Aktivitäten, und zugleich Ausdruck des neuen bürgerlichen Bewußtseins, waren aber besonders die Zeitschriften, die anfangs zwar nur über Verordnungen, Nachrichten oder Börsenfakten berichtet hatten, doch später in den »Intelligenzblättern«, den »Monats- oder Wochenschriften« und schließlich in den »kunst- und kulturkritischen Journalen« die »literarische Öffentlichkeit« am deutlichsten vertraten. Zu nennen sind hier Blätter wie die von Haller gegründeten »Göttingischen gelehrten Anzeigen«, Wielands »Teutscher Merkur«, Archenholz' »Minerva«, die »Jenaer Allgemeine Litteratur Zeitung«, oder die in Hamburg erschienenen Blätter »Der Vernünftler« und das »Politische Journal«. Zu diesen Zeitschriften gesellten sich berühmte Tageszeitungen: die »Berlinische Priviligierte Zeitung« von 1721 (die spätere »Vossische Zeitung«), der »Hamburgische unparteiische Correspondent« (ab 1731), die »Berlinischen Nachrichten von Staats- und gelehrten Sachen« (ab 1740), die »Magdeburgische Zeitung«, die »Schlesische Zeitung« in Breslau (ab 1742), die »Königsberger Hartungsche Zeitung« oder das in Frankfurt erschienene »Ristretto« (ab 1772).

In den Feuilletons dieser Blätter schlug sich besonders die allgemeine Resonanz auf die wichtigsten literarischen Genres des 18. Jahrhunderts nieder: Das waren die großen Bildungs- und Unterhaltungsromane (so Christian Fürchtegott Gellerts [1715–1769] aufsehenerregender Roman »Die schwedische Gräfin von G...«, Wielands »Agathon« [→S. 174f.] oder später – als früher Bestseller – Goethes »Die Leiden des jungen Werthers« [→S. 176f.], die sämtlich, von der Bedeutung her, den in England erschienenen, bürgerlich-psychologischen Romanen Samuel Richardsons [1689–1761] entsprachen, oder den Arbeiten von Jonathan Swift – dem ersten Berufsjournalisten – [→S. 144f.] und Daniel Defoes »Robinson Crusoe« [→S. 146ff.], und schließlich in Frankreich die Veröffentlichungen Denis Diderots oder D'Alemberts [→S. 160f.]). Das waren weiterhin Fabeln und Lehrgedichte, neuartige →Aphorismen (wie die von Georg Christoph Lichtenberg [1742–1799]), politische Lieder und Satiren und schließlich die großen Dramen. Hier hatten sich vor allem das »Lustspiel« und das →»bürgerliche Trauerspiel« als neue Formen herausgebildet.

Die wichtigsten Autoren dieser literarischen Epoche waren im deutschsprachigen Raum im zweiten Drittel des 18. Jahrhunderts: Johann Christoph Gottsched (der viel angefeindete und meist falsch verstandene ›Papst der deutschen Literatur‹, der sicher weniger Poet als Schulmeister war, aber als solcher erfolgreich wirkte [1700–1766]), daneben Friedrich Nicolai, Moses Mendelssohn, Johann Wilhelm Ludwig Gleim, Christoph Martin Wieland, Christian Fürchtegott Gellert, auch Gottfried August Bürger, Friedrich Gottlieb Klopstock oder Johann Gottfried Herder; allen voran aber Gotthold Ephraim Lessing (1729–1781), als erster deutscher Theaterdichter und -kritiker, Journalist, Theoretiker und zugleich Meister der kleinen, schlagkräftig, witzig-ironischen Form.

Lessings Bedeutung für die bürgerlich-literarische Öffentlichkeit

Derjenige unter den Klassikern, »dessen Lebenskampf und Lebenslauf am deutlichsten zeigt, daß sich mit der klassischen Literatur und Philosophie des 18. Jahrhunderts die soziale Emanzipation des Bürgertums zu vollziehen beginnt«, war Lessing – gleichsam Repräsentant einer gesamten Epoche.

Auf dem Höhepunkt seines Schaffens unterhielt Lessing Beziehungen zu fast allen bedeutenden Theoretikern und Schriftstellern seiner Zeit. Nach seinem Medizin- und Theologiestudium (in Leipzig) hatte er als Berufsjournalist und -schriftsteller (als Rezensent auch bei der »Vossischen Zeitung«) in Berlin gearbeitet und beteiligte sich in den Jahren darauf an zahlreichen anderen Zeitschriften (beispielsweise den »Beiträgen zur Historie und Aufnahme des Theaters«) mit einer Fülle von vielbeachteten Beiträgen, ohne jemals das bereits einsetzende, glatte Gefälligkeitsideal bürgerlich modischer Journale zu erfüllen. Not und Elend des Siebenjährigen Krieges (1756–1763) erlebte Lessing als selbst Betroffener in Breslau, wo er unter dem Eindruck der Geschehnisse die ersten Pläne für das Soldatenstück »Minna von Barnhelm« hegte. Während dieser Jahre trug Lessing, der bis dahin schon in fast allen →Genres erfolgreich geschrieben hatte, seine ersten literarischen und theoretischen Fehden vor den Augen einer breiten »literarischen Öffentlichkeit« aus – zum einen in seinen geistvollen Rezensionen, zum anderen vor allem in seinen berühmten, scharfzüngigen Streitschriften. So wandte er sich beispielsweise gegen den Buchhändler Friedrich Nicolai (1733–1811) – dem er bis dahin lange Zeit eng verbunden war – wegen dessen »einseitig auftrumpfenden Vernünftigkeit«. Noch in der Zeit des ungebrochenen Verhältnisses war Nicolais Zeitschrift »Bibliothek der schönen Wissenschaften und freien Künste« gescheitert, und statt dessen hatte Lessing aus Eigeninitiative das neue Organ »Briefe, die neuste Literatur betreffend« geschaffen (das sind über dreihundert Literaturbriefe, die als Vorarbeiten zur »Hamburgischen Dramaturgie« gelten können, aber auch zu seinen späteren theologischen Streitschriften).

An anderer Stelle richtete sich Lessing mit seinen »Antiquarischen Briefen« gegen den schöngeistigen Journalismus und den zu hochgestochenen wissenschaftlichen Anspruch des Altertumsforschers Geheimrat Christian Adolf Klotz. Im allgemeinen attakkierte Lessing in seinen zahlreichen öffentlichen Fehden weniger eine Person, sondern meist Haltung und Rolle einer dahinterstehenden Gruppe. Daß er mit mehreren einstigen Verbündeten einen öffentlichen Streit begann, hat ihm vielfach das Attribut des Misanthropen (Menschenfeind) eingetragen, was jedoch allzu oberflächlich Lessings naive Streitlust überbetont und seine wirklichen Streit-Motive verdeckt: Das waren seine Gewissenhaftigkeit in der Wahrheitssuche angesichts eines öffentlichen Forums, seine hervorragende Fähigkeit, den Dingen tiefer auf den Grund zu gehen als viele seiner Zeitgenossen und schließlich auch eine etwas kokette Haltung, mit der er selbst einmal seine späteren theologischen Streitschriften auch als »theologische Katzbalgereien und als helteres Schauspiel, als haut-comique der Polemik« bezeichnete.

Ein anderer Bereich seiner Auseinandersetzungen galt der zeitgenössischen Philosophie: Mit dem Werk Leibniz' beschäftigte er sich ebenso intensiv, wie mit dem Gedankenansatz des holländisch-jüdischen Philosophen Spinoza (1632–1677) – und das auch in mehreren öffentlich geführten Debatten. Um den in der Aufklärung vielfach vertretenen ›Pantheismus‹ (Lehre von der Einheit von Gott und Welt) ging es Lessing in dieser ›Spinoza-Debatte‹, die er mit Friedrich Heinrich Jacobi, dem Jugendfreund Goethes, führte. In späteren Jahren war der Hamburger Hauptpastor Johann Melchior Goeze ein wichtiger Adressat der Lessingschen Polemik, die sich in den darauf bezogenen Streitschriften ebenso gegen überkommenes, dogmatisches Christentum wie gegen die »aufgeklärten Halbheiten« und zu kompromißvollen Rücksichten bürgerlicher Theologen wandte – jene »neumodischen Geistlichen, die ... Theologen viel zu wenig und Philosophen lange nicht genug waren«.

Zur Zeit seiner größten Anerkennung nahm Lessing (als der Verfasser von Jugenddramen, des ersten bürgerlichen Trauerspiels »Miß Sara Sampson«, der Stücke »Emilia Galotti« und »Minna von Barnhelm« und der dramatischen Parabel »Nathan der Weise«) im Jahr 1767 einen Ruf als Dramaturg, Berater und Kritiker an das Hamburger Theater an, das als erstes bürgerliches Nationaltheater ausgebaut werden sollte (thematisch u. a. auch in der Urfassung von Goethes Roman »Wilhelm Meister« angesprochen). In Hamburg erschien zunächst zweimal wöchentlich ein Theaterblatt, die »Hamburgische Dramaturgie«, mit dem Lessing die anstehenden Probleme des ersten Bürgertheaters ins öffentliche Bewußtsein zu bringen versuchte und damit gleichzeitig das bürgerliche Publikum zur regen Anteilnahme aktivieren wollte. Nach dem Scheitern all dieser Pläne verließ Lessing 1770 die Hansestadt und veröffentlichte als höchst geistvolles →Résumé dieser Zeit seine – aus 104 Stücken bestehende – »Hamburgische Dramaturgie«, die bis heute als eines seiner Hauptwerke gilt. Mit dieser Schrift beabsichtigte er, die Theaterpraxis zu reformieren, indem er darin erstmals dramaturgische Leitsätze und entsprechend Grundlagen zur Beurteilung des Schauspiels sowie insgesamt eine Theorie zur Wirkung des Kunstwerkes entwarf (worin er vor allem vom →Klassizismus des französischen Theaters abrückte und statt dessen »Natürlichkeit« und »Menschlichkeit« der Charaktere in den Dramen Shakespeares rühmte). Lessings ›Natur‹-Begriff erschöpfte sich nicht in einer im Zeitstil gemäßen Naturnachahmung, sondern beinhaltete die Darstellung der ganzen natürlichen und gesellschaftlichen Wirklichkeit. So definierte er selbst: »In der Natur ist alles mit allem verbunden; alles durchkreuzt sich, alles wechselt mit allem, alles verändert sich, eines in das andere.«

Ein anderes Projekt noch hatte Lessing, ebenfalls vergeblich, in Hamburg beschäftigt: »Leben und leben lassen«, ein zeitgenössischer Text im Interesse von Schriftstellern und Buchhändlern. In diesem Zusammenhang hatte er mit J. J. Christoph Bode, dem Drucker und Verleger des »Wandsbecker Bothen«, gemeinsame verlegerische Pläne für die Zwecke einer sozialen und nationalen Hebung des deutschen Schriftstellerstandes gehegt. Nach solchen Versuchen schließlich ließ sich Lessing als Bibliothekar wider Willen (in Wolfenbüttel) nieder und wurde nach jahrelang zwiespältigen Beziehungen zum Braunschweiger Fürstengeschlecht doch noch zum Hofrat ernannt. Nach dem tragischen Tod seiner Frau wenig später, nach aufreibenden öffentlichen Auseinandersetzungen mit meist tiefgehenden Mißverständnissen und daraus resultierenden Feindschaften starb Lessing 1781 völlig vereinsamt.

Lessing hatte nicht nur die wichtigsten theoretischen und künstlerischen Auseinandersetzungen seiner Zeit repräsentiert, sondern auch sämtlich die neuen Stile und Techniken weiterentwickelt, sie mit progressiven Inhalten erfüllt und die entsprechenden, literarischen Medien genutzt. Fast ungeachtet seines gesellschaftlichen Kampfes und seiner betont sozialkritischen Funktion (die die Widersprüche im Werk und Leben Lessings durchaus in sich vereinen) hat ihn die bürgerliche (die spätbürgerliche) Literaturwissenschaft »durch eine kompromittierende Umarmung ... in einen Schwurzeugen für die reaktionäre Legende von der ›Nationalen Mission‹ des preußischen Herrscherhauses umgelogen«. So argumentierte der sozialistische Literaturwissenschaftler Franz Mehring (1846–1919) und sprach in diesem Zusammenhang von der »Lessing-Legende«, die er durch eine objektivere historische Analyse auf den Kopf stellen konnte. Denn Lessing hatte »mit literarischen Mitteln das verkümmerte deutsche Leben vor dem erwachten bürgerlichen Selbstbewußtsein beleuchtet« (Paul Rilla in seinem grundlegenden Werk »Lessing und sein Zeitalter«) und dabei früh genug erkannt, daß ein Bündnis mit dem scheinbar aufgeklärten Monarchentum in der Erwartung einer fürstlichen Humanität nur eine Schwächung für die Ziele der bürgerlichen Ideologie bedeutete. Daher gab er es nicht auf, die verschleierte Willkürherrschaft Friedrichs des Zweiten – wie in seinem Stück »Minna von Barnhelm« – bloßzustellen.

Schon viel früher hatte Lessing in seinem Theaterfragment »Samuel Henzi« (benannt nach dem 1749 in Bern enthaupteten Revolutionär) die aristokratische Herrschaft angeprangert. Für »Minna von Barnhelm« dagegen nutzte er die beliebte Lustspielform, um in ihrer »sonnigen Stimmung« in bestechend gedanklicher Klarheit und meisterlicher

Sprache die Losungen des sich emanzipierenden Bürgertums umzusetzen. (Der Franzose Beaumarchais brachte mit ähnlichen Techniken seinen »Figaro« auf die Bühne [→S. 162], und nur wenig später schrieb Diderot sein thematisch verwandtes Stück »Jakob und sein Herr«.) Weder ist »Minna von Barnhelm« ein ausschließliches →Lustspiel, noch entspricht es dem Typus des spanischen →Mantel- und Degenstückes, sondern ist vielmehr eine schneidende Satire auf die preußische Herrschaft. Im Mittelpunkt der Handlungen stehen »ernste, doch nicht tragische Konflikte ehrenhafter Charaktere in den Verhältnissen des bürgerlichen Lebens«. Diese Konflikte nehmen stellenweise Züge bürgerlichen Protests an (denn bürgerlich ist der gesellschaftliche Rahmen des Stücks, obwohl die Hauptfiguren adlige Namen tragen), der bei aller Verwickeltheit der →Komödienintrige noch durchdringt und Lessings eigene bittere soziale Erfahrungen aus der Zeit zwischen Krieg und Frieden deutlich zum Ausdruck bringt. Hauptakteur des Stücks ist der Major von Tellheim, der durch den Siebenjährigen Krieg – vor dem er mit dem Fräulein von Barnhelm verlobt war – in eine ökonomisch schlechte Lage geraten ist und dessen Ehre obendrein durch Verleumdungen gekränkt wird. Er begegnet von neuem seiner ehemaligen Braut, doch der Wiedervereinigung steht Tellheims scheinbar gebrochene Ehrenhaftigkeit solange im Wege, bis das Fräulein den Major durch eine gutgemeinte List in seiner Einstellung umstimmen kann, und der Major selbst vom König ein Handschreiben zur Ehrenrettung erhält. Zwar ist der bürgerliche Stolz des Majors vordergründig versöhnt, doch sein Kommentar zum königlichen Schreiben läßt seine Einschätzung der gesellschaftlichen Verhältnisse deutlich werden: »Die Dienste der Großen sind gefährlich und lohnen der Mühe, des Zwanges, der Erniedrigung nicht, die sie kosten«. Noch weiter spitzt Tellheim seine soziale Kritik an anderer Stelle zu, als der das Fräulein fragt: »Aber sagen Sie mir doch, mein Fräulein, wie kam der Mohr (gemeint ist Shakespeares »Othello«) in venezianische Dienste? Hatte der Mohr kein Vaterland? Warum vermietete er seinen Arm und sein Blut einem fremden Staate?« Diese Frage wendete sich über den Bühnenraum hinaus an das gesamte Bürgertum des späten 18. Jahrhunderts, das trotz seiner ökonomischen Kraft seine moralischen Ideale keinesfalls durchzuhalten vermochte.

Dieses Bürgertum stand zu dieser Zeit im Wendepunkt seiner gesellschaftlichen Lage, ›zwischen dem Noch nicht und dem Schon nicht mehr‹.

Zum Zerfall der bürgerlichen Öffentlichkeit

Mit der Französischen Revolution von 1789 hatten die Ideale des progressiven Bürgertums ihre äußerlich wohl durchschlagendste Wirkung gezeigt, waren jedoch vor und nach dieser spezifisch-historischen Situation – weder in Frankreich noch Deutschland im Sinne des »volonté générale« (ein Begriff von J.-J. Rousseau, der in Abgrenzung zum »volonté de tous«, dem Willen aller einzelnen: den Gemeinwillen des Bürgers meint, der sich grundsätzlich als Mitglied eines Gemeinwesens begreift) durchgehend verwirklicht worden.

Das ist auf mehrere sozialgeschichtliche Ursachen zurückzuführen.

Mit voranschreitender Industrialisierung hatte deren Träger, das Bürgertum, auch zunehmend Industriekapital konzentrieren und mittels dieser Machtposition seine früher geforderten Rechte, allerdings einseitig, legalisieren (d.h. rechtlich auf immer breiterer Basis absichern) können. Von diesen neuerstandenen Einflußmöglichkeiten ließ sich das Bürgertum korrumpieren und spaltete sich schließlich in untereinander rivalisierende Gruppen auf, die mit nunmehr reaktionärer Haltung nur noch die Steigerung ihrer Kapitalmacht anstrebten. Die wenigen bürgerlichen Kreise, die eingedenk ihrer Ideale noch eine politisch progressive Haltung einnahmen, wurden spätestens 1848 zerschlagen (empfehlenswert hierzu ist die Lektüre von Heinrich Manns Roman »Der Untertan« [→S. 302f.]). Danach wurden Appelle an die überkommenen Losungen des Bürgertums durchweg auf bloß formale Akte ohne inhaltliche Konsequenzen reduziert, und zahlreiche bürgerliche Gruppen verdrehten ihre einstigen Ideale in eine →nationalistische →Ideologie, die in der wilhelminischen Ära auf fruchtbaren Boden fiel.

Doch nicht allein im 19. Jahrhundert sind die Ursachen für das Scheitern der einst vom Bürgertum erhobenen, gesellschaftlichen Forderungen zu suchen. Der bürgerliche Öffentlichkeitsbegriff gerät schon im Augenblick seiner Konzeption ins Wanken, da er bereits im 18. Jahrhundert einer umfassenden gesellschaftlichen Realität nicht standhalten konnte und sich bei einer heute vorgenommenen →historisch-materialistischen Analyse in eine Art »Scheinsynthese« (scheinbare Einheit, ein Schlüsselbegriff bei Oskar Negt und Alexander Kluge: »Öffentlichkeit und Erfahrung« [→S. 332ff.]) gegensätzlicher Öffentlichkeiten der verschiedenen gesellschaftlichen Schichten verflüchtigt. Davon hatte die bürgerliche, als vorübergehend stärkste Öffentlichkeit, ihr theoretisches Programm nur vereinzelt, und obendrein zeitlich und regional verschoben, realisiert. Infolge der Industrialisierung (mit ihren neuen Technologien und der dadurch differenzierten Arbeitsteilung) entstand eine breite »proletarische Öffentlichkeit«, die ihre Interessen keinesfalls mehr in der »bürgerlichen Öffentlichkeit« vertreten sah. Die daraus resultierenden Widersprüche, die sich wegen der wachsenden Kapitalkraft des Bürgertums ständig verschärften, wurden in der »bürgerlichen Öffentlichkeit« versuchsweise mit vielfältig ideologischen Mitteln verdeckt, was insgesamt den Zerfall der ursprünglich angestrebten Öffentlichkeit (als Einheit) nur noch beschleunigte. Um diesen Prozeß erschöpfend zu erklären, müßten aus der im 19. Jahrhundert rasch zunehmenden »sozialen Komplexität« (dichtes gesellschaftliches System) noch etliche andere Tendenzen erläutert werden. Eine wesentliche davon ist die sprunghafte Zunahme der Verbände, Verwaltungsinstanzen und Massenmedien, die sich zwischen die »private« und »öffentliche Sphäre« schoben und die Trennung von »privat« und »öffentlich« schließlich ganz aufhoben. (Fortan wird statt von »Privat«-, von »Intimsphäre« gesprochen, die aber als solche infolge der jetzt ständigen, äußeren Eingriffsmöglichkeiten – vor allem der Massenmedien – gar nicht durchzuhalten war, so daß auch damit ein im 19. Jahrhundert einsetzender, erheblicher Funktionsverlust der Familie erklärt werden kann.)

Vom allgemeinen Zerfall der »bürgerlichen Öffentlichkeit« wurde auch insbesondere die »literarische Öffentlichkeit« betroffen, deren einst »kulturräsonnierendes Publikum« (nach Jürgen Habermas) zum »kulturkonsumierenden Publikum« verflachen mußte, während der »Journalismus schriftstellernder Privatleute« in den »Dienstleistungen der Massenmedien« aufzugehen hatte. Zu diesem Zeitpunkt entstanden die ersten Großverlage, deren Redaktionen sich jetzt vollkommen anders zusammensetzten. Denn zuvor hatte der Verleger nur die ökonomische Basis der Redaktion organisiert, aber den Inhalt ihrer literarischen Äußerungen meist nicht angetastet. Nach der Auflösung der »bürgerlichen Öffentlichkeit« und dem Entzug des literarischen Gesinnungsdruckes hatte der Verleger, aus sogenannten Rentabilitätsgründen, seine Redaktion nach den Gesetzen der neuen Marktwirtschaft umorganisiert: Strengere Absatzkalkulation, zunehmende Arbeitsteilung und der Eingriff der Werbewirtschaft sowie dementsprechend neue Lesebedürfnisse, dazu rationellere Drucktechniken und insgesamt mächtigere Kapitalmärkte führten die Zeitschriften- und Buchproduktion schon im 19. Jahrhundert ins Zeitalter der »Massenpresse« (→S. 232ff.).

Als Folge dieser Gesamtentwicklung fielen die »literarische« und »politische« Öffentlichkeit völlig auseinander, obwohl ihre Identität als ideologisches Alibi und als blasse Illusion von den Massenmedien selbst weiterhin propagiert wurde. Eine Pseudoöffentlichkeit, eine bis ins Detail formalisierte Öffentlichkeit, war entstanden, zu deren Profil Habermas (besonders auch auf die Gegenwart bezogen) bemerkt: ». . . das Wort ›Öffentlichkeitsarbeit‹ verrät (schon), daß ›Öffentlichkeit‹ erst hergestellt werden muß«. Hier setzt ein, was – nach den Epochen der »höfischen« und der »bürgerlichen Öffentlichkeit« – heute als entfaltete »kommerzielle Öffentlichkeit« der Medienmärkte erscheint und ihrem Wesen nach als »Kulturindustrie« sämtliche Bereiche zu kontrollieren vermag (→S. 332ff.).

Jürgen Jacobs

Wieland · Aristipp und einige seiner Zeitgenossen

»Aristipp und einige seiner Zeitgenossen« (Erstdruck Leipzig 1800 – 1801)
Briefroman von Christoph Martin Wieland (5. 9. 1733 – 20. 1. 1813)

Antike Figuren und antikes Dekor hat Wieland in seinen literarischen Arbeiten von »Musarion« und »Agathon« an immer wieder verwendet. Auch die Titelfigur seines Altersromans, der Philosoph Aristipp von Kyrene (etwa von 435 bis 355 vor Chr.), gehört in diesen Bereich. Von diesem Schüler des Sokrates haben sich keine Schriften und wenig genaue Nachrichten erhalten. Wieland konnte die Gestalt deshalb mit großer Freiheit behandeln und zum Mittelpunkt eines breit angelegten Briefromans machen.

Aristipps politische Anschauungen

Aergere Dich nicht, lieber Eurybates, mich so philotyrannisch reden zu hören; meine Vorliebe zur Monarchie dauert gewöhnlich nur so lange, als ich in einem demokratischen oder oligarchischen Staat lebe, und ich bin der Freiheit nie wärmer zugethan als da, wo ein Einziger alle Gewalt in den Händen hat. Ein weiser und edelgesinnter Monarch weiß jedoch Beides sehr gut mit einander zu vereinigen; nur Schade, daß die weisen und guten Monarchen ein ebenso seltnes Geschenk des Zufalls sind als die weisen und guten Demagogen. Ist es nicht ein niederschlagender Gedanke, daß noch kein Volk auf dem Erdboden Verstand genug gehabt hat, das, was bisher blos Sache des Zufalls war, zu einem Werke seiner Verfassung und seiner Gesetze zu machen? Und wo ist das Volk, von welchem ein solches Kunstwerk (vielleicht das größte, dessen der menschliche Verstand fähig ist) zu erwarten wäre, da das sinnreichste und gebildetste von allen, die Griechen, in so vielen Jahrhunderten noch nicht so weit gekommen ist, sich den Unterschied zwischen Regierung und Herrschaft deutlich zu machen und einzusehen, daß wohl regieren eine Kunst, und in der Ausübung zwar eine der schwersten, aber doch so gut wie jede andre zu erlernen und auf seine Grundsätze zurückzuführen ist? Das Schlimmste ist nur, daß die Kunst, wohl zu regieren, wenn sie auch gefunden wäre, ohne die Kunst, zu gehorchen, wenig helfen könnte;
[. . .]
›Aristipp‹, 4. Teil, 1. Brief

Aristipp erscheint als →Kosmopolit und Lebenskünstler, der in seinen philosophischen Überlegungen nach der »Sokratischen Deutlichkeit, Popularität und Anwendbarkeit im Leben« strebt. Neben ihm steht als zweite Zentralfigur des Romans die geistvolle und elegante →Hetäre Laïs. Sie wird zum Zentrum einer gebildeten schönen Geselligkeit, an der die führenden Köpfe des Zeitalters teilnehmen. Diese Rolle kann sie nur spielen, indem sie sich der Fesselung durch ehelich-familiäre Bindungen entzieht. Damit aber nimmt sie auch – wie sich am Ende zeigt – Unsicherheiten und Gefährdungen in Kauf: Die intelligente, selbstbewußte Frau verfällt einem skrupellosen Playboy, der ihr Vermögen durchbringt und sie in ein obskures Ende treibt.

Aristipp und Laïs sind durch ein freundschaftliches Verhältnis und geistige Anerkennung verbunden. Auch als sich die Lebenskrise der glänzenden Hetäre schon abzeichnet, enthält sich Aristipp aller moralischen Kritik: »Sie mit irgendeiner Matrone vergleichen zu wollen, wäre gegen beide ungerecht. Verlangen, daß sie etwas anderes, wenngleich in gewissem Sinne Besseres hätte werden sollen, ist so viel, als verlangen, Lais sollte gar nicht gewesen sein.«

Die Hetäre Laïs über die beklagenswerte Lage der Frau:

Es wird Dich also wenig befremden, wenn ich Dir sage, daß meiner Meinung nach eine Frau, die ihre Unabhängigkeit behaupten will, Euer Geschlecht überhaupt als eine feindliche Macht betrachten muß, mit welcher sie, ohne ihre eigene Wohlfahrt aufzuopfern, nie einen aufrichtigen Frieden eingehen kann.
Dies ist, däucht mich, eine nothwendige Folge der unleugbaren Thatsache, daß der weibliche Theil der Menschheit sich beinahe auf dem ganzen Erdboden in einem Zustande von Abwürdigung und Unterdrükkung befindet, der sich auf nichts in der Welt als Ueberlegenheit der Männer an körperlicher Stärke gründen kann, da die Vorzüge des Geistes, in deren ausschließlichen Besitz sie sich zu setzen suchen, nicht ein natürliches Vorrecht ihres Geschlechts, sondern eine der Usurpationen ist, deren sie sich kraft ihrer stärkeren Knochen über uns angemaßt haben. Bei allen Völkern ist der Zustand der Weiber desto unglücklicher, je roher die Männer sind; aber auch unter den policirten Nationen und bei der gebildetsten unter allen werden wir von den Männern, überhaupt genommen, entweder als Sklavinnen ihrer Bedürfnisse oder als Werkzeuge ihres Vergnügens behandelt.
›Aristipp‹, 1. Teil, 20. Brief

Aristipps Vorstellung vom idealen Dialog

Vorausgesetzt, daß die Rede nicht von Unterweisung eines Knäbleins durch Frage und Antwort, sondern von einem Gespräch unter Männern über irgend einen wichtigen, noch nicht hinlänglich aufgeklärten oder verschiedene Ansichten und Auslösungen zulassenden Gegenstand ist, so läßt sich doch wol als etwas Ausgemachtes annehmen: ein erdichteter Dialog sei desto vollkommener, je mehr er einem unter geistreichen und gebildeten Personen wirklich vorgefallenen Gespräch ähnlich sieht. In einer solchen gesellschaftlichen Unterhaltung stellt Jeder seinen Mann; Jeder hat seinen eigenen Kopf mitgebracht, hat seine Meinung und weiß sie, wenn sie angefochten wird, mit starken oder schwachen, aber doch wenigstens mit scheinbaren Gründen zu unterstützen. Wird gestritten, so wehrt sich Jeder seiner Haut, so gut er kann; oder sucht man einen Punkt, welcher Allen noch dunkel ist, ruhig und gemeinschaftlich aufzuhellen, so trägt Jeder nach Vermögen dazu bei. Glaubt Einer die Wahrheit, welche gesucht wird, gefunden zu haben, so hört er die Zweifel, die ihm dagegen gemacht werden, gelassen an, und die daraus entstehende Erörterung dient, entweder die gefundene Wahrheit zu bestätigen und anerkennen zu machen, oder den vermeinten Finder zu überführen, daß er sich geirrt habe; und wäre auch Einer in der Gesellschaft allen Uebrigen an Scharfsinn und Sachkenntniß merklich überlegen, so ist Dieser so weit entfernt, sich dessen zu überheben, das Wort allein führen zu wollen und den Andern nichts übrig zu lassen, als immer Ja zu sagen, daß er ihnen sogar, falls sie ihre Zweifel und Einwürfe nicht in ihrer ganzen Stärke vorzutragen wissen, mit guter Art zu Hilfe kommt, ihre Partei gegen sich selbst nimmt und nicht eher Recht behalten will, bis alle Waffen, womit seine Meinung bestritten werden kann, stumpf oder zerbrochen sind.
›Aristipp‹ 4. Teil, Brief 4

In den vier Teilen des Romanfragments werden von Sokrates und Platon bis zum Diogenes in der Tonne alle großen Namen der griechischen Welt um 400 v. Chr. genannt. Wieland führt diese Berühmtheiten allerdings nicht in marmorner Würde und Blässe vor, sondern er läßt sie höchst lebendig und menschlich agieren. Der Roman entwirft mit seinen Hauptschauplätzen Athen, Korinth, Kleinasien, Kyrene und Syrakus ein breites Panorama antiken Lebens, wobei sich allerdings die einzelnen Orte im Kolorit nur wenig unterscheiden.

Hauptthemen der Briefe sind neben den Lebensgeschichten des Aristipp und der Laïs vor allem politische, philosophische und künstlerische Fragen. Unter dem Eindruck der Französischen Revolution wiederholt

Illustrationen zum »Aristipp« von Daniel Chodowiecki

Wieland seine schon früh (im »Agathon«) geäußerten Vorbehalte gegenüber der demokratischen Staatsform. Gewichtiges Argument ist ihm vor allem das Todesurteil gegen Sokrates, das die athenische Volksversammlung gefällt hat. Andererseits gibt der Briefwechsel des »Aristipp« zu bedenken, das demokratische Athen habe sich, von den »demagogischen Künsten und Talenten« des Perikles gesteuert, zur stärksten Macht und zum geistigen Mittelpunkt des Zeitalters aufschwingen können. Der politischen Idealvorstellung Wielands kommt die Republik Kyrene (im heutigen Libyen) am nächsten, die nach schweren Krisen zu einer gemischt aristokratisch-demokratischen Staatsform findet.

Im Philosophischen bietet Wielands Roman vor allem eine Auseinandersetzung mit Platon (→S. 50f.). Dessen »dialektische Spinneweberei« verfällt einer harten Kritik. Der nüchterne, auf seine Lebenserfahrung und den gesunden Menschenverstand vertrauende Aristipp muß die Ideenlehre Platons als →mystifizierende Fabelei betrachten. Wegen des Umfangs der philosophischen Teile, besonders wegen der über hundert Seiten ausgedehnten Kritik an Platons »Staat«, hat man Wielands Roman häufig als schwerfällig-gelehrtes Werk eines altgewordenen, im Grunde überlebten und ins Abseitige geratenen Autors abtun wollen. Ganz ohne Zweifel macht das Buch große Ansprüche an die historische Bildung seiner Leser. »Wir setzen voraus«, erklärt eine Fußnote zur ersten Seite des Romans, »daß der größte Teil der Leser dieser Briefe, wenigstens aus Barthélemys ›Reisen Anacharsis' des Jüngeren‹, mit Griechenland näher bekannt und also mit allen zu besseren Verständnis derselben nötigen Vorkenntnissen hinlänglich versehen sei.«

Der wie selbstverständlich ausgesprochene Hinweis auf das hochgelehrte, mit einer blassen Fabel romanhaft aufgeschmückte Werk des französischen Abbé (erschienen 1788) macht deutlich, daß es im lesenden Publikum ein breites Interesse für das antike Griechenland gab. Zugleich aber zeigt der Vergleich mit dem »Anacharsis«, daß an Wielands Werk die künstlerische Gestaltung sehr viel größeren Anteil hat. Der »Aristipp« überschreitet nicht selten die historisch beglaubigten Zusammenhänge und beweist vor allem in der psychologischen →Motivierung und Verknüpfung die erzählerische Meisterschaft seines Autors.

Allerdings bemüht sich Wielands Roman unverkennbar darum, die überlieferten historischen Tatbestände als Rahmen der Erzählung zu respektieren. Gleichwohl erscheint der Stoff einem heutigen Leser eigentümlich unhistorisch behandelt. Die griechische Antike präsentiert sich hier wie in anderen Werken Wielands in mondäner Rokoko-Beleuchtung. Die Lebensprobleme, die ästhetischen und philosophischen Ansätze werden über alle historische Distanz hinweg unmittelbar aus der Perspektive des 18. Jahrhunderts aufgenommen.

Im »Aristipp« ist die Briefform virtuos dazu benutzt, einen großen Dialog zu entfalten, in dem zahlreiche Stimmen mit höchst unterschiedlichen Auffassungen gleichberechtigt nebeneinander laut werden können. Nie wird eine bestimmte Ansicht absolut gesetzt. Sondern: »Es ist mit der Philosophie . . . wie mit den Nasen: das, was eine Nase zur Nase macht, ist bei Allen dasselbe, und doch hat Jedermann seine eigene.« Solche Thesen führen bei Wieland nicht zu einem tragischen →Agnostizismus. Sie entspringen vielmehr der Überzeugung, daß sich die Wahrheit nicht in handlichen Formeln, sondern nur in der Vielfalt der Perspektiven greifen läßt. Das ausgebreitete Brief-Gespräch von Wielands Roman zeigt, in welchem Geist gesellige Gemeinschaft auch dann möglich bleibt, wenn alle Beteiligten ihre eigene Philosophie und ihr eigenes Lebenskonzept haben.

Wielands Plädoyer für Toleranz und →Aufklärung, sein Kampf gegen Vorurteil und dogmatische Fixierung und seine skeptische Lebenskunst schaffen sich in dem vielstimmigen Dialog des →Briefromans ihren adäquaten Ausdruck.

Entgegen der früher verbreiteten Abwertung ist der »Aristipp« als wichtiges Spätwerk Wielands anzuerkennen. Einem so modernen und formsensiblen Autor wie Arno Schmidt mußte es – im Gegensatz zur überlieferten Philologenmeinung – als »gar nicht taprig gemacht« erscheinen.

Biographie

Geb. 5. 9. 1733 in Oberbolzheim bei Biberach, gest. 20. 1. 1813 in Weimar. Der Vater war protestantischer Pfarrer. Studium 1749 in Erfurt, seit 1750 in Tübingen. 1752–1754 Aufenthalt bei dem Zürcher Literaturpapst Johann Jacob Bodmer. 1760 in Biberach als reichsstädtischer Kanzleiverwalter. 1769 philosophische Professur in Erfurt. 1772 Amt des Prinzenerziehers in Weimar. Freundschaftliche Beziehungen zu Goethe und Herder.

Jörg Drews

Goethe · Die Leiden des jungen Werthers

»Die Leiden des jungen Werthers« (Erstdruck Leipzig 1774)
Briefroman von Johann Wolfgang von Goethe (28. 8. 1749 – 22. 3. 1832)

Sein ganzes Leben lang verfolgte Goethe das Interesse des Publikums an der Hauptfigur seines 1774 entstandenen und erschienenen Jugendromans »Die Leiden des jungen Werthers«; über viele Jahre hinweg war er in Europa vor allem als Verfasser dieses in wenigen Wochen ohne vorheriges Konzept »hingewühlten« Buches bekannt, und noch als er 1808 in Erfurt mit Napoleon zusammentraf, drehte sich das Gespräch hauptsächlich um den »Werther«, den der französische Kaiser nach eigenem Geständnis siebenmal gelesen hatte. Schon die Zeitgenossen sprachen angesichts des außerordentlichen Erfolges des schmalen Werks von einem »Werther-Fieber«, das vor allem die jugendlichen Leser erfaßt habe, die sich in Scharen in dem unglücklichen Helden wiedererkannten; ja, sogar einige Selbstmorde sollen nach der Lektüre in totaler Identifikation mit dem Schicksal Werthers verübt worden sein.

Der →Identifikationswert des Buches war – wie auch sein Autor nicht ohne Schrecken erkennen mußte – ganz extrem hoch. Die Geschichte eines bürgerlichen Jünglings, der, zu exaltierter seelischer Empfindsamkeit ohnehin neigend, sich rückhaltlos-schwärmerisch in ein Mädchen verliebt, das einem anderen schon versprochen ist und diesen dann auch heiratet, der die Aussichtslosigkeit seiner Leidenschaft erkennen muß und schließlich, das »Maß seines Leidens« für überschritten haltend, Selbstmord begeht – das traf den Nerv einer Generation, die in dem Jüngling ihre Symbolfigur sah, der an Gefühlsüberschwang und an der Unerfüllbarkeit seines totalen Anspruches auf Selbstverwirklichung zugrunde ging. Hier war Leidenschaft, nicht nur in Worten behauptete, der dann mit spätaufklärerischen Moralsprüchen zum Zwecke der Belehrung des Publikums ein Dämpfer aufgesetzt wurde, sondern hier herrschte die Unbedingtheit des Gefühls, die alle Bevormundung abgestreift hatte; das Siegel dieser Unbedingtheit der individuellen Liebe aber war der Selbstmord Werthers, der nicht stoisch resignierte, da er seine Lotte nicht lieben durfte, sondern auch das Recht des Selbstmords, das die christliche wie die aufklärerische Ethik dem Menschen absprach, für sich in Anspruch nahm, und schließlich lag in Werthers Liebe, seinem Ungenügen an den Einschränkungen der »bürgerlichen Gesellschaft«, die ihre Machtlosigkeit zu einem den Alltagstrott rechtfertigenden, die Bescheidung moralisch verklärenden Tugendsystem verinnerlichte, auch eine Geste des Protestes, der sowohl gesellschaftlich wie individuell zu deuten war. Die ältere Lesergeneration, vertreten durch Kritiker kirchlicher Prägung, die, wie der Hamburger Pastor Goeze, nach dem Zensor riefen (und zum Teil damit auch Erfolg hatten) und durch Kritiker aufklärerischen Geistes, wie dem Berliner Schriftsteller Nicolai, die ihr ethisch-gesellschaftliches System wanken sahen, versuchte denn auch gleich, das Unglück Werthers zu einer Art Generationenkonflikt zu entschärfen, der zwischen jugendlicher Radikalität und gesetzter Vernunft mit überzeitlicher Konstanz immer wieder aufbreche; die jungen Leser aber wollten in dem Buch nur ihr spezielles Schicksal, ihre ganz einmalige Gefühls- und Lebenssituation beschrieben sehen.

»Kritisieren soll ich? Könnt' ich's, so hätt' ich kein Herz!«, schrieb der schwäbische Dichter Christian Friedrich Daniel Schubart (1739–1791) nach der Lektüre des »Werther«, und sein Ausruf ist typisch für die Überwältigung, die viele Leser durch das Buch erfuhren. Diese aber hat ihren Grund in der neuartigen Erzählform, vor allem in der Sprache des Romans; überlegt man sich, welche Art von Literatur die Leserschaft damals erwartete, woran sie gewohnt, worauf sie eingestellt war, so versteht man, daß das Buch die Leser überraschend und gewissermaßen unvorbereitet traf. Denn die Form des Briefromans war seit Samuel Richardsons »Pamela, or Virtue Rewarded« (1740) den europäischen Lesern zwar vertraut, aber im »Werther« war die Unmittelbarkeit, mit der der Schreibende sich unter Darlegung seiner feinsten Seelenregungen spontan und vertraulich an den Leser wenden kann, auf geradezu revolutionäre Weise an Intensität und Lebendigkeit gesteigert worden; auch bestand der Roman nur aus Briefen Werthers, denen keine Stimme eines Briefpartners antwortete, so daß seine Briefe wie ein bezwingender Monolog zu lesen waren. Dieser Monolog setzte nun alle Gefühle des Lesers in Bewegung, der Leser aber sollte nun nicht mehr, wie in den bisherigen Briefromanen für einen zwar durch Anfechtungen gehenden, sich aber am Ende tugendhaft bewährenden Helden zittern, vielmehr war nun ein Fall von tragischer Leidenschaft das Identifikationsmodell: Der Leser sollte ihn bewundern, sich eins mit ihm fühlen, aber ihm *nicht* nacheifern, wie er es doch in den didaktischen Romanen der Aufklärung gelernt hatte. Werthers Geschichte war *keine* Tugendlehre, sein Verhalten war *nicht mehr* an den Pflichten- und Sittenkatalog der Aufklärung gebunden; er wurde vom Autor nirgends durch ›vernünftige‹ Reflexionen, die seine Einstellungen für den Leser als Verirrung kenntlich machten, eingeschränkt und gebrochen, vielmehr fast wie in einer Legende als ein Märtyrer einer großen Leidenschaft dargestellt, sein Schicksal voller Mitleid wie eine erbauliche Erzählung dargestellt, liebevoll und intim – und dennoch sollte der Leser eine gewisse Distanz wahren, zwischen Anteilnahme und Nachahmung unterscheiden. Gerade in dieser Forderung lag auch die Herausforderung des Buches. Obendrein aber traf der »Werther« auf ein Publikum, das zum Teil gerade erst von geistlicher, erbaulicher Literatur auf die Lektüre von Romanen im Zuge der →Säkularisierung des Lebens ›umgestiegen‹ war und also noch wenig erfahren war im Umgang mit →fiktionaler Literatur. Erfolg und Wirkung des »Werther« liegen gerade im Zusammentreffen eines literarisch noch wenig geschulten oder gar unmündigen Publikums mit einem Buch, das keine moralischen Fingerzeige zur Bewertung des erzählten Schicksals mehr bot, den Leser also so unbevormundet ließ, wie Werther selbst es war, der ganz seinem Gefühl folgt und sich »kalte moralische Diskussion« verbittet.

Werthers letzter Brief an Lotte

»Zum letzten Male denn, zum letzten Male schlage ich diese Augen auf; sie sollen, ach, die Sonne nicht mehr sehen, ein trüber, neblichter Tag hält sie bedeckt. So traure denn, Natur! dein Sohn, dein Freund, dein Geliebter naht sich seinem Ende. Lotte, das ist ein Gefühl ohnegleichen, und doch kommts dem dämmernden Traum am nächsten, zu sich zu sagen: das ist der letzte Morgen. Der letzte! Lotte, ich habe keinen Sinn für das Wort: der letzte! Stehe ich nicht da in meiner ganzen Kraft, und morgen liege ich ausgestreckt und schlaff am Boden. Sterben! Was heißt das? . . .«

Die bewegte, Werthers Gefühle bis zum Stammeln nachbildende Sprache des Buchs, die Intimität der Mitteilung seelischer Regungen, die Plastizität der Szenen, in denen Werther seinen Stimmungen des Einsseins mit der blühenden Natur nachgibt, sich überschwenglich freut an dem abgezirkelten, stillen Glück, Lotte im Umgang mit ihren kleinen Geschwistern zu sehen, denen sie wie eine Mutter ist, der nicht mehr steif-didaktische, sondern wie von erlebtem Leben vibrierende aufgewühlte Ton des ganzen Buches – dies alles ließ schon damals die Leser ahnen, daß hier nicht nur eine ›ausgedachte‹ Geschichte vorliegt, sondern daß lebensgeschichtliche Wirklichkeit des Autors dahinterstehen müsse. Diese ist zwar in der Tat feststellbar; der 23jährige Praktikant am Reichskammergericht in Wetzlar, Doktor Goethe genannt, hatte sich im Sommer 1772 in die schon dem Gesandtschaftssekretär Kestner versprochene Charlotte Buff verliebt, war von ihr zurückgewiesen worden und hatte sich weiteren Komplikationen durch die Flucht aus Wetzlar entzogen. Aber bei der Überprüfung solcher biographischer Hintergründe stößt man darauf, daß Goethe nicht nur diesem Erlebnis, sondern auch aus Zurückweisungen, die er von der Frankfurter Kaufmannsgattin Maximiliane von La Roche und ihrem späteren Gatten Peter Brentano erfuhr, und aus Nachrichten über den Selbstmord des jungen Diplomaten Jerusalem Motive, Details und Charakterzüge seiner Gestalten entnahm, zur Zeit der Niederschrift des »Werther« also den Lebensstoff schon mit souveräner Distanz zur Dichtung umgestaltete.

Als das »Werther-Fieber« ausbrach, die jungen Leute in Werther-Tracht (blauer Frack, gelbe Weste, gelbes Beinkleid, braune Stulpenstiefel, runder schwarzer Filzhut) herumliefen, die Werther-Parodien und Werther-Fortsetzungen erschienen (bis 1820 über 100 an der Zahl), die Moritatensänger auf den Jahrmärkten das blutige Seelendrama trivialisierten, da hatte Goethe sich den Schmerz schon von der Seele geschrieben, hatte – ganz im Gegensatz zu seinem Helden – seinen Frieden mit der höfischen Herrschaftsform gemacht und war als Vertrauter und Minister des Herzogs Carl August von Weimar gesellschaftlich tätig geworden und nicht durch exaltierte Empfindsamkeit isoliert und zugrunde gerichtet. Die zweite, 1787 erschienene Fassung des »Werther« überarbeitete er selbst so, daß der Leser mehr Winke für die Distanzierung von der Gestalt Werthers erhielt. Viele Jahrzehnte später, als ihm Werther, dem nur »das Herz spricht«, der »wie im Traum« lebt, dem »die ganze Welt sich um mich her verliert«, wenn er mit der Natur allein, mit seinen Lieblingsautoren Homer und Ossian allein oder mit seiner Lotte allein ist, in historische Ferne gerückt war, konstatierte Goethe in seinem Rechenschaftsbericht »Aus meinem Leben, Dichtung und Wahrheit« zu dem Buch, das seinen Weltruhm begründet hatte: »Die Wirkung des Büchleins war groß, ja ungeheuer . . . weil es genau in die rechte Zeit traf.« Eben diese außerordentliche Konstellation des Buches zu seiner Zeit und die einmalig lange und vielfältige Wirkungsgeschichte des Romans haben ihn zu einem auch für die Wissenschaft besonders aufschlußreichen Modellfall der Beziehungen zwischen Literatur und Gesellschaft werden lassen.

Die letzte Unterredung zwischen Charlotte und Werther. Kupferstich von Joseph ab Aqua (Goethe-Museum, Düsseldorf)

Ausschnitt

Hans Joachim Schrimpf

Moritz · Anton Reiser

»Anton Reiser« (Erstausgabe: Teil I–III: Berlin 1785/86, IV: Berlin 1790)
Psychologischer Roman von Karl Philipp Moritz (15. 9. 1756 – 26. 6. 1793)

»Einer unserer bedeutendsten ›Schreckensmänner‹« – ein »literarisches Phänomen«, so nannte Arno Schmidt 1957 emphatisch den Aufklärungsschriftsteller Karl Philipp Moritz; und er fuhr fort: »Man gehe uns doch mit den ausländischen ›großen Psychologen‹, Balzac oder Dostojewski, denen wir angeblich nichts Gleiches an die Seite zu stellen hätten: die Selbstbiographie des ›Anton Reiser‹ ist ein seelisches Hochland für sich; eine ›Mesa‹, auf der – und nicht nur vielleicht – noch tertiäre Ungeheuer hausen.« Mit Recht sind hier der geschichtliche Rang und die sozialkritische Sprengkraft eines Werkes unterstrichen, das schon im Laufe des 19. Jahrhunderts immer mehr der Vergessenheit anheimgefallen ist.

»Anton Reiser« erschien 1785–1790 in vier Teilen und machte seinen Verfasser durch die Neuartigkeit seiner psycho-analytischen Darstellungsweise bei gleichzeitiger ›empfindsamer‹ Thematik sogleich in breiten Kreisen des intellektuellen Bürgertums und des gebildeten Adels bekannt. Trotz seiner ersten starken Wirkung hat der »Anton Reiser« jedoch hundert Jahre auf einen Neudruck warten müssen. Im 19. Jahrhundert war es bezeichnenderweise Heinrich Heine, der das Werk »eins der wichtigsten Denkmäler jener Zeit« genannt hat, dabei aber bereits 1826 von einem »schon verschollenen Romane« sprechen mußte.

Karl Philipp Moritz, aus ärmlichsten kleinbürgerlichen Verhältnissen stammend, starb, von Kindheit auf durch Vernachlässigung skrufulös und lungenkrank, infolge einer akuten Verschlimmerung seines Lungenleidens am 26. Juni 1793 in Berlin, kaum 37 Jahre alt. Die trostlose Misere seiner Jugendentwicklung schildert der »Anton Reiser« aus dem Abstand nur weniger Jahre mit entlarvendem Realismus und in detaillierten psychologischen Analysen als eine fortlaufende Krankheitsgeschichte. Moritz–Reiser wuchs in einer zerrütteten Ehe unter dem autoritären Druck eines sektiererisch fanatisierten Vaters und in der Atmosphäre des ständigen Zanks, der ohnmächtig aufbegehrenden Unzufriedenheit einer selbstmitleidig lamentierenden Mutter auf. Seine religiöse Erziehung erfolgte im Geiste des lebensfeindlichen →Quietismus der Madame Gyon und unter dem Einfluß ihres westdeutschen Apostels, des →separatistischen »Seelenführers« J. F. von Fleischbein aus Pyrmont. Darüber schreibt Moritz selbst im »Anton Reiser« mit bitterem Sarkasmus: »So war Anton nun in seinem dreizehnten Jahre, durch die besondre Führung, die ihm die göttliche Gnade, durch ihre auserwählten Werkzeuge hatte angedeihen lassen, ein völliger →Hypochondrist geworden, von dem man im eigentlichen Verstande sagen konnte, daß er in jedem Augenblick *lebend starb.*«

Den Zwölfjährigen schickte der Vater nach Braunschweig in die Hutmacherlehre zu dem bigotten Quietisten J. S. Lobenstein. Die demütigenden Erfahrungen dieser menschenunwürdigen Lehrzeit endeten 1770 mit einem Selbstmordversuch Moritz–Reisers. Es blieb nicht sein letzter. Trotz alledem konnte jedoch die ungewöhnliche Begabung des lesehungrigen jungen Intellektuellen auf die Dauer auch einer bis zur Feindseligkeit lieblosen Umwelt nicht verborgen bleiben. Ein Lehrer wurde aufmerksam und förderte ihn, ungeachtet des väterlichen Widerstrebens, indem er ihm den Besuch des Gymnasiums in Hannover ermöglichte. Doch die armseligen Lebensbedingungen (demütigende Stipendien und Freitische, durch Chorsingen in eisiger Kälte erbettelte Almosen und Hunger) verdüsterten auch seinen weiteren Weg. Mehrfach entflieht er dem Zwang der Schule, versucht vergeblich als Schauspieler die niederdrückende Wirklichkeit mit der »idealischen« Welt des Theaters als »Zufluchtsort« zu vertauschen. 1776 läßt er sich an der Universität Erfurt als Theologiestudent einschreiben. Dann gibt er auch dieses Vorhaben endgültig auf, um sich einer Theatertruppe anzuschließen, die jedoch durch den Bankrott ihres →Prinzipals gerade in völliger Auflösung begriffen ist. Mit diesem letzten Scheitern bricht – bewußt fragmentarisch – die Schilderung des Romans ab.

Auch späterhin bleibt Moritzens Lebensgang unstet und zerrissen, obwohl es ihm schließlich gelingt, in den Kreis der führenden Schriftsteller seiner Zeit aufzusteigen. Der Gymnasiast und Theologiestudent wird frühzeitig Lehrer, dient sich in Berlin von der Volksschule zum Gymnasium hinauf, hat Kontakt mit dem Pädagogen Johann Bernhard Basedow (1724–1790), gewinnt die Freundschaft des Philosophen Moses Mendelssohn (1729–1786) und wird zuletzt mit prominenter Unterstützung Akademieprofessor und Mitglied der Berliner Akademie der Wissenschaften. In Italien (1786–1788) war er Freund und Gesprächspartner des klassischen Goethe, der Moritzens ästhetische Hauptschrift »Über die bildende Nachahmung des Schönen« (1788) im Auszug in seiner »Italienischen Reise« als »Fundament unserer nachher mehr entwickelten Denkart« abgedruckt hat. Er genoß in Weimar den nahen Umgang mit Goethe, Schiller, Wieland, Frau von Stein, Frau von Kalb, Caroline Herder und den Schwestern Lengefeld. Und schließlich wird er zum Entdecker und Mentor des jungen Jean Paul (→S. 186f.). Die Frühromantiker Wackenroder und Tieck sitzen neben Alexander von Humboldt in seinen Berliner Vorlesungen über Ästhetik und →Mythologie.

Weltanschaulich und geistesgeschichtlich ist der →Eklektiker Moritz gerade darum interessant, weil er als ein feinnerviger Seismograph seiner Epoche die widersprüchlichsten Einflüsse und Strömungen der Zeit unversöhnt in sich vereinigt. Aufklärerischer Rationalismus und Empfindsamkeit, →pietistisch-mystische Innerlichkeit und Bildungshunger, weltaufgeschlossener Realismus, ungezügeltes Geniewesen, nüchterne Gesellschaftskritik und strenge klassische Kunstgesinnung durchkreuzen sich in seinem Geiste vielfältig und unausgeglichen bis zu seinem Tode.

Der bei seiner Erstveröffentlichung so viel Anteilnahme erregende »Anton Reiser« ist zugleich ein autobiographisches Zeitdokument und ein »psychologischer Roman«, der erste in Deutschland, der ausdrücklich diese Gattungsbezeichnung trägt. Die Ende des 19. Jahrhunderts einsetzende Forschung konnte zeigen, daß sich sein Verfasser im wesentlichen treu an die →biographischen Fakten und die realen gesellschaftlichen Umweltverhältnisse gehalten hat. Aber »Anton Reiser« ist dennoch kein Bekenntnisbuch, sondern der Rechenschaftsbericht eines scharfsichtigen Diagnostikers, eine in pädagogisch-therapeutischer Absicht geschriebene, sozialpsychologisch orientierte Pathographie (Krankengeschichte). In der wichtigsten Vorrede des Romans, der Einleitung zum vierten Teil, faßt Moritz die Tendenz seiner Darstellung wie folgt zusammen: aus seiner Geschichte gehe hervor, daß Reisers Theaterleidenschaft »eigentlich ein Resultat seines Lebens und seiner Schicksale war, wodurch er von Kindheit auf, aus der wirklichen Welt verdrängt wurde, und da ihm diese einmal auf das bitterste verleidet war, mehr in Phantasien, als in der Wirklichkeit lebte – das Theater als die eigentliche Phantasienwelt sollte ihm also ein Zufluchtsort gegen alle diese Widerwärtigkeiten und Bedrückungen sein . . . Und doch hatte er hiebei ein gewisses Gefühl von den reellen Dingen in der Welt, die ihn umgaben, und worauf er auch ungern ganz Verzicht tun wollte . . . Widerspruch von außen und von innen war bis dahin sein ganzes Leben.«

Wo Moritz ändert oder stilisiert, geschieht es auf das Zeittypische hin; er rebelliert durch kalte Analyse gegen die sozialen, ökonomischen und ideologischen Verhältnisse der Epoche. Mit überzeugender Konsequenz führt er alle Krankheitssymptome seines Helden auf eine einzige Ursache zurück: Leiden der Phantasie (d.h. der Innerlichkeit) infolge unterdrückten Selbstgefühls. Wörtlich heißt es, daß er »von Kindheit auf *zu wenig eigene Existenz gehabt hatte*«, und daß es darum sein Schicksal war, »die Leiden der Einbildungskraft zu dulden, zwischen welcher und seinem würklichen Zustande ein immerwährender Mißlaut herrschte, und die sich für jeden schönen Traum nachher mit bittern Qualen rächte«. Er lebt »im Grunde immer ein doppeltes, ganz voneinander verschiedenes inneres und äußeres Leben«. Das ist die, von Moritz analysierte, aufgenötigte menschliche Selbstentfremdung.

Die Analyse seines eigenen Lebens als eines exemplarischen Falles menschlicher →Entfremdung, die im unglücklichen Bewußtsein zur Krise treibt, ist die leitende Absicht des Verfassers dieses psychologischen Romans. Moritzens geschichtliche Bedeutung liegt vor allem darin, daß er trotz seines Ausgangs von ganz subjektiven Erfahrungen und persönlichstem Betroffensein zu distanzierter, sachlicher Analyse fähig ist. Individualpsychologische, ästhetische, religiöse und soziologische Sachverhalte werden nicht voneinander abgesondert oder einseitig verabsolutiert, sondern mit *einem* Blick gleichzeitig erfaßt und in ihrer symptomatischen Korrelation (Wechselbeziehung) gedeutet. Darum wird ihn auch keine einseitige, den komplexen Zusammenhang vernachlässigende Hervorhebung eines Aspektes, etwa des religiösen oder des sozialrevolutionären, angemessen fassen können. Freilich ist die radikale gesellschaftskritische Komponente in Moritz' rebellischem Protest gegen das, was nicht sein soll, meist unterschätzt worden. Er schreibt für das Daseinsrecht der – ohne ihre Schuld – um ihre freie menschliche Verwirklichung Betrogenen, der Wehrlosen und Unterdrückten und fordert die Herstellung menschenwürdiger Lebensbedingungen *für alle.* Neigt Anton Reiser dazu, seine Leiden aus einer unglücklichen Veranlagung zu erklären, so führt der analysierende Moritz sie auf ideologisch-religiöse und vor allem auf soziale Voraussetzungen, auf Erziehung und Umwelteinflüsse zurück:

»Alle die Schmach, und die Verachtung, wodurch er schon von seiner Kindheit aus der wirklichen, in eine idealische Welt verdrängt worden war – darauf zurückzugehen hatte seine Denkkraft damals noch nicht Stärke genug, darum machte er sich nun selbst unbillige Vorwürfe.« Kindheitserlebnisse, ins Unbewußte verdrängt und dort die verborgene Wurzel seines →Inferioritätsgefühls – so argumentiert Moritz hier bereits mit dem Blick des →Tiefenpsychologen. Die Kategorie der »Verdrängung«, die er mehrfach gebraucht, stellt sich fast automatisch ein. Er kennt auch schon zwar nicht den Begriff, doch die Sache »Ersatzbefriedigung« und »Kompensation« – der ganze Roman handelt von nichts anderem. Anton Reiser leidet an einem →Trauma, das im Unbewußten wurzelt, aber Moritz deckt es auf. Die Schärfe, mit der er an verschiedenen Stellen von der ökonomischen →Basis her argumentiert, kommt zu Formulierungen, die eher aus dem 19. als dem 18. Jahrhundert zu stammen scheinen und wie ein Vorklang von Büchners »Hessischem Landboten« anmuten.

»Eins der größten Übel, woran das Menschengeschlecht krank liegt, ist die schädliche Absonderung desselben, wodurch es in zwei Theile zerfällt«, so schreibt er im gleichen Jahr (1786), da der zweite und dritte Teil des »Anton Reiser« erschienen. Und es klingt beinahe wie ein kommunistisches Manifest, wenn er erklärt: »Ich stelle mich auf die unterste Stufe, worauf mich der Zufall versetzen konnte, und gebe keinen von meinen Ansprüchen auf die Rechte der Menschheit auf.« An anderer Stelle spitzt Moritz den Zweiklassengegensatz auf eine Weise zu, daß er – bis in die Formulierung von vorwegnehmender moderner Radikalität – als ein Verhältnis raffinierter Ausbeutung der Lohnarbeit durch die Besitzenden erscheint. Moritz kennt auch schon der Sache nach den ideologischen Überbau, wie ihn Klassengebundenheit und menschliche Selbstentfremdung notwendig erzeugen müssen. Im Falle des calvinistisch-quietistischen Hutmachers Lobenstein wird die religiöse Ideologie geradezu in ihrer bewußt eingesetzten ökonomischen Funktion entlarvt:

»Die Nutzanwendung lief denn immer, politisch genug, darauf hinaus, daß er seine Leute zum Eifer und zur Treue – in seinem Dienste ermahnte, wenn sie nicht ewig im höllischen Feuer brennen wollten.«

Moritz' Engagement für eine →empirische Psychologie, die weit über sein autobiographisches Interesse hinausgeht, bekundet sich vor allem in dem von ihm begründeten und herausgegebenen »Magazin zur Erfahrungsseelenkunde« (10 Bände, 1783–1793), in dem er neben vielen anderen zeitgenössischen Dokumenten auch Auszüge aus seinem eigenen »Anton Reiser« abdruckte. Er hat dabei selbst die Herkunft seiner erfahrungsseelenkundlichen Schulung auch aus der pietistischen religiösen Psychologie und Autobiographie klar gesehen. Doch im Unterschied etwa zu den pietistischen Lebensbeschreibungen J. H. Jung-Stillings (1740–1817) oder Adam Bernds (1676–1748) ist bei Moritz die religiöse →Motivation seelischer Vorgänge ganz durch eine rationalistisch-aufklärerische, weltlich-pädagogische ersetzt. Die pietistische Frömmigkeit wird daher bei ihm – als undurchschaute, der Wirklichkeit entfremdete →Ideologie und als →Eskapismus der abgedrängten Innerlichkeit – selbst zum Gegenstand einer →säkularisierten seelenanalytischen Erkenntnismethode.

Was Moritz unter seinen Zeitgenossen heraushebt, die sich in großer Zahl mit dem gleichen Problem des unversöhnlichen Gegensatzes von realem gesellschaftlichen Leben und Sehnsucht nach voller Entfaltung der aufstrebenden menschlichen Kräfte abquälen, ist, daß er dieses Problem nicht nur ausdrückt, sondern durchschaut, und beide Seiten, Wirklichkeit und Idee, Beschränkung und Sehnsucht, soziale Enge infolge ökonomischer Unterdrückung und Weite der Innerlichkeit, bürgerliche Misere und →Theatromanie (→S. 208ff.), im religiösen, philosophischen und künstlerischen Bereich als zusammengehörige Symptome der Entfremdung enthüllt.

Man kann darum den »Anton Reiser« auch als einen →Anti-Bildungsroman bezeichnen. Sein Wert als eines psychologischen und soziologischen Dokumentes liegt gerade darin, daß er es verschmäht, zu harmonisieren. In *dieser* Hinsicht ist er sogar Goethes »Wilhelm Meister« überlegen.

Denn Moritz demonstriert die Unmöglichkeit einer individuellen menschlichen Entwicklung unter der Voraussetzung ganz bestimmter geschichtlicher Gegebenheiten: Er hat das Problem des »→Entwicklungsromans« so scharf gesehen und gestellt wie vor und außer ihm kein zweiter.

Hugo Eybisch, Anton Reiser. Untersuchungen zur Lebensgeschichte von K. Ph. Moritz u. zur Kritik seiner Autobiographie. Leipzig 1909. – Rudolf Unger, Zur seelengeschichtlichen Genesis der Romantik. I: K. Ph. Moritz als Vorläufer von Jean Paul und Novalis (1930). In: R. U., Zur Dichtungs- und Geistesgeschichte der Goethezeit. Berlin 1944, S. 144–180. – Robert Minder, Die religiöse Entwicklung von K.Ph. Moritz auf Grund seiner autobiographischen Schriften. Studien zum »Reiser« und »Hartknopf«. Berlin 1936. – Johannes Neumann, K. Ph. Moritz: Anton Reiser, ein psychologischer Roman. In: Psyche, I, 1947/48, S. 222–257 u. S. 358–381 (die Neugründung dieser →tiefenpsychologischen Zs. »Psyche« beruft sich ausdrücklich auf Moritz' »Magazin zur Erfahrungsseelenkunde« als Vorläufer und erste deutsche Zeitschrift für Psychologie). – Fritz Stemme, Die Säkularisation des Pietismus zur Erfahrungsseelenkunde. In: Zs. f. dt. Philologie 72, 1953, S. 144–158. – Ruth Ghisler, Gesellschaft und Gottesstaat. Studien zum »Anton Reiser«. Winterthur 1955. – Arno Schmidt, Die Schreckensmänner. K. Ph. Moritz zum 200. Geb. In: A. Sch., Dya Na Sore. Gespräche in einer Bibliothek. Karlsruhe 1958, S. 356–390. – Eckehard Catholy, K. Ph. Moritz und die Ursprünge der deutschen Theaterleidenschaft. Tübingen 1962. – August Langen, K. Ph. Moritz' Weg zur symbolischen Dichtung. In: Zs. f. dt. Philologie 81, 1962, S. 169–218 u. S. 402–440. – Hans Joachim Schrimpf, Moritz: Anton Reiser. In: Der dt. Roman, hrsg. v. Benno von Wiese. Düsseldorf 1963, Bd. 1, S. 95–131. – Thomas P. Saine, Die ästhetische Theodizee. K. Ph. Moritz und die Philosophie des 18. Jhs. München 1971.

Hellmuth Karasek

Schiller · Die Räuber

»Die Räuber« (Uraufführung Mannheim 1782)
Schauspiel von Friedrich Schiller (10. 11. 1759 – 9. 5. 1805)

»Sturm und Drang« nennt man eine geistige und dichterische Strömung, die Ende der sechziger Jahre des achtzehnten Jahrhunderts wie eine Springflut begann, um nach 1780 fast ebenso jäh zu verebben (→S. 137). Der »Sturm und Drang« markiert literarisch die Rebellion einer jungen Generation, die sich aus dem Korsett fester Regeln und Vorschriften, eines abgestumpften Wertekanons befreien wollte. Die Bewegung gibt sich dabei national, indem sie sich auf die eigenen volkhaften Überlieferungen beruft und gegen die französische Klassik erhebt. Die Vertreter dieser Bewegung sind Heinrich Wilhelm Gerstenberg (1737–1823 – »Ugolino«), Heinrich Leopold Wagner (1747–1779 – »Die Kindermörderin«), Jakob Michael Reinhold Lenz (1751–1792 – »Der Hofmeister, »Die Soldaten«), Friedrich Maximilian Klinger (1752–1831 – »Sturm und Drang«), Johann Anton Leisewitz (1752–1806 – »Julius von Tarent«), der junge Goethe (»Götz von Berlichingen«, »Urfaust«) und der junge Schiller.

Politisch motivierte sich der »Sturm und Drang« aus der provinziellen Enge und tyrannischen Muffigkeit deutscher Kleinstaaterei. Aus der Ohnmacht in politischen Dingen suchte man das Reich der Freiheit in der literarischen Rebellion zu gründen. Die Themen des »Sturmes und Dranges« drücken ein Aufbegehren gegen die Väter aus, sie pochen auf ein →Naturrecht, sie beschäftigen sich mit dem Elend gefallener Mädchen (»Kindermörderin«, »Urfaust«), mit dem Druck→ständischer Schranken (»Kabale und Liebe«, »Die Soldaten«), mit der →Repression dienender Stände (»Hofmeister«).

Die Revolte gegen eine erstarrte Welt drückt sich auch in einem Überbordwerfen starrer Regeln im Drama aus. Die drei Einheiten des Dramas bei Aristoteles (384–322 v. Chr.) – die des Ortes, der Handlung, der Zeit – werden aufgekündigt, statt dessen beruft man sich auf die freie Szenenfolge bei Shakespeare (→S. 118f.), bedient sich einer willkürlichen, fast »filmischen« Technik kurzer, und unzusammenhängender »Einblendungen«. Darin drückt sich (auch) die Freiheit des »Originalgenies« aus – ein poetischer Ersatz für politische Ohnmacht.

Schillers brodelndes Erstlingswerk, »Die Räuber«, 1782 in Mannheim uraufgeführt, gilt als Gipfel- und Scheitelpunkt des »Sturmes und Dranges«. Der 1759 geborene Autor hat sich mit diesem Werk (wohl eher unbewußt) die Bahn der Flucht aus dem württembergischen Medizindienst vorgezeichnet. Als ihm nach der Uraufführung im von Württemberg unabhängigen Mannheim sein Herzog jegliche weitere schriftstellerische Tätigkeit untersagt – wohl spürend, welcher Rebellionsgeist in dem Werk zum Ausdruck kam –, flieht Schiller wenige Monate später nach Mannheim. Diese Flucht, die zum Theater führt, mag man als eine Art Zeichen für Ausgangspunkt und Ziel der damals revoltierenden neuen Schriftstellergeneration nehmen.

Das zentrale Thema der »Räuber« ist das der feindlichen Brüder, die sich, jeder auf seine Weise, gegen den Vater erhoben haben – beides bevorzugte Konstellationen des »Sturmes und Dranges«. Gegen den ersten Sohn Karl, der mit einer Reihe von Mitstudenten ein ungebärdiges Literatendasein führt, hetzt Franz, der mißgestaltete zweite Sohn, den Vater mittels falscher Nachrichten auf. Er erreicht die Verstoßung des ersten Sohns – diese Handlungsweise ist →pervertierter Ausdruck der Revolte gegen angeborene Privilegien (hier gegen die Erstgeburt).

Karl geht darauf mit seinen Kumpanen in die böhmischen Wälder, er wird zum Revoluzzer, der jedoch bald schaudernd erkennen muß, wie die gewonnene und ausgeübte Freiheit in blutrünstige Willkür umschlägt. Währenddessen hat Franz seinen Vater entmachtet und in ein Hungergewölbe gesperrt. Nur Amalie glaubt treu an ihren Karl und weist die Nachstellungen von Franz zurück.

Das Drama gipfelt in wüster und grandioser Kolportage: Karl kehrt zurück, befreit seinen eingekerkerten Vater, der ihm vor dem Tode noch vergibt. Franz endet in kläglich-gräßlichem Selbstmord. Doch die Räuber versperren Karl die Rückkehr in die Normalwelt: Sie erinnern ihn an seinen Eid, er opfert ihnen Amalie. Und – da sein Konflikt auf der Erde nicht lösbar ist – stellt er sich der Justiz

Zweifellos werden die »Räuber« vom Atem der Rebellion angetrieben. Aber ebenso zweifellos ist das Stück, das in seiner Widmung »gegen die Tyrannen« geschrieben ist, genauso stark ein religiöses Gleichnisdrama, das sich aus Schillers schwäbisch pro-

Schiller trägt im Wald seinen Freunden aus den »Räubern« vor. (Aquarell von Karl Heideloff). Rechte Seite: Drei Illustrationen zu den »Räubern« von Daniel Chodowiecki

testantischer Herkunft herleitet. Die Söhne üben zwei Formen der Selbstüberhebung gegen den Vater: Franz, indem er eine diabolisch freigesetzte Vernunft die Ordnung im Vaterhaus zerstören läßt; Karl, indem er sich selbst das Richter- und Rächeramt anmaßt, das nur dem Vater gegeben ist. Hinter den wild zuckenden Aufruhren, die das Stück entfacht, steckt gleichzeitig eine nur mühsam gebändigte Variante des Barockdramas: Das sein logischer Weg zur deutschen Klassik: Der antithetische Kampf wird aus dieser Welt und ihren Problemen in eine jenseitige Auseinandersetzung um ewiges Recht und überirdische Moral verlegt.

So liegen die revolutionären Züge der »Räuber« weniger in ihrer wildwuchernden, vor greller, ja unfreiwillig komischer Effektdramatik nie zurückschreckenden Handlung, sondern in der Steigerung der beiden feindlichen Brüder zu überlebensgroßen Verkörperungen zweier Prinzipien, wie sie bei Schiller nur als Ideen aus seinen bedrückend engen Erfahrungen der Karlsschule wachsen konnten. Franz ist der hemmungslose →Nihilist, dessen Vernunft nichts unbezweifelt läßt; Karl der ebenso hemmungslose →Anarchist, der den blind-gerechten →Aktionismus gegen ein »tintenklecksendes«, kraftloses Jahrhundert predigt. Um der Herrschaft zu entkommen, will jeder selbst herrschen – das verbindet sie mit der rhetorischen Theatergewalt ihres Autors, der mittels seiner szenisch ungestümen Gewaltakte das Publikum der Uraufführung in wilde Raserei versetzte.

»Ich werde unsinnig, ich laufe davon (III.3) – Der Pater und die Räuber

»Siehst du Bösewicht was ich jetzt aus dir machen kann« (III.1) – Amalia und Franz Moor

»Er ist maustot – mich sieht er nicht wieder« (V.1) Zum Tod des Franz Moor

Aufbegehren gegen (Gott) Vater wird als imponierende Selbstüberhebung und Selbstüberschätzung vorgeführt. In den »Räubern« gipfelt der »Sturm und Drang« – und gleichzeitig markiert sich schon in Schillers Erstling

In den »Räubern« hat man immer wieder ein Stück deutscher Selbstdarstellung gesehen: sicher nicht zu Unrecht, hält man sich vor Augen, daß das Stück die Freiheit, die es preist, nur wild und ohnmächtig zucken läßt.

»Die Räuber«

Fünfter Akt – Zweite Szene
Neue Räuber. Amalia.

Räuber. Heisa, heisa! Ein Fang, ein superber Fang!

Amalia *(mit fliegenden Haaren)*. Die Toten, schreien sie, seien erstanden auf seine Stimme – mein Oheim lebendig – in diesem Wald – wo ist er? Karl! Oheim! – Ha! *(Stürzt auf den Alten zu.)*

Der alte Moor. Amalia! meine Tochter! Amalia! *(Hält sie in seinen Armen gepreßt.)*

Räuber Moor. *(zurückspringend)*. Wer bringt dies Bild vor meine Augen?

Amalia *(entspringt dem Alten und springt auf den Räuber zu und umschlingt ihn entzückt)*. Ich hab ihn, o ihr Sterne! Ich hab ihn! –

Räuber Moor *(sich losreißend, zu den Räubern)*. Brecht auf, ihr! Der Erzfeind hat mich verraten!

Amalia. Bräutigam, Bräutigam, du rasest! Ha! Vor Entzückung! Warum bin ich auch so fühllos, mitten im Wonnewirbel so kalt?

Der alte Moor *(sich aufraffend)*. Bräutigam? Tochter! Tochter! Ein Bräutigam?

Amalia. Ewig sein! Ewig, ewig, ewig mein! – O ihr Mächte des Himmels! Entlastet mich dieser tödlichen Wollust, daß ich nicht unter der Bürde vergehe!

Räuber Moor. Reißt sie von meinem Halse! Tötet sie! Tötet ihn! mich! euch! alles! Die ganze Welt geh zugrunde! *(Er will davon.)*

Amalia. Wohin? was? Liebe – Ewigkeit! Wonn' – Unendlichkeit! und du fliehst?

Räuber Moor. Weg, weg! – Unglückseligste der Bräute! Schau selbst, frage selbst, höre! – Unglückseligster der Väter! Laß mich immer ewig davonrennen!

Amalia. Haltet mich! Um Gottes willen, haltet mich! – Es wird mir so Nacht vor den Augen – Er flieht!

Räuber Moor. Zu spät! Vergebens! Dein Fluch, Vater – frage mich nichts mehr! – ich bin, ich habe – dein Fluch – dein vermeinter Fluch! Wer hat mich hergelockt? *(Mit gezogenem Degen auf die Räuber losgehend.)* Wer von euch hat mich hieher gelockt, ihr Kreaturen des Abgrunds? So vergeh dann, Amalia! – Stirb, Vater! Stirb durch mich zum drittenmal! – Diese deine Retter sind Räuber und Mörder! Dein Karl ist ihr Hauptmann. *(Der alte Moor gibt seinen Geist auf.)*

Amelia steht stumm und starr wie eine Bildsäule.
Die ganze Bande in fürchterlicher Pause.

Hans-Horst Henschen

Hölderlin · Der Archipelagus

»Der Archipelagus« (entstanden 1800, Erstdruck Stuttgart und Tübingen 1826)
Hymne von Friedrich Hölderlin (20. 3. 1770 – 7. 6. 1843)

In Hölderlins Lyrik nimmt »Der Archipelagus« in mehr als einem Sinne die Rolle eines Dreh- und Angelpunktes ein: Keiner der größeren formalen Gruppen seines Gesamtwerkes eindeutig einzufügen, läßt er sich am ehesten den Elegien zuordnen, die ihrerseits zu den großen Gedichten aus der Spätzeit des Autors hinüberleiten, die sämtlich in den wenigen Jahren nach 1800 geschrieben wurden, die Hölderlin nach seiner geistigen Erkrankung noch blieben. »Der Archipelagus« ist um die Jahrhundertwende entstanden und nicht ungedruckt geblieben – wie zahlreiche andere Gedichte Hölderlins, etwa »Brod und Wein« oder die Pindarübersetzungen, die erst hundert oder mehr Jahre später aus den Manuskripten veröffentlicht oder – wie »Die Friedensfeier« – erst 1954 entdeckt wurden. Der große Nachhall, den Hölderlins ›Entdekkung‹ dann aber z.B. in der George-Schule fand, hat sein Bild so lange und so ausschließlich fixiert, daß noch heute Friedrich Gundolfs Heidelberger Antrittsvorlesung aus dem Jahre 1911 als halbwegs repräsentativ gelten kann – eine Vorlesung, die unter »den Sängen, die Hölderlin dem Griechentum geweiht hat«, gerade im »Archipelagus« »das symbolische Denkmal seiner hellenischen Anschauung und Sehnsucht sieht«, weil »hier im Ton, in Form und Bewegung seine hellenischen Kräfte am dichtesten und reinsten strömen, dichter und reiner als im Hyperion und im Empedokles, in denen die biographischen und Bildungselemente nicht ganz makellos ins Gebilde gebannt sind«.

Friedrich Hölderlin, 1770 in Lauffen am Neckar geboren, hat eine der berühmtesten Bildungsinstitutionen seiner Zeit durchlaufen. Als Stipendiat gehörte er, zusammen mit dem gleichaltrigen Hegel und dem jüngeren Schelling, von 1788 bis 1793 dem Tübinger Stift an, das ihn auf eine theologische Laufbahn vorbereitete, der er sich jedoch zeitlebens entwand. Die neuere Hölderlin-Forschung hat – im Gegensatz zur Perspektive der George-Schule, die ihn auf den Typus des »heroischen Sehers« festlegte – allen Nachdruck darauf gelegt, wie sehr gerade diese Studienzeit im Tübinger Stift ihn mit den modernsten geistigen Strömungen der Zeit – mit Kants Philosophie und mit den republikanischen Idealen der Französischen Revolution, die die Stiftler leidenschaftlich und teilweise als direkte spätere Parteigänger begrüßten – vertraut gemacht hat, und zwar in einem Ausmaß, daß sogar noch auf den dunklen Spätstil des Autors von daher Licht fällt. Hölderlin wurde also nicht Theologe, sondern – ähnlich wie Hegel – →Hofmeister, ein von ungezählten bürgerlichen Intellektuellen der Zeit eingegangener Kompromiß zwischen sozialen Mindestansprüchen und Freiheitsbedürfnissen, der überdies für viele von ihnen eine Art Moratorium (Aufschub) vor der eigentlichen akademischen Karriere ermöglichte. Hegel wurde Hofmeister in Bern und Frankfurt, Hölderlin zunächst in Waltershausen bei Charlotte von Kalb, später – nach einem kurzen Studium bei Fichte in Jena – in Frankfurt bei einem Patrizier namens Gontard, dessen Gattin – als die Diotima seiner Gedichte und seines »Hyperion«-Romans – seine scheue Zuneigung erwiderte, die schließlich zu seiner Entlassung führte. Der anschließende zweijährige Aufenthalt (1798–1800) bei seinem Freunde Isaac von Sinclair in Homburg vor der Höhe ermöglicht – vor der Annahme neuer Hofmeister-Stellen in Hauptwil (Schweiz) und Bordeaux – die Arbeit am Dramenfragment »Der Tod des Empedokles«, aber auch an dichtungstheoretischen Entwürfen und Aufsätzen wie z.B. »Über die Verfahrungsweise des poetischen Geistes« oder »Das Werden im Vergehen«, die als Bruchstücke einer angespannten →Reflexion in engster Beziehung zu den poetischen Arbeiten der Zeit stehen, vor allem zum »Archipelagus«, in dem sich zahlreiche Stellen wie die direkten dichterischen Entsprechungen zum theoretischen →Kontext lesen.

Der »Archipelagus« ist ein elegischer Hymnus auf die griechische Inselwelt und auf die geschichtliche Entwicklung Athens vor und nach den Perserkriegen, der gegen Ende in die Erwartung eines »künftigen Festtags« einmündet, in dem jene »köstliche Frühlingszeit im Griechenlande« sich erneuern soll. In freien, in unregelmäßigen Strophen zusammengefaßten →Hexametern geschrieben, steht er als »einzelne Form« – auch zeitlich – zwischen den strengen →Odenstrophen der vorausgegangenen Jahre und den freirhythmischen, nach dem Ausdruck F. Beißners eher »eigenrhythmischen« späten »Vaterländischen Gesängen«. »Setzt der Dichter« – so

Der Hölderlin-Turm in Tübingen. Hier lebt Hölderlin von 1807 bis zu seinem Tod 1843

Friedrich Schiller in seinem wenige Jahre zuvor erschienenen Essay »Über naive und sentimentalische Dichtung« (1795), den Hölderlin in seine theoretische Reflexion spürbar einbezieht – »die Natur der Kunst und das Ideal der Wirklichkeit so entgegen, daß die Darstellung des ersten überwiegt und das Wohlgefallen an demselben herrschende Empfindung wird, so nenne ich ihn elegisch. Auch diese Gattung hat [. . .] zwei Klassen unter sich. Entweder ist die Natur und das Ideal ein Gegenstand der Trauer, wenn jene als verloren, dieses als unerreicht dargestellt wird. Oder beide sind ein Gegenstand der Freude, indem sie als wirklich vorgestellt werden. Das erste gibt die Elegie in engerer, das andere die →Idylle in weitester Bedeutung.«

Gerade Hölderlins Aufsatzfragment »Das Werden im Vergehen« scheint hier anzuknüpfen mit Begriffen wie »idealische Erinnerung«, »idealische Auflösung« oder dem Übergang vom »Unendlichgegenwärtigen zum Endlichvergangenen«, die bis in die Gliederung des gesamten Hymnus hinein sinnlich erfahrbar werden. Einem kürzeren Einleitungsteil mit vier Strophen, der die griechische Inselwelt als Gegenwart, als in mythische Vergangenheit eingelassene Gegenwart, als ein »wie einst«, »wie vormals« beschwört, folgt ein ausladender Hauptteil, in dessen Mittelpunkt der historische Untergang Athens (wenn auch verkürzt und zusammengezogen), die Seeschlacht bei Salamis und der langsame Wiederaufbau der Stadt und der Akropolis stehen. Der zweistrophige Schlußabschnitt öffnet schließlich den geschichtlichen Raum des vorangegangenen Teiles auf eine mögliche Gegenwart hin, auf eine nahe Zukunft, in der er als »Unendlichgegenwärtiges« wiederkehrt:

»Aber weh! es wandelt in Nacht, es wohnt, wie im Orkus,
Ohne Göttliches unser Geschlecht. [. . .]
Bis, erwacht vom ängstigen Traum, die Seele den Menschen
Aufgeht, jugendlich froh, und der Liebe segnender Othem
Wieder, wie vormals oft, bei Hellas blühenden Kindern,
Wehet in neuer Zeit und über freierer Stirne
Uns der Geist der Natur, der fernherwandelnde, wieder
Stilleweilend der Gott in goldnen Wolken erscheinet. [. . .]
Dann, dann, o ihr Freuden Athens! ihr Taten in Sparta!
Köstliche Frühlingszeit im Griechenlande! wenn unser
Herbst kömmt, wenn ihr gereift, ihr Geister alle der Vorwelt!
Wiederkehret und siehe! des Jahrs Vollendung ist nahe!
Dann erhalte das Fest auch euch, vergangene Tage!
Hin nach Hellas schaue das Volk, und weinend und dankend
Sänftige sich in Erinnerung der stolze Triumphtag!«

Dem Archipelagos, der griechischen Inselwelt, hat Hölderlin eine seiner großen Hymnen ›gewidmet‹. Die Feier der schönen Natur ist jedoch nicht ohne Bezug zu konkret-politischen Verhältnissen in Deutschland

Hölderlins Naturglaube ist, wie Paul Böckmann gezeigt hat, gleich weit entfernt von →»Verdinglichung« wie von »Subjektivierung«. Weder gerät jener Archipelagus – der Gott des Meeres, mit seinen »Töchtern«, den ägäischen Inseln, und »Söhnen«, den Flüssen – zum puren →mythologischen Emblem, noch zur bloß vagen, stimmungs- oder gefühlsmäßigen Korrespondenz eines (romantisch-)lyrischen Ich. Hölderlins Naturgefühl ist zugleich elementarer – und d. h. einfacher – und umfassender: Äther, Licht und die »schäumenden Wasser« bleiben die konkreten, sinnlich erfahrbaren Elemente, die jedoch in stetiger Wechselwirkung mit den Menschen kommunizier(t)en:

»Doch umfängt noch, wie sonst, die Muttererde, die treue,
Wieder ihr edel Volk, und unter heiligem Himmel
Ruhen sie sanft, wenn milde, wie sonst, die Lüfte der Jugend
Um die Schlafenden wehn, und aus Platanen Ilissus
Ihnen herüberrauscht, und neue Tage verkündend,
Lockend zu neuen Taten, bei Nacht die Woge des Meergotts
Fernher tönt und fröhliche Träume den Lieblingen sendet.«

Jener »fernherwandelnde Geist der Natur« der Schlußstrophen, der für das rastlose und gottferne Treiben der zeitgenössischen »tosenden Werkstatt« als Möglichkeit der Erneuerung erhofft wird und dem »idealalten« Athen zur Blüte verhalf, ist zugleich das Zentrum der Vorstellung einer Palingenese (Wiedergeburt) bei Hölderlin. Bereits im Mittelteil des »Archipelagus« tauchen, eingespannt in die Dialektik von (organischer) Kunst und (aorgischer) Natur, zwei Bilder von deren gelinder Vermittlung auf:

»Siehe! da löste sein Schiff der fernhinsinnende Kaufmann,
Froh, denn es wehet' auch ihm die beflügelnde Luft und die Götter
Liebten so, wie den Dichter, auch ihn, dieweil er die guten
Gaben der Erd ausglich und Fernes Nahem vereinte.
Fern nach Cypros ziehet er hin [. . .] indessen
Anders bewegt, am Gestade der Stadt ein einsamer Jüngling
Weilt und die Woge belauscht, und Großes ahndet der Ernste,
Wenn er zu Füßen so des erderschütternden Meisters
Lauschet und sitzt, und nicht umsonst erzog ihn der Meergott.«

Aber nicht als bloßen »Gegenstand der Trauer« im Sinne der Schillerschen Definition sieht Hölderlin die griechische Vergangenheit. Gerade die Schlußstrophen nehmen einen emphatischen Ton der Hoffnung an, der in den »Vaterländischen Gesängen« häufig wiederauftaucht – »daß über den Wassern / Furchtlosrege der Geist, dem Schwimmer gleich, in der Starken / Frischem Glüke sich üb', und die Göttersprache, das Wechseln / und das Werden versteh' [. . .]«.

Der französische Germanist Pierre Bertaux, der Exponent der oben bezeichneten neueren Hölderlinforschung, hat darauf hingewiesen, daß offenbar gerade in der Zeit um 1800, mit der Hölderlins Lyrik in ihre »dunkle Phase« eintritt, ein willentlicher Wendepunkt gesetzt wird: »Nicht etwa die Umnachtung des Dichters, sondern seine eindeutige, wohlkalkulierte Absicht, ›törig göttlich‹ zu reden, ›verständlich den Guten‹, aber ›die Achtlosen mit Blindheit‹ schlagend, die ›entweiheten Knechte‹, spricht aus den späten Hymnen.«

Und Bertaux zögert nicht, jene »Vaterländischen Gesänge« und auch die im »Archipelagus« beschworene Erneuerung – angesichts der engen Verbindung Hölderlins und namentlich seines Freundes Sinclair zu jakobinischen Kreisen – als Aufforderung zur Revolution nach dem Vorbild der Französischen zu lesen.

Susanne Jensen

Bonaventura · Nachtwachen

»Nachtwachen. Von Bonaventura« (Erstdruck 1804)
Erzählung von August Klingemann (?) (31. 8. 1777 – 25. 1. 1831)

Dem beliebtesten Schriftsteller seiner Zeit, Jean Paul (→S. 186), ist es allem Anschein nach zu verdanken, daß der schmale Band überhaupt bekannt wurde. Er nahm nämlich offenbar als einziger Notiz von den »Nachtwachen. Von Bonaventura«, die ein kleiner sächsischer Verlag in seinem »Journal von neuen deutschen Original Romanen« 1804 herausgebracht hatte. Ehe das Buch aber auch einem größeren Leserkreis zugänglich wurde, mußte eine lange Zeit vergehen, in der sich die Diskussion um die »Nachtwachen« auf einen kleinen Kreis von Kennern und Forschern und darauf beschränkte, den wahren Verfasser hinter dem geheimnisvollen Decknamen »Bonaventura« aufzuspüren.

Das ganze 19. Jahrhundert hindurch galt das Buch als ein verleugnetes Werk, als literarische Jugendsünde des romantischen Philosophen Friedrich Wilhelm Schelling (1775–1854) – zu Unrecht, wie sich herausstellte. Spätere Versuche, es seiner Frau Karoline oder den romantischen Dichtern E. T. A. Hoffmann (1776–1822) und Clemens Brentano (1778–1842) zuzuschreiben, wurden ebenfalls als Spekulation zurückgewiesen. Als dann 1909 eine Untersuchung den relativ unbekannten Schriftsteller Friedrich Gottlob Wetzel (1779–1819) ermittelte, schloß sich die Mehrheit der Literaturwissenschaftler dieser Meinung an, bis nunmehr, seit 1973, August Klingemann (1777–1831) als Autor gilt.

Die Verfasserfrage hat, wenn sie auch lange im Vordergrund der Beschäftigung mit den »Nachtwachen« stand, das Interesse an der Dichtung selbst wiedergeweckt. Seit 1910 sind mehr als zehn populäre Ausgaben herausgebracht worden. Über hundert Jahre nach dem Erscheinen der »Nachtwachen« lernte so erstmals auch ein größeres Lesepublikum Inhalt, Aussage und ästhetischen Gehalt eines Buches kennen, das so gar nicht in das gewohnte Bild der Romantik paßt. Denn die »Nachtwachen« enthüllen weit mehr als andere zeitgenössische Werke, in welch tiefer Krise sich die frühromantischen Dichter am Anfang des 19. Jahrhunderts befanden.

Ihre anfängliche Begeisterung über den Ausbruch der Französischen Revolution, ihre Hoffnung auf Freiheit, Gleichheit, Brüderlichkeit hatte sich in Entsetzen und Abscheu gewandelt, als die Auswirkungen dieser politischen Umwälzung sich auch in Deutschland zeigten. Die Allmacht des Geldes, der Egoismus und die Profitsucht als bewegendes Prinzip der neuen Ordnung standen in schneidendem Gegensatz zu den Freiheitsideen und Harmonieträumen der jungen Schriftsteller.

Hinzu kam ihre miserable wirtschaftliche Situation. Sie waren meist kleine, schlechtbezahlte Beamte, befanden sich in privaten Diensten oder waren als freie Schriftsteller abhängig von kapitalistischen Verlegern. Überall sahen sie sich in ihren Entfaltungsmöglichkeiten beschnitten. Diese Kluft zwischen Utopie und Wirklichkeit konnten sie nicht schließen, weil sie nicht imstande waren, all diese Erscheinungsformen als Ausdruck von gesellschaftlichen Zusammenhängen und Entwicklungen zu durchschauen. So konnten die meisten frühromantischen Dichter nur in ihren Dichtungen die ihren Idealen entsprechende Gegenwelt aufbauen, die sich durch die Macht der Liebe, der Kunst und Poesie zum →›Goldenen‹ Zeitalter wandelt.

Für den Verfasser der »Nachtwachen« gibt es den Aufschwung aus einer engen, dumpfen und chaotischen Wirklichkeit ins Reich der Poesie nicht mehr. Sein Buch vernichtet auch diese hohen Träume (→S. 194).

Der Held und Ich-Erzähler Johannes Kreuzgang – als Findelkind hat er seinen Namen nach seinem Fundort erhalten – ist Nachtwächter in einer kleinen, namentlich nicht genannten deutschen Residenzstadt. In einer Folge von 16 Nachtwachen, während er sein »ehrliches Handwerk« ausübt, verkündet er die Wahrheit über eine an »kalter Vernünftigkeit« erkrankte Welt. Seine geringgeschätzte Stellung bestimmt dabei seinen Blickwinkel: Als Nachtwächter ist er zum Außenseiter abgestempelt, den keiner mehr ernst nimmt. Diese Narrenfreiheit ermöglicht ihm seine kritische und kühle Überlegenheit gegenüber der zeitgenössischen Gesellschaft. Er zerreißt die Hülle der Konventionen und Heucheleien, mit der die Menschen am Tage ihre Schwächen und Verderbtheiten verschleiern, und entlarvt, wie fragwürdig ein Leben unter solchen Verhältnissen ist.

Durch die »Fels- und Waldstücke« seiner Wachberichte, den spöttischen und beißenden Kommentaren und Reflexionen, zieht sich als roter Faden seine eigene Lebensgeschichte. Als Sohn einer wahrsagenden Zigeunerin lernt er in der Schusterwerkstatt seines Adoptivvaters dessen Handwerk. Schon früh liest er Bücher von Hans Sachs und Jakob Böhme (→S. 79) und verwirrt den Schuhmachermeister durch seinen ungeheuren Wissensdrang: »Ein gewöhnliches Menschenkind ist dieser Kreuzgang nicht.« Er selbst bezeichnet sich als einen »Kerl aus Haß und Grimm zusammengesetzt«, der wegen seines »verdammten« inneren Widerspruchs schon immer eine »besondere Vorliebe für die Tollheit« gehabt hat. Bald erhält er als Poet »mehr Reime zusammenzuflicken als Schuhe«. Doch seine satirischen Verse bringen ihn in den Turm, weil sie die Obrigkeit angreifen. Als sein Adoptivvater stirbt, wird er entlassen und zieht, »um nicht zu verhungern«, als Bänkelsänger umher. Nach kurzer Zeit sind ihm »die kleineren Mordstücke zuwider«, und er wagt sich an »größere – an Seelenmorde durch Kirche und Staat«. Vor dem Injuriengericht, das ihn daraufhin in mehr als fünfzig Fällen der Beleidigung und Verleumdung anklagt, tritt er als sein eigener Verteidiger auf und spricht den Richtern als Vertretern der irdischen Ungerechtigkeit jegliches Recht zu Anklage und Urteilssprechung ab. Er wird für verrückt erklärt und in ein Irrenhaus eingewiesen. Unter seinen »Mitnarren« erlebt Kreuzgang zum ersten Mal die Liebe. Aber sein Glück dauert nicht lange: Die Geliebte stirbt nach der Geburt eines toten Kindes. Kreuzgang wird wieder unter die »Vernünftigen« gestoßen und verdingt sich als Marionettenspieler. Als die Truppe in einem Dorf ein Spiel aufführt, in dem ein Tyrann ermordet wird, geraten die Bauern in Aufruhr und fordern den Kopf des Dorfschulzen. Kreuzgang kann ihn zwar retten, doch der gesamte Puppenbestand wird als »politisch gefährlich« konfisziert.

Nach diesem erneuten Scheitern entschließt er sich, einen gerade offenen Posten als Nachtwächter anzunehmen. Er zieht damit die Konsequenz daraus, daß die ›normalen‹ Menschen bisher nur Anstoß an ihm genommen haben und all seine Bemühungen, sie über das Wesen der Welt aufzuklären, in der sie leben, ihm nur Nachteile gebracht haben. Aber er unternimmt noch einen letzten Versuch, als es ihm »in der letzten Stunde des Säkulums einfiel, mit dem Jüngsten Tag vorzuspuken und statt der Zeit die Ewigkeit auszurufen«. In panischer Weltuntergangsangst versuchen die Vertreter der herrschenden und besitzenden Klassen, noch schnell ihre ewige Seligkeit zu retten. In einer großen Rede an die »Fürsten, Zinswucherer, Krieger, Mörder, Kapitalisten, Diebe, Staatsbeamte, Juristen, Theologen, Philosophen, Narren« klagt er sie des Verbrechens an den von ihnen beherrschten, »ausgeplünderten« Menschen an. Doch Kreuzgang muß erkennen, daß der Schrecken keine heilsame Wirkung hat: Er »wird nur als Narr angesehen«, und ihm wird das Ausrufen der Stunden verboten. Statt dessen muß er von nun an alle Stunde eine Karte in die Nachtuhr schieben – als Beweis, daß er die ihm vorgeschriebenen Gänge auch gemacht hat. So reduziert ihn die Gesellschaft von einem singenden und blasenden Nachtwächter zu einem stummen.

Die Frage nach dem Sinn des Lebens unter solchen Umständen beantwortet der Dichter der »Nachtwachen« negativ. Er geht dabei weit über die Entlarvung der bestehenden Gesellschaftsordnung hinaus. Ihm scheint die Entwicklung der Menschheit allgemein als Fehlentwicklung, seit sie sich von der ursprünglichen natürlichen Lebensweise abgewandt hat. Für ihn ist somit auch die jetzige »kalt prosaische Zeit«, in der die Menschen mit sich selbst zerfallen sind, zu »Larven« und »Marionetten« deformiert und den Mitmenschen gegenüber entfremdet wurden, letztlich selbst verschuldet. So wie sein Held als Dichter und Liebender scheitert, erweist sich jeder Anspruch des Menschen auf ein erfülltes Leben als vergeblich. Einen Ausweg gibt es nicht: »Der Totenkopf fehlt nie hinter der liebäugelnden Larve, und das Leben ist nur ein Schellenkleid, das das Nichts umgehängt hat, um damit zu klingeln und es zuletzt grimmig zu zerreißen und von sich zu schleudern.«

Illustrationen von Lovis Corinth

Kreuzgang selbst wird dieser Desillusionierung unterworfen, als er in der letzten Nachtwache die Umstände seiner Entstehung erfährt: Auch er steht am Ende vor dem ungeheuren Nichts. Dieser krasse →Nihilismus drückt sich auch in der Gestaltung, der Komposition und Sprache der »Nachtwachen« aus. Ihre scheinbare Formlosigkeit, der eigentümlich verschlungene, von Einschüben durchbrochene Gang der Erzählung, das Wechseln von satirischen und stimmungsvollen Passagen spiegelt eine als chaotisch und zerstückelt erfahrene, den Menschen zerstörende Wirklichkeit wider.

Wolfram Schütte

Jean Paul · Der Komet

»Der Komet« (Erstdruck Berlin 1820–1822)
Roman von Jean Paul (21. 3. 1763 – 14. 11. 1825)

Auf dem »Wiener Kongreß« (1815) hatten sich alle feudalistischen Mächte, unter der Führung der »Heiligen Allianz« (Rußlands, Österreichs und Preußens), zusammengefunden, um nach der endgültigen Niederschlagung des napoleonischen →Imperialismus das spätfeudalistische Herrschaftssystem wieder herzustellen und zu sichern. Damit war, zumindest östlich des Rheins, der erste Versuch des →Bürgertums, im Gefolge des Usurpators Napoleon, seine liberalistisch-humanistische Ideologie (Freiheit, Gleichheit, Brüderlichkeit) durchzusetzen oder ihr wenigstens Raum zu schaffen, niedergeschlagen worden. Auch die durch die Französische Revolution verbreitete nationalstaatliche Idee, die sich am ethnischen Begriff des Volks (Souveräns) und nicht des Adels orientierte, wurde von der nun beginnenden →»Restauration« unterdrückt. Über den Wunsch des mit großen Hoffnungen auf eine nationale Vereinigung aus den »Freiheitskriegen« heimgekehrten liberalen deutschen Bürgertums setzte sich adelige »Legitimität« hinweg. Die Kleinstaaterei blieb, mit geringfügigen Retuschen. Nachdem der Burschenschafter Karl Ludwig Sand 1819 den russischen Gesandten und deutschen Lustspieldichter August von Kotzebue (* 1761) ermordet hatte – um gegen feudale Unterdrückung und bürgerlichen Opportunismus zu protestieren –, erließ der »Deutsche Bund«, auf Drängen des österreichischen Staatskanzlers Metternich, die berüchtigten »Karlsbader Beschlüsse«. Sie hatten zur Folge, daß die Universitäten durch Regierungsbevollmächtigte überwacht, »radikale« Dozenten entfernt, »Demagogen« verfolgt, die Burschenschaften verboten und Zeitungen, Zeitschriften sowie Bücher einer strengen Vorzensur unterworfen wurden. Dadurch wurde der oppositionellen Literatur, Philosophie und Wissenschaft des Bürgertums eine breite Wirkungsmöglichkeit beschnitten, wenn nicht gar, wie in manchen Duodezfürstentümern, gänzlich unmöglich gemacht. Die »Restauration« festigte ihr Regiment auch geistig (die Spätromantik Schellings, Schlegels, Görres' versuchte sich in deren ideologischer Rechtfertigung), und das Bürgertum resignierte vorerst. Der Kirchhofsfrieden, der in den deutschen »Krähwinkels« (Jean Paul) anbrach, war der Nährboden des →Biedermeiers.

»Der Komet oder Nikolaus Marggraf, eine komische Geschichte« erschien zuerst in 2 Bänden im Oktober 1820; ihnen folgte Ende 1822 ein dritter Band, der diesen Fragment gebliebenen letzten großen Roman Jean Pauls beschloß. Die Resonanz war gering, für Leser und Autor enttäuschend. Auch späterhin galt der »Komet« als blasser Nachhall des umfangreichen Werks, das Jean Paul hinterlassen hat. Erst in jüngster Zeit ist seine zeitkritische und selbstkritische Bedeutung wirklich erkannt worden.

Johann Paul Friedrich Richter, der sich aus Begeisterung für Jean Jacques Rousseau später Jean Paul nannte und unter seinem Dichternamen in vielen seiner Romane und Erzählungen figurierte, wurde am 21. März 1763 in Wunsiedel im Fichtelgebirge geboren. Aus einer der ökonomisch rückständigsten Provinzen des damaligen Deutschland kommend, in einer von Armut, Not und religiöser →Orthodoxie geprägten Familie aufwachsend, hat er sich schon früh, durch ein immenses Lesepensum, selbst zu bilden versucht. Seine aus der Literatur (vornehmlich der englischen), der Philosophie, Theologie und den Wissenschaften zusammengetragenen und in einer Vielzahl von Merkbüchern notierten Lesefrüchte wurden dann später der Grundstock seiner mit Anspielungen, Vergleichen, →allegorischen Bildern und weitabgelegenen Zitaten vollge- und nicht selten verstopften großen Romane, Erzählungen, Idyllen. Nach frühen, erfolglosen, →Satiren – in der Nachfolge der Spätaufklärung (1783–1789) –, entdeckte und förderte Karl Philipp Moritz (→S. 178) Jean Pauls ersten Roman »Die unsichtbare Loge«: ein zwischen duodezfürstlicher Enge und kosmischen Phantasien und Träumen weit gespannter Staats- und Erziehungsroman, dem viele seiner späteren Romane – »Hesperus« (1795), »Titan« (1800/03) und der »Komet« – variabel nachgebildet wurden. Die im Anhang zur »Unsichtbaren Loge« veröffentlichte Erzählung »Das Leben des vergnügten Schulmeisterleins Maria Wutz zu Auenthal, eine Art Idylle« war der →Prototyp der später oft mißverstandenen →Idyllendichtungen Jean Pauls (u.a. »Leben des Quintus Fixlein«, 1796, »Der Jubelsenior«, 1797, »Leben Fibels«, 1812). Neben seinem Eheroman »Siebenkäs« (1796/97) und seinem Fragment gebliebenen Künstlerroman »Flegeljahre« (1804f.) veröffentlichte er eine Erziehungslehre »Levana« (1807) und eine »Vorschule der Ästhetik« (1804); daneben zahlreiche politische Schriften und Beiträge für Zeitschriften und →Almanache.

Jean Pauls Ruhm – er gehörte um die Wende des 18. Jahrhunderts zu den meistgelesenen Autoren Deutschlands – stieg etwa parallel mit der Französischen Revolution, die seine republikanischen Romane begleiteten und kommentierten. Seit er sich ab 1804 (bis zu seinem Tode 1825) in die Bayreuther Provinz zurückgezogen hatte, verblaßte dieser Ruhm. Sein Spätwerk aus diesen Jahren zeigt tiefe Spuren der Resignation, ohne daß der Republikaner, der er bis zuletzt (wenn auch illusionslos und mit wachsender satirischer Schärfe) blieb, wirklich vor den niederdrückenden Tendenzen der Zeit kapituliert hätte.

Nikolaus Marggraf, der Held von Jean Pauls »letztem komischen Werke«, ist ein närrischer Apotheker. Seine Mutter hat auf dem Sterbebett gestanden, daß Nikolaus – der 12 Blatternarben auf seiner Nase trägt und in hitziger Phantasie-Erregung einen Heiligenschein ausdünstet –, in Wirklichkeit der Sohn eines Fürsten ist. Erst als sein »bürgerlicher Zieh-Vater«, der Apotheker Henoch-Elias, stirbt, der seinem Sproß eine groteske »Prinzenerziehung« hat angedeihen lassen, deren Ausgaben er säuberlich notierte, um sie sich später mit Zinsen vom fürstlichen Vater zurückerstatten zu lassen, erfährt Nikolaus seine (il)legitime Abkunft.

Nach Studien an der Universität, die seine Weltläufigkeit vergrößern sollten, jedoch seine Weltfremdheit nur noch verstärkten, kehrt er ins heimische deutsche Kleinstädtchen Rom zurück. Dort steht der mehr der Phantasie und der Spekulation zugetane Apotheker bald vor dem Bankrott seines Lädchens. Da gelingt es ihm, künstliche Diamanten herzustellen. Der Reichtum, der ihm nun zufällt, setzt ihn instand, zusammen mit anderen naiven, zynischen, verbitterten, melancholischen kleinstädtischen Narren, nicht nur einen fürstlichen Lebenswandel zu führen, sondern auch, inkognito als Fürst samt seinem zusammengewürfelten Hofstaat ›in die Welt‹ – ins nächste Fürstentum – nach Lukasstadt aufzubrechen, um seinen legitimen fürstlichen Vater zu suchen – und seine unbekannte adelige Geliebte Amanda, deren Wachsbüste der junge Marggraf gestohlen hatte.

Unterwegs kaufte man eine Holzbretterstadt, der man den Namen »Nikolopolis« gibt und überall, wo man haltmacht, als Marggrafs Residenzstadt aufbaut. Später stößt auch der junge Kandidat Jean Paul Richter zu dem Zug; er dient als Wetterprophet. In Lukasstadt angekommen, trifft man auf einen seltsamen Ledermann, die Inkarnation des Bösen, Rebellischen, Menschenverächterischen, dessen blasphemische Rede, einer der zahlreichen nihilistischen Ausbrüche im Werk Jean Pauls, die versammelten Narren (an ihrer Spitze Nikolaus Marggraf) in Entsetzen stürzt. Damit bricht das Fragment ab.

»Mein letztes komisches Werk« wollte Jean Paul urspünglich den 1811 – auf dem Höhepunkt von Napoleons Macht – entworfenen Plan zu jenem Roman nennen, von dem nur die Ruine des »Kometen« zustande kam. Er hatte vor, sich »mit der komischen Muse einmal in meinem Leben ganz auszutanzen«; und das »ganze komische Füllhorn«, das er »ausschütteln wollte«, sollte unter anderem aus jenem »Papierdrachen« bestehen, für den er »schon seit Jahren Papiere aller Art . . . Herrenpapier, Kartaunenpapier, Trauerpapier mit vergoldetem Schnitte und Staatspapier und Stempelpapier« gesammelt hatte. Das alles wollte er zu einer →Collage »zurechtleimen«, um daraus jenen »Papierdrachen« zu bilden, den er »zum Scherze, zum Untersuchen und zum Ableiten« steigen lassen wollte, »wenn der rechte Wind dazu bliese«. Aber in der »so langgestreckten . . . Windstille«, worunter er »das fünfjährige Karlsbader Zensurprovisorium« verstand, sieht er keine Möglichkeit dazu.

Der umfassende, zeitkritische, große komische Roman schrumpft zusammen zur »komischen Geschichte« des Kometen Nikolaus Marggraf. Aber diese von der Zensur erzwungene Bescheidung zu dem »unschuldigen Schweifchen«, dessen Erscheinen – anders als der zurückgestellte »Papierdrache« – keinen »Gewitterschlag auf mich oder andere herunterleiten kann«, enthält Sprengsätze genug, die Jean Paul als Konterbande auf das scheinbar harmlose Narrenschiff des »Kometen« geladen hat.

Denn Marggrafs phantastische Suche nach seinem eigenen, angeblich fürstlichen, Ich, gab Jean Paul die Gelegenheit, einem der zentralen politischen Begriffe der Restauration, »die Legitimität« der fürstlichen Landesherren, mit allen Mitteln seiner satirischen Kunst anzugreifen. Der bügerlich-biedermeierliche Traum vom »gnädigsten Fürsten«, der sein Volk durch Schenkungen beglückt, wird von Marggraf ebenso vorgelebt und bis in die groteske Verkehrung getrieben, wie er durch seine Hofhaltung, seine närrischen Höflinge ein genaues, satirisches Bild des zeitgenössischen →opportunistischen Bürgertums gibt.

Ein ›Fürstenspiegel‹, mit dem Jean Paul seine eigenen Illusionen (im »Titan») korrigiert, ist der »Komet« zum einen; zum anderen aber auch eine kaum radikaler denkbare Kritik an der Kunst und der Phantasie, mit der sich so viele Figuren Jean Pauls (nicht zuletzt er selbst) über die erdrückende spießige Enge des ökonomisch und politisch zurückgebliebenen Deutschland in ein Idealreich des ›inneren Menschen‹ und dessen kosmisch ausschweifende Phantasielandschaften hinausgeträumt hatten. »Der Apotheker, der sich in der Welt nichts lieber machte als Hoffnungen«, der »sich aufs Kanapee legt, um seine Zukunft noch vorher in Gedanken recht ungestört zu genießen, ehe sie da wäre«: dieser mehr in der Zukunft als in der Gegenwart, mehr in der Phantasie als in der Wirklichkeit lebende Marggraf ist die Person gewordene Innerlichkeit, die fast autonome Phantasie. Nur der »Ledermann«, dem Nikolaus zuletzt begegnet wie seinem zur Absolutheit des Wahnsinns fortgeschrittenen Ich, überbietet den Narren, in einer von Narren umgebenen Welt, aus der es keinen Ausweg gibt, als den in die Tollheit und in das Entsetzen. Daß das utopische politische Potential der Dichtung (»die Entdeckung einer neuen Welt und dadurch die Verdoppelung und Umkehrung der alten«) inmitten einer restaurativen Gesellschaft zur geistigen Selbstzerstörung führt, das ist die bittere pessimistische Bilanz Jean Pauls – sein letztes Wort, mit dem er ein Werk verzweifelt liquidiert, das wie kaum ein zweites auf der vorwegträumenden, ein anderes Leben herbei zitierenden und dazu beflügelnden Phantasie gegründet war.

Wolfgang Harich, »Jean Pauls Revolutionsdichtung«, Hamburg 1974. Uwe Schweikert, »Jean Pauls Komet«, Stuttgart 1971
Max Kommerell, »Jean Paul«, Frankfurt am Main 1966. 4. Aufl.
Jean Paul-Heft der Zeitschrift »Text + Kritik«, Stuttgart 1970.

Kaum jemand kam der spezifischen Phantasiewelt Jean Pauls so nahe wie der französische Zeichner Ignace Isidore Grandville (1803–1847). Hier sein Holzschnitt »Himmelsspaziergang« (1847)

Lars Clausen

Kleist · Die Verlobung in St. Domingo

»Die Verlobung in St. Domingo« (Erstdruck Berlin 1811)
Novelle von Heinrich von Kleist (18. 10. 1777 – 21. 11. 1811)

Die mittelamerikanische Insel Hispaniola, damals St. Domingo genannt, umfaßte im Westen eine von reichen Pflanzern mittels eingeführter Sklaven aus Afrika bewirtschaftete französische Kolonie: Haïti. Die Französische Revolution 1789 brachte die Erklärung der Menschenrechte, zunächst ohne eine Befreiung der Sklaven, dann ohne deren wirtschaftliche Sicherung. Mulatten und Neger erhoben sich, aber 1802 wurde ihr Anführer, Toussaint Louverture, unter dem Vorwand von Verhandlungen nach Frankreich entführt, wo er 1803 im Gefängnis starb. In diesem Jahr erhoben die Neger sich abermals, und jeder Weiße, der ihnen in die Hände fiel, mußte um sein Leben bangen.

Heinrich von Kleist, damals 26 Jahre alt, veröffentlichte 8 Jahre später die gedrängte und tragische Geschichte einer Liebe mitten in diesem Rassengruppen-Krieg: Ein junger Weißer aus der Schweiz begegnet auf der Flucht einer jungen Haïtianerin, welche die Weißen zu verderben sucht.

Sie verstellt sich, nimmt ihn zum Schein auf und will ihn ihren Landsleuten ausliefern. Er vertraut ihr zunächst ein wenig und gibt sein Entsetzen vor der Unbarmherzigkeit der Revolutionäre kund. Zugleich kennzeichnen seine Worte den Horror des deutschen lesenden Publikums jener Zeit vor ›der Revolution‹, deren Extreme in Frankreich es bereits nicht mehr durchschaut hatte, deren Ursachen auf St. Domingo es desto weniger kannte, sondern dort nur fremdartigen Wahnsinn vermutete. Freilich macht Kleist es sich da weniger einfach: Je unbarmherziger die Neger sind, desto sorgfältiger notiert er die Untaten, die man ihnen ursprünglich angetan hat, und im Gespräch gesteht der junge Schweizer selbst betroffen ein, dem Aufstand liege die Sklaverei zugrunde. Jetzt lernen beide einander erkennen; sie lieben einander und versprechen sich. Den nächsten Tag, in einer ihm undurchsichtigen Situation, glaubt sich der Mann verraten und schießt die nieder, die ihn gerade gerettet hat. Als er eben darauf erfährt, sein Vertrauen in ihre Treue sei zu klein gewesen, tötet er sich selbst.

Der Stoff lag Kleist näher, als man denkt. Als Preußen 1807 von den Franzosen besetzt worden war, hatten sie auch ihn widerrechtlich verhaftet, nach Frankreich verschleppt und ins selbe Gefängnis wie damals Louverture geworfen. Ihm, der sich als Vorkämpfer gegen die französische Fremdherrschaft sah, wie Louverture es auch war, müssen all diese Ähnlichkeiten bedeutsam vorgekommen sein: So nahm Kleist einen liegengebliebenen Entwurf zur Französischen Revolution wieder auf (man merkt dies an stehengebliebenen Eigennamen und Datierungen, an Formeln des Abscheus gegen Ausschreitungen aus Kleists jüngeren Jahren), aber er führt Rechtfertigungen sogar des Liebesverrats ein (wie deutlicher noch in seinem dann posthum erschienenen Antifranzosenstück »Die Hermannsschlacht«), und die Verlobung der Mulattin und eines (oberflächlich getarnten) jungen Deutschen aus der damals leidlich freien Schweiz deutet auf eine Verquickung zweier Aufstände, des domingischen und eines erhofften deutschen.

Ein historischer Schock vertiefte Kleists Franzosenfeindschaft. Gerade, 1806, hatte Napoleons Armee die renommierte preußische deklassiert, und Kleist entstammte dem armen preußischen Militäradel, der seine mager bezahlten Offiziersstellen und als Ausgleich einen von der Monarchie geförderten dünkelhaften Stolz hatte und sonst nichts: 1777 wurde Kleist als Offizierskind in Frankfurt an der Oder geboren, 11jährig nach dem Tod des Vaters in einen Predigerhaushalt zur Erziehung nach Berlin abgeschoben, 15jährig ins Garderegiment nach Potsdam gesteckt – alsbald war er zwei Jahre lang im Feld gegen die Franzosen (während seine Mutter starb), 20jährig dann Leutnant.

1799 steigt er aber aus: Er nimmt den Abschied und beginnt das arme und unstete Leben des Intellektuellen, eine Verlegenheit für die Familie. Ablehnend und doch fasziniert steht er nun seinem eigenen Stand gegenüber (sein spätestes Drama, der »Prinz von Homburg«, wird beide Gefühle gegeneinander setzen). 3 Semester studiert er noch Volkswirtschaft und Jura, verlobt sich – dann beginnt er zu schreiben und wird so ein Bürger der bürgerlichen Literatenrepublik. Wie sie, aber ausschließlicher als sie, hat der aus seinem Stand verirrte Adelige Kleist begeistert den Rousseau gelesen, dem der unverbogene, ungeschurigelte »Wilde« der wahre Mensch ist (→S. 133). Wie etliche Schriftsteller des Bürgertums kennt er die Verzweiflung, daß man nicht Herr oder doch Mitbestimmer seines Geschickes ist, daß man ein Marionettendasein führt. Doch kennt er nicht den Optimismus, der noch aus den Protesten des →Bürgertums spricht. In der Hochburg der Bourgeoisie, in der kommenden »Hauptstadt des 19. Jahrhunderts« (Walter Benjamin), in Paris, leidet er 1801 unter schlimmster Einsamkeit. Immer isolierter fühlt er sich, von allem, die Welt ist nicht verläßlich zu packen, er ist wie »traumartig in sich selbst abgesperrt« (Georg Lukács). Aus Kants Schriften (→S. 137) liest er die Unentrinnbarkeit seiner Position heraus, er vertraut seiner Schwester an: »Der Gedanke, daß wir hienieden von der Wahrheit nichts, gar nichts wissen, daß das,

Die »Verlobung« ist in vielen Kleistausgaben greifbar. Eine sorgfältig-vollständige Taschenbuch-Gesamtausgabe in 7 Bänden ist vorhanden; aufschlußreich ist auch der (8.) Anschlußband mit Zeitdokumenten (H. Sembdner, »Heinrich von Kleists Lebensspuren«, München 1969). Zum Einstieg: Hans Mayers kurze Studie »Heinrich von Kleist: Der geschichtliche Augenblick«, Pfullingen 1962.

Mit ihm hat sich Kleist identifiziert: mit Toussaint Louverture, dem als Sklaven geborenen ersten Präsidenten Haïtis

was wir hier Wahrheit nennen, nach dem Tode ganz anders heißt, und daß folglich das Bestreben, sich ein Eigenthum zu erwerben, das uns auch in das Grab folgt, ganz vergeblich und fruchtlos ist, dieser Gedanke hat mich in dem Heiligthum meiner Seele erschüttert.«

Immer schon fühlt er sich ausgesetzt – bedroht. Er macht »Lebenspläne« dagegen, er erzieht seine Verlobte wie ein Schulmeister, aufs Genaueste, er verlangt ihr jähe Vertrauensbeweise ab: 1802 soll sie ihm für ein rousseauisch einfaches Landleben in die Schweiz folgen. Die Verlobung löst sich. Aber er wechselt auch die Orte – eine Flußinsel in der Schweiz, Weimar, Dresden, Bern, Mailand, Genf, wieder Paris, nach einem Zusammenbruch Berlin, Königsberg, wieder Berlin (da verhaften ihn die Franzosen); zurück aus Frankreich: Dresden, Prag, Frankfurt, Berlin. Er schreibt, und dann vernichtet er Manuskripte, wenn sie seinen Ansprüchen nicht genügen; er sucht den Staatsdienst zweimal und verläßt ihn enttäuscht wieder; er gibt kurzfristig die Zeitschrift »Phöbus« mit heraus, und – für 6 Monate – 1810/11 sogar ein täglich erscheinendes Boulevardblatt, die »Berliner Abendblätter«, wirtschaftlich sehr riskante und entsprechend scheiternde Unternehmen. Goethe hält sich diesen Leidenschaftlichen weit vom Leibe, die Romantiker (Brentano, Arnim), mit denen er verkehrt, zucken die Achseln – nur in Weimar damals der kluge alte Wieland hat den großen Dramatiker in ihm vermutet. Er vermag mit großer Intensität zu arbeiten, auch als Journalist, ist der liebenswürdigste Gesellschafter – nur miteins kann er innehalten, lange vor sich hin starren, scheint nichts mehr wahrzunehmen.

In Deutschland 1811 kein Aufstand gegen die Franzosen – in St. Domingo, Frankreichs ausbeutereichster Kolonie, mehrere seit 1781

Kann das ›unverfälschte‹ Gefühl, Liebe zumal, Vertrauen verbürgen und vielleicht die beängstigende Einsamkeit durchbrechen, die einen nicht nur von der Wirklichkeit absperrt, sondern auch an sich selber irre werden läßt –? Immer wieder werden ihm Liebesproben und Gefühlskatastrophen zum Thema, nicht nur in der »Verlobung«, sondern auch sonst in seinen mit äußerster Energie und Aufrichtigkeit zum Protokoll verknappten extremen Erzählungen, in seinen komprimiert hin- und herzuckenden Dramenabläufen. Seiner selbst und der Welt wird Kleist auch hier nicht sicher; er weiß und zeigt, also, daß auch die äußersten Formen herrischer oder dienender Liebe versagen. Jetzt gibt es ihm nur noch einen einzigen anderen Weg aus dem Zwangstraum seiner Existenz, in der man nicht ›wirklich‹ sein kann: den Freitod.

Selbstmord aus Isolation kann ein Fazit sein – aber auch ein Versuch, Wirklichkeit zu gewinnen, aufzuwachen. Todessehnsucht und -grauen beschäftigen Kleist deutlich und jahrelang. Als seine »Penthesilea« erkennt, daß sie den der Liebe vertrauenden Achill vernichtet hat, tötet sie sich alleine durch ihren Todeswillen.

Doch die Extreme, die er niederschreibt, befreien ihn nicht; so will er wirklich den Tod und zugleich die Begegnung. 1811 – die »Verlobung« ist gerade erschienen – verabredet er es in Berlin mit einer Freundin: Er erschießt sie und sich.

Dann allerdings wurde aus dem Freiheitswillen der Nation gegen ihre Herren – geschickt umgeleitet – Nationalhaß gegen außen, dann wurde – nach seinem Tode – Kleist herausgegeben und populär. Die verzweifelte Intensität seiner Gefühle, die das Wahre, das →Authentische suchenden Haß- und Liebesausbrüche und -experimente seiner Dramen, seine in ihrer Disziplin das Entsetzen erst recht verratende Prosa, der Absolutheitsanspruch eines ausgestoßenen Mißtrauischen, die so viel von seinem historischen Platz und seinem individuellen Erleben verraten, sie schienen auch ›absolut‹ gültig. Dem im 19. Jahrhundert um seine Republik betrogenen, im →Imperialismus dann sein Selbstbewußtsein wieder suchenden deutschen Bürgertum diente es zur emotionalen Bestätigung und als nationales Lesebuch-Versatzstück. Die Berühmtheit des großen Autors muß kein gutes Zeichen sein.

Überblick

Lore Häger/Bodo Heimann

Literatur im bürgerlichen Zeitalter

»Es ist eine der entscheidenden Weltepochen, in welcher wir leben. Seit der Erscheinung des Christentums hat die Geschichte nichts Ähnliches aufzuweisen.«

Als Georg Forster, Führer des Republikaner-Klubs in Mainz, dies 1792 schrieb, war das Bewußtsein, mit der Französischen Revolution eine große weltgeschichtliche Wandlung zu erleben, sehr verbreitet. Goethe, der im Gefolge des Herzogs von Weimar an den mißlungenen Feldzügen gegen das revolutionäre Frankreich teilnahm, meinte anläßlich des französischen Erfolgs, daß eine neue Epoche der Weltgeschichte anbreche. Wieland, Herder, Jean Paul, Hölderlin, Hegel, Schelling, Fichte und andere äußerten sich ähnlich. In Frankreich führte man 1792 einen neuen Kalender ein.

Es gibt Gründe genug, das **bürgerliche Zeitalter** mit der Französischen Revolution von 1789 beginnen zu lassen. Das Ende der Epoche wäre dann mit der Russischen Revolution von 1917 zu setzen. Wendepunkt in der Entwicklung des bürgerlichen Zeitalters ist die Revolution von 1848. Diese drei großen Revolutionen waren jeweils von internationaler Bedeutung, sie prägten die moderne Sozialgeschichte und bieten sich schon darum als Epochenbegrenzung an. Mit der Revolution von 1789 tritt trotz örtlicher und zeitlicher Verschiebungen, Rückschläge und Inkonsequenzen das →Bürgertum als die neue, den wirtschaftlichen, politischen und kulturellen Fortschritt bestimmende →Klasse hervor. Diese Klasse strebt eine Position im Staate an, die ihrer wirtschaftlichen Bedeutung und dem daraus erwachsenen Selbstbewußtsein angemessen ist: entscheidende Beteiligung an der Machtausübung, neue Institutionen und eine Rechtsgrundlage, die den eigenen Prinzipien, Vorstellungen und Bedürfnissen Rechnung trägt. Diesen Anspruch versucht das Bürgertum gegen die alte privilegierte Klasse, den Adel, und die alte Autorität der monarchischen und kirchlichen Herrschaft durchzusetzen. In der Revolution von 1917 ist es dann trotz der anfänglichen bürgerlichen Phase und trotz bürgerlicher, →kleinbürgerlicher und bäuerlicher Beteiligung vor allem das Proletariat, das seine Ansprüche gegen die anderen Klassen geltend macht. Dieser epochale Einschnitt markiert die internationale Konfrontation von Kapitalismus und Sozialismus, Bürgertum und Proletariat, wie sie noch die gesellschaftliche Situation der Gegenwart bestimmt. Verläuft am Anfang des bürgerlichen Zeitalters die Hauptfront der Klassenauseinandersetzung zwischen Bürgertum und Aristokratie, wobei das Bürgertum auch die →plebejischen Schichten für seinen revolutionären Kampf aktiviert, so verläuft am Ende die Hauptfront der Auseinandersetzung zwischen Bürgertum und Proletariat, wobei das Bürgertum sich mit dem Adel weitgehend arrangiert oder gar verbündet, andererseits das Proletariat die revolutionären Forderungen des Bürgertums wieder aufgreift und nun für sich selbst fruchtbar zu machen sucht.

Mit der gemischt bürgerlich-proletarischen Revolution von 1848 ist im europäischen Maßstab der Wendepunkt dieser Entwicklung erreicht. In Frankreich dankt der »Bürgerkönig« Ludwig Philipp ab. Der sozialistische Juniaufstand in Paris wird vom Bürgertum blutig niedergeschlagen, ebenso in England die →Chartistenbewegung. In London erscheint in deutscher Sprache das Kommunistische Manifest von Karl Marx und Friedrich Engels (→S. 266f.).

In Frankfurt ruft das bürgerliche Parlament der Paulskirche, das seine Autorität gegen die Fürsten nicht behaupten kann, fürstliches Militär gegen den »Pöbel« zu Hilfe, der sein eigenes »Parlament« auf der Pfingstweide hält und die Paulskirche stürmt, um seine Forderungen gegen die Mehrheit der Abgeordneten durchzusetzen, die man als »Geldsäcke der Bourgeoisie« und als »Verräter des deutschen Volkes und der deutschen Freiheit« bekämpft. Das Bürgertum steht bereits deutlich sichtbar zwischen den Fronten. Friedrich Engels schrieb deshalb mit dem Blick auf die deutsche Revolution von 1848: »In demselben Maß, wie die Bourgeoisie ihre Industrie, ihren Handel und ihre Verkehrsmittel entwickelt, in demselben Maß erzeugt sie Proletariat. Und an einem gewissen Punkt – der nicht überall gleichzeitig oder auf gleicher Entwicklungsstufe einzutreten braucht – beginnt sie zu merken, daß dieser ihr proletarischer Doppelgänger ihr über den Kopf wächst. Von dem Augenblick an verliert sie die Kraft zur ausschließlichen politischen Herrschaft; sie sieht sich um nach Bundesgenossen, mit denen sie, je nach Umständen, ihre Herrschaft teilt, oder denen sie sie ganz abtritt.«

Die Stellung der Künstler zur bürgerlichen Ordnung

Klassik und Romantik stehen als literarische Richtungen und große kulturelle Leistungen im engen Zusammenhang mit der Französischen Revolution, auch wo sie in den ersten Ansätzen ihr zuvorkamen, und setzen sich sehr grundsätzlich mit dem neuen bürgerlichen Zeitalter auseinander. Klassiker wie Goethe, Schiller, Hölderlin, Arndt, Humboldt, Seume propagieren weiterhin die humanistischen Ideen der bürgerlichen Bewegung trotz ihrer einstweiligen Unerfüllbarkeit. Sie versuchen, durch ihre Arbeit zu einer menschenwürdigen Ordnung und Gestaltung einer besseren Zukunft beizutragen. Ihr Blick richtet sich, auch wo sie sich an der Vergangenheit – etwa der griechischen Antike – orientieren, immer auf die Bewältigung der Gegenwart, die Gestaltung der Zukunft, die gesellschaftlichen Aufgaben und Möglichkeiten der Kunst, die Erziehung der Bürger und die Humanisierung der bürgerlichen Gesellschaft.

Demgegenüber haben die **Romantiker** den Glauben an die humanistische Mission des Bürgertums bereits verloren. Sie verzweifeln am Bürger und wenden sich ab. Welche Richtungen sie im einzelnen auch vertreten, eine eher christlich-fromme wie Novalis, Brentano, Eichendorff, eine eher atheistische, materialistische oder nihilistische wie Shelley, Keats, Bonaventura oder Hoffmann, gemeinsam ist ihnen die gesellschaftliche Grundlage des den Bürger, den Kapitalisten, den Philister ablehnenden Außenseiters. Ihre Ablehnung der Tendenzen des bürgerlichen Zeitalters führt sie teils zur →gegenaufklärerischen Anlehnung an Mittelalter und Feudalismus, teils zu radikalen und hoffnungslosen, weil unrealisierbaren Utopien, zu märchenhaften Schein- und Gegenwelten, in den konsequentesten Entwicklungen zu Weltabkehr, Lebensverneinung, Nacht- und Todessehnsucht, →Subjektivismus, →Ästhetizismus und →Nihilismus.

Die Emanzipation des Bürgertums ist für die Künstler zweischneidig. Die Befreiung aus der Abhängigkeit der Fürstenhöfe und das Selbstgefühl eines autonomen, →prometheischen Schöpfers können den Künstler, wenn er in seiner Freiheit nicht von der neuen aufsteigenden Klasse getragen wird und sich auch nicht durch einen bürgerlichen Beruf – etwa durch ein Doppelleben als Dichter und Beamter – in die bürgerliche Arbeitswelt integriert, aus der Gesellschaft hinaus in ein gesellschaftsloses Nichts führen, in Bodenlosigkeit, Unsicherheit und Vernichtung. Immer wieder geht die Emanzipation des bürgerlichen Autors ins Leere, mündet in Armut, Not, ökonomischem Ruin. Seit Werther (→S. 176f.) wird es zunehmend die Figur des Außenseiters, die den Dichtern am besten gelingt: des Antibürgers, der sich an qualitativen Werten orientiert, die in der Erwerbswelt nicht mehr verkörpert und auch nicht mehr honoriert werden. Der Antiheld, der mit seiner eigenen Klasse zerfallen ist, der sich auf niemand mehr stützen kann und hinter dem niemand mehr steht. Das problematische Individuum, vereinzelt, machtlos, doppelt gefährdet, weil doppelt verwundbar. Von Goethes »Werther« führt eine klare Linie zur Romantik, zu Tieck, zu Kleist, zu Büchner und bis in unser Jahrhundert.

Johann Wolfgang von Goethe (1749 bis 1832) stemmte sich energisch gegen diese Entwicklung. Gegen die Enthumanisierungstendenzen seines Zeitalters setzte er bewußt und konsequent die Humanisierung aller Lebensbereiche, auch der Kunst und Wissenschaft. Nach der Französischen Revolution wendete sich Goethe vor allem der Naturwissenschaft zu. Gegen Newtons quantifizierende Physik entwickelte er seine eigene qualitativ orientierte Farbenlehre, die er eine Zeitlang sogar für sein Hauptwerk und für wichtiger als seine Dichtungen hielt. Aber trotz aller Entschlossenheit und Aktivität konnte er mit seiner humanistischen, am Menschen, am Qualitativen und Konkreten orientierten Wissenschaft den notwendigen Gang der inhumanen, allein an der Sache, am Quantitativen und Abstrakten orientierten modernen Wissenschaft nicht aufhalten. Immer deutlicher sieht er die Vergeblichkeit seiner Humanisierungsbestrebungen und die Entfremdung der neuen Zeit: »Niemand kennt sich mehr, niemand begreift das Element worin er schwebt und wirkt, niemand den Stoff den er bearbeitet.« Und: »Reichtum und Schnelligkeit ist was die Welt bewundert und wornach jeder strebt.« Die Vision der großen autonomen schöpferischen Persönlichkeit, die Goethes frühe Hymnen belebt, aber auch das Humanitätsideal seiner klassischen Dramen werden mehr und mehr problematisch. Angesichts der modernen Arbeitswelt fühlt Goethe selbst, daß das Individuum nicht mehr zu retten ist. Kein einzelner kann die Widersprüche lösen und kein einzelner kann noch den notwendigen Überblick über die Verhältnisse haben. In »Wilhelm Meister« schwebt Goethe bereits ein neues gesellschaftliches Modell vor. Aber weder die in diesem Roman dargestellte »Turmgesellschaft« noch die »pädagogische Provinz« lassen den eindeutigen Schluß zu, Goethe habe seinen Frieden mit der modernen Arbeitswelt gemacht oder gar ein Verhältnis zu ihr gewonnen. Die Widersprüche sind zu groß. Mit der Denkfigur »Polarität« hat Goethe versucht, sie zu ordnen und in eine fruchtbare Spannung zu bringen.

Das Bürgertum als Klasse, Träger der politischen und der industriellen Revolution, gerät mit der konkreten politischen und wirtschaftlichen Entwicklung in Widerspruch zu seinen eigenen Idealen, Werten und Zielen. Es richtet sich, sobald es an der Macht ist, nicht so sehr auf die Verwirklichung der allgemeinen Menschenrechte und der Revolutionsideale als auf die Durchsetzung seiner Klasseninteressen: Entmachtung des Adels; Sicherung der eigenen Macht und Fernhalten der Besitzlosen durch das Steuerwahlrecht; möglichst unbeschränkte wirtschaftliche Entfaltungsmöglichkeit für alle, die die Mittel dazu besitzen, d.h. in erster Linie: Bankiers und Industrielle. Die Herstellung eines →»allgemeinen Willen« erweist sich bald als unmöglich, die Versuche münden in Demagogie, Manipulation, Intrige und Terror. Die Revolutionsideale »Freiheit«, »Gleichheit«, »Brüderlichkeit« werden diskreditiert durch Schreckensherrschaft, Herrschaft des Geldes, Bruderkrieg – durch Atomisierung der Gesellschaft unter zügellosem Egoismus und rücksichtsloser Konkurrenz. Diese Erfahrungen tragen dazu bei, daß sich die Urteile über die Französische Revolution bald differenzieren und Kritik und Entsetzen geäußert wird, auch von solchen, die wie Wieland die Revolution erst begrüßten.

Die Revolution von 1848 ist der Wendepunkt des bürgerlichen Zeitalters. Das Bürgertum steht bereits zwischen den Fronten und setzt sich nach beiden Seiten zur Wehr: gegen Adel und Proletariat. (Die Abbildung zeigt den Barrikadenkampf in Berlin, 1848)

Arbeitsteilung. Die Erziehung des Menschen durch Kunst

Wie die politisch-gesellschaftliche, so erweist sich auch die wirtschaftlich-industrielle Revolution des Bürgertums als problematisch. Die konsequente gesellschaftliche Teilung der Arbeit, die Mechanisierung, die Sparsamkeit, Kapitalansammlung und ständige Betriebsamkeit schaffen nicht nur materielle Güter, sondern zwingen auch immer mehr Menschen in das Joch einer speziellen, nicht mehr vielseitigen sondern eintönigen und nicht mehr selbständigen sondern abhängigen und unfreien Arbeit, zu der sie kein Verhältnis mehr haben und deren Produkte nicht mehr für sie selbst oder bestimmte konkrete Bedürfnisse, sondern für den Markt bestimmt sind. Bei dieser Marktorientierung treten die konkreten menschlichen Beziehungen zurück hinter die abstrakten Beziehungen von Preis und Ware, Angebot und Nachfrage, Kauf und Verkauf. Gerade durch seine fortschrittliche wirtschaftliche Produktivität wirkt das Bürgertum seinen eigenen Forderungen nach freier Entfaltung der Persönlichkeit entgegen. Statt freier Entfaltung verlangt es die Entselbstung und Aufopferung im industriellen Arbeitsprozeß. Statt →Autonomie bringt es Unterwerfung unter die ›Sachzwänge‹ der Produktion und die Gesetze des Marktes. Statt Individualität erzeugt es Massenartikel, auch im Bereich der Literatur, wo erst jetzt ein Zeitalter des kommerzialisierten Kulturbetriebs und der marktgängigen Trivialliteratur anbricht (→S. 216ff.). So sehen sich die Menschen bald von den gesellschaftlichen Mächten – Unternehmen, Institutionen, Organisationen, Märkten, Kapital –, die sie selbst hervorgebracht haben, als von fremden Mächten beherrscht. Sie entmenschlichen sich im Dienst einer Sache. Nicht zur Bereicherung ihres eigenen Lebens, nicht zu ihrem Vergnügen, nicht für ihre Freunde, sondern für die Ansammlung von Kapital arbeiten sie. Letztlich ist es das Geld, das die öffentlichen Beziehungen der Menschen zueinander regelt. Das soziale Leben ist nicht mehr direkt menschlich, sondern durch tote Dinge, Kapital und Waren, geregelt, d.h. verdinglicht.

Diese Widersprüche zwischen den bürgerlichen Idealen und der bürgerlichen Wirklichkeit sind von den Dichtern früh bemerkt worden. Schiller hat bereits 1793 in seinen »Briefen über die ästhetische Erziehung des Menschen« den ersten Versuch einer theoretischen Analyse unternommen. Ganz allgemein läßt sich beobachten, daß in diesen Jahren die Literatur sich verändert. In der Literatur des ausgehenden 18. und beginnenden 19. Jahrhunderts entsteht ein Menschenbild, das das genaue Gegenteil des bürgerlichen Humanitätsideals zu sein scheint: Der Mensch erscheint als Marionette, als unfrei und fremdbestimmt, von fremden Gewalten am Draht gezogen, leblos, wie ein totes Ding, ein Werkzeug, eine Puppe. Er begreift nicht, was er tut, die Welt erscheint undurchsichtig, unverständlich, sinnlos, als Tollhaus, Narrenhaus, als Gefängnis oder Sarg. Hinter den Fassaden des scheinbaren Lebens lauert das Nichts. Erst jetzt werden wieder vernichtende Tragödien geschrieben, die anders als die bürgerlichen Trauerspiele ihre Helden nicht mehr sterbend die Werte verherrlichen lassen, für die sie sich wie Märtyrer opfern und mit denen sie auf eine bessere Zukunft weisen, sondern die, furchtbar und hoffnungslos, den Riß sichtbar machen, der die Welt und die Menschen spaltet und menschliche Integrität vernichtet.

Friedrich von Schiller (1759–1805), Ehrenbürger der Französischen Revolution, abgeschreckt durch den Revolutionsterror von 1793, faßte noch im gleichen Jahr den Plan, einen Weg zu entwickeln, auf dem die Menschen durch die Beschäftigung mit der Kunst zu dem »vollkommensten aller Kunstwerke«, dem »Bau einer wahren politischen Freiheit« geführt und befähigt werden sollen. Die »Briefe über die ästhetische Erziehung des Menschen« empfehlen den Weg über die Kunst, um ein politisches Ziel zu erreichen, das die Franzosen auf dem Wege der direkten politischen Aktion verfehlt haben. Dabei kommt Schiller zu einer Analyse seiner Zeit, die nicht nur die Französische Revolution, sondern auch die Entwicklung der neuen bürgerlichen Industriegesellschaft geistig verarbeitet, wie sie sich in Deutschland gerade erst langsam bildet. Die gesellschaftliche Teilung der Arbeit begreift Schiller als das eigentliche Gegenprinzip der Entwicklung und Erziehung des Menschen. Arbeitsteilung hindert die Menschen an der Entfaltung ihrer Kräfte, Fähigkeiten und Möglichkeiten und läßt sie verkümmern. »Ewig nur das eintönige Geräusch des Rades, das er umtreibt, im Ohre, entwickelt er nie die Harmonie seines Wesens, und anstatt die Menschheit in seiner Natur auszuprägen, wird er bloß zum Abdruck seines Geschäfts, seiner Wissenschaft.« – »Wir sehen ganze Klassen von Menschen nur einen Teil ihrer Anlagen entfalten, während daß die übrigen, wie bei verkrüppelten Gewächsen, kaum mit matter Spur angedeutet sind.« Schiller sieht deutlich die materiellen Ursachen der →Entfremdung, aber er sucht noch die Heilung durch Kunst, ästhetische Erziehung. Damit hat er der Kunst der Klassik ein allgemein-menschliches und zugleich aktuelles politisches Ziel gesetzt, das sie zwar überforderte, da die materiellen Widersprüche nicht durch die Kunst allein zu lösen waren, aber zu höchsten Anstrengungen herausfordern konnte. Schiller vergleicht die Menschen seiner Zeit mit den Menschen des griechischen Altertums, aber er sieht nicht rückwärts in ein besseres →goldenes Zeitalter, sondern betont, daß die Menschen der Gegenwart insgesamt einen großen Fortschritt gegenüber den Griechen erzielten, daß dieser Fortschritt notwendig und dafür die Spezialisierung erforderlich sei. Aber dieser Fortschritt der menschlichen Gattung gehe auf Kosten der menschlichen Individuen. »Kann aber wohl der Mensch dazu bestimmt sein, über irgendeinem Zwecke sich selbst zu versäumen?« Schiller fordert neue Anstrengungen, um in einem weiteren Fortschritt die »Totalität in unsrer Natur, welche die Kunst zerstört hat, durch eine höhere Kunst wieder herzustellen.« In dieser Überwindung der Entfremdung des Menschen, der modernen Zerstückelung, Verkümmerung und Verdinglichung der Individuen, die der Fortschritt zwangsläufig brachte, in der Herbeiführung einer neuen menschlichen Totalität und in der Herbeiführung und Vorbereitung der allgemeinen politischen Freiheit sieht Schiller die soziale Funktion der Kunst.

Enttäuschung, Traum und Hoffnung

Friedrich Hölderlin (1770–1843) gehörte zu den begeisterten Anhängern der Französischen Revolution. Im Juni 1792 schrieb er an seine Schwester: »Glaube mir, liebe Schwester, wir kriegen schlimme Zeit, wenn die Oestreicher gewinnen. Der Misbrauch fürstlicher Gewalt wird schröklich werden. Glaube das mir! und bete für die Franzosen, die Verfechter der menschlichen Rechte.« Aber schon ein Jahr später stellt er fest, daß die Jakobiner die Ideale der Revolution verraten haben und selber unmenschlich geworden sind. Marat nennt er einen schändlichen Tyrannen und begrüßt seine Ermordung, die Jakobiner nennt er Volksschänder, den von ihnen hingerichteten →Girondisten Brissot dagegen einen guten Patrioten und ein Opfer seiner niedrigen Feinde. Daß schließlich auch Robespierre ermordet wird, scheint ihm gerecht und vielleicht von guten Folgen zu sein. »Laß erst die beiden Engel, die Menschlichkeit und den Frieden, kommen, was die Sache der Menschheit ist, gedeihet dann gewis!« Aber Hölderlin warnt auch vor den konservativen »Thoren oder Bösewichtern«, die die Revolution als →»Freigeisterei« und »Freiheitsschwindel« verunglimpfen und bekämpfen und dabei den denkenden Geist, die Würde und die Rechte des Menschen verdammen oder lächerlich machen wollen. Hölderlin hält fest an den Idealen der Revolution und ist von der Notwendigkeit des nationalen Umsturzes, der »vaterländischen Umkehr«, überzeugt. Trotz seiner Enttäuschung bleibt er Revolutionär und glaubt an eine bessere Zukunft. Der Unterschied ist, daß er bis 1792 glaubt, daß die bessere Zukunft unmittelbar bevorstehe und auch im Kriege durch die siegreichen französischen Revolutionsheere herbeigeführt werde. Das Schreckensjahr 1793 begräbt diesen Glauben. Die schöne Zukunft rückt wieder in weite Ferne.

Die Deutschen seiner Zeit sieht Hölderlin ähnlich kritisch wie Schiller und beklagt ähnlich die Entmenschlichung durch die moderne Arbeitsteilung: »Handwerker siehst du, aber keine Menschen, Denker, aber keine Menschen, Priester, aber keine Menschen, Herren und Knechte, Jungen und gesetzte Leute, aber keine Menschen – ist das nicht, wie ein Schlachtfeld, wo Hände und Arme und alle Glieder zerstückelt untereinanderliegen, indessen das vergoßne Lebensblut im Sande zerrinnt?«

Überall, nicht nur in der Dichtung und der Malerei, sondern auch in der Politik, im Lebensstil, in der Architektur, in der Kleidung und im Stil der Möbel versuchte man um 1800, sich an der Antike zu orientieren. Noch konsequenter als Goethe oder Schiller ist

Hölderlins Dichtung in Form und Geist geprägt vom griechischen Humanismus. Aus seiner Stellung zum griechischen Altertum, zur Gegenwart und zur Revolution ergeben sich die wesentlichsten Strukturmerkmale von Hölderlins Dichtung: einerseits die triadische Struktur von guter Vergangenheit, schlechter Gegenwart und besserer Zukunft, andererseits die konkrete Trauer und die abstrakte Hoffnung, die sich von der politischen Wirklichkeit nicht viel erwarten und nicht wissen, wann der ferne Tag eines besseren Lebens kommen wird. Man hat versucht, Hölderlins dichterische Bilder in konkrete politische Aussagen zu übersetzen, weil man sie für eine konspirativ verschlüsselte Geheimsprache hielt. So interessant diese Versuche sind, sie haben die Klarheit, die sie versprachen, nicht schaffen können. Eine andere Erklärung liegt nahe: Hölderlin hat nicht konkrete politische Aussagen in poetische Bilder gekleidet, bloß weil er sie vor der Zensur verstecken mußte, sondern die poetischen Bilder mußten auch darum so allgemein und vieldeutig bleiben, weil ihm die Situation seiner Zeit nicht mehr erlaubte, noch konkrete politische Möglichkeiten zu sehen: seit 1793 nicht mehr, auch nicht zur Zeit der Napoleonischen Kriege und noch weniger während der Zeit der Restauration nach 1815.

Napoleonische Politik und bürgerliche Rechte

Was waren die wesentlichen Züge der konkreten politischen Ereignisse? Die Entwicklung führte zunächst über die Liquidierung der Französischen Revolution, ihrer republikanischen Zielsetzung, durch das Kaiserreich Napoleons.

Nach 13 Jahren Krieg und unter innenpolitischer Unsicherheit machte sich der Wunsch nach Ordnung breit, zumindest bei denen, die noch etwas zu verlieren hatten und sich in der Fortführung ihrer Geschäfte behindert sahen. Napoleon Bonaparte konnte daher bei seinem Staatsstreich 1799 mit der Sympathie und Unterstützung eines großen Teils der Pariser Bevölkerung rechnen, von deren Verhalten seit der Revolution jede Regierung weitgehend abhängig war. In einer neuen Verfassung wurden ihm als Erstem Konsul – neben zwei anderen, die kaum über Einflußmöglichkeiten verfügten – praktisch alle Regierungsvollmachten übertragen. Zwar gingen damit wesentliche, in der Revolution erkämpfte, demokratische Neuerungen wieder verloren, aber die Bevölkerung billigte mit großer Mehrheit die Einschränkung ihrer politischen Rechte: In einer Volksabstimmung über die neue Verfassung und die Einsetzung Napoleons zum Ersten Konsul auf 10 Jahre stimmten von 3 Mill. Bürgern nur 1562 gegen die Neuregelung. Und 3 Jahre später wählte 1802 eine ähnlich überwältigende Mehrheit Napoleon zum Konsul auf Lebenszeit – Beweis für die Popularität napoleonischer Politik.

Was aber blieb von den Zielen der Revolution, den politischen und sozialen, von Volkssouveränität und Neuordnung der Besitzverhältnisse in einem autoritär regierten Staat, der ab 1804 nicht mehr Republik, sondern Kaiserreich war? »Die Revolution ist auf die Grundsätze gebracht, von denen sie ausgegangen ist; sie ist beendet.« So sah es Napoleon, Kaiser durch Volksabstimmung und nicht mehr von Gottes Gnaden – aber Kaiser immerhin mit all dem dazugehörigen Prunk, dem Zeremoniell und der Machtvollkommenheit eines absolutistischen Herrschers. Damit war deutlich geworden: Die Volkssouveränität machte Napoleon zum Kaiser und trug dabei sich selbst zu Grabe, um der Ordnung willen.

Immerhin, **bürgerliche Rechte** wurden festgelegt im »Code Civil«, auf der Basis römischer Rechtsgrundsätze und bürgerlicher Freiheiten von Juristen Napoleons ausgearbeitet und 1804 in Kraft gesetzt, Grundlage seitdem für die Bürgerlichen Gesetzbücher vieler Länder, auch heute noch. Gleichheit aller Bürger vor dem Gesetz, theoretisch zumindest, war damit verbindlich, Recht war öffentlich einklagbar, hing nicht mehr ab von feudalen Herrschaftsverhältnissen. Aber es war *bürgerliches* Recht, Recht für Bürger mit Besitz, denn nicht nur kostete Klagen Geld und Wissen, sondern der Staat schützte ausdrücklich den privaten Besitz, räumte also den Besitzenden – Unternehmern, Kaufleuten, Landbesitzern – eine bessere Stellung ein. Sie waren – ablesbar auch an der Wahlberechtigung, die an Besitz gebunden war – die eigentlichen Bürger. →Sansculotten, Landarbeiter, alle, die von der Hand in den Mund leben mußten und die Revolution in der Hoffnung auf Besserung ihrer miserablen Lebensbedingungen tatkräftig unterstützt hatten, hatten das Nachsehen.

Abgesichert in einer Verfassung sollten die Grundrechte der Bürger werden, so lautete die nächste Forderung der Bürgerlichen. Sie sollte Öffentlichkeit statt geheimer Kabinettspolitik als Organisationsprinzip des Staates garantieren (Rede-, Presse-, Versammlungsfreiheit, politisch gleiches Wahl- und Stimmrecht) – Forderungen, die, immer wieder vorgebracht, 1848 schließlich unüberhörbar wurden. Damit sollte der Einfluß der öffentlichen Meinung auf die Staatsführung sichergestellt werden. Alle solche Prinzipien waren auf Bürger als Menschen schlechthin bezogen; in Wirklichkeit, das zeigte die weitere Geschichte des 19. und auch des 20. Jahrhunderts, profitierte davon in erster Linie eine kleine Minderheit, deren bürgerliche Autonomie durch Eigentum sozial abgesichert war und die durch Bildung als Folge des Eigentums allein in der Lage war, ihre Interessen wirksam zu vertreten.

Bürgerliche Öffentlichkeit und die Wirkungsmöglichkeit der Kunst

Daran ändert auch die Tatsache nichts, daß prinzipiell jedem der Weg in diese bürgerliche →Öffentlichkeit offenstand. Unbestreitbar allerdings bleibt, daß, gemessen an den Bindungen der feudalstaatlichen Ordnung, die Prinzipien bürgerlichen Rechts dem einzelnen ein nie gekanntes Maß an persönlicher, wirtschaftlicher und politischer Freiheit garantierten, wenn auch die wirtschaftliche Freiheit in der Praxis nur für wenige nutzbar war, die Mehrheit des Volkes aber rein ökonomisch ihr Opfer wurde – als Proletariat.

Wie weit und mühsam der Weg war vom Ständestaat zum Bürgerstaat, kann das Beispiel Preußen-Deutschland zeigen. Gerade auf Preußen richteten sich damals um 1800 viele Hoffnungen. Sein König, Friedrich Wilhelm III., galt als »Bürgerkönig« und gab sich in seinem Lebensstil entsprechend. Aber auch hier war die allgemeine Lage der Literaten höchst problematisch, auch hier folgten den Hoffnungen die Enttäuschungen und auch hier stieß man schnell an enggezogene Grenzen und mußte die eigene Einflußlosigkeit und Ohnmacht erkennen. Statt an der Gestaltung des öffentlichen Wohls mitwirken zu können, zog man sich notgedrungen aus der Gesellschaft auf seine Kunst zurück und wurde zum Außenseiter. Der Weg in die bürgerliche Öffentlichkeit blieb versperrt, oder er führte nicht nur über die Zensur (→S. 246ff.), sondern – schlimmer noch – über den Markt. Diese Marktabhängigkeit wurde desto drükkender, je größer die Zahl der produzierenden Künstler wurde und je größer der Graben zwischen ihren anspruchsvollen, oft nur Eingeweihten verständlichen Erzeugnissen einerseits und der kunstfernen bürgerlichen Wirklichkeit andererseits.

Friedrich von Hardenberg (1772–1801), Pseudonym Novalis, adliger Herkunft, Sohn eines Gutsbesitzers und Salinendirektors, bietet ein frühes Beispiel dafür, wie die kunstferne Wirklichkeit eine wirklichkeitsferne Kunst hervorbringt, die das Leben nicht mehr gestaltet, sondern ersetzt. Reale Mißstände werden spirituell transformiert, Krankheit und Tod werden mystisch verklärt, an die Stelle einer gesellschaftlich-materiellen Revolution tritt die poetisch-geistige. »Wenn ihr die Gedanken nicht zu äußern Dingen machen könnt, so macht die äußern Dinge zu Gedanken.«

Auch für Novalis ist der Ausgangspunkt die Verneinung der bestehenden Verhältnisse, aber es geht ihm nicht darum, die Wirklichkeit materiell zu verändern, sondern zu entmaterialisieren, zu spiritualisieren, zu romantisieren und poetisieren. Diese Art der Verwandlung der Welt wird für ihn die eigentliche Aufgabe des Dichters. Die reale Ohnmacht des Dichters und die gesellschaftliche Folgenlosigkeit seiner Kunst kompensiert Novalis, indem er Orpheus wiederbelebt, den mythischen Sänger, dem alle Macht gegeben ist in dieser und der andern Welt, der mit seinen Tönen nicht nur die Menschen, Tiere und

Pflanzen zwingt, ihm zu lauschen, sondern sich sogar das Totenreich öffnet. Mit seinem auf Unendlichkeit hin angelegten und darum konsequent →fragmentarischen Roman »Heinrich von Ofterdingen« schreibt Novalis die Biographie eines zweiten Orpheus und entwirft eine universale Poesie, zugleich ein sehr unbürgerliches Gegenstück zum bürgerlichen »Wilhelm Meister« Goethes. Novalis hatte mehrfach Gelegenheit, die reale Ohnmacht des Geistes und die Übermacht der äußeren Welt, die Herrschaft des Geldes und die den feudalen oder kapitalistischen Privatbesitz schützenden staatlichen Institutionen kennenzulernen. Sein Antikapitalismus gründet sich nicht zuletzt auf die persönliche Erfahrung, daß in der für den Markt produzierenden Gesellschaft Künstler wie die Frühromantiker, denen er selbst angehört, gefährdete und problematische Individuen sind. »Ihr sollt nicht mehr von Buchhändlern literarisch und politisch gewissermaßen dependieren«, schreibt Novalis seinen Freunden, die mit der Herausgabe ihrer Zeitschrift »Athenäum« von Anfang an finanzielle Schwierigkeiten hatten. Novalis plant »die Errichtung eines literärischen republikanischen Ordens – der durchaus merkantilisch politisch ist – einer echten Kosmopolitenloge«. Er denkt an die Einrichtung einer Buchdruckerei und eines eigenen Verlagsunternehmens, ein alter Traum der mit dem Verlagswesen und Buchhandel unzufriedenen Autoren seit Lessing und Klopstock. Freilich wird auch bei Novalis nichts aus dem Plan, sich in der kapitalistischen Gesellschaft die eigene geistige Unabhängigkeit und Wirkungsmöglichkeit zu sichern, indem man selbst eine Kapitalgesellschaft gründet und sich so in den Besitz der notwendigen Produktionsmittel setzt.

Auch Versuche politischer Einflußnahme scheitern. Bezeichnend ist der Appell, den Novalis im Juli 1798 an das preußische Königspaar richtet. Friedrich Wilhelm III. und die Königin Luise schienen nicht nur Herrscher, sondern vor allem auch Menschen, ausgestattet mit bürgerlichen Tugenden, schlicht, bescheiden, ihre eigene Verbindung nicht auf äußere dynastische Interessen, sondern auf Liebe gründend. Novalis feiert sie in den politischen Fragmenten »Glauben und Liebe«: »Wenn die Taube Gesellschafterin und Liebling des Adlers wird, so ist die goldene Zeit in der Nähe oder gar schon da, wenn auch noch nicht öffentlich anerkannt und allgemein verbreitet.« Und: »Wer den ewigen Frieden jetzt sehn und lieb gewinnen will, der reise nach Berlin und sehe die Königin.« Novalis zeichnet das Herrscherpaar, wie er es sieht und wie es sich seiner Absicht nach selbst sehen und verhalten könnte und sollte. Es ist eine Huldigung mit Appellstruktur und Identifikationsmöglichkeiten, aber auch mit teils versteckter, teils offener Kritik am Hofleben, am preußischen →Merkantilismus der Vergangenheit und an der staatlichen Förderung des kapitalistischen Profitstrebens. Preußen soll nicht länger »als Fabrik verwaltet« werden. Das alte Prinzip, »jeden durch Eigennutz an den Staat zu binden«, habe sich als schädlich erwiesen. Novalis beschreibt das kapitalistische als das auflösende, zersetzende Prinzip, »der rohe Eigennutz scheint durchaus unermeßlich, antisystematisch zu sein«, »durch diese förmliche Aufnahme des gemeinen Egoismus als Prinzip« sei dem Staat »ein ungeheurer Schade geschehn«, Aufgabe des Königs sei es, ein Land zu schaffen, das nicht den rohen Eigennutz, sondern Herz und Geist befriedigt. »Ein blühendes Land ist doch wohl ein königlicheres Kunstwerk als ein Park. Ein geschmackvoller Park ist eine englische Erfindung. Ein Land, das Herz und Geist befriedigt, dürfte eine deutsche Erfindung werden; und der Erfinder wäre doch wohl der König aller Erfinder.« In Berlin war der Erwartungshorizont auf weniger problematische und weniger kritische Huldigungen eingestellt, und aktiv wurde zunächst die Zensur.

Der Weg nach Innen

Neben Novalis der bedeutendste »Frühromantiker« ist Ludwig Tieck (1773–1853), der aus dem Kleinbürgertum stammte und sich während der Gymnasialzeit für die Französische Revolution begeisterte. Aber auch bei ihm wich die anfängliche Begeisterung bald der Enttäuschung. Die Abwendung von der Revolution wird zur Abwendung von der Politik, von der bürgerlichen Gesellschaft, vom äußeren Leben überhaupt und zur entschiedenen Hinwendung zur Kunst, insbesondere zum Theater.

Bezeichnend für den romantischen Realitätsbezug ist sein früher Roman »William Lovell«. Lovells Weg geht nach innen, das eigene Seelenleben wird zum →Substrat des Romans und scheint für sich selbst der äußeren Welt überlegen. Freilich erweist sich der Subjektivismus als Täuschung, die objektive Wirklichkeit, die nicht mehr akzeptiert wird, wird auch nicht mehr durchschaut und so nur scheinbar bewältigt. Isoliert gerät der Held, der sich zu unrecht autonom setzt und sich irrtümlicherweise frei wähnt, in die Gewalt von Leuten, die ihn besser kennen als er sich selbst. Er hält sich selbst für das einzige Gesetz und jenseits von Gut und Böse. Aber seine Eigenmächtigkeit und Selbstsucht, die sogar noch Verbrechen rechtfertigt, entlarvt sich fortschreitend als Selbsttäuschung. Seine Liebschaften, Leidenschaften, Feindschaften, Verbrechen erscheinen nur ihm legitim und echt und aus seiner innersten Existenz heraus motiviert. Aber am Ende erkennt er, daß alles, sogar seine Leidenschaften, von einem anderen geplant, berechnet, angeregt und zu dessen eigenem Vorteil gesteuert wurden. In Wirklichkeit war er Werkzeug, Marionette, Maschine, fremdbestimmt und ferngesteuert. Tieck demontiert in diesem Roman nicht nur jegliche bürgerliche Tugend- und Moralvorstellung, sondern die Persönlichkeitsideologie schlechthin. Das vereinzelte Individuum wird erst absolut gesetzt und an keine Werte mehr gebunden. Gerade in diesem Zustand aber wird es dann beliebig verfügbar.

Vernichtende Kritik

Voll vernichtender Kritik ist diese »Romankritik«. In den »Nachtwachen« von Bonaventura erscheinen Staat, Bürgertum und alle traditionellen gesellschaftlichen Mächte miteinander verbunden, um wirkliche Menschlichkeit zu verhindern. Der »Poet« allein nimmt sich des Menschen an und schreibt über ihn eine Tragödie. Aber das ist ein undankbares Geschäft in einer Zeit, da weder Menschlichkeit noch Dichtung sich »verkauft«. So findet der Nachtwächter den Poeten in seiner armen Dachstube, wo er sich selbst über seiner Tragödie, von der niemand etwas wissen wollte, erhängt hat. Bonaventura sieht nur eine Alternative für den Dichter: entweder kompromißlos bleiben, hungern und sich erhängen, oder eine Maske wählen, einen Kompromiß schließen, ein bürgerliches Amt antreten, das noch Freiheit läßt und das zugleich seine unbürgerlichen Seiten hat und seinen Mann ernährt: der Poet in der Maske des Nachtwächters. In diesem »Roman« wird alles Maske, da der Mensch, und ganz besonders der menschlichste und darum gefährdetste Mensch: der Dichter, in dieser teuflischen Weltordnung nur bestehen kann, wenn er sich maskiert. Die genialste Maske hat sich der Romanautor selbst gewählt: Bonaventura – trotz vieler Versuche ist es noch niemandem überzeugend gelungen, herauszubekommen, wer sich hinter diesem Pseudonym verbirgt. Die Erzählfigur, die sich dieser Autor gewählt hat, der Nachtwächter, erscheint als der Außenseiter, der das Leben der Menschen beobachtet und kommentiert und ansagt, was die Zeit geschlagen hat. – An der Zeit selbst kann er nichts ändern. Er wird grimmiger Zuschauer, in seinem Blick erscheint die Welt als absurdes Schauspiel, als unheimliches und sinnloses Theater, als Tollhaus, als schlecht gespielte Tragikomödie, als lächerliches Marionettenspiel. Bonaventuras Nachtwächter sieht sich im Gegensatz zur Gesellschaft wie auf verlorenem Posten: »Eins ist nur möglich; entweder stehen die Menschen verkehrt, oder ich. Wenn die Stimmenmehrheit hier entscheiden soll, so bin ich rein verloren.« Der Nachtwächter läßt keinen Zweifel daran, wessen Standpunkt verkehrt ist, er bläst das Signal zum Jüngsten Gericht, und nun entlarven sich alle. Diese Inszenierung des Jüngsten Tages gerät zur Umkehrung des Calderónschen Welttheaters: Es zeigt sich, daß die Ordnung in der Welt verkehrt ist, keiner hat die richtige Rolle, ein neues Chaos ist notwendig, um die perverse Ordnung aufzuheben. Dabei sieht der Nachtwächter auch die materielle Grundlage der Verkehrtheit des menschenverachtenden Systems, wenn er klagt, daß »der Mensch als Mensch nichts mehr gilt, und kein Eigentum an der Erde hat, als was er sich erkauft oder erkämpft. O wie ergrimmte ich, daß Bettler, Vagabunden und andere arme Teufel, wie ich einer bin, das Faustrecht sich nehmen ließen, und es nur den Fürsten zugestanden, als zu ihren Regalen gehörig, die es nun im Großen ausüben« (→S. 184f.).

Napoleon und die Revolutionierung Europas

Eine wesentliche Rolle im Prozeß bürgerlich nationaler Emanzipation spielten die Napoleonischen Kriege. Besonders betroffen davon waren, in vielerlei Hinsicht, Frankreichs unmittelbare Nachbarn: Spanier, Italiener, Österreicher, Preußen und die Bewohner der zahlreichen kleineren deutschen Staaten, aber auch Engländer, Russen und Schweden. Die Deutschen traf es am handgreiflichsten: Immer wieder wurde ihr Land zum Aufmarschgebiet, Durchzugsgebiet, Versorgungsgebiet für Soldatenheere verschiedenster Herkunft. Dabei wechselten sie gelegentlich die Zugehörigkeit zu dem einen oder anderen Staat, nicht immer freiwillig und auf jeden Fall nicht folgenlos für ihr eigenes Bewußtsein als Bürger und als Angehörige einer Nation.

Im Rheinland, seit 1795 in französischem Besitz, brachten Reformen spürbare Veränderungen: Bauern wurden Eigentümer ihres Landes, ungefähr 10000 waren davon betroffen. Die Zünfte wurden aufgehoben, niemand bedurfte mehr ihrer Zustimmung, wollte er ein Handwerk erlernen oder sich als selbständiger Handwerker niederlassen, theoretisch stand es jedem frei, jedes Gewerbe auszuüben. Das sehr komplizierte Besteuerungssystem wurde wesentlich vereinfacht und damit für die Bürger leichter durchschaubar. Und schließlich wurde ein Anfang gemacht, Religion zu einer privaten Angelegenheit des einzelnen zu machen: Personenstandsregister, bisher von der Kirche geführt, wurden Angelegenheit staatlicher Verwaltungsbehörden. Damit wurde auch die zivile Eheschließung für alle verbindlich. Viele dieser und ähnlicher Maßnahmen brachten spürbare Erleichterungen im Alltag, inzwischen als Freiheiten eines Bürgers jedem selbstverständlich. Folglich war die französische Besatzung nicht unwillkommen, wurde sogar von einigen begeistert gefeiert, so von der →cisrhenanischen Bewegung, der u.a. Joseph Görres angehörte (1776–1848, Schriftsteller, Gymnasiallehrer, Professor, 1814 Hrsg. des »Rheinischen Merkur«). Sie strebten bereits 1797 eine Heraustrennung der Rheingebiete aus dem deutschen Reichsverband an, um sie als Cisrhenanische Republik Frankreich anzuschließen. Nur so, glaubten sie, sei der Gedanke in den Alltag des politischen und sozialen Lebens umzusetzen. Die französische Regierung, mit der sie deshalb Kontakt aufnahmen, war aber nach den Friedensschlüssen von Basel (1795 mit Preußen) und Campo Formio (1797 mit Österreich) nicht daran interessiert, ihre neue Machtposition durch politische Solidarität mit Abtrünnigen zu gefährden.

So dauerte es noch beinahe 10 Jahre und einige Kriege, bis 16 Staaten 1806 auf französischen Druck hin ihren Austritt aus dem Reich erklärten und sich als »Rheinbund« Napoleon als ihrem »Protektor« unterstellten. Zeitungen hatten sich in der Zwischenzeit bemüht, die Republik als Staatsform populär zu machen: »Aachener Zuschauer« (Hrsg. F. Dautzenberg), »Brutus oder der Tyrannenfeind« (F. Th. Biergans), »Bonner Intelligenzblatt« (J. B. Gleich), »Politische Unterhaltungen am linken Rheinufer« (M. Metternich) waren die bekanntesten unter ihnen. Der deutsche Kaiser Franz II. trat daraufhin zurück: offizielles Ende eines Römischen Reiches Deutscher Nation, das ohnehin seit langem nur noch auf dem Papier bestanden hatte.

Nach den Siegen bei Jena und Auerstedt zogen die Franzosen auch in die preußische Hauptstadt Berlin ein. Der König floh nach Memel – »unser Dämel ist in Memel«, sangen die Berliner Kinder auf der Straße – und im Frieden von Tilsit 1807 mußte er mehr als die Hälfte des preußischen Gebietes an Frankreich abtreten. Fast die Hälfte seiner Einwohner war davon betroffen, etwa 5 Mill. Menschen. (Die Rheinbundstaaten waren nun etwa doppelt so groß wie Preußen und hatten dreimal so viele Einwohner.)

Im nunmehr von Napoleons Bruder Jérôme regierten Königreich Westfalen zeigte sich wiederum die Zweischneidigkeit französischer Herrschaft: höchstwillkommene Reformen einerseits, nämlich Gleichheit vor dem Gesetz, konfessionelle Gleichberechtigung, Aufhebung aller Privilegien einschließlich der Steuerfreiheit des Adels, Beseitigung der Leibeigenschaft, alles in einer Verfassung garantiert; andererseits: Fremdherrschaft. Doch Wirklichkeit stand gegen Papier und erleichterte eine Entscheidung. Nur wenige Reformen wurden wirklich durchgeführt. Die Geldansprüche Napoleons waren hoch, die seines verschwenderisch lebenden Bruders nicht minder, ständige Aushebungen zum Kriegsdienst erbitterten die Bevölkerung. Mit Steuerverweigerungen und lokalen Aufständen (1809) setzte sie sich zur Wehr. Für einen fremden Kaiser zahlen und seine Kriege führen – nein.

Nicht zuletzt Napoleon also war es zu danken, daß Rückbesinnung auf die eigene Nation und Streben nach bürgerlich-liberaler Gesellschaftsreform sich verbanden und über den Kreis der Intellektuellen hinaus eine Basis fanden bei den unmittelbar Betroffenen: Abhängige Bauern wollten eigenes Land und Befreiung von Feudallasten, junge Handwerker sahen sich in der Gründung einer eigenen Existenz durch das Reglement der Zünfte behindert, Bürger der Städte verlangten Mitbestimmungsrecht bei der Entscheidung ihrer eigenen Angelegenheiten, Fremdherrschaft, Krieg und steigende Steuern belasteten alle – Unzufriedenheit machte sich breit. Auch die preußische Regierung hatte das begriffen. Änderungen waren nötig, wollte man sich neben dem äußeren Feind nicht auch die eigene Bevölkerung auf den Hals hetzen. Schließlich gab es böse Erfahrungen: Die Revolution in Frankreich war gerade erst 25 Jahre her. So wurden, gleichsam als Vorbeugungsmaßnahme, 1807 mäßige Reformen verkündet (»Steinsche Reformen«). Sie sollten dem einzelnen Bürger mehr persönliche Freiheit bringen, ohne daß dadurch doch die Struktur des Staates nachhaltig geändert würde: Jeder sollte sein Gewerbe frei wählen können, Grundbesitzerwerb wurde ohne besondere Erlaubnis möglich, auch für Bürger und Bauern – sofern sie ihn bezahlen konnten. Die Gutsuntertänigkeit wurde aufgehoben, d.h. die Bauern brauchten sich nicht loszukaufen, wenn sie das Gut verlassen wollten (nur, wohin sollten sie gehen, wenn sie kein Geld hatten und keinen Beruf?); auch durften sie ohne Erlaubnis des Gutsherrn heiraten; aber Dienste, Lasten und Abgaben blieben bestehen, die Gerichtsbarkeit hatten weiterhin die Gutsherren. Letztere protestierten überdies gegen die neuen Regelungen und hatten es mit der Durchführung folglich auch nicht so eilig, was an einzelnen Orten zu Dienstverweigerungen und Aufruhr unter den Bauern führte.

1808 erließ die Regierung eine neue Städteordnung, die einem Teil der Bürger mehr Einfluß auf die Kommunalpolitik einräumte: Die Bürger wählten, nicht mehr nach Korporationen oder Zünften sondern abhängig von ihrem Wohnsitz, die Stadtverordneten, und diese wiederum wählten den Magistrat. Aber nicht jeder hatte die Wahl: Ausgeschlossen waren alle, die jährlich weniger als 150 Taler (in größeren Städten 200) verdienten.

Von den neuen Rechten wurde anfangs nur zögernd Gebrauch gemacht: An der ersten Wahl in Berlin 1809 beteiligten sich von 156000 Einwohnern 11000, die 102 Stadtverordeten waren fast alle Kaufleute und Gewerbetreibende.

Politische Literatur

Literaten und Publizisten aber, weniger streng den traditionellen Denkschemata und Lebensformen verhaftet, dachten die zaghaften reformerischen Ansätze konsequent weiter. Friedrich Buchholz, Privatgelehrter in Berlin, veröffentlichte Anfang des Jahrhunderts »Untersuchungen über den Geburtsadel und die Möglichkeit seiner Fortdauer im 19. Jahrhundert«. Darin kam er zu dem Schluß, der Adel als privilegierte Klasse müsse unbedingt abgeschafft werden. Ähnliches verbreitete die Zeitschrift »Neue Feuerbrände« in einer für jene Zeit ungewöhnlich hohen Auflage von 5500 Exemplaren. Ihr Herausgeber, der Jurist Friedrich von Cölln, wanderte in die Festungshaft.

Aber Gedanken lassen sich nicht einkerkern. Ihrer Ausbreitung in Deutschland kam wiederum Napoleon zu Hilfe, unabsichtlich, als negative Klammer, die Republikaner und Nationalisten an einem Strang ziehen ließ. Die Unfähigkeit der Fürsten, der napoleonischen Eroberung wirksam entgegenzutreten, diskreditierte absolutistische Herrschaftsform und Kleinstaaterei zugleich. Forderungen nach bürgerlicher Mitbestimmung und nationaler Einigung gingen Hand in Hand.

Napoleons Rußlandfeldzug 1812 gab den Forderungen nach nationalem Widerstand neuen Auftrieb. Soldaten empfanden die Durchzugserlaubnis, die Friedrich Wilhelm

III. der Armee Napoleons zubilligen mußte, als ehrwidrig und als nationale Schande. Zahlreiche Offiziere nahmen ihren Abschied, einige von ihnen, u.a. Clausewitz und Gneisenau, gingen nach Rußland, als dessen Verbündeten sie ihr Land gerne gesehen hätten. Machtkalkül führte schließlich auch den preußischen König auf die Seite der Gegner Napoleons. »Der König rief und alle, alle kamen« – dieses legendäre Wort über die Mobilmachung Preußens 1813 gegen die Franzosen, das sich durch die Geschichtsbücher zog, bedarf wohl der Abwandlung: Alle, oder zumindest viele, waren bereit zu kommen, und da erst rief der König.

Über die allgemeine Begeisterung bei der Mobilmachung, die Spenden aus der Bevölkerung, die zur Finanzierung beitrugen, gibt es zahlreiche Schilderungen. Als Symbol für den Willen zum nationalen Befreiungskampf galt, obwohl zahlenmäßig relativ unbedeutend, das Lützowsche Freikorps, benannt nach seinem Kommandeur Ludwig Adolf Wilhelm Freiherr von Lützow. Freiwillige aus allen Teilen Deutschlands kamen im Frühjahr 1813 nach Breslau. Berühmt wurde die Freischärlertruppe durch Intellektuelle, die ihrem literarischen Patriotismus Taten folgen lassen wollten, unter ihnen Joseph von Eichendorff (1788–1857), Eleonore Prohaska, als Mann getarnt, und Theodor Körner (*1791; »Lützows wilde verwegene Jagd«), der im August 1813 bei einem Gefecht getötet wurde. Da die Freiwilligen, aus verschiedenen Territorialstaaten kommend, keine einheitlichen Uniformen besaßen, solche aber als wesentliches Requisit für eine Truppe angesehen wurden, wurden die verschiedenen Uniformen schwarz eingefärbt, mit roten Aufschlägen und goldenen Knöpfen versehen – eine Farbkombination, die danach bekanntlich nationalen Symbolwert erhalten hat. Programmatisch schließlich war die Vereidigung, vorgenommen nicht auf den König von Preußen, sondern »auf das Vaterland«. Ähnliche, wenn auch nicht so prominente Freiwilligenkorps entstanden auch in anderen Teilen Deutschlands. Zahlreiche Kämpfe gingen der Völkerschlacht bei Leipzig, Mitte Oktober 1813, voraus, nach der Napoleon, von Österreichern, Deutschen, Russen und Schweden besiegt, den Rückzug aus Deutschland bis zum Rhein antreten mußte.

Ernst Moritz Arndt (1769–1860), Sohn eines früher leibeigenen Pächters, errang als Dichter und Historiker der Befreiungskriege eine besondere Wirkung. 1803 trat er zunächst mit dem »Versuch einer Geschichte der Leibeigenschaft in Pommern und Rügen« hervor. Dabei leitete ihn nicht ein bloß wissenschaftlich-theoretisches, sondern ein praktisches Interesse: die Verbesserung der politisch-sozialen Verhältnisse. Sein Buch, »nicht für die Darstellung, sondern für die Gerechtigkeit« geschrieben, war ein Wagnis, das tatsächlich bereits 1806 zur Aufhebung der Leibeigenschaft in Pommern und Rügen führte. Im Frühjahr 1806, ein halbes Jahr vor der Niederlage Preußens bei Jena und Auerstedt, erschien das aufsehenerregende Buch »Geist der Zeit«, dem Arndt nach dem Erfolg unter gleichem Titel bis 1818 noch drei weitere Teile folgen ließ. Hier gab er eine Analyse der europäischen politischen Lage, die Beobachtung und geschichtsphilosophische Deutung verband; zugleich eine scharfe Abrechnung mit den zeitgenössischen Fürsten, Bürgern, Dichtern, Philosophen und außer Aufrufen zum Handeln zunächst einmal die Voraussage des Zusammenbruchs, ein Umstand, der zur Popularität des Buches beitragen mußte; denn bestätigte die politische Wirklichkeit so schnell die Prophetie des Schreibers, so konnten seine Analyse und Kritik gleich als mitbestätigt gelten. Arndt floh wegen dieses Buches vor den Franzosen nach Stockholm. Später ging er nach Rußland und wurde Mitarbeiter Steins. 1812 erschien in Petersburg, auf russische Kosten gedruckt, sein »Kurzer Katechismus für teutsche Soldaten«, darin kämpft er gegen die militärische Gehorsamsideologie der Soldaten, die »blind alles tun, was ihnen die Fürsten befehlen« und meinen, »Soldatenehre sei ein andres Ding als Bürgerehre und Menschenehre«: eine Kampfschrift, die an die Soldaten appelliert, Vaterland, Menschlichkeit und Bürgerehre höher zu stellen als den Gehorsam gegen Fürsten.
Arndt kämpfte als Reformer für die äußere *und* innere Freiheit. »Der moderne Staat ist demokratisch«, schreibt er und fordert für die Deutschen das Recht, »als edle und freie Männer regiert zu werden, d.h. uns selbst regieren zu helfen.«

Auch nach dem Wiener Kongreß, auf den er noch Einfluß zu nehmen versuchte und der auch für ihn eine Enttäuschung wurde, wirkte er weiter für seine freiheitlichen Ideen. Als Professor in Bonn wurde er 1819 wegen »revolutionärer Umtriebe« verhaftet, mußte aber unter dem Druck der Proteste von Professoren und Studenten wieder freigegeben werden, verlor 1820 dann doch sein Lehramt, wurde erst 1840 rehabilitiert und 1848 Abgeordneter in der Frankfurter Nationalversammlung.

Weit weniger einflußreich, viel erfolgloser als Arndt und doch in seiner späteren Wirkung sehr viel bedeutender war Heinrich von Kleist (1777–1811). Aus preußischer Offiziersfamilie, nimmt er noch als Soldat teil an den Feldzügen gegen das revolutionäre Frankreich, entzieht sich dann aber der Familientradition und nimmt seinen Abschied, denn seine Auffassung von Menschenwürde läßt sich mit der Offizierslaufbahn nicht vereinbaren. Dies ist bereits charakteristisch für ihn, auch für seine späteren Konflikte, seine Kritik an der Wissenschaft, am Staatsdienst, an der Politik. Kompromisse schließt er nicht, konsequent versucht er, sein Humanitätsideal zu verwirklichen, Denken und Handeln, Geist und Leben, Dichtung und Persönlichkeit zu verbinden.

Man hat es als Kleists Tragik bezeichnet, daß er, abgestoßen von der absterbenden Feudalgesellschaft, nicht zur andern, zur aufsteigenden bürgerlichen Klasse fand und darum isoliert scheitern mußte. Aber es ist gerade die moderne bürgerliche Welt, vor der sich der Dichter entsetzt: die Welt der Arbeitsteilung, Spezialisierung, Geldherrschaft, →Verdinglichung und Verkümmerung des Menschen. In Paris ist er empört über die Großbourgeoisie und Geldaristokratie mit ihrer Genußsucht und Raffgier. Er mißt sie an seinen eigenen, von Rousseau geprägten Humanitätsvorstellungen und befindet: »Rousseau ist immer das vierte Wort der Franzosen, und wie würde er sich schämen, wenn man ihm sagte, daß dies sein Werk sei.« So ist es klar, daß Kleist, der sich von seiner eigenen Klasse abwendet, keine Möglichkeit sieht, sich mit den Bürgern, so wie sie sind, zu verbünden, und daß ihm so zunächst jede gesellschaftliche Basis fehlt. So wurde er, wie Ernst Fischer schrieb, der »Dichter, in dem sich die Problematik der Existenz in einer entfremdeten Welt riesenhaft ankündigte«, ein Vorläufer Kafkas (→S. 324f.), der seinerseits nicht zufällig Kleists Novellen zu seiner liebsten Lektüre zählte.

Kleist versucht, der kunst- und menschenfeindlichen verdinglichten Konvention in seinem eigenen Leben zu entgehen, indem er selbst alle Sicherheit aufgibt. In seinen Werken reflektiert er die Problematik, indem er die Helden – wie Penthesilea, Käthchen, Littegarde oder den Prinzen von Homburg – aller gesellschaftlichen Staffage entkleidet, von aller Konvention befreit und in ungewöhnlichen Situationen exponiert, um wahres menschliches Wesen zu entdecken und die Kruste der bürgerlichen Anpassung, Sicherheit und Maske zu durchbrechen. In der Erhebung gegen Napoleon nun – und das macht Kleists radikales Engagement so erklärlich – sieht Kleist wie Arndt die Chance einer Erneuerung und einer Wandlung der Bürger, die Möglichkeit, sich erst eine Gesellschaft zu schaffen.

In seinem »Katechismus der Deutschen« (1809) sagt er, warum »die Vorsehung« »die Deutschen so grimmig durch Napoleon« »aus ihrer Ruhe aufgeschreckt hat«, um ihnen nämlich die Güter, an denen sie so hingen, »völlig verächtlich zu machen«, denn sie hingen »mit unmäßiger und unedler Liebe« an »Geld und Gut« und meinten, »ein ruhiges, gemächliches und sorgenfreies Leben sei alles, was sich in der Welt erringen ließe«. Wie Arndt so hat auch Kleist nicht nur dichterisch und im Gleichnis gegen Napoleon Stellung genommen (»Die Hermannsschlacht« 1808; »Prinz Friedrich von Homburg« 1810), sondern auch in agitatorischen Schriften zum Kampf aufgerufen. Dabei mußte er notwendigerweise eine Fehlentwicklung der Deutschen zu korrigieren suchen: der »Verstand der Deutschen« hatte sich einseitig abstrakt weltfremd entwickelt, »einen Überreiz bekommen«, »sie reflektierten, wo sie empfinden oder handeln sollten«.

Kleist möchte sie nun zum Handeln bewegen. Diese Handlungsorientierung im außerliterarischen sozialgeschichtlichen →Kontext gilt es zu vergegenwärtigen, damit man das, was man – etwas vorschnell – aufgrund isolierter Betrachtung einzelner überspitzter Formulierungen Kleists →Irrationalismus genannt hat, nicht länger verabsolutiert (→S. 188f.).

Engagiert, selbstbewußt und kämpferisch exponierten sich in der »romantischen« Bewegung besonders viele Frauen. Anne Louise Germaine de Staël (1776–1817), Tochter des Bankiers und Finanzministers Jacques Necker, gehört zu den herausragenden, in Denken und Tun emanzipierten, hochkultivierten und einflußreichen Frauen der Romantik wie Karoline (1763–1809) und Dorothea Schlegel (1763–1839), Rahel Varnhagen (1771–1833), Bettina von Arnim (1785–1859), Karoline Günderode (1780–1806). Auch sie engagierte sich als Gegnerin Napoleons. Wie Madame Récamier (1777–1849) stand sie im Mittelpunkt des führenden Pariser Salons, ihren rousseauistischen Idealen blieb sie treu, auch wenn sie sich bereits 1792 von der Revolution abwandte und sich zeitweilig an den Genfer See zurückzog. Wegen ihrer Opposition gegen Napoleon mußte sie auch später wiederholt Paris verlassen und unternahm ausgedehnte Reisen durch Europa; in Deutschland traf sie Goethe, Schiller, Wieland, Fichte, die Brüder Schlegel. August Wilhelm Schlegel (1767–1845) wurde ihr enger Freund und literarischer Berater und beeinflußte so ihr Buch über Deutschland, mit dem sie zur Wegbereiterin der französischen Romantik wurde.

Madame de Staël war bereits mit einer Schrift hervorgetreten, die heute sehr modern anmutet und sie zur Begründerin der Literatursoziologie macht: »De la littérature considérée dans ses rapports avec les institutions sociales« erschien 1800, in deutscher Übersetzung »Über Literatur in ihren Verhältnissen mit den gesellschaftlichen Einrichtungen und dem Geiste der Zeit« 1804. Hier erkannte sie, daß Literatur nicht unabhängig von ihrer materiellen Basis ist, sondern abhängig von Klima, Land, Boden, Regierungsform und insbesondere den gesellschaftlichen Verhältnissen. Anknüpfend an die historische Methode Charles de Montesquieus (1689–1755) entwickelte sie die Theorie von der Relativität des literarischen Geschmacks. Entsprechend ihrer Theorie fordert sie, daß auch in ihrer eigenen Zeit die Literatur sich den modernen Verhältnissen entsprechend verändern müsse. So propagiert sie die Aufgabe der klassischen Regeln, die Lösung von den antiken Vorbildern, die Entfesselung der Leidenschaft, die Begeisterung und das Gefühl für das Unendliche. Der Propagierung solcher Ziele dient auch ihr Hauptwerk »De l'Allemagne«, das 1810 erschien und bis zum Kriege 1870/71 das Deutschlandbild der Franzosen bestimmte. Madame de Staël betrachtete die deutschen Dichter und Denker als die Lehrer der neuen Zeit und hielt die Beeinflussung der französischen Literatur durch die deutsche für die Vorbedingung der Erneuerung. Auch ihre teils autobiographischen Werke, die Romane »Corinna oder Italien« und »Delphine oder . . .« (1802) waren nicht nur erfolgreiche →Belletristik, sondern engagierte Stellungnahmen zu modernen Problemen, sie protestierten gegen die soziale Benachteiligung der Frau, forderten freie Entfaltung im Denken und in der Liebe, Recht auf Liebe auch außerhalb der Ehe und geistige Ebenbürtigkeit mit dem Mann.

Die literarischen Erzeugnisse, teils propagandistisch eine bestimmte Tendenz fördernd, teils allgemein den ›Geist der Zeit‹ widerspiegelnd, erreichten damals, noch weit mehr als heute, zweifellos nur eine schmale Schicht der Bevölkerung, nämlich die literarisch und politisch Gebildeten. Den Gedanken des nationalen Befreiungskampfes weiter ins Volk zu tragen, unternahm der Maler Philipp Otto Runge: Er stach 1809 einen Spielkartensatz, dessen Buben von Offizieren dargestellt wurden, die schon damals als Kämpfer für Nation und Befreiung galten: Schill, Scharnhorst und Lützow. Der vierte war ein einfacher Soldat mit Pelzmütze – ein kleiner Tribut immerhin an das Volk, das hinfort auch ein Wort mitzureden haben sollte.

Restauration

Das Ende des Krieges kam 1814, Napoleon mußte sich nach Elba zurückziehen, und mit Unterstützung der Sieger wurde Ludwig XVIII., ein Bruder des während der Revolution hingerichteten Ludwig XVI., König von Frankreich. Der Wille zur politischen und gesellschaftlichen Restauration war damit dokumentiert: Die Revolution mit ihren Folgen, so hofften die Fürsten der Siegermächte, sollte eine Episode bleiben, die gleichsam dadurch übergangen werden könnte, daß man an die vorherigen Zustände wieder anknüpfte. Wie die machtpolitische Konstellation im einzelnen aussehen sollte, so daß jeder gegen jeden abgesichert wäre, das sollte auf dem Wiener Kongreß 1815 ausgehandelt werden. Da jeder der beteiligten Landesherren möglichst viel für sich herausschlagen wollte, spielten sich die wesentlichen Dinge in geheimen Verhandlungen hinter den Kulissen ab, wobei alle miteinander und gegeneinander intrigierten und paktierten, Grenzen verschoben, Länder teilten (Polen!) oder neu schufen (Niederlande), zwischenzeitlich wieder an einem Strang zogen, um den von Elba nach Paris zurückgekehrten Napoleon wieder zu vertreiben.

Was blieb dabei den patriotischen und antifeudalistischen Enthusiasten? Nichts, oder doch so gut wie nichts, will man nicht als Erfolg für sie werten, daß im Verlauf des Kongresses der Deutsche Bund gegründet wurde, der als ein Staatenbund aus 37 erblichen Monarchien und 4 Freien Städten zunächst nur auf dem Papier stand. Sehr vage wurde in dieser Bundesakte von den Fürsten eine landständische Verfassung in Aussicht gestellt. Was aus diesen Ansätzen zu machen war, würde die Zukunft zeigen müssen. Daß es nicht viel sein sollte, dafür wollte die Heilige Allianz sorgen: Dem im September 1815 geschlossenen Bündnis zwischen Zar Alexander I. von Rußland, Kaiser Franz I. von Österreich und König Friedrich Wilhelm III. von Preußen traten nahezu alle europäischen Fürsten bei. Offiziell schlossen sie ein heiliges Abkommen zum Schutze der christlichen Religion. Die Absicht, die dahinter stand, ist jedoch nicht schwer zu erkennen: Wenn Religion dazu herhalten muß, Herrschaft als gottgewollt zu legitimieren, und sie so dem menschlichen Einfluß zu entziehen, dann kann es mit der Anerkennung der Volkssouveränität nicht weit her sein.

Die Absichten dieser unheiligen Allianz, einer Verschwörung der Monarchen zwecks Unterdrückung antimonarchisch-bürgerlich-nationaler Bewegungen, zeigte sich denn auch sehr bald, als es darum ging, die bürgerliche Opposition mundtot zu machen. Diese Opposition artikulierte ihr Streben nach einer einheitlichen Nation teils rückwärtsgewandt-romantisierend, indem sie die gemeinsame Vergangenheit aller Deutschen beschwor und das Mittelalter als die glückliche Zeit pries. Historisches Bewußtsein lebte wieder auf, Zeugnisse der Vergangenheit wurden gesammelt. Die Brüder Jacob und Wilhelm Grimm (1785–1863 und 1786–1859) ließen sich überall im Lande alte, mündlich überlieferte Volksmärchen erzählen und schrieben sie auf (»Kinder- und Hausmärchen«, »Deutsche Sagen«). Die von ihnen begonnene Sammlung aller deutschen Wörter, das »Deutsche Wörterbuch«, wurde erst 1960 vollendet. Ebenso unentbehrlich für alle Germanisten sind die »Deutsche Grammatik« von Jacob Grimm und seine Forschungen zur sprachgeschichtlichen Entwicklung des Deutschen. Für die Geschichtswissenschaft unentbehrlich sind die »Monumenta Germaniae historica« (»Geschichtsdenkmäler Deutschlands«), eine Sammlung von Quellentexten zur mittelalterlichen deutschen Geschichte, die ebenfalls zu Beginn des 19. Jahrhunderts von der »Gesellschaft für Deutschlands ältere Geschichtskunde« begonnen wurde.

Eine andere Gruppe der Opposition hoffte, die Zersplitterung des Deutschen Reiches mit seinen unzähligen Währungssystemen, Zollschranken und fürstlichen Partikularinteressen aus mehr zukunftsorientierten Gründen zu überwinden. Neu sich abzeichnende wirtschaftliche Entwicklungen erforderten Großräumigkeit und Menschen, deren politische Bindungen durch ihre Interessenlage und entsprechende Gruppierungen, aber nicht mehr durch persönliche Abhängigkeitsverhältnisse bestimmt wurden. Die nationalliberale Opposition in ihren unterschiedlichen Richtungen fand nach den Befreiungskriegen zahlreiche Anhänger an den deutschen Universitäten. Sie schlossen sich in »Burschenschaften« zusammen und erschienen den Fürsten besonders gefährlich, waren sie als Gebildete doch besonders gut in der Lage, ihre Opposition in Worte zu kleiden und zu verbreiten. Die Zusammenkunft der Burschenschaften im Oktober 1817 auf der

Unternehmensgründungen

1811	Krupp	1870	Deutsche Bank
1837	Borsig	1870	Commerzbank
1847	Siemens	1872	Dresdner Bank
1871	Hoesch		
1873	Haniel		
1879	Tietz		
1881	Karstadt		
1885	Althoff		

Wartburg (»Wartburgfest«) war als nationales Erinnerungsfest an die Reformation wie auch an die Beendigung der Freiheitskriege gedacht, wurde aber von der preußischen und vor allem der österreichischen Regierung als Provokation radikaler Geheimbünde aufgefaßt. Und als eineinhalb Jahre später der russische Staatsrat und deutsche Dramatiker August von Kotzebue (*1761), der in seinem »Literarischen Wochenblatt« die Burschenschaften und ihre liberalen und patriotischen Ideen verspottet hatte, von dem Studenten Karl Sand 1819 erdolcht wurde, verabschiedete der Deutsche Bundestag einstimmig die »Karlsbader Beschlüsse«, die der österreichische Kanzler Metternich im Sinne der Heiligen Allianz ausgearbeitet hatte. Sie brachten statt Pressefreiheit eine strenge Zensur für Zeitungen und Zeitschriften aller Art, eine Kommission zur Untersuchung von »revolutionären Umtrieben und demagogischen Verbindungen« und Säuberungsaktionen an den Universitäten: Die Burschenschaften wurden verboten, und aus dem Amt verschwinden sollten alle Lehrer, die »durch Mißbrauch ihres rechtmäßigen Einflusses auf die Gemüter der Jugend, durch Verbreitung verderblicher, der öffentlichen Ordnung und Ruhe feindseliger oder die Grundlagen der bestehenden Staatseinrichtungen untergrabender Lehren ihre Unfähigkeit zur Verwaltung des ihnen anvertrauten wichtigen Amts unverkennbar an den Tag gelegt haben«. Auf der Grundlage dieses ›Radikalenerlasses‹ wurden dann Verfahren gegen Männer wie Arndt oder den berühmten Philosophen und Theologen Friedrich Schleiermacher (1768–1834) eingeleitet. Mit der Verabschiedung dieser Beschlüsse hatte der Deutsche Bund viele Hoffnungen zerstört, die Nationale und Liberale bei seiner Gründung noch an ihn geknüpft haben mochten: Nicht als Förderer einer progressiven Entwicklung, sondern als Instrument ihrer Unterdrückung hatte er sich erwiesen. Die Antwort der Intellektuellen und des Bürgertums darauf reichte von Resignation und Rückzug ins Private (»Biedermeier«) bis zur Revolution, die schließlich 1848 überall in Westeuropa dem bürgerlich-liberalen System Geltung verschaffte.

Technik

1786	Mechanischer Webstuhl	1800	Drehbank
1798	Dampfmaschine	1827	Aluminium
1807	Dampfer	1830	Nähmaschine (seit 1854 in Deutschland bekannt)
1804/14	Lokomotive	1834	Elektromotor
1799	Papiermaschine	1867	Dynamit
			Stahlbeton
		1903	Motorflugzeug

Internationale Fronten

Die national-liberale Bewegung war ebenso wie die konservative Reaktion der »Heiligen Allianz« ein durchaus internationales Phänomen. Wenn auch die Bedingungen, die in anderen Ländern – Polen, Spanien, Griechenland, Italien, Haiti, Mexiko, Südamerika – zu ähnlichen Bestrebungen führten, jeweils andere waren, so kann man doch zum ersten Mal in der Geschichte von ideologischen Fronten sprechen, die über Staatsgrenzen hinaus wirksam wurden. Die ›liberale Internationale‹ besaß zwar keine politisch-organisatorische Form wie später die Sozialistische →Internationale, aber ihre Anhänger sahen sehr wohl den über die Staatsgrenzen hinwegreichenden Charakter ihrer Ideen, standen z.T. miteinander in brieflichem und auch persönlichem Kontakt und unterstützten die nationalen Bestrebungen in anderen Ländern.

Wie in Deutschland, so entstand auch in England eine »romantische« Bewegung von Dichtern, die sich zunächst für die Französische Revolution begeisterten, dann aber, bestürzt von der Jakobinerherrschaft und dem napoleonischen →Imperialismus und in kritischer Distanz zu den neuen wirtschaftlichen Entwicklungen der natur- und kunstfernen Industriebourgeoisie, eine eigene poetische Gegenwelt aufbauten. Man traf sich im »Lake District«, einem Seengebiet nahe der schottischen Grenze, in einer rousseauistischen Gegenwelt zur neuen Zeit und begründete Ende des 18. Jahrhunderts – zur gleichen Zeit, da in Deutschland der Kreis der Jenaer Romantik sich zusammenfand – die »Lake School«. William Wordsworth (1770–1850), der Hauptvertreter dieser »Seeschule«, ehemals Parteigänger der französischen →Girondisten, hatte sich zum Gegner der Revolution und der kapitalistischen Industrialisierung gewandelt und verherrlichte alte patriarchalische Lebensformen. Mit Samuel Taylor Coleridge (1772–1834) zusammen gab er die »Lyrical Ballads« heraus (1798), mit dem programmatischen Vorwort zur zweiten Auflage (1800). Zu Deutschland ergaben sich vielfältige Beziehungen. Sowohl Wordsworth als auch Coleridge bereisten Deutschland. Auf einer Harzwanderung schrieb Wordsworth seine Lucy-Lieder, in Göttingen beschäftigte sich Coleridge mit Kant und Fichte, auch als Übersetzer Schillers ist er hervorgetreten. Ähnlich wie in Deutschland ist auch in England »die Romantik« keine einheitliche Bewegung, auch hier finden wir einerseits die Gruppenbildung, andrerseits vor allem die Vereinzelung und Desintegration unterschiedlichster Persönlichkeiten und Weltanschauungen.

Percy Bysshe Shelley (1792–1822), Sohn eines Gutsbesitzers aus vornehmer und reicher Familie, hat sich nach kurzer Berührung mit den »Lakers« bald wieder von ihnen getrennt und geht seinen Weg engagierter und radikaler als die Vertreter der Seeschule. In seiner Flugschrift von 1811, »The Necessity of Atheism«, vertritt er entschieden den Atheismus und wird deswegen von der Universität Oxford relegiert. In seiner »Queen Mab« (1813) gibt er eine märchenhafte Darstellung der menschlichen Gesellschaft in ihrer Entwicklung, einen Traum von Freiheit, Brüderlichkeit und Harmonie, mit dem sich die Hoffnung auf eine gesellschaftliche und kulturelle Revolution verbindet. Ähnliche radikale demokratische und anarchistische Ideale gestaltete er 1814 in seinem lyrischen Lesedrama »Prometheus Unbound«, das die Vollendung des Menschen aus eigener Kraft und das Bild einer freien Menschheit gestaltet. Ein wesentlicher Bestandteil der von Shelley besungenen Freiheit, Harmonie und Menschlichkeit ist das Einssein mit der Natur, wie es auch in seinen großen Oden »To the Westwind«, »To a Skylark«, »To a Cloud« zum Ausdruck kommt.

Shelly floh 1814 in die Schweiz mit Mary Godwin, der Tochter des Rousseauisten und Sozialrevolutionärs, die er 1816 heiratete. Sie war selber Schriftstellerin, schrieb Romane und kämpfte für die Emanzipation der Frau. Es ist eine bemerkenswerte Pointe, daß Mary dem optimistischen »Entfesselten Prometheus« ihres Mannes einen »Modernen Prometheus« ganz anderer Art zur Seite stellte: »Frankenstein, or the Modern Prometheus«, ein Roman, der zwar in einem verregneten Sommer entstand als Beitrag zu den Gespenstererzählungen, die man sich in Byrons Villa am Genfer See erzählte, dem man aber nicht gerecht würde, wenn man ihn lediglich als Gespensterliteratur und Schauerromantik einstufte und nicht auch die bewußte →Kontrafaktur zum modernen prometheischen und faustischen Fortschrittsglauben sähe, den grausigen Gegenmythos des naturwissenschaftlichen Zauberlehrlings, der ein überdimensionales häßliches Menschenwesen produziert, das wegen seiner grotesken Abnormität nirgends Kontakt findet und sich in seinem Haß gegen seinen Schöpfer wendet und ihn vernichtet. Ein Roman, der sich zu den Werken gesellt, die wie die – ebenfalls keineswegs nur »gespenstigen« – Erzählungen E. T. A. Hoffmanns (→S. 214f.) die neuen Möglichkeiten reflektieren, da der Mensch von den Mächten, die er selbst produziert hat, entfremdet, beherrscht und vernichtet wird (→S. 226f.).

Wie Shelley so gilt auch Lord George Gordon Noel Byron (1788–1824) als führender englischer »Romantiker«. Der Aristokratie entstammend, trat er nach Abschluß des Studiums ins Oberhaus ein, sah dort aber keine Möglichkeit, seine politischen Pläne durchzusetzen und kehrte nach diesen Mißerfolgen England den Rücken, am Genfer See wurde

Shelley sein Freund. Hier erwarb er eine Villa, und auch hier knüpften sich wieder internationale Beziehungen der europäischen politisch engagierten »Romantik«. Auch im Ausland engagierte sich Byron für die Befreiungsbewegung. Mit seinen Verstragödien »Marino Faliero« (1820) und »The Two Foscari« (1820) nahm er Partei für den italienischen Freiheitskampf und unterstützte die Carbonari auch materiell mit Geld und Waffen. 1823 ging er nach Griechenland, um dort am Freiheitskampf gegen die Türken teilzunehmen. Auf eigene Kosten stellte er eine Brigade auf. Sein Protest gegen die zeitgenössische feudale wie bourgeoise Wirklichkeit äußert sich in seinen Dichtungen vorwiegend in der Haltung des »Weltschmerzes«. Der einsame Held bestimmt die Struktur seiner Dichtungen, in denen sich Patriotismus und Pessimismus widersprüchlich mischen. Die Ursache seines Pessimismus vermutet man in dem anarchistisch-individualistischen Charakter seines Rebellentums, das sich immer wieder dessen bewußt wird, daß die Kräfte des vereinzelten, von der Gesellschaft isolierten Menschen nicht ausreichen, um die Gesellschaft zu ändern.

Seine tragische Geschichtsauffassung resultiert daraus, daß er für die Befreiung der Menschen eintritt, aber – wie später Georg Büchner – keine Hoffnung mehr sieht, sie zu erreichen.

Nationale Freiheitsbewegungen

Überall in Europa erwacht in den romantischen Bewegungen das Nationalbewußtsein. Besonders gilt das für die Völker unter fremder Herrschaft, die jetzt ihre eigene Sprache, Kultur, Literatur, ihre eigene Vergangenheit wiederentdecken und ihre Identität als geschichtliche Subjekte wiederherstellen wollen. Das gilt für Italien, für Griechenland; das gilt selbstverständlich für Polen, wo der polnische Nationaldichter Adam Mickiewicz (1798–1855), der nach Rußland verbannt worden war und dort Verbindungen mit den Dekabristen und Puschkin hatte, sich am polnischen Aufstand beteiligte, der im Gefolge der Pariser Julirevolution ausbrach. Wie der griechische Freiheitskampf fand er in Europa starken Widerhall und brachte eine Flut von Polenliedern auch in Deutschland hervor. Der nach Paris emigrierte Chopin schrieb damals seine »Revolutionsetüde c-Moll«. Ebenfalls in Paris schreibt nach dem Scheitern des polnischen Aufstands Mickiewicz das polnische Nationalepos »Pan Tadeusz«. Auch die ungarische Romantik bedeutete nationales Erwachen und Aufstand gegen die österreichische Herrschaft. Auch hier die Wechselwirkung, die Einflüsse von Schiller, Heine, Lenau, die bei Sándor Petőfi (1823–1849) festzustellen sind. Zugleich hat dieser Dichter und Freiheitsheld seinerseits in der deutschen Romantik Verehrung gefunden.

In Italien verband sich die Begeisterung für die Befreiung und Einigung des eigenen Landes (»Risorgimento«) zunächst mit der Begeisterung für die Französische Revolution. Mit der napoleonischen Expansion und Italienpolitik wich auch hier die Begeisterung der Feindschaft. Noch 1797 verherrlichte Ugo Foscolo (1778–1827) Napoleon in seiner »Ode auf den Befreier Bonaparte«, kurze Zeit darauf fällt er über den Frieden von Campo Formio in Resignation und Weltschmerz. Der Tragödiendichter Silvio Pellico (1789–1854), Mitherausgeber der verbotenen Zeitschrift »Il conciliatore« und Mitglied der →Carbonari, wurde 10 Jahre im Gefängnis bei Brünn eingekerkert und hat über diese Gefangenschaft 1832 ein Buch vorgelegt, das zu den wirkungsvollen Schriften der italienischen Befreiungsbewegung zählt. Alessandro Manzoni (1785–1873), aus einer alten Adelsfamilie, trat als der bedeutendste italienische Romantiker hervor. Vorbilder wurden ihm Shakespeare, Goethe und Schiller. In seinen Tragödien gestaltete er historische Stoffe ohne Rücksicht auf die klassischen Regeln der Dramentheorie, da ihm diese die historische und psychologische Wahrheit beeinträchtigten. Vorbild für sein Hauptwerk »I promessi sposi« (1827) waren die historischen Romane des Schotten Walter Scott (1771–1832). Dieser Roman »Die Verlobten«, die Geschichte der Liebe des Seidenspinners Renzo zu dem Mädchen Lucia, gibt ein eindrucksvolles wirklichkeitsnahes Bild des italienischen Lebens unter der spanischen Herrschaft des 17. Jahrhunderts und gilt noch heute als einer der besten italienischen Romane.

Aber auch die größeren Nationen, wie z. B. Rußland, erleben so etwas wie eine Revolutionierung und nationale Selbstbesinnung, die hier ebenfalls durch Fremdherrschaft, die napoleonische Expansion, ausgelöst wurde und sich gleichermaßen auf die äußere Befreiung von den Okkupanten als auch auf die innere Befreiung von dynastischer Unterdrückung richtete. Die nationale Besinnung und revolutionäre freiheitliche Bewegung, die durch Napoleons Zug nach Moskau und seine Vertreibung aus Rußland entstanden waren, kamen auch nicht zur Ruhe, als Napoleon endgültig besiegt und die russische Monarchie nach dem Wiener Kongreß 1815 neben Österreich und Preußen zu einer der führenden Mächte der Heiligen Allianz geworden war. Revolutionäre Offiziere sammelten sich in Geheimbünden und kämpften weiter für eine demokratische Umgestaltung, die Beseitigung der Leibeigenschaft und des zaristischen Absolutismus. Westliche Ideen, besonders der deutsche Idealismus, die Werke Schillers, beeinflußten das Denken, dementsprechend war der Charakter dieser Dekabristenbewegung recht intellektuell und literarisch, die meisten russischen Dichter standen ihr nahe, auch Alexander Puschkin (1799–1837), aber die Verbindung zum Volk fehlte. So blieb der Dekabristenaufstand von 1825 eine Adelsrevolte, die schnell niedergeschlagen werden konnte.

Intellektuelle in der Tagespolitik

Fast überall in Europa zeigte sich 1848, daß politische Reaktion und sich wandelnde Wirtschaftsformen miteinander unvereinbar waren: Das Volk rebellierte. Unerfüllte Hoffnungen der Französischen Revolution waren noch nicht begraben, Bürger verlangten mit Gewalt ihr Recht, das ihre Regierungen ihnen freiwillig nicht geben wollten. Arbeiter und Handwerker kämpften um ihre wirtschaftliche Existenz; Kaufleute, Bankiers, Industrielle verlangten politischen Einfluß, der ihrer wirtschaftlichen Macht entsprach, und den Intellektuellen war Freiheit keineswegs ein nur theoretisches Anliegen. Der Willkür der Zensoren ausgeliefert, war jeder, der seiner Regierung nicht nach dem Munde redete oder schrieb, in der Ausübung seines Berufes ernsthaft behindert – Lehrer, Dichter, Professoren, Publizisten, Verleger, jeder, der sich öffentlich äußerte. 1830 schon führte der Versuch der französischen Regierung, die Pressefreiheit aufzuheben, zu heftigen Protesten der Journalisten, denen sich das Volk von Paris anschloß. Eine der führenden Persönlichkeiten dieser »Julirevolution«, in deren Verlauf der Bourbonenkönig Karl X. abdanken mußte, war der Jurist, Publizist und Historiker Adolphe Thiers (1797–1877), damals noch Liberaler, zeit seines Lebens politisch aktiv: mehrfach Minister, zeitweise in der Verbannung lebend, schließlich nach der Pariser Kommune 1871 erster Präsident der 3. Republik.

Intellektuelle in der Tagespolitik: Thiers war bei weitem kein Einzelfall in jenen Jahren politischer Repression vor 1848. Viele nahmen an der Politik ihres Landes Anteil, auch und gerade, wenn sie es aus politischen Gründen hatten verlassen müssen. Paris wurde zu einem Zentrum der politischen Emigranten. 1847 lebten dort allein etwa 4600 Polen als politische Flüchtlinge, die von dort aus für einen polnischen Nationalstaat warben.

Seltsam gemischt ist diese revolutionäre Bewegung nach 1830. Einerseits äußert sich bereits die Kritik am Liberalismus, die Ernüchterung, die Skepsis. Für Georg Büchner (→S. 238 f.) und Heinrich Heine (→S. 244 f.) ist der Bürger längst kein revolutionäres Subjekt mehr, sondern eine Karikatur, Objekt der Satire. Beide verspotteten übrigens die Polen-Begeisterung der Liberalen. Heine wandte sich den Sozialisten zu, den →Saint-Simonisten zunächst, später Karl Marx, mit dem radikal demokratischen Ludwig Börne (1786–1837) überwarf er sich. Büchner schrieb 1835: »Ich weiß, wie schwach, wie unbedeutend, wie zerstückelt die liberale Partei ist«, und: »Eine genaue Bekanntschaft mit dem Treiben der deutschen Revolutionärs im Auslande hat mich überzeugt, daß auch von dieser Seite nicht das geringste zu hoffen ist.« Und zur gleichen Zeit: »Das Verhältnis zwischen Armen und Reichen ist das einzige revolutionäre Element in der Welt.« Und 1836: »Die Gesellschaft mittelst der Idee, von der gebildeten Klasse aus reformieren? Unmöglich! Unsere Zeit ist rein materiell.« – »Ich glaube, man muß die Bildung eines neuen geistigen Lebens im Volke suchen und die abgelebte moderne Gesellschaft zum Teufel gehen lassen.«

Büchner suchte schon mit seinem »Hessischen Landboten« das ›Volk‹ zu mobilisieren, die ›Bauern‹, die ›Armen‹. Sein Revolutionsdrama »Dantons Tod«, in dem er einen Höhepunkt der bürgerlichen Revolution gestaltete, geriet ihm nicht zufällig zur Tragödie. In seinem »Woyzeck« kommt der Bürger nur noch als Karikatur und Unmensch vor, nicht mehr als Held. Im Mittelpunkt steht als wirklicher Mensch das ausgepowerte Opfer der Bürger, der Prolet, das menschliche Versuchskaninchen (→S. 238f.).

Andererseits kämpft gerade in vorderster Front noch das liberale Bürgertum, das seine Forderungen besonders durch Akademiker, Journalisten, Intellektuelle artikuliert.

Die wohl prominentesten Opfer autokratischer Herrschaft in Deutschland waren die »Göttinger Sieben«: Die Professoren Albrecht, Dahlmann, von Ewald, Gervinus, Weber und Jacob und Wilhelm Grimm erhielten Berufsverbot, weil sie gegen den Versuch des Königs von Hannover protestiert hatten, die Verfassung aufzuheben.

Die Revolution von 1848

Der Anstoß kam auch 1848 von Frankreich: Zahlreiche Reformpolitiker und weite Kreise der Bürger, die sich durch das Zensuswahlrecht um ihr Recht zu politischer Mitbestimmung betrogen sahen, strebten eine Demokratisierung des Wahlrechts an. Eine Wirtschaftskrise und Mißernten 1846/47 verschärften überdies die ohnehin schon erbärmliche Lage des städtischen Proletariats und führten zu immer häufigeren und immer größeren Demonstrationen mit der Forderung nach grundlegendem sozialen Wandel. Im Februar 1848 schließlich sah sich der König durch Massendemonstrationen, Proteste und Forderungen von allen Seiten zum Rücktritt gezwungen. Frankreich wurde Republik mit einer provisorischen Regierung, der u.a. der Dichter Alphonse de Lamartine (1790–1869) als Außenminister angehörte. Innenminister war der Sozialist Louis Blanc (1811–1882). Zu den ersten Maßnahmen der neuen Regierung gehörten die Einführung des allgemeinen Wahlrechts und ein Gesetz, das jedem das Recht auf Arbeit garantierte. Staatliche Werkstätten (»Nationalwerkstätten«) wurden eingerichtet, um dieses Gesetz praktisch wirksam werden zu lassen.

Daß die Koalition der Unzufriedenen nicht sehr haltbar war, zeigte sich bald: Die Nationalwerkstätten mußten mangels Rentabilität geschlossen werden, eine sozialere oder gar sozialistische Gesellschaft war nicht in Sicht. Nun waren es die Arbeiter allein, die sich betrogen fühlten – zu recht: Als sie protestierten, stellte sich die neue Regierung gegen sie, es gab 4000–5000 Tote. Die neue Präsidialverfassung sicherte bürgerliche Rechte, sozialen Wandel brachte sie nicht. Auch die liberalen Republikaner kamen nicht zum Ziel: 1852 hatte Frankreich in Napoleon III. wieder einen Kaiser.

Ähnlich unbefriedigend endete der anfängliche revolutionäre Elan auch in anderen Ländern: Einschneidende und dauerhafte Veränderungen gab es nirgends. In Italien und Deutschland kam neben sozialrevolutionären und liberalpolitischen Forderungen noch das Verlangen nach nationaler Einheit hinzu. Wie drängend diese Probleme waren, zeigte sich an der Schnelligkeit, mit der die Revolution sich von Frankreich aus verbreitete. Innerhalb weniger Tage bildeten sich überall revolutionäre Klubs, wurden politische und soziale Fragen offen diskutiert, Demonstrationen veranstaltet, Tausende von Flugblättern verbreitet mit Forderungen nach einer demokratischen Verfassung, sozialer Gleichheit, Pressefreiheit, Schwurgerichten, einer auf freien Wahlen beruhenden Nationalversammlung. Neue Zeitungen und Zeitschriften wurden zum Forum politisch engagierter Dichter, politische Lieder und Gedichte erreichten große Popularität. In Köln erschien die von Karl Marx und Friedrich Engels herausgegebene »Neue Rheinische Zeitung« (bis 1849) mit Beiträgen von Ferdinand Freiligrath (1810–1867), Georg Herwegh (1817–1857), Ludwig Uhland (1787–1862) und anderen. Ihre Huldigungen an die Freiheit, ihr nationales Pathos wirken aus der zeitlichen Distanz betrachtet oft allzu überschwenglich, verständlich im Kontext der historischen Situation.

Nicht ohne Widerstand ließen sich die Herrschenden ihre Macht streitig machen. In Berlin, Wien, Budapest kam es immer wieder zu Straßenkämpfen zwischen Militär und Bevölkerung, die oft tagelang andauerten. In Ungarn, das gegen den österreichischen Kaiser um seine nationale Selbständigkeit kämpfte, wurde dabei der bis heute als Freiheitsheld verehrte 26jährige Lyriker Petöfi getötet. Schon bei diesen Kämpfen begann auch hier die Einheitsfront zu bröckeln, begannen viele Bürgerliche, das Proletariat zu fürchten und zogen sich zurück. »Das Volk ist mir zum Speien«, kommentierte Friedrich Wilhelm III. die Situation und mag damit auch vielen der Bürger aus dem Herzen gesprochen haben, die seine Macht an der Seite des Volkes bekämpften.

Verkehr

1819	Erste Ozeandampferfahrt (Raddampfer)	1856	Gründung des Norddeutschen Lloyd regelmäßiger Dampfschiffsverkehr nach den USA
1830	Eisenbahn Liverpool–Manchester (34,4 km/h)		
1835	Eisenbahn Nürnberg–Fürth	1869	Eröffnung des Sues-Kanals
	1858 Schlafwagen	1867	Verbrennungsmotor
	1872 Speisewagen	1875 (85)	Benzinkraftwagen
		1881	Elektrische Straßenbahn
1847	Gründung der HAPAG (Hamburg-Amerikanische Packetfahrt-Actien-Gesellschaft)	1900	Erster Zeppelinflug
		1903	Erster elektrischer Zugbetrieb

Die Uneinigkeit der Opposition wurde offenbar, nachdem im Mai 1848 eine deutsche Nationalversammlung zusammengetreten war, um über eine Verfassung zu beraten. Ihr gehörten 319 Juristen und Verwaltungsbeamte, 38 Kaufleute und Industrielle, aber keine Arbeiter an. 104 der Mitglieder waren Intellektuelle – Lehrer, Professoren, Literaten – (u.a. Georg Gottfried Gervinus, Jacob Grimm, Wilhelm Eduard Albrecht und Friedrich Christoph Dahlmann von den Göttinger Sieben, die Dichter Ernst Moritz Arndt und Ludwig Uhland, der Philosoph Arnold Ruge, der Historiker Georg Waitz). Wie die Sozialrevolutionäre waren auch die bürgerlichen und nationalistischen Liberalen nicht in der Lage, ihre Vorstellungen von einem demokratischen Staat zu verwirklichen. Die Vielschichtigkeit der Probleme, die Unterschiedlichkeit der Einzelinteressen führten zu langen und fruchtlosen Debatten unter den Oppositionellen. Das erleichterte es den alten Machthabern, mit Hilfe von Polizei, Militär und in Zusammenarbeit mit den Konservativen der Paulskirche ihre gefährdete Stellung wieder zu festigen. Zahlreiche Revolutionäre konnten sich dem Gefängnis nur durch die Flucht in die USA entziehen, so der Führer des ungarischen Aufstands Lajos Kossuth (1802–1894) und der liberale Abgeordnete der Paulskirche Carl Schurz (1829–1906), der in seiner Wahlheimat Senator und Innenminister wurde.

Kommunikation

1822	Photographie	1877	Grammophon
1835	Elektromagnetischer Telegraph	1878	Kohle-Mikrophon
1841	Photokopie	1884–88	Film
1861	Telefon	1887	Schallplatte, Plattenspieler
1866	Schreibmaschine	1897	Drahtlose Telegrafie
1874	Weltpostverein		

Industrielle Revolution

Die industrielle Revolution ist ein über mehrere Jahrzehnte sich hinziehender Prozeß, in dessen Verlauf privates und öffentliches Leben in Westeuropa und Nordamerika grundlegend umgestaltet wurden. Über Jahrtausende hatten die Menschen gelernt, die Natur zu nutzen und zur Grundlage ihrer Existenz zu machen. Das wiederum zog eine bestimmte soziale Organisation nach sich: Gesellschaftliche Stellung und Macht waren abhängig von Landbesitz. Im 19. Jahrhundert nun galt es umzulernen: Grundlage der materiellen Existenz wurde die Betätigung von Maschinen, angetrieben von kontrollierter lebloser Energie. Der Prozeß, in dem die soziale Organisation diesen materiellen Bedingungen angepaßt werden mußte, ist bis heute nicht abgeschlossen – ja es besteht nicht einmal Einigkeit darüber, in welche Richtung er gelenkt werden soll: in die kapitalistische, in der der Besitz von Produktionsmitteln Abhängigkeitsverhältnisse bewahren will – ähnlich wie früher der Landbesitz – oder in die sozialistische, die ihrer Theorie nach als Ideal die soziale Gleichstellung aller Menschen in der Gesellschaft anstrebt.

Die Wandlung von der Agrar- zur Industriegesellschaft erfaßte ganz Westeuropa; seit etwa 1750 England der Kontinent folgte mit einer Phasenverschiebung von 50–70 Jahren. Viele Faktoren verbanden sich zu einem großen Komplex von Ursachen, die untereinander alle in Wechselwirkung standen.

Systematische Naturerforschung

Augenfällig ist die rasche Entwicklung auf dem Gebiet der Naturwissenschaften. Waren es früher vorwiegend die Erkenntnisse einzelner, die zufällig oder auch aufgrund langer Beobachtungen der Natur gefunden wurden, so begann im 19. Jahrhundert die systematische Forschung, die über das Beobachten hinaus mit Hilfe von Experimenten Gesetzmäßigkeiten entdeckte und nutzbar machte. Die gesamte moderne Technik, die heute unser Leben bestimmt, fußt auf der Anwendung naturwissenschaftlicher Erkenntnisse aus dem 19. Jahrhundert.

Mit der Forschung entstand eine neue Art der Literatur, die sich bemühte, die neuen Erkenntnisse zu verbreiten. Wissenschaftsvereinigungen oder einzelne Forscher gaben Zeitschriften heraus (Justus von Liebig: »Chemische Briefe«, Alexander von Humboldt: »Kosmos«), besonders in England war das Bemühen um die Popularisierung wissenschaftlicher Ergebnisse sehr groß (British Association for the Advancement of Science).

Nicht weniger revolutionär waren die Entwicklungen auf dem Gebiet der Technik. Mit ihrer Hilfe wurden Herstellungsverfahren für die industrielle Produktion entwickelt, die schließlich zur arbeitsteiligen Fließband-Massenproduktion führten. Dampfmaschine, dann Elektromotor erleichterten den Transport von Gütern und Menschen, beschleunigten nicht nur die Nachrichtenübermittlung, sondern als Folge davon indirekt den gesamten Lebensrhythmus. Dauerte es 1814 noch neun Tage, bis man in Berlin von der Einnahme von Paris erfuhr, so kam 1901 ein in England ausgesandtes Zeichen nach $^1/_{40}$ Sekunde in Nordamerika an.

Anfänge der Arbeiterbewegung

Wir sind heute leicht geneigt, diese Entwicklungen von Wissenschaft und Technik mit all ihren Folgen für Industrialisierung und Mobilität als Fortschritt positiv zu bewerten. Für die Mehrheit der Bevölkerung Westeuropas, die diesen Umwandlungsprozeß selbst erlebte, bedeutete er jedoch erst einmal eine ökonomische und menschliche Katastrophe. Als abschreckendes Beispiel bekanntgeworden sind Berichte von der Lage der Industriearbeiter in England zu Beginn des 19. Jahrhunderts. Unter z.T. lebensgefährlichen Arbeitsbedingungen schuftete ein Industriearbeiter damals 12–16 Stunden täglich, ohne doch in der Lage zu sein, mit dem dafür gezahlten Lohn seine Familie zu ernähren. So waren nicht nur seine Frau, sondern auch bereits seine sechsjährigen Kinder gezwungen, durch Fabrikarbeit für noch geringeren Lohn ein paar Pfennige hinzuzuverdienen. Und auch dann reichte der Familienverdienst oft genug als Existenzminimum nicht aus.

Obwohl sich schon recht früh Arbeiterorganisationen bildeten (→»Chartisten« 1830), gab es dennoch damals wenig Möglichkeit, der Ausbeutung von Arbeitskraft entgegenzutreten. Die Zahl der Arbeitslosen machte einen Zusammenschluß weitgehend wirkungslos und entzog den organisierten Arbeitern jede Verhandlungsbasis. Besitz von Produktionsmitteln, nicht Arbeitskraft garantierte gesellschaftliche Macht.

In England schilderte Charles Dickens (1812–1870) immer wieder den harten und traurigen Kontrast zwischen den Reichen, Herrschenden, Habgierigen, Seelenlosen, Dünkelhaften, Heuchlern auf der einen und den Armen, Leidenden, Ausgebeuteten auf der andern Seite, den Proletariern, denen sein Mitleid gilt und für die er sich in seinen sozialkritischen Romanen einsetzt, wobei er – ähnlich wie später Gerhart Hauptmann und andere Naturalisten – sich eben an die Reichen und Herrschenden wendet, um bei ihnen soziales Mitleid und Wohltätigkeit zu erwirken (→S. 230f.).

Friedrich Engels (1820–1895) veröffentlichte 1845 als 24jähriger eine Analyse über »Die Lage der arbeitenden Klasse in England«, in der er die Situation der Arbeiter als zwangsläufige Folgeerscheinung kapitalistischer Entwicklung mit Wirtschaftsmonopolen und Kapitalkonzentration erkannte. Karl Marx (1818–1883) zog zusammen mit ihm 1848 im »Kommunistischen Manifest« die Konsequenz, seither Grundlage der organisierten Arbeiterbewegung: »Proletarier aller Länder, vereinigt euch!« (→S. 266f.).

Das war die Quintessenz einer Analyse, die das Elend nicht mehr durch einen Appell an Ethik und Mitleid abschaffen wollte. Veranlaßt durch die Krisenerscheinungen jener frühkapitalistischen Entwicklung, kam Karl Marx zu grundsätzlichen Überlegungen, die zu der Erkenntnis führten, daß nicht Individuen und Ideen die Geschichte bestimmten, sondern daß das Denken und Handeln von den Besitz- und Produktionsverhältnissen einer Epoche abhängig ist. Immer stehen sich Besitzende und Nichtbesitzende gegenüber. Die letzteren sind es, die durch ihre Arbeit neue Werte schaffen, über die sie aber aufgrund der Machtverhältnisse nicht selbst verfügen können. Die Arbeiter werden ihrer Arbeit entfremdet, statt sich schöpferisch in ihr zu verwirklichen, denn an den von ihnen geschaffenen Werten bereichern sich andere. Gegen die Ausbeutung ihrer Arbeitskraft können sie sich nur durch solidarisches Handeln, durch eine Revolutionierung der Herrschaftsverhältnisse zur Wehr setzen. Die von bürgerlichen Theoretikern als ›reine Wissenschaft‹ betriebene Ökonomie führte bei Marx nicht nur zu einer umfassenden Erklärung von menschlichen Verhaltensweisen, von Geschichte und Gegenwart, sondern darüber hinaus zu konkreten Anweisungen für praktisches Handeln.

Vielen seiner Zeitgenossen war damit ein Weg gewiesen: Überall in Europa begannen sich in den sechziger Jahren Gewerkschaften und Arbeiterparteien zu bilden mit dem erklärten Ziel, die Gesellschaft entsprechend den Marxschen Erkenntnissen umzugestalten. Marx selbst leitete noch die 1864 gegründete I. Internationale und hatte entscheidenden Einfluß auf die frühe Geschichte der deutschen Sozialdemokratie.

Jahrhundert der Wanderungen

Zur Industrialisierung, die für zahlreiche kleine Handwerksbetriebe den Ruin brachte, kam ein Faktor hinzu, der Armut und Verelendung (»Pauperismus«) rasch um sich greifen ließ: die sogenannte Bevölkerungsexplosion. Nicht nur höhere Geburtenraten, sondern auch niedrigere Sterbequoten waren die Ursachen dafür. Was für den einzelnen zunächst eine Wohltat bedeutete, nämlich Fortschritte der Medizin, kehrte sich aufgrund der sozio-ökonomischen Bedingungen am Ende wieder gegen ihn.

Geographische Mobilität, gefördert durch die Entwicklungen auf dem Gebiet der Verkehrstechnik (Eisenbahn, Dampfschiff), wurde unter diesen Umständen nicht nur zu einem Mehr an Lebensqualität, sondern für die Mehrheit der Bevölkerung zur Lebensnotwendigkeit.

Man könnte geradezu vom Jahrhundert der Wanderungen sprechen. Menschen zogen vom Land in die Stadt in der Hoffnung auf Arbeit. Zwar wohnte um 1850 in Preußen immer noch etwa $^3/_4$ der Bevölkerung auf dem Lande, aber die Städte wuchsen ungeheuer rasch mit allen sich daraus ergebenden Konsequenzen: Auflösung konstanter Sozialbindungen, Entstehung von Arbeitergettos mit unhygienischen und äußerst beengten Wohnverhältnissen – Bürger wurden zu Proleten.

Eine andere Wanderungsbewegung, eine

zweite Völkerwanderung, richtete sich über den Atlantik nach Westen: Amerika, das Land, wo Milch und Honig floß und das Gold auf der Straße lag, wo jeder sein eigener Herr war und ein reicher noch dazu. »Der amerikanische Traum« wurde auch in Europa geträumt. Viele lockte die Freiheit, viele trieb der Hunger. Den Anfang mit der Massenauswanderung machten die Iren. Tausende flohen vor einer Hungersnot, die eine Kartoffelkrankheit 1845/46 ausgelöst hatte. Seit den sechziger Jahren folgten dann vor allem die Deutschen, bis 1900 mehr als 6 Millionen.

Was boten die USA den Neubürgern? Zunächst einmal hatten sie, von 1861–1865, den Bürgerkrieg im Land. Die ehemalige britische Kolonie, erst 80 Jahre zuvor durch Rebellion gegen das Mutterland England zu einem unabhängigen Staat geworden und seitdem in der Überzeugung lebend, die alten feudalstaatlichen Bindungen Europas abgeworfen zu haben und ein Staat der Gleichen zu sein, war gespalten: Verglichen mit Handel, Industrie und Gewerbe im Norden waren die Südstaaten ›Entwicklungsland‹. Ihre Plantagenwirtschaft war abhängig von der Arbeitskraft der schwarzen Sklaven. Das Bestreben, sich von der wirtschaftlichen Dominanz des Nordens zu lösen, veranlaßte 11 Staaten im Süden 1861 zur Sezession und der Erklärung, der Fortbestand der Sklaverei sei wirtschaftlich notwendig. Der darauf folgende Bürgerkrieg endete mit einem Sieg des Nordens, dem Fortbestehen der Union und der formellen Abschaffung der Sklaverei. Sie war, obwohl nicht Hauptgrund des Krieges, vielen Liberalen im Norden ein Dorn im Auge gewesen. Harriet Beecher-Stowes (1811–1896) Roman »Onkel Toms Hütte« (1852) vom Neger als dem guten Menschen spiegelte diese Stimmung und bedeutete eine Sensation in dem über die Sklavenfrage gespaltenen Land (→S. 338).

Praktisch änderte sich jedoch wenig an der Situation der schwarzen Bevölkerung. Noch für ein weiteres Jahrhundert bestimmte weißer Rassismus ihre Lebensbedingungen, ein Thema, das auch nach der Sklavenbefreiung noch für lange Zeit gesellschaftliches Tabu blieb. Erst im 20. Jahrhundert wurde das Rassenproblem, dank wachsenden Selbstbewußtseins der unterdrückten Minderheit, ein allgemein akzeptiertes Thema der amerikanischen Literatur. Und die Spirituals und Gospelsongs der Plantagensklaven sind über Konzertsäle und Schallplattenfirmen zu beliebter Unterhaltung für Weiße geworden.

Spätestens in den Slums von Chicago, New York oder Philadelphia wurden die Hoffnungen vieler Einwanderer zunichte. Arbeitslos oder mit Löhnen abgespeist, die nicht einmal für den Lebensmittelbedarf ausreichten, ging es ihnen keineswegs besser als in Europa. Massenproteste des Industrieproletariats, in den siebziger und achtziger Jahren getragen vor allem von enttäuschten deutschen Einwanderern, wurden von Polizei und Miliz zusammengeschossen.

Auf der Suche nach Reichtum und neuem Land zogen zuerst Abenteurer, dann ganze Siedlertrecks in den ›Wilden Westen‹ – ein historischer Vorgang, der sich in der Trivialliteratur, vor allem aber im »Western«, seinen eigenen Mythos schuf, wo harte Männer mit Colts und butterweichen Herzen ständig das Böse in Gestalt von Schurken und Indianern besiegten. Die Nachkommen der wenigen Indianer, die die vergebliche Verteidigung ihrer Jagdgründe gegen die weißen Eindringlinge überlebten, hausen heute in Reservaten – arm, arbeitslos, gerade noch geduldet in winzigen Teilen des großen Landes, das ihren Großvätern noch ganz gehörte.

Daß der amerikanische Staat auf fremdem Territorium unter Ausrottung seiner ursprünglichen Bewohner errichtet wurde, ist das zweite große Trauma amerikanischer Geschichte, schon frühzeitig aufgegriffen und literarisch verarbeitet von James F. Cooper (→S. 222f.), Henry W. Longfellow (1807–1882) und William G. Simms (1806–1870). Die puritanische Tradition vor allem der Neuengland-Staaten wurde zu einem Hauptmotiv der Romane und Kurzgeschichten von Nathaniel Hawthorne (1804–1864). Sein psychologischer Roman »Der scharlachrote Buchstabe« (1850) zeigt die rigorose Moral und die zerstörerische Wirkung sektiererischer Intoleranz in abgeschlossener kleinstädtischer Umgebung. Herman Melville (1819–1891) dagegen, ebenfalls in Neuengland zu Hause, schuf ein Gegenbild puritanischer Enge, indem er seine Erfahrungen als Seemann literarisch verarbeitete (→S. 258f.). Auch die noch weithin unberührte Natur des im Vergleich zu Europa sehr dünn besiedelten Landes bot genügend Möglichkeiten, bürgerlicher Enge zu entfliehen und inspirierte Ralph Waldo Emerson (1803–1882) und seinen Freund Henry David Thoreau (1812–1862) zu religiös-naturphilosophischer lyrischer und epischer Dichtung, in vielen Aspekten der europäischen Romantik vergleichbar. Insgesamt orientierte man sich literarisch an Europa. In Europa wiederum wurde die große Ausstrahlung der deutschen Klassik und Romantik wieder abgelöst durch die neue Literatur Frankreichs, insbesondere die Repräsentanz der Metropole Paris, die jetzt auf dem Weg in die moderne Großstadtzivilisation vorangeht und die neuen Maßstäbe setzt.

Literatur der Großstadt

Die Großstadt allgemein, Paris im besonderen, war für Rousseau und die Rousseauisten der Abgrund der Menschheit, ein menschenvertilgender Moloch: »Paris nährt sich als Moloch von den Provinzen.« Als Hure Babylon erschien Paris noch bei Restif de la Bretonne (1734–1806) in seinem Roman »Der pervertierte Bauer oder die Gefahren der Stadt«, wo er mit einer Mischung aus Faszination und Verachtung diese Großstadt und ihre Laster verflucht. Tieck schöpfte daraus Stoff für seinen »William Lovell«, den er zum Teil in Paris, zum Teil in London – bezeichnenderweise noch nicht in Berlin – spielen ließ. Über Paris heißt es da: »Die Stadt ist ein wüster, unregelmäßiger Steinhaufen, in ganz Paris hat man das Gefühl eines Gefängnisses, die Pracht des Hofes und der Vornehmen kontrastiert auf eine widrige Art mit der Armseligkeit der gemeinen Klassen; alles erinnert an Sklaverei und Unterdrückung.«

Auch Schiller nutzte Restifs Roman als Informationsquelle, um sich Anschauungen einer modernen Entwicklung zu verschaffen, die in der deutschen Realität noch nicht so weit fortgeschritten war. Durch ihn wurde er auch zum Plan eines Großstadt-Dramas angeregt, den Schiller wegen seines frühen Todes so wenig realisieren konnte wie seine erwogene Übersiedlung von Weimar nach Berlin, die er 1804 in Aussicht nahm, weil er »eines neuen, eines größeren Elements« bedurfte, um seinen »Sehkreis zu erweitern«.

Dem Schiller bewundernden und ihm geistig nahestehenden Victor Hugo gelang 1831 mit »Notre-Dame de Paris« der geniale Wurf eines Stadtromans. Er machte den Dom zum Mittelpunkt, sah von ihm aus, aus der Vogelschau, Paris, freilich noch das Paris des Mittelalters. Aber gerade ist in der Julirevolution von 1830 das moderne Paris aufgestanden und hat sich in den drei »glorreichen Tagen«, fast unblutig, auf den Barrikaden nationale Verdienste erworben, indem es das Bourbonenkönigtum stürzte und darüber hinaus auch für andere europäische Völker ein Zeichen gab zur Überwindung der Restaurationsepoche. Paris wird jetzt die exemplarische Großstadt, das soziale und →anthropologische Phänomen. Die Verdoppelung der Einwohnerzahl seit 1800, das brutale Aufblühen der Industrie und das Abstürzen des Handwerks, das alles bisher gekannte Maß an →Mobilität überschreitende Fluktuieren der Gesellschaft im zügellosen Konkurrenzkampf, das Aufsteigen und Absinken, die Proletarisierung, die Arbeitslosigkeit, die Prostitution, die Bankrotte, die Kriminalität lassen eine neue Großstadtliteratur und -atmosphäre entstehen, ein dynamisches, alles zersprengendes, »vulkanisches« Lebensgefühl, wie Hugo schreibt: »Paris ist die einzige Stadt der heutigen Welt, die sich im Dauerzustand eines Vulkans befindet. Wie die Vulkane in Verbindung mit dem Erdinnern stehen, so steht Paris in Verbindung mit der Masse, mit dem verborgenen, glühenden Feuerofen des Elends, mit den Eingeweiden des Volkes.« Paris wurde zum Zentrum revolutionärer Bewegungen, und zwar nicht allein in sozialer und politischer, sondern auch in geistiger, künstlerischer, literarischer Hinsicht. Freiheitskämpfer, Maler, Musiker, Literaten aller Länder versammelten sich hier.

Orientierte sich der Klassizismus am heroischen unbürgerlichen Zeitalter der Antike (bürgerliche Wirklichkeit erschien als Idylle oder humanistisch in antikisierendem Gewand wie in Goethes »Hermann und Dorothea«) oder die Romantik am vorindustriellen Mittelalter, so drängte sich hier die unabweisbare Gegenwart auf und förderte eine neue Art von Realismus. Das war nicht der »poetische Realismus«, wie er sich ungefähr gleichzeitig aufgrund der anderen Verhältnisse in deutschsprachigen Ländern entwickelte, landschaftlich, ländlich geprägt – Karl Immermann (1796–1840), Adalbert Stifter (1805–1868), Gottfried Keller (→S. 256f.), Theodor Storm (1817–1888), Wilhelm Raabe (1831–1910) – und viele andere ein Realismus, der sich vornehmlich auf Natur, Dorf, Kleinstadtwirklichkeit richtete und die beginnende Umwandlung und Verdinglichung menschlicher Beziehungen wie einen fremden dämonischen Zwang beklagte.

Hier in Paris kam keine Bedrohung von irgendwoher aus der großen Welt, sondern hier selbst war das Zentrum des Neuen, hier bestimmte seine aufdringliche Gegenwart die Thematik und die literarische Form der Auseinandersetzungen, das Industriezeitalter als unmittelbares Phänomen forderte sie heraus: Hugo, Balzac, Sue (→ S. 228f.), Zola (→S. 276f.), die Brüder Goncourt und viele andere. Diese Auseinandersetzungen sind z.T. eine naturalistische, erbarmungslose, schonungslose Abrechnung mit einer Klasse, der die Autoren in der Regel selber angehören und zu der sie schon darum, weil sie Künstler sind, im Widerspruch stehen: eine Spannung zwischen bürgerlichem Autor, der in die Isolation, in die »Bohème«, in den Untergrund gerät, und bürgerlicher Klasse, die immer ausschließlicher an Geld, Gewinn, Erwerb hängt und diesem Interesse alles andere rücksichtslos unterwirft, auch die Ware Arbeitskraft und die Ware Kunst. Hugo, Balzac, Baudelaire u.a. haben recht verschiedene Antworten gegeben, aber alle sind sie ein Ausdruck ihres Konflikts mit dieser Klasse.

Zur Entwicklung des Romans

Der Generalssohn Victor Hugo (1802–1885), Gründer der Zeitschrift »La Muse française«, des Organs der französischen Romantiker, ab 1841 Mitglied der Académie Française und 7 Jahre später Abgeordneter der Pariser Kammer; ein Demokrat, der bei Errichtung des zweiten Kaiserreichs wegen seiner Opposition gegen Louis Napoleon 1851 nach Belgien fliehen mußte, erst 1870 nach Paris zurückkehrte – und wieder Parlamentsabgeordneter und Senator wurde –, war der bedeutendste Schriftsteller der französischen Romantik. Sein Begräbnis – er wurde im Pantheon beigesetzt – war eine →Apotheose. Hugo wurde zum Anreger fast aller literarischen Strömungen im Frankreich des 19. Jahrhunderts.

Im berühmten »Préface de Cromwell« (1827) brach er mit den Regeln des klassischen Theaters; er forderte eine Bühne, die das wahre Leben widerspiegelte, schrieb mit »Notre Dame de Paris« (1831) den bekannten Geschichtsroman über das Paris des 15. Jahrhunderts mit der Kathedrale als Mittelpunkt; mit seinem das niedere Volk heroisierenden Roman »Les Misérables« (1862, deutsch bereits 1862: »Die Elenden«) wurde er zum Dichter der plebejischen revolutionären Bewegung.

An dem Meisterwerk »Die Elenden« hat Hugo dreißig bis vierzig Jahre gearbeitet. Der Roman gestaltet die moderne Industriestadt, dringt ein in die sozialen, politischen, ökonomischen Probleme der Zeit und schildert die Entrechtung und Versklavung der Massen. Hugo, selber Angehöriger der obersten Spitze der Gesellschaft, berühmter Führer einer literarischen Bewegung, Mitglied der Akademie und des Herrenhauses, analysiert die Kluft, die durch die Gesellschaft geht; er beschäftigt sich mit dem Leben der Ärmsten und gerät in Konflikt mit seiner Klasse.

»Die Drosselung der Revolution von 1848 durch die besitzende Klasse«, schreibt Robert Minder, »der Aufstieg des kaiserlichen Abenteurers über die Leichen der Arbeiter – wie später über die Leichen der Schlachtfelder in Europa – haben ihm definitiv die Augen geöffnet über die wahre Struktur der Machtverhältnisse.« Als Abgeordneter der Kammer sagt er im Juli 1849: »Das Leiden kann nicht verschwinden. Das Elend sollte verschwinden. Es wird immer Unglückliche geben. Vielleicht wird es eines Tages keine Elenden mehr geben.« Er trennt sich von der »Ordnungspartei«, man verlacht ihn erst, verbannt ihn dann, setzt einen Preis auf seinen Kopf. Im Exil auf der Insel Guernsey gewinnt das große Romanwerk der »Elenden« seine monumentale düstere Gestalt. Das Leiden der »Elenden« und sein eigenes Leiden im Exil verbinden sich. Hugo, der von Schiller besonders »Die Räuber« und die Erzählung »Verbrecher aus verlorener Ehre« bewunderte, machte diesen Typ des »Verbrechers aus verlorener Ehre«, den auch Schiller in seinem unvollendeten Großstadt-Polizei-Drama zu gestalten versuchte, zum Helden der »Elenden«: Jean Valjean, wegen eines Brotdiebstahls zu Gefängnis und wegen Fluchtversuch zu zwanzig Jahren schwerer Zwangsarbeit verurteilt, ist durch die elenden Umstände zum Dieb und Betrüger geworden und stellt doch immer wieder den guten Kern in sich unter Beweis. Er kommt unter falschem Namen hoch, wird Fabrikbesitzer und Bürgermeister und versucht, als Wohltäter seiner Gemeinde, Saint-Simons Sozialutopie zu verwirklichen; da wird er als ehemaliger Sträfling erkannt und muß in Paris wieder ein Leben am Rande der Gesellschaft führen. Er wird in die Revolution hineingerissen und identifiziert sich mit den Freiheitskämpfern. Sein individuelles trauriges Schicksal verbindet sich mit den Schicksalen der vielen, mit der kollektiven Existenz der großen Masse der Elenden, die hier über sich selbst hinauswachsen und im Heldenkampf auf den Barrikaden ein neues Selbstbewußtsein finden. Das Buch heroisiert dieses Volk und ist ein Volksbuch geworden. Charakteristisch bis in die Einzelheiten, spannungsreich, trotz unwahrscheinlicher Zufälle und plötzlicher Wendungen lebensnah und überzeugend – nicht zuletzt durch die Volkssprache der Dialoge. Einprägsam und unvergeßlich sind die Gestalten. Der auf den Barrikaden singende und sterbende Gavroche wurde zum Mythos des Pariser Straßenjungen. »Die mit Realität erfüllten und geistig durchleuchteten ›Elenden‹ sind bis heute das wahre Epos von Paris geblieben.« (Minder)

Honoré de Balzac (1799–1850), Sohn eines aus dem Bauerntum aufgestiegenen Beamten, studierte Jura in Paris und arbeitete als Schreiber in Anwaltsbüros; pseudonym verfaßte er Serienromane. Mit seiner Literatur hatte er erst wenig Erfolg. Die Schuld daran den Verlegern gebend, versuchte er, sich von ihnen unabhängig zu machen. Er kaufte eine Druckerei, um seine Werke selbst herauszubringen, stürzte sich als Verleger und Druckereiunternehmer in gewagte Spekulationen und war zwei Jahre darauf bankrott und verschuldet bis an sein Lebensende – Erfahrungen, die für seine Darstellung der kapitalistischen Wirtschaft nicht unwichtig sind. Er kannte, was er beschrieb. Seit Mitte der dreißiger Jahre schuf er seine »Menschliche Komödie« – ein Gegenstück zu Dantes »Göttlicher Komödie« (→S. 92f.) – und gab damit in einer eindrucksvollen Reihe von Erzählwerken eine Gesamtdarstellung der französischen Gesellschaft vor und nach 1830: ein Bild der Gesellschaft vor allem der »juste-Millionäre«, wie Heine sie nannte, der Götzendiener des Mammon, die sich der Herrschaft des Geldes bedingungslos unterwarfen. Kritisch realistisch schilderte er Mensch und Milieu in allen sozialen Schichten und verarbeitete darin eine Fülle historischer Fakten, präziser Daten aus dem realen Leben von Paris. Seine Menschen besitzen meist starken Lebenswillen, Machtstreben, Ehrgeiz, Leidenschaften und bedienen sich in der Regel unlauterer Mittel. Nach einer recht konsequent durchgeführten literarischen Methode teilt er Individuen ein nach Typen, die durch ihre Stellung in der Gesellschaft bestimmt sind und charakteristische Merkmale haben, so daß er mit individuellen Geschichten gleichzeitig typische gesellschaftliche Vorgänge in den Griff bekommt.

Man hat Balzac einen »Geschmack auf dem Niveau des Publikums der Feuilletonromane« bescheinigt, »Redeschwall«, »dickaufgetragene Pathetik« (Hauser), auch daß ihm »jede Selbstkritik fehlt und jedes Mittel gut genug ist, das überrascht und überwältigt«, alles Ausdruck der Tatsache, daß Balzac eben nicht mehr für ein aristokratisches, elitäres, kultiviertes Publikum schreibt, sondern für den »Markt«, den er genau kennt und auf dem sich nur das Grelle, Neue, Sensationelle »verkauft«.

Dabei erfaßte Balzac auch Schicksal und Gefahr der vom Leben entfremdeten Kunst mit ihrer Entwicklung zu Ästhetizismus, Nihilismus und Selbstzerstörung: besonders deutlich und →paradigmatisch in seinem Werk »Chef d'œuvre inconnu«, einer Kontrafaktur zur Pygmaliongeschichte. Frenhofer, der größte Künstler und Schüler Mabuses, arbeitet zehn Jahre lang am Bild einer Frau, das er wie Pygmalion zum Leben erwecken will. Er verzweifelt daran, das Ziel zu erreichen, glaubt, das rechte Modell noch nicht gefunden zu haben. Da bringt ihm der kunstbegeisterte Poussin seine eigene Geliebte als Modell, die dem Meister helfen soll, weil sie den vollkommensten Körper hat. Frenhofer ist begeistert, aber er hat sich bereits so weit vom Leben entfernt und allein der Kunst verschrieben, daß er sich auch von der Schönheit dieses Mädchens abkehrt und sich ganz allein dem Bild, seinem Lebenswerk, widmet. Doch dieses Bild enthält am Ende nichts als bloß verworrene Linien und Formen. Das übereinandergemalte Ergebnis der vielen Jahre Arbeit ist zum gegenstandslosen Durcheinander geworden.

Balzacs Verachtung der kulturlosen kapitalistischen Götzendienerei ließ ihn den Adel, der allein noch Hüter der Kultur schien, lieben. Er selber ahmte ihn nach, nobilitierte sich selbst und machte, wenn er es sich einmal leisten konnte, seine Wohnungen zu Schlössern und feierte Feste von aristokratischer Pracht. Trotz seiner konservativen Einstellung sieht er die Unaufhaltsamkeit der Entwicklung nüchtern, beobachtend. Kein ›Zurück zur Natur‹, keine Flucht aufs Dorf scheint ihm noch möglich. Die moderne Weltstadt mit ihrer Dynamik, Industrie und Monstrosität ist die Zukunft und Paris ihr Mythos. Dieser Monstrosität entspricht seine eigene Arbeitsbesessenheit. Unfrei ist er nicht nur, weil er gegen seine Gläubiger anschreiben muß. Er nannte sich einen »Galeerensklaven der Feder und der Tinte«, aber auch einen »Dämon«, »so etwas wie ein Napoleon«. Wie Stendhal (Henri Beyle, 1783–1842) schwärmte er für diesen Kaiser, je mehr er das Spekulantentum des »Bürgerkönigs« verachtete (→S. 224f.).

Ganz anders als Balzac zog sich Gustave Flaubert (1821–1880) nach einem erfolglosen Jurastudium in Paris in die Provinz zurück. »Das Leben ist so scheußlich«, schreibt er, »daß man es nur ertragen kann, wenn man es meidet. Und das tut man, indem man in der Kunst lebt.« Wie später Thomas Mann ist Flaubert davon durchdrungen, daß der Künstler das Leben nicht lebt, sondern beschreibt. In konsequenter Selbstdisziplin, Einsamkeit und Abkehr von der Gesellschaft, mit methodischem Arbeitsprogramm schuf er Meisterwerke des realistischen Romans. In seiner Jugend war er romantisch beeinflußt von Byron, Goethe, Hugo; er selbst beeinflußte Maupassant und Zola. Philisterhaß, Lebensekel, Verachtung der materialistischen Gesellschaft seiner Zeit prägen seine Werke, in denen er sich um genaue Beobachtung und Darstellung typischer Erscheinungen und möglichst vollständige Dokumentation von Tatsachen bemüht. Seine »Madame Bovary« (1857) wurde ein Skandal und Erfolg zugleich und trug ihm einen Prozeß wegen Gefährdung der öffentlichen Moral ein. Grausam objektiv schilderte er hier das Leben einer jungen Frau in der Provinz, die auf der Suche nach Lebenserfüllung und Glück mit der Umwelt in Konflikt gerät und zu Ehebruch und Selbstmord getrieben wird.

Romankunst als Sozialwissenschaft

Man kann darüber streiten, wann genau der »Realismus« sich zum »Naturalismus« entwickelt, allzuviel Scharfsinn führt jedoch auch hier, wie oft, nicht zur Klarheit, sondern zu Scheingefechten und Spitzfindigkeiten, die keiner Wirklichkeit mehr gerecht werden. Denn tatsächlich sind die Übergänge fließend und die Anfänge jedenfalls sehr viel früher als entsprechende Theorien und Definitionen.

Bezeichnet man mit »Naturalismus« allgemein jeden extremen Realismus, so kann man zeitlich gar nicht mehr eingrenzen. Betont man gewisse »Voraussetzungen« – Entwicklung der Naturwissenschaften, →Positivismus (Comte, Taine), Vererbungslehre und →Milieutheorie –, kommt man leicht zu voreiligen und zu kurz greifenden geistesgeschichtlichen Herleitungen. Geht man vom Gegenstand und seiner Herausforderung aus – Großstadtzivilisation, Proletariat, die neue industrielle Wirklichkeit, die angeblich diese neue Art Kunst ›verlangt‹, weil man sie anders nicht mehr ›bewältigen‹ konnte –, so übersieht man leicht, daß es daneben und danach ganz andere Richtungen gab, die sich der gleichen Wirklichkeit annahmen. Fragt man dagegen nach den Ursachen einer solchen Einstellung, die den Unterschied zwischen Kunst und Wissenschaft einzuebnen sucht, dabei Wissenschaft und Kunst gleichermaßen auf die Fakten und das Prinzip der Kausalität verweist und grundsätzlich menschliches Handeln als

Aus der Menge der diesen Zeitraum behandelnden Literatur können nur einige wenige interessante Werke empfohlen werden. Maßgebliche Gesichtspunkte für die Auswahl sind die Erfassung größerer Epochenzusammenhänge, die nicht spezialistische Fragestellung, die gute Verständlichkeit der Darstellung und die Verbindung von Literatur und Gesellschaft. Werke zu einzelnen Autoren oder besonderen Problemen können nicht aufgenommen werden.

Arnold Hauser, »Sozialgeschichte der Kunst und Literatur«. München 1973.
Robert Minder, »Dichter in der Gesellschaft. Erfahrungen mit deutscher und französischer Literatur.« Frankfurt am Main 1966.
»Das Jahrhundert Goethes. Kunst, Wissenschaft, Technik und Geschichte zwischen 1750 und 1850.« Hg. von den Nationalen Forschungs- und Gedenkstätten der klassischen deutschen Literatur in Weimar.
Georg Lukács, »Deutsche Realisten des 19. Jahrhunderts.« Neuwied 1964.
Lucien Goldmann, »Soziologie des modernen Romans.« Neuwied 1970.
Hugo Friedrich, »Die Struktur der modernen Lyrik. Von Baudelaire bis zur Gegenwart« (Taschenbuch). Reinbek 1958.

determiniert durch Vererbung und Umwelt betrachtet, so kommt man der Wurzel des Naturalismus näher, wie Arnold Hauser sie beschrieben hat: »Das politische Erlebnis der Generation von 1848: das Mißglücken der Revolution, die Unterdrückung des Juniaufstandes und die Machtergreifung Louis Napoleons. Die Enttäuschung der Demokraten und die allgemeine Ernüchterung, die diese Ereignisse zur Folge haben, findet in der Weltanschauung der sachlichen, illusionslosen, die Erfahrung widerspruchslos hinnehmenden Naturwissenschaften ihren vollkommenen Ausdruck. Nach dem Versagen aller Ideale, aller Utopien hält man sich an die Tatsachen, an nichts als die Tatsachen.«

Zu erinnern ist hier auch an die These vom Ende der »Kunstperiode«, die seit Hegel und Heine umging und besagte, daß die Zeit der Kunst überhaupt vorbei sei und die moderne Zeit im Zeichen von Wissenschaft und Politik stehe. Schon das →»Junge Deutschland« hatte daraus seine Konsequenzen gezogen.

Nicht zufällig griffen die deutschen Naturalisten außer auf Zola, Ibsen (→S. 278f.) und andere Ausländer auf diese jungdeutsche Tradition zurück, wie denn allmählich auch Büchner wieder zu Ehren kommt oder überhaupt erst wieder entdeckt wird, der mit seiner bewußten antiidealistischen Einstellung, der Wirklichkeitsgestaltung, aber auch dem Bekenntnis zur →Determination der Menschen viel von dem vorweggenommen hat, was die Programme der Naturalisten ausmacht.

Die naturalistische Methode, wie sie Zola theoretisch und praktisch vertrat, macht den Dichter zum Wissenschaftler. Seine Romane wollen exakte empirische wissenschaftliche Studien sein. Mit naturwissenschaftlicher Gesetzmäßigkeit entwickelt Zola bei seinen Helden die Erbanlagen von Trunksucht, Wahnsinn, Schwachsinn. Mit sozialwissenschaftlicher Objektivität studiert er die Stände, Berufe, Milieus, die Warenhäuser, die Bergwerke, die Pariser Markthallen, die Polizeivorschriften. Er interviewte Verkäufer und Kunden, beobachtete die Verkäuferinnen, wie sie lebten, sich erholten, wie sie Schaufenster dekorierten. Er kletterte auf Böden und Dächer und exzerpierte wissenschaftliche Werke über Kleptomanie.

Émile Zola (1840–1902) gilt als der bedeutendste Erzähler und Theoretiker des Naturalismus. Der Ingenieurssohn, der nach einem mißglückten Abitur Dockarbeiter wurde, arbeitete ab 1865 als Journalist. Sein Hauptwerk, der 20bändige Romanzyklus »Les Rougon-Macquart, histoire naturelle et sociale d'une famille sous le second Empire« (1871/93) gibt die Natur- und Sozialgeschichte von fünf Generationen einer verfallenden Familie, schildert biologische Entartung, Korruption, Spekulation und Finanzrausch, Verfall der Sitten, Elend und Kampf der Arbeiter, das Frankreich des 2. Kaiserreichs mit seinen technischen und sozialen Erscheinungen. Freilich wird die wissenschaftliche Objektivität nicht ganz durchgehalten, die häßlichen Aspekte werden betont, die psychologischen Analysen geraten zu abstrakten Demonstrationen von Umwelt und Vererbung. Besser gelingen die dynamischen Beschreibungen von Volksmassen. Eindrucksvoll – freilich nicht wissenschaftlich, sondern dichterisch – ist die intensive Belebung unbelebter Gegenstände. Bergwerke, Lokomotiven werden zu gigantischen, dämonischen Mächten. Auch dies typischer Ausdruck von Verdinglichung: Die Dinge werden die aktiven, beherrschenden Elemente; die Menschen die passiven, beherrschten, unfreien.

Zolas Meisterwerk wird »Germinal« (→S. 276f.), ein Roman über das harte Leben der Bergleute. Die späteren Romane verlieren an →Fatalismus und sind von humanitärem Engagement bestimmt. Wegen seines offenen Briefes für Dreyfus »J'accuse« (1898 →S. 286ff.) wurde er zu einem Jahr Gefängnis verurteilt und floh nach England. 1899 kehrte er gefeiert nach Frankreich zurück und wurde im Pantheon beigesetzt.

Zur Entwicklung der modernen Lyrik

Die Linie Balzac, Flaubert, Zola, stellvertretend für die Entwicklung des epischen Realismus, bezeichnet die eine Alternative der Literatur in der Industriegesellschaft des 19. und 20. Jahrhunderts; die andere Alternative des lyrischen →Surrealismus, der Entwicklung des →Hermetismus, einer Kunst für die Kunst (l'art pour l'art) ohne Rücksicht auf irgendein vorhandenes oder nicht vorhandenes Publikum, wäre exemplarisch benannt durch die drei Namen Baudelaire, Rimbaud, Mallarmé.

Charles Baudelaire (1821–1867), Außenseiter und Bohémien in Paris, unpolitisch – an der Revolution von 1848 beteiligte er sich nur aus persönlichen Motiven –, kultivierte in bewußter Opposition gegen die Banalität der Bürger die vorsätzliche Dunkelheit seiner Gedichte: »Es liegt ein gewisser Ruhm darin, nicht verstanden zu werden.« Baudelaire wird der Dichter der »Modernität«, ein Wort, das er 1859 geprägt hat, um eine besondere Fähigkeit des modernen Künstlers auszudrükken, in der Großstadt, in der kommerzialisierten und technischen Zivilisation nicht nur Verfall und Zerstörung des Menschen zu sehen, sondern Schönheit und Poesie, Reizstoffe für Gedichte. Sein Begriff der Modernität meint – wie Hugo Friedrich schrieb – »die Welt der pflanzenlosen Großstädte mit ihrer Häßlichkeit, ihrem Asphalt, ihrer künstlichen Beleuchtung, ihren Steinschluchten, ihren Sünden, ihrer Einsamkeit im Menschengewimmel.« Baudelaire bejaht die Großstadt als das Reich des Künstlichen, Naturlosen. Die anorganischen Landschaften der Steinmassen sind der Ort des Bösen, aber auch menschliche Schöpfung, Ausdruck der Freiheit des Geistes. Baudelaires Ekel an der »steigenden Flut der alles nivellierenden Demokratie« wird dichterisch transformiert, er macht aus dem Negativen eine Faszination, aus dem Kehricht der Stadt ein Mysterium. Fortschritt begreift er als »progressive Abnahme der Seele«. Das entspricht seiner Dichtung. Er versucht, bei der Gestaltung alles auszuschalten, was persönliches Leben, subjektives Gefühl ist. Seine Dichtung ist unpersönlich und enthumanisiert. »Schönheit ist das Erzeugnis von Vernunft und Calcul.« Sein Begriff von Schönheit erhebt sich provokatorisch über alles Einfache, Natürliche, Banale: »rein und bizarr«, »absurd« sind seine Formeln. Das Dissonante ist ihm ein lyrisches Gegenmittel gegen das »Laster der Banalität«. Aus Ekel am Wirklichen geht die Kunst als Deformation des Wirklichen hervor. Baudelaire erfindet das Wort »surnaturalisme«, aus dem dann bei Apollinaire »surréalisme« wird. Bei beiden bezeichnen diese Begriffe die gewollt »abstrakte« Kunst. Eine Kunst, die die Dinge entdinglicht zu Linien, Farben, Bewegungen, zu ›selbständig‹ werdenden Einzelelementen. Sein Einfluß auf Rimbaud, Verlaine und viele andere, auch die moderne deutsche Dichtung bis zur Gegenwart, ist beträchtlich (→S. 264f.).

Schweigen und Isolation

Auch Arthur Rimbaud (1854–1891) revoltierte gegen die bürgerliche Gesellschaft: Er arbeitet mit absoluten Metaphern, die sich von der Wirklichkeit ganz abgelöst haben und Beziehungslosigkeit, Irrealität, Abnormität, Absurdität ausdrücken. Diese Sprache ohne Inhalt hat die Tendenz, nicht nur die Realität, sondern auch sich selbst aufzuheben; ihre letzte Konsequenz ist das Verstummen. Rimbaud zog diese Konsequenz bereits als Neunzehnjähriger: 1873 gab er das Dichten auf und zog unstet durch Europa, Indien, Ägypten, Äthiopien. Seine Wirkung auf Paul Verlaine, die Symbolisten, die Expressionisten in Deutschland, z.B. auf Stefan Heym und Georg Trakl, ist enorm (→S. 370ff.). Noch die Gegenwartslyrik steht in dieser Tradition; freilich war man später mit dem Verstummen weniger konsequent als Rimbaud, man zog es vor, das Schweigen, von dem man oft redete, mit schönen Worten auszufüllen und z.B. nach 1947 auf berühmten Gruppentagungen daraus vorzulesen (→S. 374ff.). Aber schon Mallarmé bekannte: »Mein Werk ist eine Sackgasse.«

Äußerlich ein Bürger – Gymnasiallehrer – weder Bohémien wie Baudelaire noch Vagabund wie Rimbaud, sieht Stéphane Mallarmé (1842–1898) wie diese beiden in seiner Dichtung ein Gegengewicht gegen die banale bürgerliche Realität; noch abstrakter als Rimbaud, noch absoluter in der sprachlichen Vernichtung der Realität, der Aufhebung der logischen Normalität, der Auflösung affektiver Substrate. Er schreibt eine Lyrik ohne Gefühl, ohne Menschlichkeit, ohne Realität. Jede Begrenzung auf etwas Eindeutiges fehlt. Eine Sprache ohne Gegenstand, eine gewollte Vieldeutigkeit der Worte: Im Wort liegen Potenzen, die mehr vermögen als Gedanken. Bei Baudelaire gab es nur noch solche Tränen, »die nicht aus dem Herzen kommen«, immerhin noch Tränen; als Mallarmé gefragt wurde: »Sie weinen also nie in Ihren Versen?« antwortete er: »Und schneuze mich auch nicht.« Mallarmés Dichtung akzeptiert und kultiviert den Nihilismus als ihre Grundlage:

»Nachdem ich das Nichts gefunden hatte, fand ich die Schönheit«, sagte er ganz ähnlich wie später Gottfried Benn (1886–1956). »Schweigen« wird einer seiner häufigsten Begriffe. Das ideale Gedicht wäre »das schweigende Gedicht, aus lauter Weiß«. Sein Werk ist Ausdruck einer Vereinsamung mit Stolz, einer vollständigen, absichtlichen Isolierung. »Das Werk ist unpersönlich, und sobald man sich von ihm löst, duldet es keine Annäherung des Lesers. Es ist derart, daß es ganz allein dasteht: erschaffen, existierend.« Sprache trägt hier nicht mehr irgendeine Mitteilung, dient nicht mehr der Kommunikation, sondern ist nur noch Äußerung ihrer selbst, der Autor ist nicht Sender und der Leser nicht Empfänger einer Botschaft, vielmehr soll der Leser offen sein für das »vielfältige Verstehen«, oder wie später Mallarmés Schüler Paul Valéry sagt: »Meine Verse haben den Sinn, den man ihnen gibt.«

Abbild und Negation der Wirklichkeit

Was diese Dichtung unter soziologischen Gesichtspunkten vor allem interessant macht, ist ihr grundlegender Widerspruch: Sie ist einerseits Negation der Wirklichkeit, Abweisung alles Gesellschaftlichen, Demokratischen, Kommerziellen. Kunst, nicht mehr für die Gesellschaft, nicht mehr für ein Publikum – sondern um der Kunst willen: l'art pour l'art.

Andererseits ist sie gerade in dieser stolzen Abkehr – in dieser Isolation – die genaue und radikale Entsprechung und →Widerspiegelung dieser nur scheinbar außer Kurs gesetzten gesellschaftlichen, demokratischen und kommerziellen Wirklichkeit, in der jedes Wesen und jeder ›Bereich‹, nicht nur die Kunst, nur noch für sich und um seiner selbst willen – nicht mehr für andere und nicht mehr für ein Ganzes – besteht; wo die Zusammenhänge verlorengehen und die aufgelöste, atomisierte, einsame Massengesellschaft nicht mehr durch konkrete menschliche Bindungen, Gefühle, Instinkte, sondern durch Abstraktionen regiert wird, welche die verschiedenen Einzelwesen gegeneinander neutralisieren und die hinter dem Schein und der Fassade ihrer Geschäfte »nichts« (ein Leitwort Mallarmés) enthält. Gerade in dieser Vereinsamung ist diese Literatur, insgesamt wie in jeder wesentlichen Einzelheit, sogar ein sehr präziser Ausdruck dieser Gesellschaft.

Dieter Lohmeier

Goethe · Faust

»Faust« (Entstehungszeit: um 1769–1832, Erstdruck: Faust I Tübingen 1808, Faust II Stuttgart 1832) Schauspiel von Johann Wolfgang von Goethe (28. 8. 1749 – 22. 3. 1832)

Der Faust-Stoff stammt aus niederen Schichten der Literatur: Die »Historia von D. Johann Fausten«, einer historisch kaum faßbaren, sagenumwobenen Gestalt des frühen 16. Jahrhunderts, erschien 1587 als sogenanntes Volksbuch, billige Lektüre für breite Kreise, eine aus engstem protestantischen Geist geschriebene Warnung vor dem Bund mit dem Teufel. Sie erlebte mehrere Neubearbeitungen, wurde aber mit dem Schwinden des Teufelsglaubens, in der Form des Puppenspiels, immer mehr zur Volksbelustigung. So lernte Goethe den Stoff in seiner Jugend kennen. Im Laufe von mehr als 60 Jahren reicherte er ihn so sehr mit eigenen Erfahrungen an, daß der »Faust« schließlich zu einem Werk wurde, in dem alle wesentlichen Entwicklungsphasen von Goethes Dichtung ihren Niederschlag fanden.

Die Studierzimmer-Szenen behandeln das Thema, das Goethe vermutlich überhaupt reizte, den Faust-Stoff aufzugreifen: die Beschäftigung mit Geheimwissenschaften wie Alchimie und Magie, ein heute kaum bekannter, verworrener, aber gleichwohl wichtiger Bereich der Geistesgeschichte der frühen Neuzeit. Der Impuls kommt bei Faust, wie um 1770 bei Goethe selbst, aus dem Ungenügen am zeitgenössischen Universitätsbetrieb. Als Reaktion auf die Zersplitterung der Disziplinen sucht man die Synthese, die Erkenntnis dessen, »was die Welt im Innersten zusammenhält«, in naturphilosophischen Spekulationen und geheimen Praktiken – Ersatz und Konkurrenz für die Theologie. Das erklärt die Schärfe, mit der der Autor des Volksbuchs den Doktor Faustus verurteilt. Aus demselben Grunde sind aber auch bei Goethe die Betrachtung des Makrokosmoszeichens und die Beschwörung des Erdgeists, die beide aus der geheimwissenschaftlichen Tradition stammen, in die Osternacht verlegt, denn das gibt Faust Gelegenheit, die zentrale Botschaft des Christentums, die Erlösung der Menschheit durch die Auferstehung Christi, für sich abzulehnen.

Unverkennbar sind die Züge der Christus-Figur, die Faust in dieser Zeichnung des 19. Jahrhunderts trägt

Die Gretchen-Szenen, Fausts erster Schritt über die vom →Humanismus geprägte Buchgelehrsamkeit hinaus zur sinnlichen Erfahrung von Welt, sind durch die Hinrichtung einer Kindsmörderin in Frankfurt (1772) angeregt. Sie behandeln ein bei Goethes Altersgenossen sehr beliebtes Problem, ein Stück zeitgenössischer sozialer Wirklichkeit, das sich gut mit dem Motiv des Standesunterschieds zwischen dem adligen Verführer und der verführten Unschuld aus dem Volk verbinden und zur Darstellung der bürgerlichen Tugendauffassung verwenden ließ. Den Standesunterschied gibt es auch bei Goethe, doch ist der nicht mit einem moralischen Gegensatz gekoppelt: Gretchen ist nicht das wehrlose Opfer der Verführung, spricht nicht von Tugend oder von einer Legitimation der Liebe durch die Ehe, sondern zweifelt vielmehr am herkömmlichen Begriff der Sünde. Das ist ein wichtiger Schritt bei der Emanzipation der deutschen Literatur von den Gesetzen der moralischen Schicklichkeit. Goethe treibt sie nach seiner Italienreise mit den »Römischen Elegien« und »Wilhelm Meisters Lehrjahren« so weit voran, daß er, der Erfolgsautor des »Werther« (→S. 176f.), sein Publikum verliert.

Die Helena-Szenen des 2. Teils zeigen dieselbe Haltung: Während Faust angesichts von Gretchens Schicksal und seiner eigenen Schuld noch von Reue und Verzweiflung gepackt wird (die er dann freilich nicht durch Buße, sondern durch Heilschlaf und Vergessen bewältigt), bleibt Helena von allen Morden und Gewalttaten, die sie verursacht hat, unberührt. Sie, der Inbegriff der Schönheit, ist amoralisch wie die Natur, deren höchste Hervorbringung sie ist. Aus der dichterischen Gestalt in die Sprache zeitgenössischer →Ästhetik übersetzt, bedeutet das: Goethe betrachtet Schönheit nicht – wie Kant – mit interesselosem Wohlgefallen oder – wie Schiller – als Mittel sittlicher Besserung, sondern als erotisch wirkende Naturkraft. Da Schönheit und

Eckermann

»Gespräche mit Goethe.« (1824)

»Wenn Euer Excellenz behaupten«, sagte ich darauf, »daß dem Dichter die Welt angeboren sei, so haben Sie wohl nur die Welt des Innern dabei im Sinne, aber nicht die empirische Welt der Erscheinung und Konvenienz; und wenn also dem Dichter eine wahre Darstellung derselben gelingen soll, so muß doch wohl die Erforschung des Wirklichen hinzukommen?«

»Allerdings«, erwiderte Goethe, »es ist so. Die Region der Liebe, des Hasses, der Hoffnung, der Verzweiflung, und wie die Zustände und Leidenschaften der Seele heißen, ist dem Dichter angeboren, und ihre Darstellung gelingt ihm. Es ist aber nicht angeboren, wie man Gericht hält, oder wie man im Parlament oder bei einer Kaiserkrönung verfährt; und um nicht gegen die Wahrheit solcher Dinge zu verstoßen, muß der Dichter sie aus Erfahrung oder Überlieferung sich aneignen. So konnte ich im ›Faust‹ den düstern Zustand des Lebensüberdrusses im Helden sowie die Liebesempfindungen Gretchens recht gut durch Anticipation in meiner Macht haben; allein um z. B. zu sagen:

Wie traurig steigt die unvollkommne Scheibe
Des späten Monds mit feuchter Glut heran –

bedurfte es einiger Beobachtung der Natur.«

»Es ist aber«, sagte ich, »im ganzen ›Faust‹ keine Zeile, die nicht von sorgfältiger Durchforschung der Welt und des Lebens unverkennbare Spuren trüge, und man wird keineswegs erinnert, als sei Ihnen das alles, ohne die reichste Erfahrung, nur so geschenkt worden.«

»Mag sein«, antwortete Goethe; »allein hätte ich nicht die Welt durch Anticipation bereits in mir getragen, ich wäre mit sehenden Augen blind geblieben, und alle Erforschung und Erfahrung wäre nichts gewesen als ein ganz totes und vergebliches Bemühen. Das Licht ist da, und die Farben umgeben uns; allein trügen wir kein Licht und keine Farben im eigenen Auge, so würden wir auch außer uns dergleichen nicht wahrnehmen.«

griechische Antike für ihn letztlich identisch sind, wird die Verbindung von Faust und Helena außerdem zur symbolischen Darstellung der Leitidee der Weimarer Klassik, der Vereinigung von Antike und Moderne – und zugleich der Kritik an ihr, denn die Vereinigung gelingt nur im Rückzug aus der Wirklichkeit in die Geschichtslosigkeit →Arkadiens; zudem tritt nicht die wirkliche Helena auf, sondern ein von Faust beschworenes Scheinbild. Goethe nennt daher das Ganze eine Phantasmagorie: Es ist eine Projektion dichterischer Wunschträume. Die eigene Zukunftslosigkeit macht ihnen ein Ende, nicht Mephisto.

Die Szenen des 5. Akts im zweiten Teil führen Faust zurück in die politische Welt: Statt am historisch überlebten Kaiserhof findet er im Neuland am Meeresstrand sein Betätigungsfeld; im Genießen der Macht, die der Besitz verleiht, wie in seinem schlechten Gewissen ein Charakter des 19. Jahrhunderts. Doch gelangt er nach seiner Erblindung noch wieter: von der Maßlosigkeit, die alles ganz und im ersten Anlauf will, zur Bescheidung in täglicher Arbeit, vom Führungsanspruch des großen Individuums zum Ideal eines demokratischen Gemeinwesens und von den Wünschen nach individueller Erfüllung zu sozialer Verpflichtung. Fausts letzter Monolog spricht damit in knappsten Worten aus, was »Wilhelm Meisters Wanderjahre« ausführen. Hier wie dort reagiert Goethe noch im hohen Alter auf Herausforderungen einer neuen Zeit.

Die Grundhaltung des »Faust« will es jedoch, daß Fausts letzter Vision die Realitätsgrundlage fehlt. Außerhalb des »Prologs im Himmel« und der Schlußszene, in denen aus allwissender Sicht gesprochen wird, ist so im Drama jede Szene und jede Figur durch den Zusammenhang, in dem sie steht, →relativiert, ja ironisiert: Fausts undogmatisches Glaubensbekenntnis durch Gretchens schlichte Frömmigkeit, Gretchen durch Helena, Faust durch Mephisto – und umgekehrt. Dem entspricht es, daß Faust, im Unterschied zu einem Schillerschen Helden, keine Entwicklung oder Läuterung durchmacht, die ihn auf jeweils höhere Stufen führte; das »hohe Streben«, von dem er in der Paktszene spricht, ist nicht Streben nach Höherem, sondern nach Totalität, nach dem Ausschöpfen aller, für den einzelnen unvereinbaren menschlichen Möglichkeiten. Daher ordnet das Drama die verschiedenen Bereiche der Wirklichkeit nicht mehr sittlichen Normen unter, sondern läßt sie in ihrer Tatsächlichkeit gelten, Wagner und Marthe Schwerdtlein wie Gretchen und Helena, Kleinstadt und Kaiserhof wie die antike Welt. Das ist die Haltung des Altersgedichts »Der Bräutigam«: »Wie es auch sei, das Leben, es ist gut.« Darin verbindet sich der aus dem 18. Jahrhundert ererbte Optimismus mit der Gelassenheit des Naturwissenschaftlers. Kein Wunder also, daß Faust vom »Prolog im Himmel« an die Erlösung gewiß ist. Das Drama heißt dennoch eine Tragödie, weil Goethe die dargestellten Widersprüche für unauflöslich und Schuld im menschlichen Leben für unausweichlich hält.

Der »Faust« wurde zum Inbegriff ›hoher Dichtung‹, die Inszenierung des Stückes durch Gustaf Gründgens am »Hamburger Schauspielhaus« zum ›großen Ereignis‹ der deutschen Theater-Nachkriegsgeschichte. Unser Bild: Man stand dafür Schlange vor dem »Schauspielhaus« in Hamburg

Die Wirkungsgeschichte des »Faust« ist zunächst vom Überwiegen der Ablehnung bestimmt. Die politische Goethe-Opposition des 19. Jahrhunderts sah in ihm den vollendeten Ausdruck einer überwundenen Epoche politischer →Indifferenz, deren höchstes Ziel die Kunst war. Für die noch stärkere kirchliche Opposition beider Lager war er die Summe einer von der »Humanitätskrankheit« infizierten Dichtung: »die vollendete Selbstvergötterung des emanzipierten Subjekts« (Eichendorff). Die positiven Äußerungen kamen zunächst von den Freunden, die die frühen Teile in der Handschrift lesen konnten und vor allem an den Gretchen-Szenen Gefallen fanden. Nach der Jahrhundertwende folgte die junge Generation der von der idealistischen Philosophie Geprägten, die in Faust den Repräsentanten der Menschheit sah, der den Geist der ganzen Weltgeschichte zur Anschauung bringen solle. Diese Identifizierung mit einer selbstherrlich aus der Dichtung abgeleiteten Idee wurde dann nach 1870, unter anderem Vorzeichen und unter Berufung auf die Szenen am Meeresstrand, allgemein üblich: Faust sollte nun die »realistischen« Tendenzen des →Imperialismus, des rücksichtslosen Strebens nach der Ausweitung von Handel und Herrschaft, repräsentieren – und zugleich rechtfertigen. Stimmen, die demgegenüber zur Rückbesinnung auf den Text aufforderten, fanden in Deutschland erst nach 1945 Gehör.

Arno Paul

Zur Entwicklung des bürgerlichen Theaters

Eingebunden in den nackten Daseinskampf, erfüllte das Schauspiel lange Zeit vorwiegend magisch-religiöse Aufgaben. Die Menschen verwandelten sich in die als Dämonen begriffenen Naturgewalten oder in die zu erjagenden Tiere, um sich ihrer sowohl symbolisch zu bemächtigen, als auch um durch den gemeinsamen Ritus den Gruppenzusammenhalt zu festigen. Auf dieser frühesten Entwicklungsstufe gab es keine Trennung in Schauspieler und Zuschauer. Der Verwandlungsakt vollzog sich kollektiv, ohne daß sich die einzelnen Darsteller in ihren Rollen unterschieden.

Von hier bis zum heutigen Theater in den Industriegesellschaften, das wie jeder moderne Betrieb einen hohen Grad arbeitsteiliger Planung, Herstellung und Verteilung aufweist, führt ein langer, vielfältig gewundener und verzweigter Weg. Auch wenn man sich auf die europäische Geschichte des Theaters beschränken wollte, wäre immer noch ein Zeitraum von mehr als zweieinhalb Jahrtausenden zu bewältigen. Theater lebt aus der Gegenwart. Als Kunstwerk existiert es nur so lange, wie es gemacht und erlebt wird. Senkt sich der Vorhang nach einer Aufführung, so verschwindet sie zwar nicht spurlos aus der Geschichte, sie hat damit jedoch ein für allemal ihre Gestalt verloren. Theater muß ›geschehen‹. Nicht nur diesseits, sondern auch jenseits der Rampe. Auf der Bühne mag sich noch soviel abspielen, wenn das Publikum nicht entsprechend mitspielt, hat es Theater nie gegeben.

Die Entwicklung der Kunst ist weniger eine Frage ihrer Wesensmerkmale als der realen gesellschaftlichen Lebensbedingungen.

Die Darstellung auf der Bühne ist nicht nur ein von Menschen für Menschen gestalteter Vorgang, sie ist selbst Teil von historischen Prozessen und damit etwas sich notwendig Änderndes. Geschichtliche Wandlungen verlaufen selten harmonisch. Ihre typische Erscheinungsform ist vielmehr die Krise, womit wir beim Thema sind. Viele Leute empfinden heute zu recht die in der Bundesrepublik Deutschland ausgeprägte Art des Theaters als überholt, weil unergiebig. Sie gehen allerdings zu weit, wenn sie jedes theatralische Spiel für unzeitgemäß erklären. Denn wie wenig etwa die lückenlose Verbreitung und technische Vervollkommnung des Fernsehens zum Tod des Theaters führen muß, beweist die Riesenstadt New York mit ihren 80 bis 100 allabendlichen Schauspielangeboten, obwohl gleichzeitig bis zu zehn verschiedene Fernsehprogramme laufen.

Der Fehler solcher Theorien des Untergangs des Theaters, aber auch solcher, die vom Ewigkeitswert des überkommenen Schauspielprinzips künden, liegt in ihrer abstrakten Vorgehensweise: Weder kümmern sie sich um die tatsächliche Vielschichtigkeit des vorhandenen Theaters, noch fragen sie nach den übergeordneten Faktoren, die der geschichtlichen Entwicklung des Theaters die Grenzen, aber auch die Richtung weisen. Für sie hat das Theater nur die ihnen geläufige Gestalt und Funktion oder gar keine. Um etwas mehr Einsicht in das geltende Theater und dessen Krise zu bekommen, muß nach der Entstehung beider gefragt werden. Das aber verlangt, ihre Vorformen und deren Bewegungskräfte zu untersuchen.

Von der Entwicklung eines Theatersystems kann man in Deutschland seit knapp 300 Jahren sprechen. Am Anfang einer offiziellen Pflege der Bühnenkunst steht das exklusive Hoftheater der barocken Duodezfürsten, das nach italienischem Vorbild und mit ausländischen Kräften die »Große Oper« bringt. Für die glanzvollen Aufführungen, deren hohe Kosten zu Lasten des Hofstaates gehen und zu denen nur Ausgewählte Zutritt haben, genügen zunächst noch entsprechend eingerichtete Schloßräumlichkeiten. Mit der Erfindung der Kulisse wachsen jedoch die technischen Möglichkeiten und repräsentativen Ansprüche derart, daß ab der zweiten Hälfte des 17. Jahrhunderts immer häufiger Opernprunkbauten entstehen, die dann den Grundstock für die späteren öffentlichen Residenztheater bilden.

Ein eigenständiges, volkstümliches Theater besteht nur als verstümmelter Ansatz in Form der Wanderbühnen, die sich in erster Linie der Stegreifkomödie und der sogenannten →Haupt- und Staatsaktion widmen. Als Ableger der italienischen →»Commedia dell' arte« enthält das nach bestimmten Figuren- und Handlungsmustern improvisierte Stegreifspiel durchaus Momente einer gewitzten Gesellschaftskritik, die jedoch zugunsten der dickaufgetragenen Späße und Zoten des zur Hauptperson aufsteigenden Hanswurstes schließlich ganz in den Hintergrund treten. Nicht minder entstellte Abbilder der Wirklichkeit liefern die schwülstigen, bluttriefenden Haupt- und Staatsaktionen, die dem in tiefster Armut und Unwissenheit gehaltenen Publikum der Leibeigenen und Tagelöhner einen vermeintlichen Einblick in die Geschichte der großen Herrscherhäuser, der christlichen Märtyrer und antiken Helden versprechen.

Doch nicht die mächtige Hofoper wird zur Keimzelle eines nationalen, zukunftsträchtigen Theaters, sondern die künstlerisch und sozial verkommene, mittellose Wanderbühne. Dieser höchst eigenartige Vorgang beruht weniger auf geistiger Einsicht als auf handfester Notwendigkeit. Da den fürstlichen →Mäzenen das importierte Opernwesen mit seinem gewaltigen technischen Apparat, seinen kostspieligen ausländischen Primadonnen und Kastratensängern über den Kopf wächst, müssen sie sich Zug um Zug billigere einheimische Theaterkräfte zulegen, den Aufwand an Dekoration verringern und die Schauspielhäuser einem zahlungswilligen Publikum öffnen. Das ist die eine Seite der beginnenden »Eindeutschung« und Verbürgerlichung des Theaters. Die andere, gewichtigere entstammt dem Bürgertum selbst, das durch seine wachsende Rolle in Handel, Gewerbe und Wissenschaft ein zunehmendes Bewußtsein seiner selbst erlangt und eigene künstlerische Ansprüche zu erheben beginnt.

Selbstverständlich behandeln die wenigen Dramatiker, Künstler und Gelehrten, die sich ernsthaft für ein deutschsprachiges Theater einsetzen, die Wanderbühnen zunächst weitgehend mit Verachtung. Da sich ihre Hoffnung auf fürstliche Förderung jedoch nicht erfüllt, bleibt ihnen gar keine andere Wahl, als entweder in die Enge des konfessionell gebundenen Schultheaters zu fliehen oder aber das soziale und künstlerische Risiko der Wanderbühne auf sich zu nehmen. Solcherart Mut kommt zu allererst dem verachteten Schauspielerstand zugute, dem sich nun auch gebildete Männer und Frauen anschließen. Ihr erster bedeutender Kopf, der Magister Johannes Velten (1640–1692), entwickelt bereits Ansätze zu einem handwerklich geschulten, sprachlich gestalteten und realistischen Darstellungsstil, lange bevor der Leipziger Literaturprofessor Johann Christoph Gottsched (1700–1766) zwischen 1730–1750 seine literarischen Regeln und die von ihm und Luise Adelgunde Gottsched (1713–1762), seiner Frau, danach verfaßten und übersetzten Stücke in die Wandertruppen trägt, um sie aus der Willkür und Abgenutztheit des Stegreifspiels herauszuführen.

Mit Gottscheds notwendigerweise gestrenger, uns heute kleinlich erscheinender Bühnenreform tritt das bürgerliche Theater in die deutsche Geschichte ein. Es ist von Anbeginn ein Zwitterwesen, was sich bei Gottsched vor allem darin äußert, daß er zwar Klarheit, Vernunft und Wahrheit in der Kunst fordert, ohne jedoch die Ebene der Herrscherwelt zu verlassen. Der geschichtliche Fortschritt liegt im Formal-Ästhetischen; in der Einheit von Ort und Zeit der Bühnenhandlung, die in übersichtliche »Auftritte« gegliedert und in »Akte« zusammengefaßt wird; in der Beschränkung auf höchstens zwölf Handlungspersonen und in der Bändigung der Sprache durch den Vers.

Das alles kann nur durch eine exakte Spielvorlage, das schriftlich fixierte und durch den Druck vervielfältigte Drama gewährleistet werden. Bisher schrieben die Wandertruppen ihre Stücke vorwiegend selbst. Die handschriftlichen Rollenhefte gehörten zum Eigenkapital des →Prinzipals, der sie ängstlich vor der Veröffentlichung hütete, damit sie die Konkurrenz nicht nachspielen konnte. Nicht einmal das dichterische Genie Shakespeare (→S. 118f.) ließ aufgrund seines Hauptberufs als Theaterleiter seine Stücke zu Lebzeiten drucken. Nun tritt eine neue Kraft auf den Plan: der auf das Schreiben und Einrichten von Spielvorlagen spezialisierte Dramatiker. Aus Erwerbsgründen kann er sich nicht an eine einzige Bühne binden, sondern muß für die Verbreitung seiner Werke sorgen. Damit ist der entscheidende Schritt zur modernen arbeitsteiligen Organisation des Theaters vollzogen.

Wenn immer eine aufstrebende gesellschaftliche Klasse nicht stark genug ist, den Kampf um die politische Macht direkt auszutragen, greift sie zu Scheingefechten. Der Schlachtruf des fortschrittlichen Bürgertums im 18. Jahrhundert heißt »Nationaltheater«, wobei man in idealistischer Verblendung glaubt, daß der Gründung einer nationalen Schaubühne die Gründung der Nation auf dem Fuße folgen müsse. Doch die Sache hat auch ihre realistische Seite. Zu recht erkennt das Bürgertum im Theater ein wirksames Verbreitungsmittel seiner ökonomisch begründeten Ideen der Gleichheit und freien Entfaltung des Individuums. Als Verbündete bieten sich in erster Linie die Wanderbühnen an, deren niedrigen gesellschaftlichen Status es zu heben und deren wildwüchsige Produktionsweise es zu ordnen gilt. Das kann nur durch Seßhaftigkeit und Subventionierung erreicht werden, und darin besteht das geschichtliche Ergebnis der Nationaltheateridee.

Noch ist das Bürgertum zu schwach, ein eigenes stehendes Theater zu unterhalten. Ein erster Versuch in der führenden deutschen Handelsstadt Hamburg mit dem klassenbewußtesten Schriftsteller seiner Zeit, mit Lessing als mitangestelltem, aber unbestechlichem Rezensenten, scheitert nach anderthalb Jahren (→S. 172). Um sein Ziel zu erreichen, muß das Bürgertum Kompromisse schließen und sich mit dem Adel verbinden. Das früheste bedeutende Beispiel bietet Berlin. Dort erklärt der preußische König 1786 seine Hofbühne zum Nationaltheater und setzt den bürgerlichen Schauspieler (und Dramatiker) August Wilhelm Iffland (1759–1814) als Intendanten ein. Daß sich hier zum ersten Mal in der deutschen Theatergeschichte das bürgerliche gegen das höfische Element durchsetzt, liegt allerdings weniger an der Herkunft und Person des Intendanten als an der Gesamtstruktur des Theaters. Der Zuschauerraum ist in drei Bereiche unterteilt, analog den drei wesentlichen gesellschaftlichen Klassen, und vergibt auch entsprechend unterschiedene Publikumsfunktionen: Während sich im ursprünglichen Parterre der barocke Fürst mit seinem Hofe feiern ließ, hat in Berlin das Bürgertum und die mit ihm verbundenen Gruppen von diesem größten Zuschauerrevier Besitz ergriffen. Nicht nur körperlich; es beansprucht auch die geistige Führung, was ihm aufgrund der zahlenmäßigen Stärke, der zentralen Lage und räumlichen Geschlossenheit des Parterres niemand bestreiten kann. Der standesbewußte Adel hat sich in die Logen des Mittelrangs zurückgezogen, während auf der Galerie als dem damaligen Oberrang der »Pöbel«, das besitzlose Proletariat, sein lärmendes, aber aufgewecktes Wesen treibt. Da der König dem Theater nur geringe Zuschüsse erteilt, wird die wirtschaftliche Lage so stark vom Eintrittsgeld abhängig, daß auch die Logen in den freien Verkauf gelangen. An die Stelle der gesellschaftlichen Rangordnung tritt die Zahlungsfähigkeit, der adlige Kunstmäzen wird an den Markt gebunden, private Kennerschaft weicht der öffentlichen Kritik. Wenn auch der preußische Hof wie die meisten deutschen Fürsten nach dem Volkskrieg gegen Napoleon aus Angst vor der Demokratie die Liberalisierung zurücknimmt und wieder das »Königliche Schauspiel« einführt, ändert das nicht die neue Richtung.

Begrenzte Errungenschaften

Nach hundertjährigem Kampf sind mit der literarischen Bändigung des Theaters bei gleichzeitiger Einführung des szenischen Realismus mit der öffentlichen Zugänglichkeit bei unverminderter Abhängigkeit von der staatstragenden Macht und mit der Unterwerfung unter das geltende Marktgesetz bei fortdauernder Subventionierung die wesentlichen Strukturmaßnahmen, aber auch die entscheidenden Widersprüche eingeführt, die seitdem unser Theatersystem kennzeichnen. In den kommenden hundert Jahren gelingt es nicht, die Bühne als Sprachrohr für den gesellschaftlichen Fortschritt durchzusetzen und das Theaterpublikum zur repräsentativen Volksversammlung emporzuheben.

Wie sehr das Schauspiel trotz der Konzessionen ans Bürgertum ein Werkzeug der herrschenden Klasse bleibt, zeigt sich nach den Befreiungskriegen gegen Napoleon in der Zeit des sogenannten →Biedermeier. Wie nie zuvor blüht in der nun folgenden Epoche des Polizeiterrors, der staatlichen Zensur (→S. 246ff.) und des in spießbürgerliche Behaglichkeit oder romantische Phantasien flüchtenden Bürgertums das Theater auf. Seine Aufgabe findet es jedoch nicht darin, die Probleme der Zeit zu behandeln, sondern darin, von ihnen abzulenken. Die Theaterleidenschaft erweist sich als ein politisch gesteuerter Vorgang, der sich immer mehr von der Sache selbst dem Privatleben vor allem der Schauspielerinnen zuwendet. Der Starkult erweckt in den Zeitgenossen die irrwitzige Vorstellung, Deutschland würde von den Brettern herab regiert. Und in der Tat beeinflußt das Wohlbefinden der Primadonnen das politische Klima. »Sie wird tanzen«, schreibt in jenen Tagen ein hoher preußischer Regierungsbeamter dem Generalpostmeister über die Kaprizen einer Ballettgöttin. »Die Mimik der Grazien der Taglioni hat die drohenden Zeichen der Zeit verdrängt«. Nicht erst im Biedermeier erweist sich die sogenannte Theatromanie als ein Zeichen für politische Unfreiheit und als Ersatz für sozial verantwortliche Tätigkeit. Doch während sich noch die frühen theaterbesessenen Bürger, wie sie Goethe in seinem Roman »Wilhelm Meisters theatralische Sendung« beschreibt, als Bühnenkünstler aktiv zu verwirklichen suchten, gibt sich das Biedermeier – und seitdem alle epochentypische Theaterleidenschaft dem passiven Genuß hin.

Trotz aller Verblendung und unsinnig verpufften Energien bringt die Theatromanie des Biedermeier mit dem beginnenden sozialen Aufstieg des Schauspielerstands einen strukturellen Fortschritt, der wie alle gesellschaftlichen Prozesse keineswegs harmonisch verläuft. Es ist vor allem das Publikum, das in seinem Bedürfnis nach Selbstbestätigung die Position des Bühnenkünstlers aufwertet, um sie gleichzeitig unter seiner Kontrolle zu halten: Wie man der gefeierten Sängerin Henriette Sonntag die Pferde ausspannt, um ihre Droschke persönlich nach Hause zu ziehen, so vollzieht man regelrechte Standgerichte, wenn insbesondere die weiblichen Künstler dem Willen des Parketts nicht entsprechen oder in ihrem Privatleben vom bürgerlichen Tugendpfad abgewichen sind.

Weniger die französische Julirevolution von 1830, als der durch den preußischen Zollverein, den Eisenbahnbau und die industrielle Produktion gesteigerte wirtschaftlich-gesellschaftliche Aufschwung führt wieder eine stärkere Politisierung des Theaters herbei. Zwar bietet das zeitgenössische Drama ob der unvermindert scharfen Zensurbestimmungen und des im allgemeinen rückständigen Bewußtseins seiner Autoren wenig aktuellen Zündstoff; zwar unterstehen die Hoftheater immer noch den persönlichen Neigungen der Fürsten, während in den residenzfreien Städten das Theater den Spekulanten überlassen ist. Dennoch oder gerade deshalb sucht das fortschrittliche Publikum – insbesondere die akademische Jugend – immer häufiger die Gelegenheit zu politischen Kundgebungen. Ein gemäßigt volksfreundliches Stück wie Goethes »Egmont«, das bei seinem ersten Erscheinen kaum gewirkt hatte, 1819 vom preußischen König verboten wurde und fast in Vergessenheit geriet, wird 1841 in Berlin mit der Musik Beethovens wie ein revolutionäres Freiheitsstück gefeiert und daraufhin nicht einmal abgesetzt.

Als im März 1848 die offenen Unruhen ausbrechen, bleiben viele Theater wiederholt oder für länger geschlossen, nicht nur, um dem Publikum keine Möglichkeit zu politischen Versammlungen zu geben oder weil man selbst zur Rechenschaft gezogen werden könnte, sondern auch, weil das Publikum in seinen Extremen fortbleibt; die Unpolitischen, um dem Krawall zu entgehen; die Radikalen, weil ihnen auf den Barrikaden nicht nach Theater zumute ist. In Berlin, wo die heftigsten Kämpfe toben, begnügt man sich nicht mit den auch andernorts stattfindenden vaterländisch freiheitlichen Publikumsdemonstrationen, sondern stellt handfeste Sachforderungen wie Lohnerhöhung für die Theaterbediensteten und Senkung der Eintrittspreise. Ein als »Decret des Volkes« ausgewiesenes Flugblatt befiehlt: »Am Beerdigungstage der Gefallenen darf kein Theater stattfinden, außer zum Vorteil der Hinterbliebenen«. Es wird von allen Berliner Theatern befolgt. Überall in den revolutionären Zentren lösen sich die Zensurbestimmungen, und die Schauspieler fügen, ermutigt von den Zuschauern, revolutionäre Bekenntnisse in ihre Rollen ein. Aber das Publikum ist gespalten – im kleinen wie im großen. Während auf den Barrikaden vor allem die Handwerker, Arbeiter und Studenten verbluten, und der Bürger abseits steht, liefern sich im Theaterpublikum Reaktionäre und Demokraten unsinnige, durch Bühnenphrasen entfesselte Meinungskriege. Schlagartig enthüllt sich in den Märztagen nicht nur die Unvereinbarkeit der proletarischen Interessen mit denen des liberalen Bürgertums, sondern auch die Bedeutungslosigkeit des bürgerlichen Theaters für die soziale Frage.

Über den sozialen Bedeutungsverlust kann auch die wiederbelebte Nationaltheateridee nicht hinwegtäuschen. Wie zu Lessings Zeiten wird in zahllosen Programmschriften das Theater als »Volksbildungsstätte«, als »politischer Tempel der Nation« heraufbeschworen, doch wer in diesem Tempel die politischen Weihen erhalten soll, ist nicht länger das »Volk«, sondern die Bourgeoisie, die aufgrund ihrer wirtschaftlichen Stellung nicht länger gewillt ist, in Sachen Theater auf ihren Machtanspruch zu verzichten. Damit ist der irdische Kern der programmatischen Wolkengebilde enthüllt. Er zielt gegen das immer noch gültige Hoftheaterprinzip. Zwar sind die Eintrittskarten öffentlich zu kaufen. Zwar dürfen die Landtage gelegentlich die Höhe der Theatersubventionen auf der fürstlichen →Zivilliste bestätigen, aber ein öffentliches Bestimmungsrecht ist damit nicht verbunden. Als Intendanten fungieren Hofkavaliere, in der Regel Kammerherren oder ehemalige Offiziere, die keinen Fachverstand besitzen, dafür aber im Kanzlisten- und Kasernenstil die Künstler im Bedienstetenrang halten. Der sachfremde, aufgeblähte Bürokratismus, das Erbübel aller modernen Theaterorganisation in Deutschland, nimmt hier seinen Anfang. Ein anderer Punkt der Auseinandersetzung betrifft die behördliche Aufsicht. Als »Anstalten der Bequemlichkeit und des Vergnügens« unterstehen die Theater wie die Jahrmarktbuden und Wirtshäuser direkt der Polizei und dem Gewerbeamt. Als sich in den hoffnungsvollen Anfangsmonaten des Paulskirchenparlaments fortschrittliche Literaten, Theaterleute und Politiker um ein neues preußisches Theatergesetz bemühen, das unter anderem das Kultusministerium als für die Theater zuständig erklärt, wird der Plan von der Regierung abgewiesen. Wie in der Intendantenfrage schafft auch hier erst die Weimarer Republik grundsätzliche Abhilfe.

Im Zuge seiner wirtschaftlichen Machtergreifung versucht das Bürgertum, auch das Theater seinen materiellen Zwecken zu unterstellen. Mit dem fortschreitenden 19. Jahrhundert, besonders seit der allgemeinen Einführung der Gewerbefreiheit 1869, kommt es zu massenhaften Gründungen privatwirtschaftlicher Theaterunternehmungen, meist in Form des Pachtbetriebs oder der Aktiengesellschaft. Statt des vom Liberalismus verheißenen freien Ideenaustausches und des veredelnden Wettbewerbs ruinieren sich die Theater gegenseitig. Das Virtuosen- und Gastierunwesen lebt zur neuen Blüte auf und verhindert jede Ensemblearbeit und dramaturgische Gestaltung. Unter der mörderischen Konkurrenz und den Bankrotten leiden in erster Linie die Künstler, die wie zur Zeit der Wanderbühne sozial verelenden. Aufgrund der rechtlich ungesicherten Arbeitsverhältnisse sowie des Überangebots an Schauspielern und dramatischen Werken macht sich in Form der Agenturen ein marktbeherrschender Zwischenhandel breit, der offen mit den Mitteln des Wuchers, der Korruption und Erpressung vorgeht. In dieser äußersten Bedrängnis gelingt es den Betroffenen schließlich, sich zu organisieren. Den Anfang machen 1846 die Theaterbesitzer und -direktoren, um sich vor Abwerbung, Kontraktbruch und Preistreiberei zu schützen. Wegen der schlechteren Ausgangslage folgen die Bühnenkünstler und die Dramatiker erst 1871. Da schon seit 1870 (!) ein Gesetz vor Nachdruck und unerlaubter Aufführung schützt, geht es den Bühnenautoren vor allem um die Aufbesserung ihrer extrem niedrigen Tantiemesätze. Die Schauspieler erreichen durch ihren Zusammenschluß das wichtige Nahziel der Altersversorgung, während die arbeitsrechtliche Seite noch lange Zeit gänzlich unbefriedigend bleibt und eigentlich bis heute nicht angemessen gelöst ist.

Von den künstlerischen Zielen der zweiten Nationaltheaterwelle bleibt in der Zeit des fragwürdigen wirtschaftlichen und nationalen Aufschwungs nach der Reichsgründung nichts übrig. Gespielt wird nur das, was die Kasse füllt. Da den Hoftheatern ihr Privileg auf die Klassiker und erfolgversprechenden Neuheiten genommen ist, machen sie keine Ausnahme. Auf Szenenproben und Textbearbeitung wird zugunsten von Routine und Effekthascherei verzichtet. Was man braucht, ist ein Zugstück, um sich über die Saison zu retten. Nicht besser steht es um die sozialen Aufgaben, die schon in den hochfliegenden Plänen der 48er einen mehr oder minder vorsätzlichen Almosencharakter trugen. Statt der gönnerhaft versprochenen wöchentlichen Freivorstellung für das schaffende Proletariat verschleudert man zu ermäßigten Preisen an Sonntagnachmittagen die Klassiker in zeit- und personalsparenden unsinnigen Verkürzungen; gespielt von der dritten Garnitur des Hauses, ohne szenische Vorbereitung und in liederlichster Form dargebracht.

Unter dem Eindruck der Industrie- und Börsenkräche, der Bismarckschen Sozialistenverfolgung und der niederschmetternden Roheit, mit der die neuen Herren, die Jobber, Schlotbarone und Krautjunker, die lohnabhängigen Massen ausbeuten, tritt bei der neuen Künstlergeneration eine kritische Ernüchterung ein, die im →»Naturalismus« ihren Ausdruck findet. Zwar dringt der Naturalismus in keiner Phase seiner kurzen Blüte zum Wesen des Kapitalismus vor und kann so auch nicht zu einer revolutionären Haltung finden, doch enthält seine oberflächengetreue Schilderung der Zustände genügend Zündstoff, daß er die Kunstfrage neu entfacht. Um das naturalistische Drama (z. B. von Henrik Ibsen [1828–1906], Émile Zola [→S. 278f.] und Gerhart Hauptmann [1862–1946]) gegen die Zensur, das Geschäftstheater und sein im Konventionellen und Banalen befangenes Publikum durchzusetzen, verbleibt nur die Möglichkeit der geschlossenen Veranstaltung für extra zu diesem Zweck gegründete Vereine. Den Anfang macht 1899 die »Freie Bühne« in Berlin, deren Prinzp der literarischen Auswahl, der wirklichkeitsnahen Darstellung und der technischen Durchführung (Anmietung eines Theatergebäudes, Verpflichtung von fähigen und interessierten Schauspielern und Regisseuren, Anwerbung von Vereinsmitgliedern als fest einkalkuliertes kostendeckendes Publikum) großen Anklang findet und eine Fülle ähnlicher Vereinsgründungen nach sich zieht.

Ein kulturpolitisch tragendes Ziel verfolgt allein die »Freie Volksbühne«, die 1890 aus der das Bismarcksche Sozialistengesetz niederringenden Arbeiterbewegung hervorgeht. Ihr geht es um die »Förderung des proletarischen Emanzipationskampfes auf künstlerischem und literarischem Gebiet«. Daß die Gründung wesentlich auf den zum bürgerlichen Anarchismus neigenden Parteiflügel der Sozialdemokraten und auf liberale Schriftsteller zurückgeht, die den Arbeiter von oben herab »bilden« wollen und sein Mitspracherecht in der Satzung einschränken, kommt es bereits nach zwei Jahren zum grundlegenden Konflikt. Die Masse der klassenbewußten Mitglieder verzichtet auf eine derartige Bevormundung und wählt den bedeutenden marxistischen Historiker und Kunstkritiker Franz Mehring (1846–1919) zum Vorsitzenden, der die proletarisch-revolutionären Grundsätze, soweit es die junkerlich-preußischen Verhältnisse zulassen, mit aller Schärfe und Witz verficht. Die Mehrheit des bisherigen Vorstands spaltet sich ab in die »Neue Freie Volksbühne«, die sich in bildungsbürgerlicher Verblendung der »reinen Kunst« weiht, wobei sie weiterhin ihre Mitglieder als »Zöglinge im volkspädagogischen Sinne« einstuft. Binnen drei Jahren wächst der alte Verein auf 8000 Mitglieder und wird damit so mächtig, daß die Klassenjustiz zum Gegenschlag ausholt und trotz der Vereinsmäßigkeit die Zensur verhängt, worauf die selbstbewußten Arbeiter mit Mehring die Auflösung

Werbung fürs Theater

Nach 1945 geht mit dem wirtschaftlichen Aufschwung auch der Neu-Aufbau des Theaterwesens einher. Aufwendige Kulturpaläste werden gebaut, deren Architektur einen unmittelbaren Dialog von Kunst und Gesellschaft verhindert. Vorwiegend richtungslose Spielpläne machen es ebenso deutlich wie die Werbung: Das Theater von heute muß eine neue Konzeption erst finden, die hilflos-ironische Anbiederung bei Politik und Pop zeigt nur, daß das Theater über die Befriedigung der Kunstbedürfnisse einer Minderheit hinaus eigentlich demokratische Funktionen erst entwickeln muß. *H. D.*

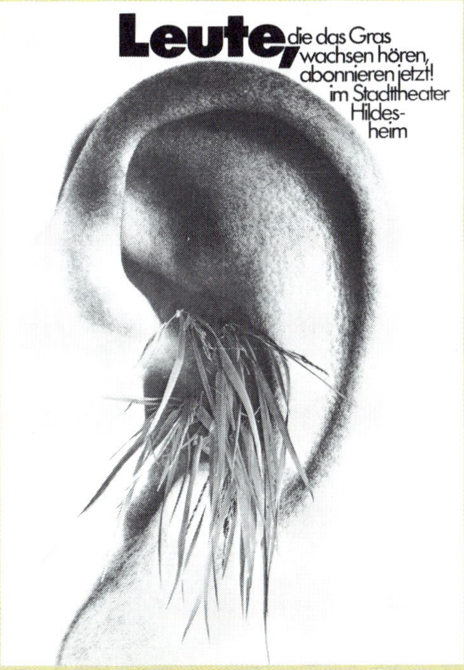

Theaterplakate deutscher Bühnen

vorziehen. Der sozialdemokratischen Neigung zum →Opportunismus auch hierin getreu, ruft man den Verein nach zwei Jahren unter Anpassung an die Regierungsauflagen ins Leben zurück und gerät nun wie die »Neue Freie Volksbühne« auf die abschüssige Bahn einer bloßen Konsumentenorganisation.

Der Widerspruch zwischen kultureller Emanzipation und bildungsbürgerlicher Anpassung ist von Beginn in der »Freien Volksbühne« angelegt, die dennoch zu den größten kulturpolitischen Leistungen der Arbeiterbewegung gehört. Als Mehring die Leitung übernimmt, weiß er genau, daß die Zeit für ein sozialistisches Theater noch nicht gekommen ist. Weder gibt es eine entsprechende Dramatik, noch verfügen die Bühnenkünstler über die notwendige Bewußtseinsreife. Ein gleichgroßes Hindernis bildet der kapitalistische Charakter des Theaterwesens, dessen Direktoren und Künstler weniger die Aussicht auf ein begeisterungsfähiges Arbeiterpublikum lockt, als das reichliche Eintrittsgeld der Zuschauermassen. Für Mehring ist es entscheidend, daß sich die Arbeiter aus eigener Kraft die großen Werke der Kunst aneignen. Und die Modernisten staunen nicht wenig, daß sich das Proletariat für die Klassiker entscheidet, bei denen es zwar nach Mehring »keine Spur seines Klassenbewußtseins« entdeckt, dafür aber »jenes freudige Kampfelement«, das es »an der modernen Kunst vermißt«.

Nach der Wiedereinführung geht auch das revolutionäre selbsterzieherische Organisationsmodell verloren. In der riesig wachsenden Mitgliederzahl überwiegt bald dasjenige Element, das im Theater die soziale Nähe zum Bürgertum sucht. Bezeichnenderweise wird die »Freie Volksbühne« 1904 von der abgespaltenen »Neuen Freien Volksbühne« zahlenmäßig überflügelt, die sich das Monopol über die Sonntagnachmittagvorstellungen der mondänen Max-Reinhardt-Bühnen sichert. Da sich die beiden Volksbühnen kaum noch voneinander unterscheiden, wird 1914 die Zusammenlegung beschlossen. Von den jahrelang gesammelten Groschen der nun knapp 70000 Mitglieder (sie werden bis zur nationalsozialistischen »Gleichschaltung« des Vereins auf 150000 anwachsen) wird ein eigenes prachtvolles Theatergebäude gebaut und 1915 durch ein eigenes Ensemble eingeweiht. Doch die Verselbständigung kommt zu spät. Schon in der zweiten Spielzeit wird das neue Haus an Max Reinhardt verpachtet, den genialen Vollender des bürgerlichen Illusionstheaters. Damit hat sich die Volksbühne eindeutig als eine Kraft nicht mehr gegen, sondern in dem kapitalistischen Theatersektor eingerichtet. Als sich in den späten 20er Jahren mit dem Erstarken der KPD wieder ein kulturrevolutionärer Einfluß geltend macht, setzt sich die bildungsbürgerliche Auffassung endgültig durch. Der sozialistische Flügel spaltet sich 1930 in die »Junge Volksbühne« ab, die es aufgrund der Geldnot ihrer überwiegend proletarischen Mitglieder bis zum Verbot 1933 nicht mehr zu einem eigenen Ensemble oder gar Haus bringt. Nach dem 2. Weltkrieg haben die Volksbühnen am Wiederaufbau des Theaterwesens kräftig mitgewirkt, ohne ihre kulturpolitische Aufgabe zurückzuerlangen, die heute von den Regierungsparteien in den Landtagen und Rathäusern wahrgenommen wird.

Der Zusammenhang zwischen dem klassenversöhnenden Volksbühnenkurs und dem Wandel der Sozialdemokratie zur systemerhaltenden Kraft ist offenbar. Als im November 1918 die revolutionären Soldaten und Arbeiter die Monarchie in die Flucht jagen, retten die »weißen Garden« des preußischen Militärs im Auftrag der neuen sozialdemokratischen Regierung die kapitalistische Eigentums- und Rechtsordnung vor dem Sturz. Den vereinzelten Sozialisierungsversuchen des Theaterwesens begegnen die bürgerlichen Regisseure, Intendanten und Dramatiker, die in der jungen Republik endlich den Traum eines von ihnen geführten Nationaltheaters verwirklichen wollen, in geschlossener Formation. »Wird die Kunst besser fahren, wenn der Bühnenleiter nicht mehr die Hofloge vor Augen, aber dafür das Konversationszimmer im Rücken hat, wo ein vielköpfiger Künstlerrat ihm ... die Hände bindet? Soll er sich von denen leiten lassen, die seiner Leitung bedürfen? ... Die Zeugung des Kunstwerks ist nicht zu vergesellschaften, sie wird immer Eigentum eines einzelnen bleiben«, heißt es unumwunden in einer Erklärung von 1919, die von nahezu allen wichtigen Theaterleuten unterschrieben ist.

Traumwelt und Schlachtfeld

Doch die so spät gewonnene Herrschaft des bürgerlichen Theaters verliert gegen den neuen Widersacher, das sozialistische Theater, frühzeitig ihre Geschlossenheit. Noch besteht aber der Hauptwiderspruch zwischen den ehemals höfischen, jetzt zumeist sozialdemokratisch geführten öffentlich subventionierten Bühnen und dem monopolkapitalistischen Geschäftstheater, das im Max-Reinhardt-Konzern seine höchste künstlerische Blüte treibt. Von Anbeginn verbindet sich der rasante Aufstieg Reinhardts mit einem hervorstechenden ökonomischen Expansionsdrang. Seine frühe Entscheidung gegen den karg-ehrlichen →Naturalismus für das neuromantisch-schwelgerische Theater Hugo von Hofmannsthals (1874–1929), Maurice Maeterlincks (1862–1949) und des mittleren Gerhart Hauptmann sichert ihm die Unterstützung der Hochfinanz. Zeitweilig besitzt Reinhardt bis zu acht renommierte Schauspielhäuser, deren kostspielige Produktionen er durch wechselseitigen Austausch und ausgedehnte Gastspielreisen profitabel macht.

Auf nie gekannte Weise veranlassen die Reinhardt-Inszenierungen breiteste Schichten zur Flucht in eine Traumwelt. Durch den Zauber des schönen Scheins, des mystischen Rausches und selbstvergessenen Spiels werden sie ihrer materiellen und seelischen Nöte enthoben. Um das zu erreichen, darf nach Reinhardt »der Zuschauer ... nicht den Eindruck haben, daß er nur ein unbeteiligter Außenseiter sei, sondern man muß ihm die Suggestion aufoktroyieren, daß er in innigem Zusammenhang mit dem, was auf der Bühne vorgeht, steht«. Von der Wiederentdeckung und Vervollkommnung der Drehbühne über die Abschaffung der Rampe bis zur Massenszene in der Arena; von der plastischen Naturnachahmung auf der →Guckkastenbühne bis zur gänzlichen Naturverschmelzung im Freilichtspiel reicht das Spektrum der Reinhardtschen Bühnenformen, um die Illusionierung des Publikums zu bewirken. Im raffinierten Schaugepräge erfahren antike →Tragödie, mittelalterliches →Mysterienspiel, barocke →Komödie und bürgerlich-mondänes Konversationstheater neuen, wenngleich trügerischen Glanz. Reinhardts einzigartige historische Größe besteht in der Meisterung des Formenreichtums einer zweitausend Jahre umfassenden Theaterpraxis, in dem Gespür für die herausragende künstlerische Begabung, um sie dennoch dem Ensemblegeist zu verpflichten. Seine um nichts geringere Schwäche beruht auf der →gegenaufklärerischen Verschleierung der Wirklichkeit durch Kunst als einem gewollten Stilprinzip. Je trostloser sich die gesellschaftlichen Verhältnisse zum Ende der Weimarer Republik gestalten, desto verspielter und gefälliger geben sich die Reinhardt-Aufführungen. Als der Widerspruch zur Realität untragbar wird, zieht sich Reinhardt auf die fragwürdige Position eines Gastregisseurs zurück; noch bevor ihm die Emigration aus Nazi-Deutschland keine andere Wahl mehr läßt. Mit dem Versiegen der Kapitalinvestitionen reicher Gönner in die aufwendigen Reinhardt-Unternehmungen verlischt auch die Schaffenskraft des großen Magiers. Verarmt stirbt Reinhardt 1943 in New York.

In der Emigration vollstreckt sich auch das künstlerische Schicksal Erwin Piscators, des einflußreichsten Vertreters des aus der Novemberrevolution von 1918 entstehenden proletarischen Theaters. Geschickt verbindet Piscator Schauformen des bürgerlichen Amüsiertheaters, insbesondere der Broadway-Revuen, mit den »bunten Abenden« der Arbeitervereine. Durch den virtuosen Einsatz aller nur denkbaren technischen und dramaturgischen Mittel wie Film, Projektion, Lautsprecher, Flugblatt, Tanz, Chanson, Massenszene, Segment-, Etagen- und Simultanbühne verschafft er dem verstaubten Medium Theater einen zeitgenössischen Bezug. Seine Themen erfordern in ihrer Behandlung und Zielsetzung eine kollektive Arbeitsweise, die auch das Publikum als schöpferischen Faktor miteinbezieht. Dazu Piscator: »... die Masse übernahm die Regie ... es war wahrhaft ihr Schicksal, ihre eigene Tragödie, die sich vor ihren Augen abspielte ... sehr bald war es nicht mehr: Bühne gegen Zuschauerraum, sondern ein einziger großer Versammlungssaal, ein einziges großes Schlachtfeld, eine einzige große Demonstration.«

Die geschichtliche Bedeutung Piscators liegt weniger in seinen fraglosen Leistungen für das sozialistische Theater, als in seiner Gesamtwirkung. Seine umfassende Erneuerung und Aktualisierung der Szene erschließt dem Theater die modernen Produktivkräfte und wirft es in den Strom der gesellschaftlichen Auseinandersetzung. Für die zeitnahen, konfliktgeladenen Stoffe seines Theaters fehlen Piscator lange Zeit die entsprechenden Stücke, weshalb er sich so stark auf die Eigenmittel des Theaters konzentriert und ihnen umwälzende Möglichkeiten öffnet. Die Massenarbeitslosigkeit und der anwachsende Faschismus setzen allerdings deutliche Grenzen. Piscator geht 1931 zu Filmarbeiten in die Sowjetunion und emigriert dann in die USA. Nach seiner späten Rückkehr in die Bundesrepublik arbeitet er bis zu seinem Tod 1966 wieder als Regisseur, ohne je die alte stilprägende und durchschlagende Wirkung zu erzielen.

Lange bemüht sich der Nationalsozialismus umsonst um eine bedeutsame Stellung im deutschen Theaterleben. Mit der durch Inflation und Arbeitslosigkeit verunsicherten und radikalisierten Theatersituation nimmt aber auch der faschistische Einfluß sprunghaft zu. Zwar hat die Linke bis zuletzt die weitaus besseren Theaterkräfte auf ihrer Seite. Doch aufgerieben von der völkisch-faschistischen Hetze gegen die »Verjudung« und »Bolschewisierung« des Theaters haben die bürgerlichen Demokraten die wichtigsten Theaterpositionen im Reich noch vor der »Machtergreifung« geräumt. Die zeitgeschichtlich bedeutsamsten und dichterisch überragenden Stücke von Bert Brecht (→S. 354f.), Ernst Toller (→S. 316f.) und Friedrich Wolf (1888–1953), aber auch die meisten anderen kritisch-fortschrittlichen Autoren werden nur noch von mutigen Außenseiterbühnen und sozialistischen Theaterkollektiven gespielt.

Mit der Errichtung der faschistischen Diktatur vollzieht sich schlagartig ein gutvorbereiteter Wandel des Theaterwesens. Die Kulturhoheit der Länder wird aufgehoben und der Reichsgesetzgebung unterstellt. An die Spitze tritt Goebbels' »Ministerium für Volksaufklärung und Propaganda«, das die Theater weitgehend verstaatlicht und zu »Kultstätten deutschen Wesens« erklärt. Das künstlerische Beschäftigungsmonopol erhält die »Reichstheaterkammer«, der man nur angehörigen kann, wenn man die rassischen und politischen NS-Bestimmungen erfüllt. Jeder Spielplan bedarf der Genehmigung der »Reichsdramaturgie«, die ihrerseits Einstudierungen anordnen, aufrechterhalten oder verbieten kann. Als einzige Besucherorganisation verbleibt nach verschiedenen Zwischenlösungen die »NS-Kulturgemeinde« als Teil der »NS-Gemeinschaft Kraft durch Freude«, die ihrerseits der →pseudogewerkschaftlichen Zwangsorganisation »Deutsche Arbeitsfront« angehört. Weder in kulturpolitischer noch in künstlerischer Hinsicht erfüllen diese Maßnahmen die hohen Erwartungen, die der Faschismus mit dem Theater verbindet. Neue aktive Besucherschichten werden im größeren Rahmen nicht gewonnen. Das »nationalsozialistische Drama« erweist sich nach wenigen Paradefällen wie Hanns Johsts (*1890) »Schlageter« nur als eine zweitrangige Propagandawaffe, während die großangelegte »Thingspiel«-Bewegung in ihrer Verquickung »germanischen« und »mittelalterlichen« Gedankenguts und als »Mittelpunkt des gesamten festlichen, nationalpolitischen und künstlerischen Lebens« gedacht, bereits 1937 im Sande verläuft. In den Kriegsjahren gerät das Theater mehr und mehr auf das alte Geleis kleinbürgerlicher Zerstreuung und Erbauung, um 1944 im Zuge der letzten vergeblichen Mobilmachung ganz aufgelöst zu werden.

Bevor auch nur die gröbsten Trümmer in den zerbombten deutschen Städten der Nachkriegszeit geräumt sind, bevor eine wie auch immer beschränkte Energieversorgung zustandekommt und bevor es Zeitungen gibt, kommen wieder die Theater – und zwar zahlreich. Man spielt unter den unmöglichsten Bedingungen und mit jener Leidenschaft, die immer dann die bürgerliche Gesellschaft für das Theater packt, wenn sie von den lebenswichtigen Tätigkeitsbereichen weitgehend ausgeschlossen ist. Die nötigen Gründungslizenzen werden von den Alliierten recht großzügig ausgestellt. Einerseits, weil sie im Schauspiel wohl ein unbedenkliches Unterhaltungsmittel sehen, andererseits, weil sie aus politischen Gründen in einen kulturellen Wettstreit geraten, der selbst die westlichen Besatzungsmächte, die in ihren eigenen Ländern keine staatliche Kunstförderung betreiben, zum Theatersubventionieren veranlaßt. Sobald es wieder zu einer deutschen Selbstverwaltung kommt, setzt in breiter Front die Wiederherstellung des Theaters als systemtragende Kultureinrichtung ein, wobei die umfassende und regional weitverzweigte Subventionierung, wie sie der Nationalsozialismus eingeführt hatte, unausgesprochen als Richtschnur dient. Innerhalb von zehn Jahren entstehen in der BRD über 100 neue, im allgemeinen recht prunkvolle Schauspielhäuser mit stehenden Ensembles, die zumeist groß genug sind, um sowohl Oper als auch Ballett und Schauspiel zu bieten. Das auf Reichsebene von den Nazis verordnete »Nationaltheater« als sich niemals erfüllende, aber unverlöschliche bürgerliche Sehnsucht wird von der jungen Bundesrepublik auf Landes- und Kommunalebene erneut aufs Schild gehoben, wenn auch unter demokratischen Bedingungen. Was Wunder, daß sich Experimentier- und Kommerzbühnen nur in einer Handvoll Großstädten mühsam halten können. Solange der wirtschaftliche Aufstieg anhält, solange herrscht auch im Theaterwesen Hochkonjunktur. Zwar läßt der idealistische Überschwang beiderseits der Rampe mit der Währungsreform schnell nach, aber Volksbühnenorganisationen und Kulturetats sorgen dafür, daß die Zuschauerräume gefüllt sind und der festliche Eindruck der Aufführungen und ihres Drumherum gewahrt bleibt.

Mit dem Abschluß der ersten wirtschaftlichen Aufbauphase Mitte der 50er Jahre meldet sich beim Theater überall der Mißmut: über die aufwendigen Kulturpaläste, deren starre, massige Architektur jeden unmittelbaren Dialog zwischen Kunst und Gesellschaft verhindert; über die Richtungslosigkeit der Spielpläne, denen ein Bezug zu den Fragen der Zeit schwer zu entnehmen ist; über die Üppigkeit der ständig wachsenden Subventionen, die in einem Mißverhältnis zur sozialen Funktion des Theaters und seines stetigen Besucherschwunds stehen; über die Passivität und Einförmigkeit des Publikums und über die Verselbständigung der professionellen Theaterkritik.

Das anfänglich hochgelobte und im Ausland vielbeneidete westdeutsche Theatersystem erweist sich der hochindustrialisierten Gesellschaft mit ihren vielfältigen sozialen Gegensätzen und schnell wechselnden Bedürfnislagen nicht gewachsen. Von Bildungsbürgern geschaffen, kommt das öffentlich finanzierte Theater bestenfalls Bildungsbürgern zugute, die gewiß nicht dazu berufen sind, stellvertretend für die übrige Bevölkerung die Geschicke der Kunst zu bestimmen. Klar zeigt die Entwicklung, daß die Theatersubventionierung keine Gegenlösung zum Prinzip des Geschäftstheaters bedeutet. Solange das gesamte gesellschaftliche Leben von den kapitalistischen Marktgesetzen bestimmt ist, solange macht das staatlich unterstützte Theaterwesen davon keine Ausnahme. Bekanntlich hat auch die Subventionierung des Ruhrkohlenbergbaus dessen kapitalistische Produktionsbedingungen nicht beseitigt.

Wie unser knapper geschichtlicher Aufriß zeigen sollte, besteht die Entwicklung des Theaters wie jeder gesellschaftlichen Einrichtung aus gegenläufigen Bewegungen. Wir sahen, wie das zunächst führende Hoftheater trotz seiner mächtigen Protektion langsam, aber stetig dem Kunstbedürfnis des aufwärtsstrebenden Bürgertums weichen muß. Wir sahen dann, daß sich das Theater ökonomisch nur begrenzt unter die Interessen der Bourgeoisie stellen läßt, weil es wegen seines unmittelbaren Zusammenfalls von Produktion und Konsumtion nicht allseitig vermarktungsfähig ist. Daraus erklärt sich die Fortdauer des Mäzenatentums aus öffentlicher Hand, nachdem der Einfluß der Höfe auf das Theater gebrochen ist. Aber weder der öffentliche Zugang noch die Möglichkeiten des verbilligten Eintritts können darüber hinwegtäuschen, daß heute die Theater nur für einen privilegierten Teil der Bevölkerung spielen. Eine öffentliche Förderung des Schauspiels angesichts seiner beschränkten Verbreitungsmöglichkeiten ist im Zeitalter der hochentwickelten Massenmedien sicherlich unumgänglich. Daß davon allein eine quasi verbeamtete Theaterkunst profitiert, die zur stofflichen und gestalterischen Belanglosigkeit herabgesunken ist, überzeugt dabei nicht. In den großen Ballungszentren bahnt sich gerade ein problembewußtes, spielfreudiges Theater außerhalb der Kulturpaläste an. Hier findet sich wieder gesellschaftliches Engagement und künstlerischer Wagemut. Und hier wäre die Gelegenheit, öffentlichen Theatersubventionen ihren gesellschaftlichen Auftrag zurückzugeben.

Susanne Jensen

Hoffmann · Der goldne Topf

»Der goldne Topf« (Erstdruck Bamberg 1814)
Märchen von E. T. A. Hoffmann (24. 1. 1776 – 25. 6. 1822)

Buchstäblich unter dem Donnern der Kanonen begann E. T. A. Hoffmann mit der Arbeit an seinem Märchen vom »Goldnen Topf« – im Sommer 1813 in Dresden, damals eine der umkämpften Städte in den Befreiungskriegen gegen Napoleon. Doch die beinahe schwerelose Anmut des heiter-ironischen Märchenspiels um den Studenten Anselmus läßt nichts von den Bedingungen seiner Entstehung ahnen. Denn im Gegensatz zu seinen Zeitgenossen Friedrich de la Motte-Fouqué (1777–1843), Max von Schenkendorf (1783–1817), oder Joseph von Eichendorff (1788–1857), die als Kriegsfreiwillige für die nationale Unabhängigkeit Deutschlands kämpften, stand Hoffmann der patriotischen Bewegung ohne innere Anteilnahme gegenüber. Den hypersensiblen, von inneren Widersprüchen zerrissenen Dichter entsetzten nur die blutigen und grausam verstümmelten Opfer der Schlacht, die er von weitem beobachtete. Außerdem bedrückten ihn als damals freischaffenden Künstler ständig Erwerbssorgen und eine Umwelt, die er als trostlos und als ständige Bedrohung und Gefährdung seines Schaffens empfand.

Wie für die frühromantischen Dichter fielen auch für Hoffmann Ideal und Wirklichkeit auseinander. Doch während die Dichtungen der Frühromantiker in einem eigenen idealen, von Gegenwart und Alltag abgeschiedenen Reich lebten, hatte Hoffmann, wie er einmal charakterisiert wurde, »zuviel Wirklichkeit«. Er verband die erträumte Wunderwelt seiner Märchen und fantastischen Geschichten mit der scharfgezeichneten zeitgenössischen Umwelt.

Auch im »Goldnen Topf«, den er ein »Märchen aus der neuen Zeit« nannte, wird die satirisch aufgefaßte Tagesrealität mit einem Fantasiereich konfrontiert. »Feenhaft und wunderbar, aber keck ins gewöhnliche Leben tretend und seine Gestalten ergreifend soll das Ganze werden«, schrieb er an seinen Verleger.

Der Schauplatz des Geschehens ist genau bestimmt: Er ist das damalige Dresden, und alles beginnt an einem Himmelfahrtstag. Der versponnene Student Anselmus, ein von der »Tücke des Objekts« verfolgter Unglücksrabe, rennt in die Apfelkörbe eines häßlichen Marktweibes und muß ihr seine Barschaft als Schadensersatz geben. Als er unter einem Holunderbaum den erhofften Freuden des Himmelfahrtstages nachtrauert, auf die er nun verzichten muß, hört er plötzlich kristallene Klänge und erblickt in den Holunderzweigen drei goldgrüne Schlänglein. Magnetisch ziehen ihn die glänzenden Augen eines der Wesen an und schlagen ihn in ihren Bann. Noch immer ist er verwirrt, als er seine Freunde, den Konrektor Paulmann und den Registrator Heerbrand trifft. Sie sind beunruhigt über seinen Zustand und vermitteln

Rechts: Szene aus den Befreiungskriegen gegen Napoleon – die politische Realität, in der Hoffmanns anmutig-heiteres Märchen entstand

Illustration zum »Goldnen Topf«, Hoffmanns schönstem Märchen

ihm eine Anstellung bei dem geheimnisvollen Archivarius Lindhorst, bei dem er seltsame Schriften kopieren muß. Hier erfährt er die Geschichte der Schlänglein. Sie sind die Töchter des Archivarius, der in Wirklichkeit ein Salamander ist und aus dem Wunderland Atlantis verbannt wurde, weil er einst im Liebeswahn Blumen und Blüten verbrannt hat. Er wird erst dann erlöst, wenn er seine Töchter mit »Erdenjünglingen« vermählt, die »in der unglücklichen Zeit«, in der »die Sprache der Natur dem entarteten Geschlecht der Menschen nicht mehr verständlich ist«, den Gesang der Schlänglein vernehmen. Anselmus, der Serpentina – die Schlange mit den herrlichen Augen – liebt, ist offenbar das erste »kindlich poetische Gemüt«. Serpentina erwiedert seine Gefühle und hilft ihm, die Schriften des Archivarius aufs genaueste zu kopieren. Wenn er sich bewährt, erwartet ihn als Hochzeitsgeschenk der »goldne Topf«. Doch noch warten große Gefahren auf ihn. Veronika, die hübsche Tochter des Konrektors Paulmann, ist in den Studenten verliebt und träumt davon, eines Tages als Frau des Hofrates Anselmus gesellschaftliches Ansehen in Dresden zu genießen. Mit Hilfe der Künste der Apfelfrau, die in Wirklichkeit eine böse Zauberin und die Todfeindin des Archivarius ist, will sie Anselmus für sich gewinnen. Tatsächlich vergißt dieser für eine Weile Serpentina und denkt nur an Veronika. Dabei macht er einen Tintenklecks auf eines der fremdartigen Schriftstücke Lindhorsts und wird von ihm wegen seines Rückfalls in irdische Leidenschaften in eine Kristallflasche eingeschlossen. Die häßliche Alte erscheint nun im Bibliothekszimmer des Archivarius, um sich des goldnen Topfes zu bemächtigen. Lindhorst, von dem seinen »Frevel« bereuenden Anselmus gewarnt, besiegt in einer harten Schlacht seine Feindin. Serpentina verzeiht dem Geliebten, und der Salamanderfürst befreit ihn aus der Flasche. Veronika muß endgültig auf Anselmus verzichten und heiratet den zum Hofrat beförderten ehemaligen Registrator Heerbrand. Anselmus und seine Serpentina aber ziehen mit dem goldenen Topf auf ein Rittergut in Atlantis, wo sie von nun an in »Wonne und Freude« leben.

Die fantasievolle Aufgeschlossenheit des Anselmus für die höhere Welt und die Verkörperung des bösen Prinzips im platten Alltagsleben in der Apfelfrau bilden die beiden Pole des Märchens. Aber weder die erlösende Wirklichkeit Atlantis noch die niedrige Erdenwirklichkeit werden vom Dichter absolut gesetzt: Neben dem Paar Anselmus-Serpentina steht ebenso real das Paar Veronika-Heerbrand. Zwar erhält im ironischen Spiel des Dichters zwischen verspotteter, karikierter Wirklichkeit und dem Wunderbaren das Wunder immer mehr Gewicht. Dennoch bewahrt Hoffmann auch hier eine gewisse ironische Distanz. Das zeigt besonders deutlich der ständige Wechsel der Erzählhaltung: Ganz plötzlich schlägt die Stimmung aus dem Erhabenen ins Lächerliche um, aus der Bezauberung wird Desillusionierung. So kommt sich Anselmus – und mit ihm der Leser – wie »mit kaltem Wasser übergossen« vor, als sein romantisch-erhabener Aufschwung, seine Verzückung über das erste Schlänglein-Erlebnis von einer Bürgerfrau trocken kommentiert wird: »Der Herr ist wohl nicht recht bei Troste«. Der beschrankte Bürgersinn wird hier vom Dichter eingesetzt, um die übersteigerte Sehnsucht des Studenten in Schranken zu weisen. Ebenso werden die kindliche Gläubigkeit des Anselmus, seine romantischen Träume als Mittel benutzt, um hinter der Beschränktheit des Alltags noch andere Bereiche ahnen zu lassen. Besonders eindringlich wird dieses Bemühen des Dichters, wenn er seinen Erzähler sich direkt an den Leser wenden läßt. Der→fiktive Erzähler, der in seinen »Nachtwachen« – das Märchen ist in zwölf »Vigilien« unterteilt – die »höchst sonderbare Geschichte« des Anselmus aufzuschreiben hat, will dem »günstigen Leser« dabei zunächst deren Glaubhaftigkeit dokumentieren. Dem Leser, so meint er, sei das Verhalten des Studenten sicherlich nicht fremd, da er bestimmt auch schon einmal diese »Sehnsucht nach dem unbekannten Etwas« verspürt habe. Den Wahrheitsgehalt der noch folgenden Abenteuer sollen ihm dann Paulmann und Heerbrand bezeugen, die »noch jetzt in Dresden umherwandeln«. Abschließend appelliert er an den Leser, »in dem feenhaften Reiche voll herrlicher Wunder . . . die bekannten Gestalten, wie sie täglich um dich herwandeln, wiederzuerkennen. Du wirst dann glauben, daß dir jenes herrliche Reich viel näher liege, als du sonst meintest«. Dieser Gedanke kehrt am Ende des »Goldnen Topfes« wieder. Der Erzähler klagt nach einer Vision des herrlichen Lebens in Atlantis, zu dem ihm der Archivarius durch ein geheimnisvolles Getränk verholfen hat, wie armselig sein Dichterleben im Vergleich dazu sei. Doch der Archivarius deutet ihm – und damit auch dem Leser – die tiefere Bedeutung des Atlantisreiches: »Still, still, Verehrter! . . . Ist denn überhaupt des Anselmus Seligkeit etwas anderes als das Leben in der Poesie, der sich der heilige Einklang aller Wesen als tiefstes Geheimnis der Natur offenbaret?«

Indem er dadurch das ganze Märchengeschehen bis zu einem gewissen Grade als Wahrnehmung des inneren Sinns relativiert – ohne es allerdings aufzuheben –, konnte sich E. T. A. Hoffmann in seinem schönsten Märchen mit den Mitteln der Kunst »dem Drang des Äußern« entrücken.

Rudolf Schenda

Triviale Lesestoffe

»Das Skelett ließ sie nun los, sie wollte fliehen, aber stracks hing es wieder an ihrem Halse und drohte, sie zu erwürgen. Kätchen gelobte aufs neue, und ging auch wieder in die Kirche. Mit größter Angst näherte sie sich dem Gewölbe. Der Eingang war düster und dunkel. Weiter hin erblickte sie den Schein eines Lichtes, dem sie folgte, und am Ende das beschriebene Frauenzimmer, welches in einem großen Buche las. Blaß war ihr Gesicht, langes blondes Haar hing zerstreut über ihren ganzen Körper und bedeckte an der linken Brust nur halb eine tiefe Wunde, aus der rosenfarbnes Blut quoll und am Kleide herunterströmte . . .«

Solche Szenen voller Grabesdunkel und Todeslust, den »Biographien der Selbstmörder« (1785–1789) von Christian Heinrich Spieß (1755–1799) entnommen, charakterisieren den Schauerroman und damit einen Teil der am Ende des 18. Jahrhunderts aufblühenden Gattung der Unterhaltungsliteratur für ein anwachsendes, lesehungriges, bürgerliches Publikum der Städte. Die Geschichte solch spannender Erfolgsbücher beginnt mit der »Insel Felsenburg« (→ 146 ff.) des Johann Gottfried Schnabel, und sie nennt so berühmte Namen wie den Schwager Goethes, Christian August Vulpius (1762–1827), mit seinem Räuberroman »Rinaldo Rinaldini« (1798), Johann Martin Miller (1750–1814) mit seiner zu Tränen rührenden Klostergeschichte »Siegwart« (1776), Johann Gottwerth Müller und seinen heiteren »Siegfried von Lindenberg« (1779), Karl Gottlob Cramer (1758–1817) und seinen »reisenden Mechanikus« »Erasmus Schleicher« (1789), die Vielschreiber August Heinrich Julius Lafontaine (1758–1831) und Johann Andreas Karl Hildebrand (1764–1848) und schließlich den sanften Erotiker Carl Heun (der sich H. Clauren nannte – 1771–1854) mit seiner »Mimili« (1816). Diese Lesestoffe bestimmten zu ihrer Zeit die literarische Szene stärker als die Werke der Klassiker und Romantiker, welche wir heute in den Literaturgeschichten finden. Sie galten vielleicht als modische Literatur, nicht aber deswegen als ästhetisch minderwertig, und die berühmten Literaten verschlangen diese Alltagsware ebensogut wie Geistliche und Lehrer, Beamte und Kaufleute, gebildete Bürgersfrauen und adlige Damen.

Erst eine spätere Literaturgeschichtsschreibung hat den großen deutschen Geist der Lessing, Schiller und Goethe, der Arnim, Schlegel und Tieck und anderer »Dichter und Denker« so einseitig gelobt, daß vor diesem Phänomen alle anderen literarischen oder publizistischen Erzeugnisse als schaler Rest, als minderwertiges Geschwätz, als gemeine Konsumware der Massen erscheinen mußten. Durch die Germanistik vor allem der national-deutschen und heroischen Wilhelminischen Epoche wurde ein umfangreicher Literaturkomplex ästhetisch abgewertet, als →»trivial« bezeichnet und aus dem Konon der »hohen« Literatur verbannt. Auf diese Weise wurde die Literaturmasse in zwei Blöcke gespalten: der kleinere Block der gebildeten, »künstlerischen«, elitären Literatur galt als gut, der andere, zehnmal größere, wurde entsprechend diskriminiert und als »niederes und literarisch wertloses Unterhaltungsschrifttum« bezeichnet.

Für die weggeschobene Literatur gibt es eine Fülle mißbilligender Namen; man spricht von Schund, Kitsch, minder- oder gar unterwertiger Literatur, sieht eine »untere Grenze« und »literarische Niederungen« und fühlt sich dabei als besserwissender Kenner des Höheren oder als gutmeinender Vertreter des Edleren, ohne sich im einzelnen mit diesem Schmutz besudeln zu wollen. Unter »Trivialliteratur« versteht deshalb die Literaturwissenschaft auch nicht den Wust von Heftchen- oder Einblattliteratur, die Illustrierten, erotischen Romane oder Flugblätter, sondern die genannte Art von gehobener bürgerlicher Unterhaltung, welcher heutzutage Namen wie Edgar Wallace (1875–1932) oder Georges Simenon (*1903), Annemarie Selinko (*1914: »Désirée«, 1953) oder Hugo Hartung (*1902: »Ich denke oft an Piroschka«, 1954), die Jugendschriftstellerin Enid Blyton (1900–1968) oder der Millionenbestseller Johannes Mario Simmel (*1924) zuzurechnen wären. Neben dieser Trivialliteratur existiert aber spätestens seit der frühindustriellen Epoche eine Fülle von Lesestoffen, welche den sozialpsychisch unterschiedlichen Kommunikationsbedürfnissen von Angehörigen der sozialen Unterschichten entsprechen, von Jugendlichen und Erwachsenen, die gerade das Lesen, aber noch nicht das denkend verarbeitende, kritische →Rezipieren von Literatur gelernt haben.

Es ist daher sinnvoll, neben der Trivialliteratur von »populären Lesestoffen« zu sprechen, das heißt von Literatur, die vornehmlich von den subalternen, also Zwängen unterworfenen Schichten konsumiert wird. Diese subalternen Schichten der Literaturgesellschaft sind einmal durch ihre sozioökonomischen Bedingungen bestimmt: durch ihre ungenügende Schulbildung und ihr eingeschränktes Sprachrepertoire, ihr minderes Einkommen oder ihre niedere soziale Stellung. Zum anderen sind sie aber auch definiert durch ihre soziophysische Situation: durch eine Reihe von Mängeln, Defekten, Konfliktlagen und unbefriedigten Bedürfnissen. Diese soziale Lebenslage drängt nach einer wenigstens fiktiven, wenn nicht realen Befreiung von den Widersprüchen zwischen einem denkbaren und für andere auch realisierbaren Glück und dem eigenen, realen Elend, also nach Befriedigung, Sicherheit und Selbstverwirklichung. Da solche Bedürfnisse auch bei Angehörigen der ökonomisch besser gestellten Schichten entstehen können, kommen gelegentlich auch Bundeskanzler und Professoren als Konsumenten populärer Lesestoffe in Frage. Das Interesse der Lesestoff-Forschung gilt jedoch vornehmlich den Massen der wie auch immer unterprivilegierten und von gesellschaftlichen Zwängen beherrschten Leser und der von ihnen konsumierten Literatur.

Zur Geschichte populärer Lesestoffe

Die Vorläufer solcher Lesestoffe sind bis in das 15. Jahrhundert zurückzuverfolgen (→ S. 108ff.). Sie sind sowohl in dem überlieferten Text- als auch in dem weniger bekannten Bildmaterial zu suchen. Heiligendarstellungen boten Schutz für das ganze Haus. Neue Zeitungen verringerten die Ungewißheit über den Ausgang von Schlachten und Kriegen, Andachtsschriften trösteten über den Jammer dieser Welt hinweg und verwiesen auf das Jenseits, Kalender gaben Ratschläge für Wind und Wetter, Leib und Leben, Volksbüchlein lieferten Phantasievorlagen und boten fiktive Fluchthilfen in vergangene goldene Zeiten und exotische, üppigere Länder. Seit dem 18. Jahrhundert breiten sich solche Lesestoffe, durch Kolporteure in alle Städte und Dörfer getragen, mehr und mehr aus. Die Bibliothèque bleue von Troyes in Ostfrankreich, eine Serie von blau eingeschlagenen Büchlein zu Minimalpreisen, erreichte damals bereits Millionenauflagen. In Berlin erregten entsprechende deutschsprachige Heftchen das Ärgernis der Pädagogen: »Jedesmal verursacht mir der Anblick der Tische, auf welchen geheftete Schriften für den gemeinen Mann zum Verkauf ausgelegt sind, ein großes Mißvergnügen«, schrieb Anton Friedrich Büsching 1775, und er forderte, statt der »schmutzigen Histörchen, Lieder, Eulenspie-

Verklärung der Geschichte und plakatives Zurschaustellen von Gefühlen – Aspekte des ›Trivialen‹, hier in der ›hohen‹, der Oper nahen Form (Stich aus dem 19. Jh.)

gel, Traumdeutungen, Briefe vom Himmel u.s.w.« eine vernünftigere, sinnvollere Literatur für das gemeine Volk, und sie sollte »nicht nur den Alten, sondern auch den Jungen in die Hände kommen, und die gegenwärtigen und künftigen Geschlechtsfolgen verbessern«.

Solche fortschrittlichen Ideen sind aber damals nicht, und erst recht nicht mehr nach der Französischen Revolution verwirklicht worden. Die verantwortlichen Minister und ihre pädagogischen Berater fürchteten eine allzu breite Aufklärung der niederen Schichten, welche Unzufriedenheit mit den bestehenden Verhältnissen, Auflehnung gegen die Obrigkeit und geistigen Müßiggang statt fleißigen Arbeitens hätten fördern können. Ein raffiniertes und in bezug auf die populären Lesestoffe mit besonderen Regeln ausgestattetes Zensursystem (→S. 246ff.) schied jede Art von emanzipatorischer und gesellschaftskritischer Literatur aus, ließ dagegen alles passieren, was die Ergebenheit in die bestehenden Verhältnisse, die Beschränkung auf den kleinen Bereich gewerblichen Fleißes, den Gehorsam gegenüber den in Kirche und Staat Herrschenden, kurzum den rechten Untertanengeist förderte.

Diese Entwicklung begünstigte in zunehmendem Maße die Frontenbildung zwischen einer Hochliteratur für eine dünne Schicht von »Gebildeten« und einer von konservativen Kräften bestimmten, fabrikmäßig hergestellten Populärliteratur, deren Masse sich im Laufe des 19. Jahrhunderts, das heißt im Zuge der anwachsenden Industrialisierung und Verstädterung, rapide vermehrte (→ S. 232ff.).

Die großen Volksschriftsteller des 19. Jahrhunderts arbeiteten im Sinne konservativer Erziehungstheorie und reaktionärer Politik: der katholische Geistliche Christoph von Schmid aus Dinkelsbühl (1768–1854), der pietistische Pfarrer Christian Gottlob Barth aus Stuttgart (1799–1862), der Dresdner

Trivialliteratur

Die Wellen der Trivialliteratur spiegeln getreulich die Entwicklung im Bereich der anspruchsvollen, der »hohen« Literatur. Viele Werke der Hochliteratur gaben direkt oder indirekt Anstoß zu einer wahren Flut von Nachahmungen, die sich des gröbsten Rasters übernommener Stoffe, Motive und Emotionen bedienten, um sie an die ›unteren Schichten‹ der Leserschaft trivialisiert weiterzugeben.

Bei alledem wird von Kritikern immer wieder vergessen, daß Unterhaltungsliteratur ein weites Feld mit unterschiedlichen Qualitätsstufen ist, so daß es nicht angeht, einen simplen, säuberlich abgegrenzten Kontrast zwischen »hoher« Literatur einerseits und trivialer andererseits zu konstatieren. Die durch »Robinson Crusoe« geweckte und besonders in Deutschland durch die engen Kleinstaatenverhältnisse geförderte Sehnsucht nach exotischer Welt, nach Helden, Abenteuern und fernen Ländern brachte im 19. und 20. Jahrhundert auch Unterhaltungsliteratur von literarischer Bedeutsamkeit hervor: Ge-

Goethe Denkmal zu Berlin.
Goethe's Gartenhaus in Weimar.
Goethe's Geburtshaus in Frankfurt a. M.

Goethe auf dem Todtenbette (nach) F. Preller.

Die Fürstengruft in Weimar.
Das Goethe Häuschen auf dem Kickelhahn.
Goethe's Sterbehaus in Weimar.

Zur Erinnerung an den 22. März 1832. Originalzeichnung von E. Hilpert.

Der ›ganze Goethe‹ auf einem Blatt, mit Stechpalmen garniert – Trivialisierung der ›hohen‹ Literatur dacht sei hier nur der immer noch beliebten »Dschungelbücher« des Engländers Rudyard Kipling, der Abenteuerromane Jack Londons oder der die Schilderung einer exotischen Welt mit stark sozialkritischer Tendenz verbindenden Romane B. Travens (→S. 344f.). Im literarischen Zwischenfeld bewegten sich auch die im 19. Jh. ungeheuer beliebten Romane des schottischen Landedelmannes Sir Walter Scott, der als Begründer des historischen Romans gelten darf – er erzählte in 27 Romanen britische und schottische Geschichte aus 5 Jahrhunderten spannungsreich und ergreifend; Viktor Hugo, die beiden Alexandre Dumas, Henryk Sienkiewicz, Edward Bulwer, Felix Dahn setzten mit ihren Romanen unterschiedlichsten Rangs diese Tradition fort. Das 19. Jahrhundert läßt zwei neue Gattungen besonders aufblühen: Conan Doyle und sein unsterblicher Held Sherlock Holmes stehen am Anfang einer langen Reihe von Schöpfern mehr oder minder scharfsinniger Detektive. Und das Zeitalter der industriellen Revolution gebar den technisch-abenteuerlichen, den utopischen Roman, als dessen Vater der Franzose Verne (→270f.) mit seinen zahlreichen ebenso spannenden wie belehrenden Büchern gelten darf. *G. R.*

Historisierendes Kitschbild »Die Liebesbotschaft«, aus der »Gartenlaube«, 1880

Das Heldenbild der Wildwestgeschichten: fast immer ein Klischee – selten schafft ein wenig Ironie Distanz. Plakat zu einem »Western« der 70er Jahre

»Trautes Glück« – Illustration aus der »Gartenlaube«, um 1900

Auch das Okkulte lebt im Trivialbereich ungeschmälert weiter: Szene aus dem Film »Dr. Mabuse der Spieler«, 1922 (unten)

Volksschullehrer Gustav Nieritz (1795–1876), die Medizinalratstochter und Legationsratsgattin Thekla von Gumpert (1810–1897), die schwäbische Gymnasiallehrersfrau Ottilie Wildermuth (1817–1877) oder die Holsteiner Advokatentochter Sophie Wörishöffer (1838–1890). Alles, was nicht in das von ihnen geprägte Muster paßte, galt entweder als Unzuchtsliteratur oder Revolutionspropaganda. Die Geschichtsschreiber der ›hohen‹ Literatur nahmen indes weder von dieser noch von jener populären Literatur Notiz.

Die Thematik solcher Lesestoffe hat sich bis heute kaum verändert: Helden, vor allem die der herrschenden Klasse, werden verehrt, im Alltagsleben regiert ein unabwendbares Schicksal, das immer neues Unglück verstreut, Grausamkeit und Sadismus toben sich ungehindert aus, abweichendes Verhalten wird strengstens bestraft. Gute und Böse schmachten in allen Arten von Gefängnissen, die Gerechtigkeit tritt immer erst in letzter Minute auf den Plan und rettet die Unschuld, die Erotika berichten vorzüglich von ungewöhnlichen Situationen; Krieg und Soldatenleben werden kritiklos verherrlicht, Studenten sind dagegen nicht die Zierde der Nation. Eine Auseinandersetzung mit politischen Tagesfragen findet nicht statt; die jeweilige Lage gilt als gegeben und unveränderbar. Möglichkeiten zur aktiven Teilnahme des einzelnen an einer Verbesserung der bestehenden Verhältnisse werden nicht aufgezeigt.

Eine ganz andere Art von Kritik an den populären Lesestoffen hat die nunmehr hundert Jahre währende Debatte um die »Schund- und Schmutzliteratur« hervorgebracht. Nach der Reichsgründung galt es, ein neues patriotisches bis nationalistisches, expansionspolitisches, kolonialistisches und militaristisches Wertsystem durch die Medien zu propagieren. Die sogenannte Kolportageliteratur, in Lieferungen durch Hausierer abgesetzte Abenteuerromane, die immer mehr an Einfluß gewannen, diente als Vorwand, um eine nicht mehr kontrollierbare Masse von ideologisch nicht an dieses Wertsystem gebundener Literatur zu diskreditieren und eine entsprechende vaterländische und kriegerische Literatur aufzuwerten. Besonders berüchtigt war der »Scharfrichter von Berlin« eines gewissen Victor von Falk; bekannter sind die im Verlag Münchmeyer, Dresden erschienenen Lieferungsromane des Lehrers Karl May (1842–1912), wie »Das Waldröschen oder die Verfolgung rund um die Erde«. In den Streit um diese Hintertreppenromane geriet auch der Hamburger Lehrer Heinrich Wolgast und sein Buch »Das Elend unserer Jugendliteratur« (1896), in welchem die Produktion tendenziöser Jugendlesestoffe gebrandmarkt und die Lektüre von Texten der Klassiker in den Schulen gefordert wurde. In den Schundromanen witterten die konservativen Kritiker nicht nur Erziehung zu Unzucht und Verbrechen, sondern auch Anstiftung zur Unruhe und Gesellschaftskritik; bei den Wolgastschen Theorien ein fehlendes Engagement für die ideologische Indoktrination der Jugend. In der Tat gelang es der Masse von Vereinen zur Bekämpfung der Schundliteratur im Verbund mit ökonomisch interessierten und sich patriotisch gebärdenden Verlagen, das Kolportagegeschäft wesentlich zu boykottieren und die Entstehung einer kritischen populären Literatur – wie etwa den pazifistischen Roman »Das Menschenschlachthaus« des Hamburger Lehrers Wilhelm Lamszus (1881–1965) – zu unterdrücken. Dagegen wurden die Massen von kriegspropagandistischer Literatur für das Volk seit 1910 mit bestem Erfolg gefördert. Der militante Jugendschriftsteller Wilhelm Kotzde (1878–1948) schrieb in diesem Jahr: »Wir brauchen heldenhaften Sinn, um auch im nächsten Krieg zu bestehen, wir brauchen eine Jugendliteratur, die im Innersten dasjenige weckt, was auf dem Schlachtfelde seine stahlharte Probe auszuhalten haben wird.«

Nach der Kriegskatastrophe bewahrten sich die populären Lesestoffe ihren Blick nach rückwärts und ihren Sinn für heimatliche Idylle (Ludwig Ganghofer [1855–1920]) und eine heile Gesellschaft (Hedwig Courths-Mahler [1876–1950]). Die illustrierten Zeitschriften, wie die »Berliner Illustrirte« (1891–1945), arbeiteten nach dem bewährten Vorbild der 1853 von Ernst Keil gegründeten »Gartenlaube«, ersetzten allerdings die Tradition der Marlittschen Liebesromane (→ S. 280 f.) durch die Schauerkriminalistik um die Gestalt des Dr. Mabuse. Die schon vor dem Ersten Weltkrieg aus den USA übernommenen Heftchenserien (vor allem die Abenteuer des Nick Carter) hatten im Jahre 1925 die Zahl von 200 verschiedenen Reihen überschritten. Dabei fürchteten die Kritiker wieder, die Leser würden »zielbewußt erregt durch stillose Schilderungen von gräßlichen Verbrechen und Gefahren, von allem, was Grausen und Entsetzen erzwingt, von viehischer Gemeinheit und Albernheit«.

Die Bemühungen von sozialistischer Seite um sozialkritische Lesestoffe für die Arbeiterklasse reichten nicht aus, um eine massenhaft verbreitete, populäre Arbeiterliteratur als Gegengewicht zu der bürgerlichen Konsumliteratur durchzusetzen. Die 1930 vom Internationalen Arbeiterverlag in Berlin ins Leben gerufene Reihe »Der rote Eine-Mark-Roman«, angefangen mit Hans Marchwitzas (1890–1965) »Sturm auf Essen«, einer Schilderung des Ruhrarbeiter-Kampfes während des Kapp-Putsches, hatte etwa im Vergleich zu dem pazifistischen Bestseller »Im Westen nichts Neues« (1929) von Erich Maria Remarque (1898–1970) wenig Erfolg.

Die in der Weimarer Republik entwickelten Ansätze zu einer Ausbreitung von gesellschaftskritischen und emanzipatorischen populären Lesestoffen wurden 1933 brutal unterbrochen. Statt einer progressiven populären Literatur wurde nun eine völkische, Blut und Boden, germanisches Bauern- und großdeutsches Volkstum verherrlichende Literatur propagiert. Deren Heimatideologie ist in der Trivialliteratur der Gegenwart mächtig geblieben, und die totalitären und faschistoiden Strukturen der Nazizeit sind noch immer in der aktuellen Heftchenliteratur nachweisbar.

Die Kioskliteratur der Gegenwart

Die Produkte der heutigen »Traumfabriken« stoßen auf ein ungeheures Interesse von seiten der Leser. 42% aller Bücherleser haben den Wunsch, solche Produkte zu konsumieren. 38% der Buchkonsumenten, nach ihren Kaufgelüsten gefragt, wünschten sich Kriminalromane, 27% Familienromane, 26% Frauenschicksalsromane und 19% Liebesromane. Die Produktionsziffern der Heftchenverlage sind entsprechend hoch: Mehr als 100 Serien werden in rund 350 Millionen Exemplaren pro Jahr verkauft. Drei Prozent der Bevölkerung lesen im Monat zehn oder mehr solcher Heftchen, die im Durchschnitt eine Auflage von 60000 Exemplaren pro Titel haben.

Die Kritik an diesen Lesestoffen hat sich, von pädagogischen Interessen ausgehend, vor allem an den Bildergeschichten, den sogenannten Comics (→ S. 386 ff.) entzündet. Man behauptete, hier werde die Verkümmerung der Sprache, des ästhetischen Empfindens und der Phantasie gefördert. Die Bilder, so hieß es, verzerrten das Antlitz des Menschen, und das Gute werde ganz allgemein durch das Schlechte verdrängt. In der Tat gibt es eine Gattung von jetzt auch in der BRD sich ausbreitenden Horror-Comics »für Erwachsene«, welche die brutale Gewalt als einziges Mittel der Zielerreichung propagieren und die in ihren absurden Phantasmagorien die Würde des Menschen und insbesondere der Frau, mehr aber noch das Prinzip der freiheitlichen Entwicklung des einzelnen in einer demokratischen Ordnung mit Füßen treten. Es ist jedoch keineswegs erwiesen, daß die sehr viel harmloseren, ja zum Teil durchaus instruktiven, geistreichen und zum Denken anregenden Comics von Walt Disneys »Mikky-Maus« bis zum »Asterix« von Goscinny und Uderzo verdummen oder gar zu Kriminalität verleiten.

Die negativen Aspekte der Kioskliteratur liegen auf einem ganz anderen Sektor. Auch die Comics beschwichtigen die Leser im Sinne der herrschenden Ideen: Sie predigen die Anpassung an das jeweils gültige System und harmonisieren brennende aktuelle Probleme. Heftchen machen nirgendwo mit der Komplexität und der Rationalität dieser Gesellschaft auf der einen und ihrer Irrationalität und Verbesserungsbedürftigkeit auf der anderen Seite bekannt. Sie bieten keinerlei Hilfen für die Deutung und Bewältigung gesellschaftlicher Konflikte. In den Science-Fiction-Heften (→ S. 150 ff.), welche an die Tradition der utopischen Romane (→ S. 270 f.: Verne) anknüpfen, wird das Volk als eine manipulierbare Masse dargestellt, in welcher sich der jeweils Stärkere brutal durchsetzt. Im Wildwestroman werden gesamtgesellschaftliche Probleme personalisiert und dem einzelnen zur Bewältigung zugeschoben. Die Lust-Wochenblätter der Porno-Presse verschweigen die Probleme der weitverbreiteten sexuellen Isolation und der Partnerverfehlung (→ S. 308 ff.). Der Familien- und Liebesroman schiebt die emanzipatorischen Regungen jeweils der Anti-Heldin zu und diskriminiert sie damit, während die Heldin, keusch, mütterlich oder angepaßt, die Sklaventugenden des kleinbürgerlichen Weibes tadelfrei vorspielt. Die objektiven Widersprüche des Arbeitslebens bleiben ausgespart und folglich unerklärt. In der Welt der Abenteuerromane herrschen Männlichkeit, Leistung, Kampf, Schicksal, Haß gegen alles Fremde, Bedrohungsangst und apolitischer Durchhaltegeist. Kein Zweifel: Die Heftchenliteratur verpaßt und verpatzt nahezu alles, was sie an politischer Bildung im weitesten Sinne mitteilen könnte. Die Heftchen sind gefährlich, nicht weil sie zu abweichendem Verhalten anregen – das Gegenteil ist der Fall. Sie sind fragwürdig, weil sie , nicht weniger als die Trivialliteratur des 19. Jahrhunderts, →konformistische und reaktionäre Meinungen fördern und zementieren und weil sie nicht zu gesellschaftlich-verantwortlichem Denken anregen, sondern zu politischer Interesselosigkeit. Die heute massenhaft verbreiteten Lesestoffe dienen der Besänftigung, nicht der aufklärerischen Beunruhigung. Durch Vorenthalten relevanter Informationen verheimlichen sie die Möglichkeiten, die der einzelne in einem demokratischen Staatswesen hat, sich aus unnötigen Zwangslagen zu befreien. Statt dessen reproduzieren sie das bereits Vorhandene: Unfreiheit, blinden Gehorsam, Leistungsdruck, Angst und die zufriedene Hinnahme des sogenannten Schicksals.

Die Leser der Trivialliteratur

Wöchentlich werden bis zu sieben Millionen solcher Heftchen verschlissen. Zehnmal so hoch ist die Auflage der regelmäßig verkauften rund 230 Illustrierten und Magazine. Welche Funktionen erfüllen diese Lesestoffe für den Durchschnittsleser? Eine Arbeiterin erklärte, sie habe die Heftchen so gern gehabt, »weil sie so schön dünn gewesen sind, und man hat sie eigentlich schnell lesen können. Und Brotzeit und Mittag, wenn du da so zwei, drei Seiten durchgelesen hast, dann hast du später, nach ein paar Stunden, schneller den Zusammenhang gefunden, als wenn du ein Buch während der Mittagszeit liest. Manche, die versetzen sich während des Lesens in die Lage dieser Heftchen rein, also, die sind so vertieft, daß sie sagen: Mensch, wenn mir das passieren könnte, ich weiß nicht, was ich tät. Aber näher kann ich das nicht beschreiben.« (Bosch–Konjetzky)

Äußere Merkmale machen also zunächst einmal diese Art von Literatur attraktiv: Sie ist allerorten und in großer Auswahl relativ preiswert zu haben und überall konsumierbar. Man muß ihretwegen nicht in eine dieser feierlichen Buchhandlungen gehen und muß sie nicht so schonend behandeln wie die teuren Bücher. Der Inhalt der Heftchen ist dosierbar, die Zusammenhänge sind einfach, so daß man den Faden immer wieder auffindet. Die Magazine bieten einen variablen Inhalt: Der Konsument kann irgendwo anfangen, sich Passendes aussuchen, das bunte Heft einfach durchblättern. Von keinem Bildungszwang bedrängt, glaubt der Leser doch, sich zu informieren, den Horizont seiner Kenntnisse, ja seiner Lebenserfahrungen zu erweitern. Hinter dem Lesewunsch steckt ein kompliziertes psychisches →Syndrom von Neugierden, Wünschen, Träumen, Gereiztheiten, Aggressionen, Begierden und Trieben, die nur im Einzelfall analysiert werden können. Der Leser sucht zunächst Vertrautes, ihm schon Bekanntes, Klischiertes und Schablonenhaftes, erst in zweiter Linie völlig neue Informationen inhaltlicher oder sprachlicher Art: Ein populärer Text darf nicht mit zuviel Unbekanntem den Konsumenten schockieren. Der Leser möchte seine eigenen Probleme wiederfinden und sich mit einem der Helden identifizieren können.

Es geht dem Leser nicht so sehr um ›Unterhaltung‹, also um bloßen Zeitvertreib. Er sucht vielmehr Parallelen zu ihm schon bekannten und Schilderungen von ihm noch bevorstehenden Lebenssituationen: Liebe, Ehe, Geburt, Konflikt, Krankheit, Sterben, Tod. Erpicht auf eine Erweiterung seines Empfindungshorizonts, möchte der Leser wissen, wie sich andere Menschen in solchen Situationen vorbildlich verhalten, um seine eigenen unsicheren Einstellungen und Handlungsweisen zu stabilisieren. Auf der anderen Seite schätzt er, aus anderen sozial und psychisch bedingten Motivationen, die Fluchthilfen, die ihm die Lektüre anbietet. In der Phantasie möchte er aus den ihn einzwängenden Grenzen der erfahrenen sozialen Realität ausbrechen, die Wirklichkeit verdrängen, eine Scheinwelt aufbauen, frei sein von sozialer Verantwortung. Dieser Eskapismus ist jeweils ein Hinweis auf die Nichtbewältigung der Realität, die man freilich nicht dem Individuum allein anlasten kann. Flucht ist dabei nicht nur im zeitlichem und räumlichem Sinne denkbar, sie erfolgt auch in die Welt des völlig Irrealen, des Mysteriösen und Mirakulösen, das keiner Erklärung bedarf. Anders wiederum bedingt ist der Wunsch nach fiktivem Kontakt mit einem Gesprächspartner, sei es dem Autor, einem Romanhelden, der Brieftante aus der Leserbriefspalte oder auch einem jenseitigen Wesen. Der Leser sucht Trost bei unüberwindlich scheinenden Lebenslagen, indem er sich die geschilderten glücklichen Lösungen als auch für ihn realisierbar vorstellt. Kurz: Es geht ihm nicht um eine Reproduktion der Realität, wie sie etwa das Nachrichtenblatt leistet, sondern um Hilfen aller Art, diese komplexe, unübersichtliche und als bedrängend empfundene Wirklichkeit zu begreifen und zu verarbeiten.

Für das Programm einer zukünftigen Lesestoffpolitik kann der Komplex subjektiver Leserwünsche allein nicht maßgebend sein. Ein solcher Katalog ermutigt höchstens die Produzenten, ihr Wesen und Unwesen weiterhin mit der Rechtfertigung zu treiben, man liefere ja dem Leser genau das, was er in seinen Schwierigkeiten benötige. Dieser Teufelskreis von angeblicher Nachfrage und eilfertigem Angebot kann nur durch ein intensives Informationsprogramm von außen aufgebrochen werden. Aus der Tatsache, daß die geistige Oberschicht die den populären Lesestoffen immanenten Manipulationsstrukturen durchschauen und ohne diesen literarischen Beruhigungsbrei leben kann, folgt einmal, daß breiten Schichten der Bevölkerung die gleiche Chance zu einer kritischen Lesebildung zu geben ist, und zum anderen, daß die negativen Lebensbedingungen solcher Bevölkerungskreise, nämlich Mängel, Ängste, Frustrationen und ein Übermaß von Leistungsanforderungen und sozialen Konflikten, möglichst weitgehend abgebaut werden müssen. Ein solches Programm setzt eine langfristige sozialpolitische Planung und schrittweise Verbesserungen voraus. Bevor das Ziel einer klassenlosen Literaturgesellschaft erreicht ist, bleibt der Literaturwissenschaft noch viel an Aufklärungsarbeit gegenüber den Konsumenten populärer Lesestoffe, aber auch an Kritik gegenüber den Produzenten zu leisten. Literaturkritik wird sich mehr und mehr diesen Lesestoffen zuwenden müssen, weil sie Symptome brennender sozialer Probleme darstellen.

Dorothee Bayer, »Der triviale Familien- und Liebesroman im 20. Jahrhundert«, 2., erw. Auflage mit einem Beitrag von R. Schenda. Tübingen: Tübinger Vereinigung für Volkskunde 1971.
Manfred Bosch – Klaus Konjetzky, »Für wen schreibt der eigentlich? Gespräche mit lesenden Arbeitern«. München 1973.
Karla Fohrbeck-Andreas J. Wiesand, »Der Autorenreport«. Reinbek. 1972.
Martin Greiner, »Die Entstehung der modernen Unterhaltungsliteratur«. Reinbek 1964.
Kunze, Kunze »Lieblingsbücher von dazumal. Eine Blütenlese aus den erfolgreichsten Büchern von 1750–1860«. München 1973.
»Lesen – Ein Handbuch.« Hg. von Alfred Clemens Baumgärtner. Hamburg 1973.
Peter Nusser, »Romane für die Unterschicht. Groschenhefte und ihre Leser«. Stuttgart 1973.
Rudolf Schenda »Volk ohne Buch. Studien zur Sozialgeschichte der populären Lesestoffe 1770–1910«. Frankfurt 1970.
Gustav Sichelschmidt, »Liebe, Mord und Abenteuer. Eine Geschichte der deutschen Unterhaltungsliteratur«. Berlin 1969.

Bettina Clausen

Cooper · Conanchet oder die Beweinte von Wish-Ton-Wish

»The Wept of Wish – Ton – Wish« (Erstdruck Philadelphia 1829)
Roman von James Fenimore Cooper (15. 9. 1789 – 14. 9. 1851)

»Sie nannten den Ort nach dem Vogel der Nacht, gleich wie wenn der indianische Name sie schützen könnte vor indianischer Rache.« Gemeint ist Wish-Ton-Wish, einer der Jagdgründe der Narragansett-Indianer, ein wenig westlich des Connecticut-River gelegen, ungefähr auf der Grenzlinie der heutigen Staaten Connecticut und Massachusetts. Die Zeit ist 1675 etwa, und bei den Eindringlingen, von denen weiter die Rede ist, handelt es sich um ein Trüppchen jener gottesfürchtigen Pioniere, die – ganz in der Frühzeit der Landnahme Amerikas – ihre schnell zu wirtschaftlicher Blüte gebrachten Landstriche an den Küsten Neu-Englands hinter sich ließen, um nur desto tiefer in der heulenden Wildnis die äußerste Strenge der Lebensform aufzusuchen.

Mit der Einwanderung der Puritaner – am 21. Dezember 1620 erreicht die »Mayflower« den Felsen von Plymouth – beginnt die Geschichte eines Amerika, das von Kolumbus für die Weißen entdeckt schien. Es ist eine ›weiße‹ und bis heute populäre Geschichte der Verdrängung: Erhoben und abgesichert durch glorreiche Beweise eines demokratisch entfalteten Fortschritts galten ihr die ungezählten Gegenbeweise stumm gemachter Opfer als weiter nicht nennenswert. Erst seit wenigen Jahren werden, konsequenter, Versuche unternommen, den verleugneten Teil der Vernichtungsgeschichte millionenstarker Ureinwohnerschaft – die Geschichte unterschiedlichst organisierter Gesellschaften mit zum Teil hochdifferenzierten politischen und sozialen Strukturen – als eine ebenso amerikanische zu begreifen und aufzuarbeiten.

Die Nachträge hintangehaltener Gerechtigkeit kommen spät angesichts des Zustands gegenwärtig indianischer Restexistenz: Uns ist sie nur noch lebendig als Kino- und Karnevalsklischee, das Mutterland empfindet sie als parasitäres Gesindel. Die umgangssprachliche Formel vom ›Letzten der Mohikaner‹ ist hier ebenso geläufig wie drüben den direkter Betroffenen die Flüche übers arbeitsscheue Fürsorgeempfängerpack. Kenntnis und Einstellung gegenüber den ›Roten‹ gelten damit gemeinhin als erschöpfend abgedeckt. Die wenigen mühsam erarbeiteten Zugänge zum Verständnis indianischer Zivilisation – und Coopers großen Indianerromanen kommt dabei ein hervorragender Rang zu – wurden und werden kaum, oder eben nur verzerrt zum Kinderspiel, genutzt.

Aber die Geschichte der Beweinten, der weißen Frau des Narragansett-Häuptlings Conanchet († 1676) ist, bereits 1829, als Anstoß zur Selbstkritik geschrieben. Cooper verarbeitet darin ein – für die Anfänge der weißen USA sogar d a s Hauptproblem: – nämlich den Unwillen und das Unvermögen, einheimische Kulturen in ethischen und sozialen Regeln anzuerkennen. Rückwirkend ist es nicht mehr zu bewältigen.

Hätten die Pilgerväter ihren Fuß mit dem Selbstbewußtsein imperialistischer Plünderer auf den Boden der neuen Welt gesetzt und es den Cortez und Pizarro gleichgetan, wäre das Problem schnell eingrenzbar und seine Beurteilung eindeutig. Doch nun waren es Puritaner, die, einzig nach dem Erwerb göttlicher Gnade trachtend, den Indianern entgegenstanden. Der →Quäker William Penn (1644–1718), einer der frühesten Kenner der Eingeborenen überhaupt, konstatiert: »– keine europäische Sprache, die in Klangfärbung und Betonung mehr Worte der Freundlichkeit und der Weitherzigkeit besäße als die ihre.«

So widersinnig es also immer scheint, genau hier liegen die Voraussetzungen für die beginnende Ausrottung der nordamerikanischen Urvölker. Auf kurze Begriffe gebracht, liegt die Wurzel in der konträr kulturellen Auffassung von ›Arbeit‹ und ›Besitz‹. Genauer: Der Begriff individuellen Eigentums, etwa als Landbesitz, war Indianern überhaupt fremd; noch 1877 bezeichnet der Sioux-Häuptling Sitting-Bull die ›weiße Freude‹ daran als ›Krankheit‹, Arbeit diente Indianern allein zur Befriedigung elementarer ma-

»Dem ununterrichtetsten Auge hätte es nicht entgehen können, wer das höchste Ansehen genoß: Der Krieger mit dem Turban, ganz in der ruhigen, würdevollen Stellung eines Häuptlings, der anderen Meinungen Gehör gibt. Eine leichte Decke oder vielleicht besser Toga von Scharlachtuch war über seine linke Schulter geworfen – das Antlitz dieses Kriegers war ernst . . .« Cooper schildert hier den großen Sachem der Wampanoags, Metacom, der als »König Philipp« den letzten schweren Krieg, 1675–1676, gegen die weißen Einwanderer führte. Im April des zweiten Kriegsjahrs fiel Conanchet, ein Vierteljahr später Metacom selbst. Der Krieg brach in sich zusammen

Eine vollständige Werkübersicht bietet die hervorragend übersetzte und kommentierte, ungekürzte TB-Ausgabe: James F. Cooper, »CONANCHET oder die Beweinte von Wish-Ton-Wish«, deutsch von Arno Schmidt, Frankfurt 1972. Zum Problembereich: Max Weber, »Die protestantische Ethik« I und II. Hamburg 1973.

terieller Lebensbedürfnisse. Ganz anders dies bei den Puritanern. Calvinistischen Lehren anhängend, ihres Glaubens wegen unterdrückt und verfolgt im Mutterlande, galt den Auswanderern der Erfolg unablässig harter Arbeit in Gestalt von Besitzerwerb als ›Finger Gottes‹. Ein Nur-Ruhenlassen des Erworbnen war bereits ebenso sündhaft wie etwa privater Genuß der Früchte eigenen Fleißes. Arbeitserfolg und dessen rationale Anlage zu ständig weiterem sicherte einzig die Kontinuität wahrnehmbarer Zeichen göttlicher Huld. Die Religion der Dauerarbeit, verkoppelt mit asketischem Sparzwang (→S. 162f.), betrieb den Import kapitalistischen Geistes in das Amerika der Indianer, die der Natur nur das eben Lebensnotwendige abgewannen. Den Weißen waren sie daran als faul, gottverlassen und also ›wild‹ erkennbar: Bibel und Kanone wurden gegen sie eingesetzt.

Genau dies zeigt Cooper mit seinem »Conanchet«. Red Power macht, 1829, noch niemand; wenige überhaupt nur sind unparteiisch, Cooper selbst ist noch ganz engagierter ›Chronist‹. So entwirft er mit Hilfe historisch genauesten Materials ein Modell frühamerikanischer Rassenkonflikte und demonstriert es dem Leser anhand nur weniger Tagesläufe; im Herbst 1666 und im Frühling darauf, und dann noch einmal zur Sommerzeit, ungefähr zehn Jahre später. Der Talgrund Wish-Ton-Wish, eingeschlossen in unendliche Waldländereien, bleibt praktisch einziger Schauplatz und wird zum Musterbeispiel expandierender frühkolonialer Existenz. Von den tausend Beleuchtungen der Tages- und Jahreszeiten bis ins allerkleinste sozialgeschichtliche Detail wird puritanischer Alltag verfolgbar; bis dahin, wo die Yankees schon als Obsiegende sich abzeichnen – die Indianer verlieren ihren entscheidenden Krieg gegen die Kolonisten. Auch der Weiler Wish-Ton-Wish wird, wie ungezählte andere weiße Siedlungen in den Jahren 1675/76, zum Ort des Kriegsgeschehens in ›King Philipps War‹ (King Philipp = Metacom, Sachem der Wampanoags; er führte damals die Roten an. Die weiße Betitulierung ›König‹ zeigt einmal mehr die rücksichtslose Übertragung eigener Normen auch auf das politische System des Indianervolks). Doch im Roman erweist sich die Front zwischen Rot und Weiß als erschüttert, bis zur Kampfunfähigkeit. Dazu nötigt der einfache Vorgang:

Ein nächtlicher Indianerüberfall im Herbst 66 geht für die weißen Siedler, die Heathcotes, noch eben glimpflich ab; sie machen sogar einen Gefangenen, auf den sich fortan aller missionarische Eifer konzentriert. Der ›rote Heide‹ im Fort – Conanchet (der später als Sachem der Narragansetts auftreten wird) – lauscht aufmerksam. Als ein nachdrücklicherer Vergeltungsschlag seiner Stammesgenossen ihm wenige Monate später wieder Freiheit verschafft, werden – diesmal als Beute der Roten – zwei junge Weiße den Sitten der Wälder ausgesetzt: der schwachköpfige Arbeiter Whittal Ring und die kleine Ruth, die Tochter des Hauses. In den zehn Jahren, die zwischen den großen Erzählzeiten des Buches liegen, werden beide indianisch sozialisiert. Der Kriegssommer 76 bringt sie wieder zurück, verwandelt in Nipset und Narra-Mattah, den »Tanzenden Schnee«: beide als Indianer.

Die dergestalt ineinander verschränkten Kulturen lassen diese nun nicht nur als einander ebenbürtig erkennen; genauer noch werden die schwachen Punkte puritanischer Ethik und – entsprechend – die humaneren indianischen Alternativen transparent. Das ›Weib‹ als Gefährdung, den ›Schwachsinnigen‹ als Mißachter asketischen Gnadenerwerbs einordnend, ließ die puritanische Denkweise beide Gruppen in ihren Rechten verkümmern. Und mit wieviel sozialer Selbstgewißheit treten nicht Mädchen und Idiot ihren alten Angehörigen wieder gegenüber: »Mit dem nächsten Schnee wird Nipset ein Krieger sein!« Narra-Mattah stirbt am Tod ihres Gatten Conanchet, die eignen Leute können sie nicht zurückverlocken. Übrig bleibt ihnen das Kind, »eine kleine Blüte von zwei Farben«, und Trauer. Der Krieg findet zu Wish-Ton-Wish nicht statt.

Der Pionier der amerikanischen Nationalliteratur, James Fenimore Cooper, ist bereits Vierzig und als Schriftsteller weltberühmt, als der »Conanchet« erscheint. Es ist sein zehnter Roman; seine »Ansiedler«, 1823, »Die Letzten der Mohikaner«, 1826, und seine »Prärie«, 1827, werden laufend in neue Sprachen übersetzt und bilden dann später die Bände 4, 2 und 5 der begehrten Lederstrumpf-Serie: Denn im Auslande besteht kaum Kenntnis der ›Neuen Welt‹, und der amerikanische Büchermarkt selbst ist vornehmlich eine Schwemme flauer, europäisch-infizierter Salonliteratur. In dieser Situation liefert Cooper die längst benötigten Identifikationsmodelle für das, was nur sehr unklar ›USA‹ heißt. Seine Breitenwirkung – und seine Leistung bis heute – besteht in der sorgfältigen Dokumentation all-amerikanischen Lebens. Dem unermüdlich studierenden Autor gelingen sozialhistorisch und geographisch aufschlußreichste Darstellungen, von anno 1492 an (»Mercedes von Kastilien« 1840) bis in seine eigne, letzte Zeit (»So hat man's heute« 1850). Im eigenen Lande verkehrt sich sein Ruhm jedoch desto mehr in Mißerfolg, dann in offene Ächtung, je kritischer der Charakter seiner Arbeiten wird. Je genauer er sein Amerika durchschaut, desto weniger ist ihm die gefeierte Patriotenrolle des ›Chronisten‹ aufrechterhaltbar. Ein siebenjähriger Aufenthalt in Europa (1826–1833) verändert nachdrücklich seine Optik gegenüber dem Vaterland und schult ihn zum immer schärferen Gesellschaftskritiker um. Die Cooper-Rezeption, zumal in Europa, macht diese Wendung nicht mehr mit: »Der Lederstrumpf« (als Bände 3 und 1 erscheinen »Der Pfadfinder« 1840 und ein Jahr später »Der Wildtöter«) löste sich mehr und mehr von den →Intentionen Coopers und von seinem Gesamtwerk ab, verstümmelt zur ›geeigneten Lektüre für unsere Jugend‹ blieb er allein übrig.

Diese zeitgenössische Illustration Felix Darley's (1822–1888) zeigt, wie sich die weißen Siedler mit Vorzug selbst verstanden: als Opfer heimtückischer Anschläge aus dem Hinterhalt, zur Notwehr gezwungen. Ganz im Sinne der eigenen ökonomischen und sozialen Interessen setzte sich damit auch das Fremdbild vom Indianer als »entmenschtem Wilden« fest: Unter solchen selbstgeschaffenen Voraussetzungen konnte die Vernichtung ganzer Völker, die »im Namen des Herrn« begonnen wurde, ohne Skrupel zu Ende geführt werden

Gerhard Muschwitz

Balzac · Verlorene Illusionen

»Illusions perdues« (Erster Teil: Paris 1837 – 1843)
Roman von Honoré de Balzac (20. 5. 1799 – 18. 8. 1850)

»Das Jahr der Katastrophen« – so läßt sich ohne Übertreibung das Jahr 1836 im Leben des großen französischen Romanschriftstellers Honoré de Balzac bezeichnen. Obwohl er in den vorangegangenen sieben Jahren – sie waren mit harter, bis in die Morgenstunden ausgedehnter Arbeit angefüllt – durch einige, vor allem das weibliche Lesepublikum ansprechende Romane, wie z.B. »Eugénie Grandet« (1833), »Eine Frau von dreißig Jahren« (1834), »Vater Goriot« (1834) sich einen Namen geschaffen hat, will ihm im Jahre 1836 nichts mehr gelingen. Die Unglücksschläge mehren sich; Auswege findet er kaum noch.

In der »Chronique de Paris« – einer kleinen Zeitschrift, die er 1834 erwirbt – erscheinen eine Reihe seiner Erzählungen und Kurzgeschichten; aber es glückt ihm nicht, die Zeitschrift zu einem angesehenen Blatt zu machen. Er muß am Ende froh sein, sie mit hohem Verlust wieder verkaufen zu können. Viel stärker beschäftigt ihn jetzt der Prozeß gegen den Pariser Verleger Buloz, gegen den er wegen unberechtigten Nachdruckes seiner »Lilie im Tal« (1840) gerichtlich vorgeht. Zwar raten ihm seine Freunde ab, sich mit einem Verleger anzulegen, in dessen Verlagshaus zwei der angesehensten literarischen →Revuen der damaligen Zeit erscheinen und der deshalb auf Schriftsteller und Leser einwirken und diese in Opposition zu Balzac bringen kann. Doch Balzac weist alle Vermittlungsversuche zurück: Klein beigeben wird er nicht; denn stärker als der materielle Schaden bedrückt ihn die Handlungsweise von Buloz. Und Balzac gewinnt den Prozeß. Zugleich zieht er sich viele Feindschaften unter Verlegern und Schriftstellern zu. Anhand dieses Prozesses läßt sich die öffentliche Meinungsbildung der damaligen Zeit, lassen sich die Machenschaften der Presse und ihrer Vertreter genau studieren, und Balzac verarbeitet seine bitteren Erfahrungen: Er beginnt den großen Roman »Verlorene Illusionen«.

Weil er sich geweigert hatte, den Dienst in der Nationalgarde zu versehen, sitzt Balzac in der Woche vom 27. April bis 4. Mai sogar im Gefängnis. So schmachvoll die Haft auch für ihn ist, so nutzt er sie doch in seiner Weise: Hier arbeitet er in Ruhe. Wieder in Freiheit zieht er sich, um nicht von Gläubigern belästigt zu werden, in ein streng geheimgehaltenes Versteck zurück, das nur mit einem Losungswort betreten werden kann. Am Ende dieses Katastrophenjahres wird dann auch noch der Konkurs seines Verlegers Werdet sichtbar, der Balzac in neue, verschärfte finanzielle Nöte stürzt.

Kaum begreiflich scheint es, daß er in jenem Jahr in seiner schriftstellerischen Arbeit weiter fortfährt, ja, daß er sein vielleicht gewichtigstes Werk verfaßt. »Nie schafft Balzac großartiger als in äußerster Bedrängnis. In acht Tagen erfindet er die ›Illusiones perdues‹ und schreibt den ganzen ersten Teil. Gerade dieses Buch, im Wettlauf mit einem Pönale (Strafgesetz) geschrieben, wird ein zentrales Werk; es ist, als hätte Balzac sein Innerstes mit grimmiger Peitsche herausgejagt und seine geheimsten Wünsche, seine geheimsten Gefahren vor sich zur Prüfung gestellt« (Stefan Zweig). Wahrscheinlich wird in jenen schweren Tagen auch der Plan geboren, das Leben in der Hauptstadt und in der Provinz, in adligen und kleinbürgerlichen Kreisen in einer Fülle von Romanen und Erzählungen darzustellen: der Plan nämlich, all seine Werke zu der »Comédie Humaine« zu vereinigen. Das berühmte Vorwort zu diesem epischen Riesenfresko wurde einige Monate vor Abschluß der »Verlorenen Illusionen« niedergeschrieben, so daß beide, der große Roman und das Vorwort, zusammengehören.

»Verlorene Illusionen« schildern den Weg des schönen und ehrgeizigen Lucien Chardon – des Sohns eines im Elend verstorbenen Apothekers und eines Fräulein de Rubempré, deren Namen sich Lucien zulegt – aus der Enge der Provinzstadt Angoulême nach Paris, dem Ziel der Sehnsüchte so vieler junger Menschen. Madame de Bargeton, die ihn in der Heimatstadt in seinen dichterischen Neigungen gefördert hat, begleitet ihn zwar nach Paris, läßt ihn aber fallen, so daß er sich in der großen Stadt allein durchschlagen muß. Da er schriftstellerisch begabt ist, wendet er sich der Literatur zu; er erringt Erfolge, aber auch Niederlagen muß er hinnehmen. Je stärker der Journalismus (→S. 232ff.) seine Geschicke bestimmt, desto mehr wird er genötigt, seine »Illusionen« aufzugeben. Das Anliegen, seine Eindrücke und seine Meinung offen darzulegen, gerät mit seinem Ehrgeiz in Widerspruch, ein erfolgreicher Journalist zu werden. Er lernt zu heucheln und zu schmeicheln; er lernt das Minderwertige hochzuloben und das Wertvolle herabzusetzen. Sein Intellekt und sein selbstkritischer Scharfsinn machen ihm zwar die Käuflichkeit der Literatur wohl bewußt, dennoch bleibt er – um des Erfolges willen – auf dem eingeschlagenen Weg.

Damit der Konflikt für den Leser auch überzeugend wirkt, zeichnet Balzac seinen »Helden« als reichbegabten Schriftsteller, der wiederholt Beweise seines Könnens liefert: Lucien denkt über Plan und künstlerische Gestaltung eines eigenen Romanes nach, er verfaßt gelungene Sonette und geistreiche Theaterkritiken, die in den Romanverlauf eingeschaltet sind. Je mehr er sich auf die Käuflichkeit der Literatur einläßt, desto größer wird seine Skrupellosigkeit. Genial hat Balzac die Korrumpierbarkeit von Künstlertum dargestellt: »Glauben Sie nicht, daß die politische Welt viel schöner als die literarische Welt ist; hier wie dort ist alles Korruption, jeder ist verdorben oder verdirbt jemand. Kurzum, mein Lieber, in der Literatur heißt das Geheimnis des Erfolges nicht Arbeit, sondern Ausbeutung fremder Arbeit. Die Eigentümer der Zeitungen sind Unternehmer, wir sind Maurergehilfen. Je mittelmäßiger daher der Mensch ist, desto rascher kommt er zum Ziel.«

Die Kulturfeindlichkeit des frühen Kapitalismus wird hier gekennzeichnet, der die Künstler wie Sklaven verwendet und ihre freie Entfaltung behindert. Balzac gelangt somit auf seinem Wege zu Einsichten, wie sie, beinahe gleichzeitig, die jungen Marx und Engels in ihren Schriften entwickelt haben. Nicht nur aus diesem Grunde haben die Begründer des wissenschaftlichen Sozialismus das Werk Honoré de Balzacs hochgeschätzt. Als Gegenpol zur kompromittiert-komplizierten Großstadtwelt beschreibt er Provinz-

Balzac – Karikatur von Nadar

städte, deren durchschaubarere und geschlossenere Sozialsysteme einen besseren Nährboden für Idealvorstellungen abgeben konnten. Zwar ist für Balzac die Provinz kein Idyll, aber sie ist doch harmonischer, menschenfreundlicher als Paris. In Angoulême lebt und arbeitet Luciens Freund, der Setzer und Drucker David Séchard, der für seinen Freund in der fernen Metropole Schulden auf sich nimmt und ihm immer wieder hilft. Er ist so weltfremd und geschäftsuntüchtig, daß er seine große Erfindung, eine neuartige Herstellung von Zeitungspapier, nicht nutzen kann. Bestärkt in seiner Haltung Lucien gegenüber wird David durch seine Frau Eva, der Schwester Luciens. Nach dem Urteil des Verfassers ist Eva die reinste der von ihm geschaffenen Frauengestalten, ein uneigennütziges, sich aufopferndes Wesen.

In der europäischen Literatur bilden die »Verlorenen Illusionen« den Auftakt für eine neue Gattung, für die »Des-Illusions-Romane«, in denen das Zerbrechen der Ideale und die Veränderung der Vorstellungen zentraler Gegenstand der Darstellung werden. Flaubert hat diesen Typ mit seinen »Lehrjahren des Gefühls« (1869) auf einen neuen Höhepunkt gehoben; aber schon Stendhal hat dazu mit »Rot und Schwarz« (1830), wie dann die Brüder Goncourt mit »Renée Mauperin« (1864) und Maupassant mit »Bel-Ami« (1885) beigesteuert. In einem Brief (April 1888) an die englische Schriftstellerin Miß Harkness hat der alte Engels auf den Widerspruch zwischen Balzacs politischen Anschauungen und seiner realistischen Gestaltung hingewiesen: »Gewiß, Balzac war politisch Legitimist; sein großes Werk ist ein ständiges Klagelied über den unvermeidlichen Verfall der guten Gesellschaft; all seine Sympathien sind bei der Klasse, die zum Untergang verurteilt ist. Aber trotz alledem ist seine Satire niemals schärfer, seine Ironie niemals bitterer, als wenn er eben die Männer und Frauen in Bewegung setzt, mit denen er zutiefst sympathisiert – die Adligen . . . Daß

Paris, Mitte des 19. Jahrhunderts. Balzac gelangt in der Beschreibung der frühkapitalistischen Metropole zu Einsichten, wie sie beinahe gleichzeitig im Werk von Marx und Engels entwickelt wurden. Die Abb. zeigt das Palais Royal in einem Stahlstich des 19. Jhs.

Balzac so gezwungen war, gegen seine eigenen Klassensympathien und politischen Vorurteile anzugehen, daß er die Notwendigkeit des Untergangs seiner geliebten Adligen sah und sie als Menschen schilderte, die kein besseres Schicksal verdienen; und daß er die wirklichen Menschen der Zukunft dort sah, wo sie in der damaligen Zeit allein zu finden waren – das betrachte ich als einen der größten Triumphe des Realismus und als einen der großartigsten Züge des alten Balzac.« (→S. 203 f.)

Susanne Jensen

Shelley · Frankenstein

»Frankenstein or The Modern Prometheus« (Erstdruck London 1818)
Erzählung von Mary Wollstonecraft Shelley (30. 8. 1797 – 1. 2. 1851)

Im Juni 1816 versammelte sich allabendlich um den Kamin der Villa Diodati, zwei Meilen vor Genf am Südufer des Sees gelegen, eine kleine Gesellschaft: die romantischen Dichter Lord Byron (1788–1834), Percy Bysshe Shelley (1792–1822), Shelleys Geliebte und spätere Frau Mary Godwin (1797–1851) und Byrons Leibarzt Dr. Polidori. Sie waren aus der beklemmenden Atmosphäre Englands, des damals fortgeschrittensten kapitalistischen Landes, in die unberührte Bergwelt der Schweiz geflohen. Doch der Sommer war kalt und verregnet, und so führte man lange Diskussionen über politische und philosophische Themen, über okkulte Phänomene und las gemeinsam eine Sammlung von Gespenstergeschichten. Davon angeregt schlug Byron vor, jeder von ihnen solle versuchen, etwas Derartiges zu schreiben. Die Beiträge der drei Männer blieben im Ansatz stecken. Einzig Mary Shelley beendete ihr Buch, an dem sie wenige Tage später zu schreiben begonnen hatte. Es erschien 1818 unter dem Titel »Frankenstein or the Modern Prometheus« (»Frankenstein oder der neue Prometheus«) in London.

Noch war die große Zeit der Schreckensromane und Schauergeschichten nicht zu Ende gegangen. Über 300 Bücher der »Schwarzen Literatur« erschienen zwischen 1790 und 1818 in England. Die Faszination des Grauens, des Bösen, die Beschäftigung von Dichtern und Schriftstellern mit den Nachtseiten der menschlichen Natur waren – wie ihre Heraufbeschwörung einer poetischen Welt voller Harmonie und Freiheitsträume – eine Antwort auf die gewaltigen Erschütterungen der Französischen Revolution und der ihr folgenden gesellschaftlichen Entwicklung. Sie brachten nicht die erhoffte allgemeine Gleichheit und Freiheit und das wahre Menschentum. An die Stelle der alten feudalen Abhängigkeiten traten neue Formen der Unterdrückung und sozialen Ungerechtigkeiten. Die Philosophie der Vernunft hatte das auf das Jenseits orientierte Menschenbild des Mittelalters zerstört. Doch nun führte die Erfahrung der kapitalistischen Aushöhlung der menschlichen Beziehungen zu Vorstellungen von einer Welt des Chaos, in der uralte Ängste wieder lebendig wurden.

Die Entwicklung der »Schwarzen Literatur« spiegelt diesen Prozeß wider. Der »gotische Roman« war ursprünglich ein Träger aufklärerischer Ideen, eine bürgerlich-protestantische Reaktion gegen »Gotisches«, das heißt Schrecknisse, die als mittelalterlich-katholisch bekämpft wurden. Doch schon bald nahm die Darstellung der Schrecknisse selbst immer mehr Raum ein. Grausame Mönche, verbrecherische aristokratische Verführer, dämonische Schurken bevölkerten die Schloßgeschichten, die Mönchs- und Klosterromane der Schauerromantik.

»German Horror« gehörte ebenfalls zu den Spezialitäten dieser Literatur. So wußte der Leser, was ihn bei einem Roman mit dem Titel »Frankenstein« erwartete. Doch Mary Shelley, die Tochter der englischen Frauenrechtlerin Mary Wollstonecraft und des Philosophen und sozialrevolutionären Schriftstellers William Godwin (1756–1836), knüpfte mit ihrem Buch an die alte aufklärerische Tradition an. Sie widmete es ihrem Vater, der mit seinem radikalen politischen Standpunkt, seiner Kritik an Staat und Strafjustiz, an der Kirche und am Besitz einen großen Einfluß auf die jüngere Generation der englischen Romantiker, zu der die Shelleys und Byron gehörten, ausübte. Die Widmung ist programmatisch. Mary Shelley verbindet, indem sie ein neues Thema – Wissenschaft – und ein neues Motiv – künstliches Leben – in die »Schwarze Literatur« einführt, die Elemente des Schreckensromans mit einer tiefgehenden Kritik an der menschlichen Gesellschaft, deren →Normen und Standards ein an sich gutes Geschöpf zu grausamen Verbrechen treibt.

Den Rahmen des eigentlichen Geschehens bilden die Briefe des Engländers Walton an seine Schwester, in denen er ihr von seiner Expeditionsreise zum Nordpol berichtet. Auf der Fahrt dorthin nimmt er einen zu Tode erschöpften, von Qualen und Krankheit gezeichneten Fremden an Bord seines Schiffes, der ihm seine Lebensgeschichte erzählt. Sie umfaßt den größten Teil des Romans.

Viktor Frankenstein, so heißt der Mann, wird nach einer glücklichen Kindheit in seiner Schweizer Heimat Student der Naturwissenschaften. Besessen von dem Verlangen, in die tiefsten Geheimnisse der Natur einzudringen, kommt er auf die Spur des »Lebensfunken«. Diese Entdeckung ermöglicht es ihm, »totem

Stoffe Leben einzuhauchen«. Die Vision, als Schöpfer einer »neuen Rasse zahlloser glücklicher und vortrefflicher Geschöpfe« gefeiert zu werden, leitet ihn bei der Erschaffung eines künstlichen Wesens, das er aus Knochen und Leichenteilen zusammensetzt. Doch das Ergebnis seiner mühevollen Arbeit erfüllt ihn mit Entsetzen: Er hat in seiner fieberhaften Eile ein riesenhaftes Monstrum von abstoßender Häßlichkeit geschaffen. Voller Panik flieht er vor ihm, in der Hoffnung, daß es zugrunde geht. Aber sein Geschöpf, von dessen Existenz er niemandem zu erzählen wagt, lebt und greift bestimmend in sein Leben ein. Es tötet seinen kleinen Bruder, lenkt jedoch den Verdacht auf eine Unschuldige, die deswegen hingerichtet wird.

In seinem großen Monolog, der im Mittelpunkt des Romans steht, macht das namenlose Wesen seinen Schöpfer und die Menschen, denen er bis jetzt begegnet ist, für seine Verbrechen verantwortlich. Ausgestattet mit allen Empfindungen, Bedürfnissen und geistigen Fähigkeiten eines menschlichen Wesens ist es doch auf Grund seiner häßlichen Gestalt ausgeschlossen aus der Gemeinschaft der Menschen. All seine großen Mühen, sich als »unbeschriebenes Blatt« die Sprache und Bildung der von ihm beobachteten Menschen anzueignen – die Liebe und Zuneigung, die er ihnen entgegenbringt, die guten Dienste, die er ihnen leistet, haben sie nur mit Abscheu und Versuchen, ihn zu töten, vergolten. So verwandelt sich seine Liebe in Haß- und Rachegefühle. Doch er tötet erst, als er erfahren muß, daß schon ein kleines Kind schreiend vor ihm zurückweicht. Seine bittere Schlußfolgerung ist: »des Menschen Sinne lassen es nicht zu, daß ich ihnen wohlgefällig sei«. Er fordert deshalb von Frankenstein, dem Urheber all seiner Qualen, ihm eine ebenso häßliche weibliche Gefährtin zu schaffen. Als Frankenstein aus Angst vor den unübersehbaren Folgen, die daraus entstehen könnten, das ablehnt, schwört sein Geschöpf ihm ewige Rache. Es tötet seinen besten Freund und erwürgt in der Hochzeitsnacht seine Frau. Vor Kummer stirbt schließlich noch der Vater von Frankenstein. Dieser hat nun kein anderes Lebensziel mehr, als das Monstrum zu vernichten. Er verfolgt es bis in die Eiswüste, wo er als Todkranker von Walton aufgenommen wird. Auf dem Schiff stirbt Frankenstein, ohne sein Vorhaben ausgeführt zu haben. Doch nicht nur sein Schicksal ist unauflösbar an das seines Geschöpfes gekettet gewesen – auch dessen Leben hat sich durch den Tod seines Schöpfers erfüllt. Unschuldig schuldig geworden, kündigt das künstliche Geschöpf Walton am Totenbett Frankensteins an, daß es sich selbst den Tod geben werde. »Das Eis soll mich zum Eis des Nordpols tragen, wo ich den Scheiterhaufen mir errichte, um diesen ungestalten Leib zu Asche zu verbrennen. Und nichts davon soll übrig bleiben, nicht der geringste Rest soll Kunde von mir geben, auf daß vermeßne, unheilige Neugier nicht abermals auf den Gedanken komme, ein Wesen, das mir gleicht, hervorzubringen«. Den gleichen Gedanken hatte schon der sterbende Frankenstein geäußert, als er Walton riet: »Sucht Euer Glück in der Bescheidenheit, geht allem Ehrgeiz aus dem Wege, und wär's auch nur der so augenfällig unschuldige, Euch in den Wissenschaften oder Entdeckungen hervorzutun!« Und Walton bricht seine gefährliche Forschungsreise ab und segelt nach England zurück.

Mary Shelleys Roman wurde ein großer Erfolg. Doch dafür gaben nicht so sehr die von ihr pessimistisch gewendete Grunderfahrung der Zeit – die Isolierung des Menschen in einer von Vorurteilen geprägten Gesellschaft – und ihre Skepsis gegenüber einem unbedingten bürgerlichen Fortschrittsglauben den Ausschlag. Das Buch entsprach mit seinen Landschaftsbeschreibungen, seiner Zeichnung der Nebenpersonen dem damaligen Geschmack – vor allem aber mit dem wohldosierten Schauder, den das Zwitterwesen aus der Retorte auslöste.

Die Faszination hat bis heute angehalten. Das Monster eroberte schon bald nach Erscheinen des Romans die Bühnen in England und Frankreich, und nach der amerikanischen Theaterfassung von 1928 auch den Film. Seitdem wurden Dutzende von Frankenstein-Filmen gedreht und sind alle berühmter geworden als der Originalroman und seine Verfasserin: Der Name »Frankenstein« ist längst auf das namenlose Geschöpf übergegangen und zu einem Inbegriff für Horror geworden.

Nach dem Roman wurde auch der Film ein großer Erfolg. Mary Shelleys Buch wurde zuerst 1931 in den USA verfilmt. Die drei Abbildungen sind Szenen dieser Verfilmung durch J. Whales. Das riesenhafte Monster ist damit zum Inbegriff für Film-Horror geworden; eine Reihe weiterer Verfilmungen folgte, die jedoch die Qualität dieses ersten Films nicht wieder erreichten

Rudolf Schenda

Sue · Die Geheimnisse von Paris

»Les mystères de Paris« (Erstdruck Paris 1842/43
Roman von Eugène Sue (10. 12. 1804 – 3. 8. 1857)

In der Julirevolution des Jahres 1830 hatte das französische Bürgertum seine Macht neu gefestigt und Louis Philippe, den »Bürgerkönig«, auf den Thron gehoben. Nach den wirtschaftlichen Depressionen der zwanziger Jahre – starken Nachwehen der napoleonischen Kriege – konnten sich nun Industrie, Handel und Kapitalmarkt langsam entwickeln. Die Großstädte, vor allem Paris, zogen das Proletariat der verelendeten Provinzen als billige Arbeitskräfte an. Im Konfliktfeld zwischen aufstrebendem Industrie- und Kapitalbürgertum auf der einen Seite und anwachsender Masse von unterbezahlten und

Porträt Eugène Sues. Zeitgenössischer Stahlstich

unzufriedenen Lohnarbeitern auf der anderen, kam es zu den ersten blutigen Auseinandersetzungen in Paris und Lyon, entstanden aber auch die großen Entwürfe von sozial gerechterem Zusammenleben in utopisch-sozialistischen Gemeinschaften, wie sie etwa Charles Fourier (1772–1837) in seinen Phalanx-Siedlungsgenossenschaften oder auch Étienne Cabet (1788–1856) in seinem Roman »Reise nach Ikarien« (1842) vorschwebten. Die sozialen Probleme: Übervölkerung der Städte und Wohnungsmisere, Ausbeutung der Arbeiter sowie der Kinder, Massenarmut, Kriminalität und Strafvollzug, Kindsmord und Findelkinderversorgung, Prostitution und Frauensklaverei, fehlende Krankenbetreuung und Arbeitslosigkeit zwangen die Intellektuellen, Partei zu ergreifen: für die Bourgeoisie oder für das Proletariat.

Am 19. Juni 1842 druckte das »Journal des Débats«, eine konservative Pariser Tageszeitung, die wegen des Konkurrenzdrucks Leser gewinnen mußte, den Anfang eines neuen Feuilleton-Romans mit dem Titel »Die Geheimnisse von Paris«, dessen Fortsetzungen die Pariser 14 Monate lang in Spannung hielten. Die Literaten hatten, im sichern Lehnstuhl sitzend, durch Arbeiten des Dichters Victor Hugo (1802–1885) und anderer Sozialkritiker erfahren, daß sich auf der Seine-Insel eine proletarische →Subkultur bildete. Eugène Sue wagte es, als Arbeiter verkleidet, aber von seinem Boxmeister beschützt, in diese Unterwelt persönlich hinabzusteigen und das heimatliche Barbarentum den Zeitungslesern stückchenweise vorzuführen. Die Leute rissen sich um das »Journal des Débats«, die Auflage verzehnfachte sich. Als Buch hatten »Die Geheimnisse von Paris« allein in Frankreich rund 50 verschiedene Ausgaben mit Auflagen bis zu 100000 Exemplaren; in Deutschland erschienen mindestens zehn verschiedene Übersetzungen.

Der Autor, 1804 in Paris geboren, stammte aus einer →royalistischen Arztfamilie. Der strenge Vater schickte den jungen Lebemann als Hilfs-Chirurgen zum Marinedienst. Als Dr. Sue 1830 starb, hinterließ er dem Seemann Eugène ein Vermögen, und dieser beschloß, Dandy und Schriftsteller zu werden. 1840 war das väterliche Kapital verbraucht, und die See-Romane hatten nichts eingebracht. So wurde Sue Journalist, schrieb von Dezember 1840 bis September 1841 den Frauenroman »Mathilde« für die Zeitung »Le Siècle«, dann die »Geheinnisse«, 1844/45 für »Le Constitutionnel« den »Ewigen Juden« (»Le Juif Errant«). Durch das Studium gesellschaftskritischer Untersuchungen sozialreformerisch engagiert (»Die Geheimnisse des Volkes«, 1849), wurde er 1850 von Arbeitern und Kleinbürgern zum republikanischen Abgeordneten gewählt. Als Louis-Napoléon im Dezember 1851 die Macht an sich riß, zog sich Sue nach Annecy in Savoyen ins Exil zurück, wo er 1857 ruhmlos starb.

Die »Mystères de Paris« werden freilich auch heute noch verschlungen, allerdings weniger wegen der zeitgenössischen Kritik als wegen der spannend verzweigten Abenteuer, der vielen Schilderungen extremer Situationen und der Liebenswürdigkeit einiger Hauptfiguren. Gut und Böse sind dabei klar geschieden, traditionelle Wertvorstellungen werden selten in Frage gestellt, die moralische Dezenz bleibt gewahrt, ja man kann heute sagen, daß dieser Roman die Normen der Klassengesellschaft der Julimonarchie eher gefestigt als in Zweifel gezogen hat.

Rudolf von Gerolstein, ein deutscher Fürst, reich, stark, männlich-ritterlich, Vaterfigur und Rächergestalt, betätigt sich in Paris als personifiziertes Schicksal, führt die Armen zum Licht und blendet die Bösen. Er ist der ideale Repräsentant der Wohltätigkeit, von welcher sich Sues Zeitgenossen die Aufhe-

Die ›Nachtseite‹ der großen Stadt. Das Leichenschauhaus, Endstation Vieler aus dem Heer der Armen von Paris

bung der sozialen Mißstände erhofften. Rudolf, schuldbeladen, weil er einst den Degen gegen seinen Vater erhoben hatte, sühnt sein Vergehen als humanitär begeisterter Sozialhelfer: Er prügelt sich mit Verbrechern, rettet die unschuldig Gefallenen, jagt die Bösewichter, zwingt die Reichen zur Mildtätigkeit. Der sozialtherapeutische Irrtum ist offenbar: Weder ein starker Arm noch ein hilfsbereiter Geldbeutel konnte das Heer der Notleidenden aus dem Armutsschlamm retten. Die in Rudolf zum Edelmenschen gewordene Vorsehung befreite nicht das System, sondern nur, zufällig, einige Auserwählte aus der elenden Lage.

Da ist Fleur de Marie, Marienblume, ein bei einer Verbrecherin, der einäugigen Eule, aufgewachsenes Findelkind. Sie wird zur Arbeit geprügelt, täglich gefoltert, schließlich von der Polizei aufgegriffen. Aus dem Jugendzuchthaus entlassen, muß sie sich von einer Bordellwirtin zur Prostitution zwingen lassen. Rudolf rettet sie aus dieser Situation und bringt sie auf dem Land bei einer frommen Dame unter, wo Marienblume lernt, ihre Vergangenheit zu bereuen. Von der Eule und dem Oberschurken Schulmeister entführt, wieder eingekerkert und neuerlich erlöst, büßt sie für eine Schuld, die höchstens kollektiv abzutragen wäre. Als sich herausstellt, daß sie Rudolfs Tochter ist, darf sie nicht auf Schloß Gerolstein leben, sondern geht ins Kloster, Opfer von Gewissensbissen und einer Sündenbockmoral, die dem Einzelnen alle Verantwortung für gesellschaftliche Mißstände anlastet. Der Hang zum Verbrechen läßt sich, so macht Sue glauben, wie beim Schurimann (Messerstecher) durch innere Umkehr der Mörder und Diebe in hündischhilfreiche Tugend verwandeln. Der Notar Ferrand, der alle finstren Fäden der Intrige in der Hand hält, repräsentiert die Undurchschaubarkeit politischen Geschehens und entzieht sich mit einer größeren Geldspende der Verantwortung für ein Leben voller ausbeuterischer Schandtaten. Die rettenden Kräfte kommen – so lebt es die Grisette Lachtaube zupackend, tapfer, heiter und naiv dem Leser vor – aus dem Gemüt: Das Glück ist eine angeborene Eigenschaft.

Eugène Sue, »Die Geheimnisse von Paris«. Übersetzung von Bernhard Jolles. München 1970.
Leider, nur französisch:
Jean-Louis Bory, »Eugène Sue. Le roi du roman populaire«. Paris 1962. 2. Auflage 1973.

Karl Marx hat in der »Heiligen Familie« (1845) auf die gesellschaftstheoretischen Mängel dieses sozialen Melodrams hingewiesen. Eugène Sue war in der Tat nicht ausgebildet, die Misere seiner Pariser Unterwelt bei den gesellschafts- und wirtschaftpolitischen Wurzeln zu packen. Aber er hat das große Verdienst, zum ersten Mal in aller Eindringlichkeit Einzelschicksale der sozialen Verelendung und Beispiele menschlicher Brutalisierung in der neuen Industriegesellschaft für ein breiteres Publikum geschildert zu haben: Die proletarische Subkultur wurde damit ins öffentliche Bewußtsein gerückt.

Gerhard Muschwitz

Dickens · Eine Geschichte aus zwei Städten

»A Tale of Two Cities« (1859)
Roman von Charles Dickens (7. 2. 1812 – 9. 6. 1870)

Zwischen 1835 und 1845 wanderten an jedem Posttage die älteren wie die jüngeren Engländer dem Postboten entgegen, nicht um Briefe oder gar Zeitungen zu empfangen, sondern um zeitiger das neueste blaue Monatsheft in den Händen halten zu können, das die langersehnte Fortsetzung eines Romans von Boz enthielt. Unter diesem Pseudonym hatte Charles Dickens zu schreiben begonnen, und auch später war unter seinen Verehrern »Boz« weitaus bekannter als sein bürgerlicher Name.

Umfangreiche Romane in Fortsetzungen, über viele Monatshefte verteilt, erscheinen zu lassen, stellte eine buchhändlerische Neuerung dar (→S. 232); denn nun konnten die recht billigen Monatshefte auch Arbeiter kaufen, die für ein teures Buch kaum Geld übrig gehabt hätten. Deshalb hat Dickens ein breiteres Publikum erreicht als selbst die sozial-kritischen französischen Schriftsteller wie Balzac (→S. 224f.) oder Gustave Flaubert (1821–1880). Die gesamte englischsprechende Welt, vor allem auch die Vereinigten Staaten von Amerika, las die Romane und Erzählungen, aber auch auf dem Kontinent fanden seine Werke viele Leser. Der Kunstsoziologe Arnold Hauser konnte daher sagen: »Dickens ist einer der erfolgreichsten Schriftsteller aller Zeiten und vielleicht der populärste große Dichter der neueren Zeit.«

Diese enorme Popularität hat verschiedene Ursachen, die in seiner Persönlichkeit, aber auch in den gesellschaftlichen Verhältnissen begründet sind. Die öffentlichen Lese-Abende, zu denen sich der Verfasser ab 1844 entschloß, versetzten das Land in einen Taumel der Dickens-Begeisterung. »Man stürmte die Säle, pfropfte sie voll, an den Säulenpfeilern klammerten sich die Enthusiasten an, krochen unter sein Podium, nur um den geliebten Dichter hören zu können« (Stefan Zweig). Zweimal überquerte er sogar den Ozean, durchreiste die Vereinigten Staaten und wurde überall gefeiert als der »große Unnachahmliche«. Seine unverwechselbare Meisterschaft äußerte sich in der langen Porträtgalerie seiner Gestalten, die der englische Leser kannte und mit denen er sympathisierte. Teilweise sind es Sonderlinge wie der alte Scrooge, aber auch Schurken wie Bill Sikes oder Ralph Nickelby, vor allem jedoch liebenswerte Menschen wie Mr. Pickwick, Amy Dorrit oder Mr. Micawber. Besonderer Sympathie erfreuten sich seine Kindergestalten, wie der junge Oliver Twist, die hübsche Nelly oder der kleine David Copperfield, dessen Schicksale eine verschlüsselte Biographie des Dichters darstellen. Diese genau beobachteten Charaktere und die Fülle der teils heiteren, teils ernsten Situationen, in die sie verwickelt werden, regten schon zu Lebzeiten des Dichters viele Zeichner an, Dickens' Werke zu illustrieren. Unter ihnen ragten besonders George Cruikshank und Phiz hervor, die die Situationen mit ihrem Zeichenstift aufs genaueste trafen. Der Verfasser wollte vor allem mit seinen Werken den armen und verlassenen Kindern helfen; denn seine eigene Kindheit war düster gewesen: Er war gezwungen gewesen, gegen kärglichsten Lohn Dosen voll Schuhwichse zu verschließen und zu etikettieren – das wurde für ihn zum bestimmenden Erlebnis.

Zeitgenössische Illustration zum Roman von Dickens

Dickens' Romane waren aber keineswegs nur liebenswürdige und humorgesättigte Schilderungen, es waren vor allem ungeschminkte und anklagende Darstellungen des sozialen Lebens und Leidens in England. Weil er selbst in seiner Jugend die Unterdrükkung und Ausbeutung kennengelernt hatte, konnte er diese Seiten des Lebens so realistisch und überzeugend darstellen. Er wetterte gegen die unmenschlichen Verhältnisse in Fabriken, Schulen und Gefängnissen, gegen alle Mißstände des sich entfaltenden Frühkapitalismus. Es gibt wenig Mißstände, sei es nun Kinderarbeit oder mangelnde Schulausbildung, ungerechte Prozeßführung oder das Elend in den Gefängnissen, die er nicht angeprangert hätte, und an deren Beseitigung, nicht zuletzt aufgrund seines Protestes, im Laufe der Zeit mit Erfolg gearbeitet wurde. Dennoch ist es kaum möglich, Dickens einen Sozialisten zu nennen oder gar einen, der die Welt grundlegend verändern wollte; seine weltanschauliche Haltung ist widersprüchlich und unklar. Es besteht ein Widerspruch zwischen seinem flammenden Protest und – letztlich doch – der Zufriedenheit, mit der er sich in den Lauf der Entwicklung fügt: Fast all seine Gestalten arrangieren sich mit der Gesellschaft oder finden das von der gesellschaftlichen Moral gebilligte Ende. Fanden seine Romane, die er bis 1848 verfaßte, großen Anklang (sie prägten das allgemeine Dickens-Bild), so sind seine späteren Romane, z. B. »Große Erwartungen« (1856) und »Eine Geschichte aus zwei Städten« (1859) nur einem kleinen Leserkreis bekannt. Manche Dickenskenner behaupten, diese Werke seien verfehlt, andere aber meinen, gerade »Zwei Städte« sei seinen besten Leistungen zuzurechnen und müsse als ein Meisterwerk bezeichnet werden.

Dickens erzählt hier Schicksale aus der Geschichte zweier Städte, nämlich von London und Paris, kurz vor und während der großen Französischen Revolution von 1789, so daß man den Roman fast einen →historischen Roman nennen kann (→S. 242f.). Um das Kolorit, die Atmosphäre jener Zeit genau zu treffen, hat der Verfasser sich in historische Quellen vertieft, vor allem hat er Thomas Carlyles »Die Französische Revolution« (1837) gründlich studiert. Anhand einer etwas abenteuerlichen, jedoch durchaus glaubwürdigen Fabel kann er die beiden Schauplätze miteinander verbinden, die Verhältnisse in England mit denen in Frankreich konfrontieren. Der Marquis d'Evremond hat sich, aus Protest und Abscheu gegen den Lebensstil seines Onkels, unter dem Namen

Charles Darnay in England niedergelassen und hier Lucie Manette geheiratet, Tochter des Arztes Dr. Manette, der auf Veranlassung der Familie d'Evremond 15 Jahre unschuldig in der Bastille eingekerkert war. 1792 eilt Darnay heimlich nach Paris, um dem Verwalter Gabelle zu helfen, wird hier als Angehöriger der berüchtigten Familie d'Evremond erkannt, in den Strudel der revolutionären Ereignisse gezogen und wäre fast guillotiniert worden, hätte sich nicht ein anderer für ihn geopfert: Darnay konnte dadurch zu seiner Familie nach England heimkehren.

Die in England spielenden Kapitel zeigen eine Gesellschaft, die zwar auch eine Reihe von Mißständen aufweisen kann, wie z. B. die Unsicherheit auf den Straßen, die Unvollkommenheit des Gerichtswesens, die aber insgesamt intakt ist und dem einzelnen, selbst dem politischen Emigranten aus anderen Ländern, Sicherheit und persönliches Fortkommen gewährt. Diese Gesellschaft ist nicht innerlich krank, die Widersprüche sind keinesfalls so schreiend wie in Frankreich.

Dagegen wird die – tragische – Notwendigkeit der Französischen Revolution dem Leser verständlich, wenn er von den Bedrückungen der einfachen Bevölkerung in Stadt und Land und dem nichtsnutzigen Leben der französischen Adligen erfährt. »Zu einer solchen Revolution hätte es nie kommen können, wenn nicht alle Gesetze, Formen und Zeremonien früher so kläglich mißbraucht worden wären, daß die selbstmörderische Rache des Umsturzes alles miteinander in die Winde streuen zu müssen meinte.« Voller Anteilnahme geißelt der Verfasser die brutale, menschenverachtende Haltung der Feudalherren, die täglichen Mißhandlungen der Armen durch sie. »Ihr Hundepack, wie gerne würde ich über jeden von euch wegfahren, um euch von der Erde zu vertilgen«, meint der alte Marquis, als er mit seiner Kutsche in einer Pariser Vorstadt ein kleines Kind überfahren hat. Differenziert wird dargestellt, wie die Armen auf diese Willkür reagieren, wie sie ihr elendes Leben geduldig ertragen oder im Geheimen sich aufbäumen, wie der philosophierende und die Ungerechtigkeit registrierende Monsieur Defargue, Wirt des Weinhauses in einer Pariser Vorstadt. Die brutale Willkür des herrschenden Systems wird besonders am Schicksal des Dr. Manette erkennbar, der, ohne Gerichtsurteil, auf Ersuchen der Familie d'Evremond 15 Jahre im Nordturm der Bastille schmachtete, ehe er von Freunden nach England in Sicherheit gebracht werden konnte.

Keineswegs überraschend ist es, daß in dieser Situation die Empörung, der Wille zur revolutionären Veränderung durchbrechen muß – und nun schildert Dickens in einprägsamen Szenen, wie z. B. die Pariser Bevölkerung sich formiert, um die Bastille zu stürmen, oder wie die bisher gedemütigte Bevölkerung auf dem Lande das Schloß des Marquis d'Evremond anzündet. Verständlicherweise können die unterdrückten und entrechteten Volksmassen in ihren Methoden nicht immer wählerisch sein, so daß von den endlich freien Bürgern Taten begangen werden, die Züge von Gewalttätigkeit und Grausamkeit zeigen. Vor allem rächen sich die »Sünden der Väter« oft an unschuldigen Nachkommen; der nach England geflüchtete und dort als Charles Darnay lebende d'Evremond wird in den Strudel der Französischen Revolution gerissen und entkommt der Guillotine nur, weil sich ein anderer für ihn opfert.

Leben und Leiden während der Französischen Revolution. Befreiung der Gefangenen nach der Erstürmung der Bastille

Dickens stellt in dem Roman die Vorgänge, so objektiv er kann, dar, er verurteilt die aufbegehrenden Volksmassen in ihrem Rachedurst nicht, sondern er geht ihren Gründen und Motiven nach, zu seiner Zeit keineswegs etwas Selbstverständliches. So hat der Verfasser mit »Eine Geschichte aus zwei Städten« einen großen Roman geschaffen, der die ganz unterschiedlichen gesellschaftlichen Entwicklungen in England und Frankreich zu deuten versucht.

Hans-Werner Prahl

Die Entstehung der Massenpresse

Die berühmtesten Dichter und Philosophen ihrer Zeit, Goethe, Kant und Schiller, zählten zu ihren ständigen Mitarbeitern, mit ihrem sechsmaligen Erscheinen pro Woche kam sie häufiger heraus als die Konkurrenz, vielen anderen Zeitschriften diente sie als Vorbild – und doch ging es der »Allgemeinen Literaturzeitung«, die zuerst in Jena und später in Halle erschien, nicht anders als den meisten der übrigen während des 18. Jahrhunderts in Deutschland gegründeten Zeitschriften: Sie ging ein. Im Laufe des 18. Jahrhunderts entstanden allein im deutschsprachigen Raum 3500 Zeitschriften, von denen Anfang des 19. Jahrhunderts immerhin noch rund 1200 existierten. Sie trugen zum Teil amüsante Namen – etwa: »Zeitung für Einsiedler«, »Journal des Luxus und der Moden«, »Neue Beiträge zum Vergnügen des Verstandes und Witzes« – und erschienen zumeist in geringen Auflagen (weniger als 1000). Ihr Inhalt reichte vom modischen Hofklatsch über Naturkatastrophen, Auslandsereignisse, Erfindungen und wissenschaftliche Fortschritte bis zur Buchbesprechung und politischen Analyse. Auch für Frauen und Kinder gab es spezielle Zeitschriften.

Aus England, wo bereits im frühen 18. Jahrhundert der »Tatler« und der »Spectator« in größeren Auflagen vertrieben wurden, kam das Vorbild für die moralischen Wochenschriften (»Der Patriot«), die Tugenden und Richtlinien für das richtige bürgerliche Leben verbreiten wollten und mit größeren Auflagen (ca. 10000) erstmals über die Handels- und Universitätsstädte hinaus auch in die Provinz vordrangen. In Frankreich und Deutschland nahmen daneben die Intelligenzblätter, die zunächst bloße Anzeigenblätter waren, breiten Raum ein. Denn seit dem →Merkantilismus hatte der Staat das Anzeigen- und Auskunftswesen für sich monopolisiert. Anzeigen (besonders für Bücher und Medikamente) mußten zunächst in den Intelligenzblättern gegen Zahlung einer Gebühr, die dem Staat zufloß, veröffentlicht werden, bevor sie in anderen Publikationen – zumeist unentgeltlich – nachgedruckt werden durften. Die Intelligenzblätter („Berlinische Frag- und Anzeigungs-Nachrichten", „Wienerisches Diarium") erschienen zum Teil täglich und enthielten neben Verkaufsanzeigen, Stellengesuchen, Familiennachrichten und staatlichen Bekanntmachungen auch Beiträge bekannter Universitätsprofessoren, welche zur Meinungsbildung enorm beitrugen. Die Tageszeitungen jener Zeit waren an den Zeitschriften gemessen von geringerer Bedeutung, was sich sowohl im Umfang als auch in der Auflage ausdrückte. Am Ende des 18. Jahrhunderts wurde deren durchschnittliche Auflage auf 500 Exemplare geschätzt, die kaum mehr als acht Seiten im Buchformat umfaßten. Die um 1800 größte Zeitung der Welt, die Londoner »Times«, erzielte gerade eine Auflage von 8000 Exemplaren. Eine andere englische Zeitung, der »Daily Courant«, war nur von einer Seite bedruckt, um – wie der Herausgeber sagte – »dem Publikum die Hälfte der Impertinenzen zu ersparen, mit denen die gewöhnlichen Zeitungen gefüllt seien«. In England und Holland erschienen die Zeitungen schon fünf- oder sechsmal pro Woche, in Deutschland dagegen waren bis dahin nur die größten Zeitungen (»Vossische Zeitung«, »Spenersche Zeitung«, »Leipziger Zeitung« u.a.) zur täglichen Erscheinungsweise übergegangen. Wegen der scharfen Zensur, die zwischen Nachrichten und Meinungen deutlich unterschied, enthielten die deutschsprachigen Zeitungen fast ausschließlich unpolitische und außerdeutsche Nachrichten, was kaum zu einer Auflagensteigerung beitragen konnte. Daher waren im gesamten 18. Jahrhundert in den meisten Ländern Europas die Zeitschriften bedeutsamer, weil diese wie Bücher behandelt wurden und damit unter weniger scharfe Zensurbestimmungen fielen (→S. 246ff.). Sie hatten auch vielfach den Anspruch, breiteren Bevölkerungsschichten als Buchersatz zu dienen. Denn Bücher (→S. 108ff.) setzten zu jener Zeit nicht nur beträchtliche Lesekenntnisse voraus, weil sie teilweise noch in Latein oder Französisch verfaßt waren, sondern sie waren auch vergleichsweise teuer. Dementsprechend waren die Auflagen gering – die Startauflage für Schillers »Wallenstein« betrug ganze 3500 Exemplare – und die Zahl der Buchtitel war begrenzt (Deutschland um 1800 : 2600 Titel; um 1900 : ca. 25000 Titel). Bis zum Beginn des 19. Jahrhunderts konnte in Europa weder für Bücher noch für Zeitschriften und Zeitungen von einem massenhaften Erscheinen die Rede sein. Dies hatte verschiedene Ursachen.

Eine Hauptursache lag in der staatlichen Pressepolitik, die insbesondere durch die Vorzensur, welche in der Regel Universitätsprofessoren oder höheren Staatsbeamten übertragen war, das Eindringen unerwünschter Meinungen in die Öffentlichkeit verhindern sollte. In England war diese Zensur bereits formell um 1700 aufgehoben worden, in Mitteleuropa bestand sie jedoch noch bis weit über 1850 hinaus fort. Hinzu kam der Kautionszwang, nach dem bei der Gründung einer Zeitung bei der Regierung eine größere Geldsumme als Kaution hinterlegt werden mußte. Viel drückender jedoch lastete die Stempelsteuer auf den meisten Publikationen, die für ihr Papier eine Steuer in Höhe von bis zu 40 Prozent der Gesamtkosten entrichten und dies durch einen Stempel auf der Titelseite nachweisen mußten. Diese Maßnahme war von zahlreichen europäischen Regierungen eingeführt worden, um die Publikationen zu verteuern und sie von ärmeren Bevölkerungsschichten fernzuhalten. In ähnlichem Sinne wirkte auch das staatliche Anzeigenmonopol, das überwiegend erst 1850 aufgehoben wurde.

Die Publikationen konnten bis dahin keine Anzeigen drucken und sich dadurch zusätzliche Einnahmen verschaffen. Sie mußten sich ausschließlich durch ihre Verkaufserlöse und durch Zuschüsse des Verlegers finanzieren. Daher wurden die meisten Zeitungen und Zeitschriften im Abonnement (zunächst Jahres-, später auch Vierteljahres- und Monatsabonnement) an einen festen Abnehmerkreis vertrieben. Dieser setzte sich insbesondere aus Gelehrten, Advokaten, Beamten, Adligen, Geistlichen, Ärzten, Offizieren, Kaufleuten, Bankiers, Unternehmern und Literaten, also den Angehörigen der Oberschichten, zusammen, zu denen gegen Ende des 18. Jahrhunderts (in England bereits früher) auch Händler, Handwerker, Grundbesitzer, Spekulanten und Lehrer, also viele Vertreter des aufstrebenden Bürgertums kamen. Das Verbreitungsgebiet war überwiegend auf die Handels- und Universitätsstädte begrenzt, denn das flache Land war weder verkehrsmäßig so weit erschlossen, daß dort ein regelmäßiger Vertrieb lohnend erschien, noch war dort die Schulbildung und damit die Lesekundigkeit allgemein verbreitet. Dies sollte sich erst im 19. Jahrhundert ändern. Ein weiteres Hindernis für die Entfaltung der Presse bestand in der veralteten Drucktechnik. Nahezu unverändert seit der Erfindung des Drucks mit beweglichen Lettern (1440) wurde mit dem Flachdruck gearbeitet (die Lettern wurden auf Tafeln zusammengesetzt, von denen dann Abzüge gemacht wurden), wodurch der Druck sehr lange dauerte und auch technisch wenig Spielraum ließ. Dies wurde erst anders, als die »Times« in London 1814 zum erstenmal eine dampfbetriebene Schnellpresse einsetzte und dadurch die Tagesleistung von bisher 300 auf 1100 Exemplare pro Maschine erhöhte. Noch immer waren Drucker vielfach auch Herausgeber, die oftmals auch noch die Aufgaben eines Redakteurs versahen. Die Nachrichten wurden von ihnen zumeist unsystematisch zusammengetragen und mit Beiträgen freier Mitarbeiter vermischt. Eine Arbeitsteilung zwischen Nachrichtensammlung und -aufbereitung, Druck, Vertrieb und Management war nur in Ansätzen vorhanden. Erfolgreiche Gründer von Zeitungen und Zeitschriften jener Zeit waren bedeutende Buchhändler oder Drucker – wie etwa Brockhaus und Cotta in Deutschland, Bertin in Frankreich und Walter in England. Sie betrieben ihre Publikationen nicht ausschließlich nach geschäftlichen Prinzipien, sondern verfolgten daneben politische und literarische Ziele. Zahlreiche Publikationen, unter ihnen Cottas »Allgemeine Zeitung«, die zu den einflußreichsten Zeitungen in der ersten Hälfte des 19. Jahrhunderts zählte, arbeiteten jahrzehntelang als Zuschußbetrieb.

Diese Tendenz wurde zunächst noch verstärkt, als in der ersten Hälfte des 19. Jahrhunderts unter dem Eindruck der Französischen Revolution, der europäischen Kriege und der nachfolgenden politischen Reaktion in Mitteleuropa die politische Publizistik in den Mittelpunkt rückte. In der Französischen Revolution hatte nahezu jede politische Gruppierung eine eigene Zeitung gegründet (»Comité-Zeitungen«). Dieser Vorgang wiederholte sich nun in Deutschland und Österreich, während in England bereits früher Parteizeitungen gegründet worden waren. Ein von der jeweiligen politischen Gesinnungsgruppe gewählter Kreis benannte einen Redakteurs, der für den Inhalt des Blattes verantwortlich war – etwa Heinrich von Kleist (1777–1811) für die »Berliner Abendblätter« oder Achim von Arnim (1781–1831) für den »Preußischen Correspondenten«. Diese Zeitungen bildeten vielfach die organisatorischen Vorläufer für die späteren politischen Parteien. In ihrem Gefolge nahm auch die Buchproduktion – insbesondere zu politischen, philosophischen und wissenschaftlichen Themen – rasch zu. Daneben kamen aber auch unpolitische Publikationen zu großen Auflagen. Fast gleichzeitig waren nach der Erfindung des Holzschnittdruckes in England (»Illustrated London News«, »Punch«), Frankreich (»Illustration«) und in Deutschland (»Illustrirte Zeitung«) mit Zeichnungen illustrierte Zeitschriften entstanden, die nach 1840 große Auflagenzahlen erreichten.

Eine zweite neue Publikationsart erreichte zu jener Zeit bereits breite Leserschichten: die nach amerikanischem und englischem Vorbild gestaltete »Pfennig-Presse«. Das 1833 von Bossange und Brockhaus in Leipzig gegründete »Pfennig-Magazin«, das jeweils samstags erschien, reich illustriert war, populärwissenschaftliche und zeitnahe Themen behandelte und im Jahresabonnement nur 2 Taler kostete, erreichte im ersten Erscheinungsjahr bereits eine Auflage von 35 000 Exemplaren, die in kurzer Zeit auf 100 000 Exemplare stieg und damit die Auflage anderer Zeitungen bzw. Zeitschriften um ein Vielfaches übertraf. Wegen der geringen Vertriebserlöse und der noch weitgehend fehlenden Anzeigen konnte sich die Pfennig-Presse jedoch nur einige Jahrzehnte lang halten. Aber der Durchbruch zur Massenpresse war bereits eingeleitet.

Die Massenpresse in der Industrialisierung

Dies wurde durch gesellschaftliche, wirtschaftliche und technische Veränderungen begünstigt. In West- und Mitteleuropa setzte der Übergang von der handwerklichen zur industriellen Produktionsweise ein; in Fabriken wurden unter Einsatz von Dampfkraft, Maschinen und Lohnarbeitern Massengüter erzeugt. Die Arbeiter strömten, vom Lande kommend, in großen Scharen in die Städte, die rapide anwuchsen und durch schnelle Verkehrsmittel (Eisenbahn, Dampfschiffe) miteinander verbunden wurden. Damit bekam die Presse völlig neue Leserschaften, welche das Lesepublikum des beginnenden 19. Jahrhunderts zahlenmäßig um ein Mehrfaches überboten. Die neuen Verkehrsmittel erlaubten auch einen raschen Vertrieb der Publikationen auf dem flachen Lande. Da die Industrialisierung mit der Verbreitung der allgemeinen Schulbildung einherging, stieg die Zahl der Lesekundigen rasch an. Freilich war deren Lesebedürfnis verändert: Nicht mehr literarisch-politische Debatten, sondern Unterhaltung und moralische Leitbilder waren gefragt. Zumal die extrem unmenschlichen Arbeitsbedingungen verlangten nach Ablenkung und Unterhaltung. Die Familienstrukturen hatten sich stark verändert. Die herkömmliche Familie, in der Großeltern, Eltern und Kinder zusammenlebten und die Leitbilder weitergaben, war mit dem Zug in die Stadt und der veränderten Lebenssituation zerbrochen. Diese Bedürfnisse wurden bald von der Massenpresse ausgenutzt.

Hinzu kam, daß das aufstrebende Bürgertum (Unternehmer, Händler, Intelligenz, Bankiers usw.) in der ersten Hälfte des 19. Jahrhunderts eine Reihe von Rechten erkämpft hatte, zu der neben wirtschaftlichen und politischen Vorrechten die Forderung nach »Publizität« gehörte. Im bürgerlichen Staat, so lautete die Kernthese, versammelten sich die Bürger zum mündigen Publikum und wirken bei den politischen Entscheidungen mit. Politik sollte nicht mehr im Geheimbereich (Arkanum) des fürstlichen oder königlichen Hofes, sondern unter Einbeziehung der Öffentlichkeit stattfinden (› S. 168 ff.). Damit mußten dann die staatlichen Zwänge, die auf die Presse ausgeübt wurden, hinfällig werden. Daher wurden in der Mitte des 19. Jahrhunderts in Mitteleuropa die allgemeinen Zensurbestimmungen, die Stempelsteuer und verschiedene andere Behinderungen aufgehoben. Die Presse konnte sich dadurch sehr schnell fortentwickeln; das drückte sich insbesondere in sprunghaft wachsenden Auflagenzahlen aus. Gleichzeitig wurde das staatliche Anzeigenmonopol aufgehoben. Fortan konnten die Zeitungen und Zeitschriften mit einem großen Anzeigenaufkommen und den entsprechenden Erlösen rechnen, denn für die industrielle Massenproduktion mußte geworben werden. Dadurch aber flossen der Presse beträchtliche Erlöse zu, die zur Verbilligung der Zeitungen und Zeitschriften führten. Diese waren nun auch für breite Bevölkerungsschichten erschwinglich. Technische Neuerungen, verbesserte Vertriebssysteme und rationellere Organisation führten zu einer weiteren Senkung der Produktionskosten.

Die Nachrichtenbeschaffung wurde nun systematisch durch Korrespondenten betrieben, denn die Telegraphie war seit 1845 auch für den privaten Verkehr freigegeben und ließ die einstmals Tage beanspruchende Übermittlung von Nachrichten zwischen entfernten Orten in wenigen Sekunden geschehen. Große Zeitungen beschäftigten nun Korrespondenten im Ausland, und schon bald wurden große Nachrichtenagenturen gegründet. Als erster gründete bereits 1832 der Franzose Charles Havas eine derartige Agentur, die zunächst nur Börsennachrichten, bald aber auch politische und sonstige Informationen verbreitete. Ihm folgten Julius Reuter in England und Bernhard Wolff in Deutschland. Sie fanden schon sehr bald Nachahmer. Die Nachrichtenagenturen konnten ihre Informationen schneller sammeln und verbreiten als die früheren Presseorgane, wodurch sich wiederum die Aktualität und Aufmachung der Presse verbessern ließ.

Die Aufbereitung dieser Nachrichten und die Gestaltung des Blattes konnte nun nicht mehr von einem einzigen Redakteur oder Verleger bewerkstelligt werden. Arbeitsteilige Redaktionen gestalteten den Inhalt der Zeitungen und Zeitschriften, der Verleger finanzierte mit seinem Kapital Redaktion, Druck und Vertrieb, ohne jedoch selbst an der Gestaltung des Blattes mitzuwirken. Auch für Vertrieb, Anzeigenbeschaffung und Verwaltung waren besondere Abteilungen zuständig. Aus dem einstmaligen Ein-Mann-Betrieb wurde ein Großbetrieb. Ein solcher Betrieb beschränkte sich selten auf die Erzeugung einer einzigen Publikation, sondern gab oft mehrere Zeitungen und Zeitschriften heraus und war gelegentlich noch mit Buchverlagen und -handlungen verknüpft.

Auch zur Beschaffung von Anzeigen, die jetzt zur größten Einnahmequelle der Presse wurden, wurden Agenturen gegründet. Schon in den fünfziger Jahren des 19. Jahrhunderts nahmen die ersten Anzeigenagenturen, die

O. Groth, »Die Zeitung«, 4 Bände, Mannheim–Berlin–Leipzig 1928–1930. K. Koszyk, »Deutsche Presse im 19. Jahrhundert«, Geschichte der deutschen Presse, Teil II, Berlin 1966. M. Lindemann, »Deutsche Presse bis 1815«, Geschichte der deutschen Presse, Teil I, Berlin 1969. J. Habermas, »Strukturwandel der Öffentlichkeit«, Neuwied–Berlin 1962.

Die Entstehung der Massenpresse

Die Presse erwies sich von Anfang an nicht nur als Nachrichtenmittel, sondern auch als ein äußerst wirksames und unter Umständen sehr fügsames Instrument zur Beeinflussung der öffentlichen Meinung. Dies erkannten sehr bald alle jene, die von der öffentlichen Meinung abhängig waren: Regierungen, Parteien, Interessenverbände, Organisationen. Sie versuchten und versuchen daher mit vielerlei Mitteln Einfluß auf die Presse zu gewinnen: Nicht nur durch die Subventionierung und Steuerung offizieller Regierungsblätter und Parteiblätter, sondern auch durch direkte und indirekte Druckmittel. In den Staaten der ›Zweiten‹ und in nicht wenigen der ›Dritten‹ Welt wird die Staatszensur noch heute praktiziert: Die Vielzahl der Zeitungen und Zeitschriften soll darüber hinwegtäuschen, daß sie an Staatsdoktrin oder Parteiideologie strengstens gebunden sind, daß Abweichungen von der vorgeschriebenen Linie unweigerlich Maßregelungen nach sich ziehen. In den Staaten der westlichen, der

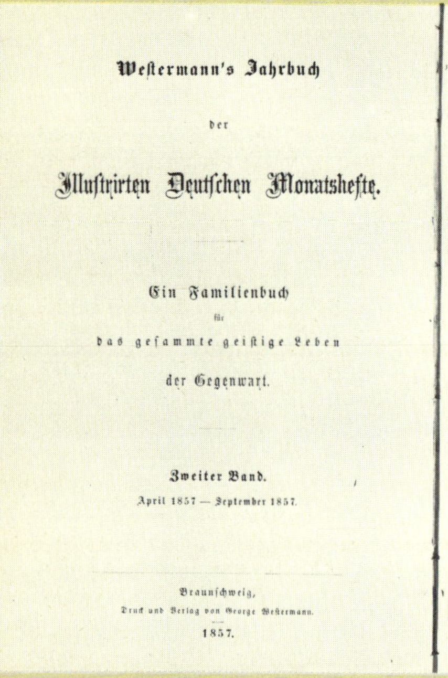

Westermann's Jahrbuch

der

Illustrirten Deutschen Monatshefte.

Ein Familienbuch

für

das gesammte geistige Leben

der Gegenwart.

Zweiter Band.

April 1857 — September 1857.

Braunschweig,

Druck und Verlag von George Westermann.

1857.

Oben: Die »Illustrierten Deutschen Monatshefte« erschienen zunächst auch als Jahrbücher

›Ersten‹ Welt ist Pressezensur offiziell seit Jahrzehnten abgeschafft. Dennoch gibt es auch in den westlichen Demokratien die latente und akute Gefahr der Meinungsmanipulation und der Maßregelung unliebsamer Meinungsäußerungen: Riesige Pressekonzerne tendieren zur Meinungsmonopolisierung, Parteien und Interessengruppen versuchen unablässig, kontrahente Stimmen zu unterdrücken. So waren die Journalisten und Redakteure von Anfang an gezwungen und sind es noch heute, das auch in demokratischen Systemen unablässig bedrängte und gefährdete Recht der Pressefreiheit und der freien Meinungsäußerung zu verteidigen. Wenn z. B. in den sozialistischen Staaten Journalisten und Redakteure kaum mehr als staatlich angestellte Funktionäre zur Verbreitung der Staatsmeinung sind, so sehen die Zeitungsmacher der westlichen Welt sich nur zu oft mit den »Gesetzen des Marktes« konfrontiert, die angeblich einen bestimmten Stil der Nachrichtenverbreitung, die Jagd nach marktschreierischen Sensationen, die Verbreitung von Klatsch und Tratsch verlangen, die aber auch die vielfältige Zeitungslandschaft der kleinen und großen Blätter durch Pleiten, Verkäufe und Fusionen zu veröden drohen. *G. R.*

Titelblätter von im 19. Jahrhundert viel gelesenen Zeitungen und Zeitschriften (links oben, oben und unten)

Links: Zeitungsleser in den Tuileriengärten, Paris (Lithographie, 1800)

Werbeplakat für die Zeitschrift »Jugend«

Vorläufer der späteren Werbeagenturen, mit zahlreichen Filialen ihr Geschäft auf. Die größte deutsche Agentur (Rudolf Mosse) versorgte gleichzeitig fast 60 Zeitungen und Zeitschriften mit Anzeigen.

Allmählich bildeten sich auch neue Vertriebsformen heraus. Während bis zur Mitte des 19. Jahrhunderts die Zeitungen und Zeitschriften noch überwiegend im Abonnement vertrieben wurden, wofür der Verlag selbst sorgen mußte, setzte sich nun der Straßenverkauf immer mehr durch. Ab 1880 wurden Bahnhofsbuchhandlungen eingerichtet; zuvor schon waren Zeitungsgroßhändler und Speditionsfirmen, die für mehrere Verlage gleichzeitig arbeiteten, aufgetreten. Auch kommerzielle Lesezirkel, die Zeitungen und Zeitschriften an eine größere Zahl von Lesern vermieteten, sorgten für eine immer zahlreicher werdende Leserschaft.

Technische Neuerungen ermöglichten im letzten Drittel des 19. Jahrhunderts eine weitere Beschleunigung und Ausweitung der Presseproduktion. Seit 1866 waren die USA und Europa durch das Unterseekabel telegrafisch miteinander verbunden, wodurch der Nachrichtenaustausch enorm beschleunigt wurde. Ab 1882 konnte auch die Fotografie nachgedruckt werden, Zeitungen und Zeitschriften gewannen damit ganz neue Gestaltungsmöglichkeiten. Ab 1870 wurde die Rotationsdruckmaschine eingesetzt, die den gesamten Drucksatz auf eine Zylindertrommel brachte und damit unendlich oft drucken konnte, wodurch sich die Druckzeit auf wenige Stunden verkürzen ließ. Etwa zur gleichen Zeit wurde auch die Setzmaschine erfunden, die das bis dahin mühselige Zusammensetzen des Drucktextes mit der Hand ablöste. Gegen Ende des Jahrhunderts bürgerte sich dann auch das Telefon bei den Zeitungs- und Zeitschriftenverlagen ein. Diese gesellschaftlichen, wirtschaftlichen, organisatorischen und technischen Wandlungen vollzogen sich in England, Frankreich, Holland, Belgien, Österreich-Ungarn und Deutschland fast gleichzeitig.

Allen voran gingen jedoch die Vereinigten Staaten von Amerika. Nachdem dort das erste Massenblatt, »The Sun«, große Verkaufserfolge erzielt hatte, nutzte James Gordon Bennett konsequent alle technischen und organisatorischen Möglichkeiten seiner Zeit aus und erzielte mit seinem »Morning Herald« (später: »New York Herald«) bereits wenige Jahre nach der Gründung 1835 eine tägliche Auflage von mehr als 200000 Exemplaren. Im Gegensatz zu den übrigen Zeitungen reduzierte er konsequent den Preis, wodurch das Blatt für immer mehr Käufergruppen erschwinglich wurde; er führte Börsenberichte ein, druckte regelmäßig Interviews, entsandte als erster Berichterstattet auf die Kriegsschauplätze, füllte einen großen Teil des Blattes mit telegrafischen Nachrichten und sicherte sich die Exklusivberichterstattung über Verbrechen, Unfälle, Katastrophen usw. Unter anderem entsandte er Stanley 1871 zur Auffindung Livingstones nach Afrika. Dieses Blatt war der Wegbereiter des Sensationsjournalismus. In den USA folgten ihm in der zweiten Hälfte des 19. Jahrhunderts Pulitzer, der vor allem durch geschickt ausgeklügelte Schlagzeilen und politisch brisante Themen Erfolg hatte, während sein Rivale Hearst mit spektakulären Aktionen und witzigen Karikaturen Massenauflagen hervorbrachte. In ihrem Kampf um die größere Auflage durchbrachen beide schon vor dem Ende des 19. Jahrhunderts die Millionengrenze.

In Europa verlief die Entwicklung langsamer. Zwar hatten die »Neue Zürcher Zeitung« (seit 1785) und die Londoner »Times« (seit 1788) die bis dahin übliche Trennung von Nachricht und Meinung, Unterhaltung und Werbung aufgegeben und ansprechende politische Tageszeitungen gestaltet, doch kam ihre Auflage in der ersten Hälfte des 19. Jahrhunderts kaum über 30000 bis 40000 Exemplare hinaus. Dies lag vor allem am hohen Preis und an der vergleichsweise geringen Zahl der Lesekundigen. Die Auflage der Tageszeitungen stieg erst in der zweiten Hälfte des Jahrhunderts, als sie stark verbilligt wurden, neue breite Leserschichten erschlossen und ihre Aufmachung änderten. Sie nahmen nun regelmäßig Börsen- und Handelsnachrichten auf und erschlossen sich damit neue Schichten des Erwerbsbürgertums. Durch aktuelle Berichte aus aller Welt und durch politisch brisante Meldungen lockten sie auch Teile der lesekundigen Arbeiterschaft. Schließlich sollte der Fortsetzungsroman, der in Frankreich von de Girardin bereits 1835 eingeführt worden war, die Leser zum regelmäßigen Kauf der Zeitung reizen. Der erste richtige Zeitungsroman war übrigens 1844 »Der ewige Jude« von Eugène Sue (→ S. 228 f.). Das Feuilleton mit Kurzgeschichten, Humoresken, populärwissenschaftlichen Darstellungen und Buchbesprechungen gehörte seit dieser Zeit zum ständigen Bestandteil der Tageszeitungen. Hier fanden zahlreiche Dichter Raum für Kurzgeschichten, Erzählungen und Lyrik. Bald fanden sich auch Holzschnitt-Illustrationen und Fotos in den Zeitungen. In ihrem politischen Teil drückte sich oft eine bestimmte parteipolitische Orientierung aus, die jedoch verglichen mit den politisch-moralischen Zeitschriften um 1800 sehr distanziert und abwägend formuliert wurde. So tendierten die englischen Tageszeitungen »Daily Telegraph« und »Daily News« ebenso wie die führende »Frankfurter Zeitung« zum politischen und wirtschaftlichen Liberalismus, während der englische »Standard«, ebenso wie die »Neue Preußische Zeitung«, zum Konservativismus neigten.

Presse-Typen

Gleichzeitig war eine parteipolitisch gebundene Presse entstanden, die allerdings nur gelegentlich Massenauflagen erzielte. Als etwa in Deutschland durch das Sozialistengesetz alle »sozialdemokratischen Umtriebe« verboten wurden, waren davon insgesamt 42 sozialdemokratische Tageszeitungen mit einer Gesamtauflage von nur 150000 Exemplaren betroffen. Den Konservativen und Liberalen erging es nicht anders: Auch ihre Parteipresse konnte keine massenhafte Auflage erzielen.

Weitaus größeren Erfolg hatten unter den täglich erscheinenden Publikationen jener Zeit drei andere Zeitungstypen: Generalanzeiger, Heimatpresse und Boulevardzeitung. Der Generalanzeiger setzte zunächst die Tradition der alten Anzeigen- bzw. Intelligenzblätter fort, indem er den größten Teil seines Druckraumes mit Anzeigen füllte. Im Kampf mit der Konkurrenz unterbot er oft die Anzeigentarife und warb seine Anzeigenkunden mit fiktiven Verkaufsauflagen. In der Anfangsphase wurde sogar ein großer Teil der Auflage gratis verteilt, um dadurch schon bald eine große Abonnenten- und Käuferzahl zu gewinnen. Der redaktionelle Teil der Generalanzeiger, die sich in ihrem Titel auch oft »unabhängig und überparteilich« nannten, umfaßte neben politischen und sonstigen Nachrichten, sowie einem anspruchslosen Unterhaltungsteil, vor allem einen starken Lokalteil. Die seit 1881 erscheinende »Tägliche Rundschau« bezeichnete sich in ihrem Untertitel als »Zeitung für Nichtpolitiker, zugleich ein Ergänzungsblatt zu den politischen Organen jeder Partei«. Dieser Verzicht auf politische Meinungsbildung war jedoch nur vordergründig, denn der größte Teil der Generalanzeiger war antisozialistisch und national orientiert. Außerdem wirkten sie eminent politisch dadurch, daß sie den größten Teil der Bevölkerung bewußt von der Politik fernhielten. Damit entsprachen sie einer allgemeinen Tendenz der Massenpresse. Durch ihre stark ausgebaute Lokalberichterstattung fanden sie insbesondere in den größeren Städten und dem unmittelbaren Umland ein breites Publikum. In ihren Titeln drückte sich die Lokalgebundenheit deutlich aus: »Leipziger Dorf- und Stadtanzeiger«, »Berliner Lokal-Anzeiger«. Zwischen 1880 und 1910 hatten die Generalanzeiger gegenüber allen anderen Zeitungsarten den größten Zuwachs; in Düsseldorf entfiel eine Ausgabe des »Generalanzeigers« im Jahre 1880 auf zehn, im Jahre 1910 auf fünf Einwohner; die übrigen Zeitungen konnten ihre Auflage dagegen kaum erhöhen. Der Anzeigenerlös lag im Durchschnitt sogar siebenmal höher als bei den übrigen Zeitungen.

Einen noch lokaleren Zuschnitt hatten die Heimatblätter, die etwa zur gleichen Zeit entstanden und vor allem in Dörfern und Kleinstädten gelesen wurden. Sie erschienen oft als Regionalausgabe einer Kopfzeitung, die den allgemeinen politischen und den unterhaltenden Teil lieferten, während die Regionalausgabe die Nachrichten über das jeweilige Landesgebiet hinzufügte. Ein Teil der Heimatzeitungen arbeitete aus Kostenersparnisgründen mit Matern, bei denen Zeitungstexte und Fotos auf einer Spezialpappe druckfertig von den Kopfzeitungen oder speziellen Materndiensten geliefert wurden. Mit den Lokal- bzw. Heimatzeitungen wurde vor allem das flache Land, auf dem noch immer die Mehrheit der Gesamtbevölkerung lebte, in die Massenkommunikation einbezogen.

Dagegen lag das Hauptabsatzgebiet der Boulevardzeitungen in den Großstädten. Sie stützten sich kaum noch auf Abonnenten, sondern wurden fast nur im Straßenverkauf (Boulevard = Straße) vertrieben. Ihr Preis war dementsprechend niedrig, ihr Inhalt überwiegend unpolitisch und auf Sensationen ausgerichtet. Sie wollten breite Bevölkerungsschichten, vor allem auch die Arbeiter, ansprechen. Die englische »Daily Mail« (seit 1896) machte zu ihrem Motto: »Von Laufburschen für Laufburschen geschrieben«. In ähnlichem Sinne wollten in Deutschland das »8-Uhr-Abendblatt« und die »BZ am Mittag«, in Frankreich »La Presse« und in England der »Daily Express« wirken. Ihr gemeinsames Vorbild waren die amerikanischen Sensationsblätter, die nach der Witzfigur »Yellow Kid« als »gelbe Presse« bezeichnet wurden und für deren Stil sich der Ausdruck »Revolverjournalismus« einbürgerte. In ihnen wurde reißerisch über Verbrechen, Skandale, Unfälle und andere spektakuläre Ereignisse berichtet, politische Themen und literarische Bemühungen tauchten dagegen bestenfalls am Rande auf. Die Auflagen der Boulevardblätter betrugen meist mehrere Hunderttausende und überschritten gelegentlich die Millionengrenze. Damit zählten sie zu den vier Prozent aller Zeitungen, die in Deutschland im Jahre 1900 eine Auflage von mehr als 15000 Exemplaren erzielten. Auch in anderen europäischen Ländern waren die Zeitungsauflagen kaum höher.

Größere Auflagen erzielte dagegen eine Reihe von Zeitschriften, die ähnlich wie die Boulevardpresse das Unterhaltungsbedürfnis breiter Bevölkerungsschichten ansprachen: Während die erbaulichen Wochenschriften bis 1850 nur die schmale Schicht des Bildungsbürgertums und die Oberschicht erreichten, erzielten in der zweiten Hälfte vor allem populäre Familienzeitschriften große Verkaufserfolge bei nahezu allen Bevölkerungsschichten. Zu ihnen zählte die 1853 von Ernst Keil in Leipzig gegründete »Gartenlaube«, die dann nach zwei Jahrzehnten (1875) eine Auflage von 380000 Exemplaren erzielte. Sie wollte durch unterhaltsame, erbauliche und moralisierende Stoffe »die ganze Familie« ansprechen. Unter Titeln wie »Seelengemälde nach Familienpapieren«, »Ein Mutterherz«, »Gott verloren – Alles verloren« und »Getreu bis ans Ende« wurde in schwülstigem Stil menschlicher Edelmut und Liebeskitsch beschrieben. Die Marlitt (Pseudonym für Eugenie John → S. 280 f.) traf in ihren Fortsetzungsromanen durch die Gegenüberstellung von abstoßenden Aristokraten und sympathischen Bürgertöchtern genau den Geschmack des →Kleinbürgertums. Sie konnte ihre Romane massenhaft absetzen. Neben diesen Romanen und Novellen enthielt dieses »Buch für Groß und Klein, für Jeden, dem ein warmes Herz an die Rippen pocht, der noch Lust hat am Guten und Edlen« (Herausgeber Keil), historische Darstellungen, Reiseberichte, populärwissenschaftliche Abhandlungen, pädagogische Ermahnungen, Leserwettbewerbe und Rätselecken. Trotz ihres unpolitischen Charakters wurde die »Gartenlaube« in Preußen für mehrere Jahre verboten, weil sich das preußische Militär verunglimpft fühlte. Ihr großer Erfolg wurde aber dadurch nicht geschmälert, ihre Auflage stieg sogar noch, so daß sie bis 1918 auf Anzeigen gänzlich verzichten konnte. Ihre Konkurrenten – »Über Land und Meer«, »Daheim«, »Westermanns Monatshefte«, »Türmer« – konnten zwar an die Erfolge der »Gartenlaube« nicht anknüpfen, doch waren auch deren Auflagen beträchtlich. In der zweiten Hälfte des 19. Jahrhunderts entstanden allein im deutschsprachigen Raum etwa 150 Familienzeitschriften. Ähnlich war es im übrigen Europa.

Einen vergleichbaren Erfolg erzielten am Ende des 19. Jahrhunderts auch die illustrierten Zeitschriften, die sich die Fortschritte der Fotografie und Illustrationstechnik nutzbar machten. Sie wollten vor allem Unterhaltung bieten und über wichtige Ereignisse im Bild berichten, ohne viel Zeit für das Lesen zu erfordern. Dementsprechend konnten sie schon bald mit großen Verkaufserfolgen rechnen, denn sie entsprachen ähnlichen Bedürfnissen wie die Boulevard- und Generalanzeigerpresse. Die ersten Illustrierten (1840–1850) waren noch viel zu teuer gewesen, um ein Massenpublikum zu erreichen. Dies wurde erst nach technischen Verbesserungen sowie der Einbeziehung der Anzeigenwerbung und der daraus resultierenden Verbilligung möglich. So hatte die »Berliner Illustrirte Zeitung« (seit 1892) schon wenige Jahre nach ihrer Gründung Riesenerfolge: 1904 war die Auflage auf 600000 gestiegen, 1914 erreichte sie die Millionengrenze und erzielte 1931 mit fast zwei Millionen Exemplaren einen Auflagenrekord (der von heutigen Illustrierten kaum erreicht wird). In den USA und in England erreichten Illustrierte noch höhere Auflagen. Noch waren auch Kino (Wochenschau) und Fernsehen (Tagesschau) nicht in Sicht. Überhaupt stieg die Nachfrage nach Gedrucktem in der Zeit zwischen 1880 und 1920 in fast allen Ländern sprunghaft an. Dies hing mit der Ausweitung der allgemeinen Schulpflicht, mit dem raschen Anwachsen der Städte, mit der gewaltigen Zunahme der Arbeiterschaft, mit der veränderten Familienstruktur und dem Fortfall herkömmlicher Orientierungsmuster zusammen.

Konzentrationsbewegungen der Massenmedien

Die Nachfrage wurde nicht allein durch Zeitungen und Zeitschriften befriedigt, sondern in geringerem Umfange auch durch Bücher, die seit 1880 auch als Taschenbücher (Reclam) stark verbilligt erhältlich waren und breiten Bevölkerungsschichten die Hauptwerke aus Literatur und Wissenschaft zugänglich machten. Sie erschienen mit großen Auflagen und einer Vielzahl von Titeln – vor Beginn des ersten Weltkrieges waren bereits 35000 deutschsprachige Buchtitel verzeichnet. Die Herstellung von Büchern, Zeitschriften und Zeitungen erforderte wegen der ständig wachsenden Auflage und des Einsatzes neuer Maschinen immer größere Geldsummen. Während noch Anfang des 19. Jahrhunderts Verlage oft als Ein-Mann-Betriebe arbeiteten, mußten die Verleger um 1850 bereits in Aktiengesellschaften das erforderliche Kapital sammeln. In der Folgezeit gelang es besonders kapitalkräftigen Verlegern, zahlreiche Zeitungen, Zeitschriften, Buchverlage usw. aufzukaufen und in Konzernen zu vereinigen. In Deutschland war es Rudolf Mosse, der als erster einen Zeitungskonzern aufbaute. Er hatte zunächst mit einer Anzeigenagentur beträchtliche Gewinne gemacht und mit diesen dann eine erhebliche Anzahl von Publikationsorganen erstanden. Seit 1877 erhielt er Konkurrenz durch den Papiergroßhändler Leopold Ullstein, dem es schon bald gelang, die führenden Blätter (»Gartenlaube«, »Berliner Illustrirte Zeitung«, »BZ am Mittag«) aufzukaufen und bis zum Ersten Weltkrieg zum größten Zeitungskonzern Deutschlands auszubauen. Während Mosse und Ullstein politisch überwiegend neutral waren, setzte sich der dritte große Konzernchef, August Scherl, unverhohlen für national-konservative Interessen ein. Er erwarb mit Unterstützung von Banken und Industriellen vor allem Generalanzeiger und Boulevardzeitungen die er bald in den Dienst der konservativen Regierungspolitik stellte. Später wurde dieser Verlag von dem Industriellen Hugenberg aufgekauft, der zu den Wegbereitern des Nationalsozialismus zählte und die Presse unmittelbar für politische Ziele einspannte. Ähnliche Entwicklungen, vor allem die Bildung großer Konzerne, zeigten sich auch in England (Northcliffe, Beaverbrook), Frankreich (Pereire) und den USA (Hearst, Scripps).

Die Massenpresse wurde zur →Ware, die ebenso wie industrielle Massengüter mit der Absicht, möglichst großen Gewinn zu erzielen, hergestellt und verkauft wird. Sie spricht bestimmte Bedürfnisse ihrer Leser an und schafft durch Werbung, Fortsetzungsromane usw. neue Bedürfnisse. Zugleich aber will sie im Dienste wirtschaftlicher und politischer Interessen ihre Leser beeinflussen. In diesem Sinne traf die bissige Bemerkung des Leipziger Volkswirtschaftsprofessors Karl Bücher zu Beginn dieses Jahrhunderts, daß »die Zeitung jetzt den Charakter einer Unternehmung hat, welche Anzeigenraum als Ware produziert, die nur durch einen redaktionellen Teil absetzbar wird«, nur die halbe Wahrheit. Die Massenpresse war längst zum politischen und wirtschaftlichen Machtinstrument geworden. Sie ist es bis heute geblieben.

Helmut Lüttmann

Büchner · Dantons Tod

»Dantons Tod« (Gekürzter Erstdruck Frankfurt/Main 1835, Uraufführung 1902)
Drama von Georg Büchner (17. 10. 1813 – 19. 2. 1837)

Dieses Werk, 1835 in nur wenigen Wochen geschrieben (und zwar während der Examensvorbereitungen seines damals 21jährigen Verfassers), gilt heute als eines der wesentlichen politischen Dramen der deutschen Literatur und gehört zu den am häufigsten inszenierten. Dennoch wurde es erst annähernd 70 Jahre nach seiner Erstveröffentlichung (ebenfalls 1835) uraufgeführt: im Jahre 1902 in Berlin. Die maßgeblichen Gründe hierfür leiten sich unmittelbar aus den vorherrschenden gesellschaftlich-politischen Zuständen im Deutschland des 19. Jahrhunderts her. Schon bei seiner ersten Publikation, in einer Zeitschrift, wurde das Drama mit Rücksicht auf die strenge Zensur nur bruchstückweise abgedruckt; und als es dann 1850, nach der gescheiterten bürgerlichen Revolution in Deutschland, in Buchform veröffentlicht wurde, hatte der Zensor selbst es verstümmelt. Zu diesen Maßnahmen führte vor allem die Tatsache, daß hier die Revolution – genauer: ein wesentlicher Abschnitt aus der Französischen Revolution – zum Thema gemacht wurde und dabei eine ganze Reihe politischer Ansichten zur Sprache kam, die den reaktionären Herrschenden in Deutschland höchst unangenehm sein mußte. Außerdem enthielt »Dantons Tod« eine Anzahl von Obszönitäten, von denen man glaubte, sie müßten einer Öffentlichkeit vorenthalten werden, der man die Prüderie als Norm verordnet hatte. Auch nachdem das Drama 1879, zusammen mit den übrigen dichterischen Werken Büchners, vollständig veröffentlicht worden war, verhinderten diese Sachverhalte und dazu ein bornierter, jetzt vor allem gegen Frankreich, den »Erbfeind«, gerichteter Nationalismus noch für mehr als zwei Jahrzehnte, daß das Stück auch auf die Bühne kam.

Der Ruf politischer Radikalität, der dem Dichter Georg Büchner anhaftete und dessen Wirkung im 19. Jahrhundert so sehr abträglich war, gründete sich nicht nur auf den »Danton«, sondern auch auf ein unmittelbares politisches Handeln dieses Autors, der, 1813 als Sohn eines hessischen Arztes geboren, schon als Schüler angesichts der brutalreaktionären Zustände im Deutschland der →Restaurationszeit demokratische Tendenzen vertrat, dabei Frankreich (wenn auch mit Einschränkungen) als vorbildhaft ansah, 1831 ein naturwissenschaftlich-medizinisches Studium in Straßburg begann und während dessen Fortsetzung in Gießen 1833 eine revolutionäre »Gesellschaft der Menschenrechte« gründete, die eine jakobinische Tradition in Deutschland fortsetzte. Im Sommer des folgenden Jahres veröffentlichte er anonym, zusammen mit dem befreundeten Gießener Rektor Weidig, den »Hessischen Landboten«, eine Flugschrift, die unter dem Motto: »Friede den Hütten! Krieg den Palästen!« die verelendeten ländlichen Massen zum organisierten Aufstand gegen Adel und privilegiertes Bürgertum aufrief und als Zielvorstellung eine uneingeschränkte soziale Gleichheit aller Menschen propagierte. Die Umsturzpläne verwirklichten sich jedoch nicht, Büchner floh vor einer drohenden Verhaftung zunächst nach Darmstadt zu den Eltern, dann ins Ausland nach Straßburg, wurde zum Doktor der Medizin in Zürich promoviert und starb dort, erst 24 Jahre alt, kurz vor seiner Habilitation, nachdem er neben seiner brillanten wissenschaftlichen Tätigkeit in nur zwei Jahren die Dramen »Dantons Tod«, »Leonce und Lena« und »Woyzeck« sowie die Novelle »Lenz« verfaßt hatte – Werke, die jedes für sich einen hohen Grad der Vollendung erreichten und z. T. schon so weit auf zukünftige literarische Erscheinungsformen vorgriffen, daß ihnen auch aus diesem Grund eine angemessene Rezeption für lange Zeit verwehrt blieb.

Büchners scharfem, illusionslosem Blick für die gesellschaftlich-politischen Gegebenheiten seiner Zeit entsprach eine ebenso illusionslose, die Wirklichkeit nicht idealisierende Vorstellung von Literatur, mit der er sich zumal von dem Werk Schillers distanzierte. Er vertrat und verwirklichte einen Realismus, der auch noch das ›Geringste‹, die am stärksten verelendeten und unfreien Volksschichten und ihre Lebensäußerungen, das Obszöne, das Grausame, das Entmenschlichte umfaßte. Besonders kennzeichnend für den Realismus von »Dantons Tod« ist noch dessen Teil-Dokumentarismus, der darauf beruht, daß Büchner nach einem ausgiebigen Studium von Darstellungen der Französischen Revolution einige Reden, die während dieser Zeit im Pariser Nationalkonvent gehalten worden waren, wörtlich übersetzt in sein Drama einfügte.

Dessen Zentralfigur ist der Revolutionär Georges Danton, Mitglied des Nationalkonvents, der vor allem von den beiden Wortführern im Wohlfahrtsausschuß, Robespierre und St. Just, politisch bekämpft und schließlich mit einigen Anhängern hingerichtet wird. Danton, ehemals einer der tatkräftigsten Befürworter der Revolution, ist im gesamten Drama, das zeitlich einen kurzen Abschnitt des Jahres 1794 wiedergibt, eine passive Gestalt (literaturgeschichtlich: ein Widerpart zu den zumeist aktiven Dramenhelden Schillers). In dieser Passivität ist er, worauf der Titel des Stückes indirekt hinweist, schon am

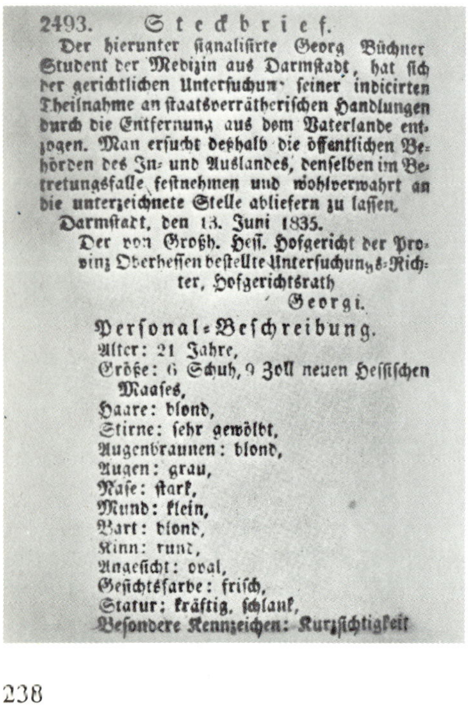
2493. Steckbrief.
Der hierunter signalisirte Georg Büchner Student der Medizin aus Darmstadt, hat sich der gerichtlichen Untersuchun[g] seiner indicirten Theilnahme an staatsverrätherischen Handlungen durch die Entfernung aus dem Vaterlande entzogen. Man ersucht deßhalb die öffentlichen Behörden des In- und Auslandes, denselben im Betretungsfalle festnehmen und wohlverwahrt an die unterzeichnete Stelle abliefern zu lassen.
Darmstadt, den 13. Juni 1835.
Der von Großh. Hess. Hofgericht der Provinz Oberhessen bestellte Untersuchungs-Richter, Hofgerichtsrath
Georgi.

Personal-Beschreibung.
Alter: 21 Jahre,
Größe: 6 Schuh, 9 Zoll neuen Hessischen Maases,
Haare: blond,
Stirne: sehr gewölbt,
Augenbraunen: blond,
Augen: grau,
Nase: stark,
Mund: klein,
Bart: blond,
Kinn: rund,
Angesicht: oval,
Gesichtsfarbe: frisch,
Statur: kräftig, schlank,
Besondere Kennzeichen: Kurzsichtigkeit

Steckbrief für einen ›Radikalen‹ – er zählt heute zu den bedeutendsten Schriftstellern des 19. Jahrhunderts

Ausgaben: Georg Büchner, »Sämtliche Werke und Briefe«. Hamburger Ausgabe in 4 Bänden. Historisch-kritische Ausgabe mit Kommentar. Hg. von Werner R. Lehmann, Hamburg 1967ff.
E. Johann, »Georg Büchner in Selbstzeugnissen und Bilddokumenten«, Hamburg 1958.
Hans Mayer, »Georg Büchner und seine Zeit«, Taschenbuch. Frankfurt am Main 1972 (ausführliche historisch orientierte Darstellung von Büchners Leben, Werk und Wirkung).
Georg Lukács, »Der faschisierte und der wirkliche Georg Büchner«. In: G. L.: Deutsche Literatur in zwei Jahrhunderten. Bd. 7 der Lukács-Gesamtausgabe. Neuwied und Berlin 1964 (polemisch überspitzte Grundthesen, zeitbedingt, aber Aufdeckung wichtiger Aspekte von Büchners Werk).
G. Penzoldt, »Georg Büchner«, Velber 1968.

Beginn der Handlung ein »Toter«; und sein physischer Tod am Ende des Dramas ist nur die drastische Konsequenz aus diesem Umstand. Seine Unfähigkeit, zu handeln, und seine frivole Melancholie leiten sich her aus der überlegenen Einsicht in den sinnlos gewordenen Verlauf der Revolution, aus der Vorausschau auf den eigenen Untergang und auf denjenigen seiner Gegner und aus der Ahnung einer späteren Diktatur, wie sie – für Büchner schon ein historisches Faktum der Vergangenheit – mit der Herrschaft Napoleons dann auch in Frankrecih eintrat. Danton hat angesichts des Hauptwiderspruches des geschichtlichen Augenblickes resigniert: Die hungernden Volksmassen brauchen Nahrungsmittel, die Revolutionsführer aber ›geben‹ ihnen statt dessen Hinrichtungen, die Danton mittlerweile nur noch als Mittel einer oberflächlichen Beruhigung der vom Elend brutalisierten, politisch richtungslosen Massen ansehen kann. Und Büchner verweist auch auf die grundlegende Ursache der Ernährungskrise: Die politischen Führer besitzen kein Mittel zur Einengung kapitalistischer Ausbeutungs- und Verelendungsmethoden, die durch die Revolution erst richtig freigesetzt wurden.

In dieser verzweifelten Situation wendet Danton sich einem ausgiebigen sinnlichen Genuß zu und zeigt damit in den Augen Robespierres ein feudalaristokratisches und damit konterrevolutionäres Verhalten, das todeswürdig ist. Er verkündet die These von dem allgemeinen Epikureertum des Menschen, dessen Lebensäußerungen, auch die geistigsten, nur verschiedenartige Ausflüsse von Triebbedürfnissen seien. Robespierre dagegen vertritt die (historisch gesehen: kleinbürgerliche) Tugendhaftigkeit der Aktion, hier der revolutionären. Er wird durch Büchner als Propagandist einer abstrakten terroristischen Moral, die er, borniert, auch von den Volksmassen erwartet, ebenso ins Unrecht gesetzt wie St. Just mit seinem als naiv gekennzeichneten Optimismus im Hinblick auf den unabwendbaren Gang der Geschichte.

Gerade dieser Geschichtsdeterminismus ist jedoch für Danton, der auch von ihm überzeugt ist, ein Anlaß zur Verzweiflung, zum lähmenden →Fatalismus, denn die Menschen erscheinen ihm als marionettenhafte Opfer grausamer, unverstandener Geschichtsmächte, und selbst im scheinbar noch sinnvollen Genuß sind sie für ihn die hilflosen Opfer dieses Zwanges. Im Leben gibt es kein Entrinnen hiervon, da die menschliche Natur nicht zu ändern ist; und auch der Tod bietet dem ›Materialisten Danton keine »Erlösung«, da die Materie sich nicht auflösen kann und damit noch die Atome zu einem Weiterleiden verurteilt sind. Die Konsequenz hieraus ist die verzweifelte Langeweile am ewigen Einerlei des Lebens.

Eine ganze Reihe von wörtlichen Übereinstimmungen zwischen persönlichen Bekenntnissen Büchners in Briefen und Worten Dantons beweist die enge ›Verwandtschaft‹ zwischen dem Autor und der Zentralgestalt seines Dramas. Zwar äußerte Büchner seinen pessimistischen Geschichtsfatalismus zum ersten Mal nach einem intensiven Studium der Französischen Revolution, aber in diesen Ansichten spiegelte sich auch seine Verzweiflung angesichts der scheinbar unauflöslichen gesellschaftlich-politischen Widersprüche im Deutschland der Restaurationszeit. Seine persönliche Größe bestand nicht zuletzt darin, daß er trotz seines Fatalismus nicht die revolutionäre Aktivität zugunsten der sozial am stärksten Benachteiligten scheute und sich damit extrem gefährdete.

1834 erschien die revolutionäre Kampfschrift »Der hessische Landbote«.
1835 mußte Büchner nach Straßburg fliehen

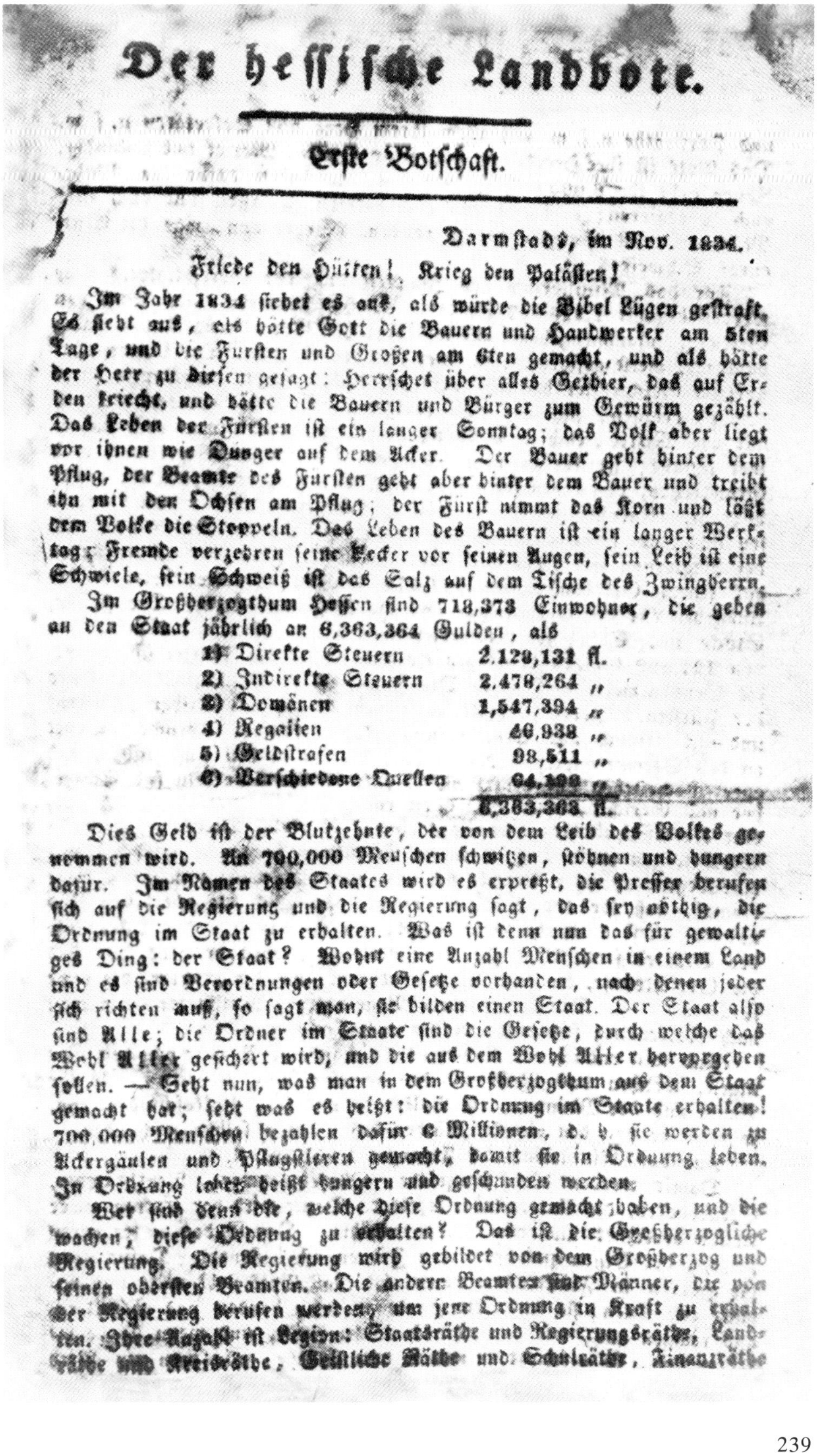

Der hessische Landbote.

Erste Botschaft.

Darmstadt, im Nov. 1834.

Friede den Hütten! Krieg den Palästen!

Im Jahr 1834 siehet es aus, als würde die Bibel Lügen gestraft. Es sieht aus, als hätte Gott die Bauern und Handwerker am 5ten Tage, und die Fürsten und Großen am 6ten gemacht, und als hätte der Herr zu diesen gesagt: Herrschet über alles Gethier, das auf Erden kriecht, und hätte die Bauern und Bürger zum Gewürm gezählt. Das Leben der Fürsten ist ein langer Sonntag; das Volk aber liegt vor ihnen wie Dunger auf dem Acker. Der Bauer geht hinter dem Pflug, der Beamte des Fürsten geht aber hinter dem Bauer und treibt ihn mit den Ochsen am Pflug; der Fürst nimmt das Korn und läßt dem Volke die Stoppeln. Das Leben des Bauern ist ein langer Werktag; Fremde verzehren seine Aecker vor seinen Augen, sein Leib ist eine Schwiele, sein Schweiß ist das Salz auf dem Tische des Zwingherrn.

Im Großherzogthum Hessen sind 718,373 Einwohner, die geben an den Staat jährlich an 6,363,364 Gulden, als

1) Direkte Steuern	2,128,131	fl.
2) Indirekte Steuern	2,478,264	„
3) Domänen	1,547,394	„
4) Regalien	46,938	„
5) Geldstrafen	98,511	„
6) Verschiedene Quellen	64,198	„
	6,363,363	fl.

Dies Geld ist der Blutzehnte, der von dem Leib des Volkes genommen wird. An 700,000 Menschen schwitzen, stöhnen und hungern dafür. Im Namen des Staates wird es erpreßt, die Presser berufen sich auf die Regierung und die Regierung sagt, das sey nöthig, die Ordnung im Staat zu erhalten. Was ist denn nun das für gewaltiges Ding: der Staat? Wohnt eine Anzahl Menschen in einem Land und es sind Verordnungen oder Gesetze vorhanden, nach denen jeder sich richten muß, so sagt man, sie bilden einen Staat. Der Staat also sind Alle; die Ordner im Staate sind die Gesetze, durch welche das Wohl Aller gesichert wird, und die aus dem Wohl Aller hervorgehen sollen. — Seht nun, was man in dem Großherzogthum aus dem Staat gemacht hat; seht was es heißt: die Ordnung im Staate erhalten! 700,000 Menschen bezahlen dafür 6 Millionen, d. h. sie werden zu Ackergäulen und Pflugstieren gemacht, damit sie in Ordnung leben. In Ordnung leben heißt hungern und geschunden werden.

Wer sind denn die, welche diese Ordnung gemacht haben, und die wachen, diese Ordnung zu erhalten? Das ist die Großherzogliche Regierung. Die Regierung wird gebildet von dem Großherzog und seinen obersten Beamten. Die andern Beamten sind Männer, die von der Regierung berufen werden, um jene Ordnung in Kraft zu erhalten. Ihre Anzahl ist Legion: Staatsräthe und Regierungsräthe, Landräthe und Kreisräthe, Geistliche Räthe und Schulräthe, Finanzräthe

Lars Clausen

Schefer · Göttliche Komödie in Rom

»Göttliche Komödie in Rom« (Erstdruck Cottbus 1841)
Novelle von Leopold Schefer (30. 7. 1784 – 16. 2. 1862)

»Was kostet uns nicht schon der Mann! Seine Auskundschafter! Die Verfolgungen! Die Anstalten ihn aufzuheben! – Und immer weggeworfenes Geld. Es ist zum verzweifeln und unbegreiflich, wieviel Freunde in aller Welt ein freier Mann hat, der den Menschen angeblich Licht bringt!« – so klagt der Abgesandte der Großmacht, der im schwächeren Nachbarstaat einem kritischen Wissenschafter auf der Spur ist: Es spricht der päpstliche Nuntius in der Republik Venedig, in die, 1592, der Physiker und Philosoph Giordano Bruno gelockt wird. Er gilt als den Kirchendogmen hochgefährlich.

1841 wird diese Geschichte aufgegriffen, in der Novelle eines 56jährigen Dichters aus der deutschen Provinz – wo jeden Tag, wie in allen deutschen Ländern, die Gesinnungsschnüffler der →»Heiligen Allianz« der Fürsten suchen, wer wohl wider Thron und Altar sei. Man kennt das doch alles selbst: Das Denunziantenwesen, das bis in die Familien dringt; den scheuen Blick über die Schulter im Wirtshaus; die Solidarität der verfolgten Ungläubigen, der Wissenschafter und Juden; die Rechtsbeugung und die Kerkerqualen – die Angst und den Aberglauben der kleinen Leute. Hinter dem genau getroffenen Lokalkolorit Italiens erscheint, als ›historischer‹ Stoff geschickt gegenüber der Zensur getarnt, aber damals dennoch einer Generation von Lesern sofort erkennbar: die deutsche Misère.

Dieses Buch: »Göttliche Komödie in Rom«, stammt von einem Einzelgänger, Leopold Schefer. Zu seiner Zeit kannten ihn viele, besonders die Anhänger des →»Jungen Deutschland«. 1841 ist die deutsche Revolution von 1848 noch nicht versucht und noch nicht verloren, man ist optimistisch. Nicht – wie später bei Brecht – ist der pessimistisch gesehene Galilei der Held, der vor der Folter abschwört, was er als Wissenschafter weiß und als Aufklärer will; sondern Giordano Bruno, Galileis Lehrer, der unter der Folter nicht abschwört und dafür auf dem Scheiterhaufen endet und der doch siegen wird. Ihn läßt Schefer sagen, was er selber glaubt: Wenn es einen Gott gibt, so ist er überall unmittelbar und also auch in jedem Menschen, und jeder handele nun, von Pfaffen und Dogmen ungeängstigt, eingedenk dessen, daß der Tod ihn beendet: klar, liebevoll und allen nützlich.

Das ist →Spinozas Einfluß, und es ist der Geist der Emanzipation in Deutschland, wo kühne Ideen der Mündigkeit von gebildeten, aber beruflich abhängigen Bürgern formuliert werden.

Leopold Schefer stammt aus der Lausitz, einem alten Kulturkreuzweg zwischen Prag, Dresden, Breslau, Berlin, mit Städtebünden im Mittelalter, einer von unten (nicht vom Landesherrn) durchgesetzten Reformation, wo Verfolgte wie die Herrenhuter siedeln konnten, wo zwei Völker, Sorben und Deutsche, zusammenleben. 5 Jahre vor der Französischen Revolution, 1784, wird er im Städtchen Muskau als Sohn eines Stadtarztes und einer Pfarrerstochter geboren – unter solchem Einfluß lernt schon das 5jährige Einzelkind Lesen und Schreiben. Als er 13 ist, stirbt sein Vater; auf dem Gymnasium (in Bautzen) lehrt man ihn Latein und Griechisch, der 17jährige beginnt zu komponieren, der 18jährige zu dichten, noch vorm Abitur kehrt er zur kränklichen Mutter zurück. In jener Zeit liest er, neben Platon, religionskritische Schriften, liebt den Freiheitsdichter Schiller und haßt Napoleon, den Kaiser. Jedes

Der Widersprechende wird vernichtet: Sieht die Klasse ihre Herrschaft ernstlich gefährdet, so greift sie zu radikalen Mitteln. Die öffentliche Folter dient der Propaganda

Jahr macht er sich auf, meist zu Fuß, nach Dresden, nach Berlin, 1806 zur Schneekoppe, zusammen mit seinem Schulkameraden, dem liberalen Außenseiter des deutschen Hochadels, später erfolgreichen mokanten Reiseschriftsteller und kommenden großen Park-Architekten, Hermann Pückler-Muskau (1785–1871). Schefer beeindruckt den um ein Jahr Jüngeren tief, beider Reisen und Schriften bewahren später die Spuren. 1811 erbt Pückler die Standesherrschaft Muskau, nimmt für die Dauer der Freiheitskriege russische Dienste und hinterläßt Muskau zur Verwaltung, mit alten Schulden, mit bevorstehenden Truppendurchmärschen und Ausplünderungen, einem Generalinspektor: Leopold Schefer. Der sorgt für Deutsche und Sorben mutig und weitsichtig, siedelt im zerstörten und durchseuchten Ländchen neue Gewerbe an und gibt 1815 den Auftrag zurück. Dann reist er mit Pückler nach England (dessen Parkstudien werden gemeinsam betrieben), lernt Englisch, kehrt zurück und verkauft dann – die Mutter ist tot – sein Häuschen. Denn er will auf seine »Lebensuniversität«, eine Wanderfahrt weit über die Grenzen damaliger ›Weitgereistheit‹ hinaus: Er studiert Musik in Wien, lernt zugleich Neugriechisch, Türkisch und Koptisch (Italienisch und Französisch kann er schon), zieht nach Venedig, Rom, nach Sizilien, auf die Peloponnes, nach Athen, nach Ägypten, Palästina und Troja. Ende 1819 kehrt er von Istanbul, damals der Hauptstadt des Osmanischen Reiches, zurück. Geprägt vom fachlichen Selbstbewußtsein des Arztvaters, zwischen den Ständen von Bürgertum und hohem Adel sich bewegend, durch verantwortungsreiche Arbeit mit Bauern, Soldaten und Beamten früh vertraut, von Familie her deutsch und sorbisch beeinflußt, viele Weltstädte kennend, als Literat dann mit Generationen toter Kollegen wie mit Lebenden umgehend – er bewegt sich souverän (den alten Schefer wird man weise nennen). So ist er verloren für die provinzielle Ausweglosigkeit zahlreicher deutscher Autoren jener Zeit, für die literarische Beschränkung auf das Unglück im Winkel.

Leopold Schefer

Er wird bekannt durch Griechennovellen (der griechische Freiheitskampf gegen die Türken war – wie damals jeder – sehr populär in Deutschland); er wird erfolgreich: Realistisch schildert er die Quälereien durch Feudalherren und Soldateska seiner Zeit. Bald findet sich auch das große geheime Thema deutscher Protestliteratur: Auswandererschicksale. Abseits aller Literaturcliquen bleibt er aber zum Schreiben und Komponieren für ein langes Leben an seinem Geburtsort, heiratet dort, hat 5 Kinder (den Sohn läßt er Eisenbahningenieur werden), zehrt zunächst von einer Pücklerschen Pension, später von literarischen Honoraren, baut sich ein eigenwillig-solides Haus, das heut noch steht. Seine fast 80 Romane und Novellen sind geographisch, historisch, psychologisch weitgefächert. Hunderte von Gedichten entstehen, Symphonien, Sonaten, Lieder. Schon in den 30er Jahren aktiviert er eine sonst leicht zur dürren Schulmeisterei führende Form: das Lehrgedicht, dem jedoch seine subtile sinnliche und psychologische Erfahrung zu Kontrast- und Bilderreichtum verhilft. Seine beste Lyrik, Liebeslyrik, veröffentlicht er erst als alter Mann. Er arbeitet endlich mit der Glut eines Heinse, eines Hölderlin, die Antike auf, deren unterirdisches Fortwirken, deren Landschaft er besser als diese beiden kennt (→S. 178). Die frisch gegründete Schillerstiftung unterstützt ihn noch. 78jährig stirbt er, zuletzt qualvoll leidend, im Februar 1862.

Doch bereits nach dem Scheitern der 1848er Revolution – es trifft ihn tief – zieht sich das deutsche Bürgertum eilends in den innigen Muff seiner vier Wände zurück. Wenigstens hier will man Herr im Hause sein: Also beherrscht man Frau und Kind, zumal auch durch Prüderie. Wo Teile des →Bürgertums sich unternehmerisch als Bourgeoisie durchsetzen, da wird die »Nation« (die in Schefers Jugend der Kampfruf gegen die Fürsten war) jetzt zur preußisch-deutschen Ideologie gegen konkurrierende Nationen. Schefers Weltoffenheit, erotische Freude, Freiheitswillen werden also unpopulär. Man will von ihm nur noch (für über 20 Auflagen) sein »Laienbrevier« haben, das als Immerwährender Kalender jedem Tag im Jahr ein Lehrgedicht zuordnet, dessen Intensität noch lange überzeugt, dessen leise redende Verachtung und schneidende Güte man aber überlesen kann. Vom Heinrich Heine will man ja auch nur noch das »Buch der Lieder« (→S. 242). So verdrängt man Schefer, und dann vergißt man ihn wie seine Weggenossen vom Jungen Deutschland, wie selbst den ihm so oft im Stil verglichenen Jean Paul (→S. 186). Dieser Mann, der Weltbefahrenheit und schärfstzarteste Einfühlung in menschliche Beziehungen besaß, der eigentümlich und spannend Sinnenstärke und Katastrophenwitterung verband, der einen Erinnerungsstrom von Kinderträumen an mit Farbphotographenblick zu durchmustern und literarisch meisterhaft umzugestalten wußte – er wurde wieder vollkommen unbekannt. Er steht hier für viele: Ein Publikum, das sich selbst verloren gibt, verliert auch seine Dichter.

Biographie

1784	Leopold Schefer in Muskau an der Lausitzer Neiße geboren
1811–15	Generalinspektor der Standesherrschaft Muskau
1815–19	Reisen: Europa, Nordafrika, Vorderasien
1823	Erste Novelle (»Palmerio«) veröffentlicht, seitdem ununterbrochen Veröffentlichungen bis 1861
1841	»Die Göttliche Komödie in Rom« erscheint erstmals im Verlag Eduard Meyer, Cottbus (2. Auflage 1843)
1845–46	Die größte Scheferausgabe in 12 Bänden (»Ausgewählte Werke«) erscheint; in Band IX Neuabdruck der »Komödie«
1862	Schefer stirbt in Muskau
1898	Letzte Auflage von Schefers »Laienbrevier«, zugleich vorläufig letzte Ausgabe eines seiner Werke überhaupt
1961	Erster Neuhinweis auf Schefer durch Arno Schmidt in »Belphegor« (Stahlberg Verlag, Karlsruhe)

Eine neue Werkausgabe Schefers steht noch aus. Die umfangreichste Scheferausgabe in 12 Bänden (»Ausgewählte Werke«) erschien 1845/46 bei Veit & Comp. in Berlin (und enthielt die »Göttliche Komödie« in Band IX). Eine neue Würdigung Schefers findet sich in dem Taschenbuch von Arno Schmidt »Nachrichten von Büchern und Menschen 2«. Frankfurt am Main 1971.

Hans-Jürgen Engfer

Gutzkow · Der Zauberer von Rom

»Der Zauberer von Rom« (Erstdruck der 9 Bände Leipzig 1858–1861)
Roman von Karl Gutzkow (17. 3. 1811 – 16. 12. 1878)

Karl Gutzkow stammt aus einfachsten Verhältnissen, er wurde als Sohn eines Zureiters am preußischen Hof geboren. Dennoch besuchte er das Gymnasium und studierte an der Berliner Universität Theologie und Philosophie, u. a. bei Hegel, Schleiermacher und Beneke. 1831 gibt er – auch unter dem Eindruck der französischen Julirevolution – seine Pläne auf, in den Staats- oder Kirchendienst einzutreten und beginnt als Schriftsteller zu arbeiten. Er schreibt nicht nur zahlreiche Romane, Dramen, Erzählungen, Reisebeschreibungen und Essays, sondern ist auch als Journalist, Redakteur und Herausgeber von Zeitschriften, als Dramaturg und als Sekretär literarischer Vereinigungen tätig. Er ist damit ein Beispiel für den damals auch in Deutschland entstehenden Typus des ›Literaten‹, der in der sozial ungesicherten Stellung des ›geistigen Proletariers‹ versucht, seine freisinnig-liberale Auffassung in den verschiedenen Medien gegen die ihm reaktionär erscheinende »Allianz von Thron und Altar« im damaligen Deutschland zur Geltung zu bringen. Das führt gelegentlich zu Repressionen von seiten des herrschenden Metternichschen ›Systems‹: 1836 wird er als führendes Mitglied der Schriftstellergruppe →»Junges Deutschland« wegen »Gotteslästerung, Verächtlichmachung des christlichen Glaubens und Darstellung unzüchtiger Gegenstände« in seinem Roman »Wally, die Zweiflerin« (1835) mit einer dreimonatigen Gefängnishaft bestraft. Seine Schriften werden für einige Jahre verboten, was ihm, da solche Verbote in einigen der vielen Staaten des damaligen Deutschland häufig umgangen werden konnten, die gesteigerte Aufmerksamkeit des literarisch interessierten Publikums sichert. Gutzkow tritt auch nach der gescheiterten Revolution von 1848, an der er als Randfigur in Berlin teilnahm, im Gegensatz zu vielen anderen weiter für seine liberalen Ziele ein: 1850-51 schreibt er »Die Ritter vom Geiste«, die den Zustand des preußischen Staates nach der gescheiterten Revolution kritisch darstellen, und 1858–1861 erscheint der neunbändige Roman »Der Zauberer von Rom«, dessen Thema der Herrschaftsraum der katholischen Kirche in Deutschland und Italien ist.

Dieser umfangreiche Roman stellt nicht das Leben eines einzelnen Menschen in das Zentrum der Darstellung, sondern versucht, entsprechend der von Gutzkow aufgestellten Romantheorie des »Nebeneinander«, das ganze Panorama eines sozialen Raumes zu geben. Darin liegt der Reiz des Romans auch für den heutigen Leser. Er findet ein umfassendes Bild der Gesellschaft des 19. Jahrhunderts, in dem Vertreter aller sozialen Gruppen auftauchen. Im Vordergrund steht die Darstellung des damaligen katholischen Klerus vom einfachen Landgeistlichen bis hinauf zum Papst – dem Zauberer von Rom –, aber auch das Bürgertum der großen Handelshäuser in Köln und Hamburg mit seinen Angestellten und Kaufmannsgehilfen und die preußische Bürokratie in den verschiedenen Rängen werden ausführlich geschildert. Gesellschaftliche Randgruppen, wie die sich gegen alle Widerstände allmählich emanzipierenden Juden und die außerhalb des bürgerlichen Lebens stehenden Schauspieler, finden in diesem Roman ihren Platz ebenso wie die schon damals publikumswirksame Unterwelt. Die im ganzen realistische Darstellung dieser verschiedenen Gruppen wird – hierin folgt Gutzkow dem von der Technik des Fortsetzungsromans geprägten Verfahren Eugène Sues (→S. 228 f.) – durch eine Vielzahl ineinander verzahnter Handlungsstränge der verschiedensten Herkunft zusammengehalten; als Versatzstücke dienen dabei Kriminal-, Liebes- und Familiengeschichten ebenso wie Lebensläufe vom Typ des jungdeutsch Zerrissenen, des Karrieristen und des sozialen Absteigers. Auf diese Weise mischen sich Wirklichkeitstreue und Zeitbezogenheit mit romanhafter Erfindung, problemhaltige Passagen und bloß effektvolle Spannungsbögen mit Sensationsmotiven derart, daß der Roman bei einer breiten Leserschicht zum Vermittler der kritischen Tendenz seines Autors werden konnte.

Diese →antiinstitutionelle Tendenz, die wie in den »Rittern vom Geiste« das beherrschende Motiv des Romans ist, richtet sich hier gegen die katholische Kirche. Ihr Anspruch auf Autorität soll durch Aufzeigen der sich dahinter verbergenden Privatinteressen einzelner Gruppen oder Personen in Frage gestellt werden. Gutzkow schildert zwar neben intriganten Jesuiten, machtgierigen →Ultramontanen und gewinnsüchtigen Kardinälen auch eine ganze Anzahl integrer kirchlicher Würdenträger, kritisiert aber andererseits fundamentale Einrichtungen der katholischen Kirche wie die Beichte, den Zölibat und die damals besonders aktuelle Entscheidung in der Mischehenfrage als bloße Machtinstrumente der Hierarchie, so daß sich die im Roman geschilderte Kirche gelegentlich wie eine riesenhafte Verschwörung ausnimmt und damit deutlich auf das entsprechende Bild in der freigeistigen Trivialliteratur, z. B. der Marlitt, vorausweist.

Der zeitkritischen Absicht Gutzkows entspricht der unmittelbare Bezug auf aktuelle Ereignisse: der Roman beginnt – läßt man die eigenständige Geschichte des sozialen Auf- und menschlichen Abstiegs der Lucinde Schwarz außer Acht – mit den »Kölner Wirren« von 1837/38, die durch das Vorgehen der preußischen Regierung gegen den Kölner Erzbischof Droste zu Vischering (im Roman Graf Truchseß-Gallenberg) ausgelöst worden waren und zu einem vor allem publizistisch ausgetragenen ersten Kirchenkampf führten, an dem sich Gutzkow schon 1838 beteiligte. Er endet mit Mutmaßungen über die Konsequenzen, die sich aus der 1861 in greifbare Nähe gerückten Einigung Italiens für die katholische Kirche ergeben. Auch in Einzelheiten läßt sich diese – gelegentlich journalistische Formen annehmende – Wirklichkeitsnähe nachweisen: Zahlreiche Personen des Romans sind identifizierbare Größen der Zeitgeschichte, wie der Kölner Erzbischof und sein Sekretär Michelis, die Nonne von Dülmen, Metternich, Garibaldi usw., oder Vertreter aktueller Zeitströmungen wie des →Hermesianismus in Bonn, des →Deutschkatholizismus um Ronge oder der Bewegung des →»Jungen Italien«.

Innerhalb dieses durch historische Ereignisse abgesteckten Rahmens steht im Zen-

Briefe eines Narren an eine Närrin. – Hamburg 1832 (anonym).
Wally, die Zweiflerin. Roman. – Mannheim 1835 (nachgedruckt in: Deutsche Neudrucke, Reihe Texte des 19. Jahrhunderts – Göttingen 1965).
Ueber Göthe im Wendepunkt zweier Jahrhunderte. – Berlin 1836.
Oeffentliches Leben in Deutschland. 1838–1842. – Leipzig 1842.
Deutschland am Vorabend seines Falles oder seiner Größe. – Frankfurt/Main 1848.
Vor- und Nachmärzliches. – Leipzig 1850.
Die Ritter vom Geiste. Roman in neun Bänden. – Leipzig 1850/51.
Die neuen Serapionsbrüder. Roman in drei Bänden. – Breslau 1877.

Weiterführende Literatur:
E. W. Dobert, »Karl Gutzkow und seine Zeit«, Bern und München 1968.
Arno Schmidt, »Der Ritter vom Geist«, in: A. S., »Nachrichten von Büchern und Menschen 2«, Frankfurt am Main, 1971.

Karikatur gegen Adel und Kirche. Lithographie um 1845 (links)

Der Neuruppiner Bilderbogen im Revolutionsjahr 1848 (unten)

trum des Romans die erfundene Geschichte vom Aufstieg eines einfachen deutschen Landgeistlichen zum Papst. Die Karriere des Bonaventura von Asselyn, der in Wirklichkeit nichts entspricht als die Hoffnung des Autors auf eine – im Roman durch diesen Mann eingeleitete – Reform der katholischen Kirche, zeigt deutlich, wie unbegründet Reformhoffnungen angesichts der sich zu dieser Zeit dogmatisch verhärtenden Politik der katholischen Kirche waren: Denn, was dem Romanhelden den Weg ebnet, sind nicht in der damaligen katholischen Kirche auffindbare Kräfte, sondern romanhafte Mißverständnisse, Zufälle und an entscheidender Stelle die aus dem 17. Jahrhundert in den Roman übernommene Liebesgeschichte der Kardinalstochter Olympia Maldachini zu Bonaventuras Vetter. Der auf diesen abenteuerlichen Pfaden in das höchste Kirchenamt Gelangte ist es, der das dem Autor notwendig erscheinende Konzil zur Reform der katholischen Kirche an Haupt und Gliedern einberuft. So führt der Versuch, angesichts einer als übermächtig erlebten Institution aus liberaler Sicht am positiven Helden festzuhalten, zu einem matten Konzept des ›Marsches durch die Institution‹, in dem der nur zufällig zu erlangende Einfluß moralisch integrer Einzelner zum einzig denkbaren Mittel des Fortschritts wird.

Klaus Briegleb

Heine · Die romantische Schule

»Die romantische Schule« (Erstdruck Paris 1836)
Literaturkritische Schrift von Heinrich Heine (13. 12. 1797 – 17. 2. 1856)

Aus einem neuen, heiteren Lebenszusammenhang, den sich Heine 1831 durch seine Emigration nach Paris eröffnet hatte, meldet er sich 1833 mit Aufsätzen über neuere deutsche Literatur (Romantische Schule, 1. Fassung) als ein Mann zu Wort, den, wie er selber wußte und seine Freunde es erwarteten, gesellschaftliche Erfahrungen und lebenspraktische Entscheidungen zur Besprechung der »Bewegung« in der Literatur ermächtigten. »Bewegung«, das war das Zauberwort der Liberalen von ›französischem‹ Zuschnitt, zu denen Heine sich stellte, noch ehe er in Frankreich Asyl suchte, im Rücken eine Gesellschaft, deren Freiheit, bestenfalls, in der nationalen Beschränkung ihres ökonomischen und grundrechtlichen Fortschreitens gedacht wurde.

Schon 1823, unter dem Druck ›preußischer‹ Lebensbedingungen in Berlin, wünschte sich Heine hinüber nach Paris, um dort über deutsche und europäische Literatur zu schreiben. Als 1830 das Bürgertum in Frankreich, begünstigt von der Verfassungsrevolte des »Volks von Paris«, sich den Grundrechtsrahmen schuf für das Emporblühen seiner Macht (→S. 228f.), aktualisierte sich Heines Plan. Seine Fähigkeit und sein Entschluß, über kulturelle und →ideologische Erscheinungen nur im Zusammenhang des gesellschaftlichen Lebens zu schreiben (»Briefe aus Berlin« 1822), waren das frühe Ergebnis seiner Leiden in einem Land, das sich der Kritik eines Außenseiters zunehmend mit seinem literarischen Ruhm versagte. Schon einmal, 1826, stand der Entschluß zur Emigration fest. »Minder die Lust des Wanderns als die Qual persönlicher Verhältnisse (zum Beispiel der nie abzuwaschende Jude) treibt mich von hinnen.«

Als Heine mit dem dritten Teil seiner »Reisebilder« (1829) auf der Höhe seines Ruhms das Publikum dazu reizt, die gesellschaftliche Verquickung von Literatur, Ideologie und Macht politisch zu durchdenken und die Bedingungen liberalen Kampfes nicht mit Begriffen →autonomer Freiheit und Ästhetik zu verblenden, sondern eben in jener Verquickung zu suchen; als er aber konkret-persönlich erfahren muß, daß Liberalismus in Deutschland Kritikangst und Unterwürfigkeit (»Nationalservilismus«) in der Regel nur übertüncht, da erscheint das Exil für einen Autor notwendig, der ernsthaft meinte, »die Revolution trete in die Literatur«. Als sein Vaterland sich nach der Julirevolte von den revolutionären Entwicklungsschüben in Frankreich wenig beeindruckt zeigt und sein »deutsches Schlafmützentum« demonstriert, hinterläßt Heine ihm einige Manifeste seiner französischen Orientierung (1830/31), reist im Mai 1831 nach Paris und schreibt als erstes kunstsoziologische Zeitungsberichte über den Reflex der »Juliussonne« im gegenwärtigen Salon: »Französische Maler«. Das entscheidende Ereignis in Heines Schriftstellerleben, Erfolg der Emigration: Die Kluft zwischen Leser und Schreiber hat sich geschlossen. »Ich darf mich also darauf beschränken, die öffentliche Meinung zu referieren. Sie ist von der meinigen nicht sehr verschieden ...«

In Paris hat Heine in den Formen und Gewohnheiten einer öffentlich-kritischen Meinungsbildung die literarische Gattung vorgefunden, die ihm lag: den »politisch räsonnierenden Journalismus« (→S. 168ff.). Die Gattung und das französische Publikum sicherten seine Arbeit, waren aber nur sein sozialer Anhaltspunkt: Heine formte die Gattung zu einem Organ um, das Gattung und Publikum verändern sollte. Die Voraussetzung dazu waren die »politische Bildung« und die Bereitschaft zum →Räsonnement in *Frankreich* – die Methode wurde die Analyse der Zeitgeschichte im Spiegel der öffentlichen Meinung und die Einbettung der Analyse in den Bericht *nach Deutschland*: Vermittlung der beiden Völker in einer Sprache des Bewußtseins ihrer gemeinsamen europäischen Geschichte und Interessen. »Das europäische Leben interessiert mich weit mehr als die Literatur«, sagte Heine später (1837), als ihn deutsche Literaten in deutsche Literaturhändel zurück verstricken wollen, weil sie seinem »französischen Geist« mißtrauen. Dieser Geist war ihnen vorausgeeilt, nahm Partei für die Emanzipation aller Unterdrückten, aber arbeitete methodisch-besonnen an der Erkundung der »Französischen Zustände« und des Gangs der Revolution: »... Ich will so viel als möglich parteilos das Verständnis der Gegenwart befördern, und den Schlüssel der lärmenden Tagesrätsel zunächst in der Vergangenheit suchen. Die Salons lügen, die Gräber sind wahr. Aber ach! die Toten, die kalten Sprecher der Geschichte, reden vergebens zur tobenden Menge, die nur die Sprache der Leidenschaft versteht.« (1832)

»Zunächst in der Vergangenheit ...«, das ist ein Arbeitsprogramm zur Überwindung der Tagesblindheit, ein Programm der →Ideologiekritik im Dienste einer Aufklärung über das negative Prinzip, über die fortschrittshemmenden Verabredungen in der »Gesellschaft der Gewalthaber«, die »an die ewige Dauer ihrer Macht glaubt« – ein Programm im Dienste des »Volkes«, das ein Anrecht habe auf positive Geschichte.

Die Suche nach dem positiven Begriff der »modernen Demokratie« und nach der Freundschaft der Schüler Saint-Simons, die der »Ausbeutung des Menschen durch den Menschen« den Kampf angesagt und eine Theorie zur Anleitung dieses Kampfes formuliert hatten, war Heines Motiv gewesen, ins Exil zu gehen, mit Zuversicht zu gehen. Er studiert diese Theorie seit 1830 in Verbindung mit Standardquellen zur Geschichte der Französischen Revolution (Thiers und Mignet), im Studium überprüft er seine eigene frühe Aneignung des Hegelschen Geschichtsbegriffs und der →dialektischen Methode. Bekannt sind seine Äußerungen über die neue saint-simonistische »Kirche«, an deren Bau er mitwirken wolle (»Seraphine« 1833). In der Tat scheint ihn die Idee der religiösen Erneuerung des menschlichen Zusammenlebens unter dem Zeichen einer befreiten Sinnlichkeit ausschließlich beschäftigt zu haben, jene »große, gottfreudige Frühlingsidee«, die »... wenigstens ebenso respektabel ist, wie jene triste, modrige Aschermittwochsidee, die unser schönes Europa trübselig entblumt und mit Gespenstern und Tartüffen bevölkert hat«.

Heine hat in hundert Äußerungen diese Maxime variiert: Eine Analyse der religiösen, sittlichen und ästhetischen Anschauungsverhältnisse, in denen eine Erziehung der Gesellschaft nur gedacht werden kann, müsse von Einsichten in realgeschichtliche Entwicklungsgesetze begründet werden. Diesen Gesichtspunkt müssen wir zum Verständnis der theoretischen Grundlagen der »Romantischen Schule«, des ersten großen Werkes Heines, das die Aneignung des →Saint-Simonismus *voraussetzt,* gegen eine Konvention seiner Ausblendung aus der Literaturgeschichtsschreibung besonders betonen. Anders erkennen wir Heines *Abstand* von den ökonomischen Doktrinen der Saint-Simonisten wiederum nicht: Daß Europa in das Zeitalter des Geldkapitalismus eingetreten war und die große Industrie vorbereitete, verführte Heine nicht zu Spekulationen über konkurrenzbedingte Aufstiegsrechte aller Menschen ›nach dem Grad ihrer Fähigkeiten‹. Er hat vielmehr die konsequent auf soziale Befreiung der Menschen denkende Betrachtung der materiellen Entwicklung der Gesellschaft früh ausgebildet und ihr ein Gesamtbild von Macht und Gegenmacht, menschenfreundlicher und menschenfeindlicher politischer Ökonomie unterlegt und hat so, nicht aus einem Begriff autonomer Fähigkeit des Menschen, seine kulturrevolutionäre Schreibtätigkeit abgeleitet, und seine Entwicklung eines Begriffs von »Universalrevolution« legitimiert. So müssen wir uns die ideologiekritische Darstellung der »Romantischen Schule« in Grundeinstellungen ›eingehängt‹ vorstellen, die in der Heinephilologie einfach nicht wahrgenommen werden – zum Beispiel von solcher Art: Rothschild sei »einer der größten Revolutionäre, welche die moderne Demokratie begründeten«, sein Staatspapierensystem habe das neue Besitzbürgertum prinzipiell und →latent entmachtet, indem es »die Oberherrschaft des Bodens zerstörte, die großen Besitztümer und Einkünfte mobilisierte, und gleichsam das Geld mit den ehemaligen Vorrechten des Bodens belehnte. Er stiftete freilich dadurch eine neue Aristokratie, aber diese, beruhend auf dem unzuverlässigsten Elemente, auf dem Gelde, kann nimmermehr so nachhaltig mißwirken, wie die ehemalige Aristokratie, die im Boden, in der Erde selber, wurzelte. Geld ist flüssiger als Wasser, windiger als Luft, und dem jetzigen Geldadel verzeiht man gern seine Impertinenzen, wenn man seine Vergänglichkeit bedenkt . . .« (→S. 199f.).

Die »Romantische Schule« ist ein 1835 aus Artikeln zusammengestelltes Buch. Am Anfang stand ein journalistischer Gründungseinfall: Im Winter 1832/33 konzipierte eine Gruppe heiterer Lebenskünstler um Victor Bohain und Heinrich Heine die Zeitung »L'Europe littéraire. Journal de la littérature nationale et étrangère«, die sich dem Ziel verschrieb, die europäischen Völker mit ihrer neuen Literatur wechselweise bekannt zu machen. Heine verantwortete den Gründungsgedanken im Bereich der deutsch-französischen Vermittlung, entwarf dafür ein Prospekt, warb Mitarbeiter und eröffnete das Journal selbst am 1. März mit seinen Artikeln »État Actuel de la littérature en Allemagne. De l'Allemagne depuis Mme. de Staël«. Die Analyse des alten Deutschland sollte dem Verständnis des jungen vorarbeiten, die Kritik der alten Welt den Entwurf der neuen rechtfertigen. Hinter dem Meisterstück des ersten Buches der »Romantischen Schule«, das dieses Programm realisiert, stehen folgende Gründungsgedanken aus dem Winter 1832/33: ». . . Wir glauben an Gott, welcher Vater und Mutter aller Menschen, den heiligen Leib, wir glauben an uns, welche wir zur Vollkommenheit bestimmt und zum Glücke berechtigt sind. Wir suchen nicht den Schmerz, die Dunkelheit und die Einsamkeit; wir suchen die Freude, das Licht und die Gesellschaft . . . Vor dem Donner der Blitz. Vor der Tat das Wort. Das neue Deutschland manifestierte sich bis jetzt nur durch Schriften. Wir sehen jenseits des Rheins den Beginn einer neuen Literatur, worin sich auch das neue Leben offenbart . . .« »Die tieferen Fragen der Revolution betreffen weder Formen noch Personen, weder die Einführung einer Republik, noch die Beschränkung einer Monarchie, sondern sie betreffen das materielle Wohlsein des Volkes. Die bisherige →spiritualistische Religion war heilsam und notwendig, solange der größte Teil der Menschen im Elend lebten und sich mit der himmlischen Seligkeit vertrösten mußten. Seit aber, durch die Fortschritte der Industrie und Ökonomie, es möglich geworden, die Menschen aus ihrem materiellen Elend herauszuziehen und auf Erden zu beseligen, seitdem – Sie verstehen mich. Und die Leute werden uns schon verstehen, wenn wir ihnen sagen, daß sie in der Folge alle Tage Rindfleisch statt Kartoffeln essen sollen und weniger arbeiten und mehr tanzen werden . . .«

auch heute noch oder heute wieder ein Genuß.

Die Versammlungen der Saint-Simonisten in Paris, der politischen Organisationsform der neuen Ideen, waren soeben verboten worden, als Heines Aufsätze zu erscheinen begannen, das unmittelbar politische Räsonnieren im Medium der neuen Literatur war verboten. Die öffentliche Meinung in *Frankreich*, die Heine änderte, denn er kritisierte das durch Mme de Staels Deutschlandbuch geprägte Bild von deutscher Philosophie und Literatur, kam ihm entgegen. In die *deutsche* Presse lancierte Heine im Frühjahr 1833 diese Bestimmung seiner Aufgabe (in der »Europe«):

In der französischen Zeitung »L'Europe« hat Heine auf die offene, polizeiwidrige Besprechung »deutscher politischer Zustände« verzichtet. An der Politik seiner kulturrevolutionären Literatur und an ihrem Erfolg hat diese Beschränkung nichts geändert. (Karikatur auf die unterdrückte Meinungsfreiheit in Deutschland)

Die Macht der Literatur über das Interessenbewußtsein der Zeitgenossen ist der Ausgangspunkt der Kritik an der romantischen Philosophie und Literatur. Heine spricht mit seinen Lesern damals wie heute mit der Überzeugungskraft des dialektischen Darstellungsprinzips, das nicht plump dem Alten ein Neues entgegensetzt, sondern die Notwendigkeit eines modernen demokratischen Lebenszusammenhanges aus dem →Widerspruch erklärt, in den die *Wirkungen* geschichtlich alter Einrichtungen und Verabredungen zu der Voraussetzung ihrer einst »heilsamen« gesellschaftlichen Macht geraten sind. Die Durchführung dieses geschichtlich-dialektischen Denkens an einer Materie, die selbst aus dem »Prozeß« des Verfalls geschichtlicher Voraussetzungen einer romantischen Literatur und ihrer gewaltsamen politischen →Restauration hervorgegangen ist und sich in ihrer kritischen Darstellung als »Poesie der Ohnmacht« gegen eine neue wahre, nämlich »realistische« rechtfertigen muß, das ist

»Ich werde in jenem Journale alles Mögliche tun, um den Franzosen das geistige Leben der Deutschen bekannt zu machen; dieses ist meine jetzige Lebensaufgabe, und ich habe vielleicht die pazifike Mission, die Völker einander näher zu bringen. Das aber fürchten die Aristokraten am meisten; mit der Zerstörung der nationalen Vorurteile, mit dem Vernichten der patriotischen Engsinnigkeit schwindet ihr bestes Hülfsmittel der Unterdrückung. Ich bin daher der inkarnierte Kosmopolitismus, ich weiß, daß dieses am Ende die allgemeine Gesinnung wird in Europa, und ich bin daher überzeugt, daß ich mehr Zukunft habe, als unsere deutschen Volkstümler, diese sterblichen Menschen, die nur der Vergangenheit angehören . . .«

Ulla Otto–Fölsing

Die Zensur

Zum Begriff der Zensur

Für das Wort »Zensur« bietet der gängige Sprachgebrauch einen ganzen Katalog vergleichbarer Bedeutungen an.

Unter »Zensur« wollen wir daher im folgenden die autoritäre Kontrolle menschlicher Aussagen verstehen, speziell unter »literarischer Zensur« die autoritäre Kontrolle aller menschlichen Aussagen, die innerhalb eines bestehenden gesellschaftlichen Systems mit dem Bemühen um sprachliche Form gemacht werden.

Entsprechend dem vom römischen Zensorenamt (»censura«) abgeleiteten Wortgehalt von »Prüfung, Beurteilung« ist das entscheidende Merkmal der Zensur die Prüfung und nicht eine der beiden Alternativen der Zensurübung, Verbot oder Erlaubnis. Jedoch hat das Verbot als mögliche, ja wahrscheinliche Folge des Zensurverfahrens den Sinn des Begriffes Zensur entscheidend geprägt, so daß dieser heute vorwiegend den Aspekt der Freiheitsbeschränkung durch eine kirchliche, staatliche oder andere Macht im Geistesleben der menschlichen Gesellschaft beinhaltet. Wesentlich in diesem Zusammenhang ist der Hinweis, daß es die Zensur im Prinzip stets mit der Überwachung menschlicher Äußerungen zu tun hat, weniger dagegen mit der Überwachung des Menschen als Urheber der betreffenden Äußerungen.

Die Zensur sucht also primär die Wirkung menschlicher Aussagen, nicht deren Ausdruck zu beeinflussen.

Zur Literatur gehört im übrigen nicht, was ohne Bezug auf ein gegebenes Gesellschaftssystem und ohne Formabsicht geäußert wird: Da eine literarische Äußerung mit sprachlichen ebenso wie mit gedanklichen Mitteln erfolgt und Sprache wie auch Denken zutiefst der Gesellschaft verhaftet sind, ist kein literarisches Werk außerhalb einer Gesellschaft und deren spezifischen Eigenheiten denkbar. Und in Anbetracht dessen, daß sich jede literarische Aussage um Form bemüht, ist kein literarisches Werk außerhalb gewisser ästhetischer Bindungen zu begreifen. Von Literatur sollte allerdings bei menschlichen Aussagen nicht nur dann gesprochen werden, wenn es sich um schriftliche Äußerungen des menschlichen Geistes handelt. Auch die erzählte und mündlich weitergegebene Geschichte kann »Literatur« sein, ganz zu schweigen von der »oralen Literatur« der sogenannten Entwicklungsländer.

Rückblick auf die Geschichte der Zensur

Ohne Zweifel handelt es sich bei der Zensur um ein sehr altes, ja zeitloses Phänomen, das bis in die Gegenwart hinein überdauert hat. Angesichts der hervorragenden Bedeutung, die Ideen, Meinungen und Vorstellungen für jedes →soziale System besitzen, wird deren Regulierung in praktisch allen Gesellschaften – auch in denen, die sich →ideologisch dem Freiheitsbegriff verschrieben haben – seit alters her betrieben. (Eine ausführliche Darstellung der problemgeschichtlichen Entwicklung der Zensur in meiner Untersuchung: Die literarische Zensur als Problem der Soziologie der Politik.)

Die historisch früheste Erscheinungsart systematischer Zensur, die literarische Zensur, die lange vor der Erfindung des Buchdrucks entstand, hat in dem erstmals vom Konzil zu Trient (1559) gegen die Einflüsse der Reformation ausgearbeiteten »Index librorum prohibitorum« (Index der verbotenen Bücher) der katholischen Kirche höchste Perfektion erreicht. Eine solche Zensur, d. h. »eine Institution der Meinungskontrolle, die, abgerückt vom Einzelfalle und verbindlich erklärt für alle Schriften und Verfasser, ein System darstellte, das theoretisch keine Lücken ließ« (Franz Schneider), war bis dahin ohne Beispiel gewesen. Seit der Einschaltung weltlicher Instanzen in die ursprünglich rein kirchlich etablierte literarische Zensur grenzten drei große Bereiche, die sich noch heute als Grundsatzfragen in der Diskussion um die Kommunikationsfreiheit stets neu aktualisieren, im Mit- und Nebeneinander die freie →Kommunikation ein: der staatliche Glaubensschutz, die Verteidigung der »guten Sitten«, sowie die Staatsrücksichten, mit denen der Ehrenschutz historisch eng zusammenhängt. Mit zunehmender Technisierung und Ausweitung der Kommunikationsnetze dehnte sich dann die ursprünglich rein auf die Bücherproduktion abgestellte Zensur auf Presse, Film, Funk und Fernsehen, zum Teil auch auf andere Träger zwischenmenschlicher Bedeutungsübermittlung wie Schallplatten bzw. sonstige Tonträger, Post, Telegraphie und Telefon aus.

Zwar brachte bereits im 19. Jahrhundert die Auseinandersetzung um die Etablierung der →öffentlichen Meinung als Korrektivkraft im Staat eine weitgehende Befreiung von der Zensur des →absolutistischen Staates. Doch ist auch in der liberal gehandhabten Kommunikationspraxis die Freiheit der Meinungsäußerung noch immer nicht ohne Bedrohung: Ohne daß es eine offiziell →legalisierte Zensur gäbe, besteht selbst in den demokratischen Staaten sehr wohl eine Fülle von Ansätzen für zensurähnliche Maßnahmen, die gewöhnlich durch gewisse Eigentümlichkeiten der Rechtsordnung verstärkt werden.

Die Alternativform der historischen Antwort auf das Kommunikationsmodell oder besser: das →Arkanmodell des Absolutismus, mit dem sich der Herrscher und sein Hof gegenüber Kommunikationsversuchen von außen, insbesondere der sich bildenden bürgerlichen Öffentlichkeit, abschirmten, dauert gleichfalls bis heute fort: Das Kommunikationsmodell des →Totalitarismus weist der Zensur offen ihre politische Funktion zu, da hier nicht (wie in der liberalen Abart) der →Pluralismus der individuellen Meinungen die Kommunikation bestimmt, sondern die propagierte Flut einer Zwangsideologie, die durch Kommunikationsmanipulierung schärfsten Ausmaßes rein gehalten werden soll.

Erklärtes Ziel der Zensoren in Vergangenheit und Gegenwart ist es stets gewesen, einzelne oder alle gesellschaftliche Gruppen vor als schädlich aufgefaßten Einflüssen zu bewahren. Dabei pflegt die Notwendigkeit derartiger Schutzvorkehrungen mit der →Inkompetenz dieser gesellschaftlichen Gruppen in bestimmten Bereichen sowie mit ihrer Unfähigkeit zur Eigendefensive begründet zu werden. Die Nation, die Klasse, die Gemeinde, die Mitglieder einer Glaubensgemeinschaft, die Bürger, die Zeitungsleser, die Filmkonsumenten, der weibliche Bevölkerungsanteil, die Jugend und andere Gruppen sind es, die dem Sprachgebrauch der jeweiligen autoritären Gruppe zufolge insbesondere vor Gotteslästerung, vor Verrat sowie vor unmoralischen und unästhetischen Einwirkungen beschützt werden sollen. Damit stützt sich die Autorität auf ein politisches oder ethisches Gegenstück des theologischen Begriffes von der Schwäche und Verderbtheit des Menschen, vor denen ihn nur strenge Verbote und Ordnung retten können. Wie auch immer die Zensur im Einzelfalle dargestellt wird, ob als wohlfahrts- oder sicherheitspolizeilicher Schritt, immer wird sie letztlich unter Berufung auf einen Kodex verbindlicher öffentlicher Ansichten legitimiert, die Anspruch auf normative Geltung und Bewahrung erheben.

Die drei prinzipiellen Ansatzpunkte der Zensur stellen die Bereiche Religion, Politik und Moral. Wenngleich einzelne Erscheinungsbilder der Zensur in bestimmten Epochen dominierten – so der religiöse und später der moralische am Beginn der organisierten Zensur der Neuzeit, der politische im 18. und 19. Jahrhundert im Kampf um die Etablierung bürgerlicher politischer Öffentlichkeit als Korrektiv im Staat, und schließlich erneut der moralische Aspekt in der westlichen Welt des 20. Jahrhunderts –, so waren doch die verschiedenen Ansatzpunkte der Zensur zu allen Zeiten →latent vorhanden und sind systematisch nicht voneinander zu trennen. Scheint es bereits schwierig, eine gültige Grenzlinie zwischen religiöser, politischer und moralischer Zensur ziehen zu wollen, was die historische Entwicklung der Zensur im europäischen Raum anbetrifft, dann wird dies heute angesichts des Interessenpluralismus westlicher Staatsgefüge wie auch angesichts der strikten Zensurierung in der totalitären Staatspraxis vollends zur Unmöglichkeit. Historische wie aktuelle Erfahrung zeigen, daß vor allem der Schutz der religiösen und der sexualmoralischen →Orthodoxie stets eng miteinander verknüpft sind. Angriffe auf sexualmoralische Tabus werden in der Mehrzahl der Fälle als Angriffe auf religiöse Tabus aufgefaßt, und die Angriffe auf die Religion – besonders wenn es sich um die staatstragende handelt – werden gleichermaßen als Angriffe auf die herrschende politische Ordnung begriffen. Daneben bildet erfahrungsgemäß nicht zuletzt die moralische Zensur eine Gefahr für die Gesellschaft. Denn sie besitzt die Tendenz – so Vilfredo Pareto –, sich zur allgemeinen Zensur auszuwachsen, da die Denkungsart, die in der Behandlung der Pornographie vorherrscht, ebensowohl auch in der Befürwortung der Kontrolle gleichermaßen anderer Ideen vorherrschend zu werden vermag (→S. 308ff.).

Parallel zu den drei prinzipiellen Ansatzpunkten der Zensur ergeben sich drei Hauptargumentationen, die ihren Niederschlag in den meisten Strafgesetzbüchern, zumindest aber im politischen Vokabularium fast aller Länder gefunden haben: »Gotteslästerung«, »Verrat«/»Verleumdung« und »Sittenlosigkeit«. Verbreiteter noch sind ihre zahlreichen polemischen Umschreibungen – »Häresie«, »Subversion«, »Staatsgefährdung«, »Obszönität« und »Pornographie«, »Jugendgefährdung« etc. – Begriffe, deren gesteigerter Gefühlswert eine Symbolträchtigkeit beinhaltet, die bestimmte soziale und individuelle Vorstellungen und Wünsche zu assoziieren vermag, die gar nicht im Wortsinn angelegt sind.

Nicht nur in der Fülle der definitorischen Antworten auf die Frage »Was ist obszön?«, die in der jüngsten Vergangenheit im Vordergrund der Zensurdiskussion stand, begegnen uns »die →epigrammatischen →Autobiographien« von Zeiten, Schichten und Persönlichkeiten in ihrem kulturellen und sozialen Wirkungszusammenhang wie in ihrer wesensbedingten Verschiedenheit, begegnen uns auf »akademisch stilisierte Emotionen« (vgl. Ludwig Marcuse, Obszön. Geschichte einer Entrüstung.) Auch das verdammungswürdige Etikett der »Häresie« (etwa: »Glaubens-Abweichung«) als vorgeblicher Zensuranlaß, das in seiner ursprünglichen mittelalterlichen Sinngebung bereits verschiedenartigste Deutungen zuließ und mit Recht bereits für diese Epoche als »vage« apostrophiert wird, hat im Laufe der historischen Entwicklung keineswegs an Klarheit und Prägnanz gewonnen, sondern im Gegenteil weitere Gefühlswerte aufgesogen und ist zu einem stark empfindungsgebundenen Schlagwort überhöht worden. Mit der Festigung der →säkularen Elemente in der Staatsordnung und dem Bedeutungsschwund religiöser Faktoren im Staatsleben büßte allerdings die →religionsterminologische →Assoziation und damit die Schlagkraft des Wortes »Häresie« notwendigerweise an Wirkungskraft ein. An ihre Stelle ist der primär politisch akzentuierte Vorwurf der »Subversion« getreten, der gleichermaßen im moralischen Feld Anwendung findet. Auch für diesen Begriff gibt es keine präzise Definition, sondern er ist in der westlichen Welt heute wahlweise identisch mit dem Vorwurf des Antisemitismus, des Nazismus und vor allem des Kommunismus, aber auch der Pornographie; im Osten dagegen belegt er alternativ alle Sympathiekundgebungen für den Westen bzw. alle sonstigen dort als unorthodox angesehenen Aktionen und Reaktionen im menschlichen Zusammenleben.

Zensurmaßnahmen gegenüber »jugendgefährdenden« Äußerungen schließlich, gleichfalls ein uraltes Zensurargument, finden erfahrungsgemäß mehr als jede andere Zensurargumentation Zustimmung – selbst in solchen Kreisen, die als exponierte Fürsprecher demokratischer Freiheitsrechte gelten. Welche Gefühlswerte in den Terminus »jugendgefährdend« transponiert werden, beweist nicht zuletzt die langjährige Diskussion in der Bundesrepublik Deutschland über das »Gesetz über die Verbreitung jugendgefährdender Schriften« aus dem Jahre 1953, in der noch heute die alten Argumente wiederholt und fragwürdige Beweismittel strapaziert werden, obwohl die Gründe und Ursachen der Jugendkriminalität bekanntlich einen weit komplexeren Problemkreis bilden, als man gewöhnlich wahrhaben will.

Zensurargumente – fragwürdig

Oberflächlich betrachtet könnte in der sich pädagogisch gebenden Absicht der Zensoren, die sich auf die gemutmaßte Unmündigkeit und Schutzbedürftigkeit der der Zensur Unterworfenen gründet, in ihrem Mißtrauen gegen die ›richtige‹ Urteilsfähigkeit der Konsumenten bestimmter Äußerungen, das Zensurmotiv an sich liegen. Verräterisch scheint jedoch die Tatsache, daß die offiziellen Versuche zur Begründung von Zensurmaßnahmen aus den verschiedensten Gründen sehr durchsichtig sind. So zeichnen sich die hauptsächlichen Zensurargumente, besonders in ihrer schriftlich niedergelegten Form, vorwiegend durch eine geringe Präzision der einzelnen Vorwürfe gegenüber den betreffenden Äußerungen aus, was nicht verwundert, da erfahrungsgemäß alle die Meinungsfreiheit einschränkenden Gesetze fast immer auf »willkürlich interpretierbare Sammelbegriffe« ausweichen müssen. Denn was z.B. eine »staatsgefährdende« Publikation ist, läßt sich niemals so klar definieren wie etwa der Begriff »Diebstahl«. (Vgl. Thomas Ellwein: Das Regierungssystem der BRD.) Dabei sind die außerjuristischen Probleme der Meinungsfreiheit weit vielschichtiger, zumal da die sachgegebene Vielfalt der Zensurargumentation weiterhin durch die Politik polemischer Umschreibungen der hauptsächlichen Zensurargumente begünstigt wird, mit deren Hilfe das Feld rationaler Argumentation verlassen wird und der Rückbezug auf für unumstößlich erklärte Glaubensgebote erfolgt.

Es steht außer Frage, daß ein Zeitungsartikel, ein Buch nie absolut gesehen als Gefahr betrachtet werden kann, sondern immer nur in Beziehung zu einer konkreten sozialen Ordnung, die in bestimmter Weise etabliert ist und die sich durch diese Äußerung bedroht fühlt. Folglich sind Ursache und Anlaß der Zensurierung und des Verbots einer Äußerung nicht in deren spezifisch abträglichem Charakter, sondern in ihrer durchaus vergänglichen Einschätzung und Wertung durch die betreffende soziale Institution zu suchen – Momente, die niemals eine feste und damit zeitlose Bedeutung erlangen können. So verlieren die Vorwürfe gegenüber unerwünschten Äußerungen, die zu irgendeinem Zeitpunkt zensuriert und →indiziert werden, zwangsläufig im Laufe der weiteren sozialen Entwicklung an Bedeutung und werden uninteressant. Im übrigen bringt es die geringe Präzision der Zensurargumente mit sich, daß die Kriterien, nach denen unorthodoxe Äußerungen zensuriert werden, laut offizieller Diktion in den unterschiedlichsten Gesellschaften pro forma identisch sein können, zumal da es sich um äußerst dehnbare Begriffe handelt, die die verschiedenste Bedeutung bei scheinbar gleicher Terminologie haben können.

Der Eifer der Zensoren scheint ferner mit den Motiven, die sie für ihre Arbeit verantwortlich machen, in den seltensten Fällen zu vereinbaren, wenn man die deutliche Inkonsequenz in der Zensurübung betrachtet. Für diese teils beabsichtigte, teils ungewollte Begleiterscheinung der Zensur sind einmal dogmatische, zum anderen technische Gründe verantwortlich zu machen. So bleiben z.B. viele Bücher und Zeitschriften, die der betreffenden Definition der Zensur tatsächlich entsprechen, oftmals unbehelligt. Gerade was das Beispiel der Pornographie angeht, so sind Pin-up-Magazine jeder Art ebenso wie Romane, die die sexuelle Phantasie anregen, überall frei erhältlich, ganz abgesehen davon, daß der Sex große Teile der Werbung in

Fernsehen und Illustrierten sowie im Kino und an den Plakatsäulen auf der Straße beherrscht. Offenbar gibt es zumindest in der Gesellschaft der Gegenwart durchaus eine Konzession für bestimmte Formen von erlaubter, sozusagen klinisch sauberer Sexualität – wie z.B. in der grundwertkonformen Werbung – neben noch immer verbotener, mit Tabus belegter Sexualität.

Theodor W. Adorno (1903–1969) hat zu Recht darauf hingewiesen, daß die Befreiung des Sexus in der heutigen Gesellschaft bloßer Schein ist. (vgl. Theodor W. Adorno, »Sexualtabus und Recht heute«, in: »Eingriffe. Neun kritische Modelle«.) Ereignet habe sich mit ihm lediglich, wofür anderweitig die Soziologie ihren Lieblingsausdruck →Integration verwende. Die rationale Gesellschaft, die auf Beherrschung der inneren und äußeren Natur beruhe, und das diffuse, der Arbeitsmoral und dem herrschaftlichen Prinzip selber abträgliche Lustprinzip bedürften nicht länger des patriarchalischen Gebots von Enthaltsamkeit, Jungfräulichkeit, Keuschheit. Vielmehr werde der an- und abgestellte, gesteuerte und in ungezählten Formen von der materiellen und kulturellen Industrie ausgebeutete Sex im Einklang mit seiner Manipulation von der Gesellschaft institutionalisiert. Sex sei – geregelt – geduldet. Verhaßt an ihm bleibe jedoch, was sich nicht eingliedern lasse: »das eigentlich sexuelle Aroma . . . Der Sexus wird als Sex gleichsam eine Variante des Sports, entgiftet; was daran anders ist, bleibt ein allergischer Punkt«. Adorno hält diese Inkonsequenz, also Tabus inmitten formaler Freiheit, für äußerst gefährlich: »Die Tabus inmitten des Scheins von Freiheit lassen vor allem darum nicht mit sich spaßen, weil niemand mehr ganz an sie glaubt, während sie doch zugleich vom Unbewußten der Individuen und von den institutionellen Mächten befestigt werden. Allgemein werden →repressive Vorstellungen um so grausamer, je mehr sie ausgehöhlt sind: Sie müssen ihre Anwendung übertreiben, damit der Schrekken den Menschen einrede, was so stark ist, sei auch →legitim.«

Ein anderer Aspekt, an dem die Inkonsequenz in der praktischen Ausübung der Zensur deutlich zum Ausdruck kommt, ist die Art, wie jugendgefährdende Schriften behandelt werden. Derartige Bestimmungen gehen in der Mehrzahl der Fälle weit über das Ziel eines reinen Jugendschutzes hinaus und suchen statt dessen in gemutmaßter Unmündigkeit auch der erwachsenen Konsumenten von Literatur- und Presseprodukten die Gesamtheit der Bevölkerung zu erfassen. So geschieht es nicht selten, daß unter Verschiebung des Jugendschutzes das Recht auf freie Meinungsäußerung und Meinungsbildung →ad absurdum geführt wird, indem vor allem gewisse Schriften, die Jugendlichen nicht zugänglich gemacht werden sollen, durch die Maßnahmen literarischen Jugendschutzes, die sich meist in Vertriebsbeschränkungen äußern, praktisch auch den erwachsenen Lesern entzogen werden.

Technisch begründete Inkonsequenz in der Zensurübung ist allerdings zumindest nicht gewollt. Nur gelingt es der Zensur kaum jemals, die beanstandete Literatur rasch genug und mit der nötigen Breitenwirkung aus dem Verkehr zu ziehen, nicht zuletzt deshalb, weil die Gegenseite zu allen Zeiten und allerorts erfinderisch genug war, den Zensoren ein Schnippchen zu schlagen. Gerade die öffentliche Exekution eines Buches reizt zur öffentlichen Neugier, zum verbotenen Vergnügen, und inzwischen weiß man, daß sich ein Verlag die Werbekosten für eine Neuerscheinung sparen kann, wenn das Buch erst einmal wegen tatsächlicher oder angeblicher Obszönität verboten oder indiziert ist: »Der Skandal fängt an, wenn die Polizei ihm ein Ende macht«, hat es Karl Kraus in »Sittlichkeit und Kriminalität« formuliert. Die Unzulänglichkeiten und Schwächen, die jederzeit der Praxis literarischer Zensur anhaften, ihre grotesken Fehlgriffe und selbstgefälligen Besserwissereien sind nicht dazu angetan, ihre Einschätzung durch das Publikum zu stärken. Im Gegenteil, sie rufen Kritik und Opposition, Spott und Haß hervor und pflegen damit die Autorität noch mehr zu untergraben.

Ein weiteres Moment, das die offizielle Zensurargumentation kritisch beleuchtet und in Frage stellt, ist die spürbare Begünstigung bestimmter politischer Tendenzen, denen eine gewisse Zensurfreiheit eingeräumt wird. Denn wenn, was den Bereich der »Obszönität« anbetrifft, immerhin eine gewisse Breitenwirkung erreicht wird, warum kämpft man eigentlich nur auf diesem Sektor, während – trotz anderslautender offizieller Beteuerungen – der Vertrieb von Büchern und Heften, in denen Krieg, Mord und alle Arten von Gewalt und Grausamkeit verherrlicht werden, sehr nachlässig behandelt wird? Die nachsichtige Behandlung des Jugendschutzes im Hinblick auf Kriegsdarstellungen in den meisten Ländern jedenfalls ist keineswegs mit der offiziellen →Terminologie in Einklang zu bringen. Welche Schwierigkeiten allein in der Bundesrepublik Deutschland von der Gesetzgebung her bestehen, gegen kriegsverherrlichende Schriften vorzugehen, darauf hat der ehemalige Leiter der »Bundesprüfstelle für jugendgefährdende Schriften«, Robert Schilling, bereits im Jahre 1959 hingewiesen. (Robert Schilling: Literarischer Jugendschutz. Theorie und Praxis, Strategie und Taktik einer wirksamen Gefahrenabwehr.) Die wenigen von der Bundesprüfstelle indizierten Kriegsbücher stehen keinesfalls in angemessenem Verhältnis zur Zahl der Indizierungsanträge, die sich vor allem gegen neonazistische Schriften wenden, sowie zu anderen auf die Liste für jugendgefährdende Schriften gesetzten Büchern, vor allem sexuellen und erotischen Inhalts. Auf dieses offenkundige Mißverhältnis hin angesprochen, erklärte das zuständige Ministerium, es verbiete sich »eine gewisse Leichtfertigkeit in der Bearbeitung nicht zuletzt aus politischen Gründen«. Der Zweite Senat des Oberverwaltungsgerichtes für das Land Nordrhein-Westfalen hatte keine Hemmungen, in einem Urteil vom 27. 11. 1962, in dem die Indizierung von Konsaliks Kriegsroman »Sie fielen vom Himmel« aufgehoben wurde, diese politischen Gründe zu formulieren: »An der Weckung der Verteidigungsbereitschaft der deutschen Jugend bestehe ein lebenswichtiges Interesse.« (Vgl. Hans Brüdigam: Der Schoß ist fruchtbar noch. Neonazistische, militaristische, nationalistische Literatur und Publizistik in der BRD.) Adorno hat in diesem Zusammenhang einmal vorgeschlagen, eine Studie durchzuführen über das, was nach den herrschenden Vorschriften oder Spielregeln der freiwilligen Selbstkontrolle der Filmindustrie etwa an Liebkosungen, →Exhibitionen und angeblich Obszönem eliminiert und was demgegenüber an ernsthaft Schädlichem, wie Modellen zu sadistischen Akten und Gewaltverbrechen, durchgelassen wird; denn nur selten paare sich die Entrüstung über Grausamkeit mit der sexuellen, und zwischen Verbotenem und Erlaubtem bestehe ein eklatantes Mißverhältnis: »So nachhaltig wirken die Sexualtabus gleichermaßen wie das gesellschaftliche Einverständnis mit dem Gewaltprinzip.«

Die geringe Präzision der Vorwürfe gegenüber unerwünschten Äußerungen, die deutliche Inkonsequenz in der Ausübung der Zensur sowie die spürbare Begünstigung bestimmter politischer Tendenzen belegen, daß zwischen der offiziellen Zensurargumentation und ihren eigentlichen Motiven in der Regel eine gehörige →Diskrepanz besteht. In der Mehrzahl der Fälle liegen egoistischere Ziele in der Absicht der Zensoren, als es die offiziellen Verlautbarungen wahrhaben wollen: »Die Grenze zwischen der gesunden und der pathogenen Meinung wird in praxi von der geltenden Autorität gezogen, nicht von sachlicher Einsicht.« (Theodor W. Adorno: »Meinung, Wahn, Gesellschaft« in: Eingriffe. Neun kritische Modelle.) Aus der Fülle von Ereignissen, die in diesem Zusammenhang angeführt werden können, sei hier nur an das besonders demonstrative Beispiel des katholischen Bücherindex erinnert, der unter dem Vorwand des Schutzes von Glauben und Sittlichkeit lange Jahrhunderte in Wirklichkeit darauf ausging, wichtige Reformen zu bekämpfen, um dem Schwinden von Macht und Einfluß der katholischen Kirche Einhalt zu gebieten. Nicht anders hat es sich mit dem vielfältigen Einsatz religiöser und moralischer Rechtfertigungsversuche der Zensur im Laufe der Geschichte bei zahlreichen anderen Gelegenheiten verhalten: Zumeist sind auch sie rein machtpolitischen Erwägungen entsprungen. Erst in jüngster Zeit hat die extreme Rechte in den USA wieder auf die Massenwirksamkeit von Kreuzzügen gegen die Obszönität vertraut und sich für alle diejenigen angebiedert, die eine Ausweitung der literarischen Freiheit fürchteten, indem sie für eine Zensur durch die Post eingetreten ist. Ähnliche Vorfälle ließen sich in der deutschen Öffentlichkeit vor dem Bundestagswahlkampf 1965 registrieren.

Als Ausdruck und Instrument eines bestimmten politischen und sozialen Normensystems im Sinne einer als erwünscht erachteten politischen und sozialen Richtung ist die Zensur der Praxis →autoritärer bis →totalitärer Staatswesen naturgemäß am nächsten, während ein demokratisches System, dessen →Grundmaxime die freie Konkurrenz von Ideen und Meinungen ist, derartige Restriktionsmaßnahmen nicht anwenden kann, ohne in eine konträre Position zur eigenen Doktrin zu geraten. Jedoch läßt sich das Problem der Zensur nicht allein auf solche Systeme beschränken, in denen es der Theorie nach wesensmäßig seinen Platz hat. Denn nicht nur die totalitären oder besonders autoritär eingestellten, sondern vielmehr alle Regierungen halten erfahrungsgemäß ihre Bürger bzw. einzelne Gruppen unter ihnen für unmündig und also des Schutzes der Zensur für bedürftig. Oder anders ausgedrückt: des eigenen Widerspruchs nicht fähig oder eben nicht willig – beides Gründe, um die Möglichkeit freier Meinung zu rauben. Allerdings wird die Ausrichtung und →Gleichschaltung der Bewußtseinslage durch einen totalitären Staatsapparat offen erstrebt und zwangsmäßig durchgeführt, während sie in den spätbürgerlichen Gemeinwesen unserer Gegenwart überwiegend scheinbar anonymen, nur schwer erkennbaren, subtilen sozialen Kräften überlassen bleibt.

Fest steht, daß jegliche Zensur generell als politischer Integrationsversuch unter negativem Vorzeichen dienen soll. Denn Zensur zielt auf dem Wege kulturellen Einflusses kurzfristig auf eine Gestaltung der Öffentlichkeit im Sinne der herrschenden bzw. machtbegierigen sozialen Gruppe ab, während sie langfristig die normative Integration der Beherrschten über das der betreffenden Herrschaft zugrunde liegende und deren Bestand sichernde Wertsystem anstrebt. Folglich besteht die eigentliche Funktion der Zensur offenbar darin, eine bestimmte erwünschte kulturelle und damit zugleich auch soziale ebenso wie politische Richtung zu propagieren und zu unterstützen.

Abgesehen davon, daß die herrschenden Minoritäten das Instrument der Zensur in politischen Krisensituationen gern als Ablenkungs- und Tarnungsmanöver benutzen, um von der Erkenntnis gegenwärtig bedrohter Machtpositionen des bestehenden Systems abzulenken, liegt ein weiteres Motiv der Zensur zweifellos darin, daß derartige Maßnahmen den herrschenden Gruppen u. a. als Ventil konservativer und fanatischer Tendenzen in der Gesellschaft herhalten müssen, um soziale Energien für die Zwecke ihrer eigenen politischen Interessen freizusetzen. Denn wenn auch die herrschende Minorität für sich selbst keineswegs oder uneingeschränkt Tradition und konservatives Denken als Maxime ihres Handelns akzeptiert, so wird sie die psychologischen Motive, die eine konservative, fortschrittlichen Gedanken feindliche Atmosphäre in der Gesellschaft erzeugen, so weit als möglich bestärken, um die bestehende Ordnung und damit ihre eigene Machtposition in dieser etablierten Ordnung aufrecht zu erhalten. Ein wichtiger Faktor zur Unterstützung von Zensurmaßnahmen ist dabei immer die Entrüstung einer möglichst breiten Allgemeinheit. Wie sehr sich dieser Entrüstungsaffekt im Einzelfalle auch verselbständigen mag, am Leben erhalten wird er ausnahmslos von der betreffenden Autorität als »Hüterin der Ordnung«. Je bedrohter diese sich fühlt, desto üppiger und nachdrücklicher wird man sich entrüsten. Die Herrscher selbst pflegen dabei nicht Anstoß zu nehmen, doch können sie ohne Anstoßnehmer, besonders ohne Tugendwächter nicht auskommen – ohne deren politische, religiöse und moralische Entrüstung, die die unabdingbare Voraussetzung für einen Erfolg jeglicher Zensur überhaupt ist. Freilich, wenn man sich damit tröstet, daß eine zurückgebliebene, fanatisierte Minderheit ihren Willen lärmend der Mehrheit aufzwingt, so ist das eine Illusion: »Die losgelassene Sittlichkeit könnte nicht auf den Strich gehen und jenes Ärgernis bereiten, das sie zu nehmen vorgibt, harmonierte nicht die Triebstruktur der Bevölkerung mit ihr« (Adorno).

→akzessorischen Zensurmaßnahmen, die von physischer Gewaltanwendung über den Rufmord bis zur bloßen psychologischen Abwertung einer Meinungsäußerung differieren können, hängen weniger von der spezifischen →Ideologie als von der faktischen Stärke der betreffenden herrschenden Klasse bzw. dem Grad ihrer →Dekadenz und dem Ausmaß der Bedrohung ihrer Position ab.

Die Frage nach dem Wesen und Charakter der Zensur läßt sich damit soziologisch eindeutig beantworten: Die Zensur gehört in den Katalog von Herrschaftsmitteln, die der an der Macht befindlichen →Minorität in jeder sozialen Herrschaftsstruktur, vor allem aber im Staat, zur Wahrung ihrer Interessen und zur Sicherung ihrer Stellung zur Verfügung stehen. Neben dem Staat mit seinen meist legitimen und öffentlichen Machtmitteln gibt es allerdings auch andere soziale Gebilde, Institutionen und Organisationen wie staatstragende Verbände, Interessengruppen aller Art, die – manchmal eigens zum Zweck der Zensur gegründet – unter bestimmten äußeren Bedingungen mit Hilfe privater oder halböffentlicher, von politischem, ökonomischem oder psychologischem Druck begleiteten Zensurmaßnahmen einen unsichtbaren Terror auf die Meinungsbildung der Gesellschaft ausüben und damit einen sozialen Machtanspruch demonstrieren, indem sie ihre zunächst nur für den Bereich der eigenen Gruppe und der dort gültigen Normen gedachten Zensurwünsche für die Gesamtgesellschaft verbindlich erklären wollen. Von der negativen Seite her angegangen ist jegliche Zensur ein Mittel, um Unwissenheit in der Bevölkerung aufrecht zu erhalten – Unwissenheit zumindest über bestimmte Tatbestände und Meinungen. Positiv betrachtet ist Zensur eine ergänzende Methode, um ein System sozialer →Normen auszubilden.

Resümee: Wesen der Zensur

Im Zentrum aller Zensurbemühungen steht also keineswegs der nach außen deklarierte Schutz der Unmündigen. Das ist vielmehr ein →pseudo-logischer Rechtfertigungsversuch, der logisch-erfahrungsmäßiger Nachprüfung, wie sie die Soziologie verlangt, nicht standhält. Ziel der Zensoren ist vielmehr Kontrolle, Überwachung und Verbot menschlicher Äußerungen, die als in Konflikt befindlich zu den dominierenden politischen, religiösen und/oder moralischen Interessen einer Gesellschaft bzw. einzelner starker Gruppen in ihr – besonders der herrschenden →Klasse – betrachtet werden. Zensur tritt deshalb nicht nur dort in Erscheinung, wo eine Macht Anspruch auf restlose Bindung des Menschen an ihr soziales Gefüge erhebt und über die Errichtung eines konsequenten Meinungsmonopols alle Möglichkeiten abweichender Erfahrung blockieren will, sondern auch und vor allem dort, wo eine Macht ihren materiellen und geistigen Bestand gefährdet sieht. So beruht die Unterdrückung bestimmter menschlicher Äußerungen gleichermaßen auf der subjektiven Wertung und Beurteilung durch den betreffenden sozialen Organismus, der sein System sozialer Regelungen für absolut überlegen betrachtet, wie auch auf der Existenz und Ausbreitung anders denkender und handelnder Gruppen, die den Fortbestand der sanktionierten Autorität bedrohen. Zum Wesen der Zensur gehört dabei zwangsläufig so viel Macht, als notwendig ist, um bestimmte Entscheidungen wirksam werden zu lassen. Steht der Zensur übenden Autorität diese Macht nicht zur Verfügung, so wird die Zensur faktisch nicht anerkannt, weil sie nicht konsequent sein kann und das Verbot als Ernstfall der Zensur nicht vollstrecken lassen kann, sondern reine Drohung bleibt. Die

Peter Gorsen, »Das Prinzip Obszön. Kunst, Pornographie und Gesellschaft«. Reinbek bei Hamburg 1969

H. Montgomery Hyde, »Geschichte der Pornographie«. Frankfurt/M. und Berlin 1969

Ludwig Marcuse, »Obszön. Geschichte einer Entrüstung«. München 1962

Sieghart Ott, »Kunst und Staat. Der Künstler zwischen Freiheit und Zensur«. München 1968

Ulla Otto, »Die literarische Zensur als Problem der Soziologie der Politik«. Stuttgart 1968

Vilfredo Pareto, »Der Tugendmythos und die unmoralische Literatur«. Hrsg. von Gottfried Eisermann, Neuwied und Berlin 1968

Peter Raue, »Literarischer Jugendschutz. Was kann nach dem Gesetz über die Verbreitung jugendgefährdender Schriften indiziert werden?« Berlin 1970

Franz Schneider, »Pressefreiheit und politische Öffentlichkeit« Neuwied 1966.

Verbotene Literatur

Die Geschichte der literarischen Zensur ist die Geschichte der jeweiligen Machthaber, die mehr oder minder wirksam und konsequent versucht haben, unbequeme abweichende Richtungen, Meinungen oder ästhetische Konzepte zu verbieten. Sie beginnt in Griechenland, wo Philosophen wie Anaxagoras oder dem Sophisten Protagoras mit dem Vorwurf der Gottlosigkeit der Prozeß gemacht wurde und ihre Schriften verbrannt wurden. Mit Zensur versuchten die römischen »Zensoren« das Eindringen der griechischen Bühnenstücke (sie waren voll von Spottliedern und kritischen Anspielungen) zu verhindern, und Ovids »Ars Amandi« (Kunst des Liebens) wurde aus den öffentlichen Bibliotheken verbannt. Im Mittelalter setzt eine kirchliche Zensur ein, die ihren Höhepunkt in dem 1559 auf dem Konzil zu Trient beschlossenen »Index librorum prohibitorum« (Verzeichnis der verbotenen Bücher) findet. Dieser Index trat erst am 29. März 1967 außer Kraft.

Oben:
A. Paul Weber, »Außerhalb der Legalität« (Lithographie)

Rechts:
Die Gedanken werden zensiert (Karikatur 1848)

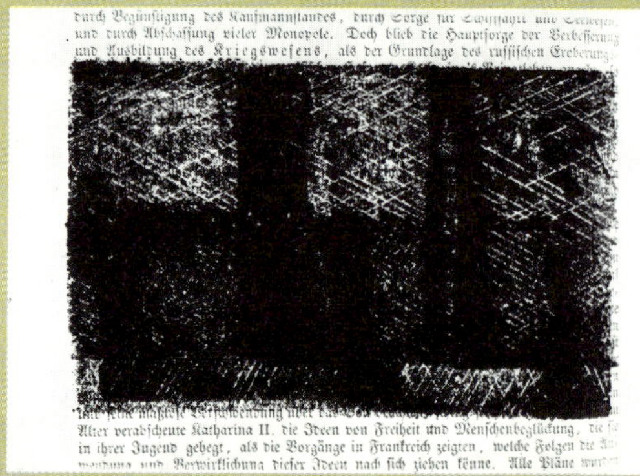

durch Begünstigung des Kaufmannstandes, durch Sorge für Schiffahrt und Seewesen, und durch Abschaffung vieler Monopole. Doch blieb die Hauptsorge der Verbesserung und Ausbildung des Kriegswesens, als der Grundlage des russischen Eroberung[redacted]
Alter verabscheute Katharina II. die Ideen von Freiheit und Menschenbeglückung, die sie in ihrer Jugend gehegt, als die Vorgänge in Frankreich zeigten, welche Folgen die Anwendung und Verwirklichung dieser Ideen nach sich ziehen könne. Alle Pläne wurden

Unter Kaiserin Maria Theresia wurde die Zensur einer weltlichen »Zensurhofkommission« übertragen, die kaum toleranter war als ihre Vorgänger. Der kaiserliche Index enthält z.B. die Schriften Lessings und Goethes »Werther«. Kritik am Adel und an der Kirche brachte auch dem Dichter Christian Daniel Schubart (1739–1791) Kerkerhaft ein. Massive Pressionen gegen unangepaßte Schriftsteller waren in der →Restaurationszeit die Regel. Fürst Metternich hatte 1833 in Mainz ein »Zentral-Informations-bureau« eingerichtet, um seine Zensurmaßnahmen wirksamer zu machen. Büchner, Heine, Börne u.a.m. gingen ins Exil. Die Presse der Zeit wurde entmündigt. Im 19. Jahrhundert begannen auch die großen Literaturprozesse. Der Vorwurf der Obszönität richtete sich gegen einige der größten Autoren des 19. Jahrhunderts: 1856 wurde Gustave Flaubert (1812–1888) wegen seines Romans »Madame Bovary« vor Gericht zitiert, 1857 Charles Baudelaire (→S. 264f.) wegen seiner Gedichtsammlung »Die Blumen des Bösen«.
In den USA kam es zum Prozeß gegen James Joyce (→S. 328f.): Erst 1933 wurde der große Roman »Ulysses« ohne Einschränkung freigegeben. *H. D.*

Oben:
Erstausgabe der Gedichte Schubarts aus dem Kerker (1785) (oben)
Darunter:
Karikatur aus dem »Kladderadatsch« (1848)

Herrschaft und Herrschaftsmittel in der Theorie Vilfredo Paretos

Unser Bemühen, literarische Zensur im Rahmen der Soziologie der Politik zu theoretisieren, lehnt sich stark an das System Vilfredo Paretos (1848–1923) an. Pareto hat nachzuweisen versucht, daß alles soziale Geschehen in überragendem Maße die Folge nicht-logischen Handelns ist: Nach Pareto – ähnlich auch nach Max Weber – handeln die Menschen nicht, weil sie denken, sondern sie denken, weil sie handeln, in dem Bedürfnis, ihren zumeist nicht-logischen Handlungen logische Erklärungen anzufügen. Unter dem Schleier des Intellekts verbergen sich die eigentlich wirksamen psychologischen Impulse, die zwar zugunsten des Verstandes zurückgedrängt, aber nicht aufgelöst werden können. Diese Impulse, bei Pareto »Residuen« genannt, umgeben sich mit vielfachen, der natürlichen menschlichen Logik entsprechenden, meist simplifizierenden und popularisierenden »Derivationen« in Form von Begriffen, Schlagworten, Symbolen, Slogans, die nichts weiter sind als zeitgenössische Kostüme und wie die Mode wechseln, während die Residuen auf lange Zeit unverändert bleiben.
Das Kernstück der Theorie Paretos bildet seine These vom Kreislauf der Eliten bzw. der herrschenden Minoritäten, zu dem es jenseits der nicht-logischen Handlungen kommt. Diese Theorie geht davon aus, daß sich jede Gesellschaft aus einer Minderheitsgruppe, der sog. »Elite«, die sich an der Spitze der Gesellschaftspyramide befindet und die Herrschaft ausübt, und aus dem zahlenmäßig überwiegenden Teil der übrigen, von der Herrschaft ausgeschlossenen Bevölkerung zusammensetzt. Da alle Menschen physisch, intellektuell und moralisch ungleich sind – für Pareto ist die Behauptung, alle Menschen seien gleich, eine typische Derivation –, ergibt sich soziale Verschiedenheit und daraus folgend eine soziale Hierarchie, deren Maßstab allein die Überlegenheit ist. Für die Elite gilt dabei, daß sie ihre Interessen besser erkennt als die beherrschte Klasse, weil der Gefühlsschleier, hinter dem sich ihre wahren Interessen verbergen, weniger dicht ist als bei der beherrschten Klasse, daß sie mit Residuen wie Verstand, Willenskraft und Unternehmungslust besonders begabt ist. So ist die herrschende Klasse auch in der Lage, unmerklich die Beherrschten dazu zu bringen, die Interessen ihrer Herrscher, selbst wenn sie den eigenen entgegenstehen, wahrzunehmen.
Das Bedürfnis nach logischen Begründungen bei der →Klasse der Beherrschten befriedigen die Herrscher mit Hilfe entsprechender Derivationen, von denen die Eliten nach Meinung Paretos zu allen Zeiten ausgiebig Gebrauch machen: Das Geheimnis erfolgreicher Praxis der Herrschafts- und Regierungsmittel liegt darin, daß sich Herrschende meisterhaft der Gefühle und Interessen der betreffenden Bevölkerung zu bedienen wissen.
Neben der Wahrung ihrer persönlichen Interessen, durch Derivationen nach außen hin verkleidet, besteht das Hauptproblem der herrschenden Klasse darin, ihre Machtposition gegenüber den nachdrängenden Schichten zu verteidigen. Der politische Zyklus des Kreislaufs der Eliten beginnt stets mit dem Aufstieg zur Macht von Männern, die nicht zögern, Gewalt zu gebrauchen, um ihre Ziele zu verwirklichen. Aber die Unbequemlichkeiten, die mit dem Gebrauch der Gewalt als Herrschaftsmittel verbunden sind, veranlassen bald zu anderen, mehr intellektuellen Methoden, zu »schlauen Winkelzügen«, zu theoretisch-bürokratischer Regelung aller Probleme. Derartige Praktiken müssen jedoch auf die Dauer die Stellung der Herrschenden schwächen, bis eine neue Elite, die bereit ist, Gewalt anzuwenden, die herrschende Elite ablöst.
Die herrschende Klasse gebraucht die verschiedensten Möglichkeiten, um ihre Machtstellung gegenüber solchen Kräften zu verteidigen, die sie von der Spitze der Gesellschaftspyramide verdrängen wollen. In den Katalog der Herrschaftsmittel bzw. der Maßnahmen zur Verteidigung der Position der herrschenden Klasse gehört auch die hier diskutierte literarische Zensur.

Links: Zensierte Buchseite – Seite eines »Lehrbuchs der Weltgeschichte« (1878)

Susanne Jensen

Kinder- und Jugendliteratur

Mit der allmählichen Herausbildung der bürgerlichen Gesellschaft im 18. und 19. Jahrhundert begann auch die Geschichte der eigentlichen Kinder- und Jugendliteratur. Sie war das Produkt des zur Industrie strebenden →Bürgertums, das sich nun aufmachte, um die überlebte feudalistische Ordnung und ihre Weltanschauung zu zerschlagen. Dies geschah nicht in allen europäischen Ländern in gleicher Weise und zur gleichen Zeit, und so entwickelte sich auch die bürgerliche Kinder- und Jugendliteratur je nach den besonderen Bedingungen. Der folgende geschichtliche Überblick geht schwerpunktmäßig von der jeweiligen deutschen Bestandsaufnahme aus und schließt dabei die europäischen und amerikanischen Kinder- und Jugendbücher ein, die international berühmt wurden. Der zeitliche Rahmen erstreckt sich im wesentlichen von den Anfängen der bürgerlichen bis zu den Ansätzen einer proletarischen Kinder- und Jugendliteratur in Deutschland am Beginn des 20. Jahrhunderts.

Die geistige Waffe, mit der sich das Bürgertum aus den Fesseln der feudalistischen Weltanschauung befreite, war die Aufklärung. Mit dem Aufschwung der pädagogischen Reformbewegung, der in dieser Zeit einsetzte, entstand die bürgerliche Kinder- und Jugendliteratur.

Die Bildung der Jugend war Teil des Gesamtziels der Aufklärung: den Menschen von jeglicher geistlichen und weltlichen Bevormundung zu befreien und die Welt nach den Gesetzen der Vernunft einzurichten. Der Wahlspruch der Aufklärung, so hatte Immanuel Kant 1784 gefordert, solle deshalb sein: »Habe Mut, Dich Deines eigenen Verstandes zu bedienen!« Dieses Ideal sollte erreicht werden durch Erziehung und Aufklärung aller Menschen über die Bedeutung ihrer natürlichen Kräfte und Fähigkeiten, über ihre Rechte und Pflichten als Mitglieder der Gesellschaft.

Im Aufbau des Schul- und Erziehungswesens knüpfte man an die pädagogischen Gedanken des tschechischen evangelischen Theologen und Pädagogen Johann Amos Comenius (1592–1670) an. Sein berühmtes Unterrichtswerk »Orbis sensualium Pictus« (Die sichtbare Welt), das 1658 in Nürnberg erschienen war, war dabei Vorbild für die große Anzahl der nun entstehenden Anschauungsbücher, wie zum Beispiel das deutsche »Elementarwerk« von Johannes Bernhard Basedow (1724–1790). An dessen wunderschönen Kupfertafeln arbeitete der berühmte Künstler Chodowiecki von 1770 bis 1774. Das »Elementarwerk« bot eine große Stofffülle, wie z.B. das Leben im Haus und in der Familie, Kunst und Handwerk, Botanik, Zoologie, Mineralogie und Geschichte.

Die Betonung des Lehrhaften und Moralischen im Basedowschen Text unterstreicht die pädagogische Tendenz der Kinder- und Jugendbücher dieser Zeit. Die Kinder sollten zu strebsamen und fleißigen, sparsamen und tugendhaften Menschen werden – das waren die moralischen Standards des aufstrebenden Bürgertums, die im scharfen Gegensatz zur Lebensweise der Aristokratie standen.

Eines der klassischen Jugendbücher veranschaulicht diese Absicht: Joachim Heinrich Campes Bearbeitung des »Robinson Crusoe« aus dem Jahre 1779 (→S. 146ff.). Schon Rousseau hatte darauf hingewiesen, daß dieser 1719 erschienene Roman von Daniel Defoe, der einen ungeheuren Erfolg hatte und ungezählte Nachahmungen fand, »die glücklichste Abhandlung über die natürliche Erziehung an die Hand gibt.« Campe, der als erster deutscher Jugendschriftsteller bewußt Unterschiede im Lesestoff für die verschiedenen Lebensalter des Kindes machte, war ein Gegner der herrschenden verschnörkelten und überladenen Ausdrucksweise. Er vereinfachte die Rechtschreibung und verdeutschte viele der modischen Fremdwörter. Sein von der »schwerfälligen Schreibart« befreite »Robinson der Jüngere« sollte in der Form des Gesprächs zwischen Vater und Kindern unterhalten, Kenntnisse aus dem häuslichen und handwerklichen Leben und aus der Natur vermitteln, tugendhafte Empfindungen fördern und als lebenspraktisches Buch für die Jugend dem »leidigen Empfindsamkeitsfieber« zu Leibe rücken. Für jüngere Kinder hatte Campe seine »Kleine Kinderbibliothek« gedacht. In kurzen lehrreichen Erzählungen und Szenen, in Prosastücken aus dem »Wandsbeker Boten« von Matthias Claudius (1740–1815) und in Fabeln in Versform sollten sie die bürgerlichen Anschauungen kennenlernen, aber auch dazu angehalten werden, sich körperlich auszubilden.

»Zur Belehrung und Unterhaltung« – das war auch der Tenor der vielen Kinderzeitschriften, die – den damals überaus beliebten moralischen Wochenschriften nachgebildet – gegen Ende des Jahrhunderts wie Pilze aus dem Boden schossen. Zu den verbreitetsten gehörte »Der Kinderfreund« von Christian Felix Weiße (1726–1804), in dem das Wissen aus verschiedenen Gebieten von einer immer wiederkehrenden Person vermittelt wurde. So erzählte zum Beispiel der Herr Papillon von naturkundlichen Dingen, und Doktor Chronikel war für die Geschichte zuständig.

Neben den preiswerten Wochenschriften gab es noch eine Menge von Taschenkalendern, Taschenbüchern und →Almanachen »zum Unterrichte und Vergnügen junger Personen«.

Mit der industriellen Revolution, die mit dem 19. Jahrhundert einsetzte, weitete sich diese Aufklärungstradition des Sachbuches noch aus. Es hatte jetzt auch die Aufgabe, die Kinder und Jugendlichen des Bürgertums mit den neuen Bedingungen der gewaltigen technologischen Umwälzung vertraut zu machen. So entstand eine Fülle von Werken naturwissenschaftlichen, technischen und geographischen Inhalts.

In dieser auf gesellschaftliche Praxis ausgerichteten Erziehungshaltung drückte sich die optimistische Vorstellung der aufstrebenden bürgerlichen Klasse aus, daß eine ›vernünftige‹ Übereinstimmung von Individuum und Gesellschaft möglich sei. Sie prägte auch die Auffassung der Kinder- und Jugendzeit, die hauptsächlich auf das Erwachsenendasein vorbereiten sollte. Doch die gesellschaftliche Weiterentwicklung stand bald im krassen Widerspruch dazu, was sich in einer zunehmenden Sei-hübsch-ordentlich-und-fromm-Pädagogik in der Kinder- und Jugendliteratur niederschlug.

Neben dieser aus der Aufklärung stammenden Linie setzte mit der Romantik eine neue Entwicklung in der Geschichte der Kinder- und Jugendliteratur ein. Erschreckt von den krassen sozialen Gegensätzen, von den negativen Auswirkungen der sich immer stärker ausbreitenden →kapitalistischen Lebensweise, und dem ungezügelten Egoismus der bürgerlichen →Klasse wandten sich die Romantiker der Vergangenheit zu, in der sie eine verklärte ›gute alte Zeit‹ zu erblicken meinten. Dabei entdeckten sie alte Zeugnisse der Volkskunst, die durch die mündliche Überlieferung von Generation zu Generation lebendig geblieben waren, wie das Märchen, das Volkslied und die Sage. Sie hatten keinen Platz in der Zweckdichtung der Aufklärung, die sie mit Aberglaube gleichsetzte. Doch die Romantiker, überzeugt davon, in ihnen Stücke einer uralten Volkspoesie gefunden zu haben, sammelten, bearbeiteten und erforschten sie.

Die erste planmäßige und wissenschaftliche Sammlung von Volksmärchen führten die Brüder Jacob (1785–1863) und Wilhelm (1786–1859) Grimm durch. 1812 erschien der erste Teil ihrer »Kinder- und Hausmärchen«, zwischen 1815 und 1822 die nächsten beiden Bände. Ihre Quellen waren Erinnerungen an Erzählungen im Elternhaus, Beiträge von Freunden und anderen Sammlern, wie zum Beispiel von Philipp Otto Runge (1777–1810), Schwänke und Legenden aus alten Büchern und vor allem die mündliche Überlieferung direkt aus dem Volk. Obwohl die Brüder Grimm zunächst beabsichtigt hatten, die Märchen so zu verbreiten, wie sie ihnen erzählt wurden, stießen sie bald auf unterschiedliche erzählerische Qualitäten. In ihrer Neugestaltung machten sie sich jedoch die Fähigkeiten der besten mündlichen Erzähler zunutze.

Der große Erfolg der Grimmschen Märchen gab den Anstoß für andere Märchensammler wie Ludwig Bechstein (1801–1860). 1853 erschien die beliebte, von Ludwig Richter illustrierte Ausgabe seiner »Hausmärchen«. Die Hinwendung der Romantik zur Volksdichtung brachte auch die Welt der Sagen und das Volksbuch wieder ans Tageslicht. Es erschienen die »Sagen des klassischen Altertums« von Gustav Schwab (1772–1850). Das Volksbuch vom lustigen »Reineke Fuchs«, seit dem Mittelalter vergessen und 1794 von Goethe wiederentdeckt, wurde 1816 ins Hochdeutsche übertragen und lebt bis heute weiter.

Die scheinbar naive Empfindung der Volksdichtungen und ihre für kindlich-einfach gehaltene Weltordnung entsprachen dem romantischen Ideal vom glücklichen Reich der Phantasie und regten die romantischen Dichter zu eigenem Märchenschaffen an. Ihre oft gedankenüberladenen Kunstmärchen waren jedoch bis auf wenige nicht für Kinder geschrieben. Dagegen sind die abenteuerlichen Dichtermärchen von Wilhelm Hauff (1802–1827), wie das »Wirtshaus im Spessart«, und vor allem die »Märchen für Kinder« (1845) des dänischen Dichters Hans Christian Andersen (1805–1875) bis heute fester Bestandteil der Kinderliteratur.

Steht die Hinwendung zum Märchen ganz im Gegensatz zu den moralischen Erzählungen der Aufklärung, sind deren Anschauungsbücher Vorläufer für die Bilderbücher im 19. Jahrhundert. Der »Struwwelpeter« des Arztes Heinrich Hoffmann (1809–1894), 1845 erschienen, ist mit seiner Titelfigur, mit dem Zappelphilipp und Suppenkasper noch immer eines der beliebtesten Bilderbücher für die Drei- bis Sechsjährigen und wurde in viele Sprachen übersetzt. Der Erfolg dieses Kinderbuches liegt in seinen ganz auf das kindliche Verständnis und vor allem die kindlichen Ängste abgestimmten Bildern und dazugehörigen Reimen. Hoffmann sagte dazu: »Die Mahnung: sei reinlich! sei vorsichtig mit dem Feuerzeug und laß es liegen! sei folgsam! – das alles sind leere Worte für das Kind. Aber das Abbild des Schmutzfinken, des brennenden Kleides, des verunglückten Unvorsichtigen, das Anschauen allein erklärt sich selbst und belehrt.«

Ein Welterfolg wurde die Bildergeschichte »Max und Moritz« von Wilhelm Busch (1832–1908), die 1865 erschien. Mit seinem aus einer pessimistischen Lebenshaltung heraus erwachsenen Humor, der zeichnerische und literarische Darstellung verband, deckte er die Schwächen und Fehler seiner Mitmenschen in einer heuchlerischen Spießbürger-Idylle auf. Doch die nur scheinbar holpernden Verse sind oft von einer satirischen Schärfe, die die komischen Aspekte seiner Zipfelmützengestalten und der grotesken Situationen überlagern. Die Streiche der frechen und respektlosen Buben Max und Moritz erfuhren zunächst eine geteilte Aufnahme. So heißt es zum Beispiel 1883 – und das klingt vertraut, wenn man die Kritik an den modernen Comics (→S. 386 ff.) danebenhält –, das Buch sei »eins von den äußerst gefährlichen Giften, welche die heutige Jugend, wie man überall klagt, so naseweis, unbotmäßig und frivol machen«. Und auch die Gegenargumentation könnte von heute stammen: Eine solche Kritik übersehe die Unwirklichkeit der Geschichten, die z. B. darin begründet liege, daß Max und Moritz, nachdem sie in der Glut des Ofens knusprig gebacken worden seien, wieder frisch und munter vor uns stünden, oder daß man mit einem heißen Bügeleisen Magenleiden kurieren könne usw. Dabei darf man jedoch auch nicht übersehen, daß der Galgenhumor Buschs – »denn der Mensch als Kreatur hat von Rücksicht keine Spur« – die beiden Missetater nach ihrem »letzten Streich« dem geradezu herausgeforderten »schlimmen Ende« zuführt.

Das abenteuerliche Jugendbuch im 19. Jahrhundert stand zunächst noch in der Tradition des Campeschen »Robinson«: Abenteuer war Mittel zum Zweck, denn es eignete sich hervorragend zur Beförderung von erdkundlichem, naturwissenschaftlichem und moralischem Wissen. In England dokumentierte sich nach dem Abschluß der industriellen Revolution das entstandene bürgerliche Selbstbewußtsein in einer realistischen Schreibweise. Die auch in Deutschland überaus beliebten Seegeschichten des Kapitäns Frederick Marryat (1792–1848): »Newton Foster« (1832), »Seekadett Easy« (1836) oder »Peter Simpel« (1837) waren mit ihrer wirklichkeitsgetreuen Schilderung vom Leben in der englischen Flotte der Napoleonzeit, ihrem Humor und der Fülle von originellen Charakteren etwas ganz Neues unter den Jugendbüchern.

Mit den fünf »Lederstrumpf«-Romanen (1823–1841) von James Fenimore Cooper leistete Amerika unbeabsichtigt seinen ersten berühmten Beitrag für die Jugendliteratur. Die Abenteuer um den humanen Nathaniel Bumppo, den die Indianer »Lederstrumpf« nennen, und seinen edlen Freund, den Mohikaner Chingachgook, stellen trotz der realistischen Schilderungen in der für Kinder versimpelten Kurzform eine romantisierte Indianerwelt vor, die dann nichts mehr von der harten Wirklichkeit der Originale zeigte (→S. 222 f.). Coopers Geschichten waren das Vorbild für die Indianer-Romane Karl Mays (1848–1912) in den 70er Jahren. Er übertraf an äußerem Erfolg mit seinen noch heute viel gelesenen Wälzern, denen eine Vielzahl von Reiseromanen folgte, Cooper bei weitem. Kannte dieser die ursprüngliche Welt noch aus eigener Anschauung, schöpfte Karl May das meiste aus der Phantasie, die ihn zu grotesken und suggestiven Übertreibungen führte.

Um Karl May und den künstlerischen Gehalt seiner Bücher entstand ein heftiger Streit. Die Gegner Karl Mays kamen vor allem aus den Reihen der bürgerlichen Pädagogen, die in dem gedankenlosen Herunterlesen eines Bandes nach dem anderen eine Gefahr sahen und seine Bücher vor allem als künstlerisch wertlos ansahen. Sie waren Träger einer Bewegung, die dem schon in Karl May verkörperten Verfall der deutschen Jugendliteratur mit ihrem Ruf nach einem »Dichtkunstwerk für Kinder« zu Leibe rücken wollte. Die Gegenseite war im Verfolg der ›vaterländischen Begeisterung‹ über den Sieg im deutsch-französischen Krieg von 1870/71 gänzlich anderer Meinung: Der Patriotismus, die Tapferkeit und der Edelmut der Helden Karl Mays fördere eine richtige Gesinnung der deutschen Jugend und trage zu ihrer Bildung bei. Auf beiden Seiten kam damit zum Ausdruck, wie das Bürgertum auf die Auflösungserscheinungen seiner einst fortschrittlichen Traditionen reagierte: →formalistisch und mit der Flucht ins Irrationale auf der einen, offen aggressiv auf der anderen Seite.

Der kommunistische Pädagoge Edwin Hoernle (1883–1952), der sich aktiv für eine proletarische •Kinder- und Jugendliteratur einsetzte und ihre ersten Ansätze am Beginn des 20. Jahrhunderts förderte, hob in seiner Stellungnahme zum Streit um Karl May die zweite Tendenz als die durchschlagende hervor: »Der Streit ist müßig, ob die Karl-May-Literatur und ihre zahllosen Nachahmungen ›Schund‹ darstellen oder nicht; diese Bücher sind samt und sonders Träger →imperialistischer Gedankengänge: sie feiern insbesondere die Herrschaft der weißen Rasse und den Sieg des ›Kulturmenschen‹ über den ›Wilden‹.«

So wie Karl May für ihn den »Typus des Jugendschriftstellers der beginnenden imperialistischen Periode« darstellte, war für ihn Jules Verne »der ebenso phantastische wie talentvolle Prophet der aufstrebenden industriellen Bourgeoisie«. Verne befriedigte mit seinen abenteuerlichen Romanen zugleich das erwachende jugendliche Interesse an den neuen naturwissenschaftlichen Fragestellungen. Schon sein erster Roman »Fünf Wochen im Ballon« (1863) hatte großen Erfolg. Auch heute, wo die Technik viele der Phantasien Vernes bestätigt hat, werden seine weiteren Romane »Reise um die Welt in 80 Tagen« (1872), »Reise zum Mond« noch gern gelesen. Ihre Mischung aus Utopie, naturwissenschaftlicher Exaktheit und Humor hat für ihre Verbreitung in allen Sprachen der Welt gesorgt (→S. 270 f.). Die abenteuerliche Jugend des Amerikaners Mark Twain (eigentlich Samuel Langhorne Clemens, 1875–1910) spiegeln die unverwüstlichen Bücher »Tom Sawyer« (1876) und »Huckleberry Finn« (1884) wider. Twain schildert humorvoll und realistisch die Heldentaten der beiden Jungen in einem schläfrigen Nest am Mississippi, in dem er selbst aufgewachsen ist – zwischen Strom, undurchdringlichen Wäldern und Prärie, zwischen Verwandten, die er zur Verzweiflung brachte, und Negersklaven.

Etwa zur gleichen Zeit erschien der weltberühmte und größte britische Abenteuerroman, die »Schatzinsel« (1881). Der Schotte Robert Louis Stevenson (1850–1894) schildert mit den Mitteln des realistischen Romans ein romantisches Geschehen: Der naive Halbwüchsige Jim Hawkins gerät mittenhinein in die Suche nach einem Schatz auf einer Südseeinsel. Er erlebt dabei die unwahrscheinlichsten Abenteuer, kommt aber am Ende auch aus den schwierigsten Situationen noch heil heraus.

Das Gesetz des indischen Dschungels, wie es der in einem Wolfsrudel aufwachsende und von Baghera, dem schwarzen Panther, lernende Mowgli und der »Liebling der Elefanten«, Toomai, erfahren, ist Inhalt der beiden noch heute beliebten »Dschungelbücher« (1894/95). Ihr Autor, der Schriftsteller-Journalist Rudyard Kipling (1865–1936), war zugleich der Rechtfertiger des britischen →Imperialismus – »weißen Mannes Bürde«.

Noch ganz im →viktorianischen England verhaftet ist Lewis Carolls (=Charles Dogson, 1832–1898) »Alice im Wunderland« (1865). Teils grotesk, teils bedrückend sind die Abenteuer der kleinen Alice, die sie mit dem Märzhasen, der sich in Luft auflösenden Katze und der grausamen Herz-Königin erlebt. Ein heutiges Kind kann allerdings die vielen sehr witzigen logischen Fangschlüsse und assoziationsreichen Wort- und Klangspiele kaum ohne Kommentar verstehen. Auch liegt hier der eigentlich besonders zu untersuchende Fall vor, daß ein Buch womöglich deswegen von Erwachsenen (heute noch in Großbritannien) gekauft und zitiert wird, weil es ›offiziell‹ ein Kinderbuch ist.

Die Gattung des Mädchenbuches und Backfischromans endlich, die sich in stereotypen Pensionsgeschichten und seichten Fortsetzungsromanen (»Trotzkopf«, »Nesthäkchen«) erschöpfte, war in Deutschland gegen Ende des 19. Jahrhunderts sehr verbreitet. Diese Bücher, in denen sich frömmelnde Sentimentalität, adlige Mädchen und rührendmalerische Bettelkinder, platte Moral und süßliches Getue ein unseliges Stelldichein geben, überschwemmten den Markt. Die Übernahme einiger sich hartnäckig haltenden sentimentalen Mädchenbücher aus England und Frankreich wie »Heimatlos« (1885) unterstützte noch diese Tendenz.

Einzig Ottilie Wildermuths (1817–1877) Kindergeschichten, in denen das Leben in schwäbischen Dörfern und Kleinstädten geschildert wird, und die phantasievereinnahmenden Mädchenbücher »Heidi« und »Gritli« (ab 1879) der Schweizer Schriftstellerin Johanna Spyri (1829–1901) ragen trotz ihres Hangs zum Moralischen und Religiösen aus der seichten Jungmädchenlektüre heraus.

Auch die Nobelpreisträgerin von 1909, die schwedische Dichterin Selma Lagerlöf (1858–1940), stand den volkstümlichen Sagen näher als hohlen Konventionen. Ihr Buch »Nils Holgersons wunderbare Reise« von 1907, eine dichterische Sozialgeographie Schwedens, zugleich (jugend)psychologisch sehr subtil, erschließt das weite Schweden aus der Sicht der Wildgänse. Akka von Kebnekaise ist in ganz Europa bekannt geworden.

Die zunehmende Verflachung der deutschen Kinder- und Jugendliteratur am Ende des 19. Jahrhunderts spiegelte die immer mehr zutage tretenden bedrohlichen Widersprüche der bürgerlich-kapitalistischen Gesellschaftsordnung wider, die sich zum Imperialismus hin entwickelte und in der die Arbeiterklasse verstärkt auf den Schauplatz trat. Die bürgerliche Ideologie wurde zum offenen Rechtfertigungs- und Unterdrückungsfaktor, was sich auch in der Kinder- und Jugendliteratur niederschlug. Zu den schon erwähnten Karl-May-Büchern und dem Hurrapatriotismus der sogenannten vaterländischen Jugendschriften trat eine Reihe kolonialistischer und antiproletarischer Bücher. Daneben gab es die Masse der Kinder- und Jugendbücher, die mit ihren häuslichen Idyllen, ihrer Moral der wirtschaftlichen Tüchtigkeit, ihrer christlichen Frömmigkeit und wohltätigen Nächstenliebe den ›armen Leuten‹ gegenüber die formale Erstarrung des alten aufklärerischen Erziehungsgedanken dokumentierten und den folgsamen Untertanen forderten.

Die um die Jahrhundertwende einsetzende reformpädagogische Bewegung wandte sich gegen diese Tendenzen, konnte aber, wie schon am Beispiel der Karl-May-Debatte aufgezeigt, die Widersprüche nicht lösen. Die »Wendung zum Kind« und die Forderung nach »Kindertümlichkeit«, mit der die Reformpädagogik gegen das »Tendenzschrifttum« kämpfte, sind letztlich Ausdruck der Flucht aus einer nicht zu bewältigenden Wirklichkeit in eine utopische, ›heile‹ Kinderwelt, in der die gesellschaftlichen Widersprüche nicht zu existieren schienen.

Gegen diese von einem Teil der Sozialdemokratie getragenen Bewegung erhob sich bald Widerspruch aus den Reihen der Partei. Denn die von sozialdemokratischen Lehrern ins Leben gerufenen Prüfungsausschüsse empfahlen den Arbeitereltern zwar Bücher für ihre Kinder, die von den gröbsten →chauvinistischen, monarchistischen und klerikalen Tendenzen gereinigt waren, sie standen einer spezifisch sozialistischen Kinder- und Jugendliteratur jedoch ablehnend gegenüber, da sie nur »Tendenzfreies« fördern wollten.

Der Widerstand dagegen ging vor allem von Clara Zetkin und Karl Liebknecht aus. Sie begrüßten die ersten sozialistischen Kinder- und Jugendbücher, die ab 1893 erschienen waren: das »Bilderbuch für große und kleine Kinder«, in dessen Gedichten und proletarischen Märchen Soziales und Historisches vom Standpunkt des Sozialismus vermittelt wurden, das Kinderbuch »Arm und Reich, der Arbeit A-B-C«, das »Buch der Jugend, Für die Kinder des Proletariats« oder das »Märchenbuch für die Kinder des Proletariats«.

Ab 1906 gab Clara Zetkin, die sich für eine bewußte sozialdemokratische Erziehung einsetzte, die erste sozialistische Zeitschrift, »Für unsere Kinder«, als Beilage zur Frauenzeitschrift »Die Gleichheit« heraus, an der ab 1913 auch Edwin Hoernle und Rosa Luxemburg mitarbeiteten.

Die Auseinandersetzungen über das Problem einer spezifischen proletarischen Kindererziehung und über das Verhältnis von sozialistischer Politik und bürgerlicher Kultur erreichten in der Weimarer Republik ihren bisherigen Höhepunkt.

Zwei Grundhaltungen standen sich dabei schroff gegenüber: der pädagogische Idealismus, der die ›Welt des Kindes‹ zunehmend aus den gesellschaftlichen Widersprüchen der ›Erwachsenenwelt‹ zu lösen suchte, und der Ausgangspunkt der proletarischen Pädagogik, die von den elenden Lebensbedingungen der Kinder bedingte Identität zwischen der gesellschaftlichen Lage der Erwachsenen und der ihrer Kinder. Zwei Kinder- und Jugendbücher aus dieser Zeit spiegeln diese gegensätzlichen Tendenzen beispielhaft wider: Erich Kästners (1899–1974) »Pünktchen und Anton, Ein Roman für Kinder«, erstmals 1929 erschienen, und Walter Schönstedts »Kämpfende Jugend, Roman der arbeitenden Jugend«, 1932 erschienen. Pünktchen, reiche Tochter eines Generaldirektors, und Anton, Sohn einer armen (aber ordentlichen) Witwe, sind befreundet. Anton verhindert, daß der böse Freund von Pünktchens Kinderfräulein den Generaldirektor bestiehlt. Dieser nimmt Anton und seine kranke Mutter daraufhin in seinen Haushalt auf. Die Hauptgestalten des zweiten Buches sind die arbeitslosen Jugendlichen einer Berliner Straße. Ihr elendes Hungerleben und ihre daraus entstehende Aggressivität werden von einem jungen Arbeiter geschildert.

Beide Autoren bieten ihren Lesern einen Ausweg aus der Misere der kapitalistischen Gesellschaft an. Kästner appelliert an die reichen Kinder, sich schon frühzeitig mit den Problemen der armen Kinder zu beschäftigen. Wenn sie dann alle groß sind und die reichen »Banken und Rittergüter und Fabriken« ihrer Väter besitzen, könnte die Armut leichter abgeschafft werden, denn die Arbeiter sind ja die Spielkameraden aus der Kindheit. Schönstedt dagegen läßt die proletarischen Jugendlichen durch die Arbeit des Kommunistischen Jugendverbandes in ihrer Straße erkennen, daß nicht zielloses Zuschlagen, sondern nur der organisierte Kampf gegen den Kapitalismus ihrer Unterdrückung ein Ende setzt.

Prägt die Kinderwelt-Ideologie einen wesentlichen Teil des Kinder- und Jugendschrifttums bis heute – ein Beispiel sind die auch bei uns vielgelesenen Bücher der englischen Schriftstellerin Enid Blyton – so zeigen die ersten Neuauflagen von proletarischen Kinder- und Jugendbüchern aus der Weimarer Zeit, daß hier ein Anfang gemacht wurde, an die durch den Faschismus und den Zweiten Weltkrieg verschütteten kulturellen Traditionen der Arbeiterbewegungen wieder anzuknüpfen (→auch S. 147).

Kinder- und Jugend-Literatur

Mit der »Aufklärung« im 18. Jahrhundert beginnt die Geschichte der Jugend- und Kinderliteratur. Die Erziehungsfunktion von Büchern wird hoch eingeschätzt. Es entstehen umfangreiche Anschauungsbücher wie das »Elementarwerk« von Johannes Bernhard Basedow. Die Romantik entdeckt dann im 19. Jahrhundert die Vergangenheit auch als heile Gegenwelt für Kinder, es werden Märchen, Sagen und andere Zeugnisse der »Volkskunst« gesammelt. Das anschauliche Beispiel, das Kinder belehren soll, hat Heinrich Hoffmann für seinen noch heute verlegten, als Angstmacher aktuellen »Struwwelpeter« benutzt. Heute ist die Diskussion über ›richtige‹ Literatur für Kinder in vollem Gange – unabhängig und unbeeindruckt davon werden Bücher wie die der englischen Schriftstellerin Enid Blyton sehr viel gelesen.

H. D.

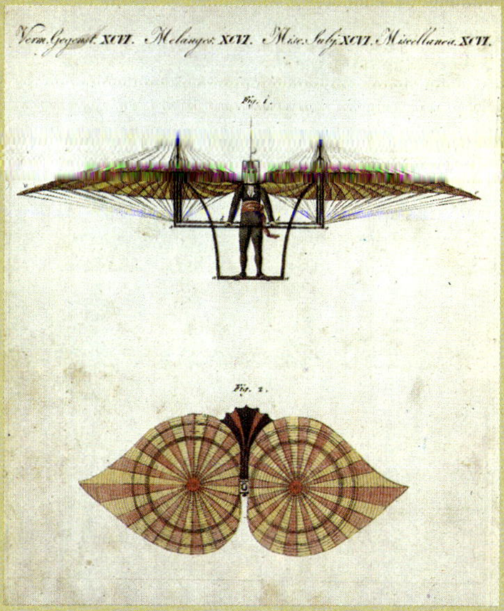

Kupferstich zu Basedows »Elementarwerk« von D. Chodowiecki (links)
Flugmaschine aus der Zeitschrift »Bilderbuch für Kinder« (rechts oben)
»Der Struwwelpeter« von H. Hoffmann (unten)

Titel der »Kinder- und Hausmärchen« von den Brüdern Grimm

Links: 5 verschiedene Bücher von Enid Blyton

Ausschnitt

Alfred Kantorowicz

Keller · Der grüne Heinrich

»Der grüne Heinrich« (Erstdruck Braunschweig 1854/55)
Roman von Gottfried Keller (19. 7. 1819 – 16. 7. 1890)

Gottfried Kellers Hauptwerk »Der grüne Heinrich« nimmt einen eigenen Platz in der Tradition des bürgerlichen Bildungsromanes ein. Ungleich Goethes »Wilhelm Meister«, auf den natürlich stets Bezug genommen wird und an den Keller selber – ohne sich vergleichen zu wollen – Maß anlegt, stammt Kellers Heinrich Lee, der von jung an (wegen der Farbe seines Wämsleins) der grüne Heinrich genannt wird, aus einer nach dem frühen Tode des Vaters verarmten Kleinbürgerfamilie; er wird zu Unrecht von der Schule relegiert, scheitert bei längerem Auslandsaufenthalt als Künstler und endet in der ersten Fassung des Romans (abgeschlossen 1854) nach der Heimkehr tragisch. Ein Vierteljahrhundert später, 1880, als Kellers Dichterruhm sich längst gefestigt hatte, erschien die Neufassung seines »Schicksalsbuches« mit versöhnlichem Abschluß. Wie sein Held in der zweiten Fassung, hatte Keller selbst sich unterdessen in einem ansehnlichen Staatsamt bürgerlich bewährt – in Übereinstimmung mit der Konzeption des Romans, die er am 3. Mai 1850 dem Verleger Vieweg mitteilt: ». . . Die Moral meines Buches ist: daß derjenige, dem es nicht gelingt, die Verhältnisse seiner Person und seiner Familie im Gleichgewicht zu erhalten, auch unbefähigt sei, im staatlichen Leben eine wirksame und ehrenvolle Stellung einzunehmen . . .«

Die Erzählung vom Lebensweg des »grünen Heinrich« ist in beiden Fassungen autobiographisch geprägt, obwohl die erste Fassung sich (bis auf die eingeblendete »Jugendgeschichte«) der Er-Form bedient, während die zweite durchgehend die Ich-Form beibehält. Die Abweichungen sind nicht unbeträchtlich. Ist die zweite Fassung ausgewogener, reifer und sprachlich durchgefeilt, so vermissen viele in ihr einige schöne und kraftvolle Episoden der ersten, so daß z.B. die dreibändige Ausgabe sämtlicher Werke von Clemens Heselhaus eine Synthese beider Fassungen anstrebt.

Von früheren Gesamtausgaben abzusehen stehen zu Wahl die dreibändige Ausgabe von Clemens Heselhaus (München, 1958), in der die Synthese beider Fassungen des »Grünen Heinrich« sich findet, oder die von Joachim Müller besorgte einbändige Epikon Ausgabe (München 1966), die, unter Berufung auf Kellers Willen, nur die zweite, »endgültige Fassung« von 1880 vorlegt.

Der Roman ist bis in Verästelungen hinein das Hohelied der Demokratie, nicht als politischer Lehrsatz, sondern aufgelöst in Handlung, die fast stets auf eigenem Erlebnis, eigener Erfahrung, eigenen Schlüssen beruht. 1819 in die →Restaurationsperiode hineingeboren, die aber in der Schweiz einen »gelinden Nachsommer« gestattete, erfuhr er als Knabe den Widerhall der Juli-Revolution 1830 in Frankreich. Die bürgerliche Revolution von 1848 erlebte er im Mannesalter. Zur Zeit der Reichsgründung 1871 war er Erster Staatsschreiber und Mitglied des großen Rats in Zürich. Bei seinem Tode 1890 war in Deutschland das liberale Erbe weitgehend vertan, Bismarck aus dem Amt entlassen, die Wilhelminische Ära hatte begonnen. Im »grünen Heinrich« kommen Marxismus und Arbeiterbewegung nicht vor, und der Graf, der am Ende dem gescheiterten Maler Heinrich Lee Obdach gibt, ist ein →Freigeist, der außerhalb der Klassengesellschaft steht. Des »grünen Heinrich« Umgebung und Gesellschaft sind in keineswegs abwertendem Begriff die kleinen Leute: bescheidene Handwerker, Krämer, der Dorfschulmeister und die Sippschaft auf dem Lande, wo der Knabe so gern zu Besuch ist und durch die zarte, blonde Anna wie die ältere, lebenskräftige Judith die ersten Liebesregungen verspürt. Zu Hause in der Stadt gibt es unter den Nachbarn auch Käuze, wie die Trödlerin Frau Margret und ihr »eisgraues Männchen«, die der lebhaften Phantasie des Knaben Nahrung gaben und die alle in seinem Werk porträtiert sind. Er hat sie nicht erfunden. Sie alle haben in seiner Jugendzeit existiert und ihre Spuren in seiner Entwicklung hinterlassen. In einer autobiographischen Skizze aus dem Jahre 1876 hat er betont, daß bei allen Zutaten der Phantasie die im »grünen Heinrich« erzählte Geschichte seiner Jugend, besonders »die eigentliche Kindheit, sogar das Anekdotische darin, so gut wie wahr« sei, mitunter »von der konfessionellen Herbigkeit Rousseaus angehaucht . . .«

Der nicht zufällige Hinweis auf Rousseau unterstreicht Kellers Zugehörigkeit zur bürgerlichen Aufklärung. Er hat seinen geistigen Weg nach seiner Relegierung von der Schule als Autodidakt gesucht und gefunden. Erst nach seinen gescheiterten Versuchen in der bildenden Kunst und der Veröffentlichung eines Gedichtbandes in Zürich erhielt er durch ein Stipendium als fast 30jähriger die Möglichkeit, seine unsystematische Fortbildung als Gasthörer in Heidelberg zu vervollkommnen. Er hat diesen für ihn bestimmenden Zeitabschnitt (1848–1850), sechs Jahre nach den Malstudien in München, in die Jugendgeschichte einbezogen; desgleichen die auf Heidelberg folgenden Jahre in Berlin (1850–1855), die eigentlichen Notzeiten, als er nach Beendigung des Stipendiums Schulden machen mußte, dramatische Ansätze ihm mißglückten und er mit der Ablieferung des Manuskripts vom »grünen Heinrich« in Verzug geriet. Chronologisch stimmt demnach der autobiographische Gehalt des Romans nicht mit den Daten der Lebensgeschichte Kellers überein. Doch hat er ohne Angabe von Ort und Zeit im vierten Band seines »Schicksalsbuches« in weitläufigen Reflexionen und Gesprächen den außerordentlichen Einfluß der religionsphilosophischen Vorlesung Ludwig Feuerbachs auf sein Denken und sein Schreiben hervorgehoben. Diese geistige Begegnung war entscheidend für seine Hinwendung zum →Realismus und für die aufklärerische Tendenz, die der Lebensgeschichte des »grünen Heinrich« innewohnt.

Zwar geht die demokratisch-republikanische Weltanschauung, die freiheitliche, jeder Dogmatik abholde Gesinnung, sowie die echte, natürliche Volksverbundenheit schon aus den frühen Gedichten, Tagebuchnotizen des Mittzwanzigers und seinem Umgang mit deutschen Exilierten wie u. a. Herwegh, Freiligrath, Follen hervor, doch es war nach seinem eigenen Eingeständnis der Einfluß Feuerbachs, der Keller aus unklaren Träumereien auf den Weg zum Realismus führte. Dem →Vulgärmaterialismus der →Epigonen Feuerbachs ist Keller niemals verfallen. In einem Brief vom 27. März 1851 (also noch im Beginn der Arbeit am »grünen Heinrich«) an den Freund Wilhelm Baumgartner faßt er die Bereicherung, die Feuerbachs Vorlesungen ihm brachten, in das Bekenntnis zusammen: »Die Welt ist mir unendlich schöner und tiefer geworden, das Leben ist wertvoller und intensiver, der Tod ernster, bedenklicher und fordert mich nun erst mit aller Macht auf, meine Aufgabe zu erfüllen und mein Bewußtsein zu reinigen und zu befriedigen, da ich keine Aussicht habe, das Versäumte in irgend einem Winkel der Welt nachzuholen.«

Für Keller, der bis dahin als Künstler und Schriftsteller vagabundiert hatte, war die Begegnung mit der Gedankenwelt Feuerbachs der Rückschwung ins geistige Gleichgewicht. Auch das Verlangen nach tatkräftiger Bewährung im Diesseits, das sich in der Entwicklung des »grünen Heinrich« am Ende im-

Keller (mit Trommel) bei einem Freischarenzug (Karikatur von J. Ruff) mer stärker ausprägt und sich mit Kellers Annahme eines Amtes als Staatsschreiber verwirklicht, hängt mit dem geistigen Reifungsprozeß der Heidelberger Jahre zusammen. Die Reflexionen über die Existenz Gottes oder über den »freien Willen« des Menschen, die Absage an Doktrinäre, welcher Art und Richtung auch immer, damit verbunden die Bekundung der Abneigung gegen den Jesuitismus (den er auch in seinem zornigsten Gedicht geißelt), die Hinneigung zum ›kleinen Mann‹, zur republikanischen Staatsform und zur Demokratie, durchziehen die tausend Seiten wie Geäder. Handlung kommt darüber nicht zu kurz. Die Beschreibungen der Feiern im nachbarlichen Dorf oder des Festzuges in München sind von einer Farbenpracht, die Gesellen und jungen Frauen von einer Anschaulichkeit, die sein Studium der bildenden Kunst mehr als rechtfertigen. Das Anekdotische zeigt die Meisterschaft des Novellisten, der seine besten Kräfte zunächst in der Kurzform entwickelt hatte, und den die Geschichten der »Leute von Seldwyla«, die »Sieben Legenden« und die »Züricher Novellen« schon vor der erfolgreichen zweiten Fassung des »grünen Heinrich« berühmt gemacht haben. Mit diesem ist er dann als Dichter der bürgerlichen Aufklärung in die Weltliteratur eingegangen.

Susanne Schenda

Melville · Moby Dick

»Moby-Dick; or, The White Whale« (Erstdruck London 1851)
Roman von Herman Melville (1. 8. 1819 – 28. 9. 1891)

Im Oktober des Jahres 1849 schrieb Herman Melville (1819–1891) in bezug auf seine eben erschienenen Romane »Redburn« und »White-jacket«: »Keines der beiden Bücher wird mir jenen Namen machen können, an dem mir doch liegt. Das sind einfach zwei Pflichtarbeiten, die ich für Geld gemacht habe – ich mußte sie machen, so wie andere Leute Holz sägen ... Was mich persönlich angeht (unabhängig von Geldbeutelrücksichten), so möchte ich wahrhaftig solche Bücher schreiben, von denen es heißt, daß sie ›danebengehen‹.« Melville hatte mit einem Buch, das danebenging, eine bittere Erfahrung gemacht: mit seinem phantastisch-allegorischen Reiseroman »Mardi« (1849). Und doch hatte er sich beim Schreiben von »Mardi« erstmals als Autor verstanden. Der Erfolg seiner Südseereiseberichte »Typee« (1846) und »Omoo« (1847), der Früchte eines fast vierjährigen Seemannslebens, hatte ihn ermutigt, Schriftsteller zu werden und sich mit 25 Jahren intensiv mit Literatur zu befassen. Das Ergebnis seiner leidenschaftlichen Auseinandersetzung mit den großen Elisabethanern (→S. 125 ff.), mit der englischen und deutschen Romantik interessierte das große Publikum nicht, obwohl für ihn diese literarischen Entdeckungen ebenso faszinierend gewesen waren wie seine Südseeabenteuer. Nun hatte er aber eine Familie zu ernähren und mußte zum »Holzsägen«, sprich zum Erfolgsrezept des Reiseberichts, zurückkehren. Auch in seinem nächsten Buch, das er im Juni 1850 seinem englischen Verleger Bentley anbot als »eine abenteuerliche Geschichte, die sich auf gewisse wilde Sagen gründet, wie sie in den südlichen Pottwal-Fischereien im Schwange sind«, plante er, am bewährten Schema festzuhalten, denn er fährt in seinem Brief sogleich, ein wenig übertreibend, fort: »Lebendig wird die Geschichte durch des Autors persönliche, mehr als zweijährige Erfahrung als Harpunier.«

Die »wilden Sagen« erzählten von einem furchterregenden weißen Wal, Mocha Dick, der sich im Kampf gegen die Walfänger zu behaupten wußte. Melville verwertete auch einen Tatsachenbericht vom Untergang des Walfangschiffs Essex, das 1820 von einem Wal zerschmettert worden war. Das Buch, für den Spätherbst 1850 geplant, erschien jedoch erst im August 1851. Melville hatte es nicht nur mit Quellenmaterial über den Walfang bereichert, er hatte auch seine in »Mardi« gescheiterten Ambitionen wieder aufleben lassen. Sein Selbstgefühl war durch eine wichtige Begegnung gestärkt worden, die er im Spätsommer 1850 mit New Yorker Literaten und vor allem mit Nathaniel Hawthorne (1804–1864) hatte. Sie vermittelte ihm das Gefühl, als Schriftsteller dem neuen großen

Der tragische Höhepunkt des Buches: Moby Dick reißt seine Verfolger mit in die Tiefe. (Illustration aus einem französischen Jugendbuch)

Kontinent, dem expandierenden Amerika, verpflichtet zu sein. Im August 1850 schreibt er einen begeisterten Essay über Hawthorne: »Glaubt mir, liebe Freunde, daß in diesen Tagen an den Ufern des Ohio Männer geboren werden, die Shakespeare nicht viel unterlegen sind.« Amerika sollte literarisch nicht mehr von England abhängig sein, es sollte seine eigene, große moderne Literatur haben.

»Moby Dick« sollte mehr werden als eine spannende Abenteuergeschichte; in Melvilles Überarbeitung erhielt das Werk die epischen Dimensionen eines Heldenlieds und eine tiefe symbolische Bedeutung: Der tragische Kapitän Ahab und seine Seeleute jagen nicht nur den weißen Wal, sie sind Menschen auf der Suche nach dem Absoluten, ihr Schiff Pequod ist eine Welt auf der Reise durch das All. Der Ich-Erzähler der Geschichte, Ismael, trägt den biblischen Namen des Sohnes der Hagar, der Ausgestoßenen. Er spielt gleichzeitig die Rollen des naiven Mitwirkenden, des Kommentators und des Sammlers von seltenen Kenntnissen über den Wal. Am Ende einer unheimlichen Jagd überlebt er als einziger den Untergang der Pequod. Den besessenen Kapitän Ahab, den Moby Dick einst verstümmelt hat, treibt grenzenloser Haß: »Alles, was toll macht und quält, alles, was den Bodensatz der Dinge aufwühlt, jede mit Bosheit gemengte Wahrheit, alles, was die Sehnen zerreißt und das Hirn verhärtet, all die tückischen Teufeleien des Lebens und Denkens, alles Böse wurde für den tollen Ahab in Moby Dick

Herman Melville, »Moby Dick«, Hamburg, 5. Auflage 1964. Herman Melville, »Briefe«, hsg. v. Merrell R. Davis und William H. Gilman, Hamburg, 1960.
W. Weber, »Herman Melville, eine stilistische Untersuchung«, Basel 1937.
F. K. Stenzel, »Die typischen Erzählsituationen im Roman: Dargestellt an ›Tom Jones‹, ›Moby Dick‹, ›The Ambassadors‹, ›Ulysses‹ u.a.«, Wien–Stuttgart 1955.

sichtbar verkörpert.« Das Erlegen des Wals bedeutet für Ahab nicht nur den Sieg über das Böse, sondern auf geheimnisvolle Weise auch ein Sprengen der Kerkermauern, ein Enden der Qual der menschlichen Begrenztheit. Ahab stößt bei seiner letzten Begegnung mit dem Wal tatsächlich auf das Absolute: den Tod. Er stirbt am dritten Kampftag, vom Seil der eigenen Harpune an den Leib des getroffenen Wals gefesselt. Die Crew, mit Ahab auf Gedeih und Verderb verbunden, geht unter mit dem zerschmetterten Schiff, Ahabs Welt, die er gottähnlich beherrschte. Gegen seine Autorität konnte sich niemand auflehnen, nicht einmal der Steuermann Starbuck, ein vernünftiger, aufrechter Neuengländer. Gleich einer Welt beherbergte die Pequod Menschen aller Rassen: Neuengländer wie Starbuck und Stubb, Neger wie den Harpunier Daggoo und den kleinen Schiffsjungen Pip, Indianer wie Tashtego, den edlen Polynesier Queequeg, den Parsen Fedallah mit seiner malaiischen Mannschaft. Sie alle sind vereint in der Suche, wie einst Jason und die Argonauten, doch fehlt ihrer Sache die Verheißung des goldenen Vließes, da Ahabs Motiv nur Rache heißt.

Je größere Ausmaße das Werk in Melvilles Vorstellung gewann, desto bildhafter und erhabener wurde seine Sprache. Zuweilen grenzt sie ans lächerlich Theatralische. Im allgemeinen reicht jedoch die Substanz der Story aus, um Melvilles Ambitionen zu tragen. Shakespeare war Melvilles großes Vorbild, sein Einfluß ist spürbar auch in der Anlage der Figuren, im Wechsel zwischen Tragischem und Komischem. Die Predigt des alten Negerkochs Fleece an die Haie ist z.B. eine großartige tragikomische Passage.

»Moby Dick« wurde, wie »Mardi«, kein Publikumserfolg. Ein halbes Jahr nach dem Erscheinen machte Bentley dem Autor Vorwürfe: »Hätten Sie in ›Mardi‹ und ›The Whale/Moby Dick‹ Ihre Phantasie ein wenig im Zaum gehalten und in einem Stil geschrieben, der der großen Masse der Leser verständlich erscheint – hätten Sie nicht des öfteren die Gefühle vieler empfindlicher Leser verletzt, so hätten Sie in England Erfolg gehabt.« Aber auch für die →expandierende amerikanische Gesellschaft brachte das Buch keine eindeutige Botschaft. Womit hätte sich der empfindliche amerikanische Leser identifizieren können? Was immer man aus »Moby Dick« herauslas, stand im Widerspruch zu den Zielen des aufstrebenden amerikanischen und englischen Siedler- und Unternehmertums. Die Geschichte von »Moby Dick« ist das Gleichnis einer Expansion, die ins Sinnlose umschlägt. Zeigt Melville nicht, daß es vermessen ist, sich die große, ungebändigte Natur unterwerfen zu wollen, und doppelt wahnsinnig, den Haß vor das Töten zu stellen, indem man den, den man ausrotten will, zum Bösen schlechthin macht? Und wenn der einsame Revolverheld des amerikanischen Western die Welt wieder ins rechte Lot bringt, indem er autoritär und selbstverantwortlich handelt – einer gegen alle –, dann ist Ahab der Antiheld des amerikanischen Mythos, denn seine Autorität führt die Gemeinschaft ins Verderben.

Auch eine Herausforderung Gottes hat man in dem Buch gesehen (Melville selbst nannte es ein böses, ein sündiges Buch), und tatsächlich wird man in ihm nicht den Gott des fortschrittsgläubigen Amerika finden, der den Tüchtigen mit Erfolg belohnt.
Die wahre Seelengröße besitzen auf der Pequod nicht die zivilisierten Amerikaner, sondern der Wilde Queequeg, mit seinem Opfermut und seiner Gelassenheit angesichts des Todes.

Und so ist es verständlich, daß »Moby Dick« erst im 20. Jahrhundert Anerkennung fand, als sich in den USA ein neues Selbstverständnis anbahnte, das Zweifel zuließ am Wert der expandierenden Tendenzen seiner Zivilisation.

»Moby Dick« teilt mit »Gullivers Reisen« und »Robinson Crusoe« das Schicksal, als ›Jugendbuch‹ erfolgreicher zu sein als in der ungekürzten Ausgabe. Als Abenteuerbuch für die Jugend erreichte der Roman große Auflagen und wurde in viele Sprachen übersetzt. Ironischerweise strich man ihn auf den erzählerischen Kern zusammen, den der Autor in mühsamer Arbeit philosophisch-didaktisch erweitert hatte, um aus einer Abenteuergeschichte ein amerikanisches Epos zu machen

Manfred Peter Hein

Kivi · Die sieben Brüder

»Seitsemän veljestä« (Erstdruck Helsinki 1870)
Roman von Aleksis Kivi (10. 10. 1834 – 31. 12. 1872)

Das Finnland der Sechziger Jahre des 19. Jahrhunderts, in denen Kivi seine Gedichte und Poeme, seine Dramen und Volksstücke und seinen Roman »Die sieben Brüder« schrieb, hatte für die nationale Erweckungsbewegung wichtige Daten in seine Annalen zu setzen. Im Sprachendekret des Jahres 1863 wurde das Finnische, die Sprache der großen Mehrheit der Bevölkerung, dem Schwedischen, der Sprache der Oberschicht und einer aus Schweden zugewanderten Küstenbevölkerung, in Amts- und Gerichtsstube gleichgestellt, wenn die Ämter und Gerichte im innerbehördlichen Verkehr auch weiterhin, bis zur Jahrhundertwende, fast ausschließlich schwedischsprachig blieben. Zwei Jahre darauf, 1865 wurde die rechtliche Grundlage für die Gründung staatlich unterstützter kommunaler Volksschulen geschaffen. Die Sprachenfrage und die Fragen der Bildung und nationalen Kultur setzten den Hauptakzent im Ideentext der finnischen Partei der sogenannten »Fennomanen«, deren Regierungspolitik (entsprechend dem Status der sich in engen Grenzen haltenden Autonomie des Landes, das seit 1809 dem Zarenreich durch Personalien verbunden war) eine streng loyale Richtung wahrte.

Volksdichtung und junge Literatur dienten nach einer These Johan Vilhelm Snellmans, des Wortführers der nationalen Erweckung, der Bildung und Vertiefung des →Nationalbewußtseins, als einer Vorbedingung für den Aufstieg des Landes in den Kreis der Kulturnationen. Der Roman »Die sieben Brüder« erschien 1870 in einer Veröffentlichungsreihe der »Finnischen Literaturgesellschaft«, die seit 1831 bestand und in deren Verlag das »Kalevala«-Epos des Elias Lönnrot, die Sammlungen finnischer Volksdichtung und grundlegende Untersuchungen zur Erforschung der finnischen Sprache erschienen waren. Das Buch hatte keinen Erfolg. Die führenden Köpfe der finnischen Partei waren der erzählerischen Komplexität und Bewußtseinsdimension, der sprachlichen Wirklichkeit des ersten großen Romans der finnischen Literatur nicht gewachsen. Sie hatten ein andere Vorstellung von der Sprache der neuen finnischen Literatur. Erst der heranwachsenden, folgenden Generation blieb es vorbehalten, Kivi vom Odium des vulgären Dilettantismus zu befreien. Im Unterschied zu Kivi war den zeitgenössischen Kritikern der jungen finnischen Literatur das Idiom des Volkes, die dem Volk eigene Sprache, weitgehend fremd.

Alexis Kivi wurde am 10. Oktober 1834 in Palojoki im nördlich in der Nähe von Helsinki gelegenen Kirchspiel Nurmijärvi geboren. Sein Familienname war Stenvall. Beide Eltern waren finnischsprachig. Der Vater war Schneider. Nach entbehrungsreichen Schuljahren bestand Kivi 1857 in Helsinki das Abitur. Er studierte Geschichte und Finnisch, besuchte unter anderem die Kalevala-Vorlesungen Lönnrots, der von 1853 bis 1862 den Lehrstuhl für finnische Sprache und Literatur innehatte. Kivis erste größeren literarischen Versuche fanden Beachtung. Er hatte auf

Landschaft und Menschen Finnlands hat der Maler Eero Järnefelt realistisch und mit eindringlichem Pathos dargestellt. Hier sein Bild »Schwendende Bauern« aus dem Jahre 1893

Schwedisch zu schreiben begonnen, wandte sich aber sehr bald vom Schwedischen ab, was äußerlich in der Wahl des Schriftstellernamens Kivi zum Ausdruck kam. Die finnische Partei setzte Hoffnungen in ihn. Aber Kivi stand dem linken Flügel der Fennomanen nahe und war republikanisch gesonnen. Seine antimonarchistische und in der Sprachenfrage kompromißlose Haltung erregten Anstoß. Ohne Frage war er des →Linkshegelianismus verdächtig. Das paßte nicht ins realpolitische Konzept des Staatsphilosophen und Senators Snellman, des Hegelianers rechter Färbung. Snellman unterstützte Kivi aus der Ferne, sorgte unter anderem dafür, daß er für sein Volksstück »Die Heideschuster« 1865 den Staatspreis erhielt, aber wie alle anderen zaghaften Förderer des Dichters hatte er nicht den Blick für Kivis Größe. Kivi gab sein Studium auf, verließ Helsinki und zog sich aufs Land zurück, wo er, ständig in Geldmangel und verschuldet, in denkbar ärmlichen und erniedrigenden Verhältnissen lebte, in den Jahren 1863 bis 1871 von der um 18 Jahre älteren unverheirateten Charlotta Lönnqvist betreut, die aller üblen Nachrede zum Trotz den Mut hatte, ihn in ihrer Kate, im westlich von Helsinki gelegenen Siuntio, zu beherbergen. Während der beiden letzten Jahre bis zu seinem Tod am 31. Dezember 1872 war Kivi, dem Wahnsinn verfallen, in der Hütte seines Bruders Albert untergebracht, in Tuusula, einem Nachbarkirchspiel seiner Heimatkommune Nurmijärvi, die für den Lebensunterhalt des Pfleglings zahlte.

Biographie

1834	in Palojoki geboren
1857	Abitur
1860	Literaturpreis der Finnischen Literaturgesellschaft
1864	»Kullervo« (Schauspiel) »Nummisuutarit« (Schauspiel)
1865	Staatspreis für Literatur
1866	»Kihlaus« (Die Verlobung, Schauspiel) »Kanervala« (Gedichte)
1867	»Karkurit« (Die Deserteure, Schauspiel)
1869	»Lea« (Schauspiel)
1870	»Seitsemän veljestä« (Die sieben Brüder, Roman)
1870	»Margareta« (Schauspiel)
1872	in Tuusula gestorben
1915–19	Gesammelte Werke
1921	Erste deutsche Ausgabe des Romans »Die sieben Brüder«
1922	»Die Heideschuster«, Bauernkomödie in fünf Akten

Kivis Roman »Die sieben Brüder« schafft in seiner Erzählstruktur Raum für die Darstellung und Durchdringung eines Themenkreises, der sich zentriert in der Polarität zwischen dem Gesetz gesellschaftlicher Ordnung durch staatliche und kirchliche Autorität und dem Eigengesetz der Freiheit in der Gebundenheit an die Kräfte außergeschichtlich überlieferter Rechtsauffassung und Lebenshaltung. Die von den sieben Brüdern erfahrene Gegensätzlichkeit zwischen »Welt« und »Wald« löst die Frage nach Versöhnung von Zeit und in ihr gegenwärtiger Vorzeit aus. Die Brüder verpachten ihr väterliches Erbe, den Jukolahof, auf zehn Jahre und beginnen im Ödwald, am Impivaara, ein neues Leben, das ihnen zur Basis einer schließlichen Aussöhnung mit den gehaßten Ordnungshütern wird. »Wenn du verständig prüfst, was von der Saat vergangener Tage nützliche, was schädliche Frucht gebracht hat, und danach dein Leben, deine Arbeit und Beschäftigung richtest, eben dann bist du ein weiser Mann. Hätten sich nur auch unsere Augen eher aufgetan, dann glaube ich, krauchten wir hier nicht als Auswanderer herum«, sagt auf dem Weg der sieben in ihr Hinterwaldasyl Aapo, dem die Rolle des →Mentors unter den Brüdern zukommt. Der Weg der Versöhnung führt durch die Vergangenheit. Die wilde Freiheit, ihre mit dem Bann der Kirche belegte, ins Albisch-Dämonisch-Titanische verkehrte Wirklichkeit, ihre vernichtende Mächtigkeit, ist ans Licht zu bringen nur auf dem Weg des Erleidens. Die Brüder beginnen als Jäger und Fischer, werden Ackerbauern und kehren lesekundig und bibelfest in die Dorfgemeinschaft zurück. Der äußere Versöhnungsakt aber erhält Relevanz nur als zukunftweisendes, den zeitgenössischen geschichtlichen Kontext aus zu Bewußtsein gekommener Vergangenheit öffnendes →Paradigma. Unter diesem Aspekt ist der Prozeß der Sinneswandlung der Brüder zu verstehen, der sich am deutlichsten am Haupt des Brüdergestirns, dem ältesten unter ihnen, zeigt. Juhani, verwandt dem auf den Weltbrand, den Sturz der Himmel, die Vernichtung allen Seins sinnenden titanischen Kullervo aus Kivis gleichnamigen Drama, trägt am Ende des Buchs den Hut der Erweckten, der frommen, piëtistischen Mäßigung und Demut in Gott. Die aller Erbaulichkeit →kontradiktorische Intention des Romans gründet im Humor des Erzählers, der verwandt ist dem des Cervantes, dessen »Don Quijote« dem Autor der »Sieben Brüder« vertraut war (→S. 98f.).

Die Wirkung des Romans setzte um die Jahrhundertwende ein. Das dem variierenden Gebot der Geschichte unterliegende tätige Werk der Zukunft, die ins Werk gesetzte Aussöhnung gegenwärtiger Vergangenheit: Kivis Grundthematik in der Darstellung des Lebenswegs, in der Auffächerung von Welt und Umwelt der sieben Brüder gibt sich in den folgenden Jahrzehnten als konstitutiv für einen Haupttrend der finnischen Literatur zu erkennen. Am Buch der »Sieben Brüder« findet schließlich die Gesamtheit der Nation bis zu einem gewissen Grad zu ihrem Selbstverständnis, was Zündstoff zu immer neuer Interpretation liefert. Mit seinem Werk ist der Autor selber zum →Mythos geworden, der ihm, wie es scheint, für lange den ersten Platz auf dem Parnaß der finnischen Literatur sichert. Der Mythos bestätigt die Größe des Dichters, die von sich aus keiner Bestätigung bedarf. Die tiefere →Intention des Romans zielt auf fortwirkende →Dialektik eines geschichtlichen und sozialen Bewußtseins eigener Prägung, und reicht über ihr nationales Verständnis hinaus ins universale Ganze der →Weltliteratur. Sein Bild vom »Volk« hat Kivi in einem seiner Poeme in die (über alle wie auch immer ideologisch eingefärbte Interpretation hinausreichenden) Verse gebracht: »Schön ist hier das Volk, und seine Schönheit blühend. / Nicht, wie da und dort die Mär ins Ohr dir flüstert, / Finster brütend erdgeduckte Waldschratherde.«

Porträt des Autors der »Sieben Brüder«, des Romans, der der finnischen Nation bis zu einem gewissen Grad zu ihrem Selbstverständnis verhalf

Bettina Clausen

Poe · Der Park von Arnheim

»The Domain of Arnheim« (Erstdruck 1847)
Erzählung von Edgar Allan Poe (19. 1. 1809 – 7. 10. 1849)

Der Ruf des Unheimlichen haftet an ihm – und eilig, noch ohne das →Œuvre erst näher kennen zu wollen – erneuert ihn das lesende Publikum von Generation zu Generation. Die Faszination des Grauens machte beide, den Mann und das Werk, weltberühmt.

Die Legende vom makabren Genie, die richtungweisend vor ihm herzieht, ist nur ›der Reim‹, den sich die Leser auf die Präzision seiner Erfindungen machten, damit ihre Konsterniertheit einordnenbar und das Werk ›handlicher‹ werde. Und doch sagen eben diese Lesarten – all die Attribute exaltierten Schrecks und verhedderter Bizarrerie, die ihm stets beigegeben sind – sehr viel über Edgar Allan Poe und seine Arbeit aus. Nur versuche man einmal, sie ›spiegelschriftlich‹ zu lesen: Denn wendet man den Eindruck des drohend Unbestimmten, den scheinbaren Irrwitz und das Traumgrau der literarischen Visionen um, dann erscheint – von anderer Seite her – die monomane Anstrengung eines Mannes, Gewißheit zu konstruieren, Vages zu enträtseln und den schwankenden Boden, auf dem er selbst stand, verzweifelt gewaltsam zu fixieren.

Der ›schwankende Boden‹ war das frühkapitalistisch-brodelnde Amerika in der ersten Hälfte des 19. Jahrhunderts.

Im Winter 1809 wird Edgar Poe in dieses Amerika hineingeboren; als Kind umherziehender Schauspieler ist er bereits mit dem →Stigma sozialer Verachtung behaftet. Die Lebensumstände der Familie sind die dürftigsten; auch verschwindet der Vater bald auf Nimmerwiedersehn. Als dem eben Dreijährigen noch die Mutter wegstirbt, ist er nurmehr Objekt amerikanischer Wohltätigkeit.

In Richmond, im Hause eines zielgewiß respekteischenden Bilderbuch-Bourgeois wird er nun großgezogen; halb streng und gerecht, halb hoffnungslos verzärtelt. Dieses Ziehvaters wegen, der später zu einem der reichsten Männer Virginias avanciert, führt er denn auch den Namen ›Allan‹ – in beharrlicher Selbsttäuschung über seine Lage: Denn adoptieren wird Allan ihn nie, geschweige zum Erben einsetzen. Als der kaum 18jährige Edgar, der sich eben noch stolz der →Jeunesse Dorée des aristokratisch gestimmten Südens zurechnen durfte, daheim die ersten Schulden präsentieren muß, wirft ihn John Allan kurzerhand hinaus.

So standortlos, wie sich der arme Poe selbst in der Gesellschaft seiner Zeitgenossen ausnahm, so schwankend war der ganze kolossale Kontinent. Die Neue Welt der Geschäftemacher laborierte an Profillosigkeit; die moralischen und kulturellen Blößen, die der hemmungslos vordrängende Kapitalismus schuf, waren nur notdürftig mit alteuropäischen Anleihen und Imitationen bekleidet. Es gab zu viel zu gewinnen, als daß Zeit übrig gewesen wäre, das bombastische koloniale Selbstbewußtsein auf seine →Legitimität hin zu untersuchen. Die Yankeeideologie schrankenlos-optimistischen Fortschrittsglaubens – die die Schäden des rücksichtslosen Besitzwettkampfes zudecken konnte – besaß für den Sonderling Poe keine Überzeugungskraft; er hatte keinen Teil daran. Auf ihm versammelten sich alle Schatten der Zirkusbeleuchtung jenes American Way of Life, auf dem die Nation voraneilte. Er war vereinzelt in der Masse. Und eben weil er sich als Nur-Einzelner begriff, verdichteten sich in ihm die Schlagschatten eines Systems zu individuellen Ängsten, die er mit niemandem zu teilen glaubte. Durch äußerste materielle Not gesteuert, wuchsen sie periodisch bis zur Lähmung. Gegen diese Existenzangst – die als Element der Entfremdung späterhin den ›modernen Menschen‹ mitdefinieren, und deren meisterhafte Artikulation Poe dann den Rang des ›Erzvaters der Moderne‹ miteintragen wird – setzt er den Widerstand der poetischen Tat. 18jährig, auf die Straße gesetzt, probiert er sie das erste Mal. Auf eigene Kosten und anonym noch, veröffentlicht er 1827 »Tamerlane und andere Gedichte«. Das ist der Anfang, zumal auch des Lyrikers. Sein ganzes Werk – Gedicht und Prosa – bleibt der lebenslang auszehrende Versuch, diese Welt – sein Amerika also und sich selbst – auf den Begriff zu bringen und eine *amerikanische →Authentizität* zu erkämpfen, die den schmutzigen Leitsatz des »Nimm was du kriegen kannst – was du nicht hast, mach nach« bloßstellen und überwinden konnte. Gegen das kolonial-verlogene Selbstbild der zeitgenössischen Dollararistokratie rang er um Identität, die sich auf ein ›reineres‹ Bewußtsein stützen sollte. Das Kampfmittel Poes – gegründet auf die Gabe empfindlichster Selbstwahrnehmung und ihrer kunstvollen Widerspiegelung – lag in der *Radikalität* seiner Imaginationen. Der Vorstellung äußersten Grauens entsprach die äußerste Schöne imaginierter Gegenwelten. In den »Tales of the Grotesque and Arabesque« einerseits (sie thematisieren den Schrecken, »der aus der Seele kommt«), und den theoretischeren Modellen ästhetischer Selbstverwirklichung anderseits (von der »Philosophy of Furniture« bis hin zum »Domain of Arnheim«), wären die Pole seiner Bewältigungsarbeit auszumachen. Eine dritte Dimension seines Widerstands und zugleich die äußerlich-schärfste Form seines Säuberungswillens, ist aus seinen Detektive Stories erschließbar. Einer Gattung, der Poe zu hoher literarischer Geltung verhalf und die ihn recht-eigentlich populär machte: Wer weiß nicht von den »Morden in der Rue Morgue«? Seine detektivischen Geschichten (»Maelzels Schachspieler« und die »Bemerkungen über Geheimschriften«, als die berühmtesten nur, hinzugenommen) beharren auf dem Prinzip grundsätzlicher Erklärbarkeit dessen, was als undurchdringlich, als dunkel und rätselhaft erscheint. Hier wird das drückend Unbekannte als Maschinerie entlarvt, deren Räderwerk nur genau genug zu studieren ist, um die Wahrheit – nunmehr im Neonschein der Analyse – für jedermann sichtbar zu machen. Wenngleich Edgar Poe in seinem kriminalistischen Helden Auguste Dupin auch nur zu einem schmalen Teile aufgeht, so ist auch diese literarische Methode gleich den andern (der Benennung des Grauens und der idealischen Fiktion) von dem Dauermotiv bestimmt: Klarheit gegen das Chaos zu errichten und Sicherheit zu gewinnen. Aber andauernd trügt diese Hoffnung. Am 3. Oktober 1849, psychisch und materiell ausgepreßt, bricht der Vierzigjährige in Baltimore auf der Straße zusammen, von schlimmen Bildern gejagt. Vier Tage darauf ist er tot.

Eine vollständige Werkübersicht enthält der sorgfältige Apparat der bisher besten deutschsprachigen Ausgabe (übersetzt von Arno Schmidt, Hans Wollschläger u.a.): Edgar Allan Poe, Werke I–IV, Olten und Freiburg im Breisgau, 1967–1973. Die am weitesten fortgeschrittene Poe-Analyse und -Biographie ist: Arno Schmidt, Zettels Traum, Stuttgart 1970.

»Sein Werk ist vollendet, und eine neue Natur liegt dem Auge enthüllt, alles ist Wahrheit, und doch ist das Urbild nirgends ganz anzutreffen; alles stellt eine schönere Schöpfung dar, so sehr hat Beobachtung und Genie die einzelnen Theile aufgesucht und gewählt.« Was hier, Jahrzehnte vor dem Erscheinen des »Domain of Arnheim« in C. C. L. Hirschfelds »Theorie der Gartenkunst« (Leipzig 1779) über die Leistung des Landschaftsgärtners gesagt wird, umreißt zugleich die ästhetische Theorie Edgar Poes und seine Idee vom bewußt schaffbaren Paradies: den Park von Arnheim.

Die Erzählung erscheint im März 1847 –

wenige Wochen nur nach dem Tode seiner Frau – als eine der letzten Prosaarbeiten. Poe selbst nennt sie, den Eindruck distanziertester Rationalität erzeugend, eine »Abhandlung«. Scheinbar akademisch kühl legt er dar, wie »es nicht unmöglich ist, daß der Mensch als Individuum, unter gewissen, freilich sehr ungewöhnlichen und höchlichst zufälligen Voraussetzungen, glücklich sein könne«, und entfaltet dem Leser das frappierende Exempel eines Einzelnen Glücklichen.

Sein Held ist Gartenkünstler, »ein Poet, in der umfassendsten und edelsten Bedeutung«, der gegen alle »gegenwärtige Verdunklung und Raserei« eine neue Natur schafft: eben jenes bislang noch nicht entdeckte Arnheim. Und damit an diesem Exempel nichts unwahrscheinlich klänge, nennt Poe kalt dessen Grundvoraussetzung: Geld. Als Erbe eines spektakulären Vermögens läßt er seinen Helden über schier unvorstellbaren Reichtum verfügen und beruft sich dabei auf eine durchaus reale Milliardenerbschaft: »Ein Vorfall, dem hier erfabelten in äußeren Umrissen ähnlich, hat sich, vor noch gar nicht sehr langer Zeit, in England tatsächlich ereignet.« Diese auch heute noch überprüfbare Konkretheit der rar-materiellen Grundausstattung seines Helden, in Kombination gesetzt mit der »verschwenderischen Fülle poetischer Gaben«, für die der Dichter selbst einsteht, scheint die Verwirklichungschance einer schöneren – weil menschgemachten – Schöpfung unwiderlegbar zu garantieren. Und der Lesende erfährt sie tatsächlich: Auf einer phantastischen Wasserreise, die dem einsamen *voyageur* allmählich jeglichen Sinn für Zeit und Richtung benimmt – zwischen Verwirrung und Entzükken – fährt er ein in Paradieses Schoß.

Das Poe'sche Werk hat sich nun psychoanalytischer Interpretation stets vordringlich angeboten und auch entsprechend heterogene Deutung erfahren; daß jedoch im »Park von Arnheim« – er ist darin nichts weniger als eine ›Abhandlung‹ – unbewußt ein solid-doppelter Boden sexueller Wünsche eingearbeitet ist, wird bei sorgfältiger Lektüre auch dem Amateur nicht entgehen. Schon das Motto, das den knapp 30 Parkseiten vorangestellt ist, verrät wörtlich: »Gleich einer schönen Lady lag der Park, / die vor Entzücken ihre Lider schloß –«. Man mag nun Spekulationen anstellen, wer diese Lady sei (der ältere lateinische Name von Arnheim, Arnoldi Villa = Arnolds Heim, mag auf die Mutter verweisen, eine geborene Arnold); aufschlußreicher jedoch wäre, herauszufinden – dank welcher Methode es Poe verborgen bleiben konnte, was für ein Unterton da seine Arbeit dauernd kommentierte. Denken wir zum Beispiel an die Verarbeitung empirisch überprüfbarer Tatbestände, die bei Poe keine Seltenheit waren; denken wir zumal an die Weiterverarbeitung bereits vorliegenden literarischen Materials, dem der Schriftsteller als ständig auch Lesender sich gar nicht verschließen kann: Sie schirmt immerhin gegen den Selbstverdacht allzu spontan präsentierter innerer Stimmen ab. Im Falle des Parks von Arnheim – noch heute einer der relativ weißen Flecken auf der Landkarte der Literaturwissenschaften – hatte sich Poe die Verarbeitung von Fremdmaterial besonders aufgedrängt. Denn von Gartenkunst, die im späten 18. und frühen 19. Jahrhundert durchaus als Wissenschaft an den Universitäten gelehrt wurde, verstand er nur wenig. Dafür aber standen ihm die Schriften des damals berühmtesten Professionellen in dieser Kunst, des Landschaftsgärtners Hermann Pückler-Muskaus (1785–1872) in einer Übersetzung zur Verfügung (»Tour in England, Ireland and France, in the Years 1826, 1828 and 1829; with the Remarks of the Manners and Customs of the Inhabitants, and Anecdotes of Distinguished Public Characters«. In a Series of Letters. By a German Prince. Translated by Sarah Austin, Philadelphia: Carey, Lea & Blanchard, 1833).

Aus eben dieser Ausgabe zitiert Poe auch die Quelle seiner Kenntnis von der damals schlagzeilenmachenden Erbschaft jenes Engländers, die ihm für seinen Parkhelden Modell stand. Was er jedoch nicht zitierte, aber was weit größere Bedeutung für den Fluchttraum Arnheim besaß – war jenes Kunsturteil Pücklers aus demselben Bändchen, der Brief vom 28. 12. 1826: »Beim Himmel! Diesmal erst bin ich von wahrem Enthusiasmus erfüllt. Was ich früher beschrieben, war eine lachende Natur, verbunden mit allem, was Kunst und Geld hervorbringen können. Was ich aber heute sah, war mehr als dieses, es war ein *Zauberort,* in das reizendste Gewand der Phantasie gehüllt.«

Diese verläßlich-kompetente Nachricht von einem ideal wirklichen Park in England war es, die Poe in ihre Elemente zerlegte und zu eigenen Zwecken – bewußten und unbewußten – aufs Feinste neu montierte. Die Versatzstücke pücklerscher Details boten dem größeren Poe freilich nur Rohmaterial; aber wiedererkennen lassen sich alle, und mit ihnen die langgesuchte reale Lokalität des Wundergartens: Arnheim ist der Park von Warwick-Castle, umgeschaffen in ein Paradies aus Worten.

Diese letzte Vision Edgar Poes macht das Maß seiner Entbehrungen und die Art seines Widerstandes deutlicher, als es die bloße Analyse seiner Biographie je könnte. Er, der bitter erfährt und es auch sagt, wie er »nur für fremde Taschen arbeitet«, versucht vergeblich, mit isoliert-literarischen Imaginationen zu kontern.

Im Zusammenhang seines ganzen Œuvres erweist auch der »Park von Arnheim«, daß der gefeierte Meister poetisch-rationaler Konstruktionen zu einer Analyse menschlicher Sozialität, ihrer Zwänge und Möglichkeiten, nicht durchdringen konnte. Aber als Ängste zelebrierender Einzelner ist er in seiner Genauigkeit das frühe Beispiel für Viele, die seine Kämpfe und Irrtümer nachvollziehen. Das ist sein Ruhm.

Der Surrealist René Magritte (1898–1966) beschäftigte sich mehrfach mit dem Phänomen Edgar Poe. Sein Bild »La Reproduction interdite« (1937) sei in diesem Zusammenhang übersetzt mit »Wiederherstellung versagt«

Manfred G. Wiktor

Baudelaire · Die Blumen des Bösen

»Les fleurs du mal« (Erstdruck Paris 1857)
Gedichtsammlung von Charles Baudelaire (9. 4. 1821 – 31. 8. 1867)

Der französische Dichter Charles Pierre Baudelaire wurde in Paris geboren. Sein Vater, François Baudelaire, einst Chef des Büros der Pariser Kammer unter Ludwig XVIII. (1814–1824), war verwitwet und lebte in behaglichen Verhältnissen, als er, 60 Jahre alt, Caroline Dufays, eine mittellose, auf soziale Sicherheit bedachte 26jährige Bürgerstochter heiratete. »Ich bin der Sohn eines Greises«, klagte später Charles und verlegte den Ursprung seines Unglücks in sein Elternhaus, in die Vernunftehe eines seine letzten Lebensjahre auskostenden Pensionärs und einer jungen Frau, die sich durch ihre Heirat gesellschaftliches Ansehen verschaffen wollte.

Baudelaires lebenslange Abnabelung von der Realität ist an einer Biographie seiner Leiden ablesbar: 1821–1827 Schwermut und Angstzustände des Kleinkindes in der gotisch-dunklen Atmosphäre des Elternhauses in der Rue Hautefeuille Nr. 13. Schwierigkeit des Jungen, sich mit den elterlichen Bezugspersonen geschlechtlich zu identifizieren, da Mutter ihm gleich Schwester und Vater gleich Großvater erscheinen. 1827 →Trauma durch den Tod François Baudelaires. Von 1828 an Leiden am mütterlichen Liebesentzug durch Wiederheirat Carolines. Haß auf seinen Stiefvater, Major Aupick, der ihn seinem soldatischen Willen unterwirft. Zwischen 1832 und 1839 Aufstau pubertärer Spannungen, die sich in streng geleiteten Internaten nicht enthemmen können. 1841–42 soziale Entwurzelung des Jünglings während seines Exils im Indischen Ozean. 1844 Einschränkung seiner geschäftlichen Handlungsfähigkeit (Kuratel). 1857 Bestrafung durch die Justiz des Kaiserreiches wegen Veröffentlichung sittenwidriger Gedichte (parallel zum Prozeß gegen Gustave Flaubert wegen Veröffentlichung des Romans »Madame Bovary« im selben Jahr). 1862 Zurücknahme seiner Kandidatur für einen Sitz in der Académie Française, unter dem Druck der öffentlichen Meinung.

Das Hauptwerk Baudelaires, »Die Blumen des Bösen«, 1857 im Verlag Poulet-Malassis' erschienen, enthält heute 151 Gedichte, gegliedert in 6 Bücher. Die Buchtitel: Spleen und Ideal, Pariser Bilder, Der Wein, Die Blumen des Bösen, Revolte, Der Tod, weisen auf extreme Bewußtseinslagen des Autors hin. Jedes seiner Gedichte stellt den radikalen Versuch dar, alle Spuren der Wirklichkeit in seiner Dichtung zu tilgen (Reine Poesie).

In der Rolle des Außenseiters durchlebte Baudelaire die Mitte des 19. Jahrhunderts in dem Bewußtsein, daß seine Wirklichkeit, die Stadtlandschaft von Paris, in zwei unvereinbare Welten auseinanderklaffte. Sein Bekenntnis im Sonett »Die gesprungene Glocke«: »Meine Seele hat einen Riß« ist u. a. das Geständnis eigener Ohnmacht vor der moralischen Verpflichtung des Intellektuellen, zwischen diesen Welten eine Brücke zu schlagen. Er stand als Betrachtender zwischen den sozialen Fronten, mit einem Bein in der bürgerlichen Idylle der Besitzenden, dem »kleinen weißen Haus am Rande der Stadt«, mit dem anderen in der Halb-Welt, in den Ballungsräumen rund um den Louvre und die Markthallen, in den Slums von Saint-Honoré, auf den Seine-Inseln im Zentrum von Paris.

Das soziale Gewissen des Dichters enthalten insbesondere die Gedichte, die er unter dem Titel »Pariser Bilder« zusammengefaßt hat. In »Die Abenddämmerung« deutet der Dichter das Geschäft mit der Liebe als Selbstausbeutung des Menschen: »Die Prostitution flackert auf in den Straßen . . ., sie, die, sich wie ein Wurm krümmend, dem Menschen wieder raubt, was er ißt.« Seine nächtliche Vision – Paris, ein kosmisches Bordell in bengalischer Beleuchtung – kommentiert er prosaisch-ernüchternd: »Auch haben die meisten nie das Glück eines Familienlebens gekannt und niemals gelebt.«

Im Völkerfrühling des Jahres 1848 begann sich das Chaos des Pariser Lumpenproletariats unter der geistigen Führung sozialer Republikaner zu organisieren. Als Arbeiter, Invaliden, Kranke, Kriminelle, als über einhunderttausend Namenlose, die mittags noch nicht wußten, wie sie bis zur Nacht ihren Hunger stillen konnten, sich zum Aufstand formierten und die Monarchie Louis-Philippes (1830–1848) hinwegfegten, setzte der Rausch der Revolution auch in Baudelaire eine Energie frei: den Mut zur politischen Aktion. Daß er diesen freiheitlichen Geist vorher und später nur ›verdrängt‹ hatte, offenbart sein Gedicht der Revolte, »Die Verleugnung des Heiligen Petrus«: »Ich werde, was mich betrifft, eine Welt verlassen, die ich satt habe, in welcher die Aktion nicht mehr die Schwester des Traumes ist.« Zeigte er im Jahre 1846 noch eine widersprüchliche Haltung gegenüber dem Proletariat und sozialen Republikanern, so befand er sich im Juni-Aufstand mitten unter ihnen. Über der Schulter eine kostbare Patronentasche aus gelbem Leder, in den Händen eine polierte Doppelflinte, schrie er plündernden Republikanern zu: »General Aupick muß erschossen werden.« Seine – aristokratische – Pose war durchaus ernstgemeint, ebenso wie die Herausgabe

seiner aufwiegelnden Zeitschrift »Das Öffentliche Wohl« und seine Verschwörung mit L. A. Blanqui (1805–81), einem ›Berufsrevolutionär‹, der 1871 die Massen im Aufstand der Pariser Kommune zu mobilisieren verstand.

Proletarisches Klassenbewußtsein hat Baudelaire nicht entwickelt. Seine psychologische Selbstüberlistung, aus Leiden Lust zu gewinnen, der Schwund seiner körperlichen Kräfte aufgrund syphilitischer Erkrankung und Drogenabhängigkeit, die Tatsache, daß das Kaiserreich unter Napoleon III. (1852–1870) wiedererstehen konnte, machten ihn skeptisch gegenüber allen Anstrengungen, die auf eine Veränderung und Humanisierung der Lebensverhältnisse abzielten. Da ihm Kraft und Überzeugung fehlten, der Gedanke für ihn bereits Tat war, paßte er sich der unheiligen Allianz von Bourgeoisie und Adel an; aber auf seine Art. Ironisch-distanziert, blasiert, maskierte er sich als ›verruchter Dichter‹, als Dandy, der menschlichem Elend – scheinbar – teilnahmslos gegenübersteht, der feststellt, aber nicht handelt, der sich sogar mit dem Tod abfindet: »Aber die wahren Reisenden sind jene, die reisen, um zu reisen; mit leichtem Herzen, gleich schwebenden Ballons, die sich vom Schicksal treiben lassen« (in: Der Tod). Vor Verfolgungen durch die pseudo-religiöse Gesellschaft tarnte sich Baudelaire wie ein mittelalterlicher Jongleur und log, indem er sich – als lyrisches Ich – totstellte: »Meine Seele ist ein Grab, das ich, als schlechter Büßer, seit Ewigkeit durcheile und bewohne« (in: Spleen und Ideal).

Der um soziale Anerkennung werbende, von der Gesellschaft abgelehnte und sich daher selbstzerfleischende, transsexuell veranlagte Dichter wird nicht nur in seinen Aufschwüngen zum Idealen und seinen Stürzen ins Bodenlose erkennbar, sondern auch dort, wo er sich in die ›vollkommene‹ Idylle – sprachlich – zurückzieht, wie beispielsweise in den zwei Refrainversen des Gedichtes »Einladung zur Reise«:

»Dort ist alles nur Ordnung und Schönheit, Luxus, Ruhe und Wollust.«

Unüberhörbar ist im französischen Originaltext, wo für das deutsche Wort »dort« das französische Fürwort »là« steht, die lallende Stimmfühlungsnahme des Dichters, sein Monolog, gerichtet an ein Wesen, dem er im Gedicht vier Rollen anmutet: Kind, Schwester, Nonne, Geliebte. Sich selbst verkleidet er als Mutter, Schwester oder Bruder, Geliebter. In den fünf Begriffswörtern faßt Baudelaire sein dichterisches Programm zusammen, indem er sich extremen Leistungsanforderungen an sich selbst unterwirft. Mit dem Begriff Ordnung spornt er sich an, Herrschaft über die französische Sprache zu gewinnen, deren Strukturen er wie Materialien nach den Gesetzen der Baukunst organisieren, stabilisieren, fugenlos verbinden, d.h. verdinglichen will. Schönheit bedeutet für ihn die psychologische Bewältigung einer Aufgabe: ständige Schärfung seines Wahrnehmungsvermögens für das Einmalige, Abnorme, Bizarre, Groteske. Darüber hinaus aber auch geistige Arbeit: gleichzeitig auftretende, sich widersprechende Reize, die ununterbrochen über Auge, Ohr, Außenhaut, Schleimhaut in das menschliche Bewußtsein einströmen, sprachlich zu bewältigen, sie in seinen Versen wie in einem Gefäß – modern gesprochen, wie auf einem Datenträger – zu speichern, und zwar derart, daß sie, durch das Sprechen reaktiviert, im Sprecher und Hörer reale Empfindungen auslösen. Der Begriff Ruhe signalisiert Baudelaires Wunsch nach Distanz, nach seelischem Gleichgewicht, als Voraussetzung intensiven Genusses. Den Prozeß der Aneignung vollendeter Produkte des Handwerks, der Malerei, Musik und Architektur belegt Baudelaire mit dem Begriff Luxus. Mit dem Begriff Wollust spielt Baudelaire auf seinen Trieb an, durch Verletzen religiöser und sexueller Tabus ein Höchstmaß an Erregung zu erzeugen. Diese fünf Strebungen nimmt Baudelaire vorweg und faßt sie zusammen mit dem inhaltsleeren Begriff »alles«, den er auf besondere Weise füllt. Baudelaire will sein schönes Niemandsland »alles« verankern an einem Ort, den Dante (1265–1321) in seinem Werk »Die Göttliche Komödie« als Vorhölle (lat. limbus – ›Rand‹) bezeichnet, den die alte katholische Dogmatik als einen freud- und schmerzlosen Raum für ungetauft gestorbene Kinder freihielt, zwischen dem Paradies und der Hölle gelegen. »Limbes« war auch einer der Titel, die Baudelaire ursprünglich für sein Hauptwerk vorgesehen hatte.

Baudelaires Gedichte sind Monologe, Werbungen für sich selbst. Als Transsexueller suchte er Dialogpartner, Komplizen oder Komplizinnen im Genuß lesbischen Vergnügens, die er in der Wirklichkeit nicht fand. Sein Dirnenlob in zahlreichen Gedichten paßt auf alle, damit auf keine der Frauen, die in seinem Leben eine Rolle gespielt haben, strenggenommen nur auf sich selbst.

Das Resultat 40jähriger →Repressionen: Nach Abschmelzen seines väterlichen Erbteils, wegen Unterbezahlung seiner schriftstellerischen Leistungen – Kunstkritiken (über Delacroix, Daumier usw.); Schriften über Ästhetik; Übersetzungen aus dem Englischen (E. A. Poe [→S. 262 f.]; De Quincey); poetische Prosa und Gedichte – verlor Baudelaire seine wirtschaftliche Grundlage in Paris. Sein Bemühen, sich 1864 in Brüssel eine neue Existenz aufzubauen, scheiterte, da er gesundheitlich ruiniert war.

Gelähmt und der Sprache beraubt, starb der 46jährige Dichter 1867 in der Pariser Klinik Dumas.

Charles Baudelaire, »Die Blumen des Bösen«, Deutsch und Französisch, übertragen von Carl Fischer, (Neuwied o.J.).
Pascal Pia, »Charles Baudelaire« (Tb. Hamburg).
J. P. Sartre, »Baudelaire« (Hamburg 1953).

Illustrationen zu zwei Gedichten von Baudelaire »Das Haar« (links) und »Die sieben Greise« (rechts). Beide Grafiken von Hermann Metzger

Susanne Jensen

Marx/Engels · Manifest der Kommunistischen Partei

»Manifest der Kommunistischen Partei« (Erstdruck London 1848)
Programmschrift
von Karl Marx (5. 5. 1818 – 14. 3. 1883) und Friedrich Engels (28. 9. 1820 – 5. 8. 1895)

Im Februar 1848, am Vorabend der →bürgerlichen Revolution in Deutschland, erschien das »Manifest der Kommunistischen Partei«. Der damals dreißigjährige Karl Marx und der um zwei Jahre jüngere Friedrich Engels hatten diese politische Kampfschrift geschrieben. Präzis und anschaulich, erfüllt von offener →Parteilichkeit und kämpferischem Geist, legte sich zum ersten Mal in zusammenfassender Weise die Weltanschauung der noch jungen →Arbeiterklasse dar.

Anders als in den fortgeschrittenen kapitalistischen Ländern England und Frankreich steckte die deutsche Arbeiterbewegung erst in den Anfängen. Noch war Deutschland zersplittert in viele von Fürsten regierte Einzelstaaten. Doch die feudale Ordnung, schon morsch und angeschlagen, konnte den Siegeszug der kapitalistischen →Produktionsweise nur verzögern, verhindern konnte sie ihn nicht. Auch hier bildeten sich die für den Kapitalismus typischen Grundklassen heraus, das industrielle Bürgertum und die Klasse der lohnabhängigen Arbeiter, das Proletariat. Die Bourgeoisie wurde immer mehr zur entscheidenden wirtschaftlichen Macht und strebte nun auch zur Eroberung der politischen Herrschaft. Gleichzeitig wurde in den zunehmenden Streiks, Aufständen und Hungerrevolten der in entsetzlichem Elend lebenden Arbeiter ein neuer gesellschaftlicher Konflikt sichtbar: der Gegensatz zwischen Kapital und Arbeit.

Die noch bestehenden Gesetze des feudalen Staates, das Verbot der politischen Vereinsbildung und die strenge Zensurgesetzgebung, die Erstickung jeder oppositionellen Regung mit brutaler Gewalt erschwerten die Bildung von Arbeiterorganisationen. Die erste proletarische Organisation, der »Bund der Gerechten«, wurde deshalb im Ausland gegründet. Marx und Engels, die aktiv in der internationalen Arbeiterbewegung tätig waren und bereits die ersten Grundgedanken des wissenschaftlichen Kommunismus entwickelt hatten, nahmen Mitte der vierziger Jahre Kontakt mit dem Bund auf. Sie kritisierten dabei vor allem dessen programmatische Grundlage, den utopischen Arbeiterkommunismus mit seiner Losung »Alle Menschen werden Brüder«, denn er ging von einem Ideal, einer nur vorgestellten gerechten Gesellschaftsordnung aus. Sie machten klar, daß nur eine wissenschaftliche Analyse der konkreten gesellschaftlichen Bedingungen die Arbeiterbewegung weiterentwickeln könne. Der Bund nahm die Kritik ernst. Unter der Mitarbeit von Marx und Engels wandelte er sich 1847 in den »Bund der Kommunisten« um, die erste kommunistische Arbeiterpartei. Marx und Engels erhielten den Auftrag, ein programmatisches Manifest, ein theoretisches und praktisches Parteiprogramm auszuarbeiten.

Das »Manifest der Kommunistischen Partei« gilt als Geburtsurkunde der internationalen Lehre des wissenschaftlichen Kommunismus. Für seine Verfasser war die Wissenschaft aber kein Selbstzweck, sondern, wie Engels sagt, »eine geschichtlich bewegende, revolutionäre Kraft«, eine Anleitung zum Handeln und theoretische Waffe für den Befreiungskampf der Arbeiterklasse. Das Manifest ist ein glänzendes Beispiel dafür: Es ist historisch begründete Darstellung, Programm und Appell zugleich.

Maschinenfabrik der Firma Borsig (Berlin 1847)

Die berühmt gewordenen Worte: »Ein Gespenst geht um in Europa – das Gespenst des Kommunismus« leiten das 30 Seiten umfassende Werk ein, das zunächst in sechs Sprachen erscheinen sollte. Von allen europäischen Mächten, so heißt es weiter, werde der Kommunismus bereits als eine Macht anerkannt. Es sei deshalb »hohe Zeit, daß die Kommunisten ihre Anschauungsweise, ihre Zwecke, ihre Tendenzen vor der ganzen Welt offen darlegen und dem Märchen vom Gespenst des Kommunismus ein Manifest der Partei selbst entgegenstellen.«

Das Selbstbewußtsein und die Gewißheit, die aus diesen Worten sprechen, ist die durchgehende Haltung der gesamten Schrift. Sie umfaßt vier Hauptteile. In »Bourgeois und

Proletarier« legen Marx und Engels dar, wie sich nach der von ihnen begründeten →materialistischen Geschichtsauffassung die Geschichte der Menschheit bis zur modernen bürgerlichen Gesellschaft entwickelt hat, wie die beiden für diese Ordnung typischen Grundklassen entstanden sind und welche Gesetzmäßigkeiten ihren unversöhnlichen Gegensatz zueinander begründen. Der zweite Teil, »Kommunist und Proletarier« überschrieben, stellt die Zwecke und Absichten der Kommunisten in der Arbeiterbewegung vor und verteidigt sie gegen feindliche Unterstellungen. Mit den verschiedenen feudalen und bürgerlichen Spielarten des Sozialismus und Kommunismus setzen sich Marx und Engels im dritten Teil kritisch auseinander. Der letzte Teil beschreibt die Haltung gegenüber anderen Arbeiterparteien und legt das Vorgehen der Arbeiterklasse in der kommenden bürgerlichen Revolution fest. Das Manifest endet mit der offenen Kampfansage der kommunistischen Revolution.

Wie ein roter Faden zieht sich durch das Manifest das Leitmotiv von der historischen Aufgabe des Proletariats. Sie beruht auf den Gesetzmäßigkeiten der gesellschaftlichen Entwicklung und besteht darin, den Kapitalismus zu stürzen und die kommunistische Gesellschaftsordnung aufzubauen, in dem es keine Ausbeutung des Menschen durch den Menschen mehr gibt. Die verschiedensten Bereiche des gesellschaftlichen Lebens und der Wissenschaft werden dabei erfaßt und verarbeitet. »Dieses kleine Büchlein«, sagt Lenin (→S. 304f.), »wiegt ganze Bände auf.«

In einer für jedermann verständlichen, kraftvollen und mitreißenden Sprache entwickeln Marx und Engels ihre Erkenntnisse und Schlußfolgerungen. Knappe Feststellungen – (»Die Geschichte aller bisherigen Gesellschaft ist die Geschichte von Klassenkämpfen«, »die herrschenden Ideen einer Zeit waren stets nur die Ideen der herrschenden Klasse«, die Kommunisten »haben keine von den Interessen des ganzen Proletariats getrennten Interessen«) – stehen neben bildhaften Vergleichen: Die Bourgeoisie »hat die heiligen Schauer der frommen Schwärmerei, der ritterlichen Begeisterung, der spießbürgerlichen Wehmut in dem eiskalten Wasser egoistischer Berechnung ertränkt«, sie hat »nicht nur die Waffen geschmiedet, die ihr den Tod bringen; sie hat auch die Männer gezeugt, die diese Waffen führen werden – die modernen Arbeiter, die *Proletarier*«, ihre eigenen »Totengräber«. Der direkten Ansprache an die Gegner: »Ihr werft uns . . . vor, daß wir euer Eigentum aufheben wollen. Allerdings, das wollen wir« folgt zum Schluß die revolutionäre Ankündigung: »Die Kommunisten verschmähen es, ihre Ansichten und Absichten zu verheimlichen. Sie erklären es offen, daß ihre Zwecke nur erreicht werden können durch den gewaltsamen Sturz aller bisherigen Gesellschaftsordnung. Mögen die herrschenden Klassen vor einer kommunistischen Revolution zittern. Die Proletarier haben nichts in ihr zu verlieren als ihre Ketten. Sie haben eine Welt zu gewinnen«. Das Manifest schließt mit dem kämpferischen Appell: »Proletarier aller Länder, vereinigt euch!«

Sowjetisches Plakat zum 1. Mai (1928)
Der Appell aus dem »Manifest« ist international geworden

Karl Marx

1818	Am 5. Mai als Sohn eines Rechtsanwaltes in Trier geboren
1835	Abitur am Gymnasium in Trier
1836	Verlobung mit Jenny von Westfalen. Studium in Berlin
1841	Promotion in Jena (Dr. jur.)
1842	Redakteur der »Rheinischen Zeitung«
1843	Heirat. Umzug nach Paris
1844	Beginn der Zusammenarbeit mit Engels
1848	»Manifest der kommunistischen Partei«. Umzug nach Köln. Chefredakteur der »Neuen Rheinischen Zeitung«
1849	Exil in London
1859	»Zur Kritik der politischen Ökonomie«
1866	»Das Kapital«, erster Band
1883	Am 14. März in London gestorben

Friedrich Engels

1820	Am 28. November als Sohn eines Fabrikanten in Barmen geboren
1842–44	Aufenthalt in England
1845	»Die Lage der arbeitenden Klasse in England«
1848	Redakteur der »Neuen Rheinischen Zeitung«
1849	Emigration nach England
1885	Edition des »Kapitals«, zweiter Band
1895	Am 5. August in London gestorben

Swetlana Geier

Dostojewskij · Schuld und Sühne

»Prestuplenie i nakazanie« (Erstdruck St. Petersburg [Leningrad] 1867)
Roman in sechs Teilen mit einem Epilog von Fjodor Michajlowitsch Dostojewskij (11. 11. 1821 – 9. 2. 1881)

»Schuld und Sühne« (russischer Titel wörtlich übersetzt: »Verbrechen und Strafe«), erschien als Fortsetzungsroman. Als ein »psychologischer Bericht über ein Verbrechen« angekündigt, gehört die Handlung in das Jahr 1865 und spielt sich innerhalb eines halben Monats in Petersburg (Leningrad) ab. 1882 lag der Roman in deutscher Übersetzung, 1890 in allen europäischen Sprachen vor.

Raskólnikov, ein vierundzwanzigjähriger Student aus der Provinz, entschließt sich, eine Pfandleiherin zu ermorden, um mit ihrem Geld das Studium abschließen und seiner Mutter und Schwester, die in großer Not leben, helfen zu können. Da die Alte krank ist und mit großer Wahrscheinlichkeit nicht mehr lange leben wird, da sie böse ist und ihr Geld nur mißbraucht, glaubt er seine Tat gerechtfertigt und ist sich gewiß, durch künftige Pflichterfüllung der Menschheit gegenüber den Mord »ausgleichen« zu können. Eine Reihe von Zufällen kommt seinem Plan entgegen, aber an der Leiche der alten Frau wird er von ihrer Schwester überrascht und schlägt diese ebenfalls nieder. Es gelingt ihm zu entkommen, es gibt keine Verdachtsmomente gegen ihn, aber innerhalb weniger Tage wird er vom »Gesetz der Wahrheit und der menschlichen Natur« überwältigt und stellt sich der Polizei, um sich von dem »Gefühl der Absonderung von den Menschen«, das ihn sofort nach der Tat überkam, zu befreien. Drei Tage vor dem Mord begegnet Raskólnikov dem heruntergekommenen Trinker Marmeladov und erfährt von ihm die Geschichte von dessen Tochter Sonja (die Prostituierte geworden ist, um ihre Stiefmutter und deren Kinder vor dem Hungertod zu retten). Bei Sonja, die sich ebenfalls über die moralischen und natürlichen Gesetze hinweggesetzt hat, glaubt Raskólnikov die Bestätigung seiner Idee zu finden.

Aber Sonja erkennt, daß seine Tat weder durch das Mitleid mit seinen Angehörigen noch als Protest gegen die gesellschaftliche Ordnung zu begründen ist. Das Verbrechen sollte für ihn der Ausdruck seines »freien Wollens« und der Beweis dafür sein, daß er ein »außergewöhnlicher Mensch«, dem »alles erlaubt« sei, und er ein »Napoleon« und keine »Laus« sei. Sein Drang nach Selbstbestätigung richtete sich gegen alle Bindungen, gegen den gesunden Menschenverstand, den Selbsterhaltungstrieb und kam einer Selbstzerstörung gleich.

Raskólnikov (»raskol« = russ. »Spaltung«) zwang sich zum Mord in der letzten Steigerung des »selbsterdichteten« willkürlichen Verhaltens. Diese Zerreißprobe, der er sich unterzieht, stellt eine für Dostojewskij typische Stufe auf dem Weg der Selbsterkenntnis dar. Sonjas Wesen weckt in Raskólnikov die Ahnung von der schöpferischen Macht des Leidens (»Der Mensch wird nicht für das Glück geboren. Der Mensch erwirbt sein Glück, und fast immer durch Leiden«) und zeigt ihm den Weg der »Sühne«.

Svidrigajlov, ein reicher Gutsbesitzer, unter dessen Nachstellungen die Schwester Raskólnikovs zu leiden hat, ist ebenfalls ein Mitwisser und der Gegenpol Sonjas: Er besitzt die von Raskólnikov angestrebten Eigenschaften des »außergewöhnlichen Menschen«, der kein Gesetz außer der Lust, keinen Unterschied zwischen Gut und Böse kennt. Seine schrankenlose Freiheit (»alles ist erlaubt«) ufert in Chaos aus und endet in der Zerstörung: Svidrigajlov erschießt sich aus Langeweile und Ekel am Leben. Dieser Selbstmord hebt das einzige äußere Motiv für das Geständnis Raskólnikovs auf und macht deutlich, daß er die Strafe aus freiem, dem Menschen angeborenen Verlangen nach Gerechtigkeit sucht. Er wird zu acht Jahren Zwangsarbeit verurteilt, Sonja begleitet ihn nach Sibirien. Der Epilog kündigt in betont sachlichem, von den vorhergehenden sechs Kapiteln deutlich unterschiedenem Ton die »allmähliche Wiedergeburt« Raskólnikovs an.

F. M. Dostojewskij – das letzte Porträt des 59jährigen (1880). Er starb ein Jahr später in Petersburg

Der Schlußeffekt des Romans ist das Geständnis des Täters. Dabei wird die Spannung durch die Teilnahme am Schicksal des Mörders erreicht: Der Mörder ist von Anfang an bekannt, ihm gehört die Sympathie des Lesers, der um das Gelingen des Mordplans und später um die Sicherheit des Mörders bangt und dennoch gezwungen ist, mit ihm die erlösende Strafe herbeizuwünschen.

Die Kulisse der Handlung ist sparsam angedeutet: Es ist, wie in den meisten Werken Dostojewskijs, Petersburg, die Großstadt als die vom Menschen geschaffene »Antilandschaft«. Die Straßen, Häuser und Treppen, die Tageszeiten und das Wetter spiegeln das Innere der Figuren. Aus sorgfältig kalkulierten realistischen Details baut Dostojewskij eine Welt auf, in der Traum und Wirklichkeit ineinander übergehen.

In »Schuld und Sühne«, dem ersten großen Roman Dostojewskijs nach seiner Rückkehr aus Sibirien, kommt die für ihn charakteristische Vielstimmigkeit erstmalig zur Entfaltung: Alle Figuren kreisen um die Zentralgestalt Raskólnikov als Verkörperung der in ihm schlafenden oder schon entwickelten Eigenschaften. Auch aus dem Untersuchungsrichter Porfirij, der den Mordfall bearbeitet, vom Autor in allen Einzelheiten als Gegenspieler Raskólnikovs gezeichnet, spricht Raskólnikovs eigene Stimme. Ohne sich auf ein einziges Indiz stützen zu können, allein aufgrund Raskólnikovs Theorie vom »außergewöhnlichen Menschen«, hält er deren Urheber für den möglichen Täter. Während er ihn zu jagen scheint, konfrontiert er Raskólnikov mit seinen eigenen Zweifeln und bringt ihn dem eigentlichen Ziel (»im Leiden liegt der Sinn«) näher.

Die Handlung bewegt sich vorwiegend im Dialog, entweder in den Selbstgesprächen Raskólnikovs oder in Unterhaltungen mit den um ihn kreisenden Menschen. Darin liegt die Schwierigkeit, den Romanautor Dostojewskij

W. Rehm, »Jean Paul und Dostojewskij«, Göttingen 1962.
»Wir und Dostojewskij«. Eine Debatte mit H. Böll, S. Lenz, A. Malraux, H. E. Nossak. Hamburg 1972.
E. Thiess, »Dostojewskij«. Stuttgart 1971.
R. Lauth, »Die Philosophie Dostojewskijs«. München 1950.

auf eine Aussage endgültig festzulegen: Er lebt und äußert sich in allen Gestalten, ohne sich jedoch mit einer zu identifizieren.

Fjodor Michajlovitsch Dostojewskij wurde 1821 als Sohn eines Arztes in Moskau geboren und starb 1881 in Petersburg. Nach Abschluß der Militäringenieurschule in Petersburg quittierte er den Dienst und lebte als freier Schriftsteller. Sein erstes Werk »Die armen Leute« (1846) brachte ihm begeisterte Anerkennung in den führenden literarischen Kreisen Rußlands. Als Mitglied einer radikalen politischen Gruppe (Petraschevzy) angezeigt, wurde er 1849 verhaftet und zum Tode verurteilt. Jedoch kurz vor der Exekution auf dem Hinrichtungsplatz wurde er begnadigt und nach Sibirien verschickt. Nach rund zehn Jahren Zuchthaus und Verbannung kehrte er nach Petersburg zurück.

In den darauffolgenden 20 Jahren entstanden seine großen Romane: »Schuld und Sühne« (1866), »Der Spieler« (1867), »Der Idiot« (1868), »Ewiger Gatte« (1871), »Dämonen« (1871), »Der Jüngling« (1875), »Die Brüder Karamazov« (1879/80), zwei Bände »Aufzeichnungen aus dem Totenhaus« (1861) und »Aufzeichnungen aus dem Kellerloch« (1864) und einige Novellen, die in dem von ihm herausgegebenen »Tagebuch eines Schriftstellers« (1873–1881) gedruckt wurden. Bis wenige Jahre vor seinem Tod lebte er in ständiger Geldnot und mußte auf der Flucht vor seinen Gläubigern mit seiner zweiten Frau Anna (die erste starb 1864) einige Jahre im Ausland verbringen (Deutschland, Schweiz und Italien). Seine Spielleidenschaft und seine Krankheit (Epilepsie) brachten in sein Leben Unsicherheit und Gefahr und stellten ihn somit wiederholt an den Rand der bürgerlichen Existenz.

Dostojewskij fühlte sich als »verantwortungsbewußter Russe« und strebte als Dichter und Publizist den unmittelbaren Kontakt mit seiner Gegenwart und seinem Leser an. Sein Werk spiegelt die bedeutungsschweren Veränderungen auf allen Gebieten des russischen Lebens: die außenpolitische Expansion und die innenpolitische Reformbedürftigkeit des russischen Staates nach dem Sieg über Napoleon, die einsetzende ökonomische Entwicklung, in erster Linie aber die Bemühungen um ein Selbstverständnis Rußlands gegenüber dem Westen und die damit verbundenen ideologischen Kämpfe zwischen den Nachfolgern der westlichen Aufklärung (»Westler«) und den »Slawophilen«, die auf dem Boden eines nationalen christlichen Humanismus die Befreiung Rußlands von den europäischen Einflüssen proklamierten. Dostojewskij sah die Aufgabe des Russen in seiner »synthetischen Begabung« einer neuen Brüderlichkeit: Nationales und gesellschaftliches Bewußtsein wurzelt für ihn in der Überzeugung, daß »der Mensch ewig und nicht bloß irdisches Tier ist, sondern mit anderen Welten und der Ewigkeit zusammenhängt«. Im Zentrum jeder Entwicklung steht für Dostojewskij der individuelle Mensch und dessen persönliche Erfahrung: »Nicht außer dir, sondern in dir selbst lebt die Wahrheit; finde dich in dir selbst, unterwirf dich dir selbst, gewinne Herrschaft über dich selbst – und du wirst die Wahrheit schauen. Nicht in den Dingen liegt die Wahrheit, nicht außer dir und nicht irgendwo hinter den Bergen, sondern zunächst in deiner eigenen Arbeit an dir selbst.«

Die Hofeinfahrt (links) und die Treppe im Hause Raskólnikovs (beide Zeichnungen von M. Dobutzinskij 1923)

Die Gedanken und die künstlerische Leistung Dostojewskijs sind ein Bestandteil der Weltliteratur geworden. Der Auseinandersetzung mit dem Autor von »Schuld und Sühne« konnte sich kaum ein Vertreter des russischen oder europäischen Kulturlebens entziehen:
Nietzsche und Sartre (→S. 364f.), Gorkij und Kafka (→S. 324), Hamsun und Musil – sie alle waren fasziniert von seinem Werk, und heute noch finden Literatursachverständige und Philosophen, katholische Theologen und Marxisten neue Antworten bei dem »Realisten im höheren Sinn«, wie Dostojewskij sich selbst genannt hatte.

Günther Flemming

Verne · Die Reise nach dem Mittelpunkt der Erde

»Voyage au centre de la terre« (Erstdruck 1864)
Roman von Jules Verne (8. 2. 1828 – 24. 3. 1905)

Seine Großnichte übermittelt die hübsche Geschichte: Wie der 11jährige Knabe in seiner Heimatstadt Nantes im Sommer 1839 als blinder Passagier an Bord des Dreimasters »Coralie« geht, um als Moses nach Indien zu fahren; wie er entdeckt wird und sein Vater ihn im nächsten Hafen abholt; und wie er schließlich seiner Mutter verspricht: »Ich werde nur noch im Traum reisen.«

Begeistert liest und verfolgt er Berichte von Entdeckungsreisen. Und es gibt noch viel zu entdecken und zu erforschen: die Pole und das Innere Afrikas, die Südsee mit ihren Inseln und Australien. Der Zuwachs an Informationen beflügelt seine Phantasie, lähmt sie nicht etwa; die Tatsachen geben ein tragfähiges Gerüst für seine und seiner Zeitgenossen Spekulationen ab.

Als Jüngling geht er nach Paris, um auf das Geheiß seines Vaters die Rechte zu studieren. Schon bald vernachlässigt er das ungeliebte Studium und schließt sich literarischen Kreisen an. 1848 begegnet er dem hochberühmten Dumas père; 1850 wird im Théâtre historique seine Verskomödie »Les pailles rompues« aufgeführt; 2 Jahre später wird er Sekretär des Théâtre lyrique. Mit seiner Theaterarbeit hat er wenig Erfolg – dennoch wird und bleibt das Theater eine der wesentlichen Erfahrungen seines Lebens und bestimmt in großem Ausmaß sein Vorstellungsvermögen auch als Romanschriftsteller.

Daneben verfolgt er in diesem Zeitalter der Erfindungen und Entdeckungen Nachrichten über spektakuläre Forschungsergebnisse aus den Natur- und den Ingenieurwissenschaften und eignet sich sehr weitgehende Kenntnisse an. (»Und sein eigentliches, noch nie so recht gewürdigtes literarisches Verdienst besteht darin, daß er als Erster . . . den Groß-Nachweis geführt hat: wie die Errungenschaften des Technikers . . . nicht nur nicht poesie-zerstörend wirkten; sondern vielmehr unerhört neue-reiche Gebiete dem Dichter eröffneten!« [Arno Schmidt]).

Nach weiteren Theaterstücken sowie einigen Novellen und kleinen historisch-geographischen Arbeiten schreibt er seinen ersten Roman. Die große öffentliche Anteilnahme an Expeditionsberichten und die Fortschrittsgläubigkeit der Gründerzeit, verbunden mit seinem, aus der Theaterarbeit stammenden, Sinn für effektvolle Darstellung führen ihn auf einen Weg, den er mit beispielhaftem Erfolg beschreiten wird. Und es kommt ein Glücksfall hinzu: Der Verleger Hetzel ist, anders als viele seiner Kollegen, von den schönen »Fünf Wochen im Ballon« begeistert; er bietet Verne einen langfristigen Vertrag an, den dieser auch annimmt. Damit ist, auf der Grundlage finanzieller Sicherheit, sein Weg als Schriftsteller vorgezeichnet.

1863 erscheinen die »Fünf Wochen im Ballon«: Das französische und bald auch das Publikum in vielen anderen Ländern ist hingerissen – eine Ballonfahrt! noch dazu über unerforschte Gebiete Afrikas hinweg! geschildert in der Verne eigentümlichen Mischung aus Spannung und Belehrung! Fortan erscheint jedes Jahr ein neuer Roman. Gleich in den ersten Jahren steckt er sein literarisches Reich ab: »Die Reise nach dem Mittelpunkt der Erde« (1864), »Von der Erde zum Mond« (1865; 1870 fortgesetzt als »Reise um den Mond«, die Schilderung einer Mondfahrt mit einer Art Plüschrakete, verblüffend die vielen Parallelen zum ersten wirklichen Mondflug, erste USA-Satire), »Reisen und Abenteuer des Kapitäns Hatteras« (1866; die erste von vielen Polfahrten, hier zum Nordpol), »Die Kinder des Kapitäns Grant« (1867–68; Suchfahrt, meist zu Schiff, rund um die Erde), »20000 Meilen unter'm Meer«

Seite 270: Der Umschlag dieser Ausgabe (Verlag Neues Leben) zeigt sehr schön die ›Mutter Erde‹ aus Vernescher Sicht

Zwei Beispiele Vernescher Hohlwelt-Phantasien: »Schwarzindien« (links) und »Die Reise zum Mittelpunkt der Erde« (rechts)

(1870; U-Boot-Fahrt, der Ozean als Lebensraum, auch Atlantis wird entdeckt).

Die meisten Romane erscheinen in Fortsetzungen. Gerüst und Erscheinungsweise sind aufeinander abgestimmt: Die ›Handlung‹ ist meistens nicht mehr als eine Abfolge von Episoden (wo die Handlungssträhnen im ›Großen Roman‹ zu einem Gewebe verbunden werden, gibt es im Reiseroman Vernescher Prägung bestenfalls einen roten Faden). – Den Texten werden Stahlstiche beigegeben, die häufig unter Vernes Aufsicht entstehen; sie zeigen nicht nur Bildhaftigkeit des Ausdrucks und Anschaulichkeit der Texte an, sondern geben auch meisterhaft die zeitgenössische Bild- und Vorstellungswelt wieder; sie erleichtern somit dem heutigen Leser den Zugang zum Werk ganz entscheidend.

Die Romane Jules Vernes sind sehr materialreich gearbeitet, ohne daß der belehrende Charakter die Leselust beeinträchtigte. Die informierenden Passagen dienen zumeist auch, als Verzögerungsmomente, der Spannungsdosierung. Manchmal allerdings, insbesondere in einigen der späteren Werke, gerinnt ihm das lustig-informative Faktengewimmel zum trockenen Katalog: die Imagination, die Qualität der poetischen Verarbeitung lassen nach – Ausverkauf aus dem Zettelkasten. – Zeitgemäß sind auch die Helden seiner Bücher: beherrschende, männliche Figuren, die denn auch eine gewisse Familienähnlichkeit quer durchs Werk erkennen lassen, umfassend und speziell gebildet, schweigsam-ruhig-würdig, mit Bart und ohne Frau, ohne gleichrangige Partner und Gegner, dabei aufrecht und hilfsbereit und meist im Verborgenen wirkend. Auch in den technischen Spektakelstücken ist es stets der einzelne, der Geniales vollbringt. Der Begriff ›Teamwork‹ paßt nicht in die Vernesche Welt. Folgerichtig hat er nie einen eigentlichen Zukunftsroman geschrieben; der Versuch einer umfassenden Linienverlängerung auf gesellschaftlichem, wissenschaftlichem, technischem Gebiet wird nicht unternommen. Erfindungen haben wie Entdeckungen den Charakter des Abenteuerlichen noch nicht verloren; Mut, Kraft und Geschick sind nötig, Eigenschaften großer Einzelner mithin.

In der »Reise nach dem Mittelpunkt der Erde« hat Verne einige aktuelle Themen verarbeitet: die Höhlenforschung (ein Thema, das ihn mehrfach beschäftigte, z.B. in »Schwarz-Indien«, »Der grüne Strahl«, »Die Erfindung des Verderbens«, auch als »Vor der Flagge des Vaterlands« erschienen), das Leben in der Urwelt, die Geologie des Erdkörpers, insbesondere der Streit um das Zentralfeuer. Verpackt sind diese Informationen und Spekulationen in eine spannende Handlung: Von Hamburg reisen Prof. Lidenbrock und sein Neffe Axel über Dänemark nach Island, steigen mit Hans, einem isländischen Führer, in den Sneffels Yökull, einen erloschenen Vulkan, ein, gelangen durch Gänge und Schächte und über ein unterirdisches Meer unter die Insel Stromboli, deren Vulkan sie auf wunderbare Weise bei einem Ausbruch ans Tageslicht zurückbefördert.

Unter dieser Oberflächenhandlung lassen sich zusammenhängende Motivketten entdecken (von Arno Schmidt »Lesemodelle« genannt), deren Verfolgung dem Leser zusätzliche Reize vermittelt. Das auffälligste ist das der →›Initiationsreise‹, in dem Axel der eigentliche Held ist. »Wenn du zurückkommst, wirst du ein Mann sein . . .«, verabschiedet das Mädchen Graüben ihn. Sein Onkel und ›Erzieher‹ läßt ihn einiges ›entdekken‹. Beispiel: die Dechiffrierung eines verschlüsselten Textes, der Anlaß und dessen Kenntnis notwendige Bedingung für den Antritt der Reise ist. Die größten Schwierigkeiten bewältigt er selbst, gibt sich dann verzweifelt und überläßt Axel die ›Entdeckung der geläufigen und leicht erkennbaren Vorwärts-Rückwärts-Vertauschung. Im Turm der Frelsers Kerk trainiert er, um ihn von seinen Schwindelgefühlen zu befreien, mit Axel das ›Treppensteigen‹ (ein aus Freuds »Traumdeutung« bekanntes Koitus-Symbol). Einer komplizierten Anweisung folgend gelingt ihnen dann das ›Eindringen in die richtige Öffnung‹. Die Reise im Erdinnern läßt sich dann als eine (Mutter-)Unterleibsphantasie lesen (›centre de la terre‹, Mittelpunkt der Erde, läßt sich leicht als ›ventre de la mère‹, Mutterleib, verlesen); die Reise in die Vergangenheit der Erde wird hier zur Reise in die eigene Vergangenheit – die sexuelle Neugier äußert sich gern in der Frage nach dem Ursprung.

Als Quelle für die seltsam-reizvolle Kulisse vermutet Arno Schmidt Eindrücke in einem Urwelt-Panorama. Sprache und Bilder deuten in der Tat darauf hin; auch die Figur des Führers dürfte diesen Eindrücken entstammen. (Das →Panorama-Erlebnis zeigt übrigens erneut Vernes Empfänglichkeit für künstliche Welten, wie die des Theaters.) Zu diesem Lesemodell gehören dunkle Gänge, überraschende Durchblicke, künstliche Beleuchtungen und das seltsam Arrangierte der Landschaften.

Arno Schmidt, »Trommler beim Zaren«, Karlsruhe 1966
Pierre Macheray, »Theorie der literarischen Produktion«. Darmstadt 1974.

Manfred Nagl

Populäre Wissenschaft

Als populäre Wissenschaft werden Kenntnisse verstanden, die allgemein (d. h. nicht nur unter Fachwissenschaftlern) verbreitet sind und die als wissenschaftlich erarbeitet und gesichert gelten. Sie ist somit das Produkt eines →Kommunikationsprozesses zwischen den Wissenschaftlern und den anderen Berufsgruppen einer Gesellschaft. Folgende Aspekte lassen sich dabei ausmachen:
1. die Personen, Institutionen, Medien und Methoden, durch die diese Vermittlung geschieht (Popularisierungsprozeß);
2. das Ausmaß und die Formen, in denen wissenschaftliche Kenntnisse und Methoden unter fachwissenschaftlichen Laien verbreitet sind (populäre Wissenschaft);
3. Annahmen, die zwar unter einer Vielzahl fachwissenschaftlicher Laien – nicht aber unter Fachwissenschaftlern selbst – als wissenschaftlich erwiesen gelten (populäre Pseudowissenschaften).

Sonderwissen und Gesellschaftsform

Wissenschaftliches Wissen ist zunächst einmal das Sonderwissen der Spezialistengruppe »Wissenschaftler«. Gleichzeitig aber ist dieses Wissen ein Mittel zur Welt- und Naturerklärung und (durch seine Anwendungsmöglichkeiten) ein Mittel zur Orientierung des menschlichen Handelns. Deshalb hat wissenschaftliches Wissen auch allgemeingesellschaftliche Bedeutung und öffentlichen Charakter. In welchem Maße Sonderwissen mit Orientierungsfunktionen öffentlich oder exklusiv ist, hängt vor allem von der →Produktionsweise einer Gesellschaft ab.

Sogenannte »primitive« Gesellschaften, die sich durch eine geringe Spezialisierung der Arbeitstätigkeiten auszeichnen, entwickeln Sonderwissen fast nur in magischen Bereichen, das von lokalen Spezialisten (Zauberern, Medizinmännern, Wahrsagern) gepflegt wird. Dieses individuelle Sonderwissen steht der Gemeinschaft nach Bedarf unmittelbar zur Verfügung. Die Gemeinschaft honoriert diese Dienste durch eine teilweise Freistellung der Wissensträger vom direkten Arbeitsprozeß.

In sozial und arbeitsmäßig differenzierteren Gesellschaften entwickelt sich ein meist →sakral verstandenes Sonder- und Herrschaftswissen, das – von einer herrschenden oder die Herrschaft stützenden Spezialistengruppe (Priester, Priester-Astronomen, Priester-Ärzte usw.) verwaltet – zur Entscheidungsfindung und Handlungsorientierung der Gesellschaft dient (Festlegung der Termine, Deutung von Naturereignissen usw.).

In städtischen Hochkulturen mit fortgeschrittener Arbeits- und Sozialteilung (→Stände, →Kasten) und einem differenzierten überlokalen Herrschaftsapparat kommt es neben einer generellen beruflichen Spezialisierung (handwerkliche, kaufmännische, militärische Berufsgruppen mit jeweils eigenem Sonderwissen) auch zu einer Differenzierung der Spezialistengruppe, die für die religiöse und kulturelle Welterklärung, die Selbstdeutung und Handlungsorientierung der Gesellschaft verantwortlich ist (Priester, Gelehrte, Philosophen, Künstler usw.). Das Mittel der Schrift erlaubt der kultur- und herrschaftstragenden Oberschicht die verbindliche Festlegung ihres Sonderwissens und damit die überlokale Kommunikation und Koordinierung des Herrschafts- und Kulturapparates. Gegenüber den beherrschten, meist nicht lesefähigen Unterschichten werden die »heiligen« Texte als direkte Handlungsanweisungen und im Sinne der Herrschaftsrechtfertigung ausgelegt. Bei Herrschenden und Beherrschten handelt es sich um ein geglaubtes Wissen, dessen Autorität auf dem Glauben an die Herkunft dieses Wissens aus einer übernatürlichen (göttlichen) Heilsquelle beruht. Um die Autorität dieser »ewig gültigen« sakralen Überlieferung nicht zu gefährden, bleiben »Forschung« und »Wissenschaft« auf die jeweils zeitgemäße Auslegung und Bestätigung der Überlieferung beschränkt. Diese nur interpretierende und bestätigende Funktion der Wissenschaft entspricht der Statik solcher Gesellschaften allgemein: so war es im mittelalterlichen Zunftsystem beispielsweise untersagt, neue Arbeitsmethoden einzuführen und dadurch andere Zunftmitglieder zu übervorteilen.

Die Anfänge der modernen Wissenschaft

Der Anspruch des sakralen Herrschaftswissens auf ewige Gültigkeit wirkt selbst in solchen Gesellschaften noch nach, die bereits eine erfahrungswissenschaftlich-experimentelle Wissensfindung und Wissensbegründung zulassen: im klassischen Griechenland war auch mit den nicht mehr nur spekulativ betriebenen Wissenschaftsbemühungen die Erwartung verbunden, ewig gültige Wahrheiten über das »Wesen« der Dinge und die Gestaltung des menschlichen Lebens zu finden.

Eine ähnliche Wissenschaftsauffassung wurde auch in der europäischen Renaissance wieder vertreten. (Als erstes wissenschaftliches Werk der Neuzeit gilt die 1537 erschienene »Nova Scientia« des venezianischen Mathematikers Niccolo Tartaglia [† 1557].) »Wissenschaft« (scientia) war gleichbedeutend mit »Weisheit« und »Tugend«, und den wissenschaftlichen Experimentatoren der Renaissance ging es weniger um eine technisch-wissenschaftliche Indienstnahme der Natur als vielmehr um neue Methoden zur Erkenntnis der »wahren Natur«, des »wahren Gottes« und des »wahren Glücks«. Damit wird deutlich, daß die Wissenschaft als Konkurrenz zu den traditionellen, sakralen Systemen und Methoden der Weltdeutung und Herrschaftsrechtfertigung auftrat. Die erfahrungswissenschaftliche Wissenschaftsmethodik war zwar für die rationaleren Formen der Handlungsorientierung und Gesellschaftslenkung im Frühkapitalismus unentbehrlich, sie bedeutete aber zugleich einen Angriff auf die Autorität des durch die heiligen Texte des Christentums gerechtfertigen klerikal-feudalen Herrschaftssystems – selbst in scheinbar so abgelegenen Bereichen wie der Astronomie.

Die Verbreitung der neuen Wissenschaftsauffassung und ihrer Ergebnisse geschah vor allem durch das im 16. Jahrhundert allmählich entstehende Buch- und Pressewesen. Allerdings waren im 16. und 17. Jahrhundert die Verbreitungsmöglichkeiten – insbesondere der wissenschaftlichen Information – noch recht gering: Der Anteil der Lesekundigen an der Gesamtbevölkerung wird für das 16. Jahrhundert auf 5% geschätzt, und da wissenschaftliche Veröffentlichungen fast ausschließlich in lateinischer Sprache abgefaßt wurden, kamen als Leser nur akademisch Gebildete (Adlige, Geistliche, Richter, Lateinlehrer, Hochschullehrer, Beamte, Ärzte) in Betracht. (Die Auflagehöhen gingen im 16. Jahrhundert selbst bei deutschsprachigen Werken nicht über 1000–2000 Exemplare hinaus.) Es handelte sich bei dieser Verbreitung um eine Kommunikation unter Gelehrten, so daß eine besondere (»populäre«) Darstellung sich erübrigte.

Für die Masse der in Landwirtschaft und Handwerk tätigen Bevölkerung wurde zur Erfüllung ihrer Aufgaben weder eine wissenschaftliche Unterrichtung noch eine Schulbildung, ja nicht einmal die Lese- und Schreibfähigkeit als notwendig erachtet.

Die relativ geringe Differenzierung sowohl der wissenschaftlichen Methoden als auch der Leserschaft erlaubte noch im 17. Jahrhundert eine zusammenfassende Darstellung des gesamten wissenschaftlichen Wissens der Zeit in Form der »Enzyklopädie« (umfassende, »abgerundete« Darstellung des Wissens; als Buchtitel erstmals 1603: »Scientiarium omnium Encyclopaedia« von Johann Heinrich Alstede). Eine recht aktuell anmutende Dimension der Popularisierung wissenschaftlicher Information boten die Zeitungen des 17. Jahrhunderts: sie konzentrierten sich vornehmlich auf ein Kuriositätenkabinett exotischer und »wunderbarlicher« Dinge und Entdeckungen.

Popularisierung der Wissenschaft im 18. Jahrhundert

Die zweite Hälfte des »Jahrhunderts der Aufklärung« muß als Höhepunkt der Popularisierung wissenschaftlichen Wissens angesehen werden. Bei der Verbreitung wissenschaftlicher Erkenntnisse waren politisch-humanes Engagement und nüchternes Zweckdenken untrennbar verbunden. Durch die Vermittlung nützlichen Wissens sollte das gesamte Volk von Primitivität, Armut und Aberglauben befreit und auf den Weg zu materiellem Wohlstand und moralischer Vollkommenheit geführt werden. Die Popularisierung der Wissenschaft war gleichbedeutend mit einer »Demokratisierung der Vernunft« und der Vervollkommnung des Glücks der Menschheit.

Eine derart aufgeklärte Bevölkerung sollte nicht nur zur Anwendung neuer agrarischer und →manufaktureller Produktionsmethoden fähig sein, sondern dem fortschrittlichen, zur Macht drängenden Bürgertum auch als politischer Bundesgenosse dienen.

Die Fortschritte der theoretischen und methodischen Prinzipien der Wissenschaften und die Erweiterung des Publikums verlangten nun zwar die Erarbeitung pädagogisch-populärer Darstellungstechniken, aber noch konnte die enzyklopädische Idee einer Gesamtdarstellung des wissenschaftlichen Wissens aufrecht erhalten werden (der enzyklopädische Anspruch zeigt sich meist schon in den Titeln der Werke selbst).

Die zwischen 1751 und 1772 in 28 Bänden von Denis Diderot (1713–1784) und Jean d'Alembert (1717–1783) in Verbindung mit den bedeutendsten Fachgelehrten ihrer Zeit herausgegebene »Encyclopédie ou Dictionnaire raisonné des sciences, des arts et des métiers« gilt als Höhepunkt der wissenschaftlich-politischen →Aufklärung und trug unmittelbar zur Vorbereitung der Französischen Revolution bei. Nie mehr danach erreichte das bürgerliche Wissenschafts- und Aufklärungsverständnis die politisch-demokratische Radikalität dieser »Enzyklopädisten«: Wissensvermittlung wurde hier nicht nur als Steigerung der Gelehrsamkeit oder Verfeinerung der Sitten verstanden, sondern als politische Waffe gegen den »Priester- und Herrentrug«, d.h. gegen die obrigkeitsstaatliche Methode, die Masse der Bevölkerung absichtlich in Unwissenheit zu halten, um sie besser unterdrücken und ausbeuten zu können (→S. 160f.).

Die »Intelligenzblätter« und »Nachrichtenzeitungen« des 18. Jahrhunderts verstanden sich vor allem als Popularisierungsorgane der Wissenschaft. Der Anteil der »gelehrten Artikel« betrug zwischen 20 und 30 Prozent des gesamten Textumfanges (ein Anteil an wissenschaftlicher Information, der seither in der allgemeinen Presse nie mehr auch nur annähernd wieder erreicht wurde).

Eine spezielle Popularisierungsmethode richtete sich gegen Ende des 18. Jahrhunderts an die Landbevölkerung: Durch Ratschläge, die in unterhaltsame Erzählungen gekleidet wurden, sollten neue Arbeitstechniken, aber auch moralische Verhaltensregeln verbreitet werden. (Rudolf Zacharias Beckers [1752–1822] »Noth- und Hülfsbüchlein oder lehrreiche Freuden- und Trauergeschichten des Dorfes Mildheim« [1787] wurde bis 1811 in einer Million Exemplaren gedruckt und z.T. kostenlos verteilt). Hohe Auflagen erzielte auch die neue ›lehrreiche‹ Kinder- und Jugendliteratur, z.B. Eberhard von Rochows (1734–1805) Lesebuch »Der Kinderfreund«, Joachim Heinrich von Campes (1746–1818) Bearbeitung des »Robinson Crusoe« und die von Christian Felix Weisse (1726–1804) ab 1773 herausgegebene erste Jugendzeitschrift »Kinderfreund« (→S. 352ff.).

An der Popularisierungsbewegung des späten 18. Jahrhunderts zeigt sich eine generelle Problematik: die Unkontrollierbarkeit der Wirkung bei einem nur ungenügend vorgebildeten Publikum. So ist es wahrscheinlich, daß aufklärerisch gemeinte Bücher gegen den Aberglauben oft zu dessen Verbreitung beitrugen. Überdies darf nicht vergessen werden, daß gerade im »Jahrhundert der Aufklärung« Pseudowissenschaften und irrationale Bewegungen, wie →Theosophen-, →Illuminaten- und →Rosenkreuzerzirkel neuen Auftrieb erhielten. Auch die spektakulären Erfolge von »Sehern« und Scharlatanen (Swedenborg, Mesmer, Cagliostro) und die Entstehung der Schauerliteratur (→S. 226f.) machen deutlich, daß die Popularisierung wissenschaftlicher Erkenntnisse nicht nur der Aufklärung, sondern ebenso als Auslöser für neue Rückzüge ins Irrationale dienen kann.

Populäre Wissenschaft im 19. und 20. Jahrhundert

Die öffentliche Verbreitung wissenschaftlichen Wissens wurde im Laufe des 19. Jahrhunderts durch mehrere gegenläufige und z.T. widersprüchliche Tendenzen bestimmt, deren Spuren sich bis in die Gegenwart verfolgen lassen. Einerseits verlangte die zunehmende Industrialisierung und Technisierung der Arbeitsprozesse eine systematische Ausbildung der Bevölkerung. Andererseits bremste die Furcht vor einem politisch bewußten und nicht mehr dümmlich-willfährigen →Proletariat nun den Popularisierungsdrang des etablierten →Bürgertums. Diese Furcht verstärkte sich mit der Organisation von Arbeiterbildungsvereinen innerhalb der sozialistischen Arbeiterbewegung unter Wilhelm Liebknechts Motto »Wissen ist Macht, Macht ist Wissen«.

Das allgemeine staatliche Erziehungssystem wurde entsprechend den jeweils unbedingt notwendigen Arbeitsqualifikationen gestuft und die Wissensvermittlung nach wirtschaftlichen und politischen Gesichtspunkten dosiert. Das politisch und gesellschaftlich ausschlaggebende »Führungs-« und Verwertungswissen blieb den →elitärsten Stufen des Bildungssystems oder direkt der Privatindustrie vorbehalten (»private«, d.h. industrieeigene Forschungsabteilungen seit der Mitte des 19. Jahrhunderts); der Masse der Bevölkerung wurde ein theorielos zerstückeltes »Grundwissen« vermittelt.

In einer Art geistiger »Selbstbesteuerung« neutralisierte das staatstragende Bürgertum den politisch-demokratischen Wissenschaftsbegriff der Aufklärung wieder durch einen metaphysisch-religiösen Überbau oder ersetzte ihn durch sozial versöhnliche Ideologien. Aus dem aufklärerischen Ideal der »Erkenntnis« wurde das einer »Bildung«, die sich mit der Pflege »gemüthafter« Werte beschied und sich aus den »klassischen« Sprachen, der Kunstwissenschaft, der nationalen Geschichte und →Mythologie speiste. Man wandte sich →metaphysischen und religiösen »Bildungswerten« zu und diffamierte gleichzeitig den angeblich »platten« (weil politischen) →»Materialismus« und Bildungsoptimismus der Aufklärung als »Aufkläricht«.

Besonders deutlich wird die Verharmlosung der aufklärerischen Wissensauffassung an der Ablösung der »Enzyklopädien« durch die »Konversationslexika«, die nunmehr ein theorieloses Sammelsurium von Details boten, das als Gesprächsmaterial und Bildungsnachweis in den Salons der »gebildeten Stände« dienen konnte. (Gleichzeitig sank der Anteil wissenschaftlicher Berichte in der allgemeinen Presse des 19. Jahrhunderts auf 2–5% des Gesamtumfanges.)

Der Darwinismus als Grundlage populärer Wissenschaft

Beispielhaft lassen sich Problematik, politische Bedeutung und literarische Darstellungstechniken populärer Wissenschaft an der Entwicklungslehre Charles Darwins (1809–1892) aufzeigen, der einflußreichsten und populärsten →Ideologie des späten 19. und frühen 20. Jahrhunderts. Die Schlagwörter »Entwicklung« (Evolution), »Affenabstammung des Menschen«, »natürliche Zuchtwahl« und »Kampf ums Dasein« dienten (in jeweils unterschiedlicher Betonung und Auslegung) nahezu allen politischen Richtungen als »wissenschaftlicher« Beweis ihrer Gültigkeit.

Zunächst schien es, als ob der Darwinismus vor allem der sozialistischen Bewegung zugute kommen sollte. Marx und Engels sahen in Darwins Lehre eine naturwissenschaftlich-biologische Entsprechung ihrer →histo-

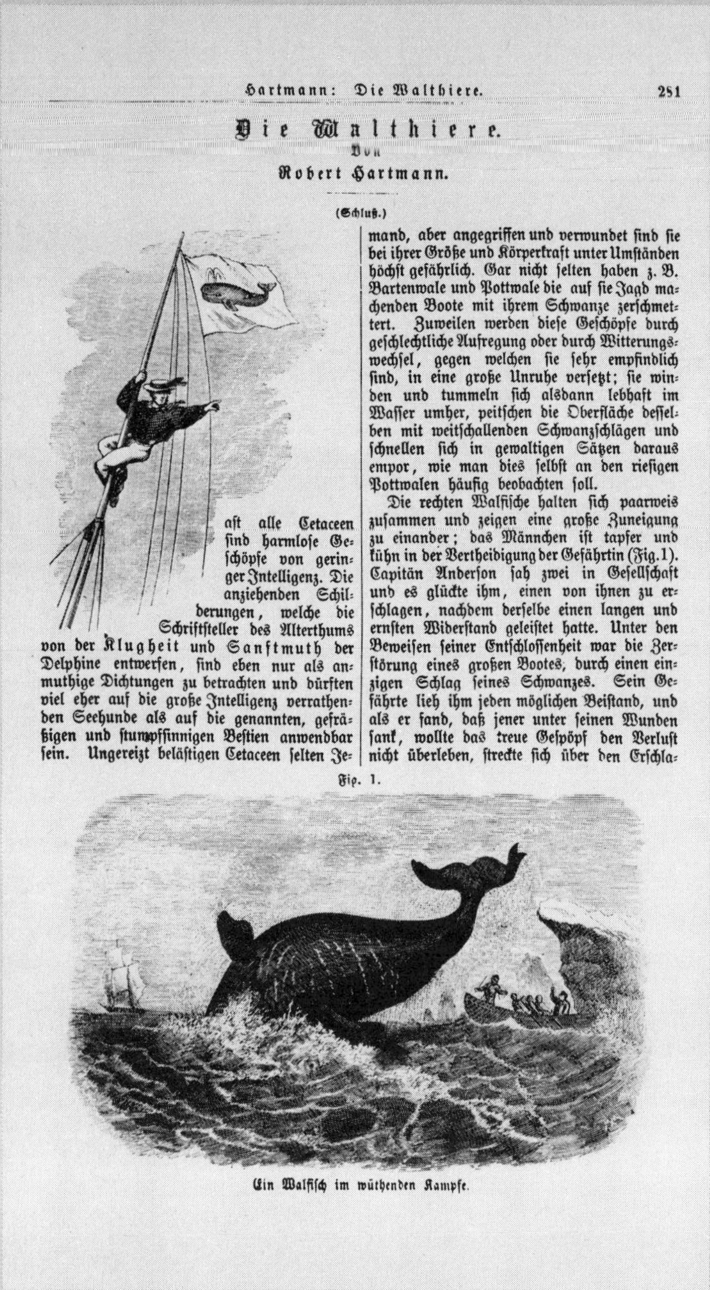

Hartmann: Die Walthiere. 281

Die Walthiere.

Von

Robert Hartmann.

(Schluß.)

ast alle Cetaceen sind harmlose Geschöpfe von geringer Intelligenz. Die anziehenden Schilderungen, welche die Schriftsteller des Alterthums von der Klugheit und Sanftmuth der Delphine entwerfen, sind eben nur als anmuthige Dichtungen zu betrachten und dürften viel eher auf die große Intelligenz verrathenden Seehunde als auf die genannten, gefräßigen und stumpfsinnigen Bestien anwendbar sein. Ungereizt belästigen Cetaceen selten Jemand, aber angegriffen und verwundet sind sie bei ihrer Größe und Körperkraft unter Umständen höchst gefährlich. Gar nicht selten haben z. B. Bartenwale und Pottwale die auf sie Jagd machenden Boote mit ihrem Schwanze zerschmettert. Zuweilen werden diese Geschöpfe durch geschlechtliche Aufregung oder durch Witterungswechsel, gegen welchen sie sehr empfindlich sind, in eine große Unruhe versetzt; sie winden und tummeln sich alsdann lebhaft im Wasser umher, peitschen die Oberfläche desselben mit weitschallenden Schwanzschlägen und schnellen sich in gewaltigen Sätzen daraus empor, wie man dies selbst an den riesigen Pottwalen häufig beobachten soll.

Die rechten Walfische halten sich paarweis zusammen und zeigen eine große Zuneigung zu einander; das Männchen ist tapfer und kühn in der Vertheidigung der Gefährtin (Fig. 1). Capitän Anderson sah zwei in Gesellschaft und es glückte ihm, einen von ihnen zu erschlagen, nachdem derselbe einen langen und ernsten Widerstand geleistet hatte. Unter den Beweisen seiner Entschlossenheit war die Zerstörung eines großen Bootes, durch einen einzigen Schlag seines Schwanzes. Sein Gefährte lieh ihm jeden möglichen Beistand, und als er fand, daß jener unter seinen Wunden sank, wollte das treue Geschöpf den Verlust nicht überleben, streckte sich über den Erschla-

Fig. 1.

Ein Walfisch im wüthenden Kampfe.

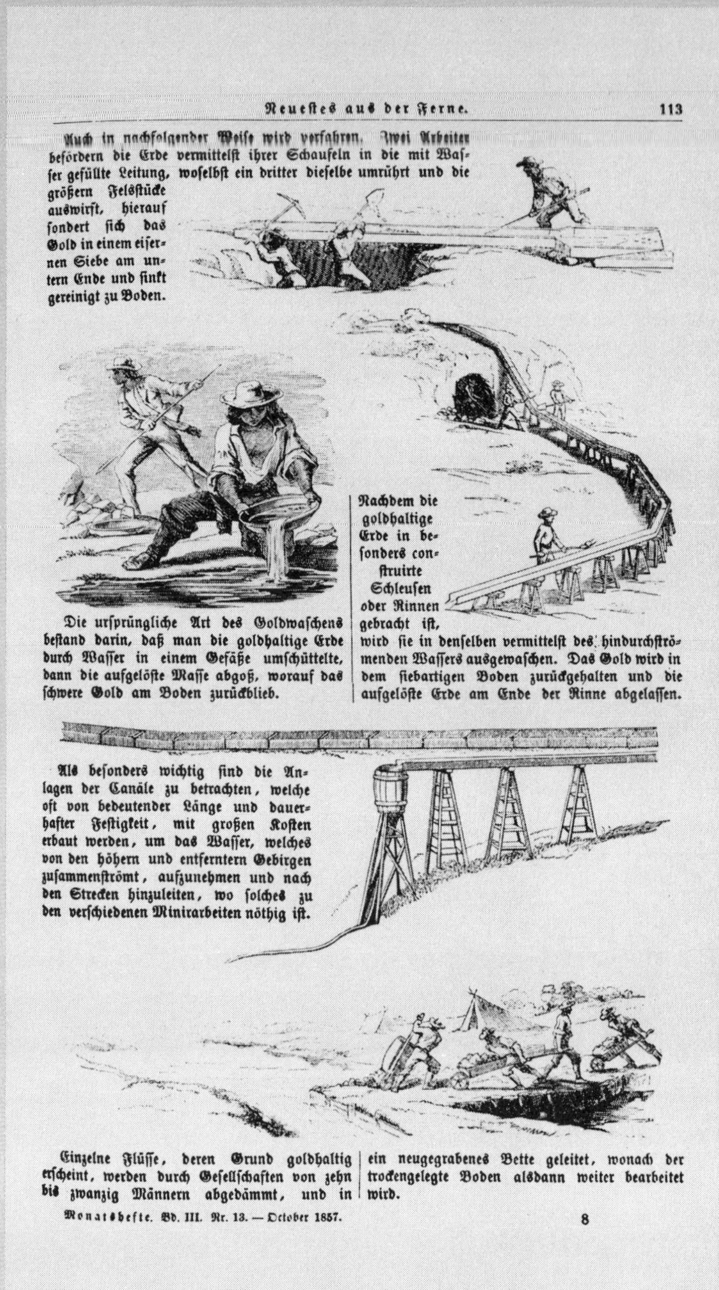

Neuestes aus der Ferne. 113

Auch in nachfolgender Weise wird verfahren. Zwei Arbeiter befördern die Erde vermittelst ihrer Schaufeln in die mit Wasser gefüllte Leitung, woselbst ein dritter dieselbe umrührt und die größern Felsstücke auswirft, hierauf sondert sich das Gold in einem eisernen Siebe am untern Ende und sinkt gereinigt zu Boden.

Die ursprüngliche Art des Goldwaschens bestand darin, daß man die goldhaltige Erde durch Wasser in einem Gefäße umschüttelte, dann die aufgelöste Masse abgoß, worauf das schwere Gold am Boden zurückblieb.

Nachdem die goldhaltige Erde in besonders construirte Schleusen oder Rinnen gebracht ist, wird sie in denselben vermittelst des hindurchströmenden Wassers ausgewaschen. Das Gold wird in dem siebartigen Boden zurückgehalten und die aufgelöste Erde am Ende der Rinne abgelassen.

Als besonders wichtig sind die Anlagen der Canäle zu betrachten, welche oft von bedeutender Länge und dauerhafter Festigkeit, mit großen Kosten erbaut werden, um das Wasser, welches von den höhern und entferntern Gebirgen zusammenströmt, aufzunehmen und nach den Strecken hinzuleiten, wo solches zu den verschiedenen Minirarbeiten nöthig ist.

Einzelne Flüsse, deren Grund goldhaltig erscheint, werden durch Gesellschaften von zehn bis zwanzig Männern abgedämmt, und in ein neugegrabenes Bette geleitet, wonach der trockengelegte Boden alsdann weiter bearbeitet wird.

Monatshefte. Bd. III. Nr. 13. — October 1857. 8

risch-materialistischen Gesellschaftstheorie. Sozialdemokraten verstanden das Evolutionsprinzip biologischer Höherentwicklung als Bestätigung der Naturgesetzlichkeit des sozialen Fortschritts und den »Kampf ums Dasein« als Beweis für die Widernatürlichkeit bevorrechtigter Klassen. Und selbst der bürgerliche Zoologe Ernst Haeckel (1834–1919), der erfolgreichste Popularisator des Darwinismus (»Natürliche Schöpfungsgeschichte«, 1868; »Die Welträtsel«, 1899), glaubte zunächst: »Fortschritt ist ein Naturgesetz, das keine menschliche Gewalt, weder Tyrannenwaffen noch Priesterflüche, jemals andauernd zu unterdrücken vermögen« (1863). Aber nach ersten Warnungen vor dieser »ungemein bedenklichen Seite« des Darwinismus (Rudolf Virchow, 1877), erfolgte bei Haeckel, Wilhelm Bölsche (1861–1939) u.a. die Uminterpretation der Entwicklungslehre in eine zwar antiklerikale, aber politisch durchaus staatskonforme Naturreligion voller Gemüthaftigkeit, Wald- und Nachthimmelfrömmigkeit, in der der »Naturforscher« als Priester und Künder fungierte. Noch einen Schritt weiter gingen die »Sozialdarwinisten«, die das rassische Ausleseprinzip betonten und (mit Vereinen für »arische« Menschenzucht) die Rassenideologie des Nationalsozialismus vorbereiteten. Mit dem »Kampf ums Dasein« wurde die Naturgemäßheit des »freien« kapitalistischen Leistungs- und Konkurrenzprinzips belegt. Die Unterdrückung, Ausbeutung, ja Ausmerzung des wirtschaftlich Schwächeren erschien ebenso durch die Natur vorgegeben, wie die Gewaltpolitik des →Imperialismus und Kolonialismus. Während Darwin die Prinzipien des →frühkapitalistischen Wirtschaftssystems auf die Natur übertragen hatte und die Tierarten wie spezialisierte Konkurrenzkapitalisten verstand, rechtfertigten seine Anhänger damit wiederum das bürgerliche Wirtschaftssystem. (Ähnliche Wechselübertragungen zeichnen auch die heutige →Verhaltensforschung aus und bewirken ihre Faszination.) In populären pseudowissenschaftlichen Vorstellungen von der naturgegebenen sozialen (!) Ungleichheit der Menschen, der Vererbbarkeit krimineller Veranlagungen und der Forderung nach der Tötung körperlich und geistig Behinderter wirkt der Sozialdarwinismus bis heute nach. In der populären Sachbuchliteratur und den »Tatsachenromanen« von Haeckel, Bölsche, Alfred Edmund Brehm (1829–1884), Gustav Freytag (1816–1895) und anderen Autoren des 19. Jahrhunderts wurde bereits die Mehrzahl jener thematischen Vorlieben und literarischen Darstellungstechniken entwickelt, die seither für Erfolgsautoren des →Genres wie Paul de Kruif (»Mikrobenjäger«), C. W. Ceram (Pseud. für Kurt W. Marek, »Götter, Gräber und Gelehrte«), Herbert Wendt (»Ich suchte Adam«), Jürgen Thorwald (»Das Jahrhundert der Chirurgen«), Heinz Haber (»Unser blauer Planet«), Gordon Rattray Taylor (»Die biologische Zeitbombe«) u.a. charakteristisch sind und die auch in der po-

Vierte Abtheilung.

Die Volkswirthschaft in ihrer Gesammtthätigkeit.

Das Metallgeld.

Eine volkswirthschaftliche Skizze

von W. von Bersten.

I.

Der hohe Standpunkt der Culturvölker in materieller wie in geistiger Beziehung ist wesentlich bedingt durch die allgemeine Durchführung der Arbeitstheilung und diese wieder ist durchaus abhängig von der Entwicklung des Tauschverkehrs. So lange aber der Tauschverkehr noch auf der untersten Stufe steht und der Eine nur zum eigenen Gebrauch den ihm nützlichen Ueberfluß des Andern gegen seinen Ueberfluß ohne Benutzung eines Mittelglieds eintauscht, kann derselbe keine große Bedeutung gewinnen. Schon die Vergleichung der Tauschwerthe aller einzelnen Gegenstände unter sich, ohne als Maßstab einen derselben zu Grunde zu legen, ist bei einer großen Anzahl von Gegenständen äußerst schwierig, denn um 100 Gegenstände einzeln mit einander zu vergleichen muß der Schätzer ohne einen solchen Maaßstab $\frac{100.(100-1)}{2} = 4950$ Verhältnisse inne haben, mit demselben aber nur 99. Namentlich aber muß deshalb der Umsatz unmittelbarer Gebrauchsobjecte auf einen sehr engen Kreis beschränkt bleiben, weil man nur selten den finden wird, welcher unserm Mangel abhelfen kann und zugleich unsers Ueberflusses bedarf. „Wie selten wird es vorkommen, daß ein Nagelschmied, welcher eine Kuh eintauschen will, einen Viehhändler antrifft, welcher so viel Nägel gebraucht, wie eine Kuh werth ist.“ Erst wenn sich die Einzelnen daran gewöhnt haben, den Tauschwerth ihres Besitzthums allgemein auf einen Gegenstand zurückzuführen, die Bruchtheile des Vermögens unter einen Nenner zu bringen, erst wenn an die Stelle des dunkeln Tauschwerthes der Preis tritt, wenn das einfache Tauschgeschäft in vielfachen Kauf und Verkauf zerlegt wird, erst mit der Benutzung des Geldes als Werthmaßstab und Tauschgegenstand kann der Handel und mit ihm die Arbeitstheilung und deren Segnungen sich lebenskräftig entwickeln und ausdehnen. Den Verkehr so wesentlich fördernd wie die Landstraßen, die Hemmnisse desselben ebenso schwächend, wie das Oel die Reibungen der Maschine, vermittelt das Geld im Volke und unter den Völkern, gleich dem Blute im menschlichen Körper, das gemeinschaftliche Zusammenwirken, die Ergänzung von Mangel und Ueberfluß. Durch das Geld wird es in weiten Kreisen ermöglicht, Jeden nach Verschiedenheit seiner Anlagen und Neigungen verschieden zu beschäftigen und so den höchsten Grad der Fertigkeit bei den Einzelnen hervorzubringen, durch diese Arbeitstheilung wird zugleich ein kostbarer Aufwand von Zeit und Mühe erspart, welcher sonst durch Erlernen der verschiedenen Geschäfte durch überflüssiges Wiederholen derselben Arbeit unnütz verschwendet würde, die jetzt ebenso leicht Einzelne für Alle verrichten als sonst Alle für sich. Es wird dadurch die fortdauernde Theilung zwischen körperlicher und geistiger Beschäftigung überhaupt ermöglicht und in materieller Beziehung für die Mehrheit eine

Das staatstragende Bürgertum neutralisierte im 19. Jahrhundert den politisch-demokratischen Begriff der Aufklärung. Obwohl die Spannweite der Themen groß war, geben die unterhaltend-informierenden Zeitschriften der Zeit (hier: Westermanns Monatshefte) die ganze Unverbindlichkeit der Wissensvermittlung wieder

pulären Wissenschaftsberichterstattung der Presse, des Rundfunks und des Fernsehens übernommen wurden: →Wechselanalogien zwischen Natur, Mensch und Gesellschaft, eine →Metaphorik des Schicksalhaften und Unendlichen (Beschwörung riesiger Zeiträume), Betonung des Zufalls, Verbrämung abstrakter Fakten durch idyllische Szenerien oder ihre direkte Vermenschlichung (in den Grundschulen erzählt das Regentröpfchen noch immer von seiner »Reise«), Personalisierung wissenschaftlicher Entwicklungen in genialen Erfolgspersönlichkeiten (vom Bauernjungen zum Nobelpreisträger), Darstellung der Natur als ein Ort wahrer (zweckmäßiger) Schönheit und unbarmherziger Grausamkeit, als ein Entwicklungspanorama von der Urzelle bis zum Weltuntergang, zwischen dessen Extremen die gesellschaftliche Gegenwart für den »Wurm Mensch« als relativ beste aller möglichen Welten erscheint.

Für die Notwendigkeit der Popularisierung wissenschaftlicher Erkenntnisse und Methoden werden zunehmend politische Argumente angeführt: In Gesellschaften, in denen die Wissenschaften einen immer erheblicheren Teil des →Sozialprodukts beanspruchen, immer mehr zu einem Instrument der Gesellschaftslenkung und politischen Entscheidungsbegründung werden, muß die Mehrheit wissenschaftlicher Laien (in keiner der heutigen Gesellschaften machen die Wissenschaftler mehr als ein Prozent der Bevölkerung aus) befähigt werden, wissenschaftliche Argumente zu überprüfen und die Entwicklung und Richtung des Machtfaktors »Wissenschaft« demokratisch-kritisch zu kontrollieren. Der Gefahr einer »expertokratischen« oder →»technokratischen« Gesellschaftslenkung kann aber nur dann erfolgreich begegnet werden, wenn die Popularisierung auf die Einsicht in die soziale und politische Bedeutung wissenschaftlicher Erkenntnisse zielt und deren Anwendung nicht weiter als »wertfrei« oder »sachgesetzlich« darstellt. Demoskopische Erhebungen zeigen, daß Wissenschaft von der Mehrheit der Bevölkerung nach wie vor als »Heilswissen« und Religionsersatz verstanden wird (das große Interesse für →Parapsychologie und die Erfolge der Weltraumbesucher-Theorie Erich von Dänikens sind Symptome dafür).

Die Massenmedien haben bisher wenig zum Abbau dieses Wissenschaftsaberglaubens beigetragen, ihn eher – unter Hinweis auf das Publikumsinteresse – verstärkt und profitabel ausgeschlachtet. Abgesehen von dem geringen Anteil wissenschaftlicher Berichterstattung (Tagespresse: 2–5%, Illustrierte und Wochenzeitungen: maximal 8%, Fernsehen und Rundfunk: 6–9%), wird die Bildung eines kritischen Wissenschaftsverständnisses auch dadurch verhindert, daß kurzfristig aktuelle, vordergründig »menschliche« und sensationelle Aspekte im Vordergrund stehen. Selbst in den von der →Oberschicht bevorzugten Wochenblättern (»Der Spiegel«, »Die Zeit«) stehen wissenschaftliche Berichte bevorzugt unter der Devise »Traumziel oder Alptraum«, und die Reporter geben sich gerne den Anschein von Eingeweihten, die aus den »Hexenküchen« der Wissenschaft berichten.

Das Sachbuch, trotz neuer Medien noch immer wichtigstes (und zugleich am wenigsten genutztes) Verbreitungsmittel wissenschaftlicher Information (Anteil der Sach- und Fachbücher bei der Taschenbuchproduktion 25–30%, bei Paperbacks und gebundenen Büchern etwa 50%), wird zunehmend »journalisiert« und lediglich als Produkt für einen neuen populärwissenschaftlichen Freizeit- und Hobbymarkt aufgefaßt.

Das angsthaft-irrationale Verständnis von Wissenschaft wird auch dort verstärkt, wo als Motiv für Weiterbildung ausschließlich die scheinbar außerhalb jeder Kontrolle sich entwickelnden »Bedürfnisse der Arbeitswelt« betont werden. Wie sehr wissenschaftliches Wissen noch immer als Herrschafts- und Führungswissen gehandelt wird, zeigt sich an der Fülle der für »Führungskräfte« produzierten Managementliteratur, der kaum ein Werk gegenübersteht, das Gegenstrategien für die Mehrheit derjenigen liefert, die diesem Führungswissen ausgesetzt sind.

Literatur: Ernst Glaser: Kann die Wissenschaft verständlich sein? Von den Schwierigkeiten ihrer Popularisierung. Wien–Düsseldorf 1965. Ivo Frenzel (Hrsg.): Die deutschsprachige Sachliteratur, München i. V. Werner Picht: Das Schicksal der Volksbildung in Deutschland. Braunschweig, Berlin, Hamburg 1950. Wolfgang Maier: Die Heimat der Fakten. Zum Tatsachenroman. In: Gerhard Schmidt-Henkel (Hrsg.): Trivialliteratur. Berlin 1964. Theodor Geiger: Demokratie ohne Dogma. Die Gesellschaft zwischen Pathos und Nüchternheit. München 1963. Hermann Helmers: Geschichte des deutschen Lesebuchs in Grundzügen. Stuttgart 1970.

Dietmar Matthes

Zola · Germinal

»Germinal« (Erstdruck Paris 1885)
Roman von Émile Zola (2. 4. 1840–29. 9. 1902)

Paris, Ende November 1884. Ein Untersuchungsausschuß arbeitet noch an einem Bericht über die blutigen Zwischenfälle während des Bergarbeiterstreiks in Anzin, da erscheinen in der literarischen Zeitschrift »Gil Blas« die ersten Fortsetzungen eines Romans des bereits bekannten und skandalumwitterten Autors Émile Zola über das Leben der Bergarbeiter und die blutige Niederschlagung ihres Streiks. Die Linke begrüßt begeistert den neuen Roman. Sozialistische Zeitungen wünschen, ihn abzudrucken. Und Zola antwortet der Bitte der belgischen Zeitung »Le Peuple«: »Nehmen Sie ›Germinal‹ und drucken Sie den Roman ab. Ich verlange nichts. Ihre Zeitung ist arm und Sie verteidigen die Notleidenden.« Die monarchistisch-konservative Rechte, das Bürgertum und die konservative Presse greifen den Autor heftig an.

Scharfe Kritik von allen Seiten bringt Zola bereits der Roman »Der Totschläger«, der siebte Band der »Rougon-Macquart«. Die Rechte schimpft ihn einen Sozialisten, einen vulgären und →pornographischen Schriftsteller. Die große Pariser Abendzeitung »Le Bien public« (Das Gemeinwohl) muß nach einiger Zeit den Vorabdruck absetzen, da zu viele der bürgerlichen Leser ihr Abonnement aufkündigen. Zu schockierend ist ihnen die wirklichkeitsgetreue und brutale Zeichnung der Zustände in einer Gesellschaftsschicht, die bisher in den Romanen nur am Rand vertreten waren. Die Linke protestiert gegen die, wie sie meint, abwertende Beschreibung des Arbeitermilieus. Sie wirft ihm vor, das Volk zu verachten, ein lächerliches Pamphlet gegen das Volk geschrieben und damit der Reaktion in die Hände gearbeitet zu haben. Zola verteidigt sich: »Erzieht den Arbeiter, damit er moralisch leben kann; zieht ihn aus dem Elend, in dem er lebt; bekämpft das Zusammenpferchen und die →Promiskuität in den Vororten; ... verhindert die Trunksucht ... Schließt die Kneipen, öffnet die Schulen ... saniert die Vororte und erhöht die Löhne ... Ja, das Volk ist nur so, weil es ja die Gesellschaft so will.«

Marc Bernard, »Emile Zola in Selbstzeugnissen und Bilddokumenten«, Hamburg (verständliche und recht ausführliche Einführung in Zolas Leben und Werk).

In »Germinal« schildert Zola nicht nur das persönliche Schicksal von Angehörigen des Proletariats, sondern auch ihre Arbeitswelt und die politischen, wirtschaftlichen und sozialen Bedingungen und Abhängigkeiten. Um seiner Theorie von der Wissenschaftlichkeit und dokumentarischen Genauigkeit der Literatur gerecht zu werden, liest Zola nicht nur Bücher über das nordfranzösische Bergbaugebiet, über Krankheiten und Unfälle im Bergbau und zum Thema Wirtschaft, sondern er verbringt auch zwei Wochen bei den streikenden Bergarbeitern in Anzin. Das Resultat ist eine eindrucksvolle Beschreibung einer bisher dem Leserpublikum fast unbekannten, von der Literatur bis auf wenige Ausnahmen völlig unbeachteten Welt.

Führer durch diese Elendswelt der Arbeit ist Étienne Lantier, der Sohn der Gervaise aus »Der Totschläger«. Mit ihm lernt der Leser die graue Industrielandschaft kennen, bis in die kleinste Einzelheit die Arbeit im Bergwerk, das ärmliche Leben in den Bergarbeitersiedlungen. Durch ihn kommt er in Kontakt mit einer Vielzahl von Menschen in diesem »Kampf zwischen Kapital und Arbeit« (Zola), zwischen Besitzenden und Besitzlosen.

Direktor Hennebeau vertritt das anonyme Großkapital der Grubengesellschaft. Ein Beispiel für die Aktionäre, Parasiten der Gesellschaft und Nutznießer der Arbeit der anderen, ist die Familie Grégoire. Zolas Sympathie gilt dagegen dem kleinen Grubenbesitzer Deneulin, einem Verwandten der Grégoire. In dem Familienbesitz sind Kapital und Arbeit einander noch nicht →entfremdet. Wie die Arbeiter muß er die Zeche des Streiks bezahlen. Seine Grube wird geschluckt von »dem unersättlichen Ungeheuer Kapital« (Zola).

Auch die Klasse der Arbeiter ist nicht eine in sich geschlossene Gruppe. Dem Kneipenbesitzer Rasseneur, einem gemäßigten Sozialisten, steht der Anarchist Souvarine gegenüber, dessen Ziel nicht die Eroberung, sondern die Zerstörung der politischen Macht ist. Zwischen beiden stehen Étienne und sein Lehrmeister Pluchart, die die Ideen von Marx und der Internationale vertreten. Doch ist Étienne nicht der positive Held eines sozialistischen Romans. Persönlicher Ehrgeiz führt zur Entfremdung zwischen ihm und den Arbeitern. Zu vage ist seine sozialistische Überzeugung.

Zola vermeidet auch die idealisierende Beschreibung der Arbeiter. Er verschweigt nicht die Auswirkungen der Lebensbedingungen auf ihre Moral: Trunksucht; Promiskuität; die meisten Mädchen sind schwanger oder Mutter, bevor sie heiraten, ›Ehe zu dritt‹ mit dem Untermieter; Verrat an der eigenen Klasse um kleiner persönlicher Vorteile willen.

»Germinal« ist auch ein ›politischer‹ Roman. Mit der Darstellung des Konflikts werden die sozialen und politisch-wirtschaftlichen Hintergründe diskutiert. Gesprochen wird über Sozialismus und Anarchismus, über Karl Marx, Bakunin und die →Internationale. Unter Étiennes Führung werden sich auch die Bergarbeiter ihrer Lage bewußt und handeln. Gegen den Widerstand Rasseneurs gelingt es Étienne, sie zur Fortsetzung ihres Streiks zu überreden: »Die Lohnabhängigkeit ist eine neue Form der Sklaverei. Die Grube gehört

»Ein Schrei übertönte die Marseillaise: Brot! Brot! Brot!« (Zola). Hunger und Not, Zorn und Angst auf der Seite der ausgebeuteten Arbeiter, die Macht des Staates zum Schutz der Besitzenden verdeutlicht auch Rolls Gemälde »Der Bergarbeiterstreik«

dem Bergmann, wie das Meer dem Fischer und das Land dem Bauern gehört. Versteht ihr! Die Grube gehört euch, euch allen, die ihr sie seit einem Jahrhundert mit soviel Blut und Elend bezahlt habt.« Die Bergarbeiter antworten mit »Tod den Ausbeutern« und brechen auf, die Gruben zu besetzen und die Streikbrecher aus den Stollen zu holen. Auch die folgende Stelle – die Rede ist von den aus dem Volk kommenden Soldaten, die gegen das Volk bewaffnet werden – läßt an den 1905 erschienenen Roman Maxim Gorkijs »Die Mutter« denken: »Wie einfach wäre der Sieg der Revolution gewesen, wenn die Armee sich plötzlich für sie entschieden hätte! Es genügte, wenn der Arbeiter, der Bauer in den Kasernen sich seiner Herkunft erinnerte.«

Dennoch ist »Germinal« kein sozialistischer Roman wie »Die Mutter«, d.h. also, kein Werk, das die Möglichkeiten einer im Gegensatz zu 1789 von den Arbeitern getragenen Revolution aufweist. Die Veränderung der Verhältnisse wird in eine unbestimmte Zukunft verlegt. Am Schluß des Romans heißt es: »Menschen trieben in der Erde, ein schwarzes Heer von Rächern, die langsam in den Furchen keimten und für die Ernten eines kommenden Jahrhunderts heranreiften und deren Keimen bald die Erde bersten lassen würde.« Zu sehr ist Zola im Bürgertum verwurzelt, als daß ihn Gewalt und Aufstand nicht schreckten. Die Erinnerung an die blutig unterdrückte Erhebung der Pariser im März 1871 ist noch sehr lebendig. Und obwohl Zola seinen ursprünglichen Plan, den ›politischen Arbeiterroman‹ im historischen Rahmen der Pariser Kommune spielen zu lassen, aufgegeben hat, zeigen seine Kommentare zu den Märzereignissen und die Beschreibung des Streiks in »Germinal« auffallende Parallelen. Der Zug der Streikenden wird zu einer Bande von blutrünstigen und zerstörungswütigen Wilden, die der Kontrolle ihres Anführers entgleiten. Zolas Sympathien gelten Rasseneur, der Reformen und gewaltlose Veränderung Revolution und Zerstörung vorzieht. Auch Étienne läßt er am Ende zu dieser Überzeugung kommen: »Und er dachte jetzt daran, daß Gewalt die Sache vielleicht nicht beschleunigte. Zerschnittene Kabel, herausgerissene Schienen, zerbrochene Grubenlampen, welch ein unnützes Werk! . . . Vage ahnte er, daß eines Tages Handeln in Übereinstimmung mit den Gesetzen viel schrecklicher sein könnte . . . Sich still zusammenfinden, sich seiner bewußt werden, sich in Gewerkschaften zusammenschließen, wenn das Gesetz es erlaubt; dann an dem Morgen, an dem Millionen von Arbeitern Seite an Seite den wenigen Tausend Nichtstuern gegenüberstünden, die Macht übernehmen, die Herren sein! Ah, welches Erwachen der Wahrheit und der Gerechtigkeit.«

Aus diesen Worten spricht auch Zolas Enttäuschung über die Dritte Republik, die nicht die erhoffte Veränderung der Verhältnisse gebracht hatte, und in der Korruption, Egoismus und Geld wie im Zweiten Kaiserreich, an dessen Ende »Germinal« spielt, treibende Kräfte blieben. Seine Kritik an den Zuständen unter Napoleon III. ist zugleich Kritik an den Verhältnissen der Dritten Republik. Das erklärt auch die Projektion von Geschehnissen der Gegenwart auf die Vergangenheit und umumgekehrt. »Germinal« ist ein Appell an die Menschlichkeit, und, wie Zola schreibt, »ein Werk des Mitleids und nicht ein Werk der Revolution«.

Biographie

1840	(2. April) Zola in Paris geboren, Jugend in Aix-en-Provence
1847	Tod des Vaters, Geldschwierigkeiten
1858	Zola kehrt mit seiner Mutter nach Paris zurück
1859	zweimaliger Durchfall durch das Abitur
1860–61	ärmliches Bohèmeleben
1862–66	Zola beim Verlag Hachette beschäftigt, zunächst als Packer, dann als Werbeleiter; erste Erzählungen und Zeitungsartikel
1867	erster großer Erfolg mit dem Roman »Thérèse Raquin«
1868–69	Zola entwirft den Romanzyklus »Die Rougon-Macquart«, die Natur- und Sozialgeschichte einer Familie im Zweiten Kaiserreich
1871	»Das Glück der Familie Rougon« (La Fortune des Rougon), 1. Band der »Rougon-Macquart«
1873	»Der Bauch von Paris« (Le Ventre de Paris), Roman um den Pariser Großmarkt
1877	»Der Totschläger« (L'Assommoir)
1878	Streik in Anzin
1880	»Nana,« Geschichte einer Prostituierten und Mätresse
1884	(März) Zola hält sich zwei Wochen (bei den Streikenden) in Anzin auf
1885	»Germinal,« ›Keimmonat‹ – Name des 7. Monats des Kalenders der Frz. Revolution
1893	»Doktor Pascal« (Le Docteur Pascal), 20. und letzter Band der »Rougon-Marquart«
1898	(13. Januar) »Ich klage an« (J'accuse): offener Brief in der Zeitung »Aurore« an den Präsidenten der Republik. (→S. 286) (Februar) Zola wird zu einem Jahr Gefängnis und 3000 Francs Geldstrafe verurteilt (Juli) Flucht nach England
1899	(5. Juni) Rückkehr nach Frankreich
1902	(29. Sept.) Zola stirbt an einer Rauchvergiftung

Arno Paul

Ibsen · Peer Gynt

»Peer Gynt« (Erstdruck Kopenhagen 1867)
Dramatisches Gedicht von Henrik Ibsen (20. 3. 1828 – 23. 5. 1906)

»Peer, du lügst!« Mit diesem Vorwurf aus dem Mund der eigenen Mutter führt Ibsen den Helden seines fünfaktigen Schauspiels ein. Aber der Träumer, Aufschneider und Nichtsnutz Peer Gynt ist weder Münchhausen noch Eulenspiegel, sondern das phantastisch geschmückte Bild vom →Kleinbürgertum des fortschreitenden 19. Jahrhunderts, das, bedrängt vom aufkommenden Monopolkapital, in eine Wahnwelt der eigenen Großartigkeit flieht, um doch immer wieder von der Macht der realen Verhältnisse überrumpelt zu werden.

Selbst einer Kleinbürgerfamilie entstammend, hatte Ibsen die Krisenanfälligkeit dieser Schicht früh am eigenen Leibe erfahren. Wegen Bankrotts des Vaters mußte er auf eine höhere Schulbildung verzichten und auch sonst die ganze Misere der sozialen Deklassierung durchstehen, von der er sich künstlerisch wie materiell erst in der zweiten Lebenshälfte befreite. Als er gegen Ende der 60er Jahre in Italien den »Peer Gynt« schrieb, sein zweites herausragendes Werk nach einer Reihe von konventionellen Gebrauchsstükken, befand er sich quasi im Exil vor den politisch-gesellschaftlichen Zuständen in seiner Heimat. Seine ganze Verachtung galt jenem selbstgefälligem Skandinavientum großer Worte und kleiner Taten, dessen Hohlheit sich spätestens 1864 mit dem deutsch-dänischen Krieg bewiesen hatte. Das ist der reale Hintergrund des Stücks. Was die poetische Seite anbelangt, so nährt sich »Peer Gynt« einerseits aus dem reichen nordischen Sagengut, andererseits aus dem neuen →Genre des Kolportageromans, der mit der industriellen Produktionsweise als Teil ihrer selbst vor allem in Frankreich und England starke Verbreitung findet.

Die Hauptfigur der zahlreichen, oft wildbewegten und sprunghaft wechselnden Schauplätze ist Peer Gynt; in den ersten Akten ein junger Bauernbursche, der sich der ländlich-patriarchalischen Lebensordnung aus einer Mischung von Minderwertigkeitsgefühl und berechtigtem Freiheitsdrang widersetzt. Nach einem mehr zufälligen Brautraub wird Peer von der Dorfgemeinschaft verstoßen und verfällt dem Trollspuk, aus dem ihn die rührend-einfältige Solveig reißt, ohne ihn für dauernd binden zu können. Voll hochfliegender Pläne zieht er in die Welt; ein skrupelloser wie naiver Abenteurer, der es wiederholt zu zweifelhaftem Einfluß und Reichtum bringt, um immer wieder alles zu verlieren. Alt und innerlich verhärtet kehrt er in die Heimat zurück, wo ihn noch einmal mythische Gestalten schicksalhaft herausfordern. Von der treu seiner harrenden Solveig erlangt der abgehetzte und die Vergeblichkeit seiner Selbstverwirklichungsbestrebungen erkennende Peer Gynt Vergebung. Wie ein erschöpftes Kindlein singt sie ihn in den Todesschlaf.

Die Vielschichtigkeit des Schauspiels wurde vom Theater lange nicht bewältigt. Entweder sah man in Peer nur den unverbesserlichen Egoisten, Schwindler und Drückeberger. Oder man stilisierte ihn zum faustischen Himmelsstürmer, der an der rauhen Wirklichkeit zerschellt. Was uns heute an diesem üppig wuchernden Drama fesselt, ist seine tiefe Einbettung in die Gedankenwelt des anbrechenden →imperialistischen Zeitalters – bei dessen gleichzeitiger wie auch immer vom Dichter gewollten kritischen Brechung. Als das Stück geschrieben wird, steht Europa im Banne der Weltausstellungen, auf denen die konkurrierenden nationalen Großbourgeoisien ihren Reichtum und ihre Macht demonstrieren. Zum Zwecke der billigen Rohstoffgewinnung und eines gefügigen Absatzmarktes haben sich die fortgeschrittenen Industriemächte in rücksichtslosen Beutezügen riesige Kolonialreiche errichtet. Eine internationale Aktiengesellschaft läßt den Suezkanal bauen. Mit der sogenannten Erschließung des amerikanischen Kontinents geht die Vernichtung der einheimischen Bevölkerung einher. Sklavenarbeit auf der einen, Goldrausch auf der anderen Seite markieren das »Land der unbegrenzten Möglichkeiten«. Während sich die letzte Phase der großen Erdballerkundungen vollzieht, hebt der Siegeszug der Technik an, getragen von umwälzenden naturwissenschaftlichen Erkenntnissen.

Die Literatur begleitet die wissenschaftlichen und imperialistischen Eroberungen mit einer Flut von Reise-, Abenteuer-, Kolportage- und Zukunftsromanen. Aus der Trivialität der eigenen Existenz rettet sich der Kleinbürger in die Trivialität der →Fiktion. Seine Wohnung stopft er voll mit Plüsch und bizarrem Kitsch. Schwülstige Gefühlsaufwallungen erschüttern sein Privatleben, als deren öffentlicher Umschlagplatz die Schauspiel- und Opernhäuser dienen. Naiv und ironisch zugleich enthält »Peer Gynt« von all dem seinen Teil. Ibsen selbst nannte das Stück ein »dramatisches Gedicht« und verfocht gegen den Zeitgeist dessen poetischen Charakter, der allerdings nicht als hintergründig →symbolisierend aufzufassen ist, wie es die Ibsenforschung bis heute vertritt, sondern ganz einfach als Fabulierfreude.

Die Widersprüchlichkeit der Gyntischen Natur, die Ausgang und Verlauf aller Lebenssituationen des Helden prägt, besteht in dem Wunsch nach Selbstfindung bei gleichzeitiger Flucht vor sich selbst. Peers moralische und tätige Aufschwünge bewegen sich nicht nur durchweg in der Sphäre halluzinatorischer Vorstellungen, sie entspringen überwiegend rückwärts gewandten Sehnsüchten, deren letzte Konsequenz in der Wiedergewinnung eines gleichsam embryonalen Zustands besteht, in den Solveig den greisen Peer Gynt versenkt. Ebenso fällt auf, daß auf jeden derartigen Aufschwung unweigerlich der Reinfall folgt; Peer zieht stets den Kürzeren.

Die Annahme, Ibsen vertrete mit seinem Stück die resignative Haltung des ›Schuster, bleib bei deinem Leisten!‹, würde zu kurz greifen. Trotzdem läßt sich nicht übersehen, daß die wirklichen Bewegungskräfte der Zeit, das Großkapital und das Proletariat, aus dem Spiel bleiben. Kein Wunder, daß der offizielle Kunstbetrieb in wahrlich treffender Selbst-

einschätzung Peer Gynt als einen übergeschichtlich gültigen ›Menschheitstypus‹ hinstellte, der es nicht mehr mit tatsächlichen Widerständen zu tun habe, sondern nur noch mit sich selber. Flugs erhielt er eine faustische ›Zwei-Seelen-Brust‹, ohne daß man weiter beachtete, daß Ibsen ein viel treffenderes Persönlichkeitsbild von Peer entwirft: Als alter Mann vergleicht sich dieser mit einer Zwiebelknolle, von der man Schale für Schale abstreift, ohne je ihren Kern zu finden (V. Akt, 5. Szene).

Erst in jüngster Zeit gelang es, den besonderen Charakter der Peer-Gynt-Figur in ihrer geschichtlichen Gebundenheit werkgerecht und kritisch zugleich herauszuarbeiten. Es ist dies das Verdienst des Berliner Theaterkollektivs der »Schaubühne am Halleschen Ufer« und seines Regisseurs Peter Stein, die in einer mitreißenden, auf zwei Abende verteilten »Peer Gynt«-Inszenierung den ganzen sinnlichen Reichtum des Stücks zur Geltung brachten, bei gleichzeitiger Berücksichtigung des heute erreichten Wissens über die gesellschaftlichen Verhältnisse des fortgeschrittenen 19. Jahrhunderts. Aus dieser Sicht heraus wurde es möglich, die Oberflächenreize der phantastischen Traumwelten, der exotischen Fremde und der unheimlich-anheimelnden Enge des Bergbauernmilieus voll auszuspielen, ohne ihren eigentlichen Charakter zu verhehlen: Geschichten zu sein, die da in einer bestimmten, historisch bedingten Haltung erzählt werden. Nicht nur aus technischen Gründen teilte man die Rolle des Peer unter sechs verschiedene Schauspieler auf, sondern vor allem, um Ibsens zentrales Motiv, die Identitätsfindung und -wahrung in der Schnellebigkeit des sich anbahnenden technischen Zeitalters, über die Einsichten des Autors hinaus zu erhellen.

Schon Ibsen hatte erkannt, daß der moderne Mensch aus dem Verlust seiner ›Persönlichkeit‹ heraus um diese kämpft. Die Gründe für diesen Verlust suchte er jedoch weniger in den objektiven gesellschaftlichen Verhältnissen, als in der Charakterstärke des Individuums. Im ständigen Wechsel der Peer-Darsteller machte die »Schaubühne« Ernst mit Ibsens grandiosem Zwiebelbild. Nicht die wie auch immer vom Autor ironisierte Entwicklung eines Individuums stand im Vordergrund, sondern die einzelne Lebenssituation, die einer auswechselbaren Figur ihren Handlungsraum vorschreibt. Das individualistische Prinzip entlarvt sich dabei als→bornierter Standpunkt. Indem der Kleinbürger Peer Gynt den liberalen Versprechungen von der freien Entfaltung der Persönlichkeit nachjagt, hetzt er sich zu Tode.

Peers kläglichem Ende zum Trotz blieb Ibsen ein Leben lang voller Verachtung gegen Staat und Gesellschaft – ein bürgerlicher→Anarchist. In seinen späteren Dramen hat er sich ganz auf die Privatsphäre als demjenigen Ort in der bürgerlichen Gesellschaft konzentriert, wo das Individuum eigentlich zu sich selbst finden müßte. Doch auch hier erfahren seine Helden nur Fehlschläge. Ihr Scheitern manifestiert sich gerade im Zentrum des Privatlebens, in der Ehe. Mit dieser niederschmetternden Einsicht hat Ibsen höchstes Aufsehen erregt und seinen bis heute anhaltenden Weltruhm und künstlerischen Einfluß begründet. Wegen seiner überquellenden Stofffülle und des seltsam volkstümelnden Verses galt »Peer Gynt« dagegen als verstiegen und unspielbar. Aufgrund seiner erst jetzt erkannten grandios-trivalen Bilderwelt ist das Stück heute zu einem Schlüsselwerk bürgerlichen Selbstverständnisses aufgestiegen; zu einem seiner ansehnlichsten, wie es sich jüngst gezeigt hat.

In der Reihe: Friedrichs Dramatiker des Welttheaters ist von Hans Georg Meyer ein Ibsen-Band erschienen, Nr. 46, Velber b. Hannover, 2. Aufl. 1970. Der Peer Gynt-Abschnitt läßt allerdings nicht genau erkennen, was er eigentlich sagen will.
Eine ausgezeichnete Ibsen-Studie enthält Leo Loewenthals Buch »Das Bild des Menschen in der Literatur«, Soziologische Texte, Bd. 37, Neuwied u. Berlin 1966.

Drei Bilder aus der Inszenierung von Peter Stein in der Berliner »Schaubühne«

Gert Richter

Marlitt · Das Geheimnis der alten Mamsell

»Das Geheimnis der alten Mamsell« (Erstdruck 1867)
Roman von Eugenie Marlitt (5. 12. 1825 – 22. 6. 1887)

Eugenie Marlitt (eigentlich Eugenie John), wurde in Arnstadt in Thüringen geboren und starb ebenda. Sie hatte zunächst ab 1842 Gesang am Wiener Konservatorium studiert und begann dann eine Bühnenkarriere, die sie unter anderem nach Leipzig und Wien führte; eines Gehörschadens wegen mußte sie diesen Beruf aufgeben, wurde Vorleserin und Gesellschafterin der Fürstin von Schwarzburg-Sondershausen. Mit fast 40 Jahren ließ sie sich dann in ihrer Heimatstadt Arnstadt nieder und begann eine neue Karriere als freie Schriftstellerin, die sie auf den steilen Gipfel literarischen Ruhms führte: Sie wurde eine der erfolgreichsten Erzählerinnen ihrer Zeit, berühmt und verehrt als eine hervorragende Vertreterin des Unterhaltungs- und Frauenromans. Fast alle ihre Romane erschienen in der bürgerlichen Familienzeitschrift »Die Gartenlaube«: »Goldelse« (1867), »Das Geheimnis der alten Mamsell« (1868), »Die Reichsgräfin Gisela« (1869), »Im Schillingshof« (1870), »Das Haideprinzeßchen« (1872) u.a. Ihr Ruhm hat sich bis auf den heutigen Tag erhalten – was keineswegs allein dem sich neuerdings in →nostalgischen Reminiszenzen ergehenden Fernsehen zu danken ist, das sich einiger Werke der Marlitt annahm.

»Die Marlitt« ist seit hundert Jahren in Deutschland ein Begriff – mit allerdings durchaus →divergierender Wertung: Ihre nach Millionen zählende, begeisterte und verehrungsvolle Leserschaft sah in ihr eine Garantie spannender, herzbewegender Unterhaltung, die offizielle Literaturkritik qualifizierte sie als Unterhaltungsschriftstellerin ab (was in Deutschland immer schon fast einem literarischen Verdammungsurteil gleichkam); man warf ihr Rührseligkeit, eine verkitschte und verlogene Darstellungsweise vor. Als etwa eine Generation später Hedwig Courths-Mahler (1867–1950) mit ihren über 200 Unterhaltungsromanen in mehr als 30 Millionen Bänden im In- und Ausland Verbreitung fand, wurde sie zur ›Nachfolgerin‹ der Marlitt ernannt (oder diese zu ihrer Vorgängerin, je nachdem), so daß im Bewußtsein ›die Marlitt‹ und ›die Courths-Mahler‹ gemeinsam zu einem Begriff zwar spannenden, aber →degoutanten Lesefutters geworden waren, zu einem Inbegriff für Lesekitsch. Dieses Urteil ist – wie so viele von Literaturkritikern gefällte und verbreitete Urteile – ein Vorurteil, mit dem der Marlitt allzu unrecht getan wird. Daß es im Bereich der früher wie heute von Literaturwissenschaftlern und von Literaturkritikern grundsätzlich über die Schulter angesehenen, als ›verlogen, die Wirklichkeit verschleiernd‹ gebrandmarkten Unterhaltungsliteratur qualitative Unterschiede geben könnte (was beispielsweise im Bereich der englischen und amerikanischen Literatur für selbstverständlich gehalten wird) und daß man infolgedessen zu einem differenzierten Urteil gelangen könnte, ist eine Überlegung, um die sich bislang nur wenige bemühen.

Allerdings scheint auf den ersten Blick die beiden Schriftstellerinnen (samt ihren literarischen Trabantinnen, wie Wilhelmine Heimburg (1850–1912), Nataly von Eschstruth (1860–1939), Agnes Günther (1863–1911) u.a.) in Stil, Inhalt und ›Weltanschauung‹ ihrer Romane vieles zu verbinden.

Die monatlichen Lieferungen der »Gartenlaube« wurden von der zahlreichen Leserschaft besonders sehnsüchtig erwartet, wenn darin die neue Fortsetzung eines Marlitt-Romanes zu erwarten war (→S. 228f., 230f.). »Die Gartenlaube«, 1853 gegründet, war in ihrer Blütezeit die berühmteste und weitestverbreitete deutsche Familienzeitschrift mittelbürgerlichen Zuschnitts. Sie war konzipiert als eine Unterhaltungszeitschrift für die ganze Familie, die auch bilden, auch belehren wollte. Ernst Keil, der sie ins Leben rief, hatte sogar die Absicht, mit ihr ein Organ der Volksaufklärung vor allem auf naturwissenschaftlichem Gebiet zu schaffen. Jahrzehntelang hatten die Herausgeber mit dieser Konzeption Erfolg, die »Gartenlaube« wurde zum Leib- und Magenblatt des Mittelstandes (→S. 232ff.). Die Kritik blieb allerdings nicht aus: Allzu ängstlich bemühten sich die Herausgeber, das idyllische Bild der schützenden Gartenlaube zu bewahren, in einer Zeit, die nichts weniger als idyllisch war, vielmehr reich an sozialen Widersprüchen, an gesellschaftlichen Um- und Aufbrüchen. Die »Gartenlaube« bemühte sich allzu kritiklos, deutsches Familienleben, Gemeinsinn und Vaterlandsliebe zu pflegen, für ideale Gemütswerte, für den Sieg des Guten in naiver Weise einzutreten.

Die Marlitt hat mit ihren Romanen zum Erfolg der »Gartenlaube« nicht wenig beigetragen. Sie paßten hervorragend ins Konzept dieser Zeitschrift – in Stil und Inhalt. Ihre Romane sind (wie später die der Courths-Mahler) soziale Idyllen, und ebenso wie die der Courths-Mahler gerinnen ihre zweifellos ehrlichen Beweggründe zum literarischen Kitsch. Es ist hier nicht der Raum, eine (ohnehin nach wie vor schwierige) Definition des Kitsches zu liefern und sich damit auseinanderzusetzen, zweifellos aber finden sich bei den Romanen der Marlitt seine wichtigsten Ingredienzien wieder: die »Kumulation«, die Häufung bestimmter stilistischer oder kompositorischer Elemente, die Unangemessenheit der Mittel, das Übermaß sind Hauptkriterien; das Edle ist im Kitschroman nur edel, das Gemeine nur gemein, das Süße nur süß, das Bittere nur bitter. Von allem wird die vielfache Dosis gegeben, alles ist grell, laut und trist. In der Kumulation der Gefühle ist ähnliche Klischeehaftigkeit anzutreffen: Großmut, Güte, Sanftmut herrschen auf der einen Seite in uneingeschränkter und durch nichts getrübter Rührseligkeit, ungezügelter Haß und dämonische Leidenschaft in durch nichts aufgehellter Schwärze auf der anderen, die Liebe, die unbezwingbare, rührende, durch keinerlei Schicksalsschläge zu besiegende, bringt die Versöhnung, führt zum Sieg des Guten und zur Bestrafung des Bösen. Und hinzu tritt dann noch eine Kumulation sozialer Wunder: Soziale Ungerechtigkeiten, Standes- und Besitzunterschiede werden ausgeglichen, indem der reiche Graf das arme Dienstmädchen heiratet. All das läßt sich auch an den Romanen der Eugenie Marlitt diagnostizieren: Ein gerüttelt Maß an Sentimentalität, an Pathos, alle Elemente des ›Süßlich-Neckisch-Niedlichen‹.

Sehr typisch dafür ist einer ihrer berühmtesten Romane: »Das Geheimnis der alten Mamsell«. Die Grundlage des Konflikts in diesem Buch ist der Einbruch eines durchaus unbürgerlichen Elements in eine starre Bürgerwelt. Der angesehene Kaufmann Hellwig in der Stadt X., ein gutmütiger, aber schwacher Mann, bringt eines Tages seiner Frau ein fremdes Kind ins Haus, das Töchterchen einer Varietékünstlerin, die bei einem Unglücksfall auf der Bühne ihr Leben verlor. Frau Hellwig aber ist eine herzensstarre Puritanerin, die das Gauklerkind vom ersten Augenblick an mit Haß verfolgt und, allein dem Wunsch des Mannes sich beugend, es ins Haus nimmt. Das Mädchen muß hinfort im Hause Hellwig das Dasein einer nur äußerst widerwillig geduldeten Person niedersten Standes führen. Die frömmlerische Hausherrin nutzt sie nach Kräften als Putzmamsell aus, sie muß Demütigungen aller Art ertragen. Sogar ihren »unsittlich klingenden« Taufnamen Felicitas hat sie abzulegen und wird im Hause nur noch Karoline genannt. Freilich empfängt der Leser schon bald den tröstlichen Hinweis, daß es mit der angeblich niederen Herkunft des Kindes nicht so ganz seine Richtigkeit haben kann und daß sich möglicherweise eine glanzvolle Rehabilitierung der Verachteten anbahnt ...

Als zu Felicitas' Unglück der Kaufmann Hellwig stirbt, wird zum neuen Vormund des Mädchens dessen ältester Sohn Johannes bestellt, der in Charakter und Anschauungen seiner Mutter nur allzusehr zu gleichen scheint. Auf Felicitas wartet ein seelisches Martyrium. Doch ihr wird Trost und Milderung durch eine andere, die ebenfalls in Acht und Bann getan ist: Im Dachgeschoß des Hellwigschen Hauses nämlich haust die alte Mamsell, die Schwester des verstorbenen Herrn Hellwig. Sie ist dorthin verbannt, weil sie nach Meinung der Hausfrau ein liederliches Leben führt, weil sie sich »Alfanzereien« hingibt, Musik, Literatur, die schönen Künste überhaupt liebt und sich daher nach Meinung der Frau Hellwig jenseits jeglicher bürgerlicher Solidität begeben hat. Die alte Mamsell nimmt Felicitas heimlich in ihre Obhut und macht sie mit jener Geisteswelt vertraut, die ihr nach dem Willen der Familie Hellwig auf immer verschlossen bleiben sollte. Felicitas wächst im Laufe der Jahre zu einem sehr hübschen und gebildeten jungen Mädchen heran, das jeglicher Demütigung mit um so größerem Stolz begegnet. Dennoch: als nach neunjähriger Abwesenheit der Sohn Johannes in das Haus der Mutter zurückkehrt, inzwischen zu einem berühmten Arzt geworden und mit dem Professorentitel versehen, macht sie die Begegnung mit diesem Mann, den sie haßt, unsicher – und auch er, der nach außen hin kalte Wissenschaftler, fühlt sich von der Begegnung mit diesem Mädchen, in dem er noch immer nur das verachtete Spielerskind erblickt, eigentümlich berührt. Welten trennen die eigenwillige Felicitas und den streng gesinnten, aber im Grunde seines Herzens natürlich guten Arzt Professor Johannes Hellwig. Aber – es wird nicht immer so bleiben! Innige Gefühle nämlich schleichen sich nur zu schnell in beider Herzen, beide aber auch wissen, daß sie solche entschlossen zu unterdrükken haben: die Standesunterschiede sind allzu groß. Auch hier finden sich Rat und Lösung, denn Felicitas deckt das Geheimnis der alten Mamsell auf: In einem Geheimfach ihres Sekretärs hatte die alte Frau Aufzeichnungen verborgen, die beweisen, daß das Vermögen derer von Hellwig zu Unrecht erworben ist. Johannes beschließt, gegen den Widerstand seiner ganzen Familie, den größten Teil des Vermögens an die eigentlichen Eigentümer zurückzugeben. Diese edle Handlung gewinnt das Herz der jungen Felicitas völlig, zumal da sich nun herausstellt, daß sie in Wirklichkeit keine Spielerstochter, sondern Angehörige einer adligen Familie ist. Da bleibt ihr dann am Ende nichts anderes übrig, als nach dem Willen der Marlitt und nach dem Willen der Leser mit geziemend bebenden Lippen das »Ich will, Johannes!« zu stammeln . . .

Trotz aller Banalität dieser Handlung lassen sich beträchtliche qualitative Unterschiede und erst recht solche feststellen, die die ›Weltanschauung‹ der Marlitt und das Gesellschaftsbild der Courths-Mahler betreffen. Die Courths-Mahler hat offen erklärt, daß sie »soziale Märchen« schreibe – sie begibt sich außerhalb der realen Gesellschaft (obwohl ihre Bücher immer in der ›guten Gesellschaft‹ spielen), die Gesellschaftswirklichkeit besteht für sie gar nicht, sie erzeugt bewußt Traumfabrikate, sie will die Leser von der Wirklichkeit und ihren Problemen ablenken. Infolgedessen schweben ihre Pseudopersonen mit ihren Pseudoproblemen in einem sozialen Wolkenkuckucksheim, sie sind alle über einen Leisten geschlagen und verkörpern sich in endlos sich wiederholenden Traumhalluzinationen. Im Gegensatz dazu treffen wir in der Marlitt eine Schriftstellerin an, die sich gesellschaftlich engagiert – und zwar ganz entschieden und oft fast leidenschaftlich! Sie engagiert sich für gesellschaftliche Probleme, sie kämpft mit Überzeugung und oft mit (unangemessenem) Pathos gegen Mißstände in der Gesellschaft ihrer Zeit. *Ihre* Gesellschaft ist, bis zu einem gewissen Grade realistisch gesehen ›da‹ ihre Geschöpfe und deren Probleme entstammen deutlich und durchaus der Denk- und Lebenswelt des spätbürgerlichen 19. Jahrhunderts. Die Marlitt ist eine liberale Schriftstellerin mit Anschauungen, die für ihre Zeit und eingedenk der Tatsache, daß sie ›nur‹ Unterhaltungsware lieferte, sicherlich erstaunlich mutig genannt werden dürfte. So wie sie im »Geheimnis der alten Mamsell« gegen bürgerliche Hartherzigkeit, Bigotterie, Habgier und Kulturlosigkeit vorgeht, so äußert sie sich auch in ihren anderen Büchern – z. B. im nicht minder berühmten »Haideprinzeßchen« – entschieden gegen den Antisemitismus ihrer Zeit, zieht gegen heuchlerisches Frömmlertum und gegen Geldsackprotzerei zu Felde. Daß die Konsequenzen, die sie zieht, nur sehr ›allgemein menschlich‹ sind, daß sie mehr auf ›ethische Besserung‹ hinzielt als auf soziale Veränderung, kann man ihr als bürgerliche Befangenheit verübeln und wird dennoch ihre Engagiertheit bewundern müssen. Sie ist aber auch als Schriftstellerin talentierter als ihre viel erfolgreichere Nachfolgerin. Wo die Courths-Mahler nur schemenhafte blutlose Typen konstruiert, erlebt man bei der Marlitt doch lebendige und leibhaftige Personen, die unübersehbare Ansätze der Charaktergestaltung aufweisen. Sie beherrscht auch souverän alle möglichen dramatischen Effekte, weiß Knoten zu schürzen, arbeitet mit Überraschungen und effektvollen Lösungen – ganz im Gegensatz wieder zu der Courths-Mahler. Das alles hat natürlich nur allzu oft den Beigeschmack des →Trivialen und Banalen. Aber sie spielt gekonntes Unterhaltungstheater in ihren Büchern. Die Anteilnahme, die sie ihren Geschöpfen zuwendet, vermag sie bis zu einem gewissen Grade auf den wohlwollenden Leser zu übertragen und bleibt so eine Schriftstellerin, die als eine Vorfahrin guter und engagierter Unterhaltungsliteratur in unserer Zeit angesehen werden darf.

Wer nie in seinem Bette
Emilie Marlitt las,
Wer nie die Sehnsuchtspfade
Der stolzen Frau durchmaß . . .
Der kennt euch nicht,
Ihr heißgeliebten Nächte!

Wer nie beim Schäferstündchen
Wie unsre Marlitt fühlt,
Wer nie beim tiefen Kusse
Die Baronesse spielt . . .
Der kennt euch nicht,
Ihr heißgeliebten Nächte! . . .

Wer nie in seiner Trauer
Emilie Marlitt liebt,
Wer nie die Last der Sünden
Auf ihre Schultern schiebt . . .
Der kennt euch nicht,
Ihr heißgeliebten Nächte!

Julie Schrader

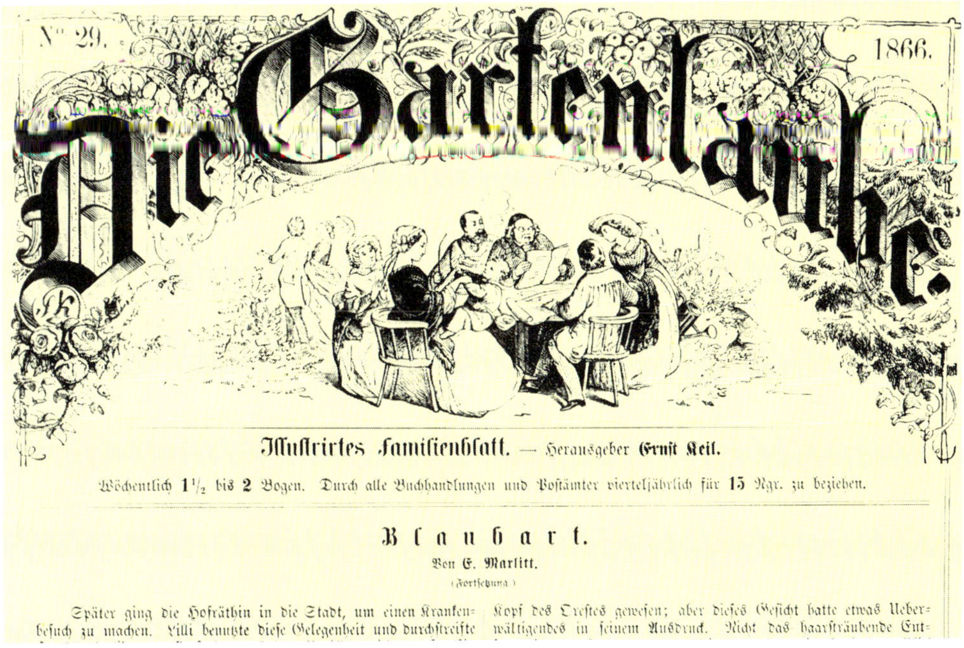
Nº 29. 1866.
Die Gartenlaube.
Illustrirtes Familienblatt. — Herausgeber Ernst Keil.
Wöchentlich 1½ bis 2 Bogen. Durch alle Buchhandlungen und Postämter vierteljährlich für 15 Ngr. zu beziehen.
Blaubart.
Von E. Marlitt.
(Fortsetzung.)
Später ging die Hofräthin in die Stadt, um einen Krankenbesuch zu machen. Lilli benutzte diese Gelegenheit und durchstreifte
Kopf des Christes gewesen; aber dieses Gesicht hatte etwas Ueberwältigendes in seinem Ausdruck. Nicht das haarsträubende Ent-

Die Gartenlaube, 1853 gegründet (1944 endgültig eingestellt), war in ihrer Blütezeit die berühmteste bürgerliche deutsche Familienzeitschrift

Hellmuth Karasek

Tschechow · Der Kirschgarten

»Višněvyj sad« (Uraufführung Moskau 1904)
Komödie von Anton Tschechow (29. 1. 1860 – 15. 7. 1904)

Ein Jahr vor der ersten russischen Revolution, im Jahr des russisch-japanischen Krieges, wurde Tschechows »Kirschgarten« in Moskau uraufgeführt. Der Autor starb im gleichen Jahr (1904) in Badenweiler: Der Arzt, große Erzähler und Dramatiker war nur 44 Jahre alt geworden. Sein Leben fällt in die Zeit, da die Agonie, der lange, quälende Todeskampf des russischen Zarismus offenkundig zu werden begann: Bauernaufstände fallen in das Jahr von Tschechows Geburt, nur zehn Jahre nach seinem Tod brach der erste Weltkrieg aus, der Rußland in die zwei Revolutionen des Jahres 1917 trieb.

Ein in Nichtigkeit und Schwäche verstrickter Adel, ein Bürgertum, das in aufgeklärter Ohnmacht dem Pessimismus anheim fällt, bizarre Kleinbürger mit einem schrill künstlichen, armselig verstörten Leben, eine Dienerschaft, die sich in einer neuen Scheinfreiheit (die Leibeigenschaft ist aufgehoben) nicht zurechtfindet, und dazwischen junge Leute, Studenten und Mädchen vor allem, denen eine Ahnung von einem besseren Leben die umgebende Enge noch deutlicher, auswegloser erscheinen läßt – das ist das Personal von Tschechows großen Stücken (vor dem »Kirschgarten« »Die Möwe«, 1896, »Onkel Wanja«, 1896, und »Drei Schwestern«, 1901), die der Autor dennoch »Komödien« nennt und in denen er die für die Menschen vernichtende Enge und den Stillstand vor der Zeitenwende in der russischen Provinz festgehalten hat.

Tschechow markiert diese Wende auch für die russische Literatur. In die Zeit seiner Kindheit fallen die großen Romane Tolstojs und Dostojewskijs (→S. 268f.), die gesellschaftskritischen Theatersatiren Ostrowskijs. Als er 1902 aus der Akademie austritt, tut er dies aus Protest gegen die Diffamierung Maxim Gorkijs (»Nachtasyl«), der sich ausdrücklich als seinen Schüler bezeichnet.

Biographie

1860	als Sohn eines Kaufmanns in Taganrog geboren
1879–84	Studium der Medizin
1884	Erster Band der Erzählungen erscheint
1887	Erstes Drama »Iwanow« wird erfolgreich aufgeführt
1901	Heirat mit der Schauspielerin Olga K. Knipper
1904	Tod durch Lungenschwindsucht in Badenweiler

Eine Wende von der alten zu noch keiner neuen Zeit beschreibt Tschechows »Kirschgarten«. Dekadenz ist das Thema der vieraktigen Komödie, die in ihrem Personal Figuren einer großen russischen Tradition aufnimmt – die in die Nichtigkeit flüchtenden verstörten Gestalten eines korrumpierten, überlebten Gesellschaftssystems, wie sie in der Romanfigur des »Oblomow« eingefangen sind –, und die sie mit Tschechows genauen, ebenso liebevollen wie gnadenlosen Beobachtungen seiner Umwelt bereichert.

»Der Kirschgarten« spielt um die Jahrhundertwende auf einem alten Adelsgut in der russischen Provinz. Die Besitzerin lebte lange Jahre im Ausland, in Paris, wobei sie ihr Erbgut und die Einkünfte ihres Besitzes aufbrauchte. Ihr Bruder, der das Gut während ihrer Abwesenheit verwaltete, hat sich eigentlich ganz aus der Realität geflüchtet: Er spielt in seinem Hirn nur noch längst vergangene Billard-Partien nach und nascht, wieder kindlich geworden, unaufhörlich Konfekt.

Gesammelte Werke in Einzelausgaben, Übersetzung von Johannes von Günther, Berlin 1949.
P. M. Biciki, »A. P. Tschechow. Das Werk und sein Stil«, München 1966.
P. M. Selge, »A. Tschechows Bild vom Menschen«, München 1967.
Siegfried Melchinger, »Tschechow«. Velber bei Hannover 1968.

Dem Gut droht, unmittelbar nach der Rückkehr der Besitzerin, die Versteigerung.

Aber es gibt einen Ausweg aus dem finanziellen Bankrott. Ein armer Bauernsohn (Lopachin), mit der Gutsbesitzersfamilie seit Jahren vertraut und als geschickter, auch rücksichtsloser Kaufmann zu Wohlstand gekommen, bietet ihn als Rat an: Das Gut nämlich hat einen berühmt schönen Kirschgarten, eine Zierde der Gegend. Diesen Garten könnte man, so Lopachins Vorschlag, parzellieren lassen und die darauf gebauten Wochenendhäuser an die Feriengäste aus der Stadt vermieten. Begünstigt würde das Projekt durch die nahe Lage zur eben gebauten Eisenbahn – die in der damaligen russischen Literatur (wie in der Wirklichkeit) eine große Rolle spielt: Sie bringt Ahnungen und Möglichkeiten von einem Fortschritt, dem die Provinz und ihre Menschen nicht gewachsen sind.

Die Abholzung des Kirschgartens, das Niederreißen des alten Gutshauses – das alles erscheint der Gutsbesitzerin und ihrem Bruder als unerträgliche Vorstellung. So flüchtet man sich lieber in neue Illusionen, träumt davon, daß die Tochter eine gute Partie machen könnte, spekuliert mit der Erbschaft einer Tante – und versäumt so die Zeit mit irrealen Unsinnigkeiten. Tschechow beleuchtet diese Situation besonders meisterhaft in einem Akt, in dem auf dem bis über den Zusammenbruch verschuldeten Gut ein Fest veranstaltet wird: Man spielt ›alte Zeit‹, man tut so, als merke man nicht, daß man nicht die illustren Gäste früherer, besserer Tage bei sich habe, sondern elende Randfiguren, die ihrerseits am Hungertuch nagen, deren kleinbürgerliche Taktlosigkeiten man geflissentlich übersehen muß.

In dieses irreale Fest platzt die Nachricht von der Versteigerung. Lopachin hat das Gut, in dem er früher ein herablassend freundlich geduldeter Bauernsohn war, erworben. Er wird jetzt den Plan durchführen, als Geschäft

für sich selbst. Im letzten Akt herrscht Abschiedstimmung auf dem Gut. Wehmütig packt man ein. Ein letzter Versuch der Verbindung der alten und der neuen Zeit mißlingt. Lopachin, der die Haushälterin liebt wie sie ihn, bringt auch beim Abschied die entscheidenden Worte nicht heraus. Man geht folgen- und zukunftslos auseinander.

Axthiebe, die den Kirschgarten fällen, das Gutshaus, das vernagelt wird – so endet Tschechows kritische Elegie und Satire auf Menschen, an denen das Leben bereits vorbeigeht. In dem Haus haben die Gutsleute den alten Diener einfach ›vergessen‹: Die ganze alte Zeit wird hier gewissermaßen mit eingenagelt, denn der Diener, Firs, war es, der alles Unglück darin beginnen sah, daß die Leibeigenschaft aufgehoben wurde, daß er also die Freiheit geschenkt bekam, mit der er, längst zum Dienen verbogen, nichts anzufangen wußte.

Aber auch in dem bourgeoisen Aufsteiger Lopachin, der mit skrupellosem Realitätssinn Geschäfte durchführt, sieht Tschechow nicht etwa eine ungebrochene neue Zeit heraufziehen. Zu sehr ist auch Lopachin von der lebensunfähigen Wehmut der Kirschgarten-Bewohner angesteckt. »Wir spielen uns voreinander auf, und das Leben geht weiter« – das sind, erstaunlich genug, seine Sätze.

Tschechows »Kirschgarten«, der die Notwendigkeit einer Änderung unbestechlich aufzeichnet, die Schwächen der Figuren, ihre lebensfeindliche Flucht in Theatralität exakt

Szenen aus »Der Kirschgarten«. Inszenierung am Deutschen Schauspielhaus Hamburg (1970). Regie: Hans Lietzau

festhält, ist dennoch gleichzeitig so etwas wie ein Abgesang auf die poetischen Qualitäten eines zwecklosen und zweckfreien Lebens, das seine soziale Rolle ausgespielt hat. Eine Welt entfaltet, gerade weil sie notwendigerweise stirbt, gerade weil sie sich total überlebt hat, noch einmal für Augenblicke eine Schönheit, die im Bild des blühenden Kirschgartens mitsamt seiner ökonomischen Nutzlosigkeit eingefangen ist.

Die zukunftsweisende Figur ist der Student Trofimow, von dem die zaristische Zensur dann bezeichnenderweise zwei Stellen beanstandete, so daß sie für die Aufführung geändert werden mußten. Die eine: ». . . und dabei können alle es sehen: die Arbeiter essen abscheulich, sie schlafen ohne Kopfkissen, zu dreißig, vierzig Mann in einem Zimmer, überall Wanzen, Gestank, Nässe, moralische Verkommenheit.« In der zweiten spricht er davon, daß die Gutsherren von »lebenden Seelen« leben, auf »Pump«, auf »fremde Kosten«, »auf Kosten jener Menschen, die ihr nicht weiter als bis ins Vorzimmer laßt . . .« In den von der Zensur gestrichenen Monologen kündigen sich die Menschen für die Bühne an, die Gorkij (1868–1936, →S. 356ff.) dann in seinen Dramen auftreten ließ.

Hans-Horst Henschen

Jarry · König Ubu

»Ubu roi« (Uraufführung Paris 1896)
Drama von Alfred Jarry (8. 9. 1873 – 1. 11. 1907)

Die literarische Legende, die die Figur Alfred Jarrys umrankt und die er selbst bewußt mitinszeniert hat, weiß zu berichten, daß er, um die Jahrhundertwende auf dem Fahrrad zwischen Paris und Corbeil unterwegs, Spaß daran fand, unvorbereitete Passanten mit einem gezogenen Revolver anstelle des Klingelzeichens zu erschrecken: »Oh, bevor der Bürger sich wieder gefaßt hat, bin ich schon über alle Berge. Indem ich ihm die Illusion verschaffe, überfallen worden zu sein, gebe ich ihm Stoff zu den schönsten Geschichten, die er Freunden und Bekannten erzählen kann.« Diese Anekdote muß aus einer Zeit stammen, als Jarry sich bereits endgültig hinter jener bizarren und oft – etwa von André Gide in seinen »Falschmünzern« – beschriebenen Charakterfassade verrätselt hatte, die heute seinen Nachruhm bestimmt – der des Père Ubu.

Die Entstehungsgeschichte dieser Figur – und mit ihr einer ganzen Sammlung von Dramen, illustrierten →Almanachen, Kalendergeschichten und »connaissances utiles« (»Nützliche Kenntnisse«) – reicht zurück bis in die Jugendzeit des Autors, der, 1873 in Laval (Bretagne) geboren, später mit seiner Familie nach Rennes übersiedelte und dort das Gymnasium besuchte. Es gab Ubu – als clowneske Verulkung eines ruinenhaften Gymnasialprofessors für Physik, des Père Hébert – bereits in Gestalt von Marionetten- und Schattenspielen, die Jarry mit seinen Mitschülern im Jahre 1888 öffentlich veranstaltet hatte, bevor daraus die endgültige, heute schon beinahe mythische Titelfigur entstand – Père Ubu. Ancien Roi de Pologne et d'Aragon, Grand-Maître de la Gidouille, Docteur en Pataphysique – ein gönnerhaftes, →archaisch-gefräßiges, feiges und terroristisches Monstrum, das Jarry, der in einer Epoche forcierten naturalistischen Illusionstheaters sein »théâtre mirlitonesque«, sein Kasperletheater erfand, zum »Inbegriff alles Grotesken« stilisierte. Die erste Aufführung des Stückes am 10. Dezember 1896 im »Théâtre de l'Œuvre«, die der junge, inzwischen nach Paris übergesiedelte Autor mit einem kurzen Prolog eröffnete, geriet denn auch zu einem enormen Skandal, wie ihn die Theaterchronik der Jahrhundertwende später nur noch anläßlich Strawinskys »Sacre du printemps« und Eric Saties »Parade« konstatierte. Dieser Ubu, eine Marionette mit pantagruelischem (→S. 96f.) Wanst und winzigem Kopfwulst, wälzt sich fluchend, grölend und nörgelnd, immer begleitet von seinem intriganten Ehegespons Mutter Ubu, später auch von Söhnen und Töchtern Ubu, durch ein alptraumhaftes Szenarium, an dem mehrere »Nachfolge«-Stücke partizipieren – paradoxerweise immer fünfaktige, »korrekte« Dramen, in denen einerseits unnachsichtig-parodistisch auf die Einheit des Ortes gepocht, andererseits jedoch mit den polnischen und russischen (selbstredend den »gesamten«) Armeen juxig herumgewürfelt wird.

Dragonerhauptmann im Dienst des polnischen Königs, zettelt Ubu etwa eine Verschwörung an, ruft sich selbst zum Herrscher aus, entmachtet und massakriert den – »gesamten« – Adel (Greise und Kinder eingerechnet) und läßt ihn, durch Falltüren, ins »Groschen-Loch« werfen, wo das abstruse »Kneifschwein«, die »Gehirnzermantschmaschine« und der »Pfuinanzhaken« ihn zerkleinern. Daraufhin geht er »sich bereichern«, brandschatzt die Dörfer und plündert die Bauern aus. Eine Szenenanweisung bezeichnet deutlicher als der gesprochene Dialog die absurde, aus dem Zusammenwirken einfachster szenischer Elemente sich entfaltende Komik: »Ein Kampf entbrennt, das Haus wird zerstört und der alte Stanislaus flieht allein durch die Ebene. Ubu bleibt zurück und sammelt die Pfuinanz ein.« Das getan, verdreifacht er die Steuern und gibt seine Zukunftspläne preis: »Mit diesem System werde ich schnell zu Vermögen kommen. Dann werde ich jedermann umbringen und davonlaufen.« Ubu – eine zur Karikatur verzerrte Spiegelung →kleinbürgerlicher →Omnipotenzphantasien, mit deren plötzlichem Umschlag von manifestem Sadismus in Feigheit, aufgehend im Dienst an seiner Plauze und seiner »Pfuinanz«, behaglich wiederkäuend und sich vor jeder Bedrohung weinerlich duckend – Ubu wird von der zu Hilfe eilenden russischen »Arschmee« vernichtend geschlagen, verjagt und rettet sich eilends zu Schiff nach Frankreich.

Auch die anderen Ubu-Stücke benutzen dasselbe Repertoire von berserkerhaft-regrediertem (ins Kindliche zurückfallendem) Jargon und marionettenhafter Szenerie. In »Ubu cocu« etwa befragt der Troll sein in einem Koffer mitgeführtes Gewissen, hört sich dessen Warnungen aber nur an, um sie desto penibler ins Gegenteil zu verkehren – Kneifschwein, Pfählungsinstrumente und Falltüren dürfen also wieder verschwenderisch in Aktion treten. In »Ubu enchaîné« beschließt er, um endlich nicht mehr selbst für seine Plauzenbedürfnisse sorgen zu müssen, sich als Sklave zu verdingen und seine Laufbahn als Galeerensträfling fortzusetzen. Er sammelt aus dem Heer der »freien Männer«, die ihrer anarchistischen »Disziplinlosigkeitsübungen« jedoch bald überdrüssig werden, rasch eine ungeheure Armee von Häftlingen, Ruderknechten und Freiheitsverächtern und verkündet, da niemand mehr sein Herr sein will, er werde künftig nur noch seinem Wanst dienen.

Jarrys Theater ist lärmend, quirlig und schrill; seine Elemente – Pappmasken, Hinweisschilder (»Marsch der polnischen Armee durch die Ukraine« – »Hier wird mit der Maschine gestochen«), Attribute billigsten Tingeltangels, die nur angedeuteten Dekorationen des Puppentheaters und spektakuläre Jahrmarktsmusiken – sind Elemente einer »Urgeschichte der Moderne« (Walter Benjamin), deren Ursprünge bereits wieder in Vergessenheit geraten, obwohl sie in der auf Jarry folgenden Generation, der der →Surrealisten mit Max Ernst und André Breton an der Spitze, ihren großen Nachhall fanden.

Jarry hat seinen Helden mit einem ganzen Arsenal von geradezu →invarianten Verballhornungen ausgerüstet – von sprachlichen

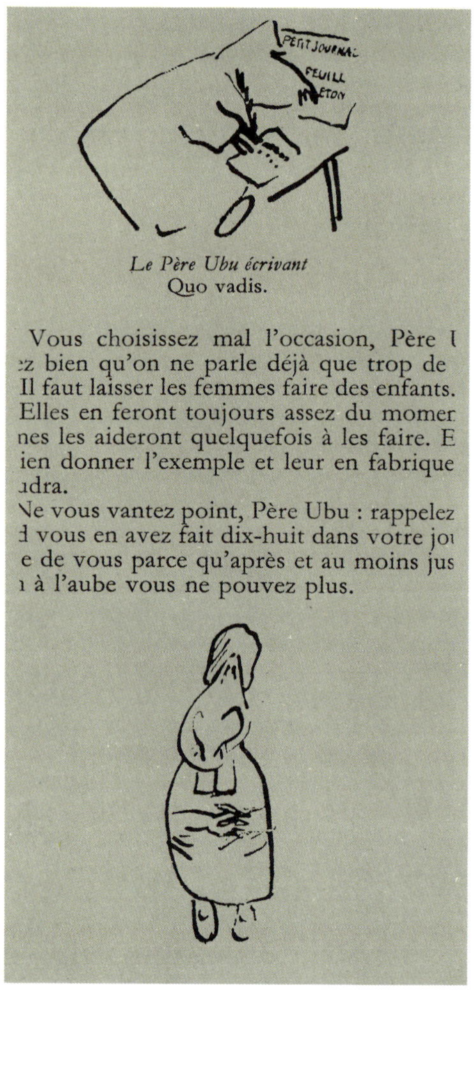

Le Père Ubu écrivant
Quo vadis.

Vous choisissez mal l'occasion, Père I
:z bien qu'on ne parle déjà que trop de
Il faut laisser les femmes faire des enfants.
Elles en feront toujours assez du momer
nes les aideront quelquefois à les faire. E
ien donner l'exemple et leur en fabrique
ıdra.
Ne vous vantez point, Père Ubu : rappelez
l vous en avez fait dix-huit dans votre joı
e de vous parce qu'après et au moins jus
ı à l'aube vous ne pouvez plus.

Verballhornungen, deren Tendenz zur Verkürzung und signalartigen Vereinfachung mit der Reduktion des gesamten aufgeblähten szenischen Apparates zusammenfällt, wie ihn das vorwiegend naturalistische Theater der Zeit – das Theater der Ibsen und Hauptmann – aufbot. Von »merdre«, dem bekanntesten französischen Fluch (im Deutschen) etwa »Schreiße«), mit dem das Stück mit einem Paukenschlag einsetzt, bis hin zum zeremoniös-litaneiartigen Befehlston Ubus, von seinen drastisch-obszönen, trompetenartigen Schwüren – »de par ma chandelle verte« (bei meinem grünen Kerzenständer) – bis hin zu seinen infantilen Lästerungs- und Drohkatalogen: Ubu, halb dümmlicher Hampelmann, halb kleinbürgerlicher Haustyrann mit untergründig brodelnden Weltvernichtungsvisionen, läßt nichts unangetastet, verbiegt und zerstört, was ihm begegnet.

[zu Mutter Ubu]:
»Bist du bald fertig? Jetzt fange ich an: Abschneiden der Nase, Ausreißen der Haare, Einstecken des Hölzchens in die Ohren, Auspressen des Gehirns mit den Fersen, Zerreißen des Hinterns, teilweise oder totale Zerquetschung der Wirbelsäule (wenn sie wenigstens Rückgrat hätte), nicht zu vergessen die Öffnung der Blase und zum Schluß die große erneuerte Enthauptung Johannes des Täufers, alles den sehr heiligen Schriften sowohl des Alten wie des Neuen Testaments entnommen, geordnet, korrigiert und vervollkommnet durch den hier anwesenden Pfuinanzmeister! Paßt dir das, Leberwurst?« [Er zerreißt sie]

»Ubu Roi ou les Polonais« verhält sich – als groteske Hanswurstiade – zur zeitgenössischen Theaterproduktion ähnlich wie nahezu zwanzig Jahre später Eric Saties Ballettmusik »Parade« zur spätwagnerianischen Orchesterhypertrophie, die er mit Radleiern, Schreibmaschinengeklapper, Revolverschüssen und der ausgeklügelten, aggressiven Banalität einer Partitur herausforderte, wie sie auch Jarrys Stück angemessen gewesen wäre. »Die Schönheit des Pfuinanztheaters beruht auf dem ordnungsgemäßen Funktionieren der Falltüren!« – Diese überragende →Maxime des Pfuinanzmeisters hat in ihrer Gegenläufigkeit zur Theaterpraxis des ausgehenden 19. Jahrhunderts aber auch einen bestimmten gegenläufigen Stellenwert in Jarrys Gesamtwerk: Ubu ist der ins Grölend-Ordinäre umgebogene geistige Bruder einer anderen grotesken Figur des Autors, des Dr. Faustroll. →Protagonist eines »neowissenschaftlichen« Romans (→postum erschienen 1911), mit ähnlich wunderlicher Begleitung wie Ubu, ist er der Erfinder einer koboldhaften Geheimwissenschaft, der »Pataphysik«, die allerdings auch wechselweise Ubu zugeschrieben wird (s.o.) – einer kombinatorischen Sprachphantasterei, die sich generell der »Ausnahmen« annimmt und sich ebensoweit jenseits der →Metaphysik ausdehnt wie diese jenseits der Physik. Diese zwei Züge (»wissenschaftsförmig«-präzise Phantastik und Marionetten-Mummenschanz) gehen in Jarrys späteren Romanen immer wieder eine →ambivalente Legierung ein, die sie als die beiden Seiten einer Sache erscheinen läßt.

Für das moderne Theater hat Jarrys »Ubu Roi« die Rolle eines auslösenden Moments gespielt. Wo immer der →mimetische Kunstkanon des bürgerlichen Theaters verlassen oder außer Kraft gesetzt wurde – sei es in Artauds (nie realisiertem) »Theater der Grausamkeit«, sei es in späteren Stücken des →absurden Theaters –, hat Jarry meist Pate gestanden, ohne daß diese Einflußsphären sich zwingend und nachweisbar dingfest machen ließen. Als André Breton 1940 seine →»Anthologie de l'humour noir« herausgab – die, jenseits der geläufigen Vorstellung einer »humoristischen Milde« (Jean Paul), Beispiele für eine stechendere, unversöhnliche Variante des Humors zusammenstellte –, wies er Jarry darin einen Ehrenplatz an.

Links: Zwei Illustrationen von Pierre Bonnard zu Alfred Jarrys »Almanach illustré du Père Ubu« vom 1. Januar 1901; Oben: »Le père Ubu écrivant Quo Vadis« (Vater Ubu beim Schreiben von »Quo Vadis« [von Henryk Sienkiewicz]; Unten: Le père Ubu à Saint-Sulpice (Vater Ubu [betend] in Saint-Sulpice)

Oben: »Véritable portrait de Monsieur Ubu« [Wahrhaftiges Porträt von Herrn Ubu] von Alfred Jarry; Erstveröffentlichung in Le Livre d'art, Nr. 2, 25. IV. 1896; Rechts: »Autre Portrait de Monsieur Ubu« [Anderes Porträt von Herrn Ubu]. Holzschnitt (53 × 49 mm) von Alfred Jarry

Überblick

Udo Köster (Mitarbeit: Peter Borowsky)

Literatur in den Industriegesellschaften

Allgemeine Voraussetzungen

Bis 1890 haben die entwickelten Industrieländer in Europa einen vergleichbar hohen Stand der Technologie erreicht. Die nationalen Märkte sind für die Aufnahme der rasch wachsenden Industrieproduktion zu eng. Die Folge ist einerseits eine Zunahme des Handels unter den Industrieländern, andererseits der gesteigerte Wettbewerb der Industrienationen um Rohstoffquellen und Absatzmärkte in Afrika, Asien und Südamerika. Der Verstärkung des wirtschaftlichen entspricht eine Intensivierung des kulturellen Austauschs. Gleichzeitig erhöht der Wettlauf nach Kolonien und Einflußsphären die internationalen Spannungen.

Trotz der internationalen Verflechtung der Wirtschaft bestehen kaum multinationale Konzerne. Bei internationaler Konkurrenz ist die Wirtschaft national organisiert. Die innenpolitische Bedeutung der Industrie sichert den Unternehmern starken Einfluß auf die staatlichen Bürokratien; Interessen der Großindustrie werden Staatsinteressen. Es kennzeichnet die Periode des Imperialismus, daß wichtige staatliche Machtmittel – wie die Armee und besonders die Flotte – Instrumente der Wirtschaftspolitik sind. Dadurch berühren sich militärische und wirtschaftliche Konfrontation immer enger.

Bei der Errichtung der Kolonialreiche ist das Deutsche Reich ›zu spät‹ gekommen. Das fordernde Auftreten Kaiser Wilhelms II. und seiner Regierung schafft neue außenpolitische Konflikte und läßt den Gegensatz zwischen den alten Kolonialmächten England und Frankreich zurücktreten. Ein vertraglich nicht fixiertes Einverständnis dieser beiden Staaten, die »entente cordiale«, wird in Deutschland als »Einkreisung« mißdeutet, und es entsteht hier die Vorstellung, zur Selbstbehauptung Deutschlands sei ein Krieg unvermeidlich. Krisenstimmung und Kriegserwartung prägen seit der Jahrhundertwende das Bewußtsein der Herrschenden und finden in der Öffentlichkeit weite Resonanz. Die expressionistischen Autoren sind davon nachhaltig beeinflußt.

Während des ganzen 19. Jahrhunderts wurde um die innenpolitischen Konsequenzen der Industrialisierung gekämpft. Durch die abnehmende Bedeutung der Agrarwirtschaft waren besonders die alten feudalen Führungseliten bedroht, deren Einkünfte auf Grundbesitz und Landwirtschaft beruhten. In den USA hatte der stärker industrialisierte Norden im Bürgerkrieg (1861–1865) die agrarischen Südstaaten entmachtet. Die Julimonarchie (1830–1848) und die Diktatur Napoleons III. (1851–1871) sicherten in Frankreich die Vorherrschaft von Industrie- und Finanzbourgeoisie. Großbritannien erreichte mit der Wahlrechtsreform von 1832 eine stärkere Einbeziehung des städtischen Bürgertums. In allen westlichen Ländern behauptete sich ein selbstbewußtes Bürgertum gegen die alten feudalen Schichten. Hier bewahrte die bürgerliche Literatur ihren Fortschrittsgeist zum Teil bis in die Spätphase des Realismus und Naturalismus.

Dagegen setzte sich in Deutschland in den politischen Kämpfen der 60er Jahre unter Bismarck das autoritäre Regime Preußens durch. Ein verhältnismäßig schwaches liberales Bürgertum fügte sich nach Errichtung des zweiten deutschen Kaiserreichs (1871) weitgehend in den von Preußen beherrschten monarchischen Staat ein, und die bürgerliche Literatur hielt sich – kritisch und resigniert oder in melancholischem Selbstgenuß – zumeist von der Politik fern.

Die industrielle Revolution hatte zugleich eine Labilisierung des gesamten politischen und sozialen Systems bewirkt. In seinen Untersuchungen »Über die gesellschaftliche Arbeitsteilung« (1893) und »Der Selbstmord« (1897) stellte der große französische Soziologe Emile Durkheim fest, der allgemeine Zustand der Industriegesellschaften zu dieser Zeit sei gekennzeichnet durch eine krisenhafte Regellosigkeit der gesellschaftlichen Beziehungen (Anomie). Das Fortbestehen eines vorindustriellen Rechtssystems bei gewandelten Produktionsverhältnissen verhindere die vernünftige Ordnung der wichtigsten sozialen Beziehungen einer Industriegesellschaft. Zum Beispiel ließen sich die Gegensätze zwischen Kapital und Arbeit auf der Grundlage eines überholten individualistischen Vertragsrechts nicht regeln. Ohne kollektive Regelungen müßten aber Konflikte in diesem Bereich zum Sprengstoff für die gesamte staatliche Organisation werden.

Für alle Industrieländer stellte sich das Problem einer Integration der Arbeiterklasse in den Staat. Die Lösung wurde auf verschiedenen Wegen gesucht. In England dehnte man das Wahlrecht auf immer größere Teile der Bevölkerung aus. Die Hohenzollernkaiser versuchten in Deutschland, die Arbeiter von der SPD und von den Gewerkschaften zu trennen und sie an ein »soziales Kaisertum« zu binden, das zwar minimalen Schutz, aber keine politische Mitwirkung bot. Frankreich, die erste europäische Massendemokratie mit uneingeschränkt gleichem Wahlrecht, erlebte eine krisenhafte Zuspitzung dieser Probleme während der Dreyfus-Affäre. Alle Elemente der allgemeinen Entwicklung, die Chancen der Demokratisierung sowie die Risiken eines autoritären Rückschlags, erschienen hier in exemplarischer Deutlichkeit. Auch die Auswirkungen auf die literarische Entwicklung lassen sich hier am besten verdeutlichen.

Frankreich als exemplarischer Fall

Noch während des Deutsch-Französischen Krieges (1870/71) entstand in Frankreich die Dritte Republik. Bereits die letzten Jahre des französischen Kaiserreichs hatten gezeigt, daß eine autoritär organisierte Industriegesellschaft zwar eine gewisse ökonomische und technische Leistungsfähigkeit, aber nur einen geringen sozialen Zusammenhalt erreicht. Die nachfolgende Dritte Republik wurde ein ›schwacher‹ Staat. Wie später die Weimarer Republik, war sie zunächst eine Republik ohne Republikaner, bedroht von den revolutionären Arbeitern auf der Linken (Aufstand der Pariser Commune 1871) und von den reaktionären Generälen auf der Rechten (»Staatsstreich« MacMahons 1877, Boulanger-Krise 1886). Im Parlament regierten wechselnde, zum Teil monarchistische Mehrheiten, und an der Spitze der Republik stand lange der Marschall MacMahon, ein erklärter »Platzhalter der Monarchie«. Ohne die Erweiterung ihrer sozialen Basis wäre diese Republik nicht lange lebensfähig gewesen. Es wurde die entscheidende Frage der 90er Jahre, ob Teile der Arbeiterschaft zusammen mit dem liberalen Bürgertum die repubikanische Staatsform gegen die Bedrohung von rechts verteidigten.

In diesem Zusammenhang erhielt die Dreyfus-Affäre ihre große Bedeutung. Da sie zugleich eines der wenigen Beispiele für die erfolgreiche politische Aktivität von Schriftstellern bietet, lohnt es, einige ihrer Aspekte genauer zu betrachten.

Am 22. Dezember 1899 schrieb Émile Zola (1840–1902) in der Zeitung »L'Aurore«, aus der Dreyfus-Affäre sei »die ganze Bewegung zur Verteidigung der Republik geboren, und wenn Frankreich von der langen Verschwörung der Reaktion gerettet wird, so verdankt es dies der Dreyfus-Affäre.« Zum Teil hatte Zola die ideologischen Voraussetzungen zu dieser Entwicklung selbst geschaffen. Als er am 13. Januar 1898 einen Offenen

Brief an den Präsidenten der Republik schrieb – er wurde berühmt unter dem Titel »J'accuse« (Ich klage an) –, da gab es seit drei Jahren den »Fall Dreyfus«: Alfred Dreyfus, ein französischer Offizier jüdischer Abstammung, war 1894 unter dem Vorwurf der Spionage zu lebenslänglicher Deportation nach Guayana verurteilt worden, und als die Angehörigen sehr bald die Fälschung der Anklagedokumente nachwiesen, verhinderten politische Interessen und Vorurteile die Wiederaufnahme des Falles.

Zola machte diesen Fall zur Affäre. Er fand keine neuen Tatsachen, aber er abstrahierte vom individuellen Unrecht und zielte auf die Institutionen, die dieses Unrecht ermöglichten. Dreyfus könne »nicht unschuldig werden, ohne daß der Generalstab schuldig gesprochen wird«, schrieb er in dem Brief. Und hinter dem Generalstab standen die Regierung, die Justiz und der Präsident. (Indirekt wurde auch die katholische Kirche in die Affäre verwickelt.) Seine Herausforderung traf die ganze konservative Spitze der Republik, und es ist nicht ohne ein Körnchen Wahrheit, wenn der Schriftsteller Maurice Barrès wütend bemerkte: »Politische Intriganten haben diesen kleinen Juden als Waffe aus dem Staube aufgelesen.« Denn es ging bald weniger um Dreyfus selbst, als um die grundsätzlichen politischen Konsequenzen, die aus dem Fall zu ziehen wären.

»Dreyfus ist Frankreich«, so könnte der Kern der Argumentationsstrategie lauten, die Zola in seiner Kampagne verfolgte. Das Schicksal des Einen repräsentiert das Schicksal aller. Nicht um diese Person wird gekämpft, sondern um die Zukunft des Landes. »Auf der einen Seite (stehen) die reaktionären Kräfte der Vergangenheit; auf der anderen die kritischen Geister, die in die Zukunft schreiten.« Zwar sei nur Dreyfus verurteilt, aber »eine große Nation, die einen Unschuldigen unter Qualen dahinsiechen ließe, wäre eine verurteilte Nation.« Zwar beflecke das Urteil nur Dreyfus' Ehre, aber der Kampf für die Revision des Prozesses sei ein Kampf für »die Ehre des Vaterlandes selbst«. Zwar habe die Armee nur Dreyfus der Freiheit beraubt, aber ganz Frankreich sei bedroht; nur »das liberale Bürgertum und das emanzipierte Volk sind sich nicht klar darüber, was dahinter steckt: einerseits die Militärdiktatur, andererseits die klerikale Reaktion«.

Diese Verallgemeinerungen sollten zunächst eine breite Solidarisierung mit dem Verurteilten bewirken. Sie führten auch dazu, daß sich einige Intellektuelle Zolas Anklagen anschlossen. Aber die »Dreyfusards« der ersten Stunde blieben ein kleines Häuflein. Schon die Schriftsteller in der »Académie Française« entschieden sich gegen Zola. Der radikale Flügel der Sozialisten vertrat den Standpunkt, es handele sich hier um eine Auseinandersetzung innerhalb der Bourgeoisie, aus der das Proletariat sich heraushalten solle. Und die bürgerliche Mehrheit im Parlament stützte die Regierung. Erst unter dem Eindruck der massiven konservativen Gegenbewegung bildete sich ab 1898 unter der Führung von Jean Jaurès bei den Sozialisten eine revisionistische Mehrheit, die für Dreyfus eintrat. Sie sah im Kampf für Dreyfus vor allem einen Kampf gegen die Reaktion. So begann mit der Dreyfus-Affäre die Integration der Sozialisten in die Dritte Republik.

Anfangs jedoch wurde Zola nur von den Liberalen unterstützt. Clemenceaus Zeitung »L'Aurore« stand ihm eine Zeitlang als einziges Publikationsorgan zur Verfügung. Aber allein hatten die Intellektuellen und die Liberalen keine Chance. Denn gegen sie waren nicht nur die Konservativen. Gegen sie waren auch die Massen, und gegen sie war die gesamte Presse. Dreyfus wirkte nicht sympathisch. Elsässer, Jude, wegen Spionage für Deutschland verurteilt – und da führt ein Jude die Ehre des Vaterlandes ins Feld! Gegen eine Regierung, gegen eine Justiz und gegen einen Generalstab, die sich in ihren Erklärungen an Patriotismus nicht übertreffen ließen! Zolas Verallgemeinerungen brachten die Öffentlichkeit nur auf. In den größeren Städten kam es zu Demonstrationen. Bilder von Zola und von Dreyfus wurden verbrannt, Spruchbänder gezeigt: »Zola an den Galgen! Tod den Juden! Es lebe die Armee!« Die erste Folge der Ideologisierung war eine breite emotionale Reaktion, die sich gegen Dreyfus und gegen die Intellektuellen richtete.

Die Chance der »Dreyfusards« kam, als in der aufgeputschten Situation des August 1898 der Chef des militärischen Nachrichtendienstes, Oberst Henry, die Fälschung der belastenden Dokumente gestand, verhaftet wurde und im Gefängnis Selbstmord beging. Die Revision des Urteils schien unvermeidlich.

Aber wer erwartet hatte, daß die Regierung die Wiederaufnahme des Prozesses betreiben würde, sah sich getäuscht. Nun setzte auf seiten der Konservativen ein radikaler Ideologisierungsprozeß ein. Die entscheidenden Argumente formulierte der Schriftsteller Charles Maurras (1868–1952). In seinem Artikel »Das erste Blut« schrieb er, es gehe nicht um Recht oder Unrecht in diesem Fall. Es gehe um den Staat selbst, darum, ob das Ansehen von Armee, Regierung und Justiz dem Individuum und seinem Rechtsanspruch geopfert werden dürften. Maurras bestritt gar nicht, daß die Dokumente der Anklage gefälscht waren. (Das wäre zu diesem Zeitpunkt nicht glaubwürdig gewesen.) Aber er bestritt ganz entschieden den liberalen Intellektuellen das Recht, um eines einzelnen willen überindividuelle Institutionen zu gefährden. Entsprechend hieß es in einem Manifest der Konservativen: »Der Einzelne hat kein dringenderes Interesse als das, in Gesellschaft zu leben: jede soziale Gefahr enthält schwere Gefahren für das Individuum.« Eine Wiederaufnahme des Prozesses wäre, im Sinne des Manifestes, eine soziale Gefahr. Denn durch sie würde die Autorität von Justiz, Armee und Regierung in Zweifel gezogen, eine für die Konservativen der Zeit undenkbare Sache.

Indirekt haben die Konservativen mit diesen Argumenten Zolas frühere Verallgemeinerungen bestätigt. Sie enthüllten, daß es ihnen in der Tat nicht um Dreyfus ging, sondern darum, eine grundsätzlich andere Auffassung vom Staat und vom Recht des einzelnen im Staat durchzusetzen. Die Dreyfus-Affäre erhielt damit erst ihre äußerste Schärfe: Alle Beteiligten kannten die Wahrheit. Und weil die Fakten geklärt waren, konnte die Auseinandersetzung nur als ideologischer Kampf und als Machtkampf der die verschiedenen Ideologien tragenden Gruppen geführt werden. (Es ist eine besondere Ironie der Geschichte, daß Dreyfus den politischen Vorstellungen seiner Verteidiger nicht einmal sehr nahestand.)

Hinter Zola stand die »Ligue des droits de l'homme et du citoyen« (Liga der Menschen- und Bürgerrechte), die am 20. Februar 1898 gegründet wurde und 8000 Mitglieder hatte. Das einzige Organ der Dreyfusards mit Breitenwirkung war Clemenceaus »L'Aurore« (Auflage 200000). Demgegenüber nehmen sich die Hilfstruppen der Antidreyfusards erheblich mächtiger aus: Maurice Barrès (1862–1923), der politische Kopf dieser Bewegung, wurde von den wichtigsten Pariser Blättern unterstützt, darunter »La Libre Pa-

Die Dreyfus-Affäre

Am 15.10.1894 wird der jüdische Hauptmann *Alfred Dreyfus* wegen Spionage für Deutschland verhaftet. Aufgrund des belastenden Materials und der beeideten Aussagen des Obersten *Henry* verurteilt das Pariser Militärgericht *Dreyfus* am 22.12.1894 zu lebenslänglicher Verbannung auf die Teufelsinsel vor Frz. Guyana. Im August 1895 entdeckt der Chef des Nachrichtenbüros, *Picquard*, daß ein entscheidendes Beweisstück nicht von *Dreyfus*, sondern von Major *Esterhazy* stammt. *Picquard* wird nach Algerien versetzt. Am 15.9.1895 deckt die Zeitung »Eclair« Unregelmäßigkeiten bei der Prozeßführung gegen *Dreyfus* auf. Trotzdem lehnt die französische Kammer die Wiederaufnahme des Dreyfusprozesses ab. 1897 gelingt es *Picquard*, *Esterhazy* vor ein Kriegsgericht zu bringen. *Esterhazy* wird am 11.1.1898 freigesprochen und *Picquard* wegen falscher Anschuldigung verhaftet. Am 13.1.1898 veröffentlicht *Zola* seinen offenen Brief an den Präsidenten der Republik: »J'accuse!« (Ich klage an) *Zola* wird am 23.2.1898 wegen Beleidigung zu einem Jahr Gefängnis verurteilt, ein erneuter Antrag auf Revision des Urteils gegen *Dreyfus* wird abgelehnt. Am 30.8.1898 gesteht Oberst *Henry* dem Kriegsminister, entscheidende Beweisstücke gegen *Dreyfus* gefälscht zu haben. Er wird verhaftet und begeht Selbstmord. Eine Wiederaufnahme des Falles *Dreyfus* ist unvermeidbar. Am 9.9.1899 verurteilt das Militärgericht in Rennes *Dreyfus* zu 10 Jahren Festungshaft. Er verzichtet auf Berufung und wird begnadigt. 1906 wird das Urteil von Rennes annuliert und *Dreyfus* rehabilitiert.

role« (Auflage 500 000) und »Le Petit Journal« (mit 1,5 Millionen Exemplaren die französische Zeitung mit der größten Auflage überhaupt). Als Gegenbewegung zur »Ligue des droits de l'homme« entstand Ende Dezember 1898 die »Ligue de la patrie française« (Liga des französischen Vaterlands), die im Laufe des Jahres 1899 auf 100 000 Mitglieder anwuchs. Daneben gründeten einige junge Schriftsteller, denen diese Vereinigung des »Establishments« zu wenig radikal war, eine politische Kampforganisation, die »Action Française«. Sie beschränkte sich nicht auf Manifeste, Unterschriftensammlungen und Sympathiekundgebungen, sondern stellte auch Kampfgruppen auf, die mit gewaltsamen Aktionen die Ziele der Reaktion voranbringen wollten.

Frankreich wurde durch die Dreyfus-Affäre in zwei feindliche Lager gespalten. Im Bürgertum ging der Riß oft durch eine Familie. (Marcel Proust sammelte eifrig Unterschriften für die Revision, Prousts Vater wies allen Unterschriftensammlern die Tür.) Wer für die Autorität des Staates war, für Regierung, Justiz und Armee, kämpfte für »die Autorität des einmal ergangenen Urteils« und gegen die Revision, selbst wenn er Dreyfus für unschuldig hielt. (Dann plädierte er allenfalls für die Begnadigung des Unschuldigen.) Diese Position vertraten in der Mehrheit Adel, konservatives Bürgertum und akademische Literaten.

Wer für die Freiheit des Individuums eintrat, für den unverletzlichen Anspruch des einzelnen auf Gerechtigkeit, der kämpfte für die Revision. Er befand sich in einer uneinheitlichen Koalition, die weit über die ökonomischen Klassengrenzen hinausreichte und Arbeiter, Kleinbürger, Intellektuelle, Teile des jüdischen Großbürgertums und einzelne Vertreter des Adels umfaßte. Ihren politischen Niederschlag fand diese Koalition Mitte 1899 im Kabinett Waldeck-Rousseau: In ihm wurde zum ersten Male ein Sozialist Minister, und zugleich fungierte als Kriegsminister der General Gallifet, bekannt als der »Mörder der Commune« von 1870.

Die radikalen Dreyfusards behaupteten sich vor allem in der Gegnerschaft zu den konservativen Kräften, während sie eigentlich wenig konkrete Ziele gemeinsam hatten. Sehr allgemeine Ideen und ein gemeinsamer Feind hielten sie zusammen, und die ideologischen Vorstellungen berührten – das war für den Zusammenhalt des Bündnisses wichtig – nicht den ökonomischen Besitzstand. Die Ideologisierung der Dreyfus-Affäre durch die Literatur täuschte eine Weile darüber hinweg, daß in Wirklichkeit alle alten Differenzen fortbestanden. Nach der faktischen Erledigung des Falles Dreyfus (die rechtliche Klärung erfolgte erst später) hielt die uneinheitliche Koalition im Kampf gegen die katholische Kirche noch eine Weile zusammen. Sie zerfiel bald nach dem Wahlsieg Clemenceaus (1906). Die republikanische Staatsform war bis zu diesem Zeitpunkt jedoch auf Dauer gefestigt.

In der Zeit der Dreyfus-Affäre waren die Schriftsteller eng in das Feld der Politik einbezogen. Was ein Bündnis der Liberalen und der Sozialisten für ›bloß‹ soziale und politische Fortschritte nicht vermocht hätte, erreichte die hoch ideologisierte Auseinandersetzung um Dreyfus. Freilich führte das Überwiegen der ideellen (und ideologischen) Momente auch dazu, daß dieser »Staat der Advokaten, Schriftsteller und Professoren« seine größten Schlachten in ideologisch gewichtigen Bereichen (besonders in der Auseinandersetzung mit der katholischen Kirche) schlug, während die konkreten sozialen Fortschritte gering blieben und bis 1936 einen explosiven Nachholbedarf entstehen ließen. Aber im Bewußtsein der Bürger spielten diese Versäumnisse zunächst kaum eine Rolle. Hier wurde die Zeit bis 1914 »la belle époque«, das schöne Zeitalter, Zeitalter der Lebensfreude, des gesicherten bürgerlichen Wohlstands, des technischen und zivilisatorischen Fortschritts und der geistigen Freiheit.

Der Sieg der Dreyfusards hat vor allem die fortschrittlichen bürgerlichen Schriftsteller ermutigt, war er doch in vieler Hinsicht ihr Werk. Nach diesem Sieg konnte es scheinen, als ob die Ideen der Intellektuellen der Geschichte ihre Bahn vorzeichneten. »Die Träume der Philosophen«, schrieb Anatole France zu dieser Zeit, »haben zu allen Zeiten die Männer der Tat erzeugt, die sich ans Werk gemacht haben, um sie zu realisieren: unser Denken schafft die Zukunft.«

Ein optimistischer Zug bestimmte so die ausklingende Literatur des französischen Realismus und Naturalismus. Schon der Held des letzten der 20 Bände von Zolas »Die Rougon-Macquarts« hatte als zuversichtliche Perspektive formuliert: »Die Zukunft der Menschheit liegt im Fortschritt der Vernunft durch die Wissenschaft« (→S. 276f.). Romain Rolland (1866–1944) sah nun die Aufgabe der Zeit darin, »ein ganzes Stück Welt neu zu schaffen: eine Moral, eine Ästhetik, einen Glauben, eine neue Menschheit«, und er hielt diese Aufgabe für lösbar. Seinen zehnbändigen Künstlerroman »Johann Christof« (1904–1912) widmete er »den freien Geistern – in allen Nationen –, die leiden, die kämpfen und die siegen werden.« Und Anatole France formulierte im vierten Band seiner »Romane der Gegenwart« (1896–1901) noch einmal das klassische bürgerliche Vertrauen auf ein konfliktfreies, gleichmäßiges Fortschreiten der Geschichte: »Ich glaube übrigens, daß die Menschen weniger böse sind, wenn es ihnen weniger schlecht geht, daß die Fortschritte der Industrie auf die Dauer eine Milderung der Sitten herbeiführen. (. . .) Der Tag wird kommen, an dem der Unternehmer in seiner moralischen Schönheit entsteht und selbst ein Arbeiter unter Arbeitern wird.«

Dieses Bild einer fortschrittsgläubigen, engagierten, demokratischen Literatur hatte eine weite internationale Ausstrahlung. Es war das Wunschbild Heinrich Manns (1871–1950) nach 1905, und in Thomas Manns (1875–1955) »Betrachtungen eines Unpolitischen« (1918) erschien es als das Schreckbild einer »Zivilisationsliteratur«, die alle Tiefe und Widersprüchlichkeit aus dem Leben und aus der Dichtung entfernt hatte.

Thomas Mann hat diese Kritik später revidiert. Sie traf in dieser Form eigentlich auch nie zu. Die demokratischen Autoren in Frankreich sahen wohl die Widersprüchlichkeit und die Irrationalität der Wirklichkeit. In Zolas Vorstellungen prägten den Menschen unvernünftige biologische und gesellschaftliche Zwänge; bei Anatole France überwogen Skepsis und Pessimismus den Zukunftsglauben; Romain Rolland kritisierte den »Materialismus ohne Größe, der auf der Zeit lastet.« Aber es unterschied diese Schriftsteller von den Beschwörern geheimnisvoll-irrationaler Tiefen, daß sie die Unvernünftigkeit als eine Bedrohung empfanden. Ihr Appell an die Vernunft blieb jedoch fast ohne Widerhall. Besonders die akademische Jugend war vor dem Krieg – nach einer kurzen Beteiligung am Kampf der Dreyfusards – das wichtigste Rekrutierungsfeld der radikalen rechten Kampftruppen. Und im irrationalen Rausch des Nationalismus zogen sie, wie ihre Altersgenossen in Deutschland, in den Ersten Weltkrieg.

Die Politisierung der ›reinen‹ Kunst

Die Politisierung der Literatur blieb in Frankreich nicht auf die liberalen bürgerlichen Autoren beschränkt. Während der Dreyfus-Affäre war der Druck auf die konservativen Kräfte so stark, daß auch die literarischen Vertreter des Konservatismus in ihren Werken offen politische Positionen bezogen. Dabei war ihre ursprüngliche Auffassung von der Kunst elitär und antipolitisch. Kunst und Künstler konnten ihr zufolge nur fern der Politik und fern vom Erwerbsleben, unter extrem geschützten Sonderbedingungen existieren. Frühgereift und zart und traurig, äußerst irritierbar und, was materielle Bedingungen anging, höchst anspruchsvoll, hielt sich diese Kunst für unvereinbar mit jeder Form von Alltäglichkeit. Der Künstler beanspruchte eine ›aristokratische‹ Lebensform.

Eine der berühmtesten Verkörperungen dieser Kunst, der Graf Des Esseintes in Joris-Karl Huysmans' (1848–1907) Roman »Gegen den Strich« (1884), gestaltete sein ganzes Leben als Teil der Kunst. Er wollte gar keine »vulgären« Naturerscheinungen mehr zu sich vordringen lassen. Aus kostbaren Stoffen, Kunstgegenständen, Büchern und technischen Apparaten schuf er eine Umwelt, in der alle Sinneseindrücke durch raffinierte Manipulationen verändert waren. Die faszinierende Wirkung dieser auf die Spitze getriebenen Künstlichkeit ist in der Literatur der Jahrhundertwende allenthalben nachzuweisen. Sie erscheint bei Stéphane Mallarmé (1842–1898), bei Marcel Proust (1871–1922), bei Oscar Wilde (1854–1900) oder bei Stefan George (1868–1933). Und

Maurice Barrès, bevor er der berühmte Autor der radikalen Rechten wurde, schrieb eine Romantrilogie (»Der Ichkult«, 1888–1891), in der er diese künstliche Verfeinerung des Lebens im Bereich der Subjektivität und des Gefühls darstellte. Im Mittelpunkt der →Trilogie steht die Gestalt eines reichen, morbiden und sensiblen Jünglings, der alle Menschen um sich als Barbaren empfindet und der sich schließlich, einzig mit den Regungen seiner zarten Seele beschäftigt, in die Gärten seiner Freundin Bérénice zurückzieht, um hier, in völliger Abgeschirmtheit von der Wirklichkeit, über die Geheimnisse des Lebens zu meditieren.

Der materielle Luxus bildete für diese Literatur einen wesentlichen Ausgangspunkt der künstlerischen Produktion. Unter der Voraussetzung materiellen Überflusses versuchten diese Schriftsteller die totale künstlerische Durchformung der Wirklichkeit. Keine realen, platten, alltäglichen Bedeutungen der Dinge sollten mehr gelten, jeder Gegenstand wurde potentieller Träger einer tiefen, rätselhaften, →symbolischen Bedeutung. Er war das Zeichen für den →metaphysischen Zusammenhang des Universums, wie er weder von der Alltagserfahrung noch von der Wissenschaft erfaßt werden konnte. Ihn erspürte der Künstler und sein besonders begnadeter Leser. Besonders in der Lyrik blieb dieser »Symbolismus« die herrschende literarische Richtung.

Der Komplex von Kränklichkeit, Mystizismus, Sensibilität und Künstlichkeit im Umkreis dieser Literatur wirkte auf manche zeitgenössischen Kritiker »ungesund« und abstoßend. Sie sprachen von »décadence« (Verfall) und Dekadenzliteratur oder von einer »Entartung« der Kunst. Aber biologische Begriffe wie Wachstum und Blüte oder Verfall und Entartung führen, auf soziale Zusammenhänge angewendet, meist zu falschen Schlüssen. Diese »Spätkunst« war zugleich der Beginn der Moderne. In der nächsten Generation entstand aus ihrer Abschirmung ein neuer Zugang zur Wirklichkeit. Mit Paul Valérys (1871–1945) Essays gewann sie ihre intellektuelle Klarheit wieder; in Marcel Prousts Romanen entdeckte sie psychologisches Neuland für die Literatur (→ S. 326 f.), und mit André Gide (1869–1951) fand sie ein neues humanes Engagement.

Bei den bedeutenderen Autoren (wie Stéphane Mallarmé und T. S. Eliot [1888–1965]) stand das Motiv des materiellen Luxus nie im Vordergrund. Es ist aber deutlich, daß allgemein zu den Existenzbedingungen dieser Literatur die Möglichkeit zum kultivierten Müßiggang – und das hieß in der Regel: ein arbeitsloses Einkommen – gehörte. Der Soziologe Max Weber schreibt mit Bezug auf eine ähnliche Erscheinung (den Kreis um Stefan George) in Deutschland, in diesen Gruppen gelte »die Enthebung aus den Wirtschaftskämpfen durch Begrenzung der im eigentlichen Sinn Berufenen auf ›wirtschaftlich Unabhängige‹ (also: Rentner) als das Normale«. Was aber dieser Rentner-Mentalität als das Normale galt, die Befreiung von jeder auf Erwerb gerichteten Tätigkeit, war in der kapitalistischen Gesellschaft die Ausnahme. Daher entstand eine scharfe Spannung zwischen den obersten Werten der kapitalistischen Industriegesellschaft (Produktion, Profit, Leistung) und den Vorstellungen dieser Autoren. Antikapitalistische Affekte bestimmten oft ihre Einstellungen. Die Bedrohung einer Schicht von gebildeten Müßiggängern erschien ihnen als die Bedrohung der Kultur überhaupt, und häufig sahen sie die ideale Voraussetzung für die Kunst in einem autoritären Staat mit einer aristokratischen Machtelite. Diese »großzügige Elite« (Maurras) sollte die Kunst vor der Masse schützen und dem Künstler die materiellen Bedingungen seiner Produktion sichern.

Damit geriet die subtile, lebensuntüchtige Dekadenz in einen Zusammenhang mit verhältnismäßig »vitalen«, aggressiven politischen Strömungen. Und in der Tat war bei vielen dieser Autoren die Ablehnung der Alltäglichkeit verbunden mit dem positiven Ideal eines brutalen Heldenlebens, dessen Rechnungen der arbeitende Teil der Gesellschaft zu bezahlen hatte. Das wird etwa bei dem deutschen Philosophen Friedrich Nietzsche (1844–1900) und bei dem italienischen Dichter Gabriele D'Annunzio (1863–1938) besonders deutlich.

Friedrich Nietzsche – Pfarrerssohn, Professor für griechische Sprache und Literatur in Basel, seit seinem 29. Lebensjahr dauernd irgendwie krank, im Alter von 35 Jahren auf eigenen Antrag pensioniert, ab 1883 ständig auf Reisen (Sommer im Engadin, Winter an der Riviera) – ein sensibler, kränklicher Staatspensionär mit bescheidenem, aber gesichertem Einkommen, pries in seinen Schriften den Grundsatz des »Gefährlich-Lebens«. Er verwarf Christentum und Sozialismus als Teile einer »Sklavenmoral«, mit der die »Herdenmenschen«, die Masse der Mittelmäßigen und Schwachen, die Elite der Starken auf das Niveau ihrer reduzierten Lebenskraft herabzuziehen versuchten. Den Sinn des Lebens sah Nietzsche in der »Steigerung des Lebens«, und zu dieser Steigerung hätten nur wenige die Kraft. An sie appellierte er: an die »vornehmen Menschen«, an die »Herrenrasse«, in der das Raubtierbedürfnis der »nach Beute und Sieg lüstern schweifenden blonden Bestie« schlummerte. Sie sollten sich von den Fesseln der Sklavenmoral befreien, sollten zur »Unschuld des Raubtiergewissens« zurückkehren, sollten herrschen und das »starke Leben« wieder zur Geltung bringen.

Neben dieser pathetischen Lebensphilosophie steht bei Nietzsche die scharfsinnige Kritik der Zeitgenossen. Mit dem Bismarck-Reich, mit dem pompösen Kult Richard Wagners oder mit dem neuen deutschen Nationalismus hat er, ein Bewunderer der französischen Kultur, sich nicht anfreunden können; Antisemit war er nie. Aber die →ideologiekritischen Ansätze blieben ohne Wirkung. Der hysterische Nietzschekult der Jahrhundertwende entnahm seine Stichworte vor allem aus Nietzsches Lebensphilosophie, und er stützte sich dabei oft sogar auf ein Buch, das Nietzsche nie geschrieben hat, jene dubiose Sammlung von Nachlaßfragmenten, die die Schwester des Philosophen zusammengestoppelt und unter dem Titel »Der Wille zur Macht« 1901 herausgegeben hat.

Den italienischen Dichter Gabriele D'Annunzio hatte die Idee vom Übermenschen tief beeindruckt. Ihr nachlebend wollte er die Schranken der gesellschaftlichen Konventionen für sich nicht mehr gelten lassen. Bald waren seine maßlose Verschwendung und seine exaltierten Liebesaffären ebenso berühmt wie seine Werke. Aber auch ein Übermensch mußte in der bürgerlichen Gesellschaft seine Schulden bezahlen. Als D'Annunzio das nicht mehr konnte, floh er vor seinen Gläubigern ins Ausland und dichtete, tief gekränkt, bis zum Ersten Weltkrieg nur noch in französischer Sprache.

D'Annunzio sei, schreibt der italienische Literaturwissenschaftler Mario Praz, »die monumentalste Gestalt der Dekadenz«. In den 90er Jahren und bis zum Ersten Weltkrieg war er der populärste Autor Italiens. Uns ist er fremd. Seine Dramen wirken künstlich und überspannt, und der autobiographische Roman »Il Fuoco« (»Feuer«, 1900) zeugt von einer maßlosen Selbstüberschätzung. D'Annunzios Themen, Sensibilität, Erotik und Grausamkeit, können in den schwülstigen Formen dieses Autors nicht einmal mehr schockieren.

Exemplarisch ist das Leben D'Annunzios; es zeigt den Weg dieser Literatur in den Faschismus. Dem bürgerlich gescheiterten Übermenschen bot der Erste Weltkrieg Gelegenheit, ›groß‹ zu leben. Die französische Regierung bezahlte bei Kriegsausbruch seine Schulden. So konnte er nach Italien zurückkehren und für den Kriegseintritt agitieren. Er wurde Oberstleutnant der italienischen Armee. Einige gefährliche Einzelaktionen machten ihn berühmt. Aber seine Einsätze waren vor allem theatralisch und brachten keinen militärischen Nutzen. D'Annunzio sei, schreibt der Historiker Ernst Nolte, »nicht eigentlich Soldat gewesen, sondern eher ein privilegierter Abenteurer in wechselnder Uniform, der in einem venezianischen Palaste die gewagtesten Unternehmungen ersann und sie auf der Erde, zu Wasser und in der Luft nach freiem Ermessen ausführte.« Für ihn war der Krieg die Fortsetzung der Literatur unter besseren Bedingungen. Er wurde »das große Abenteuer, die ungeheure Bestätigung seines machtvollen Ichs, und in ihm mußten sich alle bestätigt sehen, deren Geistesart und Position eine vergleichbare Auffassung erlaubten, vor allem eine große Anzahl junger Offiziere. Das Ende des Krieges bedeutete für den Meister und die Jünger das Gleiche: Ende des Rausches, Beginn des Alltags, Wiedereintritt in eine Welt, in der der Wille sich hart an Realitäten stößt« (Nolte). Und weil sich die Übermenschen mit dem bürgerlichen Alltag nicht abfanden, desertierten sie aus der Armee und errichteten (unter Duldung der regulären Truppen) ein opernhaftes, verrücktes Terrorregime in der zwischen Italien und Jugoslawien umstrittenen Hafenstadt Fiume (Rijeka). D'Annunzio als Kommandant und »absoluter Diktator« hielt mit Abenteurern aus ganz Italien 16 Monate lang die Bevölkerung in Schach. Totenkopfwimpel, »Legionäre« im Schwarzhemd, den Dolch im Gürtel, delirierende Massenversammlungen und Todesdrohungen bei gegnerischen Äußerungen gaben dem Theater von Fiume die Züge eines ersten faschistischen Regimes.

Ein Schlachtschiff der bürgerlichen Regierung in Rom macht dem Heldentheater ein Ende. Bald darauf verstärkten D'Annunzios Legionäre die Reihen Mussolinis, und wenig später herrschte der Faschismus in Italien. Er herrschte freilich im Bündnis mit D'Annunzios verachteten Gegnern von einst, mit dem konservativen, kapitalistischen und katholischen Establishment. Damit gerieten die romantischen Abenteurer an den Rand der reaktionären Bewegung. Ihr Aufstand endete in den unteren Rängen einer kapitalistischen Entwicklungsdiktatur.

D'Annunzio zog sich zurück, von Mussolini großzügig abgefunden mit einer Villa am Gardasee, mit dem Titel eines Prinzen von Monte Nevoso und mit einem fürstlichen Ruhegehalt.

Diese Entwicklung ist symptomatisch, und sie hat ihre Entsprechungen in Deutschland und in Frankreich. »Die Literatur hat uns in die Politik getrieben«, schrieb Charles Maurras, und in der Tat stand am Ursprung des Engagements der konservativen Autoren auch die Angst vor der vermeintlichen Barbarei der Massendemokratie. In der Praxis verteidigten sie nur die Privilegien abgedankter politischer Eliten.

Die französische Dekadenz – konservativer, intellektueller, mit ausgeprägteren Traditionen – zielte jedoch mehr auf die Sicherung ihrer Kulturideen als auf die vitale Selbstbehauptung. Sie war elitär und antimodern wie nur irgendeine dieser Bewegungen. Aber die Substanz des elitären Selbstbewußtseins bildete ein aristokratischer Begriff der Kunst. Eine Machtelite hatte primär die Aufgabe, die Kulturelite (und die Elitekultur) zu schützen. Zudem sollte diese Machtelite ihre gesellschaftliche Basis in den alten konservativen Institutionen, in der Kirche, im Königtum und in der Armee haben. Denn diese stellten im Frankreich der Jahrhundertwende Bollwerke einer vorindustriellen aristokratischen und autoritären Mentalität dar, die im erbitterten Kampf gegen eine bürgerliche und demokratische Industriegesellschaft stand. Daher orientierten sich die Autoren der Innerlichkeit in Frankreich – anders als in Italien oder in Deutschland – an den etablierten konservativen Mächten. Gegen die Demokratisierung verschiedener Bereiche (Bildungswesen, Armee, Trennung von Staat und Kirche) durch die Dritte Republik setzten sie ihre Forderung nach »aristokratischen« Herrschaftsformen. Huysmans verherrlichte in »L'Oblat« (1903) die kulturellen Leistungen der katholischen Orden und kritisierte den Antiklerikalismus der Republik. Maurice Barrès schrieb seine berühmte Trilogie »Von der nationalen Energie« (1897–1902), und Charles Maurras verließ die Belletristik ganz, um sich politischen Aufgaben zuzuwenden.

So hatte die Republik die Autoren der Innerlichkeit aus der Reserve getrieben. Die drei genannten Schriftsteller können als Repräsentanten eines neuen Konservatismus innerhalb der französischen Literatur gelten. Huysmans Weg zur katholischen Kirche fügt sich ein in den »Renouveau catholique«, die breite katholische Erneuerungsbewegung, die während der antiklerikalen Kampfzeit der Republik starken Widerhall auch unter den Schriftstellern fand. Diese Bewegung, wie die ganze offizielle katholische Kirche zu dieser Zeit, war antirepublikanisch und reaktionär. Pius X. hatte den französischen Katholiken ausdrücklich die Zusammenarbeit mit einer christlich-demokratischen Bewegung um die Zeitschrift »Le Sillon« verboten. Dagegen arbeitete der französische Klerus bis 1926 mit der zwar atheistischen, aber gesellschaftspolitisch extrem konservativen »Action Française« Charles Maurras' zusammen. (Die »Action Française« setzte sich nachdrücklich für die weltlichen Interessen der Kirche ein.) Spektakuläre Bekehrungen prominenter Schriftsteller (zum Beispiel von Joris-Karl Huysmans, Paul Claudel [1868–1955], Francis Jammes [1868–1938], Léon Bloy [1879–1914], Charles Péguy [1846–1917]), so sehr sie auch aus ganz persönlichen Voraussetzungen erfolgten, waren daher gleichzeitig Akte der Distanzierung von der Dritten Republik.

Barrès repräsentiert einen pathetischen Nationalismus, der sich nicht auf eine monarchistische Ordnung festlegen ließ. Er versuchte, auch die großen Traditionen des jakobinischen und des napoleonischen Nationalismus einzubeziehen und hat mit dieser innenpolitisch vieldeutigen Position auf de Gaulle und den Gaullismus, aber auch auf den linken André Malraux (* 1901) nachhaltige Wirkungen ausgeübt. Maurras und die Action

Deuxième Année — Numéro 87

Directeur
ERNEST VAUGHAN

ABONNEMENTS

POUR LA RÉDACTION :
S'adresser à M.-A. BERTHIER

LETTRE
A M. FÉLIX FAURE
Président de la République

Monsieur le Président,

Me permettez-vous, dans ma gratitude pour le bienveillant accueil que vous m'avez fait un jour, d'avoir le souci de votre juste gloire et de vous dire que votre étoile, si heureuse jusqu'ici, est menacée de la plus honteuse, de la plus ineffaçable des taches?

Vous êtes sorti sain et sauf des basses calomnies, vous avez conquis les cœurs. Vous apparaissez rayonnant dans l'apothéose de cette fête patriotique que l'alliance russe a été pour la France, et vous vous préparez à présider au solennel triomphe de notre Exposition universelle, qui couronnera notre grand siècle de travail, de vérité et de liberté. Mais quelle tache de boue

lieu, des papiers disparaissaient, comme il en disparaît aujourd'hui encore; et l'auteur du bordereau était recherché, lorsqu'un *a priori* se fit peu à peu que cet auteur ne pouvait être qu'un officier de l'état-major, et un officier d'artillerie : double erreur manifeste, qui montre avec quel esprit superficiel on avait étudié ce bordereau, car un examen raisonné démontre qu'il ne pouvait s'agir que d'un officier de troupe. On cherchait donc dans la maison, on examinait les écritures, c'était comme une affaire de famille, un traître à surprendre dans les bureaux mêmes, pour l'en expulser. Et, sans que je veuille refaire ici une histoire connue en partie, le commandant du Paty de Clam entre en scène, dès qu'un premier soupçon tombe sur Dreyfus. A partir de ce moment, c'est lui qui a inventé Dreyfus, l'affaire devient son affaire, il se fait fort de confondre le traître, de l'amener à des aveux complets. Il y a bien le ministre de la guerre, le général Mercier, dont l'intelligence semble médiocre; il y a bien le chef de l'état-

Der Offene Brief von Émile Zola an den Präsidenten der französischen Republik (»Ich klage an«) war Teil eines der wenigen Beispiele für die erfolgreiche politische Aktivität von Schriftstellern (oben links) – Die Brüder Heinrich und Thomas Mann (die Abb. zeigt sie 1928 in Berlin – oben rechts) waren auf ganz unterschiedliche Weise Repräsentanten der deutschen Literatur – Unter dem wachsenden Druck des Nationalsozialismus (Parade vor dem Ministerium für Luftfahrt, Berlin 1937 – unten links) kam es zum Bündnis liberaler und sozialistischer Schriftsteller, zu →Volksfront-Versuchen und zu einer internationalen Solidarität, die im Spanischen Bürgerkrieg ihren Höhepunkt fand (unten rechts: Fotomontage von J. Heartfield)

nq Centimes

JEUDI 13 JANVIER 1898

RORE

Artistique, Sociale

Directeur
ERNEST VAUGHAN

LES ANNONCES SONT REÇUES :
142 — Rue Montmartre — 142
AUX BUREAUX DU JOURNAL

Les manuscrits non insérés ne sont pas rendus

ADRESSER LETTRES ET MANDATS :
à M. A BOUIT, Administrateur

Téléphone : 102-88

cuse...!

ENT DE LA RÉPUBLIQUE

IILE ZOLA

ses indicibles,
capables de
nes, qu'on a
nt derrière ce
, ou, derrière,
manesques et
nt du Paty de
fait que pour
des romans-
our s'en assu-
nt l'acte d'ac-
seil de guerre.
cte d'accusa-
pu être con-
t un prodige
onnêtes gens
œur bondisse
ar révolte, en
émesurée, là-
Dreyfus sait
on n'a trouvé
mpromettant,
son pays d'o-
orieux, il a le
me ; il ne se
se trouble,
de rédaction,
dans le vide !

profondément, s'inquiètent, cherchent, finissent par se convaincre de l'innocence de Dreyfus.

Je ne ferai pas l'historique des doutes, puis de la conviction de M. Scheurer-Kestner. Mais, pendant qu'il fouillait de son côté, il se passait des faits graves à l'état-major même. Le colonel Sandherr était mort, et le lieutenant-colonel Picquart lui avait succédé comme chef du bureau des renseignements. Et c'est à ce titre, dans l'exercice de ses fonctions, que ce dernier eut un jour entre les mains une lettre-télégramme, adressée au commandant Esterhazy, par un agent d'une puissance étrangère. Son devoir strict était d'ouvrir une enquête. La certitude est qu'il n'a jamais agi en dehors de la volonté de ses supérieurs. Il soumit donc ses soupçons à ses supérieurs hiérarchiques, le général Gonse, puis le général de Boisdeffre, puis le général Billot, qui avait succédé au général Mercier comme ministre de la guerre. Le fameux dossier Picquart, dont il a été tant parlé, n'a jamais été que le dossier Billot, j'entends le dossier fait par un subordonné pour son ministre,

avec lui une correspondance amicale. Seulement, il est des secrets qu'il ne fait pas bon d'avoir surpris.

A Paris, la vérité marchait, irrésistible, et l'on sait de quelle façon l'orage attendu éclata. M. Mathieu Dreyfus dénonça le commandant Esterhazy comme le véritable auteur du bordereau, au moment où M. Scheurer-Kestner allait déposer, entre les mains du garde des sceaux, une demande en revision du procès. Et c'est ici que le commandant Esterhazy paraît. Des témoignages le montrent d'abord affolé, prêt au suicide ou à la fuite. Puis, tout d'un coup, il paye d'audace, il étonne Paris par la violence de son attitude. C'est que du secours lui était venu, il avait reçu une lettre anonyme l'avertissant des menées de ses ennemis, une dame mystérieuse s'était même dérangée de nuit pour lui remettre une pièce volée à l'état-major, qui devait le sauver. Et je ne puis m'empêcher de retrouver là le lieutenant-colonel du Paty de Clam, en reconnaissant les expédients de son imagination fertile. Son œuvre, la culpa-

conseil de guerre déferait ce qu'un conseil de guerre avait fait ?

Je ne parle même pas du choix toujours possible des juges. L'idée supérieure de discipline, qui est dans le sang de ces soldats, ne suffit-elle à infirmer leur pouvoir même d'équité ? Qui dit discipline dit obéissance. Lorsque le ministre de la guerre, le grand chef, a établi publiquement, aux acclamations de la représentation nationale, l'autorité absolue de la chose jugée, vous voulez qu'un conseil de guerre lui donne un formel démenti ? Hiérarchiquement, cela est impossible. Le général Billot a suggestionné les juges par sa déclaration, et ils ont jugé comme ils doivent aller au feu, sans raisonner. L'opinion préconçue qu'ils ont apportée sur leur siège est évidemment celle-ci : « Dreyfus a été condamné pour crime de trahison par un conseil de guerre ; il est donc coupable, et nous, conseil de guerre, nous ne pouvons le déclarer innocent ; or nous savons que reconnaître la culpabilité d'Esterhazy, ce serait proclamer l'innocence de Dreyfus. » Rien ne pouvait

Française endeten im Faschismus. (Wegen Zusammenarbeit mit der deutschen Besatzungsmacht wurde Maurras 1945 zu lebenslanger Haft verurteilt.)

Die gemeinsame Gegnerschaft zur Dritten Republik hielt die verschiedenen konservativen Strömungen um die Jahrhundertwende noch zusammen. Die Kirche, die Armee und die alten konservativen Schichten teilten diese Gegnerschaft. Dadurch erhielt die antimoderne literarische Opposition einen starken sozialen Rückhalt. Die Hoffnungen der romantischen, antiindustriellen, antikapitalistischen Gesellschaftskritik waren in Frankreich fest eingebunden in die Opposition der konservativen politischen und sozialen Mächte.

Deutsche Schriftsteller vor dem Ersten Weltkrieg

Im Unterschied zur Dritten Republik in Frankreich war in Deutschland längst unübersehbar, daß die formale Vorherrschaft des Adels und der Armee eine faktische Verbürgerlichung, Technisierung und Bürokratisierung des gesellschaftlichen Lebens nicht verhinderte. Gerade der konservative Staatsapparat der Monarchie verknüpfte hier die vorindustriellen Eliten mit dem kapitalistisch organisierten Prozeß der Industrialisierung. In Deutschland entstand das »Bündnis von Rittergut und Hochofen«, dem im Bereich der offfiziellen Kultur eine ziemlich wunderliche Mischung aus vorindustriellem Baustil und moderner Technik entsprach. Davon zeugen etwa die Fabriken mit Formen gotischer Backsteindome, die Mietskasernen hinter den Fassaden italienischer Renaissancepaläste, die Bahnhöfe im Stil von Ritterburgen.

Der romantischen, kulturkritischen, radikal antimodernen Literatur im Wilhelminischen Deutschland wurde durch das Zusammengehen von Junkern und Großindustriellen eine wichtige soziale Basis entzogen. Ihr Protest gegen die industrielle Entzauberung der Wirklichkeit konnte nicht direkt an die Interessen einer mächtigen vorindustriellen Schicht anknüpfen. Einige Schriftsteller – zum Beispiel Heinrich Mann in dem Roman »Die Göttinnen« (1903) und Stefan George in seinem Gedichtzyklus »Algabal« (1892) – erfanden sich daher nach dem Muster des Nietzscheschen Übermenschen eine ästhetische Machtelite. Aber für die aktive Bewältigung der gesellschaftlichen Wirklichkeit waren solche Ansätze ohne Bedeutung.

Von den 90er Jahren bis zum Ersten Weltkrieg beschränkte sich die neuere deutsche Literatur weitgehend auf gesellschaftliche Randprobleme. Hugo von Hofmannsthal (1874–1929), anfangs dem George-Kreis nahestehend, formulierte meisterlich die Krise des poetischen Sprachbewußtseins. Durchaus beredt und zusammenhängend verbreitete er sich in dem »Chandos-Brief« (1902) über seine Schwierigkeit, »über irgend etwas zusammenhängend zu sprechen«. Die »soziale Frage« hingegen kam ihm nach eigenem Eingeständnis »so entfernt und unlebendig (vor), wie wenn man durch ein Fernrohr von ganz weit einer Gamsherde grasen zusieht; es kommt einem gar nicht wie wirklich vor«. Heinrich Mann schrieb später über seinen Roman »In einer Familie« (1894), die Menschen darin hätten »Zeit, Geld und niemals andere Sorgen als mit ihren Gefühlen ins Reine zu kommen . . . Ihr Bürgerlicher ist gepflegt und gesichert, die Vornehmheit selbst. Er ist müde vom Nichtstun . . . Er interessiert sich äußerst für seine Verfallserscheinungen.« Dasselbe ließe sich auch über Thomas Manns frühe Erzählungen sagen. Und selbst Gerhart Hauptmann (1862–1946), dessen Erstlingswerk »Vor Sonnenaufgang« (1889) das bürgerliche Publikum durch die Darstellung des biologischen Verfalls einer Unternehmerfamilie schockiert hatte und dessen Schauspiel »Die Weber« (1892) wegen seiner politischen Wirkung bald nicht mehr aufgeführt werden durfte, brachte im Königlichen Schauspielhaus 1893 ein Stück zur Aufführung, das die sozialen Probleme zu einem »Traumstück in zwei Teilen« (»Hannele«) verarbeitete. (Danach schrieb er das Märchendrama »Die versunkene Glocke«; 1906 erschien das Glashüttenmärchen »Und Pippa tanzt«. Erst 1911 griff Hauptmann mit der Tragikomödie »Die Ratten« auf Themen und Techniken des Naturalismus zurück.)

Aus der Perspektive dieser Literatur war ein Verständnis der sich ändernden gesellschaftlichen Wirklichkeit nicht möglich. Dabei standen die Autoren der Gesellschaft durchaus kritisch gegenüber, und sie äußerten oft in scharfer Form ihre Ablehnung. Aber den Ausgangspunkt der Kritik bildete ein vergangenes Lebensideal, dessen Durchsetzung die gesellschaftliche Entwicklung noch hinter den erreichten Stand zurückgeworfen hätte.

In exemplarischer Deutlichkeit erscheint dieser Zusammenhang von literarischer Gesellschaftskritik und politischer Reaktion in Heinrich Manns Beiträgen zu der Zeitschrift »Das Zwanzigste Jahrhundert« (1895/96). Hier erklärte Heinrich Mann die Vorherrschaft des Geldes und das Überwiegen der materiellen Interessen in der Gesellschaft zu Symptomen eines allgemeinen Verfalls. Die Kapitalisten, die Sozialisten und vor allem die Juden stünden hinter dieser Entwicklung zum Materialismus, und eine Überwindung der Dekadenz könne nur vom alten bürgerlichen Mittelstand kommen. Einzig im Mittelstand finde sich die Bereitschaft, für die ideellen Werte des Deutschtums zu kämpfen.

Für sich genommen waren diese Ansichten ziemlich absurd. Sie brachten willkürlich Gegner (Kapitalisten und Sozialisten) auf einen Nenner; sie erklärten mit der Wahnvorstellung vom zersetzenden Judentum die nicht minder wahnhafte Vorstellung vom Untergang der deutschen Kultur, und sie boten bei aller scharfen Kapitalismuskritik nur eine ganz unhaltbare Perspektive zurück in die Vergangenheit, in eine vorindustrielle, mittelständische und agrarische Wirtschaftsordnung, die zweifellos weder die anwachsende Bevölkerung in Deutschland ernähren, noch ihre steigenden Ansprüche befriedigen konnte. Aber in diesen Artikeln, die die wirtschaftlichen und sozialen Zusammenhänge bis zur Unsinnigkeit verzerren, erschien doch in höchst charakteristischer Weise das Weltbild des alten bürgerlichen Mittelstandes, dem Heinrich Mann selbst entstammte. Diese Schicht sah sich bereits vor dem Ersten Weltkrieg sowohl von der Ausweitung der kapitalistischen Großindustrie als auch von den antikapitalistischen Arbeiterorganisationen bedroht, und sie reagierte – ähnlich wie die romantische Intelligenz – mit einer Totalopposition gegen alle modernen wirtschaftlichen und politischen Entwicklungen. Und da der Mittelstand ebenso wie die anderen vorindustriellen Schichten erheblich an politischem Gewicht eingebüßt hatte, machte er nun eine vorgebliche kulturelle Bedeutung geltend, die er in Wahrheit überhaupt nicht besaß. Denn was gerade der konservative Mittelstand außer einer sterilen Klassikerverehrung an literarischer Kultur zu bieten hatte, gehört mit zum Dürftigsten dieser Zeit überhaupt (zu

Internationale Krisen vor 1914

Von der Jahrhundertwende bis zum Ausbruch des Weltkrieges 1914 erlebte die Welt eine Eskalation internationaler Krisen: 1900–1901 eine »Polizeiaktion« der europäischen Mächte gegen den sog. Boxeraufstand in China; 1905–1906 den russisch-japanischen Krieg, in dessen Folge die erste russische Revolution ausbrach; 1905/06 die erste Marokkokrise zwischen Deutschland und Frankreich; 1909 die bosnische Annektionskrise zwischen Österreich-Ungarn und Rußland; 1911 die zweite Marokkokrise zwischen Deutschland und Frankreich; 1912 den Krieg Italiens um Tripolis gegen die Türkei und den 1. Balkankrieg Serbiens, Bulgariens, Montenegros und Griechenlands ebenfalls gegen die Türkei und 1913 den 2. Balkankrieg, der als Streit um die Beute aus dem 1. Balkankrieg unter den Balkanstaaten ausbrach. Diese Krisen ließen sich solange lokalisieren, als die Großmächte vermittelten und vor allem Deutschland und England mäßigend auf ihre jeweiligen Bündnispartner einwirkten. Doch mit der Verfestigung der Bündnisse (Dreibund zwischen Deutschland, Österreich-Ungarn und Italien seit 1882, erneuert 1912; »Entente ordiale« zwischen Frankreich und England seit 1904, zwischen Frankreich und Rußland seit 1892, zwischen England und Rußland seit 1907) und der Zuspitzung des deutsch-englischen Gegensatzes wegen des deutschen Flottenbaus wurden diese Krisen immer gefährlicher, bis in der Julikrise 1914 Deutschland Österreich-Ungarn geradezu ermunterte, den Krieg gegen Serbien zu führen, und damit den Ersten Weltkrieg auslöste.

nennen wären heute fast vergessene Namen wie Friedrich Lienhard [1865–1929], Ernst von Wildenbruch [1845–1909] oder Paul Heyse [1830–1914]).

Zudem lag in dem grenzenlosen Unverstand dieser Schicht gegenüber wirtschaftlichen Zusammenhängen eine ständige politische Gefahr. In Krisensituationen folgte der Mittelstand den absurdesten Versprechungen, und in der Regel stellte er die ersten Anhänger rechtsradikaler Bewegungen. Aber erst die Verbindung dieser quantitativ immer weniger bedeutenden Schicht mit dem sogenannten »neuen Mittelstand« der Angestellten ließ seine Mentalität zu einer wirklichen Bedrohung werden. Daß die schnell wachsende Schicht der Angestellten (die sich zum Teil finanziell nicht besser stellte als z.B. Facharbeiter) politisch und kulturell nicht der Sozialdemokratie, sondern den alten bürgerlichen Parteien und Gruppen und dann den Nationalsozialisten folgte, ist für die politische Entwicklung Deutschlands besonders in den Jahren vor 1933 von entscheidender Bedeutung geworden.

Heinrich Mann selbst erkannte sehr bald die beschränkten (durchaus materiellen) Interessen, die sich hinter dem ›Idealismus‹ des Mittelstandes verbargen. In seinen satirischen Romanen »Professor Unrat« (1905, Filmfassung unter dem Titel »Der blaue Engel« 1930) und »Der Untertan« (1914 → S. 302 f.) kritisierte er diese Schicht mit der Scharfsichtigkeit dessen, der ihr einmal nahestand. In den »Untertan« übernahm er sogar, nun in satirischer Absicht, Teile seiner oben diskutierten Beiträge zu der Zeitschrift »Das Zwanzigste Jahrhundert«, und seiner Freundin Inez Schmied gestand er, Unrat, dieses lächerliche Scheusal, habe einige Ähnlichkeit mit ihm selbst. Auch vom Kult des »starken Lebens«, der noch in dem Roman »Die Göttinnen« (1903) vorherrschte, trennte sich Heinrich Mann in dieser Zeit. Die Novelle »Pippo Spano« (1905) ironisiert die dekadente Heldenpose im allgemeinen und D'Annunzios spektakuläre Affären im besonderen. Heinrich Mann sah darin nur noch das komödienhafte Überspielen einer inneren Schwäche und Dürftigkeit.

Einzig dem Idealismus seiner Anfangszeit ist Heinrich Mann auch später treu geblieben. Die Vertretung materieller Interessen hat er auch als oppositioneller Demokrat für unwürdig gehalten. Mit den Sozialdemokraten zum Beispiel konnte er sich vor dem Ersten Weltkrieg nicht anfreunden, weil sie nach seiner Einschätzung »nichts anderes wollen, als Kindern und Enkeln ein spießiges Wohlleben zu verschaffen«. 1917 kritisierte er rückblikkend an der ganzen Vorkriegszeit: »Für Ideen leben anstatt für Erwerb und Genuß – vom Ende des Jahrhunderts bis 1914 schien es unmöglich oder würde ausgesehen haben wie Selbstbetrug oder wie Spaß. Sogar die Armen samt ihren Führern verloren stückweise ihren Glauben und kämpften bloß noch um Pfennige, um ein Weniges mehr an Wohlleben.« Allerdings fehlt bei dem Idealismus Heinrich Manns in der späteren Zeit der reaktionäre Unterton der 90er Jahre. Es war der Idealismus eines wirtschaftlich einigermaßen gesicherten Intellektuellen, der seine Ansichten ohne direkten materiellen Druck unter dem Einfluß von allgemeinen Stimmungen und Idealen bilden konnte.

Nach der Novemberrevolution 1918 stellte sich Heinrich Mann sogleich in den Dienst der Republik. Er arbeitete mit im Münchener »Rat geistiger Arbeiter«; seine Sympathien galten Eisners bayrischer Räterepublik. Aber nachträglich kritisierte er auch an der Novemberrevolution den bloß »materialistischen« Charakter: Es war eine »Klassenrevolte, nichts weiter; diese Revolution fühlt noch nicht ihre nationale Einheit, ihren Beruf, ein neues Zeitalter heraufzuführen. Sie läßt sich nicht träumen, sie könne Menschen verändern, anstatt nur Besitzverhältnisse ... Geistverlassen streiten sie sich um ihren Wirtschaftskatechismus«. In der Weimarer Republik blieb Heinrich Mann einer der entschiedensten republikanischen Autoren. Auf seinem demokratischen Engagement, auf der literarischen Kritik am reaktionären Bürgertum und auf der Gegnerschaft zu Militarismus und Kriegspolitik beruht sein Nachruhm. 1931 wählte ihn die Sektion für Dichtkunst in der Preußischen Akademie der Wissenschaften nach heftigen Auseinandersetzungen mit den völkischen Autoren um Guido Kolbenheyer (1878–1962) zu ihrem Präsidenten. Damit wurde er in der Krise zum Repräsentanten der fortschrittlichen demokratischen Schriftsteller der Weimarer Republik, und die Kommunisten im »Bund proletarisch – revolutionärer Schriftsteller« haben ihn ebenso bekämpft wie die mit den Deutsch-Nationalen und mit den Nazis sympathisierenden Autoren. Sein öffentlicher Appell zur Zusammenarbeit aller Linkskräfte gegen den Faschismus wurde noch im Februar 1933 von der KPD als »Verwirrungsmanöver« verworfen, während die Rechten ihn zum Anlaß nahmen, Heinrich Mann zum Rücktritt vom Präsidium der Sektion für Dichtkunst zu zwingen.

Die reaktionären Ansichten aus den 90er Jahren kennzeichnen weniger Heinrich Manns Gesamtwerk, das sich von diesen Voraussetzungen löste, als vielmehr seine Herkunft aus dem Bürgertum. Es überrascht daher nicht, daß für Thomas Mann, Heinrichs jüngeren, der Bürgerlichkeit im Äußerlichen so viel stärker verhafteten Bruder, ähnliche Vorstellungen bis zum Ende des Ersten Weltkriegs eine wichtige Rolle spielen. Der Roman »Buddenbrooks. Verfall einer Familie« (1902) schildert den Untergang des alten, patrizisch-gebildeten Bürgertums und den Aufstieg der neuen, kapitalistisch-nüchternen Bourgeoisie. Die melancholische Sympathie des Autors ist deutlich auf seiten des untergehenden Bürgertums. Aber Thomas Mann reagierte nicht, wie früher sein Bruder Heinrich, politisch und kämpferisch. Er war bereit, den Untergang des alten Bürgertums zu akzeptieren, weil in ihm eine neue geistige Qualität sichtbar wurde. Der letzte Abkömmling der untergehenden Familie, der zarte, künstlerisch empfindsame Hanno Buddenbrook, konnte sich zwar im bürgerlichen Konkurrenzkampf nicht behaupten. Aber er besitzt dafür die Anlage zu einer anderen, einer ›höheren‹ Existenz als Künstler, und Thomas Mann verteidigte ihn mit der Bemerkung: »Ohne den décadent, den kleinen Hanno, wären Menschheit und Gesellschaft seit diluvialen Zeiten um keinen Schritt weiter gekommen. Es ist die Lebensuntauglichkeit, welche das Leben steigert.« Der ursprünglich eher reaktionäre Gedanke von der Steigerung des Lebens mußte also bei Thomas Mann den schwächlichen Hanno Buddenbrook rechtfertigen. Steigerung des Lebens bedeutete nun nicht, wie bei Nietzsche, bei D'Annunzio oder bei Heinrich Mann (im Roman »Die Göttinnen«), das vitale Ausleben der Starken auf Kosten der Schwachen. Die Vorstellung von der Steigerung des Lebens wurde umgedeutet und hieß nun: qualitative Verbesserung, Vergeistigung, kulturelle Höherentwicklung.

In gewisser Weise rechtfertigte Thomas Mann damit auch seine eigene Existenz. Schließlich war er selbst eine Art erfolgreicher Hanno Buddenbrook: Abkömmling einer wirtschaftlich nicht mehr sehr erfolgreichen Kaufmannsfamilie, der in der Veränderung vom Bürger zum Künstler Ruhm, Ansehen und eine gesicherte, durchaus wieder ›bürgerliche‹ Existenz gefunden hatte. Mit Ruhe, teilweise mit ironischer Distanz, konnte er dem Prozeß der gesellschaftlichen Umorganisierung zusehen, ohne seine konservativen Vorstellungen aufzugeben. In dem Roman »Königliche Hoheit« (1909) versuchte er sogar eine Synthese »aristokratischer« und bürgerlich-kapitalistischer Lebensformen (die ihm allerdings selbst nicht recht glaubwürdig vorkam). Solange die gesellschaftlichen Veränderungen seine soziale und künstlerische Existenz nicht direkt gefährdeten, fehlten dem Konservatismus Thomas Manns alle reaktionären Überspitzungen.

Als dann jedoch der Erste Weltkrieg ausbrach, reagierte er mit äußerster Schärfe; nun empfand er demokratische Vorstellungen als Bedrohung. In einem Brief schrieb er an seinen Bruder Heinrich, dieser habe gut Demokrat sein: »Du bist allein und hast keine 4 Kinder, keine 4 Dienstboten, kein Landhaus, keine 5000-Mark-Wohnung in der Stadt.« In den »Gedanken im Kriege« (1914) verherrlichte er den Krieg und die Regierung, die ihn herbeigeführt hatte. Und in den »Betrachtungen eines Unpolitischen« (1918) rechnete er öffentlich mit den literarischen und politischen Idealen seines Bruders ab (ohne Heinrich beim Namen zu nennen): »Geist ist nicht Politik. – Wichtige Teile des Menschengeistes, Religion, Philosophie, Kunst, Dichtung, Wissenschaft [existieren] neben, über, außer dem Staat und oft genug gegen ihn. – Die Politisierung des Geistes [ist] die Umfälschung des Geistbegriffes. – Der politische Geist, widerdeutsch als Geist, ist mit logischer Notwendigkeit deutschfeindlich als Politik.«

Es waren das die altbekannten Argumente für eine »aristokratische« Kultur jenseits der

Politik. Ihre »unpolitischen« Bestimmungen wurden jedoch auch bei Thomas Mann erkennbar als das, was sie immer schon waren: Begriffe eines herrschenden Konservatismus. Denn auch Thomas Mann setzte für den »unpolitischen« Geist eine sehr genau definierte politische Wirklichkeit voraus. Wenn das deutsche Volk das Volk des Geistes, dieses »unpolitischen« Geistes sei, so argumentierte er in den »Betrachtungen«, so heiße das, »daß das deutsche Volk die politische Demokratie niemals wird lieben können, aus dem einfachen Grunde, weil es die Politik selbst nicht lieben kann, und daß der vielverschrieene ›Obrigkeitsstaat‹ die dem deutschen Volke angemessene, zukömmliche und im Grunde gewollte Staatsform ist und bleibt«. Deutscher Geist und deutscher Obrigkeitsstaat gehörten demnach zusammen.

Die »Betrachtungen« erschienen im Sommer 1918, kurz vor Kriegsende, wenige Monate vor dem Zusammenbruch des Kaiserreiches. Sie wurden eines der wichtigsten Bücher der antidemokratischen Intellektuellen in der Weimarer Republik. Mit ihnen hat Thomas Mann eine Entwicklung formuliert, die sich ähnlich zuvor in Frankreich vollzogen hatte. In einer Situation der Bedrohung band sich die ›unpolitische‹ Literatur der Innerlichkeit programmatisch an den autoritären Staat als ihre Existenzgrundlage.

Thomas Mann, der die französische Literatur sehr genau kannte, hat die Internationalität dieser Entwicklung teilweise selbst gesehen, und er bekannte sich auch, so weit das im Krieg möglich war, zu den entsprechenden französischen Erscheinungen. Deutschlands schlimmster Feind, schrieb er, sei nicht der »neue Geist« des französischen Nationalismus, der »im Geistig-Sittlichen im Grunde sympathisiert (. . .). Deutschlands Feind im geistigsten, instinktmäßigsten, giftigsten, tödlichsten Sinn ist (das) ›pazifistische‹, ›tugendhafte‹, ›republikanische‹« Frankreich. Es war also mehr ein Kampf der Systeme.

Auf den ersten Blick liegt in der Einschätzung des Konservatismus sicher ein großer Irrtum Thomas Manns. Gerade das konservative Frankreich vertrat gegenüber Deutschland die härtesten, weit über den Versailler Vertrag hinausgehende Forderungen, und erst der Wahlsieg der Liberalen in Frankreich 1923 verschaffte Deutschland wieder einen gewissen politischen Spielraum. Sieht man aber die Kriegsziele der deutschen Konservativen – Annexion großer Teile Belgiens und französischer Industriegebiete, Polens und des Baltikums, sowie indirekte Beherrschung Finnlands und der Ukraine – so ist Thomas Manns Einschätzung so falsch wiederum nicht: Im Geistig-Sittlichen waren deutsche und französische Konservative einander durchaus wert, und sie haben auch jeweils dem andern Volk ein ähnliches Schicksal zugedacht.

Robert Musil (1880–1942) bezeichnete später in seinem Essay-Fragment »Der deutsche Mensch als Symptom« (1923) den neuen Nationalismus in den entwickelten Ländern als »eine Erscheinung von geradezu ironischer Internationalität«. Diese Internationalität ergab sich, weil in Wirklichkeit gar nicht besondere nationale, sondern allgemeine soziale und politische Entwicklungen in allen Industrieländern diese Erscheinung hervorbrachten. Im Zusammenhang mit der Literatur hatten wir als besonders wichtige Faktoren genannt: den Funktionsverlust der vorindustriellen Schichten (Adel, Bauern, bürgerlicher Mittelstand) und, damit eng zusammenhängend, die Krise der →autoritären Regierungsausübung. Diese Krise wurde in England verhältnismäßig früh und unter wenig dramatischen Umständen überwunden; hier verlief die Entwicklung nach dem Krieg bruchlos weiter, und mit dem Aufstieg der Labour Party war grundsätzlich die politische Beteiligung der Arbeiter an der Macht nicht ausgeschlossen. In Frankreich hatten sich während der Dreyfus-Affäre unter relativ günstigen wirtschaftlichen Bedingungen die liberalen bürgerlichen Kräfte behauptet. Die Organisationen der radikalen Rechten bestanden jedoch weiter und entfalteten in der Zwischenkriegszeit noch große intellektuelle Wirksamkeit. In Deutschland traf die Krise der vorindustriellen Schichten zusammen mit der Weltwirtschaftskrise; hier wurde sie von entscheidender Bedeutung für das Schicksal der Weimarer Republik.

Exkurs über den Expressionismus

Bisher war im Zusammenhang mit literarischen Entwicklungen vor dem Ersten Weltkrieg nur vom Antikapitalismus der alten Oberschicht und vom Antikapitalismus des Mittelstandes die Rede. Der proletarische Antikapitalismus, der politisch eine so bedeutende Rolle spielte, blieb unerwähnt, weil er in der Literatur bis zum Ersten Weltkrieg kaum Niederschlag fand. Franz Mehring, der wichtigste Literaturkritiker der Sozialdemokratie, war der Meinung, daß »in einer Klasse, deren Erkenntnis- und Begehrungsvermögen so andauernd und so stark angespannt ist, wie das der modernen Arbeiterklasse, die ästhetische Betrachtung der Dinge verhältnismäßig in den Hintergrund treten muß. Es heißt eben auch hier: Unter den Waffen schweigen die Musen.« Entsprechend hatte die Sozialdemokratie nie eine verbindliche parteioffizielle Literaturtheorie, und in literarische Auseinandersetzungen hat sich die SPD – anders als später die Kommunistische Partei – nicht bestimmend eingeschaltet. Allenfalls ist (schon bei Mehring) eine gewisse Bevorzugung des →klassischen Erbes zu beobachten.

Versuche zu einer proletarischen Kunst entstanden in größerem Stil erst nach dem Ersten Weltkrieg in der Sowjetunion. (In Deutschland gab es bescheidene Entsprechungen.) Bevor darüber im nächsten Kapitel berichtet wird, sind noch einige Bemerkungen zur Literaturrevolution des Expressionismus zu machen. Denn die expressionistischen Versuche haben auf die Ansätze einer revolutionären »proletarischen« Kunst einen starken Einfluß gehabt.

Der Expressionismus entstand etwa um die Jahrhundertwende. In der französischen und bald auch in der deutschen Malerei erschienen Bilder, die mit den seit der Renaissance überlieferten Formtraditionen radikal brachen. Grelle, ›unnatürliche‹ Farben, ›unrealistische‹ Formen, Abweichungen von den Regeln der perspektivischen Darstellung prägten diese Bilder, die in keinem Sinne mehr Abbilder der sichtbaren Wirklichkeit sein wollten. Abstrakte Ausdrucksqualitäten traten an die Stelle von Illustration und Wiederspiegelung. Wenig später fanden sich in der Literatur ähnliche Erscheinungen. Schriftsteller revoltierten gegen die traditionellen literarischen Formen und versuchten, die Sprache aus den starren Regeln der Grammatik zu lösen. Die Aufhebung fixierter Formen sollte ermöglichen, tiefere, unbekannte Schichten des Seins darzustellen.

In der Literaturgeschichte liegt eine gewisse Ironie der Entwicklung darin, daß der Expressionismus die Literatur vor allem um formale künstlerische Mittel bereicherte. Die expressionistischen Werke selbst hatten – die Lyrik ausgenommen – kaum Bestand. Viele der tiefen Einsichten wirken heute eher wie Schaumschlägerei, und der ganze expressionistische Revolutionszauber hat die Gefilde der Literatur nie wirklich verlassen. Aber auf ein Publikum, dessen →Rezeptionsgewohnheiten sich an den konventionellen künstlerischen Techniken gebildet hatten, wirkten diese Künstler völlig bizarr und schockierend. (»Les fauves«, die Wilden, hieß eine Malergruppe in Frankreich.)

Die Expressionisten sahen sich selbst als →Avantgarde einer neuen, tiefen Kunst, die die Oberfläche des unmittelbar Sichtbaren durchstieß. Ihre neue Tiefe konnte jedoch mit völlig verschiedenen Begriffen erfaßt werden. Wassily Kandinsky schrieb »Vom Geistigen in der Kunst« (1912) und bewegte sich in Richtung auf eine abstrakte Formkunst; andere hielten die triebhaft-emotionale Natur des Menschen für tiefer und ursprungsnäher, und seit 1917 konnte das Pathos einer allgemeinen Menschlichkeit eines der tief empfundenen Konzepte expressionistischer Literatur werden.

Wie verschieden auch immer die Ziele und Inhalte waren, gemeinsam ist allen Expressionisten die bewußte Verdrängung der präzisen, sachlichen, am Muster der Naturwissenschaften geschulten Begrifflichkeit des späten 19. Jahrhunderts durch pathetisch-ungenaue Vorstellungen. Oft wurden einfach Worthülsen umfunktioniert. Natur, zum Beispiel, so von ihr emphatisch die Rede war, stellte sich nicht mehr als Teil eines nach Gesetzen geordneten Kosmos dar; sondern Natur erschien als geheimnisvoll drängendes Wachstum, als Triebnatur und dämonisch-irrationale Schöpferkraft. Und vor allem war die expressionistische Natur der Feind der Gesellschaft, ein Gegenbegriff zu Ordnung,

Geist, Gesetz, Zivilisation. »Der Tag wird kommen«, schrieb Gottfried Benn (1886–1956) im Nachklang expressionistischer Stimmungen, »wo die Monts Pelées diese fruchtbaren Siedlungen mit ihrer Lava ersticken und die Ozeane diesen Meliorationsmodder ohne Gebrüll überfluten werden – o schöner Tag der Reue der Natur, wenn auf einer Eisscholle zwei Tranherden mit Gerätekeilen wieder um die Seehundsstellen boxen . . .« Technik, Wissenschaft, Geschichte und städtische Zivilisation konnten ähnlich dämonisierend uminterpretiert werden. Ein ganzes System ›tiefer‹ Begriffe stand gegen die ›flache‹ Erfassung der Welt durch Wissenschaft und Technik.

Vorläufer und Zeugen suchten die Expressionisten in den verschiedensten literarischen Provinzen. Den späten Jakobiner Georg Büchner (→S. 238f.) und den konservativen Heinrich von Kleist (→ S. 188 f.) zugleich empfanden sie als wesensverwandt. Bachofens Forschungen zum Mutterrecht im →archaischen Griechenland, Dostojewskijs Christentum, Nietzsches Atheismus oder Sigmund Freuds »Traumdeutung« (1910 → S. 306 f.) regten ihre eigenen Spekulationen an. Was immer als Stichwort innerhalb einer radikal antimodernen Opposition Sinn geben mochte, konnte im Expressionismus wieder erscheinen. Zum letztenmal konkurrierte eine »romantische«, künstlerisch-emotionale Welterfassung mit der Wissenschaft; zum letztenmal, im Kern längst unglaubwürdig, im Ton maßlos übersteigert und fast lächerlich, beanspruchte die Kunst den Primat der Wirklichkeitsdeutung.

Die revolutionäre Stimmung dieser Literatur griff oft weit über die antikapitalistischen Positionen anderer politischer und sozialer Gruppen hinaus. Eigentlich entzog sie sich jeder inhaltlichen Festlegung. Schlechthin alles – die Beziehungen der Menschen, die Gesellschaft, die Kunst – mußte grundlegend geändert werden. Politische und soziale Bewegungen nahmen sich daneben eher bescheiden aus. Expressionismus sei »politische Dichtung höherer Art, denn sie müht sich nicht um Sturz und Sieg politischer Parteien und Personen, sondern um eine Politik der Menschheit und der Menschlichkeit, aus der allein noch (. . .) die notwendige Formung folgen kann«, schrieb Kurt Pinthus in der Anthologie »Menschheitsdämmerung« (1920). Wie das geschehen könnte, blieb ohne Antwort.

Diese Vagheit des revolutionären Pathos der Expressionisten hat ganz gegensätzliche politische Inhalte zugelassen. Der Widerspruch findet sich mitunter bei ein und derselben Person. In Georg Heyms (1887–1912) Tagebuch heißt es zum Beispiel: »Am liebsten wäre ich, man denke sich, Kürassierleutnant – heute – und morgen wäre ich am liebsten Terrorist.« Charakteristisch für die ambivalente Haltung der Expressionisten ist auch der berühmte Schluß von Reinhard Goerings (1887–1936) Stück »Seeschlacht« (1917): »Ich habe gut geschossen, wie? ich hätte auch gut gemeutert! Wie? Aber Schießen lag uns wohl näher . . .«

In der Tat schien den Expressionisten vor dem Ersten Weltkrieg das Schießen näherzuliegen. »Geschähe doch einmal etwas, . . . sei es auch nur, daß man einen Krieg begänne, er kann ruhig ungerecht sein«, heißt es in Georg Heyms Tagebuch. »Dieser Frieden ist so faul, ölig und schmierig, wie eine Leimpolitur auf alten Möbeln.« Und als der Krieg ausbrach, teilten die meisten Expressionisten die allgemeine Begeisterung. Nur der Kreis um Franz Pfemferts Zeitschrift »Die Aktion« blieb nüchtern und sah die politischen und wirtschaftlichen Hintergründe des Krieges.

Mit den ersten Kriegserfahrungen änderte sich diese positive Einstellung. Etwa seit 1916 schlossen sich viele Expressionisten – Martin Buber (1878–1965), Kurt Hiller (1885 bis 1973), Rudolf Leonhard (1889–1953), Ernst Toller (1893–1939) u. a. – pazifistischen oder revolutionären Antikriegsgruppen an. Nach der Novemberrevolution des Jahres 1918 gab es enge Beziehungen besonders zur →USPD.

Aber die politischen Zirkel der Expressionisten zerfielen schnell. Einige Autoren, zum Beispiel Hanns Johst (geb. 1890) und (um 1933, allerdings nur für kurze Zeit) Gottfried Benn finden wir später bei den Nazis. Franz Jung (1888–1963) und Franz Pfemfert (1879–1954) gingen erst zum Spartakusbund und zur KPD, dann 1919 zur linkskommunistischen →KAPD. Johannes R. Becher (1891–1958) trat 1923 in die KPD ein. Hiller, Mühsam (1878–1934), Toller und andere standen mit kleinen linken Gruppen in Verbindung. Nur ›mittlere‹ politische Positionen hat kaum einer der Expressionisten später je eingenommen.

Die revolutionäre Protestbewegung des Expressionismus hat so ihre politische Prägung durch sehr verschiedene ideologische Strömungen erfahren. Überraschend ist, daß die ganze Bewegung in einem sozial recht einheitlichen Milieu entstand. Fast alle expressionistischen Autoren entstammten dem gehobenen Bildungsbürgertum, hatten eine akademische Ausbildung und waren nach den Karriereplänen ihrer Familien zumeist für Posten in der höheren staatlichen Verwaltung bestimmt. Allen vermittelte der Familienhintergrund hohe Statuserwartungen, ohne deren Erfüllung durch ein entsprechend großes Vermögen von vornherein zu sichern. Vielmehr mußten sich diese ambitionierten Söhne des Bildungsbürgertums ihre soziale Position durch eigene Anstrengungen erwerben, und die Unterwerfung unter ein äußeres, formalisiertes System von Leistungszwängen hat ein elitäres Selbstbewußtsein zu dieser Zeit keineswegs leicht akzeptiert. Die expressionistische Generation litt unter diesen Zwängen, und ihr revolutionärer Protest gegen die Rationalität der Zivilisation ist unlösbar verknüpft mit dem individuellen Protest gegen die als unmenschlich empfundenen Leistungsanforderungen einer starren bürgerlichen Erziehung.

Daher stammt das →Paradigma, der Musterfall, an dem die Expressionisten ihre revolutionäre Auflehnung gegen die Gesellschaft durchgespielt haben, aus dem engsten privaten Bereich. Für diese Söhne des gehobenen Bürgertums verkörperte der Vater alle Zwänge des Systems, und der Konflikt zwischen Vater und Sohn war eines der Standardthemen expressionistischer Dramatik. Im Schema des Vater-Sohn-Konflikts konnten alle übrigen gesellschaftlichen Konflikte gesehen werden, und Vatermord war ein großes expressionistisches Symbol radikaler Befreiung. Nun sind aber die biologischen Voraussetzungen dieses Konfliktschemas an sich indifferent gegen alle politischen Ideologien. Eigentlich jede politische Ausfüllung wirkte gleich plausibel, vorausgesetzt, daß sie versprach, die Welt der vom Vater verkörperten Zwänge radikal zu überwinden. Hierin mag ein Grund dafür liegen, daß die Expressionisten sich schließlich so verschiedenen politischen Gruppen anschlossen.

Der »literarische Oktober« in der Sowjetunion

Der Erste Weltkrieg wurde in allen Ländern als Einschnitt empfunden. Je radikaler die innenpolitischen Veränderungen waren, desto tiefere Auswirkungen zeigten sich auch auf dem Gebiet der Literatur. Vor allem in Rußland hatte der Krieg die allgemeine Zerrüttung der politischen Organisation beschleunigt. Im März 1917 wurde die Herrschaft des Zaren abgelöst durch eine bürgerliche Regierung. Doch auch diese war nicht in der Lage, den Krieg zu beenden und die notwendigen sozialen Reformen durchzuführen. Arbeiter-, Soldaten- und Bauernräte (Sowjets), die sich neben der Regierung gebildet hatten, vertrieben unter Führung der Bolschewiki und mit Hilfe roter Truppenteile die Regierung und übernahmen die Macht. Die Sowjets beendeten den Krieg, verteilten das Land der Großgrundbesitzer an die Bauern und enteigneten Banken und Industriebetriebe.

Bei einem Teil der Intellektuellen entstand in dieser Zeit die Vorstellung, daß eine radikale Revolution der Gesellschaft auch eine radikal neue Kultur hervorbringen müsse. Wie in der Oktoberrevolution der politische →Überbau des alten Regimes hinweggefegt worden sei, so müßten in einer proletarischen Kulturrevolution auch die kulturellen Überbauten der Vergangenheit beseitigt werden. Ziel dieser revolutionären Intellektuellen war die Schaffung einer eigenen proletarischen Kultur, üblicherweise abgekürzt Proletkult genannt. Für diesen Proletkult hat es zwar in der Sowjetunion eine einheitliche Theorie und Praxis nicht gegeben; dazu existierte diese Bewegung nur zu kurze Zeit. Jedoch lassen sich verschiedene Merkmale anführen, die, obwohl innerlich zusammenhängend, in den verschiedenen kulturrevolutionären Gruppen unterschiedlich akzentuiert waren.

Zunächst sollte die Kunst eine völlig neue Stellung in der Gesellschaft erhalten. Der Sozialismus hob die Arbeit als Ausbeutung und Unterdrückung auf. Arbeit war nun – nach der Vorstellung der Intellektuellen freie Selbstverwirklichung im Dienste des Kollektivs, und das Reich der Kunst und der Freiheit gehörte deshalb nicht in die Zeit der arbeitslosen Muße, sondern die Kunst war Teil der Arbeitswelt. Majakowskij (→S. 318f.) erklärte in einer Rede: »Wir brauchen . . . keinen Tempel der Kunst, in dem tote Werke herumliegen, sondern eine lebendige Fabrik des Geistes . . . Die Kunst von heute taugt überhaupt nichts. Die alten Gegenstände . . . reden nur vom Klatsch der Reichen und der Bourgeois . . . Die Kunst soll nicht in toten Museumstempeln konzentriert werden, sondern überall: auf der Straße, in der Trambahn, in den Fabriken, in den Werkstätten und in den Arbeitervierteln« (1918).

Die proletarische Kunst sollte auch keine Spielerei und nutzlose Zutat zum gesellschaftlichen Leben sein. Sie wollte Träger der organisierenden, bewußten, leitenden Funktionen der Gesellschaft werden. »Die Kunst organisiert . . . die soziale Erfahrung nicht nur in der Sphäre der Erkenntnis, sondern ebenso in der Sphäre des Gefühls und der Bestrebungen. Die Folge davon ist, daß sie das mächtigste Instrument der Organisation der kollektiven Kräfte ist« (Resolution der ersten allrussischen Konferenz der Proletkult-Organisationen 1918). Über die Frage, wieweit die Kunst selbst ihre Aufgaben bestimmen dürfe, bestanden bald Differenzen mit der Kommunistischen Partei. Bogdanov, einer der wichtigsten Vertreter des Proletkult, fand es »nicht notwendig, der Kunst praktische Aufgaben aufzudrängen; das wäre für sie schädlich und eine überflüssige Beengung«. Dagegen hat die Kommunistische Partei sehr früh an der Selbständigkeit des Proletkult Anstoß genommen.

Die proletarische Kunst sollte nicht mehr, wie die bürgerliche Kunst, von berufsmäßigen Experten produziert werden. Proletarische Kultur als Selbstausdruck des Proletariats machte jeden Arbeiter zum potentiellen Kunstproduzenten. Schreibende Arbeiter fanden besondere Aufmerksamkeit im Proletkult, und im August 1918 wurde auch ein Verband der Arbeiterschriftsteller gegründet. Einige besonders radikale Exponenten des Proletkult vertraten sogar die Ansicht, daß die neue proletarische Kultur nur von »geborenen« Arbeitern produziert werden könne und daß auch die besonders begabten Arbeiter-Künstler nicht aus dem industriellen Produktionsprozeß ausscheiden dürften, weil sie sich sonst ihrer Klasse entfremdeten.

Im Mittelpunkt der proletarischen Kunst standen auch nicht mehr, wie oft in der bürgerlichen Kunst, herausragende Einzelgestalten, große Individuen und Helden. Denn in der sozialistischen Gesellschaft bestimmten nicht einzelne Personen die Geschichte. Das Kollektiv sollte selbst seine Geschicke lenken. Entsprechend war die Masse der »Held« der proletarischen Literatur. Sergej Tretjakovs (1892–1939) Romane, die bedeutendsten Dokumente dieser Literatur, die zum Beispiel auf Bertolt Brecht in Deutschland einigen Einfluß hatten, sind allerdings erst nach der eigentlichen Proletkult-Periode erschienen (»Feld Herren« 1931, »Den-Schi-Chua« 1932).

Das Verhältnis des Proletkult zum kulturellen Erbe aus der Zeit vor der Revolution blieb problematisch. Besonders in den ersten Jahren nach der Oktoberrevolution erwarteten die Künstler, daß der Sowjetstaat in der Literatur einen radikalen Neuanfang ermöglichen würde, und es gab einzelne überspitzte Äußerungen, in denen jede Anknüpfung an die Vergangenheit überhaupt abgelehnt wurde. Im ersten Heft der Zeitung »Die Kunst in der Kommune«, zu der unter anderen auch Majakowskij beitrug, hieß es zum Beispiel: »Die alten Kunstformen in die Luft sprengen, zerstören, austilgen – welchen schöneren Traum kann es für den neuen Künstler, den proletarischen Künstler, den neuen Menschen geben!« Aber solche bilderstürmerischen Tendenzen sind nicht repräsentativ für den gesamten Proletkult. Einigkeit bestand allerdings darin, daß nur die äußerst kritische Aneignung der vergangenen Kultur für die neue proletarische Kultur von Nutzen sein könnte. Genau definiert wurde jedoch nie, was nun übernommen und was ausgeschieden werden sollte.

Insgesamt war die Zeit zwischen 1917 und 1923 eine der interessantesten, verworrensten, an Anregungen reichsten der russischen Literatur. Der Druck des Zarismus war gewichen, und der Druck der stalinistischen Bürokratie lastete noch nicht auf dem Land. Große Hoffnung und Begeisterung herrschte unter der literarischen Avantgarde. Zeitschriften, Clubs, Spieltruppen wurden gegründet; in Moskau entstand sogar eine proletarische Universität (die allerdings bald wieder geschlossen wurde).

Ab 1921 überschatteten dann bereits Veränderungen in der Partei und im Staat zunehmend die kulturelle Entwicklung. Versorgungskrisen und Hungersnöte machten eine Reorganisierung der Wirtschaft vordringlich. Staatskontrolle löste die Arbeiterkontrolle in den Betrieben ab. Kommunismus, das bedeutete nun nicht mehr die totale Neuschaffung der Welt; sondern es hieß, auf eine einprägsame Formel Lenins gebracht, »Kommunismus = Elektrifizierung + Sowjetmacht«. Von der Sowjetmacht blieb nicht viel. An die Stelle der Räte traten die »Roten Direktoren«, und bis 1928 hatte der Apparat der Funktionäre seine Herrschaft über Staat und Partei gefestigt.

Die revolutionäre Kunst geriet damit zunehmend in Widerspruch zum →Konsolidierungsbedürfnis der Parteibürokratie. Außerdem war Lenins Haltung gegenüber dem Proletkult von Anfang an ablehnend gewesen. In einem Artikel vom März 1921 hatte er geltend gemacht, daß gegenüber den immer noch fortbestehenden Überresten →feudaler Kultur eine wirkliche bürgerliche Kultur für den Anfang genüge. Eher als die Experimente einer revolutionären Avantgarde-Kunst förderte er die Verbreitung billiger Klassikerausgaben (vorrevolutionärer Literatur also). Und auch bei so verhältnismäßig qualifizierten Produkten wie den Gedichten Majakowskijs fand er, »man sollte von zehn solchen Sachen jeweils nur eine und in nicht mehr als 1500 Exemplaren für Bibliotheken und für Sonderlinge drucken. Und Lunatscharski (den Kommissar für Volksbildung) sollte man für seinen Futurismus verhauen.« Später begründete Lenin seine Ablehnung der radikalen Tendenzen im Proletkult: Wie »Marx sich auf das feste Fundament des menschlichen Wissens stützte, das unter dem Kapitalismus errungen worden war«, so müsse »die proletarische Kultur . . . das Ergebnis der gesetzmäßigen Entwicklung jener Summe von Kenntnissen sein, die die Menschheit unter dem Druck der kapitalistischen Gesellschaft, der feudalen Gesellschaft, der bürokratischen Gesellschaft erworben hat«.

Damit wurden die Weichen für die offizielle Kulturpolitik gestellt. Die Sowjetunion perfektionierte die kulturellen Standards der Vergangenheit, besonders die des 19. Jahrhunderts: große Virtuosen der romantischen Musik, klassisches Ballett zur Musik von Tschaikowskij, Stanislawskijs historisch-exakte Inszenierungen auf dem Theater, die großen Epen des sozialistischen Aufbaus und Schdanows Vorstellungen vom Sozialistischen Realismus repräsentierten die Sowjetkultur. Und unter dem Etikett des »Sozialistischen Realismus« (→ S. 356 ff.) setzte sich die Gegenbewegung gegen alle modernistischen Strömungen der sowjetischen (und der westlichen) Kultur auch offiziell durch. Erst in allerneuester Zeit ist gelegentlich, besonders unter westlichen Marxisten, der Versuch zu beobachten, moderne experimentelle Kunstformen mit der Doktrin des Sozialistischen Realismus in Übereinstimmung zu bringen. Der Erfolg Brechts in den westlichen Ländern – in der Sowjetunion wurde bis zu Brechts Tod außer der »Dreigroschenoper« keines seiner Werke inszeniert – hat hier einen gewissen Anstoß zum Umdenken gegeben. An seinem historischen Ursprung ist jedoch der Sozialistische Realismus mit der Ausmerzung der avantgardistischen modernen Literatur verbunden.

Der Spielraum einer experimentellen modernen Literatur hatte sich in der Sowjetunion schon nach dem Verbot des Proletkult im Jahre 1923 stark verengt. Die wichtigsten Vertreter des »literarischen Oktober« wurden zu Außenseitern. Majakowskij schrieb brillante →Satiren auf die neue herrschende Klasse der stalinistischen Bürokraten (»Die Wanze«, 1929; »Das Bad«, 1929). Der große Regisseur des revolutionären Sowjettheaters, Wsewolod Meyerhold (1874–1940), brachte sie auf die Bühne; aber die Aufführungen wurden verboten. Die großen Säuberungen liquidierten, was von der revolutionären Literatur noch geblieben war. Jessenin hatte 1923, Majakowskij 1930 Selbstmord begangen. 1939 kritisierte Meyerhold »dieses sterile Etwas, das den Namen ›Sozialistischer Realismus‹ beansprucht«, und wurde unmittelbar nach seiner Rede verhaftet; er ist seitdem verschollen. Umgekommen sind – neben vielen Unberühmten – Isaak Babel (1894–1941), I. I. Katajew, Ossip Mandelschtam (1891–1938) und Boris Pilnjak (1894–1937). Tretjakov wurde 1937 verhaftet und 1939 hingerichtet. In seinem gut dokumentierten Buch über die Säuberungen unter Stalin führt Robert Conquest an, daß von den 700 Schriftstellern, die auf dem ersten Schriftstellerkongreß 1934 versammelt waren, nur noch 50 den zweiten Kongreß im Jahre 1954 erlebt haben. »Selbst wenn man Todesfälle aus Altersgründen berücksichtigt (aber das Durchschnittsalter der Delegierten betrug 38,9 Jahre – tatsächlich waren 41 Prozent unter vierzig), ist das eine erstaunliche Zahl« (Conquest).

Systemkritik und Systemflucht in der amerikanischen Literatur

In der Literatur der USA hatte sich bereits vor dem Ersten Weltkrieg eine Tradition der radikalen Sozialkritik herausgebildet. Sie richtete sich gegen die Korruption der alten amerikanischen Gerechtigkeitsideale durch das »Big Business«, diese Synthese aus Kapital, Kriminalität, Politik und Ausbeutung großen Stils. In dem Roman »The Jungle« (1906) zeigte Upton Sinclair (1878–1968), wie im Ausbeutungssystem der Fleischfabriken von Chicago ein anständiger, derber, etwas naiver Einwanderer mit seiner Familie elend zugrunde gerichtet wird. Die harten realistischen Schilderungen des Romans erregten bei den Zeitgenossen Aufsehen (und sie inspirierten noch 1932 Bertolt Brecht bei seinem Stück »Die heilige Johanna der Schlachthöfe«). In der zeitgenössischen Öffentlichkeit war die Empörung groß, und der Gesetzgeber wurde beschleunigt tätig. Er verabschiedete alsbald – ein Gesetz mit strengen hygienischen Vorschriften zur Reinhaltung der Lebensmittel. Theodore Dreisers (1871 bis 1945) Romane »The Financier« (1912) und »The Titan« (1914) beschreiben die schmutzigen Geschäfte eines Karrierekapitalisten, und »The Octopus« (1901, deutsch unter dem irreführenden Titel »Die goldene Fracht«) von Frank Norris (1870–1902) – vielleicht der beste Roman innerhalb dieser Tradition – ist die Geschichte vom Ruin der kalifornischen Weizenfarmer durch die Politik der großen Eisenbahntrusts.

Insgesamt verließ diese radikale literarische Sozialkritik nicht den Boden eines →Kapitalismus mit demokratischen Idealen. Die Autoren glaubten an die Möglichkeit konkreter Reformen und kämpften zum Teil erfolgreich dafür. Von ihren konservativen Gegnern zuerst als »muckrakers« (etwa: Schmutzaufwühler) beschimpft, nach 1918 in einer ersten Welle der »Kommunisten«-Jagd als »Rote« geächtet, fanden sie schließlich seit Mitte der 20er Jahre ein breiteres Publikum und literarisch bedeutende Nachfolger. (Zu nennen sind vor allem John Dos Passos [1896–1970] und John Steinbeck [1902–1968].) Allerdings war die Kritik der Nachkriegsgeneration inhaltlich und zum Teil auch stilistisch wesentlich radikaler als die der Autoren vor dem Ersten Weltkrieg. Krieg und Kriegsfolgen hatten eine umfassendere Vorstellung von den großen wirtschaftlichen und politischen Zusammenhängen entstehen lassen. Durch hygienische Verbesserungen ließen sich die kritischen Einsichten der Nachkriegsliteratur nicht aus der Welt schaffen.

In seiner Romantrilogie »U.S.A.« (1930–1936) gestaltete Dos Passos die Enttäuschung dieser amerikanischen Nachkriegsgeneration. Für sie hatte der Krieg, diese »dreckige Schiebung«, nur einen Sieger, das Großkapital. Die von Präsident Wilson versprochenen sozialen Reformen waren ausgeblieben. (Bei den Wahlen 1921 kam der konservative Republikaner Warren Harding an die Regierung.) Die Arbeiter blieben ohnmächtig, weil ihre Führer sich vom Kapital kaufen ließen. Und die radikalen Kritiker von einst, wenn sie sich nicht anpaßten und Karriere machten, resignierten, oder sie saßen im Gefängnis: »U.S.A.« von Dos Passos zeigte den Teufelskreis einer korrupten Gesellschaft, der so konstruiert war, daß zwangsläufig die Reichen immer mächtiger wurden, während die Armen abhängig und ohnmächtig blieben. Die Gesellschaft als »System« rückte damit in den Mittelpunkt der Kritik.

Eine so umfassende Gesellschaftskritik ließ sich nicht mehr mit der ›Naivität‹ des konventionellen Romans, in der Darstellung von bewegenden Einzelschicksalen, formulieren. Auch formal unterschied sich »U.S.A.« von den Romanen der Vorkriegsautoren. Dos Passos verwandte hier eine Art Montagetechnik, bei der die verschiedensten uneinheitlichen Bestandteile einer Geschichte nach einem genauen Plan, aber ohne vermittelnde Übergänge nebeneinander gesetzt werden. →Fragmente von Lebensgeschichten, Stimmungsbilder, sachlich nüchterne Informationen und lange Reflexionen sind gewissermaßen aneinander ›montiert‹. Die Personen des Romans wechseln, geraten nur zufällig und kurz in Berührung und verlieren sich für immer aus dem Blick. Eingeblendet sind Zeitungsschlagzeilen und entlarvende Kurzbiographien berühmter Zeitgenossen; sie verknüpfen die Ereignisse des Romans mit der allgemeinen Zeitgeschichte. Der Roman wird so ein Querschnitt durch die Gesellschaft zu einem bestimmten Zeitpunkt.

Dos Passos hat diese Technik zuerst in seinem Roman »Manhattan Transfer« (1927) erfolgreich erprobt. Von diesem Roman, seinem literarisch einflußreichsten Werk, haben sich zum Beispiel Alfred Döblin (→ S. 330 f.), Bertolt Brecht (→ S. 354 f.) und Anna Seghers (*1900) in Deutschland anregen lassen. Kritiker, vor allem von seiten eines dogmatischen Sozialistischen Realismus, haben das »unorganische«, scheinbar zusammenhanglose, abstrakte Bauprinzip der Montageliteratur als nicht »realistisch« verworfen. Auf solche Einwände (die sich nicht nur gegen Dos Passos richteten), hatte der Philosoph Ernst Bloch erwidert, eine wirklich realistische Literatur dürfe eine zerrissene, →widersprüchliche Gesellschaft gar nicht »organisch« zusammenhängend darstellen. »Vielleicht ist die echte Wirklichkeit auch – Unterbrechung.« Und Brecht notierte in diesem Zusammenhang, die Wirklichkeit als System erscheine eben nur im Modell und nicht in der naiven, bildhaften Wiedergabe. »Ich mache . . . Modelle, weil ich die Wirklichkeit darstellen möchte.« In der Tat war bei Dos Passos aus den vielen scheinbar unverbundenen Momentaufnahmen von »Manhattan Transfer« ein innerlich zusammenhängendes Bild der Wirklichkeit entstanden. Nur bildete nicht mehr, wie im konventionellen Roman, das Individuum mit seiner ganz persönlichen Geschichte den Mittelpunkt. Sondern in zufälligen und austauschbaren Einzelschicksalen wird eine kollektive Wirklichkeit gespiegelt. Dos Passos zeigt den Verfall der Stadt New York und die Auflösung der alten amerikanischen Gesellschaft.

Einige dieser Gestaltungsmittel hat dann John Steinbeck in »Die Früchte des Zorns« (1939), eine seiner besten sozialkritischen Romane, übernommen. Aber verglichen mit Dos Passos war der Roman formal eher konventionell angelegt, und seine große Wirkung ging von dem bewegenden Inhalt aus. Am Beispiel von →depossedierten Farmern aus Oklahoma, die ihr Land verlassen, um sich in Kalifornien eine neue Existenz zu gründen, stellte Steinbeck die hoffnungslose Lage des amerikanischen Landproletariats am Anfang der 30er Jahre dar. Zugleich zeigte er die Absurdität einer Wirtschaftspolitik, die die reichen Farmer begünstigte, wenn sie fruchtbares Land brachliegen ließen, während daneben die Armen in Hunger und Elend verkamen. Wie kaum ein anderes Buch in dieser Zeit haben »Die Früchte des Zorns« die Wut des konservativen amerikanischen Establishments auf sich gezogen. Obwohl Steinbeck eher die Schwäche und die mangelnde Solidarität der Ausgebeuteten zeigte, wurde sein Buch als Aufreizung zum Klassenkampf verurteilt, teilweise verboten, öffentlich verbrannt, von einzelnen Abgeordneten beschimpft und von Kardinal Spellman aus religiösen Gründen verdammt.

Vielleicht wirkten »Die Früchte des Zorns« deshalb besonders provozierend, weil Steinbeck darin seinen früheren Erfolgsroman »Tortilla Flat« (1935) Lügen strafte. »Tortilla Flat« hat die Armut des Landproletariats als eine fröhliche Sache gezeigt. Die Helden des Romans – kalifornische »paisanos« (das sind landlose Bauern spanisch-mexikanischer Herkunft) – waren faul, aber glücklich. Sie blieben arm, weil sie nicht arbeiten wollten, und dafür lebten sie, unberührt von politischen und wirtschaftlichen Krisen, sorglos in den Tag. Den Publikumserfolg dieses Buches trug eine Art →Nostalgie der von der Wirtschaftskrise geängstigten amerikanischen

Mittelklasse. Sehnsucht nach einem Leben ohne ständige Angst um die wirtschaftliche Existenz ließ sie gerade die Situation der besitzlosen paisanos verklären, obwohl es sich hier um eine der ärmsten und am schärfsten diskriminierten Minderheiten handelte. Und der diskrete Charme dieses Romans unter armen Leuten lag für die Mittelklasse auch darin, daß hier die Massenarbeitslosigkeit der 30er Jahre, der Inbegriff des ganzen Elends dieser Epoche, ohne allen Schrecken, als ein selbstgewähltes Los und fast wie eine Befreiung erschien.

Wie alle Nostalgie, so beruhte freilich auch die von »Tortilla Flat« auf einer Lüge. Es war – von der Weltwirtschaftskrise längst schwer angeschlagen – die Lebenslüge der amerikanischen Gesellschaft, daß jeder eine gleiche Erfolgschance habe. Daß, wer fleißig sei, es auch zu etwas bringe, und daß alle, die trotzdem arm blieben, irgendwie selbst daran schuld seien. Daß die Armen ihre Lage selbst nicht ändern wollten, weil sie faul und auf ihre Weise ganz glücklich lebten, und daß deshalb jedes soziale Hilfsprogramm im Grunde überflüssig ausgegebenes Geld darstelle. »Die Früchte des Zorns« trafen diese Lebenslüge im Kern. Sie zeigten die Bitterkeit der Armut; sie zeigten, wie die Verelendung durch äußere Umstände bedingt war und wie sie unwiderruflich wurde, weil skrupellose Geschäftemacher im Bündnis mit einem Staat der Reichen an der Ausbeutung des Elends ihren Reichtum erwarben. Und sie machten auch deutlich, daß es unter den gegebenen Bedingungen ein aussichtsloser Versuch bleiben mußte, wenn die, die einmal »unten« in der Gesellschaft waren, sich aus eigener Kraft, durch Arbeit, Selbstdisziplin und Sparsamkeit individuell aus dieser Lage befreien wollten.

In gewisser Weise kam dieser Roman verspätet. In der Roosevelt-Ära (1933–1945) setzte die Demokratische Partei Eingriffe des Staates zugunsten der sozial Schwächeren (Programme zur Arbeitsbeschaffung und Ansätze einer Sozialgesetzgebung) durch, und auch die allgemeine Wirtschaftslage verbesserte sich nicht zuletzt dank staatlicher Maßnahmen. Wie wenig allerdings damit die strukturellen Probleme der amerikanischen Sozialpolitik gelöst waren, zeigt die Entwicklung nach dem Zweiten Weltkrieg. Die Republikaner unter Eisenhower kehrten zu den frühkapitalistischen Grundsätzen vom freien Spiel der Kräfte zurück und verfolgten die sozialpolitischen Ansätze Roosevelts nicht weiter. Erst John F. Kennedys Politik der »New Frontier«, der neuen »Landnahme« im Kampf gegen die Armut (das Schlagwort von der »New Frontier« stammt ursprünglich aus der Zeit, als die USA ihre Grenze im Westen immer weiter vorschoben), brachte größere soziale Hilfsprogramme auf den Weg, die die Johnson-Administration zum Teil gegen den Widerstand des Kongresses durchsetzte. Und mit Nixon nahm wieder das Amerika der Erfolgreichen das Heft in die Hand. Die Sozialprogramme der Regierung wurden rückgängig gemacht oder jedenfalls empfindlich zusammengestrichen, es ist die Zeit des »Big Business« und der cleveren Geschäftemacher.

Eine ganz andere Tradition der amerikanischen Literatur repräsentieren die ständig in Europa lebenden amerikanischen Autoren. Mit dem Selbstbewußtsein eines Amerikaners aus dem mittleren Westen hatte Mark Twain (1835–1910) noch Europa verspottet. »Ein Yankee aus Connecticut an König Artus' Hof« (1889) und »Die Arglosen im Ausland« (1869) sind amüsante Satiren auf die Starrheit der europäischen Zivilisation. Sie zeigen Europa als eine Art Steinzeitreservat der Menschheit, das der aufgeklärte, vorurteilslose Amerikaner mit belustigtem Erstaunen und etwas erschrocken besichtigt. Aber unter Mark Twains Zeitgenossen befand sich auch schon der erste prominente Europa-Emigrant der amerikanischen Literatur, Henry James (1843–1916), der die USA für immer verließ, sich 1877 in England niederließ und 1915 auch die englische Staatsbürgerschaft erwarb.

Henry James, der gebildete Amerikaner von der Ostküste, bewunderte Europa, das Europa der Oberschichten, als die Heimat der Kunst und der hoch entwickelten Lebensformen. Amerika empfand er daneben als derb und wenig kultiviert, und ein zentrales Thema seiner frühen Romane ist dieser Kontrast. Die späten Werke von Henry James fügen sich jedoch ganz in die europäische Tradition des psychologischen Romans ein, ja, sie stellen in dieser Gattung nach Gustave Flaubert und George Eliot und neben Marcel Proust einen letzten Höhepunkt dar. Es sind Romane von außerordentlicher erzähltechnischer Perfektion, die komplizierte gesellschaftliche und psychologische Zusammenhänge durch raffinierte Manipulationen der Erzählperspektive sichtbar machen. In »Beast in the Jungle« (1903) zum Beispiel ist der Standpunkt des Erzählers identisch mit dem Bewußtsein des Helden: Wichtige Sachverhalte der Geschichte werden so erzählt, wie sie in den Vorstellungen der Hauptfigur erscheinen, und andere Personen sind vom Autor gleichsam durch die Augen des Helden dargestellt; aber die Meisterschaft James' erweist sich darin, daß der Leser dennoch mehr erfährt als das, was im Bewußtsein des Helden der Geschichte zu finden ist. Denn die Tätigkeit des mitdenkenden Lesers wird vom Autor listig einbezogen, und dadurch überschreitet der Roman die Grenzen dessen, was direkt ausgesagt wird. Diese Technik der perspektivischen Darstellung (der Fachausdruck dafür ist »point-of-view-Technik«) spielt dann in der modernen Literatur eine wichtige Rolle. Zum Beispiel bei Kafkas Romanen, in Faulkners »The Sound and the Fury« (1929 → S. 342 f.) oder im gesamten französischen »nouveau roman« kommt ein eindeutiger Sinn der perspektivisch erzählten Geschichte ohne deutende Lesearbeit gar nicht zustande.

Vor dem Ersten Weltkrieg entstammten die in Europa lebenden Amerikaner überwiegend der wohlhabenden amerikanischen Oberschicht. Sie kamen einzeln und wurden als einzelne in die europäische (zumeist englische) Gesellschaft integriert. Henry James nannte sich einen »vollständig eingebürgerten Londoner«, und T. S. Eliot bekannte, er sei inzwischen »ein Anglo-Katholik in der Religion, ein Klassizist in der Literatur und ein Monarchist in der Politik«, also ein richtiger englischer Konservativer geworden. Oft wurden diese eingebürgerten Amerikaner auch gar nicht mehr als Ausländer empfunden.

Der Erste Weltkrieg prägte einen neuen Typus des europäisierten Amerikaners. Mit dem Kriegseintritt der USA 1917 kamen Amerikaner als Soldaten nach Europa. Sie entstammten der →Mittel- und Unterschicht, hatten keine Beziehung zur traditionellen europäischen Oberschichtkultur, und der Krieg riß sie aus ihrer normalen amerikanischen Umgebung, in der sie sich heimisch fühlten. Die Armee bot eine verläßliche Orientierung für das Verhalten allenfalls so lange, wie der Krieg dauerte, und oft setzte ein Prozeß der Desorientierung schon während des Krieges ein. Ernest Hemingways (1899–1961) Roman »In einem anderen Land« (1919) beschreibt exemplarisch einen solchen Fall, in dem ein amerikanischer Freiwilliger, desillusioniert und bitter enttäuscht durch die Erfahrungen an der italienischen Front, einen »Separatfrieden« schließt, desertiert und mit seiner Geliebten in die Schweiz flüchtet. Aber der Versuch, aus den Schrecken des Krieges ein privates Glück zu retten, gegen kollektiven Irrsinn individuellen Sinn zu setzen, scheitert und hinterläßt den Helden in Trostlosigkeit und Leere.

Am Ende des Krieges war die Reorientierung der Soldaten ein Problem für alle am Krieg beteiligten Nationen. Die amerikanischen Soldaten, überflüssig in Europa, wurden schnell abgezogen, und die einzelnen Kriegsteilnehmer standen vor der Wahl, sich wieder in die Normalität des amerikanischen Lebens einzufügen oder die Rückkehr in eine Gesellschaft zu verweigern, der sie sich durch die Erfahrungen des Krieges völlig entfremdet hatten.

Den Prozeß der mißlingenden Wiedereingliederung beschreibt Francis Scott Fitzgerald (1896–1940) in »Diesseits des Paradieses« (1920). Der Roman gilt als Beginn der sogenannten »lost generation«-Literatur, einer Literatur der »verlorenen Generation« der amerikanischen Kriegsteilnehmer, die sich im Frieden nicht mehr zurechtfand. Aber eigentlich verloren für das normale bürgerliche Amerika waren nicht die heimkehrenden Soldaten. Die prosperierende Gesellschaft absorbierte sie bald und vergaß sie. »Verloren« war die Gruppe derer, die nicht nach Amerika zurückgingen. Zumeist handelte es sich um Intellektuelle, Künstler, Journalisten und Schriftsteller, die sich in Paris auf dem linken Seineufer einrichteten. Sie bildeten in der Zwischenkriegszeit eine eigene Subkultur (d. h. eine Kultur in der Kultur) mit einem besonderen Lebensstil, mit eigenen Konventionen, Regeln und Moralbegriffen. Auf die nachwachsende Generation hatte diese Subkultur der »verlorenen Generation« durch ihre starke literarische Ausstrahlung nachhaltige Wirkungen. Mit der Darstellung des Milieus der Pariser »expatriates« in seinem Roman »Fiesta« (1929) wurde Ernest Hemingway neben Henry Miller (*1891) (»Wendekreis des Krebses«, 1934) der bekannteste Autor dieser literarischen Gruppierung. Ihre Gesten des resignierten, unpolitisch-privaten Protests gegen die gesellschaftlichen →Normen bei gleichzeitigem Rückzug in die Subkultur zeigten ein verdrängtes Bedürfnis nach Solidarität und Geborgenheit, das in der Zwischenkriegszeit kaum befriedigt wurde. Daher konnte diese Attitüde der heimatlosen Amerikaner während der 30er Jahre zum Kristallisationskern ähnlicher Stimmungen in der westeuropäischen Jugend werden.

Kritischer Individualismus in der Zwischenkriegszeit

Die kritische und distanzierte Haltung gegenüber der Gesellschaft ist nicht auf die europäisierten Amerikaner beschränkt. Skepsis gegen politische Ideologien, Abwehr gesellschaftlicher Normen und ein betonter Individualismus kennzeichnen die europäische und besonders die französische Literatur nach dem Ersten Weltkrieg. Aber der Individualismus war hier keine Flucht vor der Gesellschaft. Die Autoren zogen sich nicht in eine unpolitische Subkultur zurück, sondern machten, zum Teil in kämpferischer und provozierender Form, die Ansprüche des unangepaßten Individuums an die Gesellschaft geltend. Eine Voraussetzung für die Entfaltung dieser individualistischen Literatur war, daß Krieg und Nachkrieg die Erschütterung der gesellschaftlichen Normen weithin sichtbar gemacht hatten. Dadurch erst entstand bei einem breiteren bürgerlichen Lesepublikum die Bereitschaft, Abweichungen von den gesellschaftlichen Normen zu akzeptieren. Und die Literatur in den 20er Jahren trug wesentlich dazu bei, durch eine freimütige Behandlung bisher verpönter Bereiche (wie der Sexualität und des abweichenden Verhaltens) den Entfaltungsspielraum des einzelnen zu erweitern.

Für wichtige Werke der Nachkriegsliteratur ist zunächst charakteristisch, daß sie ihre Handlung aus einer erheblich von der normalen Sichtweise abweichenden Perspektive entfalten. »Die Verwandlung« (1915) von Franz Kafka beginnt zum Beispiel damit, daß der Handlungsreisende Gregor Samsa eines Morgens aufwacht und sich in einen Käfer verwandelt findet. Thomas Manns »Zauberberg« (1923) verläßt nicht den Umkreis eines Schweizer Sanatoriums für Lungenkranke. Die »Suche nach der verlorenen Zeit« (1913–1925) Marcel Prousts (→ S. 326 f.) spielt fast ausschließlich in einer winzigen Oberschicht der Pariser Gesellschaft. André Gides (1869–1951) Roman »Die Falschmünzer« (1926) hat zum Mittelpunkt die Romanze des homosexuellen Schriftstellers Edouard mit einem Pariser Gymnasiasten: eine individuelle Deformation oder die extreme Besonderheit des sozialen Milieus bestimmen den Blickwinkel für die Darstellung der Wirklichkeit. Außerdem benutzen die modernen Autoren oft ungewöhnliche erzählerische Mittel, um neue Aspekte des Lebens zu zeigen. (Berühmt wurden z.B. die Technik des →»inneren Monologs« aus »Ulysses« von James Joyce (→S. 328f.) oder Prousts assoziative Beschwörung der Vergangenheit durch die minutiöse Beschreibung einzelner Vorgänge, Gesten und Objekte.) Und auch die Bauformen dieser Romane folgen nicht mehr den Mustern der großen realistischen Romanciers des 19. Jahrhunderts. Gides »Falschmünzer« übten auf die Entwicklung des modernen Romans einen beträchtlichen Einfluß aus, weil sie die Romanhandlung vom Schema des zielgerichteten Erzählens befreiten; die Fabel der »Falschmünzer« entwickelte sich, für den Autor selbst in gewissem Umfang unübersehbar, im Verlauf der Niederschrift des Romans, und die Geschichte endete auch nicht mit einer lange vorbereiteten Lösung der zentralen Konflikte, sondern sie brach ab mit der Einführung einer neuen Person. Thomas Mann im »Zauberberg« und Robert Musil in »Der Mann ohne Eigenschaften« (1930–1942) verzichten schließlich fast ganz auf eine äußere Handlung und entfalten ihre Überlegungen in einzelnen Episoden und essayistischen Reflexionen. »Die Geschichte dieses Romans kommt darauf hinaus«, bemerkte Robert Musil nach Beendigung des ersten Bandes, »daß die Geschichte, die in ihm erzählt werden sollte, nicht erzählt wird.«

In den manchmal recht bizarr wirkenden Abweichungen von der Norm, in den ›unrealistischen‹ Problemen und in den komplizierten Techniken der Darstellung verbirgt sich zunächst einmal als konkrete Realität die Lebensgeschichte der Autoren. Der Familienhintergrund Kafkas, die naturwissenschaftliche Schulung Musils, der gebildete Müßiggang Prousts, die bürgerlich-protestantische Herkunft Gides prägen jeweils die Werke dieser Schriftsteller, und die literaturwissenschaftliche Forschung hat zum Beispiel für Kafka und für Proust eine Fülle von biographischen Daten zusammengetragen, die in die Werke eingegangen sind. Wer sich für die Detektivarbeit der Literaturwissenschaft, für den Gesellschaftsklatsch um 1900 und für die Lebensbedingungen eines großbürgerlichen Autors in dieser Zeit interessiert, der findet in George D. Painters zweibändiger Proust-Biographie eine spannende Lektüre.

Aber allein aufgrund dieses biographischen Realismus würde die moderne Literatur sicher keine allgemeine Geltung beanspruchen können. Entscheidend ist vielmehr, daß in der ungewöhnlichen individuellen Perspektive allgemeine Sachverhalte erscheinen, deren Bedeutung weit über den direkt beschriebenen Kreis der Romanerfahrung hinausgeht. Prousts Methode der unbewußten Erinnerung fördert zum Beispiel auf anschauliche Weise Erkenntnisse zutage, die Sigmund Freuds →Tiefenpsychologie auf anderem Wege gewonnen hatte: Sie zeigt die Universalität einer erotischen Grundstimmung, in der etwa die emotionalen Beziehungen zur Geliebten und die kindlichen Beziehungen zur Mutter ineinander übergehen (→S. 306f.). Der Realitätsgehalt eines so ›unrealistischen‹ Autors wie Franz Kafka wird besonders unterstrichen, wenn man sieht, wie die spätstalinistischen Kulturbürokraten in den sogenannten sozialistischen Staaten gerade die Werke dieses 1924 gestorbenen Autors mit besonderer Heftigkeit bekämpfen: seine Romane zeigen eine deformierte, total →entfremdete Gesellschaft, in der die Individuen von einer anonymen bürokratischen Willkürherrschaft vernichtet werden. Beziehungen zur Wirklichkeit (und natürlich nicht nur zu der kommunistischer Bürokratien) ließen sich so leicht herstellen, daß von diesen Romanen eine außerordentliche Schärfung des politischen Bewußtseins ausging. Der Prager Germanist Goldstücker erklärte sogar, daß in der Tschechoslowakei seit der Kafka-Konferenz im Jahre 1963 mit der Auseinandersetzung um Kafka indirekt auch für oder gegen die Demokratisierung eines autoritären bürokratischen Systems gekämpft wurde; es waren die Vertreter der stalinistischen Bürokratie, die sich erbittert dagegen wehrten, daß ihnen mit Kafkas Werken das poetisch verfremdete Bild ihrer inhumanen Realität vorgehalten wurde (→ S. 324 f.).

Insgesamt hat zwar der moderne Roman die Wirklichkeit oft in einer im Vergleich zum bürgerlichen Roman des 19. Jahrhunderts extrem subjektivistischen Verfremdung und Verzeichnung dargestellt. Aber diese Verfremdung war zugleich ein Mittel der Erkenntnis und der Kritik. Es überrascht daher nicht, daß dieser kritische Subjektivismus bei vielen Autoren bald in direkte politische Auseinandersetzungen einmündete.

Zunächst war es nicht mehr als ein Symptom für den fordernden Charakter dieses Individualismus, wenn sich André Gide in einem großen Skandal zu seiner 1911 geschriebenen (und erst nach dem Ersten Weltkrieg veröffentlichen) Verteidigung der Homosexualität in dem Buch »Corydon« bekannte. »Einige Bücher«, erklärte er in der Vorrede von 1922, »besonders die von Proust, haben das Publikum daran gewöhnt, sich weniger aufzuregen und mit mehr Ruhe zu betrachten, was es sonst nicht zu wissen vorgab oder nicht wissen wollte.« Wenig später wandte Gide sich dann in seiner »Kongoreise« (1928) mit einer scharfen Kritik an der französischen Kolonialpolitik auch unmittelbar politischen Bereichen zu und löste mit dem Buch eine erfolgreiche Kampagne gegen die ausbeuterischen Praktiken der kolonialen Handelsgesellschaften aus. 1932 unterstützte Gide die Kommunistische Partei, 1935 präsidierte er zusammen mit André Malraux dem Ersten Internationalen Kongreß für die Verteidigung der Kultur. 1935/36 bereiste er die Sowjetunion, 1936 hielt er auf dem Roten Platz in Moskau an der Seite Stalins die Totenrede auf Maxim Gorkij.

Diese Entwicklung ist für viele Intellektuelle in der Zwischenkriegszeit charakteristisch: Aus einem mehr oder weniger individualistischen Protest gegen bestimmte Zwänge der Gesellschaft entstand ein Kampf gegen die politisch organisierte Unterdrückung. Dieser Kampf mündete unter dem wachsenden Druck des Nationalsozialismus in ein Bündnis liberaler, sozialistischer und kommunistischer Autoren gegen den Faschismus. Ab etwa 1934/35 kämpften Intellektuelle verschiedenster politischer Überzeugungen gemeinsam für die Verteidigung des humanistischen Erbes der Demokratien.

André Malraux zum Beispiel, der in »Die Eroberer« (1928) die Geschichte eines Abenteurers geschrieben hatte, für den die politischen Ereignisse nur den Hintergrund zur Entfaltung seiner »großen Individualität« abgaben, stellte 1933 mit »La condition humaine« (deutsch etwa: »Das Los des Menschen«) ein humanes politisches Engagement in den Mittelpunkt. Im Spanischen Bürgerkrieg sympathisierte Malraux mit dem kommunistischen Flügel der Volksfront und kämpfte als Organisator der republikanischen Luftwaffe auf seiten der legalen Regierung.

Selbst ein so bürgerlicher Autor wie Thomas Mann rief 1930 dazu auf, SPD zu wählen, weil, »Marxismus hin, Marxismus her«, die Sozialdemokratie längst auch die freiheitlichen Traditionen des Bürgertums gegen die Mehrzahl der Bürger und der bürgerlichen Parteien verteidigte. Wie zudem bürgerliche Kultur aussehe, schrieb Thomas Mann 1931, »wenn sie, zu ihrem Erstaunen, auf dem Wege über konservative Monatsschriften ins Feuilleton der rüstungsindustriellen Presse gelangt, . . . das wissen wir: nach letzter politisch-kultureller Reaktion, nach Volksverdummung, Volksverhetzung und Volksunterdrückung, nach Lüge, Mord und Krieg.« Der demokratische Sozialismus der Arbeiterklasse biete dem Künstler, auch dem Künstler bürgerlicher Herkunft, längst bessere Entfaltungsmöglichkeiten als das geistig verkommene nationalistische Bürgertum. In einer »Rede vor Arbeitern« (1932) in Wien erläuterte er seinen Weg an die Seite der Sozialdemokratie: »Wenn der geistige Mensch bürgerlicher Herkunft sich heute auf die Seite des Sozialismus schlägt, so geschieht es, weil er sich sagt: das Geistige war zwar in Gestalt des individualistischen Idealismus ursprünglich mit dem Kulturgedanken verbunden, während die gesellschaftliche Klassentheorie ihre rein ökonomische Herkunft nie verleugnete; tatsächlich aber unterhält diese dennoch weit freundlichere Beziehungen zum Geist als die Gegenseite, deren Konservativismus die Berührung mit dem lebendigen Geist, die Sympathie mit seinen Lebensforderungen für jedes Auge sichtbar fast ganz verloren und verlernt hat.«

Mitte der 30er Jahre hat Thomas Mann in der Konsequenz dieses Ansatzes ebenso wie sein Bruder Heinrich die Volksfront-Versuche gegen die Nationalsozialisten unterstützt. Er nahm damit eine Position ein, die bis zu den Moskauer Prozessen von einem großen Teil der liberalen Emigranten geteilt wurde. Alfred Kantorowicz (* 1899) zum Beispiel, Mitarbeiter der bürgerlich-demokratischen »Literarischen Welt«, hatte noch 1930 Hoffnungen auf eine nach rechts abgewanderte, aber republikanische DDP gesetzt. (Sie erhielt 1932 nur noch 1% der Stimmen.) Im Spanischen Bürgerkrieg kämpfte er in den Internationalen Brigaden für die »Rote Republik«. Leopold Schwarzschild, in der Weimarer Republik Herausgeber der linksliberalen Wochenzeitschrift »Das Tagebuch«, warnte in seinem »Neuen Tagebuch«, der bedeutendsten deutschen Exilzeitschrift, die westlichen Demokratien vor ihrer Beschwichtigungspolitik gegenüber dem Faschismus und nahm an der organisatorischen und programmatischen Vorarbeit für das Volksfront-Bündnis teil. Döblins Entwicklung verlief ähnlich.

Den internationalen →Volksfronttendenzen kam entgegen, daß die Sowjetunion ihre außenpolitische Isolierung überwinden wollte. Sie ermutigte daher die kommunistischen Schriftsteller zum Zusammengehen mit liberalen und sozialistischen Autoren. So ergab es sich, daß derselbe Johannes R. Becher, der Heinrich Mann noch im April 1932 in der kommunistischen Literaturzeitschrift »Die Linkskurve« beschimpft hatte, er, Heinrich Mann, wolle nur den Faschismus in anderer Form als Hitler, diesen Heinrich Mann nun ersuchte, er möge sich als Haupt einer Sammlungsbewegung gegen den Faschismus zur Verfügung stellen. Oder es ergab sich, daß der kommunistische ehemalige Reichswehroffizier und Schriftsteller Ludwig Renn, der in den letzten Jahren der Weimarer Republik an der »Marxistischen Arbeiterschule« (MASCH) Kurse über die Technik des bewaffneten Aufstands abgehalten hatte, in Spanien an prominenter Stelle bei der Verteidigung der Republik mitkämpfte. Not und Vertreibung und die Bedrohung Europas durch das nationalsozialistische Deutschland schufen die Voraussetzungen für diese antifaschistische Solidarität, die im Spanischen Bürgerkrieg ihren Höhepunkt erreichte.

»Was geschieht?« schrieb Thomas Mann 1937 mit Bezug auf die Ereignisse in Spanien. »Eine Generalsmeute, im Dienst der alten Ausbeuter- und Unterdrückungsmächte unternommen und mit dem spekulierenden Ausland abgekartet, ist schon so gut wie niedergeschlagen, wird aber von fremden, freiheitsfeindlichen Regierungen . . . mit Geld, Menschen und Kriegsmaterial genährt . . . Gegen das um seine Freiheit, sein Menschenrecht verzweifelt kämpfende Volk werden Truppen seiner eigenen Kolonialgebiete in den Kampf geführt. Von den Bombenflugzeugen des Auslandes werden seine Städte demoliert, seine Frauen und Kinder niedergemetzelt. Und alles dies heißt ›national‹. All diese himmelschreiende Schurkerei heißt Gott, Ordnung und Schönheit . . . Die gegen die spanische Republik revoltierenden Militärs, soviel ist klar, haben das spanische Volk nicht hinter sich und können vorläufig auch nicht vortäuschen, daß sie es hinter sich haben; mit Marokkanern und Invasionstruppen müssen sie sich die Möglichkeit dazu erst verschaffen.«

Auch nachdem das Eingreifen der faschistischen Staaten (Deutschland, Italien und Portugal) auf seiten Francos bekannt geworden war, hatte allein die Sowjetunion auf den Appell der Republik mit organisierter Hilfe geantwortet. Die konservative Regierung in England bestand auf strikter Neutralität, und sie nötigte auch die militärisch schwache Volksfrontregierung in Frankreich unter Léon Blum, ihr Hilfsversprechen für Spanien zurückzunehmen. (Inoffiziell hat Frankreich weiter Waffen geliefert. Pierre Cot, der französische Luftfahrtminister, leitete angeblich die Transaktionen, und André Malraux fungierte als Einkäufer für die spanische Regierung.) Auf linke und liberale Intellektuelle wirkte die Indifferenz der konservativen englischen Regierung empörend. Der »Left Book Club«, die wohl einflußreichste englische Literaturorganisation der Zwischenkriegszeit – nach ihre sozialen Zusammensetzung weitgehend ein Phänomen der Mittelklasse – mobilisierte in enger Kooperation mit der englischen Kommunistischen Partei eine breite Öffentlichkeit gegen die Neutralitätspolitik der Regierung. Wenn es dem »Left Book Club« auch nicht gelang, die offizielle Politik der Regierung zu beeinflussen, so konnte er doch erhebliche Geldbeträge, Sachspenden und 1938 ein ganzes Schiff mit Lebensmitteln ins republikanische Spanien schicken. Wichtiger als solche Spendenaktionen wurde das Eingreifen der »Internationalen Brigaden«, in denen etwa 5000 deutsche und italienische Emigranten sowie größere Kontingente amerikanischer, französischer und polnischer Freiwilliger kämpften. »Spanien muß das Grab des internationalen Faschismus werden.« Diese Parole vereinte die Freiwilligen aus allen Ländern.

In der Literatur ist der Nachklang des Spanischen Bürgerkriegs noch lange zu vernehmen. Neben Berichten von Teilnehmern wie Arthur Koestlers »Spanish Testament« (1937), Alfred Kantorowicz' »Spanisches Tagebuch« (1948) oder Ludwig Renns (* 1889) Erlebnisschilderung »Der Spanische Krieg« (1955) stehen Polemiken und Bekenntnisse wie George Orwells (1903–1950) »Homage to Catalonia« (1938, dt.: »Mein Katalonien«) und Miguel de Unamunos (1864–1936) Reden. Auf faschistischer Seite erschienen, mit ungleich niedrigerem Niveau, »Les cadets de l'Alcazár« von Henri Massis und Robert Brasillach (1936), Charles Maurras' begeisterte Reiseberichte aus Francos Spanien und Werner Beumelburgs Verherrlichung der deutschen Söldner der Legion Condor. Ein bedeutender Sonderfall innerhalb dieser literarischen Gattung sind »Die großen Friedhöfe unter dem Mond« (1938) von Georges Bernanos (1888–1948). Der Autor, praktizierender Katholik, alter Kämpfer der Action française, bekannt und populär durch Romane aus dem kleinbürgerlich-katholischen Milieu (»Unter der Sonne Satans«, 1926; »Tagebuch eines Landpfarrers«, 1936), war 1934 nach Spanien übergesiedelt. Beim Ausbruch des Bürgerkriegs sympathisierte er mit den aufständischen Truppen Francos. »Im Zweifelsfall bin ich immer für die Kirche und gegen die Roten«, erklärte er später. Und die katholische Kirche hatte den Kampf gegen die republikanische Regierung als »Kreuzzug« und »geweihten Kampf« gegen die »kollektive Barbarei« gesegnet.

Auf Mallorca erlebte Bernanos dann die blutigen Säuberungen der siegreichen Truppen Francos. »Die großen Friedhöfe unter dem Mond« berichten, wie unter tätiger Hilfe des katholischen Klerus Tausende hingeschlachtet wurden. Bernanos versuchte in seinem Buch, diese Erfahrungen zu verurteilen. Aber der Idealist der Action française verzweifelte an der politischen Praxis der Reaktion, trennte sich von den faschistischen Organisationen, brach mit dem politischen Katholizismus in allen seinen Spielarten, ohne neue politische Bindungen zu knüpfen, und verließ 1938 Europa. Als Viehzüchter lebte er in Südamerika, kehrte 1945 – die französische Résistance hatte ihm Hoffnungen auf eine christlich-nationale Revolution geweckt – nach Frankreich zurück, war aufs Neue enttäuscht, ging nach Tunesien, erkrankte und starb 1948 in Paris. Vom →Nihilismus der Zwischenkriegsgeneration trennte ihn am Ende nur die blinde Unterwerfung unter die religiöse Autorität der Kirche.

Literarisch wohl die bedeutendsten Zeugnisse des Bürgerkriegs sind die Romane »Die Hoffnung« (1938) von André Malraux und Ernest Hemingways »Wem die Stunde schlägt« (1940). Sie beschreiben, Malraux in größerer Nähe zu den Ereignissen, Hemingway in etwas sentimentaler Pose, das Heldentum des republikanischen Kampfes. Dieses Heldentum erschien nicht in einzelnen großen Führergestalten, nicht in der pathetischen Form von Männern ohne Furcht und Tadel, nicht in einzelnen Großtaten. Sondern was diese Helden auszeichnete, war ihre Menschlichkeit, in gewisser Weise ihre Schwäche und die Fähigkeit, im Bewußtsein der eigenen Schwäche, trotz innerer Zweifel und äußerer Bedrohung weiter zu kämpfen, die totale Unsicherheit der Existenz auszuhalten, Haltung zu bewahren, auch wenn der Erfolg des Kampfes ungewiß und für den einzelnen Kämpfer unwahrscheinlich wurde. Es war die Größe von Besiegten. Ihre Haltung wurde nach dem Sieg der spanischen Faschisten stilbildend für die Helden des Existentialismus (→S. 364f.).

Das Ende der Gemeinsamkeit

Schon Ende der 20er Jahre hatten politische Prozesse in der Sowjetunion die unabhängigen Literaten irritiert und die Anziehungskraft der Kommunistischen Parteien für die Schriftsteller stark eingeschränkt. 1936 begann die große Säuberung in der Sowjetunion. Massenverhaftungen, Schauprozesse, Berichte über Arbeitslager und politische Morde schockierten die Verbündeten der Kommunisten. Nun schrieb Leopold Schwarzschild, im Ton noch gemäßigt, in der Sache sehr entschieden, gerade diejenigen, »die immer ihre hohe Meinung von der Bundesgenossenschaft Rußlands . . . und von seiner Pionierrolle in der Wirtschafts- und Sozialgeschichte bekannten«, könnten die Akte des Terrors nicht decken. »Wer gegen die Idee der Diktatur das Banner des geordneten Rechts, das →habeas corpus der Demokratie erhebt, gäbe sich selber preis, wenn er mit eben diesem Banner Akte klarer und derber Diktatur decken wollte. Wer auf diesem Boden wirbt, kann sich nicht sagen lassen: ›Warum klagst du hier an, warum schweigst du dort?‹« Als daraufhin in kommunistischen Exilzeitschriften gefälschte Dokumente erschienen, die Schwarzschilds Zeitschrift der Komplizenschaft mit den Nazis überführen sollten, wurde Schwarzschild zum erbitterten Antikommunisten. Er begnügte sich nicht damit, die Fälschungen zu entlarven, sondern zog daraus allgemeine politische Konsequenzen. Fortan hielt Schwarzschild jede Zusammenarbeit von Kommunisten und Demokraten für undenkbar, und diese Position vertrat er im »Neuen Tagebuch« bis zur (kriegsbedingten) Einstellung der Zeitschrift im Mai 1940 mit so unerbittlicher und zum Teil ungerechter Schärfe, daß ihn einer der liberalen Mitarbeiter später einen »deutschen McCarthy« nannte.

Die Verunsicherung durch die sowjetischen Schauprozesse hatte ihre Auswirkungen bis weit in die Reihen der kommunistischen Intellektuellen hinein, und im Grunde begann die Auflösung der Volksfront-Solidarität bereits vor dem äußeren Niedergang in Spanien. André Gide markierte seine wachsende Distanz in dem Buch »Zurück aus Sowjetrußland« (1936) noch mit großer Behutsamkeit. In den »Retuschen zu meinem Rußlandbuch« (1937) trennte er sich für immer von seinen ehemaligen Verbündeten. Arthur Koestler, Parteimitglied seit 1931, Spanienkämpfer, mit einigen der in den Moskauer Prozessen verurteilten Funktionären gut bekannt, verließ unter dem Eindruck der Prozesse 1938 die Partei. Damals entstand sein spannender, den historischen Prozessen folgender Roman »Sonnenfinsternis« (1951), in dem er versucht, sich und den Lesern die psychologischen Voraussetzungen der wahrheitswidrigen Selbstbezichtigungen der Angeklagten verständlich zu machen. Ein anderer Spanienkämpfer, George Orwell, nach einem Urteil Koestlers »das einzige Genie unter den revolutionär angehauchten Literaten Englands zwischen den Weltkriegen«, verarbeitete seine Enttäuschung in der Geschichtsfabel »Die Farm der Tiere« (1945). Willi Münzenberg (1889–1940), einer der prominenten deutschen Emigranten, Begründer der »Internationalen Arbeiterhilfe« und wichtigster Organisator der kommunistischen Presse in der Weimarer Republik und im Exil, provozierte seinen Parteiausschluß, indem er den Vorladungen der Moskauer Kontrollkommission nicht mehr folgte. Er wurde 1940 ermordet. Die Reihe der Beispiele ließe sich fortführen.

Aber den Todesstoß erhielten die Volksfront-Illusionen mit dem Hitler-Stalin-Pakt vom 23. August 1939. Er öffnete den Weg für den deutschen Angriff auf Polen und Frankreich. Schon früher hatten die linkskommunistischen Surrealisten in Frankreich unter Führung André Bretons (→ S. 314 f.) kritisiert, daß die Sowjetunion in ihren Bündnissen mit der bürgerlichen Reaktion denselben machtpolitischen Zynismus an den Tag lege wie jede bürgerliche Regierung, und in einem Pamphlet unter dem Titel »Wie die Surrealisten recht hatten« warfen sie den Kommunisten den Personenkult Stalins und die Intoleranz der Partei vor. In der Folge brach die stalinistische KPF ihre Beziehungen zu den Surrealisten ab, und diese orientierten sich seitdem stärker am Trotzkismus. (Politisch verfielen sie damit freilich der Bedeutungslosigkeit, denn die Macht der Trotzkisten war nicht groß, und Trotzki wurde 1940 von Emissären Stalins ermordet.) André Malraux trennte sich 1939 von der Kommunistischen Partei. Zu den Prozessen hatte er noch beschönigend bemerkt, sie vermöchten die humanistische Substanz des Kommunismus ebensowenig zu berühren wie die Inquisition diejenige des Christentums. Aber die außenpolitische Kollaboration Stalins und Hitlers brachte ihn an die Seite der Gaullistischen Widerstandsbewegung, und auch die Tatsache, daß nach dem deutschen Angriff auf die Sowjetunion im Juni 1941 die Kommunisten im Untergrund begannen, mit der Gaullistischen Résistance zusammenzuarbeiten, änderte seine Einstellung nicht mehr. Als Minister de Gaulles, dann als unabhängiger Politiker und Literat blieb Malraux nach 1945 einer der entschiedensten Antikommunisten.

Ähnliche Entwicklungen gab es in England im »Left Book Club«. Nach dem Hitler-Stalin-Pakt trat an die Stelle der Volksfront-Hoffnungen die Überzeugung, daß die (sozialdemokratische) »Labour Party die einzig mögliche Angriffswaffe im Kampf um den Fortschritt« sei. Und auch im »Left Book Club« hat die Tatsache, daß die Sowjetunion nach 1941 wieder das Bündnis mit den westlichen Demokratien suchte, die Positionen der Intellektuellen nicht mehr wesentlich beeinflußt. Denn dieses Kriegsbündnis stand zu eindeutig unter machtpolitischen Aspekten, als daß es noch emotionale Energien hätte freisetzen können.

Als bald nach dem Sieg der Alliierten über den Faschismus die ungleichen Partner aus dem Zweiten Weltkrieg sich im »Kalten Krieg« gegeneinander engagierten, haben die Intellektuellen dagegen kaum aufbegehrt. Denn dieser Krieg wurde auf dem Feld der Ideologien bereits seit 1936 geführt. Bis 1939 hatte er einen wesentlichen Teil der Schriftsteller erfaßt, die nach 1945 das geistige Leben bestimmten.

Alfred Kantorowicz

Heinrich Mann · Der Untertan

»Der Untertan« (entstanden 1906–1914. Erstdruck Leipzig 1918)
Roman von Heinrich Mann (27. 3. 1871 – 12. 3. 1950)

Den Roman »Der Untertan», das Werk, das ihn berühmt gemacht hat und mit dem sein Name zumeist identifiziert wird, hat Heinrich Mann 1906 in Berlin konzipiert. In seinem Erinnerungsband »Ein Zeitalter wird besichtigt« merkt er dazu an: »Ich brauchte sechs Jahre immer stärkerer Erlebnisse, dann war ich reif für den ›Untertan‹, meinen Roman des Bürgertums im Zeitalter Wilhelms des Zweiten . . .« Die im Nachlaß aufgefundenen Notizen, Entwürfe – die 1907 geschriebene Novelle »Gretchen« ist ein erstes Skizzenblatt zum Gemälde der Untertanenwelt – zeigen, wie er den Stoff in sich austrug. In den so oft (ohne Quellenangabe) zitierten autobiographischen Mitteilungen vom 3. März 1943 aus Los Angeles gibt er die Stichworte über die Niederschrift des Romans zwischen 1912 und 1914; man muß einige Monate vordatieren, denn die satirische Münchener Zeitschrift »Simplicissimus« hatte schon Ende 1911 das erste Kapitel unter dem Titel »Lebensfrühling« veröffentlicht. Beendet wurde das Manuskript wenige Wochen vor Beginn des Ersten Weltkrieges. Ein Vorabdruck in der Zeitschrift »Zeit im Bild« mußte abgebrochen, die Buchausgabe bis nach Kriegsende vertagt werden. Sie wurde in wenigen Wochen ein sensationeller Erfolg. Der Begriff des »Untertanen« in seinem neuen Verständnis wurde in die deutsche Geschichte eingeführt; er bezeichnet einen Zeitgenossen, der nicht mit dem Zusammenbruch des Kaiserreiches abtrat und nicht nur im Bürgertum seinen Humus findet. Der Typ des »Untertanen«, wie Heinrich Mann ihn gestaltet hat, ist vor allem charakterisiert durch sein Verhältnis zur herrschenden Macht; er gedeiht nicht nur in →autoritären, sondern noch besser in →totalitären Gesellschaften.

In Heinrich Manns Mitteilungen vom 3. März 1943 ist in bezug auf den »Untertan« besonders bemerkenswert die Feststellung, daß »dieser Roman die Vorgestalt des Nazi enthält . . .« Das bestätigt jede neue Lektüre. In der Handlung ist nicht nur die Unausweichlichkeit des Ersten Weltkrieges vorweggenommen. Im Untertanen des Kaisers sind Eigenschaften angelegt, die ihn zum verläßlichen Gefolgsmann des »Führers« qualifiziert hätten. Schon auf den ersten Seiten sind Probleme aufgeworfen und Begriffe formuliert, mit denen Millionen von Deutschen sich erst nach dem Ende des Zweiten Weltkrieges auseinanderzusetzen hatten. Der junge Diederich Hessling entwickelt als Schulknabe bereits Veranlagungen, die voll entfaltet von den Machthabern honoriert werden. Gemeinhin vorsichtig, stets bereit, sich vor Stärkeren zu ducken, und bestrebt, nicht aufzufallen, tritt er zum erstenmal hervor bei der Demütigung des einzigen jüdischen Mitschülers. »Was Diederich stark machte, war der Beifall ringsum . . . Wie wohl man sich fühlte bei geteilter Verantwortlichkeit und einem Schuldbewußtsein, das kollektiv war!« Die Frage nach der Kollektivschuld vor dem Ersten Weltkrieg gestellt zu haben, zeugt von fast unheimlichem Spürsinn. →Anachronistisch ist das Buch dennoch nicht. Es zeigt – was nach Auschwitz fast allen deutschen Schriftstellern schwerfiele – ganz unbefangen als Bestandteil der Untertanen-Gesellschaft den überforschen deutschvölkischen Staatsanwalt Jadassohn, der seine jüdische Abstammung verleugnet, um Karriere zu machen – eine mit karikaturistischen Mitteln gezeichnete Figur, die sogar von dem Antisemiten Hessling gesellschaftlich respektiert werden muß.

Die Vergötzung »Seiner Majestät des Kaisers«, die Nachäffung seiner Redeweise und seines Habitus bis zum gezwirbelten Schnurrbart hin entlarvt die Untertanen-Gesinnung als →»Prostration vor einem Herrn, der seinem Untertan von seiner Macht das Nötige leihen soll, um die noch Kleineren niederzuhalten«. Das ist nichts Neues, nichts Einmaliges; →Byzantinismus (als Begriff) hat es schon vor tausend Jahren gegeben, und der »Führerkult« der Nationalsozialisten sowie der »Personenkult« der Stalinisten überboten die Servilität der »Untertanen« Wilhelms II. Doch sein Eintritt in die deutsche Geschichte am Ende des 19. Jahrhunderts ist verschränkt mit dem Untergang des alten liberalen Bürgertums, das zuvor Träger freiheitlicher und humaner Gesinnungen gewesen war. Bei dem von Diederich Hessling provozierten Majestätsbeleidigungsprozeß, der im Mittelpunkt der Handlung steht und die Wende bringt, bezeichnet der liberale Anwalt und Schöngeist Wolfgang Buck das, was in dem aufstrebenden Fabrikanten als neuartige Zeiterscheinung sich verkörpert: »Wie er waren zu

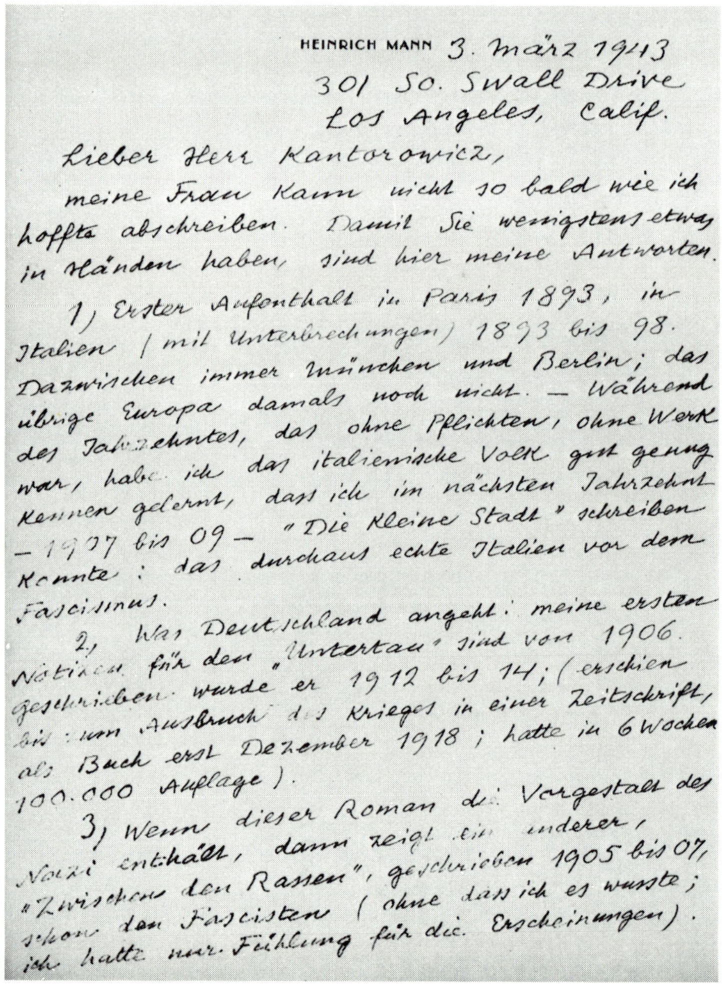

HEINRICH MANN 3. März 1943
301 So. Swall Drive
Los Angeles, Calif.

Lieber Herr Kantorowicz,
meine Frau kann nicht so bald wie ich
hoffte abschreiben. Damit Sie wenigstens etwas
in Händen haben, sind hier meine Antworten.
1) Erster Aufenthalt in Paris 1893, in
Italien (mit Unterbrechungen) 1893 bis 98.
Dazwischen immer München und Berlin; das
übrige Europa damals noch nicht. – Während
des Jahrzehntes, das ohne Pflichten, ohne Werk
war, habe ich das italienische Volk gut genug
kennen gelernt, dass ich im nächsten Jahrzehnt
– 1907 bis 09 – „Die Kleine Stadt" schreiben
konnte: das durchaus echte Italien vor dem
Fascismus.
2) Was Deutschland angeht: meine ersten
Notizen für den „Untertan" sind von 1906.
Geschrieben wurde er 1912 bis 14; (erschien
bis zum Ausbruch des Krieges in einer Zeitschrift,
als Buch erst Dezember 1918; hatte in 6 Wochen
100.000 Auflage).
3) Wenn dieser Roman die Vorgestalt des
Nazi enthält, dann zeigt ein anderer,
„Zwischen den Rassen", geschrieben 1905 bis 07,
schon den Fascisten (ohne dass ich es wusste;
ich hatte nur Fühlung für die Erscheinungen).

Die ersten drei Seiten des Briefes vom 3. März 1943 von Heinrich Mann an Alfred Kantorowicz

jeder Zeit viele Tausende, die ihr Geschäft versahen und eine politische Meinung hatten. Was hinzukommt und ihn zu einem neuen Typus macht, ist einzig die Geste: das Prahlerische des Auftretens, die Kampfstimmung einer vorgeblichen Persönlichkeit, das Wirkenwollen um jeden Preis, wäre er auch von anderen zu bezahlen. Die Andersdenkenden sollen Feinde der Nation heißen, und wären sie zwei Drittel der Nation . . .«

Schon dieses Zitat führt über Kaiserreich und Weimarer Republik hinaus in die Zeit der Nürnberger Parteitage. Der Schluß des Plädoyers aber bleibt ein halbes Jahrhundert nach Beendigung des Manuskripts so gegenwärtig, daß man meinen könnte, Heinrich Mann habe die Funktionärsherrschaft vorgeahnt. Sein Mundstück Buck warnt: »Dann kann es geschehen, daß über das Land sich ein neuer Typus verbreitet, der in Härte und Unterdrückung nicht den traurigen Durchgang zu menschlicheren Zuständen sieht, sondern den Sinn des Lebens selbst . . .« Natürlich trifft das für die Hitlerherrschaft zu; aber trifft es nicht auch für die zu, die jeden Versuch, den Sozialismus zu vermenschlichen – ursprünglich ein →Pleonasmus, nun den Machthabern in »sozialistischen« Staaten ein →Anathem – gewaltsam unterdrücken? (Bei einem so eminent politischen Buch kann man nicht anders, als die Fragen politisch zu stellen.) Was Heinrich Mann voraussah und wovor er warnte, war: der Mißbrauch der Macht. Die Alternative, die er stellt, ist zeitlos und kann auf jede Gesellschaftsordnung, jedes Glaubensbekenntnis, jeden Stand, jede Partei bezogen werden: es sei zu entscheiden zwischen »einem, der, um selbst emporzukommen, Opfer verlangt, und dem anderen, der Opfer darbringt, damit Menschen es besser haben«.

Ist Untertanengesinnung zeitlos und überregional, so ist sie bedingt durch die jeweiligen Umstände. Das deutsche Kaiserreich ist

Wichtige Werke: »Professor Unrat« (Roman, 1905) – »Die kleine Stadt« (Roman, 1909) – »Mensch und Macht« (Essays, 1920) – »Ein ernstes Leben« (Roman, 1931) – »Die Jugend des Königs Henri Quatre« (Roman, 1935) – »Die Vollendung des Königs Henri Quatre« (Roman, 1938). Zum Werk: A. Kantorowicz, »Heinrich und Thomas Mann« (1956).

zum Jubel der nationalen Kräfte das »Bollwerk gegen die Schlammflut der Demokratie«. Diese Metapher durchzieht leitmotivisch den Roman bis zum Höhepunkt der Karriere des bereits Generaldirektor gewordenen Hessling: seiner Rede bei der Einweihung des Kaiser-Wilhelm-Denkmals (an dem übrigens durch Grundstückspekulationen der Regierungspräsident, der adelige Rittergutsbesitzer und die neuen bürgerlichen Honoratioren der Stadt direkt oder indirekt nicht schlecht verdient haben). Da wird dem »Erbfeind« Frankreich einmal mehr die »gepanzerte Faust« und das »blitzende Schwert« gezeigt, und da wird den inneren Feinden, »die unsere staatliche Ordnung untergraben wollen«, angekündigt, sie seien »auszurotten bis auf den letzten Stumpf . . .«. Der »Untertan«, der sich mit strammer Gesinnung ständig selbst beweisen muß, denn »die Seele deutschen Wesens ist die Verehrung der Macht«, er braucht »Erbfeinde« draußen und »subversive Elemente« im Inneren des Landes, um sie siegreich zu »zerschmettern«. Der Erbfeind im Westen, von wo aus sich die »Schlammflut der Demokratie« heranwälzte, war bereits geschlagen. Demnächst würde man auch die Meere beherrschen und mit England abrechnen. Der Osten (das zaristische Rußland) scheint nicht erwähnenswert. Die Feinde im Inneren waren mehr als die noch geduckte Arbeiterschaft die Liberalen, die Freigeister, die »beleidigende Menschlichkeit« –: »Das war der Feind, der Antipode; da gab es nur eins: zerschmettern!«

Heinrich Mann hat sich für den »Untertan« des Kunstmittels der →Satire bedient. Aber manches, was 1913 als allzu stark überzeichnet erschienen sein mochte, erwies sich ab 1933 – bar jeder Komik – als Verharmlosung der vorangekündigten rechtlosen Zeit und als Untertreibung des Machtfaktors in der deutschen (und nicht allein deutschen) Geschichte des 20. Jahrhunderts.

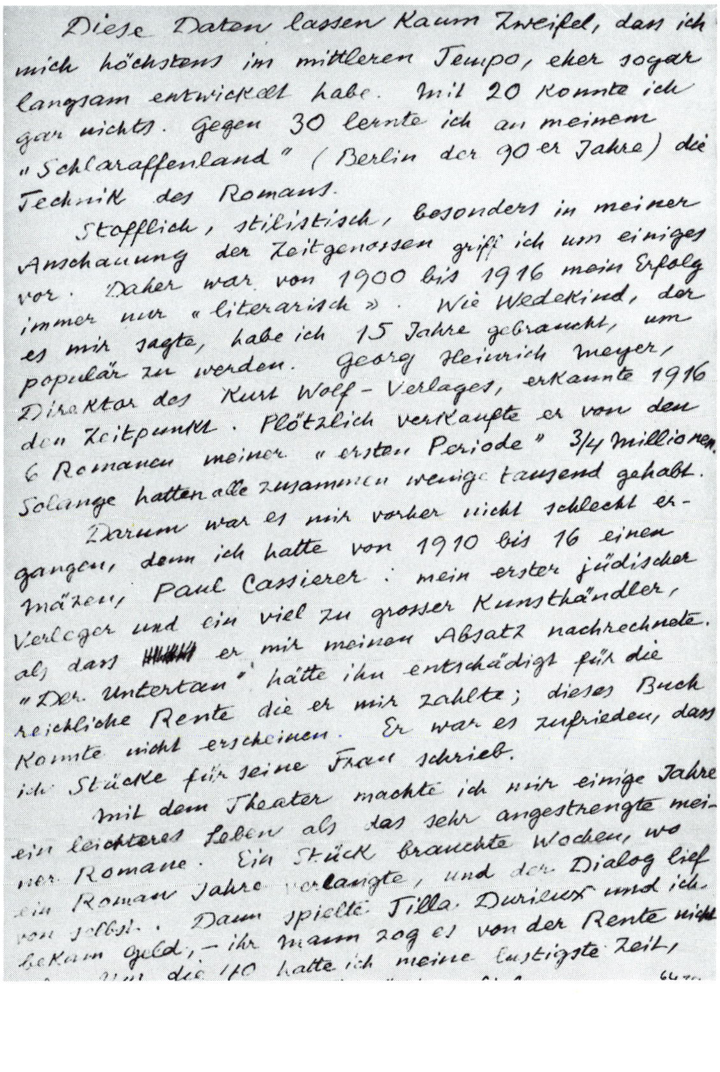
Diese Daten lassen kaum Zweifel, dass ich
mich höchstens im mittleren Tempo, eher sogar
langsam entwickelt habe. Mit 20 konnte ich
gar nichts. Gegen 30 lernte ich an meinem
„Schlaraffenland" (Berlin der 90er Jahre) die
Technik des Romans.
Stofflich, stilistisch, besonders in meiner
Anschauung der Zeitgenossen griff ich um einiges
vor. Daher war von 1900 bis 1916 mein Erfolg
immer nur «literarisch». Wie Wedekind, der
es mir sagte, habe ich 15 Jahre gebraucht, um
populär zu werden. Georg Heinrich Meyer,
Direktor des Kurt Wolf-Verlages, erkannte 1916
den Zeitpunkt. Plötzlich verkaufte er von den
6 Romanen meiner «ersten Periode» 3/4 Millionen.
Solange hatten alle zusammen wenige tausend gehabt.
Darum war es mir vorher nicht schlecht er-
gangen, denn ich hatte von 1910 bis 16 einen
Mäzen, Paul Cassierer: mein erster jüdischer
Verleger und ein viel zu grosser Kunsthändler,
als dass er mir meinen Absatz nachrechnete.
„Der Untertan" hätte ihn entschädigt für die
reichliche Rente die er mir zahlte; dieses Buch
konnte nicht erscheinen. Er war es zufrieden, dass
ich Stücke für seine Frau schrieb.
Mit dem Theater machte ich mir einige Jahre
ein leichteres Leben als das sehr angestrengte mei-
ner Romane. Ein Stück brauchte Wochen, wo
ein Roman Jahre verlangte, und der Dialog lief
von selbst. Dann spielte Tilla Durieux und ich
bekam Geld, – ihr Mann zog es von der Rente nicht
ab. ... die ... hatte ich meine lustigste Zeit,

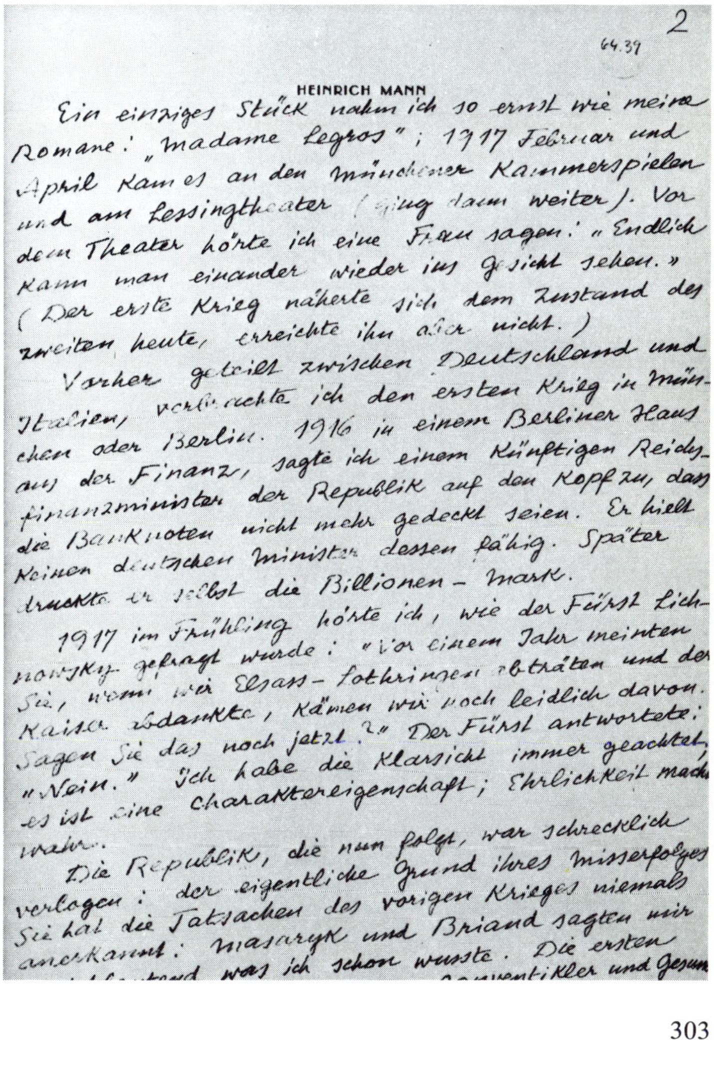
2
64.39
HEINRICH MANN
Ein einziges Stück nahm ich so ernst wie meine
Romane: „Madame Legros"; 1917 Februar und
April kam es an den Münchener Kammerspielen
und am Lessingtheater (ging dann weiter). Vor
dem Theater hörte ich eine Frau sagen: «Endlich
kann man einander wieder ins Gesicht sehen.»
(Der erste Krieg näherte sich dem Zustand des
zweiten heute, erreichte ihn aber nicht.)
Vorher geteilt zwischen Deutschland und
Italien, verbrachte ich den ersten Krieg in Mün-
chen oder Berlin. 1916 in einem Berliner Haus
aus der Finanz, sagte ich einem künftigen Reichs-
finanzminister der Republik auf den Kopf zu, dass
die Banknoten nicht mehr gedeckt seien. Er hielt
keinen deutschen Minister dessen fähig. Später
druckte er selbst die Billionen-Mark.
1917 im Frühling hörte ich, wie der Fürst Lich-
nowsky gefragt wurde: «Vor einem Jahr meinten
Sie, wenn wir Elsass-Lothringen abträten und der
Kaiser abdankte, kämen wir noch leidlich davon.
Sagen Sie das noch jetzt?» Der Fürst antwortete:
„Nein." Ich habe die Klarsicht immer geachtet,
es ist eine Charaktereigenschaft; Ehrlichkeit mach
wahr.
Die Republik, die nun folgt, war schrecklich
verlogen: der eigentliche Grund ihres Misserfolges.
Sie hat die Tatsachen des vorigen Krieges niemals
anerkannt: Masaryk und Briand sagten mir
... was ich schon wusste. Die ersten
... Conventikler und Gesun

Hans-Werner Prahl

Lenin · Was tun?

»Čto delat'? Nabolevšievoprosy našego dviženija« (Erstdruck Stuttgart 1902)
Programmschrift von Wladimir Iljitsch Lenin (22. 4. 1870 – 21. 1. 1924)

Großen Erfolg hätte niemand vorherzusagen gewagt, als Anfang 1902 im Stuttgarter Dietz-Verlag unter dem Titel »Was tun? Brennende Fragen unserer Bewegung« eine Broschüre des russischen Revolutionärs Wladimir Iljitsch Lenin erschien. Sie erregte allenfalls bei der russischen Sozialdemokratie und auch bei der zaristischen Polizei einiges Aufsehen. Denn allzu sehr entsprang sie dem ideologischen Streit zwischen den verschiedenen Gruppierungen der russischen Linken (viele von ihnen beriefen sich auf Karl Marx [→S. 268f.]). Außerdem war diese mehr als zweihundert Seiten umfassende Broschüre, die zum großen Teil aus tagespolitischen und mithin leicht vergänglichen Anspielungen bestand, nur eine von Tausenden politischer Kampfschriften jener Zeit. Und dennoch ist sie später selbst von ihren ärgsten Kritikern als eines der Hauptwerke der politischen Literatur im 20. Jahrhundert bezeichnet worden.

Freilich ist dieser Erfolg kaum auf massenhafte Auflagen und schon gar nicht auf literarische Brillianz zurückzuführen. Denn die erste Auflage betrug nur wenige Tausend Exemplare, die zweite (in Rußland erscheinende) Auflage wurde sofort von der Polizei beschlagnahmt, und die späteren Auflagen erschienen als Sammelwerke gemeinsam mit den übrigen Schriften Lenins. Und literarische Ambitionen fielen bei einer Mischung von politischer Polemik, wissenschaftlicher Ableitung und organisatorischer Handlungsanweisung notwendigerweise fast weg.

Fritz Mierau (Hrsg.), »Sprache und Stil Lenins«, München 1970.
Georg Lukács, »Lenin. Studie über den Zusammenhang seiner Gedanken«, Neuwied–Berlin 1965.

Der Erfolg dieser Schrift lag vielmehr darin, daß sie konkrete Anleitungen zum Aufbau einer Partei von Berufsrevolutionären und Taktiken zur Revolution in Rußland ausarbeitete, die 15 Jahre später zur ersten erfolgreichen sozialistischen Revolution der Neuzeit führten. Mit dieser Publikation gelang es Wladimir Iljitsch Uljanow, der sich selbst Lenin (= »der von der Lena«) nannte, die bis dahin unter den russischen Revolutionären vorherrschenden Theorien entscheidend zu verändern und den Aufbau der bis heute herrschenden bolschewistischen Partei einzuleiten.

Die bis dahin tonangebende Richtung der russischen Linken, die »Ökonomisten«, wie Lenin sie nannte, erhoffte Gesellschaftsveränderungen durch die »Organisierung des wirtschaftlichen Kampfes der Arbeiter gegen die Unternehmer und die Regierung« – wie ihren Programmschriften zu entnehmen war. Ihre große Hoffnung war die allmähliche Entstehung von Gewerkschaften und der spontane Streik der Industriearbeiter. Hierbei konnten sie sich auf einige Erfahrungen stützten, denn zwischen 1890 und 1900, als sich im russischen Reich die Zahl der Industriearbeiterschaft auf insgesamt 3 Millionen verzehnfachte, war es wiederholt zu größeren Streikbewegungen gekommen. Doch erbracht hatten diese Aktionen erbärmlich wenig – abgesehen von einer Senkung der allgemeinen Arbeitszeit von zwölf auf elfeinhalb Stunden pro Tag. Zur gleichen Zeit jedoch waren die ersten zaghaften Frauen- und Kinderarbeitsschutzbestimmungen wieder rückgängig gemacht worden: Kinder arbeiteten schon mit sechs Jahren in den Fabriken, Frauen wurden sogar zur Schwerarbeit in der Stahlindustrie eingesetzt. Denn der Industriekapitalismus, der in Westeuropa bereits ein knappes Jahrhundert früher begonnen hatte, keimte in Rußland eben erst auf. Noch lebten vier Fünftel der Bevölkerung auf dem Lande, nur ein kleiner Teil der Arbeiterschaft war in der Industrie beschäftigt, die vor allem in den größeren Städten ansässig war. Es war daher nach Lenins Auffassung einfach unsinnig, von den spontanen Aktionen der Arbeiterschaft eine grundlegende Veränderung zu erwarten, denn diese würde auf die Städte beschränkt und daher rasch niedergeschlagen werden. Außerdem führe eine Beschränkung auf den wirtschaftlichen Kampf, so habe die Erfahrung gezeigt, stets zu vordergründigen Kompromissen und ändere am Gesamtzustand überhaupt nichts. Lenin nannte diese Haltung »Handwerkelei«. Und wirtschaftlich (wie laut Programm der Ökonomisten) sei die Regierung schon gar nicht zu bekämpfen. Denn in keinem europäischen Land war die Kluft zwischen den wenigen Herrschenden und den vielen Beherrschten so tief geworden wie in Rußland. Das Zarenregime regierte – gestützt auf Adel, Bürokratie, Kirchenfürsten, Militär und Unternehmen – autoritär wie in all den Jahrhunderten zuvor mit Hilfe seiner allmächtigen Geheimpolizei.

Daher müsse – so schreibt Lenin in »Was tun?« – der Kampf auf allen Ebenen geführt werden und dürfe nicht auf die Fabriken beschränkt bleiben. Gewiß seien die Industriearbeiter schon wegen ihrer miserablen Arbeitssituation zu den fortschrittlichsten Kräften zu zählen. Doch wer konnte von ihnen nach einem zwölfstündigen Arbeitstag noch revolutionäre Aktivitäten erwarten? Vielmehr müsse – und damit begann Lenin seinen wichtigsten Programmpunkt – die Revolution von einer zahlenmäßig kleinen, in sich verschworenen Gemeinschaft von Berufsrevolutionären vorbereitet und organisiert werden. Diese revolutionären »Kader« (hauptberufliche Kämpfer) sollten über das fortschritt-

lichste Bewußtsein verfügen und sich daher nicht mit Kompromissen begnügen. Sie sollten sich ganz der Vorbereitung der Revolution widmen und nicht durch einen langen Arbeitstag verbraucht werden. Und sie mußten alle Regeln der konspirativen Tätigkeit beachten und sich in die verschworene Kampfgemeinschaft einordnen. Ihre Organisation wurde mit militärischer Disziplin geführt und planmäßig aufgebaut. Ihren Kern sollte diese Organisation in einer Zeitschrift haben, die den Zustand der Gesellschaft analysieren und die taktischen Schritte zu deren Umwälzung entwickeln sollte. Dieses Organ sollte nicht nur zur Information der revolutionären Kader, sondern auch zur Schulung ihrer zahlreichen Sympathisanten unter den Arbeitern, Studenten und Bauern dienen. Schon bald übernahm die seit 1900 bestehende Zeitschrift »Iskra« (Der Funke) diese Rolle. Von diesem Zentrum ausgehend sollte der revolutionäre Kampf in Rußland organisiert werden. In den Betrieben sorgten Vertrauensleute für die Verteilung der Zeitungen und für die →Agitation unter den Arbeitern. Kleinere Gruppen sammelten die Sympathisanten unter den Soldaten und den Bauern. In beharrlicher Kleinarbeit sollte die Zahl der Revolutionswilligen vermehrt werden. Mit diesem Programm konnte sich Lenin ein Jahr nach dem Erscheinen seines Buches auf dem Londoner Parteitag der russischen Sozialdemokraten durchsetzen. Seine Mehrheitsfraktion, die »Bolschewiki«, bestimmte seither die Politik der russischen Revolutionäre und führte 1917 die erste sozialistische Revolution der Geschichte zum Erfolg. So war seine zunächst unscheinbare Broschüre durch die historische Entwicklung zu einer der folgenschwersten Veröffentlichungen der Neuzeit geworden.

In drei Punkten wies Lenins Schrift neue, für das 20. Jahrhundert eminent bedeutsame Wege: Zum einen erkannte er, daß Revolutionen nicht spontan wie Naturereignisse ausbrechen, sondern von Menschen systematisch vorbereitet und gemacht werden. Diese Machbarkeit von Revolutionen erfordert aber – zweitens – eine nach militärischen und bürokratischen Prinzipien geführte Organisation von Berufsrevolutionären, die eine Revolution in allen gesellschaftlichen, wirtschaftlichen und politischen Bereichen anstrebt. Damit unterscheidet sie sich sowohl von politischen Parteien, die nur die Macht im Staate erstreben, als auch von früheren Kampforganisationen, die nur politische oder wirtschaftliche Veränderungen anstrebten. Zum dritten hatte Lenin die Bedeutung der Publizistik für die Vorbereitung der Revolution erkannt. Der politischen Literatur wies er dabei eine Doppelfunktion zu: Einerseits diente sie der Aufklärung und Agitation unter der Bevölkerung, andererseits bildete ihr Verteilungsnetz die Grundlage der Parteiorganisation.

Diese zu Beginn unseres Jahrhunderts neuen und heute im wesentlichen immer noch bedeutsamen Aspekte haben Lenins Schrift zu einem Schlüsseltext der Gegenwart werden lassen. Viele Revolutionsbewegungen in aller Welt haben sich Lenins Organisationsprinzipien angeeignet.

Als der 32jährige vormalige Student der Rechte Lenin, nun selbst Berufsrevolutionär, diese Schrift in wenigen Monaten niederschrieb, war er nur einer von vielen russischen Revolutionswilligen. Monate später schon stand er an der Spitze einer Organisation von Berufsrevolutionären. Wenige Jahre später war er der erfolgreichste Revolutionär der Neuzeit. Die Folgen seiner Revolution bestehen noch heute.

Revolutionen sind – so Lenin – nicht wie Naturereignisse. Sie müssen vorbereitet werden durch →Agitation und Aufklärung.
Lenin bei einer Rede in St. Petersburg, heute: Leningrad (oben).
Revolution in Moskau 1905: Barrikade am Arbatplatz (links)

Lars Clausen

Freud · Vorlesungen zur Einführung in die Psychoanalyse

»Vorlesungen zur Einführung in die Psychoanalyse« (Erstdruck Wien 1916/1917)
Wissenschaftliche Schrift von Sigmund Freud (6. 5. 1856–23. 9. 1939)

Der Versuch eines psychoanalytischen Beispiels kann vielleicht ans Thema heranführen:

Eine Melodie wollte mir nicht aus dem Kopf, während ich herumlas, aber mir doch schließlich vorgesetzt hatte, mein Pensum zu schreiben – an einem Beitrag über Freud, für den ich noch viel nachzuschlagen hätte. Ich las mich fest, dabei pfiff ich bereits diesen Schlager. Als es mir endlich selber auffiel, kontrollierte ich das und versuchte, den Text zu diesen Takten ausfindig zu machen:

»Ich wollt ich wär ein Huhn
da hätt ich nichts zu tun . . .«

Jetzt hatte ich mich zu fassen: Mit allem Herumstöbern in anderen Büchern wollte ich mich also vor dem, was ich eigentlich »zu tun hatte«, drücken.

Das zu finden, war fast zu leicht. Aber die Methode, die Texte solcher unvertreiblichen Melodien zu rekonstruieren, kann einem auch weit verhohlenere eigene Wünsche verraten. Da führt jedermann in sich etwas mit, was sehr genau notiert und durchklingen läßt, was er wünscht und fürchtet; selbst wenn ihn sein eigenes Denken – sein Bewußtsein – davon nicht unterrichtet. Ein ›Ohrwurm‹ kann es verraten. Das läßt sich auch von jedermann nachprüfen; man muß nicht erst auf so ein unverjagbares Gedudel warten. Versuchen Sie statt dessen, einen Augenblick lang nichts zu planen, sondern spontan eine Melodie zu summen. Was sagt Ihnen denn ihr Text?

Solch improvisierter Versuch braucht natürlich gar nichts zu erbringen. Wie sollten Ihnen auch – etwa wenn Sie von tiefenpsychologischen Methoden nichts weiter verstehen – ein paar Zeilen dazu verhelfen? Dennoch sind Sie mit der Untersuchung solch einer alltäglichen Erscheinung, wie es das zwanghafte Geleier einer Melodie ist, auf dem Wege. Dies scheinbar spielerisch-zwecklose Handeln tut dar, daß jemand vor sich selbst etwas verbergen kann. Das heißt, daß sein eigenes Bewußtsein ihn selbst nicht voll umfängt, gar beherrscht. »Die Psychoanalyse«, sagt ihr Begründer Sigmund Freud, »kann die Identität von Bewußtem und Seelischem nicht annehmen.« Es gibt also Nichtbewußtes, aber dennoch Wirkendes in der menschlichen Psyche (Seele), und es macht sich alle Tage bemerkbar – besser als im Verfolgtwerden von einer Melodie noch in den kleinen uns unterlaufenden irrtümlichen Handlungen, die wir gerne für nichts achten mögen, obwohl sie (weil sie!) einer Analyse so viel verraten: Wenn wir uns versprechen, verlesen, verhören, etwas vergessen. Jede dieser »Fehlleistungen« ist das Resultat eines Streits zwischen psychischen Instanzen, von denen der Mensch am liebsten nur *eine* wahrhaben möchte: sein Bewußtsein, sein »Ich«. Sigmund Freud hat hingegen in der von ihm entwickelten Psychoanalyse noch zwei weitere Instanzen angenommen, das Triebhaft-Unbewußte (das »Es«) und die frühübernommene eingefleischte Autorität (das »Über-Ich«). Wer nach einem verabsäumten Rendezvous sich damit entschuldigen wollte, er habe es halt nur so vergessen, wird nicht verhindern können, daß der vernachlässigte Partner sehr genaue Schlüsse auf das geheime Votum der psychischen Instanzen in dem vergeßlichen Anderen zieht. In dramatischen Fällen führt deren Konflikt sogar zu bestimmten Krankheiten, und um diese, die »Neurosen«, zu heilen, hat der Arzt Freud seine Forschungen angesetzt.

Als er zwanzig Jahre später, während des Ersten Weltkrieges, an der Universität Wien Hörer aller Fakultäten in die Psychoanalyse einführen wollte, begann er das aber mit undramatischen Alltagserfahrungen. Von den Fehlleistungen ausgehend, wandte er sich dem »Königsweg ins Unbewußte« zu: dem Traum. Der Traum – den der Volksglaube für bedeutungsreich hielt, aber das nicht beweisen konnte, und wo die aufkommenden exakten Wissenschaften keine Beweise sahen, ihn also für sinnlos hielten – er wurde wieder sinnvoll: An ihm zeigt sich, wie die psychischen Instanzen in der Person des einzelnen zusammengefesselt sind und doch miteinander im Kampf liegen, keine ganz unterdrückbar, jede die anderen einschränkend. Dem um seine Herrschaft bemühten Bewußtsein gegenüber gehen dabei »Es« und »Über-Ich« scheinnachgiebig und getarnt vor – damit die Person der Realität überhaupt standhalten kann. Nichtsdestoweniger zeigen sie sich dem Analysierenden, maskiert im Bilder- und Wortvorrat der Person, symbolisch aber entschlüsselbar im Traum. In ihm setzen sie sich gegen das »Ich« durch und verstecken sich zugleich. Auch dieses kann streckenweise an sich selbst überprüfen, wer die »Vorlesungen« aufmerksam liest, denn sogar die (angeblichen) Nichtträumer haben diesen Zugang, wenngleich bei ihnen allmorgendlich verschüttet. Und daran anschließend vermag es dann Freud, endlich in die – unzugänglicheren – Neurosen einzuführen.

Bei diesem »Traum des Gefangenen« von Moritz von Schwind (1804–71) hat Freud selbst auf das Wunschmotiv der Befreiung und auf die schlafschützende Verarbeitung der Lichtstörung hingewiesen. Das Gemälde ist in seinen (dem Maler nun bewußten oder unbewußten) Symbolen damit bei weitem nicht ausgedeutet. Nicht nur Psychoanalytiker erkennen sofort das Kerlchen, das hoch zwischen den Pfeilern im Kellerfenster feilt

60 Jahre mußte der Experimentator alt werden, bis ihm eine klug aufbauende »Einführung« möglich schien. Die 1916/17 gedruckten »Vorlesungen« wurden die klassische Hinleitung zur Psychoanalyse. Aus ihnen zu lernen, hat Freud dem Leser sehr erleichtert, weil er klar und doch vorsichtig spricht, Spekulationen vermeidet und alle Einwände bereitwillig aufnimmt und diskutiert. Stützend und souverän steht hinter der Behutsamkeit dieses Stils des Forschers Überzeugung vom Erfolg der naturwissenschaftlichen Methode: Das zum Streit aller gegen alle auf den Warenmärkten angetretene Bürgertum hatte im 19. Jahrhundert im anscheinend unübertrefflichen Vorgehen der exakten Wissenschaften etwas respektieren gelernt, was auch einem Alleinkämpfenden Rückhalt gab. Diesen Rückhalt brauchte der 1856 als Kaufmannssohn in einer kleinen mährischen Stadt geborene Sigmund Freud auch von Anfang an, schon weil er als Jude einer in Österreich-Ungarn unterdrückten Minderheit angehörte.

Er brauchte ihn doppelt, weil er im Unbewußten einen ganz bestimmten Trieb sich tausendförmig durchsetzen sah: den sexuellen, die »Libido«. (Später erschloß er als zweiten noch den »Destruktionstrieb«.) Das schuf Feinde. Denn der Prozeß der europäischen Zivilisation hatte immer wieder Gruppen – oft →ideologisch führende Gruppen – dazu gebracht, sich von ihren Sinneswünschen zu distanzieren, sich damit von der ›unbeherrschten Masse‹ abzusondern und wichtigeren Zielen zu widmen. Die einander doch so bekämpfenden religiösen und wissenschaftlichen Anschauungen des 19. Jahrhunderts hatten die (theoretische oder praktische) Leibfeindlichkeit ihrer Vorkämpfer – ob Priester, ob Gelehrte – oft gemein. Daß Freud, ungefähr ab 1895, aussprach, daß alles verdrängte geschlechtliche Triebpotential in unbewußten seelischen Instanzen ständig weiter wirke, setzte ihn spontanem Widerstand seiner Kollegen (und der Kirchenmänner) aus, der sich nicht nur aus wissenschaftlichen Einwänden gegen etwas völlig Neues, sondern auch aus ebenden Quellen speiste, die er aufdeckte: Jetzt konnte keiner der – zur Askese halb und halb genötigten – Gelehrten mehr als unbestechlicher Meister seiner Triebe gelten. Ebenso war das potentielle Laienpublikum den Lehren Freuds entgegen. Denn in der vorm Ersten Weltkrieg noch leidlich geschlossenen Bildungsschicht, die Wissenschaftsdiskussionen immerhin noch am Rande feuilletonistisch aufnahm, herrschte eine zur bloßen häuslichen Binnenmoral halbierte ›Sittlichkeit‹: »Keuschheit« hielt die bürgerliche Familie in Zucht, und nun sollte sich bei jedem Sexuelles bis hin zum →Inzestdrang äußern? Ebendies prüde Bürgertum lieferte in seinen Neurosen den Ausgangspunkt der Forschung.

Trotz einer eigentlich zu den Sozialwissenschaften neigenden »Wißbegierde, die sich mehr auf menschliche Verhältnisse als auf natürliche Objekte bezog«, nimmt der ausgezeichnete Gymnasiast aus praktischen Gründen das Studium der Medizin auf, beginnt 1876 mit neurologischen Laborversuchen, geht 1882 – um voranzukommen – in die Krankenhaustherapie über (nur das kann zu einer materiell sichernden Dozentur führen), kommt 1885 in Paris auf die Hysterieforschung und dringt – ab 1886 wieder in Wien – zuerst versuchsweise über die Hypnose, dann über die Neurosesymptome (über Phobien, Träume, Fehlleistungen) analytisch in die Psyche vor. Auf einen Lehrstuhl wird er nie berufen. Umfeindet sucht er seine langsam wachsende Schülerzahl zu einem gemeinsam handelnden, wissenschaftlich solidarischen Bund zu sammeln. Für eine ähnliche Problemsicht aller sorgen bald die oft viele Monate langen kontrollierten Selbstanalysen werdender Psychoanalytiker – quasi eine prägende Prüfungszeit, ein →Initationsstadium –, und sie binden die ›ersten Jünger‹ an den ›Meister‹. Kein Wunder, daß anfangs noch Lehrabweichungen der Anlaß spektakulärer Lossagungen und Verstoßungen sind. Mit der Zeit aber haben die Schüler Freuds selber Schüler, und als dann der 82jährige, bekämpft und doch bereits berühmt, vor den umjubelt in Wien einmarschierenden Nationalsozialisten fliehen muß und ein Jahr später in London – Betäubungsmittel verweigernd – langsam am Krebs stirbt, hat seine Lehre bereits zu Konsequenzen geführt, die kein einzelner Psychoanalytiker mehr in der Hand hat.

Die »Vorlesungen zur Einführung in die Psychoanalyse« sind am zugänglichsten im Band I der kommentierten und im gleichen Band hilfreich eingeleiteten zehnbändigen Freud-Studienausgabe (Frankfurt am Main 1969). Dort findet sich auch die 1933 erstmals erschienene »Neue Folge der Vorlesungen zur Einführung in die Psychoanalyse« abgedruckt. Band X der Ausgabe enthält auch mehrere Studien Freuds zur Literatur, so zu Shakespeare, zu Goethe und Dostojewskij, und zur Literaturnähe des Tagtraums.
Freuds stark kondensierter »Abriß der Psychoanalyse« ist, obgleich als Taschenbuch erschienen, zur Einführung ungeeignet.

Freud hatte noch als Arzt und Aufklärer angesetzt: »Wo Es war, soll Ich werden.« Und: »Wer die Erziehung zur Wahrheit gegen sich selbst mit Erfolg durchgemacht hat, der ist gegen die Gefahr der Unsittlichkeit dauernd geschützt, mag sein Maßstab der Sittlichkeit auch von dem in der Gesellschaft gebräuchlichen irgendwie abweichen.« Das hatte geheißen: kritische Wahrheitssuche als Programm.

Mit psychoanalytischen Methoden kann aber auch versucht werden, bloß ein bequemeres Arrangement der seelischen Instanzen zu bewirken – man hört dann mit der Aufklärung auf, sobald der Patient keine Klagen mehr hat, seine Symptome ihn selbst nicht mehr stören. Freud hat da noch gewarnt, es gebe Realitäten, vor denen die Flucht in die Neurose vollberechtigt sei, und wo der Arzt sich zurückzuziehen habe. Was aber, wenn man die Psychoanalyse ohne Skrupel kommerziell nutzt, um Patienten darauf zu trimmen, mit beliebigen Realitäten symptomarm zufrieden zu sein? Man hat diesen Vorwurf gegen die Psychoanalytiker zumal ihres Haupterfolgslandes, den USA, erhoben.

Am meisten mag der Theorie selbst geschadet haben, daß ihre Befunde von den Neurosepatienten ihrer ersten Jahre, aus dem gebildet-wohlhabenden, politikfernen Bürgertum des kaiserlich-königlichen Wien der Jahrhundertwende stammen mußten. Freud hatte es schon gesehen und beklagt: »Selbst arm und gesellschaftlich ohnmächtig, genötigt von unserer ärztlichen Tätigkeit unseren Unterhalt zu bestreiten, sind wir nicht einmal in der Lage, unsere Bemühungen auch den Mittellosen zuzuwenden, wie es doch andere Ärzte bei anderen Behandlungsmethoden können. Unsere Therapie ist dafür zu zeitraubend und zu langwierig.« Man vergegenwärtige sich: In der tastenden Frühphase der unpopulären psychoanalytischen Behandlung, einer mühseligen, oft jahrelangen »Art von Nacherziehung«, konnte ein tiefenpsychologisch arbeitender Arzt nicht einmal ein Dutzend Patienten gleichzeitig voll behandeln, mußte aber doch von ihnen leben. So verallgemeinerte die Psychoanalyse vieles aus dem Dampfkessel der hochbürgerlichen Hauptstadtfamilie, nichts aber z.B. aus dem Schlachtfeld Industriebetrieb. Auf diesem immer wichtigeren Schlachtfeld aber hat gerade die erfolgreichste sozialwissenschaftliche Theorie des vergangenen Jahrhunderts, der Wissenschaftliche Sozialismus, die Entscheidung gesucht, und Mißtrauen von beiden Seiten gewärtigen diejenigen, die seit den Zwanziger Jahren versucht haben, die beiden Lehren zu verkoppeln – gerade weil sie beide sehr geeignet sind, den gründlich zu ändern, der sich gründlich damit einläßt.

Ein besonderes Weiterwirken Freuds ergab sich bald: das auf die Schriftsteller. Sensible Autoren haben zwar lange schon vorher psychoanalytisch erklärliche Einzelfunde gemacht und verarbeitet. Freuds Analysen selbst aber wurden fortan direkt angewandt. Unter den ersten waren die Romançiers Albrecht Schaeffer (1885–1950), so 1922 in seinem »Josef Montfort«, und dann Stefan Zweig (1881–1942).

Kaum ausgewertet wird jedoch bis jetzt die Ähnlichkeit allen schriftstellerischen Produzierens mit alltäglichen tiefenpsychologischen Mechanismen: in den Tagträumen. Derartige Phantasiespiele, wie wir sie uns (die Kinder am offensten) vormachen, sind nach Freud »das Rohmaterial der poetischen Produktion«. Zwischen Bewußtem und Unbewußtem, in der Dämmerzone der Wort-Mischwälder, haben die Autoren schon immer hantiert; seit Freud aber ist es ihnen reflektierter, also artistischer und treffender möglich (→S. 57).

Ingrid Kroner

Die pornographische Literatur

Ein Buch wurde beschlagnahmt, der Verleger beschuldigt, unzüchtige Schriften verbreitet zu haben. Das Gericht hielt das Druckwerk für eindeutig und objektiv unsittlich. Es verherrliche Ausschweifungen und Perversitäten, stelle sexuelle Vorgänge in aufdringlicher, vergröbernder und verzerrter Form dar, bedeute einen unerträglichen Angriff auf die gemeinsamen sittlichen Anschauungen in unserem Volk. Der Verteidiger dagegen sprach von einem Kunstwerk von Rang, das eine neue Sinnlichkeit, eine neue Moral, eine bedenkenswerte Moral der Unmoral entwerfe. In Pressekritiken wollte man in diesem Druckwerk eine Glanzleistung der Erotik sehen, ein genußvoll auszukostendes Vergnügen. Die Kritiker dieser Kritiken wiederum bestanden darauf, daß es sich doch hier einzig um eine Glanzleistung der Schamlosigkeit handeln könne. Die Hüter der offiziellen Moral nahmen die Auseinandersetzung über dieses Druckwerk zum Anlaß, um erneut und mit Nachdruck auf die Flut von Schmutz und Schund, auf die Profitgier verantwortungsloser Geschäftemacher, auf den dringend notwendigen Schutz unserer Jugend vor der wuchernden Sittenlosigkeit hinzuweisen. Die Leser schwiegen.

Es ging um Pornographie!

Urteile standen gegen Fehlurteile, Fehlurteile gegen Vorurteile, Gefühle wurden hochgespielt, wie es typisch ist für die pornographische Tradition, denn die Geschichte der Pornographie ist zugleich die Geschichte einer Herausforderung, und die Geschichte ihrer Zensur (→S. 246ff.) ist die einschneidendste Antwort auf diese Herausforderung. Geht es um Pornographie, drängen sich bei denen, die urteilen, wie bei denen, die schweigen, die unterschiedlichsten Vorstellungen, Bilder und Wertungen in den Vordergrund, die – mehr oder weniger bewußt – auf jeden Fall die Argumente lenken und binden. So denken die einen ganz konkret an nackte Frauen mit phantastischen Maßen, in aufreizenden Positionen, denken an außergewöhnliche sexuelle Akte und schwelgen in Erinnerungslust. Andere haben, ist von Pornographie die Rede, nur eine eigenartige, nicht benennbare Empfindung, die zwischen Neugierde und Angst, zwischen Erregung und Ekel pendeln kann. Wiederum andere wehren diese Dinge bündig und aggressiv ab mit dem Schlagwort: Schweinerei. Frauen geraten außer sich, wenn sie herausfinden, daß ihre Männer ›so etwas‹ lesen, Männer geraten außer sich, wenn sie bei ›so etwas‹ überrascht werden. Die einen sind dafür, die anderen dagegen, die Logik des Gefühls prägt die Entscheidung mehr als die Vernunft. Fast jeder hat Hemmungen, frei ›darüber‹ zu reden oder ungezwungen ›darüber‹ zu schweigen. Selbst dieses Buch macht da keine Ausnahme; nicht geringe Barrieren waren zu überwinden, bevor am Ende eine Form gefunden werden konnte, die – bei aller gebotenen Diskretion – dennoch einen Zugang zur *Bewältigung* des pornographischen Phänomens eröffnet. Dieser Zugang erschließt sich zunächst durch einfache Fragen. Was macht eigentlich dieses Phänomen derart schillernd, wieso reagiert der einzelne so heftig und →irrational darauf, warum sind die Meinungen darüber so widersprüchlich, und aus welchem Grund ist Pornographie – unausweichlich scheinbar – eine Herausforderung sowohl für die Öffentlichkeit als auch für die private Kommunikation? Will man Antwort auf diese – sehr unterschiedlichen – Fragen finden, will man den Stellenwert der pornographischen Lesestoffe, ihre Besonderheiten und ihre Wirkung durchsichtig machen, so muß man zunächst einmal die Ebene der subjektiven, interessengebundenen Meinungen verlassen und sich auf eine allgemeine Deutung des Pornographischen einigen.

Pornographie – was ist das?

Der Begriff wird abgeleitet aus den griechischen Wörtern porne (Hure) und graphein (schreiben), heißt also: »Schreiben über die Hurerei.« Gemeint war also die – nicht einmal unbedingt als ›anstößig‹ empfundene – Darstellung sexueller Beziehungen zwischen den Lustdienerinnen und ihren Kunden in der Kultur des klassischen Altertums. Im Strafgesetzbuch von 1871 aber verstand man im Zusammenhang mit dem § 184, der die Herstellung und Verbreitung von Pornographie gesetzlich regelt, unter Pornographie ausdrücklich »unzüchtige« Schriften. Die Rechtsprechung lehnt sich bei der Deutung des Pornographiebegriffs eng an die christliche Morallehre an, in der dann Sexualität und damit auch Pornographie gegenüber den Vorstellungen der Antike eine Neubewertung – genauer: eine Abwertung – erfuhren. Als unzüchtig wurden, gemäß den christlichen Vorstellungen über die menschliche Geschlechtlichkeit und die Vergehen wider die Sittlichkeit, solche Schriften bezeichnet, die das Schamgefühl, das sittliche Empfinden des ›Durchschnittsbürgers‹ bzw. des ›normalen‹ Menschen in unserer Gesellschaft verletzen. Als ›normal‹ galten eben die gesellschaftlichen Gruppen, deren Sexualdisziplin dem Staat ›wichtig‹ war: Dies wird zumal deutlich an der Einstellung gegenüber sozial verachteten Gruppierungen (gegenüber Seeleuten z.B., Landarbeitern oder dem ›fahrenden Volk‹), deren Sexualverhalten als Maßstab bedeutungslos war und deshalb ruhig ›freier‹ sein durfte.

Im Rahmen der Vorarbeiten für die entscheidende Reform des Sexualstrafrechts im letzten Jahrzehnt (1960–1973) wurde der Begriff der unzüchtigen Schriften abgelöst durch den Begriff der »pornographischen« Schriften, er wurde gleichsam modernisiert. Der Sonderausschuß des Bundestages für die Strafrechtsreform erarbeitete für den modernisierten Begriff des Unzüchtigen die folgende Definition, die in der gegenwärtigen Rechtspraxis als eine Grundsatzdefinition gewertet wird: Man wird »eine Darstellung für pornographisch halten können, die

1. keine gedanklichen Inhalte, mögen diese auch anstößig oder schockierend sein, übermitteln, sondern einen sexuellen Reiz auslösen soll und dabei
2. die im Einklang mit allgemeinen gesellschaftlichen Wertvorstellungen gezogenen Grenzen des sexuellen Anstandes eindeutig überschreitet«.

Diese Definition enthält die beiden wesentlichen objektiven Merkmale des Pornographischen: Unzüchtige bzw. pornographische Lesestoffe wollen den Leser sexuell stimulieren, wollen ihm einen sexuellen Lustgewinn verschaffen, und die dazu dienenden Inhalte, ebenso wie die besonderen Formen der Vermittlung, verletzen offensichtlich die jeweils herrschende Sexualmoral. Aber was, so fragt man – immer noch auf der Suche nach Konkretem –, stimuliert sexuell, insbesondere den Mann (denn pornographische Lesestoffe wurden seit jeher für den männlichen Leser geschrieben), und überschreitet zugleich die Grenzen des allgemeinen Anstandes; was ist so gefährlich, daß es nach Auffassung der gesellschaftlichen Kontrollinstanzen aus dem öffentlichen Blickfeld verbannt werden muß?

Nehmen wir zur Konkretisierung zwei exemplarische Streitobjekte, zwei Romane, die beide der staatlichen Kontrolle unterworfen waren. Da in diesem Rahmen die hier notwendigen Leseproben nicht gegeben werden können, sei die Lektüre beider Texte zumal deshalb empfohlen (→Lit.-Kästchen), weil diese den Nachvollzug der folgenden Überlegungen einfacher und plastischer macht. »Die

Memoiren der Fanny Hill« von John Cleland (1707–1789) erschienen zum erstenmal im Jahre 1749. Sie wurden in mehrere Sprachen übersetzt und immer wieder neu gedruckt, oft heimlich der Zensur wegen. 1963 wurde der Roman in einem deutschen Verlag veröffentlicht, und das Freudenmädchen Fanny Hill avancierte bald – in der Optik einer progressiven Kritik – zur »Königin der Pornographie«. 1964 wurde der Verleger wegen des Verdachts der Verbreitung unzüchtiger Schriften angeklagt. Der Prozeß ging durch mehrere Instanzen, und erst 1969, nachdem der Bundesgerichtshof entschieden hatte, es handele sich hier nicht um eine unzüchtige Schrift, sondern um erotische Literatur, wurde das eingezogene Buch endgültig freigegeben.

»Barbara« von Frank Newman erschien über 200 Jahre später. Dieser Roman ist zeittypisch für eine Variante der modernen Pornographie, die sich als sexualpolitisch revolutionär versteht. Das Buch wirbt zugkräftig für sich, indem mitgeteilt wird, daß der Verleger vom Vorwurf der Verbreitung unzüchtiger Schriften freigesprochen werden mußte, da das Gericht nicht den Einwand entkräften konnte, daß das Buch »ein Kunstwerk« sei.

Vergleicht man »Barbara« mit dem wesentlich älteren Roman »Fanny Hill«, so fallen auf den ersten Blick die sehr viel direkteren ›obszönen‹ Ausdrücke auf, mit denen in »Barbara« Sexuelles benannt wird. Wichtiger jedoch als diese Unterschiede in der sprachlichen Formung sind die Gemeinsamkeiten der beiden Romane, sind die typisch pornographischen Muster: Der Handlungsrahmen ist nur lose konzipiert; entscheidend ist, daß er zahllose Anlässe für lustbetonte sexuelle Aktivitäten bietet, die detailliert beschrieben werden – in genüßlichem Verweilen einerseits, andererseits aber auch mit der zielgerichteten, drängenden Tendenz zur Entladung.

Wer über Pornographie urteilt, muß über Moral urteilen

Will man die pornographischen Botschaften zunächst mit einem umfassenden Merkmal kennzeichnen, so kann man sagen: diese Botschaften sind Lust-Signale. Zentraler Gegenstand in den pornographischen Lesestoffen sind nämlich Variationen der Lust. Zentraler Gegenstand sind die bildhafte, überscharfe, provozierende Aufzeichnung der sexuellen Bedürfnisse von Mann und Frau und deren imaginäre Befriedigungsmöglichkeiten. Lust wird dargestellt, um Lust zu erregen.

Nun ist aber gerade die Erweckung der sexuellen Lust, wie deren reale Befriedigung, in unserer Tradition durch strenge Tabus und starre Vorschriften reguliert. Die offizielle Sexualmoral, in der diese Normen zusammengefaßt sind und die zugleich unsere gesellschaftlichen Ordnungsvorstellungen über die Geschlechtlichkeit prägt, deutet die sexuelle Lust als äußerst gefährlich, da Lust im hohen Grade egoistisch, schmarotzend und →anarchisch sei und, unberechenbar, jede Regel verneine. Diese Deutung schließt eine bestimmte Vorstellung von der Natur der menschlichen Sexualität ein:

Der Sexualtrieb, der die sexuelle Handlungsenergie bereitstellt, strebe von Natur aus, was die Psychoanalyse einsichtig gemacht hat, nach nichts anderem, als Lust zu gewinnen. Die triebgelenkten sexuellen Handlungen wollen sich also stets nach dem Lustprinzip organisieren. Dieses Prinzip steht jedoch, so Sigmund Freud, »im Hader mit der ganzen Welt« (→S. 306f.). Es heißt, alle Einrichtungen der Gesellschaft widerstrebten jenem Prinzip der Lust, denn es gilt als unsozial; es störe und zerstöre die gesellschaftliche Ordnung wie die Lebensordnung des einzelnen, solange man den Sexualtrieb und seine Forderungen nicht unter Kontrolle bringe. Deshalb müsse der Sexualtrieb im Rahmen der Sexualerziehung so geformt werden, daß der Mensch zugunsten von uneigennützigen, sozialen Handlungen auf seine ichsüchtigen Triebbefriedigungen verzichte, und das bedeute, daß die Befriedigung der sexuellen Lustbedürfnisse so kanalisiert und beschränkt wurde, daß sie für die Durchsetzung gesellschaftlicher Ordnungsvorstellungen annehmbar erscheine. Annehmbar erscheint der offiziellen Sexualmoral – die weitgehend auf der christlichen Morallehre fußt und die die Bedürfnisse spezifisch diszipliniert: Diese sexuelle Befriedigungslust darf sich nur ereignen in selbstlosem und verantwortungsbewußtem Akt mit dem Ehepartner oder dem zukünftigen Ehepartner, einem Partner also, den man lebenslang liebt und dem man sexuell absolut treu ist, auch wenn man ihn sinnlich nicht mehr begehrt. Befriedigungslust hat sich nur zu ereignen im Akt der Hingabe als Ausdruck stabiler Bindung an den Partner, hat also stets Höheres zu erbringen, sie dient nie direktem, subjektivem Lustgewinn.

Die bürgerliche Ehe und die sie begründenden Werte der Liebe, der Treue, des Wunsches nach Fortpflanzung und der periodischen (in bestimmten Fällen sogar der dauernden) sexuellen Enthaltsamkeit nehmen in unserer Kultur einen hohen Rang ein. Diese Werte gelten in unserer Gesellschaft als verbindlich. Es sind Werte, die die sexuellen Triebenergien eng einschnüren und sie von jeder unmittelbaren Äußerung abschneiden, denn in dieser Werteinheit hat die Lust nicht den Anspruch eines Kulturwertes, den der freien Entfaltung des Individuums. Im Gegenteil. Das Luststreben des Sexualtriebs wird tabuiert und da, wo es nicht unterdrückbar ist, wird es als Begierde oder Sünde, als schamlos oder bloß triebhaft abgewertet.

Diese in unserer Gesellschaft herrschende Sexualmoral ist nur *eine* der denkbaren Lösungen zur Formung, das heißt auch immer zur Kultivierung, der triebursprünglichen Sexualität – eine mögliche, aber nicht einmal gelungene Lösung: Denn die moralisch verleugneten und negativ bewerteten sexuellen Befriedigungswünsche stehen im offenbaren Widerspruch zu den vom einzelnen erlebten Bedürfnissen und der subjektiv als äußerst erlebnissteigernd empfundenen Befriedigungslust. Eine Sexualmoral, die zum angeblichen Schutz der Gesellschaft und des Individuums die sexuelle Lust nicht vorrangig kultiviert, sondern vorrangig unterdrückt, die dazu vorschreibt, daß sich der sexuelle Akt nur in aller Heimlichkeit abzuspielen habe und selbst in dieser Heimlichkeit die sinnliche Kommunikation sich unterhalb der Wortschwelle äußern müsse, macht mit dieser Strategie die Sexualität erst zu einer wirklichen Gefahr. Denn mit dieser Methode wird nicht erreicht, daß Mann und Frau über öffentlich kontrollierbare, gemeinsame Lernprozesse ihre sexuellen Triebenergien, ihre Wünsche, Phantasien und Konflikte einsichtig und rational verarbeiten können, um sie dann nicht unter dem äußeren Zwang der Moral oder dem verinnerlichten Zwang des schlechten Gewissens, sondern eigenverantwortlich und sozial sensibel zu steuern – auch oder gerade im Zustand der sexuellen Erregung. Mit jener Methode wird eher erreicht, daß die Triebbedürfnisse vom Menschen abgewehrt und verdrängt werden, jedoch im Unterbewußtsein weiterhin an ihrem Ziel, dem ichzentrierten Lustgewinn festhalten und bei jeder günstigen Gelegenheit aus den Beschränkungen ausbrechen, die Befriedigung in irgendeiner Form – und das bedeutet überwiegend in einer sozial unverantwortlichen Form – erzwingend.

These zur Sexualmoral

Obwohl die jeweils herrschende Sexualmoral eben nur eine Ordnung unter möglichen anderen ist, beansprucht sie für sich, daß sie die einzig ›richtige‹ oder die ›wahre‹ Moral ist. Deshalb werden alle hiervon abweichenden Ordnungsvorstellungen als ›falsch‹ oder ›unnormal‹ abgewertet, und sie werden mehr oder weniger einschneidend kontrolliert. Eine solche hochgradig ›unnormale‹ Ordnung ist nun die Ordnung der Pornographien.

»Das größte Glück für alle« ist die Forderung der pornographischen Moral.

Während die offizielle Moral eine sinnenfeindliche Moral ist, in der das Recht des Menschen auf sexuelle Lusterfahrungen einen geringen Stellenwert hat, setzt die pornographische Moral eben dieses Recht an die oberste Stelle. Denn Lusterfahrungen sind Glückserfahrungen. Alle anderen Werte unserer Kultur werden diesem Recht auf Glück

»Pornographie«

Weinkanne aus dem Jahr 430 vor Christus; vermutlich von nur wenigen Vornehmen der antiken Gesellschaft und ihren Hetären genutzt wie gewürdigt.
Heute wäre es nicht möglich – selbst einer der antiken Oberschicht entsprechenden High Society nicht –, solchen Weinkrug mit Selbstverständlichkeit kreisen zu lassen. Seine schmückende Darstellung würde jeden überfordern:
Ein Liebesakt, der – in heller Beleuchtung auf sich selbst konzentriert – mit Bewußtsein und Kunst vor sich geht, wird heute erst über den Umweg pornographischen Denkens faßbar. Ein

Umweg, den die Antike nicht kannte und den wir selbst sofort dann verdrängen, wenn wir nur die ›künstlerisch wertvolle‹ Darstellung in der Abbildung sehen.
Diese *Karikatur* (Abbildung rechts) zeigt – deutlicher als es die Porno-Postkarte von 1882 selber könnte –, welcher Ausweg und welches Selbstbild dem Bürger blieb, der zwischen gewinnbringender Moral und kaisertreuem Geschäftssinn seinen Geschlechtstrieb nicht mehr unterbringen konnte: Es blieb bei einem unterdrückten Triumphzug der Menschen nur als Säue. Auf solch verschwiegene Selbsterkenntnis und -aburteilung folgte sogleich die Selbstbestrafung, die tiefreichende Verdrängung sexueller Bedürfnisse. Doch ging mit ihr eine ›Erkrankung‹ des Unbewußten einher, eine Neurosenbildung, gegen die dann die Psychoanalyse (→S. 306/7) erfunden und als Waffe eingesetzt wurde. Dennoch blieb es bei der dauerhaften Erkrankung nicht nur einzelner, sondern ganzer Gesellschaften. Der Karikaturist Robida nennt sie »Die große Epidemie«.
Die *»Erota total«* (Abbildung unten), die 2. deutsche Sex-Messe in Nürnberg 1970, war noch immer so etwas wie eine Novität; inzwischen gehört jedoch der Pornographie-Vertrieb, der Sex-Shop in der Ladenzeile zum Alltagsbild. Das Leiden an der beschädigten oder zerstörten Sexualität wurde deshalb längst zum gewinnbringenden Geschäft ausgebaut, weil es so breiter und treuer Kundschaft sicher sein kann. Geboten werden Stimulantien für den reduzierten Triebhaushalt der ohnehin Resignierten. Doch gegenüber der Jahrhundertwende etwa liegt da durchaus ein Fortschritt: Denn die Kommerzialisierung eines gesellschaftlichen Leidens setzt immerhin die Konsequenz ihres Erkennens voraus.
Wir wissen heute besser, woran wir sind; Rezepte in pornographischer Verpackung sind allerdings kaum zu erwarten. *B. C.*

nachgeordnet. Deshalb werden in den pornographischen Lesestoffen die sexuellen Wünsche aus ihren starren moralischen Fesseln befreit, die Lust wird aus ihrer engen Verflechtung mit der Ehe, der Liebe, der Treue und Askese gelöst.

Da in den pornographischen Lesestoffen das sexuelle Luststreben als eine elementare, unmittelbare Daseinserfahrung begriffen wird, da man in den Pornographien davon ausgeht, daß die offiziellen Moralvorstellungen grundsätzlich von der Mehrheit unserer Gesellschaftsmitglieder nicht konfliktfrei oder auch nur konfliktarm erfüllbar sind und deshalb auch nicht wünschbar sein können, und da man hier voraussetzt, daß sexuelle Enttäuschungen, Versagungen oder auch nur Langeweile in jeder Beziehung, auch in der stabilisierten ehelichen Liebesbeziehung, drohendes Schicksal sind, muß man sich also fragen, ob nicht die Pornographie – zumindest im Ansatz – die realen Alltagserfahrungen wie die Wunschträume der Menschen eher berücksichtige als die offizielle Moral.

Die pornographischen Klischees

Die pornographischen Lesestoffe wollen also lustfreundlich sein. An dieser Voraussetzung sind die pornographischen Phantasien orientiert. Alle Elemente, von denen die Pornographen glauben, sie könnten zur Steigerung der sexuellen Lust des Lesers dienen, werden in die Entwürfe eingebracht.

Besonders typisch für die aus der pornographischen Moral abgeleiteten imaginären Akte sind die folgenden Klischees. Es sind Muster, die sich in allen pornographischen Lesestoffen auffinden lassen. So begegnet man ihnen in den trivialen Pornos in der Form eines hoch vereinfachten und verdünnten, in dürre Sprache eingefaßten Klischees, in den literarisch gestalteten Lesestoffen in ästhetischer Differenzierung.

Thesen

Die pornographischen Phantasien zielen stets auf die Ausgestaltung der intensivsten Erregung, der schwingenden Spannungen im Orgasmus und dessen Umfeld.

Der männliche und weibliche Körper wird als ein Instrument der Lust gesehen und eingesetzt. Die Geschlechtsmerkmale werden als überprägnante Reizauslöser dargestellt.

Mann und Frau sind grenzenlos potent.

Die Frau spielt eine männliche Geschlechtsrolle.

Welche Bedeutung haben diese Muster, und wie hängen sie zusammen? In der Realität ist die sexuelle Lust, sind jene elementaren, ekstatischen Gefühle, die Selbstübersteigerungen im Orgasmus, nur punktuell zu erleben, da sie an den Sexualtrieb gebunden sind und in ihrem Rhythmus davon bestimmt werden. Niemand kann ständig sexuell erregt sein. Versuche einer Ausdehnung dieses vitalen, körperlichen und seelischen Außersichseins enden allenfalls in einem »Gefühl lauen Behagens«, wie Sigmund Freud diesen Zustand treffend beschrieb. In seiner Phantasie jedoch ist der Mensch lustsüchtig, in seinen Träumen ist er unvernünftig, will er in der Sinnlichkeit verweilen. »Denn alle Lust will Ewigkeit, will tiefe, tiefe Ewigkeit«, läßt der Philosoph Friedrich Nietzsche seinen »Zarathustra« sprechen. Die pornographische Phantasie träumt diese Wünsche weiter: in ihrer erdichteten Welt wird die Sehnsucht nach Endlosigkeit, nach Übersteigerung der Wirklichkeit erfüllbar.

In den pornographischen Lesestoffen trifft man stets Menschen, die unendlich potent sind und die eindrucksstarke ›Lustwerkzeuge‹ als optische Signale jener Omnipotenz ihr eigen nennen. Mann und Frau schwingen sich von Orgasmus zu Orgasmus, denn der erträumten Grenzenlosigkeit kann man sich schließlich auch – so die Vorstellung der Pornographen – quantitativ, mit Wiederholungen, nähern.

Die pornographische Phantasie fädelt Lusthöhepunkte auf, Lusthöhepunkte von Mann *und* Frau. Der hier entworfene Sexualcharakter der Frau weicht entschieden ab von den Vorstellungen über die ›sexuelle Natur‹ der Frau, wie sie in der öffentlichen Meinung auch heute noch vorherrschen. Im gängigen Vorurteil werden die sexuellen Lustbedürfnisse der Frau und ihre sexuellen Verhaltensweisen völlig verschieden von denen des Mannes interpretiert und gewertet. Der Sexualtrieb des Mannes, so heißt es zum Beispiel, habe eine höhere Intensität und dränge auf eine direktere Entspannung, aus diesem Grunde sei der Mann auch stets aktiv, sexuell fordernd und könne im Prinzip sexuell weniger treu sein. Die Frau sei wegen ihrer besonderen ›Natur‹ eher passiv, sie schätze die sexuellen Bedürfnisse und ihre Befriedigung geringer ein, für sie habe Sexualität erst in Verbindung mit Liebe und Zärtlichkeit Bedeutung, und es entspreche ihrem Wesen, treu zu sein. Die in jeder Beziehung sexuell aktive Frau, die diesem typischen Klischee der Ehe-Frau nicht folgt, wird zwar vom Mann besonders begehrt, wird aber zugleich als besonders unmoralisch von der Gesellschaft abgewertet. Die ›Natur‹ der Frau hatte stets so zu sein, wie der Mann sie sehen wollte. Die pornographische Phantasie macht da keine Ausnahme, auch hier wird der Sexualcharakter der Frau für den Mann entworfen, das heißt für die Erhöhung seiner Lust. Die Pornographien brauchen die erregbare Frau, wie sie den erregbaren Mann brauchen, denn die subjektive Lusterfüllung ist in der Regel desto größer, je intensiver und ungehemmter der andere mitmacht, je erregter der Lustpartner selbst ist. So ist im pornographischen Klischee die Frau, wie der Mann, immer bereit und im höchsten Maße sexuell stimulierbar, hat ihre eigenen Lustansprüche, ist sexuell fordernd und will direkte genitale Lust. Im Gegensatz zur ›Doppelmoral‹ in Vergangenheit und Gegenwart, nach der die Frau dem Mann einseitig verfügbar zu sein hat, ist in der pornographischen Moral in der Tendenz die Geschlechtsrolle von Mann und Frau gleichwertig, wenn auch die traditionelle Vorherrschaft des Mannes im Detail immer wieder durchbricht.

Thesen

Der pornographische Mensch ist reduziert auf seine Geschlechtlichkeit und auf seine Funktionalität als Sexualobjekt.

Der pornographische Mensch ist austauschbar.

Was ihm Spaß macht, ist moralisch erlaubt. Einschränkendes Prinzip ist einzig das moralische Prinzip der gegenseitigen Übereinstimmung.

Im pornographischen Klischee handeln die Personen in auf die pure Geschlechtlichkeit begrenzten Akten. Sie sind Träger sexueller Funktionen, und sie werden nach der Qualität (und Quantität) ihrer Reizmerkmale, dem Grad ihrer Lustsensibilität, nach ihrer sexuellen Tüchtigkeit also, beurteilt. Verlangt wird sexualtechnische Perfektion. Da Lust nicht mehr gebündelt ist mit Liebe und Ehe, wie in der offiziellen Sexualmoral, der Partner nur noch Lustpartner, sind die Partner beliebig

John Cleland, »Die Memoiren der Fanny Hill«, München. Wien. Basel 1963

Frank Newman, »Barbara«, Frankfurt am Main 1971

Zum Thema Sexualität und Pornographie sei empfohlen:

Sigmund Freud, »Abriß der Psychoanalyse/Das Unbehagen in der Kultur,« Frankfurt am Main 1953

Hans Giese, »Das obszöne Buch«, Beiträge zur Sexualforschung Heft 35, Stuttgart 1965

Peter Gorsen, »Sexualästhetik. Zur bürgerlichen Rezeption von Obszönität und Pornographie«, Reinbek bei Hamburg 1972

Anton-Andreas Guha, »Sexualität und Pornographie. Die organisierte Entmündigung«, Frankfurt/M. 1971

Montgomery Hyde, »Geschichte der Pornographie«, Stuttgart 1969

Ludwig Marcuse, »Obszön. Geschichte einer Entrüstung«, München 1962

Edgar Mertner/Herbert Mainusch, »Pornotopia«, Frankfurt am Main 1970

»Der Pornographie-Report«, Untersuchungen der »Kommission für Obszönität und Pornographie« des amerikanischen Kongresses, Reinbek bei Hamburg 1971

B. Ingrid Kroner, »Genitale Lust im Kulturkonflikt«, Tübingen 1974

austauschbar. Da einzige Norm ein optimaler gemeinsamer Lustgewinn ist, kann jeder ein möglicher Sexualpartner sein, sofern er nur diesen gemeinsamen Lustgewinn verspricht. Geschlecht, Verwandtschaft, Alter und Zahl der Partner – all das ist beliebig.

So gibt es in Newmans »Barbara« Dreier- und Viererkombinationen, deren physische Konstellationen und Komplikationen langhin ausgemalt werden.

Gerade Beziehungen, die zu der von der offiziellen Sexualmoral vorgeschriebenen lebenslangen Einehe in grellem Kontrast stehen, werden im pornographischen Klischee als lustbringende Quellen der sexuellen Befriedigung vorentworfen; wie auch alle jene Sexualpraktiken als besondere Signal- und Reizwerte eingesetzt werden, die im provozierenden Gegensatz stehen zu der in der offiziellen Sexualmoral als ›natürlich‹ bewerteten ›Normalposition‹? Sexuelle Verhaltensweisen, die sonst als ›pervers‹ bezeichnet werden, werden so enttabuiert; zudem bedeutet ihre unmittelbare Bezeichnung in vulgären Ausdrücken auch eine sprachliche Provokation. ›Perversion‹, die ›Umdrehung‹, heißt hier also notwendig das Spiegelbild der herrschenden Moral.

Das scheinbar erlöste Lustprinzip

In den pornographischen Klischees wird die maximale Entgrenzung der sexuellen Triebwünsche, ihre Befreiung von den moralischen Bindungen und Einschränkungen versucht und durchprobiert, je nach Vermögen des Autors mehr oder weniger phantasievoll, mehr oder weniger mechanisch. Es wird bis ins Detail entfaltet, wie sich Kommunikation ereignet, die nur vom Streben nach Lust und Gewinn an Lust gelenkt wird, wie ein Dasein wäre, in dem der Mensch nur seiner Sinnlichkeit lebt und in dem jede Beziehung sexuell-sinnlich-lustreich durchtönt ist. Die pornographischen Szenen und die sie bedingende Moral sind Entwürfe mit einem hohen Unwirklichkeitswert: Sie sind mit der Realität aber verknüpfbar, wenn man in ihnen die Verneinung der herrschenden Wirklichkeit, die Ablehnung der herrschenden Moral sieht. Sie sind eine imaginäre Gegenwelt, die den Protest des Lustprinzips umhüllt, ohne daß diese Bilder der Auflehnung eine neue, eine gelungenere oder gar eine praktizierbare Sexualordnung abgeben, denn hier handeln keine Personen, die sich mit ihren sexuellen Bedürfnissen, den Bedürfnissen ihrer Partner und den Forderungen der gesellschaftlichen Realität auseinandersetzen müssen, sondern es handeln nurmehr auf das Lustprinzip hin programmierte Marionetten. Die pornographische Ordnung löst den Konflikt zwischen den Ansprüchen des Sexualtriebs und dessen notwendiger Einfügung und Anpassung in soziale Beziehungen ebensowenig wie die offizielle Sexualmoral. Jedoch machen die pornographischen Klischees die allgemeine Problematik der Sexualität zwingender bewußt, indem sie Sexuelles greller ausleuchten.

Ist Pornographie ein Übel oder eine notwendige Herausforderung?

Können die pornographischen Lesestoffe tatsächlich dazu beitragen, daß das Notwendige möglich wird? Das heißt: Können sie dazu dienen, daß die unzulängliche Formung des Sexualtriebs, die mangelnde Kultivierung der Sinnlichkeit, das Leiden der Menschen an der Sexualität bewußter werden? Oder sind sie nur ein gewinnbringendes Geschäft, die geschickte und bedenkenlose kommerzielle Ausnutzung der (männlichen) Sexualität und ihrer steten Ansprechbarkeit – Konsumpornographie, die lediglich die morallosen ›perversen‹ Wunschträume der sexuell ›Verklemmten‹ kopieren und zu Recht von den gesellschaftlichen Kontrollinstanzen, von den Hütern der Moral und der Jugend beargwöhnt werden?

Die pornographischen Lesestoffe können beides sein. Welche Bedeutung überwiegt, hängt vom Leser ab, davon, wie er Pornographie gebraucht oder verbraucht. Das heißt zugleich, es hängt davon ab, wie aufgeklärt, wie souverän, wie mündig und wie mutig er ist in einer Gesellschaft, die trotz der Fülle der verbreiteten Informationen über Sexualität im Prinzip aufklärungsunwillig ist.

Braucht der (männliche) Leser Pornographisches als einen leicht verfügbaren Ausgleich, als Kompensation für Versagungen in der Ehe, in der Liebe, im Beruf, muß ihm Pornographisches als Ersatz für fehlende Partnerkontakte dienen, benutzt er es als Krücke für die mangelnde eigene sinnliche Phantasie oder für seine Potenzschwierigkeiten, dann vermitteln die pornographischen Lesestoffe nichts anderes als einen bewußtlosen, fraglosen Orgasmus, dann schafft Pornographie nur Ventile – aber immerhin Ventile, immerhin eine Minderung eines sexuellen Konflikts für eine kleine Spanne Zeit, der jedoch der nächste Jammer untrüglich folgen muß.

Erkennt der Leser nicht, daß die pornographischen Phantasien sowohl eine moralische Gegenwelt als auch eine Scheinwelt der Lust entwerfen, sondern sieht in ihnen reale Handlungsanweisungen: Will er sich mit dem omnipotenten pornographischen Lustmenschen vergleichen und messen, so muß er unausweichlich und hart enttäuscht werden. Denn dann funktionieren die pornographischen Lesestoffe nicht einmal mehr als relativ glatte Ventile, sondern könnten das Leiden an der Sexualität noch verschlimmern.

Konsumiert der Leser die Pornographie distanzlos und kritiklos, überliest er in seinem sexuellen Eifer, der nur den Reiz sucht, die über die Stimulanz hinausgehenden pornographischen Botschaften, die Hinweise auf die Sinnenfeindlichkeit unserer Moral, die Hinweise auf die übermäßigen, sozial nicht notwendigen Einschränkungen der Lust, begnügt er sich mit den nur heimlichen Verstößen gegen diese Moral und hat hinterher noch ein schlechtes Gewissen, paßt er sich dann widerspruchslos und ohne Zweifel an die bestehenden Verhältnisse wieder an – dann werden selbst die anspruchsvollsten pornographischen Lesestoffe, jene sexuellen ›Revolten‹, zu simplen Pornos, sind pure Reizvorlagen und nichts mehr; und so tragen alle Pornographien, die ›künstlerischen‹ wie die banalen, dazu bei, die Ersatzbefriedigungen, die Zwänge, die sexuellen Ängste zu rechtfertigen und sie *nicht* abzuschaffen.

Wie man die pornographischen Lesestoffe auch beurteilen mag, es wird ein Interesse an ihnen bestehen, solange sie dem Leser, dem Konsumenten, eine Befriedigung garantieren: solange sie ihm ›Spaß machen‹. Und Befriedigung versprechen sie ihm, solange er keine besseren Alternativen schafft.

StGB § 184 (ab 28. 1. 1975 in Kraft): Verbreitung pornographischer Schriften. (1) Wer pornographische Schriften, Ton- oder Bildträger, Abbildungen oder Darstellungen 1. einer Person unter 18 Jahren anbietet, überläßt oder zugänglich macht, 2. an einem Ort, der Personen unter 18 Jahren zugänglich ist oder von ihnen eingesehen werden kann, ausstellt, anschlägt, vorführt oder sonst zugänglich macht, 3. im Einzelhandel außerhalb von Geschäftsräumen, in Kiosken oder anderen Verkaufsstellen, die der Kunde nicht zu betreten pflegt, im Versandhandel oder in gewerblichen Leihbüchereien oder Lesezirkeln einem anderen anbietet oder überläßt, 4. im Wege des Versandhandels in den räumlichen Geltungsbereich dieses Gesetzes einzuführen unternimmt, 5. öffentlich an einem Ort, der Personen unter 18 Jahren zugänglich ist oder von ihnen eingesehen werden kann, oder durch Verbreiten von Schriften außerhalb des Geschäftsverkehrs mit dem einschlägigen Handel anbietet, ankündigt oder anpreist, 6. an einen anderen gelangen läßt, ohne von diesem hierzu aufgefordert zu sein, 7. in einer öffentlichen Filmvorführung gegen ein Entgelt zeigt, das ganz oder überwiegend für diese Vorführung verlangt wird, 8. herstellt, bezieht, liefert, vorrätig hält oder in den räumlichen Geltungsbereich dieses Gesetzes einzuführen unternimmt, um sie oder aus ihnen gewonnene Stücke im Sinne der Nummern 1 bis 7 zu verwenden oder einem anderen eine solche Verwendung zu ermöglichen, oder 9. auszuführen unternimmt, um sie oder aus ihnen gewonnene Stücke im Ausland unter Verstoß gegen die dort geltenden Strafvorschriften zu verbreiten oder öffentlich zugänglich zu machen oder eine solche Verwendung zu ermöglichen, wird mit Freiheitsstrafe bis zu einem Jahr oder mit Geldstrafe bestraft.

Horst-Dieter Hayer

Breton · Manifest des Surrealismus

»Manifeste du surréalisme« (Erstdruck Paris 1924)
Programmschrift von André Breton (18. 2. 1896 – 28. 9. 1966)

Der französische Surrealismus ist ein Teil der gesamteuropäischen →Avantgardebewegung zwischen den beiden Weltkriegen, für die einerseits die konsequente Ablehnung künstlerischer Traditionen, andererseits die enge Verbindung von ästhetischen und gesellschaftlichen Problemstellungen kennzeichnend ist. Die Avantgarde erneuert die Formen und Verfahren der Kunst mit dem Ziel der Aktivierung des Lesers und unternimmt damit den Versuch, den autonomen Status der Kunst, ihre praktische Wirkungslosigkeit, aufzuheben und ihr eine aktive Rolle in der Gesellschaft zuzuweisen.

Vorläufer sind die bürgerlichen Bewegungen des →Futurismus in Italien (F.T. Marinetti 1876–1944) und in Rußland, der Expressionismus in Deutschland (→S. 288f.). Seit etwa 1916 entsteht als Reaktion auf die Katastrophe des 1. Weltkriegs in verschiedenen Zentren (Zürich, Paris, Berlin, Köln, Hannover, New York) der →Dadaismus, eine radikale Protestbewegung gegen die bürgerliche Kunst und Gesellschaft. Während der italienische Futurismus in den Faschismus mündet, geht ein Teil der russischen Futuristen nach der Oktoberrevolution in das progressive Lager über und entwickelt eine proletarisch-revolutionäre Massenkunst: W. Majakowskij (1893–1930) und die LEF (=Linke Kunstfront)-Gruppe. Die russische Avantgarde ist als konstruktivistisch zu charakterisieren, das heißt auf die Veränderung des Individuums und der Gesellschaft hinarbeitend. Sie setzt vielfältige Genera ein, deren Verfahren sie unter breiter Einbeziehung technischer Neuerungen umgestaltet (agitatorische Lyrik, Plakatkunst, Faktographie, Film), um alle Bereiche des Alltags und der Produktion zu durchdringen. Bert Brecht (1898–1956 – →S. 354f.), der bedeutendste deutsche Vertreter der Avantgarde, orientiert sich nach seiner expressionistischen Phase sehr stark an der russischen Avantgarde, mit deren wichtigsten Vertretern er in Verbindung steht. Demgegenüber bleibt der französische Surrealismus, der direkt aus dem Dadaismus hervorgeht, eine Bewegung bürgerlicher Intellektueller mit zum Teil elitären und →esoterischen Zügen. Er ist in erster Linie als sensibilistisch zu charakterisieren, das heißt den psychischen Bereich des Unbewußten und des Traums mit dem Ziel der Anregung der spontanen Kreativität des Individuums aktivierend. Der Prager Poetismus (Karel Teige; 1900–1951) ist der wichtige Versuch einer Verbindung von konstruktivistischen mit sensibilistischen Ansätzen.

André Breton, der Begründer und Theoretiker des Surrealismus, steht in seinen Anfängen dem französischen Spätsymbolismus nahe; er bewundert die hermetische Lyrik Stéphane Mallarmés (1842–1889) und korrespondiert seit 1913 mit Paul Valéry (1871–1945). 1915 wird der Medizinstudent Breton zum Kriegsdienst eingezogen. Er arbeitet in Hospitälern mit Geistesgestörten und macht sich mit der Lehre Sigmund Freuds (1856–1939 – →S. 306f.) bekannt. 1919 schließt er sich dem Pariser Dada an (Tristan Tzara, 1896–1963). Seit 1922 kann man von einer surrealistischen Gruppe sprechen, der außer Breton u.a. Louis Aragon, (*1897), Philippe Soupault (*1897), Paul Éluard (1895–1952) und Robert Desnos (1900–1945) angehören. Man experimentiert mit hypnotischem Schlaf. 1920 erscheinen die »Magnetischen Felder«, von Breton und Soupault gemeinsam verfaßte automatische Texte, die vorab das ästhetische Programm verwirklichen, das Breton im »Ersten surrealistischen Manifest« von 1924 formuliert.

Das »Manifest« ist eine typische Literaturgattung der Avantgarde. Es dient der Darlegung und Propagierung der Programme der jeweiligen Bewegungen. Die Darbietung futuristischer und dadaistischer Manifeste in Veranstaltungen unterstreicht deren Nähe zur Aktion. Gegenüber den →emphatischen, aber verständlichen Manifesten Marinettis und den provokativen Unsinns- und Antimanifesten der Dadaisten nimmt das surrealistische Manifest eine Sonderstellung ein. Es wählt für seine programmatischen Aussagen einen poetischen →Aussagemodus, der sie schwer verständlich macht und damit die Breitenwirkung des Manifests von vornherein in Frage stellt.

Breton geht aus von einer Kritik der Entfremdung in der bürgerlichen Gesellschaft, vom Standpunkt des ihr unterworfenen Individuums her, dessen allmähliche, ihm kaum bewußt werdende Einpassung in die Zwänge und →Zweckrationalismen des gesellschaftlichen Systems er analysiert. Dessen »willkürlicher Nützlichkeit« und »gebieterischer praktischer Notwendigkeit« entsprechen einengende moralische Konventionen und auf geistigem Gebiet ein »absoluter Rationalismus« und eine uneingeschränkte »Herrschaft der Logik«.

Diese ineinandergreifenden Instanzen schränken die Erfahrungsmöglichkeiten des Individuums radikal ein, töten seine Spontaneität und Kreativität ab und führen zu seiner geistig-seelischen Verelendung.

Biographie

18.2.1896	in Tinchebray (Orne) geboren
1915	als Medizinstudent zum Kriegsdienst eingezogen
	Arbeit in neuro-psychiatrischen Anstalten
1916	Entdeckung der Arbeiten Freuds
1919–20	Mitarbeit am Pariser Dada
1919	Gründung der Zeitschrift *Littérature*
1919	Breton und Soupault entdecken die ›automatische Schreibweise‹
1920	»Die magnetischen Felder« (»Les Champs magnétiques«)
1922	Bruch der Gruppe »Littérature« mit Dada
	Erste Experimente mit hypnotischem Schlaf
1924	Gründung der Zeitschrift *La Révolution surréaliste* (die surrealistische Revolution), die bis 1929 erscheint
	Gründung eines »Bureau de recherches surréalistes« (Büro surrealistischer Forschungen)
	»Manifest des Surrealismus«
1925	Beginn der Politisierung der Bewegung (Marokkokrieg)
1927	Breton, Aragon, Eluard, Péret treten in die kommunistische Partei ein
1928	»Nadja«
1930	Zweites Manifest des Surrealismus
1935	Bruch mit der kommunistischen Partei
	»Position politique du surréalisme«
1938	Besuch Trotzkis in Mexiko; Verfassung des gemeinsamen Manifests »Für eine unabhängige revolutionäre Kunst«
1941	Emigration Bretons (über Martinique) nach Amerika
1946	Rückkehr nach Frankreich
28.9.1966	in Paris gestorben

Dieser Wirklichkeit gegenüber proklamiert Breton den Wahnsinn als Protesthaltung, der die Anpassung verweigert und die Freiheit, die dem Individuum zukommt, kompromißlos in Anspruch nimmt. Er versucht weiterhin, mit Hilfe der Imagination, die sich dem Bereich des Unbewußten, vor allem dem Traum als seiner zentralen Manifestation, zuwendet, die zerstörte Ganzheit des Individuums wieder herzustellen. Der Traum soll mit der Wirklichkeit zu einer absoluten »Überwirklichkeit« (surréalité) verbunden werden. Breton beruft sich dabei auf Freud, unterscheidet sich aber von dessen Ansatz in der »Traumdeutung« (1900) insofern grundlegend, als das Unbewußte nicht unter rationale Kontrolle gebracht, sondern dieser entzogen und als ursprünglicher Erfahrungsbereich freigesetzt werden soll.

Breton definiert dem entsprechend den Surrealismus als »reine(n) psychische(n) Automatismus, durch den man sich vornimmt, mündlich, schriftlich oder auf jede andere Weise das reale Funktionieren des Denkens zum Ausdruck zu bringen. Diktat des Denkens, ohne jede Kontrolle durch die Vernunft, außerhalb jeder ästhetischen oder moralischen Zielsetzung.« »Der Surrealismus beruht auf dem Glauben an die höhere Wirklichkeit gewisser bis zu ihm vernachlässigter Formen der Assoziation, an die Allmacht des Traums, an das interesselose Spiel des Denkens. Er setzt sich zum Ziel, alle anderen psychischen Mechanismen endgültig zugrunde zu richten und sich bei der Lösung der wichtigen Probleme des Lebens an deren Stelle zu setzen.«

Die »automatische Schreibweise« ist das künstlerische Verfahren, mit dessen Hilfe die reinen psychischen Automatismen, die als das »reale Funktionieren des Denkens« aufgefaßt werden, zu erfassen sind. Sie soll das »Diktat des Denkens« unter Ausschaltung aller rationalen und verfälschenden Zensurinstanzen unmittelbar und gleichsam automatisch festhalten. Der unwillkürlichen, unreflektierten Sprache wird dabei eine »außerordentliche →Luzidität« zugesprochen. Eine zentrale Aufgabe des »neuen Modus des reinen Ausdrucks« übernimmt auch das surrealistische Bild, das durch die zufällige und willkürliche Kombination auseinanderliegender Elemente der Wirklichkeit unberechenbare Effekte erzielt.

Das Manifest berichtet u.a. über die Entstehung der surrealistischen Gruppe. Es zitiert und analysiert eine Reihe von Textbeispielen. Es endet mit einem Hinweis auf das noch ungeklärte Verhältnis des Surrealismus zum gesellschaftlichen Handeln. Breton geht auf dieses Problem nur vage ein, indem er den Surrealismus einen »absoluten Non-Konformismus« nennt.

Die »surrealistische Revolution« der Jahre 1922/24 ist die Suche nach einer Lebensform in der bürgerlichen Gesellschaft, die die Aufhebung der geistig-seelischen →Entfremdung des Individuums ermöglicht. Die Lösung dieser frühen Phase ist noch rein individualistisch und ohne gesamtgesellschaftliche Perspektive. Mit dem Protest gegen den Marokkokrieg (1925) setzt eine Politisierung und stärkere gesellschaftliche Orientierung ein, die zur Annäherung an marxistische Positionen und 1927 zum Eintritt eines Teils der Gruppe in die Kommunistische Partei führt.

Max Ernst (1891) ist maßgeblich an der Entstehung des Surrealismus beteiligt. Er hat eine Vielzahl von Techniken und Verfahren (Collage, Frottage usw.) zur Stimulierung und Freisetzung psychischer Automatismen entwickelt. 1919 gründet er mit Baargeld und Arp in Köln eine dadaistische Gruppe. Er geht 1922 nach Paris und arbeitet bis 1954 eng mit den Surrealisten zusammen. »Das Rendezvous der Freunde« (1922) stellt die Gruppe um die Zeitschrift »Littérature« nach dem Bruch mit den Dadaisten dar.

André Breton, »Die Manifeste des Surrealismus«, Reinbek 1968.

Bodo Heimann

Toller · Masse – Mensch

»Masse – Mensch« (Uraufführung Potsdam 1921)
Ein Stück aus der sozialen Revolution des 20. Jahrhunderts von Ernst Toller (1. 12. 1893 – 22. 5. 1939)

»Die Juden fühlten sich als Pioniere deutscher Kultur. In den kleinen Städten bildeten jüdische bürgerliche Häuser die geistigen Zentren, deutsche Literatur, Philosophie und Kunst wurden hier mit einem Stolz, der ans Lächerliche grenzte, ›gehütet und gepflegt‹. Den Polen, deren Kinder in der Schule nicht die Muttersprache sprechen durften, deren Vätern der Staat das Land enteignete, warf man vor, daß sie keine Patrioten seien. Die Juden saßen an Kaisers Geburtstag mit den Reserveoffizieren, dem Kriegerverein und der Schützengilde an einer Tafel [. . .] und ließen Kaiser Wilhelm hoch leben.«

So sah Toller in seiner Autobiographie »Eine Jugend in Deutschland« die Provinz Posen, in der sein Vater einer der Kleinstadthonoratioren war: Kaufmann und Stadtverordneter, was »gleich hinter dem Kaiser« kam. Der junge Toller wuchs auf mit den Konflikten zwischen Deutschen, Protestanten, Juden, Polen, Katholiken, Armen und Reichen. Als er das Realgymnasium in Bromberg besuchte, wo er die an der Schule verbotenen Werke von Hauptmann, Ibsen, Strindberg und Wedekind las und nebenher für die Provinzzeitung schrieb, wurde er wegen seiner empörten Schilderung einer Unmenschlichkeit vom Bürgermeister, der sich angegriffen fühlte, in einen Prozeß verwickelt. Aber die Anklage wurde sofort zurückgezogen, als der Vater und Stadtverordnete sich einschaltete.

Später, als Toller in Frankreich studierte, wurde ihm seine Klassenlage problematisch: »Ich bin ein junger Mensch aus bürgerlichem Haus. Daß ich in Frankreich lebe, daß ich studiere, daß ich reise, daß ich versorgt werde, scheint mir ›selbstverständlich‹. Über den Begriff der Freiheit habe ich nie nachgedacht, es sei denn bei philosophischer Lektüre. Daß mein Freund Stanislaus seit seinem vierzehnten Jahr als Taglöhner arbeitet und von seinem schmalen Lohn die Eltern miternähren muß, war recht und billig, ebenso wie mein Recht, das Leben zu ›genießen‹. Jetzt erscheint mir plötzlich dieses Recht problematisch. Ich erkenne, was meine äußere Freiheit bedingt und begrenzt: Geld. [. . .] Ihm habe ich zu danken, daß ich an diesem strahlenden Morgen den von blühenden Glyzinien und Mimosen überhangenen Weg wandern, daß ich auf irgendeinem Stein ausruhen kann [. . .]. Ja, ich liebe das Geld, mit schlechtem Gewissen. Der Tag ist mir verleidet [. . .], die Werte, die ich gestern für ewig [. . .] hielt, sind fragwürdig geworden, ich selbst bin mir fragwürdig.«

Als 1914 der Krieg ausbrach, eilte er sofort nach Deutschland, um sich, wie viele seiner Generation, als Kriegsfreiwilliger zu melden. Aber bald wandelte er sich zum Kriegsgegner und Sozialisten: Eine Wandlung, die er 1919 in seinem ersten und erfolgreichsten Drama »Die Wandlung« so beispielhaft verallgemeinerte, daß das Stück vielen Zeitgenossen eine Möglichkeit der →Identifikation bot und den Maßstab setzte, mit dem die Kritiker auch seine folgenden Dramen maßen.

Toller beteiligte sich führend an der Novemberrevolution in München. Er wurde der Mitkämpfer Kurt Eisners bei der Führung der Unabhängigen in Bayern und nach Eisners Ermordung Vorsitzender der →USPD und des Zentralrats der bayrischen Räterepublik. In dieser Funktion versuchte er, die Kräfte der verschiedenen sozialistischen Parteien zu vereinigen. Todesurteile verhinderte er, Haftbefehle, die ihm vorgelegt wurden, zerriß er. Blutvergießen wollte er vermeiden. Als Kommandant der Roten Garde versuchte er, mit den Truppen der sozialdemokratischen Regierung zu einem Waffenstillstand zu kommen, zumal er die Schlacht für aussichtslos hielt. Gegen seinen Willen kam es zu Kampf und Niederlage. Anders als Rosa Luxemburg und Karl Liebknecht in Berlin gelang es ihm, der Ermordung zu entgehen und sich einige Zeit versteckt zu halten. Nach seiner Entdeckung wurde er vor ein Standgericht gestellt.

Der preußische Innenminister setzte sich für ihn ein und charakterisierte ihn in einem Brief sehr bezeichnend: »Wenn Toller auch zeitweise die Rätetruppen in München geführt hat, so kann man ihm doch nicht die Schuld an den blutigen Ereignissen beimessen. Toller ist während der kurzen Zeit seines Kommandos immer des Glaubens gewesen, alles gütlich schlichten zu können. Daß dies sein Glauben war, kann durch Zeugen bestätigt werden und ist jedem, der Toller kennt, begreiflich. Toller ist ein unverwüstlicher Optimist und Friedensgläubiger, und verwirft jede Gewalt.«

Toller wurde trotzdem zu fünf Jahren Festungshaft verurteilt. Als er wegen des großen Erfolgs als Dramatiker begnadigt werden sollte, lehnte er ab, da weniger prominente Genossen ihre Strafe verbüßen mußten. So blieb er die ganzen fünf Jahre bis 1924 im Gefängnis, wo er sich über seine Konflikte, seine Entscheidungen und die Gründe seines Scheiterns künstlerisch klarzuwerden versuchte. Dabei wurden die Auseinandersetzungen im revolutionären Lager, die Spannungen zwischen den verschiedenen Führern und Parteien, insbesondere USPD und →KPD, von besonderer Bedeutung und bestimmten weitgehend die Struktur der Dramen, wie sich auch bei einer Analyse der Tragödie »Masse – Mensch«, in der Toller seine politischen Erfahrungen am unmittelbarsten verarbeitet hat, deutlich zeigt.

»Masse – Mensch« ist im Gefängnis entstanden und ›den Proletariern‹ gewidmet. »In zweieinhalb Tagen«, so schrieb er, »brach« es »als visionäre Schau« aus ihm heraus. Es entstand nach seinem mißlungenen politischen Kampf, nach dem Scheitern der Räterepublik, im Zustand der Ohnmacht und Abgeschlossenheit. Toller wußte, daß er nicht als Künstler etwas nachholen konnte, was er als Politiker nicht geschafft hat. Es lag ihm fern, die Revolution jetzt nachträglich mit Revolutionsliteratur zu machen. Wie Büchner mit »Dantons Tod« (→S. 238f.), so wollte auch Toller mit »Masse – Mensch« die politischen Realitäten nicht verändern (das wäre illusionistisch und eine Fehleinschätzung der literarischen Möglichkeiten), sondern Geschehe-

Biographie

1893	geboren in Samotschin/Bromberg Sohn eines Kaufmanns Jurastudent und Kriegsfreiwilliger
1916	schwer verwundet entlassen
1918/19	Teilnahme an Streik und Revolution Vorsitzender der USPD Vorstandsmitglied des Zentralrats der Arbeiter-, Bauern- und Soldatenräte Bayerns
1919	zu 5 Jahren Festungshaft verurteilt
1933	Emigration: Schweiz, Frankreich (1935), England (1936), USA
1939	Selbstmord im Exil in New York.

Dramen: Die Wandlung (1919) Masse Mensch (1921) Die Maschinenstürmer (1922) Der deutsche Hinkemann (1923) Der entfesselte Wotan (1924) Hoppla, wir leben! (1927) Feuer aus den Kesseln (1930) Die blinde Göttin (1932) No more Peace! (1937) Pastor Hall (1939) u.a.
Lyrik: Das Schwalbenbuch (1924) u. a.
Autobiographie: Eine Jugend in Deutschland (1933)
Briefe aus dem Gefängnis (1935)

nes analysieren und bewältigen. Es ist →Reflexion nach der Tat, nicht Aufruf zur Tat. Der Titel verweist auf den Gegensatz von Masse und Mensch und reiht das Drama zugleich in die literarischen Werke ein, die sich mit dem Problem der Entmenschlichung, der Entindividualisierung auseinandersetzen.

Das Individuum spielt, mit Ausnahme der Führergestalt, keine Rolle mehr. Es treten ›Gruppenpersonen‹ auf, ›Arbeiter‹, ›Arbeiterinnen‹, ›gefangene Mädchen‹, die wie mit einer Stimme sprechen:

»Massenchöre wie aus der Ferne: Wir ewig eingekeilt
In Schluchten steiler Häuser.
Wir preisgegeben
Der Mechanik höhnischer Systeme.«

Wo solche ›Massenchöre‹ sich in ›einzelne Stimmen‹ auflösen, sprechen nicht unterscheidbare Individuen, sondern jeder könnte alles sagen: »Vereinzelte Rufe im Saal: Nieder die Fabriken, nieder die Maschinen!« Dasselbe gilt für das Nacheinandersprechen (›Erster Arbeiter‹, ›Zweiter Arbeiter‹ oder ›Erster Bankier‹, ›Zweiter Bankier‹). Wo einzelne Gestalten auftreten, fungieren sie als Repräsentanten einer Gruppe oder Institution. So vertritt ›der Mann‹, der vor dem Aufstand vergeblich versucht, die Führerin in die Ordnung ihrer bürgerlichen Klasse zurückzuführen, die Beamtenschaft mit den bürgerlichen Ordnungs-, Pflicht- und Ehrbegriffen (»Für mich besteht die sachlich strenge Ehrensatzung«). Oder der Priester, gegen den die Frau vor ihrer Erschießung noch einmal ihr humanistisches Bekenntnis aufrechterhält, vertritt die mit dem Staat verbundene kirchliche Autorität mit den Zügen einer inhumanen Ideologie (»Der Mensch ist böse von Anbeginn«). Oder der Offizier, der die Frau zur Erschießung holt, vertritt die militärische Gewalt des Staates mit ihrem Mechanismus von Befehl und Gehorsam (»Befehl Befehl. Gehorchen gehorchen«).

Diesen Kollektivfiguren ist gemeinsam, daß sie ihre Worte und Taten nicht selber überdenken und verantworten. Sie fragen nicht nach den Ursachen ihres Tuns und treffen keine Entscheidungen, sondern sind fremdbestimmt, sei es durch Kapital und Konvention (die Bürger) oder durch Parolen der Führer (die Arbeiter).

Demgegenüber steht die Führerin als einzige mit einem Namen, mit Charakter und Gewissen ausgestattete Persönlichkeit. Sie kämpft gegen den Krieg, führt die Arbeiter im Streik und verhindert, daß die Streikenden Fabriken und Maschinen zerstören, denn nicht die Industrialisierung, sondern die Unterwerfung des Menschen unter die Maschine soll rückgängig gemacht werden.

»Fabriken dürfen nicht mehr Herr,
Und Menschen Mittel sein.«

Die Befreiung will sie mit den Massen der Arbeiter gewaltlos erreichen.

»Gewaltlos werden wir die Ketten sprengen,
Und keine Waffe ist gebaut, die uns besiegen
könnte.«

Aber aus der Masse heraus entsteht ihr ein Gegenführer: ›der Namenlose‹. Er repräsentiert die Masse, die sich selber führt, und ist ein Teil von ihr. Er ruft zur gewaltsamen Veränderung, zu Revolution und Bürgerkrieg auf und verdächtigt die Frau wegen ihrer bürgerlichen Herkunft.

»Wie wagst du Frau aus jenen Kreisen,
Die Stunde der Entscheidung zu vergiften?«

Ihm gelingt, die Frau als verräterische Intellektuelle hinzustellen und ihr die Führung zu entwinden. Als der Kampf verlorengeht, taucht ›der Namenlose‹ in der Masse unter, die Führerin aber wird festgenommen. Eine Befreiung durch ihre Genossen weist sie zurück, weil ein Wärter getötet werden müßte. Sie will lieber getötet werden als töten lassen und stirbt gleichsam als Märtyrerin für ihre Idee der →Gewaltlosigkeit und Menschenliebe.

»Nur selbst sich opfern darf der Täter.
Höre: kein Mensch darf Menschen töten
Um einer Sache willen.
Unheilig jede Sache, die's verlangt.«

Während sie, äußerlich besiegt, exekutiert wird, veranlaßt ihr Beispiel zwei mitgefangene Frauen, über ihr eigenes Tun nachzudenken. Die letzten Worte des Dramas »Schwester, warum tun wir das?« zeigen, daß Toller eine Möglichkeit gegeben sah, durch individuelle Bewußtwerdung und selbstkritische Solidarität die Anonymität und Verantwortungslosigkeit der Masse zu überwinden.

Die Befreiung der Menschen von der Unterdrückung durch Kapital und Maschine, die nicht nur auf eine Klasse beschränkte Solidarität der Menschen und die nicht im Widerspruch zu ihrem humanen Ziel stehende, gewaltlose Revolution mißlingen in Tollers Dramen immer wieder. Der aktuelle Stoff seines letzten unveröffentlichten Werkes zeigt noch einmal, in welche Richtung Toller immer strebte: Gandhis Freiheitsbewegung, von den Massen getragen, gewaltlos und doch, was Toller noch nicht wissen konnte, am Ende erfolgreich. Erfolgreich freilich dadurch, daß die britische Kolonialmacht sich im Zweiten Weltkrieg aufrieb. Das versieht auch dieses Beispiel erfolgreicher Gewaltlosigkeit mit einem Fragezeichen.

Toller tötete sich am 22. Mai 1939 in Depression und Verzweiflung ein Vierteljahr vor Ausbruch des Zweiten Weltkriegs im Exil in New York.

»Prosa Briefe Dramen Gedichte«. Reinbek 1961 (mit Vorwort von Kurt Hiller und Bibliographie der wichtigsten dramatischen, lyrischen und epischen Arbeiten Tollers).
»Ausgewählte Schriften«. Berlin 1961 (mit Vorwort von Bodo Uhse und Bibliographie von Tollers Werk, einschl. Prosa in Zeitschriften u. Zeitungen, und Literatur über Toller).

Sonderblatt.
№ 53. München, 15. Mai 1919.
Bayerisches Polizeiblatt.
Herausgegeben von der Polizeidirektion München.
3040.
10000 Mark Belohnung.
Wegen Hochverrats
nach § 81 Ziff. 2 des RStGB. ist Haftbefehl erlassen gegen den hier abgebildeten Studenten der Rechte und der Philosophie
Ernst Toller.
Er ist geboren am 1. Dezember 1893 in Samotschin in Posen, Reg.-Bez. Bromberg, Kreis Kolmar, Amtsger. Margonin, als Sohn der Kaufmannseheleute Max u. Ida Toller, geb. Kohn.
Toller ist von schmächtiger Statur und lungenkrank; er ist etwa 1,65–1,68 m groß, hat mageres, blasses Gesicht, trägt keinen Bart, hat große braune Augen, scharfen Blick, schließt beim Nachdenken die Augen, hat dunkle, beinahe schwarze wellige Haare, spricht schriftdeutsch.
Für seine Ergreifung und für Mitteilungen, die zu seiner Ergreifung führen, ist eine Belohnung von
zehntausend Mark
ausgesetzt.
Wenden!

Die Niederwerfung der Münchner Räterepublik im Mai 1919 endete mit der Verfolgung ihrer Vertreter. Gustav Landauer wurde von Angehörigen der Regierungstruppen ermordet. Eugen Levine wurde zum Tode verurteilt und hingerichtet. Ernst Toller verbüßte 5 Jahre Festungshaft. Die erste öffentliche Aufführung von »Masse-Mensch« gab es im September 1921 an der Berliner Volksbühne. Toller saß zu dieser Zeit im Hungerstreik in Einzelhaft. Eine Begnadigung hatte er abgelehnt

Karl Dedecius

Majakowskij · Gut und Schön

»Chorošo!« (Erstdruck Moskau 1927)
Versdichtung von Wladimir Majakowskij (19. 7. 1893–14. 4. 1930)

Als die Revolution in Rußland zu Ende ging, lag mit dem Bürgertum und seinen Traditionen auch dessen Literatur im Sterben. Die Glanzzeit des russischen Symbolismus (mit Brjussow, Belyj, Iwanow, Hippius) war schon 1912 vorüber; der größte moderne Lyriker Rußlands vor der Revolution, A. A. Blok (1880–1921), wurde dem Symbolismus untreu und entzündete sich an der neuen Realität. Die anderen, die eigene Wege gingen und sogar eigene Schulen gründeten, wie Nikolai Gumiljow (1886–1921), der zusammen mit seiner Frau Achmatowa und dem Poeten Gorodezkij den →Akmeismus ins Leben gerufen hatte, flackerten nur zu einem kurzen Dasein von geringem Einfluß auf und waren bald passé. Einzelgänger wie Mandelschtam vermochten nichts mehr auszurichten, und ihre Kunst war ein in →esoterischer Resignation dahindämmernder Schwanengesang auf eine untergegangene Welt.

Am deutlichsten trat diese Untergangsstimmung bei den Imaginisten auf, die trunken in Morbidität schwelgten und ihre Agonie bei Wodka, Kartenspiel und Orgien austobten. 1919 verschlug es zu ihnen nach Moskau den kurz darauf berühmtesten ihrer Vertreter, Sergej Jessenin (1895–1925), den Bauernsohn aus Konstantinow im Gouvernement Rjasan, der, aus der Quelle seines Volkstums schöpfend und mit lyrischem Urtalent begabt, Bilder von bisher unbekannten Farbtönen in die Sprache zauberte. Aber psychisch labil, pessimistisch, krank, fand er kein anderes Ziel als den Freitod. Seine literarische und physische Selbstzerstörung steht für eine ganze Welt da und ist, um es mit Maxim Gorkijs Worten zu sagen, »ein bezeichnendes, dramatisches Symbol für den unversöhnlichen Bruch zwischen dem Alten und dem Neuen«.

»... Leute! –
ihr Lieben
und Ungeliebten,
Bekannte
und Fremde,
herein zur Tür.
Denn er,
der Freie,
nach dem ich
schreie, der Mensch –
wird kommen,
ich bürge dafür!«
(»Krieg und
Welt«)

Selbstbildnis von Majakowskij

Ein gewichtiges Wort in der neu erzwungenen Wirklichkeit mitzusprechen, war einer anderen literarischen Gruppe vorbestimmt: den →Futuristen, der Linken Front, der Neuen Linken Front, obwohl sie gar nicht dort angekommen waren, wo sie anzukommen gedachten, als Chlebnikow, Burljuk und Majakowskij ihr Manifest veröffentlichten. Es war dennoch eine Bewegung, die sich mit der Revolution durchaus identifizieren konnte. Auch sie kämpfte (literarisch) gegen die Tradition, zerstörte überlieferte Formen, spottete des Bürgertums, schöpfte neue Impulse aus dem Proletariat, berauschte sich an dynamischen Rhythmen und an Bildern der Gewalt. Wahrscheinlich haben es die extremen Individualisten Chlebnikow und Burljuk nicht geahnt, daß ihr Dritter im Bunde – der jüngste und genialste – Majakowskij, ihren futuristischen →Formalismus (die Dichtung der »vollendeten Zukunft«) in sozialistischen Realismus, ihre →exaltierte →Exzentrik in egalisierten Kollektivismus verwandeln würde. Immerhin – so wurde und blieb Wladimir Majakowskij die Zentralfigur der russischen Dichtung der ganzen postrevolutionären Periode.

Wladimir Wladimirowitsch Majakowskij ist eine einzigartige Erscheinung: als Mensch, als Künstler und Formerfinder, als Repräsentant seiner Weltanschauung und seines Landes. Seine Sprache prägt die Zeichen der Zeit echt und gültig. Man kann sich für die revolutionären Prozesse seiner Umgebung und Jahre keinen überzeugenderen Dichterchronisten vorstellen.

Majakowskijs Leben war wie sein Werk: kurz, dynamisch, konzentriert. Geboren wurde er am 19. Juli 1893 als Sohn eines Forstbeamten im westgeorgischen Winzerdorf Bagdadi. Schon als Gymnasiast in Kutais war er ruhelos, rebellisch. Dann, nach dem Tode des Vaters, in Moskau, mitten in den Wirbelwind der Metropole geworfen, mit dreizehn Jahren auf eigenen Broterwerb angewiesen, wurde er mit vierzehn aktives Mitglied der illegalen Arbeiter-Organisation und war mit siebzehn und achtzehn Schüler einer Moskauer Kunstschule. Aus dieser Zeit stammen seine ersten, vom Futurismus geformten dichterischen Versuche. Der erste Zyklus – »Eine Ohrfeige dem öffentlichen Geschmack«, von den Freunden des Dichters trotz schlechter Kritiken und feindlicher Stimmungen 1912 im Selbstverlag herausgebracht – war noch unfertig, exaltiert, aber bereits erfüllt von aggressiver Phantasie, bereits ganz Majakowskij.

1915 wurde zum zentralen Erlebnis und zum Hauptthema seiner Dichtung die Liebe zur Frau seines Verlegers, zu Lilja Brik. Ihr widmete der Stürmer und Dränger mehrere Gedichte und Poeme, darunter die berühmte »Wirbelsäulenflöte«.

Nicht minder entscheidend für die Laufbahn des Dichters waren die Jahre 1919 bis 1921, als er für die sowjetische Nachrichtenagentur (ROSTA) als Texter und Zeichner arbeitete und in der revolutionären Plakatmalerei seinen endgültigen, ihm eigentümlichen Stil fand. Der Futurismus (»Wolke in Hosen«, zweite Lyrikveröffentlichung, 1915) war in der ROSTA einem neuen messerscharfen Sloganstil, einem proletarischen Propagandapathos gewichen. Alles, was nun kommt, ist im »sozialen Auftrag« geschrieben, ist tagesaktuelles Zeitungsgedicht, politische →Satire, Marschmusik, Polemik.

Aus dem Autor der »Wirbelsäulenflöte« und der »Wolke in Hosen« war ein Volkstribun geworden, ein »aus vollem Halse« seinen Auftrag wie eine »Sturmsirene im Spießernebel« brüllender Agitator und Aktivist, in dessen Künstlerwappen nichts besser paßte als das Wappen seines heißgeliebten roten Passes: Hammer und Sichel.

Mit diesem Paß unternahm Majakowskij in den zwanziger Jahren mehrere Auslandsreisen (Polen, Tschechoslowakei, Deutschland, Frankreich, USA), von denen er eine Reihe interessanter Arbeiten heimbrachte und – seinen internationalen Ruhm. Seitdem verkörpert er den Idealtypus eines Dichters, wie er der sowjetischen Kunstauffassung, dem →sozialistischen Realismus, vorschwebt: →»vita activa« in Wort und Tat, ganz der Idee und deren Verwirklichung ergeben, pathetisch, patriotisch, romantisch-revolutionär.

Majakowskij wollte sich extrem von Jessenins »Schmachtserenaden« absetzen. Sein Lied sollte »derb, griffig, laut . . . Kosung und Losung, Knute und Schwert« sein. Was uns bei Majakowskij in jeder Zeile besticht, ob sie privat oder publizistisch gesetzt ist, ob sie recht hat oder nicht, ist seine absolute Redlichkeit, sein Wahrheitsfanatismus, der nie nach »schönen« Worten sucht, sondern gerade so herausplatzt, wie es ihm auf der Zunge brennt.

Die Verse Majakowskijs stehen nicht auf poetischen Versfüßen, sondern auf ideologisch geladenen Pointen. Sie sind nicht lyrisch, sondern →rhetorisch, nicht musikalisch-innerlich, sondern wie kunstvolle Plakatgraphik für die Straße gedacht. »Ich sage es offen: ich kenne weder →Jamben noch →Trochäen, niemals konnte ich sie unterscheiden und niemals werde ich sie unterscheiden können. Nicht weil es schwer wäre, sondern weil ich in meiner dichterischen Arbeit nie mit diesem Kunstkram zu tun hatte« (»Wie macht man Verse«, 1926). Majakowskijs Verse brauchen die Akustik der Halle, die Massenresonanz des Marktes. Dort kommen ihre unschematischen Senkungen und Hebungen am besten zur Geltung, wenn sie wie Faustschläge die zeithistorischen Hymnen hämmern. Die Zeilenbrechung, die Stufung der Versglieder hat ebenfalls praktische Bedeutung: Majakowskij will mit ihr dem Sprecher seiner Gedichte eine fertig instrumentierte →Partitur bieten mit exakten Angaben von Akkord, Akzent und Pause.

Auch seine Reime sind ungewöhnlich. Dem Dichter genügt es, wenn sich die Laute in den letzten Silben versteckt ähneln, dadurch neue Reimmöglichkeiten erschlossen werden, über die Assonanz, die Alliteration hinaus. Reime also wie (in der Übersetzung) »Gefasel / Wasser«, »lieb / Lied«, »Fossilie / Ziele«, »See / blöd« sind ganz im Sinne des Dichters.

Am 14. April 1930 nahm sich Majakowskij das Leben: Auch den Tod setzte er wie einen verblüffenden Reim, der sich nicht richtig reimte. Seine wenigen nahen Freunde, die literarische und politische Öffentlichkeit und seine Leser konnten sich dieses Ende nicht erklären. Für Jessenin war die Selbstmord-Formel leicht zu finden gewesen: →Indifferenz, Langeweile, Schnaps. Für Majakowskij, den optimistischen »Bürger der Zukunft«, nicht. Die Nachwelt ist auf seine Zeilen und Zwischenzeilen angewiesen. Sie bestätigen die »trotzige Verschämtheit«, die »grundlose Schwermut« und die »Unsicherheit«, die Pasternak schon in frühen Jahren als den Grundkonflikt von Majakowskijs Wesen gesehen und im »Geleitbrief« beschrieben hat: »Die Triebfeder seiner Unverschämtheit war eine trotzige Verschämtheit, und hinter seiner vorgetäuschten inneren Sicherheit verbarg sich eine phänomenal ängstliche, zu grundloser Schwermut neigende Unsicherheit . . . Auch die beabsichtigte Provokation seines gelben Jacketts war trügerisch. Er kämpfte mit dessen Hilfe durchaus nicht gegen die Röcke der Spießer, sondern gegen den schwarzen Samt seines eigenen Talents . . . Er war ein Koloß.«

Fensterentwurf von Majakowskij

»Die Kunst
kennt
weder Freunde
noch Vettern –
kein Gönner
kann
eure Reime retten.
Lassen wir doch
das Kriechen
und Klettern,
Genossen,
nach Orden
und Etiketten ...«

(»Sendschreiben an die Proletarischen Dichter«)

Hans Günther

Der Strukturalismus

Wenn man das Wort »Strukturalismus« hört, dann denkt man vielleicht zunächst an eine aus Frankreich importierte Denkmode, die in den 60er Jahren bei uns großes Aufsehen erregte, weil man in ihr einen Angriff auf das Individuum und die Geschichte sah. Man denkt an die Versuche, Kunst mit Hilfe von Computern berechenbar zu machen oder gar durch Computer zu erzeugen. Möglicherweise fühlt man sich auch an die Werke der modernen bildenden Kunst oder der konkreten Poesie erinnert, deren Bezeichnung »Strukturen« die Vorstellung von abstrakten Konstruktionen hervorrufen.

All das berührt sich irgendwie mit dem Strukturalismus, reicht aber überhaupt nicht aus, um sich einen Begriff davon zu machen. Was ist eigentlich Strukturalismus – eine Methode, eine Philosophie, eine Weltanschauung? In erster Linie ist der Strukturalismus eine neue Etappe in der theoretischen und methodischen Entwicklung der Geistes- und Gesellschaftswissenschaften im 20. Jahrhundert, der Sprach- und Literaturwissenschaft, aber auch der Anthropologie, Psychologie, Soziologie, der Kulturwissenschaft und anderer Forschungszweige.

Die Entstehung der strukturalistischen Literaturwissenschaft ist eng mit dem russischen Formalismus, der strukturalen Sprachwissenschaft und mit der avantgardistischen Kunst der ersten Jahrzehnte unseres Jahrhunderts verbunden. Den Formalisten verdankt der Strukturalismus die Untersuchung der Eigenart der literarischen Produktion, der modernen Sprachwissenschaft den zeichentheoretischen Ansatz und der Avantgarde die beispielhafte Erprobung neuer ästhetischer Möglichkeiten in der Kunst. In neuerer Zeit hat der Strukturalismus aber auch Anregungen aus der Mathematik, Kybernetik und Informationstheorie aufgegriffen.

Der russische Formalismus

Am Anfang der strukturalen Erforschung der Literatur steht der russische Formalismus, der einen radikalen Einschnitt im literaturwissenschaftlichen Denken markiert. Die Formalisten wurden durch das Schaffen der zeitgenössischen avantgardistischen Richtungen in der Kunst (Futurismus, Kubismus usw.) dazu angeregt, mit einer neuen Fragestellung an die Literatur heranzugehen. Man fragte: Worin besteht der eigentliche Gegenstand der Literaturwissenschaft? Was unterscheidet die Literaturwissenschaft von anderen Formen wissenschaftlicher Erkenntnis, von Philosophie, Psychologie, Ideengeschichte usw.? Die damals herrschende Literaturwissenschaft untersuchte, in welchem Milieu, in welcher geschichtlichen Situation literarische Werke entstanden, welche Ideen und Gefühle sie ausdrückten, ohne nach der Besonderheit der Literatur zu fragen.

Anders die Formalisten. Sie lösten die Literatur aus den anderen Bereichen heraus, um sie als eine spezifische Tätigkeit zu betrachten. Die Eigenart der Literatur sahen sie in den besonderen Verfahren der literarischen Produktion. Ihr Problem war: Wie sind literarische Werke gemacht? Mit welchen Verfahren hat der Autor sein Material, d.h. seinen Stoff, seine Lebenserfahrung oder bestimmte philosophische oder moralische Ideen bearbeitet? Und daran schloß sich die Frage an: Wie wird das Material durch die literarischen Verfahren umgearbeitet? Welchem Ziel dient die Umarbeitung?

Die eigentliche Aufgabe der literarischen Verfahren sah man darin, das Material zu verfremden. Verfremden heißt soviel wie fremd machen, etwas Alltägliches, Gewohntes in einem neuen, ungewohnten Licht zeigen, so daß es wieder fühlbar, wahrnehmbar und erkennbar wird. In Tolstojs Erzählung »Der Leinwandmesser« werden – so zeigt der Formalist Viktor Schklowskij – selbstverständlich gewordene Besitzverhältnisse kritisch verfremdet. Das Geschehen wird aus der Sicht eines Pferdes dargestellt, das überhaupt nicht versteht, was Wörter wie »mein« und »dein« bedeuten.

Die Formalisten interessierten sich nicht so sehr dafür, *wie* die Verfremdungsverfahren zur künstlerischen Erkenntnis der Wirklichkeit beitragen – ein Problem, das später für Bertolt Brecht wichtig werden sollte. Sie stellten vor allem fest, welche Verfahren überhaupt in der Literatur vorkommen. Darüber hinaus kamen sie aber zu einer ganz neuen Auffassung der Literaturgeschichte. Sie sahen in der Geschichte der Literatur einen Prozeß des ständigen kontrastiven Wechsels von Verfahren. Verfahren, die ihre künstlerische Wirkung verloren haben, werden durch unverbrauchte, wirksame Verfahren abgelöst. Ein neues Verfahren kommt also erst auf dem Hintergrund abgenutzter Verfahren zur Geltung. Eine literarische Richtung entfaltet solange ihre eigentümlichen Gestaltungsmittel, bis sich diese gewissermaßen erschöpft haben, bis sie ganz geläufig und trivial geworden sind. Als Reaktion darauf tritt eine neue Richtung in den Vordergrund, die sich wirksam von der älteren abhebt. Der Realismus wird vom Naturalismus abgelöst, der Naturalismus vom Symbolismus usw. Die Ablösung erfolgt gewöhnlich in Form einer kämpferischen Auseinandersetzung zwischen verschiedenen Schulen, wofür es in der Literaturgeschichte genug Beispiele gibt.

In der Literaturgeschichte geht es nun nicht mehr darum, einzelne Werke und Autoren in ihrer Einmaligkeit zu erfassen und möglichst erschöpfend zu deuten. Im Vordergrund steht vielmehr die Frage: Nach welchen Produktionsregeln sind literarische Werke gemacht? Im Mittelpunkt der Betrachtung stehen die Regelhaftigkeit von Werken, die literarischen Gesetzmäßigkeiten, die dem Wechsel der Epochen, Richtungen und Schulen zugrundeliegen.

Die russischen Formalisten haben entscheidend zur Grundlegung der strukturalen Literaturwissenschaft beigetragen. Erstens dadurch, daß sie die Literaturwissenschaft als eigenständige Wissenschaft mit einem besonderen Gegenstand und besonderen Theorien und Methoden auffaßten. Zweitens durch ihre Sicht auf die Literaturgeschichte als einen von literarischen Normen regulierten Prozeß. Die einzelnen Werke werden auf die Normen ihrer Produktion zurückgeführt. Sie werden zerlegbar und damit wissenschaftlich analysierbar.

Zeichen und Struktur

Die theoretische Vorgabe der Formalisten wurde von allen späteren strukturalistischen Richtungen aufgenommen und weiterentwikkelt, von der Prager Schule wie von den neueren Strukturalisten in Frankreich, der Sowjetunion und anderswo.

Vom Formalismus unterscheiden sich die strukturalistischen Richtungen dadurch, daß sie das literarische Werk unter semiotischem, d.h. zeichentheoretischem Gesichtspunkt betrachten. Die Ansätze einer Semiotik (Zeichentheorie) finden sich bei dem Sprachwissenschaftler Ferdinand de Saussure. Das Wort ist für ihn ein sprachliches Zeichen, das aus zwei zusammengehörenden Bestandteilen besteht: Signifikant (wörtlich Bezeichnendes, d.h. der materiell als Laut oder Schrift gegebene Zeichenträger) und Signifikat (wörtlich Bezeichnetes, d.h. die Bedeutung, der Inhalt des Zeichens).

Als Beispiel eines einfachen, nicht-sprachlichen semiotischen Systems kann man die

Verkehrszeichen anführen, bei denen jedem bildlichen Signifikanten ein genau festgelegtes Signifikat entspricht (wie auf Seite 322 noch näher erläutert wird).

Die Sprache wird von der modernen Sprachwissenschaft als ein System von Zeichen betrachtet, das natürlich viel komplizierter ist als das der Verkehrszeichen. Das literarische Werk ist aus sprachlichen Zeichen aufgebaut. Daraus folgt für den Strukturalismus die Wichtigkeit der sprachlichen Analyse der Literatur. Die Sprachwissenschaft ist für die Literaturbetrachtung die unmittelbar vorangehende Wissenschaft. Es wäre aber ein Irrtum anzunehmen, daß der literaturwissenschaftliche Strukturalismus sich in Sprachwissenschaft auflöst. Er hat vielmehr seine eigene Problemstellung. Er untersucht, wodurch die Sprache eines Werks ästhetisch wirksam wird.

Der literarische Text ist ein kompliziertes mehrschichtiges Zeichengefüge, in dem die Ebene der sprachlichen Zeichen nur eine unter mehreren Textebenen ist. Man kann etwa folgende Textebenen unterscheiden:

1. Thematische Ebene: dargestellte Inhalte, Ereignisse, handelnde Personen
2. Kompositorische Ebene: Aufbau des Werks, Anordnung seiner Teile
3. Sprachliche Ebene: Laute, Reim, Rhythmus, Wörter, Sätze.

Jede Ebene läßt sich in mehrere Unterebenen zerlegen. Die Ebene der Wörter ist z.B. eine Unterebene der sprachlichen Schicht des Textes. Auf jeder Ebene bzw. Unterebene lassen sich bestimmte Elemente (Grundeinheiten) isolieren. Zwischen den Elementen einer Ebene kann man Beziehungen feststellen. Die Elemente jeder Ebene bilden jeweils ein System, ein zusammenhängendes Ganzes.

Die Menge der Beziehungen zwischen den Elementen einer Ebene, eines Systems nennt man Struktur.

Die verschiedenen Ebenen eines Textes – Sprache, Komposition, Thematik – stehen nun wiederum miteinander in Beziehung, sie sind Elemente des übergeordneten Systems, des Werks. Wenn man ihre gegenseitigen Beziehungen aufdeckt, erhält man die Gesamtstruktur des betreffenden Werks.

Die Struktur ist aber nichts, was man schon fertig im literarischen Werk vorfindet. Sie bildet sich im Prozeß des Lesens. Das heißt, daß der strukturierenden Tätigkeit des Lesers eine entscheidende Rolle zukommt. Der Strukturbegriff ist also ein methodisches Hilfsmittel, eine Anleitung zu bestimmten analytischen Operationen, etwa wie folgt: Zunächst wird eine Ebene festgesetzt, dann werden ihre Elemente bestimmt und in ihren wechselseitigen Beziehungen untersucht. Wenn man die gewonnenen Ergebnisse systematisch anordnet, erhält man auf diese Weise ein Strukturmodell, das Angaben darüber enthält, wie die betreffende Ebene aufgebaut ist und wie sie funktioniert.

Man kann nun weiterhin verschiedene Strukturmodelle miteinander auf ihre Gemeinsamkeiten hin untersuchen. Wenn man z.B. eine Reihe von realistischen Romanen des 19. Jahrhunderts miteinander vergleicht, wird man auf Konstanten (gleichbleibende Elemente) stoßen, die für den Strukturtyp »realistischer Roman« charakteristisch sind. Eine literarische Gattung läßt sich also als Strukturtyp mit bestimmten Konstanten beschreiben.

Die Struktur eines künstlerischen Textes unterscheidet sich auf eigentümliche Weise von der anderer Texte. In einer sachlichen Mitteilung, einem Zeitungsartikel oder einem Kochrezept, kann man Teile der Struktur verändern, ohne daß sich die Bedeutung des Textes wesentlich ändert. Wenn man aber in einem Gedicht Wörter austauscht oder etwas wegläßt oder es gar mit eigenen Worten wiedergibt, dann ändert sich seine künstlerische Bedeutung. In der Struktur eines literarischen Werks gibt es keine überflüssigen Bestandteile – höchstens in schlechten Werken. Im Unterschied zu anderen Texten, insbesondere zu Sachtexten, ist das Kunstwerk in allen seinen Teilen (Sprache, Komposition, Thema) im Hinblick auf seine künstlerische Wirksamkeit durchgestaltet. Alle Strukturelemente übernehmen eine doppelte Aufgabe: als Signifikanten sind sie Bausteine im Aufbau des Werks, als Signifikate sind sie Sinnelemente, Teilbedeutungen. Der Sinn eines Werks verwirklicht sich in einer entsprechenden Struktur, mit der er untrennbar verbunden ist. Er existiert nicht »vor« oder »außerhalb« der Werkstruktur.

Literarische Kommunikation

Bis jetzt wurde davon abgesehen, daß Zeichen nur im Prozeß der Kommunikation, der Verständigung zwischen einem Sprecher und einem Hörer, ihre Aufgabe erfüllen, nämlich Bedeutung zu übermitteln. Nehmen wir als Normalfall an, daß zwischen Hörer und Sprecher ein gemeinsamer Kode besteht, eine Übereinkunft über die benutzten Zeichen und die Regeln ihrer Verknüpfung. Diese Gemeinsamkeit ist dann gegeben, wenn beide Teilnehmer der Kommunikation dieselbe Sprache sprechen. Schematisch läßt sich das folgendermaßen beschreiben:

Vorausgesetzt, daß Sprecher- und Hörerkode gleich sind, kann der Hörer die Information, den Sinn des Zeichens, entschlüsseln. Das Verhalten des Hörers, die Art und Weise, wie er die Information erschließt, wirkt dann wieder auf den Sprecher zurück.

Im Schema der literarischen Kommunikation ersetzen wir Sprecher/Hörer durch Autor/Leser. Außerdem führen wir zwei weitere Begriffe ein, »Artefakt« für Zeichen und »Konkretisation« für den Sinn, die Information des Zeichens.

Konkretisation

Das Schema der literarischen Kommunikation bedarf einiger Erläuterungen: Die Kommunikation des Autors mit dem Leser, deckt sich in vielem mit dem Schema der normalen Kommunikation. Autor und Leser sind hier Zeitgenossen und führen gewissermaßen einen Dialog miteinander. Im Unterschied zur normalen Kommunikation gibt es jedoch zwischen Autor und Leser eine vermittelnde Instanz, den literarischen Kritiker. Die Kritik wirkt einerseits auf den Autor zurück, beeinflußt seine weitere Produktion. Andererseits wirkt die Kritik auf das Publikum, führt literarische Werke in den Kommunikationsprozeß ein.

Anders funktioniert die literarische Kommunikation späterer Leser. Für sie existiert nur der Kontakt zu dem Werk, nicht zur Person des Autors. Mag der Autor für seine zeitgenössischen Leser noch als Person greifbar sein, so ist er es nicht mehr für die Leser späterer Zeiten. Für die $Leser_{2,3}$ usw. verschmilzt der Autor mit seinem Produkt. Er ist dann nur noch sein Werk. Dies ist überhaupt ein grundlegendes Kennzeichen der literarischen Kommunikation: In ihrem Mittelpunkt steht die Beziehung zwischen Werk und Leser, die Aufnahme des Werks durch den Leser. In der Volksdichtung ist es die Regel, daß der Autor anonym bleibt, und auch in der künstlerischen Literatur kann man manchmal nur Vermutungen über einen Autor anstellen, so z.B. über Homer, den Autor der »Odyssee« und »Ilias« (→ S. 38).

Dem Leser liegt das Werk als Artefakt, d.h. als gedruckter Text, als Aneinanderreihung von Wörtern und Sätzen vor. Die Aufgabe des Lesers besteht darin, den Sinn (die Information) des Artefakts nachzuvollziehen, das Werk zu konkretisieren. Die Konkretisation ist die Bedeutungsauffüllung des Artefakts durch den Leser. Das Paar Artefakt/Konkretisation entspricht der Bestimmung des Zeichens als Signifikant/Signifikat.

Es ist eine bekannte Tatsache, daß literarische Werke von verschiedenen Lesern unterschiedlich gedeutet werden. Ja, man kann sogar sagen, daß Werke zu verschiedenen Konkretisationen einladen. Wie kommt es, daß verschiedene Bedeutungen aus einem Artefakt herausgelesen werden können? Das liegt daran, daß die Kodes der Leser sich nicht mit dem des Autors decken. Die verschiedenen Leser gehen mit jeweils anderen ästhetischen und sozialen Erfahrungen und Erwartungen an das Werk heran, sie lesen es »mit anderen Augen«. Während das Artefakt als schriftlich fixierter Text unveränderlich bleibt, verändert sich das Werk in seinen Konkretisationen.

Ob ein Werk lebendig ist, hängt von seiner Fähigkeit ab, neue Konkretisationen hervorzurufen. Die sogenannten »klassischen Werke« Schillers oder Goethes wirken auf uns heute oft deshalb so museal, weil sie nicht neu konkretisiert werden. Häufig wird eine Deutung, die sich festgesetzt hat, vor allem durch einen konservativen Schulunterricht als totes »Bildungsgut« weitergeschleppt. Solche

Verkehrszeichen sind Teile eines einfachen, nicht-sprachlichen semiotischen Systems: Die Lichter der Ampel oder das auf der Spitze stehende Dreieck sind der Signifikant oder Zeichenträger; dem entspricht ein genau festgelegtes Signifikat (= Inhalt des Zeichens): »Vorfahrt beachten«, bzw. »Stop« oder »freie Fahrt« bei der Ampel. Diese einfache Beziehung von Signifikant und Signifikat ist vergleichbar mit der untersten Ebene der Zeichentheorie, die auch in der Sprach- und Literaturwissenschaft benutzt wird: der thematischen Ebene. (Als Einführung in diese zunächst abstrakt anmutende Zeichentheorie sei empfohlen: Umberto Eco, »Einführung in die Semiotik« München 1972.)

Russischer Formalismus
(ca. 1915–1930)

Wichtige Vertreter:
Viktor Schklowskij
Boris Eichenbaum
Jurij Tynjanow
Roman Jakobson

Zur Einführung:
Jurij Striedter (Hg.), »Russischer Formalismus. Texte zur allgemeinen Literaturtheorie und zur Theorie der Prosa«, München 1972.
Victor Erlich, »Russischer Formalismus«, Frankfurt 1973.

Tschechischer Strukturalismus
(seit 1926)

Wichtigster Vertreter:
Jan Mukarovsky
(»Kapitel aus der Poetik«, Frankfurt 1967)

Zur Einführung:
Hans Günther, »Struktur als Prozeß«. München 1973.

Französischer Strukturalismus
(seit den 60er Jahren)

Wichtigste Vertreter:
Claude Lévi-Strauss
(»Strukturale Anthropologie« Frankfurt 1969)
Roland Barthes
(»Literatur oder Geschichte« Frankfurt 1969)
Lucien Goldmann
(»Soziologie des Romans« Neuwied/Berlin 1970)

Zur Einführung:
François Wahl (Hg.): »Einführung in den Strukturalismus«, Frankfurt 1973.
Helga Gallas (Hg.), »Strukturalismus als interpretatives Verfahren«, Darmstadt/Neuwied 1972.

Sowjetischer Strukturalismus
(seit den 60er Jahren)

Wichtigster Vertreter:
Jurij Lotman
(»Die Struktur literarischer Texte«, München 1972)

Zur Einführung:
Karl Eimermacher, »Entwicklung, Charakter und Probleme des sowjetischen Strukturalismus in der Literaturwissenschaft« in »Sprache im technischen Zeitalter« Nr. 30 (1969).

verhärteten Konkretisationen sind meist nur schwer aufzubrechen.

Das literarische Werk ist eine lebendige, historische Größe. Wenn das aber so ist, dann kann auch seine Struktur nicht etwas Fixes, Unveränderliches sein. Was vorhin über die Struktur gesagt wurde, beschreibt nur vereinfachend ihre statische (unbewegte) Form.

Jetzt aber müssen wir uns eine dynamische (bewegte) Vorstellung von Struktur machen:

»Die Strukturen einzelner Werke sind nur einzelne, oft sehr unbedeutende Momente der literarischen Entwicklung. Die materiell gegebenen Kunstwerke (d.h. Artefakte) sind Realisationen einzelner Momente, Realisationen, die unter dem Einfluß der weiteren Entwicklung der künstlerischen Struktur einen ganz anderen Sinn erhalten können als sie ursprünglich hatten.« (Jan Mukařovský)

Mukařovský sieht die Entwicklung der Literatur als einen ununterbrochenen Prozeß der Strukturerneuerung. Auf dem Hintergrund dieses Prozesses erscheint das einzelne Werk nur als vorübergehender Kristallisations- und Durchgangspunkt. Was als Struktur entdeckt wird, ist nicht ein für allemal ›an sich‹ gegeben, sondern hängt vom strukturierenden Blick des Betrachters von Kunst und Literatur ab.

Literatur als gesellschaftliche Praxis

Bislang wurde davon abgesehen, daß die Entwicklung der literarischen Struktur sich in der Gesellschaft und in der Geschichte abspielt. Die literarischen Strukturen existieren in Gestalt von Normen und Traditionen im gesellschaftlichen Bewußtsein. Faßt man aber die literarische Entwicklung als soziales und historisches Geschehen auf, stellt sich sofort die Frage nach dem Verhältnis der literarischen Praxis zu anderen Formen der gesellschaftlichen Praxis. Hier sind zwei Seiten zu betrachten: erstens die Einwirkung anderer gesellschaftlicher Systeme (z.B. Politik, Ökonomie, Ideologie, Moral usw.) auf die literarische Entwicklung, zweitens die Wirkung der Literatur auf die gesellschaftliche Entwicklung.

Entwicklung

Im ersten Punkt geht es um die Determiniertheit der Literatur durch außerliterarische gesellschaftliche Einwirkungen. Die Frage lautet hier: In wieweit ist die Literatur durch andere gesellschaftliche Zusammenhänge bestimmt? Die Literatur entwickelt sich weder als abgeschlossenes System für sich, noch ist sie ein unselbständiger Abglanz anderer gesellschaftlicher Ereignisse. Die Entwicklung der Literatur verläuft relativ selbständig im Rahmen vorgegebener gesellschaftlicher Bedingungen. Die relative Selbständigkeit des literarischen Systems äußert sich darin, daß äußere Einwirkungen sich nicht unmittelbar in der Literatur niederschlagen, sondern entsprechend dem jeweiligen Stand der literarischen Struktur verarbeitet werden.

Der zweite Punkt betrifft die gesellschaftliche Wirkung der Literatur. Das literarische System reagiert auf die anderen wirkungsmächtigeren Gesellschaftssysteme. In dieser Reaktion liegt aber immer schon etwas Aktives. Die eigentümliche Weise, auf die die Literatur in der Gesellschaft wirksam wird, nennen wir ihre ästhetische Funktion. Die literarischen Werke sind Teile eines Zeichenprozesses, in dem durch neue, verfremdende Verfahren ein neues, gültigeres Sehen und Verstehen der Wirklichkeit angestrebt wird. Der künstlerische Zeichenprozeß ist – entsprechend der Natur des Zeichens – ein ununterbrochenes Schaffen von Sinn (von Signifikaten) anhand von immer neuen Werken (von signifikanten Formen). Die ästhetische Funktion ist dann aber nicht etwa bloß Formales. Sie schließt soziale, politische, ideologische und andere Funktionen ein und erhält erst durch sie ihre konkrete historische Füllung.

Funktion

Die ästhetische Funktion der Literatur ist im Lauf der Geschichte sehr unterschiedlich aufgefaßt worden. Manche Epochen haben stärker die belehrende Funktion betont, andere wieder die unterhaltende. Für uns ist heute wichtig geworden, ob literarische Werke eine kritische Funktion in der Gesellschaft haben oder eine beschönigende, einschläfernde. Bei der Bestimmung der Funktion von Werken muß man freilich vor allem darauf achten, daß die vom Autor gewollte Wirkung sich von der tatsächlichen Wirkung erheblich unterscheiden kann, so daß ein Werk vom Publikum anders aufgenommen werden kann als beabsichtigt.

Die zuletzt berührten Probleme zeigen, daß der Strukturalismus nicht notwendig mit einer gesellschaftsfernen »Strukturbastelei« gleichzusetzen ist. Für die Entwicklung des strukturalistischen Denkens ist die marxistische Kritik von besonderer Bedeutung gewesen. Sie hat bei einem Teil der strukturalistischen Richtungen, vor allem im tschechischen Strukturalismus, dazu geführt, daß man sich einer Betrachtung der Literatur vom gesellschaftlichen und historischen Standpunkt zuwandte, ohne die Eigenart der Literatur aus dem Blick zu verlieren. Andere Strukturalisten sind ungeachtet dieser Kritik bei einem neo-formalistischen Standpunkt geblieben. Sie ersinnen immer raffiniertere Untersuchungstechniken, ohne zur Kenntnis zu nehmen, daß bei steigender Exaktheit ihre Ergebnisse oft immer uninteressanter werden. Der Strukturalismus hat sich seit seiner Entstehung deutlich in verschiedene Richtungen auseinanderentwickelt und wird sich im Lauf seiner weiteren Entfaltung auch noch weiter differenzieren.

Leo Kofler

Kafka · Der Prozeß

»Der Prozeß« (Erstdruck Berlin 1925)
Roman von Franz Kafka (3. 7. 1883 – 3. 6. 1924)

Morgens, in der Dämmerung, zwischen Schlafen und Wachen, wird K. verhaftet. Er weiß nicht weshalb, auch nicht, als der Prozeß bereits läuft. Damit beginnt der Roman »Der Prozeß«.

Franz Kafkas in den Jahren 1926 und 1925 erschienene Romane »Das Schloß« und »Der Prozeß« gehören zusammen. Es ist daher notwendig, zuerst einen kurzen Blick auf »Das Schloß« zu werfen: Sieht man von den realistisch eingefangenen Zügen des Alltagslebens im tschechischen Dorf ab, so bewegt sich die Handlung auf zwei Ebenen, die sich für den Landvermesser K., der Hauptfigur des Romans, gegenseitig durchdringen und aufheben: Einerseits wird die Ebene der »Behörden« deutlich, d.h. der Umklammerung des Lebens durch vielfältige undurchsichtige und verworren-schicksalhafte Maßnahmen seitens der im Dunkeln verbleibenden »Gesetzes«-Träger. Andererseits spielt sich die Handlung auf der Ebene einer ebenso erstrebten wie unerreichbaren »absoluten Freiheit« ab, durch die der Mensch K., indem diese in ihm immer neue Hoffnungen erweckt, in ständigem Trab gehalten wird. Der Zusammenhang der Widersprüche (die Dialektik) ist hier der, daß das Streben nach dem »Absoluten« den einzelnen in die Fänge der »Behörden« treibt, wie es umgekehrt die Macht dieser »Behörden« durchbricht. Zwischen diesen Polen ist das Leben ein Fließen ohne Ende und ohne Sinn bei gleichzeitiger Sinnerfüllung durch den Kampf um das »Absolute«, das das »Schloß« symbolisiert. Aber alles bleibt unbestimmt und geht ineinander über, so »daß es manchmal erscheinen konnte, Amt und Leben hätten ihren Platz gewechselt« (Kafka, »Das Schloß«). Von einem der »Vertreter des Absoluten«, vom Schloßbeamten Klamm, heißt es beispielsweise, daß er dauernd sein Aussehen verändere.

Die rational nicht auflösbare Eigenart und Widersprüchlichkeit des »Schlosses« gilt auch für den Roman »Der Prozeß«. Der Unterschied liegt thematisch darin, daß der Hauptakteur, der in beiden Romanen K. heißt, das eine Mal ins Schloß will und niemals hineinkommt, das andere Mal sich dem Gericht, das ihn anklagt, entziehen will, aber niemals loskommt. Auch das Gericht im »Prozeß« ist Ausdruck der widerspruchsvollen Dialektik: einerseits die »Bürokratie« als das Leben beherrschende Macht und andererseits das »Absolute«, das die ›ewigen‹ Gesetze schafft und über diese Macht hinausgreift. Dialektik ist zugleich die Beziehung von Rationalität und Irrationalität. Sie durchdringt den ganzen Roman, was schon zu Beginn in der Weise die Handlung bestimmt, daß K. morgens in der Dämmerung, d.h. zwischen dem irrationalen und dem rationalen Bewußtseinszustand, verhaftet wird, um den Prozeß gemacht zu bekommen. Obgleich K. nicht ohne Beziehung zur Welt lebt, ist er ein Einzelgänger, »isoliert«. Objektiv spiegelt sich darin ein ähnliches Problem wie bei Beckett wider (→S. 380f.); subjektiv (und als Anstoß für die Handlung) das Schicksal der bürgerlichen, von den Deutschen verachteten (dabei die deutsche Kultur pflegenden) und von den unterworfenen Tschechen abgesondert lebenden Prager Deutschjuden, denen Kafka angehört. In dieser »Isolation« erscheint der Mensch stets auch als Objekt eines undurchschaubaren Schicksals, als dessen Angeklagter, und stets verdächtig – verfolgt – schuldig, obgleich er nicht weiß, wessen er beschuldigt wird. Als ein sich der Schuld Bewußter folgt er der Rationalität; als einer, der nicht weiß, wessen er eigentlich beschuldigt wird, ist er der Irrationalität unterworfen. Dies wird auch symbolisiert durch den Dämmerzustand des Gerichtshofes, der in der Form irrational-bewußtlos befolgter Gewohnheiten einen streng rationalen Gesetzeskodex zur Anwendung bringt. Deshalb schildert Kafka das Gericht so, daß die Richter in einem schlafwandlerischen (schläfrigen) Zustand Recht sprechen.

In dieser Dialektik von Rationalität und Irrationalität drückt sich zugleich die Dialektik von rationalisiert-verdinglichter →Entfremdung und irrationalem Streben nach Freiheit und Selbstverwirklichung aus. Der für die gesamte Dichtung Kafkas leitend bleibende Widerspruch ist jener zwischen der diesseitigen Entfremdungssituation und der »jenseitigen« »absoluten Freiheit«. Damit ordnet sich »Der Prozeß« – wenn auch im Gegensatz zur konsequent →absurden Literatur (Beckett, Ionesco, Adamov usw.) – über den Umweg eines →metaphysischen oder, wie der Germanist Wilhelm Emrich sagt, »nicht geoffenbarten Humanismus«,

Franz Kafka, »Der Prozeß«

Jemand mußte Josef K. verleumdet haben, denn ohne daß er etwas Böses getan hätte, wurde er eines Morgens verhaftet. Die Köchin der Frau Grubach, seiner Zimmervermieterin, die ihm jeden Tag gegen acht Uhr früh das Frühstück brachte, kam diesmal nicht. Das war noch niemals geschehen. K. wartete noch ein Weilchen, sah von seinem Kopfkissen aus die alte Frau, die ihm gegenüber wohnte und die ihn mit einer an ihr ganz ungewöhnlichen Neugierde beobachtete, dann aber, gleichzeitig befremdet und hungrig, läutete er. Sofort klopfte es und ein Mann, den er in dieser Wohnung noch niemals gesehen hatte, trat ein. Er war schlank und doch fest gebaut, er trug ein anliegendes schwarzes Kleid, das, ähnlich den Reiseanzügen, mit verschiedenen Falten, Taschen, Schnallen, Knöpfen und einem Gürtel versehen war und infolgedessen, ohne daß man sich darüber klar wurde, wozu es dienen sollte, besonders praktisch erschien. »Wer sind Sie?« fragte K. und saß gleich halb aufrecht im Bett. Der Mann aber ging über die Frage hinweg, als müsse man seine Erscheinung hinnehmen, und sagte bloß seinerseits: »Sie haben geläutet?« »Anna soll mir das Frühstück bringen«, sagte K. und versuchte, zunächst stillschweigend, durch Aufmerksamkeit und Überlegung festzustellen, wer der Mann eigentlich war. Aber dieser setzte sich nicht allzulange seinen Blicken aus, sondern wandte sich zur Tür, die er ein wenig öffnete, um jemandem, der offenbar knapp hinter der Tür stand, zu sagen: »Er will, daß Anna ihm das Frühstück bringt.« Ein kleines Gelächter im Nebenzimmer folgte, es war nach dem Klang nicht sicher, ob nicht mehrere Personen daran beteiligt waren. Obwohl der fremde Mann dadurch nichts erfahren haben konnte, was er nicht schon früher gewußt hätte, sagte er nun doch zu K. im Tone einer Meldung: »Es ist unmöglich.« . . .

Biographie

1883	geboren, Sohn eines jüdischen Kaufmanns und einer jüdischen Brauerstochter aus wohlhabendem Haus im österreichisch-ungarischen Prag
1901–06	Studium in Prag
1906	Abschluß des Rechtsstudiums an der Universität Prag mit der Doktorprüfung
Ab 1908	erste Veröffentlichungen
1908–17	Versicherungsjurist bei einer Unfallversicherung in Prag Verlobung mit Felice Bauer
1917	tödliche Tuberkuloseerkrankung
1923/4	freier Schriftsteller in Berlin, dann in Prag
1924	Tod im Sanatorium bei Wien

letztlich jener Literatur zu, die das Leben als grundsätzlich von allen höheren Werten entleert und entfremdet begreift, d.h. der →nihilistischen Literatur.

Kafka faßt »Schuld« dabei als das Ergebnis einer Situation, die mit dem nach Wahrheit und Unwahrheit unentscheidbaren und deshalb irrationalen Handeln in der Entfremdung identisch ist. Das Gericht im »Prozeß«, das über die Schuld ohne Einsicht in die Gründe entscheidet und sie stets bejaht, ist die Totalität des Lebens selbst. Würde Kafka das »Gesetz«, wonach geurteilt wird, als erkennbar darstellen, dann könnte sich der Mensch seines Romans auf dem Weg der stufenweisen Erkenntnis von der Entfremdung befreien und eine Neuordnung des Lebens in die Wege leiten. »Schuld« würde dann nur noch so viel heißen wie geschichtlich falsches, verantwortungsloses Handeln. Der nihilistische »Humanismus« Kafkas widerstrebt jedoch der Rationalisierung des Schuldproblems: Obgleich willentlich schuldlos, bleibt der Mensch doch stets mit dem →Omen des Versagens und damit der Schuld belastet.

Wie im gesamten Roman spiegeln sich speziell im Gericht deutlich die Züge und das Lokalkolorit der tschechisch-österreichischen Monarchie und ihres Bürokratismus wider. Als typischer Bürokratismus trifft er darüber hinaus für jede kapitalistische Gesellschaft zu. Die Entfremdung des Menschen in dieser Gesellschaft erscheint im »Prozeß« über die allgemeinen Entfremdungserscheinungen hinaus dadurch geprägt, daß sein Innenleben als ein passiver Abklatsch einer apparatisierten Bürokratie geschildert wird. Die inneren Erlebnisse und Empfindungen des Individuums sind ein Spiegelbild der bürokratisierten Außenwelt. Der Einfluß von Marx, der diese Dialektik von innen und außen (von »Versubjektivierung und →Verdinglichung«, wie er sagt) allerdings als ein rein geschichtliches Phänomen auffaßt (und dessen Werk Kafka gut kannte), ist nicht zu übersehen. Die Bürokratie selbst begreift Kafka wie eine stumpfe Maschinerie, die zugleich streng rational und unbewußt-irrational ihre Aufgaben bewältigt. Wie jede Apparatur in streng logischer und gleichzeitig gedankenloser oder irrationaler Abfolge ihre Arbeit leistet, so auch die richterlicher Bürokratie, der K. ausgeliefert ist.

Die rational-irrational zwischen Schlafen und Wachen ihre Urteile fällende Gerichtsbürokratie erscheint auf den ersten Blick als etwas Besonderes, als eine Art Elite, die über das Gesetz der »absoluten Freiheit« zu wachen hat und mit unendlicher Macht ausgestattet ist. Sie verfügt auch, wie jede herrschende Elite, über das Monopol des Genusses, weshalb die Richter im Roman Kafkas während ihrer Urteilsfällung dauernd Frauen »konsumieren«. Sie vollziehen aber alles in einer apparatisierten Manier, was sie wiederum ihres Elitedaseins beraubt und sie ihrerseits auch zum bloßen Symbol des verdinglichten Daseins degradiert. Das sichtbare Recht versagt. Die Aufgabe des Gerichts, über das »Gesetz« zu wachen, wird von ihm verfehlt. Sie fällt, der eigentlich positiven Gestalt des Romans, dem Wächter, zu. Indem K. das Tor, vor dem dieser Wächter steht und hinter dem das »Gesetz« sich findet, niemals durchschreitet, kommt auf ihn das Gesetz der »absoluten Freiheit« niemals zur Anwendung, es bleibt unerreichbar.

Schlußfolgerung: Kafka glaubt an die Freiheit, aber er mißtraut dem Menschen, weshalb er jene »verjenseitigt«, d.h. ins Metaphysische zieht. Aufgrund dieser Widersprüchlichkeit kann Kafka nicht ohne weiteres als Nihilist deklariert werden, aber ein überwiegend nihilistischer Zug, der seinen prinzipiellen Humanismus begleitet, ist nicht zu übersehen.

Die Arbeiter-Unfall-Versicherungs-anstalt in Prag

Kathrein Goldbach

Proust · Auf der Suche nach der verlorenen Zeit

»A la recherche du temps perdu« (Erstdruck Teil I: Paris 1913 – 1927)
Roman von Marcel Proust (10. 7. 1871 – 18. 11. 1922)

Mit 38 Jahren erhofft Marcel Proust sich nichts mehr vom Leben, das ihm statt der Erfüllung seiner Hoffnungen und Illusionen nur eine endlose Kette von Enttäuschungen gebracht hat. Daher zieht er sich 1909, am ›Vorabend seines Todes‹, in die völlige Isolation eines Zimmers am Boulevard Haussmann in Paris zurück, um die ihm verbleibende Zeit der Arbeit an »Auf der Suche nach der verlorenen Zeit« zu widmen. Er verwirklicht mit diesem Werk einen letzten Traum, den er seit seiner Kindheit hegte.

»Bei diesen Träumen wurde mir klar, daß ich eines Tages Schriftsteller werden wollte, und daß es Zeit sei zu wissen, was ich zu schreiben beabsichtigte. Aber sobald ich mich danach fragte und versuchte, einen Gegenstand zu finden, dem ich eine allumfassende philosophische Ausdeutung geben könnte, hörte mein Geist zu arbeiten auf, ich fand mich einer Art von Leere gegenüber, ich fühlte, daß ich kein Genie besaß . . .«

Den Gegenstand seines Romans bildet sein Leben, die philosophische Ausdeutung erfährt er durch den Begriff der Zeit. Proust gibt die Wirklichkeit zugunsten seiner Vergangenheit auf. Aus seiner Erinnerung heraus erschafft er eine eigene →imaginäre Realität, der er in einem Kunstwerk Ewigkeitswert verleihen will.

Marcel Proust, »Auf der Suche nach der verlorenen Zeit«, (13 Bände), Frankfurt 1961. André Maurois, »Auf den Spuren von Marcel Proust«, (Paris 1949). Erich Köhler, »Marcel Proust«, Göttingen 1958. George D. Painter, »Marcel Proust. Eine Biographie«, Frankfurt 1968.

Durch eine schwere Krankheit fast ständig ans Bett gefesselt, arbeitet er bis zu seinem Tode 1922 an seinem umfangreichen Werk. Da er finanziell unabhängig ist, kann er 1913, als er keinen Verleger findet, den ersten Band auf eigene Kosten drucken lassen. Er findet weltweite Anerkennung und erhält 1919 den Prix Goncourt. Der Erste Weltkrieg verhindert die weitere Publizierung; in dieser Zeit weitet Proust seinen Roman entschieden aus.

Schon in »Tage der Freuden«, das 1896 erschien und vernichtende Kritiken erhielt, klingen Themen und Motive der ›Suche‹ an: die Subjektivität der Liebe, die psychische Wandlung durch die Zeit, die Kluft zwischen realer und imaginärer Welt und die tiefe Bedeutung der Erinnerung.

Als →Impressionist lehnt Proust die Forderung ab, daß der Schriftsteller den →Elfenbeinturm verlassen müsse, um sich mit den Problemen der Zeit auseinanderzusetzen. Er glaubt, daß wir die Wirklichkeit nur in der Erinnerung und der Kunst, in der diese festgehalten wird, besitzen. Theoretische Schriften sind für ihn Werke, an denen noch das Preisschild haftet. Im Realismus erblickt er eine verarmte Kunst, die den Menschen als geschichtsloses Wesen darstellt. Proust hingegen schafft eine Psychologie in der Zeit. Er lüftet die verschiedenartigsten Masken, die der Mensch im Laufe der Jahre annimmt, und enthüllt wie unter einem riesigen Vergrößerungsglas sein ›wahres Wesen‹.

Marcel Proust versucht die verlorene Zeit, die Vergangenheit, durch die Erinnerung wiederzufinden. Im wechselnden Licht des Gedächtnisses läßt er seine Kindheit, die frühen Visionen und die Zerstörung aller Illusionen an sich vorüberziehen. Sein Werk ist also halb-autobiographisch. Folgerichtig beginnt er den ersten Band mit den Tagen seiner Kindheit in Combray.

Marcel ist übersensibel und leidet schon als Kind unter Schlaflosigkeit. Mit 9 Jahren erleidet er einen Erstickungsanfall, der ein lebenslanges schweres Asthma auslöst und ihn von aktiven Betätigungen ausschließt. Dadurch verstärkt sich seine Fähigkeit zu minuziöser Beobachtung von Details. Gefühle werden bis in die geringsten Regungen analysiert und auf ihren Wahrheitsgehalt überprüft.

Proust begrüßt schließlich die Krankheit als eine Verbündete, die ihm die absolute Stille verschafft, aus der allein ein Kunstwerk entstehen kann. Eine weitere notwendige Voraussetzung für seine Arbeit ist erfüllt: Er hat das Leiden in allen Formen kennengelernt.

Biographie

(10. 7. 1871–18. 11. 1922), Sohn des Arztes Adrien Proust und der Jüdin Jeanne Weil. Wegen früher Krankheit kann er keinen Beruf erlernen oder ausüben. 1886–1889 glänzender Schüler des Lycée Condorcet. 1892 Gründung einer kurzlebigen Zeitschrift »Le Banquet«. 1896 Veröffentlichung der »Tage der Freuden«. 1896–1900 Arbeit an einem Roman, der 1952 unter dem Titel »Jean Santeuil« erscheint. 1904, 1906 Übersetzung zweier Werke Ruskins, der ihn stark beeinflußte. Bis 1909 Leben in den Salons, danach völlige Abkapselung von der Außenwelt. Arbeit an seinem Hauptwerk »Auf der Suche nach der verlorenen Zeit«.

Dies ist um so bedeutsamer, als seiner Meinung nach der Dichter nur aus den eigenen durchlebten Empfindungen zu schöpfen vermag. Erzählen ist Erinnerung.

Die Tage der Kindheit sind die glücklichsten seines Lebens, und doch sind sie überschattet von der ständigen Furcht, seine Mutter könne sich ihm entfremden. Prousts Liebe zu ihr ist pathologisch, er hat sich nie von seiner zu engen Mutterbeziehung lösen können. Trotz ihres Drängens, sein Werk zu beginnen, kann er dies erst nach ihrem Tode 1904 tun.

Proust will nichts als die Wahrheit schreiben, und einen Teil davon hält er vor ihr geheim: seinen Hang zur Homosexualität. Diesem Problem widmet er die Bände »Sodom und Gomorrha«. Die Homosexualität in allen, auch den erniedrigendsten Formen, schildert er in »Sodom« am Beispiel des Baron de Charlus, den sein Trieb zu immer fragwürdigeren Mitteln greifen läßt, bei Saint-Loup

»Ansicht von Delft« von Vermeer – für Proust das »schönste Gemälde der Welt«. Vermeer verwirklicht in der Malerei das, was Proust als sein Ziel in der Literatur sieht: kein photographisches Abbild der Wirklichkeit, sondern Kunst als vertiefte Realität

und vielen anderen. Den Sadismus von Lesbierinnen analysiert er in »Gomorrha«. Daß Proust es wagt, dieses Thema aufzugreifen und als soziales Problem darzustellen, ist für seine Zeit revolutionär. So ist es verständlich, daß er sich nicht zu seinem sexuellen Verhalten bekennt, sondern die Problematik an fiktiven Personen erhellt.

»Auf der Suche nach der verlorenen Zeit« ist auch ein sozialer Roman. Ebenso wie Baudelaire (→S. 264f.) war Proust eine Zeitlang von der Lebensform des Dandy gebannt. Mit allen Mitteln suchte er sich Zutritt zu den Salons des Hochadels zu verschaffen und litt unter seiner bürgerlichen und halbjüdischen Herkunft. In den Salons sucht er die »zum glänzenden Lebensstil kristallisierte Essenz von Jahrhunderten«. Die wiederholten Vorwürfe, Proust sei ein Snob, den nur die Welt von Müßiggängern interessiere, sind unzutreffend. Da er sein Leben in den Salons zubrachte, sind diese Gegenstand seines Werkes. Jedoch ist ihm das →Sujet zweitrangig: »Ein Künstler darf nur der Wahrheit dienen und keine Rücksicht auf den Rang nehmen . . . jede soziale Stellung hat ihr Interesse, und es kann für den Künstler ebenso wichtig sein, das Benehmen einer Königin darzustellen wie die Gewohnheiten einer Näherin.«

Als Liebling der Salons hat Proust erkannt, daß er Illusionen erlag und hat die hohle Welt der Salons schonungslos entlarvt. Im Gegensatz zu sozialen Klassen spricht er nun von Klassen des Geistes, die unabhängig von der Geburt sind.

Die Gesellschaftsschichten sind keine geschlossenen →Kasten mehr. Die Aristokratie, ihrer traditionellen Machtpositionen im Staat entledigt, führt eine rein private Existenz in den Salons. Proust schildert den Verfall des Adels und die Eroberung der Salons durch die Bourgeoisie.

Das über sieben Bände hin verfolgte Hauptanliegen des Werkes ist jedoch, die Bedeutung der Zeit aufzuzeigen. Wir vermögen die Gegenwart nicht in ihrer wahren Bedeutung zu erfassen, d.h. einem Ereignis nicht unmittelbar den richtigen Stellenwert zuzuordnen. Da der erlebte Augenblick sofort Vergangenheit wird, gerät er in Vergessenheit und scheint unwiederbringlich verloren. Der verloren geglaubte Augenblick muß wieder ins Bewußtsein zurückgerufen werden, denn nur die wiedergefundene Zeit ist sinnvolle Realität, neben der die Gegenwart bedeutungslos ist. Proust versucht nun, die Vergangenheit mit Hilfe des Gedächtnisses wieder lebendig werden zu lassen.

Der Roman vermittelt zunächst den Eindruck, als handle es sich um eine Anhäufung von Erinnerungsfetzen und Wachträumen. Die Vorgänge sind nicht chronologisch geordnet, Daten bzw. Jahreszahlen werden nicht genannt. Erlebnisse, die Jahre auseinanderliegen, rücken näher als solche, die nur eine Stunde voneinander getrennt sind. Die bruchstückhaft aneinandergereihten Gedankengänge verleiten ihn zu immer neuen →Assoziationen und raffinierten Vergleichen. Dadurch werden Räume und Zeiten miteinander verschmolzen. Doch der erste Eindruck von Planlosigkeit täuscht. Der Aufbau des Romans ist genau durchdacht, und wird von Proust mit einer Kathedrale verglichen.

Die bewußte Erinnerung vermag nichts, die Anstrengung des Verstandes bleibt fruchtlos. Es bedarf des affektiven Gedächtnisses, um die Vergangenheit in der ursprünglichen Intensität ins Bewußtsein zu rufen. Als Proust ein Gebäckstück in eine Tasse Tee tunkt, bewirkt diese Geschmacksverbindung zum erstenmal, daß eine Erinnerung bis in die Bewußtseinsschicht vordringt.

Die Kathedrale von Rouen, Gemälde von Claude Monet. Proust stand den Impressionisten nahe. Er bewunderte besonders Monet und benutzte das Bild einer Kathedrale, um den Aufbau seines Werkes zu beschreiben

»Ein unerhörtes Glücksgefühl, das ganz für sich allein bestand und dessen Grund mir unbekannt blieb, hatte mich durchströmt. Mit einem Schlage waren mir die Wechselfälle des Lebens gleichgültig, seine Katastrophen zu harmlosen Mißgeschicken, seine Kürze zu einem bloßen Trug unserer Sinne geworden; es vollzog sich damit in mir, was sonst die Liebe vermag, gleichzeitig aber fühlte ich mich von einer köstlichen Substanz erfüllt: oder diese Substanz war vielmehr nicht in mir, sondern ich war sie selbst. Ich hatte aufgehört, mich mittelmäßig, zufallsbedingt, sterblich zu fühlen. Woher strömte diese mächtige Freude zu mir?«

Die verloren geglaubte Zeit dauert also im Unbewußten an. Der jähe Zufall löst die Erinnerung aus, so steigt aus der Tasse Tee die glückliche Kindheit in Combray auf. Dieser Augenblick der Erleuchtung, des größten Glücksgefühls, in dem die ideelle Wahrheit erkannt wird, muß in einem Kunstwerk festgehalten werden, um ihm Dauer zu verleihen. Die Empfindungen des Glücks müssen in geistige →Äquivalente umgesetzt und in eine künstlerische Form gegossen werden. Wegen der Freude, die der Künstler empfindet, wenn er die verlorene Zeit erneut durchlebt, sagt Proust: »Die wahren Paradiese sind Paradiese, die man verloren hat.« Dieses Vergnügen ist das einzig echte, während gesellschaftliche Vergnügen höchstens Unbehagen oder ›Freundschaft‹ hervorrufen.

Versucht Proust zu Beginn seines Werkes die verlorene Zeit wiederzufinden, so gelingt ihm dies erst völlig am Ende seines Romans. So faßt er am Ende seines Buches den Entschluß, den Roman zu schreiben, den er soeben beendet hat.

Hans Wollschläger

Joyce · Ulysses

»Ulysses« (entstanden 1914 – 1921. Erstdruck Paris 1922)
Roman von James Joyce (2. 2. 1882 – 13. 1. 1941)

Als das »Buch des Jahrhunderts«, sein größtes jedenfalls, ja, als eins der größten aller europäischen Literatur überhaupt ist der »Ulysses« in Ruf gekommen; als ihr schwierigstes freilich zugleich. Das mag etwas von der Schwierigkeit mit erklären, die der breiten Aufnahme entgegensteht: was soviel Anforderung stellt, soviel Anspruch vorausschickt, wird leicht zum Schrecknis, und der Beigeschmack des →Elitären, den die Leserbequemlichkeit allem zufügt, was ihr Opfer abverlangt, vertieft die Trennung noch. Hinzu kommt die drohend riesige Wolke der Sekundärliteratur, in der das Gruselbild der Goethe-Philologie ebenso wiederkehrt wie deren Effekt; hinzu kommt, für deutsche Leser, die Unzulänglichkeit der bisher kursierenden Übersetzung, die die gerühmten Wunder des Werks kaum wiederfinden läßt und von Arno Schmidt geradezu als »Satire auf das grandiose Original« bezeichnet wurde. Gleichwohl ist der »Ulysses« Weltliteratur geworden, erkannt und anerkannt im europäischen wie asiatischen Raum: eine kosmopolitische Erscheinung wie sein Verfasser selbst. James Joyce, geboren am 2. 2. 1882 in Rathgar (Dublin), Jesuitenzögling, vorübergehender Medizinstudent, hat Dublin, das er zum Mittelpunkt der Welt machte, nach seinem 30. Jahr nicht mehr betreten: er lebte in Paris, Triest, Rom, Zürich, dann wieder in Paris und schließlich wieder in Zürich, wo er vorm Weltkrieg Zuflucht suchte und am 13. 1. 1941 starb. Trotzdem aber – oder gerade deshalb – blieb Irland, blieb Dublin der Bezugspunkt seines Lebens und Werks: durch ihn ist die Stadt am Rand der Welt zur Weltstadt geworden; durch sein Großes Buch erst wurde sie der Welt wie durch eine Lupe sichtbar, und wenn sie geistige Menschen heute aufsuchen, so tun sie es mit dieser Lupe in der Hand. »Ulysses« ist nicht nur das zentrale Ereignis in der Geschichte Dublins, sondern Dublins Geschichte überhaupt.

Zugleich: persönlichste Geschichte seines Urhebers Joyce. Gerade wo die Erzählerposition fast völlig aufgelöst ist, wo sie wechselnd von den handelnden Personen besetzt wird oder in überhistorischer Perspektive aufgeht, ordnet sich alles nach dem Bild eines Ich, das noch die letzten Zufälle verfügt. Nicht Realität, wie sie der Anspruch des Objektiven mißt, wird abgebildet, sondern erinnerte Realität: Gedächtnis preßt auf 1000 Seiten ›seine‹ Zeit zusammen und bewahrt unvergänglich das alternde, alte, vergehende Leben. Alles Material ist so durch persönliche Erfahrung gegangen, in →Motivik und Form. Das Bürger-Personale der Stadt ersteht aus Bekanntenkreisen, von unbestechlichen Zu- und Abneigungen sortiert; die →Topographie baut Geschautes zu Schau-Plätzen auf. Auch die Sprache hält Sprach-Erlebnis in Phasen fest: von dem, was bloß ans Ohr schlug, einmal in früher Zeit, bis hin zur höchsten Literaturerfahrung; Jargon schallt magisch durchs Widerbild des immer höher erlebten magischen Worts, liturgischen Lateins, Shakespeares, der ganzen englischen Tradition. Alle Joyce-Werke sind autobiographisch so; alle sind im Stoff so miteinander verklammert. Was »Ulysses« daraus vorträgt, reicht weit auch herüber aus den früheren Büchern – der Porträtgalerie der »Dubliner« und dem »Porträt vom Künstler als jungem Mann«, ebenso wie es bestimmend hinüberreicht ins Spätwerk »Finnegans Wake«, in dem Dublin endgültig die Weltvertretung übernimmt.

Aber Joyces Bücher sind keine Autobiographien. Kein ›Ich‹ redet von sich selbst: kein ›Held‹ verwirklicht sich gegen Schicksal und Welt. Es gibt im »Ulysses« überhaupt keine Helden im traditionellen Sinn: es gibt nur zwei optische Systeme, durch die darin Welt angeschaut wird. Leopold Bloom, Jude, ältlicher Bürger, klug und ermüdet bedächtig, und Stephen Dedalus, junger Anti-Bürger, wirr genial und versponnen: ihre Bewegungen durch die Stadt werden ins minuziöse Koordinatensystem eines einzigen Tages eingetragen – des 16. Juni 1904, der als »Bloomsday« heute in aller Literaturwelt gefeiert wird. Es sind Bahnen im Kosmos des Alltags, einander fern erst, einander sich nähernd, sich schneidend schließlich, und was auf ihnen geschieht, ordnet sich subtil und heimlich zu dem einzigen Rollenspiel, das in diesem Buch an ältere Muster des Romans gemahnt: zur Vater-Sohn-Konstellation, die jedoch weniger den Konflikt als die Ewigkeit der Entwicklung im Tag versammelt. Darüber hinaus mündet alles ins große Zusammenspiel der belebten und unbelebten Materie, der Gesichter, Häuser, Straßen, Geräusche, Farben: – sie alle wachsen zur riesigen Totalität, wuchern zu Leben zusammen, dessen Sinn sich nicht anders begründet als durch sein Dasein. Nicht →Konzeption wählt aus, was am Ende zum runden Resultat einer Handlung zu bündeln wäre, sondern ein Universum der Zufälle gibt seine Verschränkungen zu verstehen.

Daß von dem Buch, das so streng und systematisch das zufällige Leben abschreibt, eine geradezu absurde Spannung ausgeht, ist Errungenschaft seiner Form. Auch sie faßt den Gegenwartstag als Ausschnitt von Totalität, als Erben langer Zeit und Keim langer Zukunft. Die Erzähltechnik wechselt von Kapitel zu Kapitel, stellt Stilmodelle hin, um sie sofort selbst wieder parodistisch zu brechen; alle Epochen der Sprache kommen zu Wort. Alle ihre Möglichkeiten auch: sie reichen von der Einbeziehung des Bewußtseinsunterstroms in die traditionelle Erzählung, dem berühmten »→Inneren Monolog«, über die Mittel der Collage, der filmischen Schnitttechnik, der musikalischen Komposition bis in die spröde Versachlichung einer Katechese (eines religiösen Schulungstextes) oder ihr Gegenstück, das Protokoll der höchsten, scheinbar über alle Kontrolle flutenden Subjektivität. Im kunstvollsten Kapitel (»Rinder des Sonnengottes«), dessen stofflichen Hintergrund die Geburt eines Kindes bildet, wird die historische Entwicklung der Sprache selbst als embryonales Wachstum dargestellt: von Abschnitt zu Abschnitt wechseln die Modelle, schreiten fort vom ältesten Literaturzeugnis der Chroniken über Chaucer, Bunyan, Milton, Swift, Sterne, Dickens etc. bis in den modernen Slang. Ähnlich kühn der Schluß, Molly Blooms Monolog, der das Buch in Schlaf senkt: über 25000 Worte fließen interpunktionslos zu nur 7 riesigen Sätzen zusammen. Es gibt keine Alters- oder Niveaustufe der

Werke:
»Dubliners« (Dubliner); London 1914; Deutsch von Georg Goyert, Basel und Zürich 1928; Deutsch von Dieter E. Zimmer, Frankfurt 1969.
»A Portrait of the Artist as a Young Man« (Porträt vom Künstler als jungem Mann); New York 1916; deutsch von Georg Goyert, Basel und Zürich 1926; deutsch von Klaus Reichert, Frankfurt 1972.
»Ulysses« (Ulysses) Paris 1922; deutsch von Georg Goyert, Basel 1927; deutsch von Hans Wollschläger, Frankfurt 1975.
»Finnegans Wake«; London 1939; darin: Anna Livia Plurabelle, New York 1928; deutsch von Hans Wollschläger, Wolfgang Hildesheimer, G. Goyert, Frankfurt 1970.

Biographie:
Richard Ellmann, *»James Joyce«; New York 1959; deutsch Zürich o.J. (1961); dort auch ausführliche Bibliographie der Werke und der Sekundärliteratur.*

Zu Ulysses:
Stuart Gilbert, »James Joyce's Ulysses«; *London 1930 (rev. 1952); deutsch (»Das Rätsel Ulysses«) Zürich 1932 (rev. 1960), Frankfurt 1969.*

Sprache, die im »Ulysses« nicht Stimme erhalten hätte; ein ungeheurer Wortschatz verwirklicht das Konzept, ein ›Panaroma‹ der Menschenexistenz überhaupt zu geben. Wenn die Sprache so als »historisches Museum« erscheint (Fritz Senn), so auch bezüglich des Tags, den sie hier beschreibt: jedes zentrale Wort sammelt in sich die Erfahrung seines ersten →Kontexts und gibt sie beim erneuten Auftauchen an den nächsten mit ab; so entsteht eine →Polyphonie der Leitmotive, die noch den breitesten Prosaflächen Feinstruktur verschafft. Gliederung wächst ihnen schließlich zu auch aus dem Grundmodell der homerischen Odyssee, die allen Stationen des Wanderers Bloom unterblendet ist und eine Fülle der Variationen, →Paraphrasen und ironischen Brechungen entbindet. Wo der Autor selbst seinem Stoff unterworfen bleibt, der kein Vergessen kennt und kein Auslassen, bringt ihm Sprache so die souveräne Verfügung: mit ihr ergreift er Herrschaft übers Chaos der bezwingenden Realität.

Kritik hat solcher Überkonstruktivität ebenso gegolten wie ihrer Schwererkennbarkeit; Kritik könnte gelten: der fraglosen Tatsache, daß in diesem »Weltalltag der Epoche« (Hermann Broch) doch allzu viele Züge der Epoche fehlen, als daß er stellvertretend für sie stehen könnte. Aber der Einwand vergeht vor der höheren →Objektivation, die »Ulysses« verwirklicht. Gerade wo das Banale, wo Zufall und Unverbindlichkeit als kosmisches Funktionsprinzip begriffen wird, baut das Buch wahres Leben nach – und aus dauerhafterem Stoff, als Leben ihn hat; gerade wo es sich ins Dürftige vertieft, wo es das Mangelhafte der Existenz und ihres Erkennens selbst herrschen läßt, gewinnt es höchste Objektivität. Form →skandiert den Weltlauf zu einem Gefüge von Sinn, der anders nicht wäre. Es gibt wenige Bücher nur, die das Unvollkommene der Wahrheit so nachschreiben, um es dadurch zu Vollkommenheit zu bringen; »Ulysses« ist ihr größtes.

Biographie

1882 Geburt am 2. Februar in Rathgar
1888 College von Clongowes Wood
1893 Belvedere College
1898 University College (Dublin)
1900 Beginn der Arbeit am »Stephan Hero«
1902 Aufenthalt in London und Paris
1903 Tod der Mutter
1904 Bekanntschaft mit Nora Barnacle
Beide verlassen Irland
1905 Triest. Geburt seines Sohnes Giorgio
1906 Beginn der Arbeit am »Ulysses«
Rom
1907 Rückkehr nach Triest
Geburt seiner Tochter Lucia
1909 Reisen nach Dublin
1912 Letzter Aufenthalt in Irland
1914 Arbeit am »Porträt« und »Ulysses«
1915 Joyce zieht nach Zürich
1919 Rückkehr nach Triest
1920 Umzug nach Paris
1921 Arbeit am »Ulysses« beendet
1923 Beginn der Arbeit an »Finnegans Wake«
1927 Deutsche Übersetzung des »Ulysses«
1930 Augenoperation in Zürich
1933 »Ulysses« als ›offizielle Ausgabe‹ in den USA
1936 Erscheinen der »Gesammelten Gedichte«
1938 »Finnegans Wake« beendet
1940 Flucht aus Paris nach Zürich
1941 Am 13. Januar Tod in Zürich
1949 »Stephan Hero« wird veröffentlicht

James Joyce – das Porträt des Autors mit der Lupe

Helmut Lüttmann

Döblin · Berlin Alexanderplatz

»Berlin Alexanderplatz« (Erstdruck Berlin 1929)
Roman von Alfred Döblin (10. 8. 1878 – 28. 6. 1957)

Als die Nationalsozialisten im Mai 1933, ausgehend von Berlin, in allen deutschen Landeshaupt- und Universitätsstädten öffentlich diejenigen Bücher verbrannten, die ihnen unliebsam waren, da gehörte der Roman »Berlin Alexanderplatz«, wie auch die übrigen Werke von Alfred Döblin, zu den bevorzugten Objekten der barbarischen Zerstörer. Denn dieses Buch hatte, obwohl seine Lektüre keineswegs leicht war, eine relativ weite Verbreitung und Popularität erreicht, und es stellte alles andere als jene stupide Verherrlichung von bodenständigen »arischen« Menschen dar, wie sie von den damaligen Machthabern geschätzt wurde. Vielmehr wurde es von den Nazis der »dekadenten Asphaltliteratur« zugerechnet. Außerdem war sein Verfasser ein Jude und konnte daher in den Augen seiner faschistischen Gegner auch nur etwas Verachtens- und Vernichtenswertes geschrieben haben.

Alfred Döblin wurde 1878 in Stettin als Sohn eines Schneiders geboren, der bald danach die Familie verließ, woraufhin die Mutter mit 5 Kindern nach Berlin übersiedelte. Dort besuchte Döblin auch die Schule, studierte Medizin und promovierte 1905 in Freiburg. Nach 6 Jahren neurologischer Forschungen außerhalb der Reichshauptstadt war er dann von 1911 bis 1933 Psychiater und Nervenarzt im vorwiegend proletarischen Berliner Osten, wo er sehr viel mit Arbeitern und auch Vertretern der Unterwelt in beruflichen Kontakt kam. Nachdem er politisch zunächst einen nationalistisch gefärbten Konservatismus vertreten hatte, bezeichnete er sich seit dem Ende des Ersten Weltkrieges als Sozialisten und trat 1921 in die SPD ein, die er 7 Jahre später jedoch wieder verließ. In seinen politischen Schriften dieser Zeit plädierte er für einen vagen, unmarxistischen →Sozialismus, ein humanitäres System unangetasteter individueller Freiheit. Nachdem er 1933 von den Nazis aus Deutschland vertrieben worden war, siedelte er zunächst in die Schweiz, dann nach Frankreich, schließlich (1940) in die USA über, wo er unter dem Eindruck des Zweiten Weltkriegs zum Katholizismus konvertierte. Mit seiner Rückkehr nach Deutschland (und zwar in die damaligen Westzonen) beendete er seine materiell sehr kärglichen Emigrationsjahre, mußte aber auch bis zu seinem Tod im baden-württembergischen Emmendingen (1957) in relativer Armut leben.

Mit literarischen Arbeiten war Döblin, der bis zur Emigration ausschließlich neben seiner ärztlichen Tätigkeit schrieb, erstmals 1906 hervorgetreten, zunächst mit expressionistischer Kurzprosa – stilbildend war die Sammlung von Erzählungen mit dem Titel »Die Ermordung einer Butterblume« (1913) –, dann mit vorwiegend kollektivistischen Romanen, von welchen die meisten nicht in Deutschland

Der Schauplatz des Romans – von der Neuen Königstraße aus gesehen

und nicht in der Jetztzeit angesiedelt waren. Dieser direkte Bezug zum Hier und Jetzt bestimmt aber »Berlin Alexanderplatz«, dem einzigen merklichen Bucherfolg Döblins zu dessen Lebzeiten.

Wie sein Untertitel besagt, erzählt der Roman die Geschichte des Franz Biberkopf, die wiederum als Gerüst für die auf Totalität abzielende Darstellung der riesenhaft-chaotischen Großstadt dient. Die Stadt wird als ein gigantischer, höchst lebendiger Organismus gesehen und gleichzeitig als ein System des Zwanges, gegen das sich das einzelne Individuum nicht erfolgreich auflehnen kann.

Albrecht Schöne, Alfred Döblin, »Berlin Alexanderplatz«. In: »Der deutsche Roman«, hg. v. Benno v. Wiese, Bd. 2, Düsseldorf 1963, S. 291–325. (Eindringliche Gesamtinterpretation, politische Gesichtspunkte allerdings vernachlässigend.)

Dies ist die Lektion, die Biberkopf im Verlauf seiner Geschichte zu lernen hat. Er ist ein primitiver, gutmütig-naiver Mensch mit geringer Intelligenz, der ursprünglich Transportarbeiter war, nach einem Gefängnisaufenthalt aber u.a. Schnürsenkel- und Zeitungsverkäufer, Zuhälter, Dieb und Hehler. (Die Merkmale dieser Figur ergeben sich aus Döblins Einsicht, daß in einer hochentwickelten kapitalistischen, durch starke Klassengegensätze zersplitterten Gesellschaft der ›strahlende‹ oder entschieden ungewöhnliche Held nicht mehr repräsentativ ist.) Biberkopf erhält seine gesellschaftliche Verbindlichkeit durch sein Reduziertsein auf elementarste menschliche Gemeinsamkeiten: »in einer Menschenhaut wohnen und vom Leben mehr verlangen als ein Butterbrot«. Vom Autor wird er ausdrücklich als Beispielfigur in einer Moritat (mit Kommentar, Moral, Merkversen, oft in holprigen Reimen, etc.) bezeichnet und dem Publikum offen vorgeführt. Er ist ein Jedermann, der den Weg des schuldbeladenen, sündigen Menschen durch die Welt (hier: Großstadt) geht.

Dabei vollzieht sich an ihm (jeweils in Kleinbürger-, Proletarier- und Verbrecherkreisen) dreimal das Muster der klassischen Tragödie: Aufstieg, Glück, Selbstgefälligkeit, Wendung des Glücks, Katastrophe. Im Verlaufe dieses Geschehens verliert Biberkopf einen Arm, seine Geliebte wird ihm ermordet, und er entgeht dem Tod nur um Haaresbreite. Das genannte Muster wird u.a. auch dadurch noch hervorgehoben, daß sich, über das ganze Buch verteilt, Hinweise auf die griechischen Tragödiengestalten Agamemnon, Klytaimnestra und Orest finden. Damit wird jedoch ein Gegenbild entworfen zu dem hier dargestellten Geschehen aus dem gegenwärtigen Berlin, denn der Autor sagt es mehrfach, und am Ende sieht es auch Biberkopf ein, der sich dagegen lange selbstmitleidig gesträubt hat: Nicht ein (›griechisch‹ waltendes) Schicksal hat die Katastrophen in seinem Leben herbeigeführt, sondern er selbst mit seiner Dummheit, Blindheit und Prahlsucht. Diese Erkenntnis, zu der ihn der auf ihn einredende Tod schon während des gesamten Geschehens führen wollte, akzeptiert er, das potentielle Erziehungsobjekt des Todes, erst im physischen und psychischen Zusammenbruch. Der Roman kommt daher weniger einem →»Entwicklungsroman« gleich, vielmehr ist er dem Schema einer christlichen →Heils- und Erlösungsgeschichte verpflichtet.

Am Ende sieht Biberkopf ein, daß er mit seinem kleinbürgerlichen Stolz auf die eigene Individualität und Stärke sowie mit der stets gesuchten Isolation in Krisenfällen die Strafen verdient hat, die ihn getroffen haben. Er ist – wie die biblischen Gestalten Hiob und Isaak, auf die mehrfach hingewiesen wird – mit seinem Schicksal einverstanden, nachdem sein Kampf gegen die Stadt Berlin sich ihm als uneinsichtig, frech und sinnlos dargestellt und er sich von der Notwendigkeit überzeugt hat, sich einzuordnen, sich zu solidarisieren, und zwar »mit den richtigen Leuten«.

Wer diese Leute sind, verschweigt der Autor freilich; und so wirkt auch das rauschhafte Verbrüderungspathos am Ende des Buches merkwürdig →trivial und aufgesetzt und muß wohl als ein gewaltsam-emotionaler Lösungsversuch gesellschaftlicher Widersprüche gesehen werden. Dem entspricht auch der Umstand, daß dem Werk keine unzweideutige politische Tendenz zugrunde liegt. Zwar deutet der Autor auf den Zwangscharakter des gesellschaftlichen Lebens, auf Beweise der Ausbeutung, auf das Verbrechertum als konstituierendes Element des kapitalistischen Systems hin, aber dies wird nur jeweils kurz und unpräzise ausgeführt. Entsprechend ungenau ist die Bewertung jener Personen, mit denen Biberkopf sich in politische Diskussionen einläßt (Vertreter der →KPD, →Anarchisten, richtungslos ressentimentgeladene Arbeiter, Faschisten). Und es wird vom Autor nicht nur an Biberkopfs kleinbürgerlich-unsolidarischem Individualismus indirekte Kritik geübt, sondern auch an dem Prinzip der politischen Organisation zum Zwecke der Durchsetzung von Klasseninteressen. Das diffuse Denken, das Döblins politische Schriften aus dieser Zeit bestimmt, findet hier auch im Roman seinen Niederschlag.

Zu den Büchern und Schriften, die 1933 von den Nazis verbrannt wurden, gehörten auch die Werke Döblins

Dieser Roman ist alles andere als herkömmlich erzählt, denn in Döblins Theorie kann der unendlichen Vielgestaltigkeit der Großstadt, dem ›eigentlichen‹ Thema dieses Werkes, nur eine entsprechende Vielgestaltigkeit der Erzählweisen literarisch gerecht werden. Man trifft deshalb auf Gleichniserzählungen, die Biberkopfs Erlebnisse kommentierend begleiten und Biblisches, Mythisches, Bildungszitate aus den verschiedensten Jahrhunderten, wodurch eine gleichzeitige ›Anwesenheit‹ von Jahrtausenden erreicht wird.

Eine andere Form der Gleichzeitigkeit schafft der Autor dadurch, daß er verschiedene Vorgänge, die sich im selben Zeitraum in verschiedenen Teilen Berlins abspielen, erzählerisch ineinanderblendet. Dazu kommt eine ausgiebige Verwendung vorgefertigter Texte (Zeitungsartikel, öffentliche Bekanntmachungen, Reklame, Gesetze, Passagen aus Trivialromanen usw.), hinter denen der Erzähler quasi verschwindet. Auch Filmtechniken werden ins Literarische übertragen: rascher Bildwechsel, Kurzszenen, schnelle Änderung der Einstellungsart, Zeitlupe, Zeitraffer usw. Erlebte Rede und →innerer Monolog (→S. 328f.) sind häufig. Durch die ständige Verschränkung verschiedenartiger Textmaterialien und Erzählweisen, die nicht voneinander abgehoben sind, wird ein hektisch-rauschhaftes Zusammenspiel von allem mit allem erreicht. Nichts bleibt isoliert, alles wird ins Kollektive eingeschmolzen, so daß auf diese Weise die Schlußmoral des Werkes, die der Tod für Biberkopf bereithält, durch die formale Gestalt des Romans schon ständig vorweggenommen wird.

Auch der Erzähler ist in den soeben geschilderten Vorgang miteinbezogen. In »Berlin Alexanderplatz« führt dies u.a. dazu, daß sich der Erzähler ganz auf die Sprache und Moral der von ihm geschilderten Personen und Milieus einläßt und mit dieser Distanzlosigkeit nicht selten ins Sentimentale abgleitet – ein Vorgang, der davon nicht getrennt werden kann, daß der Autor auch im Politischen keine eigenständige, faßbare Position bezieht. Er hat die Souveränität und Individualität des Erzählers aus dem 19. Jahrhundert verloren, ist nachgiebig gegenüber der andrängenden Fülle der Gestalten, Geschehnisse, von schon vorgefertigten Texten, Zitaten, Einzelfakten usw. – die Stadt selbst hat ihm bis zu einem bestimmten Grade das Erzählen abgenommen.

Nicht zuletzt stellt dieser Verzicht auf ›Souveränität‹ – der bei Prosaisten des 20. Jahrhunderts weitverbreitet ist – eine Entsprechung zum Verlust der Eigenbestimmung des Individuums im fortgeschrittenen →Kapitalismus dar.

Jochem Wolff

Bewußtseinsindustrie und Literatur

»Unten dehnten sich die Strassen,
dort rief man die Preise der Träume aus«
(Carl Einstein)

Der Literaturmarkt

Wer ein Buch in die Hand nimmt und darin liest, setzt nicht nur Buchstaben um. Als Leser ist er zugleich Teil eines vielschichtigen Publikums, das seine Bücher – produziert von Schriftstellern und Verlagen und vermittelt durch Werbung, Rezensionen oder andere Medien – im Handel erwirbt. An diesem Literaturmarkt also nimmt jeder Leser vor und nach dem reinen Akt des Lesens teil.

Aus einer anderen Perspektive ist der Leser Adressat des Autors, der – durch den Literaturmarkt vermittelt – mit dem Leser einen →Kommunikationsprozeß aufnimmt. Wie sich dieser im einzelnen gestaltet, welche vielfältigen Bedürfnisse und Interessen der Leserschaft mit denen der Autoren mehr oder weniger verknüpft werden, ist vorrangig Gegenstand der →Rezeptions- und Wirkungsforschung. Hier soll jedoch mehr auf die Angebotsseite des Literaturmarktes – auf seine Institutionen und Mechanismen – eingegangen werden.

Der Literaturmarkt der Bundesrepublik belegt in der Weltrangliste der Buchproduzenten den dritten Platz. Allein für 1974 verzeichnet er nach Jahresberichtsangaben der 1815 gegründeten Standesorganisation der deutschen Buchhändler und Verleger, des »Börsenvereins des deutschen Buchhandels«, knapp 50000 Neuerscheinungen, während die Auflagenhöhe ins Millionenfache geht und die gesamte Verlegerbranche gleichzeitig rund fünf Milliarden DM umgesetzt hat.

Hinter diesen Ziffern steht ein vielkanaliges Produktions- und Absatzsystem der über 2000 Verlage, die ihre Produkte (Bücher, Taschenbücher und Zeitschriften, daneben auch Zeitungen und Heftchen) über rund 10000 Buchhandlungen aller Art, über eine kleine Zahl bedeutender Buchklubs und Leseringe, über zahlreiche Kioske und schließlich über mehr als 40000 öffentliche Bibliotheken absetzen. Geprägt ist dieses Verteilersystem von gut funktionierenden Marktmechanismen: von vielfältigen Werbe- und Absatzmethoden, preispolitischen Maßnahmen, Editionstechniken und Medienkonzern- bzw. Verlegerstrategien, von auskalkulierten Verkaufserfolgen sogenannter Bestseller oder vom Schrittmacherdienst der Literaturbesprechungen in anderen Medien. Weitere Faktoren: die spezielle Publikumswerbung etwa der Buchklubs gegenüber den aus herkömmlicher Scheu (sozialer Distanz) vom traditionellen Buchladen ferngehaltenen Lesern oder die schichtspezifischen (das heißt auf die sozialen Merkmale bestimmter Zielgruppen zugeschnittenen) Literaturangebote, die den Konsumenten aller Bildungsschichten präsentiert werden; so werden Liebes-, Frauen-, Heimat-, Western-, Schicksals- oder andere auflagenstarke Romane mit Erfolg an breite Bevölkerungsschichten verkauft, während eine »anspruchsvollere« Belletristik oder Sachliteratur vornehmlich einer kleineren Bildungs-Elite vorbehalten bleiben.

Zudem zeigt sich der Literaturmarkt in seinen Strukturen eng verflochten. Das gilt für das Verhältnis der privatwirtschaftlich organisierten Verlage und Verlagskonzerne zu den öffentlich-rechtlichen Rundfunk- und Fernsehanstalten (zu denen trotz des andersrechtlichen Status inhaltlich, technologisch und indirekt auch ökonomisch zahlreiche Querverbindungen bestehen) und Kulturinstitutionen wie Theater, vor allem aber für die Verhältnisse innerhalb des kapitalistisch geprägten Verlagswesens, das weitverzweigt erscheint und überdies – infolge der Kapitalkonzentration großer Medienkonzerne – weitgehend als Teil einer sämtliche Medien umfassenden Unterhaltungsindustrie funktioniert (vgl. die Grafik nach H. H. Diederichs »Verflechtungen in den Massenmedien der BRD«).

Allgemein gesehen ist also der Literaturmarkt ein Teilsystem der übergeordneten, alle gesellschaftlichen Bereiche durchdringenden *Kulturindustrie* – dieser zentrale Begriff wird häufig auch durch die nicht immer identischen Bezeichnungen Unterhaltungs-, Vergnügungs-, Illusions- oder Bewußtseinsindustrie ersetzt.

Zur Kulturindustrie ist erst einmal festzuhalten, daß es sich hier um eine prinzipiell positive Errungenschaft vor allem unseres Jahrhunderts handelt. Durch die massenhafte Verbreitung künstlerischer Werke – auf der Basis einer ökonomisch und rechtlich breit organisierten Produktions- und Verteilungsindustrie – werden diese Werke und insofern auch die literarischen Erzeugnisse breiteren Schichten als je zuvor zugänglich gemacht.

Dieser Prozeß verläuft aber keinesfalls widerspruchslos; er reguliert sich nicht automatisch durch eine harmonische Übereinstimmung von Produzentenangebot und Publikumsnachfrage.

Denn den speziellen Produktionsweisen in einer hochindustrialisierten Gesellschaft und den damit verbundenen Gesetzmäßigkeiten gleicht sich die Verteilung von Kulturgütern innerhalb dieser Gesellschaft an. Gerade diese Verteilung kann sich infolge verschiedener Faktoren – zum Beispiel durch Kapitalkonzentration bei den Produzenten – ungleichmäßig entwickeln. Dann wird die allseitige Interessenlage nicht mehr ausreichend gewahrt, und zugleich setzt eine – wenn auch längst nicht immer vorsätzliche – ideologisch konservative Beeinflussung mittels dieser kulturellen Güter ein, so daß dadurch der Grad an Realitätsabbildung in den künstlerischen Produkten und die davon ausgehenden Aufklärungs- und Konfliktmöglichkeiten bedenklich eingeschränkt werden.

Mit der Bewältigung solcher und ähnlicher Widersprüche setzt sich jede Gesellschaft verschieden auseinander. Wir wollen uns auf das Beispiel der Bundesrepublik beschränken und die hier kapitalistisch geprägte Kulturindustrie theoretisch und empirisch betrachten, zuvor jedoch den Begriff »Kulturindustrie« inhaltlich und historisch näher bestimmen.

Kulturindustrie: die industrielle Verwertung von Kultur

Mit unterschiedlichen Sinngehalten (je nach polemischer Absicht, nach Verwendung empirischer Daten oder nach theoretisch-analytischen Ergebnissen) taucht der Begriff Kulturindustrie heute im Sprachgebrauch des Journalismus, unter den Kulturschaffenden oder in den kritischen Theorien der Kunst- und Sozialwissenschaften auf. Dem gingen jahrzehntelang kultur- und →ideologiekritische Überlegungen voraus, die sich in verschiedenen Schriften einiger bedeutender Theoretiker niederschlugen. Doch bevor wir uns damit vertraut machen, muß ganz allgemein gefragt werden: *Was heißt denn überhaupt Kulturindustrie*, was bedeutet dieser aus zwei großen gesellschaftlichen Bereichen zusammengesetzte Begriff Kultur-Industrie, der auch noch je nach bestimmten historischen und ökonomischen Gesellschaftslagen unterschiedliche Inhalte beschreibt?

Wenn in diesem Zusammenhang von »Kultur« gesprochen wird, so ist damit kaum eine spezielle Seite dieses Begriffs aus der Kunst, der Soziologie, der Psychologie, der allgemeinen Geschichte des gesellschaftlichen Fortschritts oder aus anderen Bereichen gemeint. Vielmehr betrifft dies ein Vielerlei an kulturellen Äußerungsmöglichkeiten, die sich erst im Augenblick ihrer industriellen Reproduktion und massenhaften Verteilung konkretisieren – etwa in Form eines Buches, eines Films oder einer Platte u.a.m. Ungeachtet solcher Zusammenhänge erscheint »Kultur« im deutschen Sprachgebrauch vorherrschend immer noch als Geistes-Kultur. Der Begriff ist also nach wie vor auf das während des 18. und 19.

Jahrhunderts entwickelte Bildungs- und Erziehungsideal der →bürgerlichen Klasse fixiert und läßt sich deshalb auch nur so ideologiekritisch ableiten. Dem ist eine weiterreichende Begriffsbestimmung von Kultur entgegenzuhalten: Kultur im weitesten Sinne umfasse – nach einem Wörterbuch der Philosophie – alles, »was der Mensch sowohl der Umwelt als auch in seiner eigenen Entwicklung dem natürlichen Zustand hinzufügt und wodurch er zur Vervollkommnung seiner selbst gelangt« – wobei Vervollkommnung ebensosehr die geistigen Gebilde aus Philosophie, Künsten, Wissenschaft und Technik wie auch deren gesellschaftlich vermittelten Traditionen und Konventionen meint. Noch ergänzt steht »Kultur« auch für die »Summe der Verhaltensformen einer Gesellschaft, die durch Symbole von Sprache, Religion, Recht, Philosophie, Technik, Wissenschaft und Kunst über Generationen hinweg übermittelt werden und Gestalt annehmen in der Form der →Produktionsmittel, der Produktionsweisen und in den Ideen und Wertvorstellungen von Moral, Vernunft oder Ästhetik« (nach »Lexikon zur Soziologie«, 1973).

All dies auf Kulturindustrie bezogen bedeutet schließlich: Jede mögliche Form von – so allgemein definierter – Kultur wird nun also in ihrer Reproduktion dem Industriesystem mit seinem organisierten Einsatz von Kapital und Technologie unterworfen, so daß sich die Kulturproduktion in ihrer ökonomischen Seite nach den Gesetzen der Warenproduktion richtet (wie sich allein am Kulturindustrie-Markt der Bundesrepublik nachvollziehen läßt). Entsprechend wirken die Marktgesetze auch weitgehend auf die literarische Produktion zurück. Vieles davon ist auf bloße zerstreuende Unterhaltung angelegt und reduziert auf inhaltlich losgelöste Effekte und gängige Klischees. Zur Regel existieren mehr oder weniger Ausnahmen: kritisch-aufklärerische und ästhetisch-avantgardistische Literaturprodukte, die entweder einer Minderheitsnachfrage nachkommen oder in den Rahmen einer Marktlückenpolitik gehören und dem Produzenten zudem eine gewisse gesellschaftspolitische Legitimation verschaffen.

Im Zusammenhang mit der dennoch überwiegenden Menge nicht gerade aufklärerischer Literatur ist viel von Manipulation (also von bewußter Verzerrung der Gehalte) die Rede, doch stimmt dies nur bedingt. Am wenigsten wird unmittelbar manipuliert (wobei Manipulation auch keinesfalls immer nur negativ zu verstehen ist); aber das Zusammenwirken vieler, aufeinander abgestimmter Faktoren konserviert die bestehenden Verhältnisse ideologisch auch ohne Steuerung und deformiert somit das allgemeine Bewußtsein. Dieser Verlauf ist nun in doppelter Hinsicht – ideologisch und finanziell – ertragreich. Eben darin unterscheiden sich die Kulturprodukte von der Produktion ebensolcher Konsumgüter wie etwa Seife, Bierflaschen oder Maschinen.

Vor diesem Hintergrund zeigt sich eine tiefe Wechselwirkung zwischen einzelnen kulturellen Bereichen und dem dafür zuständigen, gewinnorientierten Industriesystem in vielerlei Hinsicht – eben auch inhaltlich. So haben viele Kunstwerke aus Literatur, Musik oder Film ihre humanistische Botschaft lange verloren und sind zu kurzlebigen Konsumartikeln heruntergekommen: Zur Erhaltung ihres kommerziell wichtigen Anreizes bekommen sie als Ersatz den »human touch« aufgesetzt, womit, durch eine geschickte Werbesprache vermittelt, eine nur auf den einzelnen abgestellte »Lebenshilfe« anstelle von gemeinsamen Lösungen wichtiger gesellschaftlicher Konflikte geboten wird. Schlimmer noch steht es um die Kulturerzeugnisse, denen pseudopolitische Inhalte zur Verkaufshilfe einverleibt werden. Das gilt zum Beispiel für die jüngste Welle von Zeitschriften, Büchern und Filmen über das Dritte Reich, mit welchen kaum eine Verarbeitung der Vergangenheit oder Abschreckung vor dem Faschismus erreicht wird. Denn – trotz aller ›Dokumentation‹ – verfährt die Werbung auf dieser Hitler-Welle mit Mitteln, die unterschwellig sogar positive Einstellungen erzeugen können. Zum Wesen der Kulturindustrie auch noch ein anderes Beispiel, das vor allem die Brechung einer natürlichen Eigenerfahrung und Sinnlichkeit des Kulturgenießenden und statt ihrer das schnellwechselnde Modische zeigt: Gemeint ist die unter dem Schlagwort →»Nostalgie« weit verbreitete Kulturstimmung. Sie soll der Kulturindustrie mit Hilfe wohlauskalkulierter Werbekampagnen unter Appellen an Sehnsuchtsgefühle und Vergangenheitskult überall dort Zuwachsraten sichern, wo den Managern nicht in der geplanten Häufigkeit neue Kulturmoden einfielen. So bemüht die Schallplattenindustrie seit Jahren Swing-, Rock- oder Poperfolge zurückliegender Jahrzehnte. Die Buchindustrie erinnert sich erfolgreich jener verstaubten kleinbürgerlichen Literatur aus der Zeit um die Jahrhundertwende, die wie im Falle der Romane der Hedwig Courths-Mahler sogleich vom Fernsehen produziert und danach der Leserschaft um so gewinnträchtiger angeboten werden; auch zahlreiche alte Ufa- oder Hollywood-Streifen, ganz gleich welchen politischen Inhalts, flimmern immer häufiger kostengünstig über die Leinwand und erzeugen entsprechend veränderte Rezeptionsgewohnheiten. Durch solche und andere Kampagnen greift die Kulturindustrie tief in unser tägliches Leben ein und bedient sich dabei vielfältiger Formen: Taschenbuch, Fernsehproduktion, Schlager, Sinfonie, Hörspiel, Comics, Poster, Film, Illustrierte, Musikbox-Hits, Fotografien, Flippautomaten, Hobbyartikel, Musikkassette, Gesellschaftsspiele oder Bildkalender, das alles – von der Beethoven-Sinfonie bis zum Werbespot – zählt zum Kulturindustrie-Spektrum. Vor diesem umfassenden System wird deutlich, welches Bündel von sozialen, ökonomischen und künstlerischen Faktoren nun im einzelnen den literarischen Markt bestimmen und welche vielfältigen Komponenten es für den Zusammenhang von Literatur und Gesellschaft (eben auch von der Literatursoziologie) zu analysieren gilt.

Damit sind die Erscheinungsformen der Kulturindustrie dennoch nicht erschöpft. Denn die Vielfalt der Produktion ist ihre eine Seite, ihre andere ist die Überlappung mit der sogenannten →Kommunikationsindustrie (die sowohl privatwirtschaftlich als auch öffentlich-rechtlich organisiert sein kann): Dies sind zunächst die Dienstleistungen der verschiedenen Medien zur Übermittlung der genannten Kulturartikel. Zwischen den öffentlich-rechtlichen Anstalten und den Medienkonzernen bestehen ebenso Kooperations- wie Konkurrenzformen in dem Maße, wie sich die Konzerninteressen mit denen der hier einflußreichen politischen Parteien treffen oder überkreuzen. Weiterhin zur Kommunikationsindustrie zählt die Geräteindustrie. An ihrem technischen Entwicklungsstand ist ablesbar, welche Produktionsmittel im kulturellen Bereich für die Verbreitung künstlerischer Produkte verfügbar und entscheidend sind. An der Entwicklungsgeschichte der Medien ist die der Kulturindustrie mit ablesbar, und von dort läßt sich auch ein Bogen zur Geschichte des Begriffs Kulturindustrie spannen.

Zum gesellschaftlichen Ausgangspunkt von Kulturindustrie

Der historische Prozeß, in dem sich die Kulturindustrie nach und nach zu einem umfassenden System entfaltet, geht bis auf das 19. Jahrhundert zurück. Schon 1853 spricht Hippolyte Castille (in: »Les hommes et les mœurs sous le règne de Louis-Philippe«) von einer »industrie intellectuelle-l'idée, devenue voleur industrielle« und meint angesichts der heraufziehenden Massenpresse so etwas wie Kulturindustrie. Jene Massenpresse (→S. 232ff.) entwickelt sich auf breiter Ebene, sobald die allgemeinen ökonomischen Verhältnisse zunehmend kapitalistisch geprägt sind, so daß auch die Redaktionen nur noch nach marktgerechtem Kalkül organisiert werden. Spätestens in dieser Phase zerfällt die sogenannte bürgerliche und damit literarische Öffentlichkeit (→S. 168ff.). Das ihr einst innewohnende →Räsonnement zerrinnt in bloße Konsumhaltung, der teilweise anspruchsvolle Journalismus wird zur redaktionellen Dienstleistung. So erweist sich der Gedanke, die Gesellschaft durch öffentliche Meinungsbildung zu einer kritisch funktionierenden Einheit zu verschmelzen, als eine Illusion des Bürgertums; sie wird von ihnen als ideologisches Programm gegen diejenigen sozialen Gruppen gerichtet, die ihre Interessen darin nicht aufgehoben finden – Oskar Negt und Alexander Kluge sprechen an dieser Stelle von einer ideologisch verdeckten »Scheinsynthese«.

Historisch betrachtet gehört das Publikum der Massenpresse in jene Reihe von neuen Produktionsöffentlichkeiten zwischen Staat und Gesellschaft, die sozialgeschichtlich mehrfache Bedeutung einnehmen: So werden durch dieses erste moderne Medium die traditionellen Institutionen wie Theater, Konzert, Museum oder andere Versammlungsstätten ihrer bis dahin führenden Rolle beraubt; andererseits jedoch kann dieses Medium den

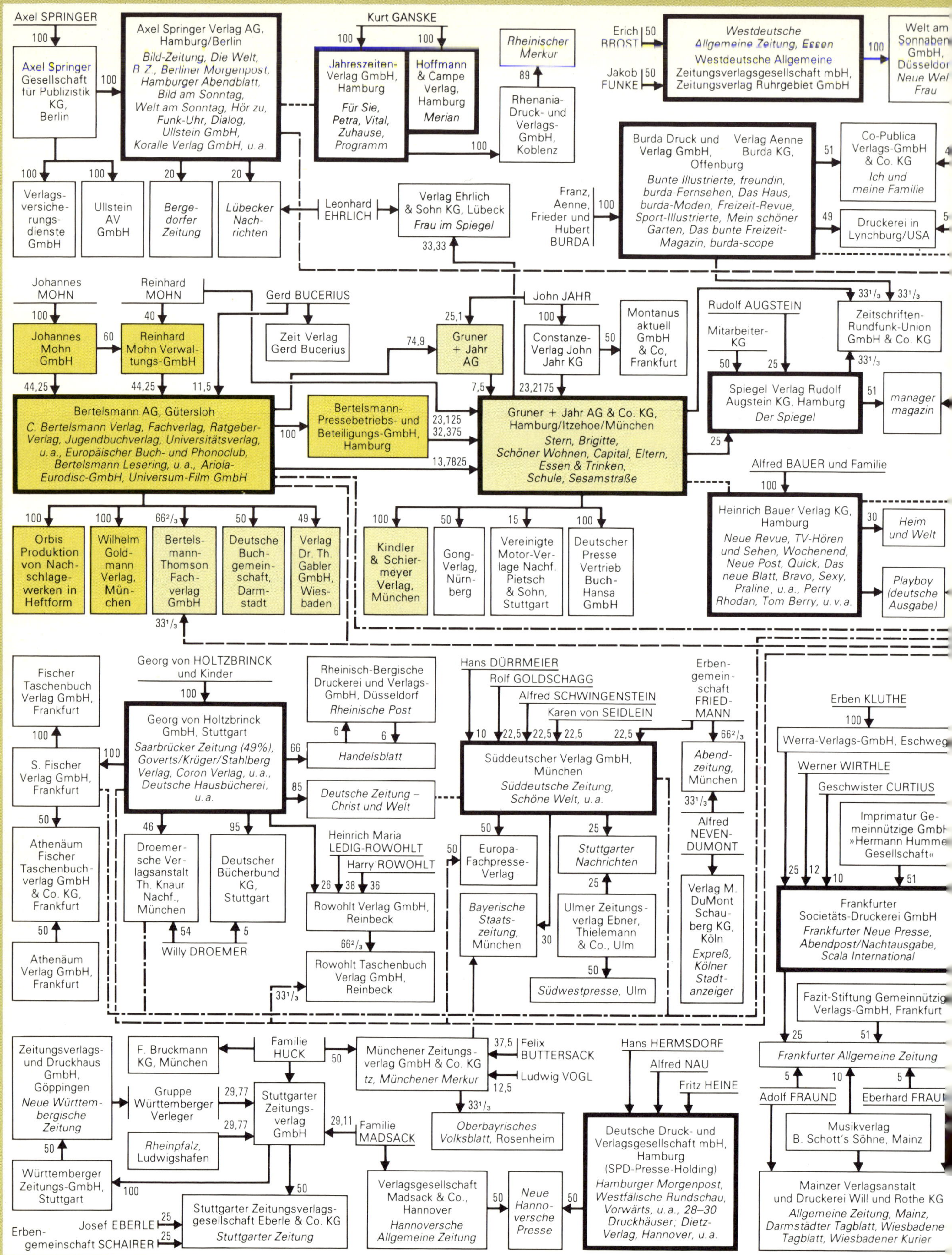
Axel SPRINGER
Axel Springer Gesellschaft für Publizistik KG, Berlin
Axel Springer Verlag AG, Hamburg/Berlin
Bild-Zeitung, Die Welt, B.Z., Berliner Morgenpost, Hamburger Abendblatt, Bild am Sonntag, Welt am Sonntag, Hör zu, Funk-Uhr, Dialog, Ullstein GmbH, Koralle Verlag GmbH, u. a.
Verlags-versicherungs-dienste GmbH
Ullstein AV GmbH
Bergedorfer Zeitung
Lübecker Nachrichten
Kurt GANSKE
Jahreszeiten-Verlag GmbH, Hamburg
Für Sie, Petra, Vital, Zuhause, Programm
Hoffmann & Campe Verlag, Hamburg
Merian
Rheinischer Merkur
Rhenania-Druck- und Verlags-GmbH, Koblenz
Leonhard EHRLICH
Verlag Ehrlich & Sohn KG, Lübeck
Frau im Spiegel
Erich BROST
Jakob FUNKE
Westdeutsche Allgemeine Zeitung, Essen
Westdeutsche Allgemeine Zeitungsverlagsgesellschaft mbH, Zeitungsverlag Ruhrgebiet GmbH
Welt am Sonnabend GmbH, Düsseldorf
Neue Welt der Frau
Franz, Aenne, Frieder und Hubert BURDA
Burda Druck und Verlag GmbH, Verlag Aenne Burda KG, Offenburg
Bunte Illustrierte, freundin, burda-Fernsehen, Das Haus, burda-Moden, Freizeit-Revue, Sport-Illustrierte, Mein schöner Garten, Das bunte Freizeit-Magazin, burda-scope
Co-Publica Verlags-GmbH & Co. KG
Ich und meine Familie
Druckerei in Lynchburg/USA
Johannes MOHN
Reinhard MOHN
Johannes Mohn GmbH
Reinhard Mohn Verwaltungs-GmbH
Gerd BUCERIUS
Zeit Verlag Gerd Bucerius
Gruner + Jahr AG
John JAHR
Constanze-Verlag John Jahr KG
Montanus aktuell GmbH & Co, Frankfurt
Rudolf AUGSTEIN
Mitarbeiter-KG
Zeitschriften-Rundfunk-Union GmbH & Co. KG
Bertelsmann AG, Gütersloh
C. Bertelsmann Verlag, Fachverlag, Ratgeber-Verlag, Jugendbuchverlag, Universitätsverlag, u. a., Europäischer Buch- und Phonoclub, Bertelsmann Lesering, u. a., Ariola-Eurodisc-GmbH, Universum-Film GmbH
Bertelsmann-Pressebetriebs- und Beteiligungs-GmbH, Hamburg
Gruner + Jahr AG & Co. KG, Hamburg/Itzehoe/München
Stern, Brigitte, Schöner Wohnen, Capital, Eltern, Essen & Trinken, Schule, Sesamstraße
Spiegel Verlag Rudolf Augstein KG, Hamburg
Der Spiegel
manager magazin
Alfred BAUER und Familie
Heinrich Bauer Verlag KG, Hamburg
Neue Revue, TV-Hören und Sehen, Wochenend, Neue Post, Quick, Das neue Blatt, Bravo, Sexy, Praline, u. a., Perry Rhodan, Tom Berry, u. v. a.
Heim und Welt
Playboy (deutsche Ausgabe)
Orbis Produktion von Nachschlagewerken in Heftform
Wilhelm Goldmann Verlag, München
Bertelsmann-Thomson Fachverlag GmbH
Deutsche Buchgemeinschaft, Darmstadt
Verlag Dr. Th. Gabler GmbH, Wiesbaden
Kindler & Schiermeyer Verlag, München
Gong-Verlag, Nürnberg
Vereinigte Motor-Verlage Nachf. Pietsch & Sohn, Stuttgart
Deutscher Presse Vertrieb Buch-Hansa GmbH
Fischer Taschenbuch Verlag GmbH, Frankfurt
S. Fischer Verlag GmbH, Frankfurt
Athenäum Fischer Taschenbuchverlag GmbH & Co. KG, Frankfurt
Athenäum Verlag GmbH, Frankfurt
Georg von HOLTZBRINCK und Kinder
Georg von Holtzbrinck GmbH, Stuttgart
Saarbrücker Zeitung (49%), Goverts/Krüger/Stahlberg Verlag, Coron Verlag, u. a., Deutsche Hausbücherei, u. a.
Rheinisch-Bergische Druckerei und Verlags-GmbH, Düsseldorf
Rheinische Post
Handelsblatt
Deutsche Zeitung – Christ und Welt
Droemersche Verlagsanstalt Th. Knaur Nachf., München
Deutscher Bücherbund KG, Stuttgart
Willy DROEMER
Heinrich Maria LEDIG-ROWOHLT
Harry ROWOHLT
Rowohlt Verlag GmbH, Reinbeck
Rowohlt Taschenbuch Verlag GmbH, Reinbeck
Hans DÜRRMEIER
Rolf GOLDSCHAGG
Alfred SCHWINGENSTEIN
Karen von SEIDLEIN
Erbengemeinschaft FRIEDMANN
Süddeutscher Verlag GmbH, München
Süddeutsche Zeitung, Schöne Welt, u. a.
Abendzeitung, München
Europa-Fachpresse-Verlag
Stuttgarter Nachrichten
Bayerische Staatszeitung, München
Ulmer Zeitungsverlag Ebner, Thielemann & Co., Ulm
Südwestpresse, Ulm
Alfred NEVEN-DUMONT
Verlag M. DuMont Schauberg KG, Köln
Expreß, Kölner Stadtanzeiger
Erben KLUTHE
Werra-Verlags-GmbH, Eschwege
Werner WIRTHLE
Geschwister CURTIUS
Imprimatur Gemeinnützige GmbH »Hermann Hummel Gesellschaft«
Frankfurter Societäts-Druckerei GmbH
Frankfurter Neue Presse, Abendpost/Nachtausgabe, Scala International
Fazit-Stiftung Gemeinnützige Verlags-GmbH, Frankfurt
Frankfurter Allgemeine Zeitung
Adolf FRAUND
Eberhard FRAUND
Musikverlag B. Schott's Söhne, Mainz
Mainzer Verlagsanstalt und Druckerei Will und Rothe KG
Allgemeine Zeitung, Mainz, Darmstädter Tagblatt, Wiesbadener Tagblatt, Wiesbadener Kurier
Zeitungsverlags- und Druckhaus GmbH, Göppingen
Neue Württembergische Zeitung
Württemberger Zeitungs-GmbH, Stuttgart
F. Bruckmann KG, München
Familie HUCK
Gruppe Württemberger Verleger
Rheinpfalz, Ludwigshafen
Stuttgarter Zeitungsverlag GmbH
Stuttgarter Zeitungsverlagsgesellschaft Eberle & Co. KG
Stuttgarter Zeitung
Josef EBERLE
Erbengemeinschaft SCHAIRER
Münchener Zeitungsverlag GmbH & Co. KG
tz, Münchener Merkur
Felix BUTTERSACK
Ludwig VOGL
Oberbayrisches Volksblatt, Rosenheim
Familie MADSACK
Verlagsgesellschaft Madsack & Co., Hannover
Hannoversche Allgemeine Zeitung
Neue Hannoversche Presse
Hans HERMSDORF
Alfred NAU
Fritz HEINE
Deutsche Druck- und Verlagsgesellschaft mbH, Hamburg (SPD-Presse-Holding)
Hamburger Morgenpost, Westfälische Rundschau, Vorwärts, u. a., 28–30 Druckhäuser; Dietz-Verlag, Hannover, u. a.

wachsenden Bedürfnissen der arbeitenden Masse nach kultureller Befriedigung, angesichts der veränderten sozialen Bedingungen in den Industriezentren, durch Massenfertigung und -vertrieb nachkommen – jedoch unter dem vorrangigen Prinzip der höchsten Rentabilität (→Profitrate). Es folgen im Abstand jeweils einiger Jahrzehnte die Entwicklungen der Fotografie, des Grammophons und der daran gebundenen Schallplatte, des Films, des Tonbands, des Rundfunks oder des Fernsehens, um nur die wichtigsten Kommunikationsträger zu nennen.

Auf diese Entwicklung hin bilden sich erst in der Philosophie und Literaturtheorie, später dann in der Soziologie theoretische Ansätze der Sozialkritik heraus, die den jetzt wichtigen Zusammenhang zwischen dem Gehalt eines Kunstwerks und seiner gesellschaftlichen Verteilung (und der damit verbundenen ökonomischen Verwertung) beleuchten.

Zu den bedeutendsten Autoren derart kunstsoziologischer Ansätze zählt Walter Benjamin (1892–1940). Vor allem in seinem Aufsatz »Das Kunstwerk im Zeitalter seiner technischen Reproduzierbarkeit« untersucht Benjamin die damals neuen Produktionsbedingungen von Kunst am Beispiel der Fotografie, des Films und der Malerei. Zwar heißt es dort, »die technische Reproduzierbarkeit und ihr Zeitalter schaffen den Warencharakter von Kunst nicht als etwas Neues, sie verändern ihn nur«. Doch gerade auf dieser Veränderung mit ihren positiven wie negativen Seiten liegt die Betonung: Positiv wirkt sie insofern, als die Privilegien kulturkonsumierender Minderheiten durch die neue industrielle Massenproduktion endgültig gebrochen werden; negativ dagegen, indem die nunmehr notwendige Kommerzialisierung von Kunst (Kunst nimmt immer mehr →Warencharakter an) auf die inhaltliche Wirkung und Aneignung des Kunstwerkes einengend und bisweilen sogar zerstörerisch zurückschlägt.

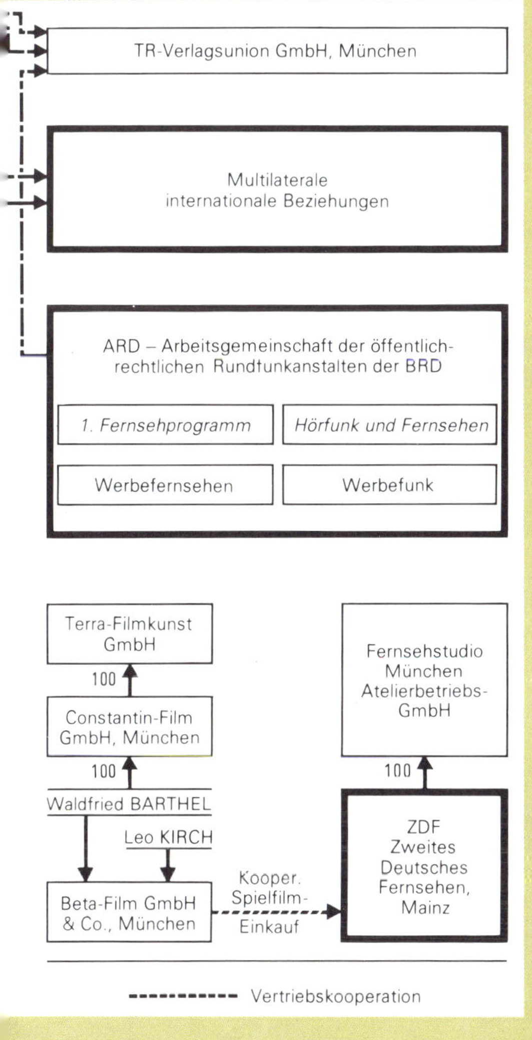

In der Nähe dieser Überlegungen von Benjamin – später auch von Brecht – taucht bereits der Kunstkritiker und Schriftsteller Carl Einstein (1885–1940) mit seinem erst kürzlich wiederbelebten Werk »Die Fabrikation von Fiktionen« (und mit anderen Arbeiten) auf, bei dem es zum Widerspruch von intellektueller Elite und Massenkultur vor dem Hintergrund ökonomisch massenhafter Kunstverwertung heißt: »So wie die (Besitzenden) über den Arbeitstag der Massen verfügten, so disponierten die Intellektuellen über die Erkenntnisse oder Empfindungen (der breiten Massen) . . . die einen (die Intellektuellen) dichteten für eine vage Elite, die anderen fabrizierten Massenartikel, wobei man das Niveau der Verbraucher bewußt unterbot. Hierdurch wollte man den Profit sichern. Händler lancierten Bildung und verpöbelten das Volk von oben. Parole war, keine Anstrengung vom Publikum zu fordern, damit der Profit verbürgt sei. Eine Flut von Artikeln, Bildern und Geschichten überschwemmte die Erde, ein Markt der Illusionen und Idealisierung war organisiert.« Einstein formulierte damit schon vor Adorno und Horkheimer entscheidende Thesen zum bürgerlichen Kulturbetrieb und lehnte, vor allem an die Intellektuellen gerichtet, jeden ästhetischen →Avantgardismus dort ab, wo die politische Konsequenz dem Kunstwerk nicht folgte, durch die allein die Distanz zwischen Intellektuellen- und Massenkultur aufzuheben wäre.

Einiges zu diesem Thema hat auch der jetzt wiederentdeckte Engländer Christopher Caudwell (1907–1937) in seinem Werk »Bürgerliche Illusion und Wirklichkeit« angemerkt, und in den ersten literatursoziologischen Ansätzen und materialistischen Kunsttheorien während der Zwanziger Jahre (so bei Georg Lukács, Ernst Bloch und anderen, vor allem innerhalb der sogenannten Realismusdebatte – vgl. hierzu: Urs Jaeggi: »Literatur und Politik«) ist die Funktion von Kunst innerhalb des bürgerlichen, damit im weiteren Sinne kapitalistischen Kulturbetriebs desgleichen mitdiskutiert worden.

Besonders interessant erscheint hier ein »soziologisches Experiment« von Bertolt Brecht, der die Verfilmung seiner Dreigroschenoper zum Anlaß nahm, den Zerfall des literarischen Produkts bei seiner Markteinführung zu beobachten, zu analysieren und in ein lehrreiches Schema zu übertragen. Erscheint demnach ein Kunstwerk auf dem Markt, so beginnen sämtliche Kulturinstanzen an dessen Zurichtung zu arbeiten, und das Kunstwerk muß sich, um auf diesem Markt überhaupt Geltung zu erringen, den Marktgesetzen im Sinne der bürgerlichen Ideologie unterziehen, wonach es in etliche, nicht mehr als zusammengehörig erkennbare Elemente zerfällt.

Ein solches Schema kann natürlich, wie Brecht selbst vorausgeschickt hat, nur den Widerspruch dieses Zustandes zeigen, ohne ihn zunächst zu beenden. »Kulturindustrie« als zentraler Begriff erscheint dann erstmals innerhalb einer breit angelegten Theorie bei Theodor W. Adorno (1903–1969) und Max Horkheimer (1895–1974) in ihrer 1947 veröffentlichten Schrift »Dialektik der Aufklärung«. In den darin entworfenen Grundthesen stellen die beiden Autoren fest, daß dieses System dem jeweils allgemeinen Stand von Wirtschaft und Verwaltung entspricht, daß sich Kulturindustrie zu einem totalen Beherrschungs- und Integrationssystem von Freizeit (also von Nichtarbeitszeit) ausgedehnt und sich gleichzeitig zur Absicherung der bürgerlichen Herrschaft zum ideologischen Ordnungsfaktor entwickelt hat. Angesichts dieser Summierung an gesellschaftlicher Macht läßt sich in der Kulturindustrie die Schlüsselindustrie des 20. Jahrhunderts erkennen, auch wenn sie von ihren Managern immer noch mit »Kunstliebe« getarnt wird. Denn ideologisch ist die Kulturindustrie in der Lage, die Menschen vom »Alltagsphänomen des Immergleichen temporär ablenken« zu können und damit die soziale Realität zu verdecken. Sie wirkt also – unter bestimmten gesellschaftlichen Verhältnissen – eher »anti-aufklärerisch«, wie sich an den Merkmalen ihrer gängigen Produkte zeigt: Anstelle von Phantasie und Eigenerfahrung, von Erkenntniszuwachs und kritischer Vermittlung stehen zumeist bloße Zerstreuung, Klischees, Tabus und oberflächliche Wirklichkeitsbilder, die oftmals billige Effekte mit sich führen und auf stereotypen Techniken beruhen. Alldem entsprechend hat der Schriftsteller Hans Magnus Enzensberger (*1929) den Begriff Kulturindustrie zur »Bewußtseinsindustrie« (in: »Einzelheiten I«) erweitert, indem er die Herstellung nicht von Kulturwaren, sondern von Bewußtseins-Inhalten und deren Verbreitung mit Hilfe ausgeklügelter Mechanismen in den Mittelpunkt seiner Analyse stellt.

Mehr noch: Ausgehend von der →Ästhetik der Waren (»Warenästhetik«) hat Wolfgang Fritz Haug (*1936) die Erscheinung der Warenproduktion in ihrer gezielten Faszination durch Reklame, Slogans, Verpackung oder Design als einen weiteren Mechanismus von Kulturindustrie entblößt und diesen Zusammenhang mit »Illusionsindustrie« bezeichnet. Denn während sich durch die ästhetischen Techniken der Warenumsatz einerseits erhöht, wird andererseits gleichzeitig den Bedürfnissen der Konsumenten nur scheinhafte Befriedigung zuteil. Was ihnen somit geboten wird, sind ästhetische Scheinlösungen, kurz: »Illusionen«.

Das Spektrum analytisch-theoretischer Ansätze zum Gegenstand Kulturindustrie reicht noch um einiges weiter. Denn den bislang skizzierten Überlegungen stehen eine Reihe anderer gegenüber, die sich dem Thema allerdings in →positivistischer Weise widmen.

Vor der Fülle einschlägiger Publikationen (denen dann auch manche Leser-, Lesermarktanalysen und ähnliche Studien zuzurechnen sind) sei hier besonders auf die Schriften des Kölner Soziologen Alphons Silbermann verwiesen (z. B. auf die Titel »Empirische Kunstsoziologie« oder – in Zusammenarbeit mit Ernest Zahn – »Die Konzentration der Massenmedien und ihre Wirkungen«). Gewiß sind diese und ähnliche Arbeiten faktenreich und in dem Rahmen auch grundlegend. Doch sie verfahren allzu deskriptiv und dagegen weniger gesellschaftlich aufklärend und schon gar nicht ideologiekritisch; bestimmte gesellschaftliche Qualitäten also erfassen sie kaum und werden deshalb in dem hier vorgeführten Zusammenhang nur gestreift.

Résumée: Die gesellschaftliche Bedeutung der Kulturindustrie

Ausdrücklich stehen hier die Argumente der kritischen Ansätze von Benjamin, Brecht, Einstein oder Haug im Vordergrund, wenn das System der Kulturindustrie abschließend auf einen theoretischen Nenner gebracht wird:

Im Prinzip vermögen Produkte der Kulturindustrie sehr wohl objektiv fortschrittsfördernd zu wirken, generell jedoch entscheidet das Ziel der Verwertungsmethoden (wie etwa das des Profits) über die Qualität der Kulturprodukte und über das Bewußtsein ihrer Konsumenten. Zwar wird die Kunst endlich massenhaft verteilt, verliert aber – unter den Bedingungen der kapitalistischen Kulturindustrie – allzu leicht an inhaltlicher Qualität und büßt dann – insgesamt gesehen – ihre gesellschaftlich notwendige Funktion, bewußtseinserweiternd zu wirken, ein.

Dennoch wird in den Nischen der Literaturproduktion ein kritisches, künstlerisch fortschrittliches Repertoire gepflegt, das sich aber durch das Zusammenwirken vieler Faktoren nicht durchzusetzen vermag. Statt dessen werden in den meisten Massenproduktionen der »Schlager-, Film- und Romanwelt« falsche Glücksversprechen oder zynische Aufforderungen geliefert, »das Leben zu nehmen, wie es ist«. Derartiges ist willkommene Ersatzbefriedigung für den ohnehin im Arbeitsprozeß zumeist überforderten Konsumenten. Autoren, Künstler, Solisten oder Redakteure können diesen Zustand infolge ihres rechtlich-ökonomischen Abhängigkeitsstatus allein nur schwer verändern.

In der Regel hat sich die industrielle Produktion aller Formen künstlerischer Aktivitäten bemächtigt – als Profitbringer durch die kapitalistische Kulturindustrie und doppelt einträglich als ideologisch kontrollierender Prozeß durch eine weitgehend identische Bewußtseinsindustrie. Dabei wird Kultur grundsätzlich von einem standardisierten, der übrigen Industrie angepaßten System technisch reproduziert, durch den Werbeapparat vermittelt, massenhaft abgesetzt und konsumiert. Die Produkte, die mit ihren Kommunikationsinhalten, Leitbildern und Meinungseinflüssen das tägliche Leben tief durchdringen, treten in zweifacher Form auf: als Sachgüter wie Buch, Zeitschrift, Film, Platte oder Tonband und als Dienstleistung von Redaktionen über Diskotheken bis zum Spielhallengewerbe. Beide Produktionsformen gehören zu einem weiten Geflecht anderer Kommunikationssysteme und Industrien, die ebenfalls kapitalistisch organisiert sind und zudem – wie die Medienkonzerne selbst – einen immer stärkeren Trend zur Konzentration zeigen.

Der literarische Markt als Teilsystem der Kulturindustrie

Aufgrund der theoretischen Überlegungen zur Kulturindustrie werden in der Betrachtung des literarischen Marktes konkrete Erfahrungen schlüssig: In den Medienkonzernen herrscht – wie in anderen Industrien – das Prinzip des Marketings. Das ist die exakte Analyse des Marktes und des eigenen Unternehmens, deren Daten zur möglichst besten Marktstrategie (zur Bündelung aller Maßnahmen, dem Marketing-Mix) zusammengefaßt werden. Das Marketing folgt dem Rentabilitätsgesetz, nach dem die Verlage wie andere Firmen kalkulieren, Wachstumsraten planen, Marktlücken mit literarischen Moden oder mit kleinen Auflagen, z. B. politischer Literatur, füllen, vorgeprägte Lesebedürfnisse aufgreifen, die Werbung (Promotion) oder das sich stets ergänzende Vertriebsnetz ausbauen. Der Sortimentsbuchhandel (mit seinem Order-Bestellsystem über Vertreter des Verlages oder sogenannte Barsortimenter gegen bestimmte Rabatte, mit seiner Preispolitik und seinen Werbemethoden) gehört neben den Clubs, Reise- und Versandbuchhandlungen, Kaufhäusern, Ketten- und Bahnhofsbuchhandlungen in ein umfassendes Marketing-Konzept. Darunter fallen andererseits auch die Verträge mit den Autoren, das heißt die ökonomisch motivierte Form dieser Verträge. Zur Situation von Autoren ist nun allgemein festzustellen (vgl. den »Autorenreport« von Fohrbeck/Wiesand): Sie sind im Grunde Lohnarbeiter, denn sie verkaufen ihre Arbeitskraft an den Verlag und haben nichts außer dieser Arbeitskraft. Die eigene Schreibmaschine und Zeiteinteilung machen den Autor nicht frei. Wenn ein Autor »aussteigen« will, wird er ersetzt: Er ist abhängig. Versuche wie eigenständige Autorenorganisationen, wie die Musterverträge des Schriftstellerverbandes (der mit der IG Druck und Papier kooperiert) oder auch Maßnahmen zu Autoreneditionen und Altersversorgungen, wie sie der Bertelsmann-Konzern experimentell unternommen hat, bleiben zunächst Einzelaktionen, die erst zusammengefaßt in einer allgemeinen Industriegewerkschaft Kultur und Medien tragfähig werden können. Auch die Zuwachsraten der Neuerscheinungen liegen im Marketingkonzept der vorrangig gewinnorientierten Medienkonzerne, die die Umschlagsgeschwindigkeit ihrer Produkte und damit die Kapitalumschlagsgeschwindigkeit ständig zu beschleunigen versuchen. Als ein Erfolgsrezept gilt dabei die so viel zitierte und umstrittene Vorbereitung von Bestsellern.

Große Bestseller, deren Auflagen früher durch ein lauffeuerartig verbreitetes Publikumsinteresse ganz wider Erwarten hochgetrieben wurden, sind heute Objekte kommerzieller Planung, weil nur sie kostengünstige Riesenauflagen versprechen. Gewiß bleiben bei der Planung psychologische und soziologische Restfaktoren, die nicht einkalkulierbar sind. Doch durch das systematische Zusammenwirken der Medien kann dieses Planungsdefizit oft genug ausgeglichen werden. Um erfolgreich zu sein, bedürfen die Bestseller einer Mischung aus Unterhaltung, Spannung, Politik, Crime, Sex und Action in leicht verdaulicher Form zur notwendigen Identifikation des Lesers mit den Träumen, Ängsten, Hoffnungen und Wünschen des Helden; sie vermitteln die Chance, mit diesem Buch »up to date« zu sein und Gesprächsstoff (sozialen Kontakt) zu finden, und schließlich bedeuten sie einen Schuß Affirmation, das heißt die nur eben erkennbare Bestätigung des Bestehenden. Solche Bestseller umfassen das ganze Spektrum von sogenannter trivialer bis hin zur anspruchsvollen Literatur: Hier wäre zu denken an Johann Mario Simmel, »Die Antwort kennt nur der Wind« – an Willi Heinrich, »Schmetterlinge weinen nicht« – an Erich von Däniken, dessen ganz unerwarteter erster Bestseller »Erinnerungen an die Zukunft« die anderen geplanten nach sich zog – an Siegfried Lenz, »Das Vorbild« – und vor allem an die Memoiren-Beststeller der letzten Jahre wie Hildegard Knefs »Geschenkten Gaul« oder an die Erinnerungen von Aznavour, Rubinstein, Onassis, Jürgens, Gehlen, Speer und vielen mehr. (Überhaupt hat für diese Memoiren ein breiter Boom eingesetzt, der inhaltlich vor allem damit zu erklären ist, daß diese Literatur geheimen Wünschen entgegenkommt und so etwas wie soziale Ersatzbefriedigung zuteil werden läßt; sind doch die Akteure dieser Bücher Heroen des Lebens, mit denen man sich in Tagträumen gern identifiziert, wo doch das eigene Leben so unheroisch verläuft.) Sozialkritische Bücher wie »Ihr da oben – wir da unten« von Engelmann/Wallraff sind als Bestseller in ihrer Seltenheit schon eine Sensation.

Von den Produktionsweisen zu den Produktionsstätten des literarischen Marktes: Hier gelten allgemein dieselben Konzentrationstendenzen wie in anderen Schlüsselindustrien (besonders deutlich auf dem Zeitschriften- und Schallplattensektor). Wenn dieser Trend auf dem Buchmarkt weniger beschleunigt erscheint, so muß folgendes hinzugefügt werden: Die noch vierstellige Zahl von Verlagen in der Bundesrepublik kann nicht darüber hinwegtäuschen, daß der wirklich große Umsatz von einem guten Dutzend Verlagen getätigt wird, von denen wiederum die Hälfte als sogenannte Giganten in die marktbeherrschenden Medienkonzerne integriert sind (von der Gesamtzahl der Verlage bringen knapp 600 pro Jahr nur ein Buch heraus, während fast die Hälfte der Veröffentlichungen bei knapp 40 Verlagen erscheinen, die zu einem großen Teil miteinander geschäftlich kooperieren – vgl. S. 336). Die tonangebenden Literaturproduzenten (für Bücher und Zeitschriften auf dem Literaturmarkt und für deren Weiterverwertung bei Film, Funk oder Fernsehen) sind die auf Monopolstellungen zusteuernden Medienkonzerne. Sie können die Bewußtseinsbereiche ihrer Konsumenten weitgehend ausfüllen, sie sind durch ihren Medienverbund in der Lage, Werbung für jedes Produkt im eigenen Haus durchzuführen, sie kaufen Geräte- und Rohstoffindustrien auf und beschaffen sich die neuesten Techniken, sie können Märkte erschließen, Firmen auf- und verkaufen und schließlich preispolitisch erheblich wirksam werden. In die Gruppe derart strukturierter Medienkonzerne zählt der Hamburger Pressekonzern Axel Springer ebenso wie der Heinrich Bauer Verlag (Hamburg), die Burda-Gruppe (Offenburg) oder die Holtzbrinck-Gruppe (Stuttgart). Allen voran aber steht der größte Medienkonzern der Bundesrepublik und der zugleich drittgrößte der Welt, die Gütersloher Bertelsmann A.G. (vgl. Grafik: »Verflechtungen Bertelsmann«). Dieser erklärtermaßen meinungspolitisch pluralistische, herausragende Medienkonzern mag hier stellvertretend als Beispiel dienen:

Aus diesem über 150 Jahre alten Unternehmen, das einst Religionsbücher veröffentlichte, entwickelte sich ein Konzern, der sich heute zu jedem Medienbereich Zugang verschafft hat und seine Kulturprodukte in fast allen Kontinenten verkauft. Gestaffelt ist der Konzern in mehrere Unternehmensbereiche: 1. die Buch-und Schallplattenclubs mit weltweit 8,2 Millionen Mitgliedern und einem inländischen Marktanteil (= MA/i) von 63%, 2. die Verlagsgruppe (mit knapp 5% MA/i), die mittlerweile alle Genres der Buch- und Zeitschriftenproduktion in einem weitgestreuten Programmspektrum für jede Zielgruppe anbietet. Weitere Verlage – wie z.B. der Goldmann-Taschenbuchverlag 1977 – werden hinzugefügt, um den Kreislauf der Rechteverwertung nach allen Seiten hin zu schließen, 3. die Technik mit elf Betrieben für Dienstleistungen, für Tonträger-, Papier- und graphische Industrie (MA/i 7%), 4. Musik, Film, Fernsehen: das sind Musikverlage, Fernseh- und Werbefilmproduktionsfirmen und die sich besonders im Ausland ausdehnende Münchener Schallplattentochter »Ariola«, die im Inland mit 16% MA/i zu den sechs großen Tonträgerproduzenten zählt, 5. die seit 1972 zunehmend anteilig erworbene Konzerngesellschaft »Gruner & Jahr« (vgl. Grafik: »Verflechtungen Bertelsmann«), die mit 8,3% MA/i rund ein Drittel des Gesamtumsatzes erwirtschaftet.

Dieser Gesamtumsatz der Bertelsmann AG betrug für das Geschäftsjahr 1975/76 rund 2,4 Milliarden DM. Mit knapp 22000 Mitarbeitern (im selben Zeitraum) und mit über 130 Firmenbeteiligungen im In- und Ausland basiert dieser Konzern derzeit auf einer Produktionskapazität von täglich rund 250000 Büchern, ebensoviel Broschüren, einer Million Zeitschriften, 50000 Kalendern und 100000 Schallplatten. Die Konzernplaner rechnen weiterhin mit einer jährlich zweistelligen Zuwachsrate und haben die Drei-Milliarden-Grenze angepeilt, wozu das Clubgeschäft mit derzeit 39% Anteil am Konzernumsatz erheblich beitragen dürfte. Sollten der weiteren Expansion im Inland rechtliche oder ökonomische Schranken gesetzt werden, so plant man, das laufende Auslandsgeschäft (bislang vor allem in West- und Südeuropa und in Südamerika) erheblich auszudehnen.

In der Eigenwerbung verkauft sich der Konzern gern auch als Vorbild für sogenannte Sozialpartnerschaft. Aber was die einen als »Modell Bertelsmann« bezeichnen (mit seinem Mitbestimmungsvertrag und seiner Altersversorgung und Vermögensbildung als Sozialleistung), ist für andere nur die »Verniedlichung sozialer Konflikte«. Skepsis hegen einige Kritiker auch gegenüber dem Buchklubwesen und seiner Programmauswahl, wobei Fragen nach der Käufersouveränität und danach laut werden, inwieweit das werbeträchtige Selbstverständnis der »Volksbildung« überhaupt glaubhaft sein kann. Am schärfsten kritisiert werden die Konzentrationsbestrebungen des Konzerns. Jeder einzelne seiner Teilbereiche ist nicht »gigantisch«, aber das Wort vom »Riesen Bertelsmann« ist dann angebracht, wenn man legitimerweise alles unter einem Dach betrachtet und dann die totale Rechteverwertung, die ökonomische und technologische Potenz und die daraus ableitbaren Einflußmöglichkeiten auf das Konsumentenbewußtsein erkennt.

Für die Zukunft der gesamten Branche ist zu erwarten, daß sich die Produktion weiterhin konzentrieren und die Verlagskapitale noch mehr zentralisieren werden. Noch mächtigere Medienkonzerne wird es geben und ebenso neuartige Medien. Angefangen hat diese Zukunft bereits auf dem Sektor des sogenannten Kabelfernsehens oder der so viel beschworenen ›Audiovision‹: Das ist ein Verbund aller bisherigen Bild-Ton-Systeme, deren gespeicherte, optisch-akustische Inhalte vom Konsumenten über ein serienmäßiges Fernsehgerät (nach eigener Wahl von Ort und Zeit) nach Übernahme der von der Industrie bereitgestellten Programme abgespielt werden können. Da die Investitionen für diesen technisch aufwendigen Mechanismus besonders hoch sein werden, haben die Großkonzerne auch eine Rechtfertigung für weitere Konzentrationen, wie sich an ersten AV-Kooperationen schon erkennen ließ. Vor allem aber lassen sich durch dieses Allround-Medium sämtliche Bewußtseinsbereiche nahezu perfekt mit einer einzigen Produktion beeinflussen. Bei solchen Prognosen, bei den Größenordnungen und Funktionen der bereits bestehenden Konzerne fällt einem ein literarisches Beispiel aus Franz Kafkas Roman »Amerika« ein. So wie in der Realität vielleicht eines Tages nur noch ein Superkonzern herrschen wird, bei dem so paradiesisch wie auch total ausweglos jedermann arbeiten und konsumieren kann und muß, so trifft Kafkas Karl in »Amerika« nach langem Suchen in der reichen, armen Neuen Welt auf die Plakate des allmächtigen Superzirkus:

»Das große Theater von Oklahoma ruft
euch!
Es ruft nur heute, nur einmal!
Wer jetzt die Gelegenheit versäumt,
versäumt sie für immer!
Wer an seine Zukunft denkt, gehört zu
uns!
Jeder ist willkommen!
Wer Künstler werden will, melde sich!
Wir sind das Theater, das jeden brauchen
kann,
jeden an seinem Ort!
Wer sich für uns entschieden hat, den
beglückwünschen wir gleich hier!«

Zur Grafik auf Seite 336/337: Die Verflechtung der Massenmedien in der Bundesrepublik (nach H. H. Diederichs. – Zahlen = Besitzanteile) – Unten: Verflechtungen des Bertelsmann-Konzerns (nach Aufermann)

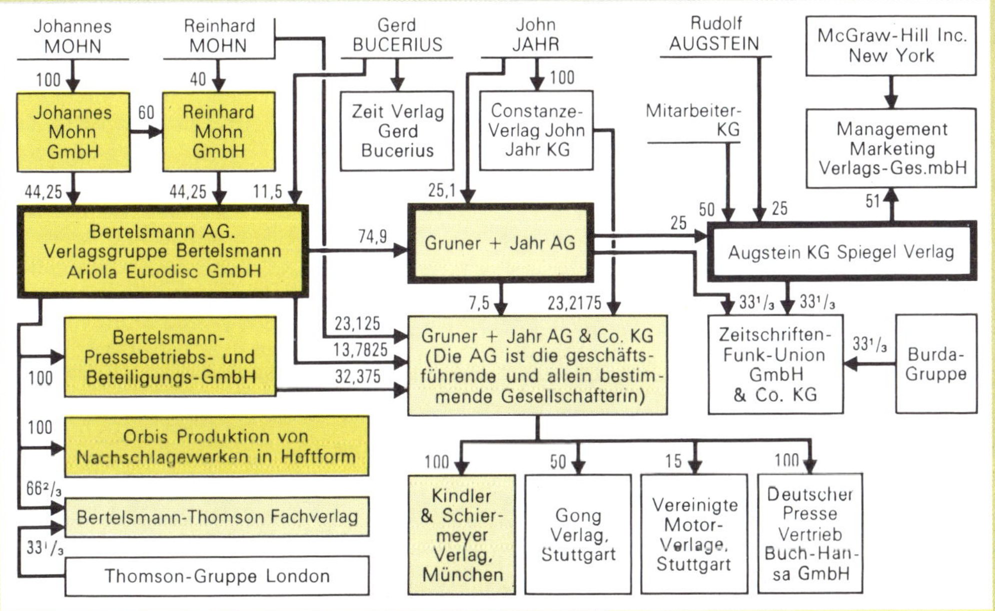

Gert Richter

Mitchell · Vom Winde verweht

»Gone with the Wind« (Erstdruck New York 1936)
Historischer Roman von Margaret Mitchell (8. 11. 1900 – 16. 8. 1949)

Zwei Bücher, deren zentrales Thema das Sklavenproblem ist, gehören zu den erfolgreichsten amerikanischen Romanen: 1852 »Onkel Toms Hütte« von Harriet Beecher-Stowe (1811–1896) und »Vom Winde verweht« von Margaret Mitchell, 1936. Harriet Beecher-Stowe war eine fromme →Puritanerin; persönliche Begegnungen mit dem unmenschlichen System der Sklaverei in den Südstaaten bestärkten sie in ihren humanitären Überzeugungen und machten sie zu einer entschiedenen, in der ganzen Welt gerühmten Vorkämpferin für die Sklavenbefreiung: Ihre rührende Geschichte von dem guten Negersklaven Onkel Tom, der von einem brutalen Sklavenhalter zu Tode geprügelt wird, und seinen Leidensgenossen, den schwarzen Männern, Frauen und Kindern, die man rücksichtslos auseinanderreißt und wie Vieh verkauft, wirkte in Nordamerika und in Europa wie eine flammende Streitschrift. Dieses Buch hat zweifellos die →latente Spannung zwischen dem amerikanischen Norden und den Südstaaten erhöhen können und war für die Gegner der Sklavenhalterei ein stärkeres moralisches Argument als alle politischen und philosophischen Abhandlungen aufgeklärter Geister. »Onkel Toms Hütte« ist gewiß ein sehr sentimentales Buch und uneingeschränkt parteiisch – einseitig aber ist es jedenfalls insofern nicht, als Harriet Beecher-Stowe allzu krasse Schwarz-Weiß-Malerei vermied: Es gibt in ihrem Roman nicht nur die guten Neger und die bösen, weißen Sklavenhalter – sie erkennt durchaus an, daß viele ihre Sklaven menschlich behandelten. In den Südstaaten erregte »Onkel Toms Hütte« einen einzigen Sturm der Entrüstung und blieb als gefährliche politische Hetzschrift verfemt.

Rund 80 Jahre später veröffentlichte die ehemalige Journalistin Margaret Mitchell den Roman »Vom Winde verweht«. Sie war in Atlanta, im Süden der Staaten, geboren und aufgewachsen und lebte zeitlebens hier. Ihr berühmter Roman, der den zwischen Nord- und Südstaaten entbrannten Bürgerkrieg (1861–1865) zum Hintergrund hat, ist ganz und gar aus der Perspektive der Südstaaten heraus geschrieben. Er wurde ebenfalls in aller Welt begeistert aufgenommen; den Erfolg von »Onkel Toms Hütte« übertraf er zahlenmäßig (wenn auch nicht moralisch) bei weitem: Weit mehr als 10 Millionen Exemplare in mehr als 30 Sprachen konnte das Buch 20 Jahre nach seinem Erscheinen verbuchen – auch in den Nordstaaten.

Wenige Bücher waren im Laufe der Geschichte so erfolgreich wie diese beiden, die zu echten »Best-Sellern« geworden waren. »Vom Winde verweht« gehört noch dazu zu den wenigen Büchern, die einen gigantischen Werbeaufwand kaum nötig hatten, wie er heute zur Manipulation von »Best-Sellern« getrieben wird. Die Frage liegt also nahe, worin denn das Erfolgsgeheimnis dieses Buches besteht, das hinsichtlich seiner erzählerischen Qualität sicherlich nicht besser (allerdings auch nicht schlechter) ist als viele andere Unterhaltungsbücher dieses →Genres, die an diesen Erfolg aber nicht im entferntesten heranreichen.

Ein sehr wesentlicher Erfolgsgrund ist sicherlich dieser: »Vom Winde verweht« ist ein außerordentlich spannendes und unterhaltendes Buch. Das mag in den Augen der offiziellen Literaturkritik (besonders in Deutschland) nicht durchaus ein Vorzug sein – gesteht man aber der Unterhaltungsliteratur eine wichtige Funktion zu und tut man sie nicht von vornherein als ›zweitrangig‹ ab, so ist fesselnde Erzählkunst für ein Unterhaltungsbuch nun einmal eine Grundtugend. Und bei einer Autorin, die außer einer kurzjährigen Praxis als Journalistin keinerlei literarische Vorübung besaß, ist ihre Erzählweise und ihre Kompositionsgabe, mit der sie einen riesigen Roman von fast tausend Seiten bewältigte, ein Talentbeweis. (Margaret Mitchell hat sich trotz des unerwarteten Welterfolgs ihres Buches übrigens nie dazu bewegen lassen, weiteres zu schreiben – »Gone with the wind« blieb ihr einziges Buch.) In Amerika beruht die Popularität des Romans zweifellos auch darauf, daß er eine der entscheidendsten Epochen der amerikanischen Geschichte behandelt – das Verlangen der Amerikaner, die Geschichte ihres relativ jungen Landes auch literarisch dargestellt zu sehen, ist unersättlich und wird durch ungezählte andere historische Romane immer aufs neue befriedigt (Taylor Caldwell [*1900], Gwen Bristow [*1903] u.a.). Daß aber der Roman trotz seines direkten Bezuges auf ein wichtiges Ereignis der amerikanischen Geschichte auch international ein Erfolg werden konnte – daß auch für die mit Details kaum vertrauten nichtamerikanischen Leser kaum Verständigungsschwierigkeiten auftraten, macht deutlich: der Bürgerkrieg ist eigentlich nur Staffage, bietet der Autorin in erster Linie die Möglichkeit, spannende Situationen zu erfinden und (bedenkliche) Emotionen hervorzurufen. Obwohl berichtet wird, daß Margaret Mitchell einen nicht geringen Teil ihrer zehnjährigen Arbeit an diesem Roman auf historisches Quellenstudium verwandte, bleiben historische Details dem Leser weitgehend vorenthalten: Wenig oder nichts wird über die historischen Motive des Bürgerkrieges, über politische, ideologische, wirtschaftliche Hintergründe und Ereignisse gesagt. Dem Leser wird ein grobgestricktes, emotional begründetes ›Motiv‹ des Kriegsgrundes mitgeteilt

»Onkel Tom auf dem Sklavenmarkt« – eine volkstümliche Illustration zum Roman der Beecher-Stowe (kolorierte Lithographie, erste Hälfte des 19. Jhs.)

und ein vordergründiges Bild des Kriegsverlaufes gegeben: Die barbarischen, kulturlosen, hartherzigen ›Yankees‹ führten – unter dem Vorwand der Sklavenbefreiung – Krieg mit den konföderierten Südstaaten, um sie politisch und wirtschaftlich zu unterjochen. Sie zerstörten in ihrer primitiven Ahnungslosigkeit und in ihrer Brutalität eine organisch gewachsene, friedliche Gesellschaftsordnung, in der Herren und Sklaven harmonisch miteinander lebten, in der Kultur und Lebensfreude gediehen. Diese einseitige Darstellung kann nur Aversion erzeugen und verführt den Leser – gerade, weil der Band so überaus spannend geschrieben ist, – einseitig Partei zu nehmen. Die Mitchell beschwört in anschaulichen Schilderungen das glänzende, sorglose Leben und Treiben der Baumwollaristokraten, ihre Bälle, ihre Familienfeste, ihre freundschaftliche Solidarität – und sie weiß deutlich zu machen, wie freudig und von familiärer Ergebenheit getragen die schwarzen Sklaven dies alles mit ihrer Arbeit unterstützten. Von Ausbeutung, Mißhandlung gar (wie in »Onkel Toms Hütte«) ist selbstverständlich keine Rede. Diese ganze Welt bricht zusammen, als die Yankees die Städte zerstören, die Landsitze niederbrennen, die Sklaven freilassen und sich als rücksichtslose, ausbeuterische und jede freie Regung unterdrückende Besatzungsmacht etablieren: Mit ihnen kommen Kulturlosigkeit, Skrupellosigkeit, Sadismus und kalte Unmenschlichkeit ins Land. Diese Darstellung wirkt nicht nur deshalb auf den mit der Geschichte unvertrauten Leser überzeugend, weil sie aus der unreflektierten Überzeugung einer Südstaatlerin entspringt, sondern weil Margaret Mitchell ihre tendenziöse Schilderung mit zweifellos realistischen Detailschilderungen untermauert – mit großer Wahrscheinlichkeit haben sich unter diesem (wie unter jedem) Besatzungsregime Übergriffe, Ungerechtigkeiten, Willkürakte so oder ähnlich tatsächlich ereignet. Die Glaubwürdigkeit dieser Einzelheiten macht aber auch die Tendenz glaubwürdig. Der Leser ist leicht geneigt, unkritisch zu übernehmen, was die Autorin (und das Millionenheer ihrer zustimmenden Gesinnungsgenossen) als →Resümee →apodiktisch zu verkünden weiß: Der Sieg der Nordstaaten und die Befreiung der Sklaven war das schwerste nationale Unglück für die Vereinigten Staaten.

Margaret Mitchell klagt die Yankees nicht nur der Humanitätsheuchelei an, sie behauptet auch, daß sie die Farbigen nicht nur nicht verstünden, sondern auch verachteten und ihnen nicht über den Weg trauten. Die Südstaatler hingegen wußten ihrer Meinung nach sehr gut, wie Schwarze *wirklich* sind und wie man sie zu behandeln hat: wie gutmütige, aber unwissende Kinder, die denn auch mit der neuen Freiheit gar nichts anfangen konnten, sondern nichts lieber getan hätten, als in die milde Obhut ihrer weißen Herren zurückzukehren. Daß auf dieser rührenden Idylle der ganze Reichtum der Pflanzer in den Südstaaten beruhte, wird als so selbstverständlich akzeptiert, daß diese Tatsache nicht einmal erwähnt wird. Wie störend die neuen Verhältnisse in dieser Beziehung sind, verrät sich nur mittelbar und gelegentlich:

»Freie Schwarze? Dummes Zeug! Du weißt doch, was für hohe Löhne die kosten! Außerdem hast du dann keine Minute Ruhe vor den Yankees, die dir auf die Finger sehen, ob du den Leuten auch dreimal täglich Huhn zu essen gibst und sie unter Daunen schlafen läßt. Ziehst du aber einem Drückeberger mal ein paar über, dann gibt es Geschrei . . .«

Hier liegt wohl ein anderes der Erfolgsgeheimnisse: Die Mitchell lieferte begreifliche Vordergründigkeit und bestätigte, Emotionen weckend, die Vorurteile des Lesers. Auch aus der Vordergründigkeit der Romanhandlung und ihrer Hauptfiguren, die es leicht macht, sich mit ihnen zu identifizieren, mit ihnen zu leiden, zu bangen und sich zu freuen, werden die Bestseller-Eigenschaften des Romans verständlich. Die Hauptfiguren sind zwei ›interessante‹ Außenseiter der Gesellschaft, trotz ihrer scheinbar komplizierten charakterlichen Vielschichtigkeit Klischeefiguren. Die rothaarige, grünäugige Scarlett O'Hara, die verwöhnte, selbstsüchtige, schöne Pflanzerstochter ist die weibliche Zentralfigur des Romans; ihr schweres, durch alle Höhen und Tiefen des Lebens führendes Schicksal ist es, das den Leser bewegt und mitreißt: Ihre Lebens- und Liebesenttäuschungen, ihre Energie, sich in der durch den Krieg zerstörten, von Tod und Schrecken, Betrug und Gewalt beherrschten neuen Welt zurechtzufinden und zu behaupten, sichern ihr die tiefe Sympathie breiter Leserkreise. Die zwielichtige Figur des Rhett Buttler, eines zweifelhaften, gewissenlosen, aber ›leidenschaftlichen‹, ›starken‹ Mannes bildet das entsprechende interessante männliche Pendant dazu. In der spannungsreichen Geschichte ihres Lebens, Liebens und Leidens wird jenes ominöse und anonyme Schicksal mystisch waltend sichtbar, das dieser Geschichte einen Hauch von willkommener Romantik verleiht und die Anteilnahme daran desto größer macht, je mehr die realen Hintergründe des Krieges als bloße Staffage und dramaturgische Kunstmittel miniaturisiert werden. Die Liebesgeschichte zwischen Scarlett O'Hara und Rhett Buttler wird so zu einem pseudohistorischen Kostümstück, das dem voreingenommenen Leser erlaubt, →Reflexionen und Realitäten zu vernachlässigen und dafür ganz bestimmte vordergründige Parallelen zur eigenen Zeit zu ziehen: »Ja, so *war* es – ja, so *ist* es!«

Der Film, mit ungeheurem Aufwand produziert, wurde ein Welterfolg wie das Buch. Der Monstre-Streifen trieb die Auflage des Buches noch weiter in die Höhe

Daß der 1939 gedrehte Film mit Vivian Leigh als Scarlett O'Hara ein Riesenerfolg in der ganzen Welt wurde (was bei literarischen Vorlagen nicht allzu oft geschieht), war kein Wunder: in den Klischees der Romanhandlung und der Figuren und in den ideologischen Urteilen war das Filmdrehbuch latent von Anfang an schon vorhanden – »Gone with the wind« ist literarisches Kino, geboren aus dem Geist von Hollywood.

Yaak Karsunke

Hammett · Bluternte

»Red Harvest« (Erstdruck 1929)
Kriminalroman von Dashiell Hammett (27. 5. 1894 – 10. 1. 1961)

Am 17. Januar 1920 trat in den USA die ›Lex Volstead‹ in Kraft, ein Gesetz, das Herstellung, Verkauf, Transport, Ein- und Ausfuhr aller berauschenden Getränke verbot. Die von den Gesetzgebern erhoffte Wirkung auf Volksgesundheit und öffentliche wie private Moral blieb jedoch aus, statt dessen verzeichnet die Bilanz des ersten Prohibitionsjahrzehnts 500000 Verhaftungen, verhängte Haftstrafen von zusammen 33000 Jahren, 35000 an Alkoholvergiftung Gestorbene sowie rund 2000 Tote in den Auseinandersetzungen der Schnapsgangster. Das kriminalisierte Bedürfnis weitester Bevölkerungskreise nach Alkoholika ermöglichte es dem in Banden (›gangs‹) organisierten Verbrechen, fast alle Gesellschaftsschichten zu durchdringen: Die Prohibitionszeit wurde zur ersten Blütezeit des Gangstertums.

Symbolfigur dieser Entwicklung ist bis heute Al Capone (1899–1947), um 1930 der ungekrönte König Chicagos. Eine Eingabe von Bürgern der Stadt an den amerikanischen Senat beschrieb seine Herrschaft Ende der zwanziger Jahre so: »Eine Kolonie von Gangstern hat eine Super-Regierung in dieser Stadt errichtet, der die Bevölkerung tributpflichtig ist. Sie erzwingt diesen Tribut durch Terror, Menschenraub und Mord. Viele dieser Gangster sind durch Alkoholschmuggel zu fabelhaftem Reichtum gelangt. Sie arbeiten im Einverständnis mit der Polizei und anderen Behörden, errichten ein Branntweinmonopol und teilen das Stadtgebiet unter sich auf.« Der Bruttogewinn des Capone-Syndikats aus dem Alkoholschmuggel wurde auf jährlich hundert Millionen Dollar geschätzt, sein persönliches Vermögen auf rund vierzig Millionen Dollar. Wie dieses Geld angelegt wurde, erhellt u. a. aus der Tatsache, daß von den sechs- bis siebenhundert Gangstermorden im Chicago jener Jahre ganze vier Fälle vor Gericht kamen – Capone selbst wurde schließlich (1931) wegen Steuerhinterziehung für elf Jahre ins Gefängnis geschickt.

Literarisch reflektierte diese Entwicklung der ›harte‹ amerikanische Kriminalroman, der Ende der zwanziger Jahre sein ›klassisches‹ britisches Vorbild abzulösen begann. Dieses ursprüngliche Muster mit dem unfehlbaren, unsterblichen Detektivhelden, ohnehin mehr als analytisches Puzzle-Spiel denn als realistische Verbrechensschilderung angelegt, war im Lauf der Zeit zu immer unwahrscheinlicheren Konstruktionen degeneriert, mit denen die Verfasser dem alten Schema neue Reize abzugewinnen suchten. Der amerikanische Kriminalromançier Raymond Chandler (1888–1959) hat sich 1944 in seinem Aufsatz »Mord ist keine Kunst« ironisch über diese Versuche geäußert: »Aber grundsätzlich ist es immer die gleiche, sorgfältig zusammengestellte Gruppe der Verdächtigen; der gleiche, völlig unverständliche Trick, wie jemand Mrs. Pottington Postlewaite III mit einem massiven Platindolch erstechen konnte, als sie gerade den höchsten Ton aus dem Glockenlied von Lakmé vor fünfzehn schlecht zusammengestellten Gästen herausquetschte, das gleiche schlichte Mädchen in pelzverbrämten Pyjamas, dessen gellender Schrei mitten in der Nacht die ganze Gesellschaft aus ihren Türen herauslockt und damit den ganzen Zeitplan durcheinanderbringt.« Der ›harte‹ Kriminalroman antwortete auf diese Erschöpfung des Genres ebenso wie auf die Brutalisierung und Korrumpierung der Gesellschaft.

Der neue, realistische Stil nahm seinen Ausgang von Groschenmagazinen, die an künstlerischer Qualität nicht interessiert und deshalb den literarischen Traditionen des ›klassischen‹ Kriminalromans nicht verpflichtet waren. In dem Magazin »Black Mask« debutierte auch Samuel Dashiell Hammett – ein Autor, der selbst acht Jahre lang bei der Detektiv-Agentur Pinkerton gearbeitet hatte. Hammett, 1894 in den Südstaaten geboren, verließ bereits mit vierzehn Jahren die Schule und schlug sich mit allen möglichen Jobs durch. Aus dem Ersten Weltkrieg kehrte er mit einer Tuberkulose zurück, die zunächst auszuheilen schien, Jahre später aber mit heftigem Lungenbluten wieder ausbrach. Hammett gab sich nur geringe Überlebenschancen, trennte sich von seiner Familie und begann zu schreiben: zunächst Gedichte und Stories.

»Was Hammetts Romane und Erzählungen auszeichnet, ist eine ganz individuelle Würze. Diese Würze stammt teils von dem fast nackten Stil, bei dem alles Oberflächliche, Überflüssige bei den Beschreibungen wie mit einem Skalpell entfernt wurde, teils aber auch von dem nachdenklichen, fast ein wenig wehmütigen Zynismus, in den er seine Werke taucht.« Julian Symons

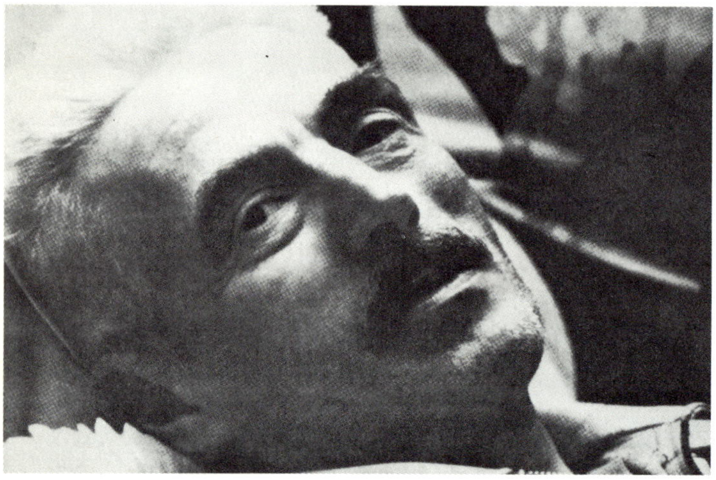

Neben »Bluternte« waren es Bücher wie »Der gläserne Schlüssel« und »Der Malteser Falke«, die Hammett zu einem der wichtigsten Vertreter des ›harten‹ Kriminalromans machten

Hammetts erster Roman »Bluternte« erschien 1929. Er beginnt herkömmlich: Ein Mann wird ermordet, ein mit der Aufklärung des Falles beauftragter Detektiv ermittelt und überführt den Täter, dessen Motiv – Eifersucht – ebenfalls genreüblich ist. Dieser Handlungskomplex füllt jedoch nicht mehr als das erste Viertel des Buches, die eigentliche Bluternte wird erst im folgenden eingebracht: Früchte des Zorns, eine aufgegangene Saat der Gewalt.

Zentralfigur des Buches ist der alte Elihuh Willson: »Generaldirektor und Inhaber der Aktienmehrheit der Bergbaugesellschaft, dito der ersten Nationalbank, Besitzer des ›Morning Herald‹ und des ›Evening Herald‹, der einzigen Zeitungen der Stadt, und zumindest Teilhaber an fast allen irgendwie bedeutenden Unternehmen. Außerdem gehörten ihm noch ein Senator in Washington, ein paar Abgeordnete des Repräsentantenhauses, der Gouverneur des Staates, der Oberbürgermeister und der größte Teil des Landesparlaments.« Während des Ersten Weltkriegs hat die Gewerkschaft Willsons Bergarbeiter organisiert und Lohnerhöhungen durchgesetzt. »Der alte Elihuh gab ihr, was er ihr geben mußte, und wartete, bis seine Zeit kam. 1921 war es soweit. Das Geschäft ging mies, dem alten Elihuh war es egal, ob er eine Weile zumachte oder nicht. Er zerriß die Vereinbarungen, die er mit seinen Leuten getroffen hatte, und fing an, sie wieder in dieselbe Position zurückzudrängen, in der sie sich vor dem Krieg befunden hatten.« Die Gewerkschaft antwortet darauf mit einem Streik.

Zur Zerschlagung des Streiks engagiert der Unternehmer Willson Gangster (nicht anders als Henry Ford, der 1937 eine Privatarmee von 600 ›Gorillas‹ zum Kampf gegen die Gewerkschaften aufstellen und einsetzen ließ). Mit Hilfe dieser Verbündeten siegt Willson zwar über die Arbeiter, aber er wird seines Sieges nicht froh, weil die Gangster seine Stadt nun als ihre Siegesbeute betrachten: »Er hatte ihnen seine Stadt überlassen und war nicht stark genug, sie ihnen wieder abzunehmen.«

Modellartig zeigt die »Bluternte« also eine kriminelle Struktur, wie sie uns aus Chicago bekannt ist: ein Machtkartell aus Willson, einem korrupten Polizeichef, drei Gangsterbossen und einigen Unterführern. Hammetts Detektiv versucht erfolgreich, die einzelnen Koalitionspartner gegeneinander aufzubringen – in mörderischen Bandenkriegen schalten sie sich gegenseitig aus, Recht und Gesetz werden eher nebenher wiederhergestellt. (Dieser ›Nebeneffekt‹ stellt übrigens das ein

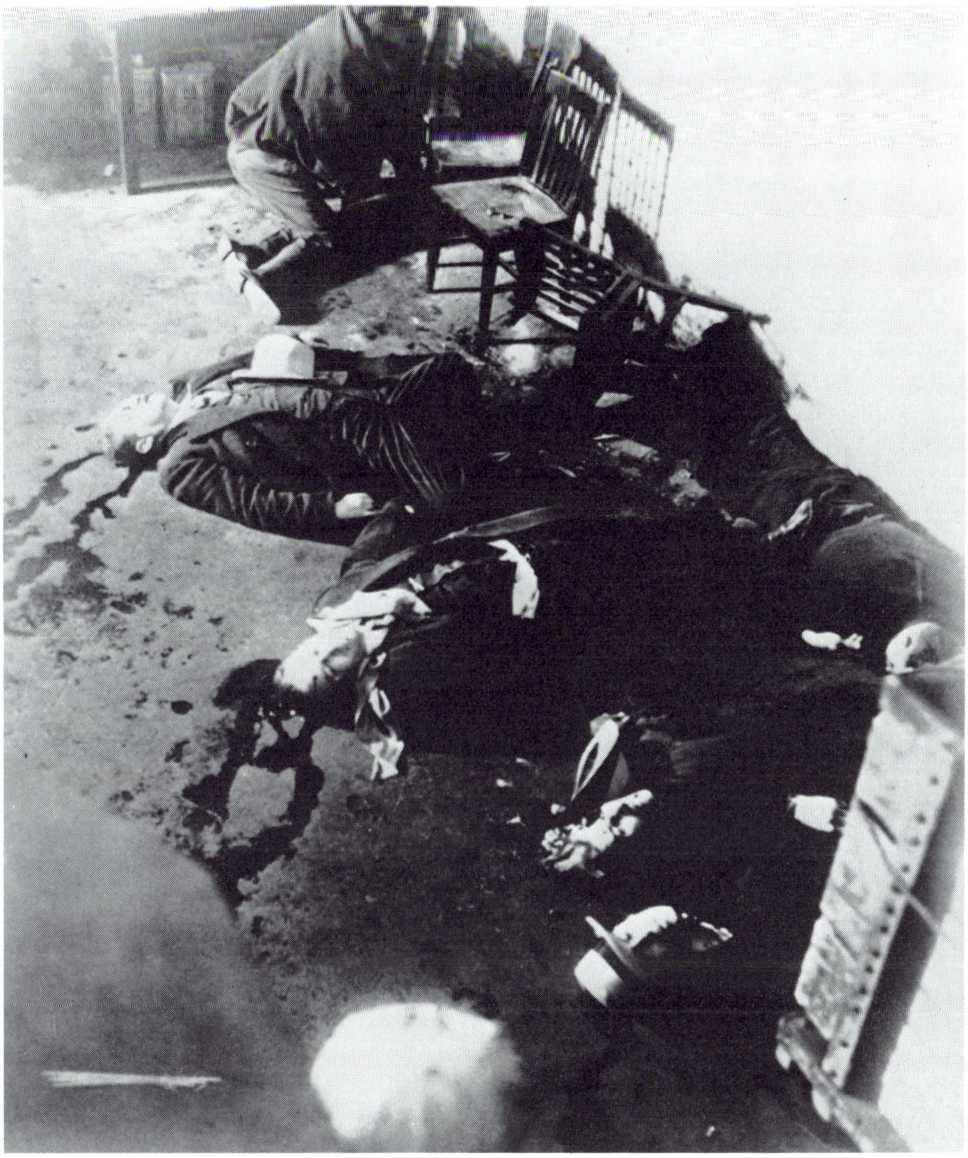

Julian Symons, »Am Anfang war der Mord« München 1972, ist eine sehr empfehlenswerte, weil genaue, soziologisch orientierte Geschichte des Kriminalromans. Näheres zu Hammett in den »Erinnerungen« der Lebensgefährtin Hammetts: Lilian Hellmann, »Eine unfertige Frau« Frankfurt am Main 1970.

zige märchenhafte Element der sonst real-gewalttätigen Geschichte dar, in der Realität gelang es auch nach Aufhebung der Prohibition [1934] in den USA nicht, die einmal gebildeten kriminellen Strukturen wieder aufzulösen: Sie verlegten ihre Aktivitäten lediglich auf andere gewinnbringende Geschäftszweige.)

Die Methoden, deren sich der Detektiv bedient, unterscheiden sich von denen der Gangster übrigens nur graduell – saubere Verfahrensweisen in einer dreckigen Welt erweisen sich als unmögliche Fiktion.

Bis 1934 veröffentlichte Hammett noch vier weitere Kriminalromane, dann ging er nach Hollywood, wo er – außer Drehbüchern – kaum noch etwas schrieb. Im Zweiten Weltkrieg diente er als Ausbilder bei der Alaska-Aleüten-Armee, er kam mit einem Lungenemphysem zurück. Die antikommunistische Hexenjagd McCarthys brachte ihn 1951 für ein paar Monate ins Gefängnis, die Haft verschlimmerte seine Krankheit. Zwei Monate vor seinem Tod wurde schließlich Lungenkrebs in einem unheilbaren Spätstadium festgestellt – in wirtschaftlichen Schwierigkeiten und nach langer Krankheit starb Samuel Dashiell Hammett am 10. Januar 1961 in New York.

Die Annäherung an eine gewalttätige Realität (oben: Massaker am St. Valentine-Day) versuchte auch der amerikanische Gangster-Film von Rang. Die Bücher von Raymond Chandler, James M. Cain und Hammett dienten als Vorlagen. Den Gesetzen des Mediums folgend schuf Hollywood sich in den 40er Jahren auch in diesem Genre große Stars. (Rechts: Humphrey Bogart in »Im Zeichen des Falkens«, 1941, von John Huston – nach Hammetts »Der Malteser Falke«)

Dietmar Matthes

Faulkner · Licht im August

»Light in August« (Erstdruck: New York 1932)
Roman von William Faulkner (25. 9. 1897 – 6. 7. 1962)

»Blutige Rassenunruhen haben häufig nur äußerst geringfügige Ursachen: eine vereinzelte Festnahme; die auf über 40 Grad im Schatten ansteigende Temperatur; ein Gerücht von Polizeibrutalität. Aber selten ist ein Rassenkonflikt so zufällig und unerklärlich wie das plötzliche Blutbad der vergangenen Woche in Baton Rouge, wo sich Schwarze mit der Polizei einen Kampf lieferten, bei dem zwei Polizisten und zwei Schwarze getötet und weitere 31 Personen verletzt wurden.« (»Time«, 24. 1. 1972)

Ähnliches hätte sich zu Beginn der Siebziger Jahre auch in Jefferson abspielen können, der Kreishauptstadt jenes 2400 Quadratmeilen großen und von 9313 Negern und 6298 Weißen bewohnten Kreises Yoknapatawpha, dessen Schöpfer und »alleiniger Herr und Besitzer« William Faulkner ist, und von dem sogar eine Landkarte in einer Ausgabe des Romans »Absalom! Absalom!« existiert.

Ähnlichkeiten und Übereinstimmungen mit dem Kreis Lafayette und seiner Kreisstadt Oxford, in der Faulkner bis zu seinem Tode gelebt hat, weisen Jefferson und der Kreis Yoknapatawpha auf. Jefferson liegt wie Oxford an einer von Süden nach Norden führenden Bahnlinie mit Anschluß nach Memphis. Wie der Kreis Lafayette wird Yoknapatawpha County von zwei Flüssen durchquert, im Norden vom Tallahatchie, im Süden vom Yocona, den Faulkner in Yoknapatawpha (»Wasser fließt langsam durch das flache Land«) umbenannt hat. Auch die kiefernbestandenen Hügel finden sich in Faulkners imaginärem Landkreis wieder.

Die Menschen, die in und um Jefferson wohnen, ähneln ebenfalls den Bewohnern von Oxford. Sie sind geprägt von dem Land, in dem sie leben, und seiner Geschichte. Das Land, das ist der Südstaat Mississippi, der ärmste und rückständigste Staat der USA, dessen Wirtschaftsgrundlage die Baumwolle ist, und dessen Industrialisierung erst spät einsetzte; dessen farbige Bevölkerung bis 1940 die weiße zahlenmäßig übertraf, eine feucht-heiße Region mit Temperaturen über 40 Grad im Schatten. Die Geschichte, das sind die vor dem Bürgerkrieg erbauten Herrensitze mit ihren stattlichen Säulenhallen und Parks mit Magnolien und moosbehangenen Bäumen. Zu der Vergangenheit gehören auch der Bürgerkrieg mit angeblichen und tatsächlichen Heldentaten, das Eindringen der verhaßten Yankees aus dem Norden, den »Carpetbaggers«, die sich für die Gleichberechtigung der Neger einsetzten. Es gehören auch dazu die Befreiung der Neversklaven und ihre erneute Degradierung zu Menschen zweiter Klasse in der Zeit des Wiederaufbaus, ihre ständige Unterdrückung durch die politisch immer mächtiger werdende Gruppe der kleinen Farmer und armen Landarbeiter, deren einzige Überlegenheit gegenüber den Farbigen in ihrer weißen Hautfarbe bestand.

Untrennbar verbunden mit Land und Geschichte ist die Tradition eines strengen, intoleranten und äußerlichen Christentums – Mississippi liegt im sogenannten Bibelgürtel der USA –, mehr frömmelndes Sektierertum mit einer →puritanischen Sexualmoral als echter Glaube, das Rassentrennung und gottgewollte Überlegenheit der weißen Rasse predigt.

Biographie

1897	am 25. September in New Albany (Miss.) geboren
1918	Pilot ohne Kriegseinsatz
1924	Begegnung mit Sherwood Anderson
1925	Reisen nach Italien und Frankreich
1929	Heirat mit Estelle Franklin
Seit 1926	wohnhaft in Oxford (Miss.)
1950	Literaturnobelpreis
1929	»Sartoris« (Roman)
1930	»Als ich im Sterben lag« (Roman)
1938	»Absalom, Absalom!« »Griff in den Staub« (Roman)
1940	»Das Dorf« (Roman)
1955	»Requiem für eine Nonne« (szenischer Roman)
1958	»Die Stadt« (Roman)
1960	»Die Spitzbuben« (Roman)
1962	am 6. Juli in Oxford (Miss.) gestorben

Aus diesem Klima sind die Figuren aus »Licht im August« erwachsen. Joe Christmas erfährt im Gegensatz zum Leser nie, wer seine Eltern gewesen sind. Obwohl er wie ein Weißer aussieht, wird er aus deren Gemeinschaft ausgestoßen, weil in seinen Adern angeblich Negerblut fließt. Der aus einer alteingesessenen Südstaatenfamilie stammende Geistliche Hightower kann sich nicht von der Vergangenheit lösen. Ständig hat er das Bild seines Großvaters vor Augen, der bei einer wahnwitzigen Attacke auf Jefferson vom Pferde geschossen wurde. Seinetwegen ist Hightower nach Jefferson gekommen. Um ihn kreisen seine Predigten, über ihm vernachlässigt er seine Frau, die ihrem Mann untreu wird und sich in Memphis aus einem Hotelfenster stürzt. Seine Gemeinde erzwingt seine Entlassung, schafft es aber ebensowenig wie der Ku-Klux-Klan (der ihn einschüchtert und sogar bewußtlos schlägt), ihn aus Jefferson zu vertreiben.

In Jefferson geboren, aber wegen ihrer Abstammung von »Carpetbaggers« dennoch eine Fremde ist auch Joanna Burden. Ihr Großvater und ihr Halbbruder wurden in einer Auseinandersetzung über das Wahlrecht für Neger von Satoris erschossen, einem ehemaligen Obersten der Südstaaten-Armee und einflußreichen Bürger Jeffersons. Joanna, die für die Verbesserung der Lage der Neger arbeitet, wird zwischen Angst um ihr Seelenheil – ein →puritanisches Erbe – und wilder Lebensgier hin- und hergerissen. Als sie nach drei Jahren, in denen ihre Liebe zu Joe Christmas alle Stadien bis zur Korruption durchlaufen hat, Joe mit einer alten Pistole aus dem Bürgerkrieg zwingen will, zu beten, bringt er sie mit einem Rasiermesser um. Joannas Pistole ging nicht los.

Umgeben sind diese drei Personen von Nebenfiguren wie Byron Bunch, Arbeiter in einem Sägewerk, der jeden Sonntag 30 Meilen fährt, um den Chor einer Sektengemeinde zu leiten, und dem Farmer McEachern, der den als Weißen geltenden Joe als Pflegesohn aufnimmt, um ihn im christlichen Glauben zu erziehen. Schläge und Gebet sind die Mittel dieses selbstgerechten Mannes, der »nie Mitleid und Zweifel gekannt hat«. Eine andere Spielart pervertierten Christentums vertritt Doc Hines, Joes Großvater, ein religiöser Rassenfanatiker. Ein Rassist ist auch Percy Grimm, zu spät geboren, um im 1. Weltkrieg als Soldat zu Ruhm und Ehre zu kommen. Dieser von Faulkner als SA-Mann (»Nazi Storm Trooper«) charakterisierte junge Mann tötet und kastriert Christmas.

Nur Lena Grove, ein einfaches und naives Mädchen aus Alabama, das früh seine Eltern verloren hat, wandert unberührt durch diese gewalttätige, fanatisierte und pervertierte Welt auf der Suche nach ihrem Liebhaber, dem Vater ihres Kindes.

»Licht im August« ist keineswegs eine soziologische Studie, ebensowenig wie andere Romane Faulkners, die im Yoknapatawpha County spielen. Die realen Gegebenheiten in Mississippi haben Faulkners Romanen und Erzählungen ihren Stempel aufgedrückt und den Stoff dazu abgegeben. Sie dürfen aber nicht als eine Beschreibung der sozialen, wirtschaftlichen und politischen Wirklichkeit mißverstanden werden. Auf eine entsprechende Frage antwortete Faulkner: »Ich habe versucht, über Menschen zu sprechen und dazu das einzige Mittel benutzt, das ich kannte, nämlich das Land, mit dem ich vertraut war. Nein, ich habe es nicht versucht – ich habe keineswegs Soziologie geschrieben. Ich habe nur versucht, über Menschen zu schreiben, die für mich das Wichtigste sind. Nur das menschliche Herz, nicht Ideen. Ich habe keine Ahnung von Ideen, nicht viel Vertrauen in sie.« »Die Wahrheiten des menschlichen Herzens« sind sein Anliegen, so betont Faulkner immer wieder, der sich gerade in diesem Punkt den Angriffen der marxistischen Literaturkritik aussetzt.

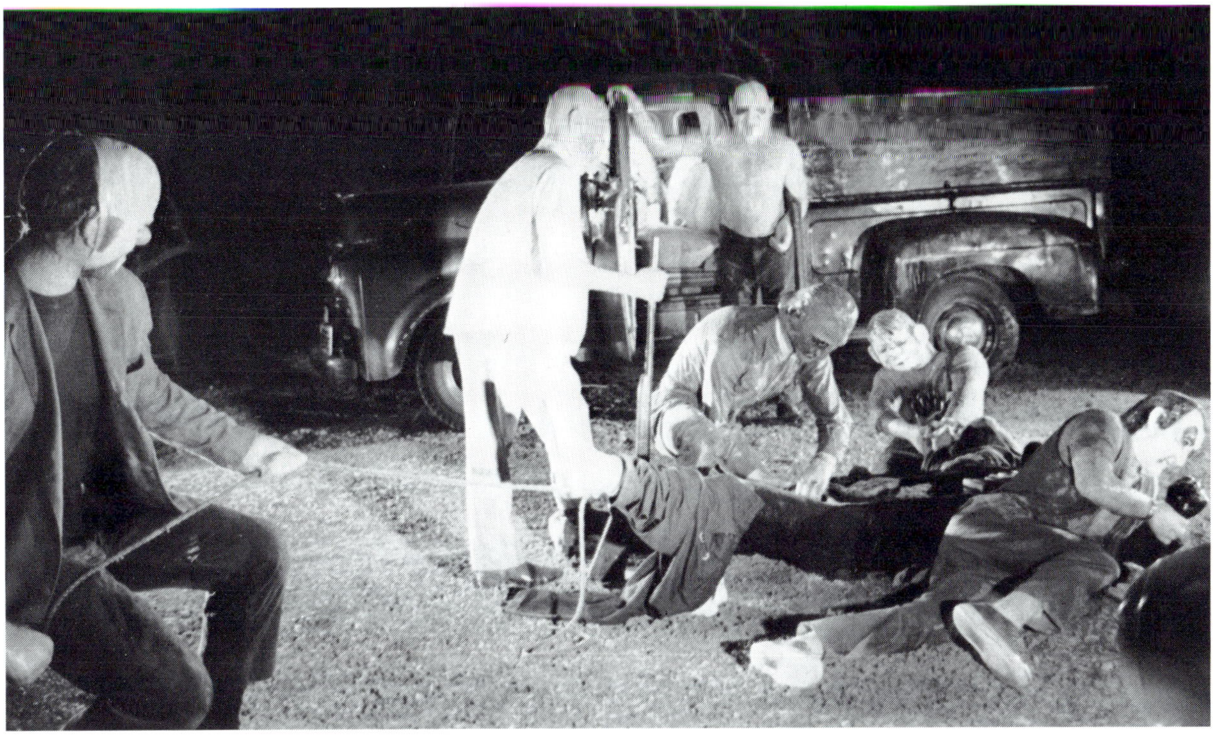

Dieses Objekt von E. Kienholz »Five Car stud« zeigt die Kastration eines Negers durch Weiße. Gewalttätiger Rassenhaß war auch das Thema vieler Romane Faulkners

Bewußt sind die Namen mit ihren Anspielungen gewählt: Christmas (»Weihnachten« – Christus), Burden (»Last« – eine Last für Christmas, die Sexualität eine Last), Hightower (»hoher Turm« – Abkapselung in einem elfenbeinernen Turm), Grove (»Hain« – Fruchtbarkeit und Leben), Bunch (»Bündel«, »Strauß«, »Büschel«), Grimm (»grim« bedeutet »grimmig«, »schrecklich«, sicherlich ein geschickt gewählter Name für den Mörder von Joe Christmas).

Die Handlung von »Licht im August« ist die eines Reißers, voller Gewalt, Sex und Mord. Einfacher geschrieben als »Schall und Wahn«, Faulkners schwierigster Roman, finden sich jedoch auch hier Erzählexperimente, da es sich eigentlich um drei mehr oder weniger aufeinander bezogene Geschichten handelt: die Geschichte Lena Groves, der Hightowers und der von Joe Christmas, die den größten Raum einnimmt. Beim Erzählen dieser drei Geschichten wird vielfach in die Vergangenheit zurückgeblendet, von einem zum anderen Erzählstrang gewechselt. Die ersten und letzten drei Kapitel beginnen und beschließen die drei Geschichten, wobei deutlich wird, daß die Lena-Grove-Erzählung mit dem ersten und letzten Kapitel den Rahmen bildet.

Die Rassenfrage, hier weniger ausschließlich im Mittelpunkt stehend als in »Absalom! Absalom!«, »Die Unbesiegten« und »Griff in den Staub«, wird verinnerlicht, zu einer Frage des Bewußtseins. Ob Joe Negerblut in seinen Adern hat, bleibt ungeklärt. Er sieht wie ein Weißer aus und wird als solcher akzeptiert, solange er nicht als Neger denunziert wird oder sich selbst denunziert. Parallelen zu Frischs Darstellung der Judenfrage in dem Theaterstück »Andorra« (1961) drängen sich auf. Auch hier wird der junge Andri dazu gebracht, sich für etwas zu halten, was er in Wirklichkeit nicht ist, und das entsprechende Schicksal zu erleiden.

Für Faulkner lastet auf dem Süden – den ehemaligen sklavenhaltenden Staaten der USA – ein Fluch. »Der Fluch ist die Sklaverei, die ein unerträglicher Zustand ist – kein Mensch darf zum Sklaven gemacht werden, und der Süden muß diesen Fluch überwinden, und er wird es tun, wenn man ihn in Ruhe läßt. Er kann nicht dazu gezwungen werden. Er muß es aus eigenem Antrieb und von sich aus tun. Und ich glaube, er wird es tun, wenn man ihn in Ruhe läßt.« Faulkner glaubte an eine Selbsterneuerung des Südens, die Anerkennung der Neger als gleichberechtigte Bürger. Dazu hat er seine weißen Mitbürger im Süden aufgefordert und sie vor reaktionärer Haltung gewarnt, die farbigen und weißen Amerikaner vor allem der Nordstaaten aber unter Hinweis auf die Eigenart des Südens zu Mäßigung und Geduld gemahnt.

Die Rassenfrage führt in »Licht im August« weiter zu dem zentralen Thema der →Entfremdung, der Isolation, des Ausstoßens und Ausgestoßenseins, was Lebensverneinung und Tod bedeutet. Dazu gehört auch die Ablehnung des Geschlechtlichen, der Sexualität, die für Joe Christmas, Joanna Burden und vor allem Doc Hines kennzeichnend ist. Unter diesem Gesichtspunkt ist »Licht im August« auch eine Abrechnung mit einem heuchlerischen und rechthaberischen Kirchenchristentum, das zu Sterilität, Verklemmung, Rassenhaß und Korruption der menschlichen Würde führt. Eine Ausnahme scheint nur Lena Grove zu sein, die trotz ihres unehelichen Kindes akzeptiert wird, und am Ende, begleitet von Byron Bunch, unbeirrt die Suche nach dem Vater ihres Kindes fortsetzt – ein Hinweis auf den Menschen, von dem Faulkner in seiner Nobelpreisrede gesagt hat: Er »wird nicht nur einfach aushalten, er wird die Oberhand gewinnen. Er ist unsterblich, nicht weil er nur eine unerschöpfliche Stimme hat, sondern wegen seiner Seele, seines Geistes, der des Mitleids und des Opfers und des Duldens fähig ist.«

Bibliographie: Joachim Seyppel, »William Faulkner«, Colloquium Verlag Berlin, 1962, gibt eine kurze Einführung in das Werk Faulkners. Sehr ausführlich geht Heinrich Straumann, »William Faulkner«, Athenäum Verlag, Frankfurt/Main, Bonn, 1968, auf Faulkners Leben und Werk ein. Längere Zitate sind englisch und deutsch abgedruckt. Andere deutschsprachige Bücher über Faulkner sind zu speziell. Ein interessantes Buch, um Faulkner selbst kennenzulernen, ist »Gespräche mit Faulkner« Stuttgart und Zürich, 1962. Darin beantwortet Faulkner Fragen der Studenten der Universität von Virginia, an der er zwei Semester lang als »Writer-in-Residence« Kurse abhielt.

Gert Richter

Traven · Die Rebellion der Gehenkten

»Die Rebellion der Gehenkten« (Erstdruck 1936)
Roman von B. Traven (3. 5. 1890 – 26. 3. 1969)

Der Schriftsteller B. Traven hat der literarischen Welt mehr als vier Jahrzehnte Rätsel aufgegeben – Zeit seines Lebens blieb er anonym, auch nach seinem Tode waren Zweifel und Widersprüche im Hinblick auf seine Identität nicht völlig ausgeräumt..

1926 erschien in deutscher Sprache der Roman »Das Totenschiff«, das Erstlingswerk des Autors »B. Traven«, im gleichen Jahr sein Roman »Die Baumwollpflücker«. Ihnen folgte eine Reihe weiterer Romane, u.a. »Der Schatz der Sierra Madre« (1927), »Die weiße Rose« (1929), die sechs Bände des »Caoba-Zyklus«: »Der Karren« (1931), »Die Regierung« (1931), »Der Marsch ins Reich der Caoba« (1933), »Die Troza« (1936), »Die Rebellion der Gehenkten« (1936), »Ein General kommt aus dem Dschungel« (1940); 1960 schloß »Aslan Norval« das Romanwerk ab. Travens Bücher erschienen sämtlich zuerst in deutscher Sprache, die Zeitung »Vorwärts« druckte sie ab und die Büchergilde Gutenberg veröffentlichte sie. Die Romane hatten einen außerordentlichen Erfolg in aller Welt, sie wurden als spannende, farbige und sozial ungemein engagierte Werke mit denen Jack Londons (1876–1916) verglichen, sie fanden eine große Leserschaft in aller Welt: Die Gesamtauflage umfaßt wohl mehr als 25 Millionen Bände in 32 verschiedenen Sprachen.

Vom Autor dieser erfolgreichen Bücher aber war so gut wie nichts bekannt, kaum mehr, als daß er in Mexiko lebte. Dieser B. Traven weigerte sich, mit der Öffentlichkeit in Verbindung zu treten, seine Identität bekanntzugeben. Agenten und andere Bevollmächtigte boten seine Manuskripte an, verhandelten mit Verlegern, kassierten die Tantiemen ein. Erst als die Welt Ende März 1969 durch seine mexikanische Frau erfuhr, daß B. Traven im Alter von 79 Jahren verstorben sei, schien das Geheimnis endlich gelüftet: Mit seinem richtigen Namen, erklärte die Witwe, habe B. Traven, der skandinavischer Abstammung sei, Traven Torsvan geheißen. Sie bestätigte damit Vermutungen, die schon früher veröffentlicht worden waren. Die fast detektivischen Bemühungen findiger Journalisten hatten zutage gebracht, daß dieser Traven Torsvan aller Wahrscheinlichkeit nach identisch war mit dem Münchner anarchistisch-pazifistischen Schriftsteller Ret Marut (eigentlich Richard Maurhut), der zwischen 1917 und 1921 in der Münchner Räterepublik eine Rolle gespielt hatte, dann geflüchtet war und unter abenteuerlichen Umständen nach Südamerika gelangt sein konnte. Andere wieder bestritten diese Behauptungen energisch, erklärten, daß B. Traven in Wahrheit ein Pseudonym des längst totgeglaubten Jack London sei, wieder andere vermuteten ein mindestens sechsköpfiges Schriftstellerkollektiv hinter dem Pseudonym. Ebensowenig wie die wahre Identität Travens endgültig und ohne Zweifel zu klären war, hat man ergründet, ob der Wunsch Travens, unbekannt zu bleiben, ausgeprägter Menschenscheu entsprang, vielleicht auch dem Ekel vor dem kapitalistischen Verlegersystem, dem er seine Bücher überantwortete – oder ob etwa (in Erinnerung an das Schicksal Trotzkis in Mexiko) die verständliche Furcht vor politischer Verfolgung der wesentliche Grund war.

Die Triebfeder für all diese oft pompös aufgebauschten journalistischen ›Aufklärungskampagnen‹ war wohl kaum mehr als simple Neugier und vor allem gesunder Geschäftssinn. Sie trugen so gut wie nichts dazu bei, das Bild des Schriftstellers B. Traven deutlicher zu machen, waren kaum geeignet, Erkenntnisse über seine Persönlichkeit zu vertiefen. Sie kann sich allein aus seinem Werk erschließen, seine Wirkung beruht nicht auf Kampagnen, sondern auf der Qualität seiner Bücher.

Unter diesem Gesichtspunkt ist es beinahe gleichgültig, wer Traven ›wirklich‹, wie die Realität seiner Person, Abstammung, Lebensweise war, *wirklich* ist er in seinen Büchern. Er fühlte sich als Proletarier, war als Schriftsteller ein Anwalt der Proletarier, Ankläger gegen die Ungerechtigkeit der bestehenden Gesellschaftsordnung – alle seine Bücher sind Manifestationen des Mitleids und der Empörung, sind Proteste, Aufrufe zur Rebellion gegen die Unmenschlichkeit. Travens soziale Position, sein Engagement und seine Ziele sind ganz und gar eindeutig – trotzdem war er alles andere als ein literarischer Polit-Prediger, ein starrer Doktrinär, ein Verfechter von Parteiprogrammen – Kraft und Wirkung seiner Bücher erwachsen vielmehr aus der unwiderstehlichen Aufrichtigkeit seines menschlichen, humanitären Engagements. Man hat über die literarischen Qualitäten seiner Romane viel diskutiert, hat »ihre flammende, unmittelbare Sprache« (Curt Hohoff) gepriesen, hat ihnen aber auch »Primitivität« bescheinigt, man hat sein erbittertes und zutiefst mitleidsvolles Eintreten für die Entrechteten und Unterdrückten gelobt und gleichzeitig seinen »naiven und zivilisationsfeindlichen Sozialismus« gerügt. Wert und Einzigartigkeit des Travenschen Werkes bleiben von dieser Widersprüchlichkeit der Urteile unberührt. Auch wenn man die zweifellos spürbare geistige Verwandtschaft mit einem gleichfalls eminent sozial engagierten Autor wie Jack London akzeptiert, auch wenn man berücksichtigt, daß lateinamerikanische Autoren wie Miguel Ángel Asturias (1899–1974) durchaus ähnliche Themen behandeln, so steht Traven doch jedenfalls hinsichtlich seiner Popularität der wahrhaft weltweiten Wirkung seiner Romane, seiner alle Schichten umfassenden Leserschaft als großartiger Einzelfall vor uns: Obwohl er mit Sicherheit nicht in Mexiko geboren wurde, darf man ihn doch zu den bedeutendsten Schriftstellern Lateinamerikas, seine Romane zu den bedeutendsten Hervorbringungen dieses Erdteils rechnen. Ohne anderen Autoren Unrecht zu tun, kann man Traven als den literarischen Anwalt, ja den ›Sänger‹ der südamerikanischen proletarischen Indianer bezeichnen. Denn ihr Schicksal, ihre Leiden stehen im Mittelpunkt fast aller seiner Bücher – vor allem in den Romanen des »Caoba-Zyklus« (auch als »Mahagoni-Zyklus« bekannt), der Travens Ruhm befestigte.

Dieser Roman-Zyklus schildert die politischen und gesellschaftlichen Zustände und Ereignisse in Mexiko vor und während der mexikanischen Revolution von 1910 – im Mexiko des Diktators Porfirio Díaz, der von 1876 bis 1911 regierte.

Sein brutales Regiment und die nicht minder brutalen Ausbeutungsmethoden der großen Mahagoni-Padrone und anderer kapitalistischer Unternehmer führten endlich zur Erhebung der Unterdrückten. Der Autor Traven steht ganz und gar auf ihrer Seite. Seine ›Helden‹ sind die ausgebeuteten Indianer, die gequälten und geschundenen Sklaven rücksichtsloser »Herren« und ihrer Gehilfen, für die sie in den Urwäldern Mexikos das kostbare Mahagoni-Holz schlagen müssen.

Zu den Hauptromanen dieses Zyklus gehört die »Rebellion der Gehenkten«. Eine der Zentralfiguren ist der kleine, armselige indianische Bauer Candido Castro. Candido gerät aus Not und Unwissenheit in die Abhängigkeit eines Agenten, der ihm weismacht, daß er ›Schulden‹ abzuarbeiten habe, und der ihn darum gemeinsam mit seiner Schwester Modesta und einer Reihe anderer Indianer zur Fronarbeit in die Monterías, die Dschungellager, schickt. Mit dem Stoizismus der Indianer und dem →Fatalismus eines Sklaven, der es nicht gelernt hat, über seine Lage nachzudenken und dem die Vorstellung des Widerstandes fremd ist, fügt sich Candido in sein Schicksal und läßt sich in die von den drei Brüdern Montellano betriebene Montería La Armonía treiben. Hier trifft er auf zahlreiche Leidensgenossen, die entweder als Bayeros, als Ochsentreiber, oder als Hacheros, als Holzschläger, aus der Montería herausholen müssen, was herauszuholen ist. Das aufgegebene Tageskontingent von vier Tonnen Mahagoniholz ist selbst für die Kräftigsten kaum zu schaffen, aber die Aufseher, die Capataces (meist selbst Indianer) sorgen mit Peitsche, Knüppel und grausamen Foltermethoden dafür, daß es dennoch erfüllt wird.

Das Bild, das Traven in diesem Roman vom Leben und Leiden der Mahagoni-Sklaven entwirft und auf ebenso packende und bezwingende wie bedrückende Weise zu schildern weiß, ist das einer Hölle auf Erden. Travens Sprache, die klar, bis zur Nüchternheit sachlich und gänzlich unpathetisch Ungeheuerlichkeiten beschreibt, vermag eben dadurch die beklemmende Wirkung der Schilderung noch zu steigern.

Ausschnitt aus einem Wandgemälde des international bekannten mexikanischen Malers Diego Rivera: »Der Klassenkampf in Mexiko« (Regierungspalast von Mexiko, 1928–1945 →S. 359)

Wer in dieser Hölle aus Sumpf, Dunst und Hitze, lebend in halbüberschwemmten Laubhütten in der Gesellschaft unzähliger Moskitos, Ameisen und Zecken, unterernährt und ständig gehetzt, die geforderte Tagesleistung nicht schafft, verfällt der Strafe des »Henkens«: Er wird, zu einem hilflosen Bündel zusammengeschnürt, eine Nacht lang an den Bäumen des Waldes aufgehängt, mit schmerzverrenkten Gliedern und von den Insekten gepeinigt.

»Die entsetzlich grausame Strafe des Henkens war gerade darum so erfolgreich, kostete darum so selten ein Leben, weil die indianischen Burschen ungemein kräftig und gesund waren und meistens am Tage nach der Folterung arbeiten konnten, als wäre ihnen kaum etwas geschehen. Die Montellanos hatten aus ihrer langjährigen Erfahrung in den Monterías gelernt, daß das Henken der ›faulen Burschen‹ weit wirksamer war als das Auspeitschen. Vom Henken und vom Einscharren blieben keine wunden Rücken, die an der Arbeit hinderten, zurück. Was zurückblieb und so sehr wirksam war, das war die Furcht, abermals jene Stunden entsetzlicher Qualen durchzumachen, Stunden, die zu Ewigkeiten wurden, angefüllt von stetem Schrecken, weil in der Finsternis der Nacht die Gehenkten nicht sehen konnten, was sich ihnen näherte, und wenn sich etwas Bedrohliches näherte, so konnten sie sich nicht wehren.«

Auf diese Weise sorgten die Padrones und ihre Aufseher dafür, daß ihnen trotz drakonischer Strafen keine Arbeitshände verlorengingen. Denn nur diese und die drei oder vier Tonnen, die sie schlagen konnten, waren von Interesse: »Entweder schaffte einer vier Tonnen, oder er kam unter die Erde, weil er nicht einmal sein Fressen verdiente. Es ist die Pflicht des Proleten, zu arbeiten, und wenn er zu faul ist, zu arbeiten, dann hat er kein Recht zu leben. Weg mit ihm . . . Sklaven haben nur eine Tugend, und die heißt Gehorsam; und sie haben nur ein Recht, das, die Meinung ihres Herrn und Meisters als das Wort Gottes zu betrachten. Ein Sklave, der weder jene Tugend kennt noch dieses Recht beansprucht, führt ein verfehltes Dasein . . .«

Die Beschreibung der Fronarbeit in den Monterías, der sadistisch erdachten Folter und der stumpf ertragenen Leiden nimmt einen großen Teil des Romans ein – bis endlich, endlich das Maß voll ist, die stumpfe Duldung in Haß und Aufruhr umschlägt, bis endlich die »Rebellion der Gehenkten« ausbricht und wie eine Sturzflut die Unterdrücker hinwegfegt. Die Anführer der Verzweifelten sind Indios, denen es schon gelungen war, revolutionäre Erfahrungen zu sammeln. Sie versuchen, den Unterdrückten proletarisches Selbstbewußtsein und der Rebellion Wirksamkeit und Stoßkraft zu geben. Sie beginnen den wilden Haufen zu organisieren, Spontaneität mit taktischer Überlegung zu verknüpfen. Die Rebellen verlassen das Lager, zur Abrechnung entschlossen, um sich durch den Dschungel zu schlagen und den Feind in den Städten zu schlagen . . .

Querschnitt

Alfred Kantorowicz

Die deutsche Exilliteratur

Über Zahl und Wert der nach Hitlers Machtergreifung 1933 exilierten deutschsprachigen Autoren gibt es noch keine endgültige Auskunft. Die umfangreichste und verläßlichste Quelle, die von Wilhelm Sternfeld und Eva Tiedemann erarbeitete Bio-Bibliographie »Deutsche Exil-Literatur 1933–1945« nennt in ihrer zweiten Auflage (1970) 1880 Namen. Der nun 90jährige Senior und Mentor des so lange vernachlässigten Forschungszweiges, Walter A. Berendsohn, hat in einer Mitteilung des von ihm initiierten Stockholmer Instituts zur Erforschung der deutschsprachigen Exilliteratur auf die – von Sternfeld und Tiedemann nicht bestrittene – Unvollständigkeit der Namensliste hingewiesen. Als eines unter mehreren Beispielen nennt er die dritte Auflage des von Desider Stern zusammengestellten Katalogs zur Ausstellung »Werke jüdischer Autoren deutscher Sprache«, wo er »fast 200 aus dem Dritten Reich ausgewanderter Autoren« gefunden habe, die das Lexikon von Sternfeld/Tiedemann nicht enthält. Ein weiteres Zeugnis ist die für die Grundforschung musterhafte, 794 Seiten umfassende Studie von Helmut Müssener über die »deutschsprachige Emigration in Schweden nach 1933«; darin werden 40 Autoren genannt, die im Lexikon nicht vorkommen – eine Feststellung, die die zentrale Bedeutung des Lexikons als Maßstab nur unterstreicht. Nicht wenige vormals deutschsprachige Schriftsteller baten, von der Verzeichnung ihrer Namen Abstand zu nehmen, weil sie als Juden in ihre »wahre Heimat« Israel zurückgekehrt seien, sich also nicht als deutsche Exilierte rubriziert zu sehen wünschten.

Das Gleiche gilt auch für eine Anzahl von – keineswegs nur jüdischen – Exilierten, die sich in anderen Ländern beheimateten und nicht in die Sammlung aufgenommen werden wollten. Andere verließen Deutschland nach 1933 im Kindesalter, blieben jedoch der deutschen Sprache treu und begannen nach dem vom Exil-Lexikon als äußerste Zeitgrenze festgesetzten Termin, dem Jahr 1950, zu publizieren. Dieser zahlenmäßig nicht sehr beträchtlichen Kategorie gehören so bekannt gewordene Schriftsteller an wie der 1921 geborene Wolfgang Leonhard (»Die Revolution entläßt ihre Kinder«), die 1922 geborene Erica Wallach (»Licht um Mitternacht«), der 1929 geborene deutschsprachige Ungar Peter Szondi (»Hölderlin Studien«), der 1934 geborene Lyriker Arno Reinfrank (»Deutschlandlieder«). Mit diesen stellvertretend genannten Spätgeborenen verknüpft sich die noch unentschiedene Frage nach der Begrenzung der für Exilliteratur bemessenen Zeit.

Nicht berücksichtigt sind in diesen Zusammenhängen die Autoren, die in den Gefängnissen oder Konzentrationslagern des Dritten Reiches zu Tode gebracht wurden, wie Carl von Ossietzky, Erich Mühsam, Friedrich Percyval Reck-Malleczewen; den Henkern überliefert wurden wie Theodor Haubach, Albrecht Haushofer, Dietrich Bonhoeffer; im Lande oder bei der Besetzung Österreichs den Freitod wählten wie Jochen Klepper oder Egon Friedell; oder als Juden in die Vernichtungslager deportiert wurden wie Arno Nadel und Gertrud Kantorowicz; oder die Zuchthäuser und Lager überlebten wie Ernst Wiechert, Rudolf Pechel, Ernst Niekisch – einige wenige (unter noch Ungezählten), deren Namen vielleicht etwas anklingen machen.

Ebenfalls unberücksichtigt sind in den lexikalischen Werken oder Ausstellungskatalogen über deutschsprachige Exilschriftsteller die im Lande verbliebenen Lyriker, Erzähler, Dramatiker, Essayisten, die sich den Maßstäben der Reichsschrifttumskammer nicht gleichschalten ließen, eher verstummten, notfalls auf andere Berufe auswichen, zuweilen Widerspruch in äsopischer Sprache (→ S. 40f.) zum Ausdruck brachten. Eine Gleichsetzung von Exil mit »innerer Emigration« ist nicht möglich, weil jenes ein objektives Kriterium voraussetzt, nämlich außer Landes gejagt worden zu sein oder aus Überzeugungsgründen außer Landes gegangen zu sein, dieses aber der subjektiven, nur selten eindeutig erkennbaren Entscheidung anheim gegeben ist. Mit dem Begriff der »inneren Emigration« ist nach Kriegsende viel Mißbrauch getrieben worden, oftmals trotzig nach außen gekehrt gegen die, die »das deutsche Schicksal nicht geteilt« hatten, sondern von den »Logenplätzen des Exils« (Villen an der französischen Riviera und in Los Angeles) unerwünschte Ratschläge erteilt hätten. Die polemische Auseinandersetzung zwischen Thomas Mann und Frank Thiess im Sommer 1945 setzte die Akzente. Hierin wurzelt einer von mehreren Gründen des Widerstandes gegen die Reïntegrierung selbst heimkehrwilliger exilierter deutscher Schriftsteller in die Bundesrepublik. (In der damaligen sowjetischen Besatzungszone, aber auch im nominell befreiten Österreich herrschten andere Voraussetzungen.)

Trotz der gängigen und durch den West-Ost-Konflikt tief verwurzelten Verdrängung der Untaten des Naziregimes, eine Erscheinung, die nach kurzer Übergangszeit vom Krieg zum Kalten Krieg die Exilliteratur wieder zum Fremdkörper im geistigen Haushalt machte, ist die Existenz der »inneren Emigration« beziehungsweise des Exils im Inneren des Landes nicht zu leugnen. Es genügt, sich an die Ehrerbietung heischende Haltung von Ricarda Huch zu erinnern, die mit allen sich daraus ergebenden Risiken aus der Preußischen Akademie der Künste demonstrativ austrat, als Heinrich Mann, Thomas Mann, Alfred Döblin, Fritz von Unruh, Georg Kaiser, Franz Werfel, Bernhard Kellermann, Alfred Mombert, René Schickele, Leonhard Frank, Jakob Wassermann von den neuen Machthabern zwangsweise ausgeschlossen wurden, und die während der Dauer des »Reiches der Hölle« nicht eine Zeile veröffentlichten; oder an Ernst Barlach, der nicht nur als Bildhauer, sondern auch als Dramatiker verfemt, buchstäblich ausgehungert wurde; oder an Oskar Loerke, dessen Tagebücher die tiefe Qual über die Barbarisierung Deutschlands, sowie den Ekel vor den Profiteuren, Mitmachern, Mitläufern unter den Schriftstellern zum Ausdruck bringen; oder an Reinhold Schneider, Elisabeth Langgässer, Karl Jaspers, Emil Belzner zu denken.

Diese wenigen Namen sind stellvertretend als manifeste Beispiele genannt worden. Sie wären zu verhundertfachen. Mag ihr Schicksal, wie oft betont wird, gesondert von ihren Gefährten im Exil jenseits der Grenzen sich vollzogen haben, die Unterschiede waren nicht substantieller als die zwischen denen, die während der Schauprozesse in Moskau allnächtlich ihre eigene Verhaftung befürchteten, und jenen, die zu Roosevelts Zeiten Berufungen an amerikanische Universitäten und Colleges erhielten; oder zwischen der Gruppe, die von 1933 bis 1938 im Rahmen des »Schutzverbandes Deutscher Schriftsteller« im Exil in Paris allwöchentlich an Vorträgen, Kundgebungen, literarischen Diskussionen teilnahm und dem in vollkommener Einsamkeit in Neuseeland lebenden Georgianer Karl Wolfskehl; oder zwischen den während des spanischen Bürgerkrieges an den Fronten von Madrid, Teruel, Huesca kämpfenden deutschsprachigen Schriftstellern und einigen erfolgreichen Romanciers, die man auf den Terrassen der Cafés von Ascona oder auf Parties in Hollywood sehen konnte – wobei, da nichts vorauszusetzen ist, sogleich hinzugefügt werden soll, daß man – nicht Stefan Zweigs Freitod allein beweist das – bei allem Glanz, Erfolg, Ruhm und bei aller Wohlhabenheit da draußen in der Welt ebenso am »Herzasthma des Exils« (Thomas Mann) zugrunde gehen konnte wie unter dem Druck widergeistiger Gewalthaber zu Hause, sagen wir zum Beispiel in Güstrow im Mecklenburgischen, wie Barlach.

Versuche zur Aufarbeitung

Natürlich ist das Problem nicht zeitlich und örtlich begrenzt auf die Jahre 1933–1945 im Großdeutschen Reich. Der Widerstand gegen die Tyrannei, geistige Zwangsbewirtschaftung, den Totalitätsanspruch eines Glaubens oder einer Ideologie ist universell und durchzieht die ganze uns bekannte Geschichte. Bei aller Scheu vor Superlativen darf aber gesagt

»Schriftsteller ist er« – George Grosz zeichnete 1933 diese ›Haussuchung‹ durch die SA

werden, daß ein Exodus des Geistes in diesem Ausmaß beispiellos ist. Die Erkenntnis beginnt sich erst seit kurzer Zeit durchzusetzen. Gesicherte Ergebnisse liegen noch nicht vor. Das Thema ist in beiden Teilen Deutschlands politisch schwer befrachtet. In der DDR nimmt man zwar gern das »humanistische →Erbe« der großen bürgerlichen Schriftsteller für sich in Anspruch und beschlagnahmte zugleich wesentliche Teile der Exilliteratur für den eigenen Herrschaftsanspruch, machte andererseits jedoch all jene zu→»Unpersonen«, die sich der Zwangsregulierung von Wissenschaft, Kunst, Literatur nicht unterwerfen wollten oder irgendwann im vergangenen Halbjahrhundert in politischen Widerspruch zur KPD-, später SED-Führung geraten waren. Auch diese Namensliste ist sehr lang und keineswegs abgeschlossen. Teilweise deckt sie sich mit den Verbotslisten des NS-Regimes. Daher sind fast zwei Jahrzehnte lang Ansätze zu einer Geschichte der deutschsprachigen Literatur im Exil unerwünscht gewesen. Man hätte sie beständig umschreiben müssen, wenn wieder einer von der »alten Garde«, der im Exil rühmlich hervorgetreten war, wie Theodor Plivier, Fritz Brügel, Julius Hay, Georg Lukács, Ernst Bloch bis hin zu Ernst Fischer sich dem Zwang oder einer Gewalttat (z.B. der Niederwalzung des ungarischen Selbstbefreiungsversuches) widersetzte.

Die weisungsgebundenen Sammelbände und Ansätze zur Aufarbeitung der deutschsprachigen Literatur im Exil, die in den 60er Jahren in der DDR zu erscheinen begannen, hatten nicht nur die Schwierigkeit zu bewältigen, alle unerwünschten Schriftsteller zu übergehen – sie verschwanden, um welch Ereignis es sich auch handeln mochte, unter der Rubrik »und andere«; darüber hinaus sind die mit der Aufgabe betrauten Absolventen der Parteihochschulen (nur selten genügt die übliche Universitätslaufbahn) verpflichtet, die geistigen, literarischen, kulturpolitischen Verdienste der Exilschriftsteller in den 30er und 40er Jahren nach den Maßstäben des Polit-Büros der SED in den 60er Jahren aufoder abzuwerten. In dieser Rangordnung, die den Primitivismus begünstigt, steht dann ein der deutschen Sprache nur halbwegs mächtiger Schmierant wie Karl Grünberg weit über Musil, Broch oder Döblin und ein roher Tendenzpoet wie Kuba (→S. 356ff.) weit über Nelly Sachs oder Paul Celan (→ S. 366f.). Diese Bücher haben keinen Quellenwert; sie müssen und werden alle umgeschrieben werden. Noch lappt das Vierteljahrhundert der depravierenden Ulbricht-Herrschaft über; bevor die SED nicht ihren »XX. Parteitag«, also die Abrechnung mit dem Statthalter Stalins auf deutschem Boden vollzogen hat, ist mit der Berichtigung der auf Walter Ulbricht zugeschnittenen Maßstäbe nicht zu rechnen.

Auch in der Bundesrepublik mißglückten die ersten Versuche, dem komplexen Thema gerecht zu werden. Zu lange war man mit dem Schwarz-Weiß-Klischee ausgekommen. Akzeptabel war, wer sich bereits vor 1945 mehr gegen den Kommunismus als gegen den Nationalsozialismus engagiert hatte. Unter den gegebenen Umständen konnte das bei denen, die vom Nationalsozialismus vertrieben und bedroht waren, nur eine kleine Minderheit sein, wie andererseits unter den Tausenden von exilierten Schriftstellern und publizierenden Geisteswissenschaftlern (Berufspolitiker nicht mitgezählt) kaum mehr als 60 bis 70 Mitglieder der Kommunistischen Parteien Deutschlands und Österreichs gewesen sind. Je nach Zeitumständen und politischen Dominanten der Exilländer vergrößerte oder verringerte sich die Zahl der Sympathisierenden oder Gegner des Kommunismus. Im Vordergrund stand die Nazigefahr. Es ist ein →Anachronismus, die Merkmale des Ost-West-Konflikts in die Zeit zu projizieren, da die westlichen Demokratien und die Sowjetunion die Aggressionen Hitlers zu fürchten hatten und sich am Ende sogar gegen ihn verbündeten.

Die Polarisierung der Exil-Schriftsteller in Kommunisten (bei gemäßigtem Sprachgebrauch: Marxisten) und Antikommunisten ist ein Grundirrtum. Er durchzieht das zuerst 1967 erschienene Buch von Matthias Wegner »Exil und Literatur«, das bis zum Abschluß der differenzierenden Geschichte der deutschsprachigen Literatur im Exil von Hans Albert Walter und verschiedenen Sammelwerken als Quelle benutzt werden wird. Wegners Fixierung auf den Gegensatz von Kommunismus und Antikommunismus bei der Behandlung des Zeitabschnitts, der durch den Gegensatz von Faschismus und Demokratie geprägt war, bringt zahlreiche Fehlurteile über Persönlichkeiten, Institutionen, Veranstaltungen hervor. Natürlich wird mit Heinrich Mann besonders streng ins Gericht gegangen, und das Verdikt gefällt: »Seine politische Position vor 1933 und seine schon früh zutage tretende Sympathie für den Kommunismus lassen darauf schließen, daß diese Entwicklung so und nicht anders verlaufen mußte.« Keine Schule und kein Germanistisches Institut in der Bundesrepublik hat den in der Nachkriegszeit aufgewachsenen (übrigens einer verbürgt antifaschistischen Familie entstammenden) Matthias Wegner je darüber aufgeklärt, daß Heinrich Mann noch 1932 in der kommunistischen Parteizeitschrift »Die Linkskurve« von Johannnes R. Becher in einem Artikel unter dem Titel »Vom ›Untertan‹ zum Untertan« angegriffen wurde, weil er gegen die summarische Erschießung von 48 »Staatsfeinden« in der Sowjetunion protestiert hatte und sogar im Exil, 1934, von der in Moskau erscheinenden »Internationalen Literatur« gerügt worden war, weil er in der Streitschrift »Der Sinn dieser Emigration« Wahrheiten wie diese aussprach: »Kürzlich soll vom Dach eines Berliner Hauses ein selbsttätiger Apparat ungezählte Flugblätter entsandt haben. Zu lesen war dann aber: ›Proletarier schützt Moskau!‹, eine Aufforderung von unheimlicher Sinnlosigkeit, angesichts der Lage deutscher Proletarier . . . wenigstens die ins Ausland entkommenen Kommunisten könnten jetzt feststellen, wie falsch es ist, wie falsch es immer war, sich näher bei Moskau zu fühlen, als bei ihren deutschen Genossen von der anderen Partei ...« In solchen Feststellungen ist der Grund zu suchen, warum Heinrich Mann nicht wie so viele andere linke bürgerliche Schriftsteller zum Kongreß der Sowjetschriftsteller 1934 zu Gaste geladen wurde. Entsetzliches mußte noch geschehen: die zunehmenden Verfolgungen von Juden, Intellektuellen und Arbeitern im Reich, die Kapitulation der Westmächte in München, 1938, das Martyrium des spanischen Volkes, der Krieg, die Überrennung Frankreichs, bis Heinrich Mann dahin kam, sein Vertrauen in die Sowjetunion zu setzen. Da ihm von vielen Seiten die Rolle eines Wortführers der exilierten deutschsprachigen Schriftsteller zugeschoben wird, so sollte an ihm exemplifiziert werden, wie vielschichtig und wie komplex die Wirklichkeit des Exils war. Wer nur darauf achtet, ob einer sich 1935 im Exil so verhalten hat, wie es sich 1965 in der Bundesrepublik gehörte, der wird am Ende, wie Wegner, sogar den liberalen jüdischen »Aufbau« in New York, die demokratische »Pariser Tageszeitung« und andere bürgerliche Organe abwertend als »marxistisch orientiert« rubrizieren.

Der Zwang, summarisch zu sein, läßt nur diese wenigen Hinweise zu; sie wären zu vervielfachen – zu schweigen von böswilligen, ja hetzerischen Unterstellungen, Verleumdungen, Beschimpfungen, die sich in anderen nach 1945 →edierten Literaturgeschichten, in Pamphleten, Schmähartikeln und Reden, Buchbesprechungen, sogar Nachrufen leicht finden lassen, so zahlreich, daß die Nennung der massivsten Verunglimpfungen bedeutender Exilschriftsteller den Rahmen vollends sprengen würden. In diesem Widerstreit, zu dem es bei normaler Entwicklung nicht hätte kommen müssen, sind die ehemaligen Mitglieder der »Reichsschrifttumskammer«, und zwar besonders solche, die sich deren Normen gern bequemten, unbestrittene Sieger gegen die Exilierten geblieben. Kommunisten, soweit sie noch nicht mit der Partei gebrochen hatten, fanden bevorzugtes Unterkommen in der DDR. Die dort Überlebenden sind an den Fingern abzuzählen. Freitod, Flucht, Zuchthaus (einige der Betroffenen hatten im gleichen Zuchthaus bereits unter dem Nationalsozialismus ihren Nonkonformismus bewährt), Mundtodmachung, Resignation hat die anfänglich nicht wenigen Heimkehrer weit über das normale Maß hinaus aus dem Schrifttum der DDR eliminiert. Neben der zur Galionsfigur gewordenen Anna Seghers und dem als Schriftsteller seit langem nicht mehr ernst zu nehmenden Ludwig Renn, machen noch zwei oder drei nicht unbegabte Seiltänzer wie Stefan Heym ab und zu auf sich aufmerksam; gesund erhielten sich die bereits im Exil allzeit gefügigen Partei-Publizisten, wie Alexander Abusch, Albert Norden, Kurt Hager, Alfred Kurella, Klaus Gysi, Skribenten und Redakteure von Parteiorganen, die dem blinden Eifer der Marxistenjäger entgingen, weil sie in den Jahren des Exils oft im Hintergrund manipulierten.

Ausbürgerung der »Linken«

Auch das Nazi-Regime beachtete bei seinen »Säuberungen« die Literaturfunktionäre der KPD wenig. In der Rangfolge der zu Hauptfeinden erklärten Schriftsteller, deren Werke auf der zentralen Liste der zu verbrennenden Bücher und fast auf allen anderen Listen mit lokalem Einschlag der Haupt- und Universitätsstädte des Reiches standen, machte Karl Marx zwar zumeist den Beginn (seltsamerweise übrigens nicht gekoppelt mit Engels, sondern mit Kautsky), aber dann folgten nicht etwa marxistische, sondern parteilose liberale, linksbürgerliche, pazifistische, demokratische Schriftsteller, natürlich Heinrich Mann, Erich Kästner (der im Reich überleben konnte), Ernst Gläser (der für einige Jahre ins Exil nach Zürich ging, 1938 aber nach Deutschland zurückkehrte – auch das gab es, wie es eben in der Summe der Exilierten alles gab, jede Nuance gesellschaftlicher Erscheinung und Entscheidung). Gleich darauf folgt, im Feuerspruch der »Gesinnungslumperei« bezichtigt, einer der so besonders verhaßten deutschen Pazifisten: Friedrich Wilhelm Förster. Dann gegen »seelenzerfasernde Überschätzung der Trieblebens ... die Schriften des Sigmund Freud«. Gegen »Verfälschung unserer Geschichte ...« die Bücher von Emil Ludwig und (des heute fast völlig vergessenen) Werner Hegemann. Als Vertreter des »volksfremden Journalismus demokratisch-jüdischer Prägung« wurden Theodor Wolff, Chefredakteur des »Berliner Tageblatt« (nach der Besetzung Südfrankreichs verhaftet und ins KZ Sachsenhausen deportiert), und Georg Bernhard, ehemaliger Chefredakteur der »Vossischen Zeitung« in der Spitzengruppe genannt. Für »die Erziehung des Volkes im Geiste der Wehrhaftigkeit« mußten Erich Maria Remarques Romane in die Flammen. Wegen »Verhunzung der deutschen Sprache« wurden Alfred Kerrs gesammelte Theaterkritiken verbrannt. »Gegen Frechheit und Anmaßung ... verschlinge Flamme auch die Schriften der Tucholsky und Ossietzky!« (Dieser war bereits und blieb bis zu seinem Märtyrertod ein Gefangener der Nazis, jener wählte im Exil den Freitod.)

Die Gruppe der Mitarbeiter an Ossietzkys parteilosem, linksliberalem Wochenblatt »Die Weltbühne« war besonders hart von den Verfolgungen betroffen. Kaum einer von ihnen hat vermocht zu überleben. Den liebenswerten Menschenfreund Erich Mühsam prügelten die SA im KZ Oranienburg zu Tode. Ernst Toller erhängte sich in äußerster Hoffnungslosigkeit im Mai 1939 in seinem New Yorker Hotelzimmer. Sein freundlicher Rivale, der Dramatiker Walter Hasenclever, nahm in der Stunde des Zusammenbruchs Frankreichs am 21. Juni 1940 im Internierungslager Les Milles die ausreichende Dosis Gift. Der Kunsthistoriker Carl Einstein, dessen Name mit der enzyklopädischen Propyläen-Kunstgeschichte verbunden war, entzog sich der Verfolgung durch Ertränken in einem Fluß unweit der spanischen Grenze. Der nun →posthum berühmt gewordene Essayist Walter Benjamin machte nach seiner Verhaftung durch spanische Grenzwachen im Gefängnis von Port-Bou seinem Leben ein Ende. Der Professor Theodor Lessing, ein linksliberaler Philosoph und Essayist, wurde von gedungenen SA-Mördern schon im August 1933 in seiner Zufluchtsstätte Marienbad, Tschechoslowakei, erschossen. Der Arzt und Romanschriftsteller Dr. Ernst Weiss nahm Gift in seinem Zimmer in Paris beim Anblick der einmarschierenden deutschen Truppen. Der Dichter Alfred Wolfenstein wurde in Paris von der Gestapo verhaftet, überlebt bis zum Ende des Krieges, findet die Kraft zum Neuanfang nicht mehr und stirbt durch eigene Hand. Von den Anwälten Ossietzkys in dem berüchtigten Landesverratsprozeß vor dem Reichsgericht ging als erster Professor Alsberg, der an die Unverbrüchlichkeit des Rechts glaubte, freiwillig in den Tod, als er das Unrecht an der Macht sah. Rudolf Olden, bekannter noch als außenpolitischer Leitartikler, des »Berliner Tageblatt« und Historiker, der Asyl in England gefunden hatte, wurde nach Kriegsbeginn auf der Überfahrt nach Kanada Opfer eines deutschen Unterseebootes, das sein Schiff versenkte. Der dritte der Anwälte, Alfred Apfel, machte nach dem Zusammenbruch Frankreichs 1940 in Marseille ein Ende. Franz Hessel, vormals Cheflektor des Rowohlt-Verlages, Übersetzer Prousts (→ S. 326 f.), lebenslanger Freund und Bewunderer Frankreichs, starb im Januar 1941 in Sanary an den Folgen der Lagerhaft in Les Milles und Nîmes. – Das ist ein Ausschnitt aus Schicksalen von Mitarbeitern der »Weltbühne«. Diese Gruppe ist uneinheitlich, aber doch auf einen Nenner zu bringen: linksliberal; sie erscheint im Feindbild als »Die Linksintellektuellen«, die im ›Dritten Reich‹ keine Überlebenschancen hatten, wenn sie sich nicht anpaßten oder schwiegen.

Von dem vorrangigen Haß der Nationalsozialisten gegen diese »Linksintellektuellen« sowie gegen die Mitglieder pazifistischer Verbände (exakter wäre zu sagen: Splittergruppen) oder der »Liga für Menschenrechte« geben nicht nur die Bücherverbrennungslisten, sondern auch die ersten Ausbürgerlisten Aufschluß. Unter den 33 Persönlichkeiten der ersten Liste, die vom 23. August 1933 datiert ist, befinden sich neben dem bereits genannten Friedrich Wilhelm Förster die Pazifisten Alfred Falk, Hellmut von Gerlach (der vom preußischen Junker – neben Carl von Ossietzky, zeitweilig als sein Stellvertreter – zum Vorkämpfer für den Frieden und die Menschenrechte wurde), Kurt Grossmann (Generalsekretär der Liga für Menschenrechte), Professor Emil Gumbel, der der Liga nahestand und antimilitaristische Schriften veröffentlicht hatte (Statistiker und Mathematiker – die »Gumbel-Formel« hat ihn in den USA berühmt gemacht), Otto Lehmann-Rußbüldt, pazifistischer Publizist; Max Sievers, der Leiter des »Deutschen Freidenker-Verbandes« wurde nach Besetzung Belgiens verhaftet und 1944 im Zuchthaus Brandenburg hingerichtet. Auch Ernst Toller ist eher der Anti-Kriegs-Bewegung als einer Partei zuzurechnen. Pazifisten, die nicht schon auf der ersten Ausbürgerungsliste standen, kamen auf die nächsten, soweit sie nicht wie Ossietzky bereits in den KZs des Regimes zur Wehrhaftigkeit umerzogen wurden. Der einzige 1933 lebende Friedens-Nobelpreisträger, der Geschichtsprofessor Ludwig Quidde, ging 75jährig ins Exil.

Auf der ersten Ausbürgerungsliste fanden sich außer den genannten Pazifisten, Menschenrechtlern, Freidenkern die verhaßten Schriftsteller Heinrich Mann, Lion Feuchtwanger, Alfred Kerr, Kurt Tucholsky, Ernst Toller (in diesem Zusammenhang als Dramatiker), der Publizist Leopold Schwarzschild (der in Paris die Wochenschrift »Das Neue Tagebuch« herausgab); von Parteipolitikern die Sozialdemokraten Rudolf Breitscheid (von der Vichy-Regierung an die Gestapo ausgeliefert, in Buchenwald umgekommen), der vormalige Reichskanzler Philipp Scheidemann, der Parteivorsitzende Otto Wels, der vormalige Berliner Polizeipräsident Albert Grzesinski, sein Kollege Bernhard Weiss und Friedrich Stampfer, Chefredakteur der Parteizeitung »Vorwärts« (im Exil »Neuer Vorwärts« in Prag – später »Neue Volkszeitung«, New York); von den Kommunisten der Parteivorsitzende Wilhelm Pieck, das Mitglied des Zentralkomitees der KPD Friedrich Heckert, der in der Sowjetunion ›liquidierte‹ Heinz Neumann, der (nach seinem Bruch mit der Partei) von unbekannter Hand ermordete Willi Münzenberg, die Exkommunisten Ruth Fischer und Peter Maslowski; der in der Sowjetunion unter unklaren Umständen umgekommene legendäre Rebell Max Hölz; der demokratischen Partei zuzurechnen ist Professor Georg Bernhard; der von der Gestapo aus der Schweiz entführte Berthold Jacob (es war einer der weltnotorischen Fälle von Menschenraub) findet sich gleichfalls auf der ersten Liste.

Die Konservativen

Ist diese Liste noch insofern einheitlich, als sie Schriftsteller und Politiker umfaßt, die zumeist links von der Mitte standen (obwohl untereinander politisch zerstritten), so erweiterten die späteren Ausbürgerungslisten das Spektrum von der Mitte bis zur äußersten Rechten. Auf der Liste vom 3. November 1934 findet sich unter 28 Persönlichkeiten verschiedenen Herkommens (zwei Prinzen gehören zu ihnen), der vormalige führende Nationalsozialist Otto Strasser, der in seiner Exil-Zeitschrift »Die Deutsche Revolution«, später umbenannt »Die Dritte Front«, für eine »wahrhaft konservative Ordnung der nationalen Freiheit, der sozialen Gerechtigkeit und der religiösen Erneuerung . . .« eintritt. Ihm benachbart wäre zu nennen der vormalige nationalsozialistische Senatspräsident von Danzig, Hermann Rauschning, der Ende 1934 mit Hitler brach, in mehreren geistig anspruchsvollen Büchern (»Die Revolution des Nihilismus«) mit Theorie und Praxis des Nationalsozialismus abrechnete und eine gemäßigt konservative Plattform für Deutschland nach dem Kriege entwickelte. Von der Restauration enttäuscht, blieb er im Exil in Kanada. Unter den nicht wenigen vormaligen Nationalsozialisten, die sich von Hitler abgewendet hatten und ins Exil gingen, sei noch Helmut Klotz genannt, der wegen Veröffentlichung von Briefen des auf Befehl Hitlers am 30. Juni 1934 ermordeten SA-Führers Ernst Röhm im Kreise der Nazi-Führung persönlich verhaßt war, in Frankreich Artikel und Broschüren schrieb, nach der Überrennung Frankreichs von der Gestapo verhaftet und 1943 in Plötzensee hingerichtet wurde. Noch absonderlicher war das Schicksal des Großindustriellen Fritz Thyssen, der die Hitler-Bewegung in der Kampfzeit mit einer Million Reichsmark finanzierte, in die NSDAP eintrat, Reichstagsabgeordneter wurde, jedoch bei Kriegsausbruch Deutschland verließ, ebenfalls nach der Überrennung Frankreich gefangen und zunächst in die Irrenanstalt Babelsberg eingeliefert wurde, anschließend die KZs Oranienburg, Buchenwald und Dachau überlebte; nach Kriegsende wird er von den Amerikanern zur Verantwortung gezogen, in einem Spruchkammerverfahren als »Minderbelasteter« eingestuft; endlich freigelassen und wieder im Besitz seines Vermögens wandert er nach Argentinien aus, wo er 1951 stirbt. Sein Bekenntnisbuch »I paid Hitler« reiht ihn unter die Publizisten ein.

Das sind Extremfälle. Jedoch war die konservative Komponente unter den deutschsprachigen Exilierten beträchtlich und in allen Nuancen vertreten, von restaurativen Denkern und Politikern bis zu denen, die ein großes geistiges und sittliches Erbe gegen die Gosse verteidigen wollten. Joachim Radkau zitiert in seinem materialreichen Buch über »Die deutsche Emigration in den USA« den Angriff des isolationistischen Senators Burton Wheeler gegen den »Haufen königlicher Refugees«, die Amerika in den Krieg gehetzt hätten. Was Könige anging, so reduzierte sich der »Haufen« auf den österreichischen Thronprätendenten Dr. Otto von Habsburg. Doch auch der Führer der faschistoiden »Heimwehren«, Fürst von Starhemberg, war nach der Besetzung Österreichs ins Exil gegangen und veröffentlichte seine Memoiren in New York. Der vormalige Reichskanzler Heinrich Brüning, der den gemäßigten Konservativen zuzurechnen ist, lehrte an der Harvard-Universität, ohne sich an Aktionen von Exilgruppen zu beteiligen. Sein Gefolgsmann, der vormalige Reichsminister Gottfried Treviranus, war 1934 zuerst nach England exiliert, lebte seit 1942 in den USA. Die Reihe wäre zu verlängern.

Es ist nicht verwunderlich, daß es auch unter den jüdischen Schriftstellern und Wissenschaftlern, die bei Gefahr für ihre Existenz oder ihr Leben gezwungen waren, Deutschland, später Österreich und die deutschsprachigen Gebiete der Tschechoslowakei zu verlassen, eine nicht geringe Zahl von Konservativen unterschiedlicher Prägung gab. Man hat oft auf Joseph Roths österreichischen Legitimismus hingewiesen (Unabsetzbarkeit des Herrscherhauses), der das alte Kaiserreich unter Franz Joseph →nostalgisch verklärte, wenngleich seinen Romanen wie »Radetzkymarsch« Kritik an gesellschaftlichen Verfallserscheinungen der Doppelmonarchie immanent war. (Vom Stoff her ist ihm der nichtjüdische Exilierte Robert Musil eng benachbart.) Den preußischen Konservativismus vertrat unwandelbar bis zu seiner unumgänglichen Exilierung nach Schweden im Jahr 1938 und nach seiner Heimkehr 1947 der jetzt an der Universität Erlangen Geistesgeschichte lehrende Professor Hans Joachim Schoeps – stellvertretend genannt für viele »deutschnationale Juden«, ein Begriff, der erst seit der Ermächtigung des Rassenwahns in Deutschland widerspruchsvoll geworden ist, denn solange »deutsche Staatsbürger jüdischen Glaubens« sich dem Deutschtum assimiliert glaubten, gab es bei ihnen in bürgerlichen Kreisen nicht weniger Monarchisten und von 1918 bis 1933 national gesinnte Republikaner als im katholischen oder protestantischen Bürgertum. (Man denke an den Freund Kaiser Wilhelm II., Albert Ballin, der am Tag, der die deutsche Niederlage im Ersten Weltkrieg besiegelte, dem 9. November 1918, Selbstmord beging – zu schweigen von den Tausenden jüdischen Kriegsfreiwilligen, dem Organisator der Kriegswirtschaft Walter Rathenau, dem Afrikaforscher, Entdecker der Nilquellen und kaiserlichem Residenten von Ruanda in der vormaligen Kolonie Deutsch-Ostafrika, Richard Kantorowicz, dem Direktor des Kaiser-Wilhelm-Instituts, Nobelpreisträger Prof. Fritz Haber, der mit weiteren 16 deutschen Nobelpreisträgern Hitler-Deutschland verließ.)

Ein ultrakonservativer jüdischer Schriftsteller war Hermann Borchard, dessen von Franz Werfel eingeleiteter Roman »The Conspiracy of the Carpenters« 1943 in den USA erschien, eine reaktionäre, antidemokratische Staatsutopie. Das Buch war in den USA umstritten, ebenso wie Franz Werfels nach seiner →Konversion zum Katholizismus veröffentlichte Essaysammlung »Zwischen Oben und Unten«, die den neuen Glaubenseifer mit Angriffen gegen die Aufklärung und den Rationalismus bekundete; man wird Werfel die Widersprüche zugute halten müssen, die sein Leben und sein Werk kennzeichnen; zur gleichen Zeit, 1937, da er vom →Austrofaschismus wohlwollend toleriert in Wien lebte, schrieb er eine der ergreifendsten Anklagen gegen die Unmenschlichkeit des Franco-Faschismus in Spanien: »Die arge Legende vom gerissenen Galgenstrick«. Fern jeder Politik, aber im Geistigen unwandelbar konservativ war der Dichter Karl Wolfskehl, ein Musterbild der (durch den Nazismus beendeten) deutsch-jüdischen Symbiose. In seinen Briefen aus Neuseeland, wo er völlig abseits und abgewandt im Exil lebte, weist er mehrfach auf die tausendjährige Verflechtung seines Geschlechts, das »unter Karl dem Großen von Lucca nach Mainz kam«, mit der deutschen Geschichte und der »Verwurzelung« im rheinischen Gau hin. Um so unwiderruflicher empfand er die Austreibung. Er war und blieb bis ans Ende seiner Tage ein dem »Meister« Stefan George ergebener und verpflichteter Anhänger.

Vom George-Kreis mußten mehrere Dichter und Geisteswissenschaftler ihrer jüdischen Herkunft wegen ins Exil gehen; auch dort blieben sie eine über die fünf Kontinente verstreute elitäre Gruppe, deren Lebensgefühl sich in der »poésie pure« (l'art pour l'art) ausdrückte. Sie fühlten sich als Erlesene, als eine auf den »Meister« eingeschworene Schar. Am sonderbarsten war, daß George, der Künder des »Neuen Reiches«, der als »Poeta Laureatus« des ›Dritten Reiches‹ vorgesehen war, dieses Reich mit Abscheu verließ, als es sich in der Gestalt Hitlers manifestierte. Das war eine der Überraschungen, an denen selbst der vielgewandte Goebbels lange zu laborieren hatte: der erzkonservative deutsche Dichter als Exilierter, der auf fremder Erde (in der Schweiz) begraben zu sein wünschte. Draußen wie drinnen blieb seine Gefolgschaft ihm über seinen Tod hinaus ergeben. Zu seinen Jüngern gehörten auch die Stauffenbergs, so daß es nach dem 20. Juli 1944 zu der Paradoxie kam, daß die esoterische Sprache des Dichters George wie eine Geheimanweisung für die Verschworenen des 20. Juli beargwöhnt wurde.

Spannweite der Unterschiede

Es gab im Exil viele Einzelgänger, die wie Wolfskehl abseits vom öffentlichen Leben der Parteien, Gruppen, Verbände, Bünde standen, auf keiner Versammlung hervortraten, an keinem Disput, keinem Streit, keiner Kundgebung teilnahmen. Die Feststellung ist wertfrei, aber mit Respekt vor ihrer literarischen und geistigen Leistung denken wir an Elias Canetti, Walter Benjamin, Siegfried Krakauer, Nelly Sachs (die erst 1940 nach Schweden entkam und 1966 den Nobelpreis für Literatur enthielt), an Ernst Erich Noth, der mit seinen französisch geschriebenen Romanen Erfolg hatte, an den Kleist-Preisträger Hans Meisel, den Romanschriftsteller Joachim Maass, die an amerikanischen Hochschulen lehrten, an den vor und nach dem Exil erfolgreichen Carl Zuckmayer, der in den USA mit seiner Hände Arbeit als Farmer in Vermont überlebte. Es sind hunderte, die ein Anrecht darauf hätten, hier bei Namen genannt zu werden.

Die Spannweite zeigte sich auch im Altersunterschied. Sigmund Freud, 1856 in Mähren geboren, wird mit über 80 Jahren aus Österreich ins Exil nach London gerettet, wo er bis zu seinem Tode an seinem letzten großen Werk »Der Mann Moses . . .« weiterarbeitet. Als er im September 1939 in London stirbt, ist der ebenfalls ins Exil nach England verbrachte zukünftige deutschsprachige Lyriker Arno Reinfrank ein Knabe von 5 Jahren. (Der Altersunterschied beträgt 78 Jahre.) Der 1854 in Prag geborene Karl Kautsky, einstmals Sekretär von Friedrich Engels (→ S. 268 f.) und einer der bedeutendsten marxistischen Theoretiker (von kommunistischer Seite als Revisionist geächtet), entkommt bei der Besetzung Österreichs nach Holland, wo er noch einige Monate publizistisch tätig bleibt. Zur gleichen Zeit lebt ebendort in Amsterdam die 1929 geborene Anne Frank, deren Tagebuch sie postum (sie kam im KZ Bergen-Belsen um) berühmt machen wird. Dr. Helene Stöcker, Frauenrechtlerin und Vorstandsmitglied der Deutschen Friedensgesellschaft, 1869 in Elberfeld geboren, starb 1943 im Exil; der 60 Jahre jüngere Peter Szondi entkommt als 15jähriger aus Ungarn in die Schweiz und wählt als hochgeachteter, bereits international bekannter Ordinarius für vergleichende Literaturwissenschaft an der Freien Universität Berlin im November 1971 den Freitod (aus privaten Gründen? – die Nachwirkungen der Schreckensjahre sind unberechenbar; sein Freund, der Dichter der »Todesfuge« (→ S. 366 f.), Paul Celan, war ihm, ebenso unerwartet, nicht lange zuvor in Paris auf diesem letzten Weg vorangegangen). Ein Logenplatz im Welttheater war das Exil für keinen der ernst zu nehmenden Schriftsteller.

Einige weltberühmte Exilierte waren nicht zu übersehen und nicht zu überhören: Thomas Mann, Sigmund Freud, Albert Einstein, man muß wohl auch Bertolt Brecht schon zu ihnen rechnen. Andere sind teils hüben, teils drüben wieder geistig eingebürgert oder in den letzten Jahren neu »entdeckt« worden, an Auflageziffern gemessen z. B. Kurt Tucholsky in beiden Teilen des Landes; hier wird Zuckmayer viel gespielt und gelesen, dort hat sich eine Friedrich-Wolf-Renaissance angebahnt. Geistig rezipiert worden sind Georg Lukács und Ernst Bloch, Max Horkheimer und Theodor W. Adorno, neuerdings Walter Benjamin. Man weiß, daß Anna Seghers, Arnold Zweig und insbesondere Heinrich Mann drüben berühmt sind, Lion Feuchtwanger, gegen den hier Widerstände bestehen, viel gelesen wird. Hermann Kesten ist auf dieser Seite sehr gegenwärtig, Döblin wird respektiert, René Schickele allmählich wieder zugelassen, Joseph Roth ist durch Fernsehverfilmungen seiner Hauptwerke, Ödön von Horvath durch Aufführungen seiner Schauspiele bekannt geworden. Annette Kolb, Fritz von Unruh, Albrecht Schaeffer, Alfred Kerr, Georg Kaiser, Bruno Frank, Leonhard Frank, Else Lasker-Schüler, Rudolf Leonhard, Karl Otto Paetel, Hans A. Joachim, Hein Herbers, Fritz Lieb – absichtsvoll wird am Ende der fragmentarischen Reihe an einige fast vollkommen Vergessene erinnert.

Anteil am geistigen Konzert der Zeit haben sie alle gehabt – mehr oder weniger. Die Literatur eines Zeitalters ist ein Orchester, in dem jedes Insrument seinen Part hat; das Ensemble erst ermöglicht den Auftritt des Solisten. Das Insgesamt umfaßt Lyriker, Dramatiker, Erzähler, Essayisten, Philosophen, Reporter, Publizisten, Tagesschreiber. Da waren solche, deren Werk noch im kritischen Realismus der Jahrhundertwende wurzelte; andere, die der Neuromantik zugerechnet werden, viele, deren Namen berühmt wurden in der Zeit des aufsprengenden Expressionismus; manche, die der Literaturströmung »Neue Sachlichkeit« der zwanziger Jahre den Weg bereiteten; auch solche, die der »proletarisch-revolutionären Literatur« verbunden waren, bis hin zur Zwangsjacke des »Sozialistischen Realismus«. Unter ihnen waren (und bei den wenig Überlebenden sind) versponnene Träumer und militante Pamphletisten; schwer, langsam und unter Qualen produzierende Meister des Worts und wendige Vielschreiber; Visionäre und Spinner; Vertreter der »literature pure« oder der »literature engagée«; Abseitige und Wegweisende, Neuschöpfer und Epigonen; verzweifelt Vereinzelte und die Gruppen, Cliquen, Koterien des juste milieu. Grenzgänger gab es draußen wie drinnen. Der Wechsel weltanschaulicher Überzeugungen entsprang vielfach neuen Erkenntnissen, nicht selten der Opportunität. Die Fluktuation (geistig wie räumlich) war ein Bestandteil des Exils.

Die Ansicht, daß die Exilexistenz die schöpferische Kraft der exilierten Dichter und Denker gemindert, ja gelähmt habe, ist irrig. Ein Teil der Exilierten wurde durch Heimatlosigkeit und Existenznot gelähmt und von der Zeit überholt; andere wurden bestärkt und bereichert. Die 1933 jählings unterbrochene schöpferische Arbeit setzte sich außerhalb des Machtbereichs der Nationalsozialisten fort. Hunderte in viele Sprachen übersetzte Dichtungen, Werke der Philosophie und auf Bühnen vieler Länder gezeigte Schauspiele weisen es aus – Meisterwerke darunter, Höhepunkte des dichterischen oder gedanklichen Schaffens unseres Jahrhunderts: das Spätwerk Thomas Manns bis zum »Doktor Faustus«; die mächtigen Romane von der »Jugend und der Vollendung des Königs Henri Quatre«, mit denen Heinrich Mann sich in die Weltliteratur eingezeichnet hat; Ernst Blochs in der Zurückgezogenheit geschaffenes Hauptwerk: »Das Prinzip Hoffnung«; die Dichtungen und Schauspiele Brechts in seiner Reifezeit, von »Mutter Courage« bis zum »Galilei«. In Deutschland begonnene zyklische Werke fanden im Exil ihre Steigerung, wie – ein Beispiel für mehrere – die »Erziehung vor Verdun« des Grischa-Zyklus von Arnold Zweig. Was wäre noch alles bekannt zu machen! Die Exilliteratur-Forschung, die erst am Beginn steht, wird noch viele Schätze heben. Man kann die Geschichte der deutschen Literatur im 20. Jahrhundert nicht schreiben, ohne die Werke der deutschsprachigen Exilierten als wesentlichen Bestandteil in sie zu integrieren.

Exilliteratur

Die Bücherverbrennung 1933 war der Auftakt zur skrupellos-konsequenten Verfolgung und Vernichtung der Intellektuellen durch den Nationalsozialismus. Viele hatten schon 1933 keine Chance mehr, den Henkern zu entkommen. Zu ihnen gehörte Carl von Ossietzky, zuletzt Chefredakteur der hochangesehenen Zeitschrift »Die Weltbühne«. 1933 verhaftet, kam er 1934 in ein KZ, durfte 1936 nicht den Friedensnobelpreis annehmen und starb im gleichen Jahr – unter Polizeiaufsicht. »Die Weltbühne« hatte schon 1933 aufgehört, im Deutschen Reich zu erscheinen. 1938 entkam Robert Musil in die Schweiz, weder Jude noch Sozialist, als scharfsichtiger Zeitanalytiker jedoch untragbar für den Faschismus. 1940 nahm sich Walter Benjamin, an der spanischen Grenze verhaftet, das Leben.

H. D.

Bücherverbrennung durch die SA und Hitlerjugend (Berlin 1933)

Carl von Ossietzky

Die Weltbühne

Der Schaubühne XXIX. Jahr

Wochenschrift für Politik · Kunst · Wirtschaft

Begründet von Siegfried Jacobsohn

Unter Mitarbeit von Kurt Tucholsky
geleitet von Carl v. Ossietzky

Inhalt:

Hellmut v. Gerlach . . . . . Hitlers Außenpolitik
Bruno Frei . . . . . Friedrich Adler gegen Kautsky
Paul Frölich . . . . . Eine Geschichte des Bolschewismus?
Carl v. Ossietzky . . . . . Herr Walter Bloem
Feuerkopf oder Wasserkopf?
Walter Mehring . . . . . Die Sage vom Großen Krebs
Rudolf Arnheim . . . . . Sittenlehre für Ungläubige III
Johannes Bückler . . . . . Spanien heute
Gabriele Tergit . . . . . Brutal
Alfred Polgar . . . . . „Die Sardinenfischer"
Bernhard Citron . . . . . Der Todeskampf des Dollar-Kapitalismus
Verlustliste
Bemerkungen — Antworten

Erscheint jeden Dienstag

XXIX. Jahrgang 28. Februar 1933 Nummer 9

Versandort Potsdam

Verlag der Weltbühne
Charlottenburg · Kantstrasse 152

Letzte Nummer der »Weltbühne«, Februar 1933

Robert Musil

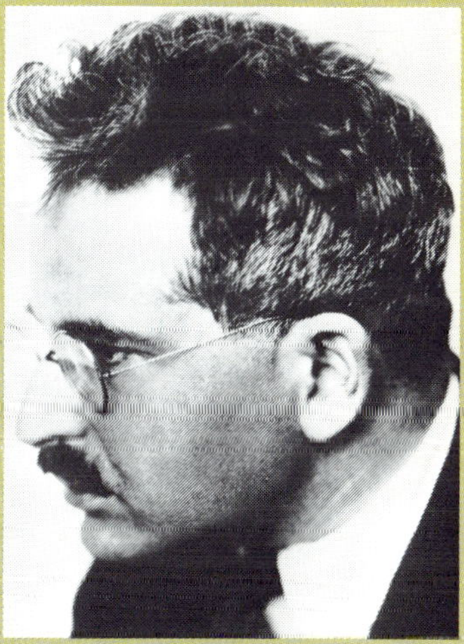

Walter Benjamin

Kay Hansen

Thomas Mann · Doktor Faustus

»Doktor Faustus« (Erstdruck Stockholm 1947)
Roman von Thomas Mann (6. 6. 1875 – 12. 8. 1955)

Der Inhalt: In Kaisersaschern wächst in altdeutscher Kleinstadttraulichkeit ein Junge heran, Adrian Leverkühn, vielseitig begabt, besonders auf musikalischem Gebiet, doch offenbar gefühlskalt und ohne menschliche Wärme. Seinem Freund und Schulgefährten, Serenus Zeitblom, ist er bei aller Sympathie auch etwas unheimlich, insbesondere durch sein häufiges »kaltes Lachen«. Zeitblom, ein wenig älter, studiert dann →Altphilologie in Halle, wo sich nach kurzer Zeit Leverkühn auch einfindet, um Theologie zu betreiben. Dabei gilt sein Interesse offenkundig mehr der Hölle als dem Himmel, und seine Lehrer erscheinen z. T. in der Form eines karikierten Lutherbildes, z. T. in der des Leibhaftigen. »Dr. Schleppfuß« heißt einer von ihnen. Mit der Zeit siegt aber doch die Musikalität über das Interesse an der Theologie, Leverkühn beginnt zu komponieren und wendet sich, nach seiner Übersiedlung nach München, ganz der »Tonsetzer«-Aufgabe zu. Während seiner Studentenzeit hat er sich in Leipzig eine syphilitische Infektion zugezogen, deren wirkliche Heilung durch Tod oder Verhaftung der behandelnden Ärzte unterbleibt, bei scheinbarer Besserung. In München lebt er als Untermieter in der herrschaftlichen Riesenwohnung der verwitweten Senatorin Rodde aus Bremen, die zusammen mit ihren beiden Töchtern einen halb großbürgerlichen, halb bohèmehaften Kreis empfängt, zu dem auch der Kammermusiker und Geiger Rudi Schwerdtfeger gehört. Obwohl eher ungesellig, wird Leverkühn in diese Gruppierung hineingezogen und lernt u. a. einen Literaten kennen, mit dem er bald längere Zeit zusammen in Italien weilt. In Palestrina, südlich von Rom, kommt es im 25. zentralen Kapitel des Buches zu einem Teufelspakt, wie er bei Goethe (→S. 206) und Dostojewskij (»Die Brüder Karamasow«) literarisch vorgezeichnet ist. Leverkühn werden 24 Jahre hoher schöpferischer Kraft verheißen, bevor er des Teufels Beute wird: Einzige Bedingung ist, er solle während dieser Zeit niemanden lieben – das würde dessen Ende bedeuten.

Zurückgekehrt, übersiedelt Leverkühn bald auf einen bäuerlichen Gutshof nach Oberbayern, verkehrt aber von seinem ländlichen Wohnsitz aus auch weiterhin mit seinem alten Münchner Kreis, besucht Theater und Konzerte und empfängt seinerseits Gäste aus München. Es kommt in diesem Zusammenhang zu einer homoerotischen Beziehung zu dem oben erwähnten Schwerdtfeger, der außerdem noch eine absterbende Liaison mit der bürgerlich, allerdings wenig befriedigend, etablierten Tochter der Senatorin Rodde unterhält. Für Leverkühn stellen sich jetzt erste, auch internationale, Erfolge als Komponist ein. In diesem Zusammenhang fährt er mit Schwerdtfeger nach Zürich, wo sie eine Frau kennenlernen, die beiden nicht gleichgültig bleibt. Leverkühn entsendet (nach Nietzsches Vorbild) Schwerdtfeger als Brautwerber für sich, mit dem Erfolg, daß die Frau den Werber erwählt. Die anschließende Verlobung führt unmittelbar zur Katastrophe. Die bürgerliche Rodde-Tochter erschießt den ungetreuen Liebhaber – das erste Opfer des Teufelspaktes. Nach einigen Jahren taucht bei Leverkühn ein »zauberhaftes Kind« auf, ein Sohn seiner Schwester, der sich auf dem oberbayrischen Hof erholen soll. Leverkühn liebt den Vierjährigen über alles, dessen Erscheinen nach Thomas Manns eigenen Worten einer »Epiphanie« (Erscheinung) gleichkommt – da schlägt der Teufel ein zweites Mal zu, das Kind stirbt qualvoll an einer Gehirnhautentzündung. Es folgen Jahre weiterer schöpferischer Tätigkeit, deren Krönung »Dr. Fausti Weheklag« ist, eine symphonische Kantate, in Zwölftontechnik komponiert. Zu einer privaten Vorstellung des Werkes am Klavier lädt Leverkühn alle ihm bekannten Leute auf den Hof, bekennt in altdeutsch gefärbter Sprache seinen Teufelspakt und bricht dann ohnmächtig zusammen – die 24 Jahre sind verstrichen, und was noch folgt, ist das zehnjährige Vegetieren einer ausbrannten Persönlichkeit.

Dies, holzschnittartig, der Kern der Fabel. Weggelassen wurden zahllose musikalische Interpretationen, Schilderungen der Münchner Gesellschaft vor und nach dem 1. Weltkrieg, Szenen aus Kaisersaschern und dem Studentenleben in Halle. Nicht unerwähnt darf allerdings die Rahmenhandlung bleiben. »Das Leben des deutschen Tonsetzers Adrian Leverkühn, erzählt von einem Freunde«, lautet der Untertitel zu »Doktor Faustus«. Dieser Freund ist der oben erwähnte Altphilologe Serenus Zeitblom, von den Nazis →zwangsemeritierter Gymnasialprofessor; er schreibt die »Biographie« während des 2. Weltkrieges in Oberbayern, beginnend etwa im Jahre 1942, endend mit der Niederlage von 1945. Damit ergibt sich für Mann die Möglichkeit, die Götterdämmerung des 3. Reiches als Begleittext zum Teufelspakt zu verwenden. Beides geht durch die Person des Erzählers ineinander über.

Wir sind über die Hintergründe des Buches durch den Dichter selbst unterrichtet, denn er schrieb außerdem noch den »Roman des Romans«, betitelt »Die Entstehung des Doktor Faustus«. In Tagebuchform schildert er die Niederschrift des Buches, die weitgehend der von Zeitblom angegebenen Zeit der letzten Kriegsjahre entspricht. Mann berichtet, daß alle seine Romane ihr Großformat, entgegen den ursprünglichen, eher auf Novellen gerichteten Konzepten, »von selbst« erreicht hätten, aber nicht so der »Doktor Faustus«. »Diesmal zuerst, bei dem Werk meines Alters, war es anders. Dies eine Mal wußte ich, was ich wollte und was ich mir aufgab: nichts Geringeres als den Roman meiner Epoche, verkleidet in die Geschichte eines hochprekären und sündigen Künstlerlebens.« Und später spricht er von der »Faszination eines Werkes, das, Bekenntnis und Lebensopfer durch und durch, keine Rücksichten kennt und, indem es als gebundene Kunst sich darstellt, zugleich aus der Kunst tritt und Wirklichkeit ist«.

Wir haben es in der Tat mit einem einmaligen und in dieser Form in der Weltliteratur bisher einzigartigen Werk zu tun. Der Siebzigjährige sinnt – zwischendurch von einer lebensgefährlichen Erkrankung bedroht – über sich und über Deutschland, über Schuld und Verstrickung in einen Teufelspakt. Bewußt gibt er Leverkühn den mittelalterlichen Namen Faustus, schreibt er weite Partien in Lutherdeutsch; er will zurück ins Mittelalter, um das Wesen des Deutschtums zu ergründen. Dem gegenüber ist die Frage, ob es ein Musiker-Roman, gar ein Nietzsche-Roman sei, nicht zu stellen. Sicherlich behandeln weite Partien Musik und musiktheoretische Themen, aber Musik vertritt hier nur eine besonders deutsche Form der Kunst. Daß Mann, wenn er schon über Musik schreibt, dieses, wie immer in all seinen Büchern, gründlich und anschaulich tut, ist selbstverständlich, auch wenn es sich um die ihm gar nicht besonders sympathische Zwölftontechnik handelt. Daß Parallelen zu Nietzsches syphilitischer Infektion naheliegen, wie die Werbungsgeschichte, zeigt bewußte »Montage«, wie Mann diese Erzähltechnik nennt – der Leser soll an den deutschen Philosophen denken, aber im Mittelpunkt des Buches stehen weder die Musik noch irgendein Philosoph. Der Umfang des Artikels läßt lediglich einen kurzen Hinweis auf den Stil des Romans zu. Mann bekennt, daß ihm als Erzählform eigentlich nur →Parodie und Ironie möglich erscheinen, er treibt die »Montagetechnik« bewußt auf die Spitze, spricht, wenn auch auf seinen Bruder Heinrich bezogen, von einem »Greisen-Avantgardismus«, der alle bisherige Romankomposition hinter sich läßt.

Man erkennt manches Detail aus dem persönlichen Leben Manns wieder. So ist etwa

Kaisersaschern, eine bedeutungsschwere Wortschöpfung, mit Manns Geburtsort Lübeck identisch, die Senatorin Rodde ist »das kalte Porträt meiner Mutter«, ihre Münchner Adresse entspricht derjenigen der Senatorenwitwe Mann.

In Palestrina begann der junge Mann in demselben Saal, der dem Teufelspakt die Kulisse gibt, die »Buddenbrooks«. In der namentlich erwähnten Pension Gisella wohnten Leverkühn und Mann beide nach ihrer Rückkehr aus Italien. Die Entschlüsselung ließe sich beliebig fortsetzen; kaum ein Ereignis oder eine Person, die in Manns Leben eine Rolle spielten, ist nicht hineinverwoben. Besonders erhebt sich aber natürlich die Frage nach der »Lebenswirklichkeit« von Leverkühn und Zeitblom. Mann erwähnt, daß seine Angehörigen ihn gemahnt hatten, Leverkühn und Zeitblom durch Schilderung ihres Äußeren anschaulicher zu machen – »physisch zu individualisieren. Wie leicht wäre das gewesen. Und wie geheimnisvoll unzulässig, in einem noch nie erfahrenen Sinne unmöglich war es doch wieder . . . (sie), die zuviel zu verbergen hatten, nämlich das Geheimnis ihrer Identität«. Identisch sind also der vom Teufel inspirierte Künstler und der sanfte, etwas betuliche →Humanist, zwei Formen einer Existenz. Die letzte Entschlüsselung gibt M. nicht, aber ein Zweifel am →Autobiographischen ist angesichts der Verknüpfung persönlichster Lebensumstände wohl nicht möglich. Zwar ist natürlich Mann nicht Leverkühn/Zeitblom, aber er hat in ihnen zwei wesentliche Seiten seiner eigenen Existenz geschildert, ja preisgegeben. Der Franzose Thibaudet schreibt etwa 1920 in seinen »Réflexions sur le roman«: »Es ist selten, daß ein Autor, der in einem Roman sich selber darstellt, aus ›sich‹ ein ›ähnliches‹, ich meine dem realen Leben entsprechendes Individuum macht. Der wahre Romancier schafft seine Personen nach den unendlichen Direktiven seines möglichen Lebens; der subalterne Romanproduzent hält sich an die ihm einzig erscheinende Linie seines wirklichen Lebens. Das Genie des Romans weckt Mögliches zum Leben; er gibt sich nicht damit ab, Wirkliches zu galvanisieren.«

Hatte M. im Ersten Weltkrieg die nationalistischen oder doch sehr nationalbewußten »Betrachtungen eines Unpolitischen« geschrieben, schuf er im zweiten Krieg »das Schmerzensbuch«. Hatte er einst Deutschland geliebt und verteidigt, liebte er es jetzt auf andere Weise, identifizierte er sich mit ihm und griff es an – und damit auch sich selbst.

In einem am 29. Mai 1945 in der Library of Congress in Washington gehaltenen Vortrag »Deutschland und die Deutschen« heißt es am Schluß: »Was ich Ihnen in abgerissener Kürze erzählte, meine Damen und Herren, ist die Geschichte der deutschen ›Innerlichkeit‹. Es ist eine melancholische Geschichte – ich nenne sie so und spreche nicht von Tragik, weil das Unglück nicht prahlen soll. Eines mag diese Geschichte uns zu Gemüte führen: daß es nicht zwei Deutschland gibt, ein böses und ein gutes, sondern nur eines, dem sein bestes durch Teufelslist zum Bösen ausschlug. Das böse Deutschland, das ist das fehlgegangene gute, das gute im Unglück, in Schuld und Untergang. Darum ist es für einen deutsch geborenen Geist auch so unmöglich, das böse, schuldbeladene Deutschland ganz zu verleugnen und zu erklären: ›Ich bin das gute, das edle, das gerechte Deutschland im weißen Kleid, das böse überlasse ich Euch zur Ausrottung.‹ Nichts von dem, was ich Ihnen über Deutschland zu sagen oder flüchtig anzudeuten versuchte, kam aus fremden, kühlem, unbeteiligtem Wissen; ich habe es auch in mir, ich hatte es alles am eigenen Leibe erfahren.«

Das Buch stieß in Deutschland fast nur auf Unverständnis oder Ablehnung. Mann teilte mit diesem Buch, und nicht nur mit diesem, das Schicksal Heines. Das Mißverständnis scheint unausrottbar.

»Biedere Städter – und ihre betrachtsame Stimmung erfreut sich des Schutzes von Hellebardieren. Einer zeigt es dem andern, wie's einem Höllenbraten ergeht.« Leverkühn zu Zeitblom; er zitiert das erste Blatt der Dürerschen Holzschnitt-Serie zur Apokalypse. Im Hintergrund sieht man die Türme, Spitzerker und Giebel von Nürnberg, der Stadt der Reichsparteitage der NSDAP

Arno Paul

Brecht · Kleines Organon für das Theater

»Kleines Organon für das Theater« (Erstdruck Berlin 1949)
Theoretische Schrift von Bertolt Brecht (10. 2. 1898 – 14. 8. 1956)

Als Bertolt Brecht im September 1948 zum ersten Mal wieder deutschen Boden betrat, hatte er fünfzehn lange und harte Jahre im Exil hinter sich.

Neben mehr als zehn Stücken, die er nie auf der Bühne hatte ausprobieren können, brachte er auch seine wichtigste theoretische Schrift mit, das »Kleine Organon für das Theater«. In dem im ersten Halbjahr 1948 in Zürich niedergeschriebenen »Kleinen Organon« gab Brecht eine gedrängte, meisterhaft formulierte Darstellung seiner Theaterauffassung; nicht nur als kritische Bewertung des bereits Vorhandenen, sondern auch im Hinblick auf das zu Leistende. Wie häufig in seiner Spätzeit, ging es ihm um die grundsätzliche Frage, wie sich die Menschen ihrer jeweiligen Möglichkeiten bewußt werden und sie ihrer gesellschaftlichen Praxis einverleiben. Zur Hauptthese erklärte er, »daß ein bestimmtes Lernen das wichtigste Vergnügen unseres Zeitalters ist«.

Damit gab Brecht klar zu erkennen, daß er sein Publikum erziehen wollte. Aber nicht mit erhobenem Zeigefinger und schon gar nicht zu etwas, wozu man es zwingen mußte. Im Gegenteil, Brecht wollte mit dem »Kleinen Organon« das Vergnügen am Lernen lehren. Der Mensch braucht seinen Spaß. Aber nicht irgendwie, sondern seinen Kenntnissen und Fähigkeiten gemäß. Mit Vorbedacht stellte sich Brecht in die Tradition der abendländischen Aufklärung und wählte als Titelbezeichnung das griechische »Organon«, was ursprünglich »Werkzeug« bedeutete, von den großen Philosophen Aristoteles und Francis Bacon jedoch den Sinn einer wissenschaftlichen Methode erhalten hatte. Denn exakt sollte es sein, was Brecht zum Vergnügen im Theater sagen wollte. Er unterteilte seine Ausführungen in insgesamt 77 knapp gefaßte Paragraphen, versehen mit einer Vorrede und verschiedenen nachträglichen Ergänzungen, die 1954 aus den Erfahrungen mit dem eigenen Theaterensemble entstanden, ohne daß sie von Brecht zu Lebzeiten für den Druck geordnet und fertiggestellt wurden.

Noch zwiespältiger als gegenüber seinem dichterischen Schaffen verhält sich die bürgerliche Literaturkritik zu Brechts Kunstüberlegungen. Selbst nicht fähig, Theorie und Praxis miteinander zu verbinden, argwöhnt sie, daß es sich bei Brechts Gedanken zum Theater um raffinierte nachträgliche Rechtfertigungsversuche handele, die um der besseren Absicherung willen einen pseudowissenschaftlichen Tiefgang vortäuschen (so z. B. Martin Esslin, Brecht. Das Paradox des politischen Dichters). Wer Brecht aufgeschlossen liest, wird derartige Unterstellungen als aus der Luft gegriffen erkennen. Wohl selten hat es einen Autor gegeben, der gründlich wie Brecht über Zweck und Mittel seiner Dichtungen nachdachte, die jeweiligen Lösungen an der gesellschaftlichen Wirklichkeit überprüfte und sie entsprechend änderte.

In den politischen Kreisen der späten Zwanziger Jahre vollzog sich Brechts Hinwendung zum Marxismus und damit zur Sache des revolutionären →Proletariats. Dadurch erhielten nicht nur seine dramatischen Stoffe eine klarere Form und gezieltere Stoßkraft, sie wurden zu einem theoretischen Konzept verdichtet, das allgemein als »episches Theater« bezeichnet wird. Auf eine knappe Formel gebracht, will das »epische Theater« sein Publikum nicht in die angebliche Gegenwärtigkeit der Bühnenhandlung verwickeln, sondern die Darstellung und das, was sie abbildet, als etwas Gewordenes und damit Veränderbares erkennen lassen. Damit der Zuschauer eine fragende Haltung einnimmt, darf der Schauspieler nicht in seiner Rolle aufgehen, sondern muß sie »verfremden«, ihr das Selbstverständliche, Bekannte, Einleuchtende nehmen. Mit der Absage an Seelenmassage und bewußtlose Einfühlung schloß Brecht nicht das Gefühlsmäßige und Unterhaltsame aus. Sein Theaterbegriff bemühte sich vielmehr relativ frühzeitig um die Einbeziehung von Gegensätzen; nicht um sie

»Unter dem Lernen verstehen wir nicht ein fröhliches Kennenlernen, sondern daß uns die Nase auf etwas gestoßen wird. Unser Tun hat nichts von einem fröhlichen Sich-Umtun, und um uns auszuweisen, verweisen wir nicht darauf, wieviel Spaß wir mit etwas gehabt haben, sondern wieviel Schweiß es uns gekostet hat« (Brecht: Kleines Organon für das Theater § 75).

»Das Theater, wie wir es vorfinden, zeigt die Struktur der Gesellschaft (abgebildet auf der Bühne) nicht als beeinflußbar durch die Gesellschaft (im Zuschauerraum)« (Brecht: Kleines Organon für das Theater § 33).

»Will der Schauspieler nicht Papagei oder Affe sein, muß er sich das Wissen der Zeit über das menschliche Zusammenleben aneignen, indem er die Kämpfe der Klassen mitkämpft. Dies mag manchem wie eine Erniedrigung vorkommen, da er die Kunst, ist die Bezahlung geregelt, in die höchsten Sphären versetzt; aber die höchsten Entscheidungen für das Menschengeschlecht werden auf der Erde ausgekämpft, nicht in den Lüften; im ›Äußern‹, nicht in den Köpfen. Über den kämpfenden Klassen kann niemand stehen, da niemand über den Menschen stehen kann. Die Gesellschaft hat kein gemeinsames Sprachrohr, solange sie in kämpfende Klassen gespalten ist. So heißt *unparteiisch sein* für die Kunst nur: *zur herrschenden* Partei zu gehören.« (Brecht: Kleines Organon für das Theater § 55).

Zugängliche »Organon«-Ausgaben: 1. S. Unseld (Hg.) »Bertolt Brecht: Schriften zum Theater«, Bibliothek Suhrkamp Nr. 41, Frankfurt am Main 1962 (2. Aufl.); 2. Bertolt Brecht, »Kleines Organon für das Theater«, suhrkamp-texte Nr. 4, Frankfurt/M. 1960; 3. Bertolt Brecht, »Schriften zum Theater«, 7 Bde. (davon der 7. Bd), Frankfurt am Main 1963/64; 4. Bertolt Brecht, »Gesammelte Werke« (werksausgabe edition suhrkamp), 20 Bde. (davon der 16. Bd.), Frankfurt am Main 1967.

Literatur zu Brechts Theatertheorie: *(bes. zum »Kleinen Organon«) 1. A. Schöne, »Brechts Theatertheorie und dramatische Dichtung«, Euphorion Jg. 52, 1958, S. 272–296; 2. W. Hinck, »Die Dramaturgie des späten Brecht«, Göttingen 1959; 3. R. Grimm, »Vom ›Novum Organum‹ zum ›Kleinen Organon‹. Gedanken zur Verfremdung« (in: »Das Ärgernis Brecht«, Basel, Stuttgart 1961, S. 45–70); 4. K. Rülicke-Weiler, »Die Dramaturgie Brechts. Theater als Mittel der Veränderung«, Berlin (DDR) 1966.*

Literatur zur ›Lebenshaltung‹ Brechts: *1. B. Brecht, »Arbeitsjournal«, 3 Bde., Hg. W. Hecht, Frankfurt am Main 1973 (bes. d. 2. Bd.); 2. H. Bunge, »Fragen Sie mehr über Brecht. Hanns Eisler im Gespräch«, München 1970; 3. K. Völker, »Brecht-Chronik«, Reihe Hanser Nr. 74, München 1971; 4. W. Hecht, H. Bunge, K. Rülicke-Weiler, »Bertolt Brecht. Sein Leben und Werk«, Berlin (DDR) 1969; 5. J. Willet, »Das Theater Bertolt Brechts«, Rowohlt Paperback Nr. 32, Reinbek b. Hamburg 1964; 6. M. Esslin, »Brecht. Das Paradox des politischen Dichters«, Taschenbuch, München 1970.*

zu verwischen, sondern um ihre bewegende Kraft in den Dienst des gesellschaftlichen Fortschritts zu stellen.

Während bis zur Niederlage der Arbeiterbewegung durch den Faschismus die Auseinandersetzung zwischen dem »epischen« und dem herrschenden bürgerlichen Illusionstheater im Vordergrund der Brechtschen Theorie stand, verlagerte sich in der Emigration die Debatte zusehends in die eigenen Reihen. Am »Kleinen Organon« schrieb Brecht bereits mit der Aussicht, unter sozialistischen Verhältnissen zu leben; deren Unfertigkeit wohl bedenkend. Brecht wußte, daß Vergnügen und Kunstgenuß abhängig sind von der sozialen Lage und politischen Einsicht seines Publikums. Zwar nimmt die polemische Abweisung des herkömmlichen Theaters auch im »Kleinen Organon« noch breiten Raum ein, doch wendet sich Brecht in erster Hinsicht an die Mitglieder einer sich anbahnenden sozialistischen Gesellschaft, um sie zu bitten, »ihre fröhlichen Interessen bei uns nicht zu vergessen, auf daß wir die Welt ihren Gehirnen und Herzen ausliefern, sie zu verändern nach ihrem Gutdünken« (§ 22).

Den Zweck eines Regelbüchleins, mit dessen Hilfe man Brechts Stücke als Regisseur oder Schauspieler einstudieren kann, will das »Kleine Organon« nicht erfüllen. Nicht von ungefähr gehörte es zu Brechts Lieblingssprichworten, daß sich der Geschmack des Puddings erst beim Essen beweise. Den praktischen Vorgang der Inszenierung konnte die Theorie nicht vorleisten, sondern nur unterstützen. Doch Brecht ging es um mehr als um das Schicksal seiner Stücke. Besonders mit dem »Kleinen Organon« wollte er diejenige Haltung in die Künste und ihre gesellschaftliche Nutzung tragen, die von den marxistischen →Klassikern über die allgemeinen Bewegungsgesetze der Menschheitsgeschichte entdeckt worden war: Die Methode der materialistischen →Dialektik. Sie besagt, daß sich die Menschen gemäß der inneren und äußeren →Widersprüche ihrer Produktionsweise entwickeln. Indem der Mensch die Natur zu seinen Zwecken verändert, ändert er sich mit. Der Wichtigkeit der Produktivkräfte entsprechend, forderte Brecht vom Theater, daß »es sich selber den reißendsten Strömungen in der Gesellschaft ausliefert, . . . wo es sich, sozusagen türenlos, den breiten Massen der viel Hervorbringenden und schwierig Lebenden zur Verfügung hält . . . Ein Theater, das die Produktivität zur Hauptquelle der Unterhaltung macht, muß sie auch zum Thema machen« (§ 23). Und weiter: »Die Abbildungen müssen nämlich zurücktreten vor dem Abgebildeten, dem Zusammenleben der Menschen . . . In diesem läßt das Theater den Zuschauer produktiv, über das Schauen hinaus« (§ 77).

Wie schwer auch unter sozialistischen Bedingungen mit der dialektischen Methode ernstzumachen ist, erlebte Brecht in den Jahren der Ostberliner Tätigkeit. Obwohl über ein eigenes, wohldotiertes Theater mit einem politisch engagierten und künstlerisch befähigten Ensemble verfügend, waren seine Inszenierungen der offiziellen Kunstkritik nicht nur gelegentlich verdächtig, sondern regelrecht unerwünscht. Doch mit der ihm eigenen Beharrlichkeit und Gewitztheit verfolgte Brecht seinen Weg. Die größeren theoretischen Arbeiten, die er noch schrieb, sind alle auf ihre Weise dem »Kleinen Organon« verpflichtet. Gewiß erkannte er, daß manche seiner Begriffe und Sinnbilder dem Klassenkampfcharakter der Epoche nicht genügend Rechnung trugen, doch glich er diese Schwäche immer wieder aus durch seine tiefe Humanität und Zuversicht in den Sieg der Vernunft – Qualitäten, die er der bürgerlichen Gesellschaft niemals zuerkannt hat. In den »Nachträgen zum Kleinen Organon« gab Brecht noch einmal Zeugnis von der Genauigkeit und Eleganz, mit der er kritischen Verstand und Sinn für Schönheit zu verbinden wußte. In realistischer Einschätzung seiner

»Wenn man alle Kräfte aufbieten will, muß man sich schonen« (Bertolt Brecht, »Geschichte zum Messingkauf«). Im konzentrierten und dennoch lockeren Arbeitsgespräch mit dem Komponisten Hanns Eisler und dem Filmregisseur Slatan Dudow zeigt Brecht überzeugend die Brauchbarkeit seiner Grundsätze

historischen Möglichkeiten erkannte er: »Erst wenn die Produktivität entfesselt ist, kann Lernen in Vergnügen und Vergnügen in Lernen verwandelt werden«, um wenig später in indirekter, aber gültiger Berufung auf das eigene Werk festzustellen: »Das Theater des wissenschaftlichen Zeitalters vermag die Dialektik zum Genuß zu machen. Die Überraschungen der logisch fortschreitenden oder springenden Entwicklung, der Unstabilität aller Zustände, der Witz der Widersprüchlichkeiten und so weiter, das sind Vergnügungen an der Lebendigkeit der Menschen, Dinge und Prozesse, und sie steigern die Lebenskunst sowie die Lebensfreudigkeit. Alle Künste tragen bei zur größten aller Künste, der Lebenskunst.«

Hanns-Werner Heister

Der sozialistische Realismus

Grundzüge des sozialistischen Realismus

Der »Sozialistische Realismus« (im folgenden kurz: SR) ist das allgemeine Prinzip der künstlerischen Produktion des →Sozialismus im marxistischen Sinn. Wenn auch am detailliertesten für die Literatur entwickelt, wird er doch prinzipiell für alle Kunstgattungen gefordert. Wie der Sozialismus als gesellschaftliches System auf der Entwicklung der Arbeiterklasse und der marxistisch-leninistischen Theorie aufbaut, so setzt seine Kunst die im →Kapitalismus entwickelte proletarisch-revolutionäre, qualitativ erweitert, fort. Seit dem historischen Sieg der →Arbeiterklasse in der Oktoberrevolution von 1917 entfaltet sich der SR allmählich zur herrschenden Literatur in der Sowjetunion. Auf dem 1. sowjetischen Schriftstellerkongreß (1934) setzt sich der Begriff des »SR« durch, der die – im einzelnen kontroversen, im ganzen gleichgerichteten – Tendenzen der sozialistischen Literatur wie »proletarischer«, »revolutionärer«, »dialektischer« Realismus aufhebt; entsprechend faßt der gleichzeitig konstituierte sowjetische Schriftstellerverband die verschiedenen Organisationen der zwanziger Jahre einheitlich zusammen. Sein Statut fixiert als Begriffsbestimmung des SR:

»Der sozialistische Realismus, der die Hauptmethode der sowjetischen künstlerischen Literatur und der Literaturkritik ist, erfordert vom Künstler eine wahrheitsgetreue, konkret-historische Darstellung der Wirklichkeit in ihrer revolutionären Entwicklung. Dabei müssen Wahrheitstreue und historische Konkretheit der künstlerischen Darstellung mit der Aufgabe der ideellen Umerziehung und Erziehung der werktätigen Menschen im Sinne des Sozialismus verbunden sein. Der sozialistische Realismus sichert dem künstlerischen Schaffen außergewöhnliche Möglichkeiten zur Äußerung der schöpferischen Initiative und der Wahl verschiedenartiger Formen, Stile und →Genres.«

Wenn auch der SR nur in den sozialistischen Ländern zur herrschenden Literatur werden kann, orientieren sich doch dem Sozialismus verpflichtete Werke in den nichtsozialistischen Ländern an seinen Grundprinzipien. Dazu sagt der französische Romancier und Lyriker Louis Aragon (*1897) 1934 auf dem 1. sowjetischen Schriftstellerkongreß: »Die sowjetischen Schriftsteller haben das Fundament nicht nur für die eigene Arbeit gelegt, sondern für die Arbeit aller Schriftsteller, die auf der ganzen Welt zusammen mit dem Proletariat kämpfen.«

Einige Autoren des internationalen SR

Brasilien	Jorge Amado 1912–
Chile	Pablo Neruda 1904–1973
China	Lu Hsün (Lu Xun) 1881–1936
Dänemark	M. Andersen Nexö 1869–1954
Frankreich	Louis Aragon 1897– Paul Éluard 1895–1952
Irland	Sean O'Casey 1880–1964
Island	Halldór Laxness 1902–
Kuba	Nicolas Guillèn 1902–
Tschechoslowakei	Vítezlav Nezval 1900–1958
Ungarn	Gyula Illyés 1902–

Bei allen Veränderungen, Erweiterungen und Verfeinerungen in literarischer Theorie wie Praxis ist der SR als Prinzip bis heute gültig geblieben. Als →Ästhetik einer aufsteigenden Klasse und Gesellschaft hat der SR Teil an den Problemen →normativer Ästhetiken von entsprechenden historischen Epochen, wo man sich der Literatur gegenüber nicht nur nachträglich beschreibend, sondern auch vorschreibend verhielt: Je allgemeiner die →Kategorien sind, desto weniger anfällig sind sie dafür, von der fortschreitenden Entwicklung überholt zu werden – aber auch ungenauer; umgekehrt können allzu pedantisch festgelegte spezielle Kategorien literarische Prozesse mehr einschränken als produktiv fördern. – Maxim Gorkij hat schon früh dieses →dialektische Problem notiert:

»Über den sozialistischen Realismus wurde und wird viel geschrieben, aber es existiert keine einheitliche und klare Meinung . . . Wir brauchen aber unbedingt eine unverrückbar festgelegte ›Arbeitswahrheit‹, die so umfassend sein muß, daß sie die Bedeutung aller Prozesse in unserem Land und alle Akte des Widerstandes gegen die schöpferische Arbeit des Diktators Proletariat erfassen und erhellen kann. Es versteht sich von selbst, daß im Rahmen dieser ›Arbeitswahrheit‹ Widersprüche unvermeidlich und zulässig sind – hieraus folgt die Notwendigkeit, die Abgrenzung des Unvermeidlichen und Zulässigen besonders exakt und unverrückbar festzulegen.« Gorkijs »Arbeitswahrheit«, das Wechselverhältnis von Prinzip und Spielraum, ist gegen dogmatische Verengungen nicht gefeit gewesen. In der Stalinzeit hat der SR seiner kultur- und literaturpolitischen Leitungsfunktion nicht genügt. Die Schärfe des administrativen Eingriffs steht hier in umgekehrtem Verhältnis zur Schärfe der Begrifflichkeit: der SR wurde als etwas aufgefaßt, was er nicht ist, nämlich als Sammlung von Regeln zum Verfassen literarischer Werke. – Solche Verzerrungen des SR, von denen manche antikommunistische Kritik heute noch zehrt, sind ihm freilich nicht notwendig →immanent; die aus der bedrängten historischen Situation der Sowjetunion erklärbaren Hemmungen seiner Weiterentwicklung wurden seit Stalins Tod (1953) und dem XX. Parteitag der KPdSU, jener großen Abrechnung mit der Stalinzeit, erst einmal beseitigt.

Der SR wird heute, nach Entstehung des sozialistischen Weltsystems, dessen zunehmende Bedeutung auch für die nichtsozialistischen Länder seine internationale Verbreitung und Vielfalt fördert, in zweifacher Weise bestimmt: als »Richtung« der Weltliteratur und als »künstlerische Methode«. – Als Richtung umfaßt der SR die herrschende Literatur der sozialistischen Länder mit ihren verschiedenen Strömungen und Stilen – deren Spannweite etwa Gorkij (1868–1936) und Brecht (→S. 354 f.) andeuten – wie auch die Ansätze des SR in nichtsozialistischen Ländern.

Gegenüber der im SR als Richtung verkörperten Vielfalt drückt die künstlerische Methode die einheitliche ästhetische und politische Grundposition der Autoren aus. Die Methode des SR setzt die von früheren Strömungen des →Realismus erarbeiteten Prinzipien literarischer Produktion auf neuer Stufe fort. Allen realistischen Methoden gemeinsam ist das Ziel, »grundlegende Zusammenhänge und Beziehungen des gesellschaftlichen und individuellen Zusammenlebens aufzudecken und ›durchschaubar‹ zu machen (auf der jeweiligen historisch-konkreten Stufe der gesellschaftlichen Entwicklung des Erkenntnisstandes), Ursachen und Wirkungen sowie Gesetzmäßiges in der Fülle der konkreten Erscheinungen sichtbar zu machen«. Spezifisch für den SR ist, daß diese Aneignung der Wirklichkeit vom Standpunkt der Arbeiterklasse und des Sozialismus aus erfolgt.

Obwohl der Marxismus-Leninismus als »wissenschaftliche Weltanschauung« ein Grundbestandteil der sozialistisch-realistischen Methode ist, wird diese nicht mit »wissenschaftlicher« Methode gleichgesetzt; gerade der SR betont die spezifischen Unterschiede zwischen Wissenschaft, →Ideologie und Kunst als besonderer Formen des gesellschaftlichen Bewußtseins. Dementsprechend resultiert künstlerische Wahrheit, gemessen an der Übereinstimmung von Literatur und

Wirklichkeit, nicht aus einzelnen Details – etwa der vom Autor verkündeten politischen Ansichten –, sondern aus dem Gesamt der ästhetischen Elemente des jeweiligen Kunstwerks. – Ebensowenig läßt sich der SR auf einen am bloß Vorfindlichen, →krud Faktischen »naturalistisch« klebenden Abklatsch der Wirklichkeit festlegen, gegen den etwa Wladimir Majakowskij (→S. 318f.) polemisiert:

»Wir sind Realisten,
doch nicht:
wie das Vieh sich
(sein Maul auf dem Boden)
vom Grasfutter nährt, –
Wir sind für das Neue,
das Kommende,
um Elektrizität
und Kommunismus vermehrt.«

Wenn es Maßstab der künstlerischen Wahrheit ist, inwieweit Literatur sowohl das Begreifen der Wirklichkeit als auch das Eingreifen in die Wirklichkeit fördert, wird die Festlegung des SR auf bestimmte Formen, Techniken und Mittel der Literatur selber gewissermaßen ›formalistisch‹. Gegenüber einem ebenso pauschalen wie vagen Verdikt über den →»Formalismus« wie auch einer unreflektierten Übernahme von Mitteln der bürgerlichen Literatur setzt sich allmählich die Position durch, daß realistisch die künstlerischen Mittel seien, die eine umfassende Erkenntnis und literarische Aneignung der Realität ermöglichen. – »Neue Probleme«, meint Brecht, »tauchen auf und erfordern neue Mittel. Es verändert sich die Wirklichkeit; um sie darzustellen, muß die Darstellungsart sich ändern.«

Die umfassende realistische Darstellung der Wirklichkeit in ihrer »revolutionären Entwicklung« bezieht deren reale historische Tendenzen als »sozialistische Perspektive« ein. Die »Perspektive« in der Literatur gründet sich auf die gesellschaftliche Situation der Arbeiterbewegung und des Sozialismus, die sich – bei allen immanenten Widersprüchen, Konflikten und auch Rückschlägen – an einer machbaren Zukunft orientieren. – Eine klassische Formulierung der Perspektive, dem »Urteil über das Heute vom Blickpunkt des Morgen«, stammt von Gorkij:

»Die Wirklichkeit bietet sich dem Auge nicht ohne weiteres dar. Und doch müssen wir nicht nur zwei Wirklichkeiten kennen, die vergangene und auch die gegenwärtige, an deren Begründung wir allbekannten Anteil haben. Wir müssen noch eine dritte Wirklichkeit kennen, die Wirklichkeit der Zukunft ... Wir müssen diese dritte Wirklichkeit irgendwie schon jetzt in unser Wirken einschalten, müssen sie darstellen. Ohne sie werden wir nicht verstehen, was die Methode des sozialistischen Realismus ist.«

Die knappste literarische Konkretisierung der gorkijschen Formel ist die aus einem einzigen Satz bestehende »Kleingeschichte« »Wälder der Zukunft« von Erwin Strittmatter (*1912): »Wenn ich durch die Schneisen der Kiefernschonungen reite, stehn unter meinen Steigbügeln die Wälder der Zukunft.«

Alle Literatur nimmt positiv oder negativ zu gesellschaftlichen Prozessen Stellung; während aber die bürgerliche Literatur meist nur versteckt und oft dem Autor unbewußt Partei ergreift, ist die sozialistische offen und bewußt parteilich – für den gesellschaftlichen Fortschritt. Für diese »sozialistische Parteilichkeit« ist Lenins (→S. 304f.) in den Zusammenhang der »Partei neuen Typus« gehörende Schrift »Parteiorganisation und Parteiliteratur« (1905) ein klassischer Text:

»Die Literaten müssen unbedingt Parteiorganisationen angehören, Verlage und Lager, Läden und Leseräume, Bibliotheken und Buchvertriebe – all dies muß der Partei unterstehen und ihr rechenschaftspflichtig sein. Diese ganze Arbeit muß vom organisierten sozialistischen Proletariat verfolgt und kontrolliert werden ... und so dem alten ... Prinzip: der Schriftsteller schreibt, wie's kommt, der Leser liest, wie's kommt, den Boden unter den Füßen wegziehen.«

Damit wendet sich Lenin gegen Theorien der »Nichteinmischung« in die geistige und künstlerische Produktion, wie sie in den sozialdemokratischen Parteien der II. Internationale etwa unter Berufung auf Karl Kautsky verbreitet waren:

»Kommunismus in der materiellen Produktion, Anarchismus in der geistigen: das ist der Typus einer sozialistischen Produktionsweise, wie sie aus der Herrschaft des Proletariats ... entwickelt wird, welche immer die Wünsche, Absichten und Theorien des Proletariats sein mögen.«

In dialektischer Umkehrung besteht Lenin darauf, daß nur die parteiliche Literatur – der gegenüber er für eine vor- und umsichtige Behandlung plädiert – im eigentlichen Sinne frei sei; konkret die Notwendigkeit der Entwicklung erkennend und dem gesellschaftlichen Fortschritt verbunden, unabhängig von der abstrakten Freiheit der Verkäuflichkeit auf dem kapitalistischen Literaturmarkt:

»Das wird eine freie Literatur sein, die das letzte Wort des revolutionären Denkens der Menschheit durch die Erfahrung und die lebendige Arbeit des sozialistischen Proletariats befruchten und zwischen der Erfahrung der Vergangenheit ... und der Erfahrung der Gegenwart eine ständige Wechselwirkung schaffen wird.«

Wenn Lenin noch vor allem auf die möglichst enge organisatorische Verbindung von Literatur und Partei abzielte, hat sich – vor allem im entfalteten Sozialismus – das Prinzip der Parteilichkeit immer mehr erweitert und vertieft und künstlerisch so konkretisiert, daß es alle Dimensionen der literarischen Arbeit durchdringt und nicht nur das Was, sondern auch das Wie bestimmt – eine komplexe Auffassung, wie sie etwa eine neuere Definition aus der DDR belegt:

»Der Begriff der sozialistischen Parteilichkeit bezeichnet die Gesamtheit der ideologischen und ästhetischen Konsequenzen, die sich aus der offenen, tiefen Übereinstimmung des Kunstschaffenden mit der organisierten Vorhut der Arbeiterklasse für das Verhältnis von Kunst und Gesellschaft ergeben. Es zielt auf die klare, bewußte Übereinstimmung von künstlerischer und weltanschaulicher Verantwortung, von inhaltlicher Tiefe und meisterhafter Gestaltung.«

Parteilichkeit ist, von der marxistisch-leninistischen Analyse eines gesetzmäßigen Ablaufs der Geschichte her verstanden, dann nicht das Gegenteil künstlerischer Objektivität und Wahrheit, von Realismus, sondern

Der sozialistische Realismus in der internationalen Literatur

Wenn auch der SR nur in den sozialistischen Ländern zur herrschenden Literatur werden kann, orientieren sich doch dem Sozialismus verpflichtete Werke in den nichtsozialistischen Ländern an seinen Grundprinzipien. Dazu sagt der französische Romancier und Lyriker Louis Aragon (*1897) 1934 auf dem 1. sowjetischen Schriftstellerkongreß. »Die sowjetischen Schriftsteller haben das Fundament nicht nur für die eigene Arbeit gelegt, sondern für die Arbeit aller Schriftsteller, die auf der ganzen Welt zusammen mit dem Proletariat kämpfen.« – Besonders der Kampf gegen den deutschen Faschismus und der Bürgerkrieg in Spanien fördern eine breite Solidarität unter den fortschrittlichen Schriftstellern, wie sie auf zwei »Kongressen zur Verteidigung der Kultur« (1935 und 1937) zum Ausdruck kommt.

Mit dem Gedichtband »Spanien im Herzen« (1937) wird der Chilene Pablo Neruda (1904–1973), einer der bedeutendsten Dichter Lateinamerikas, zum Chronisten des Bürgerkriegs in Spanien. – Louis Aragon und der Lyriker Paul Éluard (1895–1952) kämpfen in der französischen Résistance. Die Kämpfe der französischen Arbeiterklasse sind Thema von Aragons Romanzyklus »Die Kommunisten« (1949–1951); mit seiner »Karwoche« (1958) schreibt er einen der bedeutenden historischen Romane des SR. Zu den berühmten sozialistischen Schriftstellern Westeuropas gehören auch der Däne Martin Andersen Nexö (1869–1954), der Isländer Halldór Laxness (*1902) und als Dramatiker der Ire Sean O'Casey (1880–1964). Stärker als in der Prosa kommt der nationale Charakter der SR in der Lyrik zur Geltung. Das gilt etwa für den tschechischen Dichter Vítezlav Nezval (1900–1958) wie insbesondere für die lateinamerikanischen Lyriker – der Brasilianer Jorge Amado (*1912) ist als Romancier eher noch eine Ausnahme. Die Schönheit der Heimat und das Recht auf das eigene Land sind Grundelemente in der Dichtung des Kubaners Nicolas Guillèn (*1902) und in Pablo Nerudas großem Hymnus auf Lateinamerika, dem »Canto General« (1950; dt. »Der große Gesang«).

Sozialistische Kunst

»Neue Probleme . . . erfordern neue Mittel. Es verändert sich die Wirklichkeit; um sie darzustellen, muß die Darstellungsart sich ändern.« (Bertolt Brecht)

Neue Mittel waren für die revolutionäre Massenkunst, die nach der Oktoberrevolution 1917 entstand, zum Beispiel die neuen Medien: der Film, das Plakat, die Fotografie. Die traditionellen Medien wurden daneben mit neuen Inhalten und künstlerischen Techniken geprägt: Brechts »Lehrstücke«, Heinrich Vogelers »Agitationsbilder«, Diego Riveras Wandbilder in Mexiko – während die Diskussion über einen angemessenen Realismusbe-

Szene aus dem Film »Panzerkreuzer Potjomkin« von Sergej Eisenstein

Aufführung der »Maßnahme« von Bert Brecht (Berlin, 1930)

griff in der Literatur wie die übrigen Kunstmedien auch im sozialistischen Lager noch im Gang ist. Über die Tendenz dieser Kunst, nämlich eine Veränderung des Individuums und der Gesellschaft, herrscht grundsätzlich Einigkeit. Um dies erreichen zu können, muß diese Kunst die Wirklichkeit nicht schlicht naturgetreu abbilden, sondern neu »montieren«, d. h. →dialektisch Gegensätze herausstellen und die Einzelmomente in eine bestimmte Perspektive rücken. Die Montage ist deshalb das ästhetische Grundverfahren der Filme Eisensteins, Pudowkins oder Wertows. John Heartfield schuf Fotomontagen, Heinrich Vogeler gliedert in seiner Serie von »Komplexbildern« prismatisch ganz unterschiedliche Wirklichkeitssegmente. Brecht schließlich treibt die Didaktik des Theaters entscheidend weiter. Er hebt den Gegensatz von Theater und Publikum auf, wenn er sagt, die »Lehrstücke« seien »für die Darstellenden lehrhaft. Sie benötigen kein Publikum«. In seinem Lehrstück »Die Maßnahme« wird vor einem Parteigericht an verschiedenen Modellsituationen richtiges und falsches Verhalten vorgeführt und damit der Versuch gemacht, im lehrhaften Spiel eine revolutionäre Moral zu begründen.

H. D.

Fotomontage von John Heartfield (Die rote Armee als Verbündeter des internationalen Proletariats)

Heinrich Vogeler, »Für eine Produktionssteigerung in der Karelischen Republik« (1926)

Wandgemälde von Diego Rivera, »Der Klassenkampf in Mexiko« (1929–1945 →S. 345)

deren Voraussetzung: Je realistischer ein Werk ist, desto parteilicher. Sie ist dem Gehalt der Werke immanent, keine bloß aufgesetzte, äußerlich angeklebte Tendenz; andrerseits sind nicht die scheinbar »neutralen« Werke die realistischsten, sondern die, welche Darstellung der Wirklichkeit und Parteinahme für den demokratischen und sozialistischen Fortschritt auch ästhetisch-literarisch am überzeugendsten verbinden. Zum Prinzip der Parteilichkeit gehört nicht nur eine ihrem Gehalt nach ›richtige‹ Literatur, sondern auch die organisatorische und kulturpolitische Bemühung darum, daß sie die Leute richtig erreicht. Das war – wie immer umstritten auch die Interpretation im Detail sein mag – ein wesentlicher Punkt in der erwähnten Schrift Lenins.

Hebt der Begriff der Parteilichkeit den sozialistischen Charakter des SR und seiner Autoren, seine Verbindung zur marxistischen Theorie und die sozialistische Durchdringung des gesamten Werks hervor, so betont das Prinzip der »Volksverbundenheit« das Verhältnis des SR zur gesamten Bevölkerung als Adressat und Gegenstand von Literatur, das konkret Demokratische seiner Literatur: Es »widerspiegelt«, so ein Lexikon, »wie die Kunst das reale Sein der Volksmassen erfaßt, sich mit dem Leben des Volks verbindet, seinen tatsächlichen Interessen, Bedürfnissen, Stimmungen usw. Ausdruck gibt«.

Daß Volksverbundenheit zu einem wesentlichen Kriterium des SR wird, verdankt sich zwei Voraussetzungen, die, historisch etwa gleichzeitig um 1930 gegeben, systematisch zu unterscheiden sind. Die eine ist die im Kampf gegen den Faschismus entwickelte Volksfrontpolitik der kommunistischen Parteien, die auf ein breites Bündnis von Bauern, Teilen des Kleinbürgertums und der Intelligenz – mit der Arbeiterklasse als Kern – abzielt. Die andere ist die Durchsetzung der sozialistischen Ökonomie in der Sowjetunion, durch die besonders historischen Umstände verzögert beginnt mit ihr die Herrschaft der Arbeiterklasse allmählich in »Demokratie« im wörtlichen Sinn der »Volksherrschaft« überzugehen. Die Einheit von Klassen- und Volksverbundenheit erfaßt die These: »Die Literatur der Arbeiterklasse ist eine Literatur des Volkes für das Volk«.

Volksverbundenheit als objektiver Gehalt der Literatur und »Volkstümlichkeit« als ihre tatsächliche Verbreitung und Verständlichkeit sind nicht identisch. Ein Erbe des Kapitalismus ist die Kluft zwischen ›Kunst‹ und ›Volk‹, die sich als Gegensatz von großer Kunst für eine kleine Elite und kunstfeindlicher Massenkultur sowie als Trennung von Schriftstellern und Mehrheit der Bevölkerung ausdrückt. Beseitigt wird sie in einem langwierigen Prozeß wechselseitiger Annäherung durch die sozialistische Kulturrevolution; sie verwirklicht schrittweise, was etwa Lenin im Gespräch mit Clara Zetkin programmatisch formulierte:

»Die Kunst gehört dem Volke. Sie muß ihre tiefsten Wurzeln in den breiten schaffenden Massen haben. Sie muß von diesen verstanden und geliebt werden. Sie muß sie in ihrem Fühlen, Denken und Wollen verbinden und emporheben. Sie muß Künstler in ihnen erwecken und entwickeln.«

Sozialistischer Realismus in der Sowjetunion

Wie die Theorie ist auch die Praxis des SR in der Sowjetunion eng mit der allgemeinen gesellschaftlichen Entwicklung verbunden: So sind Revolution und Bürgerkrieg, Industrialisierung des Landes und Kollektivierung der Landwirtschaft sowie die Verteidigung der Sowjetunion im 2. Weltkrieg die wichtigsten und hervorstechenden Themen der Literatur.

Als Klassiker und Lehrmeister des SR gilt Maxim Gorkij. Mit seinen frühen Dramen »Nachtasyl« und »Die Kleinbürger« bereits international anerkannt, wird er mit seinem Roman »Die Mutter« (1906) – Lenin nannte ihn ein »Handbuch der Arbeiterklasse« – zum großen Vorbild des SR. In einer Zeit scharfer Unterdrückung nach der niedergeschlagenen Revolution von 1905 geschrieben, stellt »Die Mutter« die Arbeiterklasse nicht wie der Naturalismus als bloß leidend, sondern als kämpfend und – in der Perspektive – siegreich dar und entfaltet die Verbindung von revolutionärer Arbeit gegen den Zarismus mit der Entwicklung der Persönlichkeit.

Unter den nachrevolutionären Bedingungen entsteht eine Lyrik, die auf vielfältige Weise den Kampf für die neue Gesellschaftsordnung führt. Wladimir Majakowskij (→S. 318), Demjan Bedny (1883–1945) und Alexander Blok (1880–1921) begründen die sowjetische Lyrik des SR.

Ist die →agitatorische Zuspitzung ein wesentliches Element dieser Lyrik, so wird die Epik zum großangelegten Bild der revolutionären Kämpfe. Durch zahlreiche Übersetzungen wirkt diese Literatur besonders auf die proletarisch-revolutionäre Literatur in Deutschland.

Autobiographisches und praktische Beteiligung sind der Ausgangspunkt für die drei bedeutendsten Romane über den Bürgerkrieg; alle drei – »Tschapajew« (1923) von Dimitri Furmanow (1891–1926), »Budjonnys Reiterarmee« (1926) von Isaac Babel (1894–1941) und »Die Neunzehn« (1927) von Alexander Fadejew (1901–1956) berichten gleichsam von verschiedenen Frontabschnitten.

Breiter im epischen Ansatz sind die Romane Leonows und Fedins. Leonid Leonows (*1899) Roman »Die Dachse« (1924) verfolgt die Auseinandersetzung während des Bürgerkriegs in einem russischen Dorf. Konstantin Fedins (*1892) Hauptfigur in der Triologie »Städte und Jahre« (1924) erlebt den Ausbruch des 1. Weltkriegs in Deutschland und wird schließlich im Bürgerkrieg zum Verräter. Wegen seiner formalen Experimente mit übereinandergelagerten Zeitabläufen wird dieses Buch in der westlichen Kritik oft als der »erste vollgültige sowjetische Roman« bezeichnet.

Den eigentlichen Höhepunkt in der Literatur des SR bildet die Gattung der →»Roman-Epopöe« – eine Form des »historischen Romans der Gegenwart«, die unter Einschluß realhistorischer Ereignisse das Bild einer Epoche in ihren wesentlichen Entwicklungsmomenten entwirft. So ist das Thema von Gorkijs unvollendet gebliebenem Roman »Klim Samgin« (1925–1936) mit dem Untertitel »Vierzig Jahre« der Weg Rußlands von der Zarenzeit bis zur Revolution. International bekannt wurde Alexei N. Tolstoi (1883–1945) mit seinem Roman »Leidensweg« (1920–1941), der die Entwicklung der russischen Intelligenz vom Anfang des 1. Weltkriegs bis zum Bürgerkrieg und zur Bejahung der sozialistischen Gesellschaft zeigt. Von ihm stammt auch der bedeutendste historische Roman der Sowjetliteratur, »Peter der Erste« (1929–1945). Am berühmtesten wurde das Werk Michail Scholochows (*1915), der in seinem Roman »Der Stille Don« (1928; 1940) die Thematik des Bürgerkriegs auf dem Hintergrund einer ganzen Bevölkerungsgruppe, der Donkosaken, aufgreift. In der Hauptfigur Grigori Melechow spiegelt sich die widersprüchliche Haltung der Donkosaken im Bürgerkrieg, deren Autonomiebestrebungen sich gegen Zarismus wie Sowjetmacht wenden. Bald an der Seite der ›Roten‹, bald als Offizier bei den ›Weißen‹, wird Melechow zwischen den Fronten zerrieben; der Sieg der Sowjetmacht ist nicht sein Sieg.

Der militärische Sieg im Bürgerkrieg ist allerdings erst der Anfang und die Voraussetzung der sozialistischen Umgestaltung der ganzen Gesellschaft. Den ersten bedeutenden Roman über den Aufbau der Industrie, »Zement« (1925), schreibt Fjodor Gladkow (1883–1958); eine Hauptfigur charakterisiert diese erste, auch »NÖP« (Neue Ökonomische Politik) genannte Phase so: »Was ist aber die Neue Ökonomische Politik? Ein Schlag in des Teufels Gesicht, und zwar mit dem wirtschaftlichen Aufbau.«

Bei der Industrialisierung geht es nicht nur um den materiellen Aufbau, sondern auch um den Prozeß der Herausbildung des »neuen Menschen« durch freie, nicht mehr ausgebeutete Arbeit. Der Umbruch in der Landwirtschaft, gekennzeichnet durch Enteignung der Kulaken (Großbauern) und Zusammenschluß der Bauern zu Produktionskollektiven (Kolchosen), ist Gegenstand des 1. Bandes von Scholochows Roman »Neuland unterm Pflug« (1932). Im Unterschied zum thematisch verwandten »Stillen Don« fällt hier die endgültige Entscheidung für den Sozialismus, wenn sich der Kosak Maidannow zum Eintritt in die Kolchose entschließt. Der 2. Teil des Romans (1955/56) schildert bereits die Geschichte der Kolchose und ihrer Menschen.

Zum Vorbild des neuen sozialistischen Menschen und zum literarischen Typus des »positiven Helden« ist Pawel Kortschagin geworden, die zentrale Figur des Romans »Wie der Stahl gehärtet wurde« (1934) von Nikolai Ostrowski (1914–1936). Der Form nach einer der ersten sowjetischen Entwicklungsromane, ist er die zum Teil autobiographische Geschichte eines Komsomolzen (Mitglied des kommunistischen Jugendverbandes), der an den Kämpfen des Bürgerkriegs wie des sozialistischen Aufbaus aktiv teilnimmt.

Die Entwicklung des Sozialismus wird vom 2. Weltkrieg und dem Überfall des deutschen Faschismus auf die Sowjetunion jäh unterbrochen. Die einzige Schilderung des Kriegs im Westen ist Ilja Ehrenburgs (1891–1967) Roman »Der Fall von Paris« (1941). Die Tragik der Millionen Opfer, die dieser Krieg von der Sowjetunion gefordert hat, aber auch der Heroismus ihrer Verteidiger bestimmt die Literatur über den 2. Weltkrieg. Alexander Fadejew entwirft ein pathetisch-lyrisches Bild einer Gruppe Jugendlicher, die sich als Widerstandsgruppe in der besetzten Stad Krasnodon unter dem Namen »Die junge Garde« – dies auch der Titel des Romans (1945) – zu einem Kampf organisieren, der die Hoffnung der Jugend mit der Tragik ihres Todes verschränkt.

Der Kampf um Stalingrad als einer der Wendepunkte des Krieges wird in verschiedenen Romanen thematisiert. Den alltäglichen und selbstverständlichen Heroismus sowjetischer Soldaten schildert Konstantin Simonows (*1915) Roman »Tage und Nächte« (1948) und Viktor Nekrassows (*1921) erster Roman »In den Schützengräben von Stalingrad« (1948). Simonow greift später das Thema in »Man wird nicht als Soldat geboren« (1964), Abschluß einer Romanreihe über verschiedene Phasen des Kriegs, nochmals auf. – Einer der bedeutendsten Romane ist Fedins →Triologie mit den Teilen »Frühe Freuden« (1945), »Ein ungewöhnlicher Sommer« (1948) und »Die Flamme« (1961); in breiter Anlage umgreift der um die Problematik der künstlerischen Intelligenz zentrierte Roman den Zeitraum von Revolution und Bürgerkrieg bis in den 2. Weltkrieg hinein.

Insgesamt hat die Stalinzeit die kontinuierliche Weiterentwicklung des SR zwar empfindlich gehemmt, aber nicht unterbrochen. Eingriffe zugunsten »schematisch-idealisierender« oder »oberflächlich-illustrativer« Tendenzen, wie sie die innersozialistische Kritik später moniert, in schon bestehende Werke wie überhaupt die Orientierung an einer harmonistischen statt sozialistisch-realistischen Darstellung der Wirklichkeit – so wird etwa der →»positive« Held zum »idealen« – führen zum Rückgang ganzer Gattungen wie →Satire und Komödie oder zur Aufgabe des Kunstcharakters zugunsten dokumentarischer Literatur wie Reportage und Skizze.

So findet der mit den Doppelautoren Ilja Ilf (1897–1937) und Jewgeni Petrow (1903–1942) auch international erfolgreiche satirische Roman – »Zwölf Stühle« (1927) und »Die Jagd nach der Million« (1931) – keine Fortsetzung.

Gegenüber den weltliterarischen Leistungen des SR auf dem Gebiet der Epik kam es bisher zu keiner größeren Entfaltung der dramatischen Gattungen. Das Bürgerkriegsdrama von Wsewolod Wischnewskij (1895–1951) mit dem programmatischen Titel »Eine optimistische Tragödie« (1932) bleibt der einzige große Versuch, die Form der →Tragödie für den SR fruchtbar zu machen. Der erfolgreichste und produktivste Dramatiker wird Nikolai Pogodin (1900–1962), berühmt vor allem durch das erste Stück seiner Lenin-Triologie, »Der Mann mit dem Gewehr« (1937). Erst die in den fünfziger Jahren neu einsetzenden Diskussionen bringen die Wiederentdeckung der hervorragenden Bühnensatiren Majakowskijs und die Anerkennung der Märchenstücke für Erwachsene »Der Schatten« (1940) und »Der Drache« (1943) von Jewgenij Schwarz (1896–1958).

Wenn auch die poetischen Neuerungen der sowjetischen Lyrik in den zwanziger Jahren nur zögernd fortgeführt werden, so spiegelt sich in den Werken von Alexander Twardowski (1910–1971) und Wladimir Lugowskoi (1901–1957) doch auch die Kontinuität des lyrischen Schaffens. Die für die dreißiger Jahre typische Hinwendung zur Volkstümlichkeit und der klassischen russischen Tradition erscheint in dem langen erzählenden Gedicht Twardowskis »Wunderland Murawien« (1934–1936) ebenso wie in seiner im 2. Weltkrieg überaus populären lyrischen Chronik des Soldaten »Wassili Tjorkin« (1941–1945). Zwei Gedichtbände, Lugowskois »Jahrhundertmitte« (1958) und Twardowskis »Ferne über Fernen« (1949–1960) vermitteln Retrospektive und Auftakt eines neuen Abschnitts sowjetischer Poesie. – Die Lyrik der neuen Dichtergeneration, darunter Jewgeni Jewtuschenko (*1933), Andrei Wossnessenskij (*1933) und Robert Roschdestwenskij (*1932) greift zum Teil den aggressiven Ton und das Pathos der Lyrik der zwanziger Jahre wieder auf. International bekannt ist Jewtuschenko durch »Babi Jar« (1962) und Wossnessenski durch »Vierzig Abschweifungen vom Poem ›Die dreieckige Birne‹« (1962).

Auch in der Prosa, vor allem in Erzählungen und Novellen, werden zahlreiche junge Autoren bekannt. Zu nennen wären hier besonders Sergej Antonow (*1915), Wladimir Tendrjakow (*1923), Juri Kasakow (*1923) und Wassili Axjonow (*1932). Thematisch konzentrieren sie sich auf die Erfahrungen und Probleme junger Menschen. Auffällt die stärkere Betonung des Alltäglichen, ohne daß dadurch die meist psychologisch nuanciert gestalteten Personen und Konflikte an Eindruckskraft verlören. – Die gesellschaftlichen Prozesse der Nachkriegszeit, der Wiederaufbau und die wissenschaftlich-technische Revolution sind das Hauptthema des Gegenwartsromans, etwa »Schlacht unterwegs« (1957) von Galina Nikolajewa (*1911) und »Dem Gewitter entgegen« (1962) von Daniil Granin (*1918). – International bekannt wurde die Erzählung »Dschamila« (1958) des Kirgisen Tschingis Aitmatov (*1926); er repräsentiert den durch den Aufstieg der nichtrussischen Sowjetrepubliken immer stärker sich ausprägenden multinationalen Charakter des sowjetischen SR.

Der sozialistische Realismus in der DDR

Obwohl in vielem dem SR in der Sowjetunion ähnlich, hat der SR in der DDR aufgrund der internationalen und nationalen Situation spezifische Züge. Der Aufbau des Sozialismus in der DDR beginnt nach der Niederlage des Faschismus und der »antifaschistisch-demokratischen« Umwälzung von 1945 bis 1949, die sich als Zuendeführen der unvollendeten →bürgerlichen Revolution in Deutschland verstand. Die Literatur dieser Zeit ist bestimmt von den aus der Emigration (→S. 346ff.) in die DDR zurückkehrenden Schriftstellern wie Johannes R. Becher (1891–1951), Bertolt Brecht (→S. 354f.), Willi Bredel (1901–1964), Erich Weinert (1890–1953) und Friedrich Wolf (1888–1953), deren Werke zusammen mit proletarisch-revolutionärer Literatur neu aufgelegt werden. Neben der produktiven Aneignung des →»klassischen Erbes« wird auch die durch den Faschismus unterbrochene Rezeption sowjetischer Literatur wieder aufgenommen. – Von weltliterarischem Rang ist Anna Seghers' (*1900) Roman »Das siebte Kreuz« (Mexiko 1942); das Schicksal von 7 aus einem Konzentrationslager entflohenen Häftlingen bildet den roten Faden für einen breit angelegten Querschnitt durch das damalige Deutschland. Von den 7 Kreuzen, die der Lagerkommandant für die wieder eingefangenen Häftlinge aufstellen ließ, bleibt eines, das siebte, leer.

Gegen Ende dieser Periode entstehen Werke, die sich über die Darstellung des Faschismus hinaus mit dem Kampf gegen seine Überreste und dem Aufbau einer demokratischen Gesellschaftsordnung befassen. Eines der ersten ist Willi Bredels Erzählband »Das schweigende Dorf« (1951); später greift er die Thematik in seinem großen Roman »Ein neues Kapitel« (1959) nochmals auf. Die Veränderungen auf dem Land, die durch die Bodenreform von 1945 eingeleitet werden, erscheinen in Otto Gotsches (*1904) »Tiefe Furchen. Roman des deutschen Dorfes« (1949). Die Ausübung der Staatsmacht durch die Arbeiterklasse ist Thema in Friedrich Wolfs Lustspiel »Bürgermeister Anna«, in dem sich eine Frau als Dorfbürgermeisterin gegen den Widerstand des Althergebrachten durchsetzt.

Mit der Gründung der BRD im September 1949 wird die wirtschaftliche und politische Spaltung Deutschlands zementiert. Die im Oktober als Antwort folgende Gründung der DDR wird zur bedeutsamen literaturgeschichtlichen →Zäsur: Eine eigenständige »sozialistische Nationalliteratur« auf der

Für die sozialistische Politiktheorie waren Zeitschriften ein wichtiges Medium. Hier zwei Beispiele

Wieland Herzfelde, Mitherausgeber des »Gegner« und Bruder von John Heartfield, gründete 1917 den Malik-Verlag, der sich auf sozialistische Literatur spezialisierte

Grundlage des SR beginnt zu entstehen, die in allen Bereichen des Literaturlebens, in Organisationen und Institutionen wie in Gegenständen und Themen immer mehr von der bürgerlichen →divergiert. Mit der Durchsetzung der sozialistischen Ökonomie, die um 1960 mit dem Zusammenschluß der Bauern zu Genossenschaften in ihren Grundlagen abgeschlossen ist, verstärken sich ihre selbständigen Züge.

Das zentrale neue Thema des SR, die siegreiche Arbeiterklasse und ihre Arbeit, wird anfangs vor allem in »künstlerischen Reportagen« aufgegriffen. Die erste umfassende künstlerische Gestaltung dieses Themas ist Eduard Claudius' (*1911) Roman »Menschen an unserer Seite« (1950); ausgehend von einem tatsächlichen Ereignis schildert Claudius, wie sich ein »Aktivist« mit einer produktionstechnisch wie politisch wichtigen Neuerung gegen Widerstände aller Art durchsetzt. Wie »Betriebsromane« über die sozialistische Arbeit entstehen auch Werke über die Veränderungen auf dem Land. Heute schon klassisch sind Erwin Strittmatters (*1912) Verskomödie »Katzgraben« (1953), die, trotz starker Schematisierung lebendig, Konflikte zwischen den verschiedenen Gruppen des Dorfes darstellt, und sein Roman »Tinko« (1955); er erzählt aus der Perspektive der Hauptfigur, eines kleinen Jungen, wie dieser durch oft humoristisch geschilderte Familienkonflikte hindurch schließlich den Anschluß an das Neue findet.

Die nationale Rolle der Arbeiterklasse im antifaschistischen Kampf und beim Aufbau der DDR sind Gegenstand von Romanen wie Anna Seghers' »Die Entscheidung« (1959) oder Otto Gotsches »Die Fahne von Kriwoj Rog« (1959). Den Entwicklungsprozeß vom jugendlichen Hitlersoldaten zum Bürger der DDR beschreibt Dieter Nolls (*1927) zweiteiliger Roman »Die Abenteuer des Werner Holt« (1960; 1964). Zur perspektivischen Aufarbeitung der Vergangenheit gehört auch Bruno Apitz' (*1900) Roman »Nackt unter Wölfen« (1958), das meistgelesene Werk der DDR-Literatur; Häftlinge eines Konzentrationslagers verstecken ein von der SS gesuchtes Kind, dessen endgültige Rettung durch den von Kommunisten geleiteten bewaffneten Aufstand die Hoffnung auf eine bessere Zukunft verkörpert. – Ein gerade für die Thematik des Übergangs bedeutender Schriftsteller ist der Sorbe Jurij Brězan (*1916), Angehöriger der in der DDR lebenden sorbischen nationalen Minderheit. Den Aufbau und die konfliktreiche Herausbildung des »neuen Menschen« gestaltet auch Helmut Sakowskis (*1924) Drama »Die Entscheidung der Lene Mattke« (1958/59).

Einen wichtigen Fortschritt bedeutet die 1. Bitterfelder Konferenz (1959). Ihr zentrales Anliegen ist die nun auch organisatorisch stärker vermittelte Durchsetzung der »Volksverbundenheit« der Literatur; programmatisch wird eine enge Zusammenarbeit von Schriftstellern und Bevölkerung, besonders mit Betrieben. Das andere Kennzeichen des sogenannten »Bitterfelder Wegs« ist eine intensivere Förderung des künstlerischen Volksschaffens. Diese Laienbewegung ist kein Ersatz für eine spezialisierte literatische Produktion; sie dient neben der Entdeckung von Talenten vor allem der aktiven Bildung eines immer größer werdenden Kreises von »Kennern«, wie er etwa Brecht vorschwebte. – Noch vor der 2. Bitterfelder Konferenz (1964) entstehen einige der bisher bedeutendsten Werke der DDR-Literatur. Probleme des Dorfes sind Themen von Strittmatters Roman »Ole Bienkopp« (1963); über Konflikte mit den alten Mächten hinaus muß sich der Neubauer Ole Bienkopp auch gegen bürokratische und dogmatische Verhaltensweisen einzelner Vertreter von Staat und Partei durchsetzen. Die Figur eines solchen Vertreters der Partei, deren literarische Kritik einer der Reflexe des XX. Parteitags der KPdSU (1956) ist, erscheint auch in Christa Wolfs (*1929) Erzählung »Der geteilte Himmel« (1963); eine literarisch komplex erzählte Liebesgeschichte ist in die Ost-West-Problematik so verflochten, daß die Entscheidung gegen den in den Westen sich absetzenden Geliebten zu einer für den Sozialismus wird. Das dritte Buch dieser Reihe, das Konflikte um eine sozialistische Bauarbeiterbrigade darstellt, ist Erwin Neutschs (*1931) Roman »Spur der Steine« (1964).

Mit der 2. Bitterfelder Konferenz, die vor allem Fragen der wissenschaftlich-technischen Revolution unter sozialistischen Bedingungen behandelt, ist ein breites →Spektrum der DDR-Literatur erreicht. Die Individualität der Schriftsteller, ihr besonderer Stil, prägen sich immer stärker aus. Die großen Themen wie »Abschied« von der Vergangenheit, »Ankunft« im Sozialismus, »Bewährung« im Alltag und die befreite Arbeit verwandeln sich und werden um neue Problemstellungen bereichert. Nach den großen Alten der Lyrik wie Brecht, Becher, Weinert, Fürnberg (1909–1957), Kuba (1914–1967) und Stephan Hermlin (*1915) treten Jüngere in den Vordergrund; so deuten Volker Brauns (*1939) »Provokation für mich« (1965) oder Karl Mickels (*1935) »Lobverse und Beschimpfungen« (1963) einige Schwierigkeiten gerade der Lyrik des SR an.

Eine seit den sechziger Jahren immer wichtiger werdende literarische Gattung sind Fernsehspiele und -filme; Helmut Sakowski (*1924) mit »Wege übers Land« (1969) und Benito Wogatzki (*1932) sind hier die bedeutendsten Autoren. – Bemerkenswerte Bücher dieser Zeit sind etwa Werner Heiduczeks (*1926) »Abschied von den Engeln« (1968), Werner Bräumigs (*1934) Erzählband mit dem programmatischen Titel »Gewöhnliche Leute« (1969) oder der Roman über einen Pädagogen, »Pause für Wanzka oder Die Reise nach Descansar« (1968) des als Jugendbuchautor bekanntgewordenen Alfred Wellm (*1927).

Hermann Kant (*1926) mit seinem auch im Westen bekannten Roman über die Aufbaujahre nach 1945, »Die Aula« (1965) oder mit seinem teilweise noch etwas journalistischen Werk »Das Impressum« (1972) zeigt, stellvertretend für viele, interessante Perspektiven.

Anna Seghers »Das wirkliche Blau«

Als Beispiel für die literarische Methode des SR wollen wir zum Schluß auf die 1967 geschriebene Novelle aus Anna Seghers' Sammelband »Geschichten aus Mexiko« (1972) näher eingehen. – Die Handlung spielt in Mexiko, mit dessen Verhältnissen Anna Seghers während ihres Exils 1941 bis 1947 vertraut wurde. Zentriert um den Töpfer Benito Guerrero entfaltet sich ein Panorama der verschiedenen →Klassen und →Schichten der mexikanischen Gesellschaft vom Minenarbeiter bis zum Parlamentsabgeordneten. Im Zuge des 2. Weltkriegs wird die Lieferung eines blauen Farbstoffs der deutschen IG-Farben unterbrochen, einer Farbe, für deren kunstvolle Verarbeitung Benito in seinem Kundenkreis beliebt und berühmt ist; damit ist der Lebensunterhalt seiner Familie bedroht. Der Resignation des Kleinhändlers (»Ich kann Ihr Blau nicht vom Himmel kratzen«) steht die Aufforderung einer Tante Benitos gegenüber: »Erwarte es nicht von ihm. Vertu' deine Zeit nicht. Verschaff es dir selbst.« Sie weist ihn darauf hin, dieser Farbstoff sei aus den Schutthalden der Silberbergwerke im Süden Mexikos zu gewinnen. Er macht sich auf zu einer Odyssee, die mit der Erfahrung der Unabhängigkeit und Selbstbestätigung schließt. Mit vollen Farbkanistern beladen, kehrt er in seine Heimatstadt zurück und lehnt stolz das Angebot des nun, nach Kriegsende, wieder lieferfähigen Händlers ab:

»Ich hab' mein Blau gefunden. Und hol mir's selbst, wenn ich's brauche. Einmal für allemal.«

Über das Zentralmotiv der Farbe »Blau« werden Weltmarkt und große Politik mit dem alltäglichen Leben der »kleinen Leute« verknüpft. Diese »konkret-historische Darstellung der Wirklichkeit in ihrer revolutionären Entwicklung« – so ein Merkmal des SR – macht dem Leser verständlich, was die Figuren der Novelle nur als Frage formulieren können: »Was hat unser Blau mit dem Krieg zu tun?«

Die →Parteilichkeit der Autorin gegen die halbkolonialen Abhängigkeiten und für die Emanzipation des mexikanischen Volkes kommt in der sorgfältigen und liebevollen Charakterisierung der Personen zum Ausdruck. Zu Benitos Vorhaben und Verhalten stehen die »großen Pläne« der Mächtigen, die durch Staatsaufträge den großen Schnitt machen wollen, in Kontrast; sein Interesse ist untrennbar verbunden mit der Liebe zu seiner Arbeit und getragen vom Bewußtsein der gesellschaftlichen Nützlichkeit seines Arbeitsproduktes, des Blau: »Es wird einem ganz besonders zumut, wenn man es vor sich hat.«

Seine Reise führt demnach auch nur deshalb zum Ziel, weil er durch seinesgleichen unterstützt wird; das gipfelt in der Erfahrung der Solidarität mit den Arbeitern an einem Bau, wo er das Fahrgeld für die Fortsetzung seiner Reise verdient:

»Bisher hatte Benito das Arbeiterleben gering geschätzt. Er kannte nur das Handwerkerleben. Bald war er ans Neue gewöhnt . . . Er hatte plötzlich das Gefühl, die Bahndammkumpels . . . betrachteten ihn vollkommen als einen der Ihren.«

Auch der eigentliche Zweck seiner Reise, die Gewinnung des Farbstoffs, erfüllt sich nur durch fremde Hilfe und eigene Anstrengung; denn der Farbstoff ist nicht der Goldklumpen des Hans im Glück, sondern Ergebnis eines langwierigen Produktionsprozesses. So steht dessen erfolgreiche Herstellung stellvertretend für die →kollektive Aneignung der nationalen Reichtümer durch die, die sie zum Arbeiten und Leben brauchen: »Er dachte schon ›unser Blau‹.« Gorkis »dritte Wirklichkeit«, die Zukunft, erscheint als Teil der Gegenwart; mit einer subtilen Nuancierung ist es denn auch nicht eine »Reise ins Blaue«, sondern eine »Reise bis zum Blau«. – Damit sind aber erst zwei Ebenen der Geschichte angedeutet; einmal die individuelle Entwicklung Benitos, für die die Fahrt zum wirklichen Blau – ein Kunstgriff auch in der literarischen Tradition – zur »Erfahrung« im übertragenen Sinne wird: er lernt die Notwendigkeit weiteren Lernens. Ursprünglich nicht einverstanden damit, daß sein Sohn Andrés Lesen lerne – weil »er, der erfahrene Töpfer, sich keine Vorschriften machen ließ von so einem Schlaksel von Schullehrer«, sieht er nach der Reise den Nutzen auch solcher Kenntnisse ein: »Dadurch hatte Andrés die Karten *verstanden*, die sein Vater von weither schickte.« – Zum andern verändert Benito nicht nur sich selber, sondern auch ein Stück Gesellschaft: sichtbar wird die Möglichkeit kollektiver Arbeit im gegenseitigen Interesse. Obwohl nie das Wort »Sozialismus« fällt, ist doch stets die Rede davon.

Das kunstvoll bis in kleinste Andeutungen durchgeführte Motiv des »Blau« stellt ein engmaschiges Netz von Beziehungen her; schließlich ist das Blau nicht nur ein materieller Stoff, sondern steht auch für die künstlerische Arbeit selber. In der traditionsreichen, einfachen Arbeit der Töpferei – in der hier dargestellten Gesellschaft noch Teil einer alten Volkskultur – steckt etwas von den schöpferischen Potenzen von Selbstverwirklichung und Schönheit.

Diese Bedeutungsschicht der Novelle erschließt auch die Widmung der Geschichte: »Meinen armenischen Freunden, Schriftstellern *und* Töpfern gewidmet – geschrieben in Dislishan.«

Die romantische »blaue Blume« als Symbol der Schönheit, welche die bürgerliche Kunst für die Kunst nur zu reservieren gezwungen ist und die deshalb unwirkliches und unwirksames Ideal bleibt, wird im sozialistischen Realismus zum »wirklichen Blau«: Es »gehört dem Volke«.

Arno Paul

Sartre · Die schmutzigen Hände

»Les mains sales« (Uraufführung Paris 1948)
Schauspiel von Jean Paul Sartre (*21. 6. 1905)

»Wer gekommen war, ein rüdes anti-sowjetisches Stück zu finden, muß enttäuscht gewesen sein. Er fand einen hochpolierten, mit allen Wassern des wilden Spannungstheaters gebauten Reißer.« So heißt es in einer Besprechung der deutschen Erstaufführung von Jean Paul Sartres Theaterstück »Die schmutzigen Hände«, das im Januar 1949 in Berlin herauskommt. In derselben Spielzeit noch wird es von weiteren 19 westdeutschen Bühnen gezeigt. In Paris steht das Stück über drei Jahre ununterbrochen auf dem Spielplan, und am Broadway läuft es sogar noch länger. Liegt es an der Dramatik der Bühnenhandlung oder an der Attraktivität der Rollen, daß die »Schmutzigen Hände« überall im Westen die Theatersäle und Zeitungsspalten füllen, oder gibt es dafür politische Gründe? Im Osten wird das Stück nirgends aufgeführt.

Von den Überlebenden des Zweiten Weltkriegs haben viele angesichts dieser bisher größten Menschheitskatastrophe den Glauben an einen Sinn des Lebens verloren. Abgesehen vom Sozialismus kann keine der überkommenen Weltanschauungen ein Ziel angeben, für das es sich noch zu kämpfen lohnte. Doch wirkt auch hier im Stalinismus ein abschreckendes Beispiel. Dies ist die Stunde für eine Philosophie der radikalen Verneinung, wie sie die heftigen Krisen der bürgerlichen Gesellschaft seit dem ausgehenden 19. Jahrhundert stets begleitet hat. Nach dem Ersten Weltkrieg war die deutsche →Existenzphilosophie entstanden, die weite Kreise des europäischen Bürgertums erfaßte. Jetzt verbreitet sich der französische →Existenzialismus über Europa. Sein Haupt ist der ehemalige Gymnasiallehrer und Widerstandskämpfer Sartre, der nicht allein als Philosoph, sondern vor allem als Autor von Romanen und Stücken größtes Aufsehen erregt.

Eine neue oder gar befriedigende Erklärung menschlichen Daseins bietet der Existenzialismus nicht. Seine Zündkraft beruht darauf, daß er Angst, Leere und Ohnmacht des gesellschaftlichen Individuums aufgreift und sie einem bindungslosen Freiheitsbegriff überantwortet, dem sich vor allem die desillusionierte Kriegsjugend anschließt. Von der ausgehöhlt-aushöhlenden Weltanschauung bleiben bald nur noch die äußeren Formen der Lebenhaltung, die sich in bestimmten sozialen Umgangsformen und Kleiderordnungen erschöpfen.

Mit dem Absinken des Existenzialismus zum Modeartikel ist Sartres Faszinationskraft nicht gebrochen. Wie nur mit dem Brecht der 20er Jahre vergleichbar, vereinigen sich in seiner Person die Widersprüche der fortschrittlichen bürgerlichen Intelligenz mit der Fähigkeit, ihnen in provozierender, brillanter Form literarischen Ausdruck zu geben. »Die schmutzigen Hände« gehören weder von der Idee noch von ihrer Durchführung her zu Sartres stimmigsten Arbeiten. Sie zeugen aber am entschiedensten von der Konfliktexistenz dieses glänzenden wie heiklen Autors, der gesellschaftlichen Einfluß erstrebt und dennoch Außenseiter bleiben will.

Opposition gegen die bürgerliche Welt und ihre Werte als einem Grundmotiv in Sartres Werk prägen auch den ersten Entwurf des Dramas, in dem ein wohlhabender Bürgersohn mit seiner Familie bricht und einer revolutionären Partei beitritt, ohne daß es ihm gelingt, die Vergangenheit abzustreifen und von den Genossen als gleichwertig anerkannt zu werden. In der Endfassung tritt dieser Zusammenhang zurück hinter die schicksalhaften Auswirkungen des revolutionären Parteiprinzips, ohne daß man von einem tiefgründigen politischen Stück oder gar von historischer Gültigkeit sprechen könnte.

Das Stück spielt in einem unbestimmten Balkanland, das von den Nazis besetzt ist und vor der Befreiung durch die Russen steht. In der kommunistischen Partei des Landes (die als solche jedoch nicht beim Namen genannt wird) herrscht Uneinigkeit über den zukünftigen politischen Kurs. Um die revolutionären Ziele gegen das →versöhnlerische →Volksfrontkonzept des Parteisekretärs Hoederer durchzusetzen, beschließt die radikale Führungsspitze dessen Ermordung. Hugo, ein antibürgerlicher Intellektueller aus gutem Hause, der sich durch eine historische Tat bewähren möchte, erhält auf sein Drängen den Auftrag und zieht als Adjutant mit seiner verspielten jungen Frau Jessica in Hoederers schwerbewachtes Haus. Gebannt von der persönlichen Ausstrahlungskraft Hoederers kann sich der unausgeglichene Hugo nur im Affekt seiner Aufgabe entledigen, als er Jessica in einer verfänglichen Situation mit Hoederer zu überraschen meint. Als Hugo nach vorzeitiger Entlassung aus dem Gefängnis von der befreundeten Parteigenossin Olga erfährt, daß Hoederer voll rehabilitiert ist und sein Kurs zur offiziellen Parteilinie erhoben wurde, droht ihm als unliebsamem Zeugen einer ›bewältigten‹ Vergangenheit nun selbst die Beseitigung. Nachdem sich durch Hugos Schilderung in Form einer langen szenischen Rückblende, die den eigentlichen Handlungsort des Stückes bildet, der politische Mord als ein Akt der Eifersucht herausstellt, könnte Hugo wieder einen Platz in der Partei erhalten. Doch dieser stemmt sich gegen die Einsicht, daß Hoederer eines geschichtlich sinnlosen Todes gestorben sein soll: »Ein Mensch wie Hoederer kommt nicht zufällig um. Er stirbt für seine Ideen ... Ich habe Hoederer noch nicht getötet ... Doch jetzt werde ich ihn töten. Und mich mit ihm.« Mit den Worten »Nicht verwendungsfähig« überantwortet er sich den Genossen, in der Gewißheit, erschossen zu werden.

Auf Sartres Beteuerung, er habe mit den »Schmutzigen Händen« kein antikommunistisches Stück schreiben wollen, können 1948, im Zeichen des heftig entbrannten Kalten Krieges, weder West noch Ost Rücksicht neh-

Werkausgaben:
Sartres Schriften erscheinen in Frankreich im Verlag Gallimard, Paris; in der Bundesrepublik bei Rowohlt in Reinbek.
»Die schmutzigen Hände« (im Original: »Les mains sales«) kamen zuerst 1949 im Sammelband heraus, der weitere 5 Dramen enthielt; seit 1967: Dramen, 1. Bd. Ein Einzeldruck liegt als rororo-Taschenbuch Nr. 418 seit 1961 vor (enthält außerdem »Die Fliegen«). Eine einbändige Gesamtausgabe erschien 1969 (Jean Paul Sartre, »Gesammelte Dramen«).

Weiterführende Literatur:
Eine leichtfaßliche Einführung in Sartres Dramen: Günter Albert Zehm, Jean Paul Sartre; in: Friedrichs Dramatiker des Welttheaters, Band 8, Velber b. Hannover 1965. Bei der Behandlung der »Schmutzigen Hände« (S. 71–80) wie auch sonst, wenn es um politische Fragen geht, stört allerdings die antikommunistische Einstellung des Verfassers.
Eine übersichtliche Gesamtdarstellung Sartres, mit dem Schwerpunkt auf der Philosophie, bietet: Walter Biemel, »Jean Paul Sartre in Selbstzeugnissen und Bilddokumenten«. Reinbek b. Hamburg 1964.
Sartres Schilderung der eigenen Jugend gibt Aufschluß über die Entstehung seiner antibürgerlichen Lebenshaltung: Sartre, »Die Wörter«. Taschenbuch. Reinbek b. Hamburg 1968.
Weitere Lebenszeugnisse bieten die Memoiren seiner Lebensgefährtin Simone de Beauvoir, »In den besten Jahren«. Taschenbuch, Reinbek b. Hamburg 1969, und: Der Lauf der Dinge, Reinbek 1969.

men. Seinem (vergeblichen) Einspruch gegen die New Yorker Aufführung, die unter dem denunziatorischen Titel »Red Gloves« (»Rote Handschuhe«) läuft, begegnet der Verleger im Seelenfrieden des erfolgreichen Geschäftsmanns: »Ihr Protest kommt in einem sehr ungünstigen Augenblick, Mr. Sartre, um sie haufenweise [illegible] « Gemessen an der gegenpropagandistischen Ausschlachtung des Stücks haben die Sowjets allen Grund, auf den Dichter ärgerlich zu sein. Doch die blindwütige, diffamierende Art ihres Vorgehens macht die Sache nur schlimmer. Anläßlich Sartres aufsehenerregender Beteiligung am sowjetfreundlichen Weltfriedenskongreß 1952 in Wien verhängt er ein generelles Aufführungsverbot über das Stück, ohne daß dieser Maßnahme viel Gewicht beikommt, denn die Tantiemen (Gewinnbeteiligung) sind längst eingespielt.

Aus heutiger Sicht wirken die »Schmutzigen Hände« wie eine Selbstkritik Sartres am Standpunkt des antibürgerlichen Rebellen, der in der Gestalt Hugos geradezu satirische Züge trägt. Dagegen erscheint Hoederer fast wie ein sozialistischer Held. Von der grundsätzlichen Problematik haben Stück und Autor damit wenig eingebüßt. Allzu offensichtlich wird durch realpolitische Anspielungen (wie auf die Ermordung Trotzkis) ein Anspruch auf Glaubwürdigkeit erhoben, dem die kriminalistischen und erotischen Spannungseffekte zuwiderlaufen.

Eine endgültige Versöhnung zwischen Sartre und Moskau hat es trotz verschiedener gegenseitiger Annäherungsversuche nicht gegeben. [illegible] entronnen, hat sich Sartre immer stärker der Position eines undogmatischen Marxisten genähert und demonstrativ für die Unterdrückten und Verfolgten Partei ergriffen; nicht nur durch kühne Worte, sondern ebenso durch tätiges Beispiel. Sein literarischer Einfluß ist zurückgegangen – schon deshalb, weil er das Dichterische aus seinem Arbeitsleben nahezu verdrängt hat. Der persönliche Einfluß Sartres als politische, ja geradezu moralische Instanz blieb, weit über Frankreich hinaus, davon unberührt.

1970 übernimmt Sartre die Herausgabe eines verbotenen maoistischen Blattes und verteilt es öffentlich (unser Bild), um gegen die Radikalenverfolgung durch die gaullistische Staatsmacht zu protestieren. Sein spektakulärer Einsatz klärt indes nur die Fronten: Sartre wird vorübergehend verhaftet, das Blatt und die ihm verbundene extreme Linke bleiben verboten

Biographie

1905	21. Juni Geburt J. P. Sartres als Sohn eines Marineoffiziers
1907–1916	Nach dem Tod des Vaters lebt Sartre bei den Großeltern
1916	Sartre kommt zur Mutter nach deren Wiederverheiratung
1924–1928	Studium der Philosophie an der École Normale Supérieure in Paris Beginn der Freundschaft mit Simone de Beauvoir
1933–1934	Studium der deutschen Philosophie, v. a. Husserls u. Heideggers in Berlin
1934–1944	Gymnasiallehrer für Philosophie an verschiedenen, v. a. Pariser Schulen
1938	Der erste Roman »La Nausée« (Der Ekel) erregt öffentliches Aufsehen
1942–1944	Mitarbeit in der Widerstandsbewegung
1943	»L'être et le néant« (Das Sein und das Nichts), Sartres philosophisches Hauptwerk; »Les mouches« (Die Fliegen), erstes existenzialistisches Drama, großer Bühnenerfolg
1945	Sartre wird freier Schriftsteller. Herausgabe der politisch-literarischen Zeitschrift ›Les temps modernes‹. Gescheiterte Gründung einer nichtkommunistischen Linkspartei. Bis 1951 erscheinen alle wichtigen Stücke und Drehbücher
1948	Sartres Werke kommen auf die päpstliche Verbotsliste
1952	Öffentliche Auseinandersetzung mit Camus.
1956	Protest gegen den sowjetischen Einfall in Ungarn
1960	Reise nach Kuba
1962	In Sartres Wohnung platzt eine von Rechtsextremisten gelegte Bombe. Hoher Sachschaden. Sartre bleibt unverletzt
1964	»Les mots« (Die Wörter) Sartre lehnt den Nobelpreis für Literatur ab
1968	Im Maiaufstand ergreift Sartre Partei für die revoltierenden Arbeiter und Studenten. Seitdem vertritt er eine tendenziell maoistische Position

Heinrich Stiehler

Celan · Todesfuge

»Todesfuge« (entstanden 1944/45, Erstdruck Stuttgart 1952)
Gedicht von Paul Celan (23. 11. 1920 – 5. 5. 1970)

Als Paul Celan im Jahre 1948 einem Wiener Verleger seine ersten Gedichte für den Band »Der Sand aus den Urnen« vorlegte, befand sich darunter auch die »Todesfuge«. In einer komplizierten, eigentlich musikalischen Form wird hier der Tod als die →traumatische Kollektiverfahrung der Opfer nationalsozialistischer Herrschaft behandelt. Immer wieder läßt sich das entsetzliche Geschehen der Konzentrationslager hinter der poetischen Aussage Celans aufspüren – Erfahrungen, die ihm wohl bis zu seinem Freitod in Paris im April 1970 gegenwärtig blieben. Auch sein schon 1945 entstandenes und bis heute berühmtestes Gedicht bildet im Grunde nur den ersten Höhe- und Wendepunkt einer Lyrik, deren Anfänge damals bereits zehn Jahre zurückreichten, deren Anlaß nicht literarische, sondern erlebte Wirklichkeit war.

Paul Antschel (das Anagramm seines Namens entstand erst nach dem Krieg) wurde am 23. November 1920 in der von sechs Nationalitäten bewohnten rumänischen Stadt Czernowitz in der Provinz Bukowina geboren. Dort wuchs er auf im deutschsprachigen Milieu des jüdischen Bildungsbürgertums. Die historische Verbindung mit der ehemaligen Habsburgermonarchie ließ Czernowitz zum Schnittpunkt österreichischer, rumänischer und – bedingt durch die Nähe zur Ukraine – auch russischer Kultureinflüsse werden; »es war« – wie Celan bei der Verleihung des Bremer Literaturpreises sagte – »eine Gegend, in der Menschen und Bücher lebten«.

Infolge der Kriegsereignisse wurde die Nordbukowina 1940 sowjetisch, schon im kommenden Jahr allerdings von deutschen und rumänischen Truppen gemeinsam wieder zurückerobert. Andere Landesteile aber blieben verloren. Der von dort einsetzende Flüchtlingsstrom schuf derartige wirtschaftliche Schwierigkeiten, daß man ihnen nach dem Vorbild der deutschen Verbündeten mit der Ausschaltung der starken jüdischen Bevölkerung zu begegnen suchte. Die nationalsozialistische Ideologie verband sich mit dem Chauvinismus der rumänischen Regierung, die diese Minderheit seit jeher benachteiligt hatte, und führte schnell zu ihrer totalen Entrechtung, schließlich zur systematischen Ausrottung. Celan, der all das mit ansehen mußte, dem es aber gelungen war, sich der ersten Verhaftungswelle zu entziehen, verlor seine Eltern in einem KZ am Grenzfluß Bug. Die meist noch völlig unbekannten Gedichte, die erst in Czernowitz, dann in einem rumänischen Arbeitslager, dem auch der kaum Zwanzigjährige nicht entging, entstanden sind, lassen dennoch nur mittelbar etwas von den politischen Spannungen jener Zeit erkennen. Der junge Celan überschreibt seine Verse gern mit Lied, Ballade oder Märchen; sie suchen noch die Einheit des Menschen mit der Natur, erzählen von Liebe, Sehnsucht, Einsamkeit und Tod. Auch wenn dabei immer wieder auf das für seine Dichtung entscheidende biographische Ereignis, auf die Ermordung der Mutter im KZ, angespielt wird, so handelt es sich doch oft um Motive, in einer romantischen Tradition, die Celan aber zusehends in eine individuelle →Metaphernsprache überführt.

In der »Todesfuge« aber ist das anders: Entstanden ist sie erst nach dem Krieg, als sich die Lager bereits geöffnet hatten und Celan Verlagslektor und Redakteur in Bukarest war. Ihr Inhalt ist jetzt unverhüllt der KZ-Terror, ihre poetische Wirklichkeit die der politischen Konfrontation. Worum geht es genau? Ein Mann, wohl Aufseher oder Lagerkommandant, tritt auf in anheimelnder Umgebung. Er bewohnt ein Haus, schreibt abends Briefe an seine ferne Geliebte nach Deutschland. Das ihr zugeschriebene Attribut, das »goldene Haar«, kennzeichnet sie fast klischeehaft als deutsch, wie auch ihr Freund – »seine Augen sind blau« – exemplarisch für gerade dieses Volk steht. Eine leicht sentimentale Gefühlswelt also, doch liegt darin nur die eine Seite ›deutschen Wesens‹. Denn der Aufseher denkt nicht nur an seine Margarete in der Heimat; mit konkreteren Dingen weiß er sich von der Sehnsucht nach ihr abzulenken. Wurde schon im symbolischen Spiel mit den Schlangen – seit dem Alten Testament Inbegriff des Bösen und Heimtückischen – die zweifelhafte Idylle verfremdet, so setzen sich Geist und Gemüt bruchlos in Zynismus und Brutalität fort, kaum daß der Mann den vertraut-häuslichen Bereich verläßt. Mit dem Wandel der Abendstimmung ins Kalte und Bedrohliche (»es blitzen die Sterne«) geht die Veränderung seiner Psyche einher. Er pfeift seine Hunde herbei, dann *seine* Juden. Und nun folgen Schlag auf Schlag erbarmungslose Befehle: Gräberausheben und Geigenspiel, Tanz und Tod dienen dem Schergen gleichermaßen nur als amüsanter Zeitvertreib, den die Gegenseite, das kollektive Ich des Gedichts, in ständiger Wiederholung noch zu bestätigen scheint. Der Mann aber greift schließlich nach dem »Eisen im Gurt«. Er schwingt drohend die Pistole, zielt, drückt ab und trifft mit unfehlbarer Präzision. Deutsche Gründlichkeit bis zum Mord! Der einzige Reim der ansonsten konsequent reimlosen »Todesfuge« vollzieht das Geschehen nach: »der Tod ist ein Meister aus Deutschland sein Auge ist blau / er trifft dich mit bleierner Kugel er trifft dich genau.«

Mutet es schon an sich widersprüchlich an, derartige Vorgänge zum Inhalt eines Gedichts zu machen, so scheint die Form der Fuge dem hier Geschilderten geradezu Hohn zu sprechen. Wird damit nicht noch das Verbrechen zu ästhetischen Genuß? Erfährt – wie Adorno meint – die Unmenschlichkeit von Auschwitz und anderswo nicht durch die organisierte Vollkommenheit des Kunstwerks wieder ihre zweifelhafte Rechtfertigung? Doppelt verwunderlich, daß ausgerechnet einer, der diese Wirklichkeit am eigenen Leib erfahren mußte, ihr inhaltlich mit Tanz, Gesang und Geigenspiel, formal mit einer musikalischen Kompositionstechnik begegnet.

Charakteristisch für jede Fuge ist die Gleichzeitigkeit der Stimmen. Einem festen Hauptthema werden dabei ein oder mehrere Nebenthemen zur Seite gestellt. Andere Stimmen treten hinzu, variieren die musikalischen Motive und führen sie schließlich in freier Folge weiter. Wenn Thema und Gegenthemen auch dauernd leicht verändert wiederkehren, so erfahren sie doch durch zunehmende tonale Verkürzung eine Klangsteigerung, bis dann in der sogenannten ›Engführung‹ die Fuge Höhepunkt und Abschluß erreicht: Beide Grundstimmen erscheinen jetzt zwar aufs innigste verschränkt, stehen aber auch in höchster Spannung einander gegenüber. Durch das regelmäßige Wiederholen der Bilder und das Über- und Ineinandergreifen der Langverse hat Celan nun versucht, in der Sprache – als ein logisches Nacheinander von Worten – die musikalische Gleichzeitigkeit nachzuzeichnen. Kein Satzzeichen hält den fließenden Rhythmus auf, aber je mehr das Gedicht an Handlung gewinnt – man denke nur an die Hetzjagd durch die Hunde, an die Erschießung der Opfer –, in desto kürzeren Abständen wechseln die Motive, desto mehr häufen sich die Sinneinschnitte in den Versen. Mit dem Schlußbild zweier Mädchen erreichen die Themen schließlich ihre letztmögliche Eindringlichkeit: Margarete und Sulamith, ein deutscher und ein jüdischer Name, werden miteinander konfrontiert. Die optische Parallelstellung ist zugleich schärfster inhaltlicher Kontrast. Aber es geht um mehr als um die willkürliche Nennung von Namen. Erinnert nicht Margarete auch an die Gretchengestalt in Goethes »Faust«, Sulamith an die Braut des Hohen Liedes Salomos? Ihr Haar, jetzt ›aschen‹ und nicht mehr purpurn wie noch im Alten Testament läßt allerdings an Trauer und Leid, vielleicht sogar an die Einäscherung der Toten in den Konzentrationslagern denken. Man spürt etwas von der Verzweiflung und Skepsis gegenüber einem religiösen Bezugssystem, das dem Geschehen nicht mehr gerecht zu werden vermochte, von der Suche auch nach einer kulturellen jüdisch-deutschen Identität, die die nationalsozialistische Herrschaft gerade in der Bukowina plötzlich unmöglich machte.

Denn noch unter Österreich-Ungarn waren die Juden hier die Träger von Wirtschaft, Handel und Bildung, hatten ein deutschsprachiges Presse- und Schulwesen aufgebaut und nach dem nicht zuletzt auch sprachlichen Anschluß an Rumänien (1918) die Bindung an die Habsburger Kulturtradition bewußt aufrechterhalten. Um so radikaler vollzog sich dann der kulturelle Bruch, als man 1941 nach dem Sieg über die russischen Truppen das pauschal als ›kommunistisch‹ diffamierte Judentum der Kollaboration mit Stalin bezichtigte. Pogrome auf dem Land, Gettos in den Städten, schließlich die organisierte Vernichtung mußten in kürzester Zeit zum Verlust nationaler Identität führen. Die mit Gewalt erzwungene soziale Abkapselung von derjenigen Gesellschaft, der man sich von den historischen Voraussetzungen her zugehörig fühlte, ließ die eigene Stellung jetzt als völlig haltlos, die veränderte Wirklichkeit als paradox erscheinen. Paradox und absurd wie auch die poetische Realität des Gedichts, wie die alles beherrschende Doppelmetapher der »schwarzen Milch der Frühe«, wie Tanz und Gesang im Angesicht von Vergasung und Verbrennung, dem »Grab in den Wolken«, dem Rauch in der Luft.

Scheinbar verwandte Motive finden sich in den Dichtungen chassidischer Tradition, jener religiösen Erneuerungsbewegung des gesamten Ostjudentums, deren eines Zentrum in der Bukowina lag. Gesang und ekstatisches Gebet dienen hier dem unmittelbaren Dialog mit Gott, der verzückte Tanz selbst bis in den Tod dem Eingehen in sein Reich. War der Chassidismus auch eigentlich die Domäne einer bäurischen Judenschaft, so konnte er durch die Landflucht doch auch in den städtischen Siedlungen Fuß fassen, schließlich zum →metaphysischen Halt in Zeiten des Exils und der Verfolgungen werden. Aber die individuelle Gottfindung des Chassidismus, die jede Handlung, sogar den rein körperlichen Vorgang des Sterbens zu heiligen vermochte, verband damit zwangsläufig eine positiv-optimistische Grundhaltung. Im Totentanz der Fuge ist sie jedoch zum leeren Ritual erstarrt. Die stereotypen Wiederholungen der Themen, das teilnahmslose Reagieren der Häftlinge auf die Befehle ihres Mörders lassen als vermeintliches Einverständnis mit ihm nur erkennen, inwieweit der einzelne – der als solcher niemals auftritt – bereits entpersönlicht, in welchem Ausmaß alles Menschliche in ihm vernichtet wurde. Es geht hier nicht mehr um einen neuen Sinn des Lebens, ganz gewiß auch nicht um Liebe. Es geht um die Anonymität des Massensterbens innerhalb einer pervertierten Gesellschaft, in der der Völkermord neben den schönen Künsten gedeiht. Geist und Brutalität also auf der einen Seite, Apathie und Depression auf der anderen. Die Aufhebung und Entgrenzung der Zeit, die für die Juden willkürliche Austauschbarkeit von Morgen, Mittag, Abend oder Nacht, spiegelt nur noch das Hoffnungslose und Unabänderliche ihrer Lage. Auf engstem Raum besteht das alles nebeneinander, bis schließlich im Augenblick schärfster Polarisation und knappster Sprache die Fuge abbricht. Nicht aber die Unruhe des Lesers, weiterzufragen.

Celans Gedicht sucht seine ästhetische Position nicht jenseits von Zeit und Raum. »Denn das Gedicht ist nicht zeitlos. Gewiß, es erhebt einen Unendlichkeitsanspruch, es sucht, durch die Zeit hindurchzugreifen – durch sie hindurch, nicht über sie hinweg.« 1958, bei der Verleihung des Bremer Literaturpreises formuliert, gelten diese Worte doch auch schon für die 1945 in Bukarest entstandene »Todesfuge«. Das Unmittelbare und Private der früheren wie späteren Lyrik Celans ist hier einmal ganz der Universalität des Geschehenen gewichen. Nur noch von der Perspektive der Gemeinsamkeit mit den Opfern läßt sich auf Biographisches zurückschließen. Wenige Monate nach der Niederwerfung des Faschismus war diese Zeit noch zu gegenwärtig, um vergessen oder verdrängt, zu komplex aber auch, um nur als ausschließlich Persönliches erfahren zu werden. Als sich die demokratischen deutschen Schriftsteller noch im Exil befanden, andere ihre unverbindliche Haltung der »inneren Emigration« höchstens zugunsten eines abstrakten Moralisierens verschoben, stellt sich die »Todesfuge« fern von Deutschland der Realität von Auschwitz. Sicher kann die Situation der Dichtung dabei niemals ganz frei von Paradoxie sein, aber indem sie in sich selbst diesen Widerspruch enthüllt, bleibt sie gültig auch für die Zukunft. Und tatsächlich erzwingt die literarische Technik der Fuge, daß im Bewußtsein des Lesers gegenwärtig bleibt, was die Erinnerung Vergangenem zuschreiben möchte.

Todesfuge

Schwarze Milch der Frühe wir trinken sie abends
wir trinken sie mittags und morgens wir trinken sie nachts
wir trinken und trinken
wir schaufeln ein Grab in den Lüften da liegt man nicht eng
Ein Mann wohnt im Haus der spielt mit den Schlangen der schreibt
der schreibt wenn es dunkelt nach Deutschland dein goldenes Haar Margarete
er schreibt es und tritt vor das Haus und es blitzen die Sterne
er pfeift seine Rüden herbei
er pfeift seine Juden hervor läßt schaufeln ein Grab in der Erde
er befiehlt uns spielt auf nun zum Tanz

Schwarze Milch der Frühe wir trinken dich nachts
wir trinken dich morgens und mittags wir trinken dich abends
wir trinken und trinken
Ein Mann wohnt im Haus der spielt mit den Schlangen der schreibt
der schreibt wenn es dunkelt nach Deutschland dein goldenes Haar Margarete
Dein aschenes Haar Sulamith wir schaufeln ein Grab in den Lüften
da liegt man nicht eng
Er ruft stecht tiefer ins Erdreich ihr einen ihr andern singet und spielt
er greift nach dem Eisen im Gurt er schwingts seine Augen sind blau
stecht tiefer den Spaten ihr einen ihr andern spielt weiter zum Tanz auf

Schwarze Milch der Frühe wir trinken dich nachts
wir trinken dich mittags und morgens wir trinken dich abends
wir trinken und trinken
ein Mann wohnt im Haus dein goldenes Haar Margarete
dein aschenes Haar Sulamith er spielt mit den Schlangen

Er ruft spielt süßer den Tod der Tod ist ein Meister aus Deutschland
er ruft streicht dunkler die Geigen dann steigt ihr als Rauch in die Luft
dann habt ihr ein Grab in den Wolken da liegt man nicht eng

Schwarze Milch der Frühe wir trinken dich nachts
wir trinken dich mittags der Tod ist ein Meister aus Deutschland
wir trinken dich abends und morgens wir trinken und trinken
der Tod ist ein Meister aus Deutschland sein Auge ist blau
er trifft dich mit bleierner Kugel er trifft dich genau
ein Mann wohnt im Haus dein goldenes Haar Margarete
er hetzt seine Rüden auf uns er schenkt uns ein Grab in der Luft
er spielt mit den Schlangen und träumet der Tod ist ein Meister aus Deutschland
dein goldenes Haar Margarete
dein aschenes Haar Sulamith

Jörg Drews

Schmidt · Nobodaddy's Kinder

»Nobodaddy's Kinder« (Erstdruck Teil I: 1951, II: 1953, III: 1951, I–III: 1963 [alle Hamburg])
Trilogie (»Aus dem Leben eines Fauns«, »Brand's Haide«, »Schwarze Spiegel«)
von Arno Schmidt (*18. 1. 1914)

»Niemandes Vaters Kinder«, so kennzeichnete Arno Schmidt unter Verwendung der Überschrift eines Gedichtes von William Blake (1757–1827) die Figuren seiner Kurzromane »Aus dem Leben eines Fauns« (1953) und »Brand's Haide« (1951), darin als zweiter Teil »Schwarze Spiegel«, als er sie (1963) zu einer →Trilogie zusammenschloß. Der Verwaltungsbeamte Heinrich Düring kurz vor und während des Zweiten Weltkrieges; der Kriegsheimkehrer Schmidt im Jahre 1946; ein namenloser, nach einem für 1955 angenommenen totalen ABC-Krieg um 1960 durch die Lüneburger Heide nomadisierender Intellektueller – sie alle können sich nicht mehr als die Kinder Gottes, des gütigen Vaters denken, eher wohl als Spielzeuge eines launisch herrschenden Weltdämons, des »Leviathan«. Düring, Held des Romans »Aus dem Leben eines Fauns«, hat schon den Ersten Weltkrieg als Soldat erlebt und wird nun, eingesperrt in eine öde Ehe und einen stupiden Beruf, zum ohnmächtigen Zeugen eines erneuten Ausbruchs von Wahnsinn und Destruktionslust der deutschen Menschen – und kein Vater im Himmel gebietet Einhalt; ein gewisser Schmidt, aus englischer Gefangenschaft nach Niedersachsen verschlagen, versucht sich in »Brand's Haide« zäh und bitter wieder eine Schriftstellerexistenz aufzubauen in einer Umgebung, die das Nachdenken über die just vergangene Hitlerzeit über der gleichgültig-pfiffigen Organisierung des Überlebens von Hunger und Mangel erfolgreich verdrängt; der Vagabund schließlich – der sich in »Schwarze Spiegel« völlig einsam, als Überlebender einer globalen Katastrophe, eine Robinson-Existenz aufbaut, indem er Zivilisationsreste (Lebensmittellager) und Bibliotheken ausplündert – registriert mit einer fast bis zum Zynismus pervertierten Verzweiflung: »Das Experiment Mensch, das stinkige, hatte aufgehört!«

Alle drei Teile dieser Trilogie sind →Idyllen mit negativen Vorzeichen, von Arno Schmidt geschrieben unter dem Eindruck der existenz- und menschenvernichtenden zeitgeschichtlichen Vorgänge und mit der Absicht, aufklärend-aufrüttelnd auf seine Zeitgenossen einzuwirken: ». . . schreibe Dichter, mit der Faust! (Denn sie müssen ja irgendwie aufgeweckt werden, die Halbmenschen hinter dem Grenzpfahl: drum laß Dich getrost ›Schläger‹ schelten von den Furchtsamen; ›Brandstifter‹ von den Feuerwehrleuten; ›Ein-Brecher‹ von den Schlafenden: möchten sie ihren betreffenden Göttern doch fürs endliche Aufwachen danken!)«. Daß der Autor, selbst von 39 bis 45 Soldat, mit einer Sprache, die alle epische Glätte und Betulichkeit abgelegt hatte, hinter der Maske der verschiedenen Ich-Erzähler kaum versteckt, die Leser »mit der Faust aufs Auge« schlagen wollte: auf daß es endlich erhellende Funken gebe; dies wurde ihm von Leserschaft und literarischer Kritik entsprechend vergolten. Seine Bücher diagnostizierten nicht nur kleinbürgerliche Gesinnung, hitlerhörige Dummheit und eben ausgestandene Nachkriegsängste vor einem neuen weltweiten Krieg zu beunruhigend genau. Sondern sie führten zugleich auch einen Autor vor, der sich nicht nur als ebenso geschunden, aber belehrter als seine Mitmenschen vorkam, der vielmehr sich auch phantastische Flucht-Räume zu verschaffen verstand, in denen er jenen Eigenbedürfnissen folgte (Eros, Literatur, Wissenschaft), die zu befriedigen der durchschnittliche Erwerbsalltag verbietet.

In der überragenden Belesenheit und Gelehrtheit wie auch – räumlich gesehen – in dem Fluchtstützpunkt der Blockhütte, die der Erzähler Düring in der Lüneburger Heide aufstöbert und wohin er bisweilen mit seiner jungen Freundin Käte vor der nationalsozialistischen »Elefantiasis des Staatsbegriffes« und vor Bombenangriffen sich zurückzieht; in den historisch-biographischen Studien, die der Kriegsheimkehrer-Schriftsteller Schmidt brotlos, aber respektheischend zu dem romantischen Dichter Fouqué treibt und womit er seine tumbe Umgebung auf Distanz hält; in der melancholischen Unverdrossenheit, mit der der Überlebende des »Totalen Krieges« von 1955 sich dann einige Jahre später eine so deprimierende wie auch alle menschenflüchtigen Einsamkeitsträume erfüllende Sonderexistenz aufbaut – in all diesen Lebensformen spiegelt sich etwas vom Sozialcharakter des Schriftstellers Arno Schmidt selbst. Er ist Zeitgenosse, ist ›dabei‹, teilt Erfahrungen der anderen Menschen seiner Generation, und zugleich hat er entschieden andere Interessen, bewahrt sich Kenntnisse und Vorlieben, durch die er sich anders, besser, aber auch außenstehend und zu beobachtender Kritik befähigt und berechtigt fühlt. In den späteren Werken Schmidts verstärkt sich diese Komponente der Abscheidung: Der Buchhalter Karl Richter im Roman »Kaff auch Mare Crisium« (1960) ist der letzte der Schmidtschen Helden, der sein Geld noch in einem ungeliebten Beruf, in dauernder Reibung mit den deformierten Menschen seiner Umwelt verdienen muß, und Schmidts umfangreichstes Buch, der vielschichtige Essay-Roman »Zettels Traum« (1970), zeigt den Helden schließlich als einen, der seine Arbeitskraft ganz und bis zur selig-unseligen Erschöpfung persönlichen literarhistorischen, sprachpsychologischen und schriftstellerischen Interessen widmen durfte.

»Mein Leben?! ist kein Kontinuum! (nicht bloß durch Tag und Nacht in weiß und schwarze Stücke zerbrochen! Denn auch am Tage ist bei mir der ein Anderer, der zur Bahn geht; im Amt sitzt; büchert; durch Haine stelzt; begattet; schwatzt; schreibt; Tausendsdenker; auseinanderfallender Fächer; der rennt; raucht; kotet; radiohört; ›Herr Land-

Wichtige Werke: »Leviathan« (Erzählungen, 1949) – »Brand's Haide« (Zwei Erzählungen, 1951) – »Das steinerne Herz: Historischer Roman aus dem Jahre 1954« (1956) – »Die Gelehrtenrepublik. Kurzroman aus den Roßbreiten« (1957) – »Fouqué und einige seiner Zeitgenossen« (1958) – »Dya Na Sore. Gespräch in einer Bibliothek« (1958) – »Rosen & Porree« (Sammelband, 1959) »KAFF auch Mare Crisium« (Roman, 1960) – »Belphegor. Nachrichten von Büchern und Menschen« (1961) – »SITARA oder der Weg dorthin. Eine Studie über Wesen, Werk & Wirkung Karl May's« (1963) – »Kühe in Halbtrauer. Zehn Prosa-Stücke« (1964) – »Die Ritter vom Geist. Von vergessenen Kollegen« (1965) – »Zettels Traum« (1970) – »Die Schule der Atheisten« (Novellen-Comödie, 1972) – »Abend mit Goldrand« (Märchenposse, 1975)

Biographische Daten

1914	in Hamburg geboren
1928	Umzug der Familie nach Schlesien
1933	Abbruch des Mathematik-Studiums aus politischen Gründen
1934–40	Angestellter in der Textilindustrie
1940–45	Soldat
1945	Englische Kriegsgefangenschaft
1946–50	Dolmetscher für Englisch
1950	Umsiedlung als Flüchtling nach Rheinhessen, dann ins Saarland
1955	Anklage wegen Gotteslästerung: Umzug nach Darmstadt
1958	Umzug nach Bargfeld (Kreis Celle)
1973	Goethe-Preis der Stadt Frankfurt

rat‹ sagt: that's me!): ein Tablett voll glitzernder snapshots.« Entsprechend dieser vom Ich-Erzähler Düring festgestellten Brüchigkeit und Uneinheitlichkeit seiner Person und seines Daseins organisiert Schmidt auch das völlig neu, was sich früher »Erzählfluß« nannte; er vermeidet den Eindruck, als lasse sich erlebte Wirklichkeit harmonisch fortlaufend erzählen, und splittert stattdessen den Verlauf des Textes in kleine Abschnitte, in »snapshots«, in »Raster« auf, die die Sprünge unserer Wahrnehmung, unser Wichtiges und Unwichtiges sortierendes Bewußtsein von der »löchrigen Gegenwart« abbilden sollen: ». . . als majestätisch fließendes Band kann ich mein Leben nicht fühlen; nicht ich!« Befremdlich in den fünfziger Jahren, heute aber schon sehr viel einsichtiger und selbstverständlicher wirkten nicht nur die je nach Tempo der Vorgänge kürzeren oder längeren Prosaabschnitte in Schmidts Kurzromanen, sondern auch die Vielzahl der ungewohnten, kühnen, an der Literatur des Expressionismus (→S. 294 ff.) geschulten sprachlichen Bilder und die bisweilen der Umgangssprache entnommenen Wendungen seiner Erzählsprache, in der kein Bereich der Wirklichkeit und der Wahrnehmung mehr ausgespart bleibt, weil auch die »bisher so verlogen-vernachlässigte Fäkal- und Urogenitalsphäre« ein Teil der Lebenswahrheit sei und daher ein Recht auf literarische Darstellung habe. »Wirklichkeit« – auch darin war Arno Schmidt ein Pionier der deutschen Nachkriegsliteratur – hat bei ihm ein breiteres Spektrum als bei den meisten seiner Schriftstellerkollegen; sie reicht von der Zote bis zum Zitat aus klassischer Literatur, vom unvermittelt eingeschobenen Kurzessay über vergangene Autoren, über die der Ich-Erzähler gerade nachdenkt, bis zur sinnlichsten Beschreibung handwerklicher Tätigkeiten wie Schreinern, Zimmern, Mauern oder – Schreiben.

Schmidt gibt sich in »Nobodaddy's Kinder« nie ›objektiv‹; was er erzählt, ist immer zentriert in einem Ich-Erzähler, der unmittelbar mitteilt, was er erfährt, denkt, tut, und solche Berichte sind, weil sie auf persönliche Erfahrung vertrauen und auch deren Beschränkungen und »Mißweisungen« eingestehen, in ihrer Authentizität nicht zu widerlegen. Zur spezifischen Lust an der Lektüre der Bücher Arno Schmidts – und nicht nur der »Niemandes Vaters Kinder«-Trilogie – gehört, daß man lesend in alle Winkel einer ganz individuellen Sprache, eines ganz besonderen Welterlebens auf allen Ebenen (von der sackgroben Reaktion auf die dumme Zudringlichkeit der Umwelt bis in die poetisch-zarte Erfindung von sprachlichen Gleichnissen und Tagträumen) eindringen darf: Probleme der Mathematik wie auch das Auspacken eines aus den USA 1946 bei ausgehungerten Nachkriegsdeutschen ankommenden Freßpaketes werden gleichermaßen ernstgenommen und sorgsamer sprachlicher Darstellung gewürdigt, hinter deren Schroffheiten sich oft verschämteste Sensibilität und verschwiegenes Mitleid verstecken. Grimmige Empörung über das Elend der Menschen, die ohne Gott und ohne Trost sind und einzig durch die Solidarität derer, die Opfer der Zeitläufte sind, die Kälte dieser Erde, die von Jammer schallt, mildern können, machen die Trilogie »Nobodaddy's Kinder« zu einem Dokument der deutschen Nachkriegsgeschichte. Zugleich aber dokumentiert das Buch auch, daß in jenen Jahren um 1950 ein Schriftsteller, Arno Schmidt, sich den damals gängigen Schlagworten von einer nun notwendigen simplen »Trümmerliteratur«, die sich eines »Kahlschlags« aller poetischen Mittel zu befleißigen habe, widersetzte und mit verzweifeltem Trotz und berechtigtem Selbstbewußtsein in einer Sprache erzählte, deren kompromißlose Modernität heute einer wachsenden Zahl von Lesern zu Bewußtsein kommt.

»Idylle mit negativem Vorzeichen«

Werner Riegel

Probleme der Lyrik

Zu diesem Beitrag

Zunächst scheint es selbstverständlich: Über Lyrik ließe sich doch gut etwas Allgemeines sagen. Einmal war sie ja wohl ›immer‹ da, von den ältesten Quellen bis heute. Und etwas sehr Alltägliches ist sie doch auch – trotz ihres feiertäglichen Beigeschmacks. Denn das kennt doch jeder – das eine Kind sagt: »Das war aus Versehen!« – »mit Willen geschehen«, kontert das andere. Hier ist ja schon »Lyrik«, und gar nicht anders, wie es der »Kleine Knaur« definiert (»in Versform, die ein ›Erlebnis‹ Natureindruck oder seelische Erfahrung, unmittelbar« ausdrückt). Diese Dauerhaftigkeit und Alltäglichkeit verführt zu Vermutungen, daß in der »Lyrik« etwas sehr langfristig Gültiges stecken könne, z. B. die Tatsache, daß der bloße Reim (und anderswo der Rhythmus) der eigenen Rede eine Überzeugungskraft gibt, deren ›Gereimtheit‹ schwer zu widerlegen ist: »Willst du sein ein guter Christ, / Bauer, bleib auf deinem Mist.« Der Landwirt von heute wird sich dann doch bedanken.

Denn wer argumentiert da nicht alles mit lyrischem ›Gerät‹, und für was nicht alles! Wie genau muß doch jede Situation angesehen werden. Wird denn ein Gedicht auch nur zweimal *gleich* verstanden? Dieselben Verse, die etwa um 1800 einem nach dem Ausdruck für seine Ziele suchenden Publikum Sprache gaben, die werden heute – als ›immer noch‹ gültig in der »Silberfracht« oder wie sonst Lesebücher heißen – dem Schüler die Lyrik als Staubfänger vorstellen. Man packt lyrische Aussagen eher, wenn man von ihrer Zeitbezogenheit ausgeht.

So werden hier – als ein Beispiel dafür, was »Lyrik« jeweils leisten kann – einige sehr auf ihre Zeit bezogenen Überlegungen des Lyrikers Werner Riegel vorgelegt. Sie zielen nicht auf die Gegenwart, sondern auf die Versproduktion in der Bundesrepublik Deutschland Anfang der 50er Jahre. Damals kamen sie in der Zeitschrift »Zwischen den Kriegen« heraus, die Riegel zusammen mit Peter Rühmkorf (*1929) schrieb. Er selbst starb schon 1956, einunddreißigjährig. Als Streitschriftsteller und Lyriker leistete er kritische Vorarbeiten, während man sich in der Bundesrepublik noch aufatmend und kurzsichtig vom wachsenden Tortendurchmesser des Sozialprodukts imponieren ließ. Nicht einmal die (anderen) Nachkriegslyriker ließen sich durch die leisen Stöße aktivieren, welche schon damals die gegenwärtigen sozialen und politischen Kämpfe ankündigten. Deren Ursachen schienen noch durch das Wirtschaftswunder weggezaubert. »Zwischen den Kriegen« erreichte also gar keine Öffentlichkeit, es wirkte sogar noch schwächer, als die bewußt einfach hektographierten, bewußt niedrig aufgelegten 26 Ausgaben wollten, die jeweils an wenig mehr als hundert Empfänger gingen.

»Finismus« nannten Riegel und Rühmkorf ihre Haltung, und das war ihnen etwas ganz anderes als das »fin de siècle« von 1900, als ziellose wohlversorgte Bildungsbürger/innen dem »Blauen Vogel« des Maurice Maeterlinck (1862–1949) nachträumten. Riegel schrieb dazu: »Fin de siècle bezeichnet die Dekadenz ihrer Träger, Deuter und Gestalter, Finismus stellt die Diagnose einer Dekadenz der Zeit.« Der Finist Riegel sah sich kurz vor dem nächsten Krieg, und ohne die Spannung zwischen Vers und Pamphlet billig-synthetisch zu ›lösen‹, schrieb er über die notwendige »heiße Lyrik« und über die Politik und die Individuation des Mannes, der sie macht. Die Beispiele, die er zitiert – George, Trakl, Benn, Brecht – werden, anschließend, in Beziehungen gesetzt zu Riegels eigenen Versen. Seine Urteile und seine Herkuft werden damit überprüfbar.

Das Beispiel Riegel soll dazu verhelfen, Ansprüche an lyrische Arbeit und an deren Auswertung präzisieren zu helfen.

L. C.

Die heiße Lyrik

Die Kennzeichen finistischer Lyrik sind denen der Jazzmusik analog und äquivalent. Sie heißen: »Blues«, »drive« und »schmutziges (dirty) Spiel«. Das wird hier zu erklären sein.

Es gibt in der deutschen Lyrik des vergangenen Halbjahrhunderts vier Große, die dem Finismus (im Formalen) die Fundamente stellten. Die Lyrik des Finismus ist undenkbar ohne dies: ohne den sakral-kultischen, dabei stupend heidnischen Spiritual Georges; ohne die immens emotionale Blues-Intonation Trakls; ohne den intellektualistisch wirksamen »drive« und ohne das um die analytische Ironie verminderte Pathos Benns; ohne die vermöge ihrer ästhetischen Indifferenz so eminent ausdrucksstarke, aber rhythmisch-reimlich »schmutzige« Poesie Brechts. Vier Hochspannungsmasten eines elektrischen Nervs dieser Zeit, ungeheure Kraftströme entsendend, die es zu nutzen gilt. Der Finist gibt seinen Senf dazu, auch er zeitgemäß bis auf die zerfetzte Haut, bis auf die zerschlagenen Knochen: er macht die gegebenen Themen »hot«, ohne ihnen den Bluescharakter zu nehmen. Er treibt die Eigenexpression auf die Spitze; man kann nicht mehr schreiben »in seinem Ton«; diese Lyrik entzieht sich infolge der konsequenten und radikalen Anwendung bestimmter technischer Mittel der Nachahmung; entweder hat man den eigenen Ton oder man läßt das Original sprechen, indem man buchstäblich abschreibt.

Hier wird nicht zum erstenmal moderne Lyrik mit Jazz verglichen. Edschmid beispielsweise fand, daß August Stramm »das Blut erregte wie javanische Instrumente, wie Bartänze, Niggersongs«. Ein Vergleich, der sich bei dem scheinbar Exotischen, bei der Befremdung, bei der experimentalen Entfremdung aufhält; ein abfällig gemeinter Vergleich, der einen Zertrümmerer der Form trifft, nicht einen ihrer Verwandler; eine landläufige Legende vom Jazz wird auf die Poesie des Futuristen, des Dadaisten, des Surrealisten transponiert; man trifft die formale Anarchie und erledigt die formale Energie gleich mit. Jazz wie moderne Lyrik, und »modern« heißt hier nicht »zeitgenössisch«, sondern »zeitbedingt«, sind fanatisch angewandten Ordnungsprinzipien unterworfen: das schaltet die Fanatiker der formalen Anarchie, die Poesierevoluzzer der zehner, der zwanziger Jahre von vornherein aus.

Becher, eine der poetisch begabtesten reichsten Erscheinungen des lyrischen Expressionismus, ging unter mit wilder Gebärde, weil er unfähig war, ein neues Koordinatensystem zu schaffen; er verfiel später einem längst überholten und minderte eklatant seine Qualität. Der Rückfall der Heynicke, Schreyer, Blümner ist weniger bekannt, kaum weniger sinnfällig. Nur manische Naturen wie Walden, Schwitters, Otto Nebel hielten aus, selbstherrliche Troglodyten, bis ans Ende im Unbekannten, in der Unwirksamkeit.

George, Trakl, Benn, Brecht brachen nicht nur mit der Konvention; ihre Stärke, ihre Bedeutung liegt darin, daß sie neue Konventionen heraufbeschworen. Sie stellen Ordnungen her, denen das folgende schwächere Geschlecht sich einfügen kann. Sie machen Schule, wie man sagt, geben so den besten Beweis für die Disziplin, mit der sie Revolutionen einleiten und zum Siege führen.

Die Originären haben die Energie und die Begabung für Ordnung, die Epigonen eine Art von Ortho-Aktivität, den Drang zum richtigen Einhalten der vorgezeichneten Linie: man ahnt, wohin sie es treiben. Aus einer Dichtung, die Melancholien ordnet (»anordnet« mag man sagen), aus der Dichtung Trakls wird die verwaschene Sentimentchromatik ihrer Anhänger; aus einer Dichtung, die liturgisch gedacht und hierarchisch verwaltet wird, der Hymnik Georges, entspringen die Zeugnisse einer verstiegen esoterischen Eisschrankästhetik; aus einer Dichtung, die das Hirn unter dem Pseudonym des lyrischen Ichs zum obersten Wort erhebt, aus der rasanten Rhythmik Bennscher Montagen, wird das zusammenhanglose Diktionär des naiven Gegenwartsbewußtseins, in das sich durch die Hintertür der Komplettiersucht die un- und antigeistigen Atavismen wieder einschleichen; aus einer Dichtung, welche die Banalität debanalisierte und die sechstrangigen Formen des Couplets, des Songs literaturfähig machte, aus Brechts raffinierter Schlichtheit, wird das geschmacklose Abziehbild der kontrollfeindlichen Naivität.

Wo man hinsieht: die Apophysen entsprechen nicht dem Stamm. Was man erblickt, ist verkümmert, verwachsen, verwahrlost; es kommen, besonders im trakloiden Sektor, Fälle vor von Elephantiasis.

Alle diese Leute, sogenannte Dichter, größtenteils beschäftigt mit Vortragsreisen, Entgegennahme von Staats-, Akademie- und anderen Preisen, mit Gutachten über Dichter, die nach ihnen kamen, mit Darlegungen der sozialen Situation ihrereines, zwischendurch auch für Film, Presse und Rundfunk, wie sie und andere behaupten, schöpferisch tätig, unterlassen es regelmäßig, eine Theorie ihrer Kunst auszuarbeiten, sei es, daß sie die theoretische Beschäftigung mit ihrem Handwerk nicht mit ihrer Würde vereinbaren können, sei es, daß sie nicht fähig sind zur Theoriebildung überhaupt. Ich halte die theoretische Beschäftigung mit Gegenständen der Dichtkunst für die reizvollste aller Beschäftigungen des Dichters, ich würde mich sehr wundern, wenn der Antrieb dazu irgendeinem Dichter fehlte, ich behaupte, der wäre keiner. Nicht seit jeher überläßt der Dichter die Theorie der Dichtkunst andern – Goethe, Schlegel, Hebbel, Holz und Schlaf, Benn und Brecht und Majakowskij ist das nie beigefallen – nie tut er das: das tun nur die Pygmäen der Poeterei. Und sie, die es nötig haben, setzten das Märchen, setzten die Propagandalüge in die Welt, daß die Bewußtheit den Dichter im Dichter verdürbe; man stellt ihn sich vor rollenden Auges im holden Wahne über die Schlünde der Seele eilend. Merkwürdigerweise nimmt man in Deutschland den Dichter, der sein eigener Theoretiker ist, nicht ernst als Theoretiker und weniger ernst als Dichter. Hier liegen Ressentiments vor, denen nachzuforschen lohnenswert wäre; die Ergebnisse würden einige Kapitel unserer Literaturgeschichte ebenso amüsant wie erschreckend verändern. Ich stelle fest, daß es im letzten Menschenalter an Versuchen poetischer Theoretik durchaus gefehlt hat, wenn man von den dankenswerten Arbeiten Benns über die Lyrik und Brechts über das Theater absehen will. Die neueste Generation gar scheint die Möglichkeit der Theoriebildung überhaupt nicht erfaßt zu haben, es fehlt an experimentell wirkenden und begabten Naturen. Hand in Hand mit der Indifferenz gegenüber einer neuen Poetik geht die Verdächtigung der literarischen Institution des »Ismus«. Die Resultate eines fast dreißigjährigen Krieges gegen die »Formalisten« liegen vor; Feld-, Wald- und Wiesenlyrik im wahrsten, unmetaphorischen Sinne des Wortes, die Modernsten bieten die Abart einer Art Whitman-Renaissance. (Abzulesen etwa bei Piontek, dem relativ anständigsten, und bei Lohmeyer, dem relativ begabtesten, aber leider zu sehr im Hintergrund agierenden dieser Gruppe.)

Das hat sich um 1950 breitgemacht, unter ständiger Betonung des Humanen (beileibe nicht des Humanistischen) und wohl auch des Experimentellen (womit man das Faktum des dürftigen »Versuchs« umschreibt). Alle Gedichtbände, ob Krolows, ob Eichs, ob Schneider-Lengyels, ob Bächlers, sind Beispiele dafür, wie man es 1950 und später nicht machen soll. Man zelebriert die schlechte Nachahmung einer verflossenen Lyrik, gegen die einst der große Ansturm des Expressionismus aufgeboten wurde, die unanständige Gebärde Dadas, die puritanische Aktion der Neuen Sachlichkeit, und Talmi bedarf allerdings keiner Theorie. Die Damen und Herren rechtfertigen sich nicht, da sie es doch nötig hätten, sich zu rechtfertigen: Kinder ihrer Zeit. Das genügt ihnen: sie sind da. Die Finisten, wir, sind auch da.

Politik und Individuation

Wir stellen uns vor, im deutschen Sprachbereich träte ein Individuum auf, mit dem Zuge zur Politik, wie er hierzuland Zigtausenden eignet, mit einer Begabung für Politik, wie sie bei uns nachgerade verboten ist. Wir nehmen an, dieses Individuum wäre originär in seinen Konzeptionen, denkstark und unbeirrbar in seinen Absichten, Intrigen und praktischen Brutalitäten abhold, aber von brutaler Moralität; ein Arsenal von geistigen Ressourcen, vornehmlich literarischen, stände ihm von Haus aus zur Verfügung. Dieser Mann, der nicht beschloß, Politiker zu werden, beginnt höchstwahrscheinlich auf einem Gebiet, wo er, vom Gegebenen abstrahierend, in die Utopie bauend, auf die Realität zustoßend, relative Freiheit zu erwarten hat. Er muß sich bemerkbar machen, er weiß, er lockt keinen Hund mehr in ein Versammlungslokal, er wird sich literarisch etablieren. Er kann, als Aggressiver, Tiefbewegter, nur anarchisch auftreten, als Kämpfer gegen die Titelhalter der Ideen, gegen alle also. Sein extremer Nonkonformismus wird schon im engen Raum der Literatur, im engeren Raum der schönen Literatur vielleicht gar, in ganz bestimmter Weise sichtbar werden. Er betätigt sich kritisch und abbauend, gleichzeitig tritt er erste Pfade in unbegangenes Land. Da er die überkommene Syntax sprengt, große Wort- und Begriffsvorräte verschrottet, Weniges aber in neue Kategorien ordnet, unbekümmert um Verständlichkeit und pädagogischen Nutzen, gilt er für antisozial, für asozial; wer gegen die Gesellschaft steht, ist ohne sie. Er leistet Vorarbeiten, Planierung, er hat noch keine Pläne in der Tasche; er erwartet noch nicht Anerkennung oder Anhang, er provoziert den Widerstand und hofft, in der Bewegung provozierten Schwung zu nützen; wie wohl außer der Ordnung, fühlt er sich und das Konträre um ihn in der Ordnung.

Wir unterstellen, daß dieser Mann im Beginn seiner Laufbahn sich als lyrischer Dichter betätigt. Lyrik und Politik als ihm eigene Potenzen werden einander nicht ausschließen, werden ebensowenig einander durchdringen und synthetisch sichtbar werden. Unser Mann ist der Repräsentant einer fortgeschrittenen, einer ausgemessenen Zeit, gewisse Wege, die einem Heine, einem Toller offenstanden, darf er nicht mehr gehen. Er wird als Dichter ein politischer Dichter sein nur in der allgemeinen Bedeutung des Wortes, das heißt sein Gedicht kann der Reaktion allein verdächtig werden wegen seiner radikalen Moralität, die vermuten läßt, daß der Dichter eines radikal politischen Denkens fähig ist. Jedoch werden seine politischen Anschauungen und Absichten im Gedicht nicht Gestalt annehmen – als radikaler Künstler lehnt der Dichter die propagandistische Durchdringung des Gedichtes ab, er weiß, die geringste Unachtsamkeit macht die Durchdringung zur Durchseuchung, das Kunstwerk wird in die Rolle des politischen Haushaltsgegenstandes gezwungen, man wertet es nach dem politischen Nutzeffekt, nicht als Kunstwerk. Es kann keinen neuen Majakowskij mehr geben. Daneben bestehen immer noch die zwei Seelen in der Brust unseres Dichter-Politikers. Die eine treibt ihn zur poetischen Konzeption, er weiß, »seine« Revolution der Lyrik ist fällig, er richtet seine Lyrik danach ein, dazu gehört die Ablehnung der penetranten politischen Infiltration der Strophe. Andererseits kontert der politische Nerv gegen eine Tätigkeit, die praktisch L'art pour l'art setzt und des Dichters Mißvergnügen an sich selbst erzeugt. Will er politisch wirken, muß er sich den Spielregeln des politischen Meinungskampfes anpassen, er gründet vielleicht eine Zeitschrift, in der sich seine Produktivität und die weniger Freunde frei entfalten darf. Ein radikales Blatt tritt in die Erscheinung, radikal in Form und Inhalt, rücksichtslos gegenüber der Zeit. Ausschließlich auf die Moralität und die konzessionenfeindliche Wesensart, auch auf die geistige Qualität seiner Urheber gegründet, scheint es für Einsamkeit, Elitenethos, Denkesoterik prädestiniert. Der Uneingeweihte erblickt ein Konglomerat anscheinend unvereinbarer Bestrebungen. Die sozialistische Forderung des Titelblattes beispielsweise wird aufgehoben durch eine kraß individualistische Lyrik, die den Ausnahmemenschen gegen die stupide Masse ausspielt; das aggressive Vortreiben sozialutopischer Ideen auf die Verwirklichung hin wird begleitet von der finistischen (auch zynischen, nihilistischen) Deflation, der End- und Untergangstrauer, dem Einstieg in die Verwitterungsschichten. Teilweise ist das Nebeneinander und Gegeneinander dieser Vorgänge im selben Individuum, in der Produktion ein- und desselben Autors zu beobachten. Eine Art Produktion, die ich Schizographie nennen will. Es wäre ein Irrtum zu glauben, daß es sich hier um die Unfähigkeit handelt, sich für das eine oder andere zu entscheiden, daß hier einer »nicht weiß, was er will«. Der Mann ist mittlerweile sagen wir dreißig Jahre alt geworden, die besonderen Verhältnisse seiner geistigen Existenz sind in sein Bewußtsein gerückt. Er lokalisiert seine geistige Existenz in dem Spannungsverhältnis seiner beiden geistigen Triebe, aus ihm zieht er die Fragestellungen wie die Resultate seiner denkerischen Tätigkeit. Er hat zwei Arme, aber die Linke weiß genau, was die Rechte tut. Er mag noch im Weiter- und Ausdenken der Spezialprobleme beider Richtungen Irrwege gehn, mag hier vorprellen, dort zeitweise zurück- oder gar steckenbleiben, auf alle Fälle trägt er an der Verpflichtung, in beiden Kategorien zu kämpfen.

So belastet, so ausgerüstet schaut er sich in der politischen Arena um.

Er ahnt, was ihn erwartet; er sieht schwarz, der lyrische Realist – dennoch hofft er, seine zwiefache Bindung an Aufbruch und Ende zu nützen. Er vertraut einem System der Stützpunkte; er verficht das Ideal der breiten Front nicht, er baut auf Partisanenstrategie. Er hat beobachtet, daß die Schrittmacher, die geistigen Vorhuten der großen Bewegungen vom Gros deutlich geschieden sind; er entdeckt, daß sie in der Organisation, in der Partei, in der Fraktion, im Zusammenschluß der Interessenten nicht zu finden sind; es wird ihm von mancher Seite bestätigt, daß sie da nichts zu suchen haben. Er mag zunächst darüber verwundert gewesen sein, den großen Sozialliberalen, dessen Schriften der sozialistischen Bewegung starke Impulse gegeben haben, nicht in der sozialistischen Parteifraktion zu sehen, er mag den bedeutenden pazifistischen Literaten in der Debatte um die Remilitarisierung befremdet vermißt haben, er mag den kommunistischen Dramatiker in die Bemühung verstrickt sehen, sich aus einem kommunistischen Staatswesen herauszuhalten – allmählich begreift er die Zusammenhänge; die Forderung der Freiheit erfüllt sich mit dem besonderen Sinn, der von den selbstgefälligen Hütern der Freiheit nicht erfüllt wird. Es ergibt sich, daß der unbequeme einzelne auch seinen Anhängern, seinen Nachfolgern unbequem wird, sobald sich der Spalt auftut zwischen diesen, die *in* der gesetzlichen Disziplin arbeiten, und ihm, der *aus* der Disziplin arbeitet. Es ergibt sich, daß ein Unterschied besteht zwischen den vielen, die nur die Freiheit brauchen, jemand gehorchen zu dürfen, und den wenigen, die Freiheit brauchen zum Ungehorsam.

Aus zwei voneinander unabhängigen Vorgängen resultiert also das Phänomen der Individuation. Der Geistige, der Bewegende, der Schrittmacher, der Initiator kann nicht atmen im Kreis der offenen Mäuler, kann nicht bauen im Gestänge des Apparates: er distanziert sich, letzten Endes, um der gemeinsamen

Mahnung *Stefan George*

Du folgst der horde die dich tosend lud
Zum thron aus grellem gelbem seidenstoff
Und rohem gold das oft von blute troff
Inmitten trümmersee und flammensud.

Nun weihe jede lust und jeden mord!
Dein wille rasend wie der gischt am fels
Erfreut sich am verheererischen nord
Und spottet klarer luft und klaren quells.

Vor deinen schuhen stammelt man den eid ·
Entführte weiber weinen ihren gram
Und eine · wirr im schrecken · ohne scham
Zerreisst vor deinem herrenblick ihr kleid.

Wie feile kiese bieten sich dir dar
Koralle perle demant und smaragd ·
Die priesterin in züchtigem talar
Verneigt sich grüssend: siehe deine magd.

Und einsam gibst du dir ein wildes spiel:
Wann sich dein haar in niedrer lache nässt ·
Dein stolz mit wonne in die furchen fiel
Die der gemeinen tiere klaue lässt . .

War so denn wirklich dein erstritten land?
O überhöre jenen lockungschrei
Und sag nicht dass dein leid dein führer sei
Und wechsel nicht ein würdiges gewand.

Grodek *Georg Trakl*

Am Abend tönen die herbstlichen Wälder
Von tödlichen Waffen, die goldnen Ebenen
Und blauen Seen, darüber die Sonne
Düstrer hinrollt; umfängt die Nacht
Sterbende Krieger, die wilde Klage
Ihrer zerbrochenen Münder.
Doch stille sammelt im Weidengrund
Rotes Gewölk, darin ein zürnender Gott wohnt,
Das vergossne Blut sich, mondne Kühle;
Alle Straßen münden in schwarze Verwesung.
Unter goldnem Gezweig der Nacht und Sternen
Es schwankt der Schwester Schatten durch den schweigenden Hain,
Zu grüßen die Geister der Helden, die blutenden Häupter;
Und leise tönen im Rohr die dunklen Flöten des Herbstes.
O stolzere Trauer! ihr ehernen Altäre,
Die heiße Flamme des Geistes nährt heute ein gewaltiger Schmerz,
Die ungebornen Enkel.

Wirklichkeit *Gottfried Benn*

Eine Wirklichkeit ist nicht vonnöten,
ja es gibt sie garnicht, wenn ein Mann
aus dem Urmotiv der Flairs und Flöten
seine Existenz beweisen kann.

Nicht Olympia oder Fleisch und Flieder
malte jener, welcher einst gemalt,
seine Trance, Kettenlieder
hatten ihn von innen angestrahlt.

Angekettet fuhr er die Galeere
tief im Schiffsbauch, Wasser sah er kaum,
Möwen, Sterne – nichts: Aus eigener Schwere
unter Augenzwang entstand der Traum.

Als ihm graute, schuf er einen Fetisch,
als er litt, entstand die Pietà,
als er spielte, malte er den Teetisch,
doch es war kein Tee zum Trinken da.

Sache das Beste zu geben. Der Apparat stößt ihn von sich, da er den reibungslosen Ablauf hindert: der Mechanismus funktioniert, seiner Aktion hat das Hirn nichts mehr hinzuzufügen, es ergäbe sich Reaktion. Das Hirn setzt sein Ziel, der Zielsicherheit des Apparates konnte es nur mit Zweifeln begegnen. Sollte der Geistige diese Einsicht in den Wind schlagen, sollte er blind sein vor der tragischen Forderung an ihn –, der Apparat kennt keine Skrupel, der Mechanismus gibt dem Hirn, was des Hirnes ist: die Einsamkeit, aus der man aufbricht zu größeren Zielen.

Diese Situation ist natürlich weder neu noch überraschend, es überrascht, daß sie sich niemals ändert. Wo man das doch beobachtet, wo man sieht, der Wind dreht sich, die Wolke teilt sich, einer rief, und alle, alle kamen – man kann sicher sein: nicht der Apparat hat sich geändert, die Konzessionen machte das Hirn.

Was ist zu tun? Jene Jahrzehnte der Parteibildungen, der Bünde, der Vereinigungen, die geistigen Gründerjahre – sie sind vorbei. Unsere Parteien – nur noch rudimentär sind sie echt in ihrer Parteilichkeit. Kaum noch unterscheiden sich scharf ihre Ziele, nie ihre Methoden. Wer um die Mitte des Jahrhunderts die Kraft noch hat, wer noch geladen ist mit Energie, gefüllt mit Idee, anheimgegeben dem Hirn (junge Unbekannte werden es sein, aufgewachsen im Schatten der großen Katalaunischen Schlacht, erwacht unter den Freudenfeuern des Siegers, unter den Veitstänzen des Antigeistes) – wer heute aufruft zur Sammlung, er kann nur eine Sammlung meinen: die der Verfemten, der Ausgestoßenen, der Exilierten, der Distanzierten, die der Unbeugsamen und Eignen im Geiste. Es scheint, das Ende einer großartigen Epoche der Menschheit tritt in die letzte Phase; es scheint, die Fülle dieser Epoche versiegte im ungeheueren Flußbett; es scheint, beide Ströme abendländischen Geistes, der weiße der Aufklärung, der Klarheit, des politischen Ingeniums, und der blaue des schweifenden Traumes, des umgetriebenen Herzens enden im gleichen Ort: die Ströme der großen Toten unseres Geistes, Styx und Acheron abendländischen Denkens und Dichtens münden in eine Brust, in die Brust des Jungen, des Unbekannten, dessen Bild wir zu zeichnen versuchten. Der Erbe beider steht auf und atmet, ärmer als die vor ihm und reicher. Er wird den Weg gehn, zwiefach gehöhnt, zwiefach geschlagen, zwiefach gesegnet – wir wissen eines gewiß; er ist der geborene Mensch.

Ballade von der alten Frau

Bertolt Brecht

Sie hat sich montags noch einmal erhoben
Man hätt es ihr fast nicht mehr zugetraut
Die Grippe war für sie ein Wink von oben
Sie ist seit Herbst schon nur noch Bein und Haut.

Sie hat zwei Tage nur noch Schleim erbrochen
Und war noch, als sie aufstand, weiß wie Schnee
Versehen war sie ja auch schon seit Wochen
Sie trank ja auch schon nichts mehr als Kaffee.

Jetzt stand sie ja noch einmal auf vom Tode
Es war doch noch zu früh, das Sterbesakrament
Sie hätte sich von ihrer Nußkommode
Ja doch recht ungern diesmal schon getrennt.

Wenn auch der Wurm schon drin ist, so ein altes
Stück wächst ans Herz. Die hätte es direkt
Vermißt, wie man so sagt. Nun, Gott erhalt es.
Sie hat jetzt noch mal Brombeern eingeweckt.

Auch hat sie sich die Zähne richten lassen.
Man ißt ganz anders, wenn man Zähne hat
Man legt sie nachts bequem in Kaffeetassen
Und hat sie morgens immer in die Stadt.

Sie hat auch einen Brief von ihren Kindern
Sie stehn von nun an ganz in Gottes Hand
Sie wird mit Gott noch einmal überwintern
Das schwarze Kleid ist auch noch gut im Stand.

Die Schuppen im sinkenden Blau, namenlos niedergebrochen,
Abstellgleise, ein rostender Kran, die versandete Avenue.
Königreiche des Niederganges, Länder von Diadochen,
Den letzten nunmehr und ohne den Ruhm in der Früh.

Umarmt von Spinnweb und schwärzlichem Isolierband
Steige hinab ins verkommene Interieur.
Dein Atem erkennt es und tastet mit warmer Tierhand
Über die feuchte Mauer und staubiges Zubehör.

Die Grenzen der Welt, die bröckelnde Endmoräne,
Schutt, versunkenes Holz, ein zerrißnes Sieb.
Die ausgedürsteten Wasserhähne
Bestätigen das Prinzip.

Nun lege zurück deinen Kopf und trinke
Vom Äther, vom grünen Absinth über dem Stacheldraht.
Dann gibt es kein Herz. Die Landschaft im toten Winkel,
Die gnadenlose, enthüllt das banale Plagiat.

Siehe des Himmels feinere Nervenstränge,
Die weißen Oktobersträhnen, das Ornamentengestrüpp.
Hast du Päane zur Hand, Hymnen, Sommergesänge,
Wirf sie zum alten Eisen, zum schorfigen Krangeripp.

Der Aufwand zuend, die schönen Zusammenbrüche
Im Garten Gethsemane, im Rhabarberkraut.
Dein Ohr ist geschärft, die seltsamen Urteilssprüche
Vernimmt es erneut, gewisser und nun vertraut.

Du gehst auf den schadhaften Stegen neben den Abfallgruben
Und findest die Absicht im Müll, im Kram.
Und wiederkehrte dein Hirn zu den helleren Kuben
Der Städte bei Tag, und was dir die Hoffnung nahm.

Wird abermals Ausfahrt sein, der reife Skorbut, die Sorge;
Dein neues Bewußtsein von Seuchen dahingerafft;
Die Hand voller Blut? Das scharlachne Haupt der Gorgo
Trägst du vorbei im hölzernen Wasserschaff.

Folge dein Blick den Bahnen der Sternharpunen!
Sie reißen den Vorhang auf und erlöschen im Wolkenwatt.
Das Abstellgleis, der rostende Kran: enträtselte Runen –
An Vinetas Geheimnis lehnst du dein Schulterblatt.

Die quälende Chiffre, du spürst sie nicht mehr, den Hiatus
Zwischen dem ich und der Welt.
Die Frage, du ahnst es, die skeptische des Pilatus
Wird anders gestellt.

Werner Riegel

Udo Köster

Autoren der Gruppe 47

Einige Voraussetzungen – »Der Ruf« – Hörspiele

Die unmittelbaren Nachkriegsprobleme wurden in den westeuropäischen Staaten bald durch innenpolitische Auseinandersetzungen und durch Kämpfe um das koloniale Erbe verdrängt. Dagegen war in Deutschland die Nachkriegszeit ein langer, von der voraufgegangenen wie von der nachfolgenden Periode scharf unterschiedener Epochenabschnitt. Krieg und Kriegsvorbereitung hatten in Deutschland alle gesellschaftlichen Bereiche seit 1933 bestimmt. Mit der militärischen brach die politische Organisation zusammen. Das Wirtschaftssystem schien zu folgen. Der Wegfall der totalen ideologischen Lenkung erzeugte Desorientierung. Über Perspektiven der alliierten Deutschlandpolitik gab es kaum verbindliche Vorstellungen.

In dieser Situation empfanden viele das Jahr 1945 als einen »Nullpunkt« der deutschen Geschichte. Es schien, als habe der Krieg die ganze Vergangenheit liquidiert, und man müsse (und könne) »ganz von vorn beginnen, ... mit neuen Methoden, unter anderen Voraussetzungen und mit besseren Zielen« (Hans Werner Richter).

Das bekannteste publizistische Organ dieser Erneuerungsbestrebungen war »Der Ruf«, eine politische Zeitschrift, in der auch wichtige literaturkritische Beiträge erschienen. Der »Ruf« entstand als »Zeitung der deutschen Kriegsgefangenen in USA« noch während des Krieges, wurde dort mit dem Heft vom 1. April 1946 eingestellt und erschien seit dem 15. August 1946 mit dem Untertitel »Unabhängige Blätter für die junge Generation« neu in München.

Der Münchener »Ruf«, herausgegeben von Alfred Andersch und Hans Werner Richter, richtete seine politischen Hoffnungen auf eine demokratische und sozialistische Erneuerung Europas. Im ersten programmatischen Artikel der Zeitschrift bekannte sich Alfred Andersch zu einem »neue(n), von aller Tradition abweichende(n), ... ein(em) sozialistische(n) Humanismus«. Für ihn sollte das sowjetische Vorbild nicht gelten; denn Andersch, bis 1933 Funktionär der KPD, hatte in den 30er Jahren zur stalinistischen Partei große Distanz gewonnen und forderte nun einen Sozialismus, der die demokratischen Freiheiten mit Entschiedenheit verteidigte: »Europas Jugend ... wäre bereit, das Lager des Sozialismus zu verlassen, wenn sie darin die Freiheit des Menschen aufgegeben sähe zugunsten jenes alten orthodoxen Marxismus.«

An der Verbindung von Sozialismus und Freiheit im ersten Artikel des »Ruf« wird schon das ganze Dilemma dieser Zeitschrift deutlich; es ist das Dilemma des demokratischen Sozialismus nach dem Zweiten Weltkrieg: Sozialistische Positionen widersprachen den Interesssen der amerikanischen demokratische Forderungen denen der sowjetischen Besatzungsmacht. Politisch zwischen den Stühlen, wurde der »Ruf« im April 1947 von der amerikanischen Militärregierung verboten, »wie man annimmt auf Grund einer russischen Intervention« (Richter).

Für die Nachkriegsentwicklung ist das Ende des »Ruf« ein deutliches Signal. Es zeigt, daß zur vermeintlichen »Stunde Null« die politischen Grenzen der deutschen Entwicklung längst abgesteckt waren: eine Sonderstellung zwischen den Blöcken, wie sie die Autoren des »Ruf« (und Teile der SPD) anstrebten, hätte die Politik der Besatzungsmächte nicht zugelassen.

Zugleich wird mit dem Verbot der Zeitschrift die Vertreibung der damals Zwanzig- bis Dreißigjährigen aus der aktiven Politik deutlich. Das Feld der Politik beherrschten bald jene alten Männer – Adenauer, Heuß, Pieck, Ulbricht (um nur die bekannteren zu nennen) –, die ihre entscheidende Prägung in der Weimarer Republik erfahren hatten. Und in ähnlicher Weise dominierten in der Literatur bald wieder Autoren aus der Zeit vor 1933: Thomas Mann, Stefan Zweig, Hermann Hesse, Bertolt Brecht (nicht Heinrich Mann und Alfred Döblin), Rainer Maria Rilke und (nach 1948) Gottfried Benn und Ernst Jünger.

Die jüngere Generation igelte sich ein in eine Haltung verbissener Entpolitisierung. »Sie schweigt«, schrieb Hans Werner Richter im »Ruf«, »aus dem sicheren Gefühl heraus, daß die Diskrepanz zwischen der bedrohten menschlichen Existenz und der geruhsamen Problematik jener älteren Generation ... zu groß ist, um überbrückbar zu sein.« Sie schwieg aber auch, uneingestanden, weil sie innerlich unsicher war. Geprägt durch das »Dritte Reich«, bewahrte sie in ihrer Sprache und in ihrem Denken lange die Spuren der nationalsozialistischen Begriffsverwirrung. In Artikeln unter der Rubrik »Aus dem Wörterbuch des Unmenschen« (Buchfassung 1957, Taschenbuch 1962) haben Dolf Sternberger, Gerhard Storz und W. E. Süskind in der Zeitschrift »Die Wandlung« zwischen 1945 und 1948 dieses zähe Fortbestehen nationalsozialistischer Sprach- und Denkklischees analysiert. Und noch bei den Gegnern des Nationalsozialismus im »Ruf« hat Urs Widmer (in der »Zeit« vom 26. 11. 1965) Elemente der nationalsozialistischen Propagandasprache nachgewiesen.

Nach der Währungsreform zog sich diese Generation weitgehend auf das enge Feld des wirtschaftlichen Wiederaufbaus zurück. Nationalsozialismus, Krieg und bittere Nachkriegserfahrungen verdrängte sie aus der Erinnerung. Das neue Selbstbewußtsein, das mit den wirtschaftlichen Erfolgen der 50er Jahre gewaltig wuchs, blieb unpolitisch, scheute intellektuelle Kritik und verhinderte mit einer übermäßigen Furcht vor Veränderungen die politische Anpassung an die sich ändernde Wirklichkeit.

Die Nachkriegsautoren haben sich geweigert, diesen Verdrängungsprozeß ihrer Generation mitzuvollziehen. Mit dem Verbot des »Ruf« aus der Politik und aus der Journalistik vertrieben, beharrten sie in der Literatur darauf, die aus dem öffentlichen Bewußtein verdrängten Themen weiter zu behandeln. Große Popularität haben sie damit zunächst nicht erlangt. Sie schrieben weitgehend gegen die konservativen Einstellungen des Publikums.

Für alle jüngeren Autoren gab es darüber hinaus ungewöhnliche materielle Schwierigkeiten, mehr als literarische Anfänger ohnehin schon haben: Nach dem Krieg wurden 12 Jahre Weltliteratur mit einem Male für deutsche Leser erreichbar. Autoren wie Gide, Hemingway, Joyce oder Proust waren bis dahin fast unbekannt. Die deutschsprachigen Autoren von Rang hatten seit 1933 ausnahmslos im Ausland publiziert. Einige erreichten nun in Deutschland hohe Auflagen. Neu gedruckt und gelesen wurden außerdem die von den Nationalsozialisten verbotenen Werke aus der Weimarer Zeit. Die Autoren des französischen →Existenzialismus, Jean Paul Sartre und Albert Camus, dann die neueren Surrealisten Samuel Beckett und Eugène Ionesco, und später auch die weniger bedeutenden Vertreter dieser Richtung fanden in Deutschland ein außerordentlich großes Publikum. Der literarische Markt war übervoll. Und während es vor der Währungsreform oft kein Papier zum Druck gab, fehlte nach der Währungsreform das Geld zum Kauf von Büchern.

Junge Autoren (mit all ihren Schwächen) hatten unter diesen Umständen nur äußerst geringe Erfolgschancen. Nicht zuletzt auf den erschwerten Zugang zu den Publikationsmitteln ist zurückzuführen, daß sie sich nach dem Verbot des »Ruf« zu Autorentagungen zusammenfanden, unveröffentlichte Manuskripte vorlasen und mündlich kritisierten.

Bei der Überbrückung dieser schwierigen Lage half ihnen der Rundfunk. Für die Literatur war er damals ein fast unbekanntes Medium und bot daher gerade jüngeren Autoren, die (eher als die Älteren) bereit waren, sich auf seine technischen Erfordernisse einzustellen, Publikationsmöglichkeiten und Einkünfte »Damals, in dieser Zeit, als wir anfingen, meine Generation, zu schreiben«, erklärte Heinrich Böll in einem Rundfunkinterview (1967), »hat der Rundfunk die Rolle des Mäzens übernommen im großen Sinne und im großartigen Sinne, und ich konnte eigentlich schon – sagen wir verhältnismäßig früh leben durch Rundfunkarbeit, durch rein handwerkliche Arbeit«. Ähnliches gilt für andere Schriftsteller. In einem »Rückblick auf die Blechtrommel« (1974) gibt Günter Grass an, daß er während der Arbeit an seinem Roman unter anderem davon lebte, daß der Süddeutsche Rundfunk seine unaufgeführten Theaterstücke einfach als Hörspiele sendete. Dieter Lattmann schreibt in seiner Literaturgeschichte, daß die meisten der Autoren aus der Gruppe 47 überwiegend vom Funk lebten.

Für einige Autoren wurde der Rundfunk auch mehr als nur ein Broterwerb zum Bücherschreiben. Sie nutzten die besonderen Bedingungen dieses Mediums für ihre literarische Produktion und schrieben Hörspiele von hohem künstlerischem Rang. Der Rundfunk, vom Publikumsgeschmack weniger abhängig als z. B. ein Verlag, bot früh die Möglichkeit zu literarischen Experimenten und machte damit das Hörspiel zu einer der wichtigsten Gattungen in der Literatur der 50er Jahre. Herausragende Werke sind Günter Eichs »Träume« (1951), Wolfgang Hildesheimers »Prinzessin Turandot« (1954) und Ingeborg Bachmanns »Der gute Gott von Manhattan« (1958).

Allerdings hat der Rundfunk die Autoren nicht auf Dauer an sich gebunden. Als die Gruppe 47 ihre erste Hörspieltagung veranstaltete (1960), war schon abzusehen, daß dieses Medium für die Literatur relativ an Bedeutung verlor. Zu diesem Zeitpunkt hatten junge Autoren auch keine außergewöhnlichen Schwierigkeiten mehr, wenn sie über den normalen Verlagsapparat veröffentlichen wollten. Dennoch haben später fast alle Schriftsteller – Franz Mon, Peter Handke, Ernst Jandl, Jürgen Becker – irgendwann auch für den Rundfunk gearbeitet; denn das Hörspiel bewahrte seine Offenheit für neue literarische Techniken und blieb für die Autoren ein wichtiges Experimentierfeld.

Organisation – Geschichte – Einige Autoren

»Die Gruppe 47 ist ein Papiertiger«, schrieb Reinhard Lettau 1967 als Motto vor einen Sammelband von Beiträgen über die Gruppe 47. Ein verhältnismäßig geringfügiger Anlaß genügte, und im selben Jahr gab es die Gruppe 47 nicht mehr. Nachdem bei der Tagung in der Pulvermühle (1967) auch einige Transparente von Studenten der »Außerparlamentarischen Opposition« aufgetaucht waren, beschlossen die versammelten Autoren, ihre Gruppentreffen aufzugeben. Eine der wichtigsten Institutionen der deutschen Nachkriegsliteratur löste sich nach zwanzigjährigem Bestehen auf. Die Gruppe sei nicht einmal ein Papiertiger gewesen, schrieb bald darauf Karl Markus Michel im »Kursbuch«, »sondern ein Schoßhund. Die Gruppe hat den rebellierenden Studenten weder Stichwörter geliefert noch Beifall gespendet.« Wer von den Jüngeren die Studentenbewegung für den Nabel des politischen Lebens hielt, fand sie reaktionär oder mindestens überflüssig, und für die etablierten Schriftsteller hatte sie längst keine Funktion mehr.

Hervorgegangen war die Gruppe 47 aus zwei Autorentreffen der Zeitschrift »Der Skorpion«, zu denen Hans Werner Richter nach dem Verbot des »Ruf« 1947 eingeladen hatte. Von der Zeitschrift kam nur eine Probenummer zustande, während die Treffen eine feste Einrichtung wurden. Strenggenommen gab es von der Gruppe 47 nie mehr als diese Autorentreffen.

Bis zum Ende der Gruppe entschied Hans Werner Richter über die Einladungen. Die Eingeladenen trafen sich, zunächst halbjährlich, dann einmal im Jahr, meist in einem ländlichen Gasthaus, lasen und kritisierten eigene Texte und verliehen ab 1950 den »Preis der Gruppe 47«. Er wurde an einen unbekannten Autor für seinen auf der Tagung vorgelesenen Text vergeben.

Fast alle Preisträger behaupteten später einen anerkannten Platz in der Nachkriegsliteratur. Aus dieser für einen Nachwuchspreis an sich ungewöhnlichen Tatsache ist sowohl auf das sichere literarische Urteil der Gruppe, wie auf ihre Macht, die öffentliche Meinung zu manipulieren, geschlossen worden. Wenn der Gruppenpreis vor allem am Ende der 50er Jahre einen gewissen »Markteinfluß« gewann, so lag das sicher nicht an der organisierten propagandistischen Aktivität der Gruppenmitglieder. Vielmehr waren mit den Erfolgen der ersten Preisträger (Günter Eich 1950, Heinrich Böll 1951) hohe Erwartungen geweckt worden, die der Preisentscheidung ein starkes publizistisches Echo verschafften.

Die Autoren selbst wären zu koordiniertem Handeln nie imstande gewesen. »Die meisten betrachteten einander gleichgültig . . . Bosheit und Wohlwollen waren nicht anders gemischt als bei einem Geburtstagsfest, bei einer Beerdigung oder einer Kirchweih«; eigentlich sei die Gruppe nicht mehr als »das Zentralcafé einer Literatur ohne Hauptstadt«, schrieb Hans Magnus Enzensberger in einem witzigen Essay zum 15jährigen Bestehen der Gruppe im »Almanach der Gruppe 47« (1962).

Aus der subjektiven Sicht der meisten Gruppenmitglieder ist das sicher richtig. Rückblickend wird aber deutlich, daß auch einige objektive Gemeinsamkeiten bestanden und daß es einen Bestand gemeinsamer Einstellungen gab, der für den Zusammenhalt der Gruppe die Voraussetzungen lieferte.

Wichtig ist, daß alle Autoren der Gruppe als Nicht-Etablierte begannen. Auch Mitglieder, die erst spät zur Gruppe 47 kamen, waren jeweils zum Zeitpunkt, als sie zur Gruppe stießen, weitgehend noch unbekannt. Von den materiellen Schwierigkeiten aller Anfänger war die Rede.

Innerhalb der Gruppe bestand eine auffallende Scheu vor →ideologischen Fixierungen der Literaturtheorie. Der als Reaktion auf die nationalsozialistische Ideologisierung der Kultur entstandene handwerklich-technische Stil der Literaturkritik ermöglichte lange Zeit die Koexistenz verschiedener politischer Positionen. Die ideologische Askese schwand mit der Renaissance der marxistischen Ideologien in den 60er Jahren, und die Reideologisierung der Literaturproduktion erwies sich dann auch für die Gruppe als Sprengstoff.

Auffallend ist ferner die bewußte Traditionslosigkeit der Nachkriegsliteratur. Zwar gab es für einzelne Muster und Vorbilder; aber es fehlte eine bewußte Anknüpfung, es fehlte überhaupt die Diskussion der eigenen Voraussetzungen. Ähnlich wie in der Politik glaubte man in der Literatur an einem »Nullpunkt« zu stehen und völlig von vorn zu beginnen.

Zu Autoren der älteren Generation bestanden daher keine oder nur negative Beziehungen. Mit großer Schärfe hatte der »Ruf« gegen die »Kalligraphen« (Schönschreiber) der »inneren Emigration« polemisiert. Schriftsteller, die, wie Werner Bergengruen oder wie Hans Carossa, in der Nazizeit ihre idyllischen Geschichten publiziert hatten, die Naturgedichte schrieben oder die verschimmelten Probleme aus einer heilen Welt weiter behandelten, als ob nichts geschehen wäre, kritisierte der »Ruf«: »Die offiziellen Wächter, welche das geistige Leben bei uns unter Kontrolle hielten, duldeten und förderten diese Idylliker . . . (Sie waren) Falschmünzer . . ., die dazu beitrugen, die Verwirrung, in die wir gerieten, noch zu erhöhen, denn sie taten das ihre, um vor den Schädelstätten und Gräberreihen wohlproportionierte Fassaden zu errichten, hinter denen das Vertierte sich austoben konnte«. Nach 1945, als vergangene Greuel und gegenwärtiges Elend die heile Welt der Schönschreiber unübersehbar Lügen straften, sind diese Autoren ihrer idyllischen Kleinkunst treu geblieben. Die Gruppe 47 hat sie ignoriert. Es war nur ein Nachklang der Angriffe des »Ruf«, als Alfred Andersch 1952 auf einige böswillige Polemiken des Essayisten Friedrich Sieburg voll Verachtung entgegnete: »Laßt sie doch unter sich, die alten Nazis und die sandkuchenmürben Esoteriker! Laßt die bösen alten Herren ruhig ›europäische Geistigkeit‹ spielen . . . Unter ihren Cutaways verbirgt sich nichts als die senile Impotenz . . .«

Gegenüber der äußeren Emigration bestand Fremdheit und allenfalls respektvolle

Am Anfang standen die Autorentreffen. Man traf sich zunächst halbjährlich, dann nur noch einmal im Jahr, um neue literarische Produktionen vorzulesen und zu diskutieren. In unregelmäßigen Abständen wurde der Preis der Gruppe verliehen. Die ersten Preisträger waren Günter Eich (1950) und Heinrich Böll (1951). Man kann von einer ›ersten‹ Generation der Autoren sprechen, die sich in den 50er Jahren stark an lyrischen Genres orientierten (Gedichte, Hörspiele) – Günter Eich und Ilse Aichinger sind hier vor allem zu nennen. Ende der 50er Jahre entstehen dann die Romane von Martin Walser, Uwe Johnson, Günter Grass und verändern damit das Gesicht der Gruppe: das Vordringen eines sozialkritischen Engagements gibt dieser ›zweiten‹ Generation ihren mehr politischen Charakter. Die stärker gewordenen Gegensätze waren nicht mehr überbrückbar, 1967 fand die letzte Tagung statt. Günter Grass war schon 1965 für die SPD in den Wahlkampf gezogen. Heinrich Böll, Literaturnobelpreisträger des Jahres 1972, wurde in den 60er Jahren zum scharfen Kritiker der bundesrepublikanischen Verhältnisse, nachdem er lange als »liebenswerter Empörer« mißverstanden worden war.

H. D.

Lesung der Gruppe 47

Heinrich Böll (rechts oben)

Günter Grass im Wahlkampf (München 1969) (rechts)

Autoren der Gruppe 47

Distanz. Diese Haltung ist nicht ganz unverständlich, denn literarisch bedeutende Werke wie Thomas Manns »Doktor Faustus« (→ S. 352 f.) deuteten die nahe Vergangenheit mit Vorstellungen von Dämonie, Künstlertum und metaphysischer Schuld, d. h. mit Vorstellungen aus dem Traditionsbestand der bürgerlichen Kultur des 19. Jahrhunderts, zu denen die Jüngeren keinen Zugang hatten. Sie suchten diesen Zugang auch nicht; denn auf sie wirkte »vor dem rauchgeschwärzten Bild dieser abendländischen Ruinenlandschaft . . . jede Anknüpfungsmöglichkeit nach hinten . . . wie Paradoxie« (H. W. Richter). Und neben Hemingway oder neben den französischen Existenzialisten schien der kultivierte Stil Thomas Manns veraltet. Thomas Mann wiederum fand »das Benehmen der 47er bei ihrer Vorlesung . . . pöbelhaft bis zur Unglaubwürdigkeit und nur bei dieser Rasselbande möglich«. Es gab zunächst einfach keine gemeinsame Sprache mehr, und die Gruppe 47 blieb fast ohne Beziehung zur literarischen Tradition.

Die ersten charakteristischen Werke aus dem Umkreis des »Ruf« versuchten, den Leser durch einen nüchternen, schnörkellos knappen Stil zu erreichen. Nach der ideologischen Korruption der Sprache durch den Nationalsozialismus sollte die Wahrheit aus einzelnen genauen Warhnehmungen, durch präzises Benennen der Dinge neu gewonnen werden. Es entstand eine spröde, unpathetische Literatur, die rückblickend oft als »Kahlschlag-Literatur« bezeichnet wurde.

Der Ausdruck »Kahlschlag-Literatur« geht auf Bemerkungen Wolfgang Weyrauchs in der Einleitung zu seiner berühmten Kurzgeschichtensammlung »Tausend Gramm« (1949) zurück. Angewandt auf die gesamte Literatur dieser Zeit ist er etwas irreführend, weil er wichtige Unterschiede verwischt. Zunächst bestanden nebeneinander eine stärker literaturimmanente ästhetische Richtung (der gelegentlich so genannte »magische Realismus«) und eine eher politisch orientierte Richtung des dokumentarischen Realismus. Letztere wurde vor allem von Autoren des »Ruf« (Alfred Andersch, Walter Kolbenhoff und H. W. Richter) vertreten.

Das bekannte und sehr schöne Gedicht »Inventur« von Günter Eich zum Beispiel, das für ein Muster der Kahlschlag-Literatur gilt, zeigt schon eine empfindsame Poetisierung der Wirklichkeit, die dann in Eichs Hörspielen »Träume« (1951) und »Die Mädchen aus Viterbo« (1953) oder in Ilse Aichingers Roman »Die größere Hoffnung« (1948) weiter entfaltet ist. Hier wird die bittere Erfahrung der Realität in ein dichterisches Universum eingefügt, in dem der Einzelne mit seiner Angst und mit seinem realen Leiden versöhnt scheint. Es ist ein Akt poetischer Sinngebung, den Eich mit der Bemerkung rechtfertigt: »Ich bin Schriftsteller, das ist . . . die Entscheidung, die Welt als Sprache zu sehen.«

Daneben stand die Entscheidung anderer Autoren, die Welt stärker unter politischen Gesichtspunkten zu sehen. In der Literatur bedienten sie sich vor allem autobiographischer und dokumentarischer Formen. Wichtige Zeugnisse sind die Romane »Die Geschlagenen« (1949) von Hans Werner Richter und »Die Kirschen der Freiheit« (1952) von Alfred Andersch, sowie »Sie fielen aus Gottes Hand« (1952), Berichte aus deutschen Lagern von Hans Werner Richter.

Die dokumentarische Literatur entsprach oft nicht der traditionellen Vorstellung von Dichtung. (Als zum Beispiel Richter für »Sie fielen aus Gottes Hand« den René-Schickele-Preis bekam, hat die Jury zuvor lange darüber diskutiert, ob es sich bei diesem Werk überhaupt um Kunst handele.) Allgemein akzeptiert wurde die dokumentarische Literatur erst in den 60er Jahren. Einige durch ihren Inhalt aufsehenerregende Stücke des dokumentarischen Theaters wirkten hier bahnbrechend: »Der Stellvertreter« (1963) von Rolf Hochhut, »In der Sache J. Robert Oppenheimer« (1964) von Heinar Kipphardt, »Die Ermittlung« (1965) von Peter Weiss und »Die Plebejer proben den Aufstand« (1966) von Günter Grass. Diese Stücke lösten heftige Diskussionen über das Verhältnis von historischer Treue und dichterischer Freiheit aus. Im Verlauf der Diskussion wurde dann der Kunstcharakter dieser dokumentarischen Literatur recht deutlich, und nach dem großen Erfolg von Günter Wallraffs »Industriereportagen« (1966) und von Erika Runges »Bottroper Protokollen« (1968) konnte eine Zeitlang sogar von einer dokumentarischen Mode in der westdeutschen Literatur gesprochen werden. (Die meisten Autoren dieser dokumentarischen Literatur blieben übrigens außerhalb der Gruppe 47.)

In den 50er Jahren hat die dokumentarische Literatur keine Rolle gespielt. Für die Leser (und wohl auch für die Literaturgeschichte) bot das frühe Werk Heinrich Bölls die repräsentative literarische Gestalt der Nachkriegsthematik. Die ›klassischen‹ Romane dieser Zeit sind Bölls »Und sagte kein einziges Wort« (1953) und »Haus ohne Hüter« (1954). Sie zeigen, wie bei dem planlos-optimistischen Wiederaufbau der 50er Jahre brutal beiseitegedrängt wurde, wer mit den seelischen und materiellen Kriegsfolgen nicht aus eigener Kraft fertig wurde. Die Not der Schwachen erschien in den Augen der Erfolgreichen als Unmoral; und mit dem besten Gewissen versetzten deshalb die sozial Stärkeren – bei Böll oft repräsentiert durch Vertreter des frommen katholischen Bürgertums (dem er selbst angehört) – den Schwächeren den Tritt, der sie auf lange Zeit ins Elend stieß.

Damit eröffnen Bölls Romane eine sehr kritische Perspektive auf die Bundesrepublik der Adenauer-Ära. Aber soziales Engagement blieb in den 50er Jahren eine Sache für Minderheiten. Während des schnellen Wirtschaftsaufschwungs erlebten die meisten eine spürbare Verbesserung ihrer Lage, und auch wenn sie am wachsenden Wohlstand nur einen bescheidenen und an der wirtschaftlichen Macht gar keinen Anteil hatten, rechneten sie sich doch selbst oft zu den Erfolgreichen, die es sich leisten könnten, unter Verzicht auf soziale Fortschritte ihre eigenen Hoffnungen ganz mit den Interessen der wirtschaftlich Mächtigen zu verknüpfen. Für die CDU war es die Zeit der größten Wahlerfolge. 1957 erreichte sie das Rekordergebnis von 50,2% der Stimmen.

Bölls Kritik wurde in dieser Zeit offener und schärfer. »Billard um halbzehn« (1959) interpretiert die Gegenwart vor dem Hintergrund der Entwicklung einer bürgerlichen Familie seit der Jahrhundertwende, »Ansichten eines Clowns« (1963) thematisieren den Bruch mit den geltenden Konventionen in der Gegenwart. Aber der Dichter Böll schuf sich kaum Feinde. Lange vor der Verleihung des Nobelpreises international anerkannt, war er zugleich ein populärer Autor. Wie kaum ein westdeutscher Nachkriegsschriftsteller wurde Böll in den kommunistischen Ländern verbreitet. Und er fand gleichzeitig, wie ein Literaturkritiker überrascht bemerkte, »den Beifall desselben Establishments, das er in seinen Romanen immer wieder und von immer wieder anderen Gesichtspunkten angreift« (Stefan Heym). Das alles ist so ungewöhnlich, daß es der Erklärung bedarf.

Ein Grund liegt sicher in der Verständlichkeit Bölls. Die Geschichten haben einen einfachen menschlichen Kern: eine Liebesbeziehung, Jungen, die ohne Vater aufwachsen, ein Ehepaar. Das Verhalten der Mächtigen, der mit Worten Humanen, wird immer wieder auf diesen menschlichen Kern bezogen. Bölls Urteile bleiben so nachvollziehbar, auch unter ganz anderen gesellschaftlichen Bedingungen. Freilich hat gerade die Konkretheit und die einfache, unideologische Menschlichkeit der Geschichten Bölls manchem Leser auch die kritischen Spitzen verdeckt, und er sah nur ein Lob des einfachen Lebens oder eine Art »soziales Biedermeier« (Armin Eichholz), wo Böll die Bedrohung der elementaren menschlichen Beziehungen durch die Ausspielung sozialer Machtpositionen sichtbar machte. Ein zumindest in diesem Fall nicht sehr scharfsichtiger Kritiker konnte sein Urteil sogar in der gemütlichen Bemerkung zusammenfassen: »So ist Heinrich Böll: ein Empörer, aber ein liebenswerter.«

Dabei war Bölls Haltung manchmal bis zur Ungerechtigkeit starr, politisch blind in dem Bedürfnis nach einfacher moralischer Orientierung, vorschnell, radikal und unüberlegt bis zum Selbstwiderspruch. Darauf haben ihn aus verschiedenen Anlässen Günter Gaus und Dolf Sternberger und später Dieter Posser hingewiesen. (Nachzulesen in Marcel Reich-Ranickis Sammelband »In Sachen Böll« bzw. im »Spiegel« vom 24. Januar 1972.)

Allerdings hat der Künstler Böll den politischen Kritiker in gewissem Umfang neutralisiert. Bölls Stil hat zwar die »magische« Entmaterialisierung der Wirklichkeit nicht nachvollzogen. Aber er zeigte in der erzählten Wirklichkeit ›bedeutende‹, symbolische Zusammenhänge. Und die Verwendung von symbolischen Elementen innerhalb seines realistischen Stils hat Kritiker veranlaßt, das Parabelhafte an Bölls Geschichten hervorzuheben oder von »Legenden« zu sprechen. »Von Anfang an suchte er das Gleichnis, die Überhöhung«, schreibt Hans Schwab-Felisch. Wo Gleichnis und Überhöhung gefunden werden, übersieht der Leser leicht die konkrete Kritik.

Böll hat sich gegen eine solche museale Isolierung gewehrt. Er wollte nicht die Narrenfreiheit des Künstlers genießen, der alles sagen darf, weil Kunst eine ›höhere‹ Welt ist, die niemand ernst nimmt, selbst wenn sie die Gesellschaft attackiert. Wütend bemerkte er 1965, die Gesellschaft erwarte ja inzwischen von der Literatur geradezu Prügel, »aber kann es denn wirklich noch Spaß machen, mit dem Knüppel dauernd in einen immensen Brei von Schlamm zu schlagen?«

In dieser Zeit wurde Böll zum kritischen Einzelgänger. Seiner kompromißlosen Konsequenz genügte keine politische Organisation mehr. Die Annäherung der Mehrheit der Gruppe 47 an die SPD hat er als »albern oder selbstmörderisch« verworfen. Und während andere Autoren, etwa Günter Grass bei seinen Wahlreisen, unter heftigen politischen Beschuß gerieten, weil sie sich für eine konkrete – wenngleich von Kompromissen geprägte – politische Alternative engagierten, blieb der in seinem Selbstverständnis radikalere Heinrich Böll relativ unbehelligt. Als Autor allseits geschätzt, empfand kaum jemand seine abstrakte Radikalität als Bedrohung.

Wie sehr sich Bölls Position inzwischen gewandelt hat, zeigt sein Band »Neue politische und literarische Schriften« (1973).

Die zweite Generation – Politisierung – Ende der Gruppe

Während der Blütezeit des Konservatismus hatten sich in den 50er Jahren viele Autoren der Gruppe 47 stärker lyrisch geprägten Formen wie dem Hörspiel oder dem Gedicht zugewandt. Auch Autoren, die neu in die Gruppe kamen, begannen oft mit Gedichtbänden. Von Ingeborg Bachmann erschien »Gestundete Zeit« (1953), von Günter Grass »Die Vorzüge der Windhühner« (1956), von Hans Magnus Enzensberger »verteidigung der wölfe« (1957). »Das Schwergewicht der Auseinandersetzungen hat sich auch innerhalb der Gruppe 47 von der Prosa zur Lyrik verlagert«, schrieb der Literaturkritiker Hans Schwab-Felisch über die Gruppentagung in Niederpöcking. Und außerhalb der Lyrik, etwa in den Romanen »Linus Fleck oder der Verlust der Würde« (1955) von Hans W. Richter und »Die Rote« (1960) von Alfred Andersch, war die Resignation der alten »Ruf«-Autoren unübersehbar.

Als erstes Zeichen des politischen Rückzugs war bereits die Verleihung des Preises der Gruppe an Günter Eich gedeutet worden. Der Eindruck festigte sich später. 1951 berichtet ein französischer Beobachter: »Man sprach von einer Literatur der Flucht«, und über die Selbstdarstellung der Gruppe in ihrem »Almanach« von 1962 schrieb Hermann Kesten: »Keine andere europäische Literatur ist so zeitlos, wie dieser Ausschnitt der deutschen Literatur, den der ›Almanach‹ präsentiert . . .«

Zum Ende der 50er Jahre veränderte sich das Gesicht der Gruppe allmählich durch die jüngeren Autoren. 1957 veröffentlichte Martin Walser »Ehen in Philippsburg«, den ersten seiner satirischen Romane aus dem Leben der arrivierten bürgerlichen Mittelschicht.

Von Uwe Johnson erschienen 1959 »Mutmaßungen über Jakob«. Der Roman wurde eines der wichtigsten Werke der Nachkriegsliteratur. Der Autor – er hatte kurz zuvor die DDR verlassen – rekonstruiert darin die Geschichte eines jungen Mannes, der nach einer Reise in die Bundesrepublik in die DDR zurückkehrt und dort unter ungeklärten Umständen zu Tode kommt. Aus den vielfältigen genauen Beschreibungen von Jakobs Leben, von Personen, mit denen er umgeht, und ihrer Geschichte ergibt sich aber keine bündige Deutung des Geschehens. Es bleibt bei Mutmaßungen. Eine Deutung kann der Leser nur finden, wenn er sein eigenes Wissen außerhalb des Romans ins Spiel bringt. »Der zeitgenössische Autor . . . verlangt von ihm [dem Leser] nicht, daß er eine abgeschlossene, sinnerfüllte Welt entgegennehme . . . Er verkündet im Gegenteil, daß er seiner Mithilfe unbedingt bedarf, seiner aktiven, bewußten, schöpferischen Mithilfe.« Das ist, formuliert von Alain Robbe-Grillet, eine zentrale These des französischen »nouveau roman«, mit dem Johnsons Stil häufig in Verbindung gebracht wird. Aber während der »nouveau roman« oft künstlich wirkte, weil er die Leser mit Rätseln verschreckte, die sie nicht verstanden, die sie langweilten oder über die nachzudenken sie nicht motiviert waren, ist die Zurücknahme einer definitiven Deutung auf dem politischen Hintergrund der Romane Johnsons ganz plausibel. Denn dort spiegelt sie die reale Ungewißheit über die individuellen Lebensmöglichkeiten im geteilten Deutschland. Sie lenkt die Verwirrung des Lesers um in Reflexionen über die politische Situation und seine eigene Stellung darin.

Trotz dieser Konkretheit blieb Johnson auch mit seinen späteren Romanen (»Das dritte Buch über Achim«, 1961; »Karsch und andere Prosa«, 1965) der Autor eines kleinen, intellektuellen Publikums. Dagegen wurde die ebenfalls 1959 erschienene »Blechtrommel« von Günter Grass eines der spektakulärsten Ereignisse der Nachkriegsliteratur. Die Lebensbeschreibung ihres zwergenhaften Helden, ein Zerrspiegel der deutschen Geschichte und die bösartig-scharfsichtige Darstellung der Kleinbürgerwelt, hat selbst literarische Analphabeten dazu gebracht, ihre Empörung der Öffentlichkeit kundzugeben. (Bis 1963 war gegen Grass etwa zweidutzendmal Strafanzeige wegen Pornographie, Obszönität und Blasphemie erstattet worden; einen halben Erfolg gab es allerdings nur einmal in Bayern, wo ein Gericht feststellte, man könne Grass in der Tat ungestraft als »Verfasser übelster pornographischer Ferkeleien und Verunglimpfungen der katholischen Kirche« bezeichnen.)

Zwar haben diese öffentlichen Auseinandersetzungen nicht das Verständnis, wohl aber die Verbreitung des Romans gefördert. Als sich dann die Aufregung über einige unverblümte Darstellungen legte, wurde – spätestens mit dem Erscheinen seiner nächsten beiden Bücher (»Katz und Maus«, 1961; »Hundejahre«, 1962) – der hohe literarische Rang dieses Autors anerkannt. In den 60er Jahren ist Grass wohl der am meisten prämiierte Schriftsteller aus der Gruppe 47.

In den genannten drei Prosawerken hat sein suggestiver, bildhaft-anschaulicher Stil in Landschaft und kleinbürgerlichem Milieu Danzigs aus der Zeit vor dem Krieg einen lebendigen, dichten Hintergrund der Geschichten geschaffen. Mit »Örtlich betäubt« (1969) wandte Grass sich Gegenwartsproblemen zu. Der Roman ist formal komplizierter, intellektueller, dem Anschein nach weniger spontan und phantasievoll; bei den deutschen Kritikern stieß er auf eine zwiespältige Aufnahme, vielleicht auch, weil er dem Klischee, das man sich bis dahin von Grass gemacht hatte, so wenig entsprach.

Günter Grass hat versucht, seinen literarischen Ruhm auch politisch zu nutzen. 1965 ging er für Willy Brandt und für die SPD auf Wahlreisen. Das war zugleich ein Zeichen für die allmähliche Reïntegration der Literatur in den politischen Alltag.

Politische Veränderungen waren vorangegangen. 1963 endete mit dem Rücktritt Konrad Adenauers eine wichtige Epoche der Nachkriegsgeschichte. Aber die Entwicklungen innerhalb der CDU haben für die Gruppe 47 kaum je eine Rolle gespielt. Für sie war von Bedeutung, daß die Opposition einen tiefgreifenden Wandel durchmachte. Die SPD akzeptierte zuvor bekämpfte außenpolitische Realitäten der 50er Jahre (EWG und NATO). In ihrem »Godesberger Programm« (1959) fixierte sie einen prekären Kompromiß zwischen alten Sozialisierungsforderungen und neuen marktwirtschaftlichen Konzepten der Wirtschaftslenkung. Und seitdem warb sie, in den 60er Jahren mit wachsendem Erfolg, um neue Wählerschichten der politischen Mitte. Bei den Intellektuellen stieß diese Abkehr vom traditionellen Charakter einer Arbeiterpartei vielfach auf Ablehnung. Die Autoren der Gruppe 47 haben in den meisten ihrer Beiträge zu dem Taschenbuch »Die Alternative oder Brauchen wir eine neue Regierung?«, das Martin Walser 1961 zur Bundestagswahl herausgab, den sozialdemokratischen Kurs zur Mitte kritisiert. Für die SPD waren sie hauptsächlich deshalb, weil sie die CDU gar nicht mochten.

Wähler erreichten die Schriftsteller damals wohl nicht; aber sie selbst taten einen ersten Schritt in die konkretere Politik. 1965 wirkten dann von den 47ern neben Grass noch Siegfried Lenz und Paul Schallück bei der sozialdemokratischen Wählerinitiative mit, und in Berlin organisierten jüngere Autoren ein »Wahlkontor«, in dem sie der SPD Formulierungshilfen ausarbeiteten. Freilich fand dieser Kurs innerhalb der Gruppe auch entschiedene Kritiker, die, wie Heinrich Böll, diese Annäherung an die SPD »peinlich« fanden. Sie sahen nicht genügend grundlegende Unterschiede der Parteien. In seiner berühmten ersten Wahlrede (»Es steht zur Wahl«, 1965) hielt ihnen Grass entgegen, daß es auch gar nicht »zwischen Engeln und Teufeln zu wählen gilt«. Und als er den Wahlausgang 1965 enttäuschend fand, rechnete er bei der Entgegennahme des Büchnerpreises in einer ätzend scharfen Rede »Über das Selbstverständliche« (1965) mit seinen radikaleren Kollegen innerhalb der Gruppe 47 ab: »Die hohe Schule des Geistes vermag eben jede peinliche Alltäglichkeit just in eine Parabel zu verwandeln . . . Die Utopie machts möglich. Sie, der Aufklärung verwöhntes Kind – neben sechs anderen Kindern, die sich bis heute im Tagelohn abrackern müssen – sie darf sich alles wünschen und findet am Ende wie Robinson sogar einen freundlichen Freitag. – O Ihr schmalbrüstigen Radikalen, denen Reformen zu langsam und zu widersprüchlich verlaufen. Ihr redet Revolutionen das Wort, die längst stattgefunden und sich selbst umgebracht haben, während die viel verlachten Reformisten . . . ihr Programm den wechselnden Zeiten anpassen, also – von Kompromissen gehemmt, unendlich langsam – vom Fleck kommen . . .«

Als die SPD dann 1966 für drei Jahre die »miese Ehe« (Grass) einer Großen Koalition mit der CDU einging, brachen die politischen Differenzen innerhalb der Gruppe 47 in aller Schärfe auf. Einige Autoren erklärten sich fürs Auswandern; anderen schien es »sinnlos, Zeitverschwendung, sich parteipolitisch zu engagieren« (Böll). Grass, obwohl enttäuscht, hielt der SPD in kritischer Solidarität die Stange. Enzensberger und seine Zeitschrift »Kursbuch« näherten sich der »Außerparlamentarischen Opposition«, und Martin Walser sympathisierte mit der sich neu gründenden kommunistischen Partei (DKP). Die positiven politischen Bekenntnisse ließen sich auf keinen gemeinsamen Nenner bringen, und mit dem Ende der Ära Adenauer hielt auch die Negation der konservativen Politik die Gruppe nicht mehr zusammen. Die Bindungen jedes einzelnen der Autoren an politische Positionen wurden stärker als die Beziehungen der Schriftsteller untereinander.

Dieser Prozeß ist inzwischen vorangeschritten. Die Große Koalition war eine Episode. Die Gruppe 47 ist fast vergessen. Die Schriftsteller organisierten sich in einer gewerkschaftlichen Interessenvertretung, dem Verband deutscher Schriftsteller (VS) in der Industriegewerkschaft Druck und Papier. Heinrich Böll fand ein parteipolitisches Engagement wieder sinnvoll und sprach auf dem Wahlparteitag der SPD 1972 im Namen der sozialdemokratischen Wählerinitiative. Martin Walser schickte »Wahlgedanken« (1972) an den DKP-Vorsitzenden und wünschte sich von der DKP nur ein bißchen mehr »Parteilichkeit für das Hiesige. Einmal auch eine Differenz zur Sowjetunion. Einmal auch eine Kritik an der DDR . . .« (Er erhielt in diesem Punkt eine Absage.) Und Günter Grass erneuerte in den Berichten »Aus dem Tagebuch einer Schnecke« (1972) sein Bekenntnis zum Fortschritt durch Reformen.

Die »heimatlose« literarische Linke hat ihre Sonderstellung als Gruppe über den kämpfenden Parteien aufgegeben und formuliert ihre Positionen im Spektrum der bundesrepublikanischen Normalität.

Ohne Kenntnis der politischen Nachkriegsentwicklung ist ein Verständnis der Literatur nicht möglich. Umfassend, mit wissenschaftlichem Anspruch und doch gut lesbar informiert Alfred Grosser, »Deutschlandbilanz. Geschichte Deutschlands seit 1945« (München 1970). Spezielle Aspekte behandeln Thomas Ellwein, »Das Regierungssystem der Bundesrepublik Deutschland«, Köln und Opladen 1965 und Heino Kaack, »Geschichte und Struktur des deutschen Parteiensystems« (Schwerpunkt BRD), (Opladen 1971).

Eine ausgezeichnete Gesamtdarstellung der literarischen Entwicklung seit 1945, zugleich als Nachschlagewerk zu benutzen, ist Dieter Lattmann (Herausgeber), »Die Literatur der Bundesrepublik« (München / Zürich 1973). (Für das Gebiet der DDR: Konrad Franke, »Die Literatur der Deutschen Demokratischen Republik«, München/Zürich 1971). Daneben gibt es Sammelbände mit Beiträgen von sehr unterschiedlichem Gewicht. Manfred Durzak (Herausgeber), »Die deutsche Literatur der Gegenwart. Aspekte und Tendenzen« (Stuttgart 1971) dürfte wegen der zum Teil sehr speziellen Fragestellungen nur für Germanisten interessant sein; Thomas Koebner (Herausgeber), »Tendenzen der deutschen Literatur seit 1945« (Stuttgart 1971) und darin besonders der Artikel von Frank Trommler, »Der zögernde Nachwuchs. Entwicklungsprobleme der Nachkriegsliteratur in West und Ost« vermittelt eine gute erste Übersicht. Dietrich Weber (Herausgeber), »Deutsche Literatur seit 1945 in Einzeldarstellungen« (Stuttgart 2/1970) behandelt nur einzelne Autoren und beschränkt sich dabei meist auf literaturimmanente Interpretationen von begrenztem Wert; nützlich sind vielleicht die bibliographischen Angaben bei jedem Kapitel.

Die wichtigsten in der Presse erschienenen Äußerungen zur Gruppe 47 sind in »Die Gruppe 47. Bericht, Kritik, Polemik. Ein Handbuch«, herausgegeben von Reinhard Lettau, zusammengestellt (Neuwied/Berlin 1967). Über die ganz frühe Nachkriegsliteratur gibt es eine hervorragende germanistische Untersuchung von Volker Christian Wehdeking: »Der Nullpunkt. Über die Konstituierung der deutschen Nachkriegsliteratur (1945–1948) in den amerikanischen Kriegsgefangenenlagern« (Stuttgart 1971).

Leo Kofler

Beckett · Warten auf Godot

»En attendant Godot« (Erstdruck Paris 1952. Uraufführung Paris 1953)
Schauspiel von Samuel Beckett (*13. 4. 1906)

In seinem Theaterstück »Godot« bedient sich Samuel Beckett – zur Symbolisierung der Sinn- und Bedeutungslosigkeit aller Weltinhalte – einer fast leeren Bühne. Das einzige Requisit ist ein verdorrter Baum. Die totale Sinnlosigkeit ihrer Existenz drängt die Hauptdarsteller Wladimir und Estragon zum Selbstmord, worin sich der »Sinn« dieses Baumes erfüllt. Eine geschlossene Handlung hat das Stück eigentlich nicht. Sie ist erzählt, wenn darauf hingewiesen wird, daß die beiden, gleichsam das zeitlos Menschliche verkörpernden Vagabunden einem unbestimmten Ziel entgegenwandern in der Hoffnung, daß der utopische Erlöser Godot ihnen begegnen werde. Es erweist sich aber als hoffnungslos, zu hoffen, weshalb am Ende der Selbstmord als die einzige Lösung sich anbietet. Da aber selbst der Entschluß zum Selbstmord eine Tat wäre, Wladimir und Estragon jedoch keiner Tat fähig sind, bleibt auch dieser aus. Es gibt keinen Anfang und kein Ende, es geschieht nichts, auch dann nicht, als Pozzo und Lucky, die den »Herrn« und den »Knecht« symbolisieren, den Weg der beiden Hauptakteure kreuzen. Das hochtrabend gelehrte und endlose Reden Luckys verrät, daß er kein gewöhnlicher Knecht ist, sondern der eigentliche Knecht dieser von ihm erhaltenen Welt, nämlich der ständig →Ideologien im Dienste der Welt-»Ordnung« produzierende Intellektuelle.

Biographie

1906	am 13.4. in Dublin geboren; Studium am Trinity College
1928	Aufenthalt in Frankreich, wo er in Paris 2 Jahre Englisch lehrte Sekretär von James Joyce, von dem er stark beeinflußt ist
1930	Lektor der französischen Sprache in Dublin
1938	»Murphy«, Roman (dt. 1959)
Seit 1938	in seiner Wahlheimat Frankreich
1951	avantgardistische Kritiker entdecken sein erstes, direkt französisch geschriebenes Werk, die Roman-Trilogie »Molloy« (dt. 1954, 1961)
1953	»En attendant Godot«, Drama (dt. »Warten auf Godot«, 1953)
1957	»Fin de partie«, Drama (dt. »Endspiel«, 1957, 1960)
	»Tous ceux qui tombent«, Drama (dt. »Alle, die da fallen, 1957)
	»Acte sans paroles«, Drama (dt. »Akt ohne Worte«, 1957)
1959	»Krapp's Last Tape«, Drama (dt. »Das letzte Band«, 1961)
1961	»Comment c'est«, Roman (dt. »Wie es ist«, 1961)
1962	»Happy Days«, Drama (dt. »Glückliche Tage«, 1963)
	»Erzählungen und Texte um Nichts«, Übersetzung
1963	»Play«, Drama
1969	Literatur-Nobelpreis
	»Dramatische Dichtungen«

Die Frage lautet, ob der »Godot« ästhetisch geglückt oder verfehlt ist. Die relative Wahrheit der Aussage ist zunächst nicht zu leugnen. Sie liegt darin, daß hier die entmenschlichende Entfremdung des modernen Individuums zugespitzt widergespiegelt wird, vor allem seine Geschwätzigkeit wie gleichzeitige Sprachlosigkeit und Unartikuliertheit, seine ans Komische grenzende Absurdität, Hohlheit und Blödheit. In ihrer Schrift »Das epische Theater« spricht Marianne Kesting davon, daß bei Beckett »das Wort herabsinkt zu Geräusch und Geschwätz, die Geste zur absurden Clownerie«. (Daher auch der Sammelname für Theaterstücke mit dieser Themenauffassung: »absurdes Theater«.) Aber ohne den Hinweis auf die dahinterstehende Abhängigkeit des absurden Theaters von der in der heutigen Gesellschaft herrschenden pessimistischen Ideologie bleibt das Phänomen Beckett unbegriffen. Der in der geltenden, die höheren menschlichen und kulturellen Werte letztlich verneinenden (→»nihilistischen«) Weltanschauung sich widerspiegelnde Mensch drückt zugleich die herrschende bürgerliche →Entfremdung aus. Im »Godot« wird dieser Ausdruck seinerseits noch weiter gesteigert, ja, verzerrt bis zur totalen Absurdität. Da die absurde Literatur selbst ein Teil der herrschenden nihilistischen Ideologie ist, ist daraus zu schließen, daß sie das in der Denkweise der spätbürgerlichen Gesellschaft verfestigte Bild (ideologische Widerspiegelung) des Menschen als eines absurden Wesens ästhetisch zum allgemeinen und absoluten Menschenbild erklärt. Damit verzerrt sie den Menschen, obgleich sie ihn in seiner äußeren Erscheinungsweise richtig wiedergibt.

Das ist zu begründen: Auch das extrem vereinsamte, das (wie fälschlicherweise gesagt wird) »isolierte« Individuum kann so nur auf der Grundlage der zum Wesen des Menschen gehörigen (anthropologischen) und für ausnahmslos alle Situationen gültigen Vergesellschaftung sein, d.h. daß seine Vereinsamung sowohl gesellschaftlich bedingt ist als auch gesellschaftliche Folgen hat. Daß die moderne entfremdete Form dieser Vergesellschaftung nicht begriffen werden kann, wenn man das atomisierte und »isolierte« Individuum allein sieht, d.h. die Zusammengehörigkeit von »extremer →Verdinglichung und extremer Versubjektivierung« (Marx) außer acht läßt, ist Beckett völlig entgangen. Zwar kann es Figuren, die »innerlich bereits außerhalb der

gesellschaftlichen Sphäre stehen«, durchaus geben und sie können zum Objekt literarischer Darstellungen werden; aber es ist die Aufgabe des Dichters, zu zeigen, daß diese Figuren einer tieferen ideologischen Selbsttäuschung unterliegen, wenn sie glauben, tatsächlich außerhalb der gesellschaftlichen Sphäre zu stehen. Sofern das absurde Theater letzteres nicht beachtet, sind seine Figuren unwahr.

Wladimir und Estragon leben nicht, wie dies ein nach der Wahrheit des literarischen Werkes fragendes Kunstverständnis fordert, in der gewohnten, das bedeutet realistisch-historisch definierbaren Zeit und in einem ebensolchen geschichtlichen Raum. Die Bühne, auf der sie sich bewegen, stellt ein von allen Werten entleertes und undifferenziertes, aller Zusammenhänge und Widersprüche zwischen menschlichem Inneren und menschlicher Umwelt bares Schema dar. Das Ergebnis ist somit das genaue Gegenteil dessen, was behauptet wird, nämlich kritisch zu sein: Die, wenn auch ungewollte, resignierende Identifizierung des Zuschauers mit den bestehenden menschenfeindlichen Verhältnissen steht am Schluß. Vor allem fällt auf, daß nirgends die pessimistisch-resignierenden Schranken des bürgerlichen Alltagsbewußtseins durchbrochen werden. Gibt es z. B. für dieses Bewußtsein (außer dem technischen) keinen wirklichen Fortschritt, so erstarrt diese Vorstellung im »Godot« zu einem Geschehensbild, in dem der Unterschied zwischen Vergangenheit, Gegenwart und Zukunft verschwindet. Darum wird bei Wladimir und Estragon jegliches Tun zu einem »Tun ohne Geschehen«, also zu einem Nichtstun. Selbst ihr dauerndes Warten auf Godot, ihr Hoffen, bringt nichts in Bewegung, erweist sich als eine bloße Variante der Hoffnungslosigkeit, an deren Ende der Selbstmord steht. Aber selbst die Hoffnung auf den Tod täuscht. Alles mündet in →Metaphysik aus. Erst mit der Aufarbeitung der realen, historisch einordnenbaren (und nicht abstrakten) →Widersprüche und Zusammenhänge von Tun und Getanwerden, von Hoffnung und Enttäuschung, Leben und Erstarrung (die sich in den Figuren ja zeigen): Erst auf der Grundlage dieser →Dialektik von Individuellem und gesellschaftlichem Prozeß, kann Kunst zur ästhetischen Wahrheit vordringen.

Für Becketts »Godot« trifft dagegen das Urteil zu, daß seine Darstellung der menschlichen Probleme diese nur oberflächenhaft abbildend durchdenkt. Da diese →Reflexion den herrschenden ideologischen Tendenzen entgegenkommt, verwundert es nicht, daß das Alltagspublikum (sofern es überhaupt die Sprache Becketts versteht) die Aussagen des »Godot« als »zutreffend« erlebt. Die mit dunklen Bildern arbeitende (allegorisierende) Abstraktion täuscht »Tiefe« vor, wo eigentlich nur der Augenschein des Alltagsverstandes vorherrscht.

Weil die ungeschichtlich und also verzerrt gezeichneten Hauptakteure doch Menschen bleiben und deshalb der auf Künftiges gerichteten Struktur aller menschlichen Existenz nicht entrinnen können, verwickeln sie sich zudem in den Widerspruch, in einer Welt des totalen Stillstandes doch auf etwas Kommendes zu warten. Dieser Widerspruch wird andererseits wiederum in den Stillstand aufgehoben, denn Godot kommt tatsächlich niemals. Da Wladimir und Estragon Hoffnung artikulieren, sind sie keine Nihilisten; da aber sich ihre Hoffnung niemals erfüllt, leben sie in einer nihilistischen Welt. In der großen realistischen (z. B. klassischen) Literatur formen sich die Hauptfiguren, gleichgültig, ob sie daran zerbrechen oder bestehen, durch ihr direkt oder indirekt die Umstände veränderndes Streben und Handeln, lapidar ausgedrückt: durch ihren Kampf gegen das herrschende Böse und für das zu verwirklichende Gute – wobei das Gute und das Böse sich in realen Gestalten darstellt, niemals abstrakt, d. h. weder extrem absurd noch extrem idealisiert.

Wladimir und Estragon wäre es, wie es Vagabunden geziemt, angemessen, mit gewitztem Humor der Entfremdung zu widerstehen. Doch auch dieser fehlt ihnen vollkommen. Die humoristische Figur kennzeichnet sich durch den Widerspruch von scheinbarer Unterwerfung und das Alltagsleben durchziehendem (unheroischem) heimlichem Widerstreben. Becketts Figuren wirken aber nicht humoristisch, sondern bloß flachkomisch. Sie wollen zwar tragisch sein, jedoch passiert ihnen wegen ihres lebensfremden Verhaltens ungewollt das Komische, das gelegentlich sogar in die Posse abrutscht. Die sich darin äußernde ästhetische Selbstkritik des »Godot« ist nicht mehr rückgängig zu machen.

»Warten auf Godot« – Inszenierung des »Thalia-Theaters« Hamburg 1972

Klaus Jäcklein

Die Worte des Vorsitzenden Mao Tse-tung

»Mao zhu xi yü lu« (Erstdruck der Zusammenstellung 1959)
Textauswahl von Mao-Tse-tung (26. 12. 1893 – 8. 9. 1976 MEZ)

Roland Barthes hat 1957 in seinen »Mythen des Alltags« auf die Dauerhaftigkeit einer spezifisch »chinesischen« Mythologie bei uns hingewiesen. Die Andersartigkeit der Chinesen im exotischen Sinn (→Sinität, →Chinoiserie) oder im bedrohenden Sinn (Kaiser Wilhelm II.: »Gelbe Gefahr«, Bundeskanzler Kiesinger im Wahlkampf 1969: »Ich sage nur ein Wort: China«) wird bei uns gerne →ideologisch nutzbar gemacht. Weniger die wirklich vorhandenen Informationslücken als vielmehr unverstandene soziale und politische Prozesse sowie die Nachwehen einer aus der Zeit des Kalten Krieges stammenden Berichterstattung charakterisieren immer noch unser Verständnis zum Beispiel von der Gründung der VR China, den Volkskommunen, den Rotgardisten oder den Gedanken Mao Tse-tungs, die wir ›Maoismus‹ nennen.

Die Gedanken Maos sind die Gedanken von der Einheit der marxistisch-leninistischen Theorie (→S. 266f.) und der Praxis der chinesischen Revolution. Ausgehend von der Theorie des →dialektischen und historischen Materialismus hat Mao den Marxismus-Leninismus ›sinisiert‹, um ihn in der konkreten gesellschaftlichen Situation Chinas praktisch und schöpferisch anzuwenden. Mao hat besonders im Vergleich zum westlichen Marxismus-Leninismus die Theorie des →Widerspruchs und die Theorie der richtigen Behandlung der Widersprüche im Volk entwickelt. Taktik und Strategie des langandauernden siegreichen Volkskrieges beinhalten bei Mao immer und überall Kampf um das Bewußtsein. Den seit 1965 wieder stärker um sich greifenden bürgerlichen Ideologien in Volk und Partei begegnet er durch die Auslösung der großen proletarischen Kulturrevolution, die sich vor allem gegen die Machthaber in der Partei wendet, die den kapitalistischen Weg gehen wollen. Millionen junger Menschen werden unter Umgehung der Kommunistischen Partei direkt und spontan mobilisiert, so daß die Parteibürokratie von den Volksmassen regelrecht überrollt wird (Mao versteht unter dem Begriff ›Volksmasse‹ etwas vollkommen anderes als zum Beispiel Ortega y Gasset oder David Riesman). Wandzeitungen, Rote Bücher und Rotgardisten sind die anfänglichen Vermittler dieser gewaltigen Erneuerungs- und Erziehungsbewegung, in deren Verlauf die Unterschiede zwischen Stadt und Land abgeschafft und die proletarische Einheit hergestellt werden sollen. Nach kurzer Zeit wird diese Bewegung von den Arbeitern, Bauern und Soldaten übernommen, um die Basis für die Diktatur des Proletariats zu sichern.

Die Worte des Vorsitzenden Mao Tsetungs (Mao zhu xi yü lu), die im Westen als das Rote Buch bekannt wurden, nehmen eine unübersehbare Stellung in der Vermittlung dieser Bewußtseins-Bildungsprozesse ein. Durch ihr Studium soll der Egoismus beseitigt und die Hingabe an die gemeinsamen Interessen und an den vorbehaltlosen Dienst am Volk gefördert werden. Ungezählte Gruppen aller Art studieren die Worte und setzen sie nach langen Diskussionen, die als endloser Prozeß von Debatte, Kritik, Einigkeit etc. verstanden werden, sofort als praktische Handlungsanweisungen in die Tat um. Der Komplex »Studium der Werke« ist recht kompliziert und vielschichtig, übrigens auch relativ neu, mit verschiedenen folkloristischen Untertönen und interessanten Details, die aus dieser größten Erziehungskampagne der Geschichte ein Unternehmen macht, dem man in einer zukünftigen Geschichte der Pädagogik unbedingt ein Kapitel wird widmen müssen. Die pädagogische Methode, die in Anwendung gebracht wird, hat keine vergleichbare Parallele in unserer Geschichte (Giovanni Blumer). Die Studiengruppen umfassen in der Regel 10–20 Personen, die sich vom Arbeitsplatz her kennen. Das Studium der Werke und Worte geschieht zum Teil vor, während oder nach der Arbeit. Matrosen, Ärzte, Lehrer, Busfahrer, Soldaten, Schauspieler, Arbeiter, Köchinnen, Studenten, Hoteldiener,. Wissenschaftler, Schüler, Empfangskomitees und Ausstellungspersonal, um nur einige zu nennen, studieren die Gedanken und Worte nicht als Individuen in ungestörter Abgeschiedenheit, sondern stets als Mitglieder einer funktionalen Gruppe. Hauptsache ist nicht das einfache Lesen oder das naive Auswendiglernen der Worte, sondern schöpferische und kollektive Anwendung in bestimmten politischen Situationen und bei bestimmten praktischen Problemen (so Klaus Mehnert). Im Rahmen der politisch-pädagogischen Erziehung wird die Bevölkerung an Maos Texten alphabetisiert. Die Texte werden interpretiert und die Teilnehmer der Studiengruppen berichten von ihren Erfahrungen, die dann wiederum von der Gruppe aufgenommen werden. Die Gruppen setzen sich Ziele, regulieren sich selbst durch aktive Auswahl möglicher Alternativen. Im Gegensatz zur westlichen Vorstellung vom totalen Verlust der Individualität wird vielmehr eine soziale Sensibilisierung ermöglicht. So werden im Rückgriff auf →tradierte Sozialstrukturen und kollektive →Sozialisationsinstanzen →gruppendynamische Prozesse und politische Solidarität ausgelöst, deren Reichweite in den Kommunen *[Abb. unten]* von der westlichen Sozialwissenschaft bisher nur ungenügend verstanden wird. Die politische Funktion der Worte Maos ist weder qualitativ noch quantitativ mit der politischen Funktion der Worte zu vergleichen, die durch Kommunikationsmedien auf höherem technischen Niveau wie zum Beispiel Telefon, Fernsehen, Rundfunk, Kino oder Presse in westlichen Ländern vermittelt werden. Das Rote Buch ist unter den chinesischen Voraussetzungen ein einfaches und wirksames Medium, die geistige und materielle Infrastruktur der Bevölkerung auszubauen. Es ist leicht einsehbar, daß die chinesischen Kommunisten unter geänderten Voraussetzungen Maos Zitatensammlung aus dem Verkehr ziehen und durch andere Texte ersetzt werden, zum Beispiel durch marxistische Quellen wie Bände von Marx, Engels oder Lenin.

Die Übernahme des kleinen Roten Buches durch einen Teil der westeuropäischen linken Studentenbewegung in ihre Kampfformen hatte in ihrer dogmatischen Phase nicht nur Symbolfunktion zur Verunsicherung etablierter →universitärer Autoritäten, sondern war der ernsthafte Versuch, sich chinesische Kampferfahrungen nutzbar zu machen. Da die Übernahme eher mechanisch als den konkreten Bedingungen der westeuropäischen Industriegesellschaften entsprechend war, blieb die inhaltliche Wirkung der Worte nur →peripher bei einigen studentischen Randgruppen erhalten.

Die durch einen starken Mangel an Wahrhaftigkeit geprägte China-Berichterstattung der sechziger Jahre war in der Lage, der westlichen Bevölkerung die Meinung zu vermitteln, es handele sich bei den Worten des Vorsitzenden Mao um →Aphorismen, Sprüche, Schlagworte, Halbeinsichten oder Glaubensvorstellungen. So konnte aus den Worten des Vorsitzenden unverstandenerweise die »Mao-Bibel« entstehen, ein Vorgang, der eher ein bezeichnendes Licht auf die Vorstellung vom Begriff einer Bibel wirft als auf die Bedeutung der Worte.

Im Jahr 1964 stellte die Generalpolitische Abteilung der Armee unter der Aufsicht von Lin Biao die Zitatensammlung aus Maos Werken zusammen, um die interne ideologische Arbeit in der Armee voranzutreiben. Seit dem Frühjahr 1966 wurde die Sammlung auch kostenlos an die chinesische Zivilbevölkerung abgegeben. Im Zeitraum 1966–1968 wurden mehr als 740 Millionen Exemplare des kleinen Roten Buches verteilt. Ebenso wurden viele Millionen Exemplare von Maos Schriften in etwa zwanzig Sprachen übersetzt und in alle Welt versandt. Maos Schriften haben insgesamt eine Auflage von mehreren Milliarden Exemplaren erlebt. Der größte Teil der 426 Zitate des Roten Buches stammt aus der Zeit des Kampfes der Kommunistischen Partei Chinas vom Langen Marsch über den Kampf gegen die Japaner bis zur Vertreibung der →Kuomintang vom Festland zwischen 1934 und 1949. In der Regel sind die in 33 Kapiteln unterteilten Zitate aus längeren Abhandlungen Maos herausgelöst, in denen das jeweils anstehende Problem ausführlich behandelt wird. Es gibt zum Beispiel Kapitel über die richtige Behandlung der Widersprüche im Volk, über den Volkskrieg, die Massenlinie, die politische Arbeit, über Erziehung und Ausbildung, die Einheit, die Jugend, die Frauen und über Kultur und Kunst. Im Vorwort zur 2. Auflage (1967) sagt Lin Biao: »Die Gedanken Mao Tse-tungs sind der richtunggebende Wegweiser für die gesamte Arbeit in der ganzen Partei, in der ganzen Armee und im ganzen Land. Das Studium der Werke des Vorsitzenden Mao muß im Zusammenhang mit bestehenden Problemen betrieben werden, indem man lebendig lernt und schöpferisch anwendet, indem Lernen und Anwenden eins werden. Sobald die Gedanken Mao Tse-tungs von den breiten Massen ergriffen worden sind, werden sie zu einem unversiegbaren Kraftquell.«

Seit 1970 etwa zeichnet sich die gezielte Vorläufigkeit der Worte ab. Nach der Phase der Elementarmobilisierung sieht man heute immer weniger Zitate aus den Worten in der Öffentlichkeit. Es bleiben Auszüge aus einigen von Maos lyrischen Gedichten in seiner Kalligraphie als literarische Äußerung und mahnender Schmuck für die Zukunft erhalten. Das bedeutet nicht ›Entmaoisierung‹, sondern ist ein kluger Schritt zur Lösung der Nachfolgefrage und Überführung zu seiner Lebenszeit in die Reihen der großen alten Meister. Die kontinuierliche Fortführung des revolutionären Auftrags in der nächsten Generation wird andere Kommunikationsformen und -inhalte erfordern, als das Rote Buch zu vermitteln in der Lage war.

T. Grimm (Hg.), »Das Rote Buch. Worte des Vorsitzenden Mao Tse-Tung« Ffm. 1967.

Karl Dedecius

Lec · Unfrisierte Gedanken

»Mysli nieuczesane« (Erstdruck Warschau 1959)
Aphorismen von Stanisław Jerzy Lec (6. 3. 1909 – 7. 5. 1966)

»Wenn es nichts zu lachen gibt, kommen Satiriker auf die Welt.« St. J. Lec wurde am 6. März 1909 in Lemberg geboren. Die Familie Letz (so die Schreibweise in den k.u.k. Urkunden) war in Czortków in Galizien ansässig; als 1914 die Russen nach Ostgalizien kamen, flüchtete sie nach Wien. Der Vater, Benno Letz de Tusch, war Bankdirektor, die Mutter Adele eine Tochter des Grundbesitzers Jan de Safrin. Die Familie soll von den →Saphardim abstammen, die in ihrer heiligen Stadt nördlich des Sees Genezareth eine berühmte Rabbinerschule unterhielten und über die →Diaspora in Spanien als Vertriebene nach Holland, dann an den Rhein und weiter in den slawischen Osten kamen.

Von 1927 bis 1933 studierte Lec in Lemberg Polonistik und Jura (magister iuris) und

»Wenn es nichts zu lachen gibt, kommen Satiriker auf die Welt.« St. J. Lec mit seinem Vater in Wien

ging danach nach Warschau, wo er rasch als Lyriker und →Satiriker bekannt wurde und Zugang zu den führenden Blättern bekam. Er war in den »Nadeln« (Szpilki) und den »Signalen« (Sygnały) zu lesen, im Organ der linken Künstler »Lewar« und im »Linken Gleis« (Lewy Tor), im »Skamander« und im »Schwarz auf Weiß« (Czarno na Białym) vertreten.

Sein erster Gedichtband, »Farben«, erschien 1933 in Lemberg und kennzeichnet die Vielfalt, aber auch die Unsicherheit seiner ersten artistischen Versuche. Sie reichten vom russischen →Imaginismus, über den italienischen →Futurismus bis zum deutschen →Expressionismus. Ähnlich ungleich war auch die zweite Publikation, »Zoo«, 1935, deren Gedichte immer noch bombastischen Charakter und agitatorischen Duktus hatten. Sein drittes Buch, »Pathetische Satiren«, Warschau 1936, mit einem Mephistopheles-Zitat aus Goethes »Faust« als Motto, war eine genaue Bezeichnung des →Paradoxons, das den Autor und Menschen Lec ausmachte und dessen sich der Autor und Mensch Lec genau bewußt gewesen war, als er schrieb, »die Satire habe auszugraben, was das Pathos zugeschüttet hat«.

Nach Ausbruch des Krieges ging Lec wieder nach Lemberg. Beim Einmarsch der deutschen Truppen 1941 wurde er verhaftet und ins Konzentrationslager Tarnopol gebracht. Zweimal entging er glücklich einer Erschießung, das zweite Mal kurz vor der Auflösung des Lagers, 1943, als er sich zusammen mit einer Gruppe von Gefangenen deutsche Uniformen verschaffen konnte. Er überlebte den Krieg als Partisan und Redakteur konspirativer Soldatenzeitungen.

1945 wirkte Lec bei der Neugründung der satirischen Zeitschrift »Nadeln« (Szpilki) mit, 1946 gab er den Gedichtband »Feldnotizbuch« und die Satiren »Spaziergang eines Zynikers« heraus, 1949 schickte ihn die Volksrepublik Polen als Presseattaché nach Wien. Als er 1950 seinen Posten in Wien aufgeben sollte, verbannte er sich freiwillig nach Israel, hielt jedoch die Belastungen der neuen Umwelt nur bis 1952 aus und kehrte, heimwehkrank, nach Warschau zurück. Inzwischen waren zwei weitere Bücher von ihm, »Das Leben ist ein Scherzgedicht«, 1948, und »Neue Gedichte«, 1950, erschienen. Einen Teil dieser Gedichte gab Helene Lahr 1949 unter dem Titel »Über Brücken schreitend« in Wien deutsch heraus. Die reinste Lyrik enthält die »Jerusalemer Handschrift«, 1957 in Warschau erschienen, mit Gedichten aus der Zeit seiner freiwilligen Verbannung.

Mit dem polnischen Oktober 1955 begann Lec' Karriere als Aphoristiker. In kurzer Zeit waren die »Unfrisierten Gedanken« zu geflügelten Worten geworden; Lec standen wieder nahezu alle Redaktionen der Hauptstadt offen. Er sublimierte sein bitteres Schicksal in winzigen Sätzen und prägte die treffendste Nomenklatur unserer Zeit, aus Poesie und Logik, aus Trotz und Nachsicht. Durch Lec wurde der →Aphorismus erneuert und wieder literarische Kunstform. Mit Hilfe lapidarer Einwände wurden große Vorwände mit wenig Aufwand transparent.

Der polnische Aphorismus dieses Jahrhunderts trägt einen Trauerflor an der spitzen Lanze seines Humors. Er ist weniger spielerisch als anderswo, weniger »brillant«, mehr →»ontologisch«. Seinen Hintergrund bilden Galgen und Kreuze, Käfige und Ketten. Er ist bitterernst und schweren Mutes, auch wo er Leichtigkeit vorschützt. Aus der Diskrepanz zwischen dem, was er (manchmal harmlos) sagt, und dem, was er (oft makaber) meint, folgt die Katharsis (die »reinigende« Erschütterung).

Lec ragt aus dem Dutzend seiner Vorgänger und Zeitgenossen vor allem durch den Reichtum und das Gewicht des Themas heraus. So präzise und einleuchtend wie Lec die geheuchelten Himmel und die geschminkten Höllen vor uns entlarvt, vermögen es Sachbücher kaum. In seiner Kürze liegt nicht nur Würze, sondern auch Wahrheit und Wirksamkeit des Worts in seiner ursprünglichen biblischen Bedeutung.

Lec' Werk läßt sich wie die »Mischna« zu sechs Themenkreisen ordnen: Religion, Sitte, Staat, Macht, Wahrheit, Recht. Die Mischna, die Grundschrift des →Talmud, als Sammlung von Lehr-(Erfahrungs-, Grund-)Sätzen zu verstehen, die auf Wiederholung basieren, fand in Lec' »Unfrisierten Gedanken« sekuläre Aktualität. Wie die Halacha (die Verhaltensregeln) und die Aggada (Sage) im Talmud, so ist in Lec' Gedankenwelt Pädagogisches mit Literarischem vermengt. Im Sinne dieser Tradition sind die Lecschen Aphorismen vorzüglich Erbauliches und Belehrendes in einem: als Wiederholungen (Mischna), als Fortsetzungen (Tossefta) und als Vollendungen (Gemara).

Die Schrift der Semiten drängte als erste zu abstrakten Kürzungen, bis zum Verzicht auf die Vokale. Ihr Ideal war das komprimierte Stenogramm. Die Griechen, denen jedes Detail wichtig war und die differenzierte Vielfalt heilig, kamen damit nicht aus und bescherten dem Abendland die phonetische Schrift. Lec nahm die Kraft der Konsonanten aus dem Aramäischen, den Reiz der Vokale aus dem Ukrainischen und entwickelte mit Hilfe der deutschen Grammatik seine Sprache, das Polnisch, das ihm am nächsten lag und ihn am höchsten beflügelte, zu einem syntaktisch verwandlungsfähigen Instrument. Die Prägnanz der Talmudsprache wurde bei ihm durch die poetische Intensität der Bibelsprache, das Reformatorische des Deutschen durch das Temperament des Slawischen bereichert und gesteigert. Lec' Lebenserfahrung reichte von der Pein des →Babylonischen Exils bis zu den politischen Vernichtungslagern unseres Jahrhunderts. Seine Bedeutung gewinnt zusätzliche Symbolkraft, weil er als einer der Letzten stellvertretend für ein Volk und seine →Subkultur, die untergeht, wenn sie nicht schon untergegangen ist, als Mahnmal dasteht. Insofern erfüllt Lec neben den anderen auch die musische Definition des Aphorismus: der Aphorismus habe Schicksal zu sein.

Was Lecs Aphorismen, von ihm sehr zu recht »Gedanken« genannt, vor allem bewirken, ist die äußerste Mobilmachung des Denkens. Das Echo, das sie überall dort, wo sie auftauchen, finden, bestätigt diese Behauptung. Lec erreicht es grundsätzlich auf drei Wegen. 1. dem des indirekt aggressiven Engagements, 2. dem der paradoxen Reizwirkung und 3. dem der politisch-moralischen Stichhaltigkeit. »Nicht sein, sondern denken, denken, denken.« Es lebt etwas von Aristoteles in dieser Haltung nach, der die freie Nachdenklichkeit mit vollzogenem Entschluß gleichsetzte, etwas von Sokrates, dem Denken allein schon Dasein war, von Thomas von Aquin, der gepredigt hatte, der Mensch sei durch das, was er denkt, das, was er ist, vom cartesischen »cogito ergo sum«. Da Lec aber kein berufener Philosoph, kein Systematiker war, sondern ursprünglich und vor allem moralischer Wortkünstler, war sein Denken wesentlich im künstlerischen Formtrieb integriert. Das Denken als »innere Sprache, die einzig mögliche freie und wahre Sprache« (Platon) machte Lec durch Einsatz agitatorischer Fermente zum gesellschaftlichen Ereignis. Dem Künstler war hier das Formale seines Denkens Tatbestand. »Feile an deinem Gedanken. Vielleicht ist das eine Art zu entkommen.« Und: »Man muß die Anzahl der Gedanken derart vervielfachen, daß die Anzahl der Wächter für sie nicht ausreicht.«

»Die Uhr schlägt. Alle.«
St. J. Lec am alten Markt in Warschau

Lec bezog seine Inspirationen aus verschiedenen Quellen (»Ich habe von vielen Quellen getrunken, und bin ewig durstig.«), nicht zuletzt aus seiner intimen Kenntnis der deutschen Literatur, was seine Übersetzungen der Gedichte und Epigramme von Goethe, Grillparzer, Lessing, Morgenstern, Heine bezeugen. Von Heine stammt das »Firmenzeichen« der Lecschen Aphorismen (»schön gekämmte, frisierte Gedanken«). Es gibt bei Lec Parallelen und Pointen, Techniken und Wortspiele à la Lichtenberg, Ebner-Eschenbach, Ringelnatz, Kästner, Kraus, aber niemals ohne schöpferische Eigenleistung, ohne triftige akute Bezüge oder Bilder. Wo Lichtenberg die anmutige Ironie eines gelehrten Kauzes, Karl Kraus die Bissigkeit eines →Misanthropen kennzeichnen, ist Lec die melancholische Menschenfreundlichkeit eigen, das Lächeln mit der Träne im Auge. Was den ersten beiden noch gerade erträgliche Umweltärgernisse eingaben, was ihnen ihr körperlicher Buckel war – der nach Kuno Fischer »das Vermögen des Witzes außerordentlich schärft und in fortwährender Bewegung erhält« – das war bei Lec (abgesehen von dem Buckel seiner Nase, die er für die größte und krummste von Warschau hielt) die viel beschwerlichere Last seines summarisch europäischen Schicksals: als Jude, Pole, Emigrant, Reemigrant, Monarchist, Sozialist, Pazifist und Partisan, vielfach Verfolgter und vielfach Entronnener – bis in die endgültige körperlose Freiheit eines Verfassers von unsterblichen Aphorismen.

Den »Unfrisierten Gedanken«, 1957–1959, folgten noch einige Buchpublikationen: »Aus tausendundeinem Scherzgedicht« und »Ich spotte und frage nach dem Weg«, beide 1959, danach »An Abel und Kain« 1961, »Steckbrief« 1964, aphoristische Morallyrik, rhythmisierte (unfrisierte) Gedanken, und »Gedichte auf dem Sprung« 1964. Bereits von Krankheit gezeichnet, von innerer Hast getrieben, gab Lec die »Neuen unfrisierten Gedanken« 1964–1966 und die gesammelte »Epigrammlese« 1966 heraus. Am 7. Mai 1966 starb der königliche Narr, um – als wäre es seine letzte Pointe – mit allen Ehren eines Staatsbegräbnisses, mit Parademärschen, Salutschüssen und Orden auf dem Militärfriedhof Powązki bei Warschau begraben zu werden.

Sein Schicksal nahm das lateinische Vorurteil »nomen est omen« (Name = Vorbedeutung) beim Wort und ließ es sich an ihm erfüllen. Letz bedeutet hebräisch Satiriker. Die mittelhochdeutsche Letze (Grenzbefestigung, Schutzwall) verleiht ihm politisches Gewicht. Auf deutsch heißt letzen ebenso erquicken wie bedrücken, seine Gedanken kreisten um letzte Dinge. Und schließlich und zuletzt bedeutet letzt das Abschiedsmahl, die Totenfeier. »Schade, daß man ins Paradies mit einem Leichenwagen fährt.«

Manche Narrenschellen schellen falsch.
Irrtümer, die seltener werden, gewinnen an Wert.
Manche sehen mit dem rechten und mit dem linken Auge genau dasselbe. Und glauben, dies sei Objektivität.
Sein Verstand war offen, leider durch und durch.
Inschrift: ›Das Leben vergeht, leider nicht ohne Folgen‹.

Aus dem Polnischen von Karl Dedecius

Klaus Hartung

Massenmedium Comics

Auf den ›ersten Blick‹ gehören die Comics zur Sphäre der Spielhallen, der Beate-Uhse-Läden, des ›billigen‹ Vergnügens, in der das grelle Warenpanorama die Verzichtleistungen des Alltags nacherleben läßt. Der ›erste Blick‹, die ›vulgäre‹ Aufmachung ist Ergebnis einer erprobten Marktstrategie (in der BRD werden dabei bessere Papiersorten bevorzugt als in den USA). Die buntscheckige →Collage am Kiosk scheint das Ausleben von Aggressionen und den Konsum ohne Anstrengung zu versprechen. Verhöhnt werden die kulturellen Werte der Gefühlsdifferenzierung, der Aggressionskontrolle und des Triebaufschubs. Trotzdem sind die Comics nicht kulturfeindlich, sondern der notwendige Widerspruch zum massenfeindlichen Charakter der herrschenden Kultur. Es wäre falsch, die Comics, die zum »new bussiness« zählen, als zynische Geschäftemacherei abzufertigen. Man sollte versuchen, die Bedürfnisse der Leser, die in dieser Massenkultur gebrochen, aber dennoch deutlich zu Tage treten, ernstzunehmen, statt in ihnen nur Opfer einer ausgekochten Industrie zu erblicken.

Die kulturelle und wissenschaftliche Anerkennung hinkt nach: Erst seit der großen Pariser Ausstellung »Bande Dessinée et Figuration Narrative« (1967) kann man in Europa die Diskriminierung des Massenmediums für beendet ansehen. Der Durchbruch geht auf zwei Tendenzen zurück: Die Pop-art entdeckte, daß die Welt der Comics (nach 3 Generationen amerikanischer Leser) Teil unserer inneren Wirklichkeitsvorstellung geworden ist. Roy Lichtensteins großformatige Reproduktionen von Serienbildern dokumentierten die bedrohliche Leere eines enthumanisierten Sozialverhaltens.

Die antiautoritäre Bewegung sah in den Comics eine nichtelitäre Methode politischer Aufklärung. In ungezählten Hippie-, Provo- und Untergrundzeitschriften wurden die beherrschenden Comicfiguren »umgedreht« (z.B. Superman in Mad), um die Verhältnisse zu →parodieren; oder die Herrschenden wurden zu Comicfiguren (Bat-»Papp«-Man Johnson, »die brutalste Figur in der Welt der Comics«): Provokation, Lust an der Kritik machten die Comics zu einer politischen Waffe. Form und Wirkungsweise gerade der Seriencomics müssen also interessieren, da sie offenbar Droge, aber auch Mittel zur Entlarvung der alltäglichen Misere sein können.

Die Vorläufer: Die Geschichte des Massenmediums Comics ist amerikanisch, seine Vorgeschichte europäisch: Ohne die Karikaturisten des 18. und 19. Jahrhunderts (z.B. Hogarth und Daumier), die als Vertreter einer kritischen Öffentlichkeit mit der Feder und der Sprache die Sozialcharaktere vivisezierten, sind die späteren Comicfiguren gar nicht denkbar. Sie waren die sarkastischen Soziologen des fortschrittlichen Bürgertums.

Im Unterschied zum Fernsehen und Radio begann das Massenmedium mit keiner technischen Neuerung der Nachrichtenvermittlung, sondern mit den Einfällen von Karikaturzeichnern. Im Konkurrenzkampf amerikanischer Zeitungskonzerne erwiesen sich die Comics (zunächst in den Sonntagsbeilagen) als sehr wirksam. Rudolph Dirks' »The Katzenjammer Kids« (1897 in Hearsts New York Journal) war der erste berühmte Strip der Pionierzeit. – Hauptfiguren waren damals zumeist anarchisch-phantasievolle Kinder und groteske Autoritäten, die oft einen fürchterlichen europäischen Akzent sprachen. Derart wurden →ethnische Herkunft und gesellschaftliche Normen verspottet: »society iss nix« (The Katzenjammer Kids). Mit der Selbstzensur 1954 sind solche Anspielungen untersagt und es triumphiert die konventionell-männliche Kunstsprache eines »Superman«. Die subtilen Schöpfungen dieser Zeit werden heute wieder aufgelegt: z.B. »Crazy Cat«, das absurde Dreiecksverhältnis zwischen Hund, Katze und Maus, das immer mit Ziegelsteinwerfen und Gefängnis endet; oder McCays »Little Nemo in Slumberland« – Kleiner Niemand im Traumreich (1905–1911; 1924–1927), dessen verführerische Wiederholungsträume z.B. zum Mars führen, wo die unterdrückten Klassen stumm sind, weil ihnen Geld für Worte fehlt. Da diese Serien ganz und gar von der Form der Comics leben, beginnt mit ihnen eine geschichtlich neue Darstellungsform.

Nicht die Massenauflage, sondern die dauerhafte Verbindung von Comickonsument und -produzent, d.h. die Serie, macht die Comics zum Massenmedium. Sie sollen nicht einzeln, sondern als Teil einer Serie gekauft werden. Auf sie und nicht auf die jeweilige →Fabel muß sich die Erwartung des Lesers richten. So wird man in fiktive Firmeninterna eingeweiht: »An sich sollte ja Roy Thomas die Story schreiben, weil Stan Lee in Urlaub ist ...« (Hit-Comics, 1972). Im wesentlichen hängt das Serien-Marketing aber vom Inhalt der Comicfigur selber ab. Wie Markenartikel haben sich in einem halben Jahrhundert Comicfiguren von Charlie Brown bis Donald Duck in das alltägliche Bewußtsein eingeprägt.

Mit McManus' »Bringing Up Father« (1904) beginnt der Erfolg der Familienstrips. Unter der Glasur einer →slap-stick-Komik denunzieren sie den →Mittelklassenalltag als Verhängnis. Die Serie »Blondie« (1930), die in 53 Staaten von 1148 Zeitungen (Gesamtauflage 56 Mill.) erscheint, wiederholt die alltägliche Folter des geschäftig-erschöpften Mittelklassenvaters »Dagwood« (dt. Dankwart): Will er auf dem Sofa, in der Badewanne oder beim nächtlichen Kühlschrankraub sich eine kleine Atempause unter den herrschenden sozialen Zwängen verschaffen, wird er durch Nachbarschaftskontrolle und Familienleben aufgestöbert. Thematisiert werden die unverzichtbaren Momente des ›Abschaltens‹, des Rückzugs, wo jede Störung Wut auslöst. Indem diese Comics die Widersprüche des Alltags sichtbar machen und vor Augen halten, worunter jeder leidet, befreien sie zwar nicht vom →Konformitätsdruck, entwerten ihn aber ein wenig.

Es ist charakteristisch, daß ein großer Teil der erfolgreichsten Figuren zur Klasse der Versager gehört. Als rastlos-kaputte →Opportunisten, mit den pseudo-realistischen Merkmalen der →Mittelschicht (Vorstadthaus, Abzahlungsprobleme, Konkurrenzängste) entlarven die Dagwoods und Donald Ducks indirekt die herrschenden Standards und Rollenzwänge des ›American way of life‹. Als ständige Verlierer, aber unschlagbar, machen sie das subjektlose, entfremdete soziale Leben durchsichtig und darstellbar. Weil gewissermaßen verschiedene →soziale Rollen als Comicfiguren *erscheinen*, kann der Leser auch dann lachen, wenn es nichts zu lachen gibt. Donald Duck kann ein Haus auf den Kopf fallen oder eine Dampfwalze plattdrükken, er wird in der nächsten Sekunde wieder frisch für die rastlose Jagd nach Anerkennung und Glück sein. Die Dinge haben keinen Realwiderstand, sind seinen Bedürfnissen und Aggressionen gegenüber plastisch. Bei Einverständnis mit den Lebensbedingungen wird eine humoristische Mittelklassenutopie suggeriert: So schlimm wird es schon nicht sein!

Durch das Prinzip der Sprechblase und der Bildfolge haben die Comics eine wichtige Fähigkeit: Sie können das unpersönliche, sich gleichsam automatisch wiederholende Sozialverhalten zerlegen: Was jemand tut und was jemand sagt bzw. denkt, erscheint dem Leser in Bild und Schrift aufgespalten. So werden ihm durch die Bildfolge gewalttätige Kämpfe und herausbrechende Aggressionen signalisiert, während der Handlungsverlauf, der nur in Sprechblasen sich verfolgen läßt, immer wieder die konventionelle Ausgangslage herstellt. ›Geschluckt‹ wird die Angstbesessenheit und die Gewalttätigkeit des angepaßten Lebens; es ist ›in Ordnung‹ und voll Chaos.

Aggressionsdarstellung in den Comics

Seit 1967 gibt es in Europa eine nicht mehr diskriminierende, ernstzunehmende Beschäftigung mit Comics. Zur formalen Struktur der Comics und damit zur Bild-Text-Beziehung kann die erste Gegenüberstellung etwas verdeutlichen. Oben: Durch zeichnerische Differenzierung wird Umwelt, in der die Figuren stehen, bedeutsam, die Szene erhält ›epische Qualität‹. Nichts davon im für die aktuellen Comics typischen Fall 2: Der Zeichner hat nur die Figurenkonstellation herausgearbeitet, und diese drängt zur Frage nach dem Handlungsablauf. Dazu noch drei Beispiele für ein dominantes Comic-Thema, die Aggression. Verbiederte Aggression in der alltäglichen Situation (Donald Duck), sadistisch verschleiert in der spielerischen Ausnutzung der Gelegenheit (Superman), gigantisch-kraftstrotzend (Känguruh und Spinne). *H. D.*

Oben: »Leutnant Blueberry«

Links: »Rex Danny«

Darunter: »Superman«

Unten links: »Donald Duck«

Unten rechts: »Die Spinne«

Da die Bildfolge, unabhängig von jedem realen Zeitbegriff, gewöhnliche Handlungen verzerren und umstülpen kann, sind die Comics in der Lage, die Triebseite der Alltagsbewältigung zu zeigen. – Wenn man sich zerstreuen, »das Ganze« loswerden will, muß es quasi spielerisch wiederbelebt werden. Insofern können sich die Comics als die kleinen Agenten der Zerstreuung und des seelischen Gleichgewichts anbieten, insofern haben sie ihren sozialen Ort an der Grenze zwischen Arbeit und Familie, zwischen Schule und Freizeit. Folgerichtig erscheint die Arbeitswelt selbst kaum.

Comics leichter lesbar?

Nicht nur pädagogische Kritiker und Kulturwächter glauben fest daran, daß gewissermaßen die Lesefaulheit der Massen den Erfolg des Massenmediums begründe. Es wird dabei nicht nur die Rolle der Bildung überschätzt, sondern auch nicht verstanden, daß Comics weder erzählte Bilder noch bebilderte Erzählungen sind. Das Lesen wird nicht erleichtert, sondern es wird ein bestimmter Lesezwang angesteuert. Die unmittelbare visuelle Wahrnehmung nimmt die Doppelseite in sich auf, voll von extremen Bewegungen, Farbdynamik und Kämpfen, und vermittelt einen Reiz von latenter Gewalttätigkeit und starker Bedeutung. Aber was die Bildfolge »anreißt«, sagt nichts, gibt keinen Sinn, sondern übt nur einen Sinndruck aus. Der Leser muß ständig psychische Energie aufbringen, um sich von der Gesamtwahrnehmung loszureißen, um von rechts nach links den Sprechblasen zu folgen. Er steht in einem ständigen Konflikt zwischen den kurzschlägigen Bildreizen und der Sprechblasenfolge, die oft absichtlich verwirrt wird. Er muß lesen, was er gesehen hat, muß aber wieder sehen, was er las, denn die Bilder versprechen mehr, als die Texte angeben. So bewegt er sich durch einen Zirkel von Erwartung und Enttäuschung, und zwar in zunehmendem Lesetempo. Ziel dieser Ästhetik des Konflikts ist die Abhängigkeit des Lesers.

Funktion der Serienbilder ist es, schnell aufgenommen zu werden, aber das Verweilen zu verhindern, denn sonst würde das Lesetempo in sich zufammenfallen und damit die Wirkung des »strips«. So stellen sie keine abzeichnete Wirklichkeit, sondern ein auf Konvention beruhendes Zeichensystem dar. Berühmtestes Beispiel: alle Walt-Disney-Figuren haben (aus Kostenersparnis) nur vier Finger. In jedes Bild sind Signale (z.B. »speed lines«), Zeichen für emotionale Vorgänge bis hin zu Bildformeln, die völlig unvorstellbare Ereignisse signalisieren (z.B. rosa Spiralen mit Jahreszahlen für Zeitsprünge) eingearbeitet. Sie provozieren ein Gefühl von Bedeutung und Leere. Auch zeigen die Bilder keine Handlungen, sondern Bewegungen. Durch extreme Verkürzungen, z.B. dem typischen »side kick«, das verkürzte abgespreizte Bein der Superhelden, werden alle Körpererscheinungen dynamisiert, als ob ungebrochene Affekte vorherrschten.

Charakteristisch, daß Comics insbesondere von Kindern gewissermaßen rituell gelesen werden: Zunächst wird das Heft durchgeblättert, d.h. sie lassen sich durch den chaotisierenden Gesamteindruck in Erwartung bringen, um dann immer schneller und am Schluß ausschließlich die Sprechblasen zu lesen. Am Ende wird das Heft noch einmal durchgeblättert: ein sicheres Zeichen dafür, daß unbewußte Erwartungen mobilisiert und frustriert worden sind. Selten sind daher Kinder in der Lage, eine Superman- oder Fix-und-Foxi-Geschichte zu erzählen.

Die Comics lassen zwei Vermittlungsformen miteinander konkurrieren, die in unserer Kultur sonst streng getrennt sind: die Information über das Verstehen von Bildern und die Information über das Verstehen von Geschriebenem. Beides bezieht sich auf verschiedene Phasen der Lebensgeschichte (und auch der Kulturgeschichte), wobei normalerweise das Bildverstehen vorangeht und zumeist geringer eingeschätzt wird (Vorurteil gegen Comics: »Bildanalphabetismus«). Indem jetzt Bild und Text kombiniert werden, wiederholt sich für den jugendlichen Leser im Konflikt zwischen bereits lange vorhandenem Bildreiz und dem von der Schule erzwungenen Lesen die Unsicherheit und Angst, die in ihm seit der Einschulung entstand: infolge der Minderbewertung seiner mitgebrachten sinnlich-infantilen (bildbezogenen) Realitätsauffassung gegenüber dem Leistungsprinzip (beim Lesenlernen). Gleichzeitig verspricht, ja suggeriert die grelle Erscheinung der Comics ihm, daß die sinnlich-reiche frühkindliche Wirklichkeit sich wiederholen könnte.

Gerade weil die Comics durch ihre Struktur psychische Konflikte der infantilen Biographie aktualisieren, sind sie ein Medium der Kinder. Hauptsächlich werden sie von Kindern zwischen 9 und 11 Jahren, und zwar an Orten der →Regression, auf dem Klo, im Bett, auf dem Flur, wo man vor Erwachsenen geschützt ist, oder wo diese nur vorbeigehen, gelesen. Sie sind die Lektüre der Einsamen und des sozialen Rückzugs, der unverzichtbar ist, wenn der Druck zu groß wird, der aber doch auch Bilder und Vorstellungen braucht. Allerdings läßt sich der Allmachtswunsch, den Superman anspricht, nie in das Spiel übertragen. – Kinder in diesem Alter sind in einer schwierigen Lage: Nicht stark genug, um sich durchzusetzen, nicht schwach genug, um beschützt zu sein, hört niemand auf sie, sie aber müssen auf alle hören.

Unter dem Druck von Aggressionsverboten ist es kein Wunder, daß sie ihre geheimen Ängste und Zerstörungswünsche in Comics unterbringen.

1932 wurde das »Comic book«, d.h. der selbständige Vertrieb der Comics, eingeführt: Zunächst als Werbegeschenke für Gulf Oil (3 Mill.) und Procter & Gamble (5 Mill.) verteilt, veränderten sie grundsätzlich den Markt, als 1937 zum ersten Mal ein Comic book mit Originalmaterial erschien. Mit dem Erscheinen von »Superman« (1938) wird das Genre der Actioncomics begründet. Die Comics lösen sich fortan von den literarischen Wirkungen eines erzählten Inhaltes und benutzen die Fabel nur noch als Anlaß, um den Leser in Aggressionsabläufe einzubeziehen.

Mit »Superman« begann der Boom: 1939/40 waren 60, 1941 168, 1950 300 einzelne Comicbook-Reihen auf dem Markt. Mit ihm ist auch das Modell einer Serie entwickelt worden, die systematisch die unbewußten Wünsche der Massen aufnimmt und das, was – im Sinne der herrschenden Ordnung – sich die Massen wünschen sollen, auch propagiert. Eine negativ-utopische Figur: Alles, was an ihm positiv ist, ergibt sich aus den Ängsten der Menschen im →Kapitalismus. Als Sieger in jeder Konkurrenz – mit Röntgenblick und Superkraft – verkörpert er die nie endende Konkurrenz. Er hat seinen Chef, seine schüchterne Liebe, seinen Polizeipräsidenten, als angepaßter Held ist er der nur im Comic mögliche Held der Anpassung, dem gelingt, was niemand schafft: trotz Anpassung bei Kräften zu bleiben.

Da der Übergang zwischen massenhaften Wünschen nach Sicherheit und nationaler Sicherheitsideologie fließend ist, mußte der 2. Weltkrieg für die Superhelden gedeihlich sein. Sie vermehrten sich (1940 Green Lantern, Flash, Spectre etc.), 1941 begann »Captain America«, der Superpatriot im Sternenbanner, auf dem Kopf eine geflügelte Bombe, seine Laufbahn, indem er Hitler persönlich zusammenschlug. Die wichtigsten Superhelden werden zur »Justice League of America« zusammengeschlossen: eine alliierte Armee für Sondereinsätze.

Hatten die Superhelden in der McCarthy-Ära noch einmal eine große Zeit, so geraten sie immer mehr in Schwierigkeiten; als WASPs (White/Anglo/Saxon/Protestant), als die Verkörperung aller Mittelklassenwerte, müssen sie lächerlich und peinlich werden, sobald die Lebensfeindlichkeit und Barbarei der Mittelklassenkultur (durch den Vietnamkrieg, durch die Befreiungskämpfe der Farbigen, durch die Studentenbewegung) bewußt geworden ist. So verschwinden Superhelden entweder vom Markt oder versuchen sich in neuen Rollen: 1970 tauchte »Captain America« wieder als zweifelnder »Easy Rider« auf.

1962 bringt die Marvel-Group »The Fantastic Four« auf den Markt. Diese Superhelden entstehen aus einer Katastrophe, einer →Mutation: ein angstmachendes Schicksal also, zumal die mutierten Kräfte ganz offensichtlich Triebprozesse symbolisieren. Indem sie als Flamme (The Human Torch), als Steinkoloß (The Thing), als Sandsturm (Sandman) erscheinen, nimmt nicht nur ein ganzes Panorama von Aggressionsformen die Gestalt von enthumanisierten Körpern an, sondern Zerstörungskräfte der Natur werden gewissermaßen zu Comicfiguren.

»The Incredible Hulk« (»der Halk«) leidet an seiner Superkraft, sie macht ihn schizophren. Als Dr. Banner hatte er noch Freunde, aber als mutierter Hulk nimmt er sie nur noch dumpf wahr. Er wird, wiewohl er auf eine qualvoll hilflose Weise menschliche Beziehungen sucht, als öffentliche Gefahr bekämpft. Sein Rasen rechtfertigt jede Brutalität von seiten des Staatsapparates. Mit dieser erfolgreichen Superheldenserie von Marvel, die bald Nachahmer fand, konnten die Ängste und Aggressionen aufgrund der zunehmenden gesellschaftlichen Widersprüche eingearbeitet werden und wenigstens in →mythisierter Form symbolisiert werden – während Superman [illegible] Verbrecher fangen konnte. Diese Superhelden von Marvel sind menschlicher, weil ihr Verhältnis zu den Superkräften menschlichen Konflikten angenähert erscheint. Weil sie menschlicher sind, sind sie auch erschreckender.

Insbesondere durch die Superheldencomics sind die Comics zu einem Spezialmedium für Aggressionsdarstellungen worden. Vom Faustschlag bis zum Hitzestrahl, von hypertrophen Muskeln bis zur Auflösung und Partikelwolken können sie selbst die unanschaulichsten Zerstörungsprozesse ins Bild bringen. Dadurch, daß die Leserperspektive ›springt‹, d.h. dem Leser im kurzschlägigen Wechsel die Aggressor- oder Opfersituation suggeriert wird, appellieren die durchschnittlichen Seriencomics – ganz unabhängig von dem jeweiligen Inhalt – eigentlich immer an sadistische oder masochistische Motive im Leser. Die einzelnen Comicfiguren stellen selbst so etwas wie eine →Typologie der Aggressivität dar.

Figuren und Gesichter der Comics sind zumeist nichts als gezeichnete Vorurteile: Die Helden sind weiß (mit einigen opportunistischen Ausnahmen), angepaßt, anerkannt, aktiv; die Feinde verbissen, gekränkt, rachsüchtig, geil; sie kommen von unten, aus den Slums, aus düsteren Labors. Das alltägliche Denken, das ein Denken in Klassengegensätzen ist, wird konsequent umgesetzt. Die Welt der Comics wird wiedererkannt, nicht weil sie ähnlich ist, sondern weil sie die allgemeinsten Bestimmungen der Klassengesellschaft wiederholen: oben gegen unten, »angepaßt« gegen »kriminell«. – Bis in die Zeichentechnik hinein sind die Comics durchtränkt von Massenverachtung. Ohnmächtig starren die Massen in den Himmel, wenn die Superhelden die soziale Ordnung retten. Als Beute der Panik, gesichtslos und hysterisch, erscheint die ›Masse‹ als der unberechenbare Faktor bei Sondereinsätzen. Der Zynismus der Comics liegt darin, daß sie die Ohnmacht der Massen, eine geschichtliche Situation also, als Naturtatsache zeigen. Es ist der →krude Realismus des ›So-ist-es-nun-einmal‹, der das Medium kennzeichnet.

Comics fördern die Aggressivität. Dieses Vorurteil gipfelte in der Behauptung, Comics führten zur Jugendkriminalität. Freilich sind jene Nato-, US-Army-Comics (Dan Cooper, Rex Danny) abzulehnen, weil sie gewissermaßen einen technisch-instrumentellen Sadismus suggerieren, der real vorhandene Zerstörungsmittel nahebringt. Generell ist allerdings zu sagen, daß Aggression zu den unbewältigten Problemen unserer Kultur gehört, und notwendig das Thema der Massenkultur sein muß. Die alltägliche Existenz leidet doppelt: unter der wachsenden Selbstunterdrückung und unter dem wachsenden Bedürfnis, um sich zu schlagen. Wenn Ben Grimm The Thing (»The Fantastic Four«), das steinerne Monster, eine Hausfassade mit einem Griff aufreißt, ist er auf verdrehte Weise Anwalt der unterdrückten Wut.

Kinder besonders, die gezwungen sind, ihre Bedürfnisse und Aggressionen als asoziale Regungen zu unterdrücken, versuchen indirekt über Comics, eben ihre Triebregungen zu begreifen. Die von Akten der Zerstörung erfüllten Hefte geben ihnen die Beruhigung, daß noch ungleich phantastischere Aggressionsäußerungen möglich und anscheinend auch sozial einsetzbar sind. Allerdings bleibt es das uneingelöste Versprechen der Comics, daß Aggressionen nicht in Heimlichkeit und Gehässigkeit abgleiten müssen.

Die perfekte Psychotechnik der Comics hat zwei Wurzeln: Durch die arbeitsteilige Produktion (Trennung von Entwurf, Zeichnung, Hintergrund, Tuschen, →Layout) wird garantiert, daß die Individualität des Zeichners zurückgedrängt bleibt und der Wirkungseffekt den Vorrang vor allen inhaltlichen Interessen hat. Voraussetzung für eine solche Entwicklung ist die Monopolisierung der Comicindustrie (2% aller Syndikate machen 40% des Umsatzes von 100 Mill. Dollar in den USA). Durch die Einführung der Selbstkontrolle, des »Comics Code«, 1954, wurden insbesondere die Horror-, Terror- und Crime Comics vom Markt vertrieben (von 29 Firmen lösten sich 24 auf). Die Comics wurden nicht besser, sondern unehrlicher: ». . . nie . . . Respektlosigkeit gegenüber etablierten Autoritäten«. »Alle Szenen mit . . . Wollust, Sadismus, Masochismus sind untersagt« (Bestimmungen des Codes →S. 246ff.).

Erst die Undergroundcomics verzichteten bewußt auf das Siegel der »Code Authority«. Robert Crumbs (Head Comix) zeigt in seinen qualvollen Aggressionsspektakeln, daß für ihn die Wirklichkeit selbst zur Comicwirklichkeit geworden ist: Seine Helden heißen Gabel Peter, Herr Natürlich oder Sparky, das Spermalein; sie sind trist und geil, verfolgt von Sex, auf der Jagd nach ihren Ängsten. Crumb: »Meine Comics sind so obszön wie die Wirklichkeit.«

Comics sind in Deutschland Nachkriegsware. 1948 erschienen die ersten Übersetzungen amerikanischer Comics in deutschen Zeitungen. Doch mit den Comics wurde zugleich die Kampagne gegen die Comics aus den USA importiert, die 1954 zur Einführung der Comicselbstkontrolle, dem »Comic Code«, führte. Dieser regelrechte Kulturkampf, an dem sich die besorgten Pädagogen, die Kirchen, die abendländischen Kulturwächter engagierten, machte die Comics zur Schmuggelware der infantilen Kultur. Mit ihnen verteidigten die Kinder ihre Überlebenstechniken, ihre ›Faulheit‹, ihre Rückzugsmöglichkeiten. Sie mußten unter Hausaufgaben, unterm Bett, auf dem Klo vor dem Zugriff der Erziehungsberechtigten geschützt werden.

Dieser Kulturkampf war heuchlerisch und zweideutig: Comics wurden nicht aus wirklich antifaschistischer Gesinnung abgelehnt, sondern zum Zwecke der Tabuisierung von Gewalt. Etappen dieses Kulturkampfes waren die Umtauschaktion »Schund gegen Jugendbücher« und die Einführung einer ›freiwilligen‹ Selbstkontrolle Serienbilder (1955).

Entfaltung des Marktes

Man kann sagen, daß sich jetzt erst der Comicmarkt zu entfalten beginnt. Vor 1969 war die monatliche Auflage 12 Millionen, 1973 hat sie schon 16 Millionen erreicht. Da die Hefte zirkulieren, haben sie mindestens die dreifache Anzahl von Lesern. Wichtigster Verlag ist der Ehapa-Verlag (Micky Mouse, Superman, MV-Comics): 3 Mill. In den letzten zwei Jahren sind Großverlage wie der Springer Verlag (Koralle-Verlag, Zack) und Bauer in das Geschäft eingestiegen. Es wandeln sich weiterhin die Vertriebsmethoden. Bis unlängst wurden verschiedene Nummern einer Serie von Vertretern an den Einzelhandel vertrieben und in der Regel die effektiv verkauften Exemplare vierteljährlich abgerechnet (wobei der Einzelhändler nichtverkaufte Exemplare im Angebot lassen konnte). Dadurch wurden langfristig alle Nummern verkauft. Springer und nunmehr auch Ehapa vertreiben jetzt über den Zeitschriftengrosso, d.h. nur die neueste Nummer ist im Angebot. Dadurch wird der Leser ungleich stärker an den Serienkonsum mit festem Erscheinungstermin gewöhnt. Dieses Verfahren setzt Finanzkraft voraus, so daß die Monopolisierung zunehmen wird (→S. 332ff.). Weiterhin beginnt man jetzt offenbar die Produktion systematisch auf unterschiedliche Leserschichten und Altersklassen abzustellen: Es erscheinen seit 1973 z.B. »Comics für Erwachsene« im Verlag »Der Freibeuter« (Lucifera, Tomba etc.). Allerdings muß man sich fragen, ob die pseudo-pornographischen Comics ihr Versprechen, den Leser aufzugeilen, auch halten können, wenn sie Schattenrisse von Stellungen liefern und dazu Sprechblasen verkünden: »Nimm mich«, »Schatz, oh . . . oh«.

Da nur noch Untermieter des →Elfenbeinturmes an eine Kultur jenseits der Massenmedien glauben und da man inzwischen begriffen hat, daß der Kampf gegen Comics in Wahrheit ein (aussichtsloser) Kampf gegen die Kinder war, hat sich insbesondere im schulischen Bereich die Einstellung gewandelt. Seit einigen Jahren werden Unterrichtseinheiten über Comics entwickelt und veröffentlicht. Verschiedentlich wird auch ein neues Fach konzipiert: Medienkunde. Es soll zum kritischen Gebrauch der →Massenmedien erziehen. Diese Entwicklung ist im wesentlichen deswegen ein Fortschritt, weil die Interessen der Schüler damit ernster genommen werden. Allerdings zeigen die ersten Erfahrungen, daß sich Schüler zumeist maulfaul und desinteressiert dagegen wehren, daß ausgerechnet das zum Unterrichtsgegenstand wird, womit sie der Schulsituation entkommen wollen.

Bodo Lecke

Literatur und Unterricht: Zum Stand der aktuellen Literaturdiskussion

Dem Leser dieses Handbuches wird zu Ohren gekommen sein, daß es um die Wertschätzung von »Literatur« oder »Dichtung« in unserer Zeit nicht mehr besonders gut steht. Wenn er dieses liest, sich also dennoch zum Kauf des vorliegenden stattlichen Bandes über Literatur entschlossen hat, muß er wissen, daß er womöglich in einer etwas altväterischen, aber doch alles in allem sehr ehrwürdigen Tradition handelt. Er hat zunächst, das sei ganz ohne Spott gesagt, etwas für seinen Bücherschrank getan. Er hat einen »Hausschatz« erstanden, der sein mehr oder weniger anheimelndes Interieur ziert. Vielleicht greift er selbst gern nach diesem Buch, wenn sie mal wieder im Fernsehen was Literarisches vorhaben, da Literatur im Zeitalter der Massenmedien ja längst nicht mehr ausschließlich als →›Belletristik‹ zwischen Buchdeckeln auftaucht, aber nichtsdestoweniger ›Literatur‹ bleibt. Oder er diskutiert mit Hilfe dieses einen dicken Buches über viele dicke Bücher, die einmal ›die Welt bewegten‹, mit seinen Kindern, die ebenfalls mit Büchern ihre Probleme haben – denn dazu sind sie da, die Kinder wie die Bücher.

Da gibt es Eltern, die ganze Bibliotheken besitzen und deren Kinder einen Horror vor Büchern bekommen. Da gibt es aber auch Eltern, die nur ein paar Lederrücken in dem für Bücher ohnehin zu kleinen Schrank vorzuweisen haben: Brehms Tierleben oder ein Album mit Zigaretten-, Schokolade- oder Margarinebildern, die von den dafür an sich nicht vorgesehenen Kindern immer wieder von vorn bis hinten, Tag und Nacht (z. T. mit der Taschenlampe zu ganz ungesunden Lesezeiten und unter höchst beschwerlichen Umständen) durchschmökert werden.

Das nennt man vornehm: »Sozialisation« durch Literatur, ein höchst komplexer oder sogar widersprüchlicher »didaktischer« Prozeß.

Nicht unwichtig scheint der Hinweis, daß →Sozialisation durch Lesen in möglichst frühem (jugendlichen) Alter stattzufinden habe. Denn später kommen bekanntlich erwachsene Leute immer weniger so richtig zum Lesen; paradoxerweise soll das sogar für professionelle Literaturwissenschaftler gelten. Von Ludwig Tieck und den jungen Romantikern wird berichtet, daß ihnen eine unersättliche Leselust an Schmökern, die wir heute als ›trivial‹ bezeichnen würden, den Weg zu eigenen Literaturproduktionen gebahnt hat, die ihren Lesestoff bei weitem übertroffen und überdauert haben. »Habent sua fata libelli«: Büchlein – auch dicke – haben ihre Schicksale, das ist seit Jahrtausenden bekannt: zerlesen oder zersungen, im Schul- oder Soldatentornister, im Salon oder auf der Couch. So etwas zwischen Papp- und Leinenwände zu pressen, zu Literatur gewordene Erfahrungen von Jahrtausenden, ist ein Wagnis, das besonders jene, die heute noch als »freischaffende« oder beamtete »Profis« mit gedruckten Büchern, mit Literatur also, umgehen, immer wieder riskiert haben – zu Ärger, Freude oder Erbauung zumal der Zeitgenossen, die sie von Berufs wegen zu belehren hatten.

Didaktik und Wirkungsästhetik

Vielleicht ist es ganz lohnend, sich einmal mit den Absichten und Interessen dieser Spezies von Bücherwürmern zu beschäftigen, die es nicht allein darauf abgesehen hat, Papier und Druckerschwärze zu zermalmen und – schlecht und recht – zu verdauen, sondern, um das etwas unappetitliche Bild auszuführen, das soeben schlecht und recht Verdaute in Form von atomisierten Überresten weiterzugeben, zu ›tradieren‹ – vor allem an jene, die ihnen zur Belehrung anvertraut waren. Man nennt diesen Vorgang der Verdauung und Weitergabe auch vornehm: exemplarisch-didaktische Vermittlung von Literatur an solche, die Leser werden wollen oder sollen. ›Literaturpädagogik‹ oder ›Literaturdidaktik‹ heißen heute, im Rahmen eines hochspezialisierten Kultur- und Wissenschaftsbetriebs, die dafür zuständigen Fachdisziplinen in Schule und Hochschule. Im Fachjargon hört sich die Diskussion darüber etwa so an: »Gegenstand integrierenden und projektorientierten Deutschunterrichts sind Analyse, Synthese und Reflexion sprachlicher Leistungen und Wirkungen als Bestimmungsstücke symbolisch vermittelter Interaktion einerseits sowie Antizipation und Reflexion potentieller Sprachleistungen und -wirkungen zur Gestaltung künftiger kommunikativer Situationen andererseits.«

Dies zweifellos bedeutend klingende Zitat will offenbar kühn die ganze Literaturdidaktik in einer Nuß darstellen. Es wäre trotzdem zu billig, seines wahren, wohlmeinenden Urhebers zu spotten. Zeigt es doch die seriösen, eifrigen, hektischen, verbissenen, manchmal komischen Bemühungen, den Standort und die Aufgabenstellung der Literatur-Didaktik umfassend zu definieren. Das schmeckt dann ein bißchen wie die moralische oder wissenschaftliche »bittere Pillule«, die man nicht überzuckert hat, oder wie der Bouillonwürfel, den man lutschen soll, anstatt ihn in der angemessenen Wassermenge aufzulösen.

Wir würden es für ebenso verwerflich halten, die Pädagogik als Didaktik vorbehaltlos in den Dienst einer ›fachidiotischen‹ Literatur- und Sprachwissenschaft zu stellen, wie es umgekehrt manchmal ein bißchen anmaßend oder gar →banausisch anmutet, was die Fachdidaktiker aus den Errungenschaften der auf einer ehrwürdigen Tradition beruhenden Sprach- und Literaturwissenschaft gemacht haben. Zumal dann, wenn sie sie gar zu selbstherrlich als »ancilla paedagogiae« (Magd der Pädagogik) mißbrauchen. Welches Recht hat eigentlich die Pädagogik, die Erziehungswissenschaft auf ihre eigene, hausgemachte Sprach- und Literaturtheorie? Ist es legitim, besonders die →Poetik, die →Philologie, oder auch die Text-Hermeneutik bisweilen zu vergewaltigen – mit dem Argument, dem Text könne ruhig Unrecht geschehen, er könne beliebig →funktionalisiert und instrumentalisiert werden, wenn es nur im Interesse der didaktischen Zubereitung, der Unterrichts-›Technologie‹, also letztlich der Schüler geschieht, deren gegenwärtige Sozialisation, vergangene Lebensgeschichte und konkretutopischen Zukunftsentwurf die Didaktik natürlich im Auge haben muß?

Da wären beispielsweise die besonders für das Einsetzen des Literaturunterrichts bestens bewährten Formen und Gattungen der Kurzprosa, für die in der Literaturpädagogik Bezeichnungen wie »Kleingut«, »Erzählgut«, »Wortgut«, »Unterrichtsgut«, »Bildungsgut«, »literarisches gut«, »Sprachgut« herumspuken – eine recht feudal anmutende, wenn auch subjektiv verinnerlichte Güterwirtschaft der Literatur, die den von Robert Minder, einem französischen Germanisten, karikierten »Morgenthauplan der Literatur« in den deutschen Nachkriegslesebüchern noch übertrifft. (»Fielen dem Mann vom Mond solche Lesebücher in die Hände, er dächte: Ein reiner Agrarstaat muß dieses Deutschland sein, ein Land von Bauern und Bürgern . . . in umhegter Häuslichkeit . . . in einem Stilleben von Riesenausmaß. Ein Morgenthauplan der Literatur, von deutschen Literaten selber durchgeführt.«)

Im Deutschunterricht der letzten Jahre ist viel, vielleicht zu viel, von so schön klingenden Lernzielen wie »kommunikativer Kompetenz« die Rede (d.h. etwa: der Fähigkeit, im sprachlichen Prozeß der Verständigung sich selbst verständlich machen, seinen Standpunkt artikulieren und seine vernünftigen und berechtigten Interessen durchsetzen zu können). Ähnlich in Schwang und Mode kam auch die Rede von der »emanzipatorischen« Erziehung durch die Sprache. Diese beiden

Leitbegriffe auch der literaturpädagogischen Diskussion sind indessen nur dann sinnvoll, wenn sie konkret in ihrer gesellschaftspolitischen Dimension gesehen werden. Als Ziel wird grundsätzlich eine »Befreiung von →Determinationen des Bewußtseins« proklamiert.

Bewußtseinsprägung, Verhaltenssteuerung durch Sprache geschah in den bisherigen Gesellschaftsordnungen durch eine kleine Gruppe der Sprachmächtigen, durch eine »Schreiberkaste«, die ihre spitzen Federn und scharfsinnigen Köpfe einseitig meist denen ›liehen‹, die auch die konkrete ökonomische und politische Macht besaßen: das Geld, die Waffen, die Justiz, die Polizei. Das eigentlich Interessante an der Literatur freilich war und ist der Ausnahmefall: daß sie nicht immer nur durch ihr Geschriebenes die Massen der Lohn- wie Bewußtseinsabhängigen den Herrschaftsinteressen der Wenigen gefügig zu machen suchte, sondern ihre Schreibkunst bisweilen – wenn auch vielleicht viel zu selten – in den Dienst der Mehrheit stellte. Wem fallen dabei nicht Beispiele wie der sprachlistige Till Eulenspiegel, der scharfsinnige Rationalist Lessing, der idealistische Rebell Schiller, die politischen Lyriker des 19. Jahrhunderts ein, ohne die besonders die deutsche Literaturgeschichte eine recht traurige und einseitige Angelegenheit wäre? Und doch hat es gerade in den Schullesebüchern ungewöhnlicher Anstrengungen bedurft, bis z.B. Dichter des 18. Jahrhunderts, die für die →bürgerliche französische Revolution gegen die absolutistischen Feudalherrscher und ihre klerikalen Chefideologen Stellung nahmen, die sogenannten jakobinischen Dichter, oder, um neuere Beispiele anzufügen: politisch engagierte Dichter wie Heinrich Heine oder Bertolt Brecht, ihren gebührenden Platz erhielten! Denn lieber als die revolutionären, aufklärerischen, idealistisch oder konkret utopischen Dichter wurden allemal die schriftstellernden ›Jubelperser‹, die seichten Bestseller-Unterhalter, die →panegyrischen Verklärer oder vorgeblich ›sachlichen‹ Stabilisatoren der jeweiligen Herrschaftssysteme der Wenigen über die Vielen gesehen.

In einem modernen Literaturunterricht soll und kann deren ideologie- und bewußtseinsprägendes Schreiben nicht einfach übergangen und totgeschwiegen werden. Es ist vielmehr durch (ideologie-)kritisches Lesen oder »Gegen-den-Strich-lesen« (wie einige neuere literaturpädagogische Konzepte dafür lauten) zunächst dem Leser schlicht und einfach durchschaubar zu machen: »Die von ihnen (den Mächtigen) ausgehende Bewußtseinsprägung und Verhaltenssteuerung soll eingeschränkt werden, indem ihre Einflüsse den Schülern bewußt und ihre Mittel durchschaubar gemacht werden. Durch ›Wissen über die Macht der Sprache‹ soll der Schüler zu kritischem Widerstand gegen diesen Herrschaftsanspruch befähigt werden. Er soll in die Lage versetzt werden, ›an der Herrschaft durch Sprache teilhaben zu können, um auf diese Weise die Herrschaft der wenigen einschränken zu können‹.« (J. Grünwaldt).

Nun kann es nicht Aufgabe der Literaturdidaktik sein, sich allein zum obersten »Kunstrichter« oder »Literaturpapst« über die Verwertungsmöglichkeiten von Literatur und Literaturtheorie im Literaturunterricht aufzuschwingen. Gleichwohl müßte sie – als eine potentielle Wissenschaft vom Literatur-Kanon, gewissermaßen als nicht theologische oder →metaphysische, sondern im richtig verstandenen Sinne einer ›wissenschaftlichen →Kanonistik‹ – auf eine möglichst umsichtige, ›dialektische‹ Weise versuchen, sowohl einer vernünftigen (rationalen) Literaturästhetik wie einer sozialwissenschaftlich fundierten Pädagogik, also dem Text und dem lernenden Leser, gleichermaßen gerecht zu werden.

In diesem Zusammenhang ist zu betonen, daß gerade die – heute fast ganz verschüttete – Tradition der Poetik, →Rhetorik und Stilistik seit der Antike, besonders die sog. Gattungspoetik, die Lehre von den Stilfiguren, Stilhöhen (genera dicendi) und sämtlichen Groß- und Kleinformen literarischer Darstellung, den ›Textsorten‹, sich zumeist selbst als Didaktik, als ›Wirkungsäthetik‹ (keineswegs also nur als Werkpoetik) auf soziale Inhalte und Umfelder bezogen hat. Noch Gottsched hat fast wörtlich übernommen, was bereits Opitz in seiner »Deutschen Poeterey« (1624) an derartigen Traditionen, besonders der Lehre von den ›genera dicendi‹, übernommen hat:

»In den niedrigen Poetischen sachen werden schlechte und gemeine Leute eingeführet; wie in Comedien und Hirtengesprechen. Darumb tichtet man ihnen auch einfaltige und schlechte reden an, die jhnen gemässe sein; ... Hergegen in wichtigen sachen, da von Göttern, Helden, Königen, Fürsten, Städten und dergleichen gehandelt wird, muß man ansehnliche, volle und hefftige reden vorbringen, und ein ding nicht nur bloß nennen, sondern mit prächtigen hohen worten umbschreiben ...

Die mittele oder gleiche art zue reden ist, welche zwar mit jhrer Zihr vber niedrige steiget, vnd dennoch zue der hohen an pracht und grossen worten noch nicht gelanget ...«

Literaturdidaktik gleichsam als verlängerter Arm der Wirkungsästhetik stellt, zumal, wenn man an Schillers idealistisches Konzept einer »ästhetischen Erziehung des Menschen« oder Brechts eher →materialistische Theorie vom Lehr-Theater denkt, ein Konzept dar, das unbedingt diskutabel ist.

Literatur in der Gesellschaft

Im Zusammenhang dieser Darstellung wäre es gewiß sehr reizvoll, dem Verhältnis von Literaturproduzent und -verdiener im geschichtlichen Wandel der Jahrhunderte einmal nachzugehen: von den berühmten Autoren der antiken Adelsgesellschaften und Kaiserhöfe (vom blinden Sänger Homer bis zum gefeierten Hofpoeten des Augustus) über die →Rhapsoden und Barden, die fahrenden (Minne-)Sänger, Troubadours und Hofdichter der →Feudalzeit (im Mittelalter wie im territorialfürstlichen, →absolutistischen Staat der Barockzeit und ihrer glanzvollen Höfe und Residenzen), bis hin zu dem frühbürgerlichen ›freien Schriftsteller‹ à la Klopstock, Lessing, Goethe oder Schiller (deren ›freie‹ Existenz doch zu guter Letzt in der ›gesicherten‹ Existenz bei Hofe strandete), dem »Nationaldichter« im Dienste des Volkes, dem verbeamteten Schriftsteller im bürgerlichen Nationalstaat (eine Utopie Fontanes!), dem Dichter in Idylle, Exil, →Elfenbeinturm oder →Bohème im Rahmen der →konsolidierten kapitalistisch-bürgerlichen Gesellschaftsordnung des 19. Jahrhunderts, den Journalisten unserer modernen →verbalen oder audiovisuellen »Massenkommunikationsmittel« oder dem Bandarbeiter im vielköpfigen Produzententeam der Comics- und Groschenhefte. Ein nachdenklich stimmendes Kapitel – diese historisch sich wandelnde Stellung von Schriftsteller (und Publikum!) in den verschiedenen Gesellschaftsordnungen!

Dies, lieber Leser, ist wohl ein harter Brokken – sozusagen ein ›Knust‹ jener Wissenschaft, den allerdings jeder Lehrer Ihrer Kinder, etwa im Fach Deutsch, zu beißen und zu schlucken hat, wenn er bzw. so lange, wie er heute studieren darf. Aber wir wollten Ihnen doch nicht vorenthalten, daß es nicht nur ›Leser‹ gibt, die sich an Literatur erfreuen oder ärgern, sondern auch Menschen, die Literatur ›studieren‹ müssen. Uns scheint, auch das sollten Sie wissen, eine Aufgabe dieses Buches zu sein: Ihnen Einblick zu geben in wissenschaftliche Probleme, die sich – zwischen Leser und Buch, Lehrer und Schüler – stellen. Einige dieser Probleme sollen in dieser Einführung ausschnitt- und beispielhaft vorgestellt werden:

▷ Schon die einleitenden Sätze führten zu den schwierigen Fragen, welche Methoden (= Wege) des Literaturverständnisses (in der DDR pflegt man zu sagen: der »Literaturaneignung«) man einschlagen soll.

▷ Von ›Wegen‹ (oder Methoden) ist auch im folgenden Kapitel die Rede – den Wegen und Irrwegen allerdings, die die Schriftsteller selbst einschlagen, um zu ihren Lesern zu gelangen.

▷ Dann ist wieder der Leser dran mit der Frage, worauf man eigentlich beim Lesen achten sollte – nicht nur, um das zu kapieren, was man eh schon versteht, sondern auch mal zu sehen, was die Autoren eigentlich mit dem Leser vorhaben, welche *Absicht*, welche *Tendenz* sie denn verfolgen (über ihr mehr oder weniger spannendes →›Sujet‹ hinaus).

▷ Schließlich geht es auch um die schwierige Frage, ob Literaten Kinder ihrer Zeit (also: Goethe und Schiller ihres 18. Jahrhunderts) seien, oder ob sie uns ›Nachgeborenen‹ deshalb so viel (mehr?) zu sagen haben, weil sie partout über ihre Zeit hinaus, also gewissermaßen für die »Ewigkeit« (was ist das eigentlich?) schreiben wollten oder, wie man zu sagen pflegt »nach den Sternen greifen«.

▷ Und endlich und letztens sei die Frage gestellt: Wie muß eigentlich ›richtige‹ oder ›angemessene‹ Literatur aussehen und welches Ausmaß sowohl an Toleranz wie Vorurteilen kann sie von einem ›vernünftigen‹ Leser verlangen?

Methoden der Literaturdidaktik

»Ist Achilles möglich mit Pulver und Blei? Oder überhaupt die Iliade mit der Druckerpresse oder gar Druckmaschine? Hört das Singen und Sagen und die Muse mit dem Preßbengel nicht notwendig auf, also verschwinden nicht notwendige Bedingungen der epischen Poesie? Aber die Schwierigkeit liegt nicht darin zu verstehen, daß griechische Kunst und Epos an gewisse gesellschaftliche Entwicklungsformen geknüpft sind. Die Schwierigkeit ist, daß sie für uns noch Kunstgenuß gewähren und in gewisser Beziehung als Norm und unerreichbare Muster gelten.« (Karl Marx)

Gerade durch die scheinbare Widersprüchlichkeit von historischer Einordnung und pädagogischer Vermittlung, von tatsächlicher geschichtlicher Existenz und ideologischem Aufnehmen älterer, sozusagen →klassisch gewordener Literatur ist die wissenschaftliche, methodische und didaktische Zielsetzung in geradezu schmerzender Deutlichkeit umrissen:

Es wäre Aufgabe der *Literaturwissenschaft*, eben den historischen Stellenwert ›klassischer‹ literarischer →Theoreme, Philosophien, Ideale, Ästhetiken, Kunstwerke, Textgattungen, Sprachformen usf. im sozialgeschichtlichen Zusammenhang ihrer eigenen Zeit durch Aufweis »strukturhomologischer« Zusammenhänge und Interdependenzen zu durchleuchten. Sie müßte sich dazu einer »geschichtsmaterialistischen« Sehweise befleißigen, also im Sinne eines →historischen Materialismus die Phänomene der Literatur historisierend einzuordnen suchen.

Andererseits wäre es die spezifische Aufgabe der *Didaktik*, nach dem, falls überhaupt vorhanden, noch immer ›Vorbildhaften‹ der Literatur und seinen pädagogischen Auswirkungen zu fragen. Die Lehre des französischen Philosophen und Soziologen Lucien Goldmann (1913–1970) von der »Strukturhomologie«, hier begriffen als dialektischer Zusammenhang zwischen den ästhetischen und den sozialen Strukturen in einer bestimmten Epoche, fordert eine neue Betrachtung zumal der älteren Literatur durch Literaturwissenschaft, Literaturdidaktik und Literaturunterricht heraus. Gerade Didaktik und Unterricht sind besonders betroffen, haben sie es doch spezifisch mit der Vermittlung von Wirkungs- und →Rezeptionsprozessen zu tun, für welche die Dimensionen des Ästhetischen, Sozialen und Historischen gleichermaßen zutreffen. Was wirkte, und was, zumal vermittelt durch die soziale und sozialisierende Instanz des Unterrichts, als gesellschaftlich vermittelte und weiter vermittelnde Institution rezipiert wurde: Modelle, Ideale, Vorbilder, denen man es →posthum zutraute, schlechterdings erzieherische Kraft auszustrahlen in jedweder politischen Situation (1806, 1815, 1848, 1871, 1914, 1933, 1945, um nur ein paar wenige schmucklos-schlichte Geschichtszahlen sprechen zu lassen) – »was ist an ihnen wirklich (noch) dran«?

Eine tatsächlich umfassende, den Anspruch von »Wissenschaft« überhaupt erst einlösende historisch-gesellschaftliche Einordnung der Entstehung und Wirkung von Literatur nun wird gerade von jüngeren Literaturwissenschaftlern mit Attributen bezeichnet, die so häufig von Anfeindungen und Mißverständnissen begleitet sind, daß es schon deshalb lohnen dürfte, sich einmal möglichst vorurteilsfrei mit ihnen zu befassen, auch wenn man sie aus mancherlei Gründen nicht gern mag: nämlich den aus der klassischen marxistischen Philosophie und Wissenschaftstheorie stammenden Begriffen ›materialistisch‹ und ›dialektisch‹.

Wenn nun »nach materialistischer Geschichtsauffassung . . . das in letzter Instanz bestimmende Moment in der Geschichte die Produktion und Reproduktion des wirklichen Lebens« (Engels) ist, so ist – und darin liegt wohl hauptsächlich das ›vulgäre‹ Mißverständnis der Verächter einer materialistischen (Literatur-)Geschichtsbetrachtung – ein literarisches, philosophisches, künstlerisches Werk des kulturellen »Überbaus« keineswegs ein bloßer Reflex, der einsträngig, monokausal, mechanisch, direkt und unvermittelt von der »Basis« der ökonomischen →Produktionsverhältnisse abzuleiten wäre. Vielmehr geht es um die Analyse höchst komplexer Zusammenhänge von Vermittlungen und wechselseitigen Abhängigkeiten (Interdependenzen), die das Verhältnis von Basis und →Überbau in einer Konstellation bedingen, die allerdings durch die historische Gleichzeitigkeit solcher ökonomischen mit ästhetischen Erscheinungsformen, gegeben ist. Z.B. der Zusammenhang von technischen Verkehrs- und zwischenmenschlichen →Kommunikationsverhältnissen, von Arbeitsweise und Kultur – z.B. in Steinzeit, Rittertum oder Industriegesellschaft – ist ebenso evident wie schwer zu erklären. Der Literaturwissenschaftler Erich Köhler (→S. 80f.) erläutert, wie sorgfältig die →literatur-soziologische Analyse dabei zu verfahren habe:

»Eine Literatursoziologie, die ernst genommen sein will, kann nicht den eigenen Sinnzusammenhang der Literatur, das Beharrungsvermögen ihrer Formen und die Schwerkraft der von ihr erstellten Ideale verleugnen. Es wäre naiv zu glauben, daß jede Veränderung, die im Unterbau der Gesellschaft vor sich geht, sich in der Kunst sogleich in neuen Themen und Formen niederschlagen müsse. Solche Veränderungen vermögen den bereits vorhandenen Bestand an literarischen Formen, Themen und Motiven und das Maß von deren Fähigkeit zur Rezeption von neuem erst dann zu sprengen, wenn sie den Charakter eines geschichtlichen Umbruchs tragen. An solchen Wendepunkten der Geschichte brechen die Impulse des Unterbaus sichtbar durch die traditionell und ideologisch verfestigten Formen, Stile und Wertbegriffe der Literatur. Ihre fast unmittelbare Wirkung ist besonders dann deutlich und faßbar, wenn sie sich in neuen literarischen Stilen und Gattungen niederschlagen und mit ihnen zugleich ein neues Welt- und Menschenbild geboren wird.«

Empfehlenswert ist deshalb die Auseinandersetzung Marie-Luise Gansbergs mit den hauptsächlichsten Vorurteilen, die der materialistischen Literaturwissenschaft entgegengebracht wurden, nämlich:

»1. Materialistische Literaturwissenschaft reduziert die Kunst, sie nimmt ihr die ästhetische und damit auch die eigentlich humane Qualität.

2. Materialistische Literaturwissenschaft verabsolutiert einen methodischen Ansatz, der zwar berechtigt ist, aber nur als einer unter anderen, als gleich-, nicht übergeordnet.

3. Materialistische Literaturwissenschaft spielt sich auf als Prophet einer Sache, die sich längst als eigene Disziplin etabliert hat: Verwiesen wird auf die →Literatur-Soziologie.

4. Das Erkenntnis-Interesse der materialistischen Literaturwissenschaft ist unseriös, denn es ist parteilich.«

Die leitenden Prinzipien des historischen und dialektischen Materialismus hat Friedrich Engels im »Begräbnis von Karl Marx« auf eine Weise skizziert, die auch wenig erfahrenen Lesern schon ohne weiteres verständlich ist, weil alle großen Lehren, wie Brecht meinte, sehr einfach sind:

»Wie Darwin das Gesetz der Entwicklung der organischen Natur, so entdeckte Marx das Entwicklunsgsgesetz der menschlichen Geschichte: die bisher unter ideologischen Überwucherungen verdeckte einfache Tatsache, daß die Menschen vor allen Dingen zuerst essen, trinken, wohnen und sich kleiden müssen, ehe sie Politik, Wissenschaft, Kunst, Religion usw. treiben können; daß also die Produktion der unmittelbaren Lebensmittel und damit die jedesmalige ökonomische Entwicklungsstufe eines Volkes oder eines Zeitabschnitts die Grundlage bildet, aus der sich Staatseinrichtungen, die Rechtsanschauungen, die Kunst und selbst die religiösen Vorstellungen der betreffenden Menschen entwickelt haben und aus der sie auch erklärt werden müssen – nicht, wie bisher geschehen, umgekehrt.«

Heuchlerisch ist sicher die oft gerade aus konservativem Lager zu hörende Klage um den Verlust der historischen Dimension und den Mangel an »historischer Bildung« der Schüler oder Studenten, die von sog. linken Lehrern gar noch arglistig beschleunigt würden. Historisches Interesse, nicht aber Interesse an chauvinistischen Denkmälern, ist in der Tat eine ebenso wichtige wie schwierige Aufgabe, die eine Grundvoraussetzung aller politischen Bildung auch im Literaturunterricht sein muß. Wir sehen ein wichtiges Ziel in der Wiedergewinnung einer historischen, d.h. geschichtsmaterialistischen Perspektive, die nicht auf die Vergangenheit im Sinne eines obsolet gewordenen »Historismus« fixiert ist, sondern das gegenwärtige Sprechen, Denken, Hören, Lesen, Handeln ebenso in ihrer historischen Bedingtheit begreift, wie sie für die Veränderbarkeit dieser historischen Gegebenheiten in Richtung auf die Zukunft offen sein muß. Gerade Literaturdidaktik hat es sowohl mit der derzeitigen Sozialisation wie der bisherigen Lebensgeschichte und der Glückserwartung, dem »Zukunftsentwurf« des Lernenden zu tun. Vergangenheit und Gegenwart als historisch bedingt zu begreifen aber heißt, wir sagen es nochmals: sie in ihrer Veränderungsbedürftigkeit und Veränderbarkeit zu begreifen. D.h. der Zukunftsentwurf des Schülers wäre gerade für die Literaturdidaktik aus der Wiedergewinnung eines historischen Bewußtseins herzuleiten, das durch gewisse Praktiken des herkömmlichen Geschichtsunterrichts absichtlich oder unbewußt, jedenfalls aber systematisch und konsequent verschüttet wurde. Eines Geschichtsunterrichts, der durch fach- und erziehungswissenschaftlich kaum noch vertretbare Elemente wie: Personifikation, Geschichtszahlenfetischismus, Faktenhuberei, Begriffsfeindlichkeit, einen den eigenen historischen Bedingungen gegenüber blinden →Positivismus, durch undialektische Einsträngigkeit (z.B. der »Ideengeschichte«), durch Verzicht auf soziologische Strukturanalyse und viele andere Sünden mehr zu einer weitgehenden Geschichtsverwirrung oder Geschichtsblindheit nicht nur der derzeitigen Schüler- und sogar Studentengenerationen erheblich beigetragen hat. Dieses absichtliche oder unabsichtliche Versagen der Geschichtswissenschaft (verantwortungsbewußte Geschichtswissenschaftler und Geschichtsdidaktiker haben es inzwischen längst als detaillierte Selbstkritik vorgetragen!) hat jedenfalls deutlich faßbare Ursachen in der bürgerlichen Ideologie- und Wissenschaftsgeschichte. Schon Marx und besonders auch Engels haben wiederholt kritisiert, daß das sich vom Feudal-Absolutismus emanzipierende Bürgertum (die Entdeckung des Historismus im Laufe des späteren 18. Jahrhunderts durch Herder, Möser, Goethe, Schiller u.v.a. zunächst als →ideologisches, →aufklärerisches Kampfmittel gegen klerikal-feudalistische Geschichtstheologie nutzend) mit der Konsolidierung seiner ökonomischen Herrschaft und seiner politischen Organisationsformen (insbesondere des Nationalstaats im 19. Jahrhundert), mehr und mehr Tendenzen der konservativen Bewahrung, der reaktionären →Regression und damit des →Ahistorismus, der ideellen und politischen Entmündigung verfocht.

In jedem Falle ist auszugehen von einem mehr oder weniger ausgeprägten bzw. artikulierten Unbehagen der Lernenden am historisch ›Überkommenen‹ (eigentlich: Überholten) der älteren Literatur – zumal, wenn am historisch Vergangenen ihnen ›vor-gemacht‹ werden soll, wie sie sich später, während und nach der Sozialisation, verhalten, was sie tun sollen. Zu solchen erziehungspsychologisch ohne weiteres einleuchtenden Trotzreaktionen werden viele ebenso deutlich faßbare Faktoren beitragen. Ein nicht geringer ist der: daß man als Historisches hinnehmen und gar in die Zukunft mitnehmen soll, was man nicht in seiner ›Geschichtlichkeit‹ durchschaut, in den Strukturzusammenhängen der Vergangenheit zu lokalisieren gelernt hat.

Mit Walter Benjamin wäre jedoch ebenso »rücksichtslos einzuräumen, daß es nur in vereinzelten Fällen gelungen ist, den geschichtlichen Gehalt eines Kunstwerks so zu erfassen, daß es als Kunstwerk für uns transparenter wurde«. Einzelinterpretation eines literarischen Zeugnisses und historisch-materialistische Analyse müssen, will man den von Benjamin angedeuteten Ausweg konsequent verfolgen, in ihrem Zusammenhang und in ihrem Zusammenwirken gesehen und aufeinander bezogen werden. Das verlangt als Methode eben ein ›dialektisches‹ Verfahren.

Tendenzen und Funktionen der Literatur

Was Literatur bewirken will, wissen wir seit fast zweitausend Jahren aus einer schlichten Formel des Horaz, die im Laufe der Jahrhunderte immer wieder abgewandelt, differenziert, erweitert oder ergänzt wurde: »Aut prodesse aut delectare volunt poetae« – nützen und belehren oder vergnügen und unterhalten wollen die Dichter.

Zwischen der ›Katharsis‹, der ›kompensatorischen Funktion‹ der Literatur in bezug auf den Leser, und der direkten Identifikation des Lesers mit der Literatur – zwischen diesen beiden Polen bewegen sich im Grunde alle Aussagen über Wirkung, Zweck, Ziel oder Nutzen der Literatur; auch noch die im Zusammenhang mit den modernen Massenmedien oder der Werbepsychologie erheblich weiterentwickelten und verfeinerten →empirischen und theoretischen Methoden der sog. »Wirkungsforschung«.

Welche Probleme ergeben sich daraus für den philologischen Sammler und pädagogischen Vermittler von Literatur, resultierend aus seiner Zwischenstellung zwischen den Autoren, ihren Werken und ihren historisch-gesellschaftlichen Produktionsbedingungen einerseits und andererseits dem Publikum, dem Leser, der ganz allgemein ein Lernender, ein Rezipient oder Konsument gedruckter – realer, abstrakter oder →fiktionaler – Information oder, ganz konkret, ein Student oder Schüler ist? Literatur kann ›funktionieren‹ als →›Mimesis‹, als mehr oder weniger direkte »Widerspiegelung« realen Zeitgeschehens oder als dessen analytische Kritik, die gesellschaftliche Verhältnisse nicht nur anschaulich, sondern durchschaubar (transparent) macht oder schließlich als Utopie, als idealistischer Zukunftsentwurf, der die Misère der Gegenwart überwindet, »Vor-Schein« (Ernst Bloch) besserer Verhältnisse ist. Es versteht sich, daß solche Kategorien nur Abstraktionen sind: Jede für sich ist entsprechend zu differenzieren, aber auch zu multiplizieren. So reicht z.B. die Skala dessen, was als ›Mimesis‹ bezeichnet werden kann, von der kritisch-realistischen Wiedergabe über die Affirmation (Bestätigung) bis hin zum ›panegyrischen‹ Lobpreis herrschender sozialer Zustände. ›Widerspiegelung‹ umfaßt indessen, als durch und durch ›dialektischer‹ Begriff, alle nur denkbaren Funktionen, also Ausdrucks-, Darstellungs- und Wirkungsmöglichkeiten der Literatur überhaupt.

Besonders unter dem Aspekt der Wirkungs- oder Rezeptionsästhetik, die einen lohnenden Anknüpfungspunkt für die Literaturdidaktik bietet, ist auch das Verhalten des Lesers, des »Literatur-Schülers«, zu erfassen.

Nur durch konsequente Fundierung auf Materialismus und Dialektik als »methodologisches Postulat« könnte die Literaturdidaktik einmal eine ›Wissenschaft vom Literatur-Kanon‹ werden – und sich dabei zugleich im Einklang befinden mit Eigeninteresse und Erwartungshaltung dessen, der gerade vom Literaturlesen einen dreifachen Erfahrungsgewinn – Sozialisation als Geschichte, Gegenwart und Zukunft – beansprucht.

Die biographische Entwicklung eines einzelnen Menschen mit der Universalhistorie zu verbinden, also mit der Entwicklung des »ganzen Menschengeschlechts«, ist der Gedanke Lessings, Herders und Schillers. Die Chance zur Vervollkommnung des ›ganzen Menschengeschlechts‹ wäre mit der gleichen Chance für das individuelle Leben des ›Schülers‹ pädagogisch zu verbinden, wenn man diesen Grundgedanken konsequent verlängert. Fraglich bleibt nur, ob diese fortgesetzte →›Perfektibilität‹ noch im Rahmen einer bürgerlichen Gesellschaftsentwicklung wird stattfinden können, deren historische Lokalisierbarkeit und ideologische Begrenztheit gerade durch eine historisch-materialistische und ideologiekritische Analyse der klassischen bürgerlichen Literatur deutlich wird. Ganz zu schweigen von den späteren ideologischen Verfestigungen, die nicht mehr progressiv den Emanzipationskampf des Bürgertums und seines Nationalstaates begleiten, sondern konservativ bzw. reaktionär die Herrschaftsinteressen der an die Macht gekommenen Klasse absichern! In diesem ideologiegeschichtlichen Zusammenhang, der den sozio-ökonomischen Entwicklungen der »Basis« zumindest zeitlich parallel läuft, sind auch die Grundfunktionen der Literatur zu sehen: als Mimesis oder Fiktion, Widerspiegelung oder Idealismus, Aufklärung oder Utopie. Einer der Grundwidersprüche besonders unserer klassischen deutschen Literatur überhaupt lag in der →Diskrepanz gesellschaftlicher und kultureller »Formationen«: einer rückständigen ökonomischen »Verfassung« des »Reiches« und seiner Territorien einerseits und einer hochentwickelten, ja erstmals eine Art europäischer Führungsrolle übernehmenden Kultur andererseits. Die Rezeptionsgeschichte zeigt dabei eine ständige Vergrößerung dieser Diskrepanz, die auch durch die politische Machtergreifung des Bürgertums nicht eben geringer wurde. Wenn hier auch die Rezeptionsgeschichte als – freilich lohnendes – Unterrichtsthema für sozial- und ideologiegeschichtlich fundierte ›Bewußtseinsbildung‹

nur gestreift werden kann, so seien doch ein paar Schlaglichter auf sie geworfen:

▷ Die →hypertrophierte Entwicklung des Idealismus-Begriffs bei Fichte, Schelling oder Hegel, der noch bei Schiller als »Vernunft«-Ideal mit der konkreten Absicht einer »ästhetischen Erziehung« →legitimiert ist, aber später zu mythischer Irrealität verkommt. (Vielleicht ließen sich ganze Kapitel der Horror-Literatur als Ironisierung des deutschen Idealismus im angelsächsischen Bereich verstehen: konfrontiert mit der Realität, wird schon bei Novalis oder Schelling der Idealismus zur ›Magie‹ als einem komischen oder unheimlichen Phänomen.)

▷ Die Kultur der ›Innerlichkeit‹ und ihre fatalen Folgen für das politische Bewußtsein der Deutschen.

▷ Der Widerspruch zwischen idealistischem Denken und dem durch und durch materialistischen Status der →Bourgeoisie, wie er z.T. in Romanen und Novellen des deutschen ›poetischen Realismus‹ thematisiert wird (bei Raabe, Storm, Keller – besonders in Fontanes »Frau Jenny Treibel«).

▷ Die →Adaption der Klassik als »kulturelles Erbe« in der Literaturgeschichtsschreibung und offiziellen Kultur- und Bildungspolitik der DDR.

▷ Der ›Verrat‹ an den Traditionen der Klassik im Faschismus und bei dessen geistigen Vor- und Nachläufern.

▷ Die Denunzierung klassischer Kunst als Ware und die bedenkenlose Ausschlachtung ihrer humanistischen Ideale durch Werbung oder Trivialliteratur.

Literatur als ›Erbe‹

»Wir sind verloren, wenn wir auf dem bisherigen Wege weitergehen. Der Deutsche ist ein Fremdling in der eigenen Heimat; er lebt . . . nicht mehr im Leben, sondern außer dem Leben, er hat nichts als seine innere Welt, seine Existenz ist durch und durch eine künstliche geworden. Das ewig gegenstandslose, inhaltsleere Ringen hat uns ausgehöhlt und verzehrt noch täglich unsere edelsten Kräfte. Mit seinen überfliegenden Gedanken, die nirgends zu Hause sind, mit seinen raffinierten Empfindungen, die keine Heimat haben, steht der deutsche Geist auf einer Höhe, wo jede weitere Eroberung ihn ärmer macht, weil sie ihn noch mehr isoliert und die Kluft zwischen ihm und der Wirklichkeit vergrößert. Von allem, was Kunst und Poesie, Religion und Wissenschaft bieten, ist nichts unversucht geblieben, um die Leere auszufüllen, die der Mangel eines öffentlichen Lebens, eines großen praktischen Interesses, . . . bei einem zahlreichen und gebildeten Volk erzeugen mußte, aber nichts hat ausgereicht.«

Was schon Paul Pfizer im ersten Drittel des 19. Jahrhunderts deutlich erkannt hat, resultiert aus einem zu »falschem Bewußtsein« führenden Mißverhältnis von Ideologie und politischer Realität.

Das führt zu einer falschen »Ungleichzeitigkeit« oder »Rückständigkeit« als spezifischer »Tradition der deutschen Entwicklung«, die auch das spätere ideologische und politische Verhalten der meisten Deutschen nicht nur in der kontinuierlichen Entwicklung zum Imperialismus und Faschismus, sondern bis heute als das einer »verspäteten Nation« (Helmuth Plessner) geprägt hat.

Literatur in ihrer höchsten Möglichkeit vermag nicht nur zu zeigen, wie – und mit wie unendlich vielen sprachlich-stilistischen Mitteln – ein Dichter auf die Ereignisse seiner Zeit reagiert. Noch interessanter fast ist die historische Konstellation: Ein Ereignis findet statt – wird vom »Dichter« gestaltet/überliefert und – wirkt damit auf die Nachwelt. Wie haben wir heutigen Leser uns demnach auf das ›Erbe‹ älterer, bisweilen sogar ›klassisch‹ genannter Werke der Literatur einzustellen? Sicherlich hat, zumal bei jüngeren Lesern, die direkte »Identifikation« mit literarischen Helden der Vergangenheit (Jung-Siegfried, Parzival, Robinson oder Old Shatterhand) ihre Probleme. Denn: Was taten diese Helden in der von ihren Dichtern ›fingierten‹ (= gemachten) sozial-historischen Wirklichkeit? Gegen wen kämpften sie? Mit welchem Ziel? Wem standen sie bei? Für wen oder was?

Die Literaturwissenschaft der DDR hat hier eine Konzeption entwickelt, die auch bei uns unter dem Schlagwort kulturelles oder humanistisches Erbe bekannt geworden ist. Man meinte damit, um es vereinfacht auszudrücken: alle diejenigen Traditionen den heutigen Schüler- und Studentengenerationen wieder verfügbar zu machen, die vom →Chauvinismus der Kaiser-Wilhelm- oder Adolf-Hitler-Zeit in Deutschland nicht nur verkannt, verraten, totgeschwiegen oder mißachtet, sondern buchstäblich auf dem Scheiterhaufen verbrannt wurden (wie die Bücher Kästners, Heines und vieler anderer bekannter Schriftsteller).

Dennoch ist es wohl nicht allein damit getan, einen bestimmten Typ des Dichters oder literarischen Helden durch einen jeweils entgegengesetzten als ›Identifikationsobjekt‹ für den Leser zu ersetzen. Wir meinen, daß es ebenso interessant ist, Identifikationsfiguren und Identifikationsvorgänge in ihrer historischen Wandelbarkeit zu reflektieren wie andererseits die Aufgabe zu stellen, literaturgeschichtliche Probleme einfach genau zu studieren, um gegenwärtige soziale Probleme ihrer Lösung näherzuführen. Wenn Literatur auch der »Entspannung« dienen soll, ist sie doch vor allem Studienobjekt in dieser Absicht: gesellschaftliche Probleme als lösbare Aufgaben dem Leser zu stellen, wie es eine der ältesten literarischen Gattungen tat: das *Rätsel*, das nicht gestellt wurde, um den ratlosen Leser in einer derzeit ausweglos scheinenden Situation zu opfern, sondern ihn zum Nachdenken anzuregen. (In der Dramenliteratur wurde, z.B. bei Schiller, dieser nicht klassische, sondern →›archaische‹ literarische ›Vorwurf‹ noch einmal für das sogenannte moderne abendländische Denken zurückerobert; kein Geringerer als Brecht hat aus guten Gründen immer wieder darauf zurückgegriffen.)

Die Entstehung eines – auch noch bis in unsere Zeit weitgehend verbindlich scheinenden – bürgerlichen Selbstbewußtseins ist von Anfang an besonders durch jene widersprüchliche Entwicklung von aufklärerischem und idealistischem Denken einerseits und den konkreten politischen Zeitereignissen (wie z.B. der Französischen Revolution) andererseits bedingt. Häufig erscheint es als Widerspruch zwischen idealistischer Philosophie und politischer Realität, als Ausdruck einer »Kulturrevolution«, eines moralischen Anspruchs, der der »erbärmlichen« politischen und ökonomischen Realität scheinbar vorauseilt oder gänzlich davonläuft.

Hermeneutik als Kunst der Interpretation

Wir meinen mit Jürgen Habermas: »Die Welt des tradierten Sinnes erschließt sich dem Interpreten nur in dem Maße, als sich dabei zugleich dessen eigene Welt aufklärt!« Daraus folgert Peter Bürger:

»Statt das Kunstmittel wie die Formalisten als Selbstzweck zu →hypostasieren, gilt es, seine eigentümliche Stellung zu erfassen (es ist weder Zweck noch Mittel, sondern beides zugleich) und es ebenfalls auf die Wirkungsintention des Werks zu beziehen. Wenn in der Form die Wirkungsintention faßbar wird, so ist damit zugleich der Zusammenhang zwischen Kunstwerk und Gesellschaft begriffen; wobei Gesellschaft und Werk nicht mehr äußerlich als Bedingendes und Bedingtes in starrem Gegensatz einander gegenüberstehen, sondern in der Form als einem wirkungsbezogenen Element bereits die gesellschaftliche Funktion des Werks beschlossen liegt. Der Begriff der Wirkung stellt nämlich einen doppelten Bezug zur gesellschaftlichen Realität her: Er setzt eine bestimmte (außerliterarische) Konstellation voraus, die im Autor allererst eine Wirkungsabsicht hervorruft, und er erlaubt, das Werk als ein die Wirklichkeit (auch die Vorstellungen sind Teil der Wirklichkeit) veränderndes Gebilde zu begreifen.«

Will man der Literatur, zumal der ›schönen‹, ›hohen‹ und historisch vergangenen überhaupt noch im Ernst kommunikative Funktionen zubilligen, dann wird man kaum noch von der →Autonomie, dem absoluten An-sich-Sein der Kunst, dem »sprachlichen Kunstwerk« als solchem ausgehen können, wie es bisweilen die sog. ›Werkpoetik‹ oder, noch bis weit in die 2. Hälfte unseres Jahrhunderts hinein, die →›textimmanente‹ Interpretationsmethode der Literaturwissenschaft getan haben.

Auch ›schöne‹ oder ›hohe‹ Literatur kann nur verstanden werden als Medium, als ›Botschaft‹, die von einem Produzenten ausgestrahlt (bzw. einem Sender gesendet), auf ein Publikum einwirkt (bzw. intentional einwirken will!) und von diesem Publikum in Theater, Salon, Hütte, Stube, Kammer oder Palast als Rezipient in einer durchaus eigentümlichen, ›pragmatischen‹ Situation ›empfangen‹

wird. Auch der modernen Literaturwissenschaft wird es also um die vielzitierte ›pragmatische Kommunikationssituation‹ gehen, um die historischen, politischen, sozialen und last not least ökonomischen Produktions- und Rezeptionsbedingungen, die diese Kommunikationssituation in ihrer Pragmatik bestimmen. Freilich haben Literaturwissenschaft und Literaturdidaktik eine zusätzliche Dimension zu bewältigen, die der Medien- und Kommunikationswissenschaft ihrerseits wichtige Anregungen geben könnte: die der Historizität und Geschichte. Gerade bei den sog. klassischen Kunstwerken ist eines besonders augenfällig: die historische Ungleichzeitigkeit, das Nacheinander von Produktion (mit ihrem Bedingungskontext) und Rezeption (und deren Bezugsrahmen). Nur in wenigen Gattungen moderner Massenkommunikation, z.B. in der Direkt-Reportage, scheint diese Ungleichzeitigkeit zum unvermittelten Präsens, zur Gleichzeitigkeit eines pragmatischen Kommunikationsnexus zu werden. Bei den meisten modernen Massenmedien, am deutlichsten wird das z.B. bei Illustrierten-Magazinen, bleibt die historische Differenz von Produktion und Rezeption. Die Disziplin, die das historische Nacheinander, die Ungleichzeitigkeit, die »Historizität« der je verschiedenen pragmatischen Kontextbedingungen von Produktion und Rezeption methodisch untersucht, nennen wir »Hermeneutik«.

Nun hat diese Kunst der Interpretation, der Hermeneutik, eine lange, ehrwürdige Tradition in der Philologie, der Kunst der Kommentare, →Textexplikationen, →Paraphrasen, →Exegesen etc. seit der Antike. Sie hat ein bewunderungswürdiges, vielfältiges und hochdifferenziertes Instrumentarium hervorgebracht, das im Laufe seiner historischen Entwicklung immer wieder ergänzt, verbessert, kritisiert wurde und noch im 18. Jahrhundert dem Skribenten wie dem Criticus, dem elenden wie dem scharfsinnigen, als ein jederzeit verfügbares Instrument mit allgemeinverbindlich zu handhabender methodischer, speziell terminologischer Tastatur dienen konnte. Noch Schillers oder Hegels idealistische →Ästhetik läßt ahnen, wie reichhaltig und zugleich durchgegliedert dieses Instrument war. Obwohl es an großartigen und z.T. sicherlich zu Unrecht vergessenen →Symbiosen weder an der Schwelle noch im Laufe des 19. Jahrhunderts gemangelt hat, ist dennoch eine terminologische und methodologische Auflösung, ja Verwirrung dieses Systems der Rhetorik, Poetik, Ästhetik, Philologie und Kritik ganz unverkennbar. Schiller z.B. hat die terminologischen und methodologischen Schwierigkeiten beklagt, die eine rationale, eindeutige Verständigung über ästhetische Fragen erheblich störe. So wird es kein Zufall sein, daß die moderne Literaturwissenschaft, besonders unter dem methodengeschichtlichen wie politischen Einfluß des wissenschaftlichen Sozialismus, des historischen und dialektischen Materialismus, sich wieder stärker auf Probleme der interpretatorischen Reflexion, der →Terminologie, der Methodologie, der kritischen Philologie (die mehr will als das positivistische Immanenzdogma vom »Historisch-Kritischen«) besinnt. So darf man wohl mit Recht nach den Sündenfällen der germanistischen Väter und Großväter aus dem 19. und 20. Jahrhundert von einem ›revival‹, einer Neuentdeckung und Weiterentwicklung der Hermeneutik im Range einer wissenschaftlichen Methodenlehre und Methodendiskussion sprechen.

Der unaufgelöste Widerspruch zwischen idealistischem – wirkungsästhetischem wie pädagogischem – Anspruch und politisch-sozialer Realität äußert sich besonders in Schillers »Briefen über die ästhetische Erziehung des Menschen«, die, vor dem Hintergrund eines weltgeschichtlichen Vorgangs wie der Französischen Revolution und der ›deutschen Misère‹ in bezug auf die politische Realität der ›deutschen Zustände‹, letztlich das →sozialpsychologische Problem der →Entfremdung und Selbstentfremdung unseres Wissens erstmals deutlich artikuliert. Der bei Schiller auf klassische Weise definierte Entfremdungsbegriff wird später auch in Marx' politisch-ökonomischer ›Anatomie‹ der bürgerlichen Gesellschaft und ihrer Krankheitssymptome eine maßgebliche Rolle spielen:

»Die besitzende Klasse und die Klasse des Proletariats stellen dieselbe menschliche Selbstentfremdung dar. Aber die erste Klasse fühlt sich in dieser Selbstentfremdung wohl und bestätigt, weiß die Entfremdung als ihre eigene Macht, und besitzt in ihr den Schein einer menschlichen Existenz; die zweite fühlt sich in der Entfremdung vernichtet, erblickt in ihr ihre Ohnmacht und die Wirklichkeit einer unmenschlichen Existenz. Sie ist, um einen Ausdruck von Hegel zu gebrauchen, in der Verworfenheit die Empörung über diese Verworfenheit, eine Empörung, zu der sie notwendig durch den Widerspruch ihrer menschlichen Natur mit ihrer Lebenssituation getrieben wird.«

Die komplizierten, höchst vermittelten, eben dialektischen Wechselbeziehungen zwischen »Kunst« und »Leben«, »Literatur« und »Gesellschaft«, ewigen »Ideen des Menschen« und »historischer Bedingtheit von Ideologien« aufzudecken, zu analysieren, ist die Aufgabe der Literaturwissenschaft und Literaturdidaktik – eine gewiß schwierige, häufig umgangene, aber doch nicht unlösbare Aufgabe:

»Es stellt sich nämlich heraus, daß eine Synopsis von Kunst, Gesellschaft und Wahrheit einer früheren Ästhetik durchaus eigen war. Sie wäre darum auch gegenwärtiger Geisteswissenschaft, die ja in der Tradition dieser Ästhetik steht, wieder zuzumuten.« (Peter Hahn)

Dieser vorläufige Einblick in die höchst schwierigen Probleme der Funktionsbestimmung von Literatur überhaupt, besonders am Beispiel der idealistischen (oder idealistisch-utopischen) Wirkungsästhetik, sollte abschließend zumindest eine kritische Fragestellung provozieren:

Ein Leitmotiv in allen theoretischen Versuchen, Wesen und Wert der Literatur zu bestimmen, ist die Vorstellung der ›Angemessenheit‹, des (›passenden‹) Stils. Solche →›präskriptiven‹ Stil- und Gattungslehren hatten noch bis weit ins 18. Jh. hinein, also bis zur Blütezeit unserer Klassik, hervorragende Bedeutung. Erst später läßt sich – immer mehr und immer schneller – eine Auflösung dieser Normen und Wertmaßstäbe für die Beurteilung und das Verständnis von Poesie oder Literatur feststellen. So scheint es uns heute – ein historischer Trugschluß?

Verständnisbereitschaft und Toleranz

Gerade der Leser, der mit der verwirrenden Vielfalt inhaltlicher und formaler Möglichkeiten moderner Poesie (vom ›Porno‹ bis zur ›konkreten Poesie‹) nicht so arg viel anfangen kann, wird zugestehen, daß vor allem erst einmal ein enormes Maß an Toleranz gegenüber gesellschaftlichen (und nicht nur: moralischen oder ästhetischen) Normen und Wertmaßstäben vonnöten ist. Denn eine solche Toleranz (auch z.B. den Hervorbringungen ›moderner‹ Musik und bildender Kunst gegenüber) ist sicher eine anerkannt nötige, wichtige und erfreuliche Sache. Nur muß sie meist mühsam und teuer erkauft werden. Schlimmstenfalls durch ein hohes Maß an →Relativismus, ja →Indifferenz, die schlechterdings in Gleichgültigkeit gegenüber »kulturellen Werten« überhaupt umschlagen kann. Die Frage, ob Gleichgültigkeit oder auf →bornierte Wertmaßstäbe und Normen beschränktes »Banausentum« besser sei, mögen und können wir hier gar nicht entscheiden. Aber für Toleranz und historische Einsicht in die Entwicklungsgesetze und die sich wandelnden Ausdrucksformen der Kunst (wie aller kulturellen, sozialen, ethischen etc. Normen) wollen wir sehr wohl plädieren und diesem Buch wünschen, daß es diese Qualitäten bei dem, wie man so schön falsch sagt: ›unvoreingenommenen‹ Leser fördern möge. So, wie es einst Goethe dem ›Hohenlied‹ der Toleranz in deutscher Sprache, nämlich Lessings »Nathan«, so fromm gewünscht hatte:

»Möge doch die bekannte Erzählung, glücklich dargestellt, das deutsche Publikum auf ewige Zeiten erinnern, daß es nicht nur berufen wird, um zu schauen, sondern auch zu hören und zu vernehmen. Möge zugleich das darin ausgesprochene göttliche Duldungs- und Schonungsgefühl der Nation heilig und wert bleiben.«

Wir wissen, daß gerade den Inhalten dieses Stücks das deutsche Publikum fast alles schuldig geblieben ist, was Goethe ihm wünschte. Die Literatur als →archäologisches Trümmerfeld oder weiterblühenden und fruchtbaren Acker der Ideologien – der vergangenen, überholten, überkommenen oder zukunftweisenden – aufzufassen, sei dem, der heute noch oder wieder lesen, vor allem aber auch verstehen mag, unbenommen: »Tolle – lege!« – Nimm und lies!

Register

Kursive Seitenzahlen verweisen auf Abbildungen,
halbfette Seitenzahlen sollen helfen, bei mehreren Verweisen
ausführliche Darstellungen leichter zu finden.

I. NAMEN (SCHRIFTSTELLER, WISSENSCHAFTLER, KÜNSTLER)

II. WICHTIGE WERKE (Auswahl der ausführlicher behandelten Werke)

ABBILDUNGSNACHWEIS

Farbfotos: Bavaria-Verlag, Gauting (2) – A. Bernhaut (1) – J. Blauel (1) – H. Schmied (1); Bertelsmann Lexikon-Verlag, Gütersloh (5); Bildarchiv Preußischer Kulturbesitz, Berlin (9); Joachim Blauel, München (1); Helmut v. Claer, Berlin (1); Czechoslovak News Agency, Prag (1); Dargaud Editeur, Paris (1); Walt Disney Productions GmbH, Frankfurt (1); Archiv Gerstenberg, Frankfurt (4); Giraudon, Paris (3); Claus Hansmann, München (3); Gerhard Klammer, Ohlstadt (1); Helga Kneidel, Berlin (3); Maison d'Editions J. Dupuis, Fils & Cie, Marcinelle (1); Marvel-Comics und Klaus Recht GmbH, Hamburg (1); Jürgen Menningen, Frankfurt (1); Metro-Goldwyn-Mayer Filmverleihgesellschaft mbH, Frankfurt (1); Mohndruck, Gütersloh – Werkfoto (1); National Perodical Publications, New York (1); Verlag Neues Leben, Berlin Peter Nagengast (1); Dr. G. P. Pineider, Florenz (1); Hans Roßdeutscher, Bielefeld (1); Schiller-Nationalmuseum, Marbach (3); Georg Stiller, Gütersloh (1); Universitätsbibliothek, Heidelberg (3); ZEFA, Düsseldorf – K. Helbig (1); Zeitmagazin, Hamburg – Sigrid Rothe (1).

Schwarzweißfotos: Akademie der Künste, Berlin-Ost (1); Akademische Verlagsgesellschaft Athenaion, Frankfurt (1); Archiv für Kunst und Geschichte, Berlin (5); The Associated Press GmbH, Frankfurt (1); Bavaria-Verlag, Gauting – F. X. Bartl (1) – IDF (1) – Interfoto (1); Maria Berger, Köln Alimari (2); Bertelsmann-Lexikon-Verlag, Gütersloh (28); Bildarchiv Preußischer Kulturbesitz, Berlin (35) – Pabst (1); Jan Buchholz, Hamburg (1); J. E. Bulloz, Paris (1); H. v. Claer, Berlin (1); Prof. Dr. Lars Clausen, Hamburg (1); Rosemarie Clausen, Hamburg (7); Karl Dedecius, Frankfurt (4); Deutsches Institut für Filmkunde, Wiesbaden (5); dpa, Frankfurt (3); Foto Marburg, Marburg (1); Swetlana Geier, Freiburg (3); Archiv Gerstenberg, Frankfurt (36), Gitraudon, Paris (1); Goethe-Museum, Düsseldorf (1); Claus Hansmann, München (4); Hirmer Verlag, München – Fotoarchiv (2); Historia-Photo, Bad Sachsa (6); Interfoto Friedrich Rauch, München (1); Istituto Geografico de Agostinio S.p.A., Novara (1); Kunsthalle, Bremen – Lars Lohrisch (2); Stefan Moses, München (1); National Portrait Gallery, London (1); Österreichische Nationalbibliothek, Wien (1); Rembrandt-Verlag, Berlin (1); Scala, Antella (1); Schiller-Nationalmuseum, Marbach (16); Der Spiegel, Hamburg (1); Staatliche Museen Preußischer Kulturbesitz, Berlin – Antikenabteilung (1); Staatliche Museen zu Berlin-Ost – Münzkabinett (2); Süddeutscher Verlag, München – Bilderdienst (1); Suomalaisen Kirjallisuuden, Helsinke (1); Suomen Taideakatemia, Helsinki (1); Dietrich H. Teuffen, Harsewinkel (4); Theater der Freien Hansestadt Bremen GmbH, Bremen (3); Ullstein GmbH, Berlin – Bilderdienst (5); Günter Vierow, Bremen (1); Verlag Klaus Wagenbach, Berlin (1); Prof. A. Paul Weber, Schretstaken (2); Zentralbibliothek, Zürich – Graphische Sammlung (1)

Weltliteratur im Überblick

von Gerhard Muschwitz

	Griechenland	Griechenland	Asien
800	*Homer* (um 800): Epiker – »Ilias«, »Odyssee«		*Gilgamesch* (2500 vor): Epos aus Babylonien – Taten des Helden Gilgamesch *Weltschöpfungs-Epos*: babylonische Lit. – Verherrlichung von Marduk
700	*Hesiod* (um 700): Lehrgedichte – »Werke und Taten«, »Theogonia« *Archilochos* (um 650): Lyriker – Gedichte *Sappho* (um 650): Dichterin – erhalten: 2 Gedichte, verschiedene Fragmente		
600	*Äsop, Aisopos* (um 580): Tierfabeln *Anakreon* (572–488): Lyriker – Lieder von Wein und Liebe (Anakreontik) *Theognis* (um 500): Verfasser elegischer Distichen		*Lao-tse* (um 540): chines. Philosoph, Begründer des Taoismus – Tao-te-king – Aphorismensammlung
500	*Pindar* (518–445): Lyriker – Verfasser von Hymnen, pindarische Oden, Lobgesänge *Äschylus, Aischylos* (525–456): Dramatiker – »Die Perser« (472), »Sieben gegen Theben« (467), »Orestie« (459) *Sophokles* (494–406): Dramatiker – »Ödipus« (450), »Antigone« (442), »Elektra« (430), »Philoktetes« (409) *Euripides* (480–405): Dramatiker – »Die Bakchen« (405?), »Iphigenie« (406), »Hippolyt« (428), »Medea« (431) *Aristophanes* (445–386): Komödiendichter – »Lysistrate« (411) »Die Vögel« (414), »Der Frieden« (421)	*Empedokles* (492–434): Arzt und Naturphilosoph – »Über die Natur« *Herodot* (um 485–425): Historiker – »Die Bücher der Geschichte« *Thukydides* (455–395): Historiker – »Geschichte des peloponnesischen Krieges«, »Melierdialog« *Xenophon* (um 434–355): Historiker und Schriftsteller – »Anabasis«, »Apologie des Sokrates«, verschiedene Lehrschriften *Demokrit* (um 480–370): Philosoph – von seinen 70 Schriften sind nur Fragmente erhalten *Aristipp von Kyrene* (435–366): Philosoph	*Konfuzius* (551–479): chines. Philosoph – Schi-king (Liedersammlung), Li-Gi (Buch d. Riten u. Sitten) *Buddha* (480 v.): Begründer d. Buddhismus – »Die Reden des Buddha«, »Der Wahrheitspfad« (Strophensammlung)
400		*Platon* (427–347): Philosoph – »Phaidon«, »Das Gastmahl«, »Der Staat«, »Apologie« u. »Kritan« *Aristoteles* (384–322): Philosoph – »Nikomachische Ethik«, »Metaphysik«, »Organon«, »Poetik« *Demosthenes* (384–322): Redner – »Die philippischen Reden«, »Kranzrede« *Epikur* (341–270): Philosoph – Sammlungen kurzer Sprüche, 3 Briefe *Theophrast* (372–287): Naturwissenschaftler – »Pflanzenkunde«, »Charaktere«	*Mahabharata* (300 v.): indisches Epos, 96 000 Doppelverse *Ramayana* (300 v.): indisches Epos, 24 000 Doppelverse **Hebräische Literatur** *Altes Testament:* Buch *Samuel* u. Buch von den *Königen* (zw. 750 u. 518) Buch *Ezechiel*: (573 v.) *Pentateuch*, auch 5 Bücher Moses (um 450 v.) Das Buch der *Richter* (um 5. Jh.)
300	*Menander* (342–290): Komödiendichter – »Das Schiedsgericht«, »Das geschorene Mädchen« *Theokrit* (um 300): Hirtendichtungen – »Amaryllis« *Kallimachos* (um 310–240): Lyriker und Epiker – Hymnen auf Götter, »Die Locke der Berenike« (Epos) *Apollonius Rhodius* (um 290–215): Epiker – »Argonautica« (Epos) *»Alexanderroman«* (um 200): Volksbuch von den Taten Alexanders des Großen	**Rom** Gnaeus *Naevius* (um 270–201): Komödiendichter – »Bellum Poenicum« Titus M. *Plautus* (244–184 v.): Komödiendichter – »Amphitryon«, »Die Zwillingsbrüder«, »Der großsprecherische Soldat«, »Das Hausgespenst«, »Die Eselkomödie« Quintus *Ennius* (239–169): Dramatiker, Epiker – »Annales«	Das *Geschichtswerk*: Chronik, Esra, Nehemia (um 300 v.) Prediger *Salomo* (um 300 v.) Klagelieder *Jeremiä* (um 400 v.): Psalmen Die *apokryphen* Bücher (um 300 v.): Weisheit *Salomos*, Buch *Tobias*, Buch *Jesus Sirach* Buch *Hiob*: (um 380–200 v.) Buch *Jesaia* (300 vor) Bücher: *Ruth, Ester, Jonas* (um 250 v.) Zwölf*propheten*buch (um 250 v.)
200		Publius *Terentius* Afer (190–159): Komödiendichter – »Das Mädchen von Andros«, »Der Eunuch«, »Phormio der Liebesadvokat« Gajus *Lucilius* (um 180–102): Satiriker – »Saturae«	Der Prophet *Daniel* (um 165 v.) Das *Hohelied* Salomos (um 150 v.) (Beendigung des Alten Testamentes um 75 v. Chr.)

Rom

Gajus V. *Catull* (84–54): Lyriker – Lesbia-Gedichte
Publius V. *Vergil* (70–19): Dichter – »Bucolica«, »Georgica«, Äneis (30 v.)
Quintus F. *Horaz* (65–8 v.): Lyriker – Carmina (= Gedichte), Oden, Briefe
Sextus A. *Properz* (50–18): Lyriker – Elegien, Distichen
Publius *Ovid* (43–18 n.): Lyriker – »Liebeskunst« (1), Gedichte, Metamorphosen (8. n.)

Lucius A. *Seneca* (4 v.–65 n.): Staatsmann, Philosoph, Dramatiker – »Troerinnen«, »Medea« (Tragödien) »Vom glücklichen Leben« (55)
Titus Petronius *Arbiter* (0–66): Romanautor – »Das Gastmahl des Trichmalcho«, Teil des Romans »Satiricon«
Marcus V. *Martial* (40–104): 15 Bücher, bez. 1200 Epigramme
Decimus J. *Juvenal* (50–130 n.): Satiriker – 16 Satiren erhalten

Apuleius (125–180): Romanautor – »Der goldene Esel«, Teil davon »Amor und Psyche« (Märchen)

Hieronymus (340–420): Kirchenvater – »Vulgata«
Aurelius *Augustinus* (353–430): Kirchenvater – »Bekenntnisse« (403), »Der Gottesstaat« (410/26)

Anicus M. *Boethius* (476–524): Philosoph – »Trostbuch der Philosophie« (523)

Venantius Fortunatus (um 535 – um 600): Lyriker – Gedichte, lehrhafte Prosastücke
Gregor von *Tours* (538–598): Historiker – »Geschichte der Franken«

Paulus *Diakonus* (726–793): Historiker – »Geschichte der Langobarden« (790)

Rom

Geschichtsschreiber und Philosophen:
Marcus T. *Cicero* (106–43 v.): »Über den Staat« (55), »Gespräche in Tusculum« (44), »Über das Alter«, »Über die Freundschaft«
Gaius J. *Cäsar* (100–44 v.): Staatsmann und Historiker – »Der gallische Krieg« (56), »Der Bürgerkrieg«
Titus L. *Lukrez* (97–55): »Über die Sachen der Natur«
Gajus C. *Sallust* (86–35): Historiker – »Die Catilinische Verschwörung«, »Historien«, Reden
Titus *Livius* (59–17 n.): Historiker – Verfasser einer großen römischen Geschichte
Publius C. *Tacitus* (55–120): Historiker, kunstvolle Sprache – »Germania« (98), Annalen

Plinius der Ältere (23–79 n.): Verfasser einer naturwissenschaftlichen Enzyklopädie
Gaius *Sueton* (70–150): Philologe und Biograph – »Leben der Cäsaren«, »Berühmte Männer« (Biographensammlung)

Quintus S. *Tertullian* (160–230): Theologe – »Apologie«

Hebräische Literatur

Neues Testament:
1. Brief des Paulus an die *Thessalonicher*
Der Brief des Paulus an die *Galater* (51/57 n.)
Das Evangelium des *Markus* (um 70 n.)
Die Evangelien des *Matthäus* u. *Lukas* (80–85 n.)
Das Evangelium des *Johannes* (um 100 n.)
Die Apostelgeschichte des *Lukas* (um 80 n.)
Die *Offenbarung* des Johannes (90–100 n.)
Die Briefe des Paulus an die *Korinther*
Die Briefe des Paulus an die *Römer* und *Philipper* (58 n.)
Briefe des Paulus an die *Kolosser* und Epheser (60–65 n.)
Der Brief an die *Hebräer* und andere katholische *Briefe* (70–90)
Der Zweite Brief des *Petrus* (100–150 n.)

Asien

Indien:
Kalidasa (450–500): Lyriker, Epiker, Dramatiker – »Kumarasambtava« (Epos), »Sakuntala« (Drama)
Pantschatantra (um 450): Sammlung von Fabeln u. Märchen
Bhartrahari (600–650): Verfasser einer Spruchsammlung
Dandin (um 650): Verfasser eines großen Epos – »Die zehn Prinzen«
Schudraka: König in der Zeit – »Das irdene Wägelchen« (Drama)

Arabien:
Der Koran (653): Religionsbuch der Araber, Sammlung von Reden und Aussprüchen Mohammeds
Ibn al-Mukaffa († um 757): Schriftsteller, Übersetzer – »Das Königsbuch« (Übersetzung)
Abu al-Atahija (748–826): religiöser Lyriker – »Der Diwan«

China:
Li Tai-Pe (701–762): Lyriker
Du Fu (712–770): humanistischer Dichter – »Ballade von den schönen Frauen«, »Lied von meiner Hütte«
Han Yu (768–824): Prosaiker und Lyriker – Naturgedichte

100

0

100

300

400

600

700

	Deutschland	England, Frankreich, Spanien	Asien
800	*Einhart* (770–840): Gelehrter am Hofe Karls des Großen – »Vita Caroli Magni« (um 816) 1. Biographie auf dt. Boden »*Heliand*« (um 830): Evangelienharmonie – Übertragung von Christi Leben u. Leiden in die germanische Welt *Otfried* von Weißenburg (um 870): Mönch im Kloster Weißenburg/Els. – »Krist« (870) Evangelienharmonie mit Endreim »*Ludwigslied*« (um 881): Heldenlied auf den Sieg König Ludwigs *Hrabanus* Maurus (776–856): Gelehrter, Schüler des Alkuin – »De universo« (naturwissenschaftl. Werk)	*Beda* Venerabilis (ca. 672–735): Geschichtsschreiber und Theologe – »Kirchengeschichte der Angeln« »*Beowulf*« (um 750): Heldenepos, um den sagenhaften König Beowulf *Alfred* der Große (849–901): König der Angelsachsen, regte Übersetzungen aus dem Latein. an, vor allem geschichtliche Werke	*China:* *Bai Yuyi* (772–846): Lyriker – »Lied von der Laute«, »Lied von der Sehnsucht« *Arabien:* »*Tausendundeine Nacht*« (9. Jh.): Märchensammlung aus Arabien *al-Buchturi* (820–897): Lyriker – Lobeshymnen *Persien:* *Rudaki* (um 860): Begründer d. persischen Klassik – »Kalile und Demne« (Fabelsammlungen), Spruchsammlungen
900	*Ekkehart* (910–973): Mönch in St. Gallen – Verfasser des »Walthariliedes« (um 930), das Ekkehart IV. bearbeitete *Hrotsvith* von Gandersheim (935–973): Dichterin – 6 latein. Schauspiele, 2 Geschichtswerke über die Ottonen *Widukind* von Corvey (um 1100): Verfasser eines Geschichtswerkes – »Geschichte der Sachsen« (967) *Notker III.* (950–1022): Gelehrter aus St. Gallen – Übersetzer		*Arabien:* *al-Mutanabbi* (915–965): Lyriker – Lob- und Spottverse *Persien:* *Firdusi* (934–1025): Epiker – »Schahnameh«, (Epos) in 52000 Doppelversen, umfaßt die persische Geschichte
1000	»*Ruodlieb*« (um 1030): Versroman eines unbekannten Verfassers »*Annolied*« (um 1075): Epos eines unbekannten Verfassers (Lobgesang auf den Bischof Anno von Köln)		*Arabien:* *Ibn Saidun* (1003–1085): Dichter des muselmanischen Spaniens *Chaijjam Omar* (1021–1122): Gelehrter und Spruchdichter – 150 Vierzeiler
1100	Pfaffe *Lamprecht* (um 1130): Mönch u. Schriftsteller – »Alexanderlied« (1130) »*König Rother*« (um 1150): Spielmannsepos, Verfasser unbekannt »*Kaiserchronik*« (um 1140): Weltchronik von Cäsar bis um 1100, Verfasser unbekannt »*Herzog Ernst*« (um 1175): Spielmannsepos, Verfasser unbekannt Pfaffe *Konrad* (um 1170): Mönch und Schriftsteller – »Rolandslied«, nach frz. Vorlage übersetzt *Archipoeta* (um 1165): Vagantendichter, Gedichte in Latein – »Vagantenbeichte« (1162) *Heinrich* der Glichezare (um 1185): Spielmannsdichter – »Reineke Fuchs« (Tierepos) *Heinrich* von Veldecke (1140–1210): Epiker und Lyriker – »Servatius« (1165), »Eneit« (1184/90 Epos), Minnelieder *Hartmann von Aue* (1170–1210): Epiker – »Erec« (1192), »Gregorius« (1196), »Der arme Heinrich« (1199), »Iwein« (1202) *Wirnt* von Grafenberg (um 1200): Epiker – »Wigalois oder der Ritter mit dem Rade« (1209), Epos *Friedrich* von Hausen (1150–1190): Lyriker – Minnedichter, Kreuzzugslieder *Heinrich* von Morungen (1165–1222): Minnedichter	»*Rolandslied*« (um 1100): Heldenepos, Kampf des christlichen Ritters gegen die Heiden, aus dem Kreis Karls des Großen *Chrétien* de Troyes (1130–1190): Verfasser der Epen um König Artus – »Erec et Enide« (1167), »Lancelot« (1170), »Ivain« (1172), »Perceval« (1190) »*Cantar de Mio Cid*« (um 1140): spanisches Heldenepos – Leben und Taten des Ritters Ruy Diaz, genannt El Cid Peter *Abaelard* (1079–1142): Theologe und Philosoph – »Sic et non«	*China:* *Lo You* (1125–1210): Lyriker, patriotischer Sänger – »Liebeslyrik«, »Herbst im Han-Palast« *Xin Qiji* (1140–1207): Lyriker und Prosaiker – Gedichte, »Der Flußdrache« *Arabien:* *Eljas Nezami* (1141–1209): Romanzendichter und Epiker – »Das Alexanderbuch«

Deutschland

Walther von der Vogelweide (ca. 1170 bis 1230): Lyriker u. Spruchdichter – Minnelieder, politische Sprüche, Elegie (1210)
Wolfram von Eschenbach (ca. 1170 bis 1220): Epiker, auch Minnelieder – »Parzival« (1200/1210), »Willehalm« (1210), »Titurel« (1217)
»*Nibelungenlied*« (1205): Heldenepos eines unbekannten Verfassers
»*Kudrun*« (1230): Heldenepos eines unbekannten Verfassers
Gottfried von Straßburg (1165–1215?): Epiker – »Tristan und Isolde« (1210/16), unvollendet
Neidhart von Reuenthal (ca. 1180–1250): Lyriker – Begründer der sog. »Dorfpoesie«
Der *Stricker* (ca. 1190–1250): Epiker – »Pfaffe Amis« (1215), Schwanksammlung, »Karl der Große«, Epos
Ulrich von Lichtenstein (1200–1276): Epiker und Lyriker – »Frauendienst« (1255), »Frauenbuch« (1257)
Rudolf von Ems (1200–1254): Epiker – »Alexander« (1230), »Der gute Gerhard« (1225), »Weltchronik« (1252)
Mechthild von Magdeburg (1212 bis ca. 1291): Lyrikerin – »Das fließende Licht der Gottheit« (ca. 1255)
Konrad von Würzburg (ca. 1225–1287); Epiker – »Herzmaere« (1260), »Otto mit dem Barte« (1260), »Trojanerkrieg« (1285)

Meister *Eckhart* (1260–1327): Mystiker u. Philosoph – Predigten und Traktate, »Reden der Unterscheidung« (1320)
Heinrich *Seuse* (1293–1366): Mystiker – »Büchlein von der ewigen Weisheit« (1328)
Ulrich *Boner* (ca. 1310–1355): Fabeldichter – »Der Edelstein« (1350) »Sammlung von Fabeln«

Johannes von Saaz (ca. 1350–1414): Gelehrter, Stadtschreiber – »Der Ackermann aus Böhmen« (1400) Streitgespräch in Prosa
Oswald von Wolkenstein (1367–1445): Lyriker – Minnelieder, Trinklieder, geistliche Lieder
Heinrich *Wittenweiler* (um 1400): Epiker – »Der Ring« (1400), Epos
Elisabeth von Nassau-Saarbrücken (1395 bis 1456): übersetzte aus dem Frz. vier Prosaromane: u. a. »Loher und Maller«, »Hug Schapler«
Nikolaus von Cues (1401–1464): Philosoph – »De docta ignorantia« (1440), »Concordantia catholica« (1433)
Heinrich *Steinhöwel* (1412–1483): Humanist, Übersetzer – St. übersetzte Novellen), »Esopus« (1481), Fabeldichtung
Albrecht von Eyb (1420–1475): Humanist und Übersetzer – »Ehebüchlein« (1472), Übersetzungen aus dem Lat. u. Ital.
Sebastian *Brant* (1457–1521): Humanist u. Satiriker – »Das Narrenschiff« (1494), satirisches Gedicht
Konrad *Celtis* (1459–1508): Humanist u. Lyriker – Vier Bücher Liebesgedichte (1502), Vier Bücher Oden (1502)

England und Frankreich

»*Aucassin et Nicolette*« (um 1200): novellenartige Liebeserzählung
»*Roman de Renart*« (um 1230): Tierepos um Reineke Fuchs
»*Roman de la Rose*«: von G. de Lorris (1225–1280) und Jean de Meung. Allegorischer Versroman

William *Langland* (1332–1400): Verfasser einer Visionsdichtung – »Peter der Pflüger« (1398)
John *Gower* (1330–1408): schreibt in engl. u. frz. Sprache – »Spiegel des Menschen« (1379), »Bekenntnisse eines Liebenden« (1390)
Geoffry *Chaucer* (1340–1400): Novellendichter – »Canterbury Geschichten« (1387–1400), Novellensammlung

Francois *Villon* (1431–1461): Lyriker – Gedichte, Balladen, »Das große Testament« (1461)
»*Maitre Pathelin*« (1464): Farce vom betrogenen Betrüger. Von Molière wiederaufgenommen
»*Les Cent Nouvelles*« (um 1460): Novellensammlung
Thomas *More* (1479–1535): Humanist und Staatsmann – »Utopia« (1516), Beschreibung eines Idealstaates

Italien und Spanien

Marco *Polo* (1254–1324): it. Schriftsteller – »Fahrt um die Welt« (1320)
Dante Alighieri (1265–1321): it. Lyriker, Epiker – »Das neue Leben« (1292), »Über die Volkssprache« (1306), Lyrik, »Die göttliche Komödie« (1320)
Juan *Manuel* (1282–1348): sp. Novellist – »Der Graf Lucanor« (1345), Novellensammlung
Juan *Ruíz* (1283–1350): sp. Kleriker und Lyriker – »Buch der echten Minne« (1343)
Francesco *Petrarca* (1304–1374): it. Lyriker – Sonette (1366), Briefe, »Über die Weltverachtung«
Giovanni *Boccaccio* (1313–1375): it. Novellendichter – »Fiametta« (1342), »Das Decamerone« (1352), Kommentar zu Dante
Franco *Sacchetti* (1335–1400): it. Nachfolger des Boccaccio – 300 Novellen (1370)

Poggio Braccolini (1380–1459): it. Verfasser von Schwänken – »Das Buch der Schwänke« (1430)
Inigo de *Mendoza* (1398–1458): Lyriker – Hirtengedichte, die ersten span. Sonette
Giovanni *Pontano* (1426–1503): it. Humanist und Hirtendichter – »Von der ehelichen Liebe« (1514), »Über den Fürsten« (1468)
Angelo *Poliziano* (1454–1494): it. Humanist und Lyriker – »Stanzen auf das Turnier« (1494), »Orfeus« (1491)
Alfonso de *Valdes* (1490–1532): sp. Humanist und Gelehrter – »Dialog über die Sprache«, »Dialog über die Plünderung Roms«

1200

1300

1400

Deutschland

1500 Martin *Luther* (1483–1546): Übersetzer und Schriftsteller – »Das Neue Testament, Deutsch« (1522), »Geistliche Lieder« (1524), »Biblia, das ist die ganze Heilige Schrift« (1534), viele Streitschriften, z. B. »An den christlichen Adel dt. Nation« (1520)

Ulrich von *Hutten* (1488–1523): Humanist und Publizist – »Gesprächsbüchlein« (1520), Briefe an Luther (1524)

Burkhard *Waldis* (1490–1556): Fabel- u. Dramendichter – »Esopus« (1548), »Die Parabel vom verlorenen Sohn« (1527)

Hans *Sachs* (1494–1576): Verfasser von Fastnachtsspielen – »Das Kälberbrüten« (1551), »Der fahrende Schüler im Paradeis« (1550)

Volksbücher »*Fortunatus*« (1509), »*Till Eulenspiegel*« (1515), »*Historia von Doktor Faustus*« (1587), »*Die Schildbürger*« (1597)

Volkslieder: »*Lochheimer Liederbuch*« (1452), »*Rostocker Liederbuch*« (1476), »*Ambraser Liederbuch*« (1582), *G. Forster:* Frische teutsche Liedlein (1560)

Jörg *Wickram* (1505–1562): Schwankerzähler u. Romanschriftsteller – »Das Rollwagenbüchlein« (1555), »Der Goldfaden« (1557)

Johannes *Pauli* (1455–1530): Schwankerzähler – »Schimpf und Ernst« (1522)

Johann *Fischart* (1547–1590): satirischer Schriftsteller – »Flöhatz« (1573), »Das glückhaft Schiff von Zürich« (1576), »Gargantua«

1600 Martin *Opitz* (1597–1639): Lyrik und Poetik – »Teutsche Poemata« (1624), »Buch von der dt. Poeterey« (1624)

Hans M. *Moscherosch* (1601–1669): satirischer Schriftsteller – »Gesichte Philanders von Sittewald« (1640/42)

Paul *Gerhardt* (1608–1676): protestant. Kirchenlieddichter – »Geistliche Lieder« (1648), Gesamtausgabe (1666)

Paul *Fleming* (1609–1640): Lyriker – »Teutsche Poemata« (1642)

Hans Jacob v. *Grimmelshausen* (1610 bis 1676): Romancier – »Simplizius Simplizissimus« (1668), »Landstörtzerin Courasche« (1670), »Das wunderbarliche Vogelnest« (1672)

Andreas *Gryphius* (1616–1664): Lyriker und Dramatiker – »Teutsche Reimgedichte« (1650), »Cardenio und Celinde« (1649), »Carolus Stuardus« (1649), »Paulus Papinianus« (1658)

1700 Johann *Beer* (1655–1705): Romancier – »Teutsche Winternächte« (1682), »Das Narrenspital« (1681)

Christian *Reuter* (1665–1712): Romancier und Dramatiker – »Schelmuffsky« (1696), »Die ehrliche Frau zu Plißine« (1695)

Spanien

»*Amadis de Gaula*« (gedruckt 1508): spanischer Ritterroman

»*Lazarillo von Tormes*« (1555): Verfasser unbekannt, Schelmenroman

»Tragicomedia de *Calixte Y Melibea*« (1540): auch »Celestina« genannt, Lesedrama der Frührenaissance

Jorge de *Montemayor* (1520–1561): Dichter und Musiker – »Diana« (1560), »Hirtenroman«

Mateo *Alemán* (1547–1613): Schriftsteller – »Guzman de Alfarache« (1616), 2 Bände

Miguel de *Cervantes* (1547–1616): Romancier und Novellist – »Don Quijote« (1604/14), 2 Bände, »Exemplarische Erzählungen« (1610), »Zwischenspiele«

Gongora Y Argote (1561–1627): Lyriker – »Polyphem« (1612), »Einsamkeiten« (1613)

Felix *Lope de Vega* (1562–1635): Dramatiker – »Fuente Ovejuna«, »Die kluge Närrin«, »Der Ritter vom Mirakel«, »Der Stern von Sevilla«

Francisco *Quevedo* (1580–1645): Gelehrter u. Dichter – »Träume« (1628), »Leben des Buscon« (1626), Schelmenroman

Tirso de Molina (1587–1648): Dramatiker – »Der steinerne Gast« (1630) »Don Gil von den grünen Hosen« (1635)

Calderón de la Barca (1600–1681): Dramatiker – »Dame Kobold« (1629) »Das Leben – ein Traum« (1635), »Der Arzt seiner Ehre« (1635), »Der Richter von Zalamea« (1652)

Balthasar *Gracian* (1601–1658): Schriftsteller – »Handorakel« (1637), »Der Gescheite« (1646), »Lebensregeln«

Moreto y Cabana (1618–1669): Dramatiker – »Trotz wider Trotz« (anderer Titel »Donna Diana«), »Der ritterliche Ritter«

Caspar von *Lohenstein* (1635–1683): Dramatiker u. Romancier – »Cleopatra« (1661), »Sophonisbe« (1680)

Heinrich *Brockes* (1680–1747): Lyriker – »Irdisches Vergnügen in Gott« (1721 ff.)

Johann Christian *Günther* (1696–1723): Lyriker – »Ode an den Prinzen Eugen« (1718), Sammlung der Gedichte (1723)

Johann Christoph *Gottsched* (1700 bis 1766): Poetik, Dramen – »Die kritische Dichtkunst« (1730), »Der sterbende Cato« (1732), Drama

Italien

Pietro *Bempo* (1470–1547): Humanist und Gelehrter – »Unterhaltungen auf Schloß Asolo« (1505)

Lodovico *Ariosto* (1474–1533): Epiker – »Der rasende Roland« (1505–1520)

Giovanni *Straparola* (1475–1557): Lyriker und Novellist – »Ergötzliche Nächte« (1554), 1. Band

Michelangelo *Buonarotti* (1475–1564): Maler, Bildhauer u. Lyriker – Sonette, Madrigale, Epigramme

Baldassare *Castiglione* (1478–1529): Schriftsteller – »Das Buch vom Hofmann« (1528), Briefe

Matteo *Bandello* (1485–1562): Novellist – »Die vier Bände der Novellen des M. Bandello« (1554)

Pietro *Aretino* (1492–1556): Humanist, satir. Schriftsteller – »Kurtisanengespräche« (1534), »Cortegiano« (1534), Komödie

Benvenuto *Cellini* (1500–1571): Bildhauer, Goldschmied, Schriftsteller – »Lebensgeschichte« (1558/64)

Gaspare *Stampa* (1523–1554): Lyrikerin – Liederbuch

Torquato *Tasso* (1644–1595): Lyriker u. Epiker – »Das befreite Jerusalem« (1581)

Tommaso *Campanella* (1569–1639): Philosoph und Dichter – »Der Sonnenstaat« (1601), utopischer Roman

Giambattista *Marino* (1569–1625): Lyriker – »Die Leier« (1614), »Die Hirtenflöte« (1620)

Niccolò *Macchiavelli* (1569–1627): Philosoph »Der Fürst« (1513), »Gespräche« (1518)

Giambattista *Basile* (1575–1632): Dichter u. Märchensammler – »Das Pentamerone« (1634), »Die Musen von Neapel« (Eklogen)

Johann G. *Schnabel* (1692–1750): Romancier – »Insel Felsenburg« (1731), »Der im Irrgarten der Liebe herumtaumelnde Kavalier« (1738)

Albrecht von *Haller* (1708–1777): Gelehrter u. Lyriker – »Die Alpen« (1728), »Versuch schweizerischer Gedichte« (1732)

Friedrich von *Hagedorn* (1708–1754): Fabel- u. Liederdichter – Versuch in poetischen Fabeln u. Erzählungen (1738)

Johann Elias *Schlegel* (1719–1749): Dramatiker – »Hermann« (1743), »Canut« (1746), »Die stumme Schönheit« (1747)

England

Sir Philip *Sidney* (1554–1586): Schriftsteller – »Arcadia« (1590) R. »Verteidigung der Poesie« (1595)
Edmund *Spenser* (1552–1599): Lyriker und Epiker – »Grabgesänge« (1595), »Feenkönigin« (1591), Epos
Christopher *Marlowe* (1564–1593): Dramatiker – »Doktor Faust« (1588), »Der Jude von Malta« (1590), »Eduard II.« (1592)
William *Shakespeare* (1564–1616): Komödien- u. Tragödiendichter – Komödien: »Sommernachtstraum« (1593), »Viel Lärm um Nichts« (1598), »Was Ihr wollt« (1599), »Maß für Maß« (1600). Tragödien: »Romeo und Julia« (1592), »Hamlet« (1603), »Othello« (1604), »Macbeth« (1606), »König Lear« (1607) – Sonette

Ben *Jonson* (1573–1637): Dramatiker – »Volpone oder der Fuchs« (1605), »Die schweigsame Frau« (1609), »Der Alchemist« (1610)
Beaumont u. *Fletcher* (1579–1625): Dramatiker – »Philaster« (1608), »Die Tragödie eines Mädchens« (1611)
John *Milton* (1608–1674): Epiker – »Das verlorene Paradies« (1667), religiöses Epos
John *Dryden* (1631–1700): Lyriker u. Dramatiker – »Cleopatra« (1678), »Don Sebastian« (1689), »Cleomenes« (1692)

John *Locke* (1632–1704): Philosoph – »Traktat des menschlichen Verstandes«
Daniel *Defoe* (1659–1731): Publizist und Romancier – »Robinson Crusoe« (1719), »Moll Flanders« (1722), »Pest in London« (1726)
Jonathan *Swift* (1667–1745): Satiriker und Romancier – »Märchen von der Tonne« (1706), »Gullivers Reisen« (1726)
Alexander *Pope* (1699–1744): Epiker, Essayist – »Der Lockenraub« (1712) Epos, »Versuch über den Menschen« (1732)
Edward *Young* (1683–1765): Lyriker – »Nachtgedanken« (1742), »Trost« (1746)
Samuel *Richardson* (1683–1761): Romancier – »Pamela« (1742), »Clarissa Harlowe« (1747, »Ch. Grandison« (1753)
Henry *Fielding* (1707–1754): Romancier u. Theaterdichter – »Jonathan Wilde der Große« (1743), »Tom Jones« (1749)

Frankreich

Margarete von Navarra (1492–1549): Novellistin – »Das Heptameron« (1545)
Francois *Rabelais* (1494–1553): Romanschriftsteller – »Gargantua und Pantagruel« (1532–1548)
Pierre de *Ronsard* (1525–1585): Lyriker – Oden (1550), Elegien (1555), Sonette der Liebe (1552)
Louise *Labé* (1525–1566): Lyrikerin – »Streitgespräch zwischen der Narrheit und der Liebe« (24 Sonette)
Michel de *Montaigne* (1533–1593): Schöpfer der Form des Essay – »Reisetagebuch« (1580), »Essais« (1588)
Pierre *Corneille* (1606–1684): Dramatiker – »Cid« (1636), »Horace« (1640), »Polyeucte« (1643), »Rodegune« (1664)
Francois de *La Rochefoucauld* (1613 bis 1680): Aphorismen – »Maximen« (1665)
Cyrano *de Bergerac* (1619–1655): Romanschriftsteller – »Mondstaaten und Sonnenreiche« (1648)
Jean de *La Fontaine* (1621–1695): Verfasser von Versfabeln – Vers-Fabeln (1666), 1. Buch
Molière (1622–1673), eigentl. Jean-Baptiste Poquelin: Komödiendichter – »Tartuffe« (1664), »Don Juan« (1665), »Der Geizige« (1668), »Der Bürger als Edelmann« (1670), »Der eingebildete Kranke« (1673)
Madame de *Sévigné* (1626–1696): Schriftstellerin – Briefe
Charles *Perrault* (1628–1703): Schriftsteller, Märchendichter – Geschichten von vergangenen Zeiten (1697)
Madelaine de *La Fayette* (1634–1693): Romanschriftstellerin – »Zayde« (1670), »Die Prinzessin von Cleves« (1678)
Nicolas *Boileau* (1636–1711): Theoretiker der Dichtkunst – »Art poetique« (1674)
Jean *Racine* (1639–1699): Dramatiker u. Schriftsteller – »Berenice« (1670), »Iphigenie« (1674), »Phédra« (1677), »Esther« (1689)
Jean de *La Bruyère* (1645–1696): Verfasser von Aphorismen – »Charaktere« (1688)
Alain-René *Lesage* (1668–1757): Romanschriftsteller – »Der hinkende Teufel« (1707), »Gil Blas« (1715/31)
Louis de *Saint-Simon* (1675–1755): Verfasser von Memoiren über das Zeitalter Ludwigs XIV.
Pierre de *Marivaux* (1688–1763): Romancier u. Dramatiker – »Die einfältigen Bauern« (1743), »Marianne« (1743)
Charles de *Montesquieu* (1689–1755): Staatsrechtler – »Geist der Gesetze« (1748)
Louis-Antoine *Prévost* (1697–1763): Erzähler – »Erinnerungen u. Abenteuer eines Mannes vom Stande« (1728), darin »Manon Lescaut« (1731)

Asien

1500

Wu Ch'eng Yen (um 1500): Chin. Romanautor – »Die Reise nach dem Westen«, Roman (1582)
Lo Kuan Chung: »Erzählung von den 3 Staaten« (China, 16. Jh.)
T'ang Hsien Tu (1550–1616): Chin. Dramatiker, »Der Päonienpavillon«, Schauspiel; »Rückkehr der Seele«, Drama (1588)
»Chin-p'ing mei« (»Pflaumen blühen in goldener Vase«): Sittenroman (China 1610)

1600

Ihara Saikaku (1642–1693) jap. Dichter – »Yonosuke, der dreitausendfache Liebhaber«, Erz., »Geschichten von liebenden Frauen« (1686)
Bashô, eig. Matsuo Munefusa B. (1644 bis 1694): jap. Dichter – Lyriksammlungen, Reisetagebücher

1700

Monzaemon *Chikamatsu* (1653–1724): jap. Dramatiker – hist. Dramen, bürg. Schauspiele, Puppenspiele
»Erzählung vom *Fräulein Frühlingsduft*« (Korea, nach 1725)
Ts'ao Chan (1715–1764): chin. Romanautor – »Der Traum der roten Kammer« (1744–1792)
P'u Sung-ling: »Liao-chai chih-i« (Seltsame Geschichten aus dem Studio Zuflucht), chin. Novellensammlung phantast. Geschichten (um 1740)

	Deutschland	England	Frankreich
1750	Christian Fürchtegott *Gellert* (1715 bis 1769): Fabeldichter – »Fabeln u. Erzählungen« (1746), »Geistliche Lieder und Oden« (1757), »Leben der schwedischen Gräfin von G.« (1748) R. Friedrich Gottlieb *Klopstock* (1724 bis 1803): Lyriker u. Epiker – »Der Messias« (1. Gesang 1748), »Geistliche Lieder« (1758), »Der Tod Adams« (1757), »Die deutsche Gelehrten-Republik« (1774) Johann Ludwig *Gleim* (1719–1803): Lyriker – »Preußische Kriegslieder« (1756), »Lieder nach Anakreon« (1766)	Tobias G. *Smollet* (1721–1771): satirischer Romanschriftsteller – »Peregrine Pickle« (1767), »Humphrey Clinkers Fahrten« (1771) Laurence *Sterne* (1713–1768): Romancier – »Tristram Shandy« (1759/67), 6 Bände, »Empfindsame Reise« (1768)	*Voltaire*, eigentl. François-Marie Arouet (1694–1778): vielseitiger Schriftsteller – »Oedipus« (1718), »Mahomet« (1730), »Henriade« (1729), »Geschichte Ludwigs XIV.« (1750), »Die Jungfrau« (1755), »Candide« (1759), »Der Harmlose« (1767)
1760	Gotthold Ephraim *Lessing* (1729–1781): Dramatiker, Theoretiker – »Minna von Barnhelm« (1767), »Emilia Galotti« (1772), »Nathan der Weise« (1778), »Hamburgische Dramaturgie« (1769), »Laokoon« (1766) Salomon *Geßner* (1730–1788): Verfasser von Idyllen – »Idyllen« (1756) Christoph Martin *Wieland* (1733–1813): Verf. v. Romanen u. Versepen – »Agathon« (1767), »Die Geschichte der Abderiten« (1774), »Oberon« (1781)	Oliver *Goldsmith* (1728–1774): Verfasser von Versepen, Erzähler – »Der Vikar von Wakefield« (1766), »Das zerstörte Dorf« (1770) Thomas *Percy* (1729–1811): Übersetzer, Schriftsteller – »Reste der alten englischen Poesie« (1765), Balladen u. Lieder James *Macpherson* (1736–1796): Ossian-Gesänge – »Fragmente der alten Poesie« (1767), »Fingal« (1782), »Temora« (1783)	Jean-Jacques *Rousseau* (1712–1778): Philosoph und Romancier – »Die neue Heloise« (1761), »Emile oder Über die Erziehung« (1761), »Der Gesellschaftsvertrag« (1762), »Bekenntnisse« (1778) Denis *Diderot* (1713–1784): Schriftsteller – »Der Hausvater« (1758), »Jacques der Fatalist« (1773), »Die Nonne« (1796), »Rameaus Neffe« (1782), Briefe
1770	Matthias *Claudius* (1740–1815): Lyriker – »Wandsbecker Bote« (ab 1775), Gedichte Johann Heinrich *Voß* (1751–1826): Verfasser von Idyllen, Übersetzer – »Der 70. Geburtstag« (1780), »Luise« (1795) Johann Gottfried *Herder* (1744–1803): Lit.-Theoretiker – Volkslieder-Sammlung (1778), »Ideen zur Philosophie der Geschichte der Menschheit« (ab 1787), »Gott« (1787), »Der Cid« (1803), Epos Johann Wolfgang *Goethe* (1749–1832): »Götz von Berlichingen« (1771), »Leiden des jungen Werthers« (1774), »Iphigenie« (1787), »Wilhelm Meisters Lehrjahre« (1795), Gedichte Johannes Fr. *Müller* (1749–1825): Verfasser von Idyllen und Dramen – »Idyllen« (1776), »Golo und Genoveva« (1781), »Szenen um Faust« Jacob Reinhold *Lenz* (1751–1792): Dramatiker – »Der Hofmeister« (1773), »Die Soldaten« (1774) Maximilian *Klinger* (1752–1831): Dramatiker – »Die Zwillinge« (1776), »Sturm und Drang« (1777) Heinrich L. *Wagner* 1747–1779): Dramatiker – »Die Kindsmörderin« (1776)	Richard B. *Sheridan* (1751–1816): Komödiendichter – »Die Nebenbuhler« (1775), »Die Lästerschule« (1783), »Theaterprobe« William *Cowper* (1731–1800): Lyriker – »John Gilpin« (1782), »Die Aufgabe« (1784)	Pierre-Augustin *Beaumarchais* (1732 bis 1799): Komödiendichter – »Der Barbier von Sevilla« (1775), »Der tolle Tag oder Figaros Hochzeit« (1784), »Erinnerungen« Bernardin de *Saint-Pierre* (1737–1814): Verfasser von Idyllen – »Paul und Virginie« (1787), »Die indische Hütte« (1781) Pierre-Ambroise Choderlos de *Laclos* (1741–1803): Schriftsteller – »Die gefährlichen Liebschaften« (1782)
1780	Friedrich *Schiller* (1759–1805): Dramatiker u. Theoretiker – »Die Räuber« (1781), »Kabale und Liebe« (1784), »Don Carlos« (1787), »Briefe über den Don Carlos« (1788), »Geschichte der Niederlande«, Gedichte	George *Crabbe* (1754–1832): Verfasser von Verserzählungen – »Das Dorf« (1783), »Die Kleinstadt« (1810) William *Blake* (1757–1827): Lyriker – »Lieder der Unschuld« (1798), »Traumbilder d. Töchter Albions« (1793) Robert *Burns* (1759–1796): Lyriker – Gedichte, hauptsächlich geschrieben im schott. Dialekt (1786)	Nicolas *Chamfort* (1741–1794): Verfasser von Aphorismen – Gedanken, Maximen, Anekdoten, Dialoge (1795) Antoine de *Rivarol* (1753–1801): Verfasser von Aphorismen – »Maximen und Gedanken« Donatien Alphonse Francois *de Sade* (1740–1814): Schriftsteller – »Justine« (1791), »Juliette« (1796)

Spanien	Italien	Rußland	
	Pietro *Metastasio* (1698–1782): Librettist von Opern – »Tod der Dido« (1724), »Die Sanftmut des Titur« (1734) Carlo *Goldoni* (1707–1793): Komödiendichter – »Diener zweier Herren« (1748), »Das Kaffeehaus« (1750), »Mirandolina«, »Liebeshändel in Chiozza« (1762), »Lelio der Lügner« (1762)	Michael W. *Lomonossow* (1711–1765): Gelehrter und Theoretiker – »Brief über die Regelung der russischen Dichtkunst« (1739)	**1750**
	Carlo *Gozzi* (1720–1806): Dramatiker – »Die Liebe zu den drei Orangen« (1761), »Turandot« (1764)		**1760**
Gaspar de *Jovellanos* (1744–1811): Schriftsteller – Schriften zu Problemen der Zeit	Giacomo *Casanova* (1725–1798): Schriftsteller – »Memoiren« (1791/98) Vittorio *Alfieri* (1749–1803): Dramatiker – »Cleopatra«, »Saul«, »Merope«, »Oreste« (1776–1789 entstanden)		**1770**
Felix *Samaniego* (1745–1801): Dichter – »Moralische Fabeln« (1781) Tomás de *Iriarte* (1750–1791): Fabeldichter, Dramatiker – »Literarische Fabeln« (1782) Fernández *Moratín* (1760–1828): Dramatiker – »Das Jawort der Mädchen« (1806), Komödie	Lorenzo da *Ponte* (1749–1803): Librettist (vor allem für Mozart) – »Die Hochzeit des Figaro« (1786), »Don Giovanni« (1787), »Cosi fan tutte« (1790) Vincenzo *Monti* (1754–1828): Dichter – Gedichte, »Caio Gracco« (1800), Tragödie, »Prometeo«, Tragödie	Gawril R. *Dershawin* (1743–1816): Verfasser von Oden u. Theaterstücken – »Feliza« (1782), Ode, »An die Mächtigen und Richter« (1780) Alexander N. *Radistschew* (1749–1802): Schriftsteller – »Reise von Petersburg nach Moskau« (1790), krit. Reisebeschreibung Nikolai M. *Karamsin* (1766–1826): Schriftsteller u. Historiker – »Briefe eines russischen Reisenden« (1799), »Die arme Lisa« (1791)	**1780**

Deutschland

1800

Friedrich *Schiller* (1759–1805): Dramatiker, philosoph. Schriftsteller – »Wallenstein« (1799), »Maria Stuart« (1800), »Die Jungfrau von Orleans« (1801), »Die Braut von Messina« (1803), »Wilhelm Tell« (1804)
Novalis (1771–1801): Lyriker, Essayist – »Heinrich von Ofterdingen« (1801), Roman, Gedichte (1802)
Friedrich *Hölderlin* (1770–1843): Lyriker – »Hyperion« (1799), Roman, Hymnen (1803)
Arnim-Brentano: »Des Knaben Wunderhorn« (1805), Volksliedersammlung
Jean Paul (1763–1825): Romancier – »Titan« (1800), »Die Flegeljahre« (1804), »Hesperus« (1795)
Heinrich von *Kleist* (1777–1810): Dramatiker u. Erzähler – »Der zerbrochene Krug« (1806), »Der Prinz von Homburg« (1811), »Kätchen von Heilbronn« (1808), »Michael Kohlhaas« (1808), Erz.
Johann Wolfgang *Goethe* (1749–1832): »Faust«, 1. Teil (1808), »Die Wahlverwandtschaften« (1809), »Dichtung und Wahrheit« (1811)

1810

Brüder *Grimm*: Kinder- und Hausmärchen (1812), Volksmärchen-Sammlung
Achim von *Arnim* (1781–1833): Lyriker und Erzähler – »Die Kronenwächter« (1812), Erzählungen (1820)
Clemens *Brentano* (1779–1842): Lyriker u. Erzähler – Gedichte, Kunstmärchen, Romanzen vom Rosenkranz (1810)
E. T. A. *Hoffmann* (1778–1822): Erzähler – »Die Elexiere des Teufels« (1816), Die Serapionsbrüder (1820ff.)
Franz *Grillparzer* (1791–1872): Dramatiker – »Die Ahnfrau« (1817), »Sappho« (1818), »Das goldene Vlies« (1822)

1820

Heinrich *Heine* (1797–1856): Lyriker, Erzähler u. Kritiker – »Gedichte« (1822), »Reisebilder« (ab 1824), »Buch der Lieder« (1827)
Joseph v. *Eichendorff* (1780–1856): Lyriker u. Erzähler – »Aus dem Leben eines Taugenichts« (1826), Gedichte
Johann Wolfgang *Goethe* (1749–1832): »Wilhelm Meisters Wanderjahre« (1829), »Faust« 2. Teil (1833)

1830

Christian D. *Grabbe* (1801–1836): Dramatiker – »Don Juan und Faust« (1829), »Napoleon« (1831), »Hannibal« (1835)
Georg *Büchner* (1813–1834): Dramatiker – »Dantons Tod« (1834), »Leonce und Lena« (1835), »Woyzek« (Nachlaß)

1840

Karl *Immermann* (1796–1840): Erzähler, Dramatiker – »Die Epigonen« (1832), »Münchhausen« (1840)
Ludwig *Tieck* (1773–1853): Erzähler – »Des Lebens Überfluß« (1839), »Vittoria Accorombona« (1840)
Ferdinand *Freiligrath* (1811–1873): Lyriker – Gedichte (1838), politische Lyrik ab 1844, Übersetzungen
Georg *Herwegh* (1809–1872): politischer Lyriker – »Gedichte eines Lebendigen« (1841)
Annette von *Droste-Hülshoff* (1797 bis 1848): Lyrikerin – »Die Judenbuche« (1841), Gedichte u. Balladen
Friedrich *Hebbel* (1813–1863): Dramatiker – »Judith« (1841), »Maria Magdalena« (1844), »Herodes u. Mariamne« (1848)
Richard *Wagner* (1813–1883): Komponist u. Textbuchverfasser – »Rienzi« (1841), »Der fliegende Holländer« (1843), »Tannhäuser« (1845), »Lohengrin« (1848), »Siegfrieds Tod« (1848)
Adalbert *Stifter* (1805–1868): Erzähler – »Studien« (1840/45), 2 Bände, »Der Nachsommer« (1855)

Italien u. Spanien

Giovanni *Berchet* (1763–1851): it. Lyriker – »Romanzen und Phantasien« (1816)

Graf Alessandro *Manzoni* (1785–1873): it. Romancier – »Die Verlobten« (1828), Aufsätze (1821)
Giacomo *Leopardi* (1798–1837): it. politischer Lyriker – »Vaterländische Kanzonen«, Lieder (1830)

Guiseppe *Grusti* (1809–1850): it. Lyriker – Satirische Lieder

José de *Espronceda* (1808–1842): sp. Lyriker und Epiker – »Der Student von Salamanca« (1841), Gedichte
Juan *Valera y Alcalá* (1824–1905): sp. Lyriker und Kritiker – »Pepita Jimenez« (1882), Roman

England

William *Wordsworth* (1770–1850): Lyriker – »Lyrische Balladen« (1798), »Das Vorspiel«, »Die Exkursion« (1814)
Samuel *Coleridge* (1772–1834): Lyriker – »Der alte Schiffer«, »Kubla Khan« (1800)
Thomas *Moore* (1779–1852): Lyriker – »Irische Melodien« (1807), »Lalla Rookh« (1817)

Lord George *Byron* (1788–1824): Lyriker u. Dramatiker – Gedichte, »Harolds Pilgerfahrt« (1816), »Don Juan« (1819), »Manfred« (1817)
Percy B. *Shelley* (1792–1822): Lyriker u. Dramatiker – Gedichte, »Der entfesselte Prometheus« (1820)
John *Keats* (1795–1821): Lyriker – Gedichte, »Endymion« (1818), »Hyperion«, »Oden«
Sir Walter *Scott* (1771–1832): Verfasser historischer Romane – »Waverley« (1814), »Ivanhoe« (1819), »Kenilworth« (1821), »Quentin Durward« (1823), »Das Herz von Midliothan« (1818)

Edward G. *Bulwer* (1803–1873): Romanschriftsteller – »Die letzten Tage von Pompeji« (1834), »Rienzi« (1835)
Thomas *Carlyle* (1795–1881): Schriftsteller u. Übersetzer – »Die französische Revolution« (1837), »Helden u. Heldenverehrung« (1841)

Charles *Dickens* (1812–1870): Romancier – »Die Pickwickier« (1836), »Oliver Twist« (1839), »David Copperfield« (1849), »Martin Chuzzlewit« (1843), »Dombey und Sohn« (1846)
Emily *Brontë* (1818–1848): Schriftstellerin – »Die Sturmhöhe« (1847)
Lord Alfred *Tennyson* (1809–1892): Lyriker – Gedichte (1832), »In Memoriam A. H. H.« (1849), Balladen
Robert *Browning* (1812–1889): Lyriker u. Epiker – Dramatische Lyrik (1842), Dramatische Romanzen (1845)

Vereinigte Staaten	Frankreich	Rußland/Polen	
	René de *Chateaubriand* (1768–1848): Erzähler – »Atala« (1800), »Rene« (1801), »Genie des Christentums« (1802)	Iwan *Krylow* (1769–1844): Lustspiele (1804), Fabeldichtungen	**1800**
	Madame de *Staël* (1766–1819): Schriftstellerin – »Corinna oder Italien« (1807), »Über Deutschland« (1810) Benjamin *Constant* (1767–1830): Erzähler u. polit. Schriftsteller – »Adolphe« (1816), »Über die Religion« (1831) Pierre de *Béranger* (1780–1851): politischer Lyriker – »Chansons« (1815)		**1810**
	Alphonse de *Lamartine* (1790–1869): Lyriker – »Poetische Gedanken« (1822), »Geständnisse« (1849) Alfred de *Vigny* (1797–1863): Lyriker, Erzähler, Dramatiker – Gedichte, »Cinq-Mars« (1826), »Chatterton« (1835), Drama		**1820**
Washington *Irving* (1783–1859): Schriftsteller – »Das Skizzenbuch« (1820), »Erzählungen der Alhambra« (1832) James F. *Cooper* (1789–1851): Romancier, Lederstrumpferzählungen – »Die Ansiedler« (1823), »Der Letzte Mohikaner« (1826), »Der Wildtöter« (1841), »Die Prärie« (1827) Ralph W. *Emerson* (1803–1883): philosophischer Schriftsteller – »Natur« (1835), »Der amerikanische Schüler« (1837)	Victor *Hugo* (1802–1885): Oden (1822), »Hernani« (1830), Drama, »Glöckner von Notre Dame« (1831), »Die Elenden« (1862) *Stendhal*, eigentl. Henry Beyle (1783 bis 1842): Romancier – »Rot und Schwarz« (1830), »Die Kartause von Parma« (1839) Honoré de *Balzac* (1799–1850): Romancier – »Gobseck« (1831), »Eugenie Grandet« (1833), »Vater Goriot« (1834), »Verlorene Illusionen« (1837/43), »Oberst Chabert« (1832)	Alexander S. *Puschkin* (1799–1837): Dichter – Gedichte (1822), »Boris Godunow« (1824), »Eugen Onegin« (1830), »Dubrowski« (1831), »Pique Dame« (1836), Erzählungen Alexander S. *Gribojedow* (1795–1829): »Verstand schafft Leiden« (1833), Komödie Adam *Mickiewicz* (1798–1855): polnischer Epiker – »Konrad Wallenrod« (1824), »Pan Thaddäus« (1834), Gedichte Julian *Slowacki* (1809–1849): polnischer Lyriker – Gedichte, »Lilla Veneda« (1838) Wissarion *Belinskij* (1810–1848): Kritiker und Literaturtheoretiker – »Literarische Träumereien« (1834), »Die russische Novelle« (1835)	**1830**
Henry *Longfellow* (1807–1882): Lyriker – »Balladen und andere Gedichte« (1841), »Evangeline« (1847) Edgar Allan *Poe* (1809–1849): Lyriker u. Erzähler – »Der Rabe« (Ged.), »Doppelmord in der Rue Morgue«, »Der Goldkäfer« Henry *Thoreau* (1817–1862): Schriftsteller – »Walden«, Tagebücher	Prosper *Mérimée* (1803–1870): Erzähler – »Die Venus von Ille« (1837), »Colomba« (1840), »Carmen« (1847) Charles *Sainte-Beuve* (1804–1869): Literaturkritiker – »Literarische Portraits« (1833–1843) George *Sand* (1804–1876): Erzählerin – »Consuelo« (1843), »Der Teufelsstreich« (1840), »Die kleine Hexe« (1848)	Michael *Lermontow* (1814–1841): Lyriker und Romancier – Gedichte, »Ein Held unserer Zeit« (1840) Nikolaus M. *Gogol* (1809–1852): Erzähler und Dramatiker – »Der Revisor« (1837), »Die Heirat« (1844), »Der Mantel« (1842, Erzählungen, Die toten Seelen (1842/52) 2 Bände Alexander *Herzen* (1812–1870): Revolutionär – »Algebra der Revolution« Alexeij Graf *Tolstoij* (1817–1875): Balladendichter – »Fürst Serebrjany« (1863)	**1840**

	Deutschland	England	Vereinigte Staaten
1850	Friedrich *Hebbel* (1813–1863): Dramatiker – »Agnes Bernauer« (1851), »Gyges und sein Ring« (1854), »Die Nibelungen« Richard *Wagner* (1813–1883): Opernkomponist u. Textdichter – »Der Ring des Nibelungen« (1853), »Tristan und Isolde« (1857)		Hermann *Melville* (1819–1891): Romancier – »Taipi« (1846), »Moby Dick« (1851), »Weißjacke« (1850) Walt *Whitman* (1819–1892): hymnischer Lyriker – »Grashalme« (1855), »Calamus« (1860) Bret *Harte* (1836–1902): Verfasser von Kurzgeschichten – Goldgräbergeschichten
1860	Gustav *Freytag* (1818–1895): Romanschriftsteller u. Dramatiker – »Soll und Haben« (1855), »Die Ahnen« (1870 ff.), hist. Romanzyklus Theodor *Storm* (1817–1888): Lyriker und Novellist – »Immensee« (1849), »Aquis submersus« (1872), »Der Schimmelreiter« (1888) Gottfried *Keller* (1819–1890): Romanschriftsteller u. Novellist – »Der grüne Heinrich« (1855 1. Fassung), »Die Leute von Seldwyla« (1856), »Das Sinngedicht« (1878), Gedichte	George *Meredith* (1828–1909): Romancier – »Richard Feveral« (1859), »Der Egoist« (1879)	
1870	Conrad Ferdinand *Meyer* (1825–1890): Lyriker und Novellist – Gedichte, »Jürg Jenatsch« (1874), »Der Heilige« (1876), »Angela Borgia« (1890) Wilhelm *Raabe* (1831–1910): Romanschriftsteller u. Novellist – »Die Chronik der Sperlingsgasse« (1854), »Der Hungerpastor« (1864), »Stopfkuchen« (1889), »Die Akten des Vogelsangs« (1894) Theodor *Fontane* (1819–1898): vielseitiger Schriftsteller, Romancier – Gedichte, »Wanderungen durch die Mark Brandenburg« (ab 1872), »Irrungen – Wirrungen« (1888), »Effi Briest« (1894), »Der Stechlin« (1899) Ferdinand von *Saar* (1833–1906): Lyriker u. Novellist – »Die Steinklopfer« (1874), »Leutnant Burda« (1876), Gedichte Marie von *Ebner-Eschenbach* (1830 bis 1916): Romanschriftstellerin – »Das Gemeindekind« (1887), »Lotti die Uhrmacherin« (1889)	William *Morris* (1814–1896): Schriftsteller u. Kunsthandwerker – »Das irdische Paradies« (1868), »Kunde von Nirgendwo« (1900) Charles A. *Swinburne* (1837–1909): Lyriker – »Lied von Italien« (1867), »Gedichte und Balladen« (1878) Thomas *Hardy* (1840–1928): Romancier u. Erzähler – »Unter dem grünen Baum« (1872), »Tess von d'Ubervilles« (1891)	Henry *James* (1843–1916): Romancier – »Portrait einer Dame« (1880), »Der Amerikaner« (1878) Mark *Twain*, eigentl. Samuel Langhorne (1845–1910): Schriftsteller – »Tom Sawyer« (1876), »Huckleberry Finn« (1884), Kurzgeschichten, »Ein Yankee an König Artus Hof« (1905)
1890	Gerhart *Hauptmann* (1862–1946): vielseitiger Schriftsteller u. Dramatiker – »Vor Sonnenaufgang« (1889), »Die Weber« (1893), »Der Biberpelz« (1894), »Fuhrmann Henschel« (1899), »Rose Bernd« (1903) Arthur *Schnitzler* (1862–1934): Dramatiker u. Erzähler – »Anatol« (1893), »Liebelei« (1896), »Leutnant Gustl« (1901) Hugo v. *Hofmannsthal* (1874–1929): vielseitiger Schriftsteller – Gedichte, Kleine Dramen (1899), »Elektra« (1903) Stefan *George* (1867–1933): Lyriker – »Das Jahr der Seele« (1897), »Der Teppich des Lebens« (1899), »Der siebente Ring« (1907)	Robert L. *Stevenson* (1850–1894): Romancier u. Novellist – »Die Schatzinsel« (1883), »Catriona« (1893), »Südseegeschichten« Oscar *Wilde* (1856–1900): Schriftsteller – Gedichte, Märchen, »Lady Windermeres Fächer« (1892), »Das Bildnis des Dorian Gray« (1892), »Salome« (1891) George B. *Shaw* (1856–1950): Dramatiker, Nobelpreis 1927 – »Die Häuser des Herrn Sartorius« (1892), »Helden« (1894), »Cäsar und Cleopatra« (1901), »Pygmalion« (1912) Rudyard *Kipling* (1865–1936): Erzähler, Nobelpreis 1907 – »Geschichten aus Indien«, »Das Dschungelbuch« (1895), »Kim« (1900) Arthur C. *Doyle* (1859–1930): »Die Abenteuer des Sherlock Holmes« (1891)	Frank *Norris* (1870–1902): Journalist u. Romancier – »Gier nach Gold« (1899), »Der Oktopus« (1901) Stephan *Crane* (1871–1900): Verfasser von Kurzgeschichten – »Maggi, das Straßenkind« (1893), »Das Blutmal« (1895)

Frankreich

Charles *Baudelaire* (1821–1867): Lyriker – »Die Blumen des Bösen« (1857), »Kleine Gedichte in Prosa« (1869)
Gustave *Flaubert* (1821–1881): Romancier u. Novellist – »Madame Bovary« (1857), »Salammbo« (1863) »Lehrjahre des Gefühls« (1867),
Edmond (1822–1896) und Jules (1830 bis 1870) *de Goncourt:* Schriftsteller – »Madame Gervaisais« (1869), »Germinie Lacerteux« (1865), Romane von Edmond G.: »Die Brüder Zemganno« (1879), »Juliette Faustin« (1882)
Alexander *Dumas* (fils) (1824–1895): Dramatiker u. Romanschriftsteller – »Die Kameliendame« (1850), »Die Halbwelt« (1855)
Alphonse *Daudet* (1840–1897): Schriftsteller, Romancier – »Tartarin von Tarascon« (1872), »Numa Roumestan« (1882)
Jules *Verne* (1828–1905): Verfasser utopischer Romane – »Die Kinder des Kapitän Grant« (1867) »Reise um die Erd ein 80 Tagen« (1880), »20000 Meilen unter dem Meer« (1887),
Emile *Zola* (1840–1902): Romancier, Verfasser des 20bändigen Rougon-Macquart-Zyklus, darin: »Nana« (1880), »Der Totschläger« (1882), »Germinal« (1885), »Der Zusammenbruch« (1890)
Stephan *Mallarmé* (1842–1898): Lyriker – »Der Nachmittag eines Fauns« (1870)
Paul *Verlaine* (1844–1890): Lyriker – »Saturnische Gedichte« (1860), »Romanzen ohne Worte« (1874)
Anatole *France*, eigentl. J.-A. Thibault (1844–1924): Romancier – »Professor Bonnards Schuld« (1885), »Insel der Pinguine« (1908)
Guy de *Maupassant* (1845–1890): Novellist u. Romancier – Novellen aus Paris, »Bel Amie« (1884), »Mont-Oriel« (1886)
Arthur *Rimbaud* (1854–1891): Lyriker – »Die Pariser Orgie« (1871), »Das trunkene Schiff« (1871)
Emile *Verhaeren* (1855–1916): Lyriker – »Die Zusammenbrüche« (1888), »Die Gesichter des Lebens« (1911)
Maurice *Maeterlinck* (1862–1949): Lyriker, Nobelpreis 1911 – »Pelleas und Melisande« (1892), »Der blaue Vogel« (1908)

Rußland

Iwan A. *Gontscharow* (1812–1891): Romancier – »Der Oblomow« (1859), »Die Schlucht« (1869)
Iwan S. *Turgenjew* (1818–1883): Romancier und Novellist – »Aufzeichnungen eines Jägers« (1852), »Väter und Söhne« (1862), »Ein Adelsnest« (1872), Novellen
Fjodor M. *Dostojewskij* (1821–1881): Romancier – »Arme Leute« (1845), »Aus einem Totenhause« (1864), »Raskolnikow« (1866), »Der Idiot« (1868), »Die Dämonen« (1872), »Brüder Karamasow« (1880)
Alexander N. *Ostrowskij* (1823–1886): Dramatiker – »Der Wald« (1868), »Tolles Geld« (1870), »Wölfe und Schafe« (1874)
Nikolai N. *Tschernischewskij* (1828 bis 1889): Literaturkritiker – »Besprechungen und Kritiken«, »Was tun?« (1863)
Leo N. *Tolstoij* (1828–1910): Erzähler und Romancier, Dramatiker – Erzählungen, »Krieg und Frieden« (1856/69), »Anna Karenina« (1873/78), »Auferstehung« (1900), »Die Macht der Finsternis« (1866)
Nikolai N. *Lesskow* (1831–1895): Erzähler und Romanschriftsteller – Erzählungen und Legenden, »Die Klerisei« (1872)
Nikolai S. *Dobroljubow* (1836–1861): Kritiker und Ästhetiker
Gleb I. *Uspenskij* (1843–1902): Journalist und Schriftsteller – »Aus einem Dorftagebuch« (1878), »Macht der Scholle« (1882)
Wladimir G. *Korolenkow* (1853–1921): Verfasser von Erzählungen – »Flüchtlinge aus Sachalin« (1885), »Der blinde Musiker« (1891)
Wsewolod *Garschin* (1855–1888): Novellist – »Vier Tage« (1877), »Die Künstler« (1879), »Die rote Blume« (1883)

Anton P. *Tschechow* (1860–1904): Erzähler und Dramatiker – »Die Steppe« (1888), »Krankenzimmer Nr. 6« (1892), »Die Möwe« (1896), »Drei Schwestern« (1901), »Der Kirschgarten« (1904)
Maxim *Gorki*, eigentl. M. A. Peschkow (1868–1936): vielseitiger Schriftsteller, Erzähler, Romancier, Dramatiker – »Die Feinde« (1901), »Nachtasyl« (1902), »Die Mutter« (1906), »Das Werk der Artamonows« (1925), »Foma Gordejew« (1901)

Skandinavien

Hans-Christian *Andersen* (1805–1875): dänischer Märchendichter – Gesammelte Märchen (ab 1835)
Jens-Peter *Jacobsen* (1847–1885): dän. Romancier und Novellist – »Frau Marie Grubbe« (1878), »Niels Lyhne« (1884), Novellen (1890)
Hermann *Bang* (1857–1912): dänischer Romancier und Novellist – »Hoffnungslose Generation« (1880), »Die Vaterlandslosen« (1906)
Henrik *Ibsen* (1828–1906): norwegischer Dramatiker – »Brand« (1866), »Peer Gynt« (1867), »Nora oder Das Puppenheim« (1879), »Gespenster« (1881), »Ein Volksfeind« (1882), »Die Wildente« (1884)
Jonas *Lie* (1833–1908): norwegischer Schriftsteller – »Der Lotse und sein Weib« (1883), »Die Töchter des Kommandeurs« (1887)
Alexander *Kielland* (1849–1905): norweg. Romancier und Novellist – »Garman und Worse« (1880), »Arbeiter« (1881), »Schnee« (1886)
Anre *Garborg* (1851–1924): norweg. Erzähler des Naturalismus – »Bauernstudenten« (1888), »Müde Seelen« (1891)
August *Strindberg* (1849–1921): schwed. Dramatiker – »Fräulein Julie« (1888), »Nach Damaskus« (1898), »Ein Totentanz« (1901), »Der Sohn einer Magd« (1886), »Am offenen Meer« (1890)
Selma *Lagerlöf* (1858–1940): schwed. Romanschriftstellerin und Erzählerin, Nobelpreis 1909 – »Gösta Berling« (1894), »Jerusalem« (1900), »Die wundersame Reise des Nils Holgerson« (1916), »Bauernerzählungen«
Alexis *Kivi* (1834–1872): finnischer Dramatiker und Romancier – »Die Heideschuster« (1864), »Die sieben Brüder« (1870)

Polen

Boleslaw *Prus* (1845–1912) Romancier – »Die Puppe« (1887), »Pharao« (1906)
Henry *Sienkiewicz* (1846–1916): Romancier, Nobelpreis 1905 – »Mit Feuer und Schwert« (1888), »Quo vadis« (1905)
Gabriele *Zapolska* (1860–1921): Dramatikerin, Romanschriftstellerin – »Die Moral der Frau Dulska« (1907), »Die Freundin« (1912)
Wladyslaw *Reymont* (1867–1925): Romancier – Nobelpreis 1924, »Lodz« (1898), »Die Bauern« (1904/09), 4 Bände, »Der letzte Reichstag«

1850

1860

1870

1890

1900 -1930

Deutschland

Frank *Wedekind* (1864–1918): Dramatiker – »Frühlings Erwachen« (1892), »Der Erdgeist« (1896), »Der Marquis von Keith« (1900)
Ricarda *Huch* (1864–1947): Erzählerin und Historikerin – »Michael Unger« (1904), »Garibaldi« (1908), »Der 30-jährige Krieg« (1914)
Heinrich *Mann* (1871–1950): Romancier u. Erzähler – »Professor Unrat« (1904), »Die kleine Stadt« (1909), »Der Untertan« (1918)
Thomas *Mann* (1875–1955): Romancier u. Erzähler, Nobelpreis 1929 – »Buddenbrooks« (1901), »Tonio Kröger« (1903), »Königliche Hoheit« (1909)
Rainer Maria *Rilke* (1875–1926): Lyriker – »Das Stundenbuch« (1906), »Das Marienleben« (1912), »Duineser Elegien«
Carl *Sternheim* (1878–1943): Dramatiker – »Die Hose« (1908), »Die Kassette« (1911), »Der Snob« (1913)
Leonhard *Frank* (1882–1965): Romancier – »Die Räuberbande« (1914), »Der Mensch ist gut« (1917)
Franz *Werfel* (1890–1945): Lyriker, Dramatiker, Erzähler – »Der Weltfreund« (1910), »Einander« (1912), »Der Spiegelmensch« (1922)
Gottfried *Benn* (1886–1956): Lyriker u. Essayist – »Das moderne Ich« (1919), »Schutt« (1919), »Fazit der Perspektiven« (1930)
Bert *Brecht* (1898–1956): Dramatiker u. Lyriker – »Trommeln in der Nacht« (1918), »Die Dreigroschenoper« (1928)
Lion *Feuchtwanger* (1884–1958): Verf. v. historischen Romanen – »Jud Süß« (1925), »Erfolg« (1930), »Der jüdische Krieg« (ab 1932)
Alfred *Döblin* (1878–1957): Romancier u. Erzähler – »Wallenstein« (1920), »Berlin, Alexanderplatz« (1930), »Unser Dasein«
Thomas *Mann* (1875–1955): Romancier, Essayist, Nobelpreis 1929 – »Der Zauberberg« (1924), »Leiden und Größe der Meister« (1926)
Hermann *Hesse* (1877–1965): Romancier, Nobelpreis 1946 – »Siddharta« (1922), »Der Steppenwolf« (1927), »Narziß u. Goldmund« (1930)
Franz *Kafka* (1883–1923): Romanautor – »Die Verwandlung« (1915), »Der Heizer« (1915), »Amerika« (1925), »Der Prozeß« (1926), »Das Schloß« (1927)
Robert *Musil* (1882–1942): Romancier – »Der Mann ohne Eigenschaften« (ab 1930, unvollendet)

England

Joseph *Conrad* (1857–1924): Erzähler – »Lord Jim« (1900), »Taifun« (1907), »Der Herr der Finsternis« (1902)
Herbert G. *Wells* (1866–1936): Verfasser von utopischen Romanen – »Die Zeitmaschine« (1895), »Die ersten Menschen im Mond« (1901)
William B. *Yeats* (1865–1939): irischer Erzähler u. Dramatiker, Nobelpreis 1923 – »Der grüne Helm« (1910), 4 Stücke für Tänzer
John *Galsworthy* (1867–1933): Romancier, Nobelpreis 1932 – »Forsyte-Saga« (1906/21), »Eine moderne Komödie« (1928)
William S. *Maugham* (1874–1965): Romancier und Novellist – »Silbermond und Kupfermünze« (1918), »Des Menschen Hörigkeit« (1915)
Edgar *Wallace* (1875–1932): Verfasser von Kriminalromanen – »Der grüne Bogenschütze« (1923), »Der Hexer« (1927), »Der Zinker« (1928)
James *Joyce* (1882–1941): Romancier – »Ulysses« (1922), »Finnegans Wake« (1927)
Virginia *Woolf* (1882–1941): Romanschriftstellerin – »Fahrt nach Übersee« (1915), »Die Wogen« (1931), »Die Jahre« (1937)
Thomas St. *Eliot* (1888–1965): Amerikaner und Wahlengländer – vielseitiger Schriftsteller, Nobelpreis 1948 – »Das wüste Land« (1922), Gedichte, Dramen: »Mord im Dom« (1915), »Familientag« (1939), »Cocktail-Party« (1947)
Katharine *Mansfield* (1888–1923): Verfasserin von Kurzgeschichten – »Gartenfest« (1922), »Ihr erster Ball« (1923), »Seligkeit«
Aldous L. *Huxley* (1894–1963): Romancier u. Novellist – »Schöne neue Welt« (1932), »Parallelen der Liebe« (1932)

Frankreich

Romain *Rolland* (1866–1944): Romancier, Dramatiker, Kritiker, Nobelpreis 1915 – »Johann Christoph« (1907/15), »Verlorene Seele« (1924/40), Biographien über Beethoven, Händel
Paul *Claudel* (1868–1955): Dramatiker – »Mariae Verkündigung« (1912), »Der seidene Schuh« (1919/24)
André *Gide* (1869–1951): Romancier, Erzähler, Kritiker, Nobelpreis 1947 – »Die Verliese des Vatikans« (1914), »Die Falschmünzer« (1925), »Schule der Frauen« (1929), Tagebücher
Marcel *Proust* (1871–1922): Romancier – »Auf der Suche nach der verlorenen Zeit« (ab 1907)
Paul *Valéry* (1871–1946): Lyriker und Kritiker – »Die junge Parze« (1917), »Narzißgedichte« (1925)
Henry *Barbusse* (1873–1935): Schriftsteller u. Publizist – »Das Feuer« (1916), »Klarheit« (1920), Essaybände
Roger *Martin du Gard* (1881–1948): Romancier – »Die Thibaults« (1922/40)
André *Maurois* (1885): Romanschriftsteller u. Biograph – »Ariel oder das Leben Shelleys« (1923), »Byron« (1930), »George Sand«

Vereinigte Staaten

Theodore *Dreiser* (1871–1945): Romancier – »Schwester Carrie« (1900), »Der Finanzier« (1912), »Der Titan« (1914), »Eine amerikanische Tragödie« (1925)
Jack *London* (1876–1916): Verfasser von Kurzgeschichten, Romancier – »Alaska-Geschichten«, »Der Ruf der Wildnis« (1903), »Wolfsblut« (1908), »Martin Eden« (1909), »König Alkohol«
Upton *Sinclair* (1878–1968): Romancier – »Der Sumpf« (1905), »Petroleum« (1926), »König Kohle« (1917)
Sinclair *Lewis* (1885–1953): Romancier, Nobelpreis 1930 – »Die Hauptstraße« (1920), »Babbit« (1922), »Elmar Gentry« (1927)
Ezra L. *Pound* (1885): Lyriker u. Kritiker – »Masken« (1909), Gesänge (1928ff.),
Eugene *O'Neill* (1888–1953): Dramatiker, Nobelpreis 1936 – »Trauer muß Elektra tragen« (1932), »Fast ein Poet« (1959), »Der Eismann kommt« (1946), »Eines langen Tages Reise in die Nacht«
John dos *Passos* (1896): Romanschriftsteller – »Drei Soldaten« (1921), »Manhattan Transfer« (1925), »USA« (ab 1937)
William S. *Faulkner* (1897–1962): Romancier, Nobelpreis 1949 – »Licht im August« (1932), »Absalom« (1936), »Griff in den Staub« (1936)
Maxwell *Anderson* (1888–1959): Dramatiker – »Rivalen« (1929), »Beide Abgeordnetenhäuser« (1933)

1900 -1930

Sowjetunion

Iwan *Bunin* (1870–1953): Erzähler, Verfasser von Kurzgeschichten, Nobelpreis 1933 – »Grammatik der Liebe« (1935), »Das Dorf«
Alexander *Block* (1880–1921): Lyriker – Gedichte, »Die Zwölf« (1918)
Alexander *Grin* (1880–1932): Erzähler – »Das Purpursegel« (1923), »Wogengleiter« (1928)
Fjodor W. *Gladkow* (1883–1958): Romanschriftsteller u. Journalist – »Zement« (1927), »Neue Erde« (1932)
Alexei N. *Tolstoij* (1883–1945): Romancier – »Der Leidensweg« (1930/40), »Peter der Erste« (1945)
Anton S. *Makarenko* (1888–1939): Schriftsteller u. Pädagoge – »Der Weg ins Leben« (1933), »Ein Buch für Eltern« (1937)
Wera N. *Inber* (1890): Schriftstellerin – »Erzählungen« (1925), »Der Platz an der Sonne« (1929)
Dmitri A. *Furmanow* (1891–1926): Schriftsteller – »Tschapajew« (1923), »Die Meuterei« (1926)
Konstantin *Fedin* (1892): Romancier – »Städte und Jahre« (1925), »Die Brüder« (1926), »Frühe Freuden« (1947)
Wladimir M. *Majakowskij* (1893–1930): Lyriker und Dramatiker – Gedichte, »Mysterium buffo« (1918), »Wladimir L. Lenin« (1924), »Gut und Schön« (1927), »Die Wanze«
Sergei A. *Jessenin* (1895–1925): Lyriker – »Liebstes Land«, »Das Herz träumt leise«
Isaak *Babel* (1894–1941): Erzähler – »Budjonnys Reiterarmee« (1926), »Odessaer Erzählungen« (1930)
Wsewolod *Iwanow* (1895–1963): Erzähler – »Die Partisanen« (1921), »Panzerzug 14–69« (1923)
Nikolai F. *Pogodin* (1900–1962): Dramatiker – »Poem von der Axt« (1930), »Der Mann mit dem Gewehr« (1937)
Wsewolod W. *Wischnewskij* (1900 bis 1951): Dramatiker – »Die erste Reiterarmee« (1930), »Optimistische Tragödie« (1932)
Alexander *Fadejew* (1901–1956): Romanschriftsteller – »Die Neunzehn« (1927), »Die junge Garde« (1945)
Michael A. *Scholochow* (1905): Romancier, Nobelpreis 1965 – »Der stille Don« (1926/40), 4 Bände, »Neuland unterm Pflug«, 1. Band (1932), 2. Band (1955)
Boris *Polewoij* (1908): Erzähler – »Der wahre Mensch« (1930), »Gold« (1945)

Der Norden

Knut *Hamsun* (1859–1952): Romancier und Erzähler, Nobelpreis 1917 – »Hunger« (1890), »Victoria« (1895), »Segen der Erde« (1917)
Sigrid *Undset* (1882–1949): Romanschriftstellerin, Nobelpreis 1928 – »Kristin Lavranstochter« (1926), »Der brennende Busch« (1931)
Trygve *Gulbranssen* (1894–1961): Romanschriftsteller – »Und ewig singen die Wälder« (1930), »Das Erbe von Björndal« (1934)
Verner von *Heidenstam* (1859–1940): Erzähler – »Karl XII. und seine Krieger« (1916), »Der Stamm der Folkunger« (1910)
Pär *Lagerkvist* (1891): Romancier, Nobelpreis 1951 – »Barabas« (1950), »Der Henker« (1933), »Der Zwerg« (1935)
Frans E. *Sillanpäa* (1888): Romancier, Nobelpreis 1939 – »Das fromme Elend« (1919), »Silja, die Magd« (1931)
Henrik *Pontopiddan* (1857–1943): Romanschriftsteller, Nobelpreis 1917 – »Das gelobte Land« (1891/95), »Hans im Glück« (1900), »Totenreich«
Martin *Andersen-Nexö* (1859–1953): Romancier und Erzähler – »Pelle, der Eroberer« (1910), »Ditte Menschenkind« (1917), »Morten, der Rote« (1923), Erzählungen
Johannes V. *Jensen* (1873–1950): Romancier, Nobelpreis 1944 – »Die lange Reise« (1909/21), Erzählungen

Der Süden

Miguel de *Unamuno* (1864–1936): Philosoph u. Erzähler – »Don Quichotte« (1905), »Nebel«
Vicente Blasco *Ibánez* (1867–1928): Romancier u. Politiker – »Die Kathedrale« (1905), »Die Bodega« (1903), »Die Arena« (1910)
Ramon del *Valle-Inclán* (1869–1936): Romanschriftsteller – »Trilogie über die Karlistenkriege«
Azorin (José M. Ruiz) (1874–1950): Schriftsteller u. Journalist – »Auf den Spuren Don Quijottes« (1910), »Spanien« (1909)
Juan P. *Jiménez* (1881–1938): Lyriker – »Frühlingsballaden« (1909), »Lied« (1936)
Giovanni *Verga* (1840–1922): Romancier u. Novellist – Sizilianische Novellen (1883), »Die Malvoglia« (1881)
Gabriele *d'Annunzio* (1863–1938): Lyriker – »Frühling« (1879), »Franzesca di Rimini« (1909), »Das Schiff« (1910)
Luigo *Pirandello* (1867–1936): Dramatiker, Erzähler, Nobelpreis 1934 – »Heinrich IV.« (1922), »Sechs Personen suchen einen Autor« (1921)

Ungarn

Endre *Ady* (1877–1919): Lyriker und Novellist – »Neue Gedichte« (1905), »Das flüchtende Leben« (1912), »Den Toten voran«
Zsigmond *Móricz* (1879–1942): Romancier – »Hinter Gottes Rücken« (1911), »Ein glücklicher Mensch« (1930), »Rosza Sandor« (1942)
Lajos *Nagy* (1883–1954): Erzähler – »Drei ungarische Städte« (1934)
Tibor *Déry* (1894): Romancier – »Von Angesicht zu Angesicht« (1945), »Der unvollendete Satz« (1947), »Die Antwort« (1950)
Attila *József* (1905–1937): Lyriker – »Bettler der Schönheit« (1922), »Der Holzfäller« (1930), »Bärentanz«

Tschechoslowakei

Alois *Jirásek* (1851–1930): Verfasser von historischen Romanen – »Wider alle Welt« (1893), »Die Hundsköpfe« (1883), »Finsternis« (1912)
Marie *Majerowá* (1882): Romanschriftstellerin – »Mädchenliebe« (1907), »Die Sirene« (1935), »Bergmannsballade« (1938)
Jaroslaw *Hasek* (1883–1923): Romancier – »Die Abenteuer des braven Soldaten Schwejk« (1920/23)
Karel *Capek* (1890–1938): vielseitiger Schriftsteller – »RUR« (1920), »Der Krieg mit den Molchen« (1936), »Das Jahr des Gärtners« (1929), »Die Mutter« (1938)
Jiri *Wolker* (1900–1924): Lyriker – »Ein Gast im Haus« (1922), »Die schwere Stunde« (1922)
Julius *Fucik* (1903–1943): Literaturkritiker und Schriftsteller – »Reportage unter dem Strand geschrieben« (1945)

Niederlande

Stijn *Streuvels* (1871): Schriftsteller – »Der Flachsacker« (1907), »Maertje Maartens« (1904)
Felix *Timmermans* (1886–1947): Schriftsteller – »Pallieter« (1916), »Bauernpsalm« (1935)
Theun de *Vries* (1907): Schriftsteller – »Rembrandt« (1931), »Feuertaufe« (1956), »Mädchen mit dem roten Haar«
Anne *Frank* (1929–1945): »Das Tagebuch der Anne Frank«

1930 -1970

Deutschsprachige Länder

Carl *Zuckmayer* (1896): Dramatiker u. Erzähler – »Katharina Knie« (1928), »Der Hauptmann von Köpenick« (1930)
Thomas *Mann* (1875–1955): Romancier u. Essayist – »Die Josephs-Romane« (ab 1933), »Lotte in Weimar« (1939), Essays, »Doktor Faustus« (1947)
Franz *Werfel* (1890–1945): Romanschriftsteller – »Die 40 Tage des Musa Dagh« (1933), »Das Lied der Bernadette« (1943)
Arnold *Zweig* (1887–1971): Romancier – »Erziehung vor Verdun« (1935), »Das Beil von Wandsbek« (1943)
Lion *Feuchtwanger* (1884–1958): Verfasser von historischen Romanen – »Wartesaal-Trilogie« (ab 1934), »Die Füchse im Weinberg« (1951)
Hans *Fallada* (1890–1947): Romanschriftsteller – »Kleiner Mann, was nun?« (1932), »Wolf unter Wölfen« (1937)
Bert *Brecht* (1898–1956): Dramatiker – »Mutter Courage« (1938), »Galileo Galilei« (1939), »Der gute Mensch von Sezuan« (1940), »Herr Puntila und sein Knecht« (1940)
Anna *Seghers* (1900): Romanschriftstellerin – »Das siebte Kreuz« (1943), »Die Toten bleiben jung« (1947)
Wolfgang *Borchert* (1921–1947): Kurzgeschichten – »Draußen vor der Tür« (1947), »Die Küchenuhr«, »Schischiphusch«
Heinrich *Böll* (1921): Erzähler, Nobelpreis 1972 – »Haus ohne Hüter« (1954), »Billard um ½10« (1958), »Ansichten eines Clowns« (1963)
Max *Frisch* (1911): Romancier u. Dramatiker – »Stiller« (1954), »Homo faber« (1957), »Don Juan« (1957), »Andorra« (1961)
Friedrich *Dürrenmatt* (1921): Dramatiker u. Erzähler – »Der Besuch der alten Dame« (1956), »Die Physiker« (1964)
Alfred *Andersch* (1914): Erzähler, Verf. v. Hörspielen – »Sansibar oder der letzte Grund« (1957), »Ephraim« (1964)
Siegfried *Lenz* (1926): Erzähler u. Dramatiker – »So zärtlich war Suleyken« (1955), »Deutschstunde« (1968); Zeit der Schuldlosen (1961), Dr.
Günter *Grass* (1927): Romancier – »Die Blechtrommel« (1959), »Die Hundejahre« (1963), »Örtlich betäubt«
Ingeborg *Bachmann* (1926–1973): Lyrikerin u. Erzählerin – »Anrufung des Großen Bären« (1956), »Das dreißigste Jahr« (1961)
Uwe *Johnson* (1934): Romanschriftsteller – »Das dritte Buch über Achim« (1960), »Jahrestage« (ab 1971)

England

John B. *Priestley* (1894): Romanschriftsteller, Dramatiker – »Engelgasse« (1931), »Die Zeit und die Conways« (1937), »Ein Inspektor kommt« (1947)
George *Orwell* (1903–1950): Romanschriftsteller – »Die Farm der Tiere« (1946), »1984« (1950)
Graham *Greene* (1904): Romanschriftsteller – »Der dritte Mann« (1949), »Die Kraft und die Herrlichkeit« (1948)
Samuel *Beckett* (1906): Dramatiker (schreibt frz.) – »Warten auf Godot« (1954), »Das Endspiel« (1957)
Wystan H. *Auden* (1907): Lyriker – Gedichte (1939), »An der Grenze« (1938), »Der Wüstling« (1951)
Christopher *Fry* (1907): Dramatiker – »Ein Phönix zuviel« (1946), »Die Dame ist nicht fürs Feuer« (1950)
Harold J. *Aldridge* (1918): Schriftsteller – »Der Seeadler« (1945), »Der Diplomat« (1949), »Glühende Wüsten« (1954)
John *Osborne* (1929): Dramatiker – »Blick zurück im Zorn« (1958), »Der Entertainer« (1957)

Vereinigte Staaten

Henry *Miller* (1891): Schriftsteller – »Wendekreis des Steinbocks« (1953), »Wendekreis des Krebses« (1958)
Thornton *Wilder* (1897): Romancier und Dramatiker – »Die Brücke von San Luis Rey« (1927), »Die Iden des März« (1948), »Unsere kleine Stadt« (1938), »Wir sind noch einmal davon gekommen« (1942)
Ernest *Hemingway* (1899–1961): Erzähler und Romancier, Nobelpreis 1954 – »In einem anderen Land« (1929), »Wem die Stunde schlägt« (1942), »Der alte Mann und das Meer« (1953)
Thomas C. *Wolfe* (1900–1938): Romancier – »Schau heimwärts, Engel« (1929), »Es führt kein Weg zurück« (1938)
Margaret *Mitchell* (1900–1949): Romanschriftstellerin – »Vom Winde verweht« (1936)
John *Steinbeck* (1902): Romancier und Erzähler, Nobelpreis 1962 – »Tortilla Flat« (1935), »Früchte des Zornes« (1939)
William *Saroyan* (1908): Erzähler – »Menschliche Komödie« (1943), »Ich heiße Aram« (1946)
Tennessee *Williams* (1911): Dramatiker – »Endstation Sehnsucht« (1949), »Die tätowierte Rose« (1950)
Arthur *Miller* (1915): Dramatiker – »Der Tod des Handlungsreisenden« (1949), »Hexenjagd« (1954), »Vor dem Sündenfall« (1964), »Zwischenfall in Vichy« (1968)
Norman *Mailer* (1923): Schriftsteller – »Die Nackten und die Toten« (1950), »Der Hirschpark« (1955)
Edward *Albee* (1928): Dramatiker – »Die Zoogeschichte« (1959), »Wer hat Angst vor Virgina Woolf?« (1963)

Frankreich

Jean *Giraudoux* (1882–1944): Dramatiker und Erzähler – »Der trojanische Krieg findet nicht statt« (1935), »Die Irre von Chaillot« (1944), »Siegfried« (1928)
Georges *Bernanos* (1888–1948): Romancier – »Der Landpfarrer« (1935), »Begnadete Angst« (1951)
Jean *Cocteau* (1889–1963): vielseitiger Schriftsteller – Gedichte, »Kinder der Nacht« (1929), »Ödipus« (1927)
Paul *Eluard* (1895–1952): Lyriker – »Stirb und werde« (1924), »Weltlehre« (1938), »Das Antlitz des Friedens«
Marcel *Pagnol* (1895): Dramatiker – »Zum goldenen Anker« (1929), »Cesar« (1932)
Henry de *Montherlant* (1895): Romancier – »Die Tiermenschen« (1929), »Erbarmen mit den Frauen« (1936–1939)
Louis *Aragon* (1897): Romancier und Lyriker – »Die Viertel der Reichen« (1936), »Die Reisenden der Oberklasse« (1942), »Die Karwoche« (1958)
Antoine de *Saint-Exupéry* (1900–1944): Schriftsteller – »Nachtflug« (1932), »Wind, Sand und Sterne« (1939), »Flug nach Arras« (1942)
André *Malraux* (1901): Schriftsteller – »Die Eroberer« (1929), »Die Zeit der Verachtung« (1935)
Vercors, eigentl. Jean Bruller (1902): Schriftsteller – »Das Schweigen des Meeres« (1942), »Das Geheimnis der Tropis« (1958)
Jean-Paul *Sartre* (1905): Dramatiker u. Philosoph, Nobelpreis 1964 – »Die Fliegen« (1947), »Die ehrbare Dirne« (1948), »Die Eingeschlossenen« (1959), »Das Sein und das Nichts« (1943)
Simone de *Beauvoir* (1908): Schriftstellerin – »Die Mandarine von Paris« (1955), »In den besten Jahren« (1960)
Jean *Anouilh* (1910): Dramatiker – »Der Reisende ohne Gepäck« (1937), »Antigone« (1942), »Medea« (1946), »Colombe« (1951), »Jeanne oder die Lerche« (1953), »Herr Ornifle« (1955)
Arthur *Adamow* (1908): Dramatiker – »Alle gegen alle« (1955), »Das Ping-Pong-Spiel« (1955)
Eugène *Ionesco* (1912): Dramatiker – »Die kahle Sängerin« (1948), »Die Stühle« (1951), »Die Nashörner« (1959)
Albert *Camus* (1913–1960): Dramatiker u. Romancier, Nobelpreis 1957 – »Caligula« (1938), »Belagerungszustand« (1948), »Die Pest« (1947), »Der Fall« (1956), »Die Besessenen« (1959)
Françoise *Sagan* (1935): Schriftstellerin – »Bonjour, Tristesse« (1954), »Lieben Sie Brahms?« (1959)

Sowjetunion

Boris L. *Pasternak* (1890–1960): Lyriker und Romancier, Nobelpreis 1958 – Gedichte, »Doktor Schiwago« (1956)
Ilja G. *Ehrenburg* (1891): Schriftsteller u. Journalist – »Trust« (1925), »Der Fall von Paris« (1947), »Tauwetter« (1957)
Walentin P. *Katajew* (1897): Schriftsteller – »Es blinkt ein einsam Segel« (1936), »In den Katakomben von Odessa« (1955)
Nikolai A. *Ostrowskij* (1904–1936): Schriftsteller – »Wie der Stahl gehärtet wurde« (1934)
Galina *Nikolajewa* (1911–1963): Schriftstellerin – »Die Ernte« (1950), »Schlacht unterwegs« (1958)
Victor *Nekrassow* (1911): Schriftsteller – »In den Schützengräben von Stalingrad« (1948), »Ein Mann kehrt zurück«
Konstantin M. *Simonow* (1915): Schriftsteller – »Tage und Nächte« (1943), »Die russische Frage« (1947), »Die Lebenden und die Toten« (1962)
Jewgeni *Jewtuschenko* (1933): Lyriker – Gedichte
Danijl J. *Granin* (1919): Schriftsteller – »Nach der Hochzeit« (1958), »Dem Gewitter entgegen« (1962)
Alexander *Solschenizyn* (1918): Romancier, Nobelpreis 1970 – »Ein Tag des Iwan Denissowitsch« (1962), »Krebsstation« (1968), »Archipel Gulag« (1973)

Der Norden

Nordahl *Grieg* (1902–1943): norweg. Schriftsteller – »Die Welt muß noch jung sein« (1938), »Die Niederlage« (1937
Johan *Borgen* (1902): norweg. Schriftsteller, Romancier, Novellist – »Kleiner Lord« (1955), »Der Liebespfad« (1946)
Eyvind *Johnson* (1900): schwed. Romancier, Nobelpreis 1974 – »Nun war es 1914« (1934), »Die Heimkehr des Odysseus« (1948)
Ivar *Lo-Johansson* (1901): schwed. Romanschriftsteller – »Die Landarbeiter« (1936), »Gute Nacht, Erde« (1933)
Gunnar *Adolfsson* (1906): schwedischer Schriftsteller – »Wartendes Land« (1949), »Die Treppe« (1955)
Ture *Eriksson* (1919): schwedischer Schriftsteller – »Die weiße Landzunge« (1951), »Zwischen den Brücken« (1953)
Kai *Munk* (1898–1944): dän. Dramatiker und Lyriker – Gedichte, »Niels Ebbesen« (1942) Hans *Scherfig* (1905): dän. Schriftsteller – »Der versäumte Frühling« (1940), »Idealisten« (1943)
Martin *Hansen* (1909–1955): dänischer Schriftsteller – »Jetzt gibt er auf« (1935), »Der Lügner« (1955)
Gunnar *Gunnarsson* (1889): isländischer Schriftsteller – »Die Leute auf Borg« (1912), »Advent im Hochgebirge« (1936)
Halldór *Laxness* (1902): isländ. Romancier u. Novellist, Nobelpreis 1955 – »Salka Valka« (1932): Romancier u. Novellist, Valka« (1932), »Islandglocke« (1943), »Atomstation« (1948)

Der Süden

Elio *Vittorini* (1908): ital. Romancier – »Reise nach Sardinien« (1936), »Gespräch in Sizilien« (1941), »Der Mensch N 2« (1946)
Vasco *Pratolini* (1913): ital. Romancier – »Chronik armer Liebesleute« (1947), »Eine italienische Geschichte«
Danilo *Dolci* (1924): ital. Schriftsteller – »Banditen in Partinico« (1955), »Umfrage in Palermo« (1956)
Salvator *Quasimodo* (1901): ital. Lyriker, Nobelpreis 1959 – »Gewässer und Länder« (1930), »Tag um Tag« (1950)

1930 -1970

1900 -1970

Afrika

Dennis *Osadebay* (1911): Lyriker aus West-Nigeria – »Afrika singt« (1952)
Leopold Sedar *Senghor* (1906): Staatsmann u. Dichter – Senegal, »Schattenlieder« (1945), »Lieder für Naett« (1948)
Albertina *Schreiner* (1855–1920): Romanschriftstellerin aus Südafrika – »Geschichte einer afrikanischen Farm« (1892)
James *Jolobe* (1902): Schriftsteller aus Südafrika – »Gedichte eines Afrikaners« (1946)
Alan Stewart *Paton* (1903): Schriftsteller aus Südafrika – »Denn sie sollen getröstet sein« (1955), »Aber das Wort sagte ich nicht« (1956)
R. *Dhlomo* (1905): Schriftsteller aus Südafrika – »Eine afrikanische Tragödie« (1928), »Der Weg des Bösen« (1953)
Mohammed *Dib* (1920): Schriftsteller aus Algerien – »Das große Haus« (1956), »Der Webstuhl« (1959)
Raphael *Armatteo* (1913–1953): Schriftsteller aus Ghana – »Zwischen Wald und Meer« (1950), »Verborgen in den Gedanken des schwarzen Mannes« (1953)
Sembene *Ousmane* (1923): Schriftsteller aus Senegal – »Der schwarze Dockarbeiter« (1956), »Meines Volkes schöne Heimat«
Ferdinand *Oyono* (1929): Schriftsteller aus Kamerun – »Der alte Neger und die Medaille« (1959)
Jacques *Rabemananjara* (1913): Schriftsteller aus Madagaskar – »Die Götter Madagaskars« (1947), »Tausendjährige Riten« (1955)
Shaaban *Robert* (1910): Dichter aus Tanganyika – »Poem vom Freiheitskampf«, »Mein Leben« (1936)
Fernando *Soromenho:* Schriftsteller aus Sambesi – »Nacht der Verzweiflung« (1939), »Negerlegenden« (1939)
Wole *Soyinka* (1935): Schriftsteller aus Nigeria – »Der Löwe und der Edelstein« (1959), »Der Tanz des Waldes« (1960)
Thomas *Mofolo* (1875–1948): Schriftsteller aus Basutoland – »Der Wanderer nach dem Osten« (1906), »Tschaka« (1925)
Amos *Tutuola* (1920): Schriftsteller aus Nigeria – »Der Palmweintrinker« (1952), »Mein Leben im Geisterwald« (1954)
Alexis *Kagame* (1912): Schriftsteller aus Ruanda – »Göttliches Hirtenlied«
Mugu *Gicaru:* Schriftsteller aus Kenia – »Land voller Sonne« (1958)

Südamerika

Brasilien:
Lope *Verissimo* (1905): Schriftsteller, Romanautor – »Gekreuzte Wege« (1935), »Die Zeit und der Wind« (1953 ff.)
Jorge *Amado* (1912): Romanschriftsteller – »Die Tote See« (1950), »Kakao« (1942), »Das Land der goldenen Früchte«, »Gabriela wie Zimt und Nelken« (1962)
Graciliano *Ramos* (1892–1953): Romanschriftsteller – »Sao Bernardo« (1962), »Trockenes Leben« (1928)

Chile:
Pablo *Neruda* (1904–1973): Lyriker, Nobelpreis 1972 – »Der große Gesang« (1950), »Elementare Oden« (1954)
Luis Enrique *Delano* (1907): Journalist u. Schriftsteller – »Der Hafen von Fuego« (1956)
Francisco *Coloane* (1910): Erzähler – »Kap Horn« (1941), »Bucht der Leiden« (1945)

Peru:
Ventura Carcio *Calderón* (1886–1959): Erzähler und Kritiker – »Peruanische Novellen« (1926), »Die Frauen in der Sierra« (1936)
Cesar *Vallejo* (1892–1938): Lyriker – »Die schwarzen Herolde« (1918), »Menschliche Gedichte« (1939)

Mexiko:
José Rubén *Romero* (1890–1952): Romancier – »Das unnütze Leben des Pito Perez« (1938), »Ich war einmal reich«
José *Mancisidor* (1895–1956): Schriftsteller – »Die rote Stadt« (1932), »Licht auf den Höhen« (1955)
Martín Luis *Guzmán* (1887): Schriftsteller – »Adler und Schlange« (1928), »Memoiren des Pancho Villa« (1938 ff.)

Asien

China:
Lu *Xun* (Hsün) (1881–1936): Romancier u. Lyriker – »Die wahre Geschichte von A. Queh« (1921), »Morgenblüten« (1928)
Mao *Dun* (1896): Literaturkritiker u. Romancier – »Verfall« (1928), »Schanghai im Zwielicht« (1937)
Lao *Shet* (1899): Schriftsteller – »Drachenbartgraben« (1935), »Einäscherung« (1946)
Ba *Jin* (1904): Romancier und Erzähler – »Das Haus des Mandarins« (1933), »Reißende Strömung« (1938)
Mao Tse-tung (1893–1976): Staatsmann u. Lyriker – lyrische Gedichte

Japan:
Miyamoto *Yoriko* (1899–1953): Erzählerin – »Eine Schar armer Menschen« (1916), »Nobuko« (1928), »Die Brust«
Tsunao *Tokunga* (1899–1938): Romanschriftsteller – »Die Straße ohne Sonne« (1930), »Stille Berge« (1950)
Vasunari *Kawabata* (1899): Romancier u. Novellist – »Die Tänzerin von Itu« (1942), »Tausend Kraniche« (1951)
Shigeharu *Nakano* (1902): Lyriker und Novellist – »Vorfrühlingsstürme« (1928), »5 Unzen Alkohol« (1946), Gedichte
Takiji *Kobayashi* (1903–1933): Schriftsteller – »Der 15. März 1928« (1928), »Krabbenfischer« (1929)

Indien:
Rabindranath *Tagore* (1861–1941): vielseitiger Schriftsteller, Nobelpreis 1913 – Kurzgeschichten, »Gora« (1910), »Das Haus der Starrheit« (1910), »Die Krise der Zivilisation« (1941)
Premtschand (1880–1936): vielseitiger Schriftsteller – »Leid der Heimat« (1908), »Kohschenkung« (1936), »Sieben Lotos«
Dschajschankar *Prasad* (1886–1937): Verfasser von hist. Dramen – »Das Schlangenopfer« (1926), »Dhruwswamini« (1936)
Wrindawanlal *Warma* (1890): Verfasser von historischen Romanen – »Die Königin von Dschansi« (1954)
Nirala (1896–1961): Lyriker – »Auf Wiedersehen« (1926)
Manik *Bandjopadhaja* (1908–1956): Schriftsteller – »Der Bootsmann vom Padmafluß« (1936), »Vorstadt« (1940)
Taraschnakrar *Bandjopadhaja* (1896): Schriftsteller – »Die Gottheit Erde« (1939), »Hungersnot« (1953), »Die Heilstätte«